玉溪年鉴 2018
【第26卷】

YUXI YEARBOOK

玉溪市人民政府　主办
玉溪市地方志编纂委员会办公室　编

云南出版集团
云南人民出版社

图书在版编目（CIP）数据

玉溪年鉴. 2018. 第26卷 / 玉溪市地方志编纂委员会办公室编. -- 昆明 : 云南人民出版社, 2018.12
ISBN 978-7-222-17841-0

Ⅰ. ①玉… Ⅱ. ①玉… Ⅲ. ①玉溪 – 2018 – 年鉴
Ⅳ. ①Z527.43

中国版本图书馆CIP数据核字（2019）第023652号

出 品 人 赵石定
责任编辑 张力山
责任印制 李寒东
责任校对 陈　晖

玉溪年鉴 2018 第26卷

玉溪市地方志编纂委员会办公室　编

出　　版 云南出版集团　云南人民出版社
发　　行 云南人民出版社
社　　址 昆明市环城西路609号
网　　址 http://ynpress.yunshow.com
E-mail ynrms@sina.com

开　　本 889×1194　1/16
印　　张 36.25
字　　数 1560千
版　　次 2018年12月第1版　第1次印刷
印　　刷 云南美嘉美印刷包装有限公司

书　　号 ISBN 978-7-222-17841-0
定　　价 280.00元

（若发现印装错误请与承印厂联系　0871-63179373）

云南人民出版社公众微信号

《玉溪年鉴》编辑部

通讯地址　玉溪市地方志办公室

（红塔区秀山西路7号市政府大楼附楼5楼）

邮政编码　653100

联系电话　0877-2039664

电子邮箱　yxdfzb@163.com

特邀撰稿人员名单

罗应光　张德华　张亚辉　张　名　卢春剑

分类撰稿人员名单

（按文章顺序排列）

何　洋	王渝阳	向小华	李相宏	朱浩吉	魏丽萍	高　欣	施正林
刘山林	李颖昌	鲁俊秀	黄　瑞	高发红	朱文栋	彭燕洁	适丽招
瞿星宏	何昆琳	刘飞艳	官家燕	徐　琦	王　曦	秦文伟	徐明洁
张正云	杨　伟	高玲艳	潘翠华	刘仕芬	张杰贤	陈　佳	马国富
黄蕊仪	黄晓薇	赵皖婷	周海琼	刘亚丹	普开明	严　辰	张　娟
杨继林	施又莓	王建文	刘桂华	陈　刚	段青衿	张　坤	王　丹
屈庆峰	齐鹏飞	王　元	郭自强	可文苑	周克金	张继宏	师红艳
范　文	周凤琴	李　媛	潘　跃	张晓燕	周晗丹	李懿薇	张　迎
普泳智	代玉洁	王丽媛	魏正荣	禹春裕	吴　媛	高培亮	周保梅
张　权	赖恒红	李昱琳	马庆凯	普晨敏	张庆丽	高　丽	李雯漪
冯杨叶舟	何志兵	杨　蕾	陈　玲	段旭晖	胡继昆	张　然	华跃飞
方　庆	普　超	李　强	张　谨	王　薇	何剑虹	赵艳芳	徐建军
武映棣	段　娟	阚璐蕊	徐　昊	高　敏	樊艳萍	马丽波	雷亚萍
雷冬梅	陈玉宏	胡　晓	周泽宝	尹俊峰	靳　雨	尚　薇	杨　勇
郭　帆	徐晓秋	赵丛瑛	解家敏	王　锦	张　权	王渝阳	邹贤超
柳卫国	刘浩勇	昂子艺	刘祥松	杨　梅	马双喜	王德莉	徐凡清
张永伟	赵腾蛟	张　兰	孙银龙	沐进恩	刀燕勤	李红兰	

编辑说明

一、《玉溪年鉴》是玉溪市人民政府主办、玉溪市地方志编纂委员会办公室承办的地方综合年鉴。自1993年创刊，每年出版1卷，2018为第26卷。《玉溪年鉴》始终坚持“质量第一、长编常新”的编鉴宗旨，紧紧围绕党委、政府的中心工作，全面系统翔实地记述上一年度玉溪市各族人民在中国共产党的领导下建设美丽幸福新玉溪的伟大实践，以及全市政治、经济、文化、社会、生态等各方面的基本情况、深刻变化和重大成就，是外界了解认识玉溪的重要窗口。

二、《玉溪年鉴 2018 第26卷》主要反映玉溪市2017年度各方面的情况。全书分为图片专辑、特载、专文、大事记、市情概览、中共玉溪市委员会、玉溪市人民代表大会、玉溪市人民政府、政协玉溪市委员会、民主党派·工商联、人民团体、法治、军事、农业、水利、工业、烟草产业、园区经济、城乡发展、环境保护、经济管理、商业贸易、交通·邮政、财政·税务、金融业、教育、科学技术、文化事业、旅游业、卫生、体育、社会生活、县（区）概况、人物、附录、索引36个类目，各类目下设分目，基本资料以条目形式撰写。全书共有条目2087条，照片337幅，统计图26个，表格32个，力求做到图文并茂，切实增强年鉴的信息量和可读性。

三、本年鉴所采用的稿件均由市直有关单位和各县（区）史志办明确专人撰写，并经单位领导审核把关后收集，资料翔实准确，内容丰富，信息量大，是全市各级领导干部和各级各部门出台政策、制订工作计划的重要依据。

四、本年鉴设有目录和索引两种检索方法，目录在卷首，索引在卷尾。目录编排到条目；索引采用主题分析法，按主题词首字音序排列，同音字以声调为序排列。为方便读者使用，本年鉴附有电子光盘，内容与文字书刊一致。

五、在反映数量变化时，一般与2016年年末数相比，文中出现“上年”字样，均指2016年，不一一注明。统计数字如部门间有出入或使用了预计数的，一律以统计部门提供的为准。在条目中，部分单位、事件等名称，第一次出现时用全称，以后用简称，不一一注明。

六、《玉溪年鉴》的标识外形为玉佩造型，由三朵流畅的浪花汇聚成汹涌澎湃的大海，是对玉溪精神“玉汝于成、溪达四海”的最佳诠释。封面以浪漫主义的手法，把浪花和音乐符号有机组合起来，充满了生机和活力，体现了新时代玉溪人拼搏进取、追云逐浪、永立潮头的精神。

七、本卷年鉴的编辑出版，得到了各级领导干部和各级各相关部门以及社会各界的关心帮助，在此表示衷心感谢！由于时间紧、工作量大，加之编辑水平有限，年鉴中难免有不足之处，敬请各位读者谅解。

《玉溪年鉴》编辑部

重要活动

2017年，全市上下深入贯彻习近平新时代中国特色社会主义思想，按照市第五次党代会确定的奋斗目标和主要任务，团结带领全市各族干部群众，直面错综复杂的严峻形势和前所未有的转型发展压力，全面落实中央和省的各项决策部署，统筹推进“五位一体”总体布局，协调推进“四个全面”战略布局，着力实施经济社会发展“5577”总体思路，凝心聚力、攻坚克难，砥砺奋进、开拓创新，推动全市经济建设、政治建设、文化建设、社会建设、生态文明建设和党的建设取得新进展，全市呈现出经济平稳健康发展、民族团结进步、人民安居乐业、社会和谐稳定、政治生态风清气正的良好局面。

①

②

①2017年4月21～22日，中共云南省委书记陈豪（中）以全省总河长和抚仙湖河长身份到玉溪调研

②2017年9月23日，玉溪市召开学习贯彻习近平总书记会见全国社会治安综合治理表彰大会全体代表时的重要讲话精神和全国“长安杯”创建工作座谈会

③2017年3月14日，中共玉溪市委五届四次全体会议召开

④2017年1月10日，玉溪市第四届人民代表大会第五次会议在聂耳大剧院开幕

⑤2017年3月30日，七彩云南 抚仙玉溪——“相约春天 共筑梦想”2017玉溪重点产业（深圳）投资推介会在广东省深圳市举行

（曾永洪　摄）

中共玉溪市委五届四次全体会议
③

玉溪市第四届人民代表大会第五次会议
④

七彩云南 抚仙玉溪
“相约春天 共筑梦想”2017
玉溪重点产业（深圳）投资推介会
项目签约仪式
⑤

产业升级

2017年，市委、市政府出台28项稳增长措施，开展稳增长促跨越百日攻坚。加大开放型农业发展力度，蔬菜、林果、花卉、畜牧等产业量效齐增，农业增加值142亿元、增长6.3%；着力打好工业转型攻坚战，卷烟产业止住下滑势头，现代装备制造、生物医药、电子信息等非烟产业加快发展，新增规模以上工业企业9户、高新技术企业13户，工业增加值662.5亿元、增长7.1%，非烟工业增加值增长22%；开展十大扩消费行动，商贸、餐饮等传统服务业巩固提升，金融、信息等现代服务业加快发展，第三产业增加值543.7亿元、增长12%。

①沃森生物厂房（曾永洪　摄）
②2017年7月26日，玉溪市3户钢铁企业整合形成全省最大民营钢铁企业（曾永洪　摄）
③蓝晶科技车间（曾永洪　摄）
④2017年8月29日，玉溪市柑橘芽变选种技能大赛在华宁举行，温州蜜柑专场评委专家对照评分标准进行现场打分（陈　佳　摄）

①

云南玉溪玉昆钢铁集团有限公司
玉溪汇溪金属铸造制品有限公司
云南活发集团玉溪市福玉钢铁有限公司
整合协议签约仪式
汇溪金属铸造
制品有限公司
玉昆钢铁
集 团

②

③

④

三大战役

2017年，全市“三大战役”战果斐然。民营经济实现增加值515亿元、增长13.3%，民营经济组织超过18万户，其中民营企业户数达2.57万户，个体工商户15.46万户，从业人员达71.1万人；高新区和10个省、市级工业园区、产业园区新增入驻企业183户，累计入驻企业3 690户，建成投产企业2 018户，园区从业人员14.4万人，实现全部工业增加值281.8亿元、增长22.6%；易门县、澄江县、新平县、元江县入列省级县域经济先进县，继红塔区之后，新平县、通海县巩固提升经济总量百亿元县区地位，易门县跨入百亿元县区行列。

①2017年7月3日，向中—十街生物产业园4个项目集中开工
②2017年3月3日，玉溪市召开全市民营经济县域经济园区经济现场推进会
③2017年6月1日，玉溪市举办玉溪·顺义产业园开园暨玉溪高新区2017年二季度招商引资项目集中开工仪式

（曾永洪　摄）

①

②

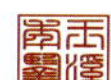

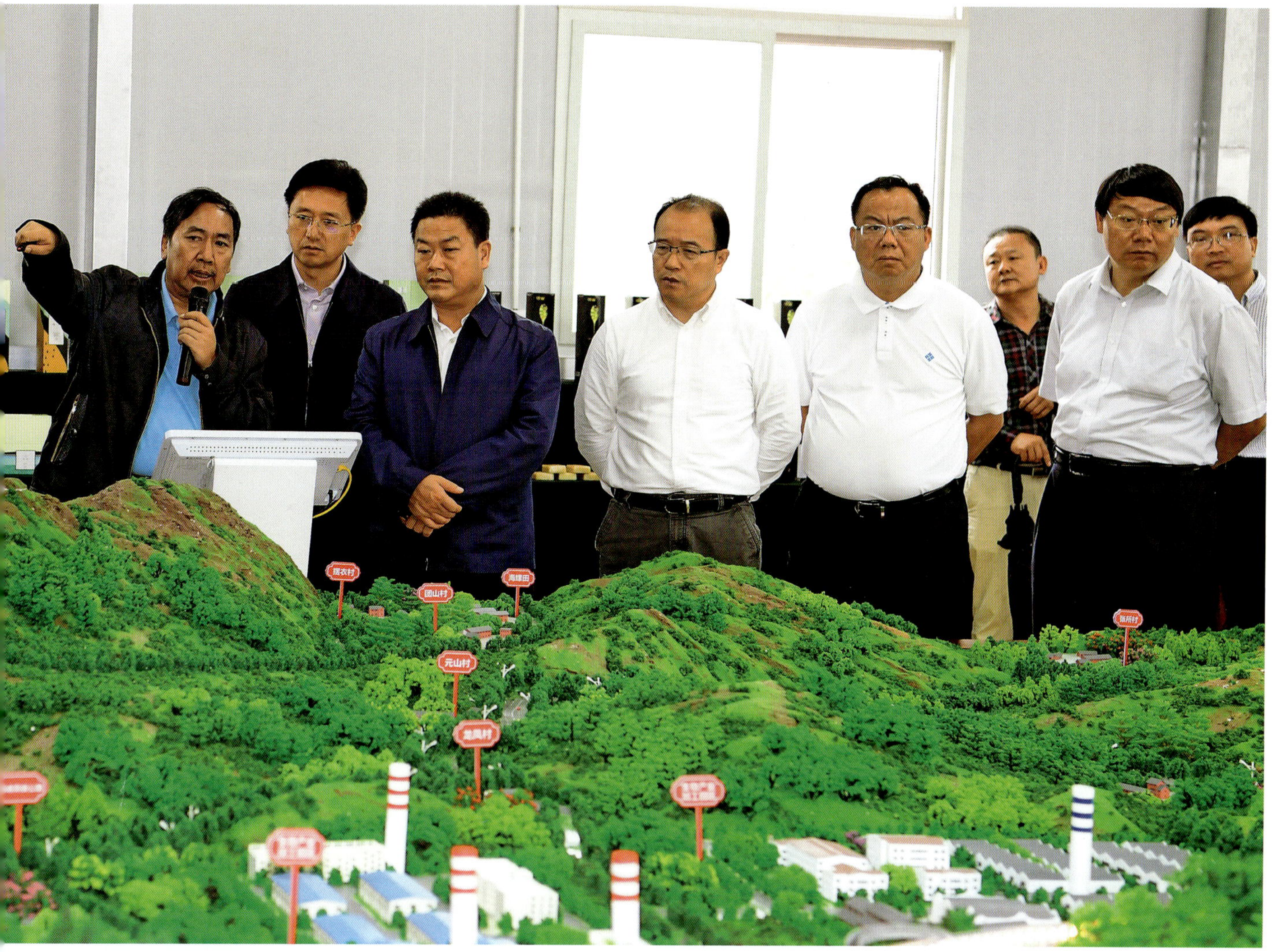

玉溪·顺义产业园开园
玉溪高新区2017年二季度招商引资项目
开工仪式
2017.06.01
1、玉溪·顺义产业园
2、北京升华电梯西南生产运营中心项目
3、深圳合续科技公司污水处理设备生产项目
4、龙泉片区装备制造产业园标准厂房建设项目
5、龙泉片区供水工程建设项目
6、龙泉片区基础设施建设项目
7、龙泉片区绿化亮化工程建设项目
8、张记皇冠有限公司食品加工项目
主办：北京市顺义区人民政府 云南省玉溪市人民政府
玉溪高新技术产业开发区管理委员会
北京升华电梯西南生产运营中心项目
奠基
二〇一七年六月一日

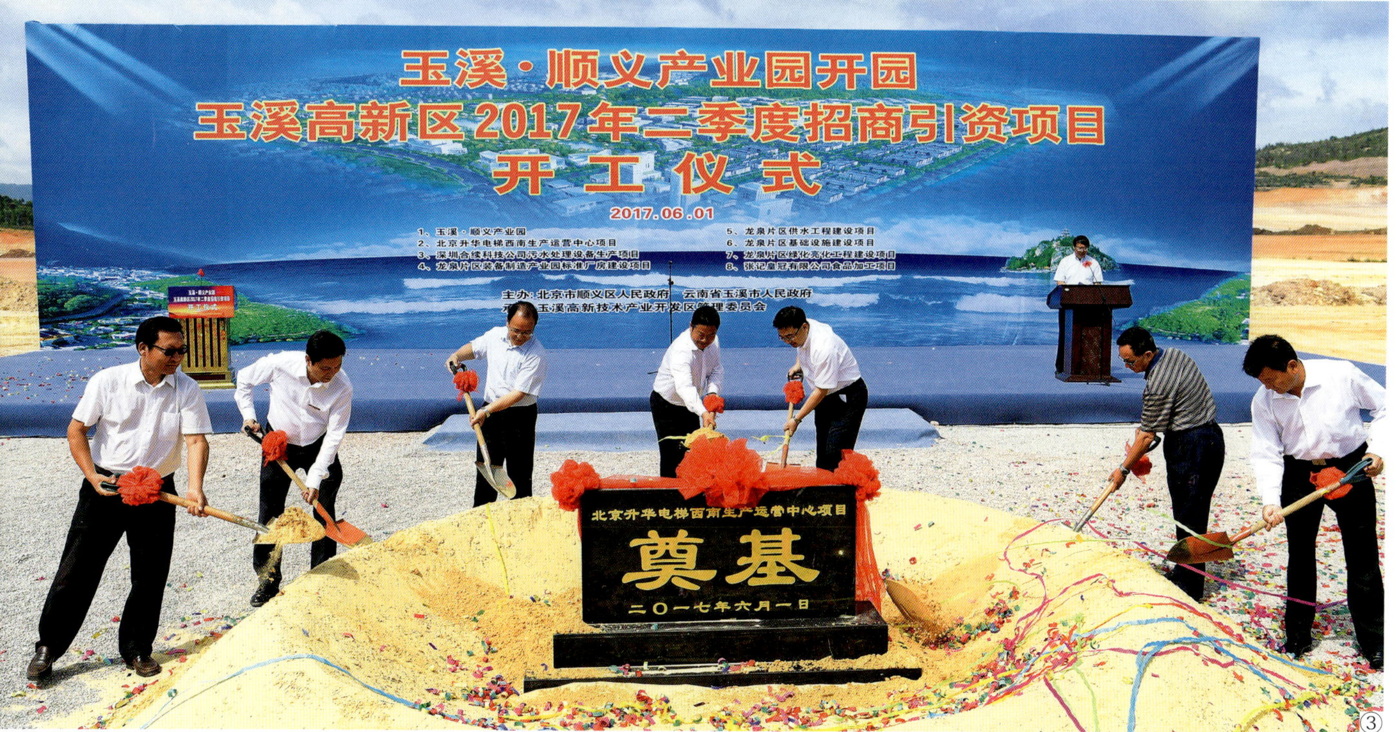

③

五网建设

2017年，全市突出抓好145个五网项目建设。武易高速玉溪段、晋红高速、昆明东南绕城高速宜良至澄江段建成通车，弥玉、玉楚、江通、大戛、澄川、元蔓高速加快推进，新建改建农村公路2 833千米，玉溪至北京旅游列车、至郑州动车组开通；启动江川通用机场建设；15件重点水源工程、400件小坝塘除险加固进展顺利，建成农业高效节水减排面积20.8万亩；建成4座电动汽车充电站，推广天然气用户6.6万户；国家信息消费、宽带中国、智慧城市试点加快推进，云南联通玉溪数据中心主体工程完工，新建改造通信铁塔基站2 478座。

①晋红高速公路北城立交桥（李浩杰　摄）
②玉溪高新区龙泉园区云南合美通用航空实业有限公司组装生产的海明堡蜂鸟系列直升机（曾永洪　摄）
③2017年1月6日，“玉溪号”文化旅游列车首发仪式上的民族歌舞表演（曾永洪　摄）
④中缅燃气管道（曾永洪　摄）

①

②

③

④

城乡发展

2017年，全市各县区启动新一轮城乡总规编制，完成美丽玉溪行动、试点县区“多规合一”等规划编制。科教创新城规划建设进展顺利，文化广播影视传媒中心等6个项目集中开工。城南客运站投入使用，市规划馆主体工程完工，建成地下综合管廊19.6千米、海绵城市项目58个。玉溪大河三期、高铁新城二期、老五街旧城改造工程启动，玉江大道改造提升、红龙路改扩建、新天地、红星国际广场等项目有序推进。实施65个建制镇“一水两污”项目，乡镇供水、垃圾处理设施实现全覆盖。启动实施第二轮百村示范、千村整治工程。

①塔冲村漫山遍野的油菜花簇拥开放，富良棚乡迎来旅游旺季（曾永洪　摄）
②“百村示范”工程建设让上牟溪村换新颜（潘　泉　摄）
③玉溪中心城区景色（曾永洪　摄）
④玉溪市瀑布生态公园（潘　泉　摄）

①

②

③

④

生态建设

2017年，市委、市政府坚决打好新时代抚仙湖保卫战，实施百日攻坚雷霆行动，100个突出问题已整改67个，建立抚仙湖—星云湖绿色生态经济区。22户企事业单位和6 122名农村居民退出抚仙湖一级保护区，径流区10万亩植被恢复项目开工建设。全面推行河长制、湖长制，集中整治重点河流污染问题。加强大气污染防治，启动土壤污染防治工作。完成营造林18.6万亩、低效林改造4万亩。中央环保督察组反馈问题全部整改到位，省环保督察组反馈问题整改进展顺利。

①城在林中
②城市绿地公园
③澄江县荷藕种植扮靓田园风光
（曾永洪　摄）

①

②

③

脱贫攻坚

2017年，全市上下扎实开展脱贫攻坚“找问题、补短板、促攻坚”专项行动和百日攻坚战，统筹整合专项扶贫、行业扶贫、社会扶贫，着力实施基础设施、产业发展、易地扶贫搬迁、劳动力培训转移等项目，投入资金34.3亿元，发放小额信贷资金4.1亿元，实施易地搬迁5 246人、危房改造8 960户，3个贫困乡摘帽，17个贫困村出列，4万贫困人口脱贫。

①美丽新农村富良棚乡塔冲村
②2017年8月16日，玉溪市召开精准脱贫百日攻坚战推进会，企业捐赠脱贫款
③土鸡养殖为峨山县富良棚乡嘛娜村贫困户带来了实实在在的经济收益
④江川区九溪镇矣文村委会罗合白村发展萝卜产业助农增收

（曾永洪　摄）

①

②

③

④

民生保障

2017年，全市全面实施七大民生工程，十件惠民实事圆满完成。整合城乡居民医保，实现跨省异地就医结算，城乡低保标准每人每年分别提高到6 072元和3 420元。建成居家养老服务中心20个、乡镇敬老院5个，48.3万农户参加政策性农房地震保险。完成学前教育项目4个、“全面改薄”工程80个，玉溪衡水实验中学建成招生，在全省率先实现义务教育基本均衡。峨山、元江省级医养结合试点稳步推进，市医院改扩建、市儿童医院和8个县级公立医院补短板项目进展顺利。

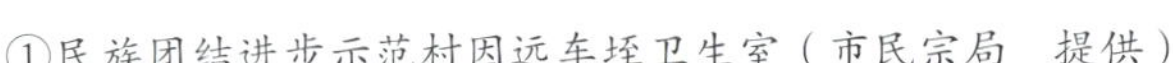

①民族团结进步示范村囡远车垤卫生室（市民宗局　提供）
②2017年7月27日，市关工委、市民政局相关人员为峨山县富良棚中心小学“留守儿童之家”揭牌（王家兴　摄）
③民建玉溪市委开展大型义诊活动（民建玉溪市委　提供）
④2017年6月27日，市关工委到华宁县宁州街道新庄小学慰问留守儿童（张　翼　摄）

①

②

云南中医学院民族医药学院
义诊区
丽江市民族民间医药研究协会
义诊区

③

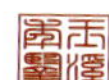

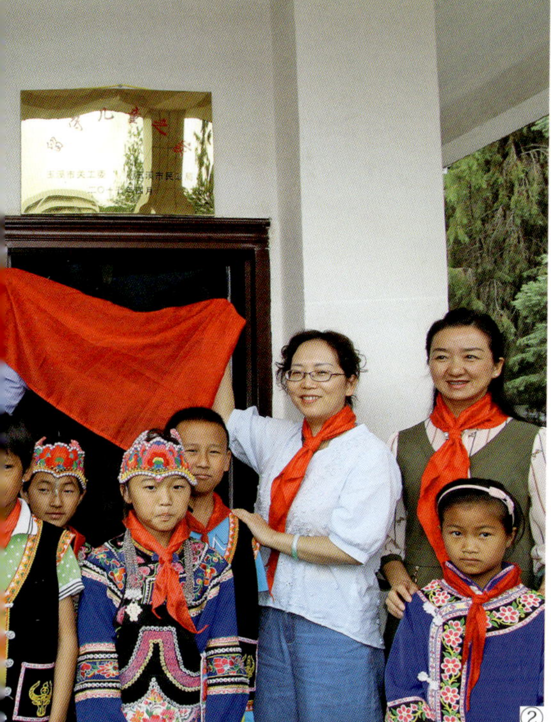

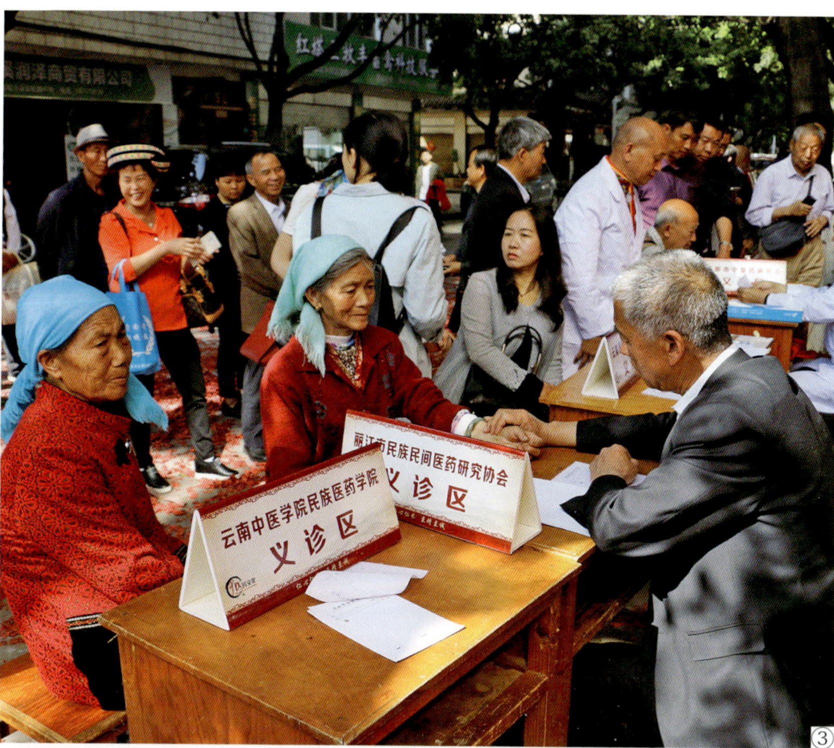

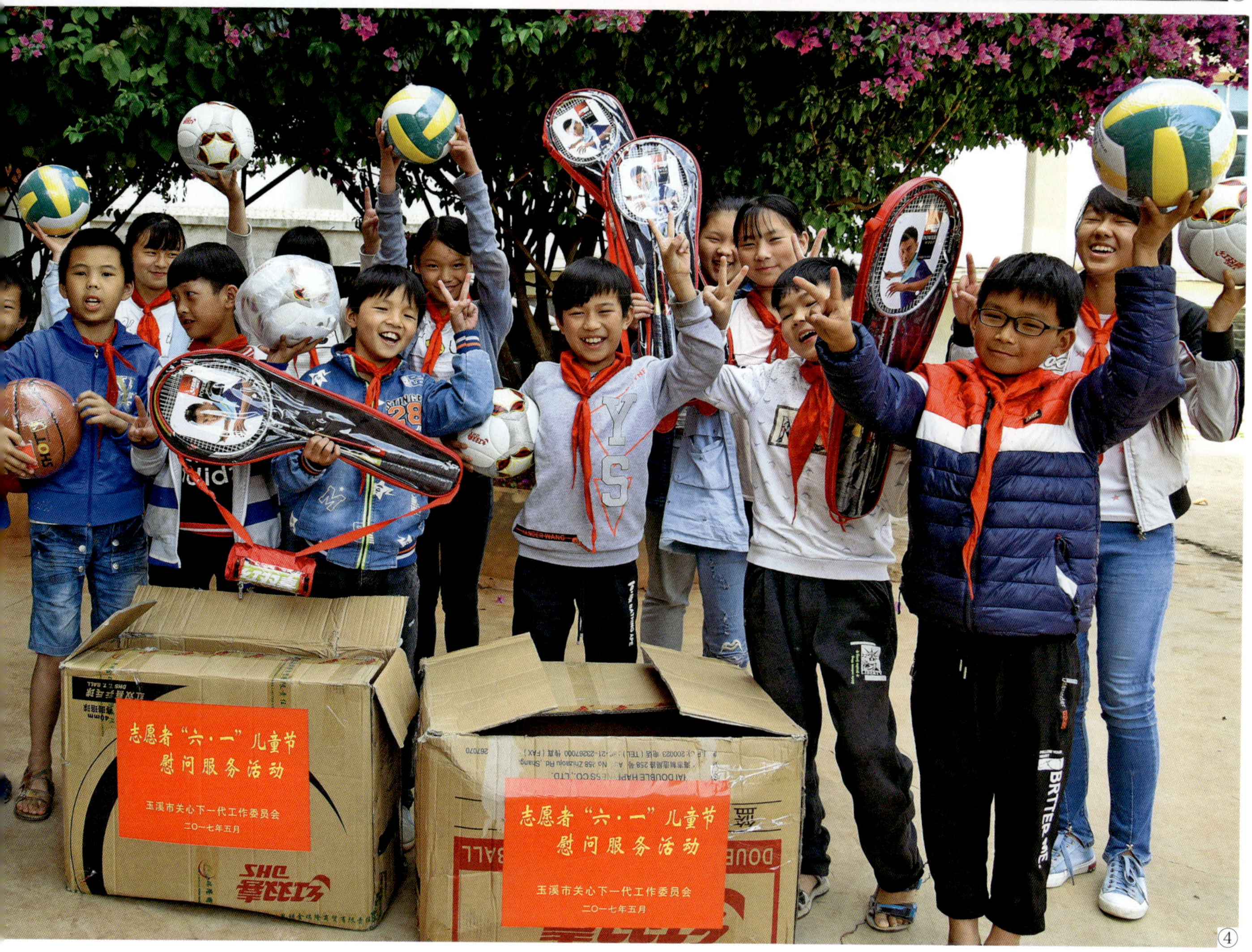
志愿者"六·一"儿童节
慰问服务活动
玉溪市关心下一代工作委员会
二〇一七年五月
志愿者"六·一"儿童节
慰问服务活动
玉溪市关心下一代工作委员会
二〇一七年五月

④

文体活动

2017年，全市文化体育事业蓬勃发展。成功举办第五届中国聂耳音乐（合唱）周和云南省第十届民族民间歌舞乐展演，组织开展“我们的中国梦”文化进万家元旦春节系列活动，开展“文化大篷车·千乡万里”慰问演出61场，完成农村公益电影放映3 618场，文化惠民演出近千场，玉溪交通旅游广播开播，聂耳音乐之都建设成效显著，《云南省澄江化石地世界自然遗产保护条例》颁布实施，成功举办抚仙湖高原国际超级马拉松等赛事，玉溪籍运动员实现第十三届全运会金牌零突破。

①歌舞《前进、前进、前进进》（曾永洪　摄）
②古筝演奏《翠湖春晓》（曾永洪　摄）
③抚仙湖嘉年华（市体育局　提供）
④聂耳小学代表队演唱《欢乐的那达慕》（曾永洪　摄）

①

②

③

④

（李晓媛　摄）

目　录
CONTENTS

特　载
Special Reprint

在市委五届五次全会上关于市委常委会工作的报告……罗应光　2
不驰于空想　不骛于虚声做好新时代玉溪高质量跨越式发展的答卷人
——在市委五届五次全会第二次全体会议上的讲话……罗应光　8
政府工作报告
——2018年2月2日在玉溪市第五届人民代表大会第一次会议上……张德华　12

专　文
Special Articles

玉溪市农村危房改造、“百村示范、千村整治”行动推进情况调查……24
玉溪市文化旅游产业发展情况调研报告……28
玉溪市建筑业发展情况调研报告……30
金融支持玉溪科技企业发展的路径选择……33
提高农村基层学习型党组织建设科学化水平研究……35

大 事 记
A Chronicle of Malmain Events

1月……42
2月……42
3月……42
4月……43
5月……44
6月……44
7月……45
8月……46
9月……46
10月……47
11月……47
12月……48

市情概览
Summary of Yuxi

主要数据指标

……52

自然环境

地理位置……54
地形地貌……54
江河和湖泊……54
气候概述……54
2017年玉溪市平均气温（左）和气温距平（右）分布图……54
2017年玉溪各县（区）平均气温表……54
2017年玉溪市平均气温逐月分布图……55
2017年玉溪市降水量（左）和降水距平分率（右）分布图……55
2017年玉溪各县（区）降水总量表……55
2017年玉溪市平均降水量逐月分布图……55
2017年玉溪市日照时数（左）和日照距平百分率（右）分布图……56
2017年玉溪市各县（区）日照表……56
2017年玉溪市平均降水量逐月分布图……56

自然资源

森林资源……57
湿地资源……57
水资源……57

建置区划

历史沿革……59
行政区划……59

人口与民族

人口统计……59
民　族……59

人文民俗

米线文化节……59
开渔节……60
立夏节……60
迎春花街……60
柑橘旅游文化节……60
野生食用菌交易会……60
火把节……61
花街节……61
“金芒果”旅游文化节……61

国民经济与社会发展

生产总值……61
财政收支……61
市场物价……62
农　业……62
工　业……62
建筑业……62
固定资产投资……62
国内贸易和对外经济……62
交通运输、邮电业和旅游……62
金融和保险业……62
教育和科学技术……62
文化、卫生和体育……63
城市建设和生态环境……63
劳动就业、社会保障和安全生产……63
人民生活……63

机构及负责人

……64

中共玉溪市委员会
The CPC Committee of Yuxi City

市委重要会议……76
市委常委会议……77
重要通知、决定……80
办文、办会……83
信息工作……84
上级领导视察调研……84

督查工作

中央、省、市委决策部署和重要会议的督查督办……85
脱贫攻坚督查……85
督查工作重点……86
专项工作督促……86
督查通报……86
综合考评工作……86
调研工作……86
督查队伍建设……87

政策研究

重要文稿起草……87
调查研究……87
搭建沟通交流平台……87

农业农村工作

农村重点领域改革……87
美丽宜居乡村建设……87
市委农办工作……87

深化改革

概　况……88
经济体制改革……88
开放型经济体制改革……88
民主法制领域改革……88
文化教育卫生体制改革……89
社会体制改革……89
生态文明体制改革……89
党建纪检体制改革……90
改革试点工作……90
市委改革办工作……90

纪检监察

严明政治纪律和政治规矩……90
管党治党政治责任……90
落实中央八项规定精神……91
保持惩治腐败高压态势……91
强化扶贫领域监督执纪问责……91
查处损害群众利益问题……91
巡视巡察各项工作……91
“三项改革”工作……91
纪检监察队伍……92
重要会议活动……92

组织工作

“两学一做”学习教育情况……94
巡视反馈整改落实工作……94
换届和选举工作……94
干部工作规范化……95
干部教育培训工作……95
干部监督管理工作……95
市管干部出国（境）备案审批管理工作……95
健全党建工作责任体系……95
党建促脱贫攻坚工作……95
深入拓展玉溪基层党建品牌……95

提升各领域基层党建短板……95
党员发展工作……96
党费收缴、使用和管理……96
关怀困难党员、老党员、老干部工作……96
乡镇党代会年会制……96
党代表管理工作……96
人才载体建设工作……96
人才引进工作……96
人才培养工作……96
人才培训工作……96
人才统计工作……96
公务员管理工作……96
大学生村官工作……97
党的建设制度改革……97
组织工作宣传……97
组织部门自身建设……97

宣传工作

全市宣传思想文化工作会议……97
理论学习教育……97
舆论推动工作……98
对外宣传工作……98
文化产业……99
文化事业……100
第五届中国聂耳音乐（合唱）周……100
精神文明建设……100

统战工作

喜迎党的十九大文艺晚会……102
开创多党合作事业新局面……102
加强党外代表人士队伍建设……102
维护民族宗教领域和谐稳定……103
深化港澳台及海外统战工作……103
促进非公经济“两个健康”……103
提升统战工作科学化制度化水平……103

机关党建

学习宣传贯彻党的十九大精神……104
“两学一做”学习教育常态化制度化……104
“基层党建提升年”工作……104
强化基层党组织规范化建设……104
持续抓好软弱涣散基层党组织整顿提升……104
严格党员管理和发展党员工作……104
机关党建示范点……104
加强机关服务型党组织建设……104
从严从实规范党内政治生活……105
落实党建工作责任……105

老干部工作

离退休干部队伍……105
走访慰问老干部……105
迎春送福系列活动……105
全市老干部工作会……105
老干部健康体检……105
老干部参观考察……105
老干部党支部书记读书班……105
荣获“全国示范老年大学”称号……105
评选“五有五好”示范党支部……105
退休生活适应性培训班……106
离退休干部正能量教育基地……106
“畅谈”“建言”活动……106
编印正能量丛书……106
全运会柔力球铜牌……106
“碧玉生辉”大讲堂……106
宣传信息工作……106
建设海绵干休所……106

党校工作

教学工作……106
外出宣讲工作……106
科研工作……106
培训工作……106
队伍建设……106
全市党校系统师资培训班……107
合作交流……107
理论研讨会……107
全面深化改革工作……107
基础设施建设……107
县级党校建设……107
巡察工作……108
脱贫攻坚工作……108

党史研究

《2016中共玉溪市委执政纪要》编撰工作……108
《中国共产党玉溪历史大事记》（2001～2015）编撰工作……108
《玉溪重要历史文献资料选编》编撰工作……108
《中国共产党玉溪历史学生读本（1927~1950）（试行）》编撰工作……108
完成《玉溪市革命老区发展路径研究》课题及《玉溪对外开放实录》专题撰写工作……108
“玉溪党史网”及“玉溪党史”微信公众号……108
党史信息工作……109
革命遗址保护工作……109
完成抗战老战士统计和研究成果上报工作……109
办文、办会工作……109
人员培训工作……110

保密工作

组织领导……110
教育培训……110
保密管理……110
保密科技……111
检查查处……111
保密服务……111

档案管理

档案行政执法检查……112
档案法治政府建设……112
依法行政、保密知识专题讲座和道德讲堂……113
开展“国际档案日”宣传活动……113
强化档案业务监督指导……113
乡镇档案馆（室）建设……113
档案资源体系……113
数字档案馆建设……113
档案资源开发……114
档案抢救与保护工作……114
参与省档案局科技成果奖评选……114
全市档案局（馆）长会议……114
档案基础知识培训班……114
开展档案学会和职称工作……114

机构编制

“放管服”改革……114
重点领域体制改革……115
机构编制精细化管理……115

玉溪市人民代表大会
The People' Congress of Yuxi

概　况……118
四届人大五次会议……118
四届人大六次会议……118
人大常委会会议……118
主任会议……119
监督工作……120
人事任免……121
人大代表工作……121
上级领导视察、调研……121

玉溪市人民政府
The People's Government of Yuxi

重要会议……124
市政府专题会……127
政府督查……129
议案提案办理……129
政务信息……129
政府信息与政务公开……129
电子政务……130
上级领导调研……130

调研研究

重要文稿起草……130
调查研究……130
课题研究……131
决策咨询服务……131

应急管理

自然灾害……131
事故灾难……131
公共卫生事件……131
社会安全事件……132
应急预案体系建设……132
应急管理体制……132
应急管理机制规范……132
应急管理法律法规……133
应急基础设施……133
监测预警……133
应急队伍建设……134
应急物资保障……134
应急处置和灾区恢复重建……134
应急演练和宣传培训……135

扶贫开发

概　况……135
整村推进扶贫……135
整乡推进扶贫……135
易地扶贫搬迁……136
“直过民族”脱贫……136
劳动力培训转移……136
革命老区建设……136
扶贫小额信贷……136
财政扶贫资金报账进度……137
产业扶贫项目……137
扶贫攻坚“挂包帮”“转走访”工作……137
贫困对象动态管理……137

政务服务管理

设立玉溪市投资项目审批服务中心……137
“互联网+政务服务”审批服务平台……137
公共资源交易电子化平台……137
玉溪中介超市并轨省投资审批中介超市运行……138
市政务服务中心业务办理……138
投资项目网上审批服务业务办理……138
公共资源交易业务办理……138
政府采购和出让中心业务办理……138

机关事务管理

财务管理工作……138
公务用车改革和公务用车管理工作……138
公共机构节能管理工作……138
机关办公用房和资产管理工作……138
市级机关交流干部周转住房工作……139
会务服务工作……139

信访工作

概　况……139
群众信访特点……139
重点信访积案攻坚化解……139
网上信访平台建设……140
“玉溪信访”微信公众号开通……140
信访工作责权体系构建……140
信访基础业务规范化建设……140
领导干部接访下访工作……140
市委书记罗应光参加新华网“市委书记谈信访”……141
信访工作秩序规范……141
信访“第二研究室”……141
信访干部队伍建设……141

外事工作

因公出国（境）管理……141
重要出访……141
对外友好交流……142
提升中国・玉溪英文网……143
外宾接待……143
重要外宾接待……143
全市扩大对外开放……143

侨务工作

为侨服务工作……144
华文教育工作……144
侨务经济科技工作……144
玉溪市人民政府2017年10件惠民实事实施情况……144

政协玉溪市委员会

Yuxi committee of Chinese People's and Consultative Conference

概　况……148
政协玉溪市四届五次会议……148
常务委员会会议……148
主席会议……148
协商议政……149
政协专门委员会工作……150
政协经常性工作……151
上级领导视察、调研……152

民主党派・工商联

Democratic Parties Federation

民革玉溪市委

思想建设及学习培训……156
组织建设……156
参政议政……156
社会服务……156

民盟玉溪市委

组织建设……156
参政议政……156
社会调研……156
助力脱贫攻坚……156
“黄丝带”帮教活动……156
“同心”工程……156

民建玉溪市委

组织建设……157
思想建设及学习培训……157
《玉溪民建》创刊……157
参政议政……157
社会服务……157
民建上海闵行区委到玉溪考察……157
社会服务……157

民进玉溪市委

思想建设……157
组织建设……157
参政议政……158
社会服务……158
同心工程……158

农工党玉溪市委

思想建设……158
组织建设……158
参政议政……158
社会服务……158
社会调研和民主监督……158

致公党玉溪市委

思想建设……158
组织建设……158
参政议政……159
社会服务……159

九三学社玉溪市委

思想建设……159
组织建设……159
科研成就……159
社会调研……159
议政建言……159
助力脱贫攻坚……159
社会活动……160

工商业联合会

市工商联第五次代表大会……160
学习培训……160
商会组建和会员发展……160
经济和招商服务……160
维权服务……160
创业帮扶……160
助力精准脱贫……160
参政议政……160
社会调查和服务……160

人民团体
Mass organizations

总工会

组织建设……164
工会改革……164
提升职工素质……164
职工维权……164
困难职工帮扶……164
劳模和“玉溪工匠”服务管理……164
“中国梦·劳动美”主题教育……164
“安康杯”劳动竞赛活动……164

共青团玉溪市委员会

换届选举圆满完成……164
“喜迎十九大”系列活动……164
青年创业帮扶……164
“3·5雷锋志愿日”主题活动……165
“互联网+公益”平台启动……165
少先队工作……165
对外交流活动……165
西部计划志愿者项目……165
举办青年马克思主义培养工程培训班……165
第四届“玉溪青年五四奖章”评比……165
助力脱贫攻坚……165

妇女联合会

妇联改革……165
妇女创业创新……165
妇女儿童维权……165
助力精准脱贫……166
关爱妇女儿童……166
文明家庭创建……166
生态文明创建……166
优秀表彰……166

科　协

组织建设……166
全民科学素质行动……166
优秀学术论文评选……166
青少年科技创新大赛……166
青少年学科竞赛……166
青少年科普教育……166
科普大篷车……167
科普志愿者活动……167
科普信息化建设……167
科普助力精准扶贫……167
农函大办学……167

侨　联

侨联改革……167
侨务干部培训班……167
学习交流……167
服务侨界群众……167
参政议政……167
海外联谊……167
“侨爱心·光明行”活动……167
助力脱贫攻坚……167

法　治
Legal System

政法及综治

平安玉溪建设……170
创新社会治理……170
服务经济社会……170
依法治市……170
司法体制改革……170
十九大安保工作……170
政法队伍建设……170

立法工作

编制年度立法计划……171
制定颁布《新平哀牢山县级自然保护区条例》……171
审议通过《市城镇绿化条例》《市森林防火条例》……171
加强地方立法管理……171
加强立法培训……171
规范性文件备案审查工作……171
征集下一个五年立法规划建议……171

法治政府建设

建设法治政府……171
依法决策……172
政府法律顾问工作……172
规范性文件监督管理……172
行政复议和诉讼调解……172
行政执法监督……172
仲裁工作……172

公 安

概　况……172
维护国家安全和政治稳定……172
深入推进反恐怖斗争……173
打击刑事犯罪……173
打击“盗抢骗”犯罪……173
“黑枪拐”专项整治……173
打击电信网络新型犯罪……173
打击经济违法犯罪……174
打击网络违法犯罪……174
禁毒工作……174
公开查缉毒品工作……174
打击零星贩毒……174
禁吸戒毒工作……174
打击整治突出治安问题……174
打击食药环违法犯罪……175
枪爆危险物品管理……175
人口管理……175
矛盾纠纷排查化解……175
社会治安防控体系建设……175
创新行业场所管理……176
交通安全管理……176
消防安全管理……176
“放管服”改革……176
执法规范化建设……176
队伍建设……176

检 察

概　况……176
批准逮捕……177
立案监督……177
侦查活动监督……177
审查起诉及提起公诉……177
刑事审判监督……177
打击刑事犯罪……177
反贪污贿赂……177
反渎职侵权……177
惩治“村霸”和宗族恶势力……178
职务犯罪预防……178
未成年人刑事检察……178
刑事执行检察……178
民事行政检察……178
控告申诉检察……178
环保检察……179
案件管理……179
提升检察技术……179
检察委员会建设……179
检察理论研究……179
接受外部监督……180
检察队伍建设……180
司法体制改革……180
检务保障……181
司法警察办案……181
宣传工作……181
表彰奖励……181

法 院

概　况……181
刑事审判……181
民事审判……181
行政审判……181
执行工作……181
践行司法为民……182
打造智慧法院……182
推进改革创新……182
加强队伍建设……183
深化司法公开……183
表彰奖励……183

司法行政

基础设施建设……183
法治宣传……183
人民调解……184
基层法律服务……184
社区矫正……184
安置帮教……184
律师工作……184
公证工作……184
法律援助……185
司法鉴定……185
人民监督员管理……185

军 事
Military

玉溪军分区

安全稳定工作……188
思想政治建设……188
国防动员事业……188
国防教育活动……188
双拥共建……188
脱贫攻坚……188
夏秋季征兵……188
学生军训工作……188
进军营授课……188
基层武装部达标验收“回头看”活动……188
重要会议……189
战备训练建设……189

31637部队

组建成立31637部队……189
赴黎维和分队完成任务轮换交接……189
开展网络媒体国防行活动……189
第一届“优秀军嫂”表彰暨“集体婚礼”活动……190

深入开展精准扶贫帮困活动……190
国家民政部领导到31637部队检查慰问……190
完成地震灾害紧急救援队业务考核……190

预备役三团

思想政治建设……191
战备建设……191
军事训练……191
组织整顿……191
安全稳定工作……191
双拥共建……191

武　警

政治建设……191
能力建设……191
正规化建设……191
基层建设……192
基础设施建设……192
班子建设……192
地方领导慰问……192
联勤巡逻勤务……192
地震救援联合演练……192
十九大安保誓师大会……193
视察调研……193
先进集体……193
先进个人……193

市公安消防支队

领导重视……194
火灾和接警出动情况……194
严格消防监管……194
夯实消防基础……194
强化消防宣传……194
坚持从严治警……194
淬炼消防铁军……194
深化廉洁建设……194
推进信息化建设……195
提升执法服务水平……195
创新社会治理模式……195
完成重大安保任务……195

人民防空

概　况……196
基本指挥所建设……196
指挥通信训练……196
短波电台建设……196
结合民用建筑开展行政审批……196
防空警报维护管理……196
防空警报试鸣……196
人防教育……196

农　业
Agriculture

农业管理

概　况……200
督查督办……200
建议、提案办理……200
农业发展规划编制……200
现代农业产业园建设……200
农业专项资金……200
市级名特优新项目……201
农业农村深化改革……201
现代农业重点建设项目……201
重点龙头企业……201
农业保险补贴……201
农产品出口……201
集中行政审批职能……202
双随机一公开监管……202
政务服务事项录入……202
规范性文件……202
法律顾问……202
农业行政执法案件评查……202
公布接收行政案件法律文书信息……203
创建“平安农机”……203
农业招商引资……203
农产品展示推介……203
“互联网＋现代农业”和农村电子商务行动……203
省级名牌农产品……203
一村一品建设……203
“一园四品”获省名园名优称号……203
鲜活农产品调控目录制度试点……204
农资监管……204
农业监督抽查……204
立案查处案件……204
综合执法培训……204
“平安市场”创建……204

农业经济管理

家庭农场……204
农村集体经济组织收益分配情况……204
市级家庭农场、农民合作社示范社项目补助……204
农村集体经济组织资产负债情况……204
农村集体“三资”管理情况……204
农村集体资产股份权能改革试点……205
规范农村集体产权流转交易……205
农经统计业务人员培训……205
农村经济稳步增长……205
农村经济成本费用率居高不下……205
农民收入稳步增加……205
农村土地适度规模经营流转……205
家庭承包耕地流转……205
农村土地承包经营权纠纷调解……206
工商资本租赁农地……206

农村土地承包经营权确权登记颁证项目资金……206
农民负担状况……206
农民专业合作社……206

种植业

种植结构持续调优……206
粮食生产……206
经济作物生产……206
冬季农业开发……207
中药材种植……207
晚秋作物种植……207
市级高原特色冬季农业示范项目……207
科技增粮……207
农作物受灾……207
中央农业支持保护补贴……207
农作物保险……207
承办中国第五届蔬菜产业大会……207
蔬菜生产……207
水果生产……207
甘蔗生产……208
花卉自主知识产权……208
花卉种球种苗生产……208
茶叶生产……208
芦荟生产……208
除虫菊生产……208
茉莉花生产……208
三七生产……208
重楼生产……208
露水草生产……208
金银花生产……208
蔬菜新品种新技术推广……208
水果新品种新技术推广……208
苦瓜栽培项目获省农业技术推广三等奖……208
葡萄简化栽培技术示范……208
温带水果引种试验与示范……209
经作技术培训……209
柑橘技能大赛……209
云南省名牌水果产品……209
云南省名优水果称号……209
水果蔬菜出口……209

林 业

概 况……209
林业投资……210
林业产值……210
林业专业合作社……210
林业产业龙头企业……210
核桃产品获奖……210
举办首届抚仙湖樱花节……210
国有林场改革……210
林权管理……210
林木权登记发证……210
开展保护植物种质资源库建设……210
苗木资源普查……210
林木良种补贴……210
制定《沙化土地封禁保护制度三年行动方案》……211
首年交通沿线面山绿化优化任务完成……211
超额完成“十二五”林业“双增”目标任务……211
林业技术培训……211
实施千亩核桃科技示范基地项目建设……211
启动大砂壳核桃科技创新示范基地项目……211
森林生态系统定位研究站建成投入使用……211
第九次全国森林资源清查通过国家和省级评质检查验收……212
征收占用林地审核审批……212
灾害木清理专项采伐限额使用管理……212
森林防火……212
市委书记罗应光督查森林防火工作……212
启动“无火清明”森林防火武装巡护统一行动……212
江川区直升机场正式启用……212
完成国家级森林防火“以水灭火”试点项目建设……213
林业有害生物防治……213
成立重大林业有害生物防控指挥部……213
发现检疫性林业有生物锈色棕榈象……213
陆生野生动物资源调查……214
确认濒危珍贵植物火焰兰……214
林区治安秩序持续稳定……214
涉林专项整治行动……214
“平安林区”创建……214
森林公安信息化建设……214

畜牧业

概 况……215
生猪生产……215
畜禽生产……215
畜禽循环养殖项目……215
生猪屠宰监督管理……215
重大动物疫病防控会……215
动物检疫电子出证……215
动物诊疗机构清理整顿……215
兽药监管……215
继续实施猪瘟和高致病性猪蓝耳病疫苗补助政策……215
中央和省级动物防疫等补助政策……215
病害猪无害化处理补贴……215
动物防疫员补贴和人身意外伤害保险……216
能繁母猪保险……216
草原生态保护补助……216
畜牧贴息贷款……216
种养结合循环养殖示范项目……216
牛羊标准化养殖项目……216
畜禽标准化示范场创建……216
草原畜牧业发展方式转变项目……216
草牧业试点项目……216
养殖生态循环产业化项目……216
动物免疫……217
动物疫病监测……217
兽医实验室建设……217
动物春防检查……217
动物秋防检查与防疫绩效考核……217

控制畜禽疫病死亡率……217
生猪粪铜减排关键技术集成与示范……217
生猪养殖技术培训及生猪体系建设交流……217
养鸡技术培训……217
牛冻精改良……217
种畜禽场生产……217
开展云岭牛产业发展技术培训……218
跨省引进乳用种用动物检疫审批……218
动物产地检疫……218
动物屠宰检疫……218
病害畜禽及其产品无害化处理……218
规模养殖场监管……218
动物疫病可追溯体系建设……218
生猪屠宰质量安全专项整治……218
兽药监管执法培训……218

乡（镇）企业

农产品加工业……218
休闲农业……218
规模以上农产品加工业……218
农产品加工业重点投资扶持……218
农产品产地初加工项目……218
乡村旅游接待单位星级认定……219

渔　业

渔业经济……219
水产品总产量……219
稻田养鱼……219
渔业资源保护项目……219
增殖放流……219
渔业安全生产……219

农村能源

农村能源建设……219
农村能源综合效益……219
农村沼气项目……219
外来入侵生物调查……220
农业野生植物资源保护……220

种子管理

查办种子经营违法案件……220
建立网络备案平台……220
法制农业宣传教育……220
清理无证无照经营种子企业（户）……220
农业转基因生物（种子）安全监管……220
种子质量监督抽查检验……220
杂交玉米制种基地田间质量抽检……220
杂交玉米种子品种纯度田间种植鉴定……220
引进鲜食玉米新品种……220
救灾备荒种子储备及救助……220
非主要农作物品种登记……221
主要农作物相邻区域引种……221

农业机械

农机机械作业……221
小麦机械化生产……221
中央财政农机购置补贴项目……221
机械化深松……221
洋芋机械化收获……221
作物秸秆还田机……221
果蔬烘干机……221
农业机械化培训……221
拖拉机、联合收割机牌证管理……221
农机驾驶人员管理……221
农机安全宣传教育……221
农机安全生产“打非治违”专项行动……222
变型拖拉机专项整治……222
“平安农机”创建……222
农机安全监理台账管理……222
农产品监管检测体系……222
农产品质量安全执法……222
农产品检测……222
农产品追溯体系建设……222
农业品牌创建……222
农业标准化生产……222

土肥植保

测土配方施肥……223
耕地保护与质量提升项目……223
耕地休耕制度试点项目……223
建立市级耕地质量监测点……223
肥料执法……223
农作物病虫害监测预警……223
绿色防控技术推广……223
农田鼠害防治……223
宣传《农药管理条例》及配套规章……223
农药生产经营主体核查……223
农药安全生产监管……223
植物检疫……223
柑橘黄龙病防控……224
红火蚁疫情普查防治……224
植物检疫宣传月活动……224

农业科研

科研项目通过验收……224
扶贫项目“引种金铁锁”获得成功……224
油菜现场观摩及技术培训会……224
花卉产业技术培训……224
省花卉产业体系玉溪试验站启动……224
易门新增切花月季……224
科企合作……224
玉溪微型盆栽玫瑰落户普洱……224
外国水稻专家指导水稻育种……224
新型职业农民培育……225
基层农技推广体系改革与建设……225
农业技术推广奖……225

村级农业技术推广人员工资补贴……225
推荐全省第七届科技兴乡贡献奖……225
推荐享受省政府特殊津贴……225
农业部“最美农技员”称号……225
农业部检查基层农技推广体系改革与建设补助项目…225

水 利
Water Conservancy

水利规划与建设

概 况……228
水利前期工作……228
水源工程建设……228
民生水利建设……228
农村饮水安全巩固提升……228
小（二）型水库除险加固工程建设……229
河道治理工程建设……229
中央财政小型水利重点县项目建设……229
水土保持工作……229
农村水电站增效扩容改造……229

水利管理

水库运行管理……229
水利脱贫攻坚……230
乡（镇）供水……230
水利投融资改革……230
农田水利改革……230
农业水价综合改革……231

防汛抗旱

防 汛……231
抗 旱……231
防汛减灾基础设施建设……231
库塘蓄水……231

水资源管理

水资源“三条红线”管理……231
依法管水治水……232
节水型社会建设……232
农业高效节水灌溉项目建设……232
河长制工作……233

工 业
Industry

工业运行

工业经济运行主要特点……236
2017年全市工业增加值累计增幅情况……236
2017年全市烟草制品业增加值增长情况……236
2017年全省及部分州市规上工业增加值增速情况……236
2017年全市非烟工业增加值增长情况……236
重点产业运行情况……237
分县（区）工业发展情况……237
工业企业规模情况……237
工业效益情况……237
2017年全市钢铁工业增加值增长情况……237
2017年玉溪市规上工业主要产品产量……237
2017年全市县（区）增加值累计增速情况……237
工业发展存在的突出问题……238
利用综合标准推动落后产能依法依规退出……238
玉溪市1～12月县（区）规上工业增加值情况……238
打击取缔地条钢产能并加强后续监管……239
开展产能置换……239
开展制造业服务行动……239

工业产业

卷烟及配套业……240
矿冶及装备制造业……240
生物医药及大健康……240
信息产业……240

电力工业

工业用电……241
用电交易……241
电力生产……241
电网安全……241
电力供应……241
电力安全……242
供电改革……242
2017年玉溪市电网主要经济技术指标……242
科技进步……243
优质服务……243
电网建设……243

信息化建设

概 况……244
信息产业空间布局基本形成……244
高新区信息产业发展成效显著……244
“互联网+”应用成效显著……245
信息产业招商引资及产业规模……245
信息产业重点项目……245
智能终端制造及配套产业……246
网络安全服务基地建设……246
推进双创中心启迪众创园建设……246
电信运营……246
移动通信运营……247
联合网络通信运营……248
铁塔生产经营情况……248
全量开放路灯杆资源助力小微站建设……249
编制全通信基础设施专项规划……249

基站拆迁赔偿规范化……249
启动基础维护管理达标专项工作……249

烟草产业
Tobacco

烟草管理

烤烟生产收购完成情况……252
烤烟生产遭受灾害……252
烟草产业政策扶持……252
“2260”高端特色烟叶开发……252
县乡村烤烟样板示范……252
向上争取资金及基础设施建设……252
烟草援建水源工程……252
能源替代烟叶烘烤工场试验示范……252
烟草产业精准扶贫政策……252

烤烟生产

概　况……252
烟叶生产……252
统筹施策聚合力……253
科学育苗移栽……253
烘烤提质增效……253
烟叶科技创新……253
产业转型升级……253

卷烟生产

卷烟生产经营……254
主要产品……254
新品生产……254
新产品销售……254
境外卷烟生产……254
出口卷烟……255
烟叶基地建设……255
开发“2260”高端特色烟叶……255
烟叶工业分级……255
复烤加工……255

卷烟营销及专卖管理

卷烟营销……255
卷烟营销改革创新……255
强化营销考核……255
专卖管理监督……256

烟草科技

科研成果……256
绿色植保技术研究……256
土壤保育技术研究……256
烘烤技术研究……256

红塔集团

概　况……256
领导调研烟叶收购……256
节能减排……256
安全管理……257
物流保障……257
社会公益……257
重要成就……257

园区经济
Park economy

园区宏观管理

园区规划建设……260
园区经济运行……260
园区规划调整修编……260
园区基础设施……260
园区土地收储……260
园区基本框架及项目建设……260
园区标准厂房建设……260

高新技术产业开发区

概　况……260
生产总值……261
招商引资……261
产业培育……261
财政运行……261
科技创新……261
园区建设……261
智能制造培育……262
土地收储……262
实体化改革……262
节能降耗及新能源……262
安全生产……262

特色园区

红塔工业园区……262
研和工业园区……263
江川工业园区……264
澄江工业园区……264
通海五金产业园区……265
华宁工业园区……265
易门工业园区……265
大化产业园区……266
新平工业园区……266
元江工业园区……267

城乡发展
Urban and Rural Construction

城乡规划

全面推动海绵城市建设……270
全国首批城市设计试点……270
全国第三批城市双修试点城市……270
开展新一轮总体规划编制……271

城镇基础设施建设

概　况……271
城市地下综合管廊建设……271
黑臭水体治理……272
城市规划馆项目……272
中心城区安全骑行系统……272
天然气利用……272
中心城区其他重大项目建设……272
县（区）提质扩容……273
城市供水管理……273
城镇污水处理配套设施建设及运营管理……273
集镇一水两污项目建设……273
美丽乡（镇）规划建设三年行动……273
城乡垃圾整治行动……273
百村示范千村整治……273
点亮玉溪行动……274
城乡公共厕所治理……274
传统村落保护……274
提升城乡人居环境五年行动……274
“争先创优跨越发展”和“科教引领创新发展”大讨论大行动……274
民营经济县域经济园区经济“三大战役”……274
园林绿化……275
聂耳文化广场景区管理……275
落实市委、市政府决策部署情况……275
人大建议及政协提案办理……275
招商引资及争取上级资金……275
信息与调研……275
依法行政……275
易地扶贫搬迁……276
“挂包帮”“转走访”定点扶贫……276

建筑业

建筑企业及产值……276
建筑工程招投标监管……276
工程造价数据信息平台建设……277
国家标准员试点……277
建筑节能管理……277
装配式建筑发展……277
工程质量安全管理……277
标准化工地建设……277
建设工程唯一性标识见证取样……277
应急力量建设……277
城建档案管理……278
建设领域保证金清理……278
建设领域工程欠款清理……278

房地产业

房地产企业管理……278
房地产业投资……278
培育和发展住房租赁市场……278
物业维修资金缴存及管理……278
省级物业管理示范住宅小区考评验收……278
物业企业管理……278
“平安小区”建设……278
房地产中介企业管理……278
棚户区改造……279
公共租赁住房建设和运营管理……279
农村危房改造……279
房屋租赁登记备案管理……279
市直公房管理……279
老楼危楼排查整治……279
经纪机构及从业人员管理……279

公积金管理

住房公积金个人贷款政策……279
住房公积金年度经济运行情况……279
“双贯标”通过省、部两级检查验收……279
公积金异地转移接续平台上线运行……280
职工可提取公积金支付物业管理费……280
住房公积金管理实现一站式服务……280
住房公积金查询渠道扩宽……280
保障性住房建设项目贷款试点……280

六城同创

基本情况……280
联合国人居环境奖……280
国家海绵城市……280
新型智慧城市……281

环境保护
Environmental Protection

生态环境保护

概　况……284
中央环境保护督察整改……284
省级环境保护督察……285
重点流域水污染防治……285
大气污染防治……285
土壤污染防治……285
服务经济社会……285
生态文明体制改革……286
生态文明建设……286

环保执法

环境监管执法……286
环保专项行动……286
污染投诉处置……287
环境监测与科研……287
环境法制……287
环保宣传教育……287

三湖保护

“三湖”水污染综合防治……287
省委书记担任抚仙湖总河（湖）长……287
中央、省、市、县国有权属企事业单位退出抚仙湖一级保护区……288
抚仙湖山水林田湖草生态保护修复试点申报成功……288
环抚仙湖高原国际超级马拉松赛……288
开展“保卫抚仙湖雷霆行动”……288
试验区规划项目建设……288
抚仙湖非工程管理措施……289
抚仙湖水位上升到法定最低运行水位以上……289
抚仙湖基础研究……289

经济管理
Economic Management

经济社会建设投资

概　况……292
固定资产投资……292
“五网”建设推进情况……292

能源工作

通海县河西大平地并网农业光伏发电站……292
玉溪市响水光伏并网电站……292
易门朝阳光伏并网电站……292

国有资产管理

公司改组……292
制定改革配套文件……292
优化资源配置……293
投融资工作和重大项目建设……293
国有资本经营预算管理……293
“1+1+N”改革制度……293
“三供一业”分离移交……293
政府采购业务和评审专家培训班……293
监管企业考核和薪酬制度……293
国有企业党建工作……293

工商行政管理

概　况……293
企业注册……293
民营经济发展……294
企业监督管理……294
市场规范管理……294
经济检查……294
网络市场监管……295
消费者权益保护……295
广告监督管理……295
商标监督管理……295
打击传销创建无传销城市工作……295
个私协会工作……296

价格管理

价格监督检查工作……296
组织开展旅游市场价格秩序集中整治工作……296
加强价格社会监督……296
推动全市公平竞争审查制度落实……296
加强价格监测预警……296
加强价格认定工作……296
做好农产品成本调查和监审工作……296

审　计

审计成果……296
国家重大政策措施贯彻落实跟踪审计……296
财政审计……297
经济责任审计……297
固定资产投资审计……297
民生资金（项目）审计……297
信息化建设……297
审计全覆盖……297

统　计

统计服务……297
统计改革……297
普查工作……298
统计基础……298
统计法制……298

国土资源管理

基础工作……298
耕地保护……298
用地保障……298
地质灾害防治……299
执法监察……299
不动产统一登记……299
国土领域改革……299
脱贫攻坚……299

土地储备

概　况……300
土地收储转型……300

加大储备土地供应力度……300
巡查管护工作……300
业务拓展……300
化解债务风险……300
加强队伍建设……301
脱贫攻坚工作……301

矿产资源管理

矿政管理……301
安全生产……301
储量监管……301
生态文明建设……301

质量技术监督管理

质量强市工作……301
实施名牌战略……301
质量宣传……301
标准化工作……301
计量管理……302
认证认可工作……302
特种设备安全监察……302
质量安全监管……302
打假治劣……302
法制质监建设……302
“挂包帮”定点扶贫工作……302

食品药品监督管理

概 况……302
深化改革……303
食品安全监管……303
药械保化安全监管……303
行政许可……303
专项整治……303
监督抽检……303
案件稽查……304
信息化建设……304
技术支撑……304
陈竺到玉溪调研……304

安全生产监督管理

安全生产事故指标控制……304
安全监管长效机制……304
打击各类非法违法行为……304
重点行业领域安全专项整治……304
应急救援体系建设……305
安全生产宣传教育……305
研究制定《中共玉溪市委玉溪市人民政府关于推进安全生产领域改革发展的实施意见》……305

商业贸易
Trade

国内贸易

概 况……308
电子商务……308
现代物流……308
成品油销售……308
成品油市场建设管理……309
市场流通体系建设……309
汽车销售……309
典当行业监管……309
省级猪肉储备……309

对外贸易

概 况……309
贸易便利化……310
利用外资……310
对外投资……310
境外罂粟替代种植……310
对外交流……310
主要出口农产品……310
参展南亚东南亚国家商品展暨投资贸易洽谈会……310

招商引资

概 况……311
优化招商环境……311
招才引智……311
重大推介活动……311
精准对接招大引强……311
项目储备……312
外资引进……312
友好合作……315

贸易促进

经贸摩擦应对工作……315
参展参会……315
举办中国西部可持续发展·玉溪论坛……315
举办第四届国际汽车博览会暨购物美食嘉年华……316
外经贸实务培训……316
多措并举做好企业服务……316

粮食行业

粮食安全保障能力……316
粮食购销……316
粮食基础设施建设……317
粮食产业发展……317
依法治粮管粮……317
粮食安全生产……317

供销合作

概　况……317
农资供应……318
电子商务……318
社会化服务体系建设……318
基层社建设……319
食用菌产业发展……319
项目建设……319
其他综合改革……319

交通 · 邮政
Transportation · Post

公路运输

概　况……322
高速公路建设……322
农村公路建设……323
国省道干线公路改造项目建设……323
国道213线建设项目建设……323
县乡道路改造提升有序推进……323

铁路运输

玉磨铁路建设（玉溪段）……323
昆玉铁路开通运营……323
昆玉城际铁路建设……323

交通运输管理

公路养护管理……323
路政管理……323
运政管理……324
城市公交管理……324
新能源汽车推广……324
出租车管理……324
公路质量管理……325
农村客运管理……325
交通安全管理……325
玉江高速移交管理权……325
严格值守“12328”交通运输服务监督电话……325

邮　政

概　况……325
优化行业发展环境……325
普遍服务及监管……325
包裹快递类业务及监管……325
邮务类业务办理……326
代理金融类业务办理……326
农村电商日益发展……326
集邮活动……326
惠民活动……327
强化网络运营能力……327
提升用户满意度……327

财政 · 税务
Finance · Taxation

财　政

概　况……330
乡镇财政增收激励机制……330
预算支出考核制度……330
全口径预算……330
财政事权与支出责任划分改革……330
跨年度预算平衡机制……330
预决算信息公开……330
“营改增”改革……330
专项资金改革……330
预算标准化平台……330
盘活财政资金……330
监狱劳教企业的退税工作……330
三公经费……330
动态监控……330
支付电子化……330
公务卡监管……330
财政专户……331
单位账户……331
决算工作和决算公开……331
基本公共卫生服务项目……331
农村危房改造……331
农林水事务……331
惠农补贴……331
畜牧贷款贴息……331
木本油料产业……331
脱贫攻坚……331
预算绩效管理制度……331
整体支出绩效自评价工作……331
市级预算绩效管理……331
绩效管理……331
防范债务风险……331
法治财政建设……332
抚仙湖山水林田湖生态保护修复试点工作……332
“四退三还”保护工作……332
财政普惠金融政策……332
农业保险保险费补贴政策……332
PPP规范清理整顿……332
财政监督检查……332
财政票据年检工作……332
非税收入管理……332
降低行政事业性收费和政府性基金……332
财政专网网络准入控制系统建设……332
国库集中支付电子化管理系统……332
内控制度建设……332
两基培训如期举行……332
城镇保障性安居工作……332

政府向社会力量购买服务改革……332
彩票公益金项目……333
行政事业单位资产管理……333
政府采购管理……333
采购信息公开……333
省政府采购评审专家库……333
采购投诉……333
政府采购代理机构监督检查工作……333
珠心算比赛……333
会计类考试荣获省厅嘉奖……333

地方税务

地方税费收入……333
地方税收减免……333
2017年组织收入分税（费）种完成情况……334
规费管理……334
2017年与2016年全市税费收入完成情况比较图……334
税源监管……335
税政管理……335
税收调研……335
欠税管理……335
国际税收管理……336
征管改革……336
纳税服务……336
税收规范化建设……337
纳税信用管理……337
地税稽查……337
行政执法……337
税务公开……338
税收信息化……338

国家税务

收入情况……339
收入结构……339
收入特点……339
工业卷烟税收……339
重点行业税收……339
增值税管理……341
营业税改征增值税……341
消费税管理……341
企业所得税管理……341
车购税管理……341
国地税合作……341
深化国税、地税征管体制改革……342
放管服改革……342
税收共治……342
出口退税……342
依法治税……343
国税稽查……343
减税降负……343

金融业
Finance and Insurance

金融管理

概　况……346
货币信贷管理……346
维护金融稳定……346
深化金融改革与开放……346
支付结算与反洗钱……346
经理国库与货币发行……346
征信管理……346
调查统计与金融研究……346

外汇管理

概　况……346
促进贸易投资便利化……347
防范跨境资金流动风险……347
推进外汇管理方式转变……347
严厉打击外汇违法违规活动……347

银行业监管

概　况……347
服务实体经济……347
推进普惠金融发展……347
落实扶贫攻坚……347
深化银行业改革发展……348
强化银行业风险管控……348
促进金融生态环境建设……348
提升监管质效……348

商业银行

市农发行经营状况……349
支持地方“三农”建设……349
市工行经营概况……349
服务实体经济……349
发展普惠金融……349
提升服务质量……349
市农行经营概况……349
加强小微客户贷款营销……349
银政合作……349
拓展金融服务项目……349
市中行经营概况……349
加强智能网点建设……349
公益活动……350
市建行经营概况……350
支持地方经济……350
服务民生……350
履行社会责任……350
市交行服务地方经济……350
加强风险管控……350
技能提升……350

市华夏行经营情况……350
完善金融服务机制……350
完善网点布局……350
市民生行经营概况……350
服务实体经济……350
金融服务与金融宣传……350
市浦发行经营概况……351
融资支持……351
金融创新……351
履行社会责任……351
企业文化……351
市广发行普及金融知识……351
助力精准扶贫……351
开展管理年活动……351
市中信行经营概况……351
服务小微客户……351
开展“金融知识进万家”活动……351
市邮储行经营概况……351
服务地方经济……352
提高自身建设……352
市富滇行经营概况……352
支持产业发展……352
服务高原特色农业……352
服务县域经济……352
红塔银行经营概况……352
支持地方经济发展……352
市农信社经营概况……352
创新服务支持三农……352
扶持中小微企业……352
支持重点项目建设……352
助阵脱贫攻坚……353

保险业监管

概　况……353
行业监管……353
推动保险便民利民项目……353
宣传引导……353
维权调解……353
评奖评优……353

保险公司

市人保财险公司经营情况……353
深化改革转型及精细管理……354
加强基层建设……354
提升服务能力……354
构筑坚实的保险保障壁垒……354
市人寿保险公司经营概况……354
队伍建设……354
教育培训……354
精准扶贫……354
争先评优……354
2017年全市财产保险公司业务统计表……355
2017年全市人寿保险公司业务统计表……360
2017年全市车辆保险业务统计表……361

证　券

太平洋证券玉溪营业部经营概况……364
大同证券玉溪营业部经营概况……364
国泰君安证券玉溪营业部经营概况……364

教　育
Education

教育管理

概　况……368
教师资格认定……368
语言文字工作……368
学生资助工作……368
营养改善计划工作……368
国家助学金和免学费资金管理……368
大学新生助学贷款和奖励计划……368
德育工作……369
心理健康教育……369
养成教育……369

学前教育

学前教育增量提质发展……369
市一幼通过省现代教育幼儿园督导评估……370

义务教育

“全面改薄”工作……370
率先实现全省义务教育基本均衡发展目标……370

普通高中教育

高考成绩较大提升……370
玉溪一中举办DSD学校德语教师经验交流会暨青少年德语辩论赛……370
迪庆州教师到玉溪一中对口培训……370
第十届“汉语桥”十强体验赛玉溪分赛区……370
师院附中高考成绩创新高……371
师院附中教育科研……371
市民中高考工作……371
市民中教育科研……371
市民中招收迪庆籍学生……371

中等职业教育

提升职业教育办学水平……371
公益性职业技能培训……371
技师学院、工贸学校获佳绩……371
卫生学校迁建……371
体校荣膺“国家后备人才基地”殊荣……372
举办国家二级、三级社会体育指导员培训……372
体校签订“校企合作”协议……372

体校参加省年度赛成绩斐然……372

高等教育

师院招生就业工作……372
师院学科建设与专业调整……372
师院校企合作……372
师院科研工作……373
传习馆公共选修课程受欢迎……373
师院对外交流工作……374
师院成人函授和国培计划工作……374
师院教学成果丰硕……374
农职院与深圳华大基因签约合作……374
农职院成绩喜人……374
植物药适用技术培训……374
云南云投职教扶贫开发玉溪农业职业技术学院有限责任公司成立……374
农职院取得副教授评审权、考试招生资格……375

成人教育

开启“互联网＋五级培训”模式……375
“三型九式”红塔师训模式……375

特殊教育

特校签订姐妹学校友好合作协议……375
特校承办“响应全纳教育的新型特教学校建设”研讨会……375

民办教育

民办教育多样化发展……375
扶持普惠性幼儿园……375

招生考试

普通高校招生考试……375
高中、初中学业水平考试……376
成人高考、自学考试及其它考试……376
职教集团化招生……376

教师队伍建设

多措并举抓好教师队伍建设……376
认定市级中小学幼儿园骨干教师……376
打造名师队伍……376

学生工作

素质教育工作……376

办学条件

“互联网+教育”玉溪模式……377
职教园区建设……377
“引智引校”工作……377

科学技术
Science and Technology

科技管理

概　况……380
出台《玉溪市科技创新实施方案》……380
2017中国·玉溪科教创新高峰论坛……380
科技体制改革……380
创新主体培育……381
创新平台建设……381
科技人才培引……381
科技交流与合作……381
新能源汽车推广……382
农业科技工作……382
科技金融结合专项工作……382
科普与宣传……382
省可持续发展试验区认定……382
亚洲花卉科创谷揭牌……382
中国—新西兰园艺作物灌溉及养分管理研讨会……382
获省科学技术奖项目……382

自然科学研究与应用

气象监测及预报服务……382
气象行政执法与防雷减灾……383
人工影响天气工作……383
突发事件预警信息发布系统建设……384
滇中烤烟农业气象服务系统建设……384
《玉溪市气象灾害防御规划》通过评审……384
《玉溪市人工影响天气无线通信网络信道优化改造》项目通过验收……384
地震活动……384
国务院督查组到玉溪检查抗震救灾应急准备工作……384
地震监测预报……385
震害防御……385
地震应急工作……385

知识产权

知识产权专利……385
知识产权优势企业……386
知识产权宣传周活动……386
专利转化运用……386
专利行政执法检查……386
知识产权扶持……386

科技情报

技术合同登记……386
科技信息开放共享……386

社会科学研究与应用

社科研究……386
社会科学知识普及……387

文化事业
Culture

文化管理

概　况……390
“聂耳音乐之都”建设……390
获奖剧目……390
文化“三下乡”活动……390
启动贝丘遗址专题调查……391
承办“云南省第十届民族民间歌舞乐展演”……391

群众文化

“我们的中国梦”文化进万家春节文化系列活动……391
《秘境云南》走进社区……391
免费培训系列活动……391
市滇剧院“滇声梅韵”戏迷联谊会成立……392
“中国梦・云南情・文化大篷车・千乡万里行”走进玉溪……392
第五届农民书画展……392
迎十九大国庆公益晚会……392
全民阅读活动……392

文化交流

《秘境云南》全国巡演……392
聂耳竹乐团赴京演出……393
通海馆藏古代珍贵书画精粹展出……393
李家山青铜器博物馆文物成都参展……393
花灯剧《月照枫林渡》登陆玉溪……393
穿越古滇文明之光玉溪文物精品展走进义乌博物馆……393
迪庆州美术、书法、摄影作品展……394
《猫猫侠：保卫蝶苑》在玉上演……394
邕剧《玄奘西行》在聂耳大剧院上演……394
中共一大至十八大图片展……394
《永恒的旋律》全息多媒体音乐会……394
《独龙天路》玉溪上演……395
《水莽草》参加全国地方戏曲南方会演……395
玉溪非遗项目参加广东（佛山）非遗周暨佛山秋色民俗文化活动……395
新西兰摩登毛利四重唱组合专场演出……395
台州与玉溪开展文化走亲活动……395

文化市场管理

全市黑网吧整治现场工作会……395
春节前文化市场检查……395
查处“黑网吧”……396
文化广电“放管服”工作……396
查处“黑广播”……396

文化产业

中国动漫集团到玉溪考察调研……396
市图书馆与红塔大酒店签订战略合作协议……396

文化基础设施建设

启动市文化广播影视传媒中心建设……396
网吧“人脸识别系统”落户新平……396

文学艺术活动

“抚仙湖保护与发展”图文展……396
“千秋遗韵——黄宏集藏古代带钩展”……397
“文化和自然遗产日”系列活动……397
曲艺作品荣获省级奖项……397
创作研讨会……397
“两片区”文学创作笔会……397
云南省中国美协、中国书协、中国剧协会员专题研讨班在玉溪举办……397
中国文联领导到玉溪调研……398
云南省中国画优秀作品展暨研讨会在玉举行……398
“滇中艺术年展”2017美术作品展在玉溪举行……398

文艺人才培养

市花灯剧院培训青年演员……398
云贵川地方戏表演艺术人才培训班在玉溪开班……398
文艺创作培训……398
《民族文学》重点作家班在玉举办……399

文艺创作成果

花灯戏国家级传承人李鸿源抢救性记录开拍……399
花灯剧《山茶花红》上演……399
现代滇剧《贵妇还乡》首演……399
文艺汇演暨新剧（节）目展演……399
“唱响玉溪”全国歌词征集活动……399
3台作品亮相云南省第十四届新剧目展演……400
“碧玉清溪是我家”摄影作品选集结成册……400

文化遗产保护管理

15个非遗项目入选第四批省级非遗项目……400
第四批市级非物质文化遗产项目代表性传承人……400

文化场馆

公共图书馆评估定级工作……400

新闻出版印刷管理

印刷企业年度核验……400

集中销毁侵权盗版及非法出版物……401

广播电视

概　况……401
《幸福玉溪》荣获全国优秀电视作品奖……401
中央无线数字化广播电视节目开通……401
新闻综合广播抓节目创新提升服务质量……401
党的十九大广播电视宣传报道工作……402
十九大广播电视安全保障工作……402
通海马尔多山转播台恢复播出……402
“印象红塔区”官方微信公众平台开通……403
广播电视台交通旅游广播开播……403
MV《玉溪好在》……403

报　刊

“行走红河谷”全媒体联合采访活动……403
首届云南报业新媒体年会在玉举行……403
玉溪日报文学奖摄影奖颁奖……403
“走进高鲁山”专题摄影展……403
举办2017《玉溪日报》读者嘉年华……404
“走进华宁”专题摄影活动……404
“淘玉溪”正式上线……404
《玉溪日报·抚仙湖专刊》与读者见面……404
“玉溪新闻云”项目获中国报业创新项目三等奖……404
《玉溪日报》获省报纸印刷质量金质奖……404
28件作品获省级新闻奖……404

地方志编纂

年鉴编辑出版……404
二轮修志……405
到外州（市）地方志办学习取经……405

旅游业
Tourism

景区建设与促销

概　况……408
旅游重大项目建设……408
旅游目的地建设……408
旅游厕所建设……408
市场促销……408
会展宣传促销……409
媒体宣传……410

旅游节庆活动

米线节……410
铜锅美食旅游文化节……410
抚仙湖嘉年华……411
金芒果旅游文化节……411
峨山火把狂欢节……411
柑桔文化节……411
哈尼“十月年”活动……411
对外交流……412
春节黄金周……412
“清明”小长假……412
“五一”小长假……412
“端午”小长假……413
“十一”黄金周……413

旅游行业管理

星级饭店评定复核……413
旅游市场监管……413
旅游安全管理……414
保卫抚仙湖雷霆行动……414
旅游投诉管理……415
导游服务技能大赛……415
旅游美食大赛……415
文创培训……415

卫　生
Hygiene

卫生管理

概　况……418
医疗业务与收治量……418
卫生机构及卫生队伍……418
国务院医改办督查组到玉溪督查医改……419
云南省健康市县建设启动会在玉举行……419
省院前急救质控会议在玉举行……419
“互联网+健康医疗”……419
DRG支付改革……420
医联体建设试点启动……420
医养结合试点工作……420
依法行政……420
健康扶贫……420
院前急救……421
“微急救”微信公众平台正式启动……421
参加省急救技能大赛获佳绩……421
市医学会院前急救专业委员会成立……421
精神卫生管理试点工作……421

卫生规划与建设

市级卫生重点项目建设……421
县级医疗卫生项目建设……422

卫生监督执法

卫生行政许可……422
卫生监督稽查……422
医疗机构准入审查……422

医疗机构监督……422
餐饮具集中消毒监管……422
学校卫生监管……422
生活饮用水卫生监管……422
职业放射卫生监督……423
公共场所卫生监督管理……423

基层卫生

全面启动实施家庭医生签约服务……423
基层医疗卫生机构能力提升……423

疾病预防控制

甲乙类传染病发病情况……423
突发公共卫生事件处置……423
疫情管理……423
结核病监测防治……424
手足口病的监测防治……424
流感、禽流感、人禽流感和SARS监测防治……424
麻风病防治……424
疟疾监测和防治……424
常规免疫接种率监测……424
AFP、新破、麻疹、乙肝主动监测……424
脊髓灰质炎疫苗和含麻疹成分疫苗补充免疫、查漏补种……424
疑似麻疹病例血清学病原学监测……424
乙脑监测……424
入托入学预防接种证查验……424
慢性病监测防治……424
严重精神障碍患者管理……425
死因监测……425
放射卫生监测……425
环境卫生监测……425
职业卫生……425
食品卫生监测……425
学校卫生监测……425
从业人员体检……425
病媒生物监测及防制……425

卫生应急

突发公共卫生事件基本情况……425
突发公共卫生事件种类及发病情况……426

妇幼保健

关爱妇女儿童健康行动……426
农村孕产妇住院分娩补助项目……426
妇女常见病筛查……426
免费婚前医学检查……426
预防艾滋病、梅毒和乙肝母婴传播……426
产前诊断暨新生儿疾病筛查……426
托幼机构卫生保健管理……426
出生医学证明管理……427

爱国卫生

农村改水改厕……427
控烟工作……427
爱国卫生月活动……427
病媒生物防制……427
建设全国健康城市试点工作……427

医政管理

医改工作……427
医疗机构审批管理……428
医疗机构管理……428
医疗秩序维护……428
医疗服务能力建设……428
医疗质量管理……428
无偿献血……428
血液检测……428
成分输血……428

社会办医

鼓励支持民营医院发展……429
社会办医疗机构情况……429

中医药管理

中医药服务能力建设……429
中医药服务管理……430
规范中医药健康服务项目……430
中医药治疗艾滋病……430

医教科研

专科联盟……430
医学科研成果……430
专科建设……430

体　育
Physical Education

体育管理

概　况……434
全市体育工作会议……434
市人大专题调研体育产业……434
体育彩票销售……435
体育彩票公益金使用专项检查……435
体育特色学校……435
受表彰单位和个人……435

竞技体育

参赛全运会……436

申办省第十六届运动会……436
“玉溪杯”ITF国际女子网球巡回赛……436
市首届足球比赛……436
幼儿体操啦啦操教练员培训班……436
青少年校园足球选拔赛暨校园足球啦啦操赛……436
邛海抚仙湖川滇帆船对抗赛……436
市少儿田径游泳篮球年度赛……437
承办省青少年排球锦标赛……437
成立青少年足球训练中心……437
承办全国青少年足球冠军杯赛……437
青少年足球精英赛……437
玉溪运动员参加国际国内大赛创佳绩……438
运动员输送及教练员裁判员培训批授……438

群众体育

参赛全运会柔力球、舞龙、龙舟项目……438
体育社团工作会……438
“7·16全民游泳健身周”全国重点会场云南抚仙湖站……438
元旦·春节环城跑……439
老年人体育活动……439
首届气排球邀请赛……439
迎端午七千米跑计时赛……439
柔力球及健身气功赛事活动……439
“全民健身日”系列活动……439
承办全省舞龙、柔力球培训……440
首届广场舞大赛……440
滇黔桂三省（区）老年人体育协作赛……440
第五届县（区）乡镇（街道）篮球大联赛……440

体育产业

体育产业招商推介活动……440
体育产业工作培训……440
抚仙湖国际半程马拉松赛……440
建立健全体育产业名录库……441
市体育产业协会成立……441
抚仙湖体育旅游产业发展论坛……441
抚仙湖大铁113国际铁人三项赛……441
七彩云南格兰芬多国际自行车节玉溪站……441
参加体育会展……441

社会生活
Society

人力资源管理

人才工作……444
人才招聘……444
人事考试……444
公务员队伍管理……444
事业单位人事管理……444
职业技能人才培养……444
收入分配……444
军转干部安置……445
出国培训与外国专家管理……445
人事档案管理……445
企业退休人员管理服务……445
劳动关系……445
劳动保障监察……445
劳动信访仲裁……445
信息化建设……445

城市管理与行政执法

城市管理机构和队伍建设……446
城市精细化管理……446
城乡建设执法稽查……446
城市扬尘污染治理工作……446
城市管理执法体制改革……446

民政事务管理

社会救助工作……446
社会福利工作……446
抚恤优待政策落实……446
退役士兵安置工作……446
双拥工作……447
社会组织管理……447
殡葬改革工作……447
流浪乞讨人员救助工作……447
留守儿童和困境儿童保障工作……448
婚姻收养登记工作……448
残疾人两项补贴工作……448
救灾救济工作……448

基层民主政治建设

概　况……448
村规民约修订完善试点……448
村（社区）干部培训……448
基层群众性自治组织特别法人统一社会信用代码数据比对和赋码工作……448
撤村设居工作……448
村务公开和民主管理……448

地名管理

地名普查宣传工作……449
地名普查工作……449

社会保险

建档立卡贫困人口基本养老保险和基本医疗保险……449
城镇职工基本养老保险……449
城乡居民基本养老保险……449
基本医疗保险……449
失业保险……450
工伤保险……450

生育保险……450
被征地农民养老保险……450
社保基金监督……450

民族事务

民族团结进步示范区建设……450
出台《云南省建设我国民族团结进步示范区规划（2016～2020年）》的实施意见……450
国家民族画报社到玉溪专题拍摄……451
扶持人口较少民族（支系）发展……451
民族文化……451
民贸民品……451
城市民族工作……452
团结稳定……452

宗教事务

和谐寺观教堂创建……452
宗教活动场所管理……452
修订《玉溪市宗教活动场所管理办法》……452
宗教团体建设……452
依法行政……452

移民工作

后期项目扶持和资金发放管理……452
水利工程项目建设征地移民……452
戛洒江一级水电站暂停施工……452
外迁化念移民安置工程收口……453
移民宣传……453
扶贫攻坚……453

计划生育

计划生育指标完成情况……453
人口和计划生育责任目标落实情况……453
人口和计划生育会议……454
全国生育状况抽样完成……454
人口和计划生育专题调研……454
计划生育家庭扶助优待……454
医疗卫生和养老服务相结合工作稳步推进……454
综合治理出生婴儿性别偏高……455
人口计生信息化建设……455
全面实施两孩政策……455
流动人口卫生计生服务管理……455
留守人群关爱工作……455
计划生育药具管理及技术服务……455
计划生育协会工作……455

老龄工作

基本情况……456
老年人养老保障和救助……456
老年人医疗保障……456
基础设施建设管理……456
老龄事业投入……456
老年人优待……456
保健（长寿）补助发放工作……456
老年人意外伤害保险工作……456
老年协会建设……456
敬老及老年政策法规宣传……456
老年人生活服务……457
老年人维权服务……457
文体休闲教育服务……457
老年人慰问活动……457

关心下一代工作

思想道德教育……457
“中华魂”主题教育活动……457
法治教育与帮教……457
未成年人司法项目……457
夏令营和少年军校……457
持续扩建农村“留守儿童之家”……457
推进“民族团结教育示范校”工作……458
扩大残疾少儿困难家庭“生产自救”帮扶……458
捐资办学济困助学……458
推进“党建带关建”创“五好”关工委工作……458
老同志读书班……458

残疾人事业

概　况……458
残疾人康复……458
残疾人扶贫工作……459
残疾人教育……459
残疾人文体宣传工作……459
残疾人维权信访工作……459
残疾人就业工作……459

慈善事业

概　况……460
精准扶贫……460
疾病救治……460
扶贫助学……460
“慈善情暖万家”活动开展……460
外联工作……460

红十字会工作

保明顺调研市红十字工作……460
召开三届四次理事会……460
成立备灾救灾中心……460
募捐救助工作……460
应急救护培训工作……460
“三献”宣传……461
红十字“博爱送万家”活动……461
红十字精神宣传活动……461
“玉溪道德讲堂”总堂红十字专场活动……461
红十字志愿服务工作……461

助力环抚仙湖国际超级马拉松赛……461
举办主题宣讲会……461

县（区）概况
General Situation of the countries and District of Yuxi

红塔区

地理位置……464
自然概貌……464
历史沿革……464
人口民族……464
行政区划……464
经济概况……465
农 业……465
工 业……465
固定资产投资……466
房地产业……466
交通、通信……466
商贸物流……466
城建、环保……466
旅游业……467
招商引资……467
财政、金融……467
人民生活……467
科 技……467
教 育……467
文 化……468
广播电视……468
体 育……468
卫 生……468
社会保障……469
领导名录……469

江川区

自然概貌……469
行政区划……469
人口、民族……469
综合经济指标……470
农 业……470
工业和建筑业……470
固定资产投资……470
交通运输和邮电业……471
贸易和物价……471
对外经济和旅游……471
财政、金融……471
人民生活……471
就业和社会保障……471
教育、科技、文化、体育和卫生……471
城市建设、能源消耗和安全生产……472
领导名录……472

通海县

自然概貌……472
行政区划……472
人口民族……472
综合经济指标……472
农 业……473
主要农作物产量表……473
主要畜牧产品产量表……473
主要工业产品产量表……473
工 业……473
通信、交通运输……474
乡镇企业……474
城乡建设……474
商 贸……474
招商引资……474
财政、金融、保险……475
科 技……475
教 育……475
文 化……476
卫 生……476
旅 游……476
体 育……476
环境保护……476
扶贫开发……477
社会保障……477
人民生活……477
领导名录……477

澄江县

自然概貌……477
行政区划……478
人 口……478
综合经济指标……478
农 业……478
2017年主要畜牧产品产量和牲畜存（出）栏情况表……478
2017年主要工业品产品产量及其增长速度……478
工 业……479
建筑业……479
固定资产投资……479
国内贸易……479
对外经济……479
交通运输……479
邮电通信……479
旅 游……479
财 政……479
金 融……479
科 技……479
教 育……479
广播电视……480
文 化……480
体 育……480
卫 生……480
城市建设……480
消费价格和人民生活……480

社会保障……480
安全生产……480
抚仙湖抗浪鱼……480
领导名录……481

华宁县

自然概貌……481
行政区划……481
人口和人民生活……481
综合经济指标……481
固定资产投资……481
工　业……481
农　业……481
招商引资……482
交通、邮电……482
金融保险……482
科　技……482
教　育……482
文　化……482
广播电视……482
旅　游……482
体　育……482
卫　生……483
社会保障……483
脱贫攻坚……483
领导名录……483

易门县

自然概貌……483
行政区划……483
人口、民族……483
综合经济指标……484
工　业……484
农　业……484
交通、邮电……484
财政、金融……484
物价、贸易和旅游……484
科技、教育……484
文化、广播电视……484
卫生、体育……485
社会保障……485
易门食用菌……485
领导名录……486

峨山彝族自治县

自然概貌……486
行政区划……487
人口、民族……487
综合经济指标……487
农　业……487
工业、建筑业……488
固定资产投资……488
国内贸易和对外经济……488
财政、金融和保险业……488
人民生活与社会保障……488
交通、邮电……489
旅　游……489
教育、科技……489
文化、卫生和体育……489
城市建设和生态环境……489
安全生产……490
领导名录……490

新平彝族傣族自治县

自然概貌……490
自然资源……490
行政区划……490
人口、民族……490
综合经济指标……490
工业、建筑业……490
固定资产投资……491
农　业……491
商业、对外经济……492
交通运输、邮电……492
财政、金融、保险……492
城市建设和生态环境……492
教育、科技……492
文化、旅游、广电和体育……492
卫　生……493
社会保障……493
人民生活……493
领导名录……493

元江哈尼族彝族傣族自治县

自然概况……493
行政区划……493
人口、民族……493
自然资源……494
综合经济指标……494
工　业……494
固定资产投资……494
农　业……494
商　业……495
旅　游……495
交通、邮电……495
2017年主要农产品产量表……495
2017年畜禽产品产量表……495
招商引资……496
财税、金融……496
科　技……496
教　育……496
2017年社会消费品零售总额分类及其增长速度……496
2017年公路通车里程及其增长速度……496
2017年财政八项支出及其增长速度……496
2017年金融机构存贷款余额及其增长速度……496
文　化……497
广播电视……497

卫　生……498
体　育……498
扶贫工作……498
社会保障……498
人民生活……499
领导名录……499

人　物
Figures

全国五一劳动奖章获得者

罗秉俊……502

云南省劳动模范

陶丽芬……502
段志林……502
蒋建波……502
伏　斌……502
王新华……503
宋子波……503
赵永跃……503
方富光……503
陈宝荣……504

云南省先进工作者

朱培昌……504
向云顺……504
李桥安……504
张锡光……505
李　艳……505

享受云南省政府特殊津贴

杨　玲……505
武增明……505
刘庆荣……505

受表彰人物

杨绍聪……506
李继祥……506
穆云海……506
王春勇……506
金志林……506
蔡建华……506
付　航……507
杨爱斌……507
吴世莉……507

附　录
Appendix

重要文件

玉溪市人民政府关于印发玉溪市“十三五”科技创新规划的通知……510
玉溪市人民政府关于进一步深化户籍制度改革的实施意见……517
玉溪市人民政府关于统筹推进县域内城乡义务教育一体化改革发展的实施意见……519

主要经济指标

2017年玉溪市国民经济和社会发展主要指标表……524
2017年玉溪市生产总值重点支撑行业指标完成情况统计表……527
2017年玉溪市主要经济指标完成情况统计表（一）……528
2017年玉溪市主要经济指标完成情况统计表（二）……528
2017年玉溪市及各分县（区）主要指标完成情况表（一）……528
2017年玉溪市及各分县（区）主要指标完成情况表（二）……529
2017年玉溪市及各分县（区）主要指标完成情况表（三）……529
2017年玉溪市及各分县（区）主要指标完成情况表（四）……529

特色人文资料

玉溪市各级非物质文化遗产代表性项目名录……530

索　引
Index

……536

绿水青山·碧玉清溪

（邓博仁　摄）

特　载

SPECIAL REPRINT

责任编校：李海明

市委五届五次全会报告

市政府工作报告

在市委五届五次全会上关于市委常委会工作的报告

中共玉溪市委书记　罗应光

（2018年1月8日）

2018年1月8日，中共玉溪市委五届五次全体会议召开，市委书记罗应光代表常委会向全会作工作报告　（曾永洪　摄）

现在，我受市委常委会委托，向全会作工作报告。

市第五次党代会以来，在以习近平同志为核心的党中央坚强领导下，在省委、省政府正确领导下，市委常委会全面贯彻落实党的十八大和十八届三中、四中、五中、六中、七中全会精神，认真学习宣传贯彻党的十九大精神和习近平新时代中国特色社会主义思想以及习近平总书记考察云南重要讲话精神，认真贯彻落实省第十次党代会和省委十届二次、三次、四次全会精神，按照市第五次党代会确定的奋斗目标和主要任务，团结带领全市各族干部群众，直面错综复杂的严峻形势和前所未有的转型发展压力，全面落实中央和省的各项决策部署，统筹推进“五位一体”总体布局，协调推进“四个全面”战略布局，着力实施经济社会发展“5577”总体思路，凝心聚力、攻坚克难，砥砺奋进、开拓创新，推动全市经济建设、政治建设、文化建设、社会建设、生态文明建设和党的建设取得新进展，全市呈现出经济平稳健康发展、民族团结进步、人民安居乐业、社会和谐稳定、政治生态风清气正的良好局面。

一年来，市委常委会主要抓了以下十个方面的工作：

一、牢牢把握迎接党的十九大胜利召开和学习宣传贯彻党的十九大精神主题主线，自觉用习近平新时代中国特色社会主义思想武装头脑、指导实践、推动工作

我们把迎接党的十九大胜利召开和学习宣传贯彻党的十九大精神作为首要政治任务，牢固树立“四个意识”，坚定“四个自信”，在思想上政治上行动上始终同以习近平同志为核心的党中央保持高度一致，自觉用习近平新时代中国特色社会主义思想武装头脑、指导实践、推动工作。

以饱满精神状态喜迎党的十九大，着力营造良好舆论氛围。成功举办“砥砺奋进的五年”中国梦玉溪篇章成就主题展，举办“唱响中国梦·喜迎十九大”第五届中国聂耳音乐（合唱）周、“喜迎十九大党在我心中”主题演讲等系列活动，开展迎接党的十九大安保维稳誓师大会暨反恐演练，密切关注党的十九大召开前的意识形态领域动态动向，筑牢思想防线、形成正确导向，为党的十九大胜利召开营造了良好舆论氛围。

以高度的政治责任感谋划部署，迅速掀起学习宣传热潮。党的十九大胜利闭幕后，市委第一时间召开常委（扩大）会议、全市领导干部大会进行传达学习，以“八个精准对标”安排部署全市学习宣传贯彻各项任务。及时制定出台学习宣传贯彻实施意见、宣传宣讲工作方案，通过采取党委（党组）理论中心组学习、十九大代表亲身宣讲、领导干部带头宣讲、宣讲团集中宣讲、专家学者形势报告、聂耳大众文化小分队特色宣讲等多种形式，扎实推动十九大精神进企业、进农村、进机关、进校园、进社区、进军营、进网络、进千家万户，全市共举办各类宣讲报告会4 799场次。

以学懂弄通做实为根本要求，全面抓好贯彻落实。坚持原原本本学习党的十九大报告和新修订的党章，认真学习《习近平谈治国理政》，推动党的十九大精神和习近平新时代中国特色社会主义思想在党员干部的头脑中扎下根来，转化为思想武装和实践指南。主动把党的十九大提出的新思想、新观点、新论断转化为推动工作的新思路、新方法、新举措，研究制定《深入学习贯彻党的十九大精神促进玉溪跨越式发展的决定》，及时部署开展玉溪市“十三五”规划中期评估，对有关目标和重点工作进行调整完善，切实把党的十九大精神贯彻到全市工作的各方面、全过程。

二、始终坚持发展第一要务，推动经济持续健康发展

我们全面落实新发展理念，以提高发展质量和效益为中心，以目标、问题、责任、结果为导向，主动应对传统动能减弱、供给侧结构性失衡等问题，制定实施28条稳增长政策措施，全面做好稳增长、促改革、调结构、惠民生、防风险各项工作，保持经济平稳健康发展。预计全市

生产总值增长9%左右，固定资产投资增长25%，一般公共预算收入增长4.7%，社会消费品零售总额增长12.2%，城乡居民人均可支配收入分别增长8.3%和9.5%。

坚定不移实施创新驱动，以科教创新构筑经济发展新优势。坚持把创新作为引领发展的第一动力，积极探索具有玉溪特色的创新驱动发展之路，开展“科教引领创新发展”大讨论大行动，着力打造科教创新城，实施教育创新、科技创新、产业创新三个行动计划，科教创新城核心区建设全面启动，文化广播影视传媒中心等6个项目集中开工。成功举办2017中国·玉溪科教创新高峰论坛，与北外、复旦等15所知名院校签订战略合作协议，玉溪互联网大学挂牌成立；出台促进科技成果转移转化等实施方案，新增院士专家工作站7个、高新技术企业13户，14项科技成果获云南省科学技术奖，红塔、通海、易门成为省级可持续发展试验区，实现零的突破；推进151个产业创新项目，10个项目被列为云南省技术创新重点项目，启迪众创园开园运营，玉溪亚洲花卉科创谷和玉溪国家农业科技园区九溪花卉创新基地揭牌，通海农业科技园区被认定为省级农业科技园区。

千方百计加快转型发展，积极构建具有玉溪特色的现代产业体系。坚持把供给侧结构性改革作为推动产业转型升级的重要抓手，全面落实“三去一降一补”重点任务，淘汰钢铁、水泥、化工落后产能263万吨，取缔36户“地条钢”企业，为实体经济企业减税降负30.2亿元。坚持调精一产、调优二产、调强三产，预计一产和三产增速全省第一、建筑业位列前三名，第三产业占GDP比重提高近2个百分点，非烟工业增加值增长20%左右。国、地税税收收入位居全省第二位，非烟税收快速增长，非税收入占比下降，经济运行质量持续向好。全力支持红塔集团及配套企业技术创新、搞好产销，烟草制品业止住下滑势头。实施“中国制造2025玉溪行动计划”，加快矿冶及装备制造业转型升级，玉昆、汇溪、福玉整合为全省最大民营钢铁企业，年产10万吨粗铜技改等项目建成投产。大力发展高原特色现代农业，重视烟叶生产，粮食总产实现十二连增，畜、菜、果、花、药等特色作物量效齐增，玉溪跻身首批国家农业可持续发展试验示范区，荣获全国农业农村信息化示范基地称号。生物医药及大健康产业提速发展，生物医药产业园加快建设，沃森、维和等骨干企业发展势头良好，集群效应初步显现。信息产业快速发展，成功举办中国数据中心产业发展联盟玉溪论坛、全国3D大赛年度总决赛，云南联通玉溪数据中心、智能终端制造群等项目顺利推进，淘宝特色中国·玉溪馆升级运营，跻身国家电子商务示范城市，集大数据存储、云计算应用、软件研发、电子信息产品制造为一体的产业生态圈正在形成。全面推进全域旅游创建，寒武纪乐园等重大项目加快推进，旅游环境不断优化，“三湖”休闲度假、哀牢山—红河谷生态民俗等目的地形象日益提升，抚仙湖、花腰傣等旅游品牌影响力日益扩大。现代物流产业加快发展，中国西南·玉溪国际物流园开工建设，九溪润特、活发物流等项目加快推进，通力传化物流一期建成运营。优化产业布局，推进“四带多园”建设，昆玉—玉元经济带新型工业化基地初具雏形，“三湖”生态经济带绿色发展综合实力提升，甸中—十街农业生物产业园开工建设，热带水果专业化生产基地建设顺利推进。实施质量强市战略，推进“质量走廊”创建，云南联塑、玉溪太标等4户企业被评为省级示范创建单位，维和药业获省政府质量奖，全市有效注册商标拥有量、中国驰名商标、云南省著名商标位居全省第二。国家工商总局玉溪商标受理窗口启动运行，成为全省第一家受国家工商总局委托设立的商标注册办事窗口。

全力以赴打好“三大战役”，实体经济实力不断增强。分别出台民营、县域、园区经济发展实施意见，构建统一高效指挥体系，多措并举全面打响“三大战役”。着力构建“亲”“清”新型政商关系，强化政策扶持、资金支持和挂钩帮扶，实施微型企业、成长型中小企业和民营“小巨人”企业三个培育工程，鼓励企业上市发展，民营经济活力增强、占GDP的比重提高2个百分点，仙福、玉昆、滇雪粮油等10户企业上榜“2017云南非公企业百强”。压实县区经济发展责任，鼓励支持县区比学赶超，对发展领头的县区给予财政奖励，对未达目标进度的及时通报预警，易门成为继红塔、新平、通海之后的又一个GDP过百亿元县区，易门、澄江、新平、元江跻身省级县域经济先进县。加快园区实体化改革，赋予园区更多管理权限，支持园区完善基础设施、强化招商引资，九龙大数据、通用航空园等园中园建设步伐加快，成功引入卡为等10余户智能装备生产企业，全市园区预计完成工业增加值289.4亿元，增长25.9%。

精准发力强化项目建设，投资总量首次突破千亿元大关。坚持把项目建设作为稳增长的重中之重，充分发挥投资拉动关键作用。建立健全重点项目建设副市长负责、目标任务函告等制度，加强进度管理和协调服务，推进投资实现重大突破，总量达1 117亿元。突出抓好省市“四个一百”重大项目和工业转型升级重点项目建设，全力打好“五网”基础设施大会战，145个重点项目建设稳步推进。武易、晋红高速建成通车，江通、大戛、澄川、元蔓高速建设进展顺利，国省道改造、农村公路建设抓紧推进，建制村公路硬化率达100%；玉磨铁路玉溪段加快推进，玉溪至北京旅游列车、至郑州动车组开通；江川通用机场建设工程启动。15件重点水源工程进展顺利，完成400件小坝塘除险加固，实施农村饮水安全巩固提升工程惠及15.1万人，建成高效节水减排耕地20.8万亩。农网改造升级等电网项目顺利推进，建成运营一批充电设施，中心城区建成区天然气气化率达62.3%。国家信息惠民、宽带中国、智慧城市试点建设有序推进，社区和行政村实现光纤全覆盖，“互联网+”应用领域不断拓展，成为云南唯一获评2017年度中国政务网站优秀奖的州市。

三、紧盯在全省率先实现整体脱贫目标，推动脱贫攻坚各项政策措施落地见效

我们始终把在全省率先实现整体脱贫作为新时代必须打赢的第一场硬仗来抓紧抓实，坚持目标导向、政策导向和问题导向，强力推进精准扶贫精准脱贫各项工作，预计3个贫困乡、17个贫困村可实现摘帽出列，4万以上贫困人口脱贫退出，县乡村贫困发生率均降至3%以下，全市贫困发生率降至1%以下。

压紧压实精准扶贫工作责任。全面推行“一把手”负总责的脱贫攻坚责任制，强化四级书记抓扶贫和党政同责的工作机制，立下“军令状”，层层压实责任、逐级传导压力。“挂包帮”“转走访”实现全覆盖，调整安排实职副县级干部担任17个贫困村第一书记，充分发挥扶贫工作队在脱贫攻坚中的生力军与突击队作用，确保了责任落

2017年7月3日，市委书记罗应光（中）到易门县铜厂乡就脱贫攻坚工作开展随机调研 （曾永洪 摄）

了动能转换、跨越发展。

努力推动改革成果惠及人民。始终把深化改革作为破解发展难题的“关键一招”，着力构建“一把手”抓改革的责任落实体系，强化“发展出题目、改革做文章”的意识，召开9次全面深化改革领导小组会议，审议通过120余个改革事项，呈现出全面发力、多点突破、纵深推进的良好态势，改革工作走在全省前列。纵深推进“放管服”和商事制度改革，承接、取消、下放、调整行政许可事项155项，建立一站式惠民平台，平均办结时限缩短一半，“多证合一”和企业登记全程电子化全面实施，“放管服”改革做法得到省委主要领导批示肯定。深化财税和投融资体制改革，整合设立国有资本运营公司、融资担保公司和9家专业化国有企业，当年到位融资173亿元。农村集体资产股份权能、生态、民生、党建、群团工作等重点领域改革稳步推进。改革试点工作成效显著，争取国家和省级授权试点30余项，开展市级试点10余项，全面推进全国首批公立医院综合改革示范城市、全国首批殡葬综合改革试点工作，全国殡葬改革座谈会、全国增强医保基金可持续性座谈会在玉溪召开。

开放洼地效应进一步显现。始终把开放作为跨越发展的必由之路，围绕把玉溪建成招商引资引智的洼地和面向南亚东南亚辐射中心的重要基地，“引进来”“走出去”两条腿走路，打造对外开放高地。着力加大招商引资力度，持续落实“四个一再”，制定政策促进招大引强选优，强化主要领导带队招商，主动对接珠三角、长三角等地的重点企业，连续举办“相约春天”“收获金秋”大型招商引资引智活动，成功引进复星、比亚迪、览海、杭萧钢构等一批实力企业，玉溪上榜“2017年度中国最具投资吸引力城市”，全年引进市外国内资金916亿元、其中省外资金739亿元。全力扩大外贸出口，充分利用“两个市场”“两种资源”，发挥玉溪驻国外商务代表处作用，强化外贸促进措施，千方百计巩固农产品出口优势、扩大高新技术产品出口，在玉溪设立了检验检疫服务窗口，加工贸易快速增长，预计实现外贸进出口总额22亿美元。巩固深化与北京顺义、广东佛山的合作，与江苏常州、上海金山等地建立了产业合作机制。

实、工作落实。

打好精准脱贫百日攻坚战。坚持目标导向和问题导向并重、摘帽出列和巩固提升并举，对标对表“两不愁、三保障”和“695”指标，强化统筹协调，打好精准脱贫百日攻坚战，强化“挂包帮”“转走访”，加快实施整乡整村和“直过民族”整族推进、危房改造、农村公路等项目建设，精准实施教育扶贫、健康扶贫、产业扶贫、社会保障兜底。建档立卡贫困人口100%参加基本医保、大病保险和大病救助保险，从根本上解决因病致贫返贫问题。对5 246户贫困人口实施易地扶贫搬迁，建档立卡贫困户危房改造8 960户，农村低保标准提高到3 420元。市级以上财政专项扶贫资金投入达1.6亿元，整合30亿元涉农资金支持脱贫攻坚，发放小额信贷扶贫资金4.2亿元，“万企帮万村”行动覆盖75个贫困村，累计捐赠资金5 200万元。

下足绣花功夫解决突出问题。深入开展“找问题、补短板、促攻坚”专项行动和贫困对象动态管理工作，坚决整改易地扶贫搬迁政策执行有偏差等6个方面的问题，新识别建档立卡贫困人口9 053人，实施分层分类精准帮扶。强化“六个精准”，着力解决基础设施、产业发展、社会保障等短板问题，贫困地区农村居民人均纯收入增幅高于全市平均水平。深入开展“自强、诚信、感恩”主题实践活动，教育引导贫困群众自强不息、诚实守信、脱贫光荣的思想观念和感恩意识，激发群众内生动力。

强化扶贫监督执纪问责。对脱贫攻坚工作实行最严格的考核评估、督查巡察、资金监管和驻村工作管理制度，全面开展脱贫攻坚专项巡察，严肃查处脱贫攻坚工作中“不作为、慢作为、乱作为”的问题，立案审查扶贫领域案件52件78人，通报曝光4批次88人，问责处理党组织（单位）17个、问责干部102人。

四、坚持把改革开放作为新时代推动经济发展的强大动力，矢志不渝深化改革扩大开放

我们坚持用改革的办法破解新问题，以开放的手段激发新活力，以钉钉子的精神推动改革开放各项举措落地，一些重要领域和关键环节取得新的进展和突破，有效助推

五、着力统筹城乡融合发展，推进新型城镇化建设

我们紧紧围绕建设全省区域性中心城市和创新开放生态宜居文明幸福的魅力之城目标，按照四个层次加速城乡统筹、融合发展，推进以人为核心的新型城镇化建设，城乡面貌持续改善，全市城镇化率达50%。

城区建设管理取得新进展。牢固树立人民城市为人民的理念，强化规划引领，启动新版城乡总规编制，完成美丽玉溪行动、试点县区“多规合一”等规划编制，被列为全国首批城市设计和第三批“城市双修”试点，围绕把澄江打造为“国际旅游城市、国际健康养生城市、国际会

议中心城市”的定位，高标准抓好规划编制工作。统筹推进“增绿添色、点亮玉溪、六城同创、建设花城”，举办2017中国·玉溪新型智慧城市高峰论坛，启动海绵城市20.9平方千米试点区建设、完成项目31个，建成17.8千米城市地下综合管廊，加快推进4条黑臭水体整治，成功创建国家节水型城市。推进城市道路、安全骑行系统等市政建设，火车西站广场、城南客运站投入使用，玉溪规划馆主体封顶。加快江川区与红塔区协同发展，玉江大道改造提升等项目快速推进。建设智慧城管，审议通过城市管理执法体制改革方案，城市管理不断向智能化、精细化方向转变。

县城提质扩容取得新突破。鼓励支持全市7县2区打造各具特色的城市品牌，全力支持澄江、峨山两个示范县城提质扩容，县区城市改造项目加速推进，“两污”设施运营管理得到加强，新建改建城市公厕80余座，元江、新平荣获国家园林县城称号。推动各县区产城互动，加快高新区国家产城融合示范区试点工作，以产城融合发展促进农业转移人口市民化，完成“农转城”2万余人。

特色小镇建设展现新风貌。抢抓国家和省加快特色小镇建设的机遇，以产业为支撑打造特色小镇，加速“一城五镇多村”、嶍峨古镇建设，广龙旅游小镇、戛洒花腰傣风情小镇列为全国一流特色小镇，寒武纪小镇、橘乡小镇等5个城镇列为全省一流特色小镇。实施12个美丽乡镇建设，启动65个建制镇“一水两污”项目，自来水供水、生活垃圾处理设施实现全市乡镇全覆盖。

美丽乡村建设取得新成效。“百村示范、千村整治”工程第一轮1 105个村组建设基本完成，启动了第二轮53个“直过民族”示范村建设，28个传统村落列入中央财政补助范围。深入开展城乡人居环境提升行动，城市“四治三改一拆一增”和村庄“七改三清”环境整治各项指标居全省前列。

六、始终坚守生态红线底线，努力建设人与自然和谐共生的美丽家园

我们把生态文明建设摆在全局工作的突出位置，树牢绿水青山就是金山银山理念，坚持生态立市、绿色发展，生态文明建设成效显著。

层层压实生态文明建设责任。全面落实环境保护“党政同责”和“一岗双责”，领导干部自然资源资产离任审计、党政领导干部生态环境损害责任追究、自然资源资产负债表编制等工作深入实施。坚持边督边改，如期完成中央环保督察组反馈的22个问题整改，全力配合省第一环保督察组做好各项工作。全面推行河长制、湖长制，市县乡村四级河长实现巡河制度化常态化，抚仙湖网格化四级管理网络初步形成。强化环境执法监管，严厉打击环境违法违规行为，严肃查处各类环境违法案件166件，震慑作用不断增强。

扎实推动“三湖”综合保护治理。严格执行三个湖泊保护条例，“三湖”水环境保护治理“十三五”规划项目开工率达70%以上，水生态文明城市和三个湖泊国家湿地公园试点项目顺利推进，抚仙湖总体水质稳定保持I类，星云湖、杞麓湖水质有所改善。全面落实李克强总理重要批示精神和省委、省政府主要领导指示要求，坚决打好新时代抚仙湖保卫战，实施抚仙湖保护治理三年行动计划，开展“百日攻坚雷霆行动”，抚仙湖径流区植被恢复和澄江县农村生活污水处理项目开工建设，一级保护区生态移民1.6万人，22家中央和省市县属企事业单位全部退出，拆除建筑面积13.2万平方米、退出土地955亩。完成抚仙湖径流区区域总体规划编制，我市被列为全国第二批山水林田湖草生态保护修复工程试点。强化星云湖、杞麓湖工程治理，控源截污、生态补水等力度加大，农业面源污染防治、主要入湖河道治理等取得成效。

着力加大环境整治力度。深入实施蓝天玉溪等“六大工程”，划定七大林业生态保护红线，完成营造林18.6万亩、低效林改造4万亩。划定永久基本农田，持续推进土地整治，加强水土流失综合治理。打好污染防治攻坚战，实施大气污染防治行动，强化工业企业和机动车污染治理，大力推行“绿色施工”，新能源汽车推广全省领先，中心城区空气优良率达99.2%。生态创建工作成效明显，3个县、13个乡镇分别被命名为省级生态文明县、生态文明乡镇街道。编制实施低碳发展、循环经济发展两个五年规划，节能减排任务圆满完成，被列为全国第三批国家低碳城市试点。

七、落实以人民为中心的发展思想，全力增进民生福祉

我们主动顺应人民群众对美好生活的向往，加大民生投入，补齐民生短板，人民群众获得感、幸福感进一步增强。

推动社会保障体系不断完善。深入实施“就业创业玉溪”行动计划，抓实抓细教育培训、孵化平台等服务体系建设，认定省级创业平台3个，统筹大学生、农民工、贫困户、残疾户、失业人员等重点群体就业创业，城镇登记失业率为3.3%，新增农村劳动力转移就业21.5万人次。着力推进社保扩面续保，深度整合城乡居民医保，扎实推进跨省异地就医持卡结算，社会保障卡持卡人数达220万人。关注老年人身心健康，完善养老服务体系，建成居家养老服务中心20个，4.8万名高龄老人享受保健补助。城乡住房保障力度不断加大，棚户区改造项目新开工建设1.1万套，建成1.3万套，公租房分配入住率达86.5%。提高城乡低保标准，医疗救助、临时救助、防灾减灾等保障有力。

促进各项社会事业全面进步。以办好人民满意教育为己任，统筹推进三年学前、九年义务、高中阶段和高等教育发展，“全面改薄”工程实现全覆盖，玉溪衡水实验中学建成招生，教育云平台APP和广电教育云频道专区正式上线，率先在全省实现义务教育发展基本均衡目标，教育综合实力和整体水平位居全省前列。以家庭医生签约服务和医联体建设为抓手，实施分级诊疗制度，启动全国健康城市试点建设，红塔、峨山、元江省市医养结合试点工作稳步推进，市医院改扩建项目主体工程完工。推进国家体育产业联系点城市工作，成功举办环抚仙湖高原国际超级马拉松等国际国内赛事，群众体育、竞技体育成绩喜人。

八、以坚定的文化自信和文化自觉，切实做好宣传思想文化工作

我们坚持突出思想引领，把握舆论导向，弘扬主旋律、传播正能量，为决战脱贫攻坚、决胜全面小康、实现跨越发展提供有力思想舆论保证和良好精神文化条件。

意识形态工作得到加强。健全完善意识形态工作责任制考核考评、监督检查制度，纳入专项巡察，压实各级党委（党组）意识形态工作主体责任。坚持用党的创新理

论武装头脑，市委坚持每月一学，带头开展理论中心组学习，各级干部形成了强化理论武装的思想自觉和行动自觉。始终把握正确的政治方向、舆论导向和价值取向，认真落实党管媒体要求，拓展新媒体平台，规范新媒体运用，巩固壮大了积极健康向上的主流舆论。成立市委网信办，切实加强互联网舆论引导和安全监管。强化对外宣传，持续加强与中央、省级主流媒体合作，投放《幸福玉溪》城市形象宣传片，玉溪对外知名度和美誉度不断提高。

精神文明建设扎实推进。着力加强思想道德建设，以中国梦、社会主义核心价值观和“玉汝于成·溪达四海”的玉溪精神凝聚共识、汇聚力量。坚持全民行动、干部带头，从家庭做起、从娃娃抓起，广泛开展理想信念教育，深入实施公民道德建设工程，打造21个首批中华传统美德教育实践示范基地，组织开展“道德讲堂”和“道德模范”“玉溪好人”“玉溪工匠”等先进典型评选。积极开展精神文明创建活动，3个村镇、3家单位分获第五届全国文明村镇、文明单位，2所学校荣获第一届全国文明校园。

文化事业和文化产业协调发展。深入实施文化惠民工程，抓好基层文化馆站建设，建档立卡贫困户电视信号入户和“户户通”任务顺利完成，“广播交通旅游频率”开通，成功承办云南省第十届民族民间歌舞乐展演，“聂耳音乐之都”系列活动和“三下乡”等群众性活动深入开展，人民群众享受到了更多的公共文化产品和服务供给。实施文艺繁荣工程，《粽魂》获第五届亚洲微电影艺术节金海棠奖，《山茶花红》等23个文艺精品项目获国家、省级扶持，楹联文化得到进一步加强。培育壮大陶瓷、青铜制品、银饰品、民族刺绣等地方特色产业，玉溪青花街项目启动建设，华宁碗窑村、通海特色文化产品体验馆等项目建成运营，成功举办文化产业博览会，全市文化产业联网直报企业增加到41户。

九、坚持正确政治方向，加强社会主义民主法治建设

我们始终坚持党的领导、人民当家作主、依法治市有机统一，扎实推进社会主义民主法治建设，和谐局面更加巩固。

民主政治建设不断加强。发挥党委总揽全局、协调各方的作用，人大、政协和“一府两院”工作在民主法制轨道上迈出新步伐，抓大事、建诤言、献良策的能力水平进一步提高。认真做好党的十九大代表，省级以上人大代表、政协委员推荐提名和市人大、市政府、市政协换届工作，县区人大、政府、政协领导班子换届圆满完成。市委常委会听取和研究市人大常委会、市政府、市政协、市中级人民法院、市人民检察院党组工作汇报，市委总揽全局、协调各方的领导核心作用进一步增强。爱国统一战线巩固壮大，新的社会阶层人士统战工作得到加强。工青妇等群团组织和关工委、老干部作用得到有效发挥。支持国防和军队改革，军民融合发展进一步深化，连续四届荣膺全国双拥模范城。依法管理宗教事务，着力抓好民族团结工作，各民族和睦相处、和谐发展。

依法治市工作深入推进。出台加强党委领导立法工作意见，强化司法体制改革创新，有序推进城镇绿化、森林防火等条例立法工作，《玉溪市新平哀牢山县级自然保护区管理条例》获批实施，实现了玉溪立法工作零的突破，城镇绿化条例已经省人大常委会批准并向社会公布。健全完善法律顾问制度，积极推行公职律师、公司律师制度。加强法治文化建设，“七五”普法深入推进，全社会尊法学法守法用法的意识普遍增强。

和谐稳定局面更加巩固。深化平安玉溪建设，加强社会治安综合治理，在全省率先实现社会稳定风险评估信息化。严格执行安全生产党政同责和“一岗双责”，强化生产、交通、食品药品等重点领域专项整治和安全监管。推动大调解体系建设，调解组织实现全覆盖，领导干部接访下访成为常态，矛盾纠纷化解成功率达98%以上，党的十九大期间实现进京“零上访”，被国家信访局推荐参加新华网“市委书记谈信访”系列访谈。严防电信网络诈骗、非法集资等违法犯罪行为，加大反恐维稳、禁毒防艾和反邪教力度。玉溪市第七次登上中国最安全城市排行榜，第三次荣获“全国社会治安综合治理优秀市”，首捧“长安杯”。

十、坚定不移推进全面从严治党，切实增强各级党组织的创造力凝聚力战斗力

我们坚持发展第一要务和全面从严治党主体责任两手抓、两手硬，严肃认真抓好中央第十一巡视组巡视“回头看”和省委第七巡视组巡视反馈意见的整改落实，正风肃纪、激浊扬清，守护初心、筑牢底线，推动全面从严治党向纵深发展。

打牢对党忠诚的思想基础。扎实推进“两学一做”学习教育常态化制度化，挂牌成立10个干部教育培训现场教学基地，建立“五个十”党课载体，推动“千堂党课进基层”，迅速掀起向廖俊波、印春荣等同志学习热潮，教育引导广大党员干部学先进、讲忠诚、敢担当、比奉献，永葆共产党人本色。坚持思想建党和制度治党相结合，出台《关于认真贯彻党的十八届六中全会精神深入推进全面从严治党的实施意见》《县以上党和国家机关党员领导干部民主生活会实施办法》《关于建立一线考察识别干部工作机制的实施意见》等一批党内规范性文件。

动真碰硬抓好巡视整改。把巡视整改作为重大政治任务，制定《玉溪市委落实中央巡视组反馈意见整改方案》，明确13个方面120项整改措施，确立22项专项整治工作。印发《关于省委第七巡视组巡视玉溪市反馈意见的整改方案》，明确30个问题89项整改措施，以最坚决的态度、最迅速的行动、最有力的措施狠抓整改落实。市委常委班子主动把自己摆进去，带头召开巡视整改专题民主生活会，坚决肃清白恩培、仇和等余毒影响，营造了风清气正的政治生态。

锻造跨越发展的干部队伍。深入推进干部工作深化年，落实打造“云岭铁军”各项要求，树立正确选人用人导向，按照好干部标准，制定实施干部选拔任用“一个意见及七个办法”，突出政治标准，坚持“凡提四必”，防止“带病提拔”。注重“四类”干部培养选拔，选派448名干部到外地脱产培训、挂职锻炼。强化干部日常监管，组织开展干部选拔任用“一报告两评议”和专项检查，严格核查个人有关事项，提醒、函询、诫勉干部3 000余人，深入开展“吃空饷”、超编制超职数等专项清理整治。实施人才工作突破年，落实“兴玉英才计划”，营造了关心人才、重视人才的良好氛围。

坚持不懈抓基层打基础。实施基层党建提升年，创新基层党建责任落实机制，统筹推进各领域基层党建，“两

新”组织党组织覆盖率持续巩固，中小学校“育禾苗·感党恩”行动深入开展。脱贫攻坚与基层党建“双推进”，集中排查、整顿转化软弱涣散基层党组织770个。“仙湖卫士”“互联网+党建”等基层党建品牌影响力不断提升。推进基层党务、村务公开，严肃查处“三资”管理、土地征收等重点领域的不正之风和腐败问题。

深入持续推进党风廉政建设和反腐败斗争。严格落实党风廉政建设主体责任、第一责任和“一岗双责”，实行派单制，层层压实责任。强化监督责任，扎实开展稳增长促跨越、旅游市场秩序整治等专项纪律检查，着力整治“六型干部”“为官不为”问题，问责干部291人。驰而不息反“四风”，践行“八要”“八不要”，开展办公用房整改“回头看”和新一轮“六个严禁”等专项整治，从严查处违反中央八项规定精神问题，立案审查73人、给予党纪政纪处分55人、通报曝光90人。高站位、高标准、高效率、严要求推动监察体制改革，机构组建、人员转隶等重点工作快速落实，派驻纪检机构改革和市委专职巡察组组建工作顺利完成。全面开展市县党委巡察工作，共巡察306个党组织，发现各类问题2 389个。“零容忍”惩治腐败，积极实践“四种形态”，盯紧“三类重点人”，全市纪检监察机关共处置问题线索760件，立案425件，处分446人，移送司法机关17人，形成了反腐败斗争压倒性态势。

同志们！一年来，市委常委会高度重视自身建设，带头增强政治意识、大局意识、核心意识、看齐意识，带头学习贯彻党的十九大精神和习近平新时代中国特色社会主义思想，带头讲政治、讲学习、讲担当、讲原则、讲廉洁，制定出台坚定维护以习近平同志为核心的党中央集中统一领导的若干具体规定、贯彻落实中央八项规定精神实施办法，修改完善市委工作规则、市委常委会议事规则，并严格按规则议事决策，自觉接受各方面监督。召开市委常委班子专题民主生活会，联系实际进行自我检查、党性分析，开展批评和自我批评。加强党对一切工作的领导，完善市委研究经济社会发展战略、定期分析形势、研究贯彻落实党中央、省委重大方针政策和决策部署的工作机制，不断提高市委把方向、谋大局、定政策、促改革的能力和定力。

行百里者半九十。党的十九大提出了全面建成小康社会、开启新征程的新目标、新任务、新要求，玉溪要在全省率先全面建成小康社会，绝不是轻轻松松、敲锣打鼓就能实现的，需要我们付出更为艰巨、更为艰苦的努力：必须树牢“四个意识”、坚定“四个自信”，提高政治站位，始终挺纪在前，坚决维护以习近平同志为核心的党中央权威和集中统一领导；必须勇于创新、改革开放，保持定力、坚定信心，推动发展质量变革、效率变革、动力变革，全力稳增长促跨越；必须大力弘扬“跨越发展、争创一流；比学赶超、奋勇争先”精神，拉高经济发展标杆，拧紧干事创业发条；必须以时不我待、只争朝夕的精神投入工作，不断开创新时代玉溪发展新局面；必须不忘初心、牢记使命，筑牢民生底线，守住生态红线，带领人民创造美好生活，谱写好中国梦的玉溪篇章。

同志们，回顾一年来的工作，我们在创新中促发展，在改革中求突破，在开放中添活力，在转型中谋跨越，以实际行动和工作成效回应了干在实处、走在全省前列的要求。这些成绩的取得来之不易，是省委、省政府坚强领导的结果，是全市上下和衷共济的结果。在此，我代表市委常委会，向同志们表示衷心的感谢！

在总结工作的同时，市委常委会分析了面临的挑战和存在的不足。提交全会审议的《中共玉溪市委关于深入学习贯彻党的十九大精神促进玉溪跨越式发展的决定（讨论稿）》对此作了详细阐述。同时，我们感到，少数领导干部政治站位不高、改革攻坚锐气不足、担当精神不够、慵懒散混等“为官不为”现象仍不同程度存在。我们一定要坚持问题导向、坚持求真务实，以钉钉子精神加强和改进各项工作、化解各种矛盾和风险，纠正克服各种突出问题，促进玉溪各项工作在新时代迈上新台阶。

新时代要有新气象，新征程当有新作为。在下步工作中，我们将持续深入学习贯彻党的十九大精神，高举习近平新时代中国特色社会主义思想伟大旗帜，紧密团结在以习近平同志为核心的党中央周围，在省委、省政府的坚强领导下，团结带领全市广大党员干部和各族人民，紧扣新目标、贯彻新理念、对标新要求、履行新使命，以动真碰硬的决心、激流勇进的魄力、壮士断腕的勇气、统筹兼顾的智慧，狠抓中央和省各项决策部署的落实，决战决胜全面小康，不断开创跨越发展新局面，确保玉溪始终干在实处、走在全省前列！希望同志们本着认真负责的态度，对市委常委会工作提出意见和建议。

不驰于空想　不骛于虚声
做好新时代玉溪高质量跨越式发展的答卷人

——在市委五届五次全会第二次全体会议上的讲话

中共玉溪市委书记　罗应光

（2018年1月8日）

经过大家的共同努力，市委五届五次全会已经顺利完成了各项议程，即将圆满结束。会议安排紧凑，会风务实，主题突出，开得很成功，达到了统一思想、明确任务、凝聚共识、提振信心的目的，对于动员全市各级党组织和广大共产党员对标新目标、贯彻新理念、把握新要求、履行新使命，为决战脱贫攻坚、决胜全面小康、推动高质量跨越式发展具有重大而深远的意义。全市上下要认真学习贯彻全会精神，用拼搏成就梦想，靠实干创造未来，为建设富强民主文明和谐美丽的社会主义现代化玉溪不懈奋斗。下面，我讲三点意见。

一、坚持以党的十九大精神和习近平新时代中国特色社会主义思想为引领，推动新时代玉溪高质量跨越式发展

深入学习贯彻落实好党的十九大精神和习近平新时代中国特色社会主义思想，是全党当前的首要政治任务和长期工作主题。全市上下要在学懂弄通做实上下功夫，推动中央和省委的决策部署迅速转化为玉溪建设发展的生动实践。

一要高举习近平新时代中国特色社会主义思想伟大旗帜，用党的创新理论武装头脑坚定信念。学习贯彻党的十九大精神，重中之重是学深悟透、多学真用习近平新时代中国特色社会主义思想，坚定为实现“两个一百年”宏伟目标而奋斗的信念。要严格按照中央和省委的安排部署，深入推进“两学一做”学习教育常态化制度化，认真组织开展好“不忘初心、牢记使命”主题教育，引导党内干部学出忠诚、学出信念、学出担当、学出本领，进一步树牢“四个意识”，坚定“四个自信”，把思想武装成果体现到坚定维护以习近平同志为核心的党中央权威和集中统一领导上，体现到落实省委十届四次全会的决策部署上，体现到做好本职工作、推动事业发展上，更加自觉地为玉溪的发展贡献力量。

二要全面贯彻党的十九大各项决策部署，以新思想新目标新任务指引玉溪现代化建设。学习贯彻党的十九大精神，关键是要立足实际，解决问题，推动发展、促进跨越。各级各部门要准确把握历史方位，找准时代坐标，紧紧围绕全面小康目标和“两个阶段”的发展愿景，对标对表十九大绘就的宏伟蓝图，积极衔接省委的决策部署，主动适应社会主要矛盾新变化，围绕市委确定的“三步走”目标制定时间表、路线图，聚焦重点、精准发力，压茬推进、全力突破。当前，我们已经进入在全省率先全面建成小康社会的决战决胜期，必须进一步增强紧迫感、责任感和使命感，坚持目标、问题、责任、结果四大导向，对照全面建成小康社会指标，认真研究目标任务、指标进度和关键措施，更加自觉地担当责任、攻坚克难，以决战决胜的勇气和一往无前的奋斗姿态，凝心聚力抓组织、强推进、求突破，扎扎实实抓重点、补短板、强弱项，全力实现第一个百年奋斗目标。

三要比学赶超争创一流，奋力开创新时代玉溪高质量跨越式发展新局面。“取法乎上，仅得其中；取法乎中，仅得其下。”推动玉溪高质量跨越式发展，必须提高境界、立起标杆、亮出姿态，在“比”中找到差距，在“学”中补齐短板，在“赶”中干出实效，在“超”中把握发展的主动权，在全市形成争先恐后、你追我赶的良好发展态势。各级党员干部特别是党政一把手，要勇于挑最重的担子，敢于啃最硬的骨头，善于接最烫手的山芋，时刻做到心中有数、肩上有责、手中有招。无论任务大小与工作轻重，都要始终保持一股闯劲、一股冲劲与一股韧劲，不怕苦、不畏难，敢创新、敢争先，切实增强工作预见性，提高任务执行力，特别在落实重大决策、推进重点工作中，更要主动请缨、勇挑重担，以不惧风险的胆识创造一流业绩，以超常之为开创新时代玉溪高质量跨越式发展新局面。

二、认真践行习近平新时代中国特色社会主义经济思想，全力决战决胜率先全面小康

当前，玉溪正处在发展关键期、转型攻坚期、提升人民获得感幸福感的黄金期。各级各部门要坚持把习近平新时代中国特色社会主义经济思想作为做好经济工作的根本遵循和行动指南，统一思想认识，凝聚发展合力，竭力推动全市经济持续健康发展，确保在全省率先全面建成小康社会目标如期实现。

第一，凝聚高质量发展的思想共识，形成全力决战决胜全面小康的强大合力。推动高质量发展，是我们当前和今后一个时期确定发展思路、制定经济政策、抓好工作落实的根本要求，是在全省率先全面建成小康社会的基础。

一要把握好“一个重要思想”。习近平新时代中国特色社会主义经济思想，是习近平新时代中国特色社会主义思想的重要组成部分，是五年来推动中国经济发展实践的理论结晶，是中国特色社会主义政治经济学的最新成果，是党和国家十分宝贵的精神财富，是我们推动高质量发展的根本遵循和方向指南。我们一定要深刻理解、精准把握、笃信笃行，始终做到坚持加强党对经济工作的集中统一领导，坚持以人民为中心的发展思想，坚持适应把握引领经济发展新常态，坚持使市场在资源配置中起决定性作用、更好发挥政府作用，坚持适应我国经济发展主要矛盾变化完善宏观调控，坚持问题导向部署经济发展新战略，坚持正确工作策略和方法，以“七个坚持”的方法论武装头脑、指导实践，统筹做好稳增长、促改革、调结构、惠民生、防风险各项工作，促进经济社会持续健康发展。

二要把握好“九大关系”。陈豪书记在省委十届四次全会上强调，要正确处理好“九大关系”，即：主动服务融入国家发展战略和自身发展的关系、发展速度和发展质量的关系、有效供给和消费需求的关系、城乡和区域协调发展的关系、发挥区域优势和改革开放的关系、发展金融和发展实体经济的关系、各方帮扶和自力更生的关系、经济发展和生态保护的关系、发展和改善民生的关系。我们一定要深入学习领会、认真贯彻落实，把正确处理好“九大关系”贯穿到全市经济社会发展的各方面、全过程，进一步激发高质量发展的动力和活力。

三要把握好“三个关键”。推动玉溪高质量发展，必须要把握好三个关键点，首先就是要坚持稳中求进这个主基调，把“稳”和“进”作为一个整体来把握，以稳定经济运行为重点，守住资源、环境和生态的底线，守住保障和改善民生的底线，守住防范不发生系统性风险的底线，及时解决发展中存在的不平衡、不协调、不可持续问题，同时把引导经济工作的立足点转到提高发展质量和效益上来，不断提高劳动效益、资本效益、土地效益、资源效益、环境效益。其次就是要抓牢提高供给体系质量这个主线条，加快构建实体经济、科教创新、现代金融、人力资源协调发展的现代产业体系，聚焦七大产业，突出“三区一港”，加快“四化同步”，推动互联网、大数据、人工智能和实体经济深度融合，让实体经济成为支撑玉溪跨越发展的中流砥柱。最后就是要依靠科教创新这个主动力，坚定不移推进科教引领创新发展，紧扣七大产业发展做好“创新+转型”文章，健全企业主体、市场导向、产学研政深度融合的技术创新体系，推动各类创新主体深度合作，推动发展方式从要素投入向创新驱动转变。

第二，打好打赢三大攻坚战，着力补齐全面建成小康社会的短板弱项。打好防范化解重大风险、全面脱贫成果巩固提升、污染防治“三大攻坚战”，事关全面建成小康社会大局，一定要聚焦聚力、久久为功，拿出硬措施、打赢攻坚战。

一要打好防范化解重大风险攻坚战。把防控金融风险作为重点，建立健全金融监管体系和风险防控处置机制，大力整顿规范金融秩序，深化互联网金融领域专项整治，严厉打击违法违规金融活动，加强社会信用体系建设，规范市属投融资公司管理运营，争取地方专项债发行和置换债务额度支持，坚决守住不发生区域性系统性金融风险的底线。积极引导金融机构回归本源服务实体经济，努力提高对民营经济、中小微企业和“三农”服务等的普惠性，着力解决融资难、融资贵等问题。

二要打好全面脱贫巩固提升攻坚战。层层压实责任，坚持建基础与强产业相结合，综合施策、精准施策、多管齐下，完善基础设施，强化产业支撑。坚持扶智力与提志气相结合，把外力扶贫和内生脱贫巩固结合起来，引导干部群众主动转变观念，树立勤劳致富、脱贫光荣的导向，不断激发内生动力。始终做到脱贫不脱政策、脱贫不脱帮扶、脱贫不脱责任、脱贫不脱监管，确保全面小康路上一个兄弟民族都不落伍、一个贫困群众都不落下。

三要打好污染防治攻坚战。始终树牢绿水青山就是金山银山的思想，严格落实环境保护“党政同责”“一岗双责”，全面实施清水、净土、蓝天、国土绿化和人居环境提升五大行动，保护青山绿水，守住蓝天白云，建设美丽玉溪，争当全省生态文明建设排头兵。要统筹山水林田湖草系统治理，特别是抚仙湖的保护治理，各级各部门要牢固树立底线思维、薄冰意识，以有力举措坚决打赢抚仙湖保卫战。

第三，下足抓重点促跨越的功夫，打牢率先全面建成小康社会的基础。紧紧围绕全面小康的重点工作和评价标准，抓住主要矛盾和矛盾的主要方面，一项一项找差距、强措施、抓落实。

一要坚持把供给侧结构性改革作为转型发展的主线。着力优化存量资源配置，扩大优质增量空间，不断提高供给质量和效益，满足消费升级需求。要继续以“三去一降一补”为重点，着力在破、立、降上下功夫，去产能要防反弹、抓创新、扩领域、促升级，确保落后产能应去尽去；去杠杆要更加注重深度结合、标本兼治；去库存要坚持增量控制和存量化解并重；降成本要不折不扣地落实已出台的各项减税降费措施，在降低制度性交易成本、税费成本和要素成本上协同发展；补短板要瞄准产业结构调整、脱贫攻坚、基础设施建设、基本公共服务、新型城镇化建设、生态环境保护等，更加注重精准施策集中攻坚。特别是产业结构调整的问题，要坚持走“两型三化”高质量发展路子，强化“烟草不能丢、工业不能放、调整不能慢”的意识，促进红塔集团调整结构、高端突破，加快矿冶及装备制造业转型升级，推动生物医药及大健康、文化旅游、信息、现代物流等产业提速发展。要吹响文化旅游“集结号”，加快推进全域旅游，打造帽天山、抚仙湖、花腰傣和聂耳、红塔山等旅游文化品牌，催生各种新兴创意产业和配套服务业。近期，我省个别地方旅游乱象频发，给云南形象造成了极大影响，各级各有关部门一定要引以为鉴、举一反三，坚持不懈抓好我市旅游市场秩序整治，维护玉溪良好形象。

二要坚持把城乡统筹作为协调发展的关键。紧紧围绕我市城乡发展不平衡、农村发展不充分这个实际，秉持协调发展、共享发展理念，大力实施乡村振兴战略和区域协调发展战略，坚持新型城镇化和乡村振兴两手抓，促进区域互动，城乡一体发展。一方面，要深入推进以人为核心的新型城镇化。规范引导中心城区、县城、特色小镇建设，推进产城融合发展，不断提高基础设施条件、公共服务水平和发展质量。有几个重点要特别注意：一是关于“花城”建设。要注重科学性、层次性、丰富性、时效性，打造节气分明、层次分明、特色分明的四季花城景观，让外地游客来到“春城”、想看“花城”。二是关于特色小镇建设。目前我市有2个城镇列为全国一流特色小镇、5个城镇列为全省一流特色小镇，此项工作不容忽视，一定要坚持不懈推进、务必取得实效。三是关于文明创建工作。要高度重视创文工作，着力推动玉溪市创建省级文明城市、澄江县创建全国文明城市，其他县区和单位也要创造一切条件，积极创建国家或省市级的文明城市、文明村镇、文明单位，以创文擦亮城市品牌。四是关于文明施工的问题。我们一定要秉承“城市让生活更美好”的理念，在海绵城市、地下综合管廊等项目推进中，严格强化项目管理，做好安民告示，提倡文明施工，最大限度减轻对人民群众出行、生活等方面的影响。另一方面，要大力实施乡村振兴战略。乡村振兴战略是新时代“三农”工作的总抓手，也是一项长期的历史任务，必须科学规划，注重质量。要适应农民新期盼，加快编制乡村振兴规划和专项规划，建立城乡融合发展体制机制和政策体系，以产业兴旺为重点、生态宜居为关键、乡风文明为保障、治理有效为基础、生活富裕为根本，全力推动农业强、农村美、农民富。要以工业化理念谋划农业现代化，突出产业、生产、经营三大体系，大力培育新型农业经营主体，积极发展农村电商等新业态，促进农村一二三产业融合，全力推动高原特色现代农业高质量发展。要建立健全城乡融合发展体制机制和政策体系，推动形成工农互促、城乡互补、全面融合、共同繁荣的新型工农城乡关系，为乡村振兴注入新动能。

三要坚持把改革开放作为动力源泉。要以改革开放40周年为契机，找不足，补短板，依托区位优势抓改革扩开放，真正把区位优势转化为发展优势、竞争优势。要深化“放管服”改革，优化政务服务环境，深化营商环境改革，构建清亲政商关系，加快完善公平竞争的市场环境，为实体“松绑”，为发展“开路”，激发市场主体活力。要以优化市场资源配置为重点，深化经济体制改革，加快推进国资国企、投融资、财税、金融、市场整合等重点改革。要着力构建内外统筹，全面开放新格局，主动服务和融入“一带一路”、长江经济带和滇中城市经济圈等战略布局，与时俱进更新思想观念，完善体制机制，开启“走出去、引进来”双引擎，在扩大开放中实现高质量跨越式发展。

四要坚持把繁荣社会主义文化作为精神产能。必须坚持社会主义文化发展道路，牢牢掌握意识形态领导权，守好宣传思想文化主阵地，弘扬主旋律，传播正能量，提升软实力。要全面落实意识形态工作责任制，推进传统媒体与新兴媒体融合发展，加强互联网监管，始终保持正确舆论导向。要强化教育引导、实践养成、制度保障，用社会主义核心价值观和“玉汝于成、溪达四海”的玉溪精神凝聚跨越发展的强大力量。要深入实施公民道德建设工程，广泛开展理想信念教育和群众性精神文明创建活动，提高社会文明程度。要推动文化事业文化产业协同发展，实施文艺精品创作工程，完善公共文化服务体系，健全现代文化产业和市场体系，提升陶瓷、青铜制品、银饰品、民族刺绣等特色产业水平，打造“聂耳音乐之都”、玉溪花灯、玉溪青花瓷等文化品牌。

五要坚持把增进民生福祉作为发展根本。习近平总书记指出，增进民生福祉是发展的根本目的。要牢固树立以人民为中心的发展思想，坚守为人民谋幸福的初心，强化问题导向、精准施策，不断提高人民群众获得感、幸福感。要突出重点、完善制度，强化基本公共服务供给，切实保障幼有所育、学有所教、劳有所得、病有所医、老有所养、住有所居、弱有所扶。要全面贯彻党的民族政策和宗教工作基本方针，维护民族团结、宗教和顺。要健全自治、法治、德治相结合的乡村治理体系，深入推进依法治市，促进基层组织自治，提高社会治理水平。要完善社会治安防控体系，加强信访维稳工作，严厉打击各类违法犯罪，打好禁毒防艾人民战争，巩固“长安杯”创建成果。

三、加强和改善党的领导，不断提高执政能力和领导水平

党政军民学，东西南北中，党是领导一切的。我们必须精准对标新时代党的建设总要求，一以贯之推进党的建设新的伟大工程。

一要始终把政治建设摆在首位，锤炼党员干部讲政治的坚强党性。全市各级党组织和广大党员要全面尊崇党章，切实加强党性锻炼，增强“四个意识”、坚定“四个自信”，坚决维护习近平总书记在党中央和全党的核心地位，坚决维护党中央权威和集中统一领导，自觉在思想上、政治上、行动上同以习近平同志为核心的党中央保持高度一致。要严守政治纪律和政治规矩，严肃党内政治生活，严格执行民主集中制，坚决把党的路线方针政策落到实处，坚决反对分散主义、自由主义、本位主义、山头主义，决不允许搞上有政策下有对策，不能随意变新词、提新说法、另搞一套。要坚持和加强党对经济工作的领导，完善党委研究经济发展战略的机制，定期分析形势，推动党领导经济社会发展制度化、规范化、程序化。要坚持问题导向，压实整改责任，以动真碰硬、一抓到底的决心跟进督办和追责问责，确保中央和省委巡视组反馈意见条条整改、件件落实。

2017年1月24日，市委书记罗应光（前排右一）与小学生亲切交谈（曾永洪　摄）

二要着力增强八种本领，不断提高适应新时代、实现新目标、落实新部署的能力。全市各级党员干部特别是领导干部，要按照信念过硬、政治过硬、责任过硬、能力过硬、作风过硬的要求，不断增强八种本领。

要增强学习本领，学会用马克思主义的立场、观点、方法观察、分析、解决问题，真正成为工作领域的行家里手。要增强政治领导本领，提高政治站位，保持政治定力，提高把方向、谋大局、定政策、促改革的能力，真正做到干事一条心、工作一个调、发展一盘棋。要增强改革创新本领，敢想敢干、敢闯敢试，保持锐意进取的精神风貌，不断推进改革突破、经济发展、事业进步、社会和谐。要增强科学发展本领，贯彻发展新理念，开创发展新局面，尽快把高质量发展的决策部署落实到具体工作中、转化为现实生产力。要增强依法执政本领，树牢现代法治理念，运用法律手段处理经济社会事务、解决社会矛盾、协调利益关系、推动各项工作。要增强群众工作本领，创新体制机制和方式方法，发挥群团组织、基层组织、民主党派等联系群众的桥梁纽带作用，组织动员广大人民群众坚定不移跟党走。要增强狠抓落实本领，坚持马上就办、办就办好，说实话、谋实事、出实招，勇于担当、不畏艰难，以实干出实绩、以实绩促跨越。要增强驾驭风险本领，不断提高发现问题、分析问题、解决问题和驾驭风险、处理复杂矛盾的能力，下好先手棋、打好主动战，一心一意谋发展，凝心聚力搞建设。各级领导干部一定要自觉提高站位，拉高工作标杆，弘扬工匠精神，把干就干到最好、干到极致作为工作标准，凡事向高处看、往硬里干，力求好中求好、精益求精，以实际行动干出“精气神”、跑出“加速度”。

三要坚持全面从严管党治党，为经济社会发展提供坚强保障。坚持党管干部原则，树立正确选人用人导向，认真落实好干部标准，选优配强各级领导班子，统筹做好培养选拔“四类干部”工作，纵深推进从严管理监督干部，着力打造一支政治强、业务精、敢担当、作风正的玉溪“云岭铁军”。要层层压实基层党建工作责任制，积极创新党建品牌，持续推进基层组织规范化建设，充分发挥好党员先锋模范作用，着力推动基层党组织全面过硬。要全面贯彻习近平总书记关于进一步纠正“四风”、加强作风建设重要批示精神，持续开展“六个严禁”“为官不为”“慵懒散混”等专项整治，巩固拓展落实中央八项规定精神成果，让党员干部知敬畏、存戒惧、守底线。要加快国家监察体制改革试点落地生根，强化监督执纪问责，发挥巡察利剑作用，坚持无禁区、全覆盖、零容忍，坚持重遏制、强高压、长震慑，大力营造和维护风清气正、海晏河清的政治生态。

同志们，一年之计在于春，做好当前各项工作事关发展大局。各级各部门要以高度的政治自觉和责任担当，统筹抓好当前各项工作，确保实现“开门红”。一要抓早抓实稳增长。围绕中央和省决策部署，抢抓“早”、突出“实”、注重“快”，瞄准一季度目标任务，倒排工期、突出重点，强化措施、精准发力，扎实抓好稳增长各项工作。二要做好脱贫迎考评估工作。紧紧围绕全面脱贫目标和第三方评估要求，紧扣迎考时间节点，细化工作措施，及时查缺补漏，全力以赴做好迎接全省脱贫攻坚实效考核评估各项准备工作，确保一次性过关。三要持续抓好“百日攻坚雷霆行动”。我市“雷霆行动”开展一个多月以来，成效显著，得到了中央人民广播电台、人民日报、人民网、新华网等多家国内主流媒体关注，这说明我们的工作抓到了重点、抓准了方向，必须保持强度、咬紧牙关坚持下去，各责任单位要坚持对标对表、对症下药，克期抓好余下问题整改落实，掀起“雷霆行动”新的高潮。四要抓好安全生产和社会稳定。全国“两会”和省市“两会”将陆续召开，春节也即将来临，必须严格落实安全生产责任制，突出抓好食品药品、烟花爆竹、道路交通等重点领域的安全监管，扎实做好信访维稳工作，确保社会大局和谐稳定。要组织开展好走访慰问等活动，解决好拖欠农民工工资等问题，确保群众过一个欢乐祥和的春节。五要严抓节前纪律作风监督。各级纪检监察机关要紧盯“四风”新动向和隐形变异的违规问题，抓住春节等重要节点加大监督执纪问责力度，对违规违纪行为严查快处，形成有力震慑。六要全力抓好人大、政府、政协换届工作。今年是市人大、政府、政协集中换届之年，要认真做好筹备工作，确保“两会”顺利召开、换届圆满完成。

同志们，“幸福都是奋斗出来的”。让我们更加紧密地团结在以习近平同志为核心的党中央周围，永远保持革命精神、革命斗志，不驰于空想，不骛于虚声，不因胜利而骄傲，不因成就而懈怠，不因困难而退缩，不忘初心、牢记使命，万众一心、开拓进取，以优异的工作成绩向全市各族人民交出一份满意的答卷！

政府工作报告

——2018年2月2日在玉溪市第五届人民代表大会第一次会议上

市长　张德华

2018年2月2日，玉溪市第五届人民代表大会第一次会议开幕，市长张德华向大会报告政府工作　　（曾永洪　摄）

各位代表：

现在，我代表市人民政府，向大会报告政府工作，请各位代表审议，请市政协委员提出意见。

一、过去五年的工作

第四届市人民政府履职五年来，在省委、省政府和市委的坚强领导下，在市人大及其常委会和市政协的监督支持下，认真贯彻落实党的十八大、十九大精神，坚持稳中求进工作总基调，践行新发展理念，统筹推进“五位一体”总体布局，协调推进“四个全面”战略布局，围绕全市经济社会发展“5577”总体思路，锐意改革创新，奋力攻坚克难，圆满完成“十二五”规划，启动实施“十三五”规划，经济社会发展迈上新台阶。

（一）经济实力大幅提升。五年来，我们始终把加快经济发展、提高发展质量作为全市工作的重中之重，深入开展“争先创优跨越发展”和“科教引领创新发展”大讨论大行动，认真落实稳增长各项政策措施，全市经济平稳较快发展。生产总值由2012年1 000.2亿元增加到1 415.1亿元，年均增长8.7%。发展质量和效益不断提高，人均生产总值突破9 000美元，城乡居民人均可支配收入分别达34 880元和13 057元、居全省第二位；国地税收入分别完成337.5亿元和71.5亿元、总额居全省第二位，一般公共预算收入137.2亿元、居全省第三位；固定资产投资突破千亿元大关，达1 080.8亿元，增长2.8倍；社会消费品零售总额367.4亿元，年均增长13.1%。经济结构不断优化，三次产业结构调整为10：51.6：38.4，非烟经济比重由61.6%提高到72.5%，民营经济比重由32.4%提高到36.4%，第三产业比重提高10.5个百分点。

（二）五网建设全面提速。五年来，我们始终把补齐基础设施短板作为头等大事，全力推进五网建设，基础设施条件全面改善。新增高速公路通车里程110千米，改扩建农村公路6 274千米；玉磨铁路开工建设，玉蒙铁路、昆玉电气化铁路建成通车，玉溪进入高铁时代。5座通用机场规划建设加快，西南航空护林总站直升机场投入使用。大龙潭引水工程建成通水，13件重点水源工程竣工蓄水，新增库容2 100万立方米，解决了57万农村人口饮水安全问题。完成4座水电站、7座风电场、5座光伏电站建设，新增电力装机64万千瓦，建成110千伏以上输变电站15座、城市燃气管道340千米。华为玉溪云计算数据中心投入运营，移动通信基站增加到1.4万座，通信光缆线路发展到5.4万千米，行政村光纤宽带和4G网络全覆盖。

（三）改革创新深入推进。五年来，我们始终把改革开放作为强大动力，实施创新驱动发展战略，发展动力活力明显增强。110项改革试点稳步推进，220余项改革举措逐步落地，创造了医改“玉溪模式”、殡改“玉溪经验”，深化改革走在全省前列。放管服改革获省肯定，下放64项市级审批权限，非行政许可事项全部取消，权责清单制度全面建立。提高沿湖县区生态建设考核权重，抚仙湖径流区实现统一托管。科技创新步伐加快，高新技术企业、专利授权量均居全省第二位，认定市级以上研发中心123户，科技对经济增长的贡献率达58.5%。对外开放步伐加快，累计引进市外国内资金3 385亿元、外资1.8亿美元；进出口总额达21亿美元，比2012年增长2.9倍。

（四）城乡面貌明显改观。五年来，我们始终把统筹城乡发展作为重大任务，在提升规划水平上做文章，在完善基础设施上出实招，在强化精细管理上花功夫，在提高住房质量上求实效。推进“多规合一”，城乡规划体系不断完善。持续开展“六城同创”，抓好道路、供排水、地下综合管廊等市政基础设施建设，成功创建国家节水型城市，国家园林城市、卫生城市通过复查。江川实现撤县设区，县城提质扩容、特色小镇建设取得实效。建成公租房6.3万套，改造棚户区3.9万套、农村危房9.6万户。大力实施百村示范、千村整治，建成示范村93个、整治村952个。开展提升城乡人居环境行动，安装太阳能路灯5万盏，拆除临违建筑392万平方米，新建改建城乡公厕1 037座，城市生活垃圾处理率达97%，城镇生活污水处理率达90%。29.6万农业转移人口成为城镇居民，城镇化率提高7.1个百分点。

（五）环境保护成效显著。五年来，我们始终坚持生态立市、环保优先，实施水体、大气、土壤污染防治行动计划，生态建设和环境保护迈出新步伐。坚持“五个坚定不移”，全面推进“四退三还”，投入84.8亿元实施119个三湖保护治理项目，抚仙湖水质稳定保持Ⅰ类、2016年全国水质良好湖泊考评排名第一，星云湖水质明显好转，杞麓湖水质由劣Ⅴ类改善为Ⅴ类，提前实现“水十条”国考目标。澄江、江川、华宁纳入国家重点生态功能区转移支付范围。治理水土流失面积1 121平方千米，森林覆盖率达56.7%。节能减排任务全面完成，单位生产总值能耗累计下降38.3%，中心城区空气质量位居全国城市前列。

（六）民生福祉显著提升。五年来，我们始终坚持以人民为中心的发展思想，大力推进民生工程建设，人民群众获得感幸福感安全感进一步提升。全力打赢脱贫攻坚战，贫困发生率降至1%以下，有望实现全面脱贫攻坚目标。扶持创业就业，新增城镇就业12万人，转移农村劳动力65.4万人次。覆盖城乡居民的保障体系基本建立，各类社会保险参保人数达420万人次。公共服务体系不断健全，建成美丽校园160所，中小学D级危房全部消除，人均预期寿命提高到75.35岁，全部县区成为全国文化先进县，获评中国楹联文化城市，全民健身活动广泛开展。水库移民后期扶持工作取得实效。依法管理宗教事务，民族团结进步示范区创建成效明显。国防动员、国防教育不断加强，连续四届获评全国双拥模范城。加强安全生产，深化平安创建，严厉打击违法犯罪，社会保持和谐稳定，连续三届获评全国社会治安综合治理优秀市，荣获全国综治最高奖“长安杯”。妇女儿童、残疾人、老龄、红十字、关心下一代等事业健康发展，统计、外事侨务、应急管理、防灾减灾、人防、保密、档案等工作成效明显。

（七）自身建设不断加强。五年来，我们始终坚持依法行政，全面推进服务型政府建设，行政效能不断提升。扎实开展党的群众路线教育实践活动、“三严三实”和“忠诚干净担当”专题教育，推进“两学一做”学习教育常态化制度化，教育和引导政府机关工作人员增强“四个意识”，坚定“四个自信”，坚决维护以习近平同志为核心的党中央权威和集中统一领导。严肃整改中央第十一巡视组和省委第七巡视组巡视反馈问题。全面落实市委决策部署，自觉接受人大法律监督、工作监督和政协民主监督，办理人大代表建议1 196件、政协提案1 509件，办结率均达100%。全面加强法治政府建设，提请人大常委会审议制定地方性法规3部，清理废止政府规范性文件28件，健全重大行政决策程序和责任追究制度，市县区政府及工作部门法律顾问全覆盖。严格落实中央八项规定精神，解决“四风”突出问题，“三公”经费下降60%。行政监察、审计监督、政务督查不断加强。落实党风廉政建设主体责任和“一岗双责”，抓好政府系统廉政建设，深入开展反腐败斗争，严肃查处一批违法违纪案件。

刚刚过去的2017年，是本届政府履职的最后一年。我们认真落实市第五次党代会、市委五届二次全会和市四届人大五次会议精神，主要目标任务全面完成。生产总值增长9.3%，一般公共预算收入增长4.7%，固定资产投资增长20.9%，社会消费品零售总额增长12.5%，城乡居民人均可支配收入分别增长8.4%和9.1%，居民消费价格总水平上涨1.1%，城镇登记失业率3.3%，城镇化率50%，单位生产总值能耗下降3.2%。一年来，主要做了七个方面的工作：

一是全力以赴稳定经济增长。出台28项稳增长措施，制定落实加快民营经济、县域经济、园区经济发展的实施意见，整合财政资金6.9亿元、新增贷款90亿元支持实体经济发展，解决企业调头贷款6.8亿元，建立领导帮扶企业制度，开展稳增长促跨越百日攻坚，经济实现较快增长。加大开放型农业发展力度，蔬菜、林果、花卉、畜牧等产业量效齐增，跻身首批国家农业可持续发展试验示范区，农业增加值142亿元、增长6.3%，增速全省第一。着力打好工业转型攻坚战，卷烟产业止住下滑势头，现代装备制造、生物医药、电子信息等非烟产业加快发展，新增规上工业企业9户、高新技术企业13户，工业增加值662.5亿元、增长7.1%，非烟工业增加值增长22%。推进“四带多园”规划建设，甸中—十街农业生物产业园4个项目集中开工。启迪众创园投入运营，顺义产业园开园，九龙大数据产业园14个智能制造项目签约开工，园区工业增加值增长25.9%。玉昆、汇溪、福玉钢铁整合成为全省最大的民营钢铁企业，仙福、滇雪等10户企业上榜2017云南非公企业百强，民营经济增加值增长13.3%。易门、澄江、新平、元江入列省级县域经济先进县，易门生产总值过百亿元。推进全域旅游示范区创建，严厉整治旅游市场秩序，实现旅游总收入283.2亿元、增长73.9%。完善物流规划布局，中国西南·玉溪国际物流港启动建设，东南亚食品商贸仓储、九溪润特、传化通力等物流项目加快推进。深入开展十大扩消费行动，商贸、餐饮等传统服务业巩固提升，金融、信息等现代服务业加快发展，第三产业增加值543.7亿元、增长12%。

市领导为荣获“聂耳杯”合唱展演一等奖的代表队颁奖　　（曾永洪　摄）

二是加快补齐基础设施短板。坚持重点项目副市长负责制和目标任务函告制，推行项目、任务、问题和责任清单管理，安排4.3亿元前期工作经费，争取5.3亿元省级重点项目投资基金，“四个一百”重点项目建设扎实推进。突出抓好145个五网项目建设，武易高速玉溪段、晋红高速、昆明东南绕城高速宜良至澄江段建成通车，弥玉、玉楚、江通、大戛、澄川、元蔓高速加快推进，新建改建农村公路2 833千米，建制村公路硬化率100%、通客车率94%。玉溪至北京旅游列车、至郑州动车组开通，启动江川通用机场建设。15件重点水源工程、400件小坝塘除险加固进展顺利，建成农业高效节水减排面积20.8万亩，15.1万农村人口饮水安全得到巩固提升。建成4座电动汽车充电站，推广天然气用户6.6万户，中心城区气化率达62.3%。国家信息消费、宽带中国、智慧城市试点加快推进，云南联通玉溪数据中心主体工程完工，新建改造通信铁塔基站2 478座。

三是强力推动重点领域改革。供给侧结构性改革成效明显，淘汰落后炼铁产能47万吨、水泥熟料138万吨、平板玻璃66万重量箱，取缔地条钢产能359万吨，销售商品房141.5万平方米，金融机构杠杆率下降0.68个百分点，为实体经济降低各类成本51.7亿元。放管服改革深入推进，承接、取消、下放、调整行政许可事项155项，清理规范行政审批中介服务事项91项，建立一站式惠民平台、办结时限缩短一半，“多证合一”、企业登记全程电子化和“双随机、一公开”监管全面实施。财税和投融资体制改革不断深化，整合设立国有资本运营公司、融资担保公司和9家专业化国有企业，与省再担保公司合作组建中小企业担保公司，设立省农业担保公司玉溪办事处，建立县乡财政增收激励机制。农村集体产权制度改革扎实推进，新增土地流转面积3万亩。城市管理和园区实体化改革稳步推进。列入全国首批殡葬综合改革试点和公立医院综合改革示范城市。

四是突出重点精准招商引智。出台21条招商优惠政策，聚焦珠三角、长三角、京津冀等重点地区，高位推进招商工作，外出招商180余次，组织开展“相约春天”“收获金秋”等重大招商引资引智活动，举办科教创新高峰论坛和全国3D大赛，获评2017年度中国最具投资吸引力城市。成功引进签约正威国际、华大基因、万科、复星、比亚迪、览海等知名集团，其中世界500强企业2户，引进市外国内资金912亿元、增长15%，外资1 133万美元。与复旦、中山等15所知名院校签订合作协议，玉溪互联网大学、东南大学智慧城市研究院、同济大学智能制造研究院挂牌成立，新建院士工作站7个。深化与北京顺义、上海金山、江苏常州、广东佛山和惠州等城市友好合作。设立云南出入境检验检疫玉溪服务窗口，8户企业进入全国农产品出口百强，进出口总额增长4%。

五是全面推进城乡规划建设。启动新一轮城乡总规编制，完成美丽玉溪行动、试点县区“多规合一”等规划编制，列为全国城市设计和“城市双修”试点。科教创新城规划建设进展顺利，文化广播影视传媒中心等6个项目集中开工。城南客运站投入使用，市规划馆主体工程完工，建成地下综合管廊19.6千米、海绵城市项目58个。玉溪大河三期、高铁新城二期、老五街旧城改造工程启动，玉江大道改造提升、红龙路改扩建、新天地、红星国际广场、临岸三千城等项目有序推进。实施65个建制镇“一水两污”项目，乡镇供水、垃圾处理设施实现全覆盖，环境整治各项指标居全省前列。启动第二轮百村示范、千村整治。新平、元江获评国家园林县城，新平戛洒入选全国特色小镇，澄江广龙等6个小镇进入省级特色小镇创建名单。

六是着力解决突出环境问题。认真落实李克强总理重要批示精神和省委省政府工作部署，坚决打好新时代抚仙湖保卫战，实施百日攻坚雷霆行动，100个突出问题已整改67个，启动径流区农业产业结构大调整，建立抚仙湖—星云湖绿色生态经济区。22户企事业单位和6 122名农村居民退出抚仙湖一级保护区，径流区10万亩植被恢复项目开工建设，成功入选全国第二批山水林田湖草生态保护修复试点。3个湖泊国家湿地公园试点顺利推进，三湖“十三五”规划项目开工率达76%。全面推行河长制、湖长制，集中整治重点河流污染问题。加强大气污染防治，中心城区空气优良率达99.2%。启动土壤污染防治工作。完成营造林18.6万亩、低效林改造4万亩，治理陡坡地及石漠化面积7.9万亩。华宁、新平、峨山、元江获评省级生态文明县，13个乡镇获评省级生态文明乡镇。中央环保督察组反馈问题全部整改到位，省环保督察组反馈问题整改进展顺利。开展领导干部自然资源资产离任审计试点，强化环境执法监管，查处违法案件166件。

七是集中力量办好民生实事。全面实施七大民生工程，十件惠民实事圆满完成。扎实开展脱贫攻坚“找问题、补短板、促攻坚”专项行动和百日攻坚战，投入资金34.3亿元，发放小额信贷资金4.1亿元，实施易地搬迁5 246人、危房改造8 960户，3个贫困乡摘帽，17个贫困村出列，4万贫困人口脱贫。推进“就业创业玉溪”行动计划，新建创业孵化平台3个、众创空间4个，新增城镇就业2.8万人、农村劳动力转移就业21.5万人次。整合城乡居民医保，实现跨省异地就医结算，城乡低保标准每人每年分别提高到6 072元和3 420元。建成居家养老服务中心20个、乡镇敬老院5个，48.3万农户参加政策性农房地震保险。完成学前教育项目4个、“全面改薄”工程80个，玉溪衡水实验中学建成招生，在全省率先实现义务教育基本均衡。峨山、元江省级医养结合试点稳步推进，市医院改扩建、市儿童医院和8个县级公立医院补短板项目进展顺利。成功举办第五届中国聂耳音乐（合唱）周

2017年11月3日，七彩云南抚仙玉溪——2017年“收获金秋共谋发展”玉溪招商引智峰会（曾永洪 摄）

和云南省第十届民族民间歌舞乐展演，玉溪交通旅游广播开播，聂耳音乐之都建设成效显著。《云南省澄江化石地世界自然遗产保护条例》颁布实施。举办抚仙湖高原国际超级马拉松等赛事，玉溪籍运动员实现第十三届全运会金牌零突破。民族团结、信访维稳、禁毒防艾和反邪教工作进一步加强。

各位代表，过去五年，我们克服了市场需求萎缩、经济下行压力加大、烟草产业发展遇到波折、环境保护压力增加、补齐民生短板任务繁重等重重困难，全市经济社会发展取得显著成效。这是省委、省政府和市委坚强领导的结果，是市人大和市政协监督支持的结果，是全市人民凝心聚力、共同努力的结果。在此，我代表市人民政府，向全市广大干部群众，向市人大代表、政协委员、各民主党派、工商联、无党派人士和各人民团体，向中央和省驻玉单位、驻玉解放军和武警部队官兵，向各位离退休老同志，向所有参与和支持玉溪发展的各界人士，表示衷心的感谢和崇高的敬意！

各位代表！中国特色社会主义进入新时代，我国社会主要矛盾已经转化为人民日益增长的美好生活需要和不平衡不充分的发展之间的矛盾，我们充分认识到，在决胜全面建成小康社会、加快现代化建设征程中，玉溪发展不平衡不充分的问题也十分突出。发展不充分的表现是：烟草产业增势减弱，传统产业转型升级缓慢，新兴产业培育滞后，县域经济实力不强，增长动能不足，经济发展速度不快、总量不大、质量不高；基础设施不适应发展需要，重大项目进展慢，生产性投资不足，工业投资占比下降；财政收支矛盾突出，政府性债务化解和金融风险防控压力大。发展不平衡的表现是：城乡发展不协调，居民收入差距较大，农村发展滞后，基础设施薄弱；县域之间发展不平衡，红塔区经济总量占全市近一半，5个县区生产总值未过百亿元；社会事业发展滞后，基本公共服务供给不足，就业、教育、医疗、社保等方面仍然存在不少短板；生态保护与开发矛盾突出，三湖保护治理形势严峻，水体、大气、土壤污染防治任务繁重。与此同时，部分干部思想不够解放、干事创业精气神不足也是制约玉溪发展的主要障碍之一，有的干部站位不高、能力不足、作风不实、担当不够、创新意识不强，慵懒散混等为官不为现象不同程度存在。这些问题，我们必须采取有力措施加以解决，不断开创跨越式发展新局面，确保玉溪始终干在实处、走在全省前列。

二、今后五年的基本思路和目标任务

今后五年，是玉溪全面建成小康社会的决战决胜期、加快产业转型升级的攻坚期、实现跨越式发展的机遇期。我们一定要认真贯彻党的十九大精神，以习近平新时代中国特色社会主义思想为指导，按照省委省政府对玉溪的新定位新要求，坚持稳中求进工作总基调，坚持新发展理念，坚持加快发展与高质量发展并重，统筹推进“五位一体”总体布局，协调推进“四个全面”战略布局，以深化供给侧结构性改革为主线，坚持经济社会发展“5577”总体思路不动摇，全面落实市委关于深入学习党的十九大精神促进玉溪跨越式发展的决定，把支持传统产业优化升级、培育壮大新兴产业、加快实体经济发展作为重大战略任务，持续用力，久久为功，彻底扭转发展动能不足、发展速度不快的被动局面，努力将市第五次党代会描绘的宏伟愿景变为现实场景。

主要目标建议为：生产总值突破2 300亿元、年均增长8.5%以上，固定资产投资突破2 500亿元、年均增长18%以上，一般公共预算收入达165亿元、年均增长4%以上，社会消费品零售总额达650亿元、年均增长12%以上，城乡居民人均可支配收入分别突破5万元和2万元、年均增长8%和9%以上，城镇登记失业率控制在4%以内，城镇化率达58%。

今后五年要突出以下七项重点任务。

（一）扭住产业培育不放，奋力实现经济追赶跨越。加快产业培育发展，是实现经济追赶跨越的关键。我们要坚持产业富市战略不动摇，抢抓新一轮科技革命和产业变革孕育兴起、省委省政府加快八大产业发展的重大机遇，主动融入国家和省的发展战略，加快构建实体经济、科技创新、现代金融、人力资源协同发展的现代产业体系。围绕“三区一港”发展定位，把发展实体经济作为追赶跨越的重要支撑，“四带多园”作为经济增长的重要平台，技术创新作为转型升级的重要动力，集中精力和资源要素，一手抓传统产业巩固提升，一手抓新兴产业培育，把现代装备制造、生物医药及大健康、电子信息、现代物流、文化旅游产业培植成新的支柱产业，七大产业增加值占生产总值的70%以上。持续打好民营经济、县域经济、园区经济三大战役，2020年所有县区生产总值突破百亿元，玉溪高新区产值超千亿元，打造一批特色鲜明、竞争力强的产业集群，民营经济占生产总值的45%以上。

（二）聚力夯实基础设施，不断改善持续发展条件。体系完备的基础设施是实现追赶跨越的重要前提。我们要抢抓国家实施区域协调发展战略和省委省政府加快五网建设的重大机遇，坚持不懈加强水利、铁路、公路、航空、管道、电网、信息、物流设施建设，形成内通外畅、支撑有力的现代基础设施网络体系。加快综合交通设施建设，玉磨铁路建成通车，启动建设呈贡—澄江—江川—红塔区城际铁路，新增高速公路800千米，改造国省道1 300千米、县乡道1 400千米，全部自然村通硬化路。建成5个通用机场。加快骨干水源和民生水利工程建设，实现安全饮水全覆盖，配合推进滇中引水工程，新增蓄水库容1亿立方米。加快骨干电源、城乡电网和油气配套设施建设，构建清洁高效、安全低碳的现代能源体系。加快互联网出口带宽、物联网、4G基础设施改造提升，启动5G设施建设，固定宽带家庭普及率达80%以上，建成面向南亚东南亚的通信枢纽和区域信息汇集中心。科学布局现代物流园区，建成区域性国际农产品交易中心和中国西南·玉溪国际物流港。

（三）紧紧依靠创新驱动，不断提高发展质量和效益。创新是引领玉溪追赶跨越的第一动力。我们要坚持创新活市战略不动摇，加大资源整合力度，加快构建“一核五片七区”的科教创新城空间格局，推动产城融合、产教融合、人才聚合，成功创建国家创新型城市，基本建成滇中科教创新中心。加快引进一批知名高校和科研院所，建设与主导产业相配套的院士工作站、重点实验室、企业技术中心。在烟草、花卉、水环境治理、生物医药等领域发力，引进消化一批、研发创新一批、引入高端人才带入一批，形成一批具有自主知识产权的科技成果并加速转化运用。稳定增加科技投入，建立以企业为主体、市场为导向、产学研深度融合的技术创新体制，高新技术企业达150户以上。强化专业技术人才、高技能人才培养引进，打造领军人才和创新团队，形成大众创业、万众创新的良好氛围。到2022年，研发经费投入占生产总值2.5%以上，科技进步对经济增长的贡献率达60%以上。

（四）敞开开放合作大门，倾力加快外向型经济发展。改革开放是推动追赶跨越的强大动力。我们要坚持开放兴市战略不动摇，抢抓国家推进“一带一路”建设、云南加快建设面向南亚东南亚辐射中心的重大机遇，充分发挥区位优势，创新开放合作方式，强化与南亚东南亚国家之间的经济、人文、技术等交流合作，主动参与孟中印缅经济走廊建设，加快构建对外开放合作新格局，基本建成辐射南亚东南亚的重要物流枢纽。坚持不懈把招商引资引智作为经济工作的生命线，全面加强与珠三角、长三角、京津冀等区域合作，主动融入滇中城市经济圈，围绕重点产业、盯住知名企业抓招商，提高招商引资质量。优化出口产品结构，巩固优质农产品出口优势，加快九龙、龙泉片区智能终端制造产业园建设，扩大工业产品出口，确保外贸进出口总额突破40亿美元。深化重点领域和关键环节改革，以改革促开放，以开放倒逼改革，坚决破除一切不合时宜的思想观念和体制机制障碍。

（五）始终坚持绿色发展，全面提升可持续发展能力。生态环境是重要的公共产品，环境保护是政府的重要职责。我们要坚持生态立市战略不动摇，践行绿水青山就是金山银山的理念，实施清水、净土、蓝天、国土绿化和城乡人居环境提升五大行动，着力解决突出环境问题，成为全省生态文明建设排头兵。坚决打赢新时代抚仙湖保卫战，落实河长制、湖长制，完成抚仙湖、星云湖一级保护区2.2万生态移民搬迁，强化三湖流域生态系统修复，落实土地休耕轮作规划，调整优化农业生产结构，确保抚仙湖水质稳定保持Ⅰ类，力争星云湖水质达到Ⅳ类，杞麓湖水质稳定保持Ⅴ类。加强生物多样性保护，加快森林玉溪建设，25度以上坡耕地逐步退耕还林还草，森林覆盖率达60%以上。落实主体功能区规划，建立差异化绩效考核评价机制，优化空间开发格局，推动生产生活方式绿色低碳发展。实行最严格的生态环境保护制度，严守生态红线，坚决制止和惩处破坏生态环境行为，守住绿水青山、蓝天白云。

（六）统筹城乡协调发展，着力加快美丽家园建设。城乡融合发展是加快玉溪现代化建设的内在要求。我们要坚持新型城镇化和乡村振兴两手抓，不断增强城乡区域发展的协调性。大力实施乡村振兴战略，按照产业兴旺、生态宜居、乡风文明、治理有效、生活富裕的总要求，深化农村产权制度改革，落实土地承包到期后再延长30年的政策，完善承包地“三权”分置制度，激活农村发展活力。推动基础设施向农村拓展，改善农业农村发展条件；加快培育现代农业产业体系，推动烤烟、蔬菜、花卉、林果、畜牧等特色产业提档升级，扩大农产品精深加工，发展乡村旅游，促进一二三产业融合发展，拓宽农村居民就业和增收渠道；推动公共服务向农村延伸，创新乡村治理方式，补齐农村社会建设短板，加快农业农村现代化进程。坚持走以人为核心的新型城镇化道路，积极构建“一核、双心、两轴、四城、多节点”的城镇化空间布局框架，高起点规划、高标准建设、高水平管理，完善城镇体系规划，加快中心城区“增绿添色、点亮玉溪、六城同创、建设花城”4大工程建设，推进县城提质扩容，抓好特色小镇建设，促进农村人口就近就地市民化。到2022年，把玉溪建成全省区域性中心城市和创新开放生态宜居文明幸福的魅力之城。

（七）强化创新社会管理，提速补齐民生领域短板。解决民生问题始终是政府工作的出发点和落脚点。我们要坚持共享和市战略不动摇，始终把人民对美好生活的向往作为奋斗目标，努力让各族群众幼有所育、学有所教、劳有所得、病有所医、老有所养、住有所居、弱有所扶。在巩固提升脱贫成果上下功夫，确保工作力度不减、支持政策不变，扶贫与扶志、扶智相结合，实现贫困群众稳定脱贫、贫困地区可持续发展。落实积极就业创业政策，实现高质量充分就业。实施全民参保计划，让人人享有基本社会保障。建立多主体供给、多渠道保障、租购并举的住房制度，基本消除城市棚户区和危房，修缮加固农村C级危房、全面消除D级危房。优先发展教育事业，持续改善办学条件，中心城区新建迁建幼儿园14所、小学3所，新建初中4所、高中1所，基本满足市民的优质教育需求，率先在全省实现教育现代化。深入推进健康玉溪建设，健全基层医疗卫生服务体系，深化公立医院改革，改善县级办医条件，提升乡镇卫生院医疗水平，加快培养全科医生，下决心解决看病难看病贵问题。加快老龄事业和产业发展，有效应对人口老龄化。大力弘扬“玉汝于成、溪达四海”的玉溪精神，深入实施公民道德建设工程，广泛开展群众性精神文明创建活动，推动文化持续繁荣。全面贯彻党的民族政策和宗教工作基本方针，争创全国民族团结进步示范市。树立安全发展理念，全面推进法治玉溪、信用玉溪、平安玉溪建设，打造共建共治共享的社会治理格局。

三、2018年重点工作

今年是贯彻党的十九大精神的开局之年，是决胜全面建成小康社会、实施“十三五”规划承上启下的关键一年。做好今年政府工作，要以习近平新时代中国特色社会主义思想为指导，全面贯彻中央经济工作会议、省委十届四次全会、市委五届五次全会精神，坚持稳中求进工作总基调，坚持经济社会发展“5577”总体思路，以供给侧结构性改革为主线，全面推动质量变革、效率变革、动力变革，统筹推进稳增长、促改革、调结构、惠民生、防风险各项工作，全面落实重大风险防范、巩固提升脱贫成果、强化污染防治三项重点任务，促进经济社会持续健康发展。

经济社会发展目标建议为：生产总值增长8.5%，固定资产投资增长20%，一般公共预算收入增长3%，社会消费品零售总额增长12%，城镇居民人均可支配收入增长8%，农村居民人均可支配收入增长9%，居民消费价格涨幅控制在3%以内，城镇登记失业率控制在4%以内，城镇化率达51%，单位生产总值能耗完成省下达目标。

围绕目标任务，着力抓好十个方面的工作。

（一）在供给侧结构性改革上下足功夫，努力实现高质量发展

供需发力优化供给。在提高供给质量上着力，不断转变经济发展方式，变要素驱动为创新驱动，变投资拉动为投资和消费双拉动，变工业带动为工业和服务业双带动。全力打好“绿色能源、绿色食品、健康生活目的地”这三张牌，增强发展新动能。紧盯七大产业精准施策，完善产业发展规划，建立产业项目库，明确年度施工图，确保每个产业都有一批企业、项目接续建设，推动产业向开放型、创新型和高端化、信息化、绿色化转型发展。在增加有效投资上着力，强化项目前期准备、申报、储备，扎实推进“四个一百”重点项目和“三个一百”工业转型升

级项目建设，优化投资结构，确保非电工业投资增长20%以上。在挖掘消费潜力上着力，全面实施服务经济倍增计划，建立部门联席会议制度，制定年度实施方案，促进服务业提档升级，努力释放消费需求，确保第三产业增加值增长10%以上。在提高发展质量上着力，实施质量提升行动，鼓励和支持企业加快技术创新，推广降本增效技术，培育开发名牌产品，提高企业经济效益。推进农业供给侧结构性改革，以做优做强绿色食品为重点，持续提升农业有效供给。

深入推进三去一降一补。综合运用市场化法治化手段化解过剩产能，严禁新上产能过剩项目，严防“地条钢”死灰复燃，淘汰炼铁产能55万吨、水泥熟料45万吨、铜冶炼5万吨。调节住房供需结构，销售商品房150万平方米，严控房地产库存增长。严格规范政府性债务限额和预算管理，健全风险管控和应急处置机制，积极稳妥化解潜在风险。严厉打击金融诈骗、非法集资等违法违规金融活动，严防发生系统性区域性风险。严格落实减税降费政策，开展涉企收费专项检查，降低企业制度性交易、用地、用能和物流成本，激发市场主体活力。进一步补齐基础设施、生态环保、公共服务、民生保障等方面的短板。

强化经济运行调节。加强宏观经济形势分析研判，把握好国家继续实施积极的财政政策导向，充分发挥综合经济部门和市属国有企业的积极性，盯住投资重点精准包装项目，争取一批重大基础设施项目进入省级以上PPP项目库，一批重大产业项目得到上级财政支持。把握好国家实施稳健中性的货币政策导向，不断创新融资方式，通过政府和企业发债、股权和资产变现、股市融资等多种方式筹集资金，解决好重大项目建设资金需求。制定实施促进经济持续健康发展的政策措施，建设规上项目在线监测系统，强化项目审批、用地、投资等协调调度，确保续建项目不停、新上项目及时启动。突破用地障碍，压实县区耕地占补平衡责任，新增耕地5 000亩、建设用地4 500亩。突破企业融资障碍，盘活闲置土地资产，组建玉溪投资控股集团，建立政策性融资担保风险分担机制，充分发挥产业基金的带动作用，强化银政银企合作，引导金融机构回归本源，支持实体经济加快发展。加强经济运行预警监测，做好第四次全国经济普查。

（二）在工业转型升级上下足功夫，加快培育非烟支柱产业

锁定重点产业。实施中国制造2025玉溪行动计划，落实工业产业链拓展延伸实施意见，依托工业投资公司多渠道融资20亿元，建立产业发展基金，支持重点产业发展，加快173个工业项目建设，力争67个按期开工、62个竣工投产，千方百计稳存量、扩增量、提质量，确保工业增加值增长7.6%以上。支持传统产业优化升级、提质增效。围绕红塔集团原料需求，压实县区烤烟生产责任，落实种植面积、种植品种，确保完成收购任务；支持企业保总量、调结构、拓市场、去库存、增效益，推动配套产业二次创业，营造产业发展浓厚氛围，发挥烟草“稳定器”作用。抢抓矿冶行业市场复苏的有利时机，深化与昆钢集团合作，支持原料采购和品牌整合；引导重点企业加快产能置换、开发钢制品，实现转型升级，确保矿冶产业增加值增长15%以上。支持新兴产业成长壮大。加快九龙、龙泉片区智能终端制造产业园标准化厂房建设，确保已落户企业入园生产。加大对蓝晶科技的扶持力度，加速年产3 500万片LED衬底片项目投产，形成4 800万片生产能力，建成全国最大的蓝宝石基地。围绕建设制造业强市目标，制定数控机床、新能源汽车及配套产业发展规划，加快数控机床产业聚集发展，逐步达到3万台生产规模，建成全国最大的生产基地。加快新海宜新能源汽车及配套、通用航空装备、装配式建筑、电梯、云轨等项目建设，实现装备制造产业增加值增长10%以上。加快生物医药产业园核心区建设，支持沃森、维和、九州生物等企业加快核心产品产业化，生物医药产业增加值增长20%以上。

锁定重点园区。认真落实加快园区经济发展的实施意见，强力推进实体化改革，研和工业园区收回市管、委托玉溪高新区管理，完成其他5个省级工业园区人权、事权、财权制度改革，让园区具有独立的融资权。支持引入战略投资者建设生物医药、智能制造、装备制造、跨境贸易加工等园中园，完成园区基础设施投资100亿元，建成标准化厂房80万平方米，研和、通海园区污水处理厂建成运营。高新区新增4个投资10亿元以上、15个投资1亿元以上项目，红塔、大化、易门工业园区各新增3个投资1亿元以上项目，其他工业园区各新增3个投资5 000万元以上项目，园区增加值增长10%以上，高新区非烟生产总值突破百亿元。

锁定重点企业。出台扶持培育重点骨干企业发展的政策措施，确定100户成长性好、税收贡献大、吸纳就业多的重点企业优先扶持，通过战略重组、技术创新等方式发展壮大。加快发展民营经济，实施民营企业转型升级、互联网+小微企业、中小企业管理提升3大行动计划，强化金融、人才培训、管理咨询等服务，培育小巨人企业50户，新增规上企业20户、省级成长型企业15户、新三板挂牌企业1户，民营经济增加值增长13%。弘扬企业家精神，保护企业家权益，激发企业家创业热情。

（三）在现代服务业发展上寻求突破，努力推动第三产业迈向中高端

全力打造文化旅游和大健康产业。围绕打造全国一流的“健康生活目的地”目标，以产品开发为主线、大项目建设为抓手，优化“一核两翼”规划布局，做大做强文化旅游和大健康产业。大力改善旅游基础设施条件，加快38个续建、10个景区提档升级项目实施，推进澄江、新平全域旅游示范区创建，擦亮抚仙湖、帽天山、花腰傣三张名片，确保旅游总收入增长16%以上。提速寒武纪乐园、广龙旅游小镇、仙湖山水等项目规划建设，推进抚仙湖国家级旅游度假区创建工作。完成高鲁山、龙马山生态休闲文化旅游园前期工作，确保青花街等项目建成运营。推进新平磨盘山国家森林公园、元江果香四季国际旅游度假区建设，建好哀牢山—红河谷民族文化旅游区。加快陶、铜、银、刺绣等特色旅游商品开发。积极发展智慧旅游，重拳整治市场秩序，提升旅游整体形象。围绕把澄江建成“国际旅游城市、国际健康养生城市、国际会议中心城市”目标，落实“一城五镇多村”规划，按照国际一流标准建设云南抚仙湖国际医疗健康城、南亚东南亚医学中心及生命健康城，加快前期工作，尽快开工建设，将玉溪打造成为世人向往的“健康生活目的地”。

做大现代物流产业。出台促进现代物流产业发展政策措施，完善物流信息平台，力争培育2家2A级以上物流企业，推进中国西南·玉溪国际物流港、通海杨广冷链物流园建设，加快转化通力公路港二期、江川雄关和元江甘庄农产品物流园、昆玉铁路货运场前期工作，启动国际农产品交易中心、活发物流、滇中玉溪粮食物流产业园建设，确保九溪润特物流一期、中国东南亚食品商贸仓储物流港

一期竣工，支持嘉德集团发展跨境贸易，与云南宝象集团合作建设综合物流基地，现代物流业增加值增长15%以上。

提升传统商贸流通业。优化商业消费网点布局，落实“吃在玉溪、购在玉溪”三年行动，加快中心城区电子商务示范产业园、特色餐饮街区、商业区建设。推进国家电子商务示范城市建设，搭建农村电子商务公共服务体系，完善农村消费网络，完成6个农贸市场和10个乡镇加油站点建设。组织实施一批现代服务业示范项目，新增一批限额以上商贸企业。

培育发展金融服务业。编制玉溪金融中心规划，加快建设商业金融核心区，扩大本地金融机构规模，积极引进金融机构和证券公司，创新服务产品，发展普惠金融，新增贷款增长5%以上。开发重点产业保险产品，充分发挥保险保障功能。

（四）在落实乡村振兴战略上寻求突破，努力推动农业农村发展再上新台阶

制定乡村振兴规划。把实施乡村振兴战略作为新时代做好“三农”工作的总抓手，认真落实中央实施乡村振兴战略的意见，抓住财政优先保障和金融重点倾斜机遇，科学制定战略规划，积极争取省级试点，推动农业全面升级、农村全面进步、农民全面发展。

巩固脱贫攻坚成果。坚持政策不脱、帮扶不脱、责任不脱、监管不脱，突出产业发展增收、人居环境整治、社会保障巩固三个重点，制定巩固提升脱贫成果实施方案，建立健全防止返贫机制。以哀牢山区、革命老区、少数民族地区为重点，强化因人因户精准措施落实，着力解决贫困分散人口脱贫问题，确保1.2万贫困人口脱贫，不落一户、不掉一人。

加快特色产业发展。围绕打造“绿色食品牌”，制定实施“一村一品、一县一业”方案，发展大产业、培育新主体、建设新平台，确保农业增加值增长6%。种植粮食160万亩，总产6亿千克，提高粮食供给保障能力。调整优化抚仙湖周边种植结构、新增烤烟1万亩，全市种植55.6万亩、收购烟叶150.1万担，巩固云烟之乡地位。种植蔬菜130万亩、鲜切花3.5万亩、生物药原料6.5万亩，新增水果2万亩。制定实施红河谷—绿汁江热区开发计划，加快基础设施建设和土地开发整理，打造热区特色农业发展新的增长极。启动国家农业可持续发展试验示范区11个项目建设。加快亚洲花卉科创谷建设，推动爱必达公司上市。优化养殖业布局，发展规模化养殖，抓好华西希望德康集团新平种猪场建设，建成生猪家庭农场100个，新建云岭牛养殖示范场5个，畜牧业产值突破100亿元。积极培育新型农业经营主体，启动现代农业产业园创建，新增市级龙头企业5户、市级家庭农场50个、农业专业合作社20个以上，培育销售收入5亿元以上农业小巨人5户。大力发展农产品精深加工，加工业产值达280亿元。加快农业标准化、品牌化、市场化步伐，建成市农产品质量安全检验检测中心，在一线城市设立农产品销售中心，新增“三品一标”农产品10个、云南名牌农产品3个，确保绿色食品产业发展走在全省前列，成为玉溪的新名片。

建设美丽文明乡村。深化农村土地制度改革，全面完成农村土地承包经营权确权登记颁证，加快推进农村土地征收、集体经营性建设用地入市、宅基地制度改革试点。推进农村集体产权制度改革，完善农业支持保护制度。开展农村人居环境百日攻坚，每个县区抓好10个示范村建设，村庄生活垃圾处理率达95%以上。推进以直过民族为重点的第二轮百村示范、千村整治，建成示范村24个、整治村29个。完成中低产田地改造13.8万亩，新建改造10千伏及以下农网261千米，巩固提升15万农村人口饮水安全。加强农村基层基础工作，开展农村社区建设试点，创建法治乡村、平安乡村，提高乡村德治水平。传承优秀文化，抓好28个传统村落保护。

（五）强化基础设施网络建设，破解跨越发展瓶颈制约

加快综合交通基础设施建设。推进弥玉、玉楚、澄川、元蔓4条高速公路建设，确保江通、大戛高速大开门至新平县城段、弥玉高速华宁试验段建成通车，实现县县通高速目标。力争永金高速新平至元江段、机场高速红塔区至江川段开工建设，配合昆明市开工建设晋易高速，启动澄华、新平大开门至石屏宝秀、新平戛洒至镇沅者东3条高速公路前期工作。拆除江华路、江通路收费站。完成国道213线改造，改造提升国省道5条412千米、县乡道4条131千米，推进“四好农村路”建设，改扩建农村公路2 000千米，建制村通客车率100%。完成公路投资171亿元。配合推进玉磨铁路建设，争取呈澄城际轨道交通试验段、比亚迪·玉溪云轨示范线启动建设。加快江川通用机场建设，推进澄江、华宁、新平、元江通用机场前期工作。

强化水利和能源设施建设。开工建设新平洋发城中型水库和元江陆家店、华宁小箐、通海琉璃河小（一）型水库，加快13件水源续建工程、大龙潭引水通海支线、澄江甸垛龙潭调水工程建设，推进新平白沙河中型水库和“西水东调”工程前期工作，完成投资23亿元。抓好220千伏永济输变电、应急气源储备中心、油气管网红河支线等工程建设。

提速信息基础设施建设。扩充市县光纤骨干网络容量，建设1 000座物联网基站，推动新一代公众移动通信、物联网运用。加快城市大数据运营中心建设，推动一站式信息惠民服务平台运用。启动信息安全产业基地建设，促进云产业基地形成初步规模。

（六）强化创新驱动，推动科教创新城落地见效

进一步强化科技创新。加大财政投入，支持企业自主研发，力争研发经费占生产总值比重提高到1.05%。发挥玉溪启迪众创园、云科高新众创空间等平台作用，积极申报国家和省级“双创”示范基地。新增院士工作站3个、市级重点实验室和工程技术中心5个，申报高新技术企业20户以上、省科技型企业10户以上。加强知识产权保护，积极推进国家知识产权质押融资试点。实施“兴玉英才计划”，完善激励机制，大力培养和引进各类高层次人才和创新团队，推动创新精神、企业家精神和工匠精神融合，激发创新创业活力。

加快推进科教创新城建设。加大引智引校力度，建立科教创新投资基金，组建科教创新城管理委员会，启动土地一级开发整理，完成核心区11条道路建设。加快医养中心、体育运动中心建设，完成玉溪卫校迁建。推进科技创新研发中心、创新创业园建设。制定招商引智优惠政策及项目准入制度，加快已签约高校合作项目落地，推进与北京航空航天大学、北京体育大学等高校的合作。

（七）强化改革开放，努力拓展对外合作空间

深化重点领域改革。持续推进放管服改革，全面实施市场准入负面清单制度，进一步清理规范中介服务，积极推进综合监管和检查信息公开，优化营商环境。发挥投资项目审批服务中心作用，加快推进并联限时审批，大幅精简审批环节、压缩办理时限。大力推进“互联网+政务服务”，提高服务便利化水平，让群众办事少跑腿，努力实

现“最多跑一次”。深化投融资体制改革，做强融资担保公司，做大市属专业投资公司，建立健全投融建管营一体化体制机制。深化财税体制改革，整合财政专项资金，优化支出结构，压缩一般性支出，积极稳妥推进财政事权和支出责任划分改革，完善县乡财政管理体制。加快公立医院改革，推进三湖管理体制、统计管理体制、价格体制、事业单位分类、自然资源资产管理等改革。

加大招商引资力度。健全招商工作机制，成立招商引资工作委员会、各产业招商组、项目落地建设要素保障组和外资招商工作组，建立专家咨询评估制度，持续强力推动招商引资工作。锁定重点区域和行业龙头企业精准招商、以商招商、委托招商，力争引进一批大项目好项目。办好“相约春天”“收获金秋”等招商活动，策划包装100个以上重大项目。落实跟踪督办制度，强化项目落地考核，加快185个已签约项目落地，确保实际利用市外国内资金1 000亿元、增长11%，外资1 500万美元、增长32%。

提高开放合作水平。制定支持企业扩大出口的政策，加快外向型生产基地建设，设立对外贸易服务中心，改造提升国外农产品销售网点，培育一批跨境电子商务平台和企业。争取昆明海关设立玉溪服务窗口，扩大本地农产品出口，提高生物制药、智能制造等工业产品出口比重，力争手机出口3亿美元以上，确保外贸进出口总额增长10%以上。深化与友好城市之间的合作，加强与滇中各州市产业、交通、环境等方面的对接，积极融入滇中城市经济圈建设，加快推进昆玉一体化。

（八）强化新型城镇化建设，努力提升辐射带动能力

提升规划管理水平。完成城乡总体规划修编，完善中心城区控制性详细规划和城市建筑风貌导则，做好城市设计试点，构建“多规合一”协调机制和一张蓝图管控体制。抓好县区控规编制，实现江川区控规一张图，做好50个省级示范村规划编制，完成市规划馆建设。健全规划执行监督体系，建立乡村规划建设专管员制度，提高农村建房规划许可覆盖率。

提升建设管理水平。深入推进“六城同创”，做好中国人居环境奖申报工作，建成20.9平方千米海绵城市试点项目，加快智慧城市建设。推进“城市双修”，加快“增绿添色”和“花城”景观项目建设，抓好50千米城市地下综合管廊建设，启动第三污水处理厂、北片区供水工程，建成排水管网16千米，开工12条市政道路和城北客运枢纽建设，完成玉江大道、东风路、新西河路、晋红高速连接线等改造提升。优化地下综合管廊、海绵城市和市政道路等项目施工方案，强化工期管理，科学组织建设，最大限度减轻对群众生产生活的影响。推进城市“四治三改一拆一增”综合整治，抓好金水河等4条黑臭水体治理，完成玉溪市污水再生利用、餐厨垃圾综合处理、生活垃圾焚烧发电等项目建设，提标改造县城污水处理厂，改造棚户区4 000套、农村危房4 000户。深入开展“厕所革命”，新建改造城市公厕57座、旅游厕所72座、农村公厕150座。抓好澄江撤县设市，推进江川区与红塔区协同发展，加快澄江、峨山县城提质扩容。申报1个国家园林县城，加快6个特色小镇建设，省级特色小镇完成总投资60%以上。

提升城镇管理水平。全面启动城市管理执法体制改革，成立市、县区城市管理委员会，综合设置县区政府城市管理机构。实施城镇绿化条例。出台违法建筑认定标准指导意见，依法清理存量违法违规建筑。严格执行城市管理条例及配套办法，提高精细化管理水平。开展城市重要节点和交通环境综合整治，改善城南客运站周边交通条件，缓解交通拥堵。加强停车场规划建设，缓解医院学校周边等重点路段停车难问题。深化户籍制度改革，全面落实转户居民社保、就业、教育、住房等权益，力争4万农业转移人口有序实现市民化。

促进房地产和建筑业健康发展。加快建立“租购并举”的住房制度，力争启动中心城区利用集体建设用地建设租赁住房试点，支持金融机构推出租房贷款。规范建筑市场秩序，积极推广装配式建筑、绿色建筑。加快培育龙头骨干企业，扶持本地建筑企业做大做强，做好省建投六公司入驻玉溪服务工作，吸引更多建筑企业入驻玉溪。完成房地产业投资200亿元以上，建筑业增加值增长25%以上。

（九）强化三湖保护治理，努力建设美丽玉溪

加强三湖水污染治理。坚决打赢保卫抚仙湖雷霆行动百日攻坚战，克期完成突出问题整改，开展第二阶段整治工作。实施抚仙湖综合保护治理三年行动计划，扎实推进“八大行动”，加快一级保护区生态移民搬迁，完成湖滨带生态修复工程建设，确保抚仙湖稳定保持I类水质。加快抚仙湖流域47个山水林田湖草项目前期工作、开工率达80%以上，推进种植结构调整和休耕轮作，恢复面山植被3万亩，加快径流区绿色生态经济区建设。着力推进星云湖环湖截污治污、底泥疏挖及处置、农业面源污染治理，恢复健康生态系统，确保消除劣Ⅴ类水质。加大杞麓湖环湖截污、入湖河道生态治理、流域村落环境综合整治力度，确保水质持续好转。加快3个湖泊国家湿地公园试点建设。加快75个“十三五”规划项目实施，力争项目开工率达100%。制定抚仙湖保护条例实施细则，做好杞麓湖保护条例修订工作。健全完善河长制、湖长制，建立“一河一湖一策一台账”，实施信息化、精细化管理，创建示范河道。加强南盘江、元江流域水污染综合防治，主要河流断面水质达到功能要求。加大14个县级以上饮用水源地保护力度，完成东风水库大小矣资搬迁。

加强生态建设。完成玉溪市生态文明建设规划编制。健全完善15个自然保护区规划。推进森林玉溪建设，实施灾害防控保障计划，完成营造林13万亩、退耕还林4.8万亩、石漠化治理5.9万亩，治理水土流失面积122平方千米。加强野生动物栖息地、原生地监管。推进生态文明创建活动，澄江创建为省级生态文明县、7个乡镇创建为生态文明乡镇。

提升环境监管能力。限时完成省环境保护督察发现问题整改。认真开展第二次全国污染源普查。加快实施大气污染防治行动，着力治理工业企业污染，全面实施机动车排气污染检验，加快淘汰黄标车老旧车，实行“绿色施工”，加强扬尘治理，提高保洁水平，确保中心城区和县城空气质量稳步提升。做好第三次全国土地调查，开展土壤污染状况详查，建立污染地块开发利用负面清单，确定重点监管企业名单及国控监测点，加快土壤污染治理与修复。推行清洁生产，强化重点企业行业监管，完成主要污染物总量减排目标任务。完善环境监测预警体系，健全环保信用评价和信息强制性披露制度。实行环境执法联动，严查重处违法行为。

（十）强化社会建设，努力保障和改善民生

提升就业和社会保障水平。抓好重点群体就业工作，新增城镇就业2.65万人，帮助7 950名就业困难人员实现就业。进一步加大投入，不断提高社会保障水平。完成红塔区殡仪馆异地搬迁，全市辖区纳入火化区，确保火化率达

100%、骨灰全部入公墓。

优先发展教育事业。出台全面加强教师队伍建设的实施意见。实施第三轮学前教育三年行动计划，推进办园体制改革，完成“全面改薄”和34所幼儿园、56所小学、9所初中新建改建及设备购置，实施高中质量提升计划，进一步提高义务教育办学水平。启动红塔区义务教育优质均衡发展试点，中心城区新增幼儿园学位520个、高中学位800个。解决好学前教育及高中就学难、中小学课外负担重、大班额、择校热等问题。加快推进职教园区、玉溪师范学院等4个教育补短板项目建设。强化校园安全管理，确保师生安全。

推动文化持续繁荣。强化意识形态工作，坚持正确舆论导向，大力弘扬社会主义核心价值观。持续建设聂耳音乐之都，加快文化广播影视传媒中心建设。加强文艺队伍建设和文化交流，打造文艺精品，发展文化产业。实施文物保护工程，加强文物古迹、古镇名村、名人故居及文化自然遗产保护。改扩建2个县级文化馆，建成5个乡镇文化站，基本实现全覆盖。

加快健康玉溪建设。出台公立医院改革国家示范城市建设工作方案，抓好全国健康城市试点。做好医养结合试点，启动市康养产业园、中山大学澄江教学医院建设，推进市中医院扩建、妇产医院迁建前期工作，完成市医院改扩建和儿童医院建设，改扩建2个县级医院，建设8个标准化村卫生室。加快智慧健康养老产业发展。广泛开展全民健身运动，进一步加强体育工作，做好承办省第十六届运动会筹备工作，积极备战省第十五届运动会和第十届民运会。

提高社会治理水平。全面推进依法治市，深入实施“七五”普法。加强宗教事务管理，抓好第二轮“十县百乡千村万户”示范创建，深入实施民族团结进步示范工程。落实安全生产责任，加强基层安全生产网格化监管，提升食品药品安全保障水平，坚决防范重特大公共安全事故。开展矛盾纠纷大排查大调处活动，推进市县乡村四级综治中心建设，健全社会治安防控、社会心理服务和城乡社区治理体系，提高社会治理社会化、法治化、智能化、专业化水平。加强网络安全监管，开展扫黑除恶专项斗争，严厉打击各类违法犯罪活动，巩固“长安杯”创建成果，维护社会和谐稳定。

进一步做好防灾减灾、外事侨务、保密、档案、红十字、关心下一代等工作。切实保障好妇女儿童、老年人、残疾人合法权益。支持好工会、共青团、妇联等群团组织发展。推进军民融合深度发展，扎实抓好国防动员、国防教育、人民防空、民兵预备役、双拥共建、优抚安置等工作。

继续办好十件惠民实事。

各位代表！新时代新征程对政府自身建设提出了新的更高要求。我们将以不忘初心的信念、开拓创新的举措、务实清廉的作风，努力建设人民满意的政府，切实提高政府的公信力、执行力。

提高政治站位，全面从严治政。深入学习贯彻党的十九大精神，增强“四个意识”，坚定“四个自信”，坚决维护习近平总书记在党中央和全党的核心地位，坚决维护党中央权威和集中统一领导，坚决贯彻落实党中央国务院、省委省政府和市委各项决策部署。深入开展“不忘初心、牢记使命”主题教育，把全面从严治党要求落实到从严治政之中，加强思想政治建设，严守政治纪律和政治规矩，切实做到忠诚干净担当。加强班子建设，着力增强政府党组的执行力、凝聚力、战斗力。

严格依法行政，建设法治政府。自觉接受人大及其常委会法律监督、工作监督和政协民主监督，广泛听取各民主党派、工商联、无党派人士和人民团体的意见建议，认真办理人大代表建议和政协提案。严格落实法治政府建设实施方案，严守重大行政决策程序，严格执行重大行政决策责任追究制度，严格规范公正文明执法，健全政府法律、决策咨询顾问制度，提高政府决策科学化、民主化、法治化水平。

坚持务实创新，建设效能政府。开展“转作风、提效率、促落实”工作落实年活动，作为“不忘初心、牢记使命”主题教育的重要内容。发挥市政府领导班子垂范引领作用，强化公务员队伍管理，推行末位交流制度，解决部分公职人员不思进取、按部就班、互不协调、中间梗阻等问题。建立健全激励机制和容错纠错机制，完善综合考评办法，加强部门绩效管理，着力营造良好干事创业环境，让有信念、有思路、有激情、有办法的干部甩开膀子干。建立大督查机制，落实敬业有功、怠业必惩各项规定，坚决惩治慵懒散混。

坚守纪律底线，建设廉洁政府。认真落实党风廉政建设主体责任和“一岗双责”。不折不扣落实中央八项规定和实施细则精神以及省、市委实施办法，坚持不懈纠正“四风”。强化监管，推进审计全覆盖，加强农村集体公共资产管理，管好用好扶贫、低保、棚改、医保等资金，坚决整治侵害群众利益的不正之风，坚定不移惩治腐败。

各位代表！玉溪发展已经站在新的历史起点上，跨越式发展的号角已经吹响，美好蓝图已经绘就。让我们紧密团结在以习近平同志为核心的党中央周围，在省委、省政府和市委的坚强领导下，不忘初心、继续前进，不驰于空想、不骛于虚声，勇于担当、苦干实干，全力履行好新时代赋予的新使命，奋力谱写好中国梦的玉溪篇章！

（吴 垠 摄）

绿水青山·碧玉清溪

（蒯学庆　摄）

专　文

SPECIAL ARTICLES

责任编校：李海明

“百村示范、千村整治”行动推进情况调查

文化旅游产业发展情况调研报告

建筑业发展情况调研报告

金融支持玉溪科技企业发展的路径选择

提高农村基层学习型党组织建设科学化水平研究

玉溪市农村危房改造、“百村示范、千村整治”行动推进情况调查

为加快推进玉溪市农村危房改造及村庄基础设施规划建设工程，确保第二轮“百村示范、千村整治”行动顺利实施，按照市委、市政府领导的指示，市委政研室、市人大常委会预算工作委员会、市住建局、市规划局联合组成调研组，于3月27日至30日，分四个小组深入到2区7县的24个乡镇（街道），采取听汇报、查资料、看现场、与干部座谈、到村民中走访等方式，对全市的农村危房改造、第一轮“百村示范、千村整治”行动推进情况进行调查研究。有关情况如下：

一、工作推进情况

为深入贯彻玉溪市美丽乡村建设行动计划，全面落实市委 “八要”方案，推进全市新农村建设取得新成效，市委、市政府于2015年12月全面启动了第一轮“百村示范、千村整治”行动，并加大了农村危房改造、抗震安居工程建设力度。截至2017年3月，全市已投资12.2亿元，对107个示范村、998个整治村的人居环境进行综合整治和建设，对71 613户农村危房进行改造，农民群众的生产生活条件和人居环境得到极大改善。

（一）主要做法

1.突出规划引领作用。坚持把村庄规划摆在第一位，市级安排1亿元村庄规划补助经费，成功撬动了县区2亿多元的规划投资。各县区坚持在竞争性选点、多角度论证中选择有资质、有经验的规划设计单位进行竞评规划，并通过相关法律程序确认，实现村庄规划全覆盖。澄江县在市级补助资金的基础上，投入1 100万元做村庄规划，为项目顺利推进奠定基础；通海县采取县级统一委托设计单位方式，分期对全县村庄开展规划编制，先期筹措1 700万元经费，对219个自然村进行规划，统一村庄标高和户型管控，保住村庄风貌风格、地域特色；峨山县突出民族特色风貌，实现了以单体项目建设为主向以村庄整体规划建设为主的转变。各乡镇（街道）按照“站位高、定位准、可行性强”的原则，在广泛征求意见的基础上为各村（社区）制定了村庄发展施工规划，并及时对规划进行公示，做到家喻户晓。同时，为维护规划的权威性，各县区还采取分级管理、分级负责、层层把关的方式，严格把好村民自建房、村庄产业发展、集体公共项目建设关，并在一些重大项目中实行统规联建、统规自建和并村统建等方式进行示范建设，带动面上工作的有效开展，基本做到符合规范不折腾、整村推进不重复、一张蓝图干到底。

2.加大资金整合力度。坚持以农村危房改造、“百村示范、千村整治”行动内容为重点，积极整合项目资金，全面提升农业农村发展水平。一是按照“渠道不乱、用途不变、各司其职、各记其功”的要求，尽可能整合中央、省、市、县（区）的项目资金，捆绑使用，集中投向“百村示范、千村整治”行动。全市共整合市直部门涉农资金13 417万元（2015年整合7 583.5万元；2016年整合5 833.5万元）作为融资资本金，并通过市家园公司贷款，确保了整治村、示范村100～200万元市级补助资金的供应。二是将91个省级示范村、45个省级新农村重点村、131个扶贫搬迁点纳入“百村示范、千村整治”行动来实施，加强市级补助力度。三是将湖泊综合整治资金、文体广电设施配套、人畜饮水工程、旅游特色村、地质灾害搬迁等资金与“百村示范、千村整治”行动的项目资金统一整合使用，有效避免了建设资金的分散使用。如澄江县2015年整合资金3 020万元集中建设6个示范村，保证了每个村建设资金不少于到500万元，确保了建一个成一个。

3.发挥农民的主体作用。坚持政府主导、农民主体的方式积极推进，对于实行统规联建模式的，先由县住建局按照竞争性招标的要求，请3到5家有资质、有实力的建筑企业参加竞聘择优，再成立由乡镇（街道）、村组干部、户主参加的村民建房合作社（委员会），与建筑施工企业签订建房合同，待农户预交建房定金后，施工企业按规划户型建房；对于实行统规自建模式的，先由乡镇（街道）、村（社区）在广泛征求村民意见的基础上，统一拿出村庄和户型规划交由村民自己建设；对于并村联建模式的，在通过竞聘确定建筑施工企业后，由县城投公司先垫支部分基础设施建设资金先开工建设，再按统规联建模式实施。通海县坚持“建房村民自治”原则，在村庄规划指导下，建房农户自愿组织成立联合建房委员会，组织房屋建设项目的招标采购，选择有资质的施工单位承建工程，委托监理公司进行工程监理，探索出了一条统规联建的建设模式。新平县戛洒镇关圣庙易地搬迁扶贫联建点，把有地质灾害潜在危险的耀南、平田、纸厂、发启、东瓜林5个贫困村49个村民小组1 604户群众集中搬迁到戛洒集镇旁建设居住区，第一期已有446户群众参与其中。

4.强化产村融合发展。坚持把村庄建设与产业发展紧密结合起来，既做美村庄，又做强产业。峨山县在推进“百村示范、千村整治”行动的同时，注重与产业发展、小集镇建设和基层组织建设相结合，加快发展优势产业、农产品加工、农村电子商务等农村新产业新业态，促进农村一二三产业融合发展，村庄发展后劲明显增强。如澄江县项目村群众为保护抚仙湖，主动调整种植结、流转土地，建成了多个蓝莓庄园、荷藕庄园，为产村融合发展奠定基础。地处元江大山中的澜普村由于地质灾害严重，全村103户444人于2015年搬迁到者嘎水库附近，入住澜普新村后，他们积极实施荒坡荒地改造，大力发展葡萄种植，一举甩掉了贫困的帽子。

5.坚持硬件软件两手抓。在“百村示范、千村整治”行动中，群众积极踊跃参与工程的建设、管理，改变的不仅是村庄的美化、硬化、绿化和亮化等面貌，也是群众思

想观念、生产生活习惯等软件的升华。坚持以现代文化为引领，以培育和践行社会主义核心价值观、弘扬当地民族文化为根本，不断加强农村精神文明建设，不仅有效提升了村民的文明素质和农村的文明程度，也实现了乡风民风、人居环境和文化生活的蜕变。元江县羊街乡澜普村以弘扬哈尼文化为主旋律，在村里建起了宗扇舞传习馆；新平县桂山街道马命小组把李家祠堂改造成马命村传统文化大院，有效发挥了以文化人的作用。

6.层层压实工作责任。坚持责任上肩、任务到人，分别建立以县、乡领导为组长的两级工作领导小组，建立领导、部门、单位和企业挂钩联系帮扶制度，定期不定期研究工作推进情况，着力解决工作推进过程中出现的问题，形成了党委重视，政府落实，人大、政协支持配合，部门各司其职，各乡镇（街道）具体负责，一级抓一级、层层抓落实的良好工作格局。红塔区和澄江、通海、峨山等县区还建立了微信、QQ工作群，拓展了上情下达、下情上传的工作渠道，做到统筹协调、强势推进。各乡镇（街道）以扎实解决群众亟待解决的问题为突破口，因地制宜、因村施策，制定科学合理实施方案，把“挂路线图、排时间表、追责任人、消任务号”的落实机制贯穿到工程实施的全过程，确保各阶段任务圆满完成。始终将保持农村稳定摆在重要位置，由综治、司法、国土、信访等部门组建工作组，针对宅基地纠纷、建房纠纷等问题开展排查化解，确保各项工作快速有序推进。

（二）取得的成效

经过两年多的建设，全市农村人居环境、基础设施和群众住房条件得到明显改善，协调美观的环境风貌初步形成，健康文明的村风民风得到明显提升。

1.新农村建设步伐持续加快。把农村危房改造和“百村示范、千村整治”行动项目相结合、与拓宽农村道路、改善人畜饮水、美化环境、“两污”治理和农村文化等生产和社会事业发展相结合，有力推动了新农村建设。

2.农村人居环境明显改善。加大脏、乱、差人居环境综合治理，实施文化活动室建设、道路硬化、特色民居改造、活动广场建设、绿化、亮化等项目，开展布局优化、卫生洁化、河道净化等方面的整治行动，村容村貌得到明显改观，一大批农村公共基础设施和公益事业建设有效推进，人居环境得到极大改善。特别是农村困难群众基本告别危房，有效减少因自然灾害造成的不安全因素。

3.农村文明程度有效提升。在抓“两污治理”、农村亮化、美化和危房改造工程等建设的同时，统筹推进农村文化、体育、卫生、信息等公益设施建设，极大地丰富了农民群众文化休闲健身娱乐场所，为村民提供丰富、有益的精神食粮。群众的思想观念、生活习惯发生巨大的变化，乡风文明蔚然兴起，有效遏制了好吃懒做、酗酒赌博等歪风，特别是受人居环境改善的激励，普遍达成发展生产促增收、勤劳致富奔小康的共识。

4.造就一大批优秀干部和专业能手。村庄整治触动部分人的利益，必须动真格、公开办事、公正办事，在拆、建、管的过程中，涌现一大批真抓实干敢担当的优秀农村干部，成为新农村建设的带头人；为确保工程质量和建筑特色，各地通过挖掘乡土人才、培训技术骨干等方式，培养和锻炼了一批农村建筑工匠和管理人员，为持续推进“百村示范、千村整治”行动储备了人才。

5.促进了农村经济快速发展。以特色民居为载体，结合风格迥异的民族民俗文化，因地制宜发展生态农业、观光农业、农家乐、特色旅游等产业，既促进了农村产业产品结构的调整优化，有效带动了一二三产业融合发展，又拓宽农民增收致富渠道，取得了较好成效。

二、存在的主要问题

农村危房改造、“百村示范、千村整治”行动等工作虽然取得了明显的成绩，但也还存在着一些问题和不足。

（一）村庄规划问题突出。部分乡村规划由于编制时间短、沟通协调不够、听取意见不充分、考虑不周全等因素，导致统筹布局不尽合理。主要原因：一是多规难合一。“百村示范、千村整治”行动规划、危房改造规划、扶贫易地搬迁规划、地质灾害搬迁规划、特色旅游村规划等项目都有自身的特点和要求，验收的标准也不相同，各个规划难以统一。二是重复规划。在安排项目时，“百村示范、千村整治”行动实行规划评审制度，要求基层必须每年先做规划才能进入评审，导致部分基层项目未到手就差了几十万的规划费；而有的基层争取到项目后，先前做的规划也与施工要求相去甚远，设计成果不能直接应用到实施工程中，还要重新规划，造成不必要的浪费。三是乡村规划执行监督机制不健全。有的虽然按要求编制了村庄规划，但在执行过程中，没有严格按照规划执行，农户依然在原空地建房，导致村庄建设杂乱，只见新房不见新村。

（二）项目推进迟缓。根据市委、市政府的工作安排部署，第一轮“百村示范、千村整治”行动必须在2017年6月前全部竣工，但实际进度与计划有很大的差距：一是项目开工率低。截至3月底，第一轮农村危房改造和“百村示范、千村整治”行动工程还有通海、华宁、新平等3个县未能全部实现开工，开工率分别为86.7%、92.9%、92.9%，没有达到市委、市政府要求。二是项目的竣工率低。全市农村危房改造项目竣工率仅为84.2%；新平县2015年至2016年农危改项目竣工率仅达71.5%、81.8%，“百村示范、千村整治”行动的工程竣工率仅为66.7%、22.3%。主要原因：一是前期准备工作不充分。前期唯恐上级资金不能落实迟迟不动，后期组织不力工程进度跟不上。市级批准项目后，由于县区、乡镇前期准备工作不细致、不充分，相应的规划要半年左右的时间才能完成，直接导致竣工率低。二是统规联建、整村推进和农危改项目实施工期较长，配套实施的“百村示范、千村整治”行动建设内容难以在规定时限完成。三是限制因素增多。“百村示范、千村整治”行动总体投入资金不足，县财政资金投入比例少，群众自筹资金压力大，尤其是偏远山区村寨由于地形限制，“三通一平”施工难度大，建设成本较高。如新平、元江大部分自然村地处山区，危房户虽然已大面积开工，但受地理、交通、物资上涨等因素制约，项目推进依然缓慢。

（三）县乡资金拨付不及时。全市农村危房改造项目2015年度资金兑付比例为60.5%，2016年的项目资金基本未兑付。除澄江县外，全市滞留县区资金量较大，使用率仅为30.8%，滞留比例占下达资金的69.2%。未按要求及时拨付、滞留量较大的县区为：下达通海县2015年农危改市县级补助资金4 200万元，滞留在县级资金4 200万元，至今未兑付农户；下达易门县2015年农危改市县级补助资金3 984万元，滞留在乡镇资金2 201万元，兑付农户929万元，兑付比例仅为29.7%；下达华宁县2015年“百村示范、千村整治”行动补助资金5 235.1万元，滞留乡镇3 165.6万元，拨付资金2 634.4万元，使用率仅45.4%，54.6%的贷款资金未能及时产生使用效益。主要原因：一是项目施工难于同时进行。按照要求，“百村示范、千村整治”行动、危房改造项目等都要与易地搬迁扶贫项目整合，这就导致所有工程都要等扶贫建设主体工程（农房建设）完工后才能实施其它工程，从而使资金拨付滞留在县区或乡镇（街道）。二是资金运行方式不同。“百村示范、千村整治”行动工程的资金是拨付制，任务下达后资金就可以下拨；而扶贫的项目资金则是报账制，必须等项目完工验收后才能拨付，对接困难。三是由于资金拨付是按项目进度分期支付，当项目进度达不到资金拨付要求时，致使资金滞留。四是县区、乡镇财政资金周转困难，中央和省市的资金下达后难于及时下拨。

（四）文化传承和保护难度大。部分地方对民族文化资源的保护、挖掘、利用不够，新建项目民族特色、地方特色不突出，所建新房基本是千篇一律的“火柴盒”。有的改变了原有风貌，严重影响了乡村农耕文化保护与传承。有的随意处置民族文化遗产、破坏传统民族文化风貌，大量农村传统建筑面临被拆除的危险，民族村落整体风貌保存困难加剧。

（五）群众意愿有差异。部分地方的农民主体作用发挥不充分，“等、靠、要”思想严重；有的采取工程全部外包，形成“政府干、群众看”的现象；个别村组在村庄建设中组织发动群众力度不够，一些群众经发动仍无建房意愿。主要原因：一是群众自身积累少。除各级补助外，大部分危改户自筹的资金都来源于贷款或借款，一定程度造成因建房致贫现象，而且经过几年的改造，目前剩余的危房户在现有补助基础上几乎无力建房。二是原址重建意愿低。部分农户对原址拆除重建意愿较低，多选择到生产生活条件相对较好的外地建房，这与现行的政策存在一定的矛盾。

三、下一步工作建议

为把“百村示范、千村整治”行动、农危房改造等“民心工程”抓紧抓实，必须按照“加大力度、全面推进、提高质量、再上台阶”的工作思路，着重做好以下七个方面的工作：

（一）因地制宜抓规划。坚持把村庄规划摆在第一位，强化规划的引领和指导作用，严格遵循先规划后实施。要坚持以“功能互补、基础共享、规模适度、布点合理”为原则，认真做好村庄规划的编制。一要科学规划。要根据各村的资源禀赋、自然条件、地域特色和产业特点，确定村庄规划思路和目标，推动村庄布局、基础设施、公共服务等规划相互衔接，使其布局合理、功能完善、体现特色，防止出现“千村一面”现象。二要探索多规合一。将农村危房改造、易地扶贫搬迁、旅游特色村、地质灾害搬迁等项目有机整合起来，统一规划、分步实施、各计其功，避免多头规划、重复规划，减少不必要的浪费。三要体现当地特色风貌。要把“是不是科学合理、有没有地方特色”作为衡量村庄规划的标准，因地制宜、依山就势，充分体现建设村的田园风光、农耕文化，传承民俗民风和乡土特色，注重古村落和古树名木保护。四要充分尊重群众的意见。要把群众认同、群众满意作为编制规划的根本要求，对群众重点关注的房型、墙面颜色、卫生间配置、农机具停放等事项，要尊重群众的意愿，使规划的村庄外观美丽、内部功能齐全。五是要维护规划的权威性和严肃性。规划一经批准，就要坚决执行，不得随意改变。确实需要变更的，应广泛听取各方意见，严格按程序操作，决不能随意调整。

（二）政策引导抓投入。当前，省易地扶贫搬迁的政策发生了变化，要认真研究变化的内容，吃透政策精神，科学合理调整市级的各项规定，确保政策的连续性和稳定性。一要认真研究农行、农发行等部门农危房改造建设专项扶持贷款政策，吃透农信社三年、五年期农危房专项贴息贷款政策，进一步完善农危改和“百村示范、千村整治”行动政策，有效简化直补、贷款手续，让群众真切感受到方便和实惠。二要进一步研究制定优惠政策和措施，在充分发挥好财政资金的引导作用的同时，鼓励社会资本投向乡村建设，让民间投资活起来，多途径解决好投入不足的问题。三要充分调动各方面参与新农村建设的积极性。实行“百村示范、千村整治”行动资金拨付方式的动态管理，对一定期限内无动静的项目及时回收调整到其他有进度的工程项目拨付使用，若一年还未动的工程项目将不再实施，先调整到其他工作积极性高、进度快的乡镇和村组。

（三）立足现状抓重点。要严格遵循因地制宜、量力而行的原则，强化工作的针对性和可操作性，确保各项工作快速有序推进。一是要提前谋划、超前准备。进一步核实排查好现有的危房存量信息，梳理“四类”人员危房所占比例，制定符合各地实际的危房改造计划，调动好、保护好群众参与美丽家园建设的积极性。二是要突出重点、全面推进。要以农村住房改造建设为重点，大力推进宅基地整理复垦，做好基础设施配套和美化亮化工作，改善农民居住条件；要以农村新社区建设为重点，做好合并小型村、缩减自然村、拆除空心村、搬迁高山村等工作，推进农村有效集聚，统筹农村公共服务，完善农村社区服务，强化农村社区管理，打造“充分就业农村”，不断提升农民生活品质。三是要高标准建设、高质量推进。进一步加强部门协作，明确责任，各司其职，各负其责，责任要落实到人，政策要落实到位，确保项目建设任务按时限要求完成；加强农村建设管理人员和机构力量的补充，认真核查农危改农户花名册、农户申请表、乡镇申请表、县区审批单和工程督促、监管、验收等环节的工作，按照时间节点完成工程进度和补助资金的兑付。

（四）强基固本抓产业。将强产业作为兴村富民的重要抓手，坚持因地制宜，发挥资源优势，培育壮大优势特色种养业，突出抓好乡村旅游、休闲农业等新产业新业态，力争每个乡发展几个特色优势产业、每个村形成1个以上主导产业，确保户户有增收项目、人人有脱贫门路。依据村庄资源现状和优势，因地制宜，积极培育特色产业，大力发展庄园经济，壮大龙头企业，延长产业链条，推动传统农业向现代特色农业转变。大力发展生态农业、观光农业、休闲农业，将改造村容村貌与发展特色餐饮、民居旅馆结合起来，推进乡村发展，积极探索以乡村旅游带动美丽宜居乡村建设的新路子。要在“特”字上下功夫，突出民族、山水、人文等特色强产业，避免乡与乡、村与村之间的同质化竞争。要加大对新型农民的培训力度，不断提高农民生产组织化程度，积极推广“公司+示范基地+农户”“专业合作社+农户”、土地合作入股等发展模式，让农户真正参与产业开发，实现稳定增收。要持续加大农村劳动转移培训力度，确保每户至少有1个转移人员，多渠道增加农民收入。

（五）大胆创新抓改革。进一步深化改革、创新体制，为“百村示范、千村整治”行动提供体制保障和发展动力。一是深入推进农村金融改革，积极引导银行、信用社、保险资金和社会资金投向农业农村，着力构建功能完善、分工合理、产权明晰、监管有力的农村金融体系，建立多元投融资机制，推进金融服务“百村示范、千村整治”行动。二是做好土地这篇大文章。创新建设方式，推进土地流转整理，盘活土地增加“百村示范、千村整治”行动投入，特别要落实好城乡土地增减挂钩政策，科学处理好增加投入、节约耕地、保护农民合法权益的关系。三是努力发展村集体经济。村集体经济是“百村示范、千村整治”行动的财力支撑，要进一步完善土地承包经营权入股发展农业产业化经营的政策措施，加快推进农村集体产权确权到户和股份制改革，探索财政专项扶贫资金和涉农资金项目资产折股量化改革，做强村集体经济，用3年左右的时间，确保每个村都有一个集体经济组织。四是要积极探索以工哺农、以城带乡的新途径和新模式，积极探索统筹城乡发展的新机制、农民增收长效机制和现代农业发展的有效途径。

（六）着眼长远抓机制。让农民真正享受到建设成果，关键在于健全长效管理机制。要建立一系列巩固和提升环境质量，治理“脏乱差”的长效管理机制，努力提升“百村示范、千村整治”行动的成效和水平。一是按照“建设与管理并重”的原则，探索建立“政府补一点、集体拿一点、群众出一点”的筹资运行机制，建立健全环境卫生保洁制度、绿化养护制度、保洁员和养护员责任制度，确保村庄整治成果得以持续。有条件的地方要将城镇人居环境管护体制逐步向乡村延伸，让城乡共享改革开放成果。二是发挥好村规民约的自治作用，组织引导村民制定好村规民约，规范村民行为，提升村民素质，做到各项工作有人抓有人管。三是健全长效管理经费保障机制，积极探索农村垃圾、污水治理项目等运作新模式，确保有钱办事。四是建立长效管理考核机制，对相关责任单位和人员进行监督考核，做到责任到人。

（七）强化领导抓责任。要切实加强对“百村示范、千村整治”行动等工作的领导，特别要加强县级的力量，要把此项工作作为县区的“一把手”工程，将责任压实，确保全市目标任务圆满完成。要加强农村基层组织建设，选优、配强村“两委”班子，解决村级组织软弱涣散问题，发挥基层党组织在农危改和美丽乡村建设中的战斗堡垒作用，从根本上解决好农村的主心骨问题；要发挥好新农村建设工作队和指导员的作用，发动群众积极参与新农村建设；挂钩联系的市、县区领导和市级部门、单位和企业要加强对示范村和整治村建设的督促、检查、指导和协调；县、乡镇（街道）党委、政府要加大对此项工作的督查检查力度，继续实行项目倒排制度，细化项目时间节点和工作进度，明确任务到人，加大随机现场督办力度，实行月督查月通报制度，严格责任追究，推动项目取得实质进展。纪检监察部门要加大对“不作为、乱作为、慢作为”等问题整治力度，通过约谈一批、告诫一批、问责一批，确保各项工作快速有序推进。

（市委政研室　提供）

（吴　垠　摄）

玉溪市文化旅游产业发展情况调研报告

文化旅游产业是现代服务业的重要组成部分，综合性强、关联度高、产业链长，带动作用大、辐射范围广、发展后劲足，是一个多方位、多层次、多维度的富民强市产业。在“十三五”国民经济换挡转型大背景下，经济步入“新常态”，经济结构调整需要加速发展服务业，动力转换要增强内需消费的拉动力，改善民生也要进一步释放国民的休闲需求，大力发展文化旅游产业，是玉溪市产业转方式调结构的优先方向，也是全市促进消费升级的关键所在，更是玉溪市主动适应经济发展新常态、打造新支柱产业的必然选择。为摸清全市文化旅游产业发展现状，提出有针对性的意见建议，为市委、市政府产业发展决策提供参考服务，市政府研究室对全市文化旅游产业发展情况进行了深入细致的调查研究，形成专题调研报告。

一、全市文化旅游产业发展基本情况

近年来，玉溪市委、市政府高度重视文化旅游产业发展，进一步强化组织领导、抢抓政策机遇，基于玉溪地域民族文化和旅游资源禀赋，充分发挥区位、生态和经济等方面优势，大力推进文化旅游景区景点、重大项目等基础设施建设，特别是市第五次党代会把文化旅游产业列为全市重点发展的七大产业之一，将在“十三五”期间把文化旅游产业打造成为玉溪重要支柱产业，玉溪市委、市政府多措并举，举全市之力加快文化旅游产业发展并结出丰硕果实，文化旅游产业发展已具备良好的基础条件，空间十分广阔。

（一）产业规模初步形成。玉溪客源市场由省内扩大到西南，继而向沿海发达地区和北方地区不断拓展，游客人次、旅游收入等主要经济指标保持较快增长，旅游目的地的知名度显著提升。2016年全市接待国内外游客2 711.23万人次、同比增长17.36%，实现旅游收入162.86亿元、同比增长28.83%，旅游增加值占到全市GDP的3.94%，旅游从业人员达10余万人。

（二）产业体系不断完善。全市建成旅游景区（点）112个，其中：国家A级景区19个，世界自然遗产暨国家地质公园1个，全国工业旅游示范点1个，国家级生态旅游示范区1个。全市有星级酒店33家、国际品牌酒店2家、旅行社（含分社）41家、旅行社网点94家、旅游车船服务公司9家；有国家工业旅游创新单位1个，国家全域旅游示范区创建单位2个，省级全域旅游示范区创建单位2个，省级旅游小镇3个、省级民族特色旅游村寨13个、省级休闲农业与乡村旅游示范企业9家、乡村旅游星级接待户134家，建设了一批与旅游相配套的特色街区、购物店、娱乐等接待服务设施。

（三）产业基础持续夯实。紧紧抓住建设抚仙湖—星云湖生态建设与旅游改革发展综合试验区、昆玉红旅游文化产业经济带等重大发展机遇，加大招商引资，着力推动太阳山、寒武纪乐园、仙湖山水、玉山城、通海古城、新平民族文化园、元江红河谷热海和山云华界等一批重大旅游项目建设，引进落地抚仙湖山地公园项目、仙湖飞鹰低空飞行旅游项目、“新平中国冬季养生避寒度假花腰傣风情小镇”“果香四季国际旅游度假区”等一大批文化旅游项目。2016年，纳入省市项目统计库的旅游重大重点项目完成投资42.22亿元，累计完成投资188.69亿元。

（四）全域旅游加快发展。一是推动乡村旅游发展。以农户为基础、村寨为主体、乡（镇）为重点、县（区）为依托构建四级乡村旅游发展体系，加大乡村旅游公共服务设施建设，基本形成了中心城区近郊精品游憩区、“三湖”湖滨山水乡村旅游区、哀牢山—红河谷民族风情体验带、易（门）—红（塔区）—华（宁）乡村美食休闲带的“两区两带”发展格局。二是推动旅游与相关产业融合发展。旅游与生态建设融合，打造玉溪庄园国家生态旅游示范区；与农林产业融合，打造了新平樱花庄园、褚橙庄园、桔荔庄园等一批庄园旅游产品；与文化产业融合，打造了秀山历史文化、新平民族文化园、玉溪灯会、元江太阳城广场、陶文化产业园等文化旅游品牌；与城乡建设融合，打造哀牢小镇、广龙旅游小镇等特色旅游小镇品牌。

二、当前存在的主要困难和问题

经过多年建设发展，玉溪文化旅游产业具备了一定的产业规模和旅游品牌知名度，但从自身资源禀赋和生态、区位优势来说，与其他州市相比，玉溪文化旅游产业的发展速度明显偏慢，尚处于开发建设的初级阶段，主要表现在以下4个方面：

（一）尚未形成有效推动产业发展的联动工作机制。一是文化旅游产业规划涉及面广、关联部门多，规划统筹性、可行性难以把控，与产业相关的文化、旅游、体育、城乡、环保、土地、交通、林业等部门间衔接不畅，招商引资项目难以落地，项目推进缓慢，产业难以形成合力整体推进。二是产业发展政策和定位缺乏持续性，各级政府对资源控制不力，低端开发，部分原生性自然环境、原生态地方文化遭到不同程度破坏。三是政府性旅游发展资金投入不足，产业发展缺乏有效的融资模式和平台支撑，投融资机制有待改革突破。

（二）尚未树牢全域旅游发展观念。与省内外文化旅游产业发展先进城市相比，玉溪全域旅游的发展理念还没有牢固树立起来，乡村旅游服务水平尚待提升，部分景区所有权、管理权、经营权尚未理顺，城市街道交通标识、游线观景休息站点、旅游厕所、游客服务中心、旅游购物等基础配套设施仍然不足，与“处处是景点，人人都参与”的全域旅游发展格局仍有很大差距。

（三）尚未打造出具有强大吸引力的文化旅游品牌产品。玉溪发展文化旅游的资源禀赋优越，从全省来看，对外旅游品牌辨识度却远不如大理、丽江、西双版纳、迪庆。大理、丽江以古城为主打，西双版纳以热带民族风情为特色，迪庆以香格里拉原生态自然风光和民俗为特色，玉溪旅游形象打造多年，说起玉溪，为人所知的仍是红塔山和玉溪烟，缺乏能深入人心与玉溪紧密相连的主题形象。

（四）尚未建立起满足市场需求的有效产品供给体系。近年来，玉溪国内游客数量持续快速增长，游客接待规模连年在全省靠前，总收入和人均消费却排后。从2016年全省抽样调查的统计数据来看，全市游客的平均停留天数仅为1.89天，过夜旅客的人均消费550.16元，人均消费只达到省平均水平的70%，仅是昆明、大理、丽江、版纳等热点地区一半左右，在全省排名14位。玉溪文化旅游仍以一般观光型旅游产品为主，旅游资源开发粗放，对文化内涵挖掘不够，旅游产品单一、低端、分散，缺乏高层次、特色鲜明、有带动性的综合性旅游产品，没有形成引领游客消费的知名品牌线路产品，难以吸引留住游客。

三、加快玉溪文化旅游产业发展的意见建议

到2020年，全国旅游市场规模将达到80亿人次，旅游消费总额将达到8万亿元，文化旅游产业对国民经济的综合贡献率将超过10%，可以说，文化旅游产业市场规模大、前景广阔、绿色可持续、带动就业多，玉溪应抢抓机遇，着力加快发展。

（一）高位统筹，协调推进文化旅游产业发展。文化旅游产业不仅是服务业，它已覆盖一二三产业，本身就是综合性产业，涉及众多职能部门，需要市委、市政府高位统筹，整体推进。一是进一步发挥政府在发展方向、规划布局、政策支持、环境营造等方面的引导作用，以市场为主导，企业为主体，相关部门联动，形成合力推动发展；二是推进文产办、旅发委、文管局等文化旅游产业相关管理机构职能整合重组，从管理体制上扭转各自为政、沟通不畅的局面，建立健全发展联席会议制度，形成推进文化旅游产业发展的长效工作机制；三是充分发挥市级文化旅游投资平台作用，发挥好财政资金的引导支持作用，研究制定推进文化旅游产业重点项目的优惠政策，积极争取国家、省旅游发展专项资金、文化产业专项资金和重点文物保护专项资金等扶持，强化金融对文化旅游产业的支持力度，探索建设文化旅游产业互联网金融投融资平台，创新文化旅游产业融资方式，探索设立文化旅游产业发展基金；四是完善文化旅游建设用地管理制度，实行文化旅游项目建设用地分类管理和差别化用地政策，鼓励以多种方式供应建设用地，加大对文化旅游公共服务设施、旅游厕所建设、乡村旅游与文化旅游扶贫用地的保障力度。

（二）深化融合，推动全域旅游发展。一是着力推动旅游与文化、体育、医疗、农林等产业融合发展，拓宽文化旅游产业发展空间，延伸产业链条，扩大消费领域，着力构建旅游全景化、产业全联动、服务全配套、社会全参与、管理全覆盖、成果全民共享的文化旅游发展新格局。二是加强特色旅游城市、旅游强县、旅游小镇（名镇）、特色旅游村及旅游度假区创建，加快全域旅游目的地体系建设，围绕交通主干线、旅游线路、景区景点、重点县城和旅游小镇，建设提升一批游客服务中心、休憩站、服务点，形成旅游服务设施体系。三是对全市餐饮、住宿等服务单位加大监管力度，优质服务单位进行挂牌标识管理，方便游客甄选，以游客的视角和体验感，积极推进文化旅游服务与国际标准接轨，建立健全涵盖文化旅游服务各要素、各方面的标准体系，推进服务标准化，强化服务精细化，突出服务个性化和定制化，全面提升服务质量和水平，提高广大游客在玉溪旅游的便利度、舒适度、满意度，让游客“愿消费、敢消费”。

（三）聚力突破，打造玉溪旅游标志性品牌形象。玉溪花灯虽好，花腰傣虽美，帽天山虽珍贵，名片太多，难免让人眼花缭乱，模糊了形象，难以让人记住。结合玉溪自身优势，区别于省内其他州市的旅游品牌形象，避免雷同，避免含混，找准最切合玉溪的一个品牌形象，让人一说起玉溪，就能有一个清晰的关键词。就像说起西藏就想到藏传佛教，说起杭州就想到西湖，说起巴黎就想到浪漫，说到京都就想到禅意。比如以水为标签，以抚仙湖为主打，围绕“三湖”、温泉、城市水系景观等做文章，打造水城形象，让人说起水城就想到玉溪。

（四）错位发展，做强拳头性文化旅游产品。按照《云南省旅游文化产业发展规划（2016～2020年）》，“十三五”期间，全省旅游文化产业将重点做强观光游览、休闲度假、健康养生、特色娱乐、商务会展、商品购物、餐饮住宿7大主导产业。从玉溪实际来说，面面俱到，7大主导产业都要重点发展，必然导致资金和力量分散，建议突出玉溪资源特色和区位优势，围绕全省发展规划布局，差异化定位，找准2～3个主导产业，以供给侧结构性改革为重点，以消费升级为引领，加强项目包装，加大招商引资，以国际化、高端化、规模化、特色化发展为方向，加快重大项目建设，聚力打造具有较强核心竞争力的高端文化旅游产品，以重点主导产业发展带动配套产业、整个第三产业发展。比如打造健康养生养老业，依托“三湖”、温泉等优势，开发建设与中医结合的养生养老、康复疗养、医疗健康、美容保健等旅游产品；比如打造特色娱乐业，深度挖掘提升文化、体育内涵，将其转化为大众化、层次化、可延展的娱乐产品，发展体验式文化旅游产品体系；比如以亲子为主题，结合帽天山等资源，打造集科普、娱乐、教育、成长、体验等为一体的儿童城，针对寒暑期和周末，开发不同体验的文化旅游产品。以这些特色拳头旅游产品拉动客流量，增加人气，带动商品购物、餐饮住宿等配套产业发展，最终以点带面，推动玉溪文化旅游产业整体发展，把玉溪打造成为知名的旅游目的地。

（市政府研究室　提供）

玉溪市建筑业发展情况调研报告

为全面了解玉溪市建筑业发展状况，充分发挥建筑业在吸纳就业、拉动经济增长、促进城镇化和工业化进程中的重要作用，加快推进建筑业转型升级、跨越发展。根据市政府领导安排，由市政府研究室牵头，抽调相关职能部门人员参加组成调研组，分别采取实地调研、座谈交流、统计分析等方式，深入与建筑业关系密切的相关部门、相关县区进行调研，并到建筑业做得较好的红河州进行了实地学习考察，形成了玉溪市建筑业发展情况调研报告。

一、玉溪市建筑业发展的基本情况

近年来，在市委、市政府的领导下，随着国家宏观经济结构的不断调整、固定资产投资的不断增加、新型城镇化和工业化的快速推进，玉溪市建筑业生产能力不断增长，经营规模不断扩大，保持了持续、快速的发展态势。

（一）建筑业自身能力明显增强，综合实力得到提升。2015年，玉溪市有一级资质建筑业企业6家，其中，一级总包资质企业3家，一级专包资质企业3家。有二级资质建筑企业99家、三级资质建筑企业84家、不分等级的19家、劳务资质1家。“十二五”期间，全市建筑企业数从2010年底的151家增加到2015年的209家，建筑业从业人员由2.86万人增加到近10万人。有职称工程技术和管理人员9 341人，其中，高级职称223人，中级职称2 274人。有一、二级建造师1 486人，其中，一级建造师161人。有勘察设计企业35家，其中，甲级企业1家，乙级企业14家，丙级企业20家。有乙类施工图审查机构2家。有设计类注册人员159人，其中一级注册建筑师27人，二级注册建筑师60人，一级注册结构工程师43人，二级注册结构工程师19人，注册岩土工程师5人。有监理企业10家，其中，甲级2家，乙级2家，丙级6家。

（二）建筑业产值快速增长，规模总量不断扩大。玉溪市建筑业总产值由2010年底的39.59亿元增长到2015年的112.98亿元，同比增长7.1%。全市五年累计共完成建筑业总产值441.5亿元，年均增长23.3%；累计完成增加值156.3亿元，年均增长16.1%。从县区的情况看，五年间，红塔区累计完成建筑业总产值286.89亿元，占全市建筑业总产值的69.72%，占据大半江山。“十二五”期间全市建筑业入库地方税收257 051万元，其中2011年28 067万元、2012年47 630万元、2013年51 224万元、2014年54 344万元、2015年75 786万元。2016年5月1日营改增以后，国地税加强了合作，强化了征管工作，本地税源保持平稳增长，2016年建筑业入库地方税收收入71 155万元。

（三）商品房建筑销售量同比增长，去库存压力逐渐减缓。2016年，玉溪市商品房销售面积116.4万平方米，同比增长32.6%；销售额51.6亿元，同比增长24.8%。其中，住宅销售面积 102.9万平方米，同比增长55.4%，销售额43.7亿元，同比增长61.2%。全市商品房待售面积81.3万平方米，同比下降16.8%。其中，住宅待售面积50万平方米，同比下降14.5%。尤其是自2016年7月份以后，待售面积同比负增长20%以上，同比均为负增长，仅8月份，单月消化库存25.98万平方米，说明2016年以来，全市去库存商品房有了明显成效。2014年至今，玉溪市商品房待售面积的增幅都以一个较大的幅度在逐年缩小，商品房待售面积总量得到有效去化，商品房库存明显减少，去库存压力在逐渐减缓。

（四）城乡基础设施建设力度加大，发展空间不断拓展。“十二五”期间，玉溪市大力实施农村危房改造、城市棚户区改造、五网基础设施特别是交通基础设施建设等工程，为建筑业的发展提供了广阔的空间。截至2015年底，全市共完成中央、省下达的农村危房改造任务85 954户（其中拆除重建59 950户，修缮加固26 004户），完成改造建设任务率达100%。2016年，省级下达玉溪市农村危房改造任务数为40 613户，全市实际开工40 613户，开工率100%。2011年，玉溪市启动棚户区改造工作，截至2016年，全市共启动各类棚改项目25 636户，改造完成10 158户。棚户区改造累计争取各类资金125亿，其中，中央补助资金3.07亿元，省级补助资金1.27亿元，争取到国开行发展基金5.79亿元，国开行专项贷款114.56亿。交通基础设施建设进程加快，2016年，全市完成交通固定资产投资117.36亿元，比2015年同期的59.6亿元增长96.9%。

（五）建筑业的快速发展，为玉溪经济社会发展奠定了一定的物质基础。“十二五”时期，建筑业是玉溪市固定资产投资的实施主体，建成了大量的公路、铁路、基础设施、学校、医院、商场等设施，推进了城镇建设和城市化发展，特别是大量的棚户区改造、美丽乡村建设、商品房建设等项目实施，为全社会建造了大量居民住宅，有效地改善了人们的生活环境和居住条件。五年间，全市建筑企业各类房屋建筑累计施工面积3 493.58万平方米，竣工房屋建筑面积1 838.45万平方米，完成竣工产值230.29亿元。

二、制约玉溪建筑业发展存在的主要瓶颈

玉溪市建筑企业在深化改革中积累和探索了不同的发展道路，建筑业在经济总量中的比重逐步扩大，发展取得了令人瞩目的成就，对全市经济社会发展作出了积极的贡献，取得了一定的成绩和经验，但也面临着激烈市场竞争和行业实力不足的双重压力，尤其存在着建筑市场不够规范、龙头骨干企业少、科技含量不高、专业人才不够等诸多问题，玉溪建筑业自身还存在着明显的短板，主要表现在：

（一）市场秩序有待规范。由于建筑市场发育尚不完善，各种体制机制还没有完成理顺，规模小而全的企业多，造成“僧多粥小”恶性竞争，制约了建筑企业的健康发展。建筑市场偏离建筑工程造价规律的让利、压级、压价、垫资、拖欠工程款等问题，已使施工企业难有多少利润空间可言，直接影响到企业的生存和发展。

（二）发展后劲严重不足。玉溪市的建筑企业主要集中在房屋建筑业，且无特级资质的建筑企业，缺少带动性的龙头企业和骨干企业。除红塔区有3家一级房屋施工总承包企业，3家一级专包资质企业外，其它县区尚无一级资质建筑企业，高资质企业的相对落后使建筑业加快发展的能力存在严重不足。全市企业整体呈现出资质低，实力偏弱，具有小、多、散的特点，且组织结构松散，专业技术人才短缺，高级管理人才储备不足，技术含量不高，使用资金不充裕，设备陈旧老化，技术装备差，企业后劲不足，市场竞争力不强，发展较为缓慢。2012～2014年，玉溪市建筑业增加值占全市生产总值的比重在全省最低，占固定资产投资的比重逐年下降，分别为8.92%、7.78%和7.03%，在全省16个州市中占比排名均为末位。

（三）实现增量困难压力大。“十二五”期间，玉溪市建筑业的总产值由2010年底的39.59亿元增长到2015年的112.98亿元，建筑业总产值绝对量的连续快速增加，基数的不断增大，为今后建筑业的持续增长带来了一定的压力。2015年，全市房地产投资下滑，当年完成投资65.59亿元，同比下滑41.2%。部分建筑业骨干企业施工产值下降幅度非常明显，有的甚至已处于停业或半停业状态。2016上年相比，新项目开工数及开工面积均有所减少。玉溪市建筑企业大多属于内向型企业，多集中于本市范围内承接工程施工任务，而本地较大的工程大部分被中字头企业和省建投集团承接，导致全市建筑业增量发展困难。据最近统计，外地企业承担本市项目84项，合同价款66亿元，本地企业到外地承接项目28项，合同价款3.71亿。营改增后跨区提供建筑服务的税款增收方式发生变化，税款预缴与发票开具发生分离，“以票控税”对于建筑服务发生的税务机关失效，建筑服务发生地税收利益保障难度加大。

（四）政策扶持力度不够。近年来，各级政府的精力主要集中在发展两烟、矿电、招商引资、文化旅游等方面，但对于如何发展壮大玉溪建筑业却研究不多，政策扶持不够，与省内外建筑业相比，差距在逐步拉大，急需加强研究，学习借鉴外地先进经验，奋起直追。

三、加快发展玉溪市建筑业的建议意见

（一）凝聚共识，高度重视建筑业的转型发展。建筑业是国民经济的基础性、先导性产业。建筑业的发达程度，直接影响诸多经济行业的投资成本，并对产出效益产生重大影响。建筑业可以拉动钢铁、水泥、玻璃等众多产业，发展建筑设计、项目代理、咨询、监理等中介服务业，为社会创造大量劳动就业岗位。建筑业为推动国民经济增长，尤其是在制造业、交通运输业、房地产业等涉及国计民生的重大经济领域，发挥着不可估量的作用。当前，随着新型城镇化的发展，以及我市政府投资、产业转型、住房保障、城乡一体化等一系列政策的实施，建筑业的发展仍面临着广阔的市场空间，玉溪市需抓住当前难得的市场机遇，采取有效的措施推进建筑业的转型升级，扶持建筑企业做大做强，提升建筑业对经济发展的贡献份额，使建筑业成为服务经济社会全局的新型优势和富民产业。

（二）出台政策，扶持与推动建筑业转型升级。参照建筑业发展较好周边城市的做法，结合全市建筑业发展实际，找准制约全市建筑业转型升级瓶颈问题，制定扶持建筑企业做大做强的配套政策。一是研究出台《玉溪市关于促进建筑业转型升级加快发展的实施意见》。责成市住建局牵头，相关部门配合，制定有关财政扶持、金融税收、土地审批、人才建设等方面的激励政策，促进全市建筑业持续、健康、稳步发展。二是研究出台《玉溪市建筑业表彰奖励办法》。由市住建局牵头，相关部门配合，进一步加大对建筑企业的表彰奖励力度，每年对增产增收、晋升资质等级、获得优质工程、自主创新的企业进行表彰奖励，提升企业知名度和干事创业的积极性。三是研究出台规范外来建筑企业统计制度的政策措施。市住建部门要加大力度，切实搞好调查研究，加大对外来建筑企业在玉产值、税收、投资等方面的统计方式方法研究，进一步完善统计制度，必须明确，凡是到玉中标的外来建筑企业，必须在玉注册成立具有法人资格的公司，确保税收、产值、投资等统计数字全面进入玉溪统计。政府在落实好《税收征管办法》的同时，要进一步加强税务机关与各有关部门的信息数据的交换协调工作，以杜绝税源“跑冒滴漏”，应统尽统。

（三）规范市场，营造宽松公平的建筑市场环境。在建设领域专项治理的基础上，构建建筑业信息管理平台，完善建筑市场信用体系，健全守信激励和失信惩戒机制，营造公平竞争、规范有序的建筑市场环境。建立全市统一的建筑市场准入、清出机制，坚决遏制和打击串标、围标、转包、挂靠等违法违规行为。建立工程款结算、协调、仲裁和清算的约束机制，遏制竣工不结算等拖欠行为，加快国有投资项目的工程审计和结算速度，缓解建设领域拖欠工程款这一突出问题。鼓励本地企业与具有相应资质和业绩的外地企业组建联合体参与我市重大基础设施项目建设。完善招投标预选承包商制度规定，在国有投资项目中优先考虑行业信用评价优良、工程创优夺杯成绩突出，对本市税收贡献大、承担社会责任多的企业，为本地骨干企业的转型升级、树立品牌创造良好的市场环境。

（四）完善制度，转型升级发展壮大建筑业。一是进一步完善现代企业制度。鼓励玉溪市建筑企业不断完善现代企业产权、组织和管理制度，积极转变经营增长模式，注重技术革新改造，引进先进的生产技术，推动产业转型升级。与此同时，健全公司法人治理结构，利用资金、技术、人才、管理等优势，通过投资、收购、兼并等多种资本运作方式，实行跨行业、跨地区重组，合理整合资源，抱团取暖，全力打造“玉溪建筑集团”龙头骨干企业。二是重点支持和培育发展龙头企业。政府和有关部门要扶优扶强本市品牌建筑企业（如玉溪马桥建设集团、玉溪城建集团、玉溪三建集团等优势企业），不断提升企业资质，走智力密集、技术密集、融资渠道多样化道路，实现龙头骨干企业的超常规发展，以形成行业辐射带动示范效应作用，从而在建筑工程竞标中转变弱势地位。与此同时，加速形成总承包、专业承包、劳务分包协调发展的产业体系。凡综合实力强的企业，无论是设计、施工、还是监理企业都可以向工程总承包和项目管理公司发展，共同努力做强做大玉溪建筑产业。三是引导企业形成“一业为主，多业并举”发展新态势。积极培育以总承包为龙头，专业承包为依托，劳务分包为基础的承包商体系，支持企业由房地产业向交通、水利、电力、市政、通讯、工业等投资领域拓展，由单一施工企业向集科研、设计、开发、生产、施工、运营服务于一体的全产业链综合性企业转变，拉长建筑产业链，实现差别化竞争，推动中小企业向“专、精、特、新”的方向发展，增强企业综合竞争能力，拓展承揽工程范围，逐步形成“一业为主，多业并

举”的发展新态势。

（五）注重人才，为发展玉溪建筑业提供智力支持。鼓励企业开发具有自主知识产权的专利和专有技术，制定具有自身特点的企业技术标准和施工工法，加强对现有人才的培训、培养，拓宽非公经济组织和社会组织的建筑专业技术人员职务资格申报评审渠道，完善评价方式。鼓励企业加强与工程类高等院校、职业技术学院的衔接，加强科技合作，兴办研发机构，促进科技成果的应用和转化。除企业要建立用人机制，引进人才外，政府也应制定激励政策对高级人才进行奖励，提供良好的创业环境，吸引人才，留住人才，为全市建筑企业发展提供后备力量，促进企业的可持续发展。与此同时，实施专业人员职称评审优惠政策。

（六）加强领导，为发展壮大玉溪建筑业提供组织保障。一是建议积极搭建工作平台。建议市政府成立玉溪市建筑产业发展领导小组，下设办公室在市住建局，领导玉溪市建筑产业发展。建议规划建设玉溪市建筑产业总部基地，即“玉溪市建筑产业园”，引导建筑企业入园集中发展，提高产业集聚水平，做大做强建筑业总部经济。建议积极通过市场化方式筹建“玉溪市建筑产业总部大厦”，鼓励设计、科研、教育培训、检测、咨询、金融、税务等机构入驻，为建筑企业提供“一条龙”式的便捷服务。建议成立由市县区政府住建部门牵头，以建筑企业为主，其它相关部门参加的建筑业行业协会，在人员培训、技术咨询、信息交流、工程创优、企业联合重组、强强合作等方面搭建工作平台，为企业提供优质高效的服务；督促企业依法经营，促进公平竞争，加强行业自律；协调会员之间、会员与社会各方面的关系，架设建筑企业联通社会的桥梁和纽带。二是积极帮助建筑企业解决融资难题。建筑企业如有贷款需求，可向县区政府有关部门提出贷款担保申请，有关部门对申请人的资格审查通过后，推荐给贷款银行和相关担保机构按照有关规定办理贷款和担保手续。县区中小企业信用担保有限公司要为符合条件的建筑企业提供有效担保。同时，鼓励有条件的建筑企业通过联营、合资、合作等方式组建专业担保公司，相互间提供担保或反担保。政府财政部门要安排专项资金用于建筑企业的贷款贴息和贷款风险的补助，提高银行、金融机构和融资机构的支持力度和积极性。三是建议把建筑企业纳入工业企业扶持发展范畴。近年来，玉溪市各级政府高度重视工业企业发展，制定了许多优惠政策，而建筑业虽然也归工业企业范畴，却无法享受到优惠政策。要把建筑企业纳入工业企业扶持发展范畴，同享优惠政策，提升企业核心竞争力。

（市政府研究室　提供）

（吴　垠　摄）

金融支持玉溪科技企业发展的路径选择

党的十八大提出实施创新驱动发展战略，2015年习近平总书记强调技术创新是转变当前经济发展方式的重要推动力，中共云南省委书记陈豪到玉溪调研时及玉溪市第五次党代会均强调玉溪要走高端化的科技创新发展之路。科技企业是科技创新的主要载体，在提高创新能力、加快科技成果转化和产业化、建设创新型城市中发挥着重要作用，但科技企业天生“轻资产、高技术”和未来发展的不确定性难以满足传统融资方式所需的要件，发展中常常面临“融资难”问题。本文试图在厘清玉溪科技企业与金融发展现状的基础上，结合科技企业融资需求特点，分析金融支持玉溪科技企业的可行逻辑，探索金融支持玉溪科技企业发展的路径选择，为玉溪科技创新发展提供参考性政策建议。

一、玉溪科技企业与金融发展现状

2016年末，玉溪市共有高新技术企业86家，其中1家是创业板上市企业，3家列入云南省高新技术企业上市培育工程；全市共有259户科技型中小企业；4户省科技小巨人企业；39户创新型试点企业。全市2016年专利申请量共有1 517件、专利授权730件、有效发明专利918件。国家农业科技园区和省级科技园区拥有量居全省第一，研发机构、全国科普教育基地、高新技术企业拥有量、专利申请和授权量、发明专利有效量、省级创新平台建设等主要科技指标均位居全省第二。

2016年末，玉溪市共有26家银行业金融机构，其中地方法人机构14家；5家证券业营业机构；26家保险业营业机构。年末，全市人民币各项存款余额1 515.6亿元，在全省排第4位，比上年增加193.3亿元，增长10.6%；人民币各项贷款余额903.5亿元，在全省排第5位，比上年增加57.2亿元，增长6.8%；存贷比59.6%，同比下降4.4个百分点。

二、科技企业不同发展时期融资需求特点

（一）初创期。此时期科技企业处于技术研发的中后期或产品开发基本完成，是企业开始进入新型产品生产实验和试销的阶段，主要任务是实现新产品的商品化和产业化，进一步的技术研发、生产体系建设、市场推广和企业管理等方面均需大量资金投入。融资需求特点是，科技企业需要多方面多渠道地筹集初创资金，主要来源于自有资金或个人信用借贷，同时寻求高风险偏好的风险资本或财政资金的支持，如要件成熟也会向银行寻求借贷，因此还需要知识产权质押贷款所需的评估、转让、交易等服务，以及吸引创业投资所需的项目可行性分析、财务会计等金融服务。

（二）成长期。此时期科技企业的产品技术和生产工艺已定型，具备一定的生产规模，积累了一定的生产管理经验，然而，一般来说由于新产品的市场成功率并不高，在产品市场前景不明朗的情况下，企业前期筹集的资金难以满足其成长的需要。融资需求特点是，科技企业仍然需要利用各种融资方式筹集资金，首先要争取风险投资、创投基金和产业基金的支持，其次虽然由于缺乏抵押物和信用保证，难以从银行获得传统的信贷资金，但2016年三部委发布《关于支持银行业金融机构加大创新力度 开展科创企业投贷联动试点的指导意见》为成长期的科技企业指出了新的融资方向，因此还需要市场提供诸如抵押、担保、信用评估、财务咨询、投融资等金融服务。

（三）成熟期。此时期科技企业进入产业化生产，管理制度更加完善，组织结构相对稳定，经营风险、市场风险大幅降低，同时也是企业做优做强的阶段，由于科技企业自身积累了一定规模的资金，有稳定的现金流和利润，对外部的资金需求较为稳定。融资需求特点是，科技企业的金融需求多样化，既包括研发新技术、新产品或新工艺所需的资金需求，也包括财务管理、资本运作、并购重组、多元化投资等所需的信用需求和金融中介服务需求，银行业金融机构可以为其提供较优惠的信贷利率和更大的授信额度，也可以通过上市融资、发行债券等方式，获取较低成本的资金。

三、金融支持玉溪科技企业发展的路径选择

（一）金融支持可行路径逻辑分析

资本市场方面，虽然资本市场是投融资双方利益共享、风险共担的市场化融资平台，但从下表可以发现，对于科技企业而言，上主板市场和中小板融资门槛高，仅有少数成熟的科技企业能成功融资，虽然专门设置了非上市科技企业聚集板块——创业板和新三板，但总体上新三板融资功能还不够强，科技企业对非主板市场积极性不高，资本市场对科技企业融资助力作用还很有限，截至目前玉溪市科技企业中仅有1家创业板企业也从侧面印证了这一局限性。

资本市场服务目的与局限性

市场类型	服务目的	服务对象局限性
主板市场	打造沪深市蓝筹股市场	成熟的大中型企业的上市门槛高，对企业的资本规模和盈利能力要求高
中小板	中小企业“隐形冠军”摇篮	延续了主板市场的规则、对中小企业上市门槛仍较高
创业板	创新创业企业的“助推器”	企业上市要求较宽松，风险性高
新三板	代办股份系统进行转让试点	针对小微型企业，股份转让缺乏统一规则，流动性不高

政策性金融机构方面，仅有中国农业发展银行在玉溪市设有营业机构，主要服务于粮棉油收储和农业基础设施建设，科技企业从农业发展银行获得资金支持并不多，想从未在玉溪设立营业机构的国家开发银行和进出口银行融资更是可行性小。

因此，结合玉溪金融发展现状，本文认为玉溪科技企业发展融资可行的重要选择理应是在玉溪设立营业机构的各家商业银行，地方政府的各类政策支持和健全社会各项中介服务均应围绕这一重心来推动。

（二）金融支持玉溪科技企业发展的路径选择

1.加大政府扶持力度，引导好资金流向科技企业。一是设立科技创业投资引导基金，通过设立创投基金充分发挥财政资金的引导和放大作用，有效聚集优质的社会与民间资金，支持科技企业发展，推动技术成果转化，重点帮扶处于初创期和成长期的科技企业，方向选择上，以玉溪市七大重点产业为主要服务对象。二是完善科技贷款风险补偿制度，通过建立科技贷款风险补偿基金对银行的贷款损失进行比例补偿，提高银行业金融机构支持科技企业的积极性。三是优化知识产权质押融资机制，将分布在知识产权局、商标局、版权局的知识产权集中管理，建立统一产权质押登记机构，减少知识产权融资的风险与成本，建立统一的知识产权交易中心，提高知识产权的流动性，拓宽知识产权质押贷款质权处置的路径。

2.健全社会中介服务体系，搭建好科技企业融资的桥梁。一是构建有序的企业信用担保制度，尤其是要做大做强民营担保公司体系，解决科技企业担保资源缺失和实现金融机构资产安全。二是发展地方性互助担保组织协会，成立科技企业再担保公司，为担保机构分散科技担保业务风险提供再担保服务。三是建立以企业信用征集、信用评级和信用发布为主的信用制度，创建社会共享的科技企业信用档案数据库，建立科技企业信用信息统一发布平台，使企业信用等级成为贷款融资的重要依据。

3.完善商业银行信贷管理体制，提高金融支持科技企业效率与水平。一是成立服务于科技企业的银行专营机构。随着科技成果产业化，科技企业需要越来越专业的金融服务，商业银行在科技企业密集的高新区设立科技支行是沿海发达地区的一种成功尝试，科技支行拥有独立的支持科技企业的信贷规模，独立的财务资源配置和独立的信贷评审机制，为科技企业提供整套金融供应链服务。由于为科技企业提供融资服务风险相对较高，政府应采用财政补助、税收减免、风险补偿专项基金支持等政策扶持科技支行发展。二是创新金融产品和服务。探索相关科技成果的转化能力、未来市场需求规模及产能供给水平等内生因素，合理设计符合借款企业可预期现金流特点的金融产品；扩大担保物的范围，增加担保品种，推出知识产权质押，商标权质押，专利权质押、股权质押等，或采取无形资产+有形资产的复合质押方式；对有能力开展收购兼并的科技企业还可提供并购类贷款；探索以债权融资并吸引股权投资的结构性融资方式，建立资金链供应服务新模式；提高科技企业财务顾问和咨询的服务水平，通过财务运作、融资设计、现金管理等业务，提供更为全面的金融服务。如，2017年建设银行突破传统线下融资模式，运用互联网思维和大数据分析，积极创新推出的“小微快贷”就是一款不错的能服务于科技企业的金融产品。三是加强合作，力求科技企业在不同发展阶段均可获得有效的金融支持。加强与创业投资基金合作，形成股权投资和银行信贷之间的投贷联动融资模式，初创期企业，以有担保公司介入为前提，在审慎的原则下，对有现金来源股东的企业予以流动资金支持；成长期企业，在跟进创业投资基金和担保公司的基础上，对其存续投资项目中遴选已完成初创、进入成长期科技企业，可以逐步减少担保，依靠回笼款发放流动资金贷款；成熟期企业，以知识产权等无形资产质押，对其流动资金给予新的支持。按照科技企业发展所处不同阶段，科学合理的设计贷款合同和还款方式，调整传统整借整还的方式，科学设计还款机制，以季度、半年等周期约定还本付息，做到利随本清。

（市社科联　提供）

提高农村基层学习型党组织建设科学化水平研究

——以玉溪市为例

党的十七届四中全会提出要“把建设马克思主义学习型政党作为重大而紧迫的战略任务抓紧抓好”，党的十八大进一步提出“建设学习型、服务型、创新型的马克思主义执政党，确保党始终成为中国特色社会主义事业的坚强领导核心”。把各级党组织建设成为学习型党组织是建设马克思主义学习型政党的基础工程。农村基层党组织作为党的组织细胞，是贯彻落实党的路线方针政策和各项工作任务的战斗堡垒，是党在农村全部工作和战斗力的基础。提高农村基层学习型党组织建设科学化水平，既是加强新时期农村党的建设、提高党的执政能力、巩固党在农村的执政基础的必然要求，也是深入解决“三农”问题、大力促进农村经济社会发展、全面建成小康社会的迫切需求。为深入了解玉溪市农村基层学习型党组织建设情况，课题组在2016对玉溪市7县2区及所辖的10个乡7个街道进行问卷调查。同时，到乡镇、村（社区）进行实地走访，组织召开座谈会。根据调查材料，课题组对玉溪市农村基层学习型党组织建设的实践与探索进行总结，就农村基层学习型党组织建设存在的问题及原因进行分析，并试图提出有针对性的建议。

一、玉溪市农村基层学习型党组织建设的实践与探索

2010年以来，玉溪市紧紧围绕市委、市政府中心工作和新的发展形势，把农村基层学习型党组织建设与农村脱贫攻坚、发展高原特色农业、美丽宜居乡村建设和加强农业农村工作等结合起来，将农村基层学习型党组织建设放到实现玉溪跨越发展的大局中去推进，努力探索行之有效的方式方法，取得了比较满意的效果。

（一）加强农村基层党组织建设，为学习提供组织保障

首先是巩固农村基层组织经济基础。农村集体经济的壮大，可为进一步推进农村基层学习型党组织建设提供资金支持。玉溪市广拓渠道，发展壮大集体经济。一是组织和引导构建家庭经营、集体经营、合作经营和企业经营共同发展的新型农业经营体系；其次是加强村级事务规范化管理。通过电脑、电视、手机的“三屏互动”，玉溪市建成一点接入、上下联动，一套设施、层级清晰，一个体系、广泛覆盖的市、县、乡、村、组五级网络的综合服务平台。目前，玉溪市共建农民服务站74个，设立村级为民服务代办点690个，实现为民服务站点全覆盖，构筑立体服务平台；最后是创新优化农村基层党组织设置形式。近年，玉溪市积极探索适合农村经济社会发展要求的党组织设置方式，以乡镇（街道）、村（社区）党组织为主体，建立以产业链条、农民合作社、农业企业、农业社会化服务组织等领域党组织为骨干的农村基层党组织体系，有集中居住地党组织、联合型党组织、产业型党组织、专业型党组织。这大大增强了农村基层党组织对农民群众的凝聚力和号召力。

（二）完善软硬件设施，营造良好的学习环境

首先是抓制度建设。一是健全学习督促制度。玉溪市制定了《党员干部现代远程教育工作管理办法（试行）》，建立了定期学习督促制度。二是健全学习考核制度。玉溪市将党员积分管理与党员学习等相结合，不断完善积分内容，规范操作程序，加强公开公示，强化结果运用，激发党员学习动力；其次是加强学习场所和设施建设。一是强力推进村级组织活动场所建设。玉溪市按“八有”目标（有固定场所、有活动室门牌、有桌椅、有电教设备、有书架和学习材料、有党旗、有上墙制度、有宣传栏）建设村级活动场所，现已实现村（社区）党员活动室全覆盖。二是实现农家书屋全覆盖。玉溪市所有农家书屋的建设以国家规定标准为准，在云南省率先实现行政村农家书屋全覆盖。三是推进远程教育优化升级。玉溪市科学规划实施、稳步推进站点建设。截至2015年，玉溪市共建成远程教育学用示范实践基地52个，远程教育终端站点1 470个，实现村（社区）全覆盖。

（三）丰富学习方式和内容，增强学习实效性

首先是创新远程教育。一是开发教学资源、丰富学习内容。玉溪市按照分类建库原则的指导，开发“贴近基层、贴近生活、贴近群众”的教学资源。二是创新远程教学模式、提高针对性。为切实发挥远程教育政治理论教育点、实用技术培训点、致富信息传播点、党员群众娱乐点的作用，玉溪市各地积极探寻远程教育学用结合点；其次是实施分类培训。根据不同党员特点，有针对性地开展分类教育培训；最后是灵活教育方式。除传统的远程教育、“三会一课”“冬训”等，玉溪市灵活运用文艺表演、微课堂、道德讲堂等广大农村党员喜闻乐见的方式。

二、玉溪市农村基层学习型党组织建设存在的问题及原因

（一）玉溪市农村基层学习型党组织建设存在的问题

1.认识不足，重视不够。调研发现部分农村基层党组织对学习重要性认识不足，思想观念落后，重经济工作、轻学习教育工作的现象仍然存在。一是存在“经济工作替代论”的思想。少数农村基层干部片面认为，发展经济是党的中心工作，只要经济发展了，其它工作就会自然而然的发展，读书学习可有可无。有的还认为，抓经济工作看得见、摸得着，能及时出成绩，而抓学习则见效慢，短期内很难出成绩。二是存在敷衍应付的思想。少数农村基层干部错误认为建设学习型党组织只是一种口号和形式，无非就是做个样子、拟份计划、写个总结给上级看而已，如果组织上没有具体要求，就搁置一边。三是存在学用“两

张皮”的现象。部分农村基层干部没有搞懂学习型党组织建设的出发点和根本落脚点是推动农村经济社会又好又快发展。在学习中追求形式和过程，满足于学过了，从而导致吸收不足，消化不好，往往是学归学，干归干，说归说，做归做，理论与实际、学习与运用相脱节，没有达到改造思想、指导实践、解决问题的目标和效果。

2.学习意识淡薄，氛围不浓。学习意识是学习主体对学习的基本看法与认识，它直接决定了个体的学习主动性，也是影响学习效果好坏的直接因素，所以学习的进步首先来源于学习意识的先进。调研发现农村基层党员干部普遍学习意识不强。一是学习认识模糊。许多农村党员干部对什么是学习型政党，学习型党组织建设的内涵、意义基本不清楚，具体学习完全是按照上级让学什么就学什么，上级检查什么就安排学习什么，甚至有部分党员对学习型政党这一提法都不知道。问卷调查显示，有11%的被调查党员没有听说过学习型政党这一提法。二是学习主体缺位和单一并存。农村学习型党组织建设的主体包括乡镇领导干部、村组干部和广大农村基层党员。绝大部分村组都有外出打工的党员，这部分流动党员的学习更多的是靠自学，在支部的整个学习过程中缺位。另外是参加学习培训的多是有职党员，比如党总支（支部）书记和委员、大学生“村官”党员，而广大的农村基层党员参加培训的机会比较少。三是学习氛围不浓。从社会环境来看，真正能坐下来潜心学习的人不多，普遍受功利思想影响，需要什么学什么，存在学习不系统，碎片化的倾向。从小环境看，现在社会节奏增强，生活压力大，工学矛盾突出，缺乏浓厚的学习氛围。多数农村党员认为学习就是在学校上课，学习是学生的事情，与自己无关，即使有闲暇时间也是用来打牌、聊天，而不是学习。有的认为学习是领导干部的事，而作为一名普通党员的自己与学习无关。有的认为自己的知识和能力能够应付就行了，学不学无关紧要，往往是要求时学学，用起来学学，集中组织时学一学，没有真正实现“要我学”向“我要学”转变。问卷调查显示，被调查党员一年中的读书量，一本及以下的占35%，两本的占 38%，三本的占 13%，四本及以上占14%。

3.学习内容单调，方式不科学。调研发现部分农村基层开展学习活动比较困难，一年中就党员冬季培训参训人员相对较多，效果相对较好，而其他学习活动就不是那么容易开展了。这与学习内容的设置、学习方式、方法的应用有直接关系。一是理论内容“上下一样粗”，针对性不强。调研发现，农村党员理论方面的学习内容与机关党员学习内容基本没有什么变化，与农村党员实际结合不紧密。此外，一些学习活动缺乏针对性，譬如正在开展的党章党规知识网络测试，基层党员反映其测试内容太难、题量大，网络测试这种方式对农村基层党员也是不适宜。二是适用的学习材料缺乏。目前很难找到适合基层党组织和基层党员的党课教辅资料，使农村党员干部感觉学习“高处不胜寒”，理解难度大，学习费劲。也很少有适合农村基层党组织和农村党员学习的通俗理论读物。即使是专题辅导也很少有切合农村实际，易于农村党员理解的讲授。三是学习方式呆板枯燥。玉溪市虽已积极创新农村党员学习方式，但离基层党员的实际需求还有一定差距。调查显示，目前农村基层党组织学习方式仍以集体学习为主，很多地方仍以听报告、看片子为主。调查显示，有52.2%的农村党员学习方式主要是集体学习，24.5%的是自学。学习中即使辅以经验介绍、现场参观等灵活的方式，也是搞统一的“标准餐”，没有分类、分层次的针对性方式。

4.学习投入不足，设施利用率不高。在玉溪市委的重视下，每年有固定的经费投入到学习型党组织建设中，为农村基层党组织开展活动提供一定的保障。但是从整体看，建设农村基层学习型党组织所需要的物质支持与目前资金投入的矛盾依然突出。一是远程教育还没实现村民小组全覆盖。村民小组比较分散，有些距离村委会较远，开会、学习非常不方便，实现远程教育全覆盖是必要的。另外是已有设施的运转需专业人员定期维护，应给予维护修理专项经费。二是学习设施利用率不高。目前玉溪市已实现远程教育村（社区）全覆盖，但调研发现农村远程教育系统利用并不充分，有的农村党员说其不实用，经常出现数据联接不畅，无法播放的问题。有的表示远程教育设备在农村仅仅只是一种摆设，虽说都有播放记录，但只是有播放形式，没有实际学习。另外是农家书屋“重建轻管”，没有发挥应有作用。玉溪市虽已实现行政村农家书屋全覆盖，并向大的自然村发展延伸。但调研中发现农家书屋存在图书配置不尽合理、管理与服务相对滞后、资金投入严重不足的问题，过半数书屋处于关门半关门状态。

（二）玉溪市农村基层学习型党组织建设存在问题的原因分析

玉溪市农村基层学习型党组织建设存在问题的原因是多方面的，既有党员自身的原因，也有组织学习不严不力的问题，也有农村基层组织自身的不足和社会环境的影响。依据调研的情况，本文主要从以下三个方面进行分析阐述。

1.部分农村基层党组织建设滞后。农村基层党组织是农村学习型组织建设活动的主体和领导者，由于部分农村基层党组织建设滞后，其在普通党员和群众中的凝聚力、号召力不强，影响了党员教育活动的开展。一是部分农村党组织软弱涣散。2014年，玉溪市对基层党组织进行摸底排查，有软弱涣散村级党组织79个。二是部分农村党组织班子和制度不健全。其组织开展活动不正常，对党员教育管理不到位，凝聚力、战斗力不强，学习意识和学习能力弱，不能发挥党组织的战斗堡垒作用和党员的先锋模范作用。三是部分村组集体经济薄弱。2015年玉溪市有近三分之一的村（社区）属集体经济空壳村，无钱办事情况突出。

2.农村党员干部队伍建设落后。人才是建设学习型党组织的关键因素，农村基层干部、大学生村官、青年党员是农村基层学习型党组织建设的骨干力量。调研发现农村党员干部队伍建设有待进一步加强。一是农村党员整体学历不高，文化素质相对偏低。由于经济、自然、历史和社会等原因，农村人口普遍学历偏低。问卷调查显示，高中以下学历党员占被调查党员的61.7%。（详见图一）从整体来看农村党员知识文化水平偏低、学习能力弱，不能很好的掌握党的基本理论，不能很好地理解各项有关农业、农民、农村的方针政策，熟练运用各种农村实用技术水平差，在宣传、动员和组织群众参与新农村建设上不能做到与时俱进。二是农村党员整体年龄偏大，年轻党员较少。尽管这些年在青年党员的培养上下了很大功夫，农村党员结构失衡有所改善，但总体上仍呈现出“老龄化”现象。以江川大街街道下营社区党总支为例，该社区共有174名党员，40岁以下党员55人，仅占党员总数的32%。（详见图二、图三）三是社会流动性增强，农村人才缺乏。随着社会主义市场经济的深入发展，社会流动性增强，许多农村党员外出打工。调研中发现外出打工的党员基本都是学历层次高，年富力强的年轻人，使农村基层组织发展欠缺新生力量，基层党组织队伍出现“断层”，使干部培养对象的选择相对受限制，合适的干部人选更是难以挑，难以选到德才兼备的中青年基层党员干部。另外是农村的现状，特别是偏远农村很难吸引和留住人才。目前，虽然配备了大学生村官这一新生力量，但由于农村工作条件艰苦，政治待遇和经济待遇差，流失率也较为严重。譬如玉溪市江川区九溪镇阳山庄村委会的大学生村官在2012年流失后，至今都没有大学生村官。

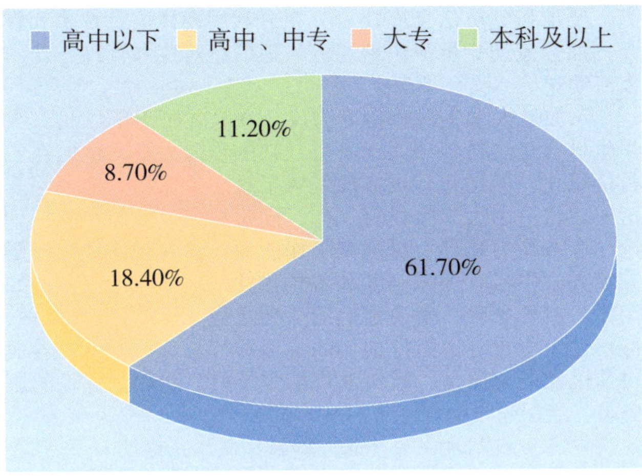

图一 被调查农村党员学历比例

数据来源：调查问卷

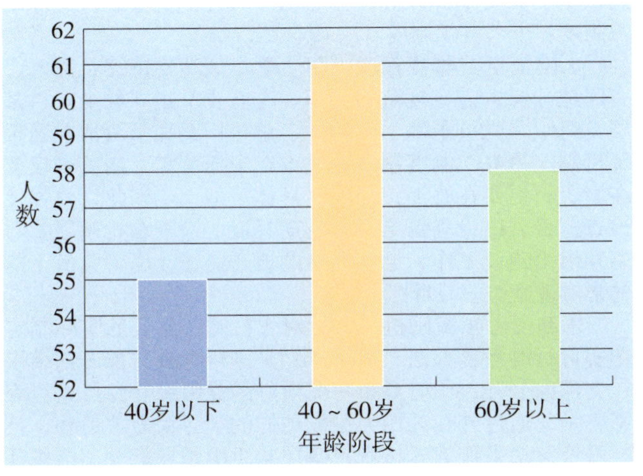

图二 江川区大街街道下营社区各年龄阶段党员人数情况

3.学习制度不健全。健全的学习制度是学习型党组织建设的保障。目前，各乡（镇）、村（组）或多或少地制定了一些学习制度，也取到了一定的成效，但还不够健全完善。一是学习培训制度不健全。调研发现多数农村基层党组织还没有形成制度化、规范化的学习培训制度，缺乏制度设计和规划，没有详细可查培训方案和实施细则，教育培训流于形式。二是监督约束机制不健全。乡、村各级党组织没有形成自上而下的学习监督机制，部分乡（镇）虽建立了对村级党组织的监督机制，但往往没有得到很好的落实，更多的是流于形式，导致学习成了走过场。三是考评机制不健全。农村基层党组织对学习效果的考核普遍缺少科学性，一般采取写学习心得体会的模式，即使集中考试也是相互抄答案，人人考试都过关，绝大部分得优秀，致使大部分党员觉得学与不学一个样，学多学少一个样。

三、提高农村基层学习型党组织建设科学化水平的路径选择

建设农村基层学习型党组织是一项长期的战略任务，必须立足于农村基层党组织建设和农村党员队伍实际，探索出切实有效的措施确保农村基层党组织和党员干部长期开展行之有效的学习活动，扎实推进农村基层学习型党组织建设。

（一）以选配班子为重点，加强领导体系建设

1.选优配强农村基层党组织领导班子。建设农村基层学习型党组织，关键是建设学习型领导班子。就农村基层党组织而言，学习型党组织建设是农村基层党建工作的重要组成部分，调研发现凡是党建抓得好的农村基层党组织，其农村基层学习型党组织建设也抓得好，它们都有一个好的领导班子和一个好的带头人。正如群众所说：“给钱给物不如建个好支部”，“好天好地不如有个好书记”，“村看村、户看户、群众看党员、党员看支部，支部看支书”。因此，要把那些政治性强、政策水平高，有文化、懂技术、又年富力强的人才选进领导班子，为农村基层学习型党组织建设提供坚强的组织保障。

2.健全农村基层学习型党组织建设责任制度。明确党组织书记为第一责任人，分管领导为具体负责人，把党员学习作为民主评议及考核的重要内容，形成一级抓一级，层层抓落实的工作局面。另外，加强对农村基层学习型党组织建设的指导。建议设立专门管理机构对农村基层学习型党组织建设进行具体指导，负责研究制定农村党员学习的中长期规划和年度学习计划，并组织实施，督促落实。

3.领导干部率先垂范。当前，农村基层党组织要把加强农村基层学习型党组织建设和“两学一做”学习教育活动紧密结合起来。“两学一做”学习教育，是落实党章关于加强党员教育管理要求、面向全体党员深化党内教育的重要实践，是推动党内教育从“关键少数”向广大党员拓展、从集中性教育向经常性教育延伸的重要举措，是加强党的思想政治建设的重要部署，其基础在学，关键在做、重点在干、核心在改。农村基层党组织要以此为契机，深入开展“两学一做”学习教育活动，坚持学做结合，乡镇领导班子成员和村“两委”干部要坚持带头学习，以上率下，使农村学习型党组织建设再上一个新的台阶。

（二）以整合学习资源为重点，加强平台体系建设

1.健全互助学习联动机制。调研发现农村普通党员参加集体培训的机会非常少，这与农村基层学习资源少、阵地建设滞后有直接关系。可通过建立县（区）、乡（镇）和农村基层学习联动机制缓解此困境。在各级党委(支部)班子成员之间、基层党员之间，定期开展谈心活动，交流思想和学习体会，相互启发和提高认识，努力实现知识与经验共享、能力与优势互补。市直单位领导深入扶贫联系点和新农村指导点，对乡镇班子搞好帮学促教。乡镇党委搞好村（居）委会党支部的传帮带工作，并定期到村级支部讲党课。此机制实施的关键是要从实际出发，找准村（组）基层党组织和党员需要什么、缺乏什么、想学什么，有针对性的

进行指导。否则，流于形式，无实际效果。

2.进一步加大投入，为农村党员学习提供必备条件。一是加大学习场所、学习设施建设。对还没有组织活动场所和远程教育设施的村小组要尽快落实资金，建好规范党员活动室，按质按量配备电教设备等相关硬件。二是设立专项管理经费。对已建好的远程教育学习系统、农家书屋和党员活动室要设置专人管理，有固定经费保证其良性运转。

3.依托综合服务平台，推动基层党员教育。目前，结合“美丽玉溪服务先锋”行动、创建基层服务型党组织工作，玉溪市全面启动综合服务平台建设，最终实现乡村全覆盖。基层党员可通过综合服务平台开展学习，采取视频会议直播方式，其培训范围广，资源共享，方便农村党员学习。

（三）以精细化为重点，加强学习体系建设

1.细化培训对象。集中培训是党员学习的重要渠道，调研发现普通党员参加集中培训的机会很少。课题组认为党员的培训要深入农村基层、重心下移，覆盖全体党员，推行全员轮训的教育机制，让每名农村党员一年至少参加两次集中培训。培训可分层次、分类别进行。先了解农村基层党员的需求，将其分为领导干部党员、普通党员、流动党员等，针对不同层次提出学习要求，实行分层、分类培训，提升学习培训的科学化水平。

2.丰富学习内容。党员学习的内容既要注重增强党性，也要注重提高党员的综合素质。由于农村党员普遍学习能力较弱，学习内容要注重时效性和针对性。调研发现农村党员的学习资料多是单行本、学习读本，缺少简明流畅、生动鲜活的学习资料，建议有关部门从农村基层党员的实际情况出发，编一些适合农村基层党员学习的便于携带的理论教材，其文本要多样化，比如漫画、台历、口袋书等。另外，坚持开发本土性教材，深挖身边的“典型”，让有能力的党员讲自己的事，用身边的人和事教育党员，激发他们学习的兴趣和动力。

3.灵活多样的学习形式。调查显示，农村党员学习仍以集中学习为主，体验式的学习方式较少。建议多组织一些“田间地头”的体验式学习，让农业专家、技术骨干、致富能手亲临田间地头，深入实地，手把手教、面对面的传授技术知识，提高农村党员用所学知识解决实际问题的能力，实现学习成效的积极转化，进一步提高学习的积极性和主动性。另外，加强农村文艺队的宣传力度，让农村文艺队把党的理论编成山歌、快板、小品、花灯、民间戏等，用歌舞形式进行宣传，使理论学习更富有人情味和感染力。

（四）以人才培养为重点，加强队伍体系建设

1.加大农村党组织书记培训力度。“火车跑得快，全靠车头带”，说明了领头人的重要。调查显示农村党组织书记的素质还有待进一步提高，2016年4月，玉溪市702个村级党组织全部完成换届选举工作，702位新一届村（社区）党总支书记中，高中以上文化程度有396人，占56%，高中以下文化程度306人，占44%。建议突出现代知识、必备技能和党务知识培训，以培养能力为目的，真正实现知识、能力与行为的统一。

2.培养农村青年党员。青年党员是社会主义新农村建设的中坚力量，是农村发展的希望。要注重农村青年党员的培养，切实加强村级后备力量管理，及时把作风正派、知识文化水平高，深得群众认可的青年确定为培养对象，并积极创造机会让他们在实践中得到锻炼。可将其选为人大代表、政协委员，为他们参政议政、发挥作用打好基础，创造条件。在研究事关农村发展的重要政策、重点工作、重大问题时，注重听取农村青年党员的意见建议，发挥他们参政议政的重要作用。另外，加强流动党员管理。流动党员的管理是当前农村基层党员管理工作中的一个难点，要加强党员信息库建设，充分利用现代信息技术和媒介，加强流动党员流出地与流入地信息对接和管理，让广大流动党员“离乡不离党”。

3.加强大学生村官培养力度。在人才匮乏的农村，大学生村官是农村各项建设不可或缺的重要力量，他们在农村信息化、网络化建设方面发挥了重要的作用。建议深入落实一村一名大学生村官工作，同时加强对他们的思想理论、业务能力培训，提高其工作能力。另外，相关部门要完善大学生村官保障制度和考核晋升制度，为他们搭建好工作、成长平台，解决他们的后顾之忧，让他们留得下、待得住、干得好，发挥他们的优势和特长，把他们培养成村情民意的调研员、政策法规的宣传员、新农村建设的服务员，组织建设的指导员。

（五）以制度化为重点，加强机制体系建设

1.健全学习制度。根据《2014～2018年全国党员教育培训工作规划》的要求，结合玉溪市农村基层党员的实际制定出五年培训规划，要求相关部门以规划为依据，按照不同党员的学习需求，每年制定出培训方案和实施细则，科学安排好理论学习、实用技术培训，有的放矢地对全体农村基层党员干部开展教育培训。另外，坚持农村集体学习制度和个人自学制度。

2.健全学习监督管理机制。学习活动要持续、深入、有序地开展，需有规范的管理。这就要求建立健全农村基层党组织和党员干部学习考勤、学习档案和学习情况通报等机制。另外，制度制定的关键在于抓落实，制度不仅要在墙上，更要在心上，体现在具体行动上。因此，要强化检查监督。可设立督导小组定期督促、检查农村基层学习型党组织建设工作，通过严格的检查监督，保障党员干部的学习进度与学习目标的实现。

3.健全考核激励机制。针对农村基层党员的实际制定切实可行的考核办法，对全体党员进行考核，把考核结果在支部内公开，同时对学习成效好的党组织和党员进行表彰奖励，通过外在的压力激发他们的学习动力。另外，把学习考核结果作为考核农村基层党组织领导班子、选拔任用党组织领导干部和评选先进党员的主要依据，形成学习型的用人导向，以此激发和引导农村基层党员干部的学习意识，努力在农村基层党组织内形成重视学习、崇尚学习的良好风气。

（市委党校　提供）

（吴 垠 摄）

绿水青山·碧玉清溪

（蒯学庆　摄）

大 事 记

A CHRONICLE OF MALMAIN EVENTS

编 写：王 斌

1 ~ 12月大事

1月

5日

△ 省科技厅厅长徐彬带领调研组到红塔区、江川区、澄江县调研，实地考察云南合美通用航空产业基地、华为云计算数据中心等项目，并召开座谈会，听取玉溪市科技工作情况汇报。

6日

△ 国家工商总局批复同意玉溪市工商局受国家商标局委托开展商标注册申请受理业务，商标注册申请业务窗口将于3月1号正式启用，这是云南首个也是省内唯一一个由国家商标局授权的地方受理点。

△ “玉溪号”文化旅游列车（高铁）发车仪式在玉溪站举行。

△ 云南省“文化大篷车，千乡万里行”文化进万家惠民演出在聂耳文化广场启动。

7日

△ 市委、市政府在华宁县盘溪镇矣则河水库举行全市水网建设重点项目开工仪式。全市集中开工项目440件，总投资12.5亿元，涉及重点水源工程、农业高效节水减排项目、小坝塘综合整治三大类。

12日

△ 9~12日，中国人民政治协商会议玉溪市第四届委员会第五次会议在玉溪举行。

13日

△ 10~13日，玉溪市第四届人民代表大会第五次会议在玉溪举行。张德华当选为玉溪市第四届人民政府市长。

15日

△ 玉溪与SMART度假产业专家委员会举行战略合作签约仪式。副市长孙云鹏代表市政府与SMART度假产业智慧平台公司签订了战略合作协议。

△ 云南江川捷克轻型固定翼飞机组装生产项目举行签约仪式，江川区人民政府与雪域飞鹰航空运动有限责任公司正式签订项目合作协议。

18日

△ 玉溪大河下段黑臭水体治理及海绵工程、红龙路道路及地下综合管廊建设、中心城区金水河黑臭水体治理3个工程项目集中开工仪式在玉溪举行，此次集中开工的3个项目，总投资达63.78亿元。

△ 红塔区洛河乡高鲁山云南国际赛车场正式开工建设。

20日

△ 孙汉董院士工作站在位于高新区九龙片区的云南贡润祥茶产业开发有限公司揭牌成立。

24日

△ 在国家发改委发布的第三批国家低碳城市试点名单中，玉溪入列其中，正式成为第三批国家低碳城市试点。

△ 抚仙湖仙湖时光栈道开通暨诫训石揭幕。仙湖时光栈道西起尖山小学，东至海口大石洞，全长28千米，以带状步行栈道为主要建设内容，建成栈道主线、仙湖花海和4个节点景观绿化工程。

25日

△ “华灯闹春・万紫千红迎新岁”“玉溪神韵・锦绣山川竞妖娆”等七大板块的120余组主题灯组正式亮灯，为期一个半月的2017中国玉溪“哇家灯会”开幕。

2月

6日

△ 由华为技术有限公司、玉溪国家高新技术开发区和玉溪师范学院三家联合创建的玉溪互联网大学在玉溪师范学院揭牌成立。

△ 玉溪与省公路局签订玉溪市国省道公路提升改造项目合作框架协议。根据协议，将采取省、市战略合作的模式，三年内在玉溪境内开工建设15个项目共882.9千米的国省道公路提升改造工程。

7日

△ 省委书记陈豪率队到玉溪开展2016年度党风廉政建设责任制检查考核。

9日

△ 经省委同意，市委常委班子召开2016年度民主生活会。省委副书记、省长阮成发全程参加和指导民主生活会。

14日

△ 红塔工业园区与云南盐业有限公司签订仓储分包物流配送中心项目投资协议。

△ 玉溪市青少年校园足球选拔赛暨啦啦操比赛在玉溪一中足球场拉开帷幕。

16日

△ 国家工商总局副局长甘霖率队到玉溪调研旅游市场监管工作。

20日

△ 云南省旅游发展委员会牵头举办的“十六州市旅游主官共话云南旅游强省建设”重点媒体大型访谈活动走进玉溪，对玉溪部分旅游景区进行实地拍摄，对重点旅游项目及相关部门负责人进行采访报道。

△ 新平县5首花腰傣原生态歌曲《迁徙歌》《像芭蕉心一样美》《傣乡春早》等在中央电视台音乐频道首播，这是新平原生态花腰傣民歌首次登上央视音乐频道舞台。

21日

△ 落户于红塔区科技众创空间的云南吉星德亿科技有限公司与济南翼菲自动化科技有限公司在红塔大酒店举行机器人应用研发项目签约仪式。

23日

△ 省“五网”建设的33个项目之一，木格水库工程项目在通海县开工建设。

25日

△ 2017年滇中航空护林协调会在国家林业局南方航空护林总站江川直升机场召开。会议宣布江川直升机场正式启用，滇中航空护林正式开航。

27日

△ 市政府与中天城投集团股份有限公司签订战略合作协议。根据协议，中天城投集团计划在玉溪投资300～500亿元，在城市基础设施建设、文化旅游特色小镇、农业综合开发、生物医药及大健康产业等领域开展合作。市委副书记、市长张德华出席签约仪式并致辞。副市长蔡四宏与中天城投集团总裁、中天云南董事长张智代表双方签署战略合作框架协议。

3月

1日

△ 市政府印发《玉溪市重大行政决策责任追究暂行办法》，率先在全省16个州市中建立重大行政决策责任追究相关制度，强化行政决策责任追究，促进依法决策、科学决策和民主决策。

3日

△ 玉溪与亚洲财富会展有限公司正式签订战略合作框架协议。双方将合作共建亚洲财富论坛会议中心，定期不定期在玉溪组织亚洲财富论坛活动，并将在基础设施建设、重点产业发展、招商引资、品牌宣传推广等方面开展深入合作。市委书记罗应光出席签约仪式。市委副书记、市长张

德华致辞并代表市政府与亚洲财富会展有限公司执行主席韩剑锋签订战略合作框架协议。

6日

△ 在杭州市杭萧钢构股份有限公司总部瑞丰国际商务大厦，玉溪市人民政府与杭萧钢构股份有限公司签署工业装配化绿色建筑体系引进战略合作框架协议，玉溪宇城钢构有限公司与杭萧钢构股份有限公司签署企业合作投资协议，玉溪市红塔区人民政府与云南宇城杭萧钢构有限公司签署钢结构绿色工业装配化建筑产业基地项目建设协议，红塔工业园区管委会与云南宇城杭萧钢构有限公司签署项目入园协议。该项目计划总投资8亿元，占地面积300亩，拟建设生产钢结构住宅体系中的钢构件及配套产品的制造基地，制造的产品主要是钢结构住宅体系的核心部件：钢管束构件、梁柱构件、楼承板、墙体等系列产品。

9日

△ 住房和城乡建设部、国家发展改革委公布第八批国家节水型城市名单，玉溪榜上有名。

△ 玉溪文创学院签约暨揭牌仪式在玉溪师范学院举行。

△ 玉溪市分别在广东省博罗县石湾镇和博罗县成立驻外农村劳动力就业转移服务站。

14日

△ 住房和城乡建设部下发《关于将北京等20个城市列为第一批城市设计试点城市的通知》，玉溪名列其中。玉溪市是云南省唯一一个全国首批城市设计试点城市。

15日

△ 市政府与中国农业发展银行云南省分行在昆明签订战略合作框架协议。根据协议，双方将进一步深化合作领域、拓展合作空间，未来五年，农发行云南省分行将为玉溪提供580亿元意向融资支持，重点支持涉农项目建设、抚仙湖综合治理与保护以及“三农”发展融资等。市委副书记、市长张德华代表市政府与农发行云南省分行行长江卫国共同签订战略合作框架协议。

16日

△ 全省“助盲脱贫”行动推进会在玉溪召开。云南省“助盲脱贫”行动玉溪项目正式启动。该行动项目将通过培训扶持盲人按摩脱贫示范带头人等方式，帮助残疾人就业，从而实现精准脱贫。

17日

△ 云科玉溪高新区众创空间启动仪式在高新区互联网产业创新园举行。

21日

△ 玉溪市卫计委与云南省肿瘤医院（昆明医科大学第三附属医院）签署合作框架协议，共同推进双方在信息数据互联互通、开展远程全景诊疗服务及双向转诊服务等方面的合作。省卫计委主任李玛琳、副市长杨洋出席签署仪式并讲话。

△ 江川区总投资20.58亿元的6个项目举行集中开工仪式。

22日

△ 玉溪市人民政府与中山大学合作框架协议签订仪式在中山大学怀士堂举行。根据协议，双方将合作办医，共同建设澄江县人民医院，从而弥补玉溪卫生事业发展短板，更好地满足人民群众就医需求。

△ 2017海外华裔青少年“中华寻根之旅——七彩云南·玉溪春令营”开营典礼在玉溪师范学院举行，来自泰国曼达娜鲁蒙学校、娜瓦密皇后中学、呵叻易三仓等6所学校的50余名营员参加春令营活动。

23日

△ 玉溪与广东省佛山市在佛山签订建立友好合作城市关系协议书。

△ 由云南省报业协会主办，云南省报业协会新媒体专业委员会、玉溪日报社承办的首届云南报业新媒体年会在玉溪举行。会上，省报业协会会长、副会长单位代表签署了《云南报业新媒体合作宣言》。

△ 玉溪首家以展示、销售本土文化创意产品和土特产为主的“淘玉溪”电子商务平台正式上线。

△ 红塔区举行项目集中开工仪式，包括园区标准厂房、教育、城建、旅游在内的四个总投资超过2.6亿元的项目正式启动。

25日

△ 23～25日，东南大学教授团到玉溪进行实地考察和对接座谈。其间，玉溪市科技局与东南大学智慧城市研究院签订了合作备忘录。

26日

△ 市政府与昆明铁路局签订战略合作框架协议，合力推进玉溪铁路经营开发和建设，构建区域综合交通运输融合发展新格局。按照协议，双方将共同推进建设大型现代综合物流园区，并引入“一关两检”业务，为国内外企业提供通关、检验检疫、税务、金融、仓储、加工、物流配送等一体化服务；同时将积极推进呈贡至澄江至玉溪城际铁路建设。

27日

△ 民革、民建、民进、农工党、致公党、九三学社玉溪市委和市工商联、市青联换届大会召开。

△ 玉溪市城乡总体规划（2016～2049年）动员会召开，标志着玉溪新一版总规编制工作全面展开。

28日

△ 亚洲花卉科创谷和玉溪国家农业科技园区花卉创新中心在江川区九溪镇揭牌，同时玉溪与云南省农业科学院就建设亚洲花卉科创谷签订战略合作协议。

△ 市长张德华率市政府代表团赴广东省惠州市及中广核集团，考察学习惠州改革发展的成功经验，深化玉溪市与中广核集团的交流合作。玉溪市委副书记、市长张德华与惠州市委副书记、市长麦教猛分别代表玉溪市与惠州市签订产业发展战略合作框架协议，开启了两市友好合作的新起点。

△ 杞麓湖国家湿地公园（试点）建设项目开工仪式在通海县杞麓湖畔举行。

29日

△ 玉溪高新区在深圳举行招商引资座谈会，邀请深圳市24家企业、50多名企业家座谈。会上，玉溪高新区与深圳市倍泰健康测量分析技术有限公司、东莞市胡氏新材料科技有限公司等6家企业签订项目投资合作协议。协议项目投资额41.15亿元。

30日

△ 七彩云南 抚仙玉溪—“相约春天 共筑梦想”2017玉溪重点产业（深圳）投资推介会在广东省深圳市举行，300多名深港粤知名企业家、招商顾问等为玉溪产业发展大计齐聚一堂，共谋商机。20个投资总额123.8亿元的项目在招商引资推介会上成功签约。市委副书记、市长张德华出席推介会并作主旨发言。

△ 在2017年云南省中等职业学校技能大赛上玉溪市再次蝉联奖牌总数第一。

4月

1日

△ 玉溪市政府与云南启迪实业发展有限公司签约，建立长期战略合作伙伴关系，在“科技园区”“科技

金融”和“科技实业”等领域进行深层次合作，加快“玉溪启迪众创园”项目推进。玉溪市委书记罗应光出席签约仪式并致辞。市委副书记、市长张德华代表市政府与云南启迪实业发展有限公司签订全面战略合作框架协议。玉溪市政府、玉溪市高新区、云南启迪实业发展有限公司、云南盛拓科威科技发展有限公司共同签订了“玉溪启迪众创园”项目合作协议书。

△ 玉溪市与云南省农村信用社联合社签订战略合作框架协议。玉溪市委书记罗应光出席签约仪式并致辞。市委副书记、市长张德华与省联社主任于华签订战略合作协议。

19日

△ “玉教云”APP和广电IPTV教育频道上线启动，投资4.6亿元的玉溪教育信息化工程初步验收并进入实际使用阶段。

△ 2017年金砖国家就业工作组第一次会议在抚仙湖畔召开。人力资源和社会保障部副部长游钧、云南省副省长高峰、国际劳工组织副总干事格林菲尔德女士出席开幕式并致辞。

20日

△ 抚仙湖交通培训中心退出抚仙湖一级保护区资产仪式正式启动，标志着保护区内的13家中央和省属企事业单位资产退出工作正式启动。

22日

△ 21~22日，省委书记陈豪以全省总河长和抚仙湖河长身份，带头履行河长制责任，率领调研组深入澄江、江川等地，调研“三湖”保护治理。

△ 复旦大学党委常委、副校长张志勇一行到红塔区玉枕山片区进行实地考察，详细了解玉溪“科教创新城”的总体规划和建设情况，并就加强校市合作、共建科研院所等机构、引进高素质人才等方面进行深入交流。

25日

△ 玉溪市浙江商会召开第一次会员大会暨成立大会。

△ 玉溪市东片区暨“三湖”生态保护水资源配置应急工程Ⅱ期项目开工。项目的实施，可实现向江川城区、龙泉工业园区、通海城区及其西北片区的供水，向杞麓湖补水，从而解决江川城区和通海城区的生产生活用水问题。

28日

△ 红塔区政府与云南长水教育集团签约合作办学，云南长水教育集团将河北衡水中学引入玉溪，联合创办云南玉溪衡水实验中学。

5月

5日

△ 云南师范大学校党委副书记张玮一行到玉溪市，就玉溪市博物馆建设、市委党校校区规划建设等情况进行考察调研。

6日

△ 2017年云南国际汽车文化主题公园首届越野车场地邀请赛在红塔区洛河乡开幕。比赛吸引了来自全国各地的近1 000名专业车手、业余赛车爱好者以及全国和省、市30余家主流媒体参加，比赛分为专业赛车组、公开组、量产组、女子组、国产摩托车组和进口摩托车组、UTV组七个组别，总奖金高达40万元，设立奖项40个。

9日

△ 住建部、文化部、文物局、财政部、国土资源部、农业部、旅游局联合公布了2017年列入中央财政支持范围和2018年拟列入中央财政支持范围中国传统村落名单，通海县河西镇大回村、红塔区春和街道黄草坝村委会玉碗水村等14个传统村落榜上有名，将获得国家专项资金扶持保护。

△ 红塔区政府与中天城投(云南)城市投资开发有限责任公司举行玉溪国际农产品交易中心项目签约仪式。

△ 红塔区政府与建水紫陶街旅游文化发展有限公司、云南华信石化有限公司等12家企业举行招商引资项目集中签约仪式，集中签约项目14个，预计投资总额超过33亿元。

10日

△ 云南省人力资源和社会保障厅与渝苏闽浙等9省、区、市人社厅（局）在玉溪签订劳动保障监察合作协议，建立起省际之间共同维护劳动者合法权益的合作机制。人力资源和社会保障部副部长、全国总工会副主席邱小平，省人社厅厅长崔茂虎，副市长孙云鹏、尚建华等出席协议签订仪式。

△ 人力资源和社会保障部副部长兼全国总工会副主席邱小平一行到玉溪，就创业就业、农民工权益保障以及农村劳动力转移就业进行专题调研。

△ 云南活达木业制造有限公司高档家装实木多层板制造项目等5个重大项目在玉溪市大化产业园区金水片区举行集中开工仪式。5个项目计划总投资13.94亿元，占地270余亩。

11日

△ 电影《花腰恋歌》在全国近3 000家影院正式公映。

17日

△ 17~18日，2017年全国蔬菜产业大会在玉溪市召开。来自农业部、农业科学院、全国农业技术服务推广中心、中国种子协会、国家蔬菜工程中心等机构的专家，以及全国31个省区市蔬菜生产、加工、科研、技术推广、农资企业代表800余人参加大会。

△ 副省长张祖林到江川区调研星云湖保护治理及河长制工作。

19日

△ 玉溪市与北京信鹏医疗健康投资企业签署市儿童医院PPP项目合作协议。

24日

△ 全省城市地下综合管廊海绵城市建设工作推进会在玉溪召开。

26日

△ 10点40分，首列从玉溪出发至郑州的G1536次动车从玉溪站驶出，10小时39分钟后抵达郑州。当晚20点40分，首列玉溪至北京的快速旅客列车发出，49小时后抵达北京。玉溪—北京西快速旅客列车、玉溪—郑州东动车组正式开行。

31日

△ 玉溪市人民政府与昆明理工大学签订合作框架协议。

6月

1日

△ 玉溪·顺义产业园开园暨玉溪高新区2017年二季度招商引资项目集中开工仪式在玉溪高新区龙泉园区举行。

△ 江川区48辆纯电动公交车投入玉江公路载客运营。

5日

△ 玉溪传化通力公路港城市物流中心运营暨传化网智能信息系统上线仪式在红塔工业园区通力物流园举行。

6日

△ 华为公司携手上海明匠智能集团、中智科技集团等7家合作企业到玉溪开展“华为合作企业进玉溪”活动，让更多企业走进玉溪、了解玉溪、寻求合作，推动玉溪信息产业发展。

10日

△ 第十五届东盟华商会玉溪市专场推介会在昆明举行。

△ 由新华社新媒体中心主办的“2017中国新兴媒体产业融合发展大会暨新媒体招商映像展榜单发布典礼”上，玉溪获评“最具投资吸引力城市”。

12日

△ 文山州委一行21人到玉考察玉溪全面深化改革工作。

16日

△ 云南省特色小镇创建名单新闻发布会召开，全省105个小镇入选云南省特色小镇创建名单。玉溪6镇上榜，其中，澄江广龙旅游小镇入选创建全国一流特色小镇；峨山嶍峨古镇、新平戛洒花腰傣风情小镇、通海杨广智慧农业小镇、澄江寒武纪小镇、华宁盘溪橘乡小镇入选创建全省一流特色小镇。

17日

△ 中科院院士、华大基因主席、华大基因学院院长杨焕明一行到玉溪考察。

18日

△ 在2017南亚东南亚国家商品展暨投资贸易洽谈会上。玉溪交易团签订总额76.5亿元的招商引资协议、签订折资总额10.3亿元的贸易合同。

20日

△ 19日20时至20日8时，一场特大暴雨袭击易门，为易门县境内有历史气象记录以来的最大降雨，降雨造成全县5个乡镇（街道）、25个村（社区）、177个村民小组受灾，其中浦贝乡罗台旧村委会灾情较严重。

△ 红塔区举行招商引资项目集中签约仪式，由中国阳光投资基金管理有限公司投资建设的鲜花产业供应链体系建设项目、云南活发集团刘总旗水泥有限公司投资建设的水泥熟料生产项目落地红塔区。两个招商引资项目总投资额折资人民币2.86亿元。

21日

△ 省安全生产监督管理局“重点建设项目安全行”活动在玉溪举行。

22日

△ 国家卫生计生委在玉溪召开云南省医改工作媒体沟通会，介绍云南省、玉溪、楚雄等州市相关医改工作成果、经验，并与部分中央、省市媒体进行沟通。

24日

△ 23～24日，大理州委副书记、大理市委书记孔贵华带队，组织大理州、大理市洱海保护管理、环保、规划、住建等部门相关负责人，到澄江县抚仙湖沿岸实地考察湖泊保护治理工作。

△ 20~24日，全省公安交警系统道路交通事故处理技能知识擂台赛在玉溪举行。玉溪获得二等奖，

28日

△ 2017年“7.16全民游泳健身周”新闻发布会在北京国家体育总局训练局全民健身馆举行，作为全国重点会场的玉溪市受邀出席发布会并介绍筹备情况。

29日

△ 武易高速公路正式通车。武易高速易门段约34.72千米，起点位于六街街道茶树三元村白龙箐，止于浦贝乡西冲瓦窑坝坝尾，途经六街、龙泉两个街道和浦贝乡的11个社区，估算总投资51.25亿元。

△ 云南省人大常委会在昆明召开新闻发布会，《云南省澄江化石地世界自然遗产保护条例》经省第十二届人大常委会第三十四次会议审议通过，于7月1日正式实施。

7月

3日

△ 红塔工业园区集中为8个开工项目、5个签约项目、4个竣工项目举行开工竣工仪式。此次集中开工的8个项目计划总投资19.8亿元，建成投产后预计产值50亿元，税收2.5亿元；集中签约的5个项目计划总投资11.73亿元，预计产值22亿元，税收1.3亿元；4个竣工项目，产值3.96亿元。

5日

△ 中科院院士谢华安带领科研团队到红塔区考察。

8日

△ 7~8日，省委常委、常务副省长宗国英到玉溪就产业发展、城市规划建设、交通路网建设、特色小镇建设、抚仙湖保护治理等工作进行调研。

12日

△ 11~12日，玉溪市第四届人民代表大会第六次会议举行。李洪云当选为玉溪市第四届人民代表大会常务委员会主任。

13日

△ 数据中心联盟2017年全体联络员大会暨主题分享会在玉溪举行。

14日

△ 住建部公布第三批38个“城市双修”试点城市名单，玉溪市位列其中。

17日

△ 市政府与比亚迪股份有限公司签订系列合作协议。

18日

△ 中国国家交响乐团玉溪音乐会《致敬·聂耳》在聂耳大剧院奏响。

21日

△ 17~21日，第五届中国聂耳音乐（合唱）周在玉溪举行。第五届中国聂耳音乐（合唱）周以“唱响中国梦·喜迎十九大”为主题，采取“一体两翼”的方式，在玉溪举行开幕式、昆明举行闭幕式，并在两地分别开展丰富多彩的系列文化活动。

△ 云南首家“互联网+石化”华信能油通电商平台揭牌暨客户签约仪式在研和工业园区举行。

△ 中国—东盟青年企业家“一带一路”（云南）经贸交流走进玉溪活动举行，来自中国各地和东盟各国的125名青年企业家代表实地考察了华为西南大数据中心、云南联塑科技发展有限公司、云南合美通用航空实业有限公司和红塔集团，并参加玉溪市招商引资项目推介交流会。

24日

△ 玉溪九龙大数据产业园智能制造项目签约暨开工仪式在全市2017年上半年工作汇报会期间举行。共签约和开工14个项目，总投资144.9亿元。

25日

△ 中国文联党组成员、副主席、书记处书记左中一一行到玉溪，就新文艺群体联系服务、团结引领工作进行调研。

26日

△ “开放融合 聚力共享”2017数据中心企业家峰会暨中国数据中心产业发展联盟玉溪论坛举行，来自全国的百余名企业家代表齐聚玉溪，共论大数据产业发展。此次论坛发布了《共建面向南亚东南亚大数据基础设施玉溪宣言》。3个大数据产业项目在会上签约。

△ 红塔区的三家钢铁企业玉昆钢铁集团、汇溪金属铸造制品有限公司、云南活发集团玉溪市福玉钢铁有限公司正式签订整合协议。玉昆钢铁集团将以每年600万吨的生产能力成为全省最大的民营钢铁企业。

△ 25~26日，由财政部、国土资源部、环保部组织的专家考核组到玉溪，实地考察抚仙湖、星云湖山水林田湖生态保护修复试点项目情况。

27日

△ 北京首发投资控股有限公司与玉溪高新区管委会签订玉溪生物医药产业园核心区及医护用品产业园建设项目投资合同。

△ 中国教育技术协会教育仿真技术专业委员会第二十届VR仿真教学论坛暨2017年年会在玉溪召开。

28日

△ 玉溪城南汽车客运站正式启用。

29日

△ 第二届云南省医院品管圈大赛暨第五届全国医院品管圈大赛预选赛在玉溪举办。

31日

△ 通海县境内普降暴雨，暴雨伴随大风，造成秀山、四街、杨广、九龙4个乡镇（街道）14个村（社区）的16 183亩农作物受灾。秀山街道是此次降雨最多的乡镇（街道），降雨量达99毫米。

8月

1日

△ 7月31日至8月1日，由玉溪市政府和新西兰——中国水资源研究中心共同主办的中国—新西兰园艺作物灌溉及养分管理研讨会在澄江县举办。来自新西兰的11位专家与中国相关领域的多位专家学者围绕水灌溉分配、水质量管理与水资源利用效率三大主题和环境问题展开交流研讨。

△ 市政府与中铝国际工程股份有限公司、湖南嘉德集团有限公司正式签订合作框架协议，共同建设大型现代物流跨贸产业项目暨中国西南·玉溪国际物流港。计划总投资172亿元。

2日

△ 玉溪党政代表团到深圳正威国际集团考察并签订战略合作框架协议。投资总额超过500亿元。市委书记罗应光率队考察，并与正威集团董事局主席王文银就合作进行了交流与沟通。市委常委、常务副市长王力代表市政府与正威国际集团签约。

△ 住建部公布第二批全国特色小镇名单，新平县戛洒镇入选，成为玉溪首个全国特色小镇。

3日

△ 市委书记罗应光率玉溪党政代表团到深圳市铁汉生态环境股份有限公司考察交流、与华大基因科技有限公司开展项目对接。

△ 禄充景区提升项目签约仪式在深圳举行。按照协议，将投资20亿元在禄充打造度假养老养生田园综合体项目。

4日

△ 交通运输部公布“十三五”期间全面推进公交都市建设第一批创建城市名单，玉溪名列其中，成为云南省仅有的两个城市之一（另为保山市）。

△ 市委书记罗应光率玉溪党政代表团到广州开展招商活动，考察了中山大学达安基因股份有限公司和达安创谷企业管理有限公司。到龙浩集团进行项目对接，双方就推进项目建设相关事宜进行深入交流。

△ 怒江州副州长丁秀花率考察团到玉溪考察学习公立医院改革工作先进经验。

5日

△ 3~5日，东南大学智慧城市研究院学术委员会主任王建国院士一行到玉溪开展城市工作调研。副市长蔡四宏代表市政府与王建国院士、东南大学应用技术学院院长郝勇生分别签订了《王建国院士工作站合作框架协议》《玉溪东南大学智慧城市研究院共建协议》，并聘请王建国院士为玉溪市人民政府城市设计顾问。

7日

△ 玉溪市人民医院与中日友好医院签订呼吸专科医联体合作协议书。

8日

△ 玉溪农林投资开发有限公司挂牌成立，玉溪农林投资开发有限公司是玉溪市国资委代表市政府出资的市属国有独资公司。

10日

△ 云南中经卡为智能制造基地开工建设，项目由深圳市卡为集团股份有限公司与中物集团共同投资，投资总额20亿元。

△ 10~12日，市委副书记、市长张德华率队到上海开展交流合作、招商引资，与复旦大学、上海音乐学院和华东师范大学，复星集团进行合作洽谈。

13日

△ 保利·2017抚仙湖国际半程马拉松赛在澄江县月亮湾湿地公园鸣枪开跑。来自美国、法国、意大利、加拿大、泰国、埃塞俄比亚、肯尼亚等国及国内的1万余名跑步爱好者参赛。

16日

△ 中国科协公布2017年地方科协深化改革工作试点单位名单，玉溪市科协名列其中，成为云南唯一一家地市级试点。

17日

△ 玉溪市启动2017～2018年度重点工程项目劳动竞赛。

22日

△ 北京化工大学—江磷集团阻燃剂联合实验室在江川区揭牌成立。

25日

△ 昆明配售电有限公司玉溪分公司正式投入运营。

27日

△ 民政部党组书记、部长黄树贤到澄江县就殡葬改革工作进行调研并主持召开座谈会。

28日

△ 澄江县举行2017年“百日攻坚”重点项目集中开工仪式。当天开工项目6个，总投资近17.1亿元。

△ 国务院医改办、国家卫计委、财政部、国家中医药局四部委联合印发《关于确定公立医院综合改革首批国家级示范城市和第二批国家级示范县的通知》将北京、上海、玉溪等15个城市列为公立医院综合改革首批国家级示范城市，玉溪成为云南省唯一获得首批国家级示范资格的城市。

29日

△ 云南高原农产品集配中心项目签约落户玉溪高新区，项目总投资8 000万元。

30日

△ 市委书记罗应光会见武警云南总队司令员高道权一行。

9月

1日

△ 云南玉溪衡水实验中学在红塔区揭牌成立。

4日

△ 9时25分，昆明站至昆明南站、玉溪站正式开行动车。

5日

△ 中共中央候补委员、中国社会科学院党组成员、副院长李培林到玉溪调研。

6日

△ 5~6日，通海县境内持续降中到大雨、局部暴雨，导致9个乡镇

（街道）、51个村（社区）不同程度遭受洪涝灾害。全县因灾共造成直接经济损失3 233.82万元。

8日

△ 玉溪科创城启动建设暨项目集中开工仪式举行。按照规划，玉溪科创城包含"一核五片七区"。"一核"指红塔区玉枕山片区，是科创城的核心区；"五片"指玉溪高新技术产业开发区九龙片区、玉溪高新技术产业开发区南片区（高龙潭片区）、红塔区高铁海绵新城片区、玉溪高新技术产业开发区龙泉园区、江川区九溪片区；"七区"是指分布于易门、澄江、通海、华宁、峨山、新平和元江的科教创新功能区，由各县根据自身实际进行规划建设。

△ 2017华宁柑橘节招商推介会举行，现场集中签约项目13个，签约总额达26.65亿元。

9日

△ 新加坡星莱特集团相关负责人及马来西亚雪州公主拉惹哈妮莎等到玉溪考察文化旅游项目，了解玉溪旅游文化资源。

12日

△ 全省去冬今春森林防火工作会在玉溪召开。

13日

△ 澄江县农村生活污水处理及人居环境提升工程项目签约并开工。

14日

△ 江川高铁无轨站正式启用。

16日

△ 以"云岭双创 星火燎原"为主题的玉溪双创周开幕暨玉溪双创中心启迪众创园开园。开园仪式上，"创建云南省首个网络安全示范市和网络安全服务基地战略合作协议""共建大数据工程实验室分中心及互联网大学品牌打造""大数据产业发展战略合作"等20个项目签约。云南启迪孵化器产业有限公司与玉溪师范学院、玉溪农业职业技术学院签署战略合作协议，引进首批创业团队50个。

18日

△ 由省政府新闻办召开的"砥砺奋进的五年"系列新闻发布会第六场——玉溪专场新闻发布会在昆明海埂会堂举行。市委书记罗应光率相关领导作新闻发布。中央电视台、新华社、人民网等30余家中央、省、市级媒体参加了新闻发布会。

19日

△ 玉溪·亚洲花卉科创谷——云南玉溪鲜花产业供应链体系示范园区项目在红塔区大营街街道赵桅社区启动建设，项目总投资约4.6亿元。

△ 在全国社会治安综合治理表彰大会上，玉溪获得"全国社会治安综合治理优秀市"称号。玉溪经过12年的努力，终于捧得中央在社会治安综合治理设立的最高奖项——"长安杯"。

20日

△ 第40批中国博士后科技服务团（云南玉溪行）活动在抚仙湖波息湾启动，来自中科院、华中科技大学、哈尔滨工业大学、云南大学等9名博士后，将深入江川、澄江、通海等地，围绕农业、林业、湖泊保护等多个领域进行为期三天的考察，并提供智力支持。

26日

△ 25～26日，由玉溪市人民政府、新华网主办的2017中国·玉溪科教创新高峰论坛在玉溪市举行。来自全国各地的五百余位专家学者、行业精英聚焦科教创新，共同探讨寻找玉溪发展新动能之源、剖析玉溪发展新优势所在、探索玉溪发展新空间方向。

29日

△ 全市第一张"多证合一"营业执照和全市第一张企业登记全程电子化（加载多证合一）营业执照出炉。

30日

△ 2017长安福特·环抚仙湖高原国际超级马拉松赛在抚仙湖月亮湾湿地公园开跑，共有来自20多个国家、地区和全国各个省（区、市）的300名选手参加。比赛设100千米组、50千米组和3 000人参加的5千米绿色乐跑嘉年华。

10月

12日

△ 玉溪大河下段黑臭水体治理及海绵工程项目开工建设。

16日

△ 最高法院"基本解决执行难"专项巡查组组长、最高法院执行局副局长吴少军一行到峨山法院就"基本解决执行难"工作进行专项巡查。

23日

△ 中科院院士闻邦椿与江川新天力现代农业装备制造有限公司签订共建院士工作站协议。

24日

△ 22~24日，江苏省技术转移联盟成员单位到玉溪考察，与玉溪就加强协调创新、推动产业发展进行磋商。

△ 国家农业部、发展改革委、科技部、财政部、国土资源部、环境保护部、水利部、林业局等八部委公布第一批国家农业可持续发展试验示范区名单，玉溪名列其中。

25日

△ 玉溪市建设国家健康城市试点工作正式启动。

26日

△ 市人民政府召开第一批决策咨询顾问聘任座谈会，原交通部总工程师周海涛、原云南省建设厅总规划师韩先成被聘为首批决策咨询顾问。

27日

△ 玉溪市公安局外国人服务工作站在玉溪师院揭牌成立。

△ 江川区全民健身运动场馆正式开工建设。项目总投资2.8亿元。

30日

△ 云南省首个"户政超市——24小时身份证自助申领大厅"正式亮相市公安局红塔分局玉兴派出所。

31日

△ 云南省居民身份证24小时自助办理工作推进会在玉溪召开。

△ 玉溪中心城区金水河3号公园暨玉溪青花街项目正式开工。

△ 27~31日，云南省农村节柴炉（灶）创新设计大赛在江川区举行。

11月

3日

△ 在玉溪高新区举行的2017年"收获金秋共谋发展"企业座谈会上，来自广东深圳、云南的10户企业法人代表签约投资入驻玉溪高新区。10户企业总计投资达65.8亿元。

4日

△ 由玉溪市委、市政府主办的七彩云南·抚仙玉溪——2017年"收获金秋共谋发展"玉溪招商引智峰会在抚仙湖畔举行。来自全球创新中心、欧盟驻华代表团以及复旦大学、清华大学公共管理学院等20余所高等院校的专家学者，10余户世界500强、中国500强知名企业精英等400余人参会。峰会期间，举办了"一带一路"与玉溪重点产业发展论坛、招商引资项目对接洽谈、2017年招商引智主旨演讲、项目签约及揭牌仪式等系列活动。当天的招商引智推介大会上，玉溪市重点对生物医药及大健康产业、装备制造产业、高原特色农业

产业、现代教育产业、文化旅游产业项目进行了专题推介。本次峰会成功签约项目44个，分为产业投资项目和院校合作项目两大类。产业投资项目签约33个，项目总投资1 234.67亿元；院校合作项目共11个。全球创新中心云南分中心、云南大学玉溪陶瓷创新设计研究中心、玉溪师范学院—东南大学智慧城市研究院王庆教授工作站、玉溪师范学院—东南大学建筑学院胡明星教授工作站、玉溪师范学院—德国地学研究中心许国昌教授工作站等5个“走进玉溪携手同行”合作项目举行了揭牌仪式。市长张德华向清华大学公共管理学院教授齐晔颁发了决策咨询顾问聘书。

6日

△ 市政府与深圳正威（集团）有限公司战略合作框架协议及智能终端产业园项目投资协议签订仪式在昆明举行。

△ 红塔区举办“携手美丽红塔、共创美好未来”招商引资大会。红塔区与省内外投资商签订19个招商引资项目，其中产业项目招商协议投资额106.53亿元。

8日

△ 全省首个PPP高速公路项目——晋红高速公路建成通车。晋红高速全长49.4千米，投资86.5亿元，路线设计为双向六车道、时速100千米/小时，由昆明市晋宁区李和村至红塔区研和街道。

△ 玉溪与云南建投集团签署投资建设战略合作框架协议。

9日

△ 通海县第一中学，荣获中华诗词学会表彰的“中华诗教先进单位”称号，是省内唯一荣获此称号的单位。

10日

△ 工业和信息化部第六期德国中小企业经理人来华交流培训班开班仪式在玉溪举行。

14日

△ 市委书记罗应光率队到昆钢开展产业合作交流。

15日

△ 中国音乐学院调研组到玉溪，先后到聂耳大剧院、聂耳小学和科教创新城等相关地点进行实地调研考察。

17日

△ 2017年《中国国家旅游》年度旅游榜单揭晓。玉溪市荣获2017年度《中国国家旅游》最佳度假旅游目的地称号。

24日

△ 民政部在青岛召开全国殡葬综合改革试点部署暨殡葬信息化建设推进会，宣布全国80个地区（单位）成为首批殡葬综合改革实验区。云南省民政厅、玉溪市、安宁市、个旧市、施甸县在列。

25日

△ 玉溪市医学会院前急救专业委员会成立暨一届一次学术会议召开，云南省首个院前急救专业委员会成立。

27日

△ 26~27日，市委副书记、市长张德华率队到北京，就产业合作及招商引“智”工作拜访北京航空航天大学、北京体育大学，并与北京首都农业集团有限公司签订战略合作协议。

28日

△ 由中国人口福利基金会开展的助力云南健康扶贫“幸福微笑——救助唇腭裂儿童”公益项目捐赠仪式在玉溪举行。大成方略纳税人俱乐部股份有限公司、云南新平南恩糖纸有限责任公司分别向基金会捐赠100万元，捐款将用于玉溪贫困家庭的唇腭裂儿童免费接受整形修复手术。

△ “感动中国·中国记者眼中的云南移民”采访活动走进玉溪，来自中央、省市的23家媒体组成采访团，深入基层聚焦玉溪移民工作。

29日

△ 27~29日，由中国企业联合会主办的2017年“袁宝华企业管理金奖”企业座谈会在玉溪召开。期间，市政府与中国企联交流座谈，开展招商引资推介，并组织与会嘉宾考察玉溪重点企业发展情况。

12月

1日

△ 11月29日至12月1日，由玉溪市教育局和上海市长宁区特殊教育指导中心主办的“相约玉溪 共谋发展——响应全纳教育的新型特教学校建设”学术研讨会在玉溪市特殊教育学校举行。来自全国特殊教育界的知名专家和特校校长、教师近200人齐聚玉溪，共同探讨特殊教育转型发展之路，为切实提升我国的特殊教育质量出谋划策。

6日

△ 中国高等教育学会语文教育专业委员会第17届学术年会暨第二届全日制教育硕士学科教学（语文）专业教学技能大赛在玉溪师范学院图书馆多元学术报告厅开幕，来自中国高等教育学会语文教育专业委员会学会的相关负责人、会员及国内知名教育专家、学者共300余人参加会议。

8日

△ 7～8日，2017一带一路数字科技文化节·玉溪暨第10届全国三维数字化创新设计大赛总决赛在玉溪举行。此次大赛以“‘数字工匠’玉汝于成，‘数字工坊’溪达四海”为主题，着力打造“赛、奖、会、展、院、坊、云”数字科技文化创新产业新业态，合力助推新时代新型工业化与数字经济创新发展。吸引了全国多所高校校长、专家、学者以及企业家600余人及来自全国各赛区及一带一路沿线国家地区赛区共2 000多名总决赛入围选手集聚玉溪同台竞技3D创新创造能力。

9日

△ 以“科技驱动融合创新”为主题的2017中国·玉溪新型智慧城市高峰论坛开幕，市委副书记、市长张德华为中国工程院院士、昆山杜克大学校长刘经南颁发玉溪市人民政府决策咨询顾问聘书。来自北京航空航天大学计算机学院、住建部城乡规划管理中心、国家智慧城市标准化总体组、国家智能交通系统工程技术研究中心、住建部智慧城市专家委员会、北京大学城市智脑联合实验室、电子政务云计算应用技术国家工程实验室、东南大学智慧城市研究院、云南现代智慧城市研究院、云南大学、云南师范大学、西南林业大学等部门、院校的专家学者出席论坛。

12日

△ 云南省农业信贷担保有限公司玉溪办事处授牌暨战略合作签约仪式在玉溪市财政局举行。

14日

△ 全国首个林业生态建设类PPP示范项目——抚仙湖径流区10万亩植被恢复治理项目启动实施。

15日

△ 11~15日，云南省第十届民族民间歌舞乐展在玉溪举行。本次展演共有来自全省16个州市22个民族的1 000多名非遗传承人、民间艺人和基层文化工作者参加，展演了63个节目，共产生10个金奖、12个银奖、19个铜奖、22个优秀奖，并从中产生了5个传承奖。共有12支代表队获组织奖，楚雄、普洱、大理、玉溪4支代表队获优秀组织奖。

△ 玉溪首届“玉溪工匠”表扬会在市委党校召开，30名“玉溪工匠”新鲜出炉。

20日

△ 玉溪市公安局与玉溪高新区投资开发有限公司举行签约仪式，双方签订警务云项目合作协议。云南省首家警务云分中心项目正式落户玉溪。

28日

△ 云南省2017年第二批一级高完中和一级一等示范幼儿园办学（园）水平综合评价结果公示期结束，玉溪师院附中、澄江县机关幼儿园顺利晋升为云南省一级二等高完中和云南省一级一等幼儿园。

△ 玉溪市体育产业协会正式成立。

△ 玉溪农林投资开发有限公司分别与上海西郊国际农产品交易中心和上海农产品中心批发市场合作，成立了云南玉溪高原特色农产品销售中心。

29日

△ 元江县举行元江县人民医院迁建、跨江大桥、国道213线县城过境段改造扩建、规划展览馆4个重点建设项目开工仪式。4个项目投资12.45亿元。

（吴 垠 摄）

绿水青山·碧玉清溪

（邓博仁　摄）

市情概览

SUMMARY OF YUXI

责任编校：胡　芸

主要数据指标

自然环境

自然资源

建置沿革

行政区划

人口与民族

人文民俗

国民经济与社会发展

机构及负责人

主要数据指标

基本概况

总面积：15 285平方千米
耕地面积：163.1万亩
森林覆盖率：56.7%
行政区划：辖七县二区，共设75个乡（镇、街道）
最高海拔：3165.9米（哀牢山脉主峰大磨岩山）
最低海拔：327米（小河底河与元江汇合处）

人口

常住人口：238.1万人
男性：122.3万人
女性：115.8万人
少数民族人口：75.9万人
人口自然增长率：5.99‰
城镇化率：50.8%

GDP

生产总值（GDP）：1 415.1亿元
第一产业增加值：142亿元
第二产业增加值：729.4亿元
第三产业增加值：543.7亿元
三次产业结构：10∶51.6∶38.4
人均生产总值：59 510元

农业

农业总产值：245.6亿元
农业增加值：143.7亿元
粮食作物面积：170.6万亩
蔬菜播种面积：134.5万亩
粮食总产量：62 790万千克

工业

规模以上工业完成产值：1 598.5亿元
规模以上工业实现增加值：623.7亿元
规模以上工业企业主营业务收入：1 419亿元
规模以上工业能源消费量：760万吨标准煤
规模以上工业电力消费量：91.4亿千瓦时

投资

固定资产投资：1 080.8亿元
第一产业：63.7亿元
第二产业：188.7亿元
第三产业：828.4亿元

消费品

社会消费品零售总额：367.4亿元
外贸自营进出口总额：21亿美元
引进市外国内资金：911.2亿元
实际使用外资：1 133.5万美元

交通与旅游

公路通车总里程：1.7万千米
年末机动车保有量：87.5万辆
邮电业务总量：34.8亿元
接待游客：3 580.6万人次
旅游总收入：283.2亿元

财政收支

地方公共财政预算收入：137.2亿元
地方公共财政预算支出：262.1亿元
金融机构年末人民币各项存款余额：1719.4亿元
金融机构年末人民币各项贷款余额：996.9亿元

教育和医疗

普通高校：2所
普通高中：22所
公共图书馆：10个
医疗卫生机构：1 419个

城乡居民收入

城镇居民人均可支配收入：34 880元
农村居民人均可支配收入：13 057元
城镇职工养老保险人数：32.1万人
城乡居民基本养老保险人数：121.5万人

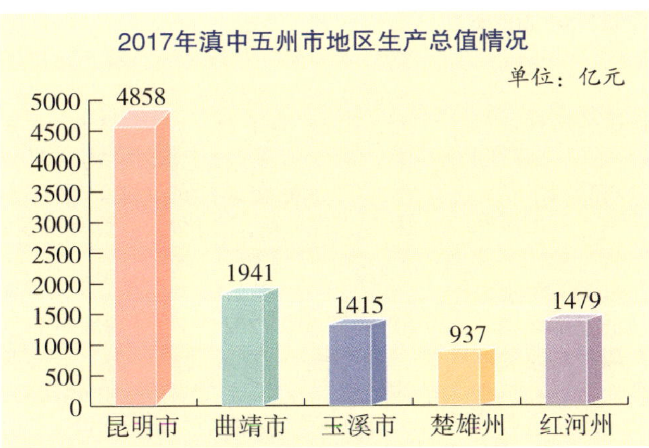
2017年滇中五州市地区生产总值情况
单位：亿元
5000
4500
4000
3500
3000
2500
2000
1500
1000
500
0
4858
1941
1415
937
1479
昆明市
曲靖市
玉溪市
楚雄州
红河州

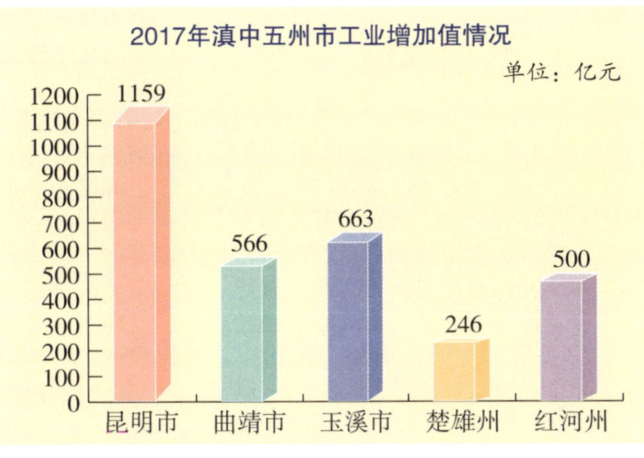
2017年滇中五州市工业增加值情况
单位：亿元
1200
1100
1000
900
800
700
600
500
400
300
200
100
0
1159
566
663
246
500
昆明市
曲靖市
玉溪市
楚雄州
红河州

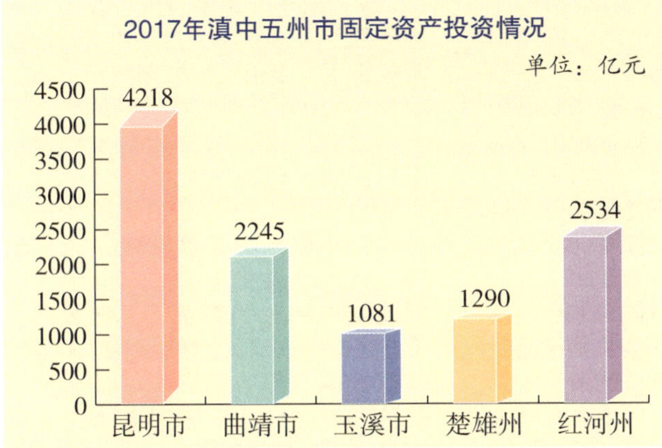
2017年滇中五州市固定资产投资情况
单位：亿元
4500
4000
3500
3000
2500
2000
1500
1000
500
0
4218
2245
1081
1290
2534
昆明市
曲靖市
玉溪市
楚雄州
红河州

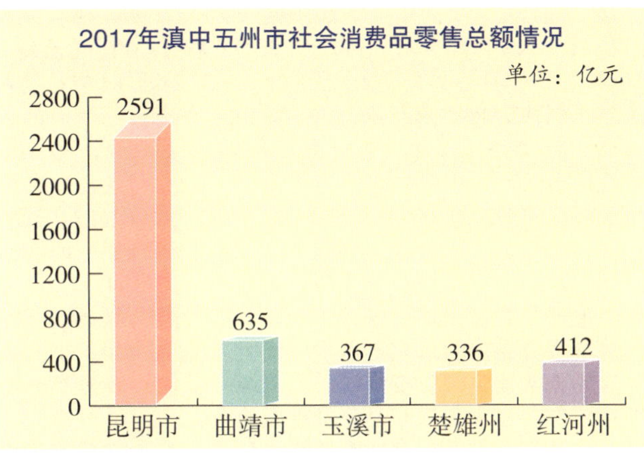
2017年滇中五州市社会消费品零售总额情况
单位：亿元
2800
2400
2000
1600
1200
800
400
0
2591
635
367
336
412
昆明市
曲靖市
玉溪市
楚雄州
红河州

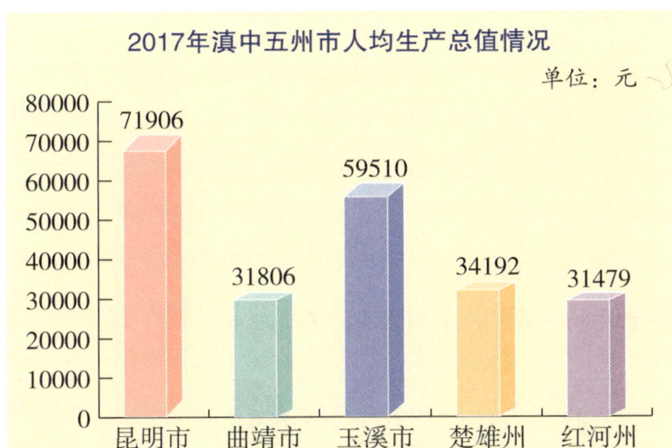
2017年滇中五州市人均生产总值情况
单位：元
80000
70000
60000
50000
40000
30000
20000
10000
0
71906
31806
59510
34192
31479
昆明市
曲靖市
玉溪市
楚雄州
红河州

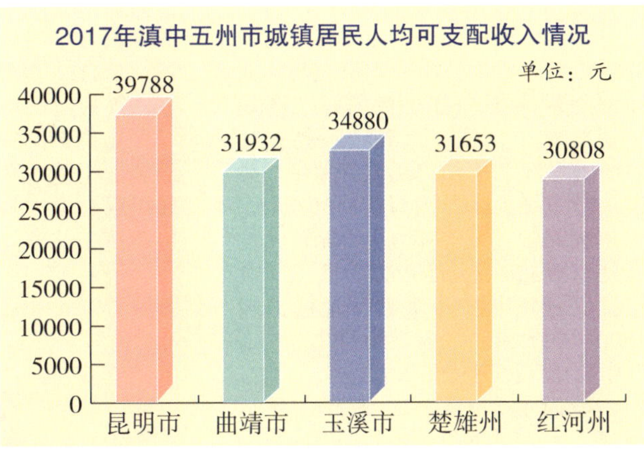
2017年滇中五州市城镇居民人均可支配收入情况
单位：元
40000
35000
30000
25000
20000
15000
10000
5000
0
39788
31932
34880
31653
30808
昆明市
曲靖市
玉溪市
楚雄州
红河州

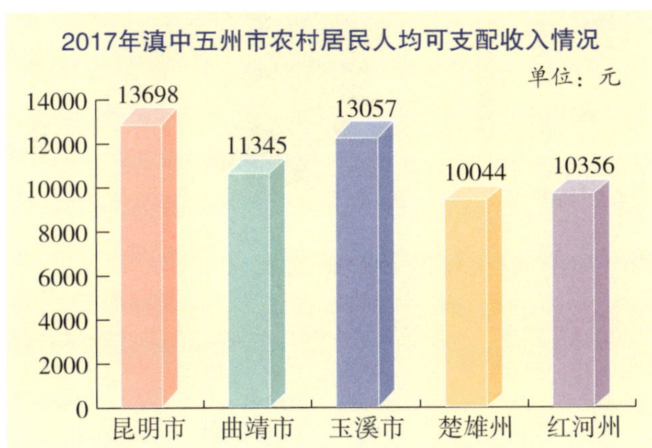
2017年滇中五州市农村居民人均可支配收入情况
单位：元
14000
12000
10000
8000
6000
4000
2000
0
13698
11345
13057
10044
10356
昆明市
曲靖市
玉溪市
楚雄州
红河州

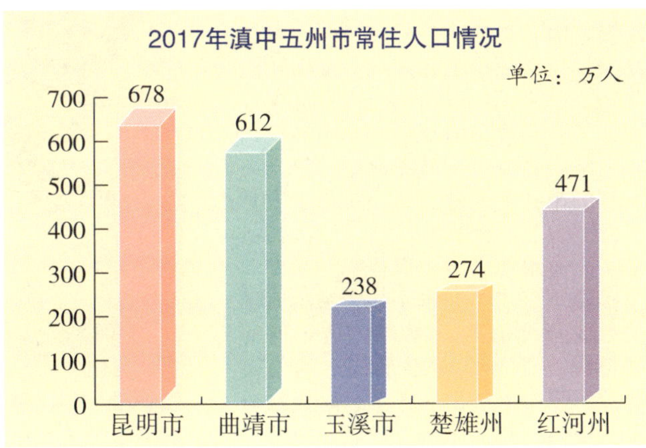
2017年滇中五州市常住人口情况
单位：万人
700
600
500
400
300
200
100
0
678
612
238
274
471
昆明市
曲靖市
玉溪市
楚雄州
红河州

自然环境

【地理位置】 玉溪市位于云南省中部，介于东经101°16′～103°9′、北纬23°19′～24°53′之间。东北和北面接昆明市，东南和南面与红河州相邻，西南和西面连普洱市，西北靠楚雄彝族自治州。市委、市政府驻地红塔区中心城区距云南省省会昆明市88千米。区域最大横距172千米，最大纵距163.5千米。总面积15 285平方千米，其中，红塔区、江川区、澄江县、通海县4个县（区）是坝区，面积共3 348平方千米，占总面积的21.9%；华宁县、易门县2个县是半山区，面积共2 888平方千米，占总面积的18.9%；峨山县、新平县、元江县3个县是山区，面积共9 053平方千米，占总面积的59.2%。

【地形地貌】 市内地势西北高，东南低，地形复杂。山地、峡谷、高原、盆地交错分布。西部哀牢山是一巨大屏障，山峦连绵，谷壑纵横，属滇西纵谷地带；哀牢山以东是云贵高原西缘，东部和北部有一些较大的断层陷落盆地，南部和西部地表因被河流切割得支离破碎，形成一系列向南弯凸的弧形山脉，失去高原本来面貌。元江河谷沿哀牢山脉东侧的元江断裂带切割较深，从江面到山顶高差达2 000米以上，形成高山峡谷地带。哀牢山脉主峰大磨岩山海拔3165.9米，为市内最高点。小河底河与元江汇合处海拔327米，是市内最低点。全市除元江河谷外，大部分地区海拔1500～1800米。玉溪市政府驻地红塔区中心城区海拔1630米。

境内主要山峰中，哀牢山脉呈西北向东南走向，斜贯市内新平、元江2县西部。高鲁山位于玉溪盆地西侧，南北走向，主峰黑风洞山海拔2614米；梁王山从江川区谷堆山转向北东，直抵阳宗海西侧，最高海拔2820米；磨豆山沿抚仙湖东岸经江川区、华宁县直达杞麓湖北岸，最高海拔2663米；大水井岩头山位于华宁县中部，自北向南，有红岩（海拔2281米）、大水井岩头（海拔2623米）、登楼山（海拔2507米）、羊槽（海拔2229米）等山峰；螺峰山位于通海县境内，是云南山字形构造的前弧地带，呈向南凸出的弧形，海拔2241米。境内还有众多的零散破碎山体，因高山峡谷交错，形成海拔在2000米以上的数十座孤立山峰。

【江河和湖泊】 市内河流分属珠江和红河两大水系。新平、易门、元江3个县和峨山县的一部分属红河水系，集水面积共9 981平方千米。红塔区和江川区、通海县、华宁县、澄江县及峨山县的一部分属珠江水系，集水面积5 044平方千米。红河的上游元江，源头在境外巍山县与大理市之间的茅草哨，自北向南流，进入新平县，称戛洒江、漠沙江，流入元江县境后称元江，出境入红河县，流入越南后方称红河。元江在市内长度为165千米。其支流绿汁江由北向南流经禄丰、双柏、易门、峨山4个县，在新平县三江口汇入元江，在市内长度为180千米；小河底河发源于峨山县甸中，流经化念称化念河，再沿新平、元江2县与石屏县边界流向东南称撮科河、小河底河，在元江县洼垤乡注入元江干流，在市内全长170千米。珠江上游南盘江的一段，在市内长度为90千米，流经华宁县。其支流曲江，发源于红塔区小石桥，南流入江川区称董炳河，经红塔区南流入峨山县，称猊江（峨山大河），流入通海县称曲江（高大河），再流经建水县曲溪镇入华宁县称华溪河，在盘溪镇三江口注入南盘江。曲江全长208千米，集水面积4 103平方千米。

市内有高原断陷湖泊抚仙湖、星云湖、杞麓湖和阳宗海。抚仙湖位于江川区、澄江县、华宁县之间。湖形似葫芦，北宽而深，南窄而浅，中间细长如颈，南北长31.5千米，东西最宽11.5千米，最窄处3千米，湖岸线长90.6千米，湖面水位海拔1 721米，面积212平方千米，容量205.5亿立方米，最大水深151.5米，平均水深87米，是云南省最深的湖泊，也是中国第二深水湖，总蓄水量比滇池大12倍，比洱海大6倍。

【气候概述】 2017年玉溪市气候的主要特点是：气温正常略偏高，全市平均气温17.6℃，比常年偏高0.4℃；大部分县区降水略多至偏多，全市平均降水量1 047.4毫米，比常年同期偏多17.8%，雨季开始期特晚，夏季“阴雨寡照”天气突出，汛期内大范围洪涝灾害不明显但局部暴雨洪涝突出，秋季9～10月出现两次连续阴雨寡照天气过程，大部分县（区）雨季结束期偏晚；日照时数在1 797～2 181小时之间，大部分县（区）属偏少年份。年内水分条件和热量条件较好，光照条件偏差。大部分地区无低温霜冻和“倒春寒”天气影响，干旱影响偏轻，水稻抽扬期无夏季低温影响。综合而言，气候条件对湖泊和库塘蓄水、森林防火工作及交通、旅游较有利，对农业生产属中等略偏差年景。

气　温　全市年平均气温17.6℃，比常年偏高0.4℃。其中元江县为24.3℃，新平县17.6℃，其余各县（区）为16.2～16.9℃。与常年同期相比，江川区偏高1.0℃，属偏高年景，其余县（区）偏高0.0～0.6℃，属正常至略偏高年景。与上年相比，

2017年玉溪市平均气温（左）和气温距平（右）分布图

单位：℃

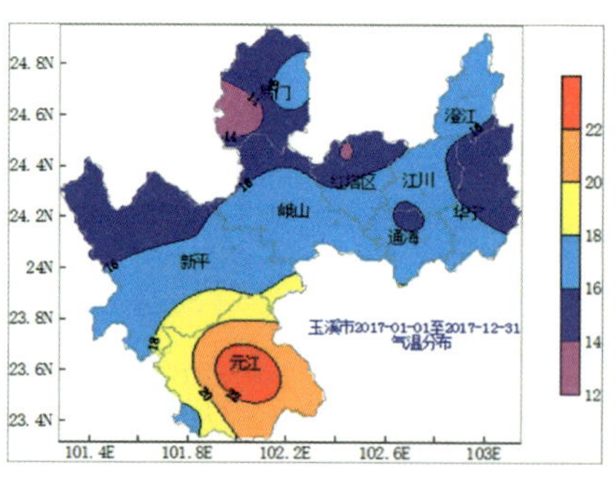

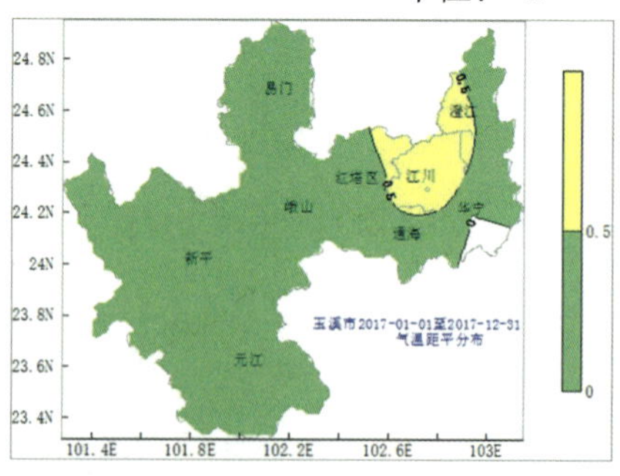

2017年玉溪各县（区）平均气温表

单位：℃

气象要素	红塔区	江川区	澄江县	通海县	华宁县	易门县	峨山县	新平县	元江县
温度	16.7	16.9	16.6	16.2	16.3	16.9	16.5	17.6	24.3
比历年（±）	+0.4	+1.0	+0.6	+0.2	0.0	+0.4	+0.3	+0.1	+0.4
比2016年（±）	0	−0.1	0	0	0	0.1	−0.1	0	−0.1

江川区、峨山县、元江县偏低0.1℃，易门县偏高0.1℃，其余县（区）与2016年一致。

气温月、季变化　全市气温季节分布为冬季（2016年12月～2017年2月）偏高；春季（3～5月）正常略偏低；夏季（6～8月）接近常年；秋季（9～11月）正常略偏高。全市各月平均气温与常年同期相比，1月、6月和9月分别偏高1.8℃、1.0℃和1.2℃，属偏高年份；4月、5月和7月分别偏低0.9℃、0.5℃和0.7℃，属正常略偏低年份；其余各月偏高0.2～0.7℃，属正常至略偏高年份。年内冬季（2016年12月～2017年2月）暖冬现象突出，无明显低温霜冻出现，冬季全市平均气温12.3℃，比常年同期偏高1.4℃，为1961年以来仅次于2013年（12.8℃）和2010年（12.6℃）的第三个高值年，全市11月中旬平均气温16.3℃，较常年同期偏高2.6℃，与2013年并列为有记录以来同期最高记录。

降　水　2017年降水总量，元江县896.0毫米，峨山县921.7毫米，澄江县、红塔区、通海县1 151.1～1 229.6毫米，其余县（区）981.3～1 031.3毫米。与常年同期相比，峨山县接近常年，新平县、元江县、华宁县、易门县、江川区偏多8.4%～18.9%，澄江县、红塔区、通海县偏多24.3%～36.7%，其中通海县（1 229.6毫米，偏多36.7%）创1961年以来最多记录。全市平均降水量1 047.4毫米，比常年同期偏多17.8%，总体属略多年至偏多年景。与2016年相比，峨山县偏少3.7毫米，易门县、新平县、华宁县偏多21～41毫米，通海县偏多231毫米，其余县（区）偏多152～199毫米。

降水月、季分布　全市降水季节分布为冬季（2016年12月～2017年2月）略多至偏多；春季（3～5月）正常略偏多；夏季（6～8月）偏多；秋季（9～11月）大部县（区）正常至偏多。全市平均各月降水量与常年同期相比，1月、3月、4月特多，其中1月偏多157%，3月偏多55%，4月偏多100%；7～9月偏多36%～39%，属偏多年份；5月和12月分别偏少55%和82%，属特少年份；2月、11月分别偏少49%和33%，属偏少年份；6月和10月偏多4%左右，属正常略多年份。降水绝对量以7～8月偏多及5月偏少明显。

日　照　2017年日照时数峨山、元江、通海、新平县2 021～2 181小时，其余县（区）1 792～1 963小

2017年玉溪市平均气温逐月分布图

单位：℃

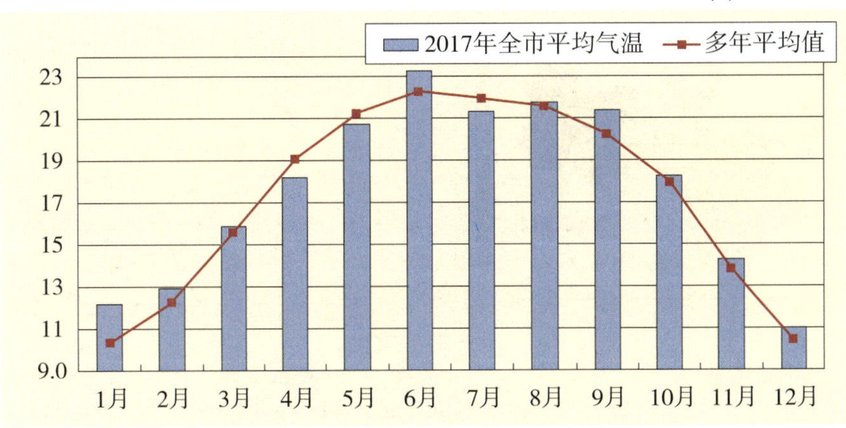

2017年玉溪市降水量（左）和降水距平分率（右）分布图

单位：毫米（左）、%（右）

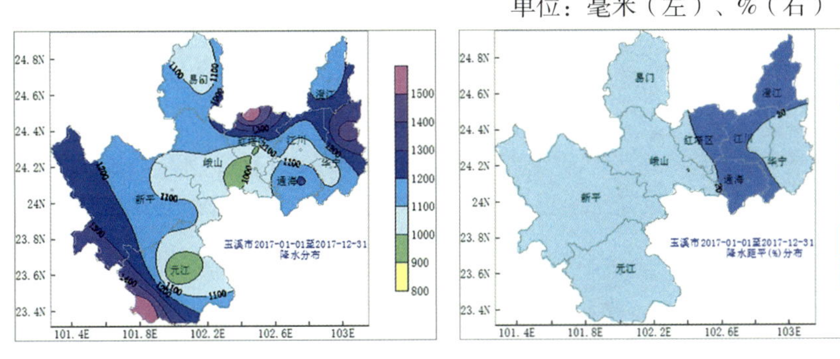

2017年玉溪各县（区）降水总量表

单位：毫米

气象要素	红塔区	江川区	澄江县	通海县	华宁县	易门县	峨山县	新平县	元江县
降水	1 182.5	1 009.5	1 151.1	1 229.6	1 023.9	981.3	921.7	1 031.3	896.0
比历年（±）	+30.1	+18.9	+24.3	+36.7	+14.0	+16.4	-0.4	+8.4	+11.4
比2016年（±）	+197.0	+151.7	+195.8	+230.7	+40.9	+21.4	-3.7	+22.9	+198.8

2017年玉溪市平均降水量逐月分布图

单位：毫米

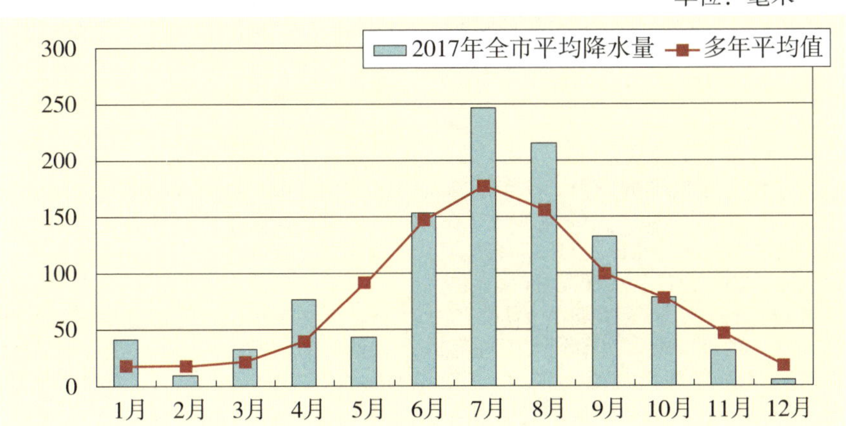

2017年玉溪市日照时数（左）和日照距平百分率（右）分布图

单位：小时（左）、%（右）

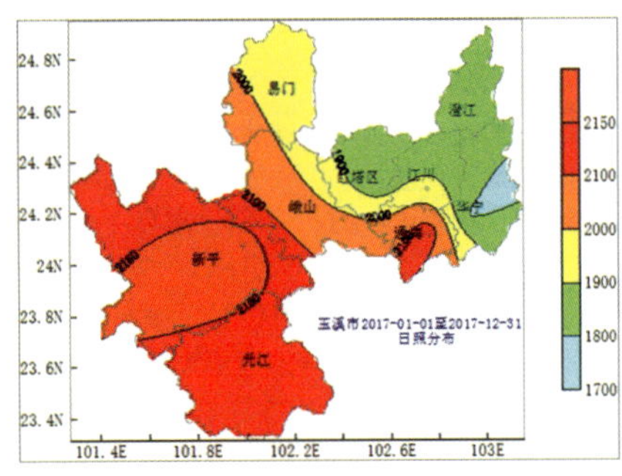

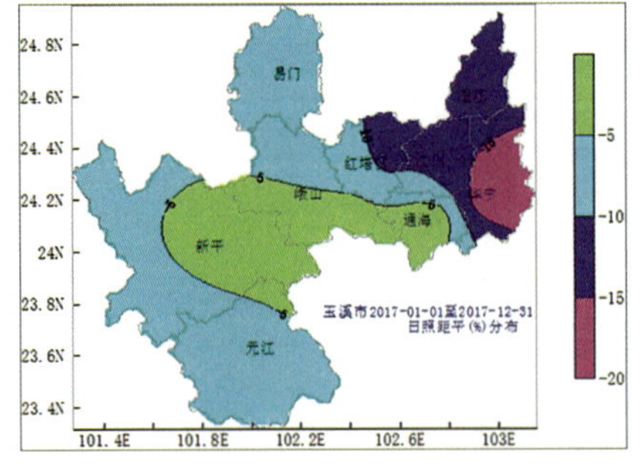

2017年玉溪市各县（区）日照表

单位：小时

气象要素	红塔区	江川区	澄江县	通海县	华宁县	易门县	峨山县	新平县	元江县
日照（小时）	1 797	1 952	1 843	2 145	1 792	1 963	2 021	2 181	2 114
比历年（±）	-11	-11	-11	-1	-18	-8	-4	-4	-7
比2016年（±）	+17	+96	-101	+31	-216	+331	+60	-66	-72

2017年玉溪市平均降水量逐月分布图

单位：小时

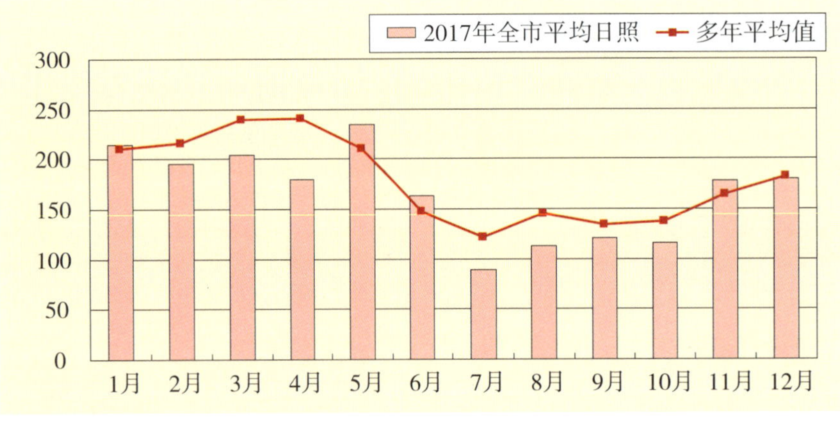

时。与历年同期相比，华宁县偏少18%，澄江县、江川区、红塔区偏少11%，其余各县偏少1%～8%。与2016年同期相比，华宁县偏少216小时，新平、元江、澄江县偏少66～101小时，易门县偏多331小时，其余县（区）偏多17～96小时。

日照时数月、季分布　全市日照时数季节分布为冬季（2016年12月～2017年2月）略少；春季（3～5月）略少至偏少；夏季（6～8月）除通海正常略多外，其余县（区）略少至偏少，其中元江县、澄江县、华宁县、红塔区偏少20%以上；秋季（9～11月）通海、易门、新平县正常略偏多，华宁县偏少，其余县（区）正常至略偏少，大部地区比常年同期偏少5%左右。全市平均日照时数与常年同期相比，4月及7～8月偏少2～3成，2～3月及9～10月偏少1～2成，5～6月及11月偏多1成左右，1月和12月与常年接近。

主要气候事件及影响

暴雨洪涝　汛期（5~10月），全市25毫米以上的强降水天气为76站次（仅统计国家观测站），比常年同期平均值偏多9站次，是2003年以来最多的一年。主汛期内6月下旬至8月我市降水偏多至特多，全市6月下旬至8月降水日数（不含微量降水）平均为52天，比常年同期偏多9天，是1972年以来最多的一年。大部县（区）6月20～21日、26～28日，7月3～4日、8～9日、20～22日及31日，8月14～15日、23～25日、28～30日，9月6～7日、21～22日出现11次中到大雨局部暴雨天气，局部出现洪涝灾害。其中，9月6～7日受切变线和冷空气共同影响，大部县（区）出现大到暴雨天气，局部出现较重洪涝灾害。

风雹灾害　年内冰雹、大风灾害主要出现在2～3月及6～9月，其中7月27日、8月2～3日及8月23日影响范围较大。7月27日新平县、易门县、红塔区、江川区部分乡镇出现冰雹灾害；8月2～3日红塔区、江川区、通海县、易门县、峨山县（区）部分乡镇出现冰雹；8月23日易门县、元江县、峨山县、通海县、新平县、元江县、江川区部分乡镇出现冰雹、大风灾害。

阶段性高温、干旱　受高压环流影响，全市6月上旬至中旬初出现高温少雨天气，大部县（区）6月上、中旬平均气温比常年同期偏高1～2℃，其中元江县6月中旬气温比常年同期偏高达3.0℃。除澄江县外，其余8县（区）6月1～13日累积降水量比常年同期偏少82%～100%，大部分地区出现轻到中度气象干旱，新平县、江川区部分烤烟等作物受灾。

低温霜冻　2017年12月20～22日受辐射降温影响，除元江县外，其余8县（区）均出现低温霜冻天气，最低气温峨山达-3.5℃，其余大部县（区）-1～-3℃，受低温霜冻影响，部分农作物受灾。

雷电灾害　受热带低压外围东南气流影响，2017年8月29日17点04分，峨山县大龙潭乡以他斗村委会小学附近的一棵大树遭受雷电，导致大树附近采烟的农户2人被雷击身亡，以他斗村委会小学电子设备部分受损。

气候对农、水、林以及交通、旅游的影响

年内，气候条件对小春作物生长发育和产量、质量形成略为有利，但雨季开始期晚，对水利条件较差的部分山区、半山区烤烟及玉米等大春作物适时栽种、成活及生长影响较大。主汛期大雨、暴雨等强降水天气偏多，局部洪涝、冰雹、大风灾害偏重，对烤烟及大春粮食作物产量、质量形成带来不利影响。总体而言，全年气候条件对农业生产较为不利。汛期降水明显比常年偏多，秋季9月上旬及10月中下旬出现两次连续阴雨天气过程，气候条件对夏、秋季蓄水较为有利，总体而言，蓄水条件较好。干季（1～4月及11～12月）全市大部分县（区）1～4月降水总量比常年同期偏多5成以上，11～12月降水总量比常年同期偏少4～7成。年头降水偏多，但降水相对集中，1月上旬、3月下旬及4月降水偏多，对森林防火工作总体有利；年末11～12月虽然降水偏少，但由于前期9～10月降水总量及降雨过程较多，土壤和植被含水率高，森林火险气象风险等级相对偏低。除1月中旬至3月中旬、5月上旬至6月上旬两个时段降水持续偏少而对森林防火不利之外，其余时段降水较多，空气湿度较大，总体而言，气候条件对森林防火有利。全市大部降水略多至偏多，但大面积洪涝灾害不明显，冬季无冰冻雨雪灾害影响交通，春季气候适宜，有利于旅游，夏秋季除局地强降水引发山洪暴发造成部分道路堵塞、塌方外，基本未出现严重影响交通、旅游的天气、气候事件，总体而言，气候条件对交通、旅游较为有利。

（周泽宝）

自然资源

【森林资源】 2017年年末，全市林地面积1 632.89万亩，占全市土地总面积的72.73%。其中，林地1 234.73万亩，疏林地7.82万亩，灌木林地276.6万亩，未成林造林地58.35万亩，无立木林地22.89万亩，宜林地32.26万亩，其他林地（苗圃地和辅助生产林地）0.24万亩。森林覆盖率为56.7%，林木绿化率为67.94%。全市活立木总蓄积5 593.6万立方米。全市已建立各级自然保护区13个，面积159.86万亩，占国土总面积的7.13%。市境内有国家级重点保护野生植物31种，其中国家一级保护野生植物5种，国家二级重点保护野生植物26种。国家重点保护陆生野生动物87种，其中一级保护陆生野生动物13种，二级保护陆生野生动物74种。

【湿地资源】 全市湿地总面积64.6万亩，列全省第四位，占全市国土面积的2.88%。其中河流湿地12.4万亩，占湿地总面积的19.21%；湖泊湿地45.1万亩，占湿地总面积的69.79%；沼泽湿地0.08万亩，占湿地总面积的0.12%；人工湿地7万亩，占湿地总面积的10.88%。

（师红艳）

【水资源】 *水资源总量* 全市多年平均降雨量993.8毫米，折合水量148.53亿立方米；多年平均水资源总量42.64亿立方米（含地下水16.81亿立方米），平均每平方千米产水量28.56万立方米。2017年，全市水资源量48.23亿立方米，人均水资源量2 022立方米。降水量时空分布不均，一年内干、湿两季分明，降水多集中在夏、秋季而形成雨季，雨季地表径流量占全年径流量的70%～80%，元江流域的新平、元江两县的水资源较多，而珠江流域的红塔区、江川区、通海县、澄江县水资源较少。

水利工程蓄水动态 至2017年年末，全市已累计建成水库工程592座，其中，中型16座，小（一）型100座，小（二）型476座，总库容7.56亿立方米；小坝塘2 077座；窖池304 877处。全市各类水利工程实蓄水量5.69亿立方米，比上年同期减少0.13亿立方米，减少2.2%，完成计划蓄水量的109%。其中，中型水库年末蓄水量2.8亿立方米，较上年同期减少0.05亿立方米；小（一）型水库年末蓄水量1.73亿立方米，较上年同期减少0.05亿立方米；小（二）型水库年末蓄水量0.84亿立方米，较上年同期减少0.003亿立方米；小坝塘年末蓄水量0.32亿立方米，较上年同期减少0.03亿立方米。

三湖蓄水动态 2017年年末，抚仙湖、星云湖、杞麓湖总容水量206.63亿立方米，比上年同期增加1.40亿立方米。其中，星云湖比上年同期少蓄0.03亿立方米；抚仙湖比上年同期多蓄1.23亿立方米；杞麓湖比上年同期多蓄0.20亿立方米。

供用水量 2017年，全市水利工程年供水量85 115万立方米，其中蓄水工程供水50 345万立方米，占总供水量的59.1%；引水工程供水14 646立方米，占总供水量的17.2%；河湖取水泵站工程供水11 438万立方米，占总供水量的13.5%；机电井工程供水3 462万立方米，占总供水量的4.1%；其他工程供水量5 223万立方米，占总供水量的6.1%。按供水用途分，2017年全市所供水85 115万立方米的分布为农业用水51 999万立方米，占61.1%；工业用水19 779万立方米，占23.2%；城镇生活用水6 615万立方米，占7.8%；乡村生活用水3 573万立方米，占4.2%；生态环境用水3 149万立方米，占3.7%。

地表水水资源分布状况 主要河流有元江、南盘江两大水系，径流面积14 945.4平方千米，其中元江流域径流面积9 524平方千米，珠江流域径

新平县石门峡 （周新华 摄）

流面积5 421.4平方千米。多年平均水资源量42.64亿立方米。其中，元江流域多年平均水资源量32.82亿立方米，珠江流域10.38亿立方米。2017年，全市水资源总量48.23亿立方米，其中，元江流域35.78亿立方米，珠江流域12.44亿立方米。

玉溪出境断面以上元江控制径流面积23 125平方千米，多年平均年径流量58.75亿立方米。境内全长165千米，主要支流有绿汁江、清水河、小河底河、扒河等80多条，全长360千米。

玉溪出境断面以上南盘江控制径流面积14 000平方千米，多年平均年径流量31.57亿立方米。主要支流有曲江、海口河、青龙河等17条主要河流，全长292千米。

主要湖泊有抚仙湖、星云湖、杞麓湖。抚仙湖位于江川区、澄江县和华宁县三县之间，径流区面积674.69平方千米，当湖面高程为1 723.35米时，水域面积约216.6平方千米，湖长约31.4千米，湖最宽处约11.8千米，湖岸线总长约100.8千米；最大水深158.9米，平均水深95.2米，相应湖容水量约206.2亿立方米，其蓄水量占云南省九大高原湖泊蓄水总量的68.3%，占全国淡水湖泊蓄水总量的9.16%，为I类水质。

星云湖位于江川区境内，湖面积34.3平方千米，水深4至10米，平均水深6米，湖容量2.10亿立方米，多年平均入湖量8 191万立方米，2017年为劣Ⅴ类水质。

杞麓湖位于通海县境内，湖面积37.3平方千米，最深水深6.5米，平均水深4.5米，湖容量1.78亿立方米。多年平均入湖量8 710万立方米，2017年为劣Ⅴ类水质。

河流湖泊的水质，除曲江流经红塔区、峨山段和星云湖、杞麓湖已被污染外，其它河流湖泊的水质基本达标。全市省级以上（含省级）水功能区达标率80%。

地下水资源分布状况　珠江流域各县岩溶地区地下水出露形成泉水较多，珠江流域的红塔区、江川区、通海、华宁、澄江等五县（区）以及峨山的珠江流域部分，出露流量在0.01立方米每秒以上的就有150处，其中华宁县最多，有53处。较大的泉水有红塔区的九龙池、华宁县的王马大龙潭、盘溪大寨大龙潭、澄江县的西龙潭、峨山县的大龙潭以及易门县的大龙泉等。元江流域各县的泉水则较少，但由于河床切割较深，降水渗入到地下的水量绝大部分又汇入河道，特别是哀牢山地区，地下水的动储量较为丰富。地下水较为丰富的县有新平县、元江县，较少的有通海县。

地下水无大的污染现象。几个大的泉水如澄江县的西龙潭、华宁县的盘溪大龙潭、王马大龙潭、易门县的大龙泉水质都很好。

过境水量　主要过境河流有元江、南盘江、小河底河，2017年从邻近地区（含南盘江干流）入境的水量为36.50亿立方米，流出本市的出境水量为78.61亿立方米。其中南盘江流域入境水量21.42亿立方米，出境水量37.66亿立方米；元江流域入境水量15.09亿立方米，出境水量40.94亿立方米。

各区县水资源分布情况

红塔区：多年平均水资源总量即地表水2.38亿立方米（含地下水0.85亿立方米），2017年水资源量2.62亿立方米（含地下水0.84亿立方米），人均占有量509立方米。主要河流有州大河、红旗河、西河、密罗河、龙潭河、清水河、甸苴河、干沟河等。主要水库有东风水库、飞井海水库、红旗水库等，东风水库总库容为9 060万立方米，是红塔区生产、生活的主要水源。较大的泉水有九龙池、黑龙潭、白龙潭等。其中九龙池的多年平均出流量为1.13立方米/秒。

江川区：多年平均水资源总量即地表水0.98亿立方米（含地下水0.74亿立方米）。2017年水资源量1.54亿立方米（含地下水1.11亿立方米），人均占有量445立方米。境内有星云湖，与澄江县、华宁县共有抚仙湖，有季节性河流16条。中型水库有茶尔山水库。

澄江县：多年平均水资源总量即地表水1.45亿立方米（含地下水0.72亿立方米）。2017年水资源量1.57亿立方米（含地下水0.75亿立方米），人均占有量861立方米。境内河流短小，以湖泊为主。湖泊有抚仙湖、阳宗海。海口河为抚仙湖至南盘江的唯一出口，年平均出流量0.95亿立方米。自2008年实施抚仙湖、星云湖出流改道工程以来，抚仙湖出口海口闸基本全年关闭，几乎无出流。重要水库有梁王河、东大河两座中型水库。地下水比较丰富，其中西龙潭年出流量为3 500.5立方米，最大出水量2.82立方米/秒，最小出流量0.49立方米/秒，是县城凤麓镇和龙街镇的生产、生活用水水源。

通海县：多年平均水资源总量即地表水0.97亿立方米（含地下水0.41亿立方米）。2017年水资源量1.73亿立方米（含地下水0.70亿立方米），人均占有量560立方米。杞麓湖是县内的主要湖泊，沿湖有中河、碧溪、大兴河等10多条季节性河流汇入。境内最大的河流为曲江。曲江常受上游东风水库蓄泄水量的影响，多年平均流量16.0立方米/秒。

华宁县：多年平均水资源总量即地表水3.36亿立方米（含地下水1.10亿立方米）。2017年水资源量3.57亿立方米（含地下水0.97亿立方米），人均占有量1 614立方米。与澄江县、江川区共有抚仙湖，主要河流有5条，分别为南盘江、曲江、华溪河、青龙河、龙洞河、小红河。泉水有大龙潭泉水，最大出流量为5.2立方米/秒。

易门县：多年平均水资源总量即地表水2.33亿立方米（含地下水0.81亿立方米）。2017年水资源量3.45亿立方米（含地下水1.11亿立方米），人均占有量1 904立方米。主要河流有绿汁江及其支流扒河。扒河集水面积1 531平方千米，年平均产水3.15亿立方米。绿汁江县内集水面积560.6平方千米，年平均流量28立方米/秒，多年平均产水1.15亿立方米。2017年扒河阿姑水文站断面最大流量68.1立方米/秒，最小流量0.10立方米/秒重要水库有岔河，大谷厂、苗茂等三座中型水库。

峨山县：多年平均水资源总量即地表水3.79亿立方米（含地下水1.35亿立方米）。2017年水资源量4.46亿立方米（含地下水1.42亿立方米），人均占有量2 680立方米。县内有大小河流24条，分属红河、珠江水系，属珠江水系的有猊江（上游为州大河），属红河水系的有化念河、绿汁江。2017年峨山大河峨山水文站控制断面平均流量15.7立方米/秒，最大流量91.1立方米/秒，最小流量0.88立方米/秒。绿汁江多年平均径流量0.64亿立方米；2017年绿汁江江边水文站断面最大流量498立方米/秒，最小流量3.66立方米/秒，化念河多年平均径流量1 462亿立方米。全县蓄水工程平水年可供水量4 261万立方米，重要水库有化念水库，库容2 232万立方米。

新平县：多年平均水资源总量即地表水17.67亿立方米（含地下水7.23亿立方米）。2017年水资源量18.44亿立方米（含地下水8.11亿立方米），人均占有量6 310立方米。主要河流有戛洒江（元江上游）和平甸河。戛洒江最大流量1 740立方米/秒，最小流量10立方米/秒；2017年平甸河大开门水文站控制断面最大流量164立方米/秒，最小流量0.24立方米/秒。全县蓄水工程总库容10 977万立方米。中型水库有黄草坝、平甸河两座，总库容4 720万立方米。

元江县：多年平均水资源总量即地表水9.70亿立方米（含地下水3.60亿立方米）。2017年水资源量10.72亿立方米（含地下水3.99亿立方米），人均占有量4 771立方米。2017年元江干流元江水文站控制断面最大流量1 050立方米/秒，最小流量17.8立方米/秒；清水河最大流量390立方米/秒，最小流量0.49立方米/秒；小河底河最大流量1 400立方米/秒，最小流量1.67立方米/秒；主要河流有元江（红河）及其支流清水河、小河底河、磨房河等27条。主要中型水库有章巴水库、磨房河水库、街子河水库等。其中章巴水库库容2 300万立方米，是县城的生产、生活用水水源。

（向小华）

建置区划

【历史沿革】 玉溪市辖地，两汉分属益州、牂牁两郡。蜀汉分属益州、牂牁、兴古三郡。东晋、南朝分属晋宁、建宁、梁水、兴古四郡。隋属昆州。唐初分属黎、钩二州。唐南诏时分属拓东节度、通海都督、银生节度。宋大理时分为37部及善阐府、银生节度地。元设云南行省时，分属澄江路、临安路、元江路、中庆路。明时，澄江路改澄江府，通海、华宁、峨山县属临安府，新设新平县隶临安府，易门县属云南府，元江县设元江军民府。清时，新平县属元江直隶州，其余沿明制。民国废府、州，设道，属滇中道、蒙自道、普洱道，后撤道，县直属省。民国后期曾在新平县设第六行政督察专员公署。新中国成立后，1950年1月1日成立滇中专员公署，3月改称玉溪专员公署，辖玉溪、昆阳、晋宁、呈贡、澄江、江川、华宁、通海、河西、峨山、易门、新平12个县。1951年，峨山县改为峨山彝族自治区。1954年，原属蒙自专区的元江县划属玉溪专区。1956年，峨山彝族自治区改为自治县。1960年，晋宁县（包括昆阳、呈贡）划属昆明市。1970年12月，新平县改设新平彝族傣族自治县，元江县改设元江哈尼族彝族傣族自治县。1983年8月，玉溪县改设玉溪市（县级）。1997年12月13日，经国务院批准，撤销玉溪地区，设立地级玉溪市，原县级玉溪市改设红塔区，1998年6月28日，新设立的市级领导机关挂牌工作。

玉溪市下辖红塔区、江川区、澄江县、通海县、华宁县、易门县、峨山彝族自治县、新平彝族傣族自治县、元江哈尼族彝族傣族自治县。2015年12月3日，经国务院批准，撤销江川县，设立江川区。

【行政区划】 2017年，全市下辖七县二区，共设75个乡（镇、街道），其中街道24个，镇25个，乡26个（其中10个民族乡），社区273个，行政村436个。红塔区辖9个街道，2个乡，94个社区，10个行政村。江川区辖1个街道，4个镇，1个乡，1个民族乡，21个社区，53个行政村。澄江县辖2个街道，4个镇，18个社区，22个行政村。通海县辖2个街道，4个镇，3个民族乡，27个社区，49个行政村。华宁县辖1个街道，3个镇，1个民族乡，23个社区，54个行政村。易门县辖2个街道，1个镇，1个乡，3个民族乡，19个社区，39个行政村。峨山县辖2个街道，3个镇，3个乡，21个社区，55个行政村。新平县辖2个街道，4个镇，6个乡，26个社区，97个行政村。元江县辖3个街道，2个镇，5个乡，24个社区，57个行政村。2017年完成市内三条区域界线联检任务；启动澄江县更名和撤县设市工作。

（王渝阳）

人口与民族

【人口统计】 常住人口　2017年年底，全市常住人口238.1万人，与2016年年末相比，增加0.6万人，增长0.25%。2017年，全市出生人口2.9万人，比上年增加0.01万人，出生率12.16‰，比上年提高0.01个千分点；死亡人口1.47万人，死亡率6.17‰；自然增长数1.43万人，比上年增加0.01万人，自然增长率为5.99‰，比上年提高0.01个千分点。

户籍人口　2017年年底，全市户籍人口219万人，与2016年年末数相比，增长1.5万人，增长0.69%；总户数793 311户，比上年增加4 149户，平均每户2.76人。在户籍人口中男性1101 671人，占50.31%；女性1088 279人，占49.69%；城镇人口857 958人，占总人口的39.18%，乡村人口1331 992人，占总人口的60.82%。

分年龄段人口情况　18岁以下429 761人，比上年增加5 493人，占19.62%；18~35岁539 508人，比上年增加1 408人，占24.64%；35~60岁858 235人，比上年增加3 948人，占39.19%；60岁以上362 446人，比上年增加4 204人，占16.55%。

【民　族】 2017年年末，全市有人口超过5 000人的民族9个，其中汉族1430 718人，占总人口的65.33%，比上年增加6 263人，增长0.44%；少数民族人口759 232人，占总人口的34.67%，比上年增加8 790人，增长1.17%。少数民族中，彝族465 051人，占总人口的21.24%；哈尼族131 516人，占总人口的6.01%；傣族76 758人，占总人口的3.51%；回族44 509人，占总人口的2.03%；白族11 829人，占总人口的0.54%；苗族8 731人，占总人口的0.4%；蒙古族7 705人，占总人口的0.35%；拉祜族7 609人，占总人口的0.35%；其他民族5 524人，占总人口的0.25%。

（何　洋）

人文民俗

【米线文化节】 2017年1月30日，“2017年中国玉溪（第七届）米线文化节·汇龙花影”在玉溪大营街汇龙生态园开幕，至2月13日结束。米线文化节期间，开设米线美食街，推出具有浓郁地方特色的土八碗、鸭全席、米线宴等佳肴。期间，汇龙生态园举办10余万株荷兰进口郁金香花展、民俗文化展、汇龙欢歌文艺巡演、河灯祈福、花影灯辉郁金香灯会、食在汇龙擂台赛、猜灯谜、中华优秀传统文化知识竞答等19项活动。共接待游客24万人次，销售米线50余吨，销售收入300余万元。

玉溪米线文化节是具有地方特色的美食节，2011年3月5日，“中国（云南）玉溪米线文化节”被世界纪录协会认定为“世界历时最长的节日”。玉溪米线文化是玉溪人民在长期生产、生活实践中创造的优秀文化，源远流长，自元代开始，至今已有数百年的历史。每年自正月初一起，历时81天的米线节开始，至三月二十二日止，各自然村按约定的日程，轮流迎祀土主，祈求在新的一年里人寿年丰、风调雨顺、国昌民乐、祈求丰收。人们走亲访友，欢聚一堂，故米线节又称团圆节、丰收节。

【开渔节】 江川素有“滇国故里”“高原水乡”“鱼米之乡”的美誉，文化底蕴深厚、自然风光秀丽。自2005年第一届开渔节举办以来，开渔节已经成为江川向外宣传的名片，是展现江川城市形象、文化魅力、人文精神的重要窗口，也是江川区广大人民群众共同期待的喜庆节日。2017年11月，经国家农业部认定，江川开渔节荣获国家级示范性渔业文化节庆，这是继获得全国十佳县域节庆活动荣誉后的另一项殊荣。2017年12月25日，中国·云南·江川第十三届开渔节（高原湖泊水产品交易会）开幕，上午8时整，在前卫镇三家村龚河头，随着一声发令枪打响，渔船浩浩荡荡涌向湖中心，“千舟竞发　万人捕鱼”的壮观景象再次显现。

12月23日，以“诗画江城草莓添香”为主题，翠峰村梁王生态农庄，举办江川区第十三届“开渔节”系列活动“江川区江城镇翠峰村梁王生态农庄草莓采摘节”。12月24日，以“古驿雄关好客小田”为主题，举办“2017江川区第十三届‘开渔节’暨雄关乡小田村主题周末游活动”，意在带领游客感受乡村田园生活。12月25日，怡心园广场举办“滇国记忆·匠人精神”铜工艺及非物质文化遗产展评，江川区15位青铜手工艺传承人现场打制展示了11件参赛青铜作品。展评通过造型、工艺、美观度、创新性和推广度5方面综合评比，评出一等奖1名，二等奖2名，三等奖4名及优秀奖。同日，主题为“鱼跃人欢·幸福江川”的群众文艺演出在鱼文化广场举行。

【立夏节】 立夏节是澄江县的传统节日，历史悠久，清乾隆时期已有碑文记载。原先在西龙潭附近举行祭祀仪式等，节庆期间有耍龙、舞狮、跑驴（俗称颠毛驴）、太平花灯等民间民俗、歌舞表演。后因人多密集、地点窄，综合人员安全、饮用水源保护及扩大抚仙湖知名度、美誉度、促进澄江县旅游事业发展等因素，改在抚仙湖畔和县城分设会场举办。近年来，澄江县委、县政府进一步繁荣群众文化、助推旅游经济发展，发掘、整理国家级非物质文化遗产澄江“关索戏”并将其搬上舞台，在立夏节期间举办澄江傩戏文化节专场文艺演出，传承和弘扬澄江优秀文化遗产。2017年5月9日～11日，澄江县第二十八届立夏节暨第三届傩戏文化节举行，期间系列活动有“千古关索情”专场文艺演出、省级非物质文化遗产联合展示及展演、云南名家书画精品展、招商推介、群众文化、科普宣传、美食推介、商贸交流、摄影比赛等活动。“千古关索情”专场文艺演出3场，上演“梦回寒武纪”“金莲山情思”和原生态关索戏展演“点将”等富有澄江特色的文艺节目，邀请贵州安顺等地戏团演出，参演人员130余人，观看人数约1.5万人次。18支农村文艺队在凤山公园和县文化馆舞台进行文艺表演6场，龙狮队、太平花灯、毛驴灯、跳乐队等民间传统文艺沿街表演。云南名家书画精品展展出云南名家张志军、马祥和、成联军、虎勇4位知名书画家作品40余幅。

【迎春花街】 通海人素有爱花、养花，与众人分享赏花乐趣的习俗，历史上，每逢正月十六这天，通海古城的主要街道上，无论是自家的门头上，还是大小店铺前都要高悬红灯笼或走马灯，灯上写有诗文和灯谜让行人赏玩竞猜，灯下则是摆上具有通海特色的花桩、盆景以及精心培植的通海剑兰，据说这就是通海花街传统的起源。通海花街最早举办于1990年，每届花街都于元宵节前后在县城举办，早期每年举办一届，自1994年起改为每两年一届。花街主要以展示盆景、花卉、木雕、石雕等各类艺术品和进行诗书画交流活动，在观花赏景时还可观看书法、绘画现场表演。后来加入了通海特有的洞经演奏，还组织省、市、县文艺团体演出音乐、舞蹈和地方戏剧等。近年来逐渐演变为集赏花观灯、楹联诗词文化展示、民族民俗文化展演、商业贸易推介等为一体的大型节庆活动，形成了“花街搭台、经济唱戏、扩大交流、推动发展”的良好社会氛围、文化氛围和经济氛围，迎春花街活动成为通海一张亮丽的城市文化名片。至2016年已成功举办十六届。

【柑橘旅游文化节】 为提高华宁柑橘的知名度和市场占有率，有效促进柑橘产业的规模化，华宁县从2000年开始举办柑橘节，于每年的9月份举办，截至2017年已举办15届。2017年柑橘节以“泉润橘乡陶冶华宁”为活动主题，主会场设在县城泉乡文化广场及碗窑村，其间共举办节庆活动20余项。有省职工陶瓷成型技能大赛和颁奖晚会、开幕式及文艺演出、华宁陶论坛；华宁柑橘旅游文化节中国象棋公开赛、华宁县泉乡美食节暨“十大名店名菜”评比、2017年华宁柑橘尝鲜和吃柑橘比赛、第二届“唱响泉乡”电视歌手比赛、中国·华宁第四届山地自行车爬坡赛；华宁古龙窑开窑民俗活动、华宁县精品文艺晚会、窑街开街仪式及华宁陶古陶艺术展、古玩古陶交易会、古龙窑复烧、民间藏品竞卖专场；华宁陶艺精品展、华宁陶艺、文学艺术（含美术、书法、摄影）展览；猜窑、开窑活动、陶艺制作DIY体验活动；华宁柑橘旅游文化节品牌汽车展、淘宝街、华宁柑橘旅游文化节汽车营地旅游活动、华宁特色炊锅宴、盆景展、招商推介活动；盘溪镇、华溪镇民族民俗系列活动等。

华宁柑橘节已成为华宁群众的一个盛大节日，每年吸引省内外众多宾客参加，通过举办旅游文化节，有力推动华宁县文化发展，提高华宁的知名度，增强华宁县旅游吸引力。

【野生食用菌交易会】 易门县山区面积占97%，境内地质构造复杂，高山河谷相间，立体气候明显，土壤类型多样，衍生出丰富的林下资源，品质优良的可食用野生菌名声尤著。每年的7～9月是易门菌子生长和交易最活跃的时期。满目青山翠欲滴，正是菌香诱人时，这个时节到易门，既可大饱眼福、大快朵颐，也可以购买带着泥土芳香的新鲜菌子，享受新鲜野生食用菌现烹现吃的长街宴，或者参加一次采菌活动，亲自到山上采摘，过一把真正的采菌瘾，感受回归大自然的乐趣，享受大自然带来的快乐。每年7月20～26日为期一周的野生食用菌交易会期间，大量新鲜的野生食用菌、菌类商品、各种名特产品在易门县体育场集中交易。通过多年的运作，交易会内容得到不断创新和丰富，形成集现场交易、学术交流、业务洽谈、招商引资、旅游观光于一体的商贸盛会，既利于商务交流，更突出地方特色，提升了交易会文化品位。从2005年开始至2017年，已成功举办13届“中国·云南野生食用菌交易会”。易门野生食用菌已形成一定规模及品牌效应，易门县成为云南省著名的鲜菌及菌类深加工商品交易和集散中心。

【火把节】 火把节是峨山最隆重、最富有民族特征的节日，已成为弘扬民族文化、加强文化交流、促进对外开放、开展经贸活动和各族人民大团结的盛会。火把节，峨山彝语称之为“除伙咩震节”（除伙：汉意“六月”，咩震：汉意“火把”，节：即节日）。峨山彝族于每年的农历六月二十三至二十五日举行，前后为3天，二十四日为正日子。旧时，彝族欢度火把节，六月二十三日宰杀牛、羊，将生肉分配到户带回家中，各户准备好用小松木制作成长1.5～2.5米不等的火把。二十四日，各家各户备办酒食而餐。夜晚，青年、孩童点燃火把从村寨出发，要火把绕行于村寨附近的田间地头，田野间星火燎原，时而用松香粉末喷撒于火把上，使火焰骤然喷发，光焰四射，亮如白昼，意为焚烧害虫、驱邪禳灾，祝五谷丰登、六畜兴旺。随后，在村寨晒场或山间旷野燃起篝火，男女青年围聚成圈，尽情歌舞。各家各户煨炒黄豆、豌豆而食，意表嚼虫子。

1987年7月1日，《峨山县彝族自治县自治条例》正式颁布施行，《条例》中明确规定，火把节为峨山彝族传统节日，全县各级机关事业单位放假一天。1989年起，县人民政府开始在县城举办彝族火把节，同时，远离县城百十千米的大西山，仍以自己传统的方式欢度彝族火把节。从2004年火把节起，为丰富节日活动内涵，峨山县将钻木取火、火种传递纳入彝族火把节活动内容，重建大西神山火坛（取火台），每年农历六月二十四日上午在大西神山火坛举行钻木取火仪式，将火种传递至各乡镇并迎回县城，晚8时举行火把节开幕式，点燃主会场火把。近年来，峨山彝族火把节庆祝活动持续时间长、节目内容多成为一个显著特点。期间，不但有大西神山举行的钻木取火、火种传递仪式，还有县城举行的祭祖仪式、点火仪式、群众篝火娱乐狂欢、万人同跳花鼓舞、《彝山韵》歌舞晚会、彝族原生态歌舞表演、彝族传统斗鸡比赛、品尝彝家特色美食等活动。同时，在高香万亩云茶庄园举行的自驾露营、观云海日出、茶艺表演、采茶大赛等活动；在彝人谷竹海庄园观竹海、品竹宴、自助烧烤等活动；在天子山温泉度假区举行的登天子山、泡温泉、水上娱乐等活动；在凤窝庄园举行的火种传递、彝族篝火挝啰狂欢等活动，蕴含了浓浓的彝乡情调，各俱风味。

【花街节】 花街节又称“赶花街”，是新平县漠沙、戛洒、水塘一带花腰傣聚居区的传统节日。花街节也是傣族的情人节。花街节为花腰傣所独有，是花腰傣少女赛装、赛美的节日，同时也是男女青年交友、择偶的节日，反映了花腰傣自由洒脱的恋爱婚姻观念，有照电筒、吃秧箩饭等习俗。地方不一样，赶花街时间也不一样。近年来，为适应旅游发展需要，新平县统一安排于每年的正月初三至初五在戛洒镇举办花街节。经过多年的打造，花街节在当地及省内外有了很大的知名度和影响力，每年花街节期间都会吸引数万名当地及四面八方群众和游客慕名到戛洒赶花街。

2017年花街节以“相约浪漫栖居地　牵手花街情人节”为活动主题，于1月30日至2月1日（大年初三至初五）在戛洒镇举办。在保留往年花街巡游、花腰傣民俗文化展示、原生态歌舞展演等传统活动基础上，新增十里迎宾、花街打弟兄·畅饮同心酒、农耕礼仪展示、汤锅长街宴、汤锅大王开锅仪式、花腰傣特色文化水幕电影等众多新内容，还有戛洒红河谷聚石滩斗牛激情上演，活动内容丰富多彩，回归原始、自然、生态，还原花腰傣古老传统民风、习俗、文化，具有更多参与性、互动性、观赏性、体验性。

【“金芒果”旅游文化节】 为推动以旅游业为龙头的第三产业健康发展，倾力打造元江芒果品牌，努力提升“避寒养生，花果元江”知名度，元江县把办好各类节日盛会作为重要载体，加大包装宣传营销。2017年6月23～25日，元江县举办以“金色芒果·火热元江”为主题的第十四届中国.元江金芒果文化旅游节。芒果节设有大型群众文艺类活动、游客狂欢体验类活动、乡村休闲旅游类活动、特色产品展销类活动四大类共19项活动。民族歌舞晚会棕扇舞舞出幸福来，最炫民族风等更接地气的文艺类活动为游客呈上一道道民族文化大餐；沙滩狂欢、泼水狂欢、越野车邀请赛、吃芒果比赛等狂欢体验类活动互动性强、游客参与度高；花果采摘、蒙面情歌、无火之炊等乡村休闲旅游让游客领略了花果元江的闲适生活。热带水果一条街、土特产品一条街、美食一条街等提高了元江特色产品的知名度，拓宽了销售渠道。旅游文化节活动的多样性和互动性，吸引更多游客参与，体验元江人民的热情似火。

国民经济与社会发展

【生产总值】 2017年，全市完成现价生产总值（GDP）1 415.1亿元，按可比价格计算增长9.3%。分产业看，第一产业增加值142亿元，增长6.3%；第二产业增加值729.4亿元，增长7.9%；第三产业增加值543.7亿元，增长12.0%。三次产业结构由上年的10.3：52.2：37.5调整为10.0：51.6：38.4。一、二、三产业分别拉动GDP增长0.6、4.3、4.4个百分点，对经济增长的贡献率分别为6.8%、45.9%和47.3%。全市人均生产总值达到59 510元，按可比价格计算增长8.9%。非公经济实现增加值515亿元，增长13.3%，占全市生产总值比重的36.4%，比上年提高1.1个百分点，拉动全市经济增长4.6个百分点，对全市经济增长贡献率达49.8%。

【财政收支】 2017年，全市一般公共预算收入完成1 372 211万元，增长4.7%，其中增值税完成490 541万元，增长30%；营业税完成1 248万元，下降97.7%；企业所得税完成54 564万元，增长28.8%；城市维护建设税完成165 074万元，增长5.8%。

各县（区）一般公共预算收入完成情况：红塔区165 897万元，下降23.2%；江川区71 026万元，增长21.9%；通海县55 790万元，增长7.5%；澄江县87 607万元，增长19.6%；华宁县42 090万元，增长6.5%；易门县60 765万元，增长4.4%；峨山县43 256万元，增长3.6%；新平县126 701万元，增长5.0%；元江县48 814万元，增长15.2%。

2017年，全市一般公共预算支出

2 621 228万元，增长12.3%。其中，教育支出483 274万元，增长15.4%；社会保障和就业支出336 385万元，增长23.5%；医疗卫生支出269 434万元，下降1.8%。

【市场物价】 2017年，全市居民消费价格比上年上涨1.1%。分类别看，居民消费的八个大类呈现七涨一降的运行态势。食品烟酒类价格上涨0.4%，其中粮食类价格上涨0.2%，畜肉类价格下降5%，鲜菜类价格上涨4.1%，鲜瓜果类价格上涨6.4%；衣着类价格下降0.1%；居住类价格上涨2.2%；生活用品及服务类价格上涨0.1%；交通和通信类价格上涨1.4%；教育文化和娱乐类价格上涨0.8%；医疗保健类价格上涨2.7%；其他用品和服务类价格上涨0.8%。

2017年，全市商品零售价格上涨0.9%；农业生产资料价格上涨0.9%；工业生产者出厂价格上涨10%；购进价格上涨14.9%。

【农　业】 2017年，全市实现农林牧渔业增加值143.7亿元，按可比价格计算增长6.3%。其中，农业（种植业）增加值93.4亿元，增长5.9%；林业增加值4.2亿元，增长7.3%；牧业增加值42.3亿元，增长7.3%；渔业增加值2.1亿元，增长4.4%；农林牧渔服务业增加值1.7亿元，增长7.5%。

2017年，全市粮食总产量为62 790万千克，增长0.6%；烤烟总产量7 533万千克，下降6.1%；油料产量3 867万千克，下降1%；园林水果产量75 961万千克，增长13.6%；甘蔗产量74 513万千克，下降1.3%；蔬菜产量240 216万千克，增长4.6%；核桃产量1 351万千克，增长16.4%。

2017年，全市肉蛋奶总产量52.6万吨，增长9.7%，其中肉类产量37.8万吨，增长12%；禽蛋产量13.9万吨，增长4.2%；奶类产量0.8万吨，增长5%。水产品产量1.72万吨，增长2.2%。

【工　业】 2017年，全市完成全部工业增加值662.5亿元，按可比价格计算增长7.1%，拉动GDP增长3.6个百分点，对经济增长的贡献率为38.1%。全市规模以上工业企业433户，主营业务收入1 419亿元，增长17.1%，实现增加值623.7亿元，增长7.2%。分轻重工业看，轻工业实现增加值453.1亿元，增长2.8%，其中烟草制品业完成393.6亿元，增长0.4%；重工业实现增加值170.6亿元，增长21.9%，其中黑色金属矿采选业完成255.1亿元，增长13.2%；黑色金属冶炼及压延加工业完成347.9亿元，增长8.5%；有色金属矿采选业完成106.3亿元，增长14.7%；有色金属冶炼及压延加工业完成176.3亿元，增长39.1%。

部分工业产品产量增长较快，其中增幅最高的是磷矿石增长62.9%，其次是硫酸增长33.3%，其余依次是塑料制品增长19.6%、铁矿石原矿量增长12.8%、变压器增长11.7%。

【建筑业】 2017年，全市建筑业完成增加值67.4亿元，按现价计算增长25.3%。全市具有资质建筑施工企业191家，资质建筑企业期末人数54 913人，其中工程技术人员10 699人，比重为19.5%。资质以上建筑企业房屋施工面积771.7万平方米，增长8.2%；房屋竣工面积631.3万平方米，增长20.1%。

【固定资产投资】 2017年，全市完成固定资产投资（不含农户）1 080.8亿元，增长20.9%。其中第一产业完成投资63.7亿元，增长70.6%；第二产业完成投资188.7亿元，增长11.4%；第三产业完成投资828.4亿元，增长20.6%。从主要行业看，工业完成投资188.7亿元，增长11.4%；交通运输、仓储和邮政业完成投资265.9亿元，增长82.3%；房地产业完成投资205.7亿元，下降32.6%。

【国内贸易和对外经济】 2017年，全市实现社会消费品零售总额367.4亿元，增长12.5%。从销售地区看，城镇实现消费品零售额314.7亿元，增长12.5%；乡村实现52.7亿元，增长12.5%。从消费形态看，餐饮收入实现66.3亿元，增长12.4%；商品零售实现301.1亿元，增长12.5%。

2017年，全市完成外贸自营进出口总额210 099万美元，增长4%，其中出口206 353万美元，增长3.6%；进口3 746万美元，增长34.7%。

2017年，全市共实施市外国内资金项目923个，引进市外国内资金911.2亿元，增长14%，其中引进省外资金734.60亿元，增长21%。实际使用外资1 133.50万美元，增长8.7倍。新批准设立外商投资企业6户，合同外资金额5 182.50万美元；增资1户，合同外资金额350万美元；股权变更3户。

【交通运输、邮电业和旅游】 2017年，全市交通运输、仓储及邮政业实现增加值22.4亿元，增长8.4%。公路建设成效明显，客货运输平稳发展。年末，全市公路通车总里程达到17 061.70千米，其中高速公路380.20千米，一级公路110.9千米。高级、次高级路面占全市公路总里程的42.5%。全市公路运输客运量完成1 839万人，下降3.8%；旅客运输周转量126 727万人千米，增长5.5%。完成货运量10 522万吨，增长4.7%；完成公路运输货物周转量1 713 055万吨千米，增长8.5%。

2017年，全市拥有机动车87.5万辆，其中汽车40.7万辆，汽车中载客汽车32.5万辆（轿车18.3万辆），载货汽车7.9万辆（普通载货汽车2.4万辆），其他汽车2 356辆；摩托车46.4万辆；挂车3 839辆。

2017年，全市邮电业务总量34.8亿元，增长7.2%。固定电话用户10.5万户，移动电话用户258.9万户。互联网宽带网用户74.3万户，增长17.2%。

2017年，全市接待游客3 580.6万人次，增长32.1%；旅游总收入283.2亿元，增长73.9%。年末，全市拥有星级饭店26家，国际国内旅行社34家，国家级A级以上景区21个，全国工业旅游示范点1个，云南省级特色旅游小镇3个。

【金融和保险业】 2017年，全市金融业实现增加值82.3亿元，增长11.6%。年末金融机构人民币各项存款余额1 719.4亿元，比上年增加203.7亿元，增长13.4%，其中住户存款余额825.2亿元，增长9.7%。全市金融机构人民币各项贷款余额996.9亿元，增加93.4亿元，增长10.3%。存贷比58%，比上年下降1.6个百分点。

2017年，全市共有产险公司15家、寿险公司11家，代理公司3家，实现保费收入41亿元，增长13.2%，其中财产险原保险保费收入17.3亿元，增长15.8%；人寿险原保险保费收入23.7亿元，增长11.4%。全市赔款支出12.4亿元，赔付（给付）率为30.4%，其中财产险业务支付赔款7.4亿元，赔付率42.8%；人寿险业务给付赔款5亿元，赔付率21.3%。

【教育和科学技术】 2017年，全市有大专院校2所，招生4 816人，比上年增长7.4%；在校学生16 148人，增长3.0%；毕业生4 191人，增长16.9%。普通中专学校3所，招生2 379人，减少16.2%；在校学生7 618人，减少3.5%；毕业生2 519人，增长7.9%。职业高中9所，招生5 864人，增长3.1%；在校学生15 131人，增长2.7%；毕业生4 783人，减少6.6%。普通高中22所，招生13 475人，比上年增长2.8%；在校学生38 513人，增长0.7%；毕业生12 189人，减少3.2%。初中85所，招生26 854人，减少4.0%；在校学生82 621人，减少3.6%；毕业生28 738人，减少4.7%。普通小学526所，招生23 985人，增长1.6%；在校学生143 946人，减少2.9%；毕业生27 548人，减少3.7%。幼儿园（含学前班）在园幼儿6.51万人。小学学龄儿童入学率达99.96%。

2017年，全市共投入“三免一补”资金28 900万元，全市义务教育阶段学生共8.9万人享受生活补助，小学生补助标准1 000元/生/年，初中生补助标准1 250元/生/年。

2017年，全市实施国家和省各类科技计划项目213项。获省奖励的科技成果项目14项，其中二等奖3项、三等奖11项。争取各项科技经费共计6 085.6万元。市级科技项目投入4 882.7万元。申报专利1 585件，批准（授权）专利947件。

【文化、卫生和体育】 2017年年末，全市共有文化馆10个，公共图书馆10个，乡镇综合文化站75个；国家级文物保护单位6项，省级23项，市级53项，县级176项；被列入国家级“非遗”名录项目6个，省级40个，市级166个，县级324个。全市有文化经营单位1 287家，其中娱乐场所495家，网吧354家，出版物经营单位312家，印刷企业126家，684个农村文化活动室、714个农家书屋、1 000余个文化活动广场，打造“图书馆+”“群苑周末小舞台”等品牌项目，公共文化产品和服务供给更加丰富与多元化。

2017年，全市共有卫生机构1 419个，其中医院71个；卫生机构拥有床位数13 282张；卫生技术人员13 432人，其中医生4 250人。疾病预防控制机构10个，卫生技术人员534人；妇幼保健院（所、站）10个，卫生技术人员684人。按发病日期统计，传染病发病率为129.40/10万，2017年全年发现艾滋病感染者随访管理率达100%，与上年持平。

开展“家庭医生签约服务”的团队1 035个，家庭医生2 805人，已签约43.5万人，重点人群签约38.1万人。签约居民到卫生院和社区卫生服务机构家庭医生团队就诊15.6万人次，村卫生室接诊268.5万人次。

2017年，全市稳步提高城镇职工医疗保障水平，建立20种重大疾病保障机制，参保职工最高支付限额达到25万元。全市城乡居民筹资标准为617元，其中各级财政补助467元（中央财政补助324元，省级财政补助63元，市县区补助80元），个人缴费150元。城镇职工医疗保险参保269 842人，城乡居民医疗保险参保1 855 876人，共计参保2 125 718人，参保城镇职工就医208.7万人次（含统筹和个人账户），其中统筹待遇享受54.9万人次，统筹基金支付59 187万元。参保城乡居民就医527.9万人次，统筹基金支付105 106万元。

2017年，全市共派出各项目运动员1 002人次参加省级比赛36项次，获金牌89.5枚，银牌98枚，铜牌114枚。柔力球花式集体套路项目荣获铜牌1枚，网式女子单打项目进入决赛；龙舟项目女队以团体总积分第八名取得全运会决赛资格。玉溪籍运动员在皮划艇、铁人三项、自行车、武术、马拉松、柔力球比赛项目中共取得3金3银2铜牌的佳绩，全面展示了玉溪市群众体育项目的发展成果和运动风采。

【城市建设和生态环境】 至2017年年末，全市城镇建设取得新进展，城市建成区面积75.3平方千米，城市维护资金支出34 081万元，建成区绿化覆盖面积2 840.9公顷，建成区绿化覆盖率37.7%。建成区园林绿地面积2 526.4公顷，其中公园绿地面积786.6公顷，人均公园绿地面积10.3平方米。

全市集中式饮用水源地水质达标率保持100%；中心城区环境空气质量优良率达到99.2%，比上年下降0.52个百分点，实现县级城镇环境空气质量自动监测系统全覆盖。

2017年，全市规模以上工业企业焦炭消费量292.81万吨，增长5.96%；原煤消费量235.91万吨，增长4.48%；电力消费91.35亿千瓦时，增长4.73%；其它洗煤11.95万吨，增长33.77%；煤气（高炉煤气、转炉煤气）53.18亿立方米，增长7.21%，原煤、焦炭、电力构成规模以上工业企业能源消费的主体品种（以上消费量是终端消费量）。

【劳动就业、社会保障和安全生产】 2017年，全市城镇新增就业人员2.77万人，帮助8 433名就业困难人员实现就业，城镇下岗失业人员再就业9 749人，公益岗位就业4 774人，全市城镇登记失业率为3.31%。

全市新增发放创业担保贷款13.8亿元，扶持创业6 835人，其中新增发放劳动密集型小企业贷款2.2亿元，扶持劳动密集型小企业125户，新增发放“贷免扶补”创业小额贷款4.9亿元，扶持创业人数4 917人。

全市参加基本养老保险153.6万人，其中参加城镇职工基本养老保险32.1万人；参加城乡居民基本养老保险121.5万人；参加基本医疗保险212.6万人；参加失业保险15.8万人；参加工伤保险24.3万人；参加生育保险19.8万人。

城镇职工基本养老保险基金征缴收入31.5亿元，其中企业17.9亿元，机关事业单位13.6亿元；城镇职工基本医疗保险基金征缴收入11.7亿元，失业保险基金征缴收入0.91亿元，工伤保险基金征缴收入1.17亿元，生育保险基金征缴收入0.74亿元；全市农村劳动力培训20.6万人次；新增农村劳动力转移就业21.5万人次，其中，转移到省外就业7.62万人次、新增高技能人才3 084人，企业劳动合同签订率94.5%，劳动人事争议仲裁结案率98.2%，劳动人事争议调解成功率65.7%，劳动保障监察举报投诉案件结案312件，结案率为100%，社会保障卡持卡人数220万人。

2017年，全市共发生各类伤亡事故55起、死亡57人，其中生产经营性道路交通事故死亡29人；死亡人数减少43人、下降59.7%。工矿商贸事故死亡19人。无一次死亡3至9人（含9人）较大事故（较大道路交通事故）发生。

【人民生活】 2017年，全市在岗职工平均工资70 535元，比上年增加10 127元，增长16.8%。城镇常住居民人均可支配收入34 880元，比上年增加2 703元，增长8.4%；城市常住居民（红塔区）人均可支配收入35 974元，比上年增加2 696元，增长8.1%。农村常住居民人均可支配收入13 057元，比上年增加1 089元，增长9.1%。

（何　洋）

机构及负责人

市直单位正副职名录

中共玉溪市委

书　　记　罗应光
副 书 记　张德华
　　　　　保明顺
常　　委　罗应光
　　　　　张德华
　　　　　保明顺
　　　　　李洪云（2017.05离任）
　　　　　明正彬
　　　　　王　力
　　　　　晏　森
　　　　　杨兴荣
　　　　　金志达
　　　　　张小良
　　　　　孟凡兵（2017.06任）
　　　　　王志新（2017.09任）
　　　　　尚建华（挂职）
　　　　　田　川（挂职，2017.07任）
秘 书 长　李洪云（2017.05离任）
　　　　　王志新（2017.09任）
副秘书长　张亚辉
　　　　　赵永云（2017.01离任）
　　　　　吕　伟
　　　　　余　莉（2017.10任）
　　　　　师　文（兼，2017.10离任）
　　　　　罗绍国（2017.01任）
　　　　　孔令斌（2017.03任）
　　　　　李　德
　　　　　邓　皓（2017.06任）
　　　　　沐洪胜
　　　　　杨文钦

中共玉溪市纪律检查委员会

书　　记　孟凡兵（2017.06任）
副 书 记　张　伟
　　　　　蒋光厚
　　　　　陈世雄
常　　委　孟凡兵（2017.06任）
　　　　　张　伟
　　　　　蒋光厚
　　　　　陈世雄
　　　　　李家富（2017.10离任）
　　　　　王　辉
　　　　　解永辉
　　　　　施纯律
　　　　　杨　红
办公室
主　　任　解永辉（2017.12离任）
　　　　　叶永发（2017.12任）
组织部
部　　长　施纯律
宣传部
部　　长　杨　红
案审室
主　　任　李文学（2017.12离任）
　　　　　杨涓涓（2017.12任）
信访室
主　　任　朱建全（2017.12离任）
　　　　　张建波（2017.12任）
第三纪检监察室
主　　任　王进方（2017.12离任）
第四纪检监察室
主　　任　杨俊荣（2017.12离任）
党风政风监督室（市政府纠正行业不正之风办公室）
主　　任　叶永发（2017.12离任）
　　　　　王　洪（2017.12任）
案件监督管理室
主　　任　矣向林（2017.12离任）
　　　　　张　宇（2017.12任）
纪检监察干部监督室
主　　任　李亚林（2017.12离任）
　　　　　胡　斌（2017.12任）
研究室
主　　任　李文山（2017.12离任）
　　　　　王　杰（2017.12任）
机关党委专职
副 书 记　张　宇（2017.12离任）
　　　　　魏鸿林（2017.12任）
市委巡视工作联络组办公室
主　　任　杨丽坤
副 主 任　王宏明
　　　　　赵　波（2017.12离任）
　　　　　储建玲（2017.12任）
市委巡察工作领导小组办公室
主　　任　杨丽坤（2017.06任）
副 主 任　王宏明（2017.06任）
　　　　　赵　波（2017.06任，2017.12离任）
　　　　　储建玲（2017.12任）
市监察局
局　　长　张　伟
副 局 长　李家富（2017.11离任）
　　　　　王　辉
市纪委派出第一纪工委
书　　记　杨江明（2017.12离任）
副 书 记　梁黎坤（2017.12离任）
市纪委派出第二纪工委
书　　记　吴天明（2017.12离任）
副 书 记　秦俊杰（2017.12离任）
　　　　　坝汝明（2017.12离任）
市纪委派出第三纪工委
书　　记　袁永祥（2017.12离任）
副 书 记　岳崇华（2017.07离任）
　　　　　王　杰（2017.12离任）
市纪委派出第四纪工委
书　　记　邵昌荣（2017.12离任）
副 书 记　李　立（2017.06离任）
　　　　　储建玲（2017.12离任）
市纪委派出第五纪工委
书　　记　李　黎（2017.12离任）
副 书 记　王　洪（2017.12离任）
　　　　　郑　江（2017.12离任）
市纪委派出第六纪工委
书　　记　曲春祥（2017.12离任）
副 书 记　胡　斌（2017.12离任）
市监察局派出第二监察分局
局　　长　秦俊杰（2017.12离任）
市监察局派出第三监察分局
局　　长　王　杰（2017.12离任）
市监察局派出第四监察分局
局　　长　李　立（2017.06离任）
市监察局派出第六监察分局
局　　长　胡　斌（2017.12离任）
市委第一巡察组
组　　长　杨江明（2017.12任）
副 组 长　刘庆平（2017.12任）
市委第二巡察组
组　　长　吴天明（2017.12任）
副 组 长　甘莉娅（2017.12任）
市委第三巡察组
组　　长　袁永祥（2017.12任）
副 组 长　卢　辉（2017.12任）
市委第四巡察组
组　　长　邵昌荣（2017.12任）
副 组 长　李亚林（2017.12任）
市委第五巡察组
组　　长　李　黎（2017.12任）
副 组 长　赵　波（2017.12任）
市委第六巡察组
组　　长　王　辉（2017.12任）
副 组 长　马凌云（2017.12任）

玉溪市人大常委会

主　　任　谢兴荣（2017.07离任）
　　　　　李洪云（2017.07任）
副 主 任　郭开堂
　　　　　雷庆丽（2017.03离任）
　　　　　周继武
　　　　　叶本功
秘 书 长　李　伟
副秘书长　朱尤锋
　　　　　肖剑林
　　　　　姚学松
　　　　　李世聪（2017.02任）
　　　　　金德芳
　　　　　许忠云
　　　　　邓　兵
　　　　　李万标
市纪委驻市人大机关纪检组
组　　长　秦俊杰（2017.12任）

办公室
主　　任　朱尤锋
副 主 任　孙学著
　　　　　施导伟（2017.12离任）
　　　　　杨　辉（2017.12任）
　　　　　罗　旭（2017.12任）
财政经济委员会
主任委员　刘振荣
副主任委员　王志坚
法制工作委员会
主　　任　徐映东（2017.12离任）
　　　　　卢八林（2017.12任）
副 主 任　李建军（2017.12任）
内务司法工作委员会
主　　任　杨正昌
副 主 任　向绪林（2017.12任）
教科文卫工作委员会
主　　任　周　葵
副 主 任　李贵华
　　　　　杨英泽
选举联络工作委员会
主　　任　吕元平
副 主 任　蒋兴龙
　　　　　普香庭（2017.12任）
民族外事华侨工作委员会
主　　任　吴　芸
副 主 任　卢八林（2017.12离任）
　　　　　鲁燕标（2017.12任）
城建环保资源工作委员会
主　　任　夏伟十
副 主 任　杨静媛
农业工作委员会
主　　任　马琼仙
副 主 任　邹伟斌
预算工作委员会
主　　任　黄太武
副 主 任　柏宁红
研究室
主　　任　肖剑林
副 主 任　王革平
机关党委
书　　记　李　伟
专职副书记　李发林

玉溪市人民政府
市　　长　张德华（2017.01任）
副 市 长　王　力
　　　　　杨　洋（2017.06离任）
　　　　　解仕清
　　　　　蔡四宏
　　　　　孙云鹏
　　　　　贺　彬（2017.10任）
　　　　　朱家伟
　　　　　李劲松（2017.12任）
　　　　　尚建华（挂职）
　　　　　黎晓英（挂职，2017.02离任）
　　　　　蔡永飞（挂职，2017.02任）
　　　　　田　川（挂职，2017.08任）
秘 书 长　孙金会
副秘书长　瓦庆超
　　　　　杨　胜
　　　　　戴兴德
　　　　　刘世祥
　　　　　张　丽（2017.01离任）
　　　　　罗绍国（2017.01离任）
　　　　　毕孝宁
　　　　　张　名（2017.01任）
　　　　　王贵元（2017.01任）
　　　　　刘建荣（2017.12任）

玉溪市政协
主　　席　夏立洪
副 主 席　李　平
　　　　　汪燕平
　　　　　马良昌
　　　　　郭亚钢
　　　　　贺光明
　　　　　李少华
秘 书 长　张　卫
副秘书长　刘兴荣（2017.12离任）
　　　　　方正春（2017.12任）
　　　　　马文荣
　　　　　周艳芬（2017.12离任）
　　　　　王宏义（2017.12离任）
　　　　　莽成柱
　　　　　冯晓燕（2017.02任）
　　　　　唐进峰（2017.02任，2017.12离任）
　　　　　龙　兰（兼）
　　　　　毕永富
　　　　　侯　坤
市纪委驻市政协机关纪检组
组　　长　张　寻（2017.12任）
办公室
主　　任　刘兴荣（2017.12离任）
　　　　　方正春（2017.12任）
副 主 任　韩　龙
　　　　　黄海东（2017.12任）
提案委员会
主　　任　杨惠存（2017.12离任）
　　　　　刘兴荣（2017.12任）
副 主 任　吴志珍
　　　　　谭　佳（兼，2017.03离任）
经济委员会
主　　任　谢光平
副 主 任　李近伟（2017.06离任）
　　　　　李　娜（2017.07任）
　　　　　王丽文（兼，2017.03离任）
　　　　　杨　敏（兼，2017.12任）
科教文卫体委员会
主　　任　何　勇（2017.12离任）
　　　　　金志林（2017.12任）
副 主 任　刘德安
　　　　　沐德能
　　　　　陈　原（兼，2017.03任）
民族宗教法制委员会
副 主 任　易长生（2017.02离任）
　　　　　俞自力（兼，2017.02离任）
　　　　　施忠平（兼，2017.03离任）
民族宗教委
主　　任　许志云（2017.02任）
副 主 任　张少英（2017.12任）
　　　　　易长生（2017.02任，2017.12离任）
　　　　　施忠平（兼，2017.03任，2017.12离任）
　　　　　矣胜荣（兼，2017.12任）
社会和法制委员会
主　　任　方正春（2017.02任，2017.12离任）
　　　　　王宏义（2017.12任）
副 主 任　合丽娟（2017.03任）
　　　　　俞自力（兼，2017.02任，2017.12离任）
　　　　　施忠平（兼，2017.12任）
人口环资委员会
主　　任　普永发
副 主 任　张国华
　　　　　王美华（兼，2017.01离任）
　　　　　杨立波（兼，2017.03任）
文史委员会
主　　任　房红彬
副 主 任　张德华
　　　　　华　旭（兼，2017.03离任）
　　　　　杨志文（兼，2017.12任）
联络委员会
主　　任　任连荣
副 主 任　李金秀
　　　　　何国光（兼，2017.12离任）
　　　　　周　勇（兼）
研究室
主　　任　马文荣
副 主 任　白洪峰
机关党委
书　　记　张　卫（兼，2017.12离任）
　　　　　普昌文（2017.12任）
专职副书记　马孔忠

玉溪市“两湖”督导协调组
督导室主任　鲁志明（2017.01离任）

玉溪市中级人民法院
院　　长　陈　昌
副 院 长　俞自力（2017.12离任）
　　　　　李翌铭（2017.06离任）
　　　　　业宁州
　　　　　严　翔（2017.07任）
　　　　　李志明

纪检组
组　　长　严　翔（2017.06离任）
　　　　　郑子云（2017.06任，2017.12离任）
副 组 长　郭　玉（2017.06任，2017.12离任）
市纪委驻市法院纪检组
组　　长　郑子云（2017.12任）
副 组 长　郭　玉（2017.12任）
政治部
副 主 任　钱丽芳（2017.10离任）
　　　　　王海明
　　　　　文　艳（2017.10任）
执行局
局　　长　陈　聪
副 局 长　尚云海（2017.10离任）
　　　　　刘宝金（2017.06任）
审判委员会
专职委员　李泳材
　　　　　李仕嵘（2017.06离任）
　　　　　潘万江（2017.06任）
行政审判庭庭长　孙忠宁
环境资源保护审判庭
庭　　长　潘万江（2017.06离任）
　　　　　范兴林（2017.12任）
审判管理办公室
主　　任　李文玉（2017.10任）
监察处
处　　长　苏建友（2017.06离任）
　　　　　杨志江（2017.10任）
审判监督庭庭长　杨　勇
司法行政管理处
处　　长　刘宝金（2017.06离任）
　　　　　苏建友（2017.06任）
新闻信息宣传中心主任　武国中
机关党委专职副书记
　　　　　钱丽芳（2017.10任）
立案庭庭长　洪家敬
司法技术处处长
　　　　　王庆生（2017.10任）
刑事审判一庭庭长　柴继红
刑事审判二庭庭长
　　　　　王云峰（2017.12任）
研究室主任　田永德
办公室主任　郑子云（2017.06离任）
书记员管理处处长　张兴明
司法警察支队支队长　吕永江
民事审判一庭庭长
　　　　　严光辉（2017.12任）
民事审判二庭庭长　曹　燕

玉溪市人民检察院
检 察 长　张德勋
副检察长　童学义（2017.06离任）
　　　　　方家明
　　　　　褚绍明
　　　　　矣长城（2017.07任）
　　　　　杜红英
纪检组
组　　长　尹贞宁（2017.12离任）
副 组 长　李　新（2017.06任，2017.12离任）
市纪委驻市检察院纪检组
组　　长　尹贞宁（2017.12任）
副 组 长　李　新（2017.12任）
政治部
主　　任　王永兴
副 主 任　王政云（2017.01任）
　　　　　张玉江
　　　　　赵　旭（2017.01离任）
反贪局
局　　长　矣长城（2017.06离任）
　　　　　吕玉雄（2017.06任）
副 局 长　李晓荣
　　　　　黄希志
　　　　　高　勇
反渎职侵权局
局　　长　龚德武
副 局 长　郑　翔（2017.06任）
检察委员会
专职委员　柏利民
　　　　　杨燕晨
机关党委
副 书 记　曹立松（2017.01离任）
　　　　　吴秀芬（2017.06任）
检察委员会委员　李有富
办公室主任　杨绍平
案件管理办公室主任　杨云川
公诉处处长　何　斌
控告申诉处处长
　　　　　赵　旭（2017.01任）
检察技术处处长　段　兵
法律政策研究室
主　　任　王政云（2017.01离任）
　　　　　曹立松（2017.01任）
侦查监督处
处　　长　杨　旭（2017.01离任）
　　　　　林家宏（2017.06任）
监察处处长　龙　斌
民事行政检察处处长　陈永俊
人民监督员办公室主任　秦绍有
法警处处长　王　超
环境资源保护检察处处长　严　康
计划财务装备局局长　李权晖
刑事执行检察局局长　李　芋

市委部门负责人

市委办公室
主　　任　张亚辉
副 主 任　王　力
　　　　　孔令斌（2017.03离任）
　　　　　毛金明
　　　　　杨建兰（2017.03任）
党委书记　李洪云（2017.05离任）
　　　　　王志新（2017.09任）
副 书 记　张亚辉
副书记、纪委书记
　　　　　曹绍平（2017.12离任）
市纪委驻市委办纪检组组长
　　　　　朱建全（2017.12任）
市委常委办主任　邓　皓
信息综合室主任　何光涛
市委督查室主任　吕　伟
市委正县级督查专员　张丽琳
市委副县级督查专员
　　　　　罗云寿
　　　　　王红喜
　　　　　丁　莉

机要局
局　　长　王从明
副 局 长　杨　勇

档案局（馆）（副县级）
局　　长　马增福
副 局 长　杨长利
　　　　　陈全胜

市委组织部
部　　长　晏　森
副 部 长　袁　平
　　　　　周　俊
　　　　　陈开翔（2017.06离任）
　　　　　陈川铭
　　　　　张绍东（2017.06任）
　　　　　王增琪（2017.06离任）
　　　　　詹道斌（2017.06任）
部务委员　詹道斌（2017.06离任）
　　　　　黄子连
　　　　　白树明（2017.10任）
市招商引资绩效考核办公室
主　　任　陈开翔（2017.06离任）
　　　　　张绍东（2017.06任）
副 主 任　普绍平（2017.01任）
市委非公有制经济组织和社会组织党工委
书　　记　陈川铭（兼）
副 书 记　方建华（兼）
　　　　　普建蓉（兼，2017.01离任）
　　　　　丁　伟（兼）
　　　　　宋成杰（2017.01离任）
　　　　　袁启文（2017.01任）
市党的基层组织建设办公室
主　　任　宋成杰（兼，2017.01离任）
　　　　　袁启文（兼，2017.01任）
市人才工作领导小组办公室
专职副主任　朱培亮（2017.06任）

市纪委驻市委组织部纪检组
组　　长　毕现昆（2017.12任）

市委宣传部
部　　长　杨兴荣
常务副部长　余　莉（2017.10离任）
副 部 长　龚紫山
　　　　　方勇云
　　　　　李文平
市委精神文明建设指导委员会办公室（正县级）
主　　任　余　莉（兼，2017.10离任）
副 主 任　李　娜（2017.06离任）
　　　　　郑寿启（2017.06任）
　　　　　李宜涛（2017.06任）
市委讲师团（副县级）
团　　长　乐兴建
市委对外宣传（市政府新闻）办公室（正县级）
主　　任　张正友
副 主 任　官朝弼
市文化体制改革与文化产业发展领导小组办公室
主　　任　龚紫山
市加强和改进互联网舆论引导工作领导小组办公室
主　　任　倪　军（2017.06任）
市纪委驻市委宣传部纪检组
组　　长　郭春良（2017.12任）

玉溪日报社
社　　长　张存良
党组书记　张存良
副 社 长　李卫东
　　　　　杨　光
　　　　　李向文
副 总 编　杨　光
　　　　　矣顺文

市委统战部
部　　长　保明顺（兼）
常务副部长　何国斌（2017.06任）
副 部 长　龙　兰
　　　　　沐爱斌
　　　　　普建蓉（2017.01离任）
　　　　　马利兴（2017.03任）
市政府台湾事务办公室
主　　任　张庆春（2017.12离任）
市纪委驻市委统战部纪检组
组　　长　张庆春（2017.12任）

市委政法委员会
书　　记　明正彬
常务副书记　娄勇强（2017.10任）
副 书 记　张云超（2017.06离任）
　　　　　娄勇强（2017.10离任）
　　　　　杜　杰（2017.01任）
　　　　　张　丽（2017.10任）
政治处
主　　任　杜　杰（2017.01离任）
　　　　　张　丽（2017.01任，2017.10离任）
副 主 任　杨　彪（2017.10离任）
政治部
副 主 任　杨　彪（2017.10任）
市委依法治市领导小组办公室
专职副主任　潘宝华（2017.01任）
市委（市政府）防范和处理邪教问题领导小组办公室
主　　任　杨建萍（2017.10离任）
　　　　　杨应勇（2017.10任）
副 主 任　林甲乙（2017.03离任）
　　　　　杜云昌（兼，2017.03任）
　　　　　何东明（2017.03任）
市社会治安综合治理委员会办公室
主　　任　张　丽（兼，2017.10任）
专职副主任　陈　凡
　　　　　　祁　涛
执法监督室
主　　任　马映涛
维稳工作办
主　　任　张　丽（兼，2017.10任）
专职副主任　吴仕祥

市委政策研究室
主　　任　赵永云（2017.01离任）
　　　　　罗绍国（2017.01任）
副 主 任　王　东
　　　　　金宏森
　　　　　合晓斌
　　　　　刘万平（2017.01任）

市委机构编制办公室
主　　任　刘永新（2017.01离任）
　　　　　赵永云（2017.01任）
常务副主任　师尚佳
副 主 任　马勤伟
市事业单位登记管理局
局　　长　刘永新（兼，2017.01离任）
　　　　　赵永云（兼，2017.01任）
副 局 长　师尚佳（兼）
　　　　　马勤伟（兼）

市互联网信息（市委网络安全和信息化领导小组）办公室
主　　任　李矿生
常务副主任　曾丽娟（2017.12任）
副 主 任　杨林生

市直机关工作委员会
书　　记　李洪云（2017.05离任）
　　　　　王志新（2017.09任）
常务副书记　张　明（2017.07离任）
副 书 记　曹绍平（2017.12任）
　　　　　李增荣
纪工委书记　李文学（2017.12任）

市委党史研究室
主　　任　孔施祥
副 主 任　段利星（2017.10离任）

市委党校
校　　长　保明顺（兼）
常务副校长　刀有忠
副 校 长　宋红瑛
　　　　　傅鹏飞
党委书记　刀有忠
副 书 记　刘　诚（2017.01离任）
　　　　　任　晗（2017.01任）
纪委书记　万舰航

市行政学校
校　　长　杨　洋（2017.06离任）
副 校 长　刀有忠
　　　　　宋红瑛
　　　　　傅鹏飞

玉溪社会主义学院
院　　长　保明顺（兼）
副 院 长　刀有忠
　　　　　宋红瑛
　　　　　傅鹏飞

市保密局
局　　长　许中华
副 局 长　李艳萍

市委保密委
专职副主任　许中华
办公室主任　许中华
办公室副主任　李艳萍

市委老干部局
局　　长　周　俊
副 局 长　冯　平
　　　　　何永贤
市委离退休干部工作委员会
书　　记　周　俊（兼，2017.06任）
干休所（副县级）
所　　长　杜继玲
老年大学（副县级）
校　　长　施宏芳（2017.10离任）
　　　　　刘应元（2017.10任）

市关工委
秘 书 长　李雪梅

群团组织负责人

玉溪市总工会
主　　席　范志华（兼）
党组书记　张艳华
党组副书记　范志华
副 主 席　张艳华
　　　　　王　玲
　　　　　陈　杰（2017.03任）

共青团玉溪市委
书　　记　朱　莉
党组书记　朱　莉
副 书 记　王　刚
　　　　　张　磊（2017.06任）

市青联
主　　席　朱　莉
专职副主席　甘莉娅（2017.03离任）

市妇女联合会
主　　席　杨丽萍
党组书记　杨丽萍
副 主 席　郑丽英
　　　　　高柳莎

市科学技术协会
主　　席　罗世明
党组书记　施　超
副 主 席　陈晓静
　　　　　王保才（兼）
　　　　　王　科（兼，2017.12离任）
　　　　　吴光连（兼）

市社会科学界联合会
主　　席　陈克华
党组书记　陈克华
专职副主席　钟长生
副 主 席　苏　涛（兼）
　　　　　宋红瑛（兼）
　　　　　方勇云（兼）

市文学艺术界联合会
主　　席　普　辉
党组书记　普　辉
专职副主席　王尚宁
副 主 席　龚紫山（兼）
　　　　　贾来发（兼）

市残疾人联合会
理 事 长　普建蓉（2017.02任）
党组书记　普建蓉（2017.01任）
副理事长　周利祥

市归国华侨联合会
主　　席　何国光
党组书记　龙　兰
专职副主席　许真生
副 主 席　周海明（兼）
　　　　　吴维忠（兼，2017.09离任）

市红十字会
常务副会长　王　红
党组书记　王　红
副 会 长　陈　挺（兼）
　　　　　曲校德（兼）
　　　　　杜　勋（兼）

市计生协会
专职副会长　张红辉

民主党派和工商联负责人

民革玉溪市委
主　　委　李少华
专职副主委　施忠平
副 主 委　董金柱（兼，2017.03任）
　　　　　冯咏梅（兼）

民盟玉溪市委
主　　委　董晓娟（2017.11任）
专职副主委　杨志文（2017.01任）
副 主 委　蔡家俊（兼）
　　　　　蒋建明（兼）
　　　　　白洪峰（兼）

民建玉溪市委
主　　委　郭开堂（2017.03离任）
　　　　　自福庄（2017.03任）
专职副主委　王丽文（2017.03离任）
　　　　　　杨　敏（2017.03任）
副 主 委　陈开燕（兼，2017.03离任）
　　　　　高巨华（兼）
　　　　　王建钢（兼，2017.03任）

民进玉溪市委
主　　委　张　炜（2017.03离任）
　　　　　何雪峰（2017.03任）
专职副主委　谭　佳（2017.03离任）
　　　　　　矣胜荣（2017.03任）
副 主 委　何雪峰（兼，2017.03离任）
　　　　　谭　佳（兼，2017.03任）
　　　　　伍贤学（兼，2017.03任）

农工党玉溪市委
主　　委　曾立岩（2017.03离任）
　　　　　周爱华（2017.03任）
专职副主委　华　旭（2017.03离任）
　　　　　　陈　原（2017.03任）
副 主 委　张轶群（兼）
　　　　　周爱华（兼，2017.03离任）
　　　　　罗增勇（兼，2017.03任）

致公党玉溪市委
主　　委　周　勇
副 主 委　任云珏（兼）
　　　　　李晓松（兼）
　　　　　邓雪松（兼，2017.03任）

九三学社玉溪市委
主　　委　郭亚纲
专职副主委　王美华（2017.01离任）
　　　　　　杨立波（2017.03任）
副 主 委　杨硕媛（兼，2017.03离任）
　　　　　王树坤（兼）
　　　　　宁　杰（兼，2017.03任）

市工商业联合会（商会）
主席（会长）　杨建敏
党组书记　普建蓉（兼，2017.01离任）
　　　　　马利兴（兼，2017.03任）
副主席（副会长）
　　　　　普建蓉（2017.01离任）
　　　　　任　敏
　　　　　谢　江
　　　　　李静华（2017.03离任）
　　　　　黄翠岚（2017.03任）

市政府部门负责人

市政府办公室
主　　任　瓦庆超
副 主 任　付少剑（2017.01离任）
　　　　　卢春剑
　　　　　桂云国
　　　　　秦立明（2017.03任）
党委书记　孙金会
副 书 记　瓦庆超
　　　　　刘建荣（2017.12离任）
纪委书记　刘建荣（2017.12离任）
市纪委驻市政府办纪检组
组　　长　郑　江（2017.12任）
市政府法制办公室
主　　任　李尊平
副 主 任　张　敏（2017.12离任）
市政府接待办
主　　任　李　德（兼）
副 主 任　王丽萍（2017.11离任）
　　　　　岳东芬（2017.11任）
市政府机关事务管理局
局　　长　豆　卿
市政府驻北京联络处
主　　任　瓦庆超（兼）
副 主 任　付少剑（2017.01任）
市政府督查室
主　　任　李　斌
正县级督查专员　王伟生
副县级督查专员　黄必权
　　　　　　　　杨四新

普家荣

应急管理办公室

主　　任　郭永生

副 主 任　孙乔宽（2017.03任）

市政府烟草产业办公室

专职副主任　夏伯林

市政府食品安全办

主　　任　王　军（兼）

市发展和改革委员会

主　　任　普昌文（2017.12离任）

党组书记　普昌文（2017.12离任）

副 主 任　李长伟

夏从实（2017.12离任）

刘世伟（2017.11任）

隆　勇

付春飞

马利兴（2017.03离任）

市能源局

局　　长　普昌文（兼，2017.12离任）

重点项目稽察特派员　陈元剑

苏　搏

杨海军

市铁路建设领导小组办公室

主　　任　刘世伟（2017.11任）

市纪委驻市发改委纪检组

组　　长　杨俊荣（2017.12任）

市粮食局

局　　长　王毓华

党组书记　王毓华

副 局 长　杨丽芬

钱兴平

市工信委

主　　任　康凌华

副 主 任　刘永新（2017.01任）

宋明清（2017.06离任）

孙汝泽

王　亮

张伟红

傅宏辉（2017.06任）

党委书记　刘永新（2017.01任）

副 书 记　康凌华

副书记、纪委书记

张　华（2017.12离任）

市纪委驻市工信委纪检组

组　　长　王礼学（2017.12任）

市中小企业管理局

局　　长　康凌华

副 局 长　宋明清（兼，2017.06离任）

王　亮（兼）

孙汝泽（兼）

张伟红（兼）

傅宏辉（兼，2017.06任）

市教育局

局　　长　罗江云

党组书记　罗江云（2017.12任）

副 局 长　陈　挺

颜永宏

吴光连

党委副书记　罗江云

李　丹

纪委书记　李　丹（2017.12离任）

市教育科学研究所（副县级）

所　　长　矣向阳

市招生考试委员会办公室

主　　任　方丽华

市纪委驻市教育局纪检组

组　　长　武国珍（2017.12任）

市科学技术局

局　　长　李世华

党组书记　李世华

副 局 长　柏文忠

张　华（2017.12任）

王　科（2017.12离任）

赵　静

市知识产权局

局　　长　李世华（兼）

副 局 长　张　华（兼，2017.12任）

王　科（兼，2017.12离任）

赵　静（兼）

市民族宗教事务局

局　　长　沐爱斌

党组书记　沐爱斌

副 局 长　董存志

官建团

杨哲博

市公安局

局　　长　朱家伟

副 局 长　舒　勇（2017.11离任）

杨江云

刘绍华

曾　逵

苏少明

党委书记　朱家伟

副 书 记　张家明（2017.11离任）

纪委书记　汤文龙（2017.12离任）

纪委副书记　于荣芳（2017.12离任）

尹炳学（2017.12离任）

市纪委驻市公安局纪检组

组　　长　汤文龙（2017.12任）

副 组 长　尹炳学（2017.12任）

于荣芳（2017.12任）

政治部

副 主 任　黄伟华

王贵元（2017.01离任）

溥恩武（2017.03离任）

飞　霞（2017.03任）

李　斌（2017.03任）

公安局交警支队（正县级）

支 队 长　王景明

政　　委　聂　波（2017.01任）

副支队长　聂　波（2017.01离任）

何文奎

李　昊

车管所所长　李劲明

车管所政委　张庆莲

政治处主任　王　全（2017.03任）

公安局禁毒支队（正县级）

支 队 长　卢保成

政　　委　李荣坤

副支队长　李浏华

周庆刚（2017.01任）

公安局治安支队（正县级）

支 队 长　彭　涛

政　　委　陈　彪（2017.10离任）

罗云川（2017.10任）

副支队长　李　斌（2017.03离任）

溥恩武（2017.03任）

李天才（2017.01任）

公安局国内安全保卫支队（正县级）

支 队 长　杜云昌

政　　委　张再洪

副支队长　胡来福

杨江飚（2017.06任）

公安局科技信息化支队（正县级）

支 队 长　周　宏（2017.06离任）

政　　委　夏贵山

副支队长　雷建明（2017.01任）

公安局技术侦查支队（正县级）

支 队 长　於泽波（2017.03离任）

李红星（2017.03任）

政　　委　余　辉

副支队长　孙　建（2017.06任）

公安局网络安全保卫支队（正县级）

支 队 长　业光权

政　　委　李红星（2017.03离任）

周　斌（2017.06任）

副支队长　王乔林（2017.01任）

公安局经侦支队（正县级）

支 队 长　严家顺（2017.11离任）

政　　委　业增华

副支队长　王卫林

李东有（2017.03任）

公安局刑侦支队（正县级）

支 队 长　李顺平（2017.03任）

政　　委　阮兆成

副支队长　周　斌（2017.06离任）

李乔明（2017.06任）

公安局巡特警支队（正县级）

支 队 长　李世强

政　　委　李卫东

副支队长　张文献
　　　　　肖　明
公安局警令部（正县级）
主　　任　谢俊东
政　　委　毕金剑
副 主 任　谢　军（2017.11离任）
　　　　　李光文
　　　　　杨　峰
反恐支队（副县级）
支 队 长　李绍洪（2017.06离任）
　　　　　候　冬（2017.06任）
政　　委　范志伟（2017.06离任）
　　　　　李云峰（2017.06任）
市公安局水务治安分局（副县级）
局　　长　曹文刚
政　　委　李　迪
监所管理支队（副县级）
支 队 长　普光伟
政　　委　李先祥
市公安局警务督察支队（副县级）
支 队 长　汪兴介
公安局警卫支队（副县级）
支 队 长　罗云川（2017.11离任）
　　　　　谢　军（2017.11任）
政　　委　刘光倧
信访处（控告申诉办公室）（副县级）
处长（主任）　饶　静
出入境管理支队（副县级）
支 队 长　飞　霞（2017.03离任）
　　　　　李绍洪（2017.06任）
市看守所所长　解靖南（2017.03任）
法制支队支队长　刘玉龙
警务保障处处长
　　　　　巨立中（2017.03离任）

市民政局
局　　长　方建华
党组书记　方建华
副 局 长　杨思荣
　　　　　施义东
　　　　　杜　勋
市纪委驻市民政局纪检组
组　　长　李佳雄（2017.12任）
市老龄委
副 主 任
市社区建设领导小组办公室
副 主 任　肖　伟
市社会福利服务中心
主　　任　赵　燕

市司法局
局　　长　李卫华（2017.11离任）
　　　　　师　文（2017.11任）
副 局 长　张文信
　　　　　夏黎明
　　　　　刀彦伟
党委书记　李卫华（2017.10离任）
　　　　　师　文（2017.10任）
副书记、纪委书记
　　　　　周葆华（2017.12离任）
市纪委驻市司法局纪检组
组　　长　周葆华（2017.12任）
政治部主任　黄志慧

市财政局
局　　长　李丁全
党组书记　许志云（2017.01离任）
　　　　　张春玉（2017.01任）
党组副书记　李丁全
副 局 长　张春玉
　　　　　黎　坚（2017.09离任）
　　　　　禹联信
　　　　　杨　莉（2017.03任）
　　　　　杨剑纲（2017.03任）
市纪委驻市财政局纪检组
组　　长　梁黎坤（2017.12任）
市政府金融办公室
专职副主任　黎　坚（2017.09任）
市财政局会计管理局（副县级）
局　　长　张　麟（2017.06离任）
　　　　　陈　波（2017.09任）
市财政局非税收入管理局（副县级）
局　　长　史金华（2017.04离任）
　　　　　沈国庆（2017.06任）
市国有资产管理委员会
主　　任　李丁全（兼）
专职副主任　杨　徽
副 主 任　康旭辉（兼）
党委书记　李丁全（兼）
专职副书记　康旭辉

市人社局
局　　长　袁　平
党组书记　袁　平
副 局 长　杨玉光（2017.12离任）
　　　　　张　秦
　　　　　张　名（2017.01离任）
　　　　　林　清
　　　　　代春强
　　　　　林甲乙（2017.03任）
　　　　　杨丽萍（2017.12任）
市纪委驻市人社局纪检组
组　　长　施立慰（2017.12任）
市人才服务中心（副县级）
主　　任　权永红（2017.01离任）
　　　　　董　波（2017.01任）
市企业退休人员管理服务中心（副县级）
主　　任　金绍林
市社会保险局（副县级）
局　　长　张志萍（2017.11离任）
　　　　　唐碧云（2017.11任）
市公务员局
局　　长　代春强
市医保中心
主　　任　杨益昌（2017.12离任）
市医疗保险管理局
局　　长　杨益昌（2017.12任）
市劳动就业服务局
局　　长　杨丽萍（2017.12离任）
　　　　　沈永生（2017.12任）
市劳动人事争议仲裁院
院　　长　周于娜（2017.06任）

市国土资源管理局
局　　长　胡庆华
党组书记　胡庆华
副 局 长　海秀兰（2017.03离任）
　　　　　杨长飞（2017.04离任）
　　　　　廖　勇
　　　　　李云辉（2017.06任）
　　　　　刘红进（2017.04任）
市纪委驻市国土局纪检组
组　　长　高培洪（2017.12任）

玉溪市土地储备中心
主　　任　胡庆华（2017.01离任）
　　　　　海秀兰（2017.03任）
党组书记　海秀兰（2017.03任）
副 主 任　业权华
　　　　　李云嵩

市环境保护局
局　　长　张金翔
党组书记　张金翔
副 局 长　黄朝荣
　　　　　矣家宁
　　　　　李春文
市纪委驻市环保局纪检组
组　　长　马　青（2017.12任）

市住房和城乡建设局
局　　长　田江龙
党组书记　田江龙
副 局 长　李春宏
　　　　　资永俊
　　　　　王　晋（2017.01任）
市纪委驻市住建局纪检组
组　　长　秦京伟（2017.12任）
市政公用事业和园林管理局（副县级）
局　　长　李　毅
市房地产管理局局长（副县级）
局　　长　尹振伟（2017.01离任）
　　　　　李东泰（2017.01任）
市住房公积金管理中心（副县级）
主　　任　贾自云（2017.01离任）
　　　　　尹振伟（2017.01任）

市政府人民防空办公室
主　　任　乐士发
副 主 任　向贵福

市规划局
局　　长　董金柱
党组书记　王　宁
副 局 长　王　宁
　　　　　陆建明
　　　　　董晓娟

市交通运输局
局　　长　马金鸿
党组书记　马金鸿
副 局 长　李金荣
　　　　　张赶良
　　　　　廖江华
市纪委驻市交通运输局纪检组
组　　长　普绍福（2017.12任）
市运政管理处
处　　长　杨云波（2017.03离任）
市交通运输管理局
局　　长　杨云波（2017.03任）

市农业局
局　　长　杨正祥（2017.03离任）
　　　　　陈开翔（2017.07任）
党组书记　杨正祥（2017.03离任）
　　　　　陈开翔（2017.06任）
副 局 长　王琼丽
　　　　　保艳敏
　　　　　王保才
　　　　　李顺德（2017.03任）
市纪委驻市农业局纪检组
组　　长　陈　勤（2017.12任）
市畜牧兽医局（副县级）
局　　长　王保才（兼）
市农科院（副县级）
院　　长　张　钟
市农业产业化经营与农产品加工领导小组办公室（市政府发展生物产业办公室）
主　　任　矣胜荣（2017.03离任）
市乡镇企业局
局　　长　杨正祥（兼，2017.03离任）
　　　　　陈开翔（兼，2017.06任）

市林业局
局　　长　资　武
党组书记　资　武
副 局 长　吴洪明
　　　　　李志勇（2017.03离任）
　　　　　张跃伟
　　　　　张世杰（2017.03任）
市护林防火指挥部
专职副指挥长　张智勇
市森林公安局
政　　委　资　武
局　　长　胡健伟
党组书记　胡健伟
副 局 长　余朝俊
　　　　　柴力明
政治部主任　董海霞
市自然保护区管理局
局　　长　资　武（兼）

市水利局
局　　长　乔正喜
党组书记　乔正喜
副 局 长　杨云华（2017.11离任）
　　　　　李霁涛
　　　　　吴正坤（2017.11任）
　　　　　可松柏
　　　　　宁　杰（2017.11任）
市中心城区水资源调度管理局
局　　长　李吉友
市防汛抗旱指挥部
专职副指挥长　罗金寿

市商务局
局　　长　段家祥
党组书记　段家祥
副 局 长　王　衍（2017.12离任）
　　　　　李艳红（2017.12任）
　　　　　赵永平
　　　　　自福庄

市文化广播电视局
局　　长　何永平
党组书记　赵　琼
党组副书记　何永平
副 局 长　岳　川
　　　　　施有恒
　　　　　冯咏梅
　　　　　钱彦富
　　　　　贾来发
　　　　　李飞跃
市纪委驻市文广局纪检组
组　　长　李树辉（2017.12任）
市新闻出版和版权局
局　　长　岳　川
市博物馆（副县级）
馆　　长　陈泰敏（2017.06离任）
玉溪市电视台
台　　长　朱星宇

市卫生和计划生育委员会
主　　任　马跃武
党组书记　周延海
党组副书记　马跃武
副 主 任　施玉兰
　　　　　史　勇
　　　　　郭　敏
　　　　　曲校德
　　　　　师燕忠（2017.12离任）
市纪委驻市卫生计生委纪检组
组　　长　俞　琴（2017.12任）
市卫生监督局（副县级）
局　　长　尉迟培俊
市疾病控制中心（副县级）
主　　任　矣成江
市医改办
主　　任　杨士伟

市审计局
局　　长　曾　敏
党组书记　曾　敏
副 局 长　杨海明
　　　　　许立贞
　　　　　李国录

市旅游发展委员会
主　　任　何雪峰
党组书记　曾建志（2017.06离任）
　　　　　李　泓（2017.06任）
副 主 任　陈川明
　　　　　孙　旭
　　　　　朱建华（2017.11任）

市工商局
局　　长　丁　伟
党组书记　丁　伟
副 局 长　王传宝
　　　　　李宏奇
　　　　　李艳红（2017.12离任）
　　　　　邹明佑（2017.12任）
市纪委驻市工商局纪检组
组　　长　王进方（2017.12任）

市质监局
局　　长　罗江鹏
党组书记　罗江鹏
副 局 长　陆永喜
　　　　　王　林
　　　　　廖　平

市体育局
局　　长　雷　毅（2017.02离任）
　　　　　李家富（2017.02任）
党组书记　雷　毅（2017.01离任）
　　　　　李家富（2017.01任）
副 局 长　黄绍林（2017.07离任）
　　　　　朱建华（2017.11离任）
　　　　　段利星（2017.11任）
　　　　　王　红（2017.06任）

市安监局
局　　长　张玉江

党组书记　张玉江
副 局 长　李之泽
　　　　　金发辉
　　　　　申从德

市食品药品监督管理局

局　　长　王　军
党组书记　王　军
副 局 长　普文生
　　　　　尹义宪
　　　　　王琼珍
　　　　　王虎能

市统计局

局　　长　周映海（2017.03离任）
　　　　　史金华（2017.04任）
党组书记　周映海（2017.03离任）
　　　　　史金华（2017.04任）
副 局 长　周映海（2017.03任）
　　　　　张　娟
　　　　　蔡　伟
　　　　　杨　莉（2017.03离任）

市政府外事侨务办公室

主　　任　姚晓岩
党组书记　姚晓岩
副 主 任　李　莉
　　　　　刘东红

市政府扶贫开发办公室

主　　任　刘应华
党组书记　刘应华
副 主 任　普绍福（2017.12离任）
　　　　　曹炳勇（2017.11任）

玉溪高新技术产业开发区管委会

主　　任　吴伯平（副厅级）
副 主 任　李长金
　　　　　普东海（2017.06任）
　　　　　傅宏辉（2017.06离任）
　　　　　邓会宾
　　　　　宋明清（2017.06任）
　　　　　马艳青（2017.06任）
党工委书记　孙会强（副厅级）
党工委副书记　吴伯平（副厅级）
　　　　　　李长金
党工委副书记、纪工委书记
　　　　　高培洪（2017.12离任）
　　　　　曲春祥（2017.12任）
市公安局高新技术产业开发区分局
局　　长　李全盛

玉溪研和工业园区管委会

主　　任　吴小郎
副 主 任　矣　勇
　　　　　期来生
　　　　　张希也（2017.01离任）
　　　　　蔡振刚（2017.03任）
党工委书记　方　灵
党工委副书记　吴小郎
　　　　　　彭福山

市委、市政府信访局（市委群众工作局）

局　　长　师　文（2017.11离任）
　　　　　余　莉（2017.11任）
党组书记　师　文（2017.10离任）
　　　　　余　莉（2017.10任）
副 局 长　袁自福
　　　　　甘向阳
　　　　　张永慧
　　　　　马孔军
副县级督察专员　王若文
　　　　　　　　潘美华

市政府研究室（发展研究中心）

主　　任　杨　胜
党组书记　杨　胜
副 主 任　祁　虹（2017.03任）
　　　　　杨　增

云南省抚仙湖旅游度假示范区管委会

主　　任　武继昌（2017.12离任）
市抚仙湖管理局
局　　长　武继昌（2017.12离任）
党组书记　武继昌（2017.12离任）
副 局 长　陈黎彬
　　　　　杨丽红
　　　　　王　波

市移民局

局　　长　唐建民（2017.12离任）
　　　　　武继昌（2017.12任）
党组书记　唐建民（2017.12离任）
　　　　　武继昌（2017.12任）
副 局 长　宁　杰（2017.11离任）
　　　　　刀红雁
　　　　　张　建

市防震减灾局

局　　长　金志林（2017.12离任）
党组书记　李　泓（2017.06离任）
　　　　　曾建志（2017.06任）
副 局 长　孙军伟

市供销合作社联合社

主　　任　廖　伟
副 主 任　瓦永云
　　　　　董国伟（2017.06离任）
　　　　　郭恩达（2017.06任）
党委书记　廖　伟
副书记、纪委书记
　　　　　陈　勤（2017.12离任）

市政府政务服务管理局

局　　长　吕宗文（2017.06离任）
　　　　　王增琪（2017.06任）
党组书记　吕宗文（2017.06离任）
　　　　　王增琪（2017.06任）
副 局 长　郭艾华
　　　　　合丽娟（2017.03离任）
　　　　　张艳霞（2017.03任）
市政务服务中心
主　　任　吕宗文（2017.06离任）
　　　　　王增琪（2017.06任）
副 主 任　郭艾华
　　　　　合丽娟（2017.03离任）
　　　　　张艳霞（2017.03任）
市公共资源交易管理局
局　　长　吕宗文（兼，2017.06离任）
　　　　　王增琪（兼，2017.06任）
市公共资源交易中心
主　　任　普长福

市贸促会

会　　长　莫晓顺
党组书记　莫晓顺
副 会 长　郑玉玲

市招商合作局

局　　长　李明荣
党组书记　李明荣
副 局 长　冯以春
　　　　　胡宝玉
　　　　　陈　佳

市直学校、医院、企业负责人

玉溪工业财贸学校（技师学院）

校长（院长）　李华伦（副厅级）
副校长（副院长）
　　　　　刀玉萍
　　　　　周爱华
　　　　　权永红（2017.01任）
党委书记　杨正祥（副厅级，2017.02任）
副 书 记　李华伦
　　　　　张延强（2017.03离任）
　　　　　汤之德（2013.03任）
纪委书记　张延强（2017.03离任）
　　　　　汤之德（2013.03任）
行政办公室主任　李相达
计划财务处主任　李　磊
人事处主任　李　朝（2017.03任）
招生就业处主任
　　　　　李　朝（2017.03离任）
　　　　　谭华运（2017.03任）
教务处主任　林向阳
学生处主任　韩东良
保卫处主任　朱贵云

玉溪一中

校　　长　李立杰
副 校 长　岳从阁
　　　　　武增明
　　　　　刘建坤（2017.03任）
党委书记　迟万昌
副 书 记　李立杰
　　　　　杨长兴（2017.03离任）
　　　　　王　利（2017.03任）
纪委书记　杨长兴（兼，2017.03离任）
　　　　　王　利（兼，2017.03任）

玉溪农业职业技术学院

院　　长　董从华
副 院 长　陈家祥（2017.06离任）
　　　　　李裕葵
　　　　　董绍辉
　　　　　陆星星（2017.06任）
党委书记　张兴斌
副 书 记　董从华
　　　　　普发明
纪委书记　许建辉

玉溪卫生学校

校　　长　陈　晋（2017.10任）
副 校 长　善要仁（2017.11离任）
　　　　　施茗祥
　　　　　王启润（2017.11任）
党委书记　高丽清
副 书 记　陈　晋（2017.10离任）
　　　　　徐永梅
纪委书记　徐永梅（兼）

玉溪体育运动学校

校　　长　柏家渭
副 校 长　张朝和
　　　　　段兆艳（2017.06离任）
　　　　　张开兰
党委书记　张正全
副 书 记　柏家渭
　　　　　杨长兴（2017.03任）
纪委书记　杨长兴（兼，2017.03任）

玉溪师范学院附属中学

校　　长　李富春
副 校 长　李明辉
　　　　　曾学康
　　　　　杨春楠（2017.03任）
党委书记　吴希敏
副 书 记　李富春
　　　　　王　利（2017.03离任）
　　　　　王　敏（2017.03任）
纪委书记　王　利（兼，2017.03离任）
　　　　　王　敏（兼，2017.03任）

玉溪市民族中学

校　　长　李永云
副 校 长　何建国
　　　　　朱培康（2017.03任）
党委书记　汤之德（2017.03离任）
　　　　　张延强（2017.03任）
副 书 记　李永云
　　　　　罗忠诚（2017.03任）
纪委书记　罗忠诚（兼，2017.03任）

玉溪市特殊教育学校（副县级）

校　　长　张国强

玉溪市人民医院

院　　长　张　竣（副厅级，2017.09离任）
　　　　　曾　勇（副厅级，2017.09任）
副 院 长　施　平（2017.03离任）
　　　　　杨　玲（2017.03任）
　　　　　蔡德芳
　　　　　童宗武
　　　　　张锡光
　　　　　赵云焰
　　　　　郝应禄
党委书记　解　宇（副厅级，2017.06离任）
　　　　　马跃光（2017.06任）
副 书 记　张　竣（2017.09离任）
　　　　　曾　勇（2017.10任）
　　　　　施　平（2017.03离任）
　　　　　杨　玲（2017.03任）
纪委书记　王娅波
总会计师　朱红媛

玉溪市中医院

院　　长　杨　玲（2017.03离任）
副 院 长　景　明
　　　　　赵贵红
　　　　　徐　欣
党委书记　吕志平（2017.03离任）
　　　　　施　平（2017.03任）
副 书 记　杨　玲（2017.03离任）
纪委书记　李文平

玉溪市第二人民医院

院　　长　马晓元
副 院 长　杨顺英
　　　　　刘　琼（2017.06任）
　　　　　李玉有（2017.06任）
党委书记　杨顺英（2017.06任）
副 书 记　马晓元（2017.06任）
　　　　　陈存文
纪委书记　陈存文（兼）

玉溪国有资本运营（集团）有限责任公司

董 事 长　谭志平（2017.11离任）
党委书记　师　冲（2017.10离任）
副 书 记　谭志平（2017.10离任）
　　　　　张国庆（2017.10离任）
副总经理　杨宝福（2017.03离任）
　　　　　李云辉（2017.06离任）
监事会主席　李富芝（2017.06离任）
财务总监　蔡振刚（2017.03离任）
工会主席　李凤媛（2017.11离任）

玉溪国有资本运营有限公司

董 事 长　柏继武（2017.10任）
党组书记　柏继武（2017.10任）
党组副书记　张国庆（2017.10任）
副总经理　王建斌（2017.11任）

玉溪国有资本投资（集团）公司

董 事 长　柏继武（2017.09离任）
党委书记　谢洪文（2017.10离任）
副 书 记　柏继武（2017.09离任）
　　　　　邓　柯（2017.10离任）
总 经 理　邓　柯（2017.11离任）
副总经理　陈建勋（2017.10离任）
　　　　　赵树文（2017.10离任）
监事会主席　王志刚（2017.12离任）
工会主席　万里鹏（2017.03离任）

玉溪融资担保公司

董 事 长　胡　芸
党组书记　胡　芸
总 经 理　邱　海
监事会主席　王锦文

玉溪交通运输集团公司

董 事 长　孔　伟
党委书记　孔　伟
副 书 记　李　睿
　　　　　李东滏（2017.06任）
纪委书记　李东滏（兼，2017.06任）
总 经 理　李　睿
副总经理　尹跃洪
　　　　　邹桂鹏
　　　　　马现廷（2017.06任）
工会主席　花苡萍

（朱浩吉）

绿水青山·碧玉清溪

（吴 垠 摄）

中共玉溪市委员会

THE CPC COMMITTEE OF YUXI CITY

责任编校：李晓媛

重要会议及决策

督查工作

政策研究

农业农村工作

深化改革

纪检监察

组织工作

宣传工作

统战工作

机关党建

老干部工作

党校工作

党史研究

保密工作

档案管理

机构编制

【市委重要会议】 2017年1月12日，中共玉溪市委召开市四届人大五次会议中共党员负责人会议。市委书记罗应光强调，要统一思想，充分认识做好人代会选举工作的重要性，以坚强有力的领导，确保选举圆满成功。22日，市委常委班子召开2016年度民主生活会。省委副书记、省长阮成发全程参加和指导民主生活会并强调，要牢固树立“四个意识”特别是核心意识、看齐意识，抓好抓实整改，努力锻造让党放心、让群众满意的坚强领导集体，为各级党组织和广大党员干部作好示范、立好标杆、苦干实干，团结带领全省各族人民为跨越发展作出积极贡献。省纪委副书记孔荣华、省委组织部常务副部长姜山到会指导。24日，中共玉溪市委五届三次全体会议召开，遴选产生玉溪市推荐云南省出席党的十九大代表候选人初步人选。

2月14日，市委农村工作暨全市扶贫开发工作会议召开。罗应光强调，要凝心聚力、聚焦发力、精准用力，勇于担当、真抓实干、攻坚克难。22日，市委理论学习中心组进行2017年第一次集中学习，深入学习贯彻习近平总书记关于生态文明建设的一系列新思想、新论断、新要求，全面学习贯彻党的十八届六中全会、省第十次党代会和市第五次党代会精神。

3月13日，市委全面深化改革领导小组召开第20次会议，专题研究玉溪市公立医院综合改革工作。同日，市委全面深化改革领导小组召开第21次会议，研究审议全市一站式惠民“互联网+政务服务”建设实施方案，研究审议关于创新投融资机制的实施意见。14日，中共玉溪市委五届四次全体会议召开。全会强调，要切实增强全面从严治党的责任感和紧迫感，坚定不移把全面从严治党推向深入，把全面从严治党各项要求落到实处，不断开创玉溪各项事业新局面，以优异成绩迎接党的十九大胜利召开。全会由市委常委会主持。罗应光就《实施意见（草案）》向全会作了说明并作总结讲话。

5月3日，五届市委理论学习中心组第六次暨2017年第三次集中学习举行，深入学习领会习近平总书记扶贫开发战略思想，分析全市脱贫攻坚面临的困难和问题，进一步认清形势任务，统一思想行动，确保圆满完成2017年在全省率先实现整体脱贫的目标。4日，市委全面深化改革领导小组召开第22次会议，传达中央和省委全面深化改革领导小组近期会议精神。5日，市委召开全市推进“两学一做”学习教育常态化制度化工作座谈会。会议强调，要切实把思想和行动统一到中央、省委的部署要求上来，以强烈的政治意识、大局意识、核心意识和看齐意识，扎实推进“两学一做”学习教育常态化制度化。31日，市委理论学习中心组进行2017年第四次集中学习，传达学习贯彻省第十次党代会精神领导干部综合能力提升专题培训班精神。

6月14日，市委全面深化改革领导小组召开第23次会议，研究审议市委全面深化改革领导小组会议议事规则、全国城市设计试点改革创新工作、深化全市公安机关执法规范化建设等工作，听取社会体制改革专项小组、有关部门和元江县改革情况汇报。19日，市委理论学习中心组进行第八次暨2017年第五次集中学习，研究探讨加快新动能成长和传统动能改造提升的办法措施，加快新旧动能接续转换，促进经济结构转型，进一步提高经济发展的质量和效益，推动玉溪跨越发展。市委书记罗应光主持集中学习并作动员和总结讲话。21日，市委召开学习廖俊波先进事迹座谈会。会议要求各级党组织和广大党员领导干部要深入学习贯彻习近平总书记关于廖俊波先进事迹的重要指示精神，学习省委座谈会议精神，向廖俊波学习。

7月10日，五届市委理论学习中心组进行第九次暨2017年第六次集中学习，深入学习贯彻习近平总书记系列重要讲话精神和治国理政新理念新思想新战略，进一步提高政治站位，增强“四个意识”，坚定“四个自信”，推动玉溪各项工作始终干在实处、走在全省前列。11日，市委召开市四届人大六次会议中共党员会议，进一步统一思想、明确任务，充分发挥中共党员的模范带头作用，团结带领代表正确履行职责，共同完成好大会预定的各项任务，确保会议圆满成功。17日，市委依法治市领导小组2017年第一次全体（扩大）会议召开，学习贯彻省委依法治省领导小组会议精神，全面总结2016年依法治市工作，研究审议相关方案和事项，部署今年主要工作任务。同日，市委召开防范处理邪教工作会议，对全市防范处理邪教工作进行安排部署。28日，市委全面深化改革领导小组召开第24次会议，传达中央和省委全面深化改革领导小组近期会议精神，研究审议相关改革方案和事项，听取有关改革工作推进落实情况汇报。31日，市委召开2017年度议军会议，深入学习贯彻习近平总书记关于国防和军队建设系列重要讲话精神。同日，玉溪市召开庆祝建军90周年“八一”双拥座谈会，热烈庆祝中国人民解放军建军90周年，共叙军民鱼水深情，共商融合发展大计。

8月10日，五届市委理论学习中心组第十次暨2017年第七次集中学习举行，按照省委通知要求，再次深入学习贯彻习近平总书记在省部级主要领导干部专题研讨班上的重要讲话精神。

9月7日，五届市委理论学习中心组进行第十一次暨2017年第八次集中学习，认真学习贯彻习近平总书记关于意识形态工作的重要讲话和中央关于意识形态工作的部署要求，着力增强文化自觉和文化自信，更好凝聚团结奋进的精神力量，为党的十九大胜利召开营造良好思想舆论环境。22日，五届市委理论学习中心组第十二次暨2017年第九次集中学习举行，认真学习《习近平关于制度治党、依规治党论述摘编》和习近平总书记全面依法治国新理念新思想新战略。

11月3日，五届市委理论学习中心组进行第十四次暨2017年第十一次集中学习。深入学习贯彻党的十九大精神，深刻理解党的十九大提出的一系列新的重要思想、重要观点、重大判断、重大举措。市委书记罗应光主持集中学习并作动员和总结讲话。15日，市委召开全市领导干部大会，传达学习《中共中央政治局关于加强和维护党中央集中统一领导的若干规定》和《中共中央政治局贯彻落实中央八项规定的实施细则》。市委书记罗应光主持会议并就贯彻落实好《若干规定》和《实施细则》提出要求。23日，市委深化国家监察体制改革试点工作小组第一次会议召开，学习贯彻中央关于深化国家监察体制改革试点工作的有关精神。30日，市委常委会召开扩大会议，传达省委书记陈豪在省委常委会听取十届省委第二轮巡视工作汇报时的讲话要求和省委第七巡视组对玉溪市巡视情况反馈会议精神。会议强调，要树牢“四个意识”，提高政治站位，坚持问题导向，压实整改责任，抓好跟踪问责，以钉钉子精神抓整改，确保省委巡视组反馈意见“条条要整改、件件有着

落”，坚决维护省委巡视的权威性和严肃性。市委书记罗应光主持会议。

12月15日，市委全面深化改革领导小组召开第27次会议，传达省委全面深化改革领导小组第三十五次会议精神，研究审议建立一线考察识别干部工作机制、推进价格机制改革、城市执法体制改革、农村土地所有权承包权经营权分置、实行审计全覆盖、红塔区建立校务及医务监督委员会等改革方案和事项。22日，五届市委理论学习中心组举行第十五次暨2017年第十二次集中学习。深入学习《习近平谈治国理政》第二卷，结合学习党的十九大精神和《习近平谈治国理政》第一卷，进一步增强学习贯彻习近平新时代中国特色社会主义思想的政治自觉、思想自觉、行动自觉，切实用党的创新理论武装头脑、指导实践，大力弘扬“跨越发展、争创一流；比学赶超、奋勇争先”精神，为推动玉溪跨越发展注入强大动力。

【市委常委会议】 2017年1月4日，市委书记罗应光主持召开五届市委第14次常委会议。会议共有4项议题：1.听取全市工青妇工作情况汇报；2.审议《玉溪市市本级财政资金审批管理办法（修订）》；3.研究《政府工作报告（讨论稿）》《玉溪市2016年国民经济和社会发展计划执行情况与2017年国民经济和社会发展计划草案的报告（讨论稿）》《玉溪市2016年地方财政预算执行情况和2017年地方财政预算草案的报告（讨论稿）》；4.听取市委首轮巡察工作情况汇报。6日，市委书记罗应光主持召开五届市委第15次常委（扩大）会议。会议共有1项议题：传达学习省委十届二次全会精神，研究玉溪市贯彻意见。13日，市委书记罗应光主持召开五届市委第16次常委（扩大）会议，主要任务是：按照中组部《关于做好2016年度市县乡党委书记抓基层党建述职评议考核工作的通知》要求，组织开展玉溪市县区委书记和市直党（工）委书记抓基层党建工作述职评议考核。同日，市委书记罗应光主持召开五届市委召开五届市委第17次常委会议，会议有1项议题：研究干部人事议题。

2月10日，市委书记罗应光主持召开五届市委第18次常委会议，会议议题共有6项：1.传达学习省委农村工作暨全省扶贫开发工作会议精神，研究全市贯彻意见；2.传达学习十八届中央纪委七次全会和省纪委十届二次全会精神，研究全市贯彻意见；3.研究审定2016年度党风廉政建设责任制检查考核结果；4.传达学习全省组织部长会议精神，研究玉溪市贯彻意见；5.传达学习全国宣传部长会议、全省宣传思想文化工作会议精神，研究玉溪市贯彻意见；6.传达学习中央、省委政法工作会议精神，研究玉溪市贯彻意见。25日，市委书记罗应光主持召开五届市委召开五届市委第19次常委会议，会议有1项议题：研究干部人事议题。

3月13日，市委书记罗应光主持召开五届市委第20次常委会议，会议议题共有15项：1.研究市委五届四次全会有关事项；2.审议“民营经济、县域经济、园区经济”系列文件；3.审议“科教引领创新发展”大讨论、大行动系列文件；4.审议《玉溪市加快推进建档立卡贫困户和“直过民族”易地扶贫搬迁及危房改造的实施方案（送审稿）》；5.审议《玉溪市农村危房改造及配套基础设施建设二期（第二轮“百村示范千村整治”）行动实施方案（送审稿）》；6.审议《关于加强和改进新形势下宗教工作的实施意见（送审稿）》；7.研究机构编制有关事项；8.研究取消年度和季度定包奖有关事项；9.审议《玉溪市贯彻落实中央环境保护督察反馈意见问题整改总体方案（送审稿）》；10.审议《市委常委会2017年工作要点（送审稿）》及其分工方案、《市委常委会议2017年度议题计划（送审稿）》；11.审议《玉溪市人大常委会2017年工作要点（送审稿）》；12.审议《政协玉溪市委员会2017年工作要点（送审稿）》《政协玉溪市委员会2017年度重点协商计划（送审稿）》；13.传达省委巡视巡察工作会议精神，学习《州（市）、县（市、区）党委巡察制度实施办法（试行）》，研究玉溪市贯彻意见；14.审议恢复党员权利问题；15.研究干部人事事项。14日，市委书记罗应光主持召开五届市委召开五届市委第21次常委会议，会议有1项议题：市委五届四次全会分组讨论情况汇报、审议全会报告决议（草案）。

4月22日，市委书记罗应光主持召开五届市委常委会第22次（扩大）会议，会议共有2项议题：1.传达学习省委主要领导赴玉溪调研主要精神；2.研究江通高速公路等6个项目所需经费纳入财政预算有关事项。

5月3日，市委书记罗应光主持召开五届市委常委会第23次会议，会议议题共有16项：1.传达全省一季度经济形势分析会议精神，研究玉溪市一季度经济运行情况及下一步工作；2.审议《党委（党组）理论学习中心组学习实施细则（送审稿）》《中共玉溪市委理论学习中心组2017年学习选题计划（送审稿）》；3.研究举办第五届中国聂耳音乐（合唱）周（玉溪分会场）活动有关事项；4.研究《玉溪市人大常委会2017年立法计划（草案）》；5.研究玉溪市建设“聂耳音乐之都”有关事项；6.研究玉溪市全面推行河长制有关事项；7.研究澄江县广龙旅游小镇群众安置房项目、2017年提质扩容项目及全国农村生活污水治理示范县项目有关事项；8.研究武警玉溪市支队战备建设经费有关事项；9.审议2016年度全市综合考评结果，研究2017年度全市综合考评办法；10.审议《中共玉溪市委关于市级领导进一步贯彻中央八项规定精神的实施意见（送审稿）》；11.传达学习省纪委全省党风廉政建设宣传工作座谈会、党风政风监督业务培训班、纪检监察机关执纪审查工作座谈会精神，研究玉溪市贯彻意见；12.研究玉溪市关于推进“两学一做”学习教育常态化制度化工作；13.审议《关于2016年下半年我市意识形态领域情况的通报》，研究2017年意识形态工作；14.传达学习全省2017年脱贫攻坚工作推进会议精神，研究玉溪市初步贯彻意见；15.通报玉溪市人民政府与云南启迪实业发展有限公司合作有关事项；16.传达学习国家环境保护“八个文件”主要内容。4日，市委书记罗应光主持召开五届市委召开五届市委第24次常委会议，会议有1项议题：研究干部人事议题。9日，市委书记罗应光主持召开五届市委召开五届市委第25次常委会议，会议有1项议题：研究干部人事议题。19日，市委书记罗应光主持召开五届市委常委会第26次会议，会议议题共有6项：1.传达学习全国统战部长会议、全省统战工作会议主要精神，研究玉溪市贯彻意见；2.审议《玉溪市信访工作责任制实施细则（送审稿）》和《2017年市级党政领导包案化解信访案件工作方案（送审稿）》；3.研究2016年度党（工）委书记抓基层党建工作述职评议考核综合评价意见；4.传达学习中央组织部、省委组织部基层党建工作重点任务推进会主要精神，研究玉溪市贯彻意见；5.审议

2016年综治维稳（平安建设）、“四无”创建及流动人口均等化工作考核结果；6.研究干部人事议题。

6月2日，市委书记罗应光主持召开五届市委常委会第27次会议，会议议题共有7项：1.审议《中共玉溪市委2017年政党协商计划（送审稿）》；2.研究峨山县提质扩容示范县第一批市政基础设施建设项目有关事项；3.研究市级机关交流干部周转住房有关事项；4.传达学习全省高校思想政治工作会议主要精神，研究玉溪市贯彻意见；5.传达学习全省党委系统秘书长、办公厅（室）主任会议主要精神，研究玉溪市贯彻意见；6.研究2016年度市管领导班子和领导干部考核等次；7.研究违纪干部问题。16日，市委书记罗应光主持召开五届市委召开五届市委第28次常委（扩大）会议，会议有1项议题：传达学习徐令义、姜信治、陈豪在中央第十一巡视组对云南省巡视“回头看”情况反馈会议上的讲话精神。17日，市委书记罗应光主持召开五届市委召开五届市委第29次常委会议，会议有1项议题：研究干部人事议题。20日，市委书记罗应光主持召开五届市委常委会第30次会议，会议议题共有7项：1.传达学习习近平总书记重要批示、省委防范处理邪教工作会议和领导小组（扩大）会议主要精神，研究玉溪市贯彻意见；2.研究市政府提请的有关事项；3.研究增开昆明南至玉溪普速列车及动车组列车有关事项；4.传达全国全省党史研究室主任会议精神，研究《滇中·红色记忆》党史专题片拍摄工作有关事项；5.研究玉溪市四届人大六次会议有关事项。6.传达学习中组部“2个党费文件”主要精神和全省党费工作业务培训班主要精神，研究玉溪市贯彻意见；7.研究干部人事议题。27日，市委书记罗应光主持召开五届市委常委会第31次（扩大）会议，会议议题共有6项：1.传达中国共产党云南省第十届委员会第三次全体会议精神；2.传达中央第十一巡视组对云南省巡视“回头看”反馈意见整改工作动员会议精神；3.研究申办2022年云南省第十六届运动会有关事项；4.研究2017年全市党风廉政建设责任制检查考核有关事项；5.传达中央第七环保督察组督察云南对所涉玉溪有关干部的处理意见，研究违纪干部问题；6.研究玉溪市省管领导干部2016年度考核等次评定。30日，市委书记罗应光主持召开五届市委常委会第32次会议，会议议题共有4项：1.传达学习贯彻中国共产党云南省代表会议精神；2.研究中共玉溪市委关于落实中央第十一巡视组对云南省开展巡视“回头看”反馈意见的整改方案；3.研究玉溪市四届人大六次会议有关事宜；4.研究玉溪市第五届人民代表大会常务委员会委员组成人员名额及玉溪市第五届人民代表大会第一次会议召开时间相关事宜。

7月5日，市委书记罗应光主持召开五届市委常委会第33次会议，专题研究部署省委第七巡视组对中共玉溪市委开展巡视有关事宜。10日，市委书记罗应光主持召开五届市委常委会第34次会议，会议议题共有4项：1.审议提交省委第七巡视组的《玉溪市委工作汇报》《玉溪市党风廉政建设和反腐败工作专题汇报》和《玉溪市组织工作专题汇报》；2.听取市委第二轮巡察工作情况汇报，研究部署第三轮巡察工作；3.审议《关于当前我市意识形态领域形势的通报》；4.传达学习十届省委第二轮巡视工作动员部署及巡视业务培训会议精神。21日，市委书记罗应光主持召开五届市委常委会第35次会议，会议议题共有8项：1.传达学习贯彻全省2017年上半年工作汇报会精神；2.学习贯彻新修改的《中国共产党巡视工作条例》；3.传达学习贯彻省委巡视整改工作领导小组会议精神，研究相关工作；4.传达学习贯彻全省中小学校党的建设工作现场推进会议和全省组织部长工作会议精神；5.审议《中共玉溪市委关于进一步深入学习贯彻习近平总书记系列重要讲话精神和治国理政新理念新思想新战略的实施方案（送审稿）》；6.审议《中共玉溪市委党的建设工作领导小组2017年工作要点（送审稿）》《单位党委（党组）和个人向市委推荐干部工作实施细则（送审稿）》《玉溪市管干部选拔任用动议听取意见工作实施办法（试行）（送审稿）》；7.研究市人大常委会党组提请的有关事项：①传达学习贯彻云南省推进县乡人大工作和建设经验交流会精神；②传达学习贯彻滇中城市经济圈五州市人大工作合作机制第二次会议精神；③审议《玉溪市出席云南省第十三届人民代表大会代表候选人推荐提名工作方案（送审稿）》；8.研究市政府党组提请的有关事项：①审议《关于推进市级经营性国有资产集中统一监管的实施意见（送审稿）》《玉溪市国有企业改革攻坚战实施方案（送审稿）》；②审议《关于实施全面两孩政策改革完善计划生育服务管理的实施意见（送审稿）》；③审议《关于加快玉溪高新区手机等智能终端制造及配套产业发展的若干政策（送审稿）》；④审议《玉溪农林投资开发有限公司组建方案（送审稿）》；⑤研究玉溪“亚洲花卉科创谷”建设有关事项；⑥审议《玉溪市脱贫攻坚督查巡查工作实施办法（送审稿）》；⑦审议《关于2016年度市对县区党委和政府扶贫开发工作成效考核结果的通报（送审稿）》；⑧研究红塔区李棋街道大矣资社区民房搬迁安置补偿调整有关事项；⑨研究澄江县全面落实河长制加快推进“一城五镇多村”建设工作经费有关事项；⑩研究关于将星云湖污染底泥疏挖及处置PPP项目政府购买服务资金列入市级财政预算有关事项；审议《玉溪市贯彻〈云南省建设我国民族团结进步示范区规划（2016～2020年）〉的实施意见（送审稿）》。

8月1日，市委书记罗应光主持召开五届市委常委会第36次（扩大）会议，会议议题2项：1.传达学习贯彻习近平总书记在省部级主要领导干部专题研讨班开班式上的重要讲话精神；2.传达学习贯彻习近平总书记在庆祝中国人民解放军建军90周年阅兵及大会上的重要讲话精神。18日，市委书记罗应光主持召开五届市委常委会第37次会议，会议议题7项：1.传达学习贯彻全省扶贫领域监督执纪问责工作电视电话会议精神；2.传达学习中共中央办公厅《关于市县党委建立巡察制度的意见》《被巡视党组织配合中央巡视工作规定》和《中共云南省委办公厅关于深入学习宣传贯彻新修改的〈中国共产党巡视工作条例〉的通知》精神；3.审议《关于全市纪检监察机关强化监督执纪问责为玉溪干在实处走在全省前列提供纪律保障的意见（送审稿）》；4.审议《玉溪市党员干部使用微信行为规范（送审稿）》；5.研究市政府党组提请的有关事项：①研究玉江大道提升改造工程有关事项；②听取玉溪与比亚迪股份有限公司项目合作情况汇报；③听取2017年上半年全市安全生产工作情况汇报，研究部署2017年下半年工作；④听取举办2017环抚仙湖高原国际超级马拉松赛事有关情况通报；6.传达学习贯彻第八次全省信访工作会议精神；7.审议《云南省元江哈尼族彝族傣族自治县文化遗产保护条例（党内送审稿）》。30日，市委书记罗应光主持召开五届市委常委会第38次会议，会议议题6项：1.听取市政府党组关于经济工作（特别是投资工作）的汇报；2.听取全市开展打好稳增长促跨越百日攻坚战专项纪律检查和脱贫攻坚专项巡察工作情况汇报；3.听取有关机构编制事项汇报；4.研究干部人事议题；5.研究纪检案件；6传达学习《中共云南省委关于中央巡视“回头看”整改情况的通报》精神。31日，市委书记罗应光主持召开五届市委常委会第39次会议，会议专题研究干部人事议题。

9月4日，市委书记罗应光主持召开五届市委常委会第40次会议，会议专题研究干部人事议题。7日，市委书记罗应光主持召开五届市委常委会第41次（扩大）会议，会议议题2项：1.传达学习十届省委常委会第45次（扩大）会议精神；2.传达学习省扶贫开发领导小组第六次全体会议精神，研究全市贯彻落实意见。18日，市委书记罗应光主持召开五届市委常委会第42次（扩大）会议，会议议题5项：1.研究干部人事议题；2.传达学习省委主要领导调研玉溪讲话精神；3.传达学习中央有关文件精神和中央、省委领导对群团改革工作批示精神；4.研究市人大常委会党组提请的有关事项：①《中共玉溪市人大常委会党组关于进一步完善人大代表及市人大常委会组成人员组织机制的意见（送审稿）》；②玉溪市第五届人民代表大会代表名额和选举有关问题；5.研究市政府党组提请的有关事项：①2017年首届中国玉溪科教创新高峰论坛筹备工作有关事项；②听取玉溪市行业协会商会问题专项整治工作情况通报。30日，市委书记罗应光主持召开五届市委常委会第43次（扩大）会议，会议议题1项：传达中央政治局会议审议通过的中央纪委《关于孙政才严重违纪案的审查报告》。

10月9日，市委书记罗应光主持召开五届市委常委会第44次会议，会议议题6项：1.传达学习全省新的社会阶层人士统战工作会议精神，研究全市贯彻意见；2.研究《关于召开中共玉溪市纪委五届三次全会工作方案（送审稿）》《玉溪市落实党风廉政建设主体责任派单制实施办法（送审稿）》；3.传达学习贯彻全省健康扶贫工作电视电话会议精神；4.传达学习贯彻全省产业扶贫工作视频会议精神、全省金融工作会议精神、云南省促进民营经济健康发展大会精神；5.传达学习贯彻《省管领导班子成员分工调整报备有关规定》和全省城市基层党建工作经验交流座谈会精神；6.研究纪检案件。27日，市委书记罗应光主持召开五届市委常委会第45次（扩大）会议，会议议题2项：1.传达学习中国共产党第十九次全国代表大会精神，研究部署全市学习宣传贯彻工作；2.研究《玉溪市城镇绿化条例》。29日，市委书记罗应光主持召开五届市委常委会第46次会议，研究县委书记考察对象建议人选报省委。31日，市委书记罗应光主持召开五届市委常委会第47次会议，会议议题7项：1.传达学习中央有关文件精神；2.审议《关于加强和改进保密工作的实施意见（送审稿）》；3.研究市政府党组提请的有关事项：①研究江川工业园区投资开发有限公司借款有关事项；②审议《玉溪市关于加快推进农村人居环境提升实施意见（送审稿）》；③研究抚仙湖生态环境监测系统建设PPP项目有关事项；④研究玉溪市公共交通及出租汽车行业推广应用比亚迪新能源汽车有关事项；4.研究调整成立市属投融资公司党组有关事项；5.传达学习《云南省县以上党和国家机关党员领导干部民主生活会实施办法》；6.研究纪检案件；7.研究干部人事议题。

11月1日，市委书记罗应光主持召开五届市委常委会第48次会议，研究姜兴林拟任职事宜上报省委。7日，市委书记罗应光主持召开五届市委常委会第49次会议，会议议题：1.研究玉溪市推荐提名全国、省十三届人民代表大会代表建议人选事项；2.传达学习省委关于巡视巡察工作的有关文件精神，听取第二轮整改情况及第三轮巡察工作汇报，研究第四轮巡察工作方案；3.传达《中共中央办公厅印发〈关于在全国各地推开国家监察体制改革试点方案〉的通知》精神。10日，市委书记罗应光主持召开五届市委常委会第50次会议，会议专题研究干部人事议题。14日，市委书记罗应光主持召开五届市委常委会第51次会议，会议有3项议题：1.传达学习省委书记陈豪在云南日报上发表的署名文章《在党的十九大精神鼓舞下谱写云南跨越式发展新篇章》，研究玉溪市的贯彻意见；2.传达学习《中共中央关于认真学习宣传贯彻党的十九大精神的决定》《中共云南省委关于贯彻〈中共中央关于认真学习宣传贯彻党的十九大精神的决定〉的实施意见》及有关会议精神；3.传达学习《中共云南省委办公厅关于认真组织传达学习中发〔2017〕29号和中办发〔2017〕63号文件精神的通知》《中共中央印发〈中共中央政治局关于加强和维护党中央集中统一领导的若干规定〉的通知》《中共中央办公厅国务院办公厅关于印发〈中共中央政治局贯彻落实中央八项规定实施细则〉的通知》。26日，市委书记罗应光主持召开五届市委常委会第52次会议，会议有1项议题：研究交流使用的副厅级领导干部考察对象建议人选。29日，市委书记罗应光主持召开五届市委常委会第53次会议，会议有1项议题：研究干部人事议题。30日，市委书记罗应光主持召开五届市委常委会第54次（扩大）会议，会议有11项议题：1.传达学习有关文件精神和省委抚仙湖综合保护治理工作专题会议精神，研究部署整改落实工作；2.传达学习省委有关文件精神；3.传达学习陈豪在省委常委会听取十届省委第二轮巡视工作汇报时的重要讲话精神和省委第七巡视组对玉溪市巡视情况反馈会议精神，研究部署整改落实工作；4.传达学习省扶贫开发领导小组第七次全体会议精神，研究全市贯彻意见；5.审议《玉溪市深化国家监察体制改革试点工作实施方案（送审稿）》《玉溪市监察委员会转隶组建工作方案（送审稿）》《玉溪市纪委、市监察委内设机构方案（送审稿）》；6.审议《市管事业单位纪委书记、副书记提名考察办法（试行）（送审稿）》《党风廉政意见办理办法（送审稿）》《关于进一步规范领导干部操办婚丧喜庆事宜的规定（送审稿）》《市管领导干部任前廉政谈话规定（送审稿）》；7.审议《关于市委巡察机构设置的方案（送审稿）》《关于全面落实市纪委向市一级党和国家机关派驻纪检机构的方案（送审稿）》《关于加强市纪委派驻机构建设的意见（送审稿）》；8.研究机构编制有关事项；9.审议《玉溪市学习贯彻党的十九大精神干部轮训工作方案（送审稿）》；10.审议《市委组织部市委统战部关于第五届市政协人事安排的意见（送审稿）》；11.研究纪检案件。

12月2日，市委书记罗应光主持召开五届市委常委会第55次会议，会议有1项议题：研究交流使用的副厅级领导干部考察对象建议人选。5日，市委书记罗应光主持召开五届市委常委会第56次会议，会议有1项议题：研究干部人事议题。6日，市委书记罗应光主持召开五届市委常委会第57次会议，会议议题共有7项：1.研究省委第七巡视组巡视反馈意见整改工作：①审议《中共玉溪市委关于落实省委第七巡视组反馈意见整改方案（送审稿）》；②审议《玉溪市扶贫开发领导小组关于省委第七巡视组对玉溪市脱贫攻坚工作专项检查材料的整改方案（送审稿）》；③审议《中共玉溪市委意识形态工作领导小组关于省委第七巡视组对玉溪市意识形态工作责任制落实专项检查材料的整改方案（送审稿）》；④审议《玉溪高新区党工委关于落实省委第七巡视组反馈意见整改方案（送审稿）》。2.审议《关于坚决打好打赢新时代抚仙湖保卫战专项监督检查工作方案（送审稿）》。3.审议《中共玉溪市委常委会关于坚定维护以习近平同志为核心的党中央集中统一领导的若干具体规定（送审稿）》和《贯彻落实中央八项规定精神实施办法（送审稿）》。4.传达学习全国精神文明建设表彰大会精神，审议《玉溪市关于深化群众性精神文明创建活动的实施意见（送审稿）》。5.研究市人大常委会党组提请的事项：①研究市四届人大七次会议和市五届人大一次会议有关事项；②研究《玉溪市森林防火条例（草案修改稿）》有关问题。6.研究市政府党组提请的事项：①审议《玉溪市服务经济倍增计划（2017～2021年）（送审稿）》；②审议《玉溪市关于完善改革性补贴和规范奖励政策实施方案（送审稿）》。7.推荐提名省级及以上人大代表、政协委员人选。11日，市委书记罗应光主持召开五届市委常委会第58次会议，会议有1项议题：研究干部人事议题。同日，市委书记罗应光主持召开五届市委常委会第59次（扩大）会议，会议有1项议题：传达学习中央有关文件精神。17日，市委书记罗应光主持召开五届市委常委会第60次会议。会议共有2项议题：1.传达学习云南省扶贫工作座谈会精神，研究部署全市贯彻落实工作；2.研究干部人事事项。同日，市委书记罗应光主持召开五届市委常委会第61次（扩大）会议。会议听取市人大、市政府、市政协换届考察组通报考察工作安排，介绍换届政策，并就做好换届考察工作提要求。25日，市委书记罗应光主持召开五届市委常委会第62次会议，会议有1项议题：研究干部人事议题。同日，市委书记罗应光主持召开五届市委常委会第63次会议，会议有7项议题：1.审议《中共玉溪市委关于加强党委领导地方立法工作的实施意见（送审稿）》；2.审议《中国共产党玉溪市委员会工作规则（送审稿）》《中共玉溪市委常委会议事规则（送审稿）》《中共玉溪市委关于加强党内法规制度建设的实施意见（送审稿）》《中共玉溪市委常委会议题管理制度（送审稿）》《中共玉溪市委常会建档备案制度（送审稿）》《中共玉溪市委书记专题会议制度（送审稿）》《关于规范向市委报送报告及处理工作的实施办法（试行）（送审稿）》；3.审议《玉溪市2017年度党风廉政建设责任制检查考核实施方案（送审稿）》；4.研究调整玉溪市第五届人民代表大会常务委员会组成人员和第五届人民代表大会代表名额分配有关事项；5.研究政协玉溪市五届一次会议有关事项；6.研究纪检案件；7.研究干部人事议题。

28日，市委书记罗应光主持召开五届市委常委会第64次会议，会议有1项议题：研究干部人事议题。29日，市委书记罗应光主持召开五届市委常委会第65次会议，会议共有7项议题：1.传达中央经济工作会议精神，研究全市2018年经济工作；2.听取市人大常委会、市政府、市政协、市中级人民法院、市人民检察院党组5年工作情况汇报；3.听取市总工会、团市委、市妇联2017年工作情况汇报；4.听取市纪委、市委组织部、市委宣传部、市委统战部、市委政法委2017年工作情况汇报，审议《关于新形势下进一步加强全市政法队伍建设的实施意见（送审稿）》和《关于认真贯彻执行〈政法机关党组织向党委请示报告重大事项规定〉的通知（送审稿）》；5.传达学习第六届云南省道德模范暨第一届云南省文明家庭表彰大会、全省精神文明创建工作会议主要精神，研究玉溪市贯彻意见；6.审议《关于加强玉溪党史工作的实施意见（送审稿）》；7.研究推进研和工业园区改革有关事项。

【重要通知、决定】 2017年1月22日，市委、市政府下发《玉溪市行业协会商会与行政机关脱钩工作方案》。指出，统筹协调推进玉溪市行业协会商会与行政机关脱钩各项工作，取消行政机关（包括下属单位）与行业协会商会的主办、主管、联系和挂靠关系。依法保障行业协会商会独立平等法人地位。调整行业协会商会与其代管的事业单位的关系。厘清行政机关与行业协会商会的职能。加快转移适合由行业协会商会承担的职能。

3月8日，市委下发《玉溪市“基层党建提升年”实施方案》。指出，实施“基层党建提升年”，是落实全面从严治党要求，持续推进各领域党的基层组织建设的重要举措，是巩固党的执政基础的重要抓手，是决战脱贫攻坚、决胜全面小康、实现跨越发展的重要保证。坚持稳中求进工作总基调，落实全面从严治党要求，继续按照“统筹谋划、分类实施，无的要有、有的要强”的思路，在“基层党建推进年”基础上，持续推进各领域党的基层组织建设，着力严责任、补短板、抓规范、强保障、树品牌，实现基层组织全面提升、全面过硬，为全市经济社会发展提供坚强的组织保证。9日，市委、市政府下发《关于加快构建玉溪市现代公共文化服务体系的实施意见》。指出，以建设民族文化强市为目标，加快构建体现时代发展趋势、适应社会主义初级阶段基本国情和市场经济要求、符合文化发展规律、具有玉溪特色的现代公共文化服务体系，促进基本公共文化服务标准化、均等化，推动社会主义文化大发展大繁荣，为把玉溪建设成为全省民族团结进步示范区、全省生态文明建设排头兵、辐射南亚东南亚的重要基地、生态宜居文明幸福的魅力之城，在全省率先全面建成小康社会，谱写好中国梦的玉溪篇章提供强大的精神动力和文化支撑。到2018年，建成保障基本、全面覆盖、使用高效、促进公平的现代公共文化服务体系，成为全省的先进。14日，市委、市政府下发《关于全面深化财税体制改革加快建立现代财政制度的实施意见》。指出，按照国家和省新一轮财税体制改革确定的“完善立法、明确事权、改革税制、稳定税负、透明预算、提高效率”的基本思路，遵循“统筹兼顾、循序渐进、上下联动”的基本原则，积极适应财税体制改革新形势，稳步推进玉溪市财税体制改革各项工作，预算管理制度改革取得决定性进展。2016～2017年，改革实现重点突破，在完善地方税收体系、建立事权与支出责任相适应的制度方面取得关键性进展，基本完成全面深化财税体制改革的重点工作和任务。到2020年，努力建成公开透明、运行高效，有利于转变经济发展方式，有利于优化资源配置、维护市场统一，有利于基本公共服务均等化，促进社会公平，有利于可持续发展的现代财政制度。17日，市委、市政府下发《玉溪市加快民营经济发展的实施意见》等3个实施意见和《玉溪市重点产业招商引资若干优惠政策规定》。指出，着力破解民营经济发展中的突出困难和问题，不断优化发展环境，构建"亲""清"新型政商关系，全力推动全市民营经济加快发展。到2020年，力争实现民营经济增加值900亿元，年均增长21%，占全市GDP的比重达到45%左右；民营经济固定资产投资达到383亿元，年均增长10%左右，占全市固定资产投资的37%左右；从业人员达到88万人，年均增长8%以上。加快推动玉溪市县域经济做大总量、优化结构、提升水平，到2020年，各县区的经济总量和人均值、一般公共预算收入、固定资产投资、城乡居民人均可支配收入等六项指标在全省的位次都要有明显前移。力争所有县区经济总量均超过120亿元进一步发挥工业园区作为改革开放排头兵的作用，形成培育发展新动力、拓展发展新空间、构建产业新体系、园区经济新体制，补齐短板、做强产业、做大总量。到2020年，全市"四带多园"产业总体布局基本形成，园区经济发展质量和效益显著增强，产业转型升级取得明显成效，产业空间布局进一步优化，园区配套设施更加完善，工业经济支柱产业体系基本健全，形成拉动全市经济发展的新动能。22日，市委下发《关于在全市开展"科教引领创新发展"大讨论、大行动的实施意见》，指出，牢固树立和贯彻五大发展理念，以创新发展理念的转变引领发展方式转变，聚力把创新贯穿到经济社会发展全过程，以科技创新为动力打造核心竞争力，以教育创新为支撑夯实人才保障基础，以产业创新为重点引领经济结构优化升级。以高起点规划建设"科教创新城"为抓手，大力培育新技术、新产业、新业态，让基础研究"强起来"，让企业创新"动起来"，让转化渠道"通起来"，让政府之手"活起来"，着力打造创新发展经济增长极，培育增强经济发展新动能，不断开创全市科教创新跨越发展新局面。通过开展"科教引领创新发展"大讨论、大行动，进一步统一思想、凝聚共识，坚决破除一切制约创新发展的思想障碍，在全市上下形成科教引领创新发展的浓厚氛围。制定实施科技、教育、产业创新方案，形成科教引领创新发展的新思路和新举措，激发创新活力和创造潜能，切实增强经济发展新动能，加快实现要素驱动向创新驱动发展方式转变，奋力走出一条科教创新引领、经济结构合理、发展动力强劲、质量效益突出的可持续发展路子。

3月22日，市委、市政府《关于认真贯彻落实党的十八届六中全会精神深入推进全面从严治党的实施意见》，指出，围绕加强党的领导这个核心，真管真严、敢管敢严、长管长严，把严的要求贯彻到管党治党全过程、落实到党的建设各方面，严格规范党内政治生活，严明党规党纪，全面加强党内监督，深入开展党风廉政建设和反腐败斗争，进一步提高各级党组织自我净化、自我完善、自我革新、自我提高的能力，发挥领导干部特别是"关键少数"的带头示范作用，引导党员干部勤用"四盆水"，做到"六个不能"，当好"六个表率"，切实增强创造力、凝聚力和战斗力，为玉溪开创跨越式发展新局面提供坚强政治保证。

4月27日，市委、市政府下发《玉溪市哲学社会科学研究和发展"十三五"规划纲要》。指出，以改革创新为动力，努力形成结构合理、机制有效、管理规范、成果丰硕、人才辈出、学术繁荣的哲学社会科学发展新格局；大力推进玉溪新型智库建设，努力形成定位明晰、特色鲜明、规模适度、布局合理、功能互补、资源共享的玉溪新型智库体系；大力推进哲学社会科学管理体制机制创新，健全完善全面调动哲学社会科学研究队伍积极性、主动性和创造性的新体制新机制。力争用5年时间，培养一批地方研究特点明显、省内知名的哲学社会科学优秀人才，建成一批省级、市级社科研究基地，推出一批地方特色浓郁、区域优势明显的对策研究成果，打造一批省级、市级社科普及宣传示范基地，进一步完善玉溪哲学社会科学管理体制机制，全面提升科研综合实力和研究水平，着力提高服务经济社会发展能力，充分发挥党委和政府重要思想库、智囊团作用，在实现玉溪跨越式发展、率先在全省全面建成小康社会中发挥更大作用。

5月16日，市委下发《关于推进"两学一做"学习教育常态化制度化的实施方案》。指出，推进"两学一做"学习教育常态化制度化，把思想教育作为首要任务，坚持用党章党规规范党组织和党员行为，用习近平总书记系列重要讲话精神武装头脑、指导实践、推动工作，坚持学思践悟、知行合一，坚持全覆盖、常态化、重创新、求实效，不断增强党组织和党员政治意识、大局意识、核心意识、看齐意识，不断增强党内政治生活的政治性、时代性、原则性、战斗性，不断增强党自我净化、自我完善、自我革新、自我提高能力，确保党的组织充分履行职能、发挥核心作用，确保党员领导干部忠诚干净担当、发挥表率作用，确保广大党员党性坚强、发挥先锋模范作用，确保中央和省、市委各项决策部署落地见效，为统筹推进"五位一体"总体布局和协调推进"四个全面"战略布局，努力把玉溪市建设成为全省民族团结进步示范区、生态文明建设排头兵、国际大通道和现代物流重要枢纽、辐射南亚东南亚的重要基地以及生态宜居文明幸福的魅力之城提供坚强组织保证。18日，市委、市政府下发《关于深入推进农业供给侧结构性改革加快培育农业农村发展新动能的实施意见》，指出，以推进农业供给侧结构性改革为主线，以提高农业供给质量为主攻方向，围绕农业增效、农民增收、农村增绿，加强科技创新引领，大力发展特色农业，扎实推进脱贫攻坚，加大农村改革力度，确保粮食生产能力不降低、农民增收势头不逆转、农村稳定不出问题，美丽宜居乡村建设取得新进展，农村全面小康建设迈出更大步伐，确保农业增加值增长6%、农村常住居民人均可支配收入增长10%以上，年内实现全面脱贫目标。

6月1日，市委、市政府下发《2017年市级党政领导包案化解信访案件工作方案》，指出，市级党政领导示范带动，层层实行党政领导包案，传导工作压力，压实主体责任，完善工作机制，形成工作合力，依法及时就地解决群众合理诉求，努力实现信访突出问题成批解决。巩固化解信访积案集中攻坚成果，充分发挥领导干部包案督访的导向作用，坚决打赢化解信访积案"歼灭战"，推动建立长效机制，切实维护群众合法权益，有效促进社会和谐稳定。

7月2日，市委、市政府下发《玉溪市加大脱贫攻坚力度支持革命老区开发建设的实施方案》，指出，深入贯彻习近平总书记扶贫开发战略思想和考察云南重要讲话精神，牢固树立以人民为中心的发展思想，切实落实创新、协调、绿色、开放、共享的发展理念，以改变老区发展面貌为目标，以重点区域、重点人群、重点领域为突破口，坚持精准扶贫、精准脱贫，着力破解区域发展瓶颈制约，着力解决民生领域突出困难和问题，着力增强自我发展能力，着力增进老区人民福祉，让老区人民共享改革发展成果，力争在民族团结进步脱贫、生态文明脱贫上作出示范。到2017年实现4个老区县的7个贫困乡镇和2个老区乡镇摘帽，49个贫困行政村出列，7.64万建档立卡贫困人口退出，基本解决老区整体贫困。到2020年，全市4个老区县、2个老区乡镇的基础设施建设取得重要进展，特色优势产业发展壮大，生态环境质量明显改善，城乡居民人均可支配收入增长幅度高于全市平均水平，基本公共服务主要领域指标接近全市平均水平，实现全市老区县和老区乡镇与其他县区和乡镇协调发展，缩小差距，在全省率先全面建成小康社会。

8月4日，市委、市政府下发《玉溪市工业经济攻坚战实施方案》。指出，稳住卷烟配套，充分挖掘矿业及装备、生物医药及食品等非烟工业潜力，加大市场开拓力度，提升市场占有率，不断增强企业竞争力，确保非烟工业快速发展。鼓励有市场、有订单的规上工业企业扩销促产，夯实全市工业经济稳增长基础。落实培育规模以上工业企业相关政策，达规企业依法入统，帮扶规模以下成长型企业做大规模，做到应统尽统，做大全市工业经济增量，增强工业发展支撑。不断扩大电力市场化交易规模和范围，进一步降低企业用电成本；创新货运组织方式和物流模式，切实降低企业物流成本。坚持问题导向，突出重点，落实责任，精准施策，每季度召开全市工业经济运行分析会，加强研判经济运行形势，精准指导工业经济工作。以“夯实一个基础，聚焦五个重点，强化五项保障”为重点任务，确保实现2017年工业经济攻坚战主要目标任务。同日，市委下发《关于进一步深入学习贯彻习近平总书记系列重要讲话精神和治国理政新理念新思想新战略及考察云南重要讲话精神的实施方案》。指出，学习贯彻习近平总书记系列重要讲话精神和治国理政新理念新思想新战略及考察云南重要讲话精神必须与推进“两学一做”学习教育常态化制度化紧密结合起来，与本地区本部门本单位的实际结合起来，以高度的政治责任感和历史使命感，全面、系统、深入学习贯彻，确保全市各项事业沿着党中央确定的正确方向前进。8月7日，市委、市政府下发《关于玉溪市贯彻〈团结进步示范区规划（2016～2020年）〉的实施意见》。指出，紧紧围绕全市经济社会发展“5 577”总体思路，牢牢把握“中华民族一家亲，同心共筑中国梦”的目标任务，把发展作为解决民族地区各种问题的总钥匙，不断打牢民族团结进步的物质基础，提高民族工作法治化水平，促进各民族交往交流交融，构建各民族共有精神家园，率先建成民族团结进步示范市。到2020年，通过着力补齐少数民族和民族地区全面建成小康社会的短板、着力增强少数民族和民族地区跨越式发展的动力、着力促进民族团结和宗教和谐，实现全面小康同步、公共服务同质、法治保障同权、民族团结同心、社会和谐同创，在民生持续改善、发展动力增强、民族教育促进、民族文化繁荣、民族团结创建、民族（宗教）事务治理等6个方面作出示范，着力打造一批亮点，树立一批典型，创建一批示范点、教育基地，建成全省、争创全国民族团结进步示范市。10日，市委、市政府下发《关于实施全面两孩政策改革完善计划生育服务管理的实施意见》。指出，玉溪市仍然存在少数干部和群众对坚持计划生育基本国策认识淡化、县乡计划生育服务管理职能弱化、优质资源供给不足、专业技术人才短缺、孕产妇死亡率居高不下、计划生育工作面临新的挑战和压力、流动人口服务管理难度增大、出生性别比偏离正常范围等问题，全市各级各部门要将思想和行动统一到党中央、国务院和省委、省政府及市委、市政府的决策部署上来，不断深化对人口发展规律特点的认识，进一步提高计划生育服务管理工作整体水平，促进人口健康均衡发展。到2020年，基本建成较为完善的计划生育及母婴安全服务管理制度和家庭发展支持体系，初步形成政府依法履职、社会广泛关注、群众自觉参与的多元共治格局，全面提高计划生育治理能力；建成覆盖城乡、布局合理、功能完备、科学规范、运行有效的妇幼保健计划生育服务体系，基本实现人人享有生殖健康计划生育优质服务；力争实现生育水平适度、出生人口性别比保持正常、出生缺陷发生率明显下降、婴儿死亡率、孕产妇死亡率控制在全省平均水平以内的目标，构建促进人口长期均衡发展的调控机制和治理体系。12日，市委、市政府下发《关于全面深化殡葬改革的实施意见》。指出，2018年3月1日起，全市辖区100%划定为火化区，火化区火化率达到100%，火化后骨灰100%进公墓安葬，工程、项目迁坟100%迁移到公墓安置，公益性骨灰安放设施覆盖全部乡镇（街道）和村（社区）。到2020年，实现全市殡葬文化、殡葬服务、殡葬管理与殡葬改革协同共进，切实发挥殡葬改革在保障基本民生、推进生态文明、促进精神文明、维护社会和谐等方面的重要作用，节地生态安葬比例达35%以上。17日，市委下发《玉溪市“科教引领创新发展”大讨论大行动专项督查工作方案》。指出，在全市开展“科教引领创新发展”大讨论、大行动，是学习贯彻习近平总书记系列重要讲话特别是考察云南重要讲话的具体举措；是贯彻落实省委、省政府对玉溪发展要求的实际行动；是从玉溪发展实际出发作出的重要部署。通过开展专项督查工作，全面掌握“科教引领创新发展”大讨论、大行动的进展情况，推动建立和落实工作“目标清单”“责任清单”“问题清单”，督促“科教引领创新发展”大讨论、大行动工作领导小组4个推进组办公室及各县区、市直各单位按照市委的部署要求，进一步解放思想、更新观念、转变作风、勇于创新、真抓实干，形成推动科教引领创新发展的强大合力，以严的要求、实的作风着力打造创新发展经济增长极，培育增强经济发展新动能，不断开创全市科教创新跨越发展新局面，建设“开放、创新、生态、宜居、宜业”的现代科教创新城，努力把玉溪建成生态宜居文明幸福魅力之城。29日，市委、市政府下发《玉溪市国有企业改革攻坚战实施方案》。指出，全面落实中央及省市关于深化国有企业改革的政策措施，解放思想，抢抓机遇，坚持以目标和问题为导向，集中精力，攻坚克难，努力在国有企业改革重点领域和关键环节取得实质性突破，不断提升国有企业活力和效益，做强做优国有企业，助推玉溪经济社会全面发展。2018年“僵尸企业”基本出清。2017年国有企业平均资产负债率降低1～2个百分点，力争在2018年整体降至70%以下。年内，市属国有企业营业收入和利润总额稳步增长。2019年实现市属国有企业管理层级在3级以内。

9月15日，市委、市政府《关于改革社会组织管理制度促进社会组织健康有序发展的实施方案》。指出，到2020年，建立与全市经济社会发展相适应的现代社会组织体系。统一登记、各司其职、协调配合、分级负责、依法监管的社会组织管理体制建立健全，社会组织法规政策更加完善，综合监管更加有效，党组织和党的工作全覆盖，发展环境更加优化；政社分开、权责明确、依法自治的社会组织制度基本建立，结构合理、功能完善、竞争有序、诚信自律、充满活力的社会组织发展格局基本形成。

10月14日，市委、市政府下发《玉溪市推进中华优秀传统文化传承发展工程实施方案》。指出，大力推进中华优秀传统文化传承发展，是玉溪积极投身全省加快民族团结进步示范区、生态文明建设排头兵和面向南亚东南亚辐射中心建设的迫切需要，也是玉溪推动云南民族文化强省建设的具体实践。实施好中华优秀传统文化传承发展工程，对增强全市各族群众对中国共产党、伟大祖国、中华民族、中华文化和中国特色社会主义道路的认同，凝聚全市人民共筑中国梦的力量和智慧，有着特殊而深远的意义。

11月14日，市委下发《关于认真学习宣传贯彻党的十九大精神的实施意见》。指出，认真学习宣传贯彻党的十九大精神，事关党和国家工作全局，事关中国特色社会主义事业长远发展，事关最广大人民根本利益，对于动员全党全国各族人民更加紧密地团结在以习近平同志为核心的党中央周围，高举中国特色社会主义伟大旗帜，坚定道路自信、理论自信、制度自信、文化自信，为实现推进现代化建设、完成祖国统一、维护世界和平与促进共同发展三大历史任务，为决胜全面建成小康社会、夺取新时代中国特色社会主义伟大胜利、实现中华民族伟大复兴的中国梦、实现人民对美好生活的向往继续奋斗，具有重大现实意义和深远历史意义。全市各级党组织和广大党员干部要充分认识党的十九大的历史地位和重大意义，认真学习领会党的十九大精神，全面准确把握其思想精髓和核心要义，在学懂弄通做实上下功夫，自觉把思想和行动统一到党的十九大精神上来，以更大的激情、更足的干劲积极投身推进玉溪跨越发展、全面建成小康社会的生动实践中，以永不懈怠的精神状态和一往无前的奋斗姿态，努力开创玉溪跨越发展新境界和全面从严治党新局面，谱写新时代玉溪各项事业新的辉煌篇章。29日，市委、市政府下发《玉溪市关于加快推进农村人居环境提升实施意见》。指出，按照“产业兴旺、生态宜居、乡风文明、治理有效、生活富裕”的总要求，切实做好全市农村生活垃圾、污水治理、公厕建设、乡镇自来水供水设施建设以及集镇“四治三改一拆一增”工作。全面推进“新房新村、生态文化、宜居宜业”的新农村建设，建立健全收费机制和市场化运作机制，切实加大农村人居环境治理力度，保障群众生命安全和身体健康，为率先在全省全面建成小康社会创造基础条件。

12月7日，市委、市政府下发《玉溪市关于进一步扩大教育对外开放工作的实施意见》。指出，到2025年，全市教育发展水平、人才培养质量、教育投入和教育贡献度继续走在全省前列，在全省率先基本实现教育现代化，教育影响力和竞争力进一步提升；“科教创新城”基本建成，玉溪基本建成面向全省、西南地区和南亚东南亚区域的教育辐射中心，“学习在玉溪”目标基本实现；全市中小学、幼儿园积极开展多种形式的对外交流，探索与国内外先进地区、知名学校实施多途径合作办学，双边多边教育合作广度和深度有效拓展，与国内外先进地区合作教育项目达到20个；“科教创新城”教育体系不断完善，引入产业业态紧密的高校和科研院所等不少于10所，为产业发展提供人才支撑；全市出国留学服务体系基本健全，来玉留学质量显著提高，教育对外开放规范化、法治化水平显著提高，更好服务经济社会发展全局；面向南亚东南亚国家教育合作辐射范围不断扩大，合作成效更加凸显；在玉高等院校外国留学生达到1 000人，在玉职业院校外国留学生达到5 000人，高水平中外合作办学项目和交流协作平台达到10个。28日，市委下发《关于建立一线考察识别干部工作机制的实施意见（试行）》。指出，加快建立适应玉溪跨越发展的高素质专业化干部队伍，健全完善一线考察识别干部工作机制，激励各级干部在一线担当作为、实干创业，形成干部到一线锻炼、在一线成长、从一线选拔的鲜明导向，提振干部队伍干事创业精气神，建立实施一线考察识别干部工作机制，优化考察方式，明确考察内容，强化结果运用，推进干部考察考核一线化、常态化，引导干部到一线建功立业，着力打造一支“有信念、有思路、有激情、有办法”的高素质干部队伍，促进工作任务落实、发展提速增效。29日，市委、市政府下发《关于推进价格机制改革的实施方案》。指出，加快完善主要由市场决定价格机制，推动价格改革向纵深发展，到2017年，竞争性领域和环节价格基本放开，政府定价范围主要限定在重要公用事业、公益性服务、网络型自然垄断环节，市场价格形成机制、政府定价机制、市场价格监管机制基本建立。到2020年，竞争性领域和环节价格全面放开，市场决定价格机制更为完善，科学、规范、透明的政府定价机制和市场价格监管机制更加健全。

【办文、办会】 2017年，市委办公室认真贯彻落实《党政机关公文处理工作条例》和省委、市委实施细则，以工匠精神抓好公文处理工作，较好发挥了以文辅政职能作用。提升公文质量和效率。强化发文审核，有效防止市委文件“带病上会”“带病发文”，共前置审核文件文稿32件，进行发文前审核68件，出具审查意见建议27份，提出修改意见建议56条；接收办理中央、省委和省级其他部门文件、传真电报1 277件，接收办理市委、市委办和市委领导的文电信函200余件，通过OA系统收发公文6 705件（次）。创新公文管理，进一步优化发文管理、增强管文控文精准性、提升办文科学性。注意以合并发文减少文件数量，年内对科教引领创新发展、干部管理和党风廉政建设等同一类型文件作了合并发文，省级专项督查对此予以了充分肯定；注重以工作实践引领全市办文工作，通过专门培训、工作督促指导、以工代训等方式，引导县区和部门在加强发文管理、文件审核和优化发文请示等事项上不断提升工作水平；严格贯彻落实《2017年市委文件制定计划》，2017年《计划》明确的69项发文事项完成54项，持续推进15项，完成率

78%。抓好精简文件，2017年精简工作取得了较好的成效，全年制发“玉发”“玉办发”“玉办通”文件141件，比上年减少19.88%。

市委办公室严格贯彻落实中央八项规定精神和省市实施办法关于精文简会的要求，认真做好市委重要会议的筹办工作，圆满完成市市委全会、全市“科教引领创新发展”大讨论、大行动，市委中心组理论学习、全市领导干部大会以及市委名义召开的大中型会议以及各类会议110次。各项会务工作均圆满完成任务，未出现任何差错，做到安全、高效、廉洁。年内召开全市性会议39次，比上年减少29次，减40%；参会人数8 868人次，比上年减少3 060人次，减25.65%；会议天数14.5天，与上年持平；会议经费144.2万元，比上年减少129.87万元，减47.38%。召开市委常委会51次、理论学习中心组学习12次、规委会5次、深改会9次。

【信息工作】 2017年，党委信息工作紧紧围绕新时期信息工作“千里眼”“顺风耳”“智囊团”的新要求，突出问题导向、中心导向、典型导向、咨政导向和情报导向，不断拓宽信息渠道，整合信息资源，增强信息处理能力，提高信息报送时效，提升信息服务质量，“快、准、全、深”做好新形势下党委信息工作，全年未出现信息疏漏、重大偏差等，为中央、省、市领导及时了解情况、进行科学决策、推动工作落实提供了及时、全面、优质、高效的信息服务工作，并圆满完成了全市党委信息目标任务考核工作。全年对县（区）及市直部门进行信息业务培训5次，安排了17人到市委办信息综合室进行学习培训；全年共编辑出刊《玉溪重要信息》45期、《工作情况交流》3期、《信息专报》12期；各县（区）、市直各部门共向市委办公室报送信息7 839条，被市委办采用2 652条；向省委办报送信息6 688条（含红塔区、易门县2家直报点），被省委办采用102条、中办采用35条；上报头版头条及每日要情1 159条；十九大期间上报每日重要情况16期。

【上级领导视察调研】 2017年1月22日，省委副书记、省长阮成发到玉溪慰问困难企业和职工，向大家致以春节的问候，鼓励企业和职工树立信心，抓好经营管理，进一步创新发展思路，提高发展质量和效益，努力扭转企业发展困局。省政府秘书长何金平，罗应光、张德华、李洪云、张小良等参加走访慰问。

2月7日，省委书记陈豪率队到玉溪市开展2016年度党风廉政建设责任制检查考核。陈豪强调，要高标准、严要求完成好检查考核工作，为深入贯彻落实省第十次党代会精神、以优异成绩迎接党的十九大提供坚强可靠的政治和纪律保证。16日，国家工商总局副局长甘霖率队到玉溪市调研旅游市场监管等工作。

3月9日，省委常委、省委秘书长李邑飞到玉溪市调研信息产业及工业企业发展情况，走访省委领导挂钩联系企业华为玉溪云计算数据中心和太标集团，与企业及省、市相关部门负责人面对面交流，共同研究发展之策。张德华、保明顺、李洪云陪同调研。30日，由民政部副部长顾朝曦带队，国务院应急办、中国地震局、工信部、国土资源部、交通运输部等相关部委为成员的国务院抗震救灾指挥部督查组一行16人，对全市抗震救灾应急准备工作进行检查。罗应光、李洪云陪同检查。

4月12日，全国政协副主席、全国工商联主席王钦敏率调研组到玉溪市，就降低实体经济企业综合成本开展专题调研。王钦敏强调，降低实体经济企业成本，关键要在降低信息成本、协议成本、决策成本、执行成本、违约成本上着力。省政协副主席、省工商联主席喻顶成，张德华主持座谈会。13～14日，省人大常委会副主任刀林荫率调研组到玉溪市专题调研旅游扶贫开发情况，要求加快推进全域旅游发展，促进旅游扶贫开发，推动玉溪在全省率先全面建成小康社会。谢兴荣、尚建华等陪同。17～19日，民政部副部长顾朝曦率队到玉溪市，就加强基层民政工作开展蹲点调研，要求持以爱心、强化责任，把党中央、国务院对民政工作的决策部署全面落实到基层、落到实处。省民政厅厅长段丽元，张德华陪同调研。19日，金砖国家就业工作组第一次会议在世界级深蓝湖区——抚仙湖畔召开。人力资源和社会保障部副部长游钧、云南省副省长高峰、国际劳工组织副总干事格林菲尔德出席开幕式并致辞。张德华出席相关活动并致辞。同日，国家人力资源和社会保障部副部长游钧一行，到玉溪市调研城乡医保整合、异地就医、机关事业单位养老保险改革等工作情况。省委组织部副部长、省人力资源和社会保障厅厅长崔茂虎，尚建华陪同调研。同日，省政府副省长高峰到澄江县调研教育卫生事业及科教康体产业发展情况，要求加快推进澄江化石地博物馆、寒武纪乐园、生命健康城、巴萨足球学校等重点项目，大力发展科教康体产业，在全力改善和保障民生的同时推动澄江县转型升级、跨越发展。21～22日，省委书记陈豪以全省总河长和抚仙湖河长身份，带头履行“河长制”责任，率领调研组深入澄江县、江川区等地，调研“三湖”保护治理。省委常委、省委秘书长、副省长刘慧晏，副省长张祖林，罗应光、张德华陪同调研。25～26日，中央国家机关工委副书记陈存根一行到玉溪市就机关党建工作进行调研。陈存根一行先后到玉溪日报社、玉溪沃森生物技术有限公司、玉溪市大营街街道西古城社区等地实地调研。省直机关工委常务副书记温剑，保明顺、李洪云、杨兴荣等陪同调研。

5月10日，人力资源和社会保障部副部长兼全国总工会副主席邱小平一行到玉溪市，就创业就业、农民工权益保障以及农村劳动力转移就业进行专题调研。同日，云南省人力资源和社会保障厅与渝苏闽浙等9省区市人社厅（局）在玉溪签订劳动保障监察合作协议，建立起省际之间共同维护劳动者合法权益的合作机制。人力资源和社会保障部副部长、全国总工会副主席邱小平，省人社厅厅长崔茂虎，尚建华等出席协议签订仪式。10～11日，省委常委、省委统战部部长杨宁率队到玉溪市调研杞麓湖保护治理和统一战线工作。罗应光、保明顺、明正彬、张小良参加调研或座谈。17～18日，由中国蔬菜协会、云南省农业厅、玉溪市政府主办的中国蔬菜产业大会在玉溪市召开。农业部总农艺师孙中华，省政府副省长张祖林，中国蔬菜协会会长薛亮、农业部农村经济研究中心主任宋洪远，罗应光、保明顺、谢兴荣等出席大会。17～18日，财政部副部长余蔚平率国务院医改办第三督查组到玉溪市，就玉溪深化医药卫生体制改革工作进行督查调研。副省长高峰，王力出席督查座谈会。18日，财政部副部长余蔚平、副省长高峰一行前往市人民医院和澄江县，分别就公立医院改革和抚仙湖保护治理工作进行调研。罗应光参加调研。

6月13～14日，中华全国总工会党组副书记邓凯率队到玉溪市，就非公企业文化建设、基层工会建设和职工文化建设等工作进行调研。省总工会党组书记、常务副主席饶南湖，晏淼、张小良陪同调研。27～29日，民政部副部长顾朝曦率队到峨山县、澄江县进行蹲点调研，要求牢固树立“民政为民、民政爱民”理念，推动建立加强基层民政工作的长效机制，探索出具有云南特点的基层民政工作新路子，为全国提供更多可复制、可推广的成功经验。罗应光陪同调研。

7月7～8日，省委常委、常务副省长宗国英到玉溪市就产业发展、城市规划建设、交通路网建设、特色小镇建设、抚仙湖保护治理等工作进行调研。张德华、王力陪同调研。22日，以民政部副部长高晓兵为组长的国务院第四次大督查第十六督查组到玉溪，就玉溪市稳增长等工作进行实地督查，罗应光、张德华参加座谈。24～25日，省政协副主席、民进云南省委主委罗黎辉率队到玉溪市开展“云南民族文化强省建设中云南文艺院团发展情况”的重点视察。省政协副主席杨嘉武、罗应光，市委常委、王力陪同观看大型花灯剧《山茶花红》。夏立洪出席调研座谈会。

8月11日，全国政协常委、亿利资源集团董事长王文彪率企业团队到玉溪进行考察调研，并与市政府签订战略合作协议，在湖泊流域生态保护与治理、“山水林田湖”一体化治理、人居环境综合整治、生态金融等方面开展全面合作，助力玉溪争当全省生态文明建设排头兵。罗应光出席签约仪式并讲话。23～24日，省政府副省长董华率省政府调研组到玉溪市就工业经济发展工作进行调研。罗应光、张德华、田川陪同调研。27日，民政部党组书记、部长黄树贤到澄江县就殡葬改革工作进行调研并主持召开座谈会，与基层干部交流，听取云南省部分市县殡葬改革工作情况汇报及下一步殡改工作的意见建议，民政部副部长高晓兵、云南省副省长张祖林，罗应光等先后参加调研和座谈。28～29日，全国殡葬工作座谈会在玉溪召开。会议深入学习贯彻习近平总书记系列重要讲话精神，贯彻党中央国务院决策部署，分析当前殡葬工作形势。民政部党组书记、部长黄树贤出席座谈会并讲话。民政部党组成员、副部长高晓兵主持座谈会并作总结。云南省副省长张祖林出席会议并讲话。罗应光、张德华出席。

10月11～12日，省人大常委会副主任李培带领执法检查组，对玉溪市贯彻实施《中华人民共和国网络安全法》和《全国人大常委会关于加强网络信息保护的决定》情况开展执法检查。罗应光、李洪云、王志新陪同检查。30～31日云南省人大系统外事侨务工作经验交流会在玉溪市召开。会议传达学习党的十九大精神，交流五年来省、州市人大常委会外事侨务工作开展情况，对推进新形势下人大外事侨务工作进行座谈。省人大常委会副主任刀林荫，省人大常委会外侨工委主任张建国，罗应光、李洪云、谢兴荣、王志新、尚建华参加会议。

11月20～21日，中国科学院绿色城市产业联盟到玉溪市，就双方战略合作进行考察洽谈。25日，省委常委、常务副省长宗国英率队到玉溪市，就稳增长工作进行督导调研。宗国英强调，要把学习贯彻党的十九大精神与稳增长促跨越、圆满完成各项工作目标任务结合起来，以工作成绩检验学习成效，加快重点项目建设，推动产业转型升级，全力以赴稳增长，为全省经济发展作贡献。罗应光、王力陪同调研。29日，国务院副秘书长、国家信访局局长舒晓琴到玉溪市就信访工作进行调研。省委常委、省委政法委书记张太原，省政府副秘书长、省委省政府信访局局长朱家美，罗应光、张德华等陪同调研。

12月2日，省委常委、常务副省长宗国英率队到玉溪市，就落实省委抚仙湖综合保护治理工作专题会议精神及国家、省主要领导对抚仙湖保护相关批示要求。省政府副秘书长马文亮参加督导，罗应光、张德华陪同。

（李相宏）

督查工作

【中央、省、市委决策部署和重要会议的督查督办】 2017年，市委督查室围绕中心抓督查。坚持按照“定工作任务、定责任单位、定责任领导、定工作要求、定落实时限”的要求，重点抓好中央、省委决策部署、省委主要领导调研玉溪重要讲话精神和市第五次党代会、市委五届二次全会、市委经济工作会、市委常委会及专题会、市委文件、市委主要领导重要讲话等重点工作的督促检查。全年共下发督查通知60期，分解立项并办理督查事项1 030项。围绕专题抓督查。积极参加市委组织的工作调研、专题会议、现场会议，按要求及时开展督查，推动工作落实。通过联合督查、实地督查、抽样督查、跟踪督查、催办督查等方法，着力解决由点到带有普遍性的问题。对一些具有典型性、倾向性、代表性的问题深入分析研究，找出深层次的规律，向领导提出解决问题的建议，推动同类问题的解决或面上工作的开展，扩大督办效果和影响。围绕重点抓督查。对全市重点工作、重大项目进展情况进行跟踪问效、督促检查，对抚仙湖一级保护区内中央和省属国有权属单位退出工作、玉溪青花街项目、“六城同创”“七大民生工程”、易地扶贫搬迁工作等重点工作组织和参与多次专题督查及工作调研，及时形成督查报告。认真完成省委督办批办事项。按照省委督查室的要求，按月上报《玉溪市农民工工资清欠情况报告》《玉溪市关于落实省委主要领导重要批示妥善解决“四个一百”重点项目存在问题的报告》《玉溪市抚仙湖一级保护区内中央和省属国有权属单位退出工作进展情况报告》。按时限要求办理完成，并上报《玉溪市贯彻落实国家加强环境保护和云南省努力成为生态文明建设排头兵决策部署情况的报告》《玉溪市关于贯彻落实中央〈关于加强新形势下党的督促检查工作的意见〉的情况报告》《玉溪市关于省委主要领导调研重要讲话精神贯彻落实情况的报告》等11项专题督办工作报告。

【脱贫攻坚督查】 2017年，市委督查室坚持问题导向和目标导向，通过组织开展专项督查、配合参与专项巡察抽查、实地督查等方式，积极推动脱贫攻坚工作有效开展。年内，累计开展脱贫攻坚专项督查9次，办理市委主要领导有关脱贫攻坚批示件3件，印发脱贫攻坚工作相关《督查专报》15期。按照中央、省、市扶贫工作要求，市委督查室牵头，会同市纪委、市政府督查室、市扶贫办组成专项督查组，重点围绕扶贫对象动态管理工作、国家和省扶贫成效考评存在问题的整改落实情况分3个组赴红塔区、江川区、通海县、澄江县、华宁县、易门县和峨山县开展督查，采取与县（区）委副书记、分管扶贫工作副区县长和扶贫办、财政局主要领导及乡村组干部座谈交流，随机抽查了7县（区）、21个乡镇、67个村的台账，围绕贫困对象动态管理中“错评”“漏评”和“错退”，入户以问卷调查的方式走访近200户。通过座谈、随机问询、查阅台账和项目实地督查对7县（区）脱贫攻坚工作进行了督查。专项督查工作情况以《督查专报》上报了市委、市政府领导。积极配合市纪委完成脱贫攻坚专项巡察、抽查。7月19日至8月25日期间，市委督查室安排科级干部参与市委脱贫攻坚专项巡察工作，紧扣党的领导、党的建设、全面从严治党3个方面到新平县开展巡察，深入建兴乡、水塘镇、戛洒镇、者竜乡等乡镇开展入户调查、项目现场核查，与县乡村相关领导谈话，查阅相关痕迹资料，接待群众来电来访，形成巡察报告、个别谈话报告等报市委巡察办。9月21～31日，派出一名副县级督查专员参与全市脱贫攻坚抽查，先后深入到元江、新平、峨山、易门等四县对2017年计划出列的3个贫困乡、17个贫困村及相关挂钩单位帮扶情况开展抽查。期间，抽查组共随机入户抽查76户，与乡党政主要负责人、村“两委”干部、驻村工作队员座谈153人次，实地查看C、D级危房改造45户、易地搬迁项目5个，共发现住房保障、资金到位和项目监管、挂包单位定点帮扶、“自强、诚信、感恩”主题实践活动等方面的问题36个，现场督促整改问题22个。深入开展实地督查。市委督查室组成专项督查组，对元江县“直过民族”脱贫攻坚工作进展情况进行了现场督查，对易门县十街乡金田一六街、浦贝乡禹石沙、六街街道下白邑等7个乡（镇、街道）、20个易地扶贫搬迁安置点项目进展情况进行了实地督查。相关情况以《督查专报》报送相关领导。开展脱贫攻坚工作进行书面督查。对市委罗书记在脱贫攻坚大调研大检查大督查工作座谈会上的讲话、在市委农村工作暨全市扶贫开发工作会议上的讲话、在部分县（区）开展脱贫攻坚“找问题、补短板、促攻坚”专项行动座谈会上的讲话、在全市精准脱贫百日攻坚战推进会上的讲话、保副书记在扶贫开发工作领导小组会议上的讲话要求等进行了任务分解，累计督查事项81项。对市委常委会、市委专题会、市委主要领导调研指示涉及脱贫攻坚工作落实情况进行了书面督查，及时报送了工作落实情况。

【督查工作重点】 2017年，市委督查室进一步完善“大督查”工作制度，整合督查工作力量，充分发挥“大督查”牵头抓总、重点督查抓落实的作用，将玉溪市“科教引领创新发展”大讨论大行动、“三大战役”“七位一体”“点亮玉溪”工作推进情况作为年内大督查工作重点。在抓好日常督查的同时，于6月8～14日，从市大督查机构人员中抽调35名督查人员，组成7个大督查工作组，深入全市七县两区和35个市直单位，采取听、看、查的方式，就全市经济运行情况、重点工作、重大项目进展情况、脱贫攻坚情况、深化改革等情况进行督查，形成《凝心聚力抓落实全力以赴稳增长》《“科教引领创新发展”大讨论大行动工作情况的督查报告》《突出重点精准发力全力打好“三大战役”》三篇大督查专题报告，为有力推动市委重大决策部署落到实处，发挥积极作用，得到市委书记罗应光的重要批示。

【专项工作督促】 2017年，市委督查室严格按照“准确、快捷、高效”原则，抓好领导批示件的督办落实。年内，共办理市委主要领导批示件112件，已办结109件，正在办理3件，办结率97%。深入基层调查走访，妥善处置信访问题。来自重庆的杨集贤、刘明素老夫妇多次申诉反映江川区旅游总公司玉带河宾馆涉嫌非法集资问题，督查室及时组成督查组对群众反映的问题开展调查研究。9月，督查组深入江川区和澄江县孤山管委会，采取与县、乡街道、社区干部座谈交流，查阅相关资料，并重点对杨集贤、刘明素老夫妇反映的情况进行认真调查了解，掌握了此案件前后更深层次的问题及影响稳定的隐患，及时形成《关于杨集贤、刘明素信访件办理情况的报告》。市委书记罗应光及时作出批示，要求相关部门高度重视，确保稳定。全年共办理完成领导批示信访件17件。加强党群部门政协提案办理的督促协调，完成了党群部门承办的10件政协提案办理情况的统筹协调和督促工作，所有提案都做到办理有序、回复及时、百分之百面商面复。

【督查通报】 2017年，市委督查室强化责任通报。紧盯责任单位和责任人，对工作抓得紧、落实情况好的进行通报表扬，对措施不得力、工作不落实的限期整改。对社会普遍关注的重点工作、重点项目进展情况，适时进行通报，充分发挥督查的监督、引导、促进作用。加大经济发展主要目标任务完成情况的预警通报力度。每月在各责任单位报送指标进度的基础上，根据工作进展情况，对相关指标和重点工作进展情况进行核实整理，以预警通报形式，及时通报到各县（区）、各责任单位，指出存在问题，责令限期整改，定期报送整改情况。全年共编发《督查专报》112期，《督查通报》24期，《督查工作》15期。

【综合考评工作】 2017年，市委督查室配合完成了2016年度省委、省政府对玉溪的年度综合考核评价工作。组织完成2016年度对全市七县两区和市直66个单位目标任务综合考评工作任务，在严格审核的基础上及时汇总考评结果，形成了考评报告，对考评结果的运用提出意见和建议。围绕全市年度经济社会发展总体思路和工作重点，逐项细化、层层分解，在广泛征求意见建议的基础上，组织完成了《玉溪市市直单位2017年度目标任务综合考评办法》《玉溪市2017年度县区目标任务综合考评办法》的制定，并于5月份下发各县（区）、市直各单位。组织完成省对市考评存在问题的整改落实工作。针对考评中存在的问题，按照省考评办要求，深入县（区）和市直相关责任单位对整改落实情况进行督促检查，形成了《玉溪市2017年度全省综合考评存在问题整改落实情况报告》，按时限要求完成了整改工作。

【调研工作】 2017年，市委督查室坚持边督查，边调研，努力提高督查水平，为领导决策提供服务。坚持一线督查，深入基层开展督查调研，了解实情、总结经验、深挖根源，有针对性地提出对策建议，实现“调研一个事项，解决一批类似问题，推动一方面工作”的目的。深入县（区），对国家级、省级、市级农业龙头企业进行实地督查调研，形成《玉溪市农业龙头企业发展情况督查调研报告》；对各县（区）委党校贯彻落实玉溪市相关政策情况、运行情况、校区建设情况等进行专项督查，形成《玉溪市党校建设和运行情况督查调研报

告》；对玉溪市航空产业发展情况进行实地督查，形成《玉溪市航空产业发展推进情况的报告》，供市委决策参考。认真总结工作经验。及时总结基层在贯彻落实决策过程中的典型性问题、倾向性苗头和有创造性的工作经验，通过典型的带动和示范，使决策在更大范围和更广领域得到切实有效的落实。通过深入调研和认真思考，形成《华宁县用"星"管理激发村组活动场所新活力》《元江县念好"稳、活、实"三字经全面从严管用退出领导岗位干部》《华宁县探索推进"互联网+综合考评"》《市抚管局强化督查推动工作落实取得实效》《创新举措务实担当易门县着力构建党委大督查工作新格局》等7篇经验交流材料，供领导及各县（区）、相关部门参考借鉴。

【督查队伍建设】 2017年，市委督查室加强政治理论学习，强化干部教育培训。认真学习宣传贯彻党的十九大精神，深刻领会习近平新时代中国特色社会主义思想的历史地位和丰富内涵，努力提高思想政治素质和工作水平。认真贯彻落实意识形态工作责任制，加强干部思想教育，切实增强干部职工的政治敏锐性和政治鉴别力。以每月例会形式，组织好专题学习，让每一位干部树立正确的世界观、人生观、价值观、权力观。强化干部教育培训，进一步提高党委督查系统干部的综合素质及工作水平，年内委托浙江大学举办了玉溪市党委督查系统督查业务专题培训班，各县（区）、市直相关部门专兼职督查员53人参加了培训。强化作风转变。按照市委的要求，坚持开展"两学一做"活动，认真贯彻落实中央八项规定精神，切实改进工作作风，牢固树立"四个意识"，自觉践行"五个坚持"，全面提升"三服务"能力和水平。强化廉政建设。通过参加办公室组织的观看反腐倡廉工作电教片、举办警示教育会等形式，努力增强党风廉政教育的针对性和实效性。认真落实党风廉政建设责任制，抓好党风廉政建设责任分解、责任考核、责任追究等工作，认真履行领导干部"一岗双责"。加强督查力量。为弥补督查力量不足问题，通过积极争取，增加了3名政府购买服务岗位人员，进一步充实了督查力量。

（魏丽萍）

政策研究

【重要文稿起草】 2017年，市委政研室完成市委五届四次五次全会报告、市委经济工作会讲话、"科技引领创新发展"大讨论大行动动员大会暨2017年市委理论学习中心组第二次集中学习讲话、全市民营经济县域经济园区经济现场推进会讲话、市委农村工作暨全市扶贫开发工作会议讲话、全市2017年上半年工作汇报会讲话、全市领导干部大会讲话、市属投融资公司改革转型发展动员会讲话、全市金融工作会议讲话、市委理论中心组学习系列讲话以及迎接省综合考评汇报材料、省委第七巡视组巡视玉溪工作汇报、全市2017年工作总结和2018年工作计划等60余篇重大会议报告、讲话及中央、省委重大调研汇报材料的起草任务。

【调查研究】 2017年，市委政研室完成了乡镇政府服务能力建设，信息产业发展、水果产业发展，辣木庄园建设、农村危房改造、"百村示范、千村整治"行动推进情况等调研，形成了4篇高质量的调研报告；认真总结推广易门县域经济发展和新平、元江、峨山等县（区）的脱贫攻坚工作经验，形成了2篇经验型的调研报告；学习考察浙江、贵州两省美丽宜居乡村建设经验，总结推广普洱、临沧市的高原特色农业经验和文山州农村"两权"抵押贷款试点的成功做法，撰写了3篇有分析、有见地的调查报告。全年编发调研报告9篇，积极为市委、市政府提出一些具有前瞻性的意见建议。认真执行市委《关于贯彻落实〈重要调研记录〉所涉工作任务的规定》，积极协调各县区和市直各相关单位，加快推进相关工作。年内，共办理省委《重要调研记录》6期，函复回答问题13项。

【搭建沟通交流平台】 2017年，市委政研室积极谋划、主动作为，不断拓宽对省、市、县沟通交流渠道，搭建起沟通思想、交流工作、联系友谊的新平台。4月12日，由市委秘书长带队，与省委政研室进行了座谈，全年到省汇报对接工作10余次。6月15日，筹备召开全市党委政研室系统工作座谈会，认真总结全市党委政研室系统工作，安排部署下一阶段工作目标任务，各县（区）政研室主任、农办主任、改革办主任作了充分交流，对做好下一步工作提出了意见建议。11月15日，按照全市党委系统秘书长、办公室主任会议的安排，主持召开政研系统工作会议，对如何进一步做好政研工作进行了深入探讨。

（高　欣）

农业农村工作

【农村重点领域改革】 2017年，市委政研室代市委起草了《玉溪市关于深入推进农业农村供给侧结构性改革加快培育农业农村发展新动能的实施意见》。深入推进《玉溪市深化农村改革综合性实施方案》，抓好涉及农业、供销、农村基层党建、脱贫攻坚等一系列改革政策措施的落实。圆满完成·迎接2016年省"三农"综合发展实地考评工作。"三权分置"改革取得较好成效，引导和规范农村土地经营权有序流转发展农业适度规模经营，推动农村土地承包经营权流转交易公开、公正、规范运行，农村土地承包经营权确权登记颁证工作步伐加快。积极推进红塔区、峨山县农村集体资产股份权能改革两个省级试点。进一步加强农村集体"三资"规范管理运行工作，农村集体经济组织及农民权益得到有效维护。在全市推广红塔区村规民约经验，成为加强社会管理创新、推进基层民主法治建设、增强基层民主自治活力的有效抓手。

【美丽宜居乡村建设】 2017年，市委政研室组织实施美丽宜居乡村省级重点建设村项目45个，下达资金2 025万元；市级美丽宜居乡村项目67个，下达资金4 800万元。组织完成了2016年省级重点建设村省第三方绩效考评工作和2016年省级重点建设村项目验收工作。

【市委农办工作】 2017年，市委农村工作领导小组办公室认真履行职能，扎实抓好农村综合性改革，深入推进美丽宜居乡村建设项目。2月14日筹备召开了市委农村工作暨扶贫开发工作会，认真总结"三农"工作和脱贫攻坚工作，深入分析当前面临形势和存在问题，研究推进农业供给侧结构性改革，安排部署2017年农业农村和脱贫攻坚工作任务，引导发展开放型农业，提升高原特色农业发展质量，努力实现“农业强、农村美、农民富”的“三农”目标。起草了省委农村工作会玉溪市“三农”工作交流材料、市委农村工作暨扶贫开发工作会讲话、第二轮“百村示范、千村整治”行动启动会讲话等涉农重要文稿8篇。上报省委农办关于玉溪市以气代柴以电代柴、增加农民收入和发展农村新产业新业态、节水农业等情况报告6篇。组织涉农部门先后赴文山州、浙江省、贵州省等地方学习考察农村产权制度改革及美丽乡村建设情况。陪同省委农办对全市节水农业、农村土地承包经营权确权登记颁证工作、农村集体资产股份权能改革试点工作、高原特色农业转型升级助推县域经济跨越式发展等情况进行了调研。编写了市委农办大事记（2001～2016）。

（高　欣）

深化改革

【概　况】 2017年，市委全面深化改革领导小组召开市委全面深化改革领导小组会议9次，审议通过改革方案89项，听取各级主要负责人抓改革落实专题汇报27个。党的十八届三中全会以来，市委深改领导小组累计召开会议27次，审议通过改革方案189项，听取各级改革落实专题汇报50个。

【经济体制改革】 2017年，全年实现生产总值1 415亿元，增长9.3%。纵深推进“放管服”和商事制度改革。不断优化公共服务，废止投资建设项目中介服务机构库管理办法，清理规范市级政府部门第一批行政审批中介服务事项，完善行政审批中介服务事项目录清单，市级共清理中介服务事项133项，审核后保留91项。推进“先照后证”改革，完善事中事后监管制度。推进“多证合一”改革，企业登记全程电子化管理。加快行政审批标准化建设，推进全市公共资源交易标准化，建立工作联席会议制度，规范基本公共服务过程中向当事人索要及对外开具证明材料行为。创新市级政务管理体制机制，推行“互联网+政务服务”，所有办理事项做到“零超时”，平均办结时限由16.9天降到8.5天。承接、取消、下放、调整行政许可事项155项，市级保留的行政许可事项262项，县（区）政府部门保留的行政许可事项274项。深入推进供给侧结构性改革。把“三去一降一补”作为推动产业转型升级的重要抓手，调精一产、调优二产、调强三产，淘汰钢铁、水泥、化工落后产能263万吨，取缔36户“地条钢”企业，为实体经济企业减税降负30.2亿元，建成一批交通、水利、教育、卫生、生态环保等补短板重大项目。国、地税税收收入位居全省第二位，非烟税收快速增长，非税收入占比下降，经济运行质量持续向好。全力支持红塔集团及配套企业技术创新，搞好卷烟去库存，烟草制品业止住下滑势头。实施“中国制造2025玉溪行动计划”，加快矿冶及装备制造业转型升级，玉昆、汇溪、福玉整合为全省最大民营钢铁企业，年产10万吨粗铜技改等项目建成投产。深化财税金融体制改革。推进市以下财政事权和支出责任划分改革，进一步实现权、责、利相统一，为提供基本公共服务奠定基础。推进专项资金和预算管理制度改革，启动预算管理平台和专项资金项目库建设，推进全口径预算管理和全过程预算绩效管理，深化预算管理科学化、精细化。强化公开透明，在“玉溪网”建立统一的预决算信息公开平台，预决算和“三公”经费按照规定公开率达100%。调动乡镇财政增收积极性，完善县乡财政管理体制促进财政增收奖励措施，加速县域经济发展。积极争取国际金融组织和外国政府贷款，支持项目建设，实施12个外债贷款项目。不断提升金融服务实体经济的能力和效率，拓展金融部门发展空间，将资源优势转化成产业优势、经济优势和富民优势。全力发展普惠金融，引导资金投向民生领域，支持创业促就业工作，扶持个私小微企业发展。投融资体制改革成效明显。出台玉溪市市属投融资公司改革发展一系列文件，完善制度建设，开展国有资本运营、国有资本投资两类公司改革探索，按照“1+1+N”平行运行模式，设立国有资本运营公司、融资担保公司和9家专业投资公司，构建政府引导、资本运营、市场转型、社会参与的多元化国有资本运作平台。坚持“无偿变有偿、资金变基金、直补变间补”原则，稳步推进政府和社会资本合作模式，录入财政部PPP综合信息平台并通过审核的PPP项目35个，列入财政部PPP示范项目5个，省级示范项目4个。完善法人治理结构，推进全市国有企业改革，促进国有企业提质增效。深化科技创新体制机制改革。科教引领创新发展，出台玉溪市实现2020年R&D经费投入占GDP2.5%方案，保障研发经费投入，引导各类资本参与研发经费投入，落实成果转化奖励政策，加快构建生物医药、高新技术、科技服务等领域产业孵化器，玉溪“双创”中心启迪众创园开园，加快发展康复辅助器具产业。

【开放型经济体制改革】 2017年，全市主动服务和融入国家“一带一路”倡议、长江经济带战略，紧紧围绕建设全省区域性中心城市和创新开放生态宜居文明幸福的魅力之城目标，按照市、县、乡、村4个层次加速城乡统筹、融合发展，探索创新扩大对内对外开放政策机制。推进贸易便利化，强化与昆明海关、云南出入口检验检疫局等涉外部门的沟通联系，推进关检合作“三个一”、商检“三证合一”，设立玉溪检验检疫服务窗口，实现全市企业在玉溪即可办理报检、出证、检测手续。稳步推进国际内陆港建设的核心综合保税区申报工作。调整外贸结构，逐步改变进出口主要依靠一般贸易的模式。取消加工贸易合同审核和加工贸易保税进口料件或制成品转内销审批，降低管理成本。加大招商引资力度，定期不定期在东部沿海举行推介会，承接东部加工贸易等产业转移。发挥玉溪驻境外商务代表处桥梁作用，坚持“走出去”“引进来”，实现双向联动，互利互惠，全市新增外资企业6户，投资总额1.3亿美元；全市企业在境外投资项目38个，涉及12个国家和地区。加快“大物流”发展，推动玉溪建设面向南亚东南亚国际内陆港经济试验区，一批重点项目正在推进，活发物流园仓储区A项目等已建成使用，“玉溪传化通力公路港物流有限公司”物流公共信息平台正式上线运营。围绕国家电子商务示范城市的创建，探索线上和线下市场相互促进融合发展的新模式，培育了猫哆哩、实建、磷资源交易中心、滇莓果业等一批电子商务骨干企业。按照机构分离、职能分离等原则与目标，市家政行业协会和市电子商会有关脱钩纳入第二批改革试点单位。

【民主法制领域改革】 2017年，全市

围绕建设法治玉溪总目标，统筹推进改革、法治与平安建设，着力健全完善制度机制，全面推进科学立法、严格执法、公正司法、全民守法各项工作，有效发挥法治对深化改革、促进发展、维护稳定的引领和保障作用。民主政治建设不断加强，人大、政协和“一府两院”工作在民主法制轨道上迈出新步伐，抓大事、建诤言、献良策的能力水平进一步提高。认真做好党的十九大代表，省级以上人大代表、政协委员推荐提名和市人大、市政府、市政协换届工作，县（区）人大、政府、政协领导班子换届工作。爱国统一战线巩固壮大，新的社会阶层人士统战工作得到加强。工青妇等群团组织和关工委、老干部作用得到有效发挥。支持国防和军队改革，军民融合发展进一步深化，连续四届荣膺全国双拥模范城。依法管理宗教事务，着力抓好民族团结工作，各民族和睦相处、和谐发展。依法治市工作深入推进，出台加强党委领导立法工作意见，强化司法体制改革创新，有序推进城镇绿化、森林防火等条例立法工作，《新平县哀牢山县级自然保护区管理条例》获批实施，实现玉溪立法工作零的突破，城镇绿化条例已经省人大常委会批准并向社会公布。健全完善法律顾问制度，积极推行公职律师、公司律师制度。加强法治文化建设，“七五”普法深入推进，全社会尊法学法守法用法的意识普遍增强。

【文化教育卫生体制改革】 2017年，全市加强文化领域行业组织建设，深化文化市场综合执法改革，建立现代文化市场监管体系，促进文化市场持续健康发展。深入实施文化惠民工程，抓好基层文化馆站建设，成功承办云南省第十届民族民间歌舞乐展演，举办“聂耳音乐之都”系列活动和“三下乡”等群众性活动。实施文艺繁荣工程，《粽魂》获第五届亚洲微电影艺术节金海棠奖，《山茶花红》等23个文艺精品项目获国家、省级扶持。培育壮大陶瓷、青铜制品、银饰品、民族刺绣等地方特色产业，成功举办文化产业博览会，全市文化产业联网直报企业增加到41户。足球改革发展步伐加快，举办环抚仙湖高原国际超级马拉松赛、第四届七彩云南格兰芬多国际自行车节，推动玉溪体育产业发展。深化教育体制改革。加大教育补短板项目实施，统筹推进县域城乡义务教育一体化改革，不断提高玉溪教育整体水平。学前教育增量提质发展，玉溪“入园难”问题初步缓解，“洛河模式”“名园+民园”等多种学前教育举办模式在全省推广，学前三年毛入园率78%，远超全省平均水平。义务教育均衡发展，开展特殊教育送教上门和农民工试点城市等改革成效明显。构建现代职业教育体系，四大职教集团实现全市职业教育资源的优化配置，发展优质高端民办教育，衡水实验中学落地玉溪，玉山小镇幼儿园成为“民建公办”幼儿园。加强教师队伍建设，完善教师考核与绩效管理制度，在中学增设正高级教师，小学、幼儿园增设副高级教师。加大教育创新和开放力度，高等教育院校引进、基础教育学校引进、培训机构引进等“引智引校”取得明显成效，与15所高校签约，授牌、挂牌5所。深化医药卫生体制改革。实施卫生补短板项目，抓实家庭医生签约服务落地见效，不断提高卫生服务水平。提升乡镇卫生院服务能力，推进标准化村卫生室项目建设，健全完善基层医疗卫生服务体系。建立现代医院管理制度，坚持政事分开和管办分离，逐步取消医院的行政级别，落实公立医院经营管理自主权，市中医院先行试点建立公立医院法人治理结构。所有三级公立医院实行全面预算管理和财务信息公开，财政和审计加强对公立医院审查监督和审计监督。

【社会体制改革】 2017年，全市深化平安玉溪建设，和谐稳定局面更加巩固，加强社会治安综合治理，在全省率先实现社会稳定风险评估信息化。严格执行安全生产党政同责和“一岗双责”，强化生产、交通、食品药品等重点领域专项整治和安全监管。推动大调解体系建设，调解组织实现全覆盖，领导干部接访下访成为常态，矛盾纠纷化解成功率达98%以上，党的十九大期间实现进京“零上访”，被国家信访局推荐参加新华网“市委书记谈信访”系列访谈。严防电信网络诈骗、非法集资等违法犯罪行为，加大反恐维稳、禁毒防艾和反邪教力度。玉溪市第七次登上中国最安全城市排行榜，第三次荣获“全国社会治安综合治理优秀市”，首捧“长安杯”。深化社会保障改革。实施“就业创业玉溪”行动计划，统筹大学生、农民工、贫困户、残疾户、失业人员等重点群体就业创业，城镇登记失业率为3.3%，新增农村劳动力转移就业21.5万人次。着力推进社保扩面续保，深度整合城乡居民医保，扎实推进跨省异地就医持卡结算，社会保障卡持卡人数达220万人。关注老年人身心健康，完善养老服务体系，建成居家养老服务中心20个，4.8万名高龄老人享受保健补助。城乡住房保障力度不断加大，棚户区改造项目新开工建设1.1万套，建成1.3万套，公租房分配入住率达86.5%。提高城乡低保标准，医疗救助、临时救助、防灾减灾等保障有力。司法体制四项改革全面完成，员额制法官检察官、司法辅助人员、司法行政人员分类基本完成，各级法院、检察院经费全面纳入省级统管，员额法官、检察官办案责任制、合议庭办案责任制全面推行，司法办案质效明显提升，司法权力运行机制、司法人权保障制度不断完善，阳光司法深入推进，公正司法得到落实。

【生态文明体制改革】 2017年，全市落实环境保护“党政同责”和“一岗双责”，领导干部自然资源资产离任审计、党政领导干部生态环境损害责任追究、自然资源资产负债表编制等工作深入实施。如期完成中央环保督察组反馈的22个问题整改，全力配合省第一环保督察组做好各项工作。全面推行河长制、湖长制，市县乡村四级河长实现巡河制度化常态化，抚仙湖网格化四级管理网络初步形成。强化环境执法监管，严厉打击环境违法违规行为，严肃查处各类环境违法案件166件。严格执行3个湖泊保护条例，“三湖”水环境保护治理“十三五”规划项目开工率达70%以上，水生态文明城市和3个湖泊国家湿地公园试点项目顺利推进，抚仙湖总体水质稳定保持I类，星云湖、杞麓湖水质有所改善。实施抚仙湖保护治理三年行动计划，开展“百日攻坚雷霆行动”，抚仙湖径流区植被恢复和澄江县农村生活污水处理项目开工建设，一级保护区生态移民1.6万人，22家中央和省市县属企事业单位全部退出，拆除建筑面积13.2万平方米、退出土地955亩。完成抚仙湖径流区区域总体规划编制，玉溪市被列为全国第二批山水林田湖草生态保护修复工程试点。强化星云湖、杞麓湖工程治理，控源截污、生态补水等力度加大，农业面源污染防治、主要入湖河道治理等取得成效。深入实施蓝天玉溪等"六大工程"，划定七大林业生态保护红线，完成营造林18.6万亩、低效林改造4万亩。划定永久基本农田，持续推进土地整治，加强水土流失综合治理。打好污染防治攻坚战，实施大气污染防治行动，强化工业企业和机动车污染治理，大力推行"绿色施工"，新能源汽车推广全省领先，中心城区空气优良率达99.2%。生态创建工作成效明显，3个县、13个乡镇分别被命名为省级生态文明县、生态文明乡镇街道。编制实施低碳发展、循环经济发展两个五年规划，节能减排任务圆满完成，被列为全国第三批国家低碳城市试点。

【党建纪检体制改革】 2017年，全市按照党的组织、干部人事、基层组织建设、人才发展体制机制"四位一体"改革工作布局，深化党的组织制度改革。进一步严肃党内政治生活，完善县以上党和国家机关党员领导干部民主生活会；不断推进干部人事制度改革，防止干部"带病提拔"，规范市属企业领导人员管理，加强乡镇党政正职管理，探索建立一线考察识别干部工作机制。开展村级后备干部"金种子"培养工程和玉溪市中小学校党建"育禾苗·感党恩"行动计划，提升基层党组织服务水平。创新人才发展体制机制，实施"兴玉英才计划"，探索实行人才柔性引进机制，对引进人才在玉溪市内享受户籍、配偶随迁、子女入学等绿色通道服务；出台玉溪市兴玉文化名家选拔培养工程等6个实施办法，为各类人才提供一个干事有舞台、发展有空间的广阔天地。建立领导班子配备结构模型，实现"以人找岗、以岗找人"的双向互动，并列为全省2017年党的建设制度改革重大事项。严格落实党风廉政建设主体责任、第一责任和"一岗双责"。着力整治"六型干部""为官不为"问题，驰而不息反"四风"，践行"八要""八不要"，开展办公用房整改"回头看"和新一轮"六个严禁"等专项整治。推动监察体制改革，机构组建、人员转隶等重点工作快速落实，派驻纪检机构改革和市委专职巡察组组建工作顺利完成。全面开展市县党委巡察工作，巡察306个党组织，发现各类问题2 389个。"零容忍"惩治腐败，积极实践"四种形态"，盯紧"三类重点人"，形成反腐败斗争压倒性态势。坚持党建带群建，工会、共青团、妇联、侨联、科协等群团改革有序推进，组织覆盖、网上群团、维权服务实现新突破。

【改革试点工作】 2017年，市委全面深化改革领导小组完成中央和省委确定的改革试点，自行开展不同领域的差异化试点，形成一批可复制可推广的经验做法，充分发挥试点对全局改革工作的引领、示范、带动作用。殡葬改革、玉溪市领导班子结构配备模型、玉溪主动融入"一带一路"提速玉溪开放农业、星云湖治理情况、加速海绵城市建设补齐城市防汛排涝"短板"等改革试点得到国家部委和省级领导的肯定。抚仙湖流域山水林田湖草生态保护工程修复工程试点、玉溪市全国城市设计试点城市、第三批国家低碳城市试点、全国健康城市试点等一批国家级试点正加足马力，快速推进。市委深改组明确要求每年9个县（区）要大胆探索，勇于创新，自行组织开展2个改革试点，经验成熟后，在全市推广实行，元江县开展农村资金互助会、退出科级领导岗位干部管理试点，红塔区村规民约（居民公约）修订完善试点等特色显著、效果明显。

【市委改革办工作】 2017年，按照市委全面深化改革领导小组2017年工作要点，建立工作任务挂号台账，完成一项销号一项。及时对中央、省委和市委出台的重大改革方案落实情况进行督办，根据2017年改革督查计划，按季度进行跟踪督查，逐一对照督查各县（区）、各部门贯彻落实、方案制定、跟踪问效等情况。切实加大改革宣传力度，与《玉溪日报》《中国改革报》签订刊登合作协议，设立专版及时宣传报道全市全面深化改革工作。积极做好改革信息收集采编工作，全年编印《玉溪改革简报》61期153篇稿件，专刊20篇，被省委采用信息9篇，其中《玉溪市七举措深化"放管服"改革让审批"长征"变"短途"》得到省委书记陈豪批示，6篇改革信息得到市委书记罗应光批示，2篇改革信息得到市委副书记、市长张德华批示。5月8～14日，在上海交大举办50余人的改革骨干业务培训，邀请国内知名专家教授作专题辅导，进一步开拓了眼界和视野，从思想上和认识上提高了对改革的理解。到文山州、楚雄州交流玉溪改革经验。深入县（区）部门督查行业商会与行政机关脱钩等工作，确定打通改革落地最后一公里。按照市委要求，及时要求各级各部门迅速组织观看《将改革进行到底》电视政论片，并召集县（区）、各改革专项小组、市级相关部门进行了改革研讨交流，进一步启发全市上下改革思想，学深悟透改革精神，推动改革纵深发展。

（高　欣）

纪检监察

【严明政治纪律和政治规矩】 2017年，市纪委加强对"关键少数"特别是"一把手"的监督，将"两准则四条例"等党内法规纳入党委（党组）理论中心组学习内容。建成玉溪市反腐倡廉警示教育基地，编印《忏悔录》、剖析典型案例、公开纪律审查信息，开展一封《家庭助廉倡议书》、一条廉政短信提醒、一次以"传承家庭美德、争做最美家庭"为主题的"三个一"活动。开展对民主集中制、"三重一大"决策、"四个不直接分管""末位表态"和请示报告等制度执行情况的检查。回复党风廉政意见1 793人（次），组织397名新任县处级领导干部进行集体廉政谈话并签订廉洁从政承诺书。印发《全市纪检监察机关强化监督执纪问责为玉溪干在实处走在全省前列提供纪律保障的意见》，开展稳增长促跨越、旅游市场秩序整治、保卫抚仙湖雷霆行动等重点工作的专项纪律检查。问责"不作为""慢作为"干部291人，其中，县处级34人，乡科级145人。

【管党治党政治责任】 2017年，市纪委研究改进党风廉政建设责任制检查考核办法，组织开展2016年度党风廉政建设责任制检查考核，通报表扬优秀等次的3个县（区）、25个市直责任单位，对考核为基本合格的江川区、易门县、市交通运输局和不合格的市移民开发局进行通报批评、督促整改并组织复查验收。对落实"两个责任"不力的6个单位、3名领导干部进行责任追究。推行主体责任派单制，开列市委、市政府领导班子成员和市人大常委会、市政协党组书记落实主体责任清单212项。落实约谈提醒、履责报告等制度，市委班子成员约谈干部533人（次），对巡察工作中发现问题突出的市科技局、市住房城乡建设局、市融资担保公司、市国有资本投资集团公司主要负责人进行约谈。

【落实中央八项规定精神】 2017年，市委出台《贯彻落实中央八项规定精神实施办法》《进一步规范领导干部操办婚丧喜庆事宜的规定》，重申公车改革使用管理有关纪律要求，举办严格落实中央八项规定精神财务人员专题培训班。开展“六个严禁”专项整治，对违规发放加班补贴、过节费和购物卡、各类评审费和劳务费、职工福利等行为进行专项检查，整改办公用房超标面积1.9万平方米，督促5个单位整改公款购买消费高档白酒问题，清理出兼职领导干部1 624名，收缴“小金库”违纪金额68.89万元。全市纪检监察机关组成明察暗访组565个，对4 687个单位开展监督检查。立案审查违反中央八项规定精神问题28起73人，给予党纪政纪处分55人，其中，县处级2人，乡科级25人。通报曝光4批次36起90人。严肃查处并通报了全市住建系统28人违规接受关联企业出资安排旅游、红塔区农业局违规发放津贴补贴、江川区政协原副主席曲绍庭用公款支付旅游费用等典型案件。

【保持惩治腐败高压态势】 2017年，市纪委协助市委制定出台《市委反腐败协调小组工作细则》，充分发挥市委反腐败协调小组协调机制作用。盯紧“三类重点人”，把握“三个重要时间节点”，做到“四个从严”。开展信访举报“大排查”，全市纪检监察机关共接受信访举报999件（次），比上年上升16.16%；处置问题线索760件，比上年上升12.59%；立案425件，比上年上升33.23%；审理结案387件，比上年上升26.47%；处分446人，比上年上升35.15%；移送司法机关17人，比上年下降34.62%，呈现出“五升一降”的特点。谈话函询333件（次），组织处理258人。运用“四种形态”938人（次），占比分别为50.43%、28.14%、11.41%、10.02%，从常态到极少数的结构性特征更加凸显。严肃查办了市贸促会党组书记、会长莫晓顺、元江县委原常委白沙才等严重违纪案。实现对县（区）市管干部和乡镇（街道）县管干部立案审查全覆盖，消除乡镇（街道）自办案件空白点。制定《玉溪市纪律检查机关走读式谈话安全工作暂行规定》，完善安全审查制度和措施。

【强化扶贫领域监督执纪问责】 2017年，市纪委制定《玉溪市加强脱贫攻坚监督执纪问责工作方案》，以“廉洁扶贫护航精准脱贫”为主题，广泛开展廉洁纪律宣传，组织县乡纪委和村（居）务监督委员会主要负责人同上级纪委签订扶贫领域监督执纪问责工作责任承诺书，加强对县（区）、乡镇（街道）、村（社区）、驻村工作队脱贫攻坚情况的督查。督促县乡纪委和村（居）务监督委员会认真履职，及时发现和处置脱贫攻坚中的问题线索。组建脱贫攻坚专项巡察组，重点对3个贫困乡、17个贫困行政村落实脱贫攻坚责任情况开展专项巡察。全市各级纪检监察机关共受理扶贫领域问题线索371件（不含重复件63件），立案审查52件78人，给予党纪政纪处分62人，移送司法机关11人。问责处理党组织（单位）17个、问责处理102人，通报曝光45件88人。

【查处损害群众利益问题】 2017年，市纪委强化对侵吞挪用、克扣强占、吃拿卡要、优亲厚友等侵害群众利益的不正之风和腐败问题的查处和督办力度，查处侵害群众利益的不正之风和腐败问题70件93人，涉及扶贫领域22件，惠农领域9件，集体“三资”领域10件，土地征收领域20件，其他领域9件；给予纪律处分81人，组织处理12人。严肃查处红塔区殡仪馆私分专项经费、元江县那诺乡哈施村4名村干部向群众收取“照相费”等一批严重违纪违法案件。认真办好“民情之声”栏目，为群众解答疑难问题、办理群众投诉143件。做好云南广播电视台“金色热线”直播节目的协调组织工作，及时办理群众反映农村宅基地审批、校园建设、环境保护等18个问题。

【巡视巡察各项工作】 2017年，市纪委对照上轮省委巡视玉溪整改情况，对标对表，抓好中央巡视“回头看”和省委巡视组反馈意见整改落实。中央巡视“回头看”整改的13个方面120项整改措施22项专项整治工作和省委巡视整改的3个方面30个问题89项整改措施有效落实。全面开展市县（区）党委巡察工作，在全省率先出台《中共玉溪市委巡察工作规划（2016～2020年）》，制定《玉溪市巡察工作管理规定（暂行）》《玉溪市级巡察工作评价办法（试行）》，探索建立巡察工作评价机制。市县（区）两级开展常规巡察4至5轮，共巡察306个党组织，发现问题2 389个、问题线索326个，立案审查58人，给予党纪政纪处分48人，移送司法机关16人。

【“三项改革”工作】 2017年，市纪委坚持把“政治站位”作为首要任务、“制定方案”作为重要基础、“机构组建”作为关键环节、“人员转隶”作为重中之重、“机制建设”作为重要支撑、“督促指导”作为重要保障，认真学习领会中央、省委有关监察体制改革会议精神，借鉴3省

2017年11月23日，中央巡视办副主任王瑛到玉溪调研巡察工作　（施立慰　摄）

市改革经验，严格按照国家监察体制改革试点工作制定的“施工图”推进，做到第一时间贯彻落实中央、省委要求，凝聚改革共识。定好“任务书”、画好“路线图”、倒排“时间表”，突出机构、职能、人员转隶等重点，突出抓好关键环节和时间节点，圆满完成市县（区）两级监察委员会组建挂牌工作。同步推进派驻纪检机构全覆盖，市县（区）两级纪委共派驻机构138个。市县（区）党委组建46个专职巡察组，强化巡察利剑威慑作用。

【纪检监察队伍】 2017年，市纪委贯彻落实“各级纪委书记、副书记的提名和考察以上级纪委会同组织部门为主”的要求，在“三个提名考察办法”的基础上，出台《市直事业单位纪委书记副书记提名考察办法》，推动纪检工作双重领导体制程序化制度化。印发《玉溪市纪检监察系统公务活动禁止饮酒的规定》，从严从实管理干部。组织参加各级各类培训165人（次）。严格执行监督执纪工作规则和省纪委实施办法，制定《玉溪市纪委监察局执纪审查工作行为规范》《纪检机关监督执纪工作流程图》，认真落实问题线索三级会议处置，把纪委监督执纪权力关进制度的笼子。坚决防止“灯下黑”，全市立案审查4名纪检监察干部。开展“挂包帮”“转走访”活动，市纪委为联系点协调项目13个、资金2 857.74万元。

【重要会议活动】 2017年1月4日，市纪委召开首轮巡察工作情况汇报会，听取五届市委第一轮巡察工作情况。市委书记罗应光出席会议并讲话。17日，召开座谈会，市纪委副书记、市监察局局长张伟向各民主党派、工商联、无党派人士和党外知识分子代表通报上年全市党风廉政建设和反腐败工作情况。24日，市纪委常委班子召开2016年度民主生活会。25日，市纪委召开常委扩大会，传达学习习近平总书记在十八届中央纪委七次全会上的重要讲话，要求全市纪检监察系统和广大纪检监察干部切实把思想认识统一到习近平总书记对党风廉政建设和反腐败斗争形势任务的判断上来，切实增强政治定力和战略定力，进一步增强做好党风廉政建设和反腐败工作的责任感和紧迫感。

2月7～8日，由省委书记陈豪率队，省纪委副书记、监察厅厅长孙青友为组长的省委检查考核组到玉溪，对玉溪市2016年度党风廉政建设责任制工作进行检查考核。汇报会上，陈豪对检查考核工作进行了动员、安排和部署，市委书记罗应光代表市委领导班子向考核组作了工作汇报，罗应光和市委副书记、市长饶南湖分别向大会作个人述责述廉；对市党政领导班子落实党风廉政建设责任制和党政领导干部述廉述责情况进行了民主测评。28日，中国共产党玉溪市第五届纪律检查委员会第二次全体会议召开，市委书记罗应光出席全会并讲话。市委常委，市人大常委会、市政府、市政协领导，市中级人民法院代院长、市人民检察院检察长出席会议，相关负责人员参加会议。会上，传达学习十八届中央纪委七次全会和省纪委十届二次全会精神，罗应光与市委常委、市人大常委会党组书记、市政协党组书记和省管干部签订党风廉政建设“一岗双责”责任书，与91名党委党组负责人签订党风廉政建设主体责任书，表彰2016年度党风廉政建设责任制优秀单位。市纪委副书记、市监察局局长张伟代表市纪委常委会作题为《持续深化正风反腐推进全面从严治党为在全省率先全面建成小康社会提供坚强政治保障》的工作报告。

4月1日，市纪委召开2017年度党风廉政建设宣传工作业务培训会。6日，召开巡察工作暨五届市委第二轮巡察工作动员部署会，市委书记罗应光出席会议并讲话。

7月27日，市纪委召开2017年上半年纪检监察工作总结交流汇报会。会议深入学习贯彻习近平总书记系列重要讲话和治国理政新理念新思想新战略以及考察云南重要讲话精神，学习贯彻落实扶贫领域监督执纪问责工作电视电话会议精神和中央巡视组反馈意见整改要求，总结回顾全市2017年上半年工作，安排部署下半年工作任务。会议传达学习全省上半年纪检监察工作总结交流汇报会和全市上半年工作汇报会精神，结合全市纪检监察工作实际提出贯彻落实要求。市委常委、市纪委书记孟凡兵强调，要加强纪检监察干部队伍建设，着力提升干部素质，优化干部结构，从严从实监督管理队伍，严防“灯下黑”；全市纪检监察干部要强化政治意识、大局意识、学习意识、规矩意识、责任意识，层层对标、层层示范，一级带着一级干，锻造忠诚干净担当的执纪铁军。

8月7日，市纪委监察局举行学习先进人物事迹报告会，邀请全国敬业奉献模范、“八一勋章”获得者王忠心和优秀驻村扶贫工作队员王良春为全体干部职工讲述自己平凡岗位上的不平凡事迹。11日，市纪委监察局召开党风廉政建设和反腐败工作新闻发布会，向各新闻媒体通报十八大以来玉溪市党风廉政建设和反腐败工作。21日，市纪委召开打好稳增长促跨越百日攻坚战专项纪律检查工作情况汇报会和扶贫领域监督执纪问责工作座谈会，市委常委、市纪委书记孟凡兵主持会议并讲话，他强调，全市各级纪检监察机关要紧紧聚焦稳增长

2017年10月9日，玉溪市纪委监察局组织领导干部到云南省警示教育基地开展警示教育活动（施立慰 摄）

①2017年2月7日，省委书记陈豪带队对玉溪市党风廉政建设进行考核检查 ②2017年12月13日，省纪委副书记、省监察厅厅长孙青友到玉溪调研监察体制改革工作

（施立慰　摄）

促跨越百日攻坚战这个主旋律，扛稳、抓牢、做实“稳增长、促跨越”主体责任、监督责任，把纪律和规矩挺在前面，严明纪律、严守规矩、管住细节，准确运用好“四种形态”，对检查中发现的问题线索，发现一起查处一起，通报一起，坚持“一案双查”，既追究直接责任，又追究领导责任，着力整治不作为、慢作为和工作不落实的问题，严肃查处各类违纪行为，着力破解制约当前经济社会发展的主要问题，确保脱贫攻坚等重点工作和专项行动取得实效。

9月12～13日，由省纪委副书记孔荣华带队，省纪委副秘书长、党风政风监督室主任刘云明，纪检监察六室副主任柯顺昌、纪检监察三室干部周云波组成的省脱贫攻坚监督执纪问责专项检查组一行到玉溪市开展脱贫攻坚监督执纪问责专项检查。27日，省纪委常委、巡视办主任杨军带队，到玉溪市部分超市、市直单位、农家乐随机察访，狠刹节日期间不正之风。

10月23日，市纪委召开常委扩大会，专题学习十九大报告和习近平总书记在参加贵州省代表团讨论时的讲话以及王岐山书记参加湖南省代表团讨论时的讲话精神。24日，由省纪委常委叶翠萍带队的调研组到玉溪，就市贯彻落实中央八项规定精神及纠正“四风”工作情况进行调研。27日，市纪委监察局召开以“喜谈十九大，欢度老年节”为主题的老干部座谈会。30日，市纪委监察局召开专题会议，传达学习贯彻党的十九大精神，安排部署纪检监察机关贯彻意见。会议邀请市师院马克思主义学院院长罗伟教授就学习党的十九大精神为纪检监察干部作专题辅导；邀请党的十九大代表、市一小校长杨琼英交流参加党的十九大的见闻和感想。

11月2日，市委常委、市纪委书记孟凡兵到易门县六街街道铁厂村宣讲党的十九大精神，与基层干部一起学习新精神，共谋新发展。同日，市纪委监察局召开纪检监察体制改革工作推进会，各县（区）纪委书记、组织宣传部部长参加会议。11日，市纪委监察局全体党员干部开展“不忘初心牢记使命”主题党日活动。18日，市纪委召开常委会，传达学习全省各州市县纪委书记工作会议精神，并研究部署全市推进监察体制改革试点工作。21日，玉溪市新提拔副县级领导干部学习贯彻党的十九大精神暨履职能力提升和反腐倡廉教育培训班在市委党校开班。市委常委、市纪委书记孟凡兵出席开班式并作动员讲话。孟凡兵强调，要深刻把握党的十九大关于坚定不移全面从严治党的重大部署，始终保持政治敏锐和政治定力，持之以恒、善作善成地推进全面从严治党，把管党治党的螺丝拧得更紧，一刻不停歇地推动全面从严治党向纵深发展。要提振精气神，继续保持求真务实、昂扬向上的精神风貌，以不服气、不怕苦，食不甘、夜不寐的精神状态，把干在实处、走在全省前列要求落到实处，积极推进玉溪跨越发展。23日，玉溪市召开深化国家监察体制改革试点工作小组第一次会议。会议传达了《全国人大常委会关于在全国各地推开国家监察体制改革试点工作的决定》《关于在全国各地推开国家监察体制改革试点方案》和全国推开国家监察体制改革试点工作动员部署电视电话会议精神。会议强调，要突出工作重点，抓住关键环节，积极稳妥推进全市监察体制改革；要加强组织领导，强化责任担当，确保监察体制改革各项任务圆满完成。24日，召开全市推开国家监察体制改革试点工作动员电视电话会议，安排部署全市推开深化监察体制改革试点工作。市委书记罗应光出席会议并强调，要提高政治站位、强化责任落实、精心筹划改革、扎实有序推进，确保在2018年2月上旬前，组建市县两级监察委员会，建立党统一领导下的反腐败工作机构，实现对所有行使公权力的公职人员监察全覆盖。

12月9日，举行2017年7月以来新提拔和调整交流的122名市管领导干部进行任前集体廉政谈话，市委常

2017年10月30日，党的十九大代表、玉溪一小校长杨琼英与纪检监察干部交流，向纪检监察干部传达党的十九大精神（杨　红　摄）

委、市纪委书记孟凡兵代表市委、市纪委与与会人员谈话。孟凡兵强调，领导干部要始终坚守为官从政的底线，谨记“三个不要”，即不要无视党纪国法，不要滥用手中的权力，不要放松对亲属下属的要求。要着力保持和巩固风清气正的政治生态，进一步深化作风建设，不断巩固和拓展落实中央八项规定精神成果；进一步强化责任落实，层层压实管党治党政治责任。11日，市委常委、市纪委书记孟凡兵到市委市政府信访局，以视频接访的方式接待来访群众。12日，召开市级纪检体制改革人员编制划转工作动员会，对市级纪检体制改革涉及的人员编制划转工作进行动员部署。受市委书记罗应光同志委托，市委常委、市委组织部部长晏森出席会议并讲话，市委常委、市纪委书记孟凡兵，市委常委、市委秘书长王志新，副市长孙云鹏出席会议，市纪委、市委组织部、市委编办以及涉及人员编制划转单位的有关领导参加会议。会议要求，各单位要以更高的站位、更宽的视野、更严的要求，齐心协力抓好工作落实，以实际行动落实好市委的重大决策部署。13～14日，省纪委副书记、省监察厅厅长孙青友一行到玉溪市调研国家监察体制改革试点工作和扶贫领域监督执纪问责等工作。18日，市纪委召开派出纪工委有关同志参加的会议，安排部署纪工委撤销后相关工作。市委常委、市纪委书记孟凡兵强调，派出纪工委的同志要铭记派出监督历史，做好工作交接，迎接新挑战。各派出纪工委书记纷纷表态，坚决服从组织安排，服从改革大局，在新的工作岗位上认真履职，再创辉煌。

（施正林　刘山林）

组织工作

【“两学一做”学习教育情况】 2017年，市委组织部巩固和发展2016年“两学一做”学习教育成果。制定方案、召开座谈会部署推进工作，把推进“两学一做”学习教育常态化制度化纳入各级党组织和党组织书记管党治党的责任、问题、考核清单和市委巡察、年度基层党建考核评议的重要内容，层层压实责任。抓实党委（党组）理论学习中心组学习和党支部“三会一课”制度，督促引导各级党组织和广大党员重点学习十八届六中全会精神、习近平总书记系列重要讲话精神和治国理政新理念新思想新战略及考察云南重要讲话精神。建立“十名优秀党课师资、十名先进模范师资、十篇优秀党课讲稿、十部优秀党课课件、十部优秀‘微党课’”的“五个十”党课载体，推动“千堂党课进基层”，开展纪念建党96周年主题系列活动。坚持抓住“关键少数”、抓实基层支部，建立领导干部带头开展“两学一做”工作提醒制度。强化典型引领，迅速掀起向廖俊波、印春荣等学习热潮，挖掘宣传全市先进基层党组织和优秀党员干部，积极向中央组织部推送宣传玉溪市出席党的十九大基层代表风采。巩固党员组织关系等5项集中排查成果，建立完善基层党组织按期换届督促提醒、“三会一课”申报预审派员指导、发展党员全程纪实、防止党员失联十条措施等制度办法，全面推行《党支部规范化建设工作台账一本清》和《党员手册》。对标对表抓好巡视反馈整改落实，督促指导开好全市巡视整改专题民主生活会，坚决肃清白恩培、仇和等余毒。在“两学一做”学习教育中开展“科教创新引领发展”大讨论大行动，推进学习教育与中心工作深度融合。

【巡视反馈整改落实工作】 2017年，市委组织部健全完善市委党建工作领导小组工作机制。制定《市委党的建设工作领导小组工作规则》，调整充实领导小组成员单位，明确领导小组、领导小组办公室、领导小组成员单位的工作职责和工作制度。切实担起领导小组办公室工作职责，做好对领导小组成员单位的沟通协调，筹备召开领导小组会议，牵头起草年度党建工作专题报告。严肃党内政治生活。起草《关于认真贯彻落实党的十八届六中全会精神深入推进从严治党的实施意见》《玉溪市县以上党和国家机关领导干部民主生活会实施办法》，严肃民主生活会制度执行，规范程序要求，切实提高民主生活会质量。指导开好2016年度民主生活会、巡视整改专题民主生活会，抓好基层党组织组织生活会和民主评议党员工作，全市各级领导班子民主生活会实现指导全覆盖，96.6%的党员被评定为“合格”以上等次。抓好《中国共产党党组工作条例（试行）》的贯彻执行。开展党组清理规范工作，调整理顺市委教育工委与市教育局党组关系，在10个市属投融资公司中调整成立党组。结合学习贯彻十九大党章修订案，组织开展党组织设置和隶属关系集中排查，就调整理顺党组设置和工作职责进行专题调研。

【换届和选举工作】 2017年，市委组织部严格落实换届政策，严肃换届纪律，圆满完成县乡人大、政府和县区政协领导班子换届，县区新一届班子中42岁以下干部、女干部、党外干部、少数民族干部分别占18.9%、21.9%、21.9%、25.4%；完成2017年市人代会选举工作任务，市人民政府市长、市人大常委会主任候选人顺利

当选；指导7家民主党派市级组织和市工商联、市青联顺利完成换届。坚持党的领导，严格程序标准，遴选产生玉溪市推荐云南省出席党的十九大代表候选人初步人选54人，做好27名省人大代表候选人初步人选和我市出席全国人代会代表考察工作。

【干部工作规范化】 2017年，市委组织部进一步完善选人用人机制，出台《玉溪市防止干部“带病提拔”的实施意见》和干部选拔任用动议、推荐、考察、纪实等干部政策“一个意见及七个办法”，编印《干部工作业务操作规程》，举办全市干部工作基础业务专题培训班，进一步规范干部工作程序。

【干部教育培训工作】 2017年，市委组织部围绕玉溪经济社会发展“5577”总体思路，举办“玉溪市领导干部学习贯彻党的十八届六中全会精神”“科教引领创新发展”等各类培训班52期，7 800余人次参与培训，选派453名干部到省级及以上干部培训机构脱产培训，选派13名干部到市外挂职。组织14.6万余农村党员参加省、市级冬春训示范培训班。挂牌建立玉溪信息产业展示中心等10个第二批干部教育培训现场教学基地。依托玉溪干部信息管理系统，建立健全干部教育培训档案登记管理制度。

【干部监督管理工作】 2017年，市委组织部开展干部选拔任用“一报告两评议”工作，开展2017年领导干部报告个人有关事项工作，对495人进行重点查核，随机抽取130名县处级干部抽查核实。积极推进领导干部能上能下，加大提醒、函询和诫勉力度，对16名县处级领导干部进行经济责任审计。牵头开展清理乡镇机关空编充实等工作，完成9个县（区）39个市直单位选人用人情况专项检查，建成启用干部监督信息系统。

【市管干部出国（境）备案审批管理工作】 2017年，市委组织部办理因公出国（境）人员备案手续9件30人次，主要为经贸洽谈、产业合作交流；向市纪委、市检察院发送联审函26件59人次；代市委审查审批特岗人员因私出国（境）48件48人次，主要为自费旅游、探亲。报备新增特岗人员132人，撤控41人；集中管理新增因私护照、大陆证、港澳通行证72本，清退67本。

【健全党建工作责任体系】 2017年，市委书记罗应光带头履行党建“第一责任人”职责，注重统筹谋划，强化压力传导，先后26次深入基层调研党建工作，主持召开14次会议专题研究党建，带头到软弱涣散基层党组织挂钩联系点把脉问诊，示范带动各级党组织书记履职尽责抓党建。清单化落实。制定“基层党建提升年”“1+X”方案，开列市委常委班子成员抓基层党建责任、项目和问题清单，细化11类30项重点工作任务，实行挂图作战。各级党组织结合实际制定清单抓落实，提出28项党建制度改革举措、65个制度改革项目，完成既定改革任务的70%，领导班子结构配备模型等改革工作得到了省委肯定。落实党建责任追究、述职评议考核、调研督查3个办法，用活调研督查、随机抽查和定期巡察成果，形成工作倒逼机制。发出提醒函59份，约谈干部257人，整改问题510余件，4名县委书记、4名市直党（工）委书记年度评优资格被“一票否决”。

【党建促脱贫攻坚工作】 2017年，市委组织部压实脱贫攻坚责任。制定进一步加强脱贫攻坚组织保障的通知等系列文件，实行市级行业主管部门、挂包部门与县、乡捆绑考核，将扶贫开发成效考核结果纳入各级领导班子和领导干部综合考核评价内容，进一步压实市、县、乡、村“四级书记”和挂钩联系单位抓脱贫攻坚责任。全市631个单位2.47万名干部联系挂包3.4万户贫困户12.1万名贫困人口，向130个贫困村选派705名工作队员，期间，增派17名副县级实职党员领导干部担任“第一书记”；每月各开展1次视频抽查和专项督查巡察，对5名未履职尽责队员通报问责。启动80个乡（镇）机关周转性住房、食堂、危房修缮改造项目。推动党员带头脱贫致富，发放2年期“创业致富贷款”2.93亿，财政贴息近1 000万元，在合作社、产业链上新建44个党支部，扶持2.5万余名党员群众创业致富，带动4000多户贫困户实现脱贫。推广“基层党组织+农村电子商务”扶贫模式，建成电商服务站458个。通过实施扶持一批致富带头人、培养一批农村基层人才、引培一批支农人才、转化一批科技成果扶贫“四个一批”模式，新增农业龙头企业14户，发展高原特色现代农业项目17个，建立12个创业孵化平台，开展农村实用人才培训6.5万多人次，培育新型农民1万多人。

【深入拓展玉溪基层党建品牌】 2017，市委组织部深化新时代“仙湖卫士”行动，全面推行河长制、湖长制，组建爱湖护湖党员先锋队和“仙湖卫士”党群工作站，开展抚仙湖综合保护治理雷霆行动，累计完成“三湖”治理项目47.8亿元，解决1万人移民问题，所有中央省市县的企事业单位全部拆除退出抚仙湖核心区。深化小组党员活动室建设全覆盖行动，2017年新建活动场所483个，实现小组活动场所全覆盖。全面推行村组活动场所“星级达标”管理。深化“空壳村”集体经济增收全覆盖行动，全市702个村（社区）集体经济总收入全部达到2万元以上，投入400万元，将股份合作经济延伸到80个村（居）民小组。深化非公企业和社会组织覆盖提升行动。严格落实“16321”党建工作补助经费，使用市级留存党费10%补助阵地建设，建成党群活动服务阵地531个，建立首个以个人名字命名的“李光才党建工作室”，公开招聘专职党务工作者131名，县（区）和园区专职党务工作者实现全覆盖。深化“互联网+党建”行动计划。推送学习专题1 200多期、图文信息2.7万条，搭建互联网宣传教育“E阵地”，进综合服务平台事项均达到110项以上，累计办结189.3万件。在红塔区、澄江县试点推广云岭先锋APP工作。实施中小学校党建“育禾苗·感党恩”行动计划。全面开展“云岭红烛·育人先锋”创建活动，组织红色主题实践活动890余次，传承红色基因，做法在全省中小学校推进会和全省民办学校党的建设工作视频会上进行交流。创建100所示范学校，在全省率先实现义务教育基本均衡。实施村级后备干部“金种子”行动计划，按照村“两委”班子职数1：1的比例和“一职一备”要求，通过个人自荐、民主推荐及组织推选、考察、公示、审查备案等程序，物色储备4 251名村级后备干部。

【提升各领域基层党建短板】 2017，市委组织部补齐机关党建短板，制定方案专项整治机关党建“灯下黑”，组成5个督查调研组对78个市直单位落实项目、责任、考评3个清单情况开展督查，建立问题台账，点对点向59名党组（党委）书记发出提醒函。推进窗口单位和服务行业“双亮双比”活动，持续开展“双联系一共建双推进”工作，市直261个机关党支部与230个贫困村组党支部结对共建。规范活动场所上墙内容，推广机关党建勤廉先锋品牌标识，评选出20个离退休干部“五好”党支部。在市人才服务中心、玉溪人才网设立学生党员服务窗口，建立流动党员活动室，服务学生党员和流动党员。补齐城市党建短板。召开学习宣传贯彻党的十九大精神加强城市基层党建工作经验交流座谈会，按照“因城施策、以城带乡、抓点带面、全域推进”的思路，健全市、区、街道、社区四级联动机制，探索推行街道“大工委”和社区“大党委”联席会议制，推行“社街校企”一体发展的区域化党建模式，建设小庙街商圈党建、“红色义工联”等特色品牌，板块推进城市基层党建转型升级。补齐基层软弱涣散党组织短板。按照不低于7%的比例，摸排确定770个软弱涣散基层党组织，采取“五个一”方式集中整顿转化。排查处置“村霸”、慵懒滑贪“四类村官”73人，打击涉恶势力团伙1个。补齐民族文化党建短板。在峨山等山区民族地方，出台民族文化党建实施办法，推动基层党建创新与民族文化产业、移风易俗、扶贫扶志相结合，选聘彝汉“双语”党课教员“送课”下村，组建民族文化党建宣传队巡演，用民族歌舞、说唱等形式传播党的声音，激发脱贫内生动力，涵养文明乡风。实施把民族文化传承人培养成党员、把党员培养成民族文化传承人的“双培养”工程，创建新平花腰傣党建长廊、“磨皮彝族花鼓文化传习馆”“哀牢烽火”革命历史浮雕宣传栏、“笃慕梦园·花鼓峨山”等党建文化精品。

【党员发展工作】 2017，市委组织部开展入党积极分子队伍研判和3年未发展党员村（社区）排查，科学制定发展党员计划，组织开展发展党员工作专项检查，推行发展党员全程纪实，不断提高发展党员工作质量，全年共发展党员1 877名。

【党费收缴、使用和管理】 2017，市委组织部抓好中央“2个党费文件”的贯彻执行，重点对开设党费专户、党费业务部门与财务部门分开、党费留存、网上交纳党费、交纳大额党费等事项进行集中规范，严格落实“党费日”制度。组织开展党费收缴专项检查“回头看”，建立2008年4月以来清理收缴党费明细台账和经批准少补交或不补交党费情况明细台账，对中央和省下拨补交党费、市级留存补交党费分别制定使用方案，严格使用项目，确保使用实效。

【关怀困难党员、老党员、老干部工作】 2017，市委组织部在春节、“七一”和十九大前夕对生活困难党员和老党员、因公牺牲党员干部家属、离任10年以上村（社区）老骨干等进行广泛深入慰问，发挥各级补交党费在慰问中的政治作用和社会效用。持续开展“农村党员关爱行动”，对2016年度农村党员教育培训工作和农村困难党员关爱工作进行检查，并及时下拨年度相应经费。

【乡镇党代会年会制】 2017，市委组织部督促全市50个乡镇召开2016年度年会，审议2015年度年会办理情况，收集各类提案、建议646件。

【党代表管理工作】 2017，全市共组织77人次省、市党代表列席省、市委全会、纪委全会、深改会，参与对省、市直机关进行评议等，促进代表发挥作用，做好全市出席党的十九大代表的考察、联络、服务等工作。

【人才载体建设工作】 2017，市委组织部注重院士专家工作站建设，获批院士工作站4家、专家工作站2家；注重专家基层科研工作站建设，申报省级专家基层科研工作站8家，获批4家，首次评审认定市级专家基层科研工作站5家，每家给予10万元工作经费补助；注重科技创新平台建设。获批高新技术企业32户、科技型中小企业45户，认定市级工程技术研究中心5个；获批省级众创空间4家、省孵化器1家。全市有14项科技成果获云南省科学技术奖，科技进步二等奖3项、三等奖11项。

【人才引进工作】 2017，市委组织部印发《关于开展2017年全市海内外高层次人才岗位及项目需求信息征集工作的通知》，共收集玉溪师院等7家企事业单位发布需求信息岗位（人数）101个。玉溪师院刚性引进全日制博士10人，教育卫生系统引进硕士研究生以上23人；柔性引进国家“千人计划”专家3人、博士1人、主任医师1人；通过院士专家工作站、省级专家基层科研工作站、市级专家基层科研站柔性引进高层次人才15人（院士4人）。

【人才培养工作】 2017，市委组织部启动实施“兴玉英才计划”，开展首届“兴玉文化名家”“兴玉技能大师”“兴玉产业领军人才”“兴玉信息化及信息产业拔尖人才”“兴玉教学名师”“兴玉名医”评选工作，共认定六项培养人选30人，给予每人1万元生活补贴和2万元工作经费补助，共计90万元。九县（区）相继开展“新兴英才”“仙湖英才”“泉乡英才”“兴易英才”等培养计划和拔尖乡土人才等表彰活动。同时，申报“云岭牌”“云岭英才计划”优秀人才，申报第18批中央博士服务团需求岗位2个，获“国贴”1人、“省贴”4人、“省长奖”2人，“云岭首席技师”1人、“云岭文化名家”1人，加强科技人才培养，评选出第六批市中青年学科技术带头人39人，11人由副高级晋升为正高级；加强民族文化人才培养、评选认定市级非物质文化遗产项目代表性传承人39人；注重贫困地区人才培养，共推选基层人才对口培养人选112人，其中到省级对口培养15人，市级培养97人，投入培养经费58万元。

【人才培训工作】 2017年，市委组织部在司法队伍、教育卫生、产业技术人才和技能人才中开展业务培训和技能竞赛等提升活动，共1 225人次参加培训和技能比拼。加强党外宗教界人才培训，市委统战部制定《玉溪市党外代表人士和统战干部队伍五年市外培训方案》，对新当选的110名宗教主管人才进行社会主义核心价值观等综合培训。

【人才统计工作】 2016年，全市人才资源总量为21.9万人，人才资源占人力资源总量的11.5%。其中：党政人才1.63万人，企业经营管理人才4.79万人，专业技术人才8.89万人，高技能人才2.64万人，农村实用人才3.55万人，社会工作专业人才0.4万人。全市人才密度8.3%，人才贡献率17.33%。

【公务员管理工作】 2017年，市委组织部组织开展好2017年度公务员考

录遴选考核工作，完成5名定向选调生选岗分配工作。集中清理县级以上机关事业单位长期借调下级部门工作人员。

【大学生村官工作】 2017年，市委组织部开展事业单位定向招聘大学生村官工作，出台《玉溪市大学生村官“连排班”管理实施办法（试行）》，促进作用发挥。

【党的建设制度改革】 2017年，市委组织部召开专项小组会议，研究出台《专项小组2017年度工作要点》等系列文件，统筹部署改革工作。总结改革试点经验，领导班子配备结构模型试点经验列入省委党的建设制度改革专项小组2017年突出抓好的重大改革事项。出台了《关于开展村级后备干部“金种子”培养工程的实施意见》等制度30余项，十八大以来党建制度改革工作情况在云南日报刊载。

【组织工作宣传】 2017年，中国组织人事报头版刊发“云南玉溪土专家领跑致富路”，党建网刊发玉溪市中小学党建“育禾苗·感党恩”行动做法，云南日报、云岭先锋杂志社等省级媒体记者到玉溪市采访报道党建制度改革、中小学党建、发展壮大村级集体经济案例、桃孔村党员积分制管理情况等特色亮点工作。开展喜迎十九大组织工作专题宣传，在市级媒体刊发综述12篇，发表网评文章702篇，监测上报各类网络舆情信息506条。

【组织部门自身建设】 2017年，市委组织部强化工作谋划部署，分解细化任务，定期督查通报，各项任务按期推进。严肃党内政治生活，召开部领导班子2016年度民主生活会和巡视整改专题民主生活会，认真召开组织生活会，开展支部书记抓基层党建述职评议考核，举行8次中心组学习、9次组工讲坛。加强组工干部教育培训，实现每名组工干部参加党性教育、组工政策业务、知识拓展3个全覆盖。继续开展党员积分制管理和评星授旗，加强组工干部家风建设。组织部机关全体党员寄语十九大，做好信访维稳各项工作，营造了良好氛围。加强组织工作宣传，编发组工信息56期96条。

（詹道斌　吴　刚　文天娥　李颖昌　钱舒娴）

宣传工作

【全市宣传思想文化工作会议】 2017年2月15日，全市宣传思想文化工作会议召开。市委书记罗应光出席会议并讲话，市委常委、宣传部长杨兴荣主持会议，市领导李洪云、叶本功、杨洋、孙云鹏、汪燕平出席会议。罗应光在讲话中充分肯定了近年来全市宣传思想文化工作取得的显著成效，并指出要清醒看到当前在宣传思想文化工作中存在的不足，准确把握宣传思想文化工作的新形势和新要求，更有针对性、创造性、实效性地做好宣传思想文化工作。罗应光强调要准确把握宣传思想文化工作的新形势和新要求，主动担当重要职责和历史重任，切实加强组织领导和基础保障，不断开创全市宣传思想文化工作新局面，为玉溪跨越发展、决胜全面小康汇聚强大力量。下午，召开全市宣传思想文化工作会议总结会，市委常委、宣传部长杨兴荣就如何紧扣2017年全市宣传思想文化工作的总体思路落实好会议精神作工作安排。

【理论学习教育】 2017年，市委宣传部以中心组学习为龙头，推动理论学习纵深发展，规范党委（党组）中心组学习，出台《党委（党组）理论学习中心组学习实施细则》，制发《玉溪市县级以上党委（党组）理论学习中心组2017年理论学习安排意见》《2017年全市在职干部理论学习安排意见》对党委（党组）中心组学习和在职干部学习进行部署安排。年内，市委理论学习中心组开展12次集中学习，编印《中共玉溪市委理论学习中心组学习参阅材料》1 660册，中心组赠书4批共计42种，875套11 475本。全市征订《习近平谈治国理政》（第二卷）4万多册，确保全市在职在编干部人手一册，并延伸到村（社区）党组织书记、村委会主任、全市722个农家书屋；加强《全面从严治党面对面》《谱写中国梦云南篇章系列丛书》《社会科学专家话玉溪》等重点理论书籍的学习宣传和推荐，组织征订党的十九大文件、学习辅导读物和《谱写中国梦云南篇章系列丛书》14.6万册，将党的十九大出版物、《习近平谈治国理政》第二卷列入全市农家书屋出版物更新目录，不断提升全市干部群众运用党的创新理论武装头脑、指导实践、推动工作的能力。同时，依托玉溪宣传“理论学习”微信平台，坚持“每日一学”，先后推送《习近平治国理政关键词》等100余篇重大理论热点文章，在玉溪网“理论与实践”栏目刊发理论文章18篇，进一步扩大学习教育的覆盖面；总结提炼《玉溪市“三个到位”深入学习宣传贯彻十八届六中全会精神》《破解新形势下主流思想舆论阵地管理问题研究》等理论文章报送相关部门，与市纪委、市委组织部、市委党校等单位联合举办“学习党的十八届六中全会精神”理论研讨会；做好《今日玉溪》学习栏目编辑工作，刊登13篇经验文章，其中《“四个示范”把学习系列讲话精神引向深入》《云南玉溪“聂耳社区宣讲团”担当理论宣传重任》《云南玉溪开展中小学党建“育禾苗感党恩”行动》等4篇经验材料，被中宣部党建网选登，《社区处处闻“聂耳”——云南玉溪市红塔区“聂耳社区宣讲团”活跃在基层》被《党建》杂志第4期采用刊登，参加《党建》杂志举办的“党在我心中学做见行动”主题征文活动，荣获二等奖，并先后在《社会主义论坛》、云南理论网等平台，推送了《玉汝于成溪达四海》阐释文章、市委书记罗应光《学深悟透联系实际干在实处》等20余篇理论文章。市委宣传部荣获“2017年度《党建》杂志学刊用刊工作先进集体”称号，李向阳荣获2017年度《党建》杂志优秀通讯员三等奖。全年充分发挥市、县（区）党委宣讲团及聂耳社区宣讲团、峨山百姓宣讲团等基层宣讲团作用，推动党的理论创新成果入基层、入民心。全市共开展“深入学习贯彻习近平总书记系列重要讲话和考察云南重要讲话精神以优异成绩迎接党的十九大胜利召开”“党的十九大精神”集中宣讲等各级各类宣讲4 799场次，受众34.98万人次。红塔区聂耳社区宣讲团荣获中宣部“全国基层理论宣讲先进集体”称号。市委宣传部制发《关于印发〈2017年度全市宣传思想文化工作重点调研课题〉的通知》，择优选取22个作为重点调研课题，编印《玉溪市宣传思想文化调研成果选编（2017）》。年内市委宣传部荣获省委宣传部“2016年度调研和部刊工作先进单位”称号，上报的《家风家规家训在基层道德建设中的现实意义调研》被评为优秀调研报告，《玉溪市红塔区用好家风引领道德新风尚》被评为优秀部刊稿件。还制发《关于征集全市宣传思想文化工作典型案例的通知》挖掘推广典型案例，《“四字经”念出好家风“组合拳”树起新风尚——玉溪市红塔区好家风引领道德新风尚》《新平县农村（民间）文艺队评星定级助推山区群众文化蓬勃发展》2篇案列入省委宣传部《云南宣传思想文化工作案例》初选目录。此外，完成省委宣传部立项的2017年度全省马克思主义理论研究和建设工程重大实践经验课题，形成调研报告案例5篇报省委宣传部。

2017年11月1日，党的十九大代表、市委书记罗应光前往澄江县海口镇海口村宣讲党的十九大精神（金云龙　摄）

【舆论推动工作】 2017年，全市舆论推动从正面宣传凝心造势、舆论引导正渠助力上下功夫，为全市跨越发展提供强大精神动力。制发一至四季度宣传报道意见，明确宣传报道重点、形式和要求，指导各县（区）委宣传部、市级新闻媒体围绕中央、省委和市委重要决策部署，做好形势政策、重大主题宣传。抓实宣传内容，开展党的十九大精神、“科教引领创新发展”大讨论大行动、“两学一做”“砥砺奋进的五年”等重大主题宣传，完成禁毒宣传月、安全生产月、综治维稳宣传月、中央经济工作会议精神宣传、十九大脱贫攻坚、抚仙湖保护等30余个专项宣传工作的方案拟定、组织实施、跟踪问效工作。加大典型宣传，通过市级媒体大力宣传“公安楷模”李浏华、“基层干部”赵思旺的先进典型事迹，向省委宣传部推荐“最美十大人物”候选人10名。全力做好党的十九大宣传工作。迎接党的十九大，精心策划举办“砥砺奋进的五年——中国梦玉溪篇章成就主题展”，现场参展人数达2万余人。制定宣传方案，在市级媒体开设“新时代新气象新作为——认真学习贯彻党的十九大精神”“十九大代表在基层”等专栏，高密度大篇幅报道开展宣传报道，《玉溪日报》及新闻客户端转载人民日报、新华社、云南日报重要报道500多篇，刊发本地新闻报道900多篇（幅）；全市学习宣传贯彻十九大精神新闻在云南广播电视台播出电视新闻92条、广播新闻65条，在中央电视台播出10条、在中央人民广播电台播出3条；在各地悬挂宣传标语1 900多条，在各类电子显示屏播发宣传标语17 000多条（次），通过公交车站、社区、文化广场等橱窗墙报宣传栏张贴十九大宣传画2 600多幅，为全市兴起学习贯彻热潮营造了浓厚氛围。提质增效推动舆论工作迈上正轨。组织召开全市互联网舆论引导和舆情信息工作暨业务培训会议，深入县（区）开展舆情业务培训4次，参训人员200余人。进一步规范舆情信息工作，下发《中共玉溪市委宣传部舆情信息工作目标考核和经费管理实施细则（试行）》《玉溪市委宣传部舆情信息直报点管理办法（试行）》，重新调整3个省级舆情信息直报点，新设9个市级舆情信息直报点。全年向省委宣传部报送舆情信息3 326条、每日要情70条，被采用511条，完成省级约稿14篇（条）；制发《网上玉溪动态》253期，向市委、市政府有关领导报送舆情信息1 128条，制发舆情分析专报52期；向各县（区）、各部门发出舆情预警1 128条，协调相关县（区）、部门处置舆情1 304条，收到舆情处置反馈160条；收到领导批示件14件。市委宣传部和区委宣传部被省委宣传部评为舆情信息优秀单位，1人被评为优秀个人，玉溪市报送的《玉溪推动中华传统美德教育实践》等3篇信息被评为优秀稿件。围绕中央、省、市重点工作制定10余个舆情信息和互联网舆论引导专项工作方案，抓好重点敏感节点舆情信息和互联网舆论引导工作，组织和指导县（区）召开新媒体从业人员座谈会5次，集中学习互联网和网络安全相关法律法规。积极参与并组织协调县（区）开展重点突发及热点事件的舆论引导工作，化解、纾解网民情绪，为全市经济社会跨越发展营造良好的网络舆论氛围。

【对外宣传工作】 2017年，全市对外宣传取得新成效。抓住王毅外长在全球推介活动中“为云南代言”“一带一路”国际合作高峰论坛、“中国共产党的故事——云南省委的实践”“精准扶贫——绝不让一个兄弟民族掉队”等重点活动的宣传报道，使玉溪故事、玉溪声音主动融进全国、全省工作的大局之中。围绕市委、市政府“科教引领创新发展”大讨论大行动，组织22家中央、省、市属企事业单位退出抚仙湖一级保护区、第五届聂耳音乐合唱周，2017环抚仙湖高原国际超马赛，七彩云南抚仙玉溪“相约春天共筑梦想”重点产业（深圳）投资推介活动等重点工作，配合相关职能部门，加强沟通协调，提供新闻素材，组织新闻发布会和媒体采访报道，全面对外宣传玉溪市经济社会建设的成就。在第五届聂耳音乐合唱周期间，中央电视台、人民网、新华网、光明网等中央、省、市各级媒体共刊登133篇新闻稿件，“两微一端”等渠道刊登稿件52条，取得较好的宣传推介效果。“2017环抚仙湖超级马拉松”期间“抚仙湖”百度搜索指数达到7 766点，为年内最高值，比全年均值1 826高出325%。深化与市外主流新闻媒体合作，年内，省级以上媒体刊发宣传报道玉溪市的稿件达3 640篇（幅、条），其中，中央级媒体830篇（幅、条），省级媒体刊发2 810篇（幅、条），玉溪广播电视台电视新闻综合评分继续保持全省第一，取得连续3年全省第一的好成绩，央视频道播出《从工地到公园看海绵城市咋建成》《聚焦河长制：抚仙湖如何治出一湖清水》《中国聂耳音乐（合唱）周开幕式盛况》等多篇报道，人民日报刊登深度报道《只为仙湖水清清》，云南日报“云关注·幸福玉溪”特刊，全年策划编辑特刊12期，共计48个版面，刊登报道文章300余篇，云南日报其它版面刊登宣传报道玉溪文章50余篇，香港文汇报专版刊登《建海绵城市玉溪内抓质量外提颜质》，大公网刊登《港企助推巴萨足球项目落户滇玉溪》等报道，《人民论坛》杂志社刊发专刊，全面宣传推介玉溪市生态文明建设取得的显著成效；与中国国家地理杂志合作，以《秘境之城》为主题，推出一期100页的玉溪专刊，印制4万册，在北京、上海、广州等一线城市及重要目标区域随主刊发行，对玉溪市生态自然风光、陶瓷文化、城市形象和民族文化等情况进行宣传推介；与中央电视台合作，在央视1、4频道午间天气预报栏目展播玉溪风光。同时，制作电视系列宣传片《幸福玉溪》并荣获中国旅游电视周电视节目二等奖，《幸福玉溪》宣传片在市内主要路口电子屏播放64 000余次，在昆明长水机场的600个点位、西双版纳、大理、芒市、香格里拉机场110个点位和昆明市区部分商、住小区楼宇400个广告屏上播放10 800余次，极大地提升了玉溪在市内外的知名度和美誉度。规范新闻发布工作，做好热点难点问题舆论引导，启动玉溪市新闻发布阵地（平台）建设的工作，举办全市新闻发言人培训班，对全市县（区）及市级部门70多名新闻发言人进行培训，参与组织全市各级各部门召开新闻发布会40余场。加强对思想舆论动态和社会舆情的定期跟踪、积极稳妥做好热点难点问题舆论引导。

①2017年11月3日，市委宣传部组织举办新闻发布会 ②2017年4月20日，市委宣传部组织市内外媒体记者对玉溪市重点工作开展宣传报道 （白　帅　摄）

【文化产业】 2017年，全市文化产业工作在夯实产业基础、创新产业模式和培养文化产业人才上取得新成效。按照《玉溪市文化产业发展规划（2014～2020）》总体规划，指导推进各县（区）编写文化产业发展规划，通过《玉溪市陶瓷产业发展规划（2016～2025）》评审。全市文化产业增加值从2013年的27.26亿元增加到2016年的32亿，持续排名全省第二。2017年，陶瓷产值约为39.39亿元，江川铜器制品产值2.26亿元，通海银饰产业产值约4亿元。下达省级文化产业资金100万元，补助3个项目，下达市级陶瓷产业专项资金550万，补助5个县（区）20个项目。重点培养扶持以华宁陶、易门陶瓷、江川铜、通海银、峨山刺绣、新平刺绣为代表骨干文化企业，推动文化企业升规工作，截至目前，全市联网直报企业从2015年的26家增加到2017年的41家。新平县民族文化产业园建设累计完成投资8亿元，入驻文化企业35家，获得“第二批云南省文化创意产业园区”命名。玉溪城市驿站、华宁碗窑国际陶艺村均获得“第二批云南省文化创意与相关产业融合示范基地”命名，易门滇鉴陶文化创意产业园、通海名宏旅游文化有限公司投资园区项目、澄江县小湾特色民宿小镇（方寸间）建设稳步推进。创新发展模式助推文化产业跨越发展；推动“互联网+文化”新型文化业态发展，华宁七彩虹窑、峨山慧玉彝文化传播有限公司、峨山彝人谷万亩竹海生态旅游开发有限公司等文化企业利用淘宝网、微信商城等电商平台拓宽销售渠道提高产值，玉溪元点电子商贸有限公司建立通海特色文化产业电子商务孵化平台，建设特色文化产品O2O体验馆，于1月20日正式投入运营。组织文化企业走出去，参加中国艺术品产业博览交易会、“西博会”、深圳文博会、创意云南文化产业博览等展会，玉溪文产办组织47户文化企业参加创意云南文化产业博览等展会，现场交易额超过75万元，签单达410多万元，被云南省文化产业博览会组委会授予“创意云南2017文化产业博览会优秀组织奖”和“创意云南2017文化产业博览会最佳展位奖”，玉溪市文化产业博览会共有101家企业（经营户）参展。在楚雄火把节暨七彩云南民族赛装文化节全省决赛中，玉溪市代表队获得组织奖，参展服装获得2金3银4铜的好成绩。市委宣传部积极培养文化产业人才，通海县资玉明被评为云南省掌墨大师，王效春被评为云南名匠木雕艺术大师，高德伟、李冬、朱孟文被评为云南省木雕艺术师；9月30日，国家级陶艺拉坯大师、全国五一劳动奖章获得者占绍林在华宁建立工作室（华宁陶众创空间），并与华宁县职业中学与占绍林拉坯培训学校签订办学合作协议；江川区6名工艺师参加个旧市手作金属工艺品大赛铜器工艺比赛，陆培兴夺得优秀奖和佳作奖，陶亚林夺得佳作奖；在首届中国·昆明木文化产业博览会“七彩杯”木雕精品大赛中荣获1金奖1银奖。

【文化事业】 2017年，全市文化事业在加快公共文化建设和打造文艺精品上取得实效，出台《关于加快构建玉溪市现代公共文化服务体系的实施意见》，持续开展文化科技卫生“三下乡”集中示范活动，组织开展“我们的中国梦”文化进万家元旦春节系列活动，开展“文化大篷车·千乡万里”慰问演出61场，完成农村公益电影放映3 618场，文化惠民演出近千场，举办以“周末小舞台”为主的群众性文艺展演活动52期；投资86.4万元，为全市432个农家书屋补充更新书刊68 019册；继续加大“三馆一站”免费开放力度，2个县级文化馆、9个文化站、近200多个村级文化活动室、群众文化活动广场得到改扩建、修缮，城乡文化共建成效显著。同时，“文化广播影视传媒中心”、3座高山发射台基础设施建设稳步推进，开通“广播交通旅游频率”，年内完成4 060套户户通安装任务。市委宣传部圆满举办第五届中国聂耳音乐（合唱）周，精心组织“砥砺奋进的五年——中国梦玉溪篇章成就主题展”、玉溪市聂耳大众文化小分队行动“十九大精神进万家”主题文艺巡演、“全民阅读”“中秋国庆大型灯会”，公共文化产品和服务供给更加丰富多元；以打造“聂耳音乐之都”为核心，以中外音乐为纽带，先后邀请美国、意大利、西班牙等国外乐团、剧团到玉演出；圆满完成第一次“金砖国家”就业工作组会文艺晚会和第15届南亚东南亚商洽会文艺晚会演出任务，玉溪聂耳竹乐团受邀参加全国“两会”少数民族代表、委员茶话会文艺晚会；新编大型滇剧《贵妇还乡》成功首演，收到业界肯定和好评；滇剧《水莽草》、花灯剧《山茶花红》共获2017国家艺术基金资助400万元，《水莽草》连续3年成为国家艺术基金资助项目，《贵妇还乡》《山茶花红》等23个文艺精品项目获国家、省级扶持；花腰傣题材微电影《戛洒的日子》荣获“2016·美丽乡村国际微电影艺术节”优秀作品奖，微电影《棕魂》获第五届亚洲微电影艺术节金海棠奖—好作品奖；新平县与全球最大中文影像生活门户网站“色影无忌”携手打造花腰傣民族影像基地并成功挂牌，已开展3次摄影游创作采风活动；组织开展迎新春书赠春联、迎新春文艺晚会、迎新春楹联展、送书画进军营等文化惠民活动，深受群众好评。

【第五届中国聂耳音乐（合唱）周】 2017年7月17～21日，第五届中国聂耳音乐（合唱）周玉溪分会场文化系列活动成功举办。本届聂耳音乐（合唱）周由中国音乐家协会、中共云南省委宣传部、中共昆明市委宣传部、昆明市人民政府、中共玉溪市委、玉溪市人民政府主办，采取“一体两翼”的方式，在玉溪举行开幕式、在昆明举行闭幕式，并在两地分别开展丰富多彩的系列文化活动。玉溪分会场文化系列活动，共有3个板块，第一板块活动在聂耳大剧院举行，内容是第五届中国聂耳音乐（合唱）周开幕式暨大型歌舞晚会《彩云追梦》、中国国家交响乐团玉溪音乐会《致敬·聂耳》、“聂耳杯”合唱展演、第五届中国聂耳音乐（合唱）周玉溪分会场闭幕式暨“聂耳杯”合唱展演；第二板块活动在聂耳文化广场举行，内容是“美丽玉溪我的家”主题文艺展演；第三板块活动在玉溪市博物馆举办“玉溪市文化产业博览会”。文化系列活动以“唱响中国梦·喜迎十九大”为主题，主旋律突出，彰显了玉溪文化特色，形成了丰富的活动内涵，丰富多彩的文化盛宴极大的满足玉溪人民群众的精神需求，达到政治引领、全民参与、扩大宣传、促进交流的目的。

【精神文明建设】 2017年，精神文明建设工作坚持以培育和践行社会主义核心价值观为核心，着力抓好公民思想道德建设、精神文明创建、公民素质提升和培育社会文明新风工作。积极打造“一路两高四园多点”宣传阵地，完成柴家大山主题公园、五脑山主题公园项目建设，玉溪大河市检察院段社会面宣传项目开工建设，把社会主义核心价值观融入市民生活。同时，持续推进“讲文明树新风”活动，征集制定《市民公约》并制发《关于学习宣传〈玉溪市市民公约〉的通知》；制发《玉溪市贯彻落实公益广告促进和管理暂行办法实施意见》，选报作品参加2017云南公益广告大赛并获优秀组织奖。市委宣传部结合文明城市创建工作，在红塔区中心城区设置586块社区宣传栏、424块居民小区提示牌并利用33块社区便民服务中心电子显示屏开展创文宣传标语和“遵德守礼”文明提示语宣传；利用主题公园、公交车站台、车身、阅报栏、LED显示屏、建筑围挡、路名牌等户外广告资源设立公益广告牌500余块，大力宣传社会主义核心价值观；持续推进“我们的节日”活动，在抓好春节、中秋、清明、端午等传统节日文化活动的基础上，将社会主义核心价值观宣传教育有效融入江川开渔节、华宁柑橘节、易门菌子节等地域节庆活动中；制发《玉溪市开展倡导绿色生活反对铺张浪费行为实施方案》，开展“倡导绿色生活反对铺张浪费行为”、优秀行为规范征集宣传等活动。全面开展公民思想道德建设，打造“玉溪市道德讲堂总堂”品牌，年内开展总堂活动25期，指导县（区）、市级单位开展道德讲堂100余期，实现县（区）道德讲堂总堂建设全覆盖，“道德讲堂”APP用户已达12 000余人；推荐和评选第五届玉溪市道德模范10人，提名奖10人、第二届“玉溪好人”20人，第三届玉溪美德少年10人，提名奖10人；开展德耀中华·玉溪市先进模范巡讲报告会，筹备“德耀中华·善行玉溪”——玉溪市精神文明建设先进模范颁奖、现场交流活动暨先进事迹巡演启动仪式，在春节期间慰问27名家庭困难的道德模范；举办以“弘扬良好家风，引领时代风尚”为主题的玉溪市第十一届“红土地之歌”演讲比赛并获全省优秀组织奖。年内，深化未成年人思想道德建设，以“我的中国梦”主题教育实践活动为载体，开展“清明祭英烈”“向国旗敬礼”等活动，用征文、演讲、国旗下的讲

①2017年，第五届中国聂耳音乐（合唱）周隆重开幕（鲁祥英 摄） ②2017年，玉溪市道德讲堂总堂第四十期（王怡丹 摄） ③2017年8月25日，举办主题为“弘扬良好家风，引领时代风尚”的第十一届红土地之歌演讲比赛（王怡丹 摄） ④2017年3月5日，由市文明办、团市委、市总工会、玉溪卷烟厂团委主办，市义工联、红塔区团委承办，在聂耳文化广场举办“传承雷锋精神 创建文明城市”大型志愿服务宣传活动（鲁祥英 摄） ⑤2017年9月，举办玉溪市第五届聂耳杯乡村学校少年宫才艺大赛（郭崇武 摄）

话、主题班会等形式丰富活动内容；打造玉溪聂耳小学的“童心向党”歌咏活动节目参加云南文明网展播；做好中央新建乡村学校少年宫项目江川区安化彝族乡中心小学和通海县兴蒙中心小学2个新项目的申报、筹建工作，下拨新建项目每个15万元工作经费，开展乡村学校少年宫交叉检查，开展第五届“聂耳杯”乡村学校少年宫才艺大赛。深入推进精神文明创建工作，高位推动全省全国文明城市创建工作，由市委副书记保明顺任指挥长，市委常委、宣传部长杨兴荣任常务副指挥长，召开玉溪市创建全省全国文明城市工作推进会、创建全省全国文明城市工作培训会，组织相关人员赴江苏常州、张家港，广州惠州，学习考察创文先进管理经验及工作方法；定期开展创建文明城市主题月实践活动，制发《玉溪市创建云南省文明城市宣传工作方案》《玉溪市创建云南省文明城市年度宣传工作细化方案》等方案，充分调动社会各界力量，积极营造全民参与的浓厚氛围，大力提高市民的知晓率和支持率；按照2017年《玉溪市创建云南省文明城市工作年度考核办法》要求细化工作任务，制发《玉溪市深化家庭文明建设实施方案》《玉溪市关于深化群众性精神文明创建活动实施意见》《玉溪市创建文明城市文明村镇文明单位文明家庭文明校园工作标准及管理办法》《玉溪市关于建立健全精神文明创建活动长效机制的意见》等文件，全面部署做好群众性精神文明创建工作。全市组织开展第一届玉溪市文明家庭评选，命名50户文明家庭，推荐第一届云南省文明家庭，全市7户家庭获命名表彰，全市获中央文明委命名表彰全国文明单位3个、文明村镇3个、文明校园2个、未成年人思想道德建设工作先进单位1个，先进个人1名。起草《玉溪市文明旅游工作联席会议制度》做好文明旅游工作，与公安局交警支队共同实施“文明交通行动计划”，开展“礼让斑马线、文明伴我行”活动，进行文明交通劝导、文明出行宣传教育；开展第五批文明示范村验收工作，确定10个第六批文明示范村名单，下拨创建补助资金100万元；组织开展“3·5学雷锋”“12·5国际志愿者日”志愿服务活动，3月5日，在聂耳文化广场举办“传承雷锋精神创建文明城市”大型志愿服务宣传活动，500余人参加活动；加强社区志愿服务工作，对每县（区）选定一个成绩突出的社区给予1万元经费补助；开展全市志愿者网上实名注册工作，年内全市注册已有1 179个团体、110 293名志愿者；选拔推荐学雷锋志愿服务“四个100”先进典型，红塔区凤凰街道葫田社区、教育社区分别获得2016年、2017年全国最佳志愿服务社区称号；完善志愿服务工作制度，制发《玉溪市公共文化设施开展志愿服务活动实施方案》《2017年玉溪市推进志愿服务制度化工作安排》，推动志愿服务活动制度化。做好党的十八大以来玉溪精神文明建设工作巡礼宣传工作，制作玉溪市精神文明建设成就展示视频《和美家园》报送省文明办，并在玉溪电视台及相关网站展播。开展“身边文明事”故事征集活动。在十九大召开前夕，印刷“砥砺奋进的五年·文明的力量”大型专题“宣传挂图”，并在基层社区、村镇、学校、企事业单位和市民广场、车站等公共场所张贴展示，展播传唱全国入选20首社会主义核心价值观主题歌曲，为党的十九大胜利召开营造良好的舆论氛围。

（鲁俊秀）

统战工作

【喜迎党的十九大文艺晚会】 2017年9月22日，由市委统战部主办，民革、民盟、民建、民进、农工党、致公党、九三学社玉溪市委、市工商联协办，市文化广播电视局承办的文艺晚会《旗帜颂》在聂耳大剧院举行。晚会以“不忘合作初心，继续携手前进”为主题，分为序《旗帜》和《不忘合作初心》《继续携手前进》《玉溪美丽家园》3个篇章，表演形式包括情景歌伴舞、配乐诗朗诵、群口快板、器乐合奏、小品、花灯歌舞、爵士舞、戏歌等。市委书记罗应光，市委副书记、市长张德华，市委副书记、市委统战部部长保明顺，市人大常委会主任李洪云，省委统战部、各民主党派省委和云南中华职教社相关领导出席晚会。

【开创多党合作事业新局面】 2017年，市委统战部严格落实省委安排部署，始终坚持以最坚强的领导统筹换届、以最严格的程序组织换届、以最严实的作风指导换届、以最严明的纪律匡正换届，率先在全省进行集中换届选举，顺利完成民盟、民革、民建、民进、农工党、致公党、九三学社7家民主党派的新老交替、政治交接。推进落实《中共玉溪市委关于加强社会主义协商民主建设的实施意见》，协助市委制定《中共玉溪市委2017年政党协商计划》，健全完善政党协商方式方法和内容。鼓励和引导民主党派、工商联、无党派人士确定9个重点调研课题，广泛开展调查研究，积极建言献策。市“两会”期间，7家民主党派就提交集体提案38件、立案38件，个人提案65件、立案65件，占提案总数的37.2%。2件提案被列为市政协重点提案，3件提案被列为市政协督办提案。推动落实《中国共产党统一战线工作条例（试行）》中民主监督10种形式的贯彻执行，支持农工党内蒙古区委对玉溪市开展脱贫攻坚民主监督；制定《关于支持各民主党派市委开展脱贫攻坚民主监督工作的实施方案》，引导7家民主党派对口9个县（区）开展脱贫攻坚民主监督工作。推荐7名民主党派成员担任玉溪市特约检察员。协助民主党派加强组织建设，全市7个民主党派市委下设基层1个总支、71个支部，有党派成员1 554人。加强民主党派干部队伍建设，举办了一期民主党派市委委员、基层主副委127人参加的干部培训班。重视民主党派机关建设，投入130余万元对民主党派大楼进行装修，率先在建成民主党派工商联无党派人士发展史展室和“统战书香之家”，得到各民主党派中央和省委的高度赞誉。

【加强党外代表人士队伍建设】 2017年，市委统战部落实《关于深入推进统一战线和人民政协理论政策进党校、行政学校、社会主义学院（校）的通知》要求，发挥社会主义学院作为统一战线人才教育培养的主阵地作用。制定《玉溪市党外代表人士和统战干部队伍五年市外培训方案》，分5批进行轮训，帮助党外代表人士和统战干部队伍“加油充电”，弥补能力“短板”。年内，推荐安排副县级以上党外干部外出培训37人次，统战系统干部外出培训158人次。并协助市委出台《关于加强新的社会阶层人士统战工作的实施意见》，召开全市新的社会阶层人士统战工作会议。在各县（区）委统战部和市委宣传部、市民政局、市工商局、市工信委、市工商联等市直相关单位的支持帮助下，深入开展新的社会阶层人士情况调研，对全市新的社会阶层人士基本情况进行了摸底调查，进一步摸清全市新的社会阶层人士的总体规模、分布情况、基本特点、工作现状，建立全市新的社会阶层人士基础信息库，初步形成17 305人的基本数据库、200人的人才库和44人的代表人士数据库。贯彻落实中央和省、市委有关换届工作意见精神，扎实做好人大代表、政协委员中党外人选的酝酿、推荐、提名、协商等相关工作。市、县（区）人大常委中有党外人士44名，人大代表中有党外人士532名；市、县（区）政协常委中有党外人士192名，委员中有党外人士1 807名。进一步完善党外代表人士选拔任用工作机制，加大党外干部培养选拔工作力度。全市党外干部4 386名，市、县（区）人大、政府、政协领导班子配备党外干部38名，市政府38个工作部门中10个部门领导班子配备党外干部，市人民法院、市人民检察院领导班子中各配备1名党外副职，10个人民团体领导班子中有4个配备了党外干部，8所市级学校领导班子中有2所配备了党外干部，3所市级医院中有2所配备了党外干部。

【维护民族宗教领域和谐稳定】 2017年，市委统战部贯彻落实《云南省建设我国民族团结进步示范区规划（2016～2020）》（以下简称《规划》），会同相关部门起草玉溪市贯彻落实《规划》的实施方案和创建民族团结进步示范区方案，加大对县（区）、市直相关部门落实民族政策，推进民族团结进步示范区建设工作的协调支持和督促检查力度。推动民族团结进步创建活动“六+N进”，总结推广经验做法，启动“5+N”计划，协调各相关部门实施新一轮1个示范县、5个示范乡镇和27个示范村（社区）的创建工作。以脱贫攻坚为中心任务，着力加快少数民族和民族地区发展，以创建民族团结进步示范社区为切入点，认真做好新形势下的城市民族工作。同时推动全国、全省宗教工作会议精神和中央、省《加强和改进新形势下宗教工作的实施意见》在全市贯彻落实，召开全市宗教工作会议，出台玉溪市《加强和改进新形势下宗教工作的实施意见》。加强爱国宗教力量建设，支持宗教界借助“讲经论道”、公益慈善等活动发挥积极作用，引导宗教与社会主义社会相适应。全市宗教领域总体团结稳定的大局面进一步巩固。健全完善市、县两级领导与民族宗教界代表人士联系交友制度，不断强化市、县两级统战、民宗部门领导与民族宗教界代表人士联系制度。加强民族宗教界代表人士培养，圆满完成全市三大宗教团体的换届工作，认真稳妥地做好政治安排，支持帮助宗教团体加强自身建设。健全民族宗教工作网络，认真做好涉及民族宗教的重大矛盾纠纷隐患分析研判和排查化解工作，提高处理工作的能力，维护民族宗教领域和谐稳定。

【深化港澳台及海外统战工作】 2017年，市委统战部在广泛征求意见的基础上，制定玉溪市2017年度应邀赴台计划，认真做好应邀赴台交流的审核报件工作，完成1个自组团（澄江县现代旅游产业交流团）、3家企业和省组团8人的审核报件工作。出台《玉溪市关于加强港澳台海外代表人士队伍建设的意见》，深入玉溪市金生（台湾）游乐发展有限公司等企业调研，走访部分台胞，听取意见建议，协调帮助解决生产、生活中遇到的困难和问题。积极做好涉台数据统计，对全市回乡定居台胞人员情况进行了摸底调查。深入开展南亚东南亚侨务联谊工作情况调查，撰写的《玉溪市贯彻实施〈中华人民共和国归侨侨眷权益保护法〉情况及对策建议》被省委统战部评为二等奖。春节前夕，慰问了全市67名黄埔同学、黄埔同学遗孀、台胞、台资企业负责人，按照省委统战部要求，慰问了2名回乡定居台胞，每人送去慰问金2 800元，完成了2017年黄埔同学生活困难补助发放工作，向全市12名生活困难黄埔同学发放补助金68 900元。

【促进非公经济“两个健康”】 2017年，市委统战部协助市委制定下发《中共玉溪市委统战部关于市、县（区）工商联（商会）2017年换届工作的实施意见》，指导市、县（区）工商联圆满完成换届工作，市、县（区）工商联的人员编制、领导职数有所提高，领导班子的年龄结构、知识结构、界别组成、性别比例等得到改善，7个县（区）由人大常委会副主任或政协副主席兼任工商联主席。联合市工商联、市委党校组成课题组，扎实开展《年轻一代民营企业家价值观认同问题研究》课题调研；收集整理全市龙头企业、重点企业当前面临的突出困难问题和意见建议20余条上报省委省政府。组织召开“我市加快民营经济发展的实施意见”政策解读会；组织13户企业参加全省民营企业直接融资专题培训会；组织8家市级异地商会、7家行业商会和云南环腾集团玉溪溶剂厂等13家企业参加玉溪市商会会长、物流企业、卷烟配套企业代表工作交流会。“2017年云南省上规模民营企业调研及非公企业100强排序”活动中，全市有10家企业入围“非公企业100强”，4家入围“制造业20强”，1户入围“服务业20强”。按照“高站位谋划、高标准要求、高质量推进”的工作思路，有计划、按步骤、分阶段在全市乡镇（街道）商会、行业商会、异地商会“三类”商会组织中开展市、县两级“四好”商会创建活动，为争创全国、全省“四好”商会做准备。积极指导成立玉溪市湖北商会和市浙江商会，坚持广泛性和代表性相结合的原则，积极主动地做好会员发展工作。截至年底，全市有各类商会组织149个，会员总数达到19 332个，居全省州（市）工商联系统首位；全市75个乡镇（街道）实现商会组织全覆盖，国民经济18个经营性行业门类实现商会组织全覆盖。动员发动42家民营企业向贫困地区捐款2 373万元。

【提升统战工作科学化制度化水平】 2017年，市委统战部研究制定《中共玉溪市委统战部2017年党建工作要点》《中共玉溪市委统战部2017年党风廉政建设实施意见》《中共玉溪市委统战部2017年党风廉政建设主要任务分解》，逐级签订党风廉政建设责任书，干部职工均签订家庭助廉承诺书，构建机关党风廉政建设责任制工作网络。结合“两学一做”学习教育，组织机关干部学习法律法规、观看教育警示片、参观警示教育基地，增强廉洁从政意识，提高拒腐防变能力，有效杜绝了各类违法违纪现象的发生。加大机关干部教育培训力度，选派干部赴中央政法大学、北京大学、上海交大、复旦大学、中央统战部培训中心苏州培训中心、江西干部学院、延安党校参加学习培训103人次；采取集中收看收听开幕会、开展大讨论、召开通报会、集中宣讲辅导等方式，在全市统一战线掀起学习宣传贯彻党的十九大精神热潮，全省统一战线学习党的十九大精神网络竞赛中，全市统战成员1.5万余人参加学习、竞赛，玉溪综合排名位列全省州（市）委统战部第一名，且包揽县（市、区）委统战部前5名；争取了1名常务副部长职数和“新的社会阶层人士工作科”1个内设科室，从统战部机关提拔了2名正科级领导干部，安排1名科室负责人轮岗锻炼，从县（区）选调2名副科级干部到部机关挂职锻炼，进一步优化了干部队伍结构。

（黄　瑞）

机关党建

【学习宣传贯彻党的十九大精神】 2017年，市直机关工委组织市直各级基层党组织和广大党员干部收听收看党的十九大开幕会盛况，研究制定《市直机关工委学习宣传党的十九大精神工作方案》，为512个基层党组织和430名党组织书记征订十九大学习用书，为8 100余名党员征订新《党章》。市直各部门单位党委（党组）理论中心组织学习十九大精神94余次，党支部专题学习488次，专题党课190次，厅级领导干部宣讲48次，县处以下领导干部宣讲228次，举办专题培训班39期，参加学习的党员干部群众14 692人次。

【“两学一做”学习教育常态化制度化】 2017年，市直机关工委把推进“两学一做”学习教育常态化制度化作为全面从严治党的战略性、基础性工程，坚持全覆盖、常态化、重创新、求实效，坚持领导机关、领导干部带头，以上率下、层层示范，以尊崇党章、遵守党规为基本要求，以“两学一做”为基本内容，以“三会一课”为基本制度，以党支部为基本单位，以解决问题、发挥作用为基本目标，充分调动党支部的积极性主动性创造性，努力在学、做、改和制度建设上深化拓展，推动“两学一做”学习教育融入日常、抓在经常。市直各级基层党组织围绕学、做、改、促、建等5项重点任务，科学制定学习计划，精心安排学习内容，创新学习方式方法，实施推进“三个党建工程”，持续深化“十个一”，抓住“关键少数”这个关键，扎实开展“千堂党课进基层”行动，下拨基层党组织教育活动经费38万元，作为基层党组织推进“两学一做”学习教育常态化制度化经费的补充。在江西干部学院举办两期“两学一做”党性教育培训班，对118名市直机关党组织书记和党务干部进行了培训。

【“基层党建提升年”工作】 2017年，市直机关工委研究制定《市直机关“基层党建提升年”实施方案》，制定党建工作项目清单17项、党建工作责任清单26项、党建工作考评清单28项，完成对81个直属基层党组织书记抓基层党建工作述职评议考核工作，461个党支部（党总支）向上级党组织进行述职，实现了三级党组织书记联述联评联考的全面覆盖。围绕“落实党建责任制、抓好思想政治建设、规范党内政治生活、建强党务干部队伍、加强机关作风建设”5项重点任务，着力集中解决党建责任不落实、党员领导干部落实双重组织生活制度不彻底、“两学一做”学习教育不深入、党支部组织生活制度落实情况不好质量不高、机关党建与中心业务工作“两张皮”、活动阵地建设不规范、基础党务工作不规范等7大类突出问题。市直机关工委历时2个月时间，对78个市直部门单位开展机关党建“灯下黑”问题专项整治工作。落实全国、全省国有企业党建工作座谈会精神，健全基本组织、建强基本队伍、开展基本活动、完善基本制度、落实基本保障等措施，全面构建企业党建目标管理体系，着力解决国有企业基层党建工作弱化、淡化、一般化等突出问题。积极抓好“两新”组织党组织“四个规范化”建设，按照“16321”补助标准要求，下拨党建工作经费48.5万元，推进“两新”组织党建由有形覆盖向有效覆盖转变。

【强化基层党组织规范化建设】 2017年，市直机关工委把工作重点向基层党支部聚焦，以落实基层党组织基础台账清单为主要抓手，规范使用《党支部规范化建设工作台账一本清》《党员手册》，制定下发《关于建立健全按期换届选举提醒督促机制扎实做好机关基层党组织换届选举工作的通知》，推行书记、副书记任前考察和任职谈话机制，督促其切实履行“一岗双责”职责，全年整改完成未按期换届的基层党委5个，完成基层党组织按期换届60个。建立党支部工作经常性督查指导机制，定期提醒、函询、报告有关工作，严格落实党费日、党员固定活动日、党员积分制管理等制度，组织开展党员发展、党组织换届选举、党员组织关系接转、流动党员管理、党费收缴管理使用等专项检查清理工作。

【持续抓好软弱涣散基层党组织整顿提升】 2017年，市直机关工委健全完善基层党组织分类定级和查找问题的长效机制，建立部门单位党组织负责人挂钩联系整顿制度，采取“一个支部一个方案、一个问题一个对策”方法，抓先进、整后进、促一般，对软弱涣散党组织进行挂牌督办、限期整改，跟踪落实整改任务，完成15个软弱涣散党组织全部转化提升。

【严格党员管理和发展党员工作】 2017年，市直机关工委认真组织开展党员发展工作、党组织换届选举、党员组织关系接转、流动党员管理、党费收缴管理使用等专项检查清理工作，完成86个市直部门单位党组织和党员信息采集工作和党内统计工作，采集信息8 496份，核查党员档案7 984份。加强“两支队伍”建设力度，为基层党组织和广大党员征订党建读物投入经费19万元，培训入党积极分子240名、党员发展对象140名、“两新”组织党务人员280名、机关党员干部118名。扎实开展发展党员交叉检查工作，落实发展党员工作推荐制、培养制、预审制、公示制、票决制、责任追究制、全程纪实等制度，全年发展党员86名。

【机关党建示范点】 2017年，市直机关工委针对机关基层党组织基础性党务工作不够扎实、机关党建工作发展不平衡、机关党建特色亮点不突出和抓两头带中间、以点促面、整体推进效果不明显等突出问题，在深入调查研究的基础上，研究制定下发《玉溪市直机关党建示范点党员活动阵地建设工作方案》，按照党支部规范建设“十有”“十清”标准和党员活动阵地建设“七有”要求，投入经费70余万元，打造了6个基层党组织党建示范点和6个党建书架示范点，规范党员活动室上墙制度125个。

【加强机关服务型党组织建设】 2017年，市直机关工委深入开展“科教引领创新发展”大讨论、大行动，紧扣

“放管服”改革各项任务，持续深化“美丽玉溪服务先锋”行动和“当先锋走前头”主题实践活动，积极推进“云岭先锋”党员志愿服务，深化和拓展在职党员到社区报到服务群众活动的形式和内容，扎实开展“双联系一共建双推进”活动，77个市直部门单位261个党支部与230个贫困村组党支部结对，广泛开展共建一个坚强有力的党支部班子、一支素质过硬的党员队伍、一所功能实用的活动阵地、一套务实管用的工作制度、一批有特色受欢迎的活动载体、共创群众满意的工作业绩为主要内容的共建活动，推动机关党建工作与“挂包帮”“转走访”工作深度融合。健全和完善党内激励关怀帮扶机制，划拨党费19.11万元走访慰问生活困难党员、老党员和因公牺牲党员家属290余名。

【从严从实规范党内政治生活】 2017年，市直各机关党组织坚持从党内组织生活管起，从党内组织生活严起，全面落实“三会一课”、民主生活会、组织生活会、民主评议党员、党员干部双重组织生活、主题党日、谈心谈话以及党员党性分析等8项基本组织生活制度，督促市直77个部门单位领导班子召开省委、市委巡视巡察民主生活会，跟踪整改基层党建方面存在问题的整改落实，进一步强化组织生活制度的刚性约束。落实“三会一课”定频次、定主题、定责任和计划报备、活动纪实的“三定一报备一纪实”制度，开展主题党日1 222次，支部集中学习2 139次，党组织主要负责人讲党课768场次。

【落实党建工作责任】 2017年，市直机关工委领导班子始终把党建责任记在心上、扛在肩上、落实在行动上，坚持主业主抓，围绕中央组织部、省委组织部年度重点任务和市委“基层党建提升年”11项重点任务要求，制定市直机关工委书记抓基层党建工作责任清单30项和年度工作要点18项，指导基层党组织整改党建工作突出问题35项，切实履行书记抓党建第一责任人职责。围绕上年市委述职评议情况反馈机关党建工作存在“灯下黑”“两张皮”等方面突出问题，牵头制定整改措施，并逐项整改落实，跟踪督促25个市直单位抓好市委巡察组巡察发现基层党建方面问题的整改落实。

（高发红）

老干部工作

【离退休干部队伍】 2017年底，全市共有离退休干部21 688人。其中，离休干部377人，退休干部21 311人。离休干部年龄最大96岁、最小年龄82岁、平均年龄88.5岁，退休干部最大年龄99岁。全市已建立离退休干部党（工）委10个、党总支24个、党支部646个（其中离休干部支部3个，退休干部支部187个，离退休合编支部201个，与在职党员合编支部255个），离退休干部党员10 288人，实现离退休干部党组织全覆盖。

【走访慰问老干部】 2017年，市委书记罗应光等市领导带头走访慰问74名担任过副厅级以上领导职务及享受副厅双项和副厅三项待遇的离退休干部；市委副书记、市长张德华，副书记、市老干部工作领导小组组长保明顺等同志到玉溪履新后均第一时间到家中看望老干部；市委老干部局全年争取和筹集资金79.1万元走访慰问老干部、老八路、老干部遗孀、生病住院离退休干部和重病、生活困难的离退休干部969人次。

【迎春送福系列活动】 2017年1月19日，玉溪市2016年经济社会发展情况通报会暨2017年老干部迎春送福联欢会在市老干部活动中心举行，市委常委、组织部部长晏森通报全市2016年经济社会发展情况。市委常委、副市长尚建华主持，文元有、刘邦元等部分老领导参加会议。老干部们通过歌舞表演、剪纸作品展、根雕精品展、游园活动等形式喜迎佳节。

【全市老干部工作会】 2017年3月9日，全市老干部工作会召开，市委副书记、统战部部长、老干部工作领导小组组长保明顺出席会议并讲话。会议总结了2016年老干部工作，安排部署了2017年工作任务。会议发放了全国全省老干部工作者“双先”表彰大会和全国全省老干部局长会议传达提纲，签订了2017年度老干部工作目标管理责任书。各县区委老干部局局长、市直单位老干部工作负责人和专兼职工作者150余人参加会议。

【老干部健康体检】 2017年3月23～24日，市委老干部局组织原担任过副厅以上领导职务和享受副厅级双项、三项、单项待遇，以及抗日战争时期享受副厅级医疗待遇的离退休干部共86人进行一年一度的健康体检。在市委老干部局、市干部保健委、市体检中心三方的精心安排、密切配合下，整个体检工作秩序井然、服务周到，营造了一个方便、有序、舒心的体检环境，受到老干部一致好评。

【老干部参观考察】 2017年，市委老干部局先后组织厅级老领导参观南亚东南亚国家商品展暨投资贸易洽谈会玉溪展馆，体验昆玉高铁速度和滇池国际养老小镇，到贵州参观科技创新型典范-国家大数据综合试验区、参观遵义会址并重温入党誓词。通过活动，让老领导们切身了解了省内外的新发展、新成就，并结合玉溪实际，积极建言献策。大家建言，玉溪要抓住高铁沿线城市的地理优势和交通区位优势，积极响应“健康中国”战略，打造好生态宜居这张名片，努力推动玉溪养生养老产业发展。

【老干部党支部书记读书班】 2017年5月17～18日，市委老干部局、市委离退休干部工作委员会和市委老干部党校联合举办全市第19期老干部党支部书记读书班。文元有、李秀英等厅级老领导，全市离退休干部党支部书记、骨干、老干系统全体干部职工200多人参加学习。培训班邀请专家学者授课，围绕学习贯彻党的十八届六中全会精神、2017年全国两会精神、全国全省老干部工作“双先”表彰大会精神、“两学一做”学习教育常态化制度化、城市规划设计等内容展开。

【荣获“全国示范老年大学”称号】 2017年，在全国贯彻落实《老年教育发展规划（2016-2020）》工作推进会暨全国示范老年大学表彰座谈会上，玉溪市老年大学被授予首批“全国示范老年大学”称号，云南省仅3所。目前学校开设10个系44个专业110个教学班，在校学员6 000余人次。

【评选“五有五好”示范党支部】 2017年，在全市离退休干部党组织中开展“五有五好”示范党支部创建工作。示范党支部创建工作以“有担当、支部班子好”“有活力、党员队伍好”“有制度、组织生活好”“有载体、作用发挥好”“有阵地、活动开展好”为主要内容，落实第一书记和党建指导员制度。12月1日，评选出全市首批20个“五有五好”示范党支部，并进行授牌。

【退休生活适应性培训班】 2017年11月29日至12月1日，市委老干部局举办第四期退休生活适应性培训班。全市新近退休的80多名县处级干部参加培训。培训班以“认真做好离退休干部工作”为指导，科学设置了养老方式、养生保健、心理调适等课程内容，同时增加解读智慧城市、智能手机培训、国学文化修养等专题讲座，并发放《中国老年人健康指南》《幸福养老》等资料。

【离退休干部正能量教育基地】 2017年，市委老干部局积极整合红色文化、传统文化、历史文化、生态文化等资源，在全市建立12个离退休干部正能量教育基地，让离退休干部就近就便接受学习教育，提升离退休干部正能量活动内涵。各级机关事业单位、社会团体和离退休干部党组织3 000余人次到离退休干部正能量教育基地开展参观学习和主题党日活动。

【“畅谈”“建言”活动】 2017年，市委老干部局在全市离退休干部中开展“畅谈十八大以来变化、展望十九大胜利召开”和“建言十九大”活动，引导老同志用翰墨展示阳光心态，用镜头聚焦发展变化，用歌声赞美幸福生活，喜迎十九大胜利召开。全市召开座谈会126场次，10 669人次参加会议，访谈432位老同志，其中厅级14人，县处级220人，收集到文字材料116篇，其中体会文章91篇、建言材料25篇，建言3 400余条。

【编印正能量丛书】 2017年，市委老干部局在全市开展“畅谈建言”征文和“扬家风正家规传家训”征文活动，编印了《碧玉生辉——玉溪市离退休干部正能量丛书》。丛书分为《玉溪市离退休干部心声集》约11万字、《玉溪市离退休干部风采录》约7万字、《玉溪市离退休干部家风家训集》约8万字，充分展示新时期老干部的良好精神风貌，彰显为党和人民事业增添正能量的价值追求。

【全运会柔力球铜牌】 2017年7月4日，第十三届全运会群众比赛柔力球项目率先在天津市开战，云南队不负众望，一举夺得花式集体套路铜牌和网式女子单打第八名。云南队平均年龄达58岁，最大的64岁，由市直老体协柔力球队组成。

【“碧玉生辉”大讲堂】 2017年，市委老干部局举办“碧玉生辉”大讲堂，打造离退休干部学习主阵地。组织学习十九大精神138场次，培训3 798人次。与市医院、中医院、华夏银行等单位联合举办保健养生、急救知识、智能手机、防盗防骗等讲座培训33期，5 100多名老同志参加学习培训活动。

【宣传信息工作】 2017年，市委老干部局与云南老年报、玉溪日报等新闻媒体合作，紧密结合玉溪老干部工作网、微信公众号、易信公众号、老干系统QQ群、宣传栏等渠道进行学习宣传。全年发布老干部工作信息587条，发布微信114期350条，在中国老年报、老干部之家、云南老年报等省级及以上媒体刊登报道140多篇。

【建设海绵干休所】 2017年，市委、市政府本着关心爱护老干部的原则，将市干休所纳入玉溪海绵城市建设首批示范性海绵小区建设项目。项目于4月竣工，增加雨污分流管网、雨水收集利用系统、花园等设施，解决了干休所的内涝隐患，保证了住所老干部的人身和出行安全，提升了老干部居住休养环境质量。

（朱文栋）

党校工作

【教学工作】 2017年，市委党校围绕主业主课，新增教学专题12个，党的理论教育和党性教育占主体班培训总课时比例79.2%，其中党性教育占30%；全面落实领导干部到党校讲课实施办法，市级领导干部和党委政府工作部门负责人讲课课时占主体班次总课时比例20.6%；开展“深入学习贯彻习近平总书记系列重要讲话和考察云南重要讲话精神”“党的十九大精神”岗位练兵活动2次。向省委组织部推荐5门全省干部教育培训好课程；推荐3名教师加入全市“十名优秀党课师资库”，拍摄推荐3部视频教学课件加入全市“十部优秀党课课件库”；挂牌成立第二批全市干部教育培训现场教学基地10个。

【外出宣讲工作】 2017年，市委党校把习近平新时代中国特色社会主义思想、“两学一做”学习教育、党的十八届六中全会、党的十九大精神等中央重大理论创新和省、市委重大决策部署作为重点，通过集中宣讲、专题辅导、理论研讨等形式宣讲党的理论、政策。共组织教师外出讲课356场次，受教人数约49 573人次，其中，开展党的十九大精神宣讲或专题辅导117场次，听讲人数19 819人次。

【科研工作】 2017年，市委党校完成市级以上科研成果100项（核心期刊3项、国家级成果7项、省级成果20项、市级成果70项）；《玉溪日报》理论版“理论与实践”栏目刊载党校系统文章36篇；出版《理论与宣传》6期，登载学术文章85篇；申报云南省马克思主义研究工程等重大课题11项，与市直单位横向交流合作课题10项，党校系统纵向合作课题3项；获云南省党校、行政院校系统第九届优秀科研成果二等奖2项、三等奖1项和科研工作组织奖。

【培训工作】 2017年，市委党校承办4期国外党政代表团到玉溪开展现场教学任务，完成国务院医保资金座谈会、全国3D数字大赛年度总决赛、全省交警技能大赛、全市“科教引领创新发展”大讨论大行动等重要会议和活动的服务保障工作。2017年举办或承办各类会议、培训、活动共149期28 100人次。其中，计划内班次25期4 761人次（主体班次13期2 497人次；其它班次12期2 264人次）；计划外班次124期23 339人次（市外培训班15期3 208人次；其它班次109期20 131人次）。新招考2017级省委党校函授研究生班学生100名。

【队伍建设】 2017年，市委党校选派3名教师到县区委党校挂职锻炼1年，选派教师和管理干部91人次到省委党校、中央党校、人民大学、清华大学等上级党校、高等院校、科研院所学习培训和学术访问；创新公开招聘测试方式，公开招聘5名教师，选调优秀教师1名，接收选调生1名，安置随军家属1名，推荐市管干部2名，选拔任用科级干部3名；4名教师取得副教师职称资格、3名教师取得讲师职称资格，现有教师33名（副教授10

①2017年2月28日至3月3日，玉溪市主要领导干部学习贯彻党的十八届六中全会精神专题研讨班，玉溪市“科教引领创新发展”大讨论、大行动动员大会在市委党校举办 ②2017年，市委党校宣讲党的十九大精神 ③2017年，全市党校系统师资培训班赴清华大学学习（市委党校 提供）

名，讲师12名，助教6名，见习期教师5名）。

【全市党校系统师资培训班】 2017年10月18~20日，2017年，市委党校举办全市党校系统师资培训班，全市党校系统89名教师参加培训。10月23日~29日，培训班52名学员赴清华大学公共管理学院集中学习，课程由清华大学公共管理学院精心设计安排，任课教师为中央党校、国家行政学院和清华大学的知名专家和学者。

【合作交流】 2017年11月14~26日，组织全市党校系统教师及管理干部53人分两期赴中共延安市委党校学习培训。11月15日上午开班式上，与中共延安市委党校举行了两校业务交流合作签约仪式，建立长期合作伙伴关系。

【理论研讨会】 2017年7月9日，举办玉溪市“学习党的十八届六中全会精神理论研讨会”，征集论文169篇，评审出优秀论文19篇，入选论文16篇。

【全面深化改革工作】 2017年，市委党校完成改革任务49项，其中，制定改革规划4项，修订规章制度31项，出台改革方案7项，完成其他改革举措7项。编辑《玉溪党校改革简报》12期，《玉溪改革简报》刊登我校改革信息3篇。

【基础设施建设】 2017年，市委党校争取493万元改造校园西侧围墙、新修周边栈道、人行道，修缮校史馆；配合市纪委完成玉溪市反腐倡廉警示教育基地建设。

【县级党校建设】 2017年，市委党校与市财政局联发文件下达市级财政预算3 500万元作为县区委党校基础设施建设专项补助资金，与分配到资金的县区党校签订《项目支出进度承

①2017年7月9日，玉溪市学习贯彻党的十八届六中全会精神理论研讨会在市委党校举办。省委党校（云南行政学院）党委书记、常务副校（院）长杨铭书致辞，市委常委、市纪委书记孟凡兵作动员讲话 ②2017年县级党校推进基础设施建设

（市委党校　提供）

诺》。江川区、澄江县、华宁县、峨山县、新平县、元江县党校进行易地新建，红塔区、通海县、易门县党校进行原址改扩建。

【巡察工作】 2017年4月13日~5月12日市委第四巡察组对市委党校进行了巡察，7月20日反馈巡察意见，发现问题11项，提出整改建议4项，我校制定整改措施35项。

【脱贫攻坚工作】 2017年，市委党校到联系点元江县羊街乡坝木村委会开展帮扶、调研等工作115人次，协调划拨捐赠332.3万元（其中：慰问捐赠3.14万元），开展结对共建，实现基层党建与脱贫攻坚双推进，坝木贫困行政村满足村脱贫9项指标，贫困户脱贫6项指标，建档立卡户188户744人中脱贫155户636人，贫困发生率为2.3%。

（彭燕洁）

党史研究

【《2016中共玉溪市委执政纪要》编撰工作】 2017年，市委党史研究室组织编撰《2016中共玉溪市委执政纪要》，于1月初由市委办发文征稿并组织了撰稿人员培训，6月初，市委党史研究室完成稿件征集任务，经修改校对、召开审稿会、报请市委领导及保密部门审核等环节，12月底完成印刷出版发行工作。全书计100余万字，32幅照片。

【《中国共产党玉溪历史大事记》（2001~2015）编撰工作】 2017年初，市委启动《中共玉溪历史大事记（2001~2015）》编纂工作，由市委党史研究室具体负责编撰，通过市委办发文面向各县（区）各部门征稿，先后收集2001~2015年来的玉溪日报共180本合订书刊和15年的玉溪年鉴等文献资料，涉及130家单位，征集初稿500万字，5易其稿后定稿交付印刷。

【《玉溪重要历史文献资料选编》编撰工作】 2017年，市委党史研究室与市档案局联合，启动《玉溪重要历史文献资料选编》编撰工作，编撰该书先后查阅606份文档218万字的历史档案，年末，对书稿进行4次修改校对后形成送审稿。全书共计49万余字，43幅照片，预计2018年年初定稿，交付印刷。

【《中国共产党玉溪历史学生读本（1927~1950）（试行）》编撰工作】 2017年，市委党史研究室按照全年工作规划及《“玉溪党史进校园”活动试点方案》要求，年初，市委党史研究室启动《中国共产党玉溪历史学生读本（1927~1950）（试行）》一书编撰工作。3月初拟定编撰提纲，4月初召开编撰工作启动会，并按照提纲进行编撰分工，5月完成审稿，形成清样稿交付印制。全书计4.9万字，图片107幅，12月底出版发行。

【完成《玉溪市革命老区发展路径研究》课题及《玉溪对外开放实录》专题撰写工作】 2017年，市委党史研究成功申报《玉溪市革命老区发展路径研究》课题，向各县（区）发出《关于深入革命老区县开展调研工作的通知》，提出调研的有关要求和成果上报时限，并组织课题组深入峨山、新平、易门、元江等革命老区县开展实地调研。11月下旬，依据调研结果起草完成《玉溪市革命老区发展路径研究报告》，召开评审会对《报告》进行评审后，形成正式调研报告报市社科。开展《玉溪对外开放实录》专题撰写，于11月初，各县（区）按要求完成综述材料9篇。已按时限要求上报省委党史研究室。

【“玉溪党史网”及“玉溪党史”微信公众号】 2017年，市委党史研究室完成“玉溪党史网”改版升级工作，创办了“玉溪党史”微信公众号。“玉溪党史网”全年共刊发各种理论文章、学习体会、学习动态和党史工作信息2 000余篇，访问量达1万余人次。在“玉溪党史”微信公众号上开辟“玉溪党史上的今天”“阅读党史”“中共党史1000问”等专栏，每天推送一期党史理论文章，全年共推送300余期600余篇文章，阅读量达2万余人次。截至12月底，“玉溪党史网”浏览量18 035人次；玉溪“党史微信公众号”订阅量2 388人，阅读量为9 644次。有效降低宣传成本，推动党史研究与宣传教育上新台阶。围绕纪念全面抗战爆发80周年及中国共产党成立96周年、聂耳逝世82周年等重大纪念日，在“玉溪党史网”和“玉党党史”微信公众号开辟专栏，刊发纪念文章50余篇，缅怀历史、纪念先烈传承革命传统，收到了良好的社会效果。

【党史信息工作】 2017年，市委党史研究室扎实做好党史信息工作，及时在“玉溪党史网”发布市县（区）党史工作信息，及时向市委办信息科和省委党史研究室报送重要信息，同时启动《党史工作信息》编撰工作。截至12月底，市委党史研究室在“玉溪党史网”发布市县（区）党史工作信息88条，被省委党史研究室采用46条，被《市委重要信息》采用6条，超额完成年度信息考核任务；编撰《党史工作信息》2～11期（每月1期）；为市委组织部“党建手机报”提供党史资料6期24条；向全市3 000余名党员领导干部编发党史资料信息24期24条。

【革命遗址保护工作】 2017年，市委党史研究室争取省室补助资金20万，市财政革命遗址保护专项经费50万元，选择历史地位重要、意义重大，具有开发利用价值的4个革命遗址点进行修缮保护。省、市革命遗址保护经费已于3月由市财政下拨至各县（区），5月底前，各县（区）已进行招投标，正按修缮保护计划进行修缮保护及布展。同时，启动2018年度革命遗址保护项目向省申报工作，10月底至11月初，市委党史研究室会同市纪委第四纪工委组成检查组，对2016～2017年度革命遗址保护项目及专项资金管理使用情况进行专项检查，全市革命遗址保护利用工作取得新进展，专项资金管理使用进一步规范。在2017年全省党史研究室主任会议上，玉溪市革命遗址保护专项资金管理使用及督查工作受到省委党史研究室表扬。

①2017年8月4日，全市党史研究室主任会议召开 ②2017年7月17～19日，市委党史研究室举办第二期党史骨干培训班 （市委党史研究室 提供）

【完成抗战老战士统计和研究成果上报工作】 2017年，市委党史研究室按照省委党史研究室相关文件要求，核实统计本地区曾经采访过的以及目前仍健在的抗战老战士情况，核定全市尚健在的抗战老战士11人，并按规定时间上报省室。向中研室报送研究成果，书籍19部66册，音像制品2部4碟。

【办文、办会工作】 2017年，市委党史研究室认真贯彻落实《党政机关公文处理工作条例》《云南省贯彻〈党政机关公文处理工作条例〉实施细则》，进一步完善公文收发、传阅、档案管理、文件审批等制度。把好公文审核关。加快信息化建设，强化科技支撑，在各科室推广运用电子政务协同办公系统（OA系统），除省委党史研究室文件和涉密文件外，其余文件均通过OA系统办理和流转，大幅度压缩办公成本，极大提升了工作效率，推动以文辅政工作上水平。加强保密宣传教育，发放各种保密知识读本，层层签订保密责任书，定期开展党政机关办公设备保密安全检查，适时组织对办公室各保密要害部位及人员作巡检提醒，夯实保密安全意识。严格公文收发登记手续，认真做好文件收集、立卷归档、档案利用、清退销毁工作。严格执行中央八项规定精神，切实按要求做好精简文件工作。年内制发玉党研报27件，玉党研复1件，玉党研请20件，玉党研发25件。办会工作，按照中央、省、市委规定，严格控制会议规模和数量，控制压缩会议经费，努力提高会议组织协调服务工作水平和质量。全年组织召开全市党史研究室主任会1次，《滇中·红色记忆》征求意见座谈会5次，周五“学习日”例会35次，理论学习中心组学习暨两学一做学习教育会9次，室务会16次，筹备调研会、审稿会、专题研究会、考核汇报会等10余次。

【人员培训工作】 2017年，市委党史研究室着力提高人员素质，组织支部人员1名到井冈山干部学院参加党建知识培训；组织办公室业务骨干2名及县（区）2名主任到省委党史研究室参加为期1个月的全省党史骨干培训班培训；组织党务人员1名到北京大学参加宣传思想文化暨意识形态工作班培训；组织办公室人员1名到浙江大学参加全市党委系统党务干部培训班培训；组织全市党史系统业务骨干40余人参加举办全市党史骨干培训班1期3天。组织市县（区）《执政纪要》撰稿人及分管领导70余人参加《党委执政纪要》编撰培训。同时，多次组织人员参加档案、保密、全面深化改革等部门组织的业务培训。

（适丽招）

保密工作

【组织领导】 2017年，市保密局以贯彻落实中央5号文件精神为牵引，统筹谋划各项工作。根据中央5号文件确定的“两步走”和省委实施意见“三步走”目标任务，结合市委工作安排，研究制定《中共玉溪市委关于加强和改进保密工作的实施意见》，确立全市保密工作转型升级的目标任务和时间节点。召开市委保密委员会（扩大）会议，共商玉溪保密事业发展大计，梳理总结2016年工作，安排部署2017年工作。持续强化领导干部保密工作责任制。充分发挥“党管保密”的体制优势，持续贯彻落实《党政领导干部保密工作责任制规定》，进一步明确党政主要领导、分管领导、业务工作领导的保密职责，切实担负起新形势下维护国家安全和利益的重大政治责任，使各级领导干部真正把保密工作提上重要议事日程。深化保密定点联系制度。根据人员调整变化，完善机关单位定点联系工作制度，加大保密业务指导力度，建立全局干部职工分别负责1个县（区）和10个市直单位制度，每季度深入联系单位，现场面对面、点对点地进行督促指导，进一步摸清底数，掌握情况，找准问题，研究对策，有效解决制约保密工作健康发展的重难点问题，逐步构建横向到边、纵向到底、全面覆盖的保密综合防范体系。

【教育培训】 2017年，市保密局创新方法抓宣教，通过解决管“人”问题破解管“密”难题。开展全民教育，紧贴信息化条件下保密工作面临的新形势、新特点、新任务和新要求，以开展“七·五”保密法制宣传教育为抓手，以完善保密法治宣传教育机制为保障，引导全体公民弘扬法治精神、培育法治理念、推动法治实践，不断推进保密“七·五”普法工作向创新发展、向纵深推进、向实效拓展。突出专题教育，以开展保密法制“宣传月”活动为载体，开展了一系列内容丰富、形式多样的活动。9月30日，在《玉溪日报》第2版上登载保密文章《在法治轨道上不断推进保密事业发展》；借助科普宣传活动平台和气象服务平台播放保密教育视频，进行保密知识有奖问答，发放保密法规宣传资料，确保活动取得实实在在的效果。开展业务培训。按照“基础实用、简单易懂”的原则，分两期组织了全市244名保密专（兼）职人员进行保密业务知识培训；积极主动参加市委网信办组织的《网络安全法暨大数据产业发展培训》，学习了解了大数据技术发展前沿及趋势和全市网络安全现状等方面知识；邀请中国航天科技集团公司、北京云盾科技有限公司的3名专家学者讲授涉密信息系统相关知识，进一步开阔了视野、更新了知识结构、拓展了工作思路、提升了工作能力。

【保密管理】 2017年，市保密局持续抓好定密管理。继续抓好《国家秘密定密管理暂行规定》和《云南省党政机关和涉密单位定密工作规定》的贯彻落实，深入联系单位面对面、点对点地规范定密工作，与联系单位共同确定本单位本部门的涉密事项，指导帮助机关单位制定《定密事项一览表》，有效解决了定密随意、定密事项模糊和定密职责不清等问题。截至目前，全市83家机关单位取得定密授权，已完成定密责任人确定与备案工作，75家机关单位制定了《定密事项一览表》。持续抓好网络管理。认真贯彻落实《关于切实加强计算机及其网络保密管理具体事项的通知》要求，持续抓好网络分类核查及分类管理工作，每季度组织开展计算机自检自查工作，督促机关、单位贯彻落实保密法律法规，加强网络保密管理，完善保密防护措施，提高网络防护能力。按照计算机自检自查和信息公开保密审查要求，全年共组织开展计算机及其网络保密自检自查4次，检查计算机5.6万余台。持续抓好涉密人员管理。落实涉密人员各项管理要求，规范涉密人员上岗、在岗、离岗全过程管控。抓好体制外非公有制涉密人员分类确定工作，指导帮助开展涉密业务的11家公司确定涉密人员116人（其中，重要涉密人员23人、一般涉

2017年7月10日，全市保密委员会（扩大）会议召开 （瞿星宏 摄）

密人员93人）。对借调、聘用等临时性工作人员进行排查清理，彻底摸清了全市1 233名临时性工作人员的工作性质，对在涉密岗位工作的67名临时性工作人员进行保密资格审查和定岗定级定位，补签在岗保密承诺书19份、离岗承诺书4份；对不适合继续在涉密岗位工作的，及时进行调整，确保涉密人员可靠、可控、可管。

【保密科技】 2017年，市保密局搭建网络实验室，为推动保密工作的转型升级，提升保密队伍的技术能力和专业水平，组织建设了涉密网络实验室。实验室由多个品牌的硬件，多种操作系统、软件组成，满足全局干部职工在不同操作系统和硬件条件下熟悉系统操作命令、网络设备的配置命令、应用服务的搭建操作、保密检查工具的操作学习及网络安全攻防演练，为保密检查检测、保密科技测评提供了实训平台，极大提高全局干部职工的业务技能水平和实际动手能力。开展保密综合业务网建设。根据“涉密领域办公设备国产化替代”的要求，为避免资金浪费和重复建设，按照省保密局下达方案进行优化调整充实，对玉溪保密综合业务网建设进行优化，从技术改进、软件部署到设备选型均依据“国产化替代”要求进行。目前已完成项目招投标工作，正在进行相关设备采购。发挥“三个平台”作用。根据“数据共享、情报互通、联合监测、应急处置”的原则，建立部门协作机制，将全市1 034个互联网门户网站纳入监管平台，全面拓宽监管范围。与市委网信办、市国家安全局、市公安局网安支队等单位加强沟通联系，互通网络舆情，实现了对网络信息安全态势的提前感知，特别是5月份全球爆发的“勒索病毒”事件，基于情报互通而提前感知安全态势，与市内网办及时通知已建涉密网络的单位做好策略设置和补丁更新，防止了病毒攻击泄密。

【检查查处】 2017年，市保密局严密组织抓督查，完成十九大安保维稳任务。扎实开展自检自查自评工作，按照省保密办、省国家保密局关于组织开展2017年度机关、单位保密自查自评工作的通知要求，把计算机及其网络管理作为保密管理的重点工作常抓不懈，逐步建立和完善计算机及其网络管理制度，督促机关单位开展计算机保密自检自查工作，逐步规范机关单位保密管理秩序，全面堵塞失泄密漏洞。扎实开展系列检查工作，全力服务保障党的十九大期间网络安全可控，按照省保密局的保密工作方案和市委、市政府的实施方案，7月，以门户网站、政务微博、微信公众号和政务邮箱为重点，对9个县（区）和市直单位的计算机及互联网门户网站保密管理情况进行了实地检查。8月，结合自检自查和前一阶段检查中发现的问题，以计算机网络管理、信息公开保密审查和涉密网络保密管理为重点，对全市27家重要涉密单位开展保密专项检查，共检查181个互联网门户网站、64个政务微博、188个微信公众号、599个互联网办公系统、788个政务邮箱，未发现违规发布和处理涉密信息问题，圆满完成了十九大安保维稳任务。依法开展执法检查工作，对全市重点涉密单位要害部门（部位）、涉密载体、计算机网络及涉密信息系统加强督促检查，开展了国家秘密载体印制保密管理专项检查和重要军事设施周边保密安全检查，达到“以查促改、以查促防、以查促教、以查促建”的目的。坚决查处失泄密事件，清理清查2016年度涉密文件遗失案件，督促涉密文件遗失单位对国家秘密载体遗失事件进行调查处理，查清案件发生的原因，深刻汲取教训，对违反保密规定的责任人，按照保密法律法规进行严肃处理。

【保密服务】 2017年，市保密局服务大局抓保障，充分发挥保密工作服务保障全市经济社会发展的职能作用。全力保障各类涉密活动。积极主动保障全市涉密会议、涉密活动和各类考试，先后保障了市委办、市委政法委、市委宣传部、市委统战部等单位

①2017年8月9日，市保密局局长许中华为全市档案业务培训讲授保密课 ②2017年10月19日，全国科普日活动启动 （瞿星宏　摄）

2017年10月20日，省保密局检查法规处处长傅学保莅临玉溪开展国家秘密载体印制资质现场审查（瞿星宏 摄）

35场次7 196人参加的涉密会议。主动抓好各类考试的保密保障工作，参与了市委组织部、市教育局、市人社局、市卫生局、市文广局等多个单位组织的49场次、200 000余人参加的各类考试保密监督检查工作，确保了全市各类考试的安全保密、圆满顺利。加强涉密载体清退销毁。坚持涉密文件、内部资料的“统一回收、统一押运、统一销毁”，严格执行涉密载体销毁管理规定，全市共清退销毁2016年度涉密文件41 299份（其中绝密级文件36份、机密级文件5 042份、秘密级文件28 580份）、内部文件7 641份；完成市委办、市公安局报废计算机、办公自动化设备及历年积存涉密硬盘清退送销工作，共计销毁服务器、台式机、打印机、复印机、传真机等144件；完成市“扫黄打非办”移交的有关资料、物品销毁工作，共计销毁光盘708张、磁带328盘、播放器10台、书刊1 556册、其他图册3 126份，把好涉密载体“销毁关”。服务保障地方经济建设，按照市委、市政府“科教引领创新发展”大讨论大行动活动部署，积极探索保密工作服务经济社会发展的有效途径，主动做好省对市涉密档案数字化加工服务资质公司现场审查和核查登记工作，帮助7家档案数字化加工公司和1家涉密文件资料印制公司完成资质申报，督促全市涉密测绘资质单位规范各项涉密业务，指导全市涉密信息系统集成资质公司积极主动承接全市涉密信息系统建设和运维业务，引导玉溪本土涉密信息系统集成资质公司拓展业务、参与全省竞争、发展壮大。有针对性地帮助全市重点项目、重点企业做好商业秘密保护工作，全面提供保密业务指导和技术服务。

（瞿星宏）

档案管理

【档案行政执法检查】 2017年，市档案局为深入贯彻党的十九大精神，落实全面依法治国基本方略和全面依法治省、依法治市的安排部署，进一步增强全市依法治档能力，按照《玉溪市档案局“双随机一公开”实施细则》规定，随机抽取检查成员和检查对象。市档案局会同市委依法治市办、市人大常委会法工委、市人大常委会教科文卫委和市政府法制办，组成4个检查组于11月8～17日对二区七县的9个国家综合档案馆、9个县级机关单位、9个乡镇、9个村委会（社区）开展了档案行政执法检查。检查围绕各县（区）贯彻实施《档案法》《档案法实施办法》《云南省档案条例》等档案法律法规的情况；贯彻落实“三个文件”的工作情况及档案管理违法违纪行为查处情况，国家档案局第8号令、9号令、10号令的实施情况，档案资源建设、档案数字化、档案工作规范化管理认定或复查、乡镇档案馆（室）建设和档案文化产品开发等重点工作完成情况；各县（区）及其各单位档案制度建设、安全管理、基础设施设备配备及档案归档情况等方面的内容进行。

各县（区）档案局认真宣传贯彻档案法律法规、《中共中央办公厅、国务院办公厅印发〈关于加强和改进新形势下档案工作的意见〉的通知》及省、市实施意见文件精神，明确了党委政府的分管和联系领导，部分县（区）将档案工作纳入了党委政府年度目标任务综合考核内容，全市档案工作体系不断健全完善，社会档案意识和档案法律意识普遍增强。各县（区）综合档案馆档案数字化、馆藏日常维护经费得到了不同程度的落实，档案基础设施条件得到了极大改善，“三个体系”建设取得实质性的进展；县级机关单位及乡镇、社区综合档案室制度不断健全，基础设施不断完善，档案工作长效机制逐步形成。检查中仍发现部分存在问题，档案工作发展总体上不够平衡，少数单位领导对档案工作重要性认识不足，部分单位未能按时完成档案的整理归档，部分乡镇、村（社区）档案工作机制不健全；对档案工作投入不到位，部分县（区）未能严格落实3个文件精神，档案信息化建设步伐缓慢；部分县（区）档案设施设备陈旧、老化，馆库严重饱和，新建综合档案馆迟迟未能投入使用，严重影响了县（区）档案工作的开展；档案从业人员业务素质有待进一步提高，部分单位档案专兼职人员变动频繁。

【档案法治政府建设】 2017年，市档案局制定印发了《玉溪市档案局法治政府建设实施方案（2016～2020年）》，明确法治政府建设的目标和步骤。推行“双随机一公开”工作机制，转变重业务、轻法治，重指导、轻监督的观念。落实档案法律顾问制度，并聘请法律顾问1名，梳理和修改完善《玉溪市档案局权力清单和责任清单》，保留市档案局行政职权4类21项。进一步清理核对行政许可、行政审批事项，规范网上大厅办理事项，完善公共服务事项办事指南及流程图；对现行有效规范性文件进行再次清理，并保留现行有效规范性文件1件；做好政务服务事项梳理和录入工作，共梳理录入行政职权16项，其中行政处罚6项，其他行政职权7项，内部审批3项，已通过审核，全部进入省政务服务管理平台。

【依法行政、保密知识专题讲座和道德讲堂】 2017年，市档案局聘请市保密局局长许中华进行保密知识专题讲座；聘请玉溪师范学院法学院院长罗家云教授进行依法行政专题讲座，市档案局全体干部职工和红塔区、江川区、市直各机关及企业事业单位档案工作人员共223人参加讲座。开展档案系统“道德讲堂”。聘请玉溪师范学院吴光章教授以“美德润身不忘初心”为主题的“道德讲堂”。市档案局全体干部职工和通海县、澄江县、华宁县、易门县、峨山县、新平县、元江县档案工作人员共241人参加。

【开展“国际档案日”宣传活动】 2017年，各级档案部门结合“七五”法治宣传教育规划，继续深入宣传《档案法》《档案法实施办法》《云南省档案条例》等法律法规。“6·9国际档案日”，在人员较为集中的广场、公园、农贸市场等地，通过设立咨询点、悬挂活动横幅、散发档案宣传资料、手机短信登载宣传口号等形式，以气象预报显示屏、电视台、报刊和互联网为平台，着力宣传档案法律法规、档案与社会、公民关系等知识，做到报刊有“文”、电视有“影”、网络有“言”、参与有“众”。宣传期间，共设立宣传咨询点5个、接受群众咨询及解答1 700余人次、悬挂活动横幅21条、摆放宣传展板11块、向群众发放《档案管理违法违纪行为处分规定》、民生档案利用小案例、档案法制等档案宣传资料26 000多份、宣传环保袋4 000个。在1 200余块气象预报显示屏滚动播放档案宣传标语口号。峨山县电视台插播档案宣传字幕连续播放一周，向全县副科以上领导干部发送档案宣传短信480多条。易门县电视台对易门的宣传活动进行了采访报道，县档案局主要领导接受了电视台专访，阐述了“国际档案日”宣传活动的目的和意义。市档案局以人们喜闻乐见的漫画形式，编印《档案法制宣传》读本一、读本二各1 000册，并分发到市级各机关企事业单位及各县（区）档案局，收到了良好宣传效果。

【强化档案业务监督指导】 2017年，市档案局加强对各机关、团体、企事业单位的档案业务指导。对市委办、市中级人民法院、市检察院、市医保中心、玉溪师范学院、红塔集团等52个市县（区）机关、企事业单位档案工作进行了监督指导，监督指导内容涉及年度归档、档案工作规范化管理等。各县（区）档案局积极深入本行政区域内的各党政机关、人民团体、企事业单位及社会组织，对档案工作制度建设、立卷归档整理及设施设备运行等情况进行了监督指导，对监督指导工作中发现的问题及时要求单位进行整改。按照《云南省国家综合档案馆规范化管理示范档案馆认定办法》《云南省档案工作规范管理示范档案馆及示范单位复查办法》等有关要求，全市各级档案部门以档案工作规范化认定及复查为抓手，对照标准，不走过场，促进档案工作全面发展。全年共完成机关、企事业单位档案工作规范化管理示范认定及复查91家，其中，市档案局完成市审计局、市中级人民法院、市检察院、市住建局、玉溪师范学院等9家机关企事业单位的档案工作规范化认定或复查工作；各县（区）档案局完成档案工作规范化管理示范认定或复查共82家。市档案馆及红塔区、华宁县、澄江县、新平县、元江县6个国家综合档案馆通过了档案工作规范化管理复查认定。市档案局围绕玉溪“五网”建设、生物医药及大健康等重点项目和“百村示范，千村整治”等工程，积极与项目主管部门、牵头部门和项目建设单位进行沟通协调，加强档案工作现场业务指导力度。年内，对玉溪市东片区暨“三湖”水资源配置应急工程项目、峨山县尼去本水库工程项目、市中小河流水文监测系统项目进行了档案业务指导，并对峨山县尼去本水库工程、市中小河流水文监测系统项目档案进行了验收。市档案局围绕市委、市政府实施的脱贫攻坚等七大民生工程，认真做好对民生档案管理工作的指导。做好全市土地确权登记颁证档案工作，与市农业局联合印发《玉溪市农村土地承包经营权确权登记颁证档案整理规范》，规范农村土地承包经营权确权登记颁证档案工作的内容和业务流程，确保了农村土地确权登记颁证档案真实、完整、系统和准确。做好全市精准扶贫档案工作，及时召开精准扶贫档案工作动员会，对推进精准扶贫档案整理工作进行安排和部署，并对参会人员进行了精准扶贫档案工作培训，与市扶贫办联合制定了《玉溪市精准扶贫档案工作实施意见》，明确全市精准扶贫档案工作的要求和整理办法；选取了峨山县富良棚乡作为全市精准扶贫档案工作试点，积累工作经验，为全市开展精准扶贫档案工作提供了良好借鉴，实现以点带面、全面推进目的；对元江县、新平县、易门县、峨山县、澄江县精准扶贫文件材料收集、整理、归档工作进行了业务指导。做好不动产登记档案工作，与市国土局联合下发了《玉溪市不动产登记档案管理规范》，从归档范围、整理方法、保管利用及档案盒封面样式等方面，对不动产登记档案工作进行了统一，在全省率先对不动产登记档案进行了规范管理。对全市诉讼档案、医保档案、公积金档案等各类专业档案进行调研指导，进一步规范了全市涉及民生专业档案的收集整理。

【乡镇档案馆（室）建设】 2017年，市档案局根据《关于进一步加强和改进乡镇档案工作的意见》文件要求，先后深入元江县因远镇、新平县者竜乡、易门县绿汁镇、峨山县富良棚乡等开展工作调研，召开乡镇档案工作专题研讨会，对推进乡镇档案工作进行了安排部署。目前，红塔区李棋街道、峨山县富良棚乡、新平县平甸乡档案室列为全市乡镇档案室建设试点，从经费及业务指导方面对峨山县富良棚乡档案室建设给予帮助支持，对红塔区李棋街道、新平县平甸乡乡镇档案室进行指导帮助。

【档案资源体系】 2017年，市档案局根据《档案法》及国家档案局第8号令、9号令、10号令和各自的收集档案范围细则，大力推进档案资源建设，确保本级各部门各单位的各类档案资源应归尽归，从源头上筑牢国家档案资源基础。截至12月，市档案馆接收档案1 477卷、8 597件；各县（区）档案馆共接收档案17 598卷、185 618件，全市各级国家综合档案馆共接收征集档案19 075卷、194 215件。

【数字档案馆建设】 2017年，市档案局根据国家档案局《数字档案馆建设指南》《云南省数字档案馆建设规程（试行）》《玉溪市档案馆数字档案馆建设规划（2013～2020年）》的规定，市、县（区）档案馆全力推进数字档案馆建设进程，数字档案馆建设取得明显进展。市档案馆完成数字化233.35万页。县（区）档案馆完成数字化714.64万页。

【档案资源开发】 2017年，全市各级档案部门不断创新服务形式、强化服务功能、拓展服务渠道，为编史修志、落实政策、人事工资、解决矛盾纠纷及各项重点难点工作突破提供了大量详实可靠的依据，充分发挥档案不可替代的凭证作用，档案资源服务民生、服务社会功能显著。市档案馆接待查档人员270人次，提供档案443卷、2 067件，复印档案17 142页；县（区）档案馆接待查阅利用人员6 065人次，提供档案资料14 848件次，复印档案5 112页。市档案馆更新了爱国主义教育展板的相关内容，继续举办《奋进中的回眸》爱国主义教育陈列展；江川区档案馆利用场地优势，与区科协合办了中国流动科技馆第二轮江川站巡展，让公众“体验科学”的同时，吸引4 590名群众走进爱国主义教育基地；元江县档案馆利用爱国主义教育基地，对大学生村官、选调生和留守儿童开展了爱国主义教育；峨山县档案馆配合县委宣传部，举办“砥砺奋进的五年”中国梦峨山篇章成就主题展，并完成了爱国主义教育基地布展。全市各级爱国主义教育基地共接待观展人员共7 000余人次，向社会充分展示了当地的历史文化、民族特色、社会经济发展成就，对观展人员进行了爱国主义教育和革命传统教育。各级档案馆利用自身档案资源优势，使档案资源得到有效利用，积极开发档案文化产品。市档案馆编印《发展实录》，《玉溪花腰傣服饰与文化》《滇傩探秘》等文化产品即将出版发行。红塔区编印《世界上最长的节日——红塔区米线节》，澄江县编印《图说澄江·交通运输》，华宁县编印《华宁县建国以来政区沿革（1949～2016）》，元江县编印《元江乡土韵言》。

【档案抢救与保护工作】 2017年，市档案局为加强档案的抢救与保护工作，分别通过修补裱糊、原文扫描、杀虫灭菌、复制备份、倒带转录等多种方式，对馆藏档案进行及时抢救与保护。对70盘录像带、录音带和光盘进行了倒带转录，对57页破损霉烂档案进行了修补。

【参与省档案局科技成果奖评选】 2017年，市档案局报送的《“互联网+玉溪影像档案资源”收集利用》科技成果，荣获云南省档案优秀科技成果二等奖。

【全市档案局（馆）长会议】 2017年，3月31日，玉溪市档案局在龙马大酒店召开全市档案局长馆长会议，会议全面贯彻党的十八大和十八届三中、四中、五中、六中全会和习近平总书记系列重要讲话特别是考察云南重要讲话精神，省第十次党代会、市第五次党代会和省委十届二次全会、市委五届二次全会精神，以及全国档案局长馆长会议、全省档案工作会议精神，回顾总结全市2016年工作，安排部署2017年工作任务。各县（区）档案局局长、副局长；市直和中央、省驻玉单位档案工作协作组组长、副组长；市城建档案馆馆长、副馆长；红塔集团档案科科长；市档案局（馆）全体干部职工共49人参加会议。

【档案基础知识培训班】 2017年，市档案局为提高全市档案人员的业务水平和专业技能，适应新时期档案事业发展的需要，全面提升档案工作管理水平，8月5～17日，市档案局在玉溪市公安民警培训学校举办了二期档案基础知识培训班。市直各机关、企事业单位及各县（区）的463名档案专兼职人员和市档案局全体干部职工参加了有关课程的培训，市档案局局长马增福出席开班仪式并作动员讲话。培训班邀请了省档案局副局长张文芝、省档案局业务指导二处处长赵新宇、省档案局利用服务处处长梁屹峰、市保密局局长许中华、玉溪师范学院罗家云及吴光章教授、市档案局副局长杨长利及各科室有关人员分别就档案与档案工作、项目档案管理、档案利用与文化产品开发、依法行政、保密知识、道德讲堂、档案资源建设、档案数字化建设及文书、人事、会计、科技、专业档案管理等知识对学员进行讲授，培训班达了预期目的。

【开展档案学会和职称工作】 2017年，按照《玉溪市社会团体管理办法》及《玉溪市档案学会章程》的规定，市档案学会于8月25日在峨山县召开第三次会员代表大会，选举马增福等31名会员为学会第三届理事会理事。第三届理事会召开第一次会议，选举刘宁华等7名理事为学会第三届理事会常务理事，选举产生了杨长利为第三届理事会理事长、肖玉明、陈雪娇为为第三届理事会副理事长、肖玉明（兼）秘书长。围绕“档案——我们共同的记忆”等主题，认真组织会员撰写征文和论文共13篇，经修改审核向国家、省档案学会报送8篇，均被采用，发挥了档案学会学术研究主力军的作用。

市档案中评委向省高评委推荐申报副高职称的1人，通过评审；市档案系列初、中级评审委员会对申报中级职称的6人、初级职称15人进行评审，20人通过评审，1人未通过评审。

（何昆琳）

机构编制

【“放管服”改革】 2017年，市委编办立足助力供给侧结构性改革、助推经济社会发展，以深化行政审批制度改革为突破口，协同发力、多点突破，“放管服”改革取得5个新成效。目录清单管理制度体系不断完善。编制公布市县乡三级行政许可事项通用目录、行政审批中介服务事项目录、技术性审查服务事项目录、内部审批事项目录、直接受理事项目录、证明材料目录清单等目录清单，动态调整权责清单行政职权事项155项。放权更加精准。市级取消行政许可事项19项，下放16项。尤其是以助推县域经济、民营经济、园区经济发展为重点，将建设项目供地审批及与之相关联的国有土地改变用途审批、临时用地审批等权限全链条同步下放县（区），县（区）建设项目供地审批时限缩短至一周左右。审批持续提速。市直政府部门174项行政许可和公共服务事项实行直接受理；承担行政审批职能的科室由89个减少到34个，精简61.8%；投资项目报建审批事项由36项整合规范为26项；建设项目压覆重要矿产资源实行按区域进行集中评价；91项行政审批中介服务事项和23项审批部门技术性审查服务事项得到规范，制度性交易成本进一步降低，行政审批效率不断提高。政府监管方式不断创新。“双随机一公开”监管实现全覆盖，市级随机抽查事项增加到350项，全年开展随机抽查2 121次；“大数据”监管、“联合检查、综合执法”监管等创新监管方式在探索中推进，市国税局、市地税局依托玉溪市信息资源统一共享交换平台及时发现税收监管漏洞，查补税款2.38亿元，市工商局牵头在市场监管领域开展联合抽查、综合执法。政务服务不断优化。“一站式惠民”政务服务取得实质性成效，红塔区政务服务事项办结时限由16.9天缩短到8.5天；市直政府部门17项“无犯罪记录证明、接水证明”等证明被取消，321项乡镇（街道）开具的证明材料得到全面清理，政务服务环境不断提升。

【重点领域体制改革】 2017年，市委编办扎实推进行政体制和重要领域体制改革，为玉溪跨越式发展提供强有力的体制机制保障。生态文明体制改革平稳推进。加强抚仙湖、星云湖、杞麓湖管理体制机制研究，着力构建“三湖”统筹保护管理的体制机制；自然保护区管护机构逐步健全，职责进一步明晰优化，管理体制进一步理顺，为巩固生态屏障提供体制机制保障。综合行政执法体制改革平稳推进。抚仙湖一级保护区资源环境综合行政执法、城市管理综合行政执法、市场监管综合行政执法等不断深化，执法扰民、执法任性等问题得到有效遏制。事业单位分类改革平稳推进。全面启动从事生产经营活动事业单位改革，统筹推进承担行政职能事业单位和从事公益服务事业单位改革，事业单位统一社会信用代码、法人年度报告公示、公示信息抽查等改革不断深化，进一步激发事业单位发展活力。相关领域体制改革平稳推进。积极参与教育、科技、文化、卫生等多领域体制改革，协调推进公立医院综合改革、城乡医保管理体制改革、纪检监察体制改革、党委巡察制度改革和法院、检察院、审计管理体制改革等重大改革，相关领域体制改革统筹推进。职能调整优化配置平稳推进。全面开展党政机关部门办企业专项清理整治，切实推进政企分开。设立乡镇（街道）扶贫办公室，进一步强化乡镇（街道）脱贫攻坚职责。对深化医药卫生体制改革领导小组办公室、中低产田地改造暨高标准农田建设综合协调领导小组办公室职责和研和工业园区管理体制进行调整，进一步理顺职责关系。

【机构编制精细化管理】 2017年，市委编办按照“严控总量、盘活存量、增减平衡、分级负责”的思路，继续抓好控编减编工作的组织实施，严控机构编制，把好编制使用计划关、人员调动审核关、工资统发联审关、监督检查关，严控严管和多渠道消化超编人员。全年全市机关事业单位共下达编制使用计划2 367名，实际执行1 986名，其中市级415名，县（区）1 571名，各类编制都严格控制在省下达的总盘子内，人员编制增长势头得到有效控制，完成只减不增的目标。妥善处理“管住”和“盘活”的关系，不断健全编制管理制度，创新编制挖潜机制。出台义务教育学校实行编制总量管理规定，在不低于国家标准、不突破现有编制规模的前提下，对义务教育学校实行编制总量管理；出台基层农业服务体系机构编制管理意见，以县级农业部门现有事业编制数为总量，赋予农业部门对所属事业单位的编制调整权，盘活教育、农业系统编制资源。认真落实中央、省有关政法专项编制挖潜增效要求，优化资源配置，编制和警力下沉基层一线，逐步提高基层法院、派出所、司法所编制数量占本系统编制总量的比例。针对全市群团机关事业编制总量偏小的问题，积极向省争取，调整县（区）群团机关编制总量，为群团改革奠定基础。加大事业编制调控力度，对重复设置、过于零散、规模过小、职能弱化、不适应经济发展需要、任务不足的机构，按有关程序报批，予以“撤、并、转”。不断加大专项督查力度，先后3次对县（区）开展控编减编和机构编制管理专项督查，开展全市机关和事业单位超编超职数专项清理整治工作，落实机构编制管理“四个纳入”，编制的“红线”意识得到强化。在探索中不断优化编制总量年度核准、编制计划管理、“零空编”管理、周转编制管理、带编制调配管理等管理机制，积极探索机构编制事项全程纪实管理，完善机构编制预警管理机制，不断推动编制向主业倾斜、向重点领域倾斜、向基层一线倾斜。

（刘飞艳）

（柏映泉　摄）

绿水青山·碧玉清溪

（吴　垠　摄）

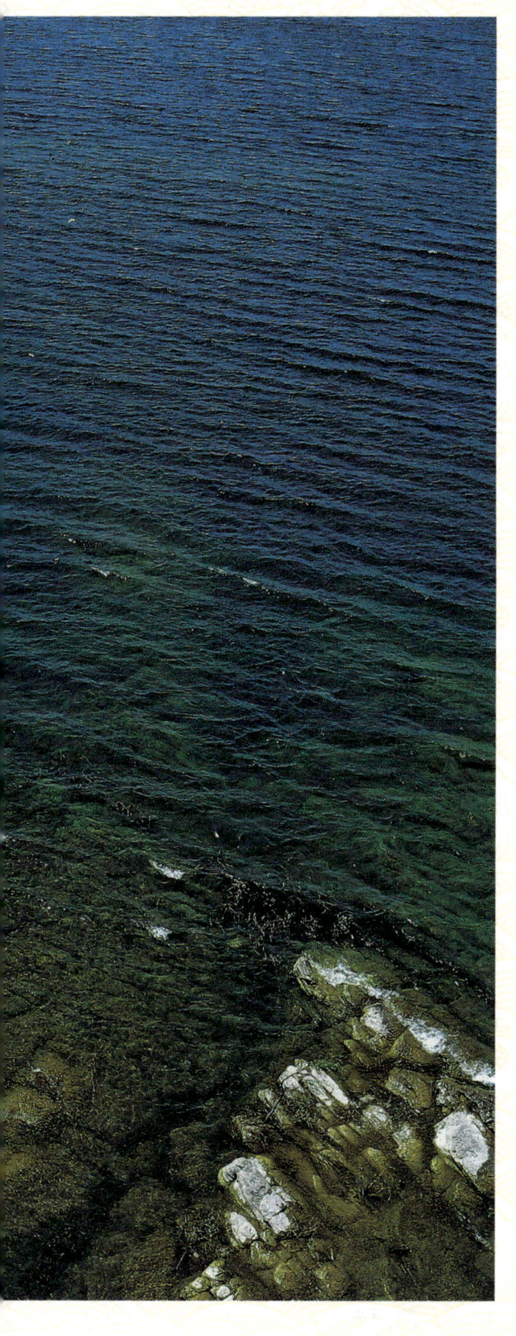

玉溪市
人民代表大会

THE PEOPLE' CONGRESS OF YUXI

责任编校：李晓媛

重要会议

监督工作

代表工作

人事任免

【概　况】 2017年，市人大常委会围绕市委“科教引领跨越发展”大讨论、大行动的要求，紧扣事关国计民生的根本性、长远性问题和经济发展中的关键性、全局性问题，认真听取和审议有关工作报告，及时组织调研视察，切实加强对“一府两院”的监督，着力推动宪法、法律法规在全市有效实施，有效保证了市委重大决策部署的贯彻落实。全年共组织召开人代会2次，常委会会议6次，党组会议15次，主任会议18次，听取和审议“一府两院”专项工作报告15项，开展专题询问1次，组织视察1次，专题调研9次，作出决议决定20项。

【四届人大五次会议】 2017年1月10～13日，市第四届人民代表大会第五次会议在聂耳大剧院召开。应出席代表317人，实到299人，符合法定人数。会议由大会主席团主持。

大会议程有7项：听取和审议玉溪市人民政府工作报告；审查和批准玉溪市2016年国民经济和社会发展计划执行情况与2017年国民经济和社会发展计划草案的报告，批准玉溪市2017年国民经济和社会发展计划；审查和批准玉溪市2016年地方财政预算执行情况和2017年地方财政预算草案的报告，批准玉溪市2017年市本级财政预算；听取和审议玉溪市人民代表大会常务委员会工作报告；听取和审议玉溪市中级人民法院工作报告；听取和审议玉溪市人民检察院工作报告；选举事项。

会议表决通过了《关于玉溪市人民政府工作报告的决议》《关于玉溪市2016年国民经济和社会发展计划执行情况与2017年国民经济和社会发展计划的决议》《关于玉溪市2016年地方财政预算执行情况和2017年地方财政预算的决议》《关于玉溪市人民代表大会常务委员会工作报告的决议》《关于玉溪市中级人民法院工作报告的决议》《关于玉溪市人民检察院工作报告的决议》。大会选举张德华为玉溪市人民政府市长。

会议期间，共收到建议290件，10人以上代表联名提出的议案26件。所提议案涉及农林水方面9件，工业交通旅游方面2件，城建环保资源方面11件，教科文卫方面2件，财税金融方面1件，其他1件。元江代表团方国铁等12名代表提出的《关于制定出台〈玉溪市革命历史遗址保护条例〉的议案》、红塔区代表团李家金等10人《关于制定〈玉溪市城市管理行政执法办法〉的议案》作为议案处理，其余24件议案转为建议、批评和意见处理。所有建议已在10月底前答复完毕。

【四届人大六次会议】 2017年7月11～12日，市第四届人民代表大会第六次会议在聂耳大剧院召开。大会应到代表314人，实到296人，符合法定人数。会议由大会主席团主持。

大会议程有3项：补选市四届人大常委会主任；补选市四届人大常委会委员；补选市四届人大法制委员会主任委员。

按照法定程序，会议以无记名投票的方式进行选举。李洪云当选为玉溪市第四届人民代表大会常务委员会主任，龚桂存当选为玉溪市第四届人民代表大会常务委员会委员，徐映东当选为玉溪市第四届人民代表大会法制委员会主任委员。

2017年1月13日，市四届人大五次会议召开第三次全体会议，大会主席团常务主席、中共玉溪市委书记罗应光向新当选的玉溪市人民政府市长张德华颁发当选证书
（曾永洪 摄）

【人大常委会会议】 2017年，市四届人大常委会举行常委会会议6次。

2月24日，市四届人大常委会举行第二十九次会议，市人大常委会主任谢兴荣主持会议。市人大常委会副主任郭开堂、周继武、叶本功，秘书长李伟等出席会议。市人民政府、市中级人民法院、市人民检察院各一位领导及市人大常委会机关副处级以上领导、市政府相关部门领导列席会议。会议审议并表决通过了《玉溪市人大常委会2017年工作要点》《玉溪市人民代表大会常务委员会关于接受雷庆丽辞去玉溪市第四届人大常委会副主任职务的决定》《市人民代表大会常务委员会关于撤销周映海市统计局局长职务的决定》《玉溪市人民代表大会常务委员会关于〈玉溪市人民政府关于将玉溪市2017年棚户区改造建设项目（一期）政府购买棚改服务资金列入财政预算的议案〉的决议》《玉溪市人民代表大会常务委员会关于〈玉溪市人民政府关于玉溪市点亮玉溪工程一期项目政府购买服务资金纳入市级财政预算的议案〉的决议》以及有关人事任免事项。会议传达学习省第十次党代会、省委十届二次全会、省十二届人大五次会议、市委五届二次全会、市委经济工作会议精神。

4月25日，市四届人大常委会举行第三十次会议。市人大常委会主任谢兴荣主持会议。市人大常委会副主任郭开堂、周继武、叶本功，秘书长李伟等出席会议。市人民政府、市中级人民法院、市人民检察院、玉溪高新区管委会各一位领导及市人大常委会机关副处级以上领导、市政府相关部门领导列席会议。会议听取了玉溪市县乡两级人大换届选举工作情况报告，听取和审议了《玉溪市人民政府关于将江川至通海高速公路项目营运期内政府差额补贴纳入市级财政预算的议案》等7个议案，审议了人事任免事项和其他事项，传达学习了习近平总书记在全国“两会”中共党员负责人会议上的讲话精神和张德江委员长在十二届全国人大五次会议结束时的讲话精神。

7月3日，市四届人大常委会召开第三十一次会议。受市人大常委会主任谢兴荣委托，副主任周继武主持会议。副主任叶本功，秘书长李伟等出席会议。市人大常委会党组书记李洪云，市人民政府、市中级人民法院、市人民检察院各一位领导及市人大常委会机关副处级以上领导、市政府相关部门领导列席会议。会议听取和审议通过了玉溪市人民代表大会常务委员会关于召开玉溪市第四届人民代表大会第六次会议的决定、会议议程及主席团和秘书长、列席人员等相关名单。会议决定，7月11～12日召开市四届人大六次会议。会议审议了有关人事任免事项，决定接受谢兴荣辞去市人大常委会主任职务、陈开翔辞去市人大常委会委员职务，并报玉溪市第四届人民代表大会第六次会议备案。决定免去杨洋玉溪市人民政府副市长职务。会议还听取和审议市人民政府关于提请审议《玉溪市城镇绿化条例》的议案、关于玉溪市中医药发展情况的报告。

8月25日，市四届人大常委会举行第三十二次会议。市人大常委会主任李洪云主持会议。市人大常委会副主任郭开堂、周继武、叶本功，秘书长李伟等出席会议。市人民政府、市中级人民法院、市人民检察院各一位领导及市人大常委会机关副处级以上领导、市政府相关部门领导列席会议。会议听取了《关于玉溪市2017年上半年国民经济和社会发展计划执行情况的报告》和市人大财经委的调查报告，《关于玉溪市2017年上半年地方财政预算执行情况的报告》和市人大常委会预算工委的调查报告，《关于玉溪市2016年市本级财政决算的报告》《玉溪市人民政府关于2016年度市级预算执行和其他财政收支的审计工作报告》和市人大财经委的审查结果报告，《玉溪市人民政府关于2017年新增地方政府债务限额及市本级财政专项预算调整方案的报告》和市人大财经委的审查结果报告，《玉溪市人民政府关于红塔大道（抚仙路—火车站）综合管廊工程建设项目有关事项的议案》的情况说明和市人大财经委的审查报告，《玉溪市人民政府关于玉溪市中心城区安全骑行（一期）ppp项目有关事项的议案》的情况说明和市人大财经委的审查报告。会议还审议了有关人事任免事项，决定任命田川为玉溪市人民政府副市长，并举行了宪法宣誓仪式。

10月28日，市四届人大常委会举行第三十三次会议。市人大常委会主任李洪云主持会议。市人大常委会副主任郭开堂、周继武、叶本功，秘书长李伟等出席会议。市人民政府、市中级人民法院、市人民检察院、玉溪高新区管委会各一位领导及市人大常委会机关副处级以上领导、市政府相关部门领导列席会议。会议听取并审议了《玉溪市森林防火条例（草案）》，通过了市人民政府提请审议的《玉溪市2017年市本级财政预算调整方案（草案）》、玉溪市第五届人民代表大会代表名额分配和选举问题的决定（草案）、玉溪市第五届人民代表大会少数民族代表名额分配方案（草案）。听取并审议通过了2016年全市环境状况和环境保护目标完成情况的报告；全市公路建设情况、民族团结进步示范区建设情况的报告；星云湖污染底泥疏挖及处置工程PPP项目、玉溪海绵城市建设试点项目、峨山县城提质扩容重点建设项目有关事项的议案。会议表决通过《玉溪市城镇绿化条例（草案修改稿）》，决定按程序报省人大常委会审查批准。会议决定任命贺彬同志为玉溪市人民政府副市长。

12月28日，市四届人大常委会举行第三十四次会议。市人大常委会主任李洪云主持会议。市人大常委会副主任郭开堂、周继武、叶本功，秘书长李伟等出席会议。市人民政府、市中级人民法院、市人民检察院各一位领导及市人大常委会机关副处级以上领导、市政府相关部门领导列席会议。会议听取和审议《玉溪市人民代表大会常务委员会关于召开玉溪市第五届人民代表大会第一次会议的决定（草案）》。会议听取和审议《玉溪市人民代表大会常务委员会关于调整玉溪市第五届人民代表大会代表名额分配的决定（草案）》，市人民政府关于市四届人大五次会议代表建议、批评和意见办理情况的报告，市人大常委会法工委、教科文卫工委《关于制定玉溪市革命历史遗址保护条例的议案》审议办理情况报告，市人大常委会城建环资工委关于市四届人大五次会议主席团交付审议的代表提出的议案审议结果的报告。会议审议了《玉溪市森林防火条例（草案修改稿）》。会议听取和审议了市人民政府关于2016年度玉溪市市本级预算执行和其他财政收支审计查出问题整改情况的报告。会议决定任命李劲松同志为玉溪市人民政府副市长。会议还审议了其他人事任免事项。

【主任会议】 2017年，市四届人大常委会举行主任会议18次。

2月21日，市四届人大常委会举行第五十四次主任会议，市人大常委会主任谢兴荣主持会议。会议研究了市四届人大常委会第二十九次会议有关事项及《玉溪市人大常委会2017年工作要点》《关于建立预算审查前广泛听取人大代表和社会各界意见建议的机制的意见》《玉溪市人大常委会预算审查咨询专家人选名单》。会议研究确定了重点处理的代表建议；听取和讨论了市人大常委会预算工委关于对《玉溪市人民政府关于将玉溪市2017年棚户区改造建设项目（一期）政府购买棚改服务资金列入财政预算的议案》等两个议案的初步审查报告以及有关人事任免名单（草案）。会议传达学习了省第十次党代会、省委十届二次全会、省十二届人大五次会议、市委五届二次全会、市委经济工作会议精神。

4月17日，市四届人大常委会举行第五十六次主任会议。市人大常委会主任谢兴荣主持会议。会议研究了市四届人大常委会第三十次会议有关事项，听取和讨论人事任免名单（草案），听取了全市县乡两级人大换届选举工作情况报告、玉溪市农村危房改造及第一轮“百村示范、千村整治”实施情况的报告，听取和讨论市人大常委会预算工委关于对《玉溪市人民政府关于将江川至通海高速公路项目营运期内政府差额补贴纳入市级财政预算的议案》等7个议案的初步审查报告，研究了《玉溪市人大常委会2017年立法计划（草案）》。

4月25日，市四届人大常委会举行第五十七次主任会议。市人大常委会主任谢兴荣主持会议。会议研究了对市四届人大代表曲绍庭采取强制措施的决定。

7月2日，市四届人大常委会召开第五十九次主任会议，受市人大常委会主任谢兴荣委托，副主任周继武主持会议。市人大常委会党组书记李洪云，市委常委、市人民政府副市长尚建华等列席会议。会议听取了市政府关于全市体育产业发展情况汇报、市人大常委会教科文卫工委关于全市体育产业发展情况的调研报告。市人大常委会党组书记李洪云对玉溪市体育产业发展提出要求，市委常委、副市长尚建华作表态发言。

7月2日，市四届人大常委会召开第六十次主任会议。受市人大常委会主任谢兴荣委托，副主任周继武主持会议。市人大常委会党组书记李洪云等列席会议。会议研究了市四届人大常委会第三十一次会议有关事项。听取和讨论了市人大常委会城建环资工委关于《玉溪市人民政府关于提请审议〈玉溪市城镇绿化条例（草案）〉的议案》的审议情况报告、市人大常委会教科文卫工委关于玉溪市中医药发展情况的调研报告。听取和讨论了脱贫攻坚专题询问方案、市四届人大六次会议有关事项及有关人事任免名单（草案）。

7月20日，市四届人大常委会召开第六十三次主任会议，市人大常委会主任李洪云主持会议。会议专题听取市公安局关于维护社会稳定、市人民检察院关于司法为民公正司法、市中级人民法院关于执行工作情况的报告。市公安局、市人民检察院、市中级人民法院党政领导班子成员列席会议。

12月26日，市四届人大常委会举行第七十二次主任会议。会议研究了市四届人大常委会第三十四次会议有关事项。听取了关于玉溪市2017年市本级一般公共预算支出较大变动情况的报告。听取和讨论了市五届人大一次会议相关事项、《玉溪市人民代表大会常务委员会关于调整玉溪市第五届人民代表大会代表名额分配的决定（草案）》。听取和讨论了市人大常委会城建环资工委关于市四届人大五次会议主席团交付审议的代表提出的议案审议结果的报告，市人大常委会选联工委关于视察代表建议、批评和意见办理工作情况的报告。听取和讨论了市人大常委会法工委、教科文卫工委《关于制定玉溪市革命历史遗址保护条例的议案》审议办理情况报告，听取和讨论了《玉溪市森林防火条例（草案修改稿）》。会议还听取和讨论了有关人事任免事项。

【监督工作】 2017年，市人大常委会按照市委五届二次全会的部署，围绕市委“科教引领跨越发展”大讨论、大行动的要求，紧扣事关国计民生的根本性、长远性问题和经济发展中的关键性、全局性问题，认真听取和审议有关工作报告，及时组织调研视察，切实加强对“一府两院”的监督，着力推动宪法、法律法规在全市有效实施，保证市委重大决策部署的贯彻落实。

突出经济建设这个中心，把保障和促进经济社会持续健康发展作为人大履职的第一要务，充分发挥人大在推动发展方面的作用，切实加强对经济指标、年度目标任务和市委重大经济工作决策部署推进落实情况的监督。加强预算监督，提前介入预算编制，组建了市人大常委会预算审查咨询专家库，对口联系市级一级预算单位，对预算执行情况跟踪，督促财政部门完善和改进预算编报内容，加大预算公开力度；专题听取审议计划执行、财政预决算、审计工作和审计查出问题整改情况报告、2017年新增地方政府债务限额及市本级财政专项预算调整方案报告，促进计划和预算依法落实，提高财政资金使用绩效；落实市委“科教引领创新发展”大讨论、大行动要求和市民营经济、县域经济、园区经济现场推进会精神，加强对国民经济和社会发展计划及财政预算执行情况的调研，对高速公路建设、易地扶贫搬迁工程、贫困乡村交通基础设施、百村示范千村整治等重点工程、重点项目的进行调研督查。

突出保障和改善民生这个根本，把解决人民群众最关心、最直接、最现实的利益问题放在突出位置。加强对扶贫攻坚工作的监督，专题听取市人民政府扶贫攻坚工作报告；加强对教育工作的监督，对学前教育暨《云南省学前教育条例》贯彻实施情况开展专题调研，配合省人大常委会开展义务教育“一法一办法”工作检查；深入相关县（区）对体育产业基地、社区群众体育设施建设情况和全民健身、群众体育活动开展情况进行实地调研，专题听取市人民政府关于玉溪市体育产业发展情况的报告，提出意见建议，推进全市体育产业和全民健身工程的开展；选取相应的医疗机构和药企进行调研，实地了解全市中医药发展情况，听取和审议市人民政府关于玉溪市中医药发展情况的报告，推进全市中医药产业发展；配合省人大常委会调研旅游扶贫开发工作，加快贫困地区脱贫步伐。

突出“三农”这个工作重点，把推进扶贫攻坚，增加农民收入作为“三农”工作重中之重的工作来开展监督，促进强农惠民政策的落实。开展全市外向型农业企业发展情况专题调研，形成调研意见书面反馈市人民政府进行贯彻落实；开展“互联网+”现代农业促进农民增收工作调研，专题听取市人民政府关于玉溪市实施“互联网+”现代农业、促进农民增收工作情况报告，向政府提出工作意见建议；由常委会主任带队，组织部分市人大代表对森林防火工作进行视察，督促各项森林防火措施的有效落实；对全市烤烟生产情况进行实地调研，及时向市政府及相关县（区）提出意见建议，推动全市烟草产业持续稳定健康发展；开展全市脱贫攻坚专题调研，全面了解掌握市、县人民政府履行脱贫攻坚主体责任的情况、部分市级部门履行脱贫攻坚责任分工情况及相关单位“结对扶贫”等情况，为高质量开展市人大常委会对全市脱贫攻坚工作推进情况专题询问奠定了基础。

突出生态环境保护这个发展基础，推动落实争当全省生态文明建设排头兵的各项措施。积极做好省、市人大审议环境状况和环境保护目标完成情况报告相关工作，组织深入调研，向省人大常委会报送调研材料，督促市人民政府履行定期向市人大常委会报告环保工作的法定职责，听取和审议市人民政府关于全市2016年度环境状况和环境保护目标完成情况的报告，推动全市大气、土壤、水污染防治工作的有效开展。认真贯彻云南省抚仙湖、星云湖、杞麓湖保护条例，加强对“三湖”生态环境保护治理工作的调研督查。配合省人大常委会对生物多样性保护工作进行立法调研，组织开展《固体废物污染环境防治法》执法检查，推进相关法律法规的制订和落实。

突出法律监督这个保障。配合全国人大常委会、省人大常委会对《中华人民共和国药品管理法》《中华人民共和国城乡规划法》《云南省城乡规划条例》《中华人民共和国网络安全法》《全国人大常委会关于加强网络信息保护的决定》贯彻实施情况开展执法检查，组织对《云南省法制宣传教育条例》《云南省法律援助条例》进行执法检查，推进法治玉溪建设。加强司法工作监督。对综治、平安建设开展督促检查，对公检法相关工作情况开展调研。专题听取市公安局关于维护社会稳定、市人民检察院关于司法为民公正司法、市中级人民法院关于执行工作情况的报告，围绕执行工作、公正司法工作和维护稳定工作提出意见和建议，寓支持于监督之中，推动公安机关和“两院”依法

行政、公正司法。

【人事任免】 2017年，市人大常委会坚持党管干部原则和人大依法任免干部有机统一，认真做好人事任免工作。坚持党管干部原则与依法任免的有机统一，坚持德才兼备，注重群众公认，严格按照程序，认真审议各项人事任免议案。全年共依法任免国家机关工作人员60人次，其中任命36人次、免职24人次。组织宪法宣誓9人次。

【人大代表工作】 2017年，市人大常委会始终坚持把代表工作作为人大工作的基础和平台，着力在加强履职培训、增强履职意识、提高履职能力、发挥代表作用上下功夫，不断健全工作机制，强化服务保障，宣传代表风采，引导代表更好地植根人民、代表人民、服务人民。

完成县（区）人大换届选举。严格遵照宪法、法律规定和中央、全国人大和省委、省人大关有关要求，按照市委统一部署，加强全程督查、指导，落实工作措施。全市县乡两级人大换届选举工作从2016年7月全面展开至2017年1月全部结束，全市9个县（区）和51个乡（镇）先后依法选出了新一届县乡人大代表，召开了新一届县、乡人民代表大会第一次会议，选举产生了新一届县乡国家机关领导人员，分级组织开展了人大代表及人大机关工作人员培训。

加强建议督办工作。健全代表议案建议办理机制，对《玉溪市人大代表建议考核办法》进行修订，及时交办市四届人大五次会议确定的3件议案和290件建议，常委会领导牵头，加强跟踪督办，推动市、县（区）专项经费的设立，对涉及急、难、老、小项目的代表建议进行补助，切实提高了代表建议的实际解决率。

推动代表联络活动阵地、代表履职服务平台建设。切实发挥好人大代表联络活动阵地的作用，加强督促指导，落实补助经费，年内完成19个乡镇街道人大代表联络活动阵地建设，全市75个乡镇（街道）全部建成标准化代表联络活动室，实现了全覆盖。及时安排下拨代表活动经费，加强对代表小组活动的指导和服务。争取接入省人大代表履职服务平台，完成市人大代表基本信息采集工作。

强化与人大代表、人大代表与人民群众的联系。认真落实各级人大代表联系人民群众的意见，进一步拓宽人大常委会与代表、“一府两院”与代表、代表与选民之间的联系渠道，组织开展代表视察调研、代表回选区见选民、代表向选民报告履职情况等形式多样的活动。拓宽代表知情知政渠道，加强“一府两院”与代表的联系，为代表知情知政创造条件。“一府两院”及有关部门邀请市人大代表50余人次参与了社会评价、民意调查、旁听案件审理、参加有关工作征求意见、听证等。邀请8名市人大代表，8名公民列席、旁听了常委会会议。

【上级领导视察、调研】

4月13～14日，省人大常委会副主任刀林荫率队到新平县戛洒镇就旅游扶贫开发工作推进情况进行专题调研。市人大常委会主任谢兴荣，市委常委、副市长尚建华，市人大常委会副主任郭开堂、秘书长李伟，市人大常委会民外侨工委、市政府相关部门领导参加调研。

4月18～19日，全国人大常委会副委员长、农工民主党中央主席、中国红十字会会长陈竺率执法检查组到玉溪，就云南省贯彻实施《药品管理法》情况开展执法检查。

8月7～8日，省人大常委会检查组到玉溪市开展《中华人民共和国城乡规划法》和《云南省城乡规划条例》实施情况执法检查。市人大常委会主任李洪云、副主任周继武等领导陪同检查。

10月11～12日，省人大常委会副主任李培带领执法检查组，对玉溪市贯彻实施《中华人民共和国网络安全法》和《全国人大常委会关于加强网络信息保护的决定》情况开展执法检查。市领导罗应光、李洪云、王志新、郭开堂、解仕清、朱家伟等分别陪同检查。谢兴荣等在玉部分省人大代表参加检查。

10月12～13日，省人大常委会常务副主任、党组副书记张百如率队到玉溪市督查河长制工作的落实情况。市委书记罗云光，副书记保明顺，市人大常委会主任李洪云，市委常委、秘书长王志新，市人大常委会副主任周继武、市人民政府副市长孙云鹏等陪同调研督查并汇报相关工作。

10月29～31日，全省人大系统外事侨务工作经验交流会在玉溪市召开。省人大常委会副主任刀林荫出席会议并讲话，省人大常委会副秘书长孟跃武，省人大常委会外侨委主任张建国及省外侨委全体人员，玉溪市领导罗应光、李洪云、谢兴荣、王志新、尚建华、郭开堂、叶本功、李伟，各州市人大常委会分管领导和外事侨务有关负责人参加会议。

10月31日至11月2日，市人大常委会组织驻玉溪市全国人大代表和玉溪市选举的省人大代表，对2017年玉溪市国民经济和社会发展计划与财政预算执行情况、全市扶贫攻坚、河长制推进情况等重点项目进行了视察。

（官家燕）

2017年10月30～31日，云南省人大系统外事侨务工作经验交流会在玉溪召开 （潘 泉 摄）

绿水青山·碧玉清溪

（吴 垠 摄）

玉溪市人民政府

THE PEOPLE'S GOVERNMENT OF YUXI

责任编校：李晓媛

重要会议及决策

调研研究

应急管理

扶贫开发

政务服务管理

机关事务管理

信访工作

外事工作

侨务工作

【重要会议】 2017年，市政府召开全体会议1次，廉政工作会议1次，常务会议25次，专题会议124次。

玉溪市第四届人民政府第七次全体会议。2017年1月13日，玉溪市第四届人民政府召开第七次全体会议。市委副书记、市长张德华出席会议并讲话，市委常委、常务副市长王力主持会议。市政府全体班子成员、市政府工作部门主要负责人出席会议；市政府副秘书长，办公室党委副书记、副主任，市政府督查专员，市直有关单位，中央、省驻玉有关单位主要负责人，各县区人民政府县区长列席会议；市人大常委会、市政协、玉溪军分区，市法院、市检察院，红塔集团、合和集团、云南红塔银行，市委办、市人大办、市政协办，各人民团体，民主党派和工商联应邀参加会议。会议贯彻落实了省、市重要会议及市两会精神，结合2017年经济社会发展目标做了各项工作部署。会上，市人民政府与各县区、高新区签订了玉溪市2017年经济发展主要目标责任书。

玉溪市第四届人民政府第五次廉政工作电视电话会议。2017年3月21日，玉溪市第四届人民政府召开参加国务院省政府廉政工作会议暨市第四届人民政府第五次廉政工作电视电话会议。市委副书记、市长张德华出席会议并讲话。市政府领导班子成员，副秘书长；市政府办党委副书记、副主任；直各委办局，市直事业单位、在玉高等院校、市属国有企业、中央和省驻玉等单位参加会议；市纪委有关领导应邀参加。会议贯彻落实了国务院、省政府廉政工作精神，总结2016年政府系统党风廉政建设和反腐败工作，部署2017年工作任务。各县区设分会场参加会议。

玉溪市人民政府常务会议。2017年，市政府召开25次常务会议。

第70次常务会议。1月23日，市长张德华主持召开第四届市人民政府第70次常务会议。会议有4项议题：1．传达学习省“两会”和省人民政府第十次全体会议精神；2．研究《玉溪市人民政府关于贯彻落实省政府促进经济持续平稳发展政策措施的工作方案（送审稿）》；3．研究《现代职业教育扶贫工程项目合作多方协议（送审稿）》；4．研究提前回购玉溪市东片区暨三湖生态保护水资源配置应急工程（Ⅰ期）BT方建设资金有关事项。

第71次常务会议。2月6日，市长张德华主持召开第四届市人民政府第71次常务会议。会议有17项议题：1．研究《玉溪市人民政府关于推动中期财政规划管理的通知（送审稿）》；2．研究《关于实施财政支出预算执行进度考核的通知（试行）（送审稿）》；3．研究《玉溪市教育事业发展“十三五”规划（送审稿）》；4．研究《玉溪市区域卫生规划（2016～2020年）（送审稿）》；5．研究《玉溪市医疗机构设置规划（2016～2020年）（送审稿）》；6．研究2016至2017年农村公路建设项目市级八亿元贷款有关事项；7．研究玉溪市2017年棚户区改造建设项目（一期）政府购买服务资金列入财政预算有关事项；8．研究中心城区2017年计划实施项目有关事项；9．研究玉溪市殡葬改革有关事项；10．研究《玉溪市信息产业发展“十三五”规划（送审稿）》；11．研究《玉溪市“十三五”脱贫攻坚规划（2016～2020年）（送审稿）》；12．研究《关于加强和改进新形势下宗教工作的实施意见（送审稿）》；13．研究玉溪市农产品质量安全检验检测中心建设有关事项；14．研究玉溪市三湖“十三五”规划项目争取信贷资金有关事项；15．研究进一步贯彻落实机关事业单位工作人员带薪休假制度有关事项；16．通报玉溪市土地利用总体规划（2006～2020年）调整方案有关事项；17．通报取消年度和季度定包奖有关事项。

第72次常务会议。2月13日，市长张德华主持召开第四届市人民政府第72次常务会议。会议有12项议题：1．研究关于加快推进玉溪市机场建设前期工作有关事项；2．研究回购清风楼资产作为市监察局办案业务用房有关事项；3．研究云南省重点建设项目投资基金调整使用有关事项；4．研究《中山大学附属澄江医院框架协议（送审稿）》；5．研究玉溪市儿童医院PPP项目建设有关事项；6．研究《玉溪市“十三五”工业和信息化发展规划纲要（送审稿）》；7．研究《玉溪市一站式惠民（“互联网+政务服务”）建设实施方案（送审稿）》；8．通报云南玉溪市农业机械公司改革有关事项；9．研究峨山县提质扩容示范县第一批市政基础设施建设项目有关事项；10．研究《玉溪市加快推进建档立卡贫困户和“直过民族”易地扶贫搬迁及危房改造的实施方案（送审稿）》；11．研究《玉溪市贯彻落实中央环境保护督察反馈意见问题整改总体方案（送审稿）》；12．研究市人民检察院“两房”建设项目附属工程配套资金有关事项。

第73次常务会议。2月20日，市长张德华主持召开第四届市人民政府第73次常务会议。会议有7项议题：1．专题学习国家补短板及政策性金融支持政策；2．研究玉溪市城市规划馆建设项目有关事项；3．研究《玉溪市农村危房改造及配套基础设施建设二期（第二轮“百村示范千村整治”）行动实施方案（送审稿）》；4．研究澄江县2017年提质扩容项目有关事项；5．研究澄江县广龙旅游小镇群众安置房项目有关事项；6．研究澄江县全国农村生活污水治理示范县项目有关事项；7．研究《市政府领导分工方案（送审稿）》。

第74次常务会议。3月10日，市长张德华主持召开第四届市人民政府第74次常务会议。会议有16项议题：1．研究成立玉溪市民营经济、县域经济、园区经济发展领导小组有关事项；2．研究《关于进一步加快县域经济发展的实施意见（送审稿）》；3．研究《玉溪市加快民营经济发展的实施意见（送审稿）》；4．研究《玉溪市加快园区经济发展的实施意见（送审稿）》；5．研究《玉溪市重点产业招商引资若干优惠政策规定（送审稿）》；6．研究关于在全市开展“科教引领创新发展”大讨论、大行动的有关事项；7．研究《关于产业创新发展的实施方案（送审稿）》；8．研究《以玉枕山片区为核心的玉溪市“科教创新城”规划建设实施方案（送审稿）》；9．研究《玉溪市教育创新实施方案（送审稿）》；10．研究《玉溪市科技创新实施方案（送审稿）》；11．研究《中共玉溪市委玉溪市人民政府关于创新投融资机制的实施意见（送审稿）》；12．研究《玉溪市儿童医院PPP项目实施方案（送审稿）》；13．研究《玉溪市人民政府华为软件技术有限公司深化战略合作协议（送审稿）》；14．研究《云南省玉溪市人民政府与深圳华大基因科技有限公司合作协议（送审稿）》；15．研究玉溪市东片区暨“三湖”生态保护水资源配置应急工程（II期）建设方式有关事项；16．研究武易高速公路等项目征地拆迁缺口资金有关事项。

第75次常务会议。3月21日，市

长张德华主持召开第四届市人民政府第75次常务会议。会议有6项议题：1. 传达学习2017年全省环境保护工作会议暨九大高原湖泊水污染综合防治领导小组会议精神和国家环境保护“八个文件”精神；2. 研究《玉溪市人民政府关于实施支持农业转移人口市民化若干财政政策的通知（送审稿）》；3. 研究《玉溪市“十三五”卫生与健康规划（送审稿）》；4. 研究玉溪生物医药产业园核心区等五个项目建设有关事项；5. 研究组建玉溪旅游投资开发有限责任公司有关事项；6. 研究其他事项。

第76次常务会议。4月1日，市长张德华主持召开第四届市人民政府第76次常务会议。会议有4项议题：1.研究玉溪市与云南启迪实业发展有限公司合作有关事项；2.研究玉溪市政府投资母基金组织授信项目申报工作有关事项；3.研究红龙路道路改扩建（一期）工程及地下综合管廊工程建设有有关事项；4.研究荷花池片区城市综合体项目A-1、D地块后续建设有关事项。

第77次常务会议。4月10日，市长张德华主持召开第四届市人民政府第77次常务会议。会议有14项议题：1.研究玉溪市互联网信息办公室调整充实工作人员有关事项；2.研究组建玉溪市政策性融资担保公司有关事项；3.研究《玉溪市人民政府关于进一步加强食品安全工作的意见（送审稿）》；4.研究《玉溪市人民政府关于进一步加强药品监督管理工作的实施意见（送审稿）》；5.研究《玉溪市“十三五”文化发展规划（送审稿）》；6.研究玉溪市建设“聂耳音乐之都”有关事项；7.研究《第五届中国聂耳音乐（合唱）周（玉溪分会场）活动方案（送审稿）》；8.研究《玉溪市水资源保护规划（送审稿）》；9.研究玉溪中心城区安全骑行（一期）项目有关事项；10.研究《玉溪市宅基地管理办法（试行）（送审稿）》；11.研究《玉溪市森林防火条例》列入2017年立法工作计划有关事项；12.研究《玉溪市人民政府关于玉溪高新区龙泉园区一体化发展的实施意见（送审稿）》；13.研究《玉溪市“十三五”科技创新规划（送审稿）》；14.研究其他事项。

第78次常务会议。4月23日，市长张德华主持召开第四届市人民政府第78次常务会议。会议有3项议题：1. 传达学习省委主要领导调研玉溪讲话精神和市委贯彻意见；2. 研究分析全市2017年一季度经济形势，安排部署二季度工作；3. 研究《玉溪市全面推行河长制实施意见（送审稿）》。

第79次常务会议。5月5日，市长张德华主持召开第四届市人民政府第79次常务会议。会议有14项议题：1. 传达学习全省一季度经济形势分析会议精神，研究玉溪市贯彻落实意见；2. 研究《关于进一步落实〈玉溪市市属投融资公司改革发展实施方案〉的意见（送审稿）》；3. 研究《玉溪市人民政府昆明理工大学战略合作框架协议（送审稿）》；4. 研究玉溪市人防基本指挥所融资建设有关事宜；5. 研究《玉溪市人民政府关于进一步加强文物工作的实施意见（送审稿）》；6. 研究《玉溪市食品药品安全举报奖励办法（试行）（送审稿）》；7. 研究《玉溪市危险化学品安全综合治理实施方案（送审稿）》；8. 研究《玉溪市“十三五”创新型城市发展规划（送审稿）》；9. 研究《玉溪市中央和省属企事业单位退出抚仙湖一级保护区工作总体方案（送审稿）》；10. 研究《玉溪市人民政府关于进一步深化户籍制度改革的实施意见（送审稿）》；11. 研究《玉溪市非警务类报警求助应急联动处置实施意见（送审稿）》；12. 研究其他事项；13. 通报玉溪市人民政府与广东龙浩航空集团补充协议有关情况；14. 传达学习省委陈豪书记调研省统计局重要讲话精神。

第80次常务会议。5月24日，市长张德华主持召开第四届市人民政府第80次常务会议。会议有12项议题：1. 研究《玉溪市“十三五”循环经济发展规划（送审稿）》；2. 研究《玉溪市“十三五”低碳发展规划（送审稿）》；3. 研究增开昆明南至玉溪普速列车及动车组列车有关事项；4. 研究《玉溪市人民政府办公室关于金融支持重点产业发展的工作方案（送审稿）》；5. 研究市融资担保有限责任公司与华鸿公司历史遗留债务纠纷有关事项；6. 研究甸中—十街生物产业园甸中片区建设有关事项；7. 研究《玉溪市“十三五”体育发展规划（送审稿）》；8. 研究玉溪市大健康产业发展战略及大健康产业发展规划编制有关事项；9. 研究云南省县级公立医院及妇女儿童医院扶贫工程建设项目有关事项；10. 研究东风中路拓宽改造项目市属拆迁单位租房办公经费有关事项；11. 研究玉溪市全国城市设计试点改革创新工作有关事项；12. 传达学习市委书记罗应光调研红塔区重要讲话精神。

第81次常务会议。6月2日，市长张德华主持召开第四届市人民政府第81次常务会议。会议有10项议题：1. 研究《玉溪小汽车维修服务中心国有产权（国有资产）划转方案（送审稿）》；2. 研究玉溪海绵城市建设试点有关事项；3. 研究红塔大道（抚仙路—火车站）综合管廊建设项目有关事项；4. 研究玉江大道提升改造工程（含部分地下综合管廊）项目有关事项；5. 研究玉溪中心城区金水河（即东风大沟南段）黑臭水体治理项目有关事项；6. 研究《玉溪市滇中高速公路环线经济带产业布局总体规划（2017～2030年）（送审稿）》及5个专项规划；7. 研究《玉溪市城镇绿化条例（草案）》；8. 研究《进一步调整优化抚仙湖星云湖杞麓湖管理机构实施方案（送审稿）》；9. 研究加强和改进农村消防工作有关事项；10. 研究解决市级机关交流干部周转住房问题有关事项。

第82次常务会议。6月19日，市长张德华主持召开第四届市人民政府第82次常务会议。会议有9项议题：1. 传达学习祁连山自然保护区生态环境问题通报有关文件精神；2. 研究申办2022年云南省第十六届运动会有关事项；3. 研究《进一步深化文化市场综合执法改革的实施意见（送审稿）》；4. 研究《玉溪市人民政府关于加快玉溪高新区手机等智能终端制造及配套产业发展的若干政策（送审稿）》；5. 研究玉溪高新区管委会与同济大学中德工程学院共建“同济大学玉溪智能制造研究院”有关事项；6. 研究澄江县全面落实河长制加快推进“一城五镇多村”建设工作经费有关事项；7. 研究红塔区李棋街道大矣资社区搬迁安置补偿调整方案有关事项；8. 研究江川九龙晟景项目整改处置有关事项；9. 研究违纪干部处理问题。

第83次常务会议。7月3日，市长张德华主持召开第四届市人民政府第83次常务会议。会议有9项议题：1. 研究《玉溪市脱贫攻坚督查巡查工作实施办法（送审稿）》；2. 研究《2016年度县区党委和政府扶贫开发工作成效考核结果的通报（送审稿）》；3. 研究玉江大道提升改造工程（含部分地下综合管廊）有关事项；4. 研究《关于改革社会组织管理制度促进社会组织健康有序发展的实施方案（送审稿）》；5. 研究提高2017年城乡居民最低生活保障标准和特困人员救助供养标准有关事项；6. 研究《关于进一步落实〈玉溪市市属投融资公司改革发展实施方案〉的意见（送审稿）》等两个意见办法；7. 研究《关于实施全面两孩政策改革完善计划生育服务管理的实施意见（送审稿）》；8. 研究《关于食品药品安全党政同责的实施意见（送审稿）》；9. 研究《玉溪市市属企事业单位资产退出抚仙湖一级保护区工作总体方案（送审稿）》。

第84次常务会议。7月12日，市长张德华主持召开第四届市人民政府第84次常务会议。会议有12项议题：1. 研究《玉溪市人民政府关于完善县乡财政管理体制促进财政增收的实施意见（送审稿）》；2. 研究《玉溪市政府性债务管理暂行办法（送审稿）》等四个文件；3. 研究《关于推进市级经营性国有资产集中统一监管的实施意见（送审稿）》等两个文件；4. 研究"十三五"玉溪市国省道提升改造一期工程实施方案有关事项；5. 研究追加市直财政拨款单位工会经费预算有关事项；6. 研究《玉溪农林投资开发有限公司组建方案（送审稿）》；7. 研究《玉溪"亚洲花卉科创谷"建设方案（送审稿）》；8. 研究抚仙湖北岸生态湿地广龙试验区项目有关事项；9. 研究提前回购抚仙湖山冲河马料河生态修复工程有关事项；10. 研究《玉溪市贯彻〈云南省建设我国民族团结进步示范区规划（2016～2020年）〉的实施意见（送审稿）》；11. 研究《玉溪市加快中医药发展行动计划（2017～2020年）（送审稿）》；12. 通报有关事项。

第85次常务会议。8月8日，市长张德华主持召开第四届市人民政府第85次常务会议。会议有10项议题：1. 研究《玉溪市国资委监管企业管理实施细则（送审稿）》；2. 研究《玉溪市市以下财政事权和支出责任划分改革实施意见（送审稿）》；3. 研究《关于玉溪市2016年市本级财政决算（草案）的报告（讨论稿）》《关于玉溪市2017年上半年地方财政预算执行情况的报告（讨论稿）》；4. 听取2017年上半年全市安全生产工作汇报，研究部署2017年下半年全市安全生产工作；5. 研究玉溪市公共交通及出租汽车行业推广应用纯电动新能源汽车有关事项；6. 研究《2017环抚仙湖高原国际超级马拉松赛事总体方案（送审稿）》；7. 研究废止《玉溪市政府投资建设项目中介服务机构库管理办法（试行）》；8. 研究玉溪市人民政府决策咨询顾问聘任管理有关事项；9. 通报玉溪与比亚迪股份有限公司项目合作情况；10. 通报2017年数据中心企业家峰会暨中国数据中心产业发展联盟玉溪论坛工作情况。

第86次常务会议。2017年8月31日，市长张德华主持召开第四届市人民政府第86次常务会议。会议有8项议题：1. 常务会集体学法，学习《党政主要负责人履行推进法治建设第一责任人职责规定》；2. 传达五届市委第38次常委会关于经济（特别是投资）工作指示精神，研究安排贯彻落实工作；3. 研究玉溪市公安局信息化建设经费有关事项；4. 传达学习第八次全省信访工作会议精神，安排部署玉溪市贯彻落实意见；5. 研究《智慧玉溪时空大数据与云平台建设项目合作框架协议（送审稿）；6. 研究《关于建立市级领导挂钩帮扶企业制度（送审稿）》；7. 研究2017首届中国玉溪科教创新高峰论坛筹备工作有关事项；8. 研究《玉溪市关于推动农村土地所有权承包权经营权分置的实施意见（送审稿）》。

第87次常务会议。9月14日，受张德华市长委托，市委常委、常务副市长王力主持召开第四届市人民政府第87次常务会议。会议有10项议题：1. 传达学习《中共中央国务院关于服务实体经济防控金融风险深化金融改革的若干意见》精神，研究安排贯彻落实工作；2. 研究《玉溪市本级2018年部门预算定额标准调整方案（送审稿）》；3. 研究《玉溪市森林防火条例（草案）（送审稿）》；4. 研究《云南省食品药品监督管理局玉溪市人民政府提升食品药品安全保障水平战略合作框架协议（送审稿）》；5. 研究《玉溪市足球改革发展实施方案（送审稿）》；6. 研究玉溪市企业登记全程电子化有关事项；7. 研究玉溪市"多证合一"改革有关事项；8. 研究《玉溪市工业信息投资有限公司组建方案（送审稿）》；9. 研究《玉溪市2017年提升美化城乡人居环境专项整治行动方案（送审稿）》；10. 通报玉溪市行业协会商会问题专项整治工作情况。

第88次常务会议。9月28日，市长张德华主持召开第四届市人民政府第88次常务会议。会议有9项议题：1. 研究《玉溪市关于创新农村基础设施投融资体制机制的实施意见（送审稿）》；2. 研究规范市本级与红塔区两级部分财政收入入库级次有关事项；3. 研究玉昆钢铁集团汇溪金属铸造制品有限公司玉溪市福玉钢铁有限公司整合后银行存量融资担保有关事项；4. 研究江川工业园区投资开发有限公司借款有关事项；5. 研究玉溪国际农产品交易中心项目有关事项；6. 研究政策性农房地震保险试点工作有关事项；7. 研究全市自然灾害防灾减灾救灾工作；8. 研究云南沃森生物技术股份有限公司相关疫苗纳入玉溪市"健康惠民工程"有关事项；9. 研究《玉溪市激发重点群体活力推动城乡居民持续增收实施方案（送审稿）》。

第89次常务会议。10月19日，市长张德华主持召开第四届市人民政府第89次常务会议。会议有14项议题：1. 研究《玉溪市实行审计全覆盖实施方案（送审稿）》；2. 研究《玉溪市推进价格机制改革实施方案（送审稿）》；3. 研究《玉溪市2017年第二批市预算内投资项目前期工作经费投资计划（送审稿）》；4. 研究玉溪市公共交通及出租汽车行业推广应用比亚迪新能源汽车有关事项；5. 研究《玉溪市关于在关键领域和薄弱环节加大补短板工作力度实施方案（送审稿）》；6. 研究2017年市本级财政预算调整及平衡工作有关事项；7. 研究2017年玉溪市均衡性转移支付和县级基本财力保障资金分配下达工作有关事项；8. 研究《玉溪市工业产业链拓展延伸实施意见（送审稿）》；9. 研究《玉溪市改革民营投资重点项目前置审批管理实施意见（试行）（送审稿）》；10. 研究玉溪市支持民营企业专项贷款有关事项；11. 研究《玉溪市关于加快推进农村人居环境提升实施意见（送审稿）》；12. 研究抚仙湖生态环境监测系统建设PPP项目有关事项；13. 研究《玉溪市从事生产经营活动事业单位改革实施方案（送审稿）》；14. 研究《玉溪大健康投资有限公司组建方案（送审稿）》。

第90次常务会议。11月1日，市长张德华主持召开第四届市人民政府第90次常务会议。会议有10项议题：1. 研究《玉溪市市级非税收入预算管理办法（送审稿）》；2. 研究《玉溪市城乡居民最低生活保障实施办法（送审稿）》；3. 研究《玉溪市人民政府香港金马凯旋集团战略合作框架协议（送审稿）》；4. 研究《玉溪市人民政府北京东方园林环境股份有限公司全域旅游战略合作框架协议（送审稿）》；5. 研究市政务服务中心搬迁建设和应急管理系统建设有关事项；6. 研究玉溪市人民政府与清华大学公共管理学院战略合作有关事项；7. 研究玉溪市人民政府与国内部分大学战略合作有关事项；8. 研究《玉溪市关于进一步扩大教育对外开放工作的实施意见（送审稿）》；9. 研究玉溪市人民政府与云南建设投资控股集团有限公司合作有关事项；10. 研究玉溪市家园建设投资有限公司资产整合重组有关事项。

第91次常务会议。11月15日，市长张德华主持召开第四届市人民政府第91次常务会议。会议有9项议题：1. 研究《玉溪市人民政府关于强化实施创新驱动发展战略进一步推进大众创业万众创新深入发展的工作意见（送审稿）》；2. 研究《玉溪市服务经济倍增计划（2017～2021年）（送审稿）》；3. 研究玉溪市人民政府政务网站群整合建设有关事项；4. 研究玉溪市人民政府与北京昆仑三迪科技发展有限公司（全国3D大赛合作协议）合作有关事项；5. 研究《玉溪市建设国家创新型城市实施方案（2017～2020年）（送审稿）》；6. 研究《玉溪市深入推进城市执法体制改革改进城市管理工作实施方案（送审稿）》；7. 研究元江县洼垤乡罗垤村新农村建设工作经费有关事项；8. 研究玉溪高速公路交巡警营房建设有关事项；9. 通报市级行政事业单位资产盘活处置工作开展情况。

第92次常务会议。2017年12月1日，市长张德华主持召开第四届市人民政府第92次常务会议。会议有16项议题：1. 研究安排2016年度、2017年度县域金融机构涉农贷款增量奖励和农村金融机构定向费用补贴专项资金有关事项；2. 研究建立市国税局市地税局经费补助机制有关事项；3. 研究玉溪市市属行政事业单位资产盘活处置工作有关事项；4. 研究《玉溪市促进科技成果转移转化实施方案（送审稿）》；5. 研究《玉溪市人民政府关于加快构建大众创业万众创新支撑平台的实施意见（送审稿）》；6. 研究《玉溪市实现2020年R&D经费投入占GDP2.5%实施方案（试行）（送审稿）》；7. 研究2013年玉溪市中心城区保障性住房建设项目有关事项；8. 研究《玉溪科教创新城（核心片区）土地一级开发整理方案（送审稿）》；9. 研究《玉溪市完善改革性补贴和规范奖励政策实施方案（送审稿）》；10. 研究《玉溪市加快推进医疗联合体建设实施方案（送审稿）》；11. 研究《玉溪市人民政府澄江县人民政府与览海控股（集团）有限公司南亚东南亚医学中心及生态健康城项目合作协议书（送审稿）》；12. 研究与云南日报报业集团继续开展战略合作所需经费有关事项；13. 研究玉溪公安警务云建设有关事项；14. 通报2016年度玉溪市市级地方预算执行和其他财政收支审计查出问题整改情况；15. 听取玉溪市2017年禁毒工作情况汇报，研究部署有关工作；16. 通报2017环抚仙湖高原国际超级马拉松赛工作情况。

第93次常务会议。12月12日，市长张德华主持召开第四届市人民政府第93次常务会议。会议有17项议题：1. 研究市政府规范性文件立改废工作有关事项；2. 研究玉溪市第四次全国经济普查所需经费有关事项；3. 研究《玉溪市“十三五”控制温室气体排放工作方案（送审稿）》；4. 研究《玉溪市建立碳排放总量控制制度和分解落实机制工作方案（送审稿）》；5. 研究《玉溪市关于健全生态保护补像机制的实施意见（送审稿）》；6. 研究《玉溪市守信激励和失信惩戒实施细则（试行）（送审稿）》；7. 研究《玉溪市人民政府办公室关于在公共服务领域加快推进政府和社会资本合作模式的实施意见（送审稿）》《玉溪市人民政府办公室关于建立玉溪市推进政府和社会资本合作（PPP）联席会议制度的通知》；8. 研究财政八项支出有关事项；9. 研究杭萧钢构股份有限公司、玉溪宇城钢枘有限公司和玉溪自强强集团有限公司合作的绿色工业装配化建筑体系项目有关事项；10. 研究云南蓝晶科技有限公司新增年产3 500万7LED衬底片扩建项目有关事项；11. 研究补助食品检验检设备购置经费有关事项；12. 研究其他事项；13. 听取2017年全市安全生产工作汇报，研究部署2018年全市安全生产工作；14. 研究采购比平迪新能源公交车、出租车有关事项；15. 研究中心城区火车站片区2014年限价商品房（万和家园·尚苑）销售均价有关事项；16. 研究万裕生态城公租房销售组价方案及销售方式有关事项；17. 通报以委托方式开展玉溪市贫困退出第三方评估估工作有关事项。

第94次常务会议。12月28日，市长张德华主持召开第四届市人民政府第94次常务会议。会议有14项议题：1. 传达国家发改委推进主体功能区建设电视电话会议精神；2. 研究2018年全市经济社会发展预期目标有关事项；3. 研究《中国（西南）玉溪国际物流港发展规划（送审稿）》；4. 研究《玉溪市职业病防治“十三五”规划（送审稿）》；5. 研究《玉溪物流投资有限公司组建方案（送审稿）》；6. 研究澄江县撤县设市及更名工作有关事项；7. 研究推进研和工业园区改革有关事项；8. 研究《玉溪市公立医院药品采购工作方案（送审稿）》；9. 研究《玉溪市“一部手机游云南”落地实施方案（送审稿）》；10. 研究市、县区行政许可有关事项；11. 研究清理规范市级政府部门行政审批中介服务有关事项；12. 研究玉溪市“三湖”水污染综合防治督导有关事项；13. 研究“14玉溪开投债”置换有关事项；14. 听取玉溪市2017年粮食流通工作汇报。

【市政府专题会】 2017年，市政府召开专题会议124次，主要有：1月3日，市委副书记、代市长、市医改领导小组常务副组长张德华主持召开市公立医院综合改革领导小组第5次会议。会议听取了当前公立医院综合改革进展、人事薪酬管理有关问题的汇报，参会人员进行了认真讨论发言，代市长张德华、常务副市长王力、市委组织部部长晏淼、副市长杨洋对下步工作提出了明确要求。1月10日，市人民政府副市长解仕清主持召开会议，专题研究贯彻落实国家五部委、省六委局《关于坚决遏制钢铁煤炭违规新增产能打击“地条钢”规范建设生产经营秩序的通知》的意见。

2月8日，市政府召开航空产业发展领导小组会议，研究航空产业发展工作。会议由副市长解仕清主持，市委副书记、市长张德华，省政协常委、市政协原主席黄宪庭，市委常委、常务副市长王力等出席了会议。

会议听取了全市航空产业发展情况、各工作组工作开展情况及有关县区政府工作推进情况的汇报，与会人员就如何加快推进全市航空产业发展进行了认真讨论研究，提出意见和建议，市长张德华对有关工作进行了安排部署，提出了明确要求。2月21日，市政府副市长蔡四宏主持召开会议，专题研究2017年烤烟扶持政策相关问题。会议听取了市政府烟草产业办关于2016年省内烟叶生产扶持相关资金兑现、2017年烤烟生产意见、“2260”高端特色烟叶开发3个方案、烟草精准扶贫方案和烤烟生产收购千分制考评办法的汇报，研究了相关问题，副市长蔡四宏提出明确要求。

3月1日，市长张德华主持召开市政府与云南城投集团合作发展座谈会。双方围绕城市建设、城镇环保、文化旅游、大健康等方面的合作发展深入交流座谈，并就解决澄江太阳山国际生态旅游休闲度假社区项目推进中遇到的困难和问题充分交换意见，市长张德华就进一步深化市政府与云南城投集团的合作发展提出明确要求。3月27日，市政府召开会议专题研究设立抚仙湖保护治理专项基金有关事宜，市委副书记、市长张德华主持会议。会议听取市金融办关于上海爱建信托有限责任公司基本情况及抚仙湖保护治理专项基金设立工作推进情况汇报，市级相关单位负责人分别作汇报发言，常务副市长王力，副市长孙云鹏结合分管工作提出意见建议，市长张德华作讲话，提出明确要求。

4月12日，市委常委、常务副市长王力主持召开甸中——十街农业生物产业园建设推进会。会议听取了市发展改革委负责人关于甸中——十街农业生物产业园有关工作进展情况的汇报，峨山县政府和市国有资本投资公司负责人作了充分发言，常务副市长王力提出了明确的工作要求。4月28日，市政府召开打击“地条钢”规范生产经营秩序工作会议，全面贯彻落实4月28日上午召开的全省钢铁行业化解过剩产能打击“地条钢”电视电话会议精神，对全市打击“地条钢”进行再动员、再部署。市委副书记、市长张德华，市政府副市长解仕清出席会议并作讲话。市直有关单位、各县区人民政府及有关部门负责人参加了会议。

5月4日，市政府召开玉昆钢铁集团整合汇溪钢铁公司、福玉钢铁公司专题会议，研究推动玉昆钢铁、汇溪钢铁、福玉钢铁等三户钢铁企业整合相关事宜。会议由副市长解仕清主持，会议听取了红塔区政府关于玉昆钢铁、汇溪钢铁、福玉钢铁等三户钢铁企业整合情况汇报，三户钢铁企业作了补充汇报，与会人员就如何加快推进玉昆钢铁、汇溪钢铁、福玉钢铁等三户钢铁企业整合进行了认真讨论研究，提出意见和建议，市委常委、常务副市长王力对有关工作进行了安排部署，提出了明确要求。5月23日，市政府副市长蔡四宏主持召开会议，专题研究滇中引水玉溪受水区配套工程可行性研究报告编制单位招标方式有关事项。会议听取了市滇中引水办（市发展改革委）关于滇中引水玉溪受水区配套工程可行性研究报告编制单位招标方式情况汇报，与会人员提出了意见建议，副市长蔡四宏对滇中引水玉溪受水区配套工程可行性研究报告编制单位招标方式提出明确要求。

6月19日，受副市长孙云鹏委托，市政府副秘书长刘世祥主持召开绿孔雀保护工作专题会议，专题研究新平县绿孔雀保护相关工作。会议传达了省环保厅6月16日召开的关于绿孔雀保护专题会议精神，市环境保护局、市林业局、市政府新闻办和新平县政府、县环境保护局、县林业局、县政府新闻办等单位负责人参会并作了发言，会议对下一步工作提出了具体要求。

7月18日，市委副书记、市长张德华主持召开市政府与比亚迪股份有限公司合作项目推进会议，会议听取了市规划局、市交通运输局等部门关于项目前期工作开展和下步工作情况的汇报，与会人员就如何加快与比亚迪股份有限公司的合作进行了认真讨论研究，提出意见和建议，市委副书记、市长张德华对有关工作进行了安排部署，提出了明确要求。7月27日，市政府召开全市招商引资工作领导小组会议。会议由市政府副市长解仕清主持，市委组织部副部长、市招商引资绩效考核办常务副主任张绍东通报了全市上半年招商引资绩效考核结果，市招商引资工作领导小组办公室主任、市招商合作局局长李明荣汇报了全市上半年招商引资工作情况及下半年招商引资工作计划，市工业和信息化委、市旅游发展委、市商务局、市农业局分别汇报了市七大重点产业推进组上半年招商引资工作情况，市委副书记、市长张德华对下半年招商引资工作进行安排部署，提出明确要求。

8月17日，副市长蔡四宏主持召开会议，专题研究易门、峨山、新平、元江4个县易地扶贫搬迁安置点项目建设推进工作。会议听取了玉溪市家园建设投资有限公司对精准脱贫百日攻坚战涉及相关单位任务职责细化情况的汇报，市直相关单位和4个县作了发言，副市长蔡四宏对下一步工作提出明确要求。8月30日，市政府在江川区召开星云湖加速治理攻坚行动部署会议，会议首先举行星云湖保护治理“十三五”项目攻坚启动仪式，随后召开专题会议研究部署星云湖加速治理攻坚行动。会议由副市长孙云鹏主持，会议听取了江川区关于星云湖“十三五”项目攻坚工作情况汇报，分析研究了部署开展星云湖加速治理攻坚行动有关事宜，市长张德华出席会议并作重要讲话。8月31日，市委常委、常务副市长王力主持召开会议，专题研究玉溪市人民医院改扩建项目、中山大学澄江教学医院（玉溪市人民医院澄江院区）两个卫生重点项目推进相关事宜。会议听取了市卫生计生委负责人关于两个项目的推进情况汇报，玉溪大健康投资有限公司、澄江县相关负责人结合职能职责作了发言，市委常委、副市长尚建华提出了工作要求，市委常委、常务副市长王力作总结讲话，提出了具体的工作要求。

9月23日，市委常委、常务副市长王力主持召开会议，专题研究推进玉溪科教创新城建设有关事宜。会议听取了市文化广电局、市住房城乡建设局、市教育局、市科技局负责人关于相关项目推进的情况汇报，市委常委、副市长尚建华提出了工作要求，市委常委、常务副市长王力作总结讲话。

10月16日，市长张德华主持召开会议，专题研究部署抚仙湖太阳山国际休闲旅游度假区建设项目、南亚东南亚医学中心及养生养老健康城项目推进有关工作。会议听取了云南城投集团、万科集团、环球世纪会展旅游集团、览海集团、澄江县政府关于抚仙湖太阳山国际休闲旅游度假区建设项目、南亚东南亚医学中心及养生养老健康城项目规划建设进展的情况汇报，与会单位进行了研究讨论，市长张德华对下一步工作提出明确要求。10月21日，市长张德华主持召开红塔区稳增长及重点项目建设推进会，研究解决红塔区经济和社会发展中存在的困难和问题。会议听取了红塔区政府关于稳增长及重点项目建设工作情况的汇报，就红塔区提出的请求市级帮助协调解决的困难和问题进行了讨论和研究。

11月1日，市长、玉溪科教创新城规划建设指挥部指挥长张德华主持召开玉溪科教创新城规划建设指挥部第一次会议，研究部署玉溪科教创新城规划建设相关工作。会议分别听取项目规划组、建设组（科技片区、教育片区、文广片区）、审批组、征地拆迁组、用地报批组、基础设施建设融资组组长的工作推进情况汇报，市直相关部门结合职能作了发言，市委常委、常务副市长、玉溪科教创新城规划建设指挥部常务副指挥长王力，市委常委、副市长、玉溪科教创新城规划建设指挥部副指挥长尚建华分别提出工作要求，市长张德华作总结讲话，提出了明确要求。11月2日，市政府召开新海宜新能源汽车项目推进专题会议，研究市政府与苏州新海宜科技集团股份有限公司合作项目相关事宜。市委常委、常务副市长王力主持会议，会议听取了玉溪高新区管委会关于项目合作推进的情况汇报，与会人员进行了讨论研究，提出了意见和建议，市委常委、常务副市长王力，副市长解仕清对有关工作进行了安排部署，提出了明确要求。11月16日，市委常委、市政府副市长尚建华主持召开澄江化石地博物馆项目协调推进领导小组会议，会议听取了澄江化石委、澄江奇元文化旅游投资建设有限公司化石地博物馆项目推进情况汇报，并就化石地博物馆建设相关工作进行了研究。

12月1日，副市长贺彬主持召开中心城区集中式饮用水源地供水工作专题会议，市环境保护局、市水利局、市农业局、市住房城乡建设局和红塔区、江川区政府有关领导参加会议，会议听取了市环境保护局、市水利局和红塔区政府有关工作情况汇报，各参会部门负责人作了发言，副市长贺彬提出明确要求。12月13日，市长张德华组织召开玉溪市医疗卫生工作现场调研会。调研组实地察看了市儿童医院、市中医医院、市儿童医院改扩建工程和医养康产业园、市人民医院改扩建项目建设现场，听取了市卫生计生委、市属部分医院、玉溪大健康投资有限公司相关情况汇报，与会人员作了发言，市长张德华就整合提升中心城区医疗资源、提供更优质医疗供给作了安排部署。12月16日，市政府召开推进工业园区改革专题会议。会议由市长张德华主持，会议分别听取了有关副市长，红塔区、高新区、研和工业园区、红塔工业园区主要负责人的意见建议，市长张德华就加快推进研和、红塔工业园区改革等事宜作了安排部署。12月22日，市长张德华主持召开会议，专题研究保卫抚仙湖雷霆行动有关工作，会议听取了市政府副秘书长、市县联合工作组组长毕孝宁关于雷霆行动进展的情况汇报，市长张德华对下一步工作提出明确要求。

【政府督查】 2017年，市政府督查室承担着市委市政府重大决策、重要工作部署、重大项目建设，市政府工作报告确定的各项目标任务，政府常务会议、专题会议、现场办公会决定事项，市委、市政府领导批示、交办事项，上级部门转交办事项，市政府文件要求贯彻落实事项等大量督查落实工作。年内，开展各类综合督查、专项督查、跟踪督查、书面督查活动175次，形成重点工作督查专报66期；下发全市经济目标任务预警通知88期；完成督查落实市政府领导交办批示督查件69件，整理上报领导重要批示督查专报52期；完成上级部门要求督查落实事项49件。

【议案提案办理】 2017年，市政府办理市四届人大五次会议建议239件，市政协四届五次会议提案265件，分别占总数的97.16%和96.36%，面商率、办复率和满意（基本满意）率均达100%。已经解决或基本解决的A类件为127件和141件，占办理总数的53.14%和53.21%，正在解决或列入计划逐步解决的B类件是83件和95件，占办理总数的34.73%和35.85%，因目前条件限制或其他原因暂时不能解决的C类件数均为29件，占办理总数的12.13%和10.94%。续办续复B类件18件，办理省人大代表建议7件、省政协提案3件。

【政务信息】 2017年10月24～27日，市政府办公室组织举办“全市政府系统信息工作能力提升培训班”，各县（区）、各部门分管领导、具体经办人员170人参加培训。年内，市政府办公室收到各县（区）、各部门上报政务信息8 243篇，采编2 337篇，采编率29%；市政府办上报省政府办公厅1 206篇，被采用76篇，省政府办转报后被国务院办公厅采用5篇，全年得分1 090分（任务分400分）、不含市内县（区）直报点得分全省第二名，获表彰为“向省政府办公厅报送信息先进单位”一等奖；上报市委办公室信息80篇、被采用28篇得分280分（任务分200分）；编发《玉溪政务信息》47期、编报《信息专报》28期（其中市长批示4期）、编报《信息快报》6期。

【政府信息与政务公开】 2017年，市政府办公室认真贯彻落实《中华人民共和国政府信息公开条例》《云南省政府信息公开工作规定》，扎实推进玉溪市政府信息与政务公开工作，不断建立健全信息公开工作机制。规范政府信息公开内容、途径及其形式，提高政府信息公开工作的针对性和实效性，修订了一整套内容完全、程序严密、配套完善的12项信息公开工作机制；制定下发《玉溪市人民政府办公室关于印发2017年政务公开工作要点的通知》，要求各县（区）、各部门抓好政务公开工作落实，对政务公开工作进行全面部署；制定《玉溪市政府信息公开工作目标任务综合考评制度》，将政务公开工作列入全市综合目标考核指标体系，并进行考核；根据近年政府信息与政务公开重点工作，发布《玉溪市人民政府办公室关于印发政府网站重点领域信息公开专栏建设规范的通知》，对涉及重点领域信息公开的责任部门提出明确工作要求和标准规范，全市重点领域信息公开专栏于9月搭建完成并链接至玉溪市人民政府网，同时加大督促检查力度，于10月30日前实现专栏各站点的发布和更新；制订印发《玉溪市人民政府办公室关于印发玉溪市人民政府文件公开属性审查制度的通知》，明确文件公开属性的确定应当遵循“以公开为原则、以不公开为例外”的要求等系列报批程序；制订印发《玉溪市人民政府办公室关于做好重要政策解读工作的通知》，全市年内发布政策解读稿件749篇；制订印发《玉溪市人民政府办公室关于切实做好政府网站等媒体政民互动回应工作的通知》，全年全市回应公众关注热点或重大舆情数1 517次，参加或举办新闻发布会45次（其中主要负责人参加新闻发布会29次），政府网站举办在线访谈129次（其中主要负责人参加政府网站在线访谈11次），通过微博微信回应事件数438次、其他方式回应事件1 296次；积极开展全市政府网站和信息公开网的两网整合及集约化建设工作，组织实施全市政府网站季度普查通报及整改。年内，在国务院办公厅、省政府办公厅组织开展的政府网站抽查中实现连续13次100%的合格率，在中央网信办网站发布的2017年中国优秀政务平台推荐及综合影响力评估结果通报中玉溪市荣获2017年度中国政务网站优秀奖，成为云南省唯一获此奖项的州市。全年全市未发生因政府信息公开而引起的行政复议、诉讼和申诉情况以及失密泄密等案件，主动公开政府信息218 972条，各县（区）、各部门接到依申请公开政府信息22起均按程序办结。

【电子政务】 2017年，按照市委、市政府的要求，全市政府系统的OA办公系统进入稳定运行阶段，OA办公系统运行良好，成为市政府办日常办公中最为重要的工具。除机要、涉密及敏感文件外，市政府办在全市政府系统率先实现了无纸化办公，充分发挥OA系统在提高工作效率方面的优势。年内，市政府办公室OA系统发文2 834个，办公室收文流转14 429个，其中办件4 851个，信息简报1 519个，会议、调研通知类文件2 558个，传阅文件5 501个。

【上级领导调研】 2017年2月16日，国家工商总局副局长甘霖到高新区、江川区、澄江县调研工商工作。3月29日，民政部副部长顾朝曦赴玉溪市检查地震应急准备工作，并在市政府召开会议。4月18～19日，省委常委、常务副省长宗国英到澄江县调研抚仙湖生态文明建设工作。4月19日，人社部副部长、党组成员游钧到红塔区、澄江县调研高层次人才引进培养、城乡居民基本医疗保险整合、城乡居民基本养老保险制度改革等情况。4月21日，河南省人大常委会副主任储亚平到澄江县调研水污染防治工作。4月21日～22日，省委书记陈豪到玉溪调研抚仙湖、星云湖、杞麓湖“三湖”保护治理和特色小镇建设、旅游产业发展等工作。5月3日，中国农业发展银行监事会主席于学军到玉溪调研农发行重点项目。5月10日，人社部副部长、党组成员、全国总工会副主席邱小平到红塔区调研就创业就业、农民工权益保障以及农村劳动力转移就业情况。5月16～18日，中国农科院原党组书记、中国蔬菜协会会长薛亮，农业部党组成员、总农艺师孙中华，省政府副省长张祖林到玉溪市参加中国蔬菜产业大会。5月16～18日，财政部副部长余蔚平一行到玉溪督查医改工作。5月17日，省政府副省长张祖林到江川区调研星云湖河长制工作。6月27～29日，民政部副部长顾朝曦到玉溪市开展蹲点调研工作，调研峨山县、澄江县，在峨山县、澄江县。7月4～6日，省政府九大高原湖泊水污染综合防治督导组组长晏友琼到玉溪调研“三湖”水污染综合防治工作。7月4～6日，新华网副总裁申江婴到玉溪围绕举办中国首届科技创新论坛、玉溪市数字沙盘建设项目、物联网样板城市建设、点亮抚仙湖灯光秀及灯光亮化工程、抚仙湖生态示范基地数字化升级五个方面内容开展调研。7月7～8日，省委常委、常务副省长宗国英到玉溪调研抚仙湖保护治理工作、生物医药产业、信息产业、航空产业、经济社会发展等工作。8月2日，水利部副部长周学文到玉溪检查指导河长制工作推进情况，实地调研抚澄河综合治理项目、抚仙湖生态展示中心、抚仙湖北岸生态调蓄带和全市落实河长制工作进展情况，调研澄江县。8月9日，省政府副省长张祖林到玉溪调研农业及河长制工作，调研通海县、江川区、澄江县。8月15～16日，审计署副审计长袁野到玉溪调研防控化解地方政府债务工作。8月23日，国家安监总局党组成员、总工程师王浩水到玉溪开展安全生产大检查工作。8月23～24日，省政府副省长董华调研高新区、红塔区、江川区、峨山县工业经济发展情况。8月26～29日，民政部部长黄树贤、副部长高晓兵，省政府副省长张祖林到玉溪参加全国殡葬工作座谈会，调研澄江县、峨山县，并在红塔区召开会议。9月15日，省委书记陈豪到玉溪调研抚仙湖保护治理工作进展情况和大健康医疗城、科教创新城及重大项目规划建设情况。11月25日，省政府常务副省长宗国英到玉溪调研重点项目建设、工业投资等情况。12月2日，省委常委、常务副省长宗国英到玉溪调研抚仙湖保护治理工作，调研澄江县，并在澄江县召开会议。12月6～8日，中央纪委驻人力资源社会保障部纪检组长、部党组成员耿文清到玉溪调研构建和谐劳动关系、打通服务群众“最后一公里”建设情况，高层次人才队伍建设工作情况，服务大厅窗口建设情况。

（徐　琦）

调研研究

【重要文稿起草】 2017年，市政府研究室围绕市委、市政府的中心工作，不断开拓进取、求实创新，较好地完成了各项文稿起草工作。与政府办共同完成了市政府工作报告、报告起草说明、报告修改情况说明和市政府四届七次全会上的讲话提纲等重要会议材料。积极参与经济运行分析会、“科教引领创新发展”大讨论大行动动员大会、市委农村工作暨全市扶贫开发工作会议、全市重点产业领导小组会议暨招商引资工作会等会议材料的起草。积极参与市委、市政府主要领导在五届市委理论学习中心组第八次暨2017年第五次学习、全市重点产业领导小组会议暨招商引资工作会、全市民营企业家座谈会、市委农村工作暨全市扶贫开发工作会、全市经济形势分析会、红河谷—绿汁江热区经济带建设调研座谈会等多个会议讲话稿的起草。高质量完成了陈豪书记到玉溪调研工作情况汇报材料、全省2017年一至三季度经济运行分析会材料、省“金色热线”的汇报材料、全省研究室系统经济形势分析座谈会汇报材料、国务院第四次大督查玉溪市自检自查报告、省考评玉溪自查工作报告、玉溪市2017年上半年工作总结等多个汇报材料起草。草拟了全市开展“科教引领创新发展”大讨论大行动实施意见、玉溪市关于创新农村基础设施投融资体制机制的实施意见、玉溪市稳增长实施意见、玉溪市关于在关键领域和薄弱环节加大补短板工作力度的实施方案、玉溪市人民政府关于印发玉溪市贯彻落实省政府促进经济持续平稳发展政策措施工作方案、玉溪市人民政府决策咨询顾问聘任管理办法（试行）等一批市委、市政府重要文件。完成了人民日报人民论坛杂志社专访市长采访提纲、中央调研组赴云南玉溪调研时的市长访谈提纲等外宣材料，为推介玉溪、扩大玉溪知名度发挥了重要作用。

【调查研究】 2017年，市政府研究室始终把调查研究摆在重要位置，突出调研的针对性和实效性，努力在拓展调研广度上做文章、在强化调研深度上下功夫。完成了《关于玉溪市农业企业用地难问题的调查报告》《玉溪市建筑业发展情况调研报告》《关于玉溪市乡镇政府服务能力建设情况的调研报告》《玉溪市康养产业发展调查报告》《玉溪市公共数据共享需求调查报告》《玉溪市PPP项目运行情况的调研报告》《玉溪市重点产业精准招商情况调研报告》《玉溪市工业园区实体化改革推进情况的调研报告》《玉溪市文化旅游产业发展情况调研报告》等一批专题调研报告。完成了中介机构运行情况调研、工业园区实体化改革情况调研、乡镇政府服务能力建设情况调研等8项调研任务。开展了玉溪市交通发展情况调研、现代产业发展情况调研、综合考评调研等调研工作。以调研报告为主要内容，刊出了《玉溪发展研究》9期。调研成果在推进全市经济社会发展中得到广泛应用。

【课题研究】 2017年，市政府研究室聚焦全市经济社会长远发展的重大问题，提前部署、超前谋划，主动开展前瞻性的战略研究。从新时代我国区域协调发展新机制的要求和玉溪融入滇中城市圈发展实际要求出发，市政府研究室与省特色产业促进会共同完成了《玉溪融入滇中城市经济圈的产业发展研究》课题研究工作，对于进一步加快玉溪现代产业发展、促进玉溪融入滇中五市产业分工协同发展具有重要的现实意见和指导意见。年内市政府研究室又与玉溪师院等单位合作，启动了《玉溪市科教引领创新发展研究》《玉溪市生态文明建设研究》两个课题，对我市的科教创新城建设，科教创新引领发展，巩固生态文明建设成果，加快玉溪生态文明建设步伐具有很强的指导意义。

【决策咨询服务】 2017年，市政府研究室以提升决策咨询服务能力为重点，积极开展对策性和战略性研究，决策咨询服务的影响力不断扩大。市政府第85次常务会通过了《玉溪市人民政府决策咨询顾问聘任管理办法》，决定设立市政府决策咨询顾问管理办公室在市政府研究室，酝酿已久的咨询顾问办公室组建变成现实。随后，在全国范围选聘了4名行业内具有一流专业水平的专家作为玉溪市政府的决策咨询顾问，通过多次实地专题调研形成《决策咨询建议》4篇。购买安邦咨询、新华社智库、园区经济观察等资料供政府领导和相关部门参阅，服务市委、市政府领导科学决策的能力不断提升。围绕全市中心工作，整理专家和国内外决策咨询研究成果，编辑《领导参阅》36期。组织编印2017年《政府工作报告汇编》及《抚仙湖研究（1～5）》系列丛书。加强玉溪市政府研究室政府信息公开网的管理和维护工作，及时更新数据资料，扩大了决策咨询服务的范围。

（王　曦）

应急管理

【自然灾害】 2017年，全市未发生重、特大自然灾害事件，但受超强厄尔尼诺事件的后继影响，阴雨寡照、风雹、暴雨洪涝等气象灾害仍时有发生。年内，全市自然灾害造成34.19万人次受灾，比上年减少41.8%；直接经济损失5.95亿元，其中因灾死亡9人，因灾伤病16人，紧急转移安置1 588人；因灾倒塌房屋167户437间、严重损坏房屋224户557间、一般损坏农房441户697间；因灾害中断公路322条，直接经济损失21 129万元。20个乡（镇、街道）58个村（居）委会128个自然村29 682人、9 352头大畜出现饮水困难。3座小（二）型水库、27座小坝塘干涸。累计农作物受旱58 301亩，因旱造成直接经济损失1.87亿元；67个乡（镇、街道）办不同程度的洪涝灾害，受灾人口41.98万人，紧急转移626人；农作物受灾面积17.76万亩，因洪涝灾害造成的直接经济损失3.11亿元。发生地质灾害灾情25起（其中滑坡19起），灾害直接经济损失200.05万元，死亡3人、受伤10人。险情76起（滑坡49起、泥石流2起、崩塌12起、地面塌陷7起、地裂缝5起），潜在威胁4 106人、资产5 725.9万元。发生1.0级以上地震203次（1.0级至1.9级188次、2.0至2.4级13次、2.5级以上2次），比上年增加72次，增加54.96%。最大震级为5月1日峨山发生的MS3.4级地震；连续3年未发生等级以上森林火灾，无人员伤亡。

【事故灾难】 2017年，全市安全生产工作在市委、市政府的正确领导下，在省级各有关部门的大力指导和帮助下，认真贯彻落实安全生产“党政同责、一岗双责、齐抓共管、失职追责”的总体要求，牢固树立科学发展、安全发展理念，以贯彻落实《中共中央国务院关于推进安全生产领域改革发展的意见》为主线，以强化安全生产大检查长效机制建设为抓手，进一步强化责任落实，严格监管执法，创新监管方式，夯实基层基础，全面深入推进安全生产大检查和重点行业领域安全专项整治，全市安全生产形势继续保持了稳定好转的良好态势，为经济社会持续健康发展营造了良好的安全生产环境。年内，全市共发生各类伤亡事故（不含火灾事故和非生产经营性道路交通较大事故）58起、死亡61人，比上年事故起数减少46起、下降44.23%，死亡人数减少37人、下降37.76%。其中，工矿商贸伤亡事故18起、死亡19人，比上年事故起数减少6起、下降25%，死亡人数减少6人、下降24%；道路运输事故30起、死亡29人，比上年事故起数减少48起、下降61.54%，死亡人数减少43人、下降59.72%；生产经营性其他事故7起，死亡9人，比上年事故起数增加6起、上升600%，死亡人数增加8人、上升800%，煤矿企业未发生伤亡事故；农业机械未发生伤亡事故；全市未发生一次死亡3人及以上生产经营性较大事故，比上年事故起数减少1起、下降100%，死亡人数减少3人、下降300%。

【公共卫生事件】 2017年，全市应急工作围绕“一案三制”建设，着力加强应急体系和应急能力建设，逐步理顺应急管理运行机制，依法规范开展卫生应急处置，建立和不断完善突发事件报告网络建设和队伍建设为基础，在提高应急能力上下功夫，进一步完善突发事件相关信息报告，各级医疗机构全面实行了网络直报，卫生应急能力不断提高。加强突发事件公共卫生风险评估工作能力，进一步提高玉溪市应对突发公共卫生事件的能力，及时有效地处置了每一起突发事件，事件处置及时率、原因查明率均达100%，全市公共卫生事件防范能力进一步加强，重大传染病暴发得到有效控制，未发生较大以上卫生突发事件，但少数学校、幼儿园依然发生手足口病、水痘等传染病疫情和部分家庭因食用野生菌、草乌中毒事件，发病人数、死亡人数均较上年减少。

全市报告突发公共卫生事件23起（比上年同期31起，下降25.81%），累计发病363例（比上年同期863例下降57.94%），事件波及12 019人（比上年同期17 137例下降29.87%），报告死亡8例（与上年同期8例持平），病死率2.20%。23起事件中Ⅳ级事件18起，发病342例，死亡3例；Ⅲ级事件4起，发病7例，死亡5例；未分级事件1起，发病14例，无死亡病例。

【社会安全事件】 2017年，全市社会防控体系进一步建立健全，各级各部门维稳责任履行到位，各类社会安全事件应对有效，社会总体健康平稳，未发生社会安全类较大以上突发事件。但涉军群体、60年代修路民工、“保留户口”人员等群体性组织串联活跃，群体性上访事件突出；交通运营、房地产纠纷、拖欠工程款和农民工工资引发的矛盾纠纷依然不断，罢运、堵路、上访讨薪等事件不时发生；投融资领域问题突出，非法集资问题呈上升趋势。年内，全市共发生群体性事件4起，比上年减少3起，下降42.9%，参与人数约200人，比上年减少800余人，未造成人员伤亡。红塔区1起，江川区1起，元江县1起，澄江县1起。民族宗教领域总体稳定，但矛盾纠纷时有发生。国际油价低位徘徊，成品油市场总体价格平稳、波动不大；粮食、猪肉、食用油等生活必需市场总体稳定，没有出现大幅度波动现象。

【应急预案体系建设】 2017年，市政府领导高度重视应急预案管理工作。市长张德华亲自过问、统筹部署，有力推进全市的应急预案体系建设工作。各级各部门切实加强应急预案建设。市政府应急办积极落实市长张德华批示精神，要求全市各级各部门进一步加快应急预案编制、修订工作，不断完善各类应急预案，建立健全应急预案体系。年内，市政府应急办组织编制了《玉溪市突发事件应急处置手册》并印发至县（区）、乡（镇、街道）和市直各部门；以市政府办公室文件印发了《玉溪市人民政府2017年应急管理工作要点》，制定下发《玉溪市应急体系建设“十三五”规划》《玉溪市非煤矿山生产安全事故灾难应急预案》《玉溪市冶金等工贸行业企业生产安全事故应急预案》等6个部门预案，修订下发《玉溪市安全生产事故灾难应急预案》《玉溪市危险化学品生产安全事故灾难应急预案》《玉溪市教育系统突发公共事件应急预案》等15个专项或部门应急预案，《玉溪市处置电网大面积停电事件应急预案》《玉溪市突发环境事件应急预案》《玉溪市空气重污染应急预案》等3个应急预案正在编制或修订中。截至年底，全市已编制1个市级和9个县（区）级总体应急预案、25个市级专项应急预案、87个市级部门应急预案、228个县（区）级专项应急预案、800余个县级部门预案、197个乡镇（街道）级应急预案、702个社区（村委会、居委会）及重点企（事）业单位均编制了各自的应急预案。全市应急预案体系基本覆盖突发公共事件的主要领域、行业，基本形成“横向到边，纵向到底”的应急预案体系。

【应急管理体制】 2017年，全市成立市应急委和25个专项应急指挥机构或领导小组，分级负责各口应急指挥处置工作，由市长、副市长根据市政府分工兼任各专项应急处置指挥长或副指挥长，相关部门负责人为成员，形成统一领导、各司其职、分块管理、部门配合、齐抓共管的应急领导和处置体系。同时，根据人员变化对相关应急管理机构的领导及成员进行调整完善。切实加强市、县（区）相关部门应急管理机构建设。市、县（区）政府和相关部门进一步加强应急管理机构建设，理顺职能职责关系，争取人员编制，配齐专（兼）职人员，切实把工作重点转到履行“值守应急、信息汇总、综合协调”的职能上来，转到加强应急管理，推进应急体系建设，发挥突发事件处置协调中枢作用上来。针对全市应急管理工作体制不健全、人员不到位的问题，市政府应急办积极与市编办衔接，对全市应急管理体制进行研究协调（目前此项工作正在进行中）。截至年末，市政府和9个县（区）政府均成立了应急办（总值班室）、市安监局、卫生计生委、教育局、防震减灾局等10余个部门已成立应急（安全）科，配备专（兼）职人员。积极推动全市非警务类报警求助应急联动处置工作，按照《云南省人民政府办公厅关于加强社会应急联动工作的意见》和云南省公安厅《关于积极推进社会应急联动工作的通知》文件精神的要求，市政府成立以市政府副市长、公安局长朱家伟为组长，市政府秘书长为常务副组长，联系副秘书长、政法委副书记、市政府应急办主任、公安局分管副局长为副组长，有关部门主要负责人为成员的玉溪市非警务类报警求助应急联动处置工作领导小组，全力推动各项工作。按照要求领导小组研究起草了《玉溪市人民政府办公室印发玉溪市非警务类报警求助应急联动处置实施意见》，按程序报市政府常务会议研究，市人民政府第79次常务会议研究通过了《玉溪市人民政府办公室印发玉溪市非警务类报警求助应急联动处置实施意见》，并对进一步加快推进全市非警务类报警求助应急联动处置工作提出要求。5月19日，市政府办印发了《玉溪市人民政府办公室印发玉溪市非警务类报警求助应急联动处置实施意见的通知》，按照通知要求，6月12日由市政府应急办、市公安局组织以政府购买服务的方式，参照特辅警的标准向社会公开招考了14名接处警专职人员，通过岗位知识和技能培训后，于6月26日正式上岗并开展接处警工作（其中市公安局110指挥中心10人，市人民政府应急管理办公室4人）。同时，按照通知要求，8月由市应急办，市公安局组织通过公开招投标的方式，投入资金68万余元采购了非警务类报警求助应急联动处置设备，包括讲机48台、座机电话17部、电脑加安装接警系统15套，目前，设备已配置安装到各单位并完成调试工作，通过开展对各单位接处警系统和对讲机使用技术培训，各单位设备运转正常，工作有序展开，成效明显。11月14日市应急办代表云南省在泛珠三角区域内地9省（区）加强社会应急联动工作视频交流会上作经验交流发言。

【应急管理机制规范】 2017年，市应急办不断建立健全各类应急管理机制（制度）。玉溪市与周边州市、县（区）与周边县区（市）间签订不同层次的应急联动协议，建立了跨区域联动机制。年内，玉溪市与红河州召开森林防火应急联动会议，元江县、新平县与红河县政府签订《跨区域应急管理合作协议》；红塔区、峨山县、新平县等县（区）也与毗邻县区（市）签订相关应急管理合作协议。建立军地联动抢险救援机制，市政府与驻玉军（警）部队，中央、省驻（玉）单位协商，建立《玉溪市应急救援联动机制》，各县（区）政府均建立各自的军地联动抢险救援机制。

完善部门应急协调机制，环保与安监、公安、消防部门制定《玉溪市市级应急联动工作方案》《玉溪市环境保护局玉溪市公安局建立环境执法衔接配合机制》《玉溪市环境保护局玉溪市公安消防支队联合环境应急处置合作协议》，市民政局与百信集团、交通运输集团签订救灾物资供应协议、救灾物资紧急运输保障协议，市卫生计生委与市农业局建立《玉溪市人畜共患传染病联防联控工作机制》等。严格履行各项应急管理机制（制度）。各级各部门根据制定的相关应急机制（制度），进一步加强各自监测预警、应急准备、防范处置等应急各项工作。防震减灾、气象、水利、林业等相关部门定期召开应急年度分析会议，对全年、半年各领域（行业）突发事件进行分析评估，预测趋势，制定防范措施；民政、卫生计生等相关部门进一步加大资金投入，加强各项应急物质储备。各级各部门在突发事件处置中强化部门、区域、军地协作，做到应急联动、有序处置，有效应对全市各类突发事件。同时，各级各部门严格履行应急值守各项规章制度，切实做好应急值守工作。年内，市委办公室、市政府办公室联合下发《关于做好2017年节假日期间值班工作的通知》，严格明确24小时值班、带班制度，有效保证了节假日期间各项工作的有序运转，保障全市社会平安稳定。

【应急管理法律法规】 2017年，全市加强《中华人民共和国突发事件应对法》《国家突发公共事件总体应急预案》《云南省突发事件应对条例》《云南省突发公共事件总体应急预案》等相关法律、法规的宣传和贯彻，进一步强化应急相关法律法规的执行力度，加强行政监督，加大对应急管理、处置工作的监督、检查力度。按照相关要求和规定对突发事件信息报送不及时、处置不利等情况予以通报、批评、问责。年内，水利、林业、防震减灾、安监、食品药品监管等部门结合各自工作实际，对防汛抗旱、森林防火、地震应急准备、安全生产、食品安全等行业和领域开展专项检查，对发现问题进行整改。在森林防火期，全市共出动督查组1 002个、出动各级党政领导4 415人次和出动各级林业干部职工4 347人督促检查下发整改通知书668份，整改完善667份，全市上下形成了党政同责、部门参与、全社会共管良好的防火工作局面。年内，全市各级各部门未发生突发事件处置不力、报告不及时的情况。

【应急基础设施】 2017年，全市投入资金650多万元启动市应急指挥中心搬迁改造项目建设和玉溪市突发事件预警信息发布系统项目建设；建成玉溪市农产品质量安全检验检测中心，有效提高农产品质量安全检验检测能力。建成林业有害生物测报站（点）81个，市、县（区）动物疫病预防控制中心建立3个检疫对象苗圃、3个国外引种普及型苗圃和1个省级产地检疫示范苗圃。森林防火部门全年完成5 461万元的森林防火基础设施建设，预计总投资3 750万元编制《云南省玉溪市森林火灾高危区高风险区综合治理可行性研究报告》。水利部门在红塔区东风水库、高仓，易门县阿姑，华宁县盘溪镇试点性建立4个旱情监测点，在中型水库、重点小（一）型水库和重要江河河段上设立雨情、水情观测站点；实施山洪灾害防治县级非工程措施建设，全市共有自动雨量站220个，自动水位站85个，群测群防点1 252个（简易雨量站1 205个、简易水位站47个）。国土部门积极抓好地质灾害项目治理实施，申报13个大型以上地质灾害工程项目（经省级核查后对符合条件的3个项目纳入年度省级项目储备，匡算投资1 500万元），对23个中型规划治理项目进行现场调查核查；认真做好地质灾害搬迁避让计划4 703户18 680人（其中，整体搬迁计划项目73个2 870户10 493人，零星搬迁计划1 833户8 187人），将其纳入省级因地质灾害搬迁避让项目。气象部门电子显示屏达3 350块，全市所有乡镇、行政村安装率达100%，自然村安装率达30%以上，农村气象信息覆盖率居全省领先水平。防震减灾部门对全市地震应急指挥平台现有设备进行功能整合、提升改造，推进“玉溪市地震应急辅助决策系统”建设；完成1个综合观测站改扩建和2个观测站仪器安装工作；更换5个县的地下流体前兆观测仪器；新增4个县的信息节点；完成国家地震烈度速报与预警工程5个基准台、3个基本台的台址勘选工作。民政部门投入150万元，基本完成通海、江川、元江3个县级救灾物资储备仓库建设，新增投资50万元用于易门县物资储备库改扩建工程。安监部门积极争取上级部门支持，投入资金135万元，为市安监局和部分县（区）安监局配备一批安全监管执法装备。消防部门不断推进消防安全“网格化”和“户籍化”管理工作，推动“防火墙”工程扎实开展。卫生、畜牧等部门进一步加强医疗卫生机构突发事件和传染病疫情、突发动物疫情报告网络建设，强化公共卫生、动物疫情预警能力。食品药品监管部门投入47万元购置执法终端161部，实施食品药品应急指挥中心建设（目前已完成99万元的硬件设施投入），投资238万元开发食品安全监管软件（目前已投入71万元）。公安部门建成卫星地面站通信系统，启动350兆数字集群系统局部建设，全面推进城市报警与监控系统（二期高清视频）建设，完成市局指挥中心大厅技术改造项目，推进警用地理信息系统建设和社会资源采集工作。

【监测预警】 2017年，全市有林业部门高山瞭望台65座，检查站点达1 396个，聘请巡山护林人员达10 237人，森林火险瞭望覆盖率达90%。水利部门加大对旱情的监视、分析、预报，加强对防汛重要部门、重点行业，以及水库、水电站、城市、学校等开展防洪安全检查，强化值班值守，适时观测旱情、降雨量和江河流量，分析旱情、降雨和洪水趋势、预测影响；通过山洪灾害监测预警系统，及时向山洪灾害危险区和群测群防点发布预警信息。国土部门在全市范围内开展“拉网式”地质灾害隐患巡查排查，发现并登记在册的各类地质灾害隐患点1 138处（滑坡767个、崩塌75个、泥石流62条、地面塌陷5处、地裂缝2条、地面沉降16处），通过巡查排查落实510个地质灾害隐患监测点，配备851名地质灾害监测员；发放通知书、地质灾害防灾工作明白卡、发放地质灾害防灾避险明白卡8 650份；通过玉溪市精细化地质灾害气象风险预警预报业务系统将地质灾害信息、雨情信息及时发送到监测员及广大人民群众手机和气象电子显示屏上。气象部门制作发布重要天气消息67期；发布寒潮、霜冻、大雾、高温、雷电、大风、暴雨、山洪地质灾害等预警信号88期；通过预警平台发布重要性、转折性天气、降温降水天气等重要天气消息95期，发送手机短信用户21.5万多人次，降水量实况9万多人次。防震减灾部门监测到ML≥1.0级地震

142次，上报《震情速报》9期，及时有效处置本地2次有感地震。环保部门实施源头控制，对新、扩、改建设项目进行环境风险评价或监测预警，建立环境风险源动态管理制度和风险源评估制度，定期组织力量对全市环境风险隐患进行全面排查。消防部门积极开展火灾隐患专项整治活动，加大对消防安全重点单位和火灾高危单位的监管力度。食品药品监管部门强化监督抽检，落实国家、省级下达1 356批次食品抽检任务，市级安排对肉、蛋、水产品、蔬菜、水果、食用油、饮料等23大类59个食品细类1 756批次食品监督抽检和风险监测、23 000余个蔬菜水果农残快检、1 218个食品微生物及其致病因子监测；在9个县（区）开展14个食用农产品市场销售快速检测室建设试点，把好食用农产品市场准入关；在野生菌上市季节开展野生菌农残快检和预警监测工作（每个县每月不少于200批次）。公安、信访、民宗、人力资源和社会保障等部门积极对可能引发突发事件的因素进行排查，多渠道收集信息，加强信息研判，及时上报，为市委、市政府有效处置，及时化解和平息矛盾提供准确信息。年内公安部门向市委市政府及时报送涉稳情报信息136条，编报《玉溪公安要情》179期，《玉溪公安专报》112期，《情报信息研判专报》124期，《情报信息工作简报》74期；信访部门共排查各类矛盾纠纷466起，化解297起；民宗系统共排查矛盾纠纷32件（次），涉及1 610人次，已排查化解16件（次），涉及1 820人，正在调处9件（次）起，化解率72%。

【应急队伍建设】 2017年，全市各级应急救援队伍建设不断加强，基本建立以公安、消防、医疗救护队伍、驻玉部队和武警、民兵应急分队、预备役部队为基本力量，以群众自救、互救组织和志愿者队伍为补充力量的突发公共事件应急救援队伍体系。截至年底，全市综合性和行业性应急救援队伍已达15大类800余支（包括专业、半专业等队伍，不包括义务、群众自发救援队伍），分别为市综合应急救援队（玉溪消防支队特勤中队、44人）和县（区）消防中队（其中红塔区2个中队），玉溪市医疗卫生应急救援队（共642人，分为急性传染病处置、食物中毒事件、化学/职业中毒事件、放射事故/核辐射卫生等七支队伍应急队伍），市水利应急救援队（水利建设大队、120人），市森林扑火队（专业队47支1 063人、专业队伍175支4 154人、义务扑火队594支14 262人），市动物疫情应急处置队（专职兽医1 800人、村级兽医人员933人），市塔甸煤矿救护队（31人，属云南省18支三级资质煤矿矿山救援中队之一），市烟花爆竹救护队（30人、属于省级九支应急救援队伍之一），市危险化学品（黄磷）应急救援队（30人，下设3个小队）、市建筑工程质量安全应急抢险队（441人，包括市政基础设施应急抢险队、市建筑大型机械应急抢险救援队等三支队伍），市道路抢修队（270人）、市环境监测及执法应急队（执法队伍116人、监测队伍158人）、市电力抢修应急队（248人）、市通讯抢修应急救援队（队伍人数暂未具体统计）、市抚仙湖水上救援队（140人，包括半专业人员），公安部门处突队伍（888人，巡特警民警108人、辅警780人）。同时，加快推进应急管理专家队伍建设，相关职能部门按照有关要求，积极组建各自行业（领域）的应急专家组，建立健全专家队伍管理制度，并充分发挥这些专家在应急会商、研判、处置中的作用。农业、林业、水利、地震、安监、卫生、公安等部门均成立各自行业、领域的应急专家组，并大力发展应急志愿者队伍，依托共青团、红十字会、青年志愿者协会以及其他组织，建立形式多样的应急志愿者队伍，并充分发挥志愿者参与应急救援、应急科普宣传、灾后恢复重建等方面的重要作用。

【应急物资保障】 2017年，全市各级各应急相关部门及时下拨款项，及时储备各类应急物质，维修、更新、更换应急装备，全市应急保障能力不断提高。年内，民政部门投入应急救援装备和物资采购经费300万元，储备了帐篷、彩条布、折叠床、棉被等大量应急救援物资；农业部门建立市级救灾备荒种子储备管理制度，完成年度市级救灾备荒种子杂交玉米9万多千克、油菜籽6 000多千克储备；畜牧部门下拨消毒类药品等物资691件（货值3.45万元），市级现储备应急物资价值15.97万元；林业部门防火资金投入森林防火经费8 456.14万元，储备动力灭火设备2 658台、灭火工具31 000件、防火物资13 000件（套）；水利部门及时清理、维修防汛抗旱器材设备，配置了防汛物资、设备，准备了价值133.2万元的防汛物资；国土部门为地质灾害监测员装备了充电电筒、雨衣、雨水鞋，对地质灾害隐患监测点配备铜锣、皮尺等；市级教育部门每年投入100万安全专项资金、应急处置专项经费50万元；消防部门执勤战斗车辆总数89辆，超国家配备标准1.86倍，器材装备总数增加至1.7万件套，实现所有单位按照《城市消防站建设标准》和《云南省公安消防部队地震灾害轻、重型救援队建设标准》100%配齐器材装备；安监、卫生、公安等部门也及时更新、补充各类应急物资、应急装备，保障应急处置需要。

【应急处置和灾区恢复重建】 2017年，全市各级各部门严格按照《玉溪市突发公共事件总体应急预案》和有关专项预案要求，全力做好突发事件处置和灾后恢复重建工作，努力减少突发事件造成的损失，维护社会稳定。全市按照《玉溪市人民政府办公室关于进一步加强和改进突发事件信息报告工作的通知》《玉溪市人民政府办公室关于建立突发公共事件信息速报机制的通知》要求，严格规范信息报告的时限、程序、流程，基本建立上下畅通的信息报告制度，未出现瞒报、漏报、迟报、谎报现象。各类突发事件处置及时高效。全市均按照“政府领导、部门联动、社会参与、协调有序、保障有力、处置高效”的应急工作处置要求，在突发事件发生后，各级各部门负责人第一时间赶赴现场，深入一线、靠前指挥；按照相应级别启动有关应急预案，组建指挥部（或领导小组），统筹协调、统一指挥；各职能部门积极响应、各司其职，密切配合；事发地群众积极参与，共同应对，做到各类突发事件处置的高效、有序。年内，各县（区）、部门上报市政府协调处置的各类突发事件114起（自然灾害类31起、事故灾难类51起、卫生事件类11起、社会安全类21起），其中三级（较大级）10起、四级（一般级）104起，无特大、重大级事件发生。市政府应急办上报省政府应急办值班报告18期，全市突发公共事件信息发布制度不断健全完善，信息发布做到及时准确，舆论引导及时有力。全市建立了统一规范的信息发布制度（由市、县区政府及部门新闻发言人统一发言），及时、准确、全面地向社会发布突发事件信息，极大地避免社会的恐慌。认真做好灾区（地质灾害点）建设工作。年内，全市累计投入各类资金近1.5亿元，用于受灾地区（地质灾害隐患点）建设，有力地保障了受灾群众的基本生产生活，其中，民政部门下拨中央、省级自然灾害生活补助资金2 000万元，保险部门农业自然灾害保险理赔6 452.16万元，水利部门全年投入抗旱资金6 284万元、防汛抢险物资68万元，国土部门全年安排下达七县二区2 252户、85个避让搬迁项目补助资1.73亿元和投资6 947.7万元开工建设5个大型以上地质灾害治理工程项目，交通部门投入5.97亿元修复因灾损毁道路232条、2 685处（点）等。全市地震灾害纳入省的保险试点，为灾后重建工作提供有力保障。

【应急演练和宣传培训】 2017年，全市把应急模拟演练作为提高应急处置能力的重要手段，各县（区）、各部门、各行业（企业）根据实际，有计划、有重点地组织开展各种应急演练，不断提高应急处理实战能力。全市各级部门开展各种形式的应急演练近1.3万次，参演人数近80万人次，演练涉及地震、地质灾害、矿山救助、危险化学品、环境污染、消防火灾等行业或领域，其中，5月12日，市政府组织的“玉溪市地震应急综合演练”（包括桌面推演、实地演练）；7月29日，公安部门牵头组织的“玉溪市防恐应急演练”；12月9日，市环保局在华宁县组织的“玉溪市2017突发环境事件应急演练”；12月27日，市食品药品监管局在新平县组织的“玉溪市食品安全Ⅲ级应急演练”，演练中参与部门最多的达30余家、应急处置（救援）队伍达10余支、参与人员（包括参演、观摩群众）达3 000余人。森林防火部门组织专业、半专业和义务森林消防队应急演练达816次，参加演练人数1.43万人；地质灾害应急避险演练186次，参加演练人数1.82万人；教育部门在全市中、小学校、幼儿园中开展防震、消防、防恐、防踩踏等应急演练1.03万次，基本达到中小学每月一次、幼儿园每季度一次的安全演练要求。

全市把应急科普宣传、专业应急技能培训作为公众提高防灾减灾意识和自救互救能力的一项重要工作来抓，不断强化应急科普宣传、教育培训工作力度。市政府应急办聘请省、市应急管理专家对全市县（区）、乡（镇、街道）和市直各部门应急管理干部280人进行培训，着力提升各级各部门应急管理能力。全市各级各部门以“三下乡”“防灾减灾日”“安全生产月”“11·9消防日”“110宣传日”等活动为契机，通过广播、电视、报纸，发放宣传手册、宣传单，张贴宣传标语，发送手机短信，出动宣传车、举行文娱演出等方式，积极开展各种形式的应急科普宣传活动。其中，林业防火部门制作森林防火知识手册5万册、森林防火告知书5万份、通知书69.3万份、宣传单32.7万份、宣传手册8.2万份、挂历9 640份、防火通告11.9万份、手机短信36.9万条等。全市相关部门、企业根据各自特点，定期不定期地举行各种应急业务知识、技能培训，让群众、职工熟悉和掌握应急知识、常识，提高应急防范能力。年内，安监部门共计培训安全生产应急管理人员2 280人，特种作业人员5 243人；森林部门举办各类防火培训486期，培训人数达2.34万人次；国土部门举办地质灾害防治专业知识培训98期，人数达5 611人次。

（秦文伟）

扶贫开发

【概　况】 2017年，全市投入中央和省、市、县财政专项扶贫资金4.52亿元，其中，中央资金1.54亿元，省级资金2 983万元，市级资金1.80亿元，县（区）级资金8 841.86万元。市级预算安排财政专项扶贫资金与上年预算安排1.73亿元相比，增幅4.07%；各县（区）预算安排7 784.86万元，比上年县（区）级财政专项扶贫资金预算6 970.12万元，增幅26.86%。实现贫困人口脱贫1.15万户4.15万人，贫困人口减少到3 946户1.24万人，县乡村贫困发生率都降到3%以下，全市贫困发生率降至0.78%。

【整村推进扶贫】 2017年，全市实施整村推进项目284个，投入财政专项扶贫资金2.87亿元。完成村组道路建设286.95千米，出行主干道改造51.96千米，村内道路硬化120.6千米，机耕路建设35.03千米，五小水利建设124件，渠道建设144.65千米，饮水管道239.07千米，小水池（窑）2 937口，水管管道建设12.59千米，扶贫安居房建设1 350套，学校（含幼儿园）4个、村级卫生室建设4个，活动室建设77个，党员活动阵地2 051.36平方米，村内公共绿化2.41万立方米，村内公共活动场地7.82万平方米，农田改造0.06万亩，太阳能热水器199个，太阳能路灯15盏，畜厩（舍）1.32万间，厕所523个；修建排水沟770条，4 223.2立方米，修建垃圾池（房）1 077间，4 845平方米；经济作物3.11万亩，经济林果4.68万亩，养殖羊4 824只，猪1.04万头，大牲畜3 824头，家禽52.22万只，水产品112.8吨，其它产业发展配套设施建设115件。

【整乡推进扶贫】 2017年，全市实施扶贫开发整乡推进9个，即江川区安化乡、华宁县华溪镇、易门县铜厂乡、峨山县富良棚乡、新平县平掌乡、建兴乡和老厂乡、元江县因远镇和洼垤乡。截至年底，9个贫困乡镇扶贫开发整乡推进项目累计完成投资26.97亿元，完成规划总投资16.48亿元的162%，其中，省级补助资金1 800万元完成100%；市级配套资金完成7 800万元完成100%；县区配套资金3 900万元完成100%；部门整合项目资金完成206 174.2万元，占规划投资11.92亿元的173%；业主投入完成1 282.37万元完成100%；群众自筹资金完成2.22亿元，占规划投资1.46亿元的100%。按项目类别分：特色产业完成2.42亿元，完成率103%；基础设施完成8.86亿元，完成率100%；人居环境建设完成5.30亿元，完成率156%；素质能力完成755.40万元，完成率100%；服务体系建设完成9 647.28万元，完成率100%；生态环境建设完成4 688.94万元，完成率100%；组织建设完成4 142.64万元，完成率100%；其他新增项目完成8.47亿元，完成率120%。通过7大类的实施，完成交易市场建设12个；技能培训4.42万人次；劳动力转移就业1 553人；村组道路建设636.86千米；出行主干道改造548.88千米；村内道路硬化159.43千米；机耕路建设95.25千米；五小水利建设111件；渠道建设272.74千米；管道44.19千米；小水窖（池）2 969口；学校（含幼儿园）建设23所，村级卫生室建设13个，活动室建设124个，党员活动阵地2.92万平方米，村内公共活动场地建设1.47万平方米，太阳能路灯安装1 517盏，畜厩建设50间，厕所建盖214间，垃圾池（房）467间；种植经济作物（烟后蔬菜、冬早蔬菜等）7.53万亩；种植经济林果（柑橘、芒果、樱桃、核桃、梨、花椒、竹子、茶叶、魔芋和香菇等）12.22万亩，当归种植358.53亩，重楼种植50亩，露水草种植2 872亩，龙胆草种植4 992亩，家禽养殖20.7万只；蜜蜂养殖7 390群，猪14 495头，羊养殖3 591只，大牲畜养殖753头，其他扶贫建设项目278件。实现了7 279户28 052人建档立卡贫困人口稳定脱贫。

【易地扶贫搬迁】 2017年，全市符合“一方水土养不起一方人”6类地区的易地扶贫搬迁安置点78个4 043户15 288人，其中建档立卡贫困人口1 277户5 246人，规划总投资14.3亿元。截至2017年底，78个安置点已全面开工建设，累计完成投资9.3亿元，已补助2 333人共计6 253万元；建成房屋2 705套，其中建档建档立卡贫困户搬迁对象已建成1 153套。全市建档立卡贫困户危房户8 865户，其中修缮加固5 735户，拆除重建（含无房户）3 130户。已开工建设8 865户，完工8 754户，落实农村危房改造过桥贷款2.27亿元，对建档立卡贫困户D级危房就近就地改造每户补助5万元。将易地扶贫搬迁与产业发展、资产性收益、就业转移培训等相结合，进一步优化到村到户到人的帮扶措施，实施产业扶持1 277户5 246人，占100%；劳动力培训就业380户1 250人，占28.9%；其他扶持120户312人，占5.9%。

【“直过民族”脱贫】 2017年，全市“直过民族”脱贫攻坚工作大力推进基础设施、产业发展、素质提升、危房改造等工程建设，通过过桥贷款融资12 280万元，推进4个“直过民族”聚居行政村和49个“直过民族”聚居自然村整村推进项目和836户“直过民族”危房改造。完成村组道路建设125千米，土地整理项目2 900亩，村内道路建设2千米，安装太阳能路灯44盏，实施安全饮水保障到户工程（新建饮水管道）5.27千米，完成投资40.9万元；实施土地整治2 900亩，完成投资588万元；实施村庄整治4个，完成投资799万元。对全市“直过民族”开展菜单式职业技能培训。投资69万元，开展职业技能培训20期1 100人次，发放技术资料1 100多份；完成创业培训1期60人、新型农民职业技能培训1期40人。建设人工菌试验示范基地大棚3.2亩，种植经济林果3 500亩，养殖牲畜603头。实施乡村道路硬化33千米，村庄环境整治项目5个，标准化卫生室1所。共累计完成投资2.09亿元。

【劳动力培训转移】 2017年，全市共计完成建档立卡贫困人口26 041人次就业培训，其中，女性8 003人次，引导性培训7 906人次，专项培训4 505人次，技能培训12 082人次，专项服务培训1 144人次，经营性培训46人次，创业培训358人次。新增转移就业建档立卡贫困人口13 519人，其中：县内新增转移就业7 835人，县外新增转移就业2 577人，省外国内新增转移就业3 101人（上海82人、广东163人），增外就业6人，创业人数269人，招聘场次3次，企业213个，事业单位16个，提供就业岗位4 385个，提供公益性岗位9个，提供大学生就业见习岗位348个，进场人数达10 800余人次，达成意向性就业协议17 600人，咨询政策人数达3 100余人次，发放政策宣传资料3 950余份。全市2017年建档立卡劳动力培训完成26 041人次，占省级下达指标数0.97万人次的269%。其中：元江县全年分配数0.1万人次，实际完成6 869人次，占分配数的687%；易门县全年分配数0.08万人次，实际完成3 279人次，占分配数的410%；华宁县全年分配数0.10万人次，实际完成3 037人次，占分配数的304%；江川区全年分配数0.10万人次，实际完成2 925人次，占分配数的293%；峨山县全年分配数0.10万人次，实际完成2 380人次，占分配数的238%；澄江县全年分配数0.07万人次，实际完成1 351人次，占分配数的193%；新平县全年分配数0.18万人次，实际完成3 235人次，占分配数的180%；通海县全年分配数0.10万人次，实际完成1 430人次，占分配数的143%；红塔区全年分配数0.14万人次，实际完成1 535人次，占分配数的110%。

【革命老区建设】 2017年，全市革命老区开发建设工作，以抓好峨山县甸中镇省级革命老区项目建设项目为重点，同时督促革命老区县和老区乡镇认真抓好续建、在建项目建设的顺利推进。峨山县甸中镇省级革命老区项目建设项目，实际完成总投资5 857.00万元，其中，省级扶贫资金500.00万元、市级扶贫资金200.00万元、整合部门资金3 953.00万元、群众自筹或投工献料折资1 204.00万元。财政扶贫资金整体完成9件项目，新建蔬菜大棚160亩、新建水库泵站1个（含10kV变压器）、200立方米人饮蓄水池1个、50立方米蓄水池1个及配套设施、村内道路硬化3 700平方米、新建和修复机耕路13条12.1千米、新建三面光沟工程1 325米、新建垃圾房8座、新建公厕6座、建多功能活动室一座框架结构748.1平方米。项目覆盖小河村委会10个村民小组579户1 855人（其中建档立卡贫困人口34户133人）。整合部门资金和群众自筹或投工献料完成15件项目，种植漾濞泡核桃共9 300亩、种植油桃规模150亩、进村路硬化7 200平方米、修建红色教育基地（滇中地委办公旧址修缮、广场挡墙、浮雕、栈道、公厕等）、松山组人饮管网建设规模200米、觅池冲组人饮管网建设规模2 260米、水库除险加固（水库容量25万方，内外坝坡改造，泄洪道改造）、进村道路通达工程2条、村组内硬化道路3.15千米、新农村建设项目（旧村拆除重建）新建住房37套、成品垃圾房5个、新建化粪池37口、排污沟建设规模1 200米、公厕2个、太阳能路灯80盏。该项目实施完成后，覆盖了小河村委会10个村民小组579户1 855人（其中建档立卡贫困人口34户133人），使小河村委会农民人均纯收入迅速提高，由2015年项目实施前的9 453元提高到2017年的1.19万元，人均增2 486元，增长26.3%。

【扶贫小额信贷】 2017年，全市累计发放扶贫小额信贷4.11亿元，完成率102.80%，其中，省联社玉溪办事处发放贷款3.15亿元、完成率105.96%，邮储银行玉溪市分行发放贷款9 649.50万元，完成率为93.68%，红塔区发放贷款3 290.00万元、完成率109.67%，江川区发放贷款2 271.60万元（不含由澄江县托管的539.00万元）、完成率113.58%，澄江县发放贷款2 117.00万元（已含托管江川、华宁区域的589.00万元）、完成率105.85%，通海县发放贷款2 370.00万元、完成率118.50%，华宁县发放贷款5 056.00万元（不含由澄江县托管的50.00万元）、完成率101.12%，易

门县发放贷款6 000.00万元、完成率100.00%，峨山县发放贷款5 375.20万元、完成率107.50%，新平县发放贷款7 478.50万元、完成率93.48%，元江县发放贷款7 160.00万元、完成率102.29%。全年存入风险补偿金3 916.92万元，项目惠及全市贫困农户8 662户。

【财政扶贫资金报账进度】 2017年，全市各级财政专项扶贫资金共45 233.86万元，各县（区）财政专项扶贫资金结转结余金额合计1 583.75万元（不含2016年及以前年度盘活使用资金）、结转结余率3.74%。其中，红塔区16.75万元、结转结余率0.80%；江川区187.53万元、结转结余率5.02%，澄江县0.00万元、结转结余率0.00%，通海县0.00万元、结转结余率0.00%，华宁县145.72万元、结转结余率3.81%，易门县236.24万元、结转结余率4.96%，峨山县463.48万元、结转结余率7.57%，新平县229.26万元、结转结余率2.49%，元江县304.77万元、结转结余率4.29%。

【产业扶贫项目】 2017年，全市实施产业扶贫项目574个，投入各类财政专项扶贫资金2.63亿元，其中，各级财政专项扶贫资金安排的产业发展项目资金共计1.85亿元（包括中央资金3 905.65万元，省级资金7 976.98万元，市级资金6 099.2万元和县级项目资金480万元），到户贷款4亿元，整合部门涉农产业发展资金6.23亿元，“挂包帮”定点帮护资金34 578.33万元，社会帮护资金1 833万元。全市烤烟、蔬菜、经济林果、花卉、中药材等各类特色经作面积达到248.54万亩，比上年增加2.13万亩，增0.86%。蔬菜面积132.7万亩、产值46亿元，比上年分别增加3.56万亩、1.23亿元，增2.8%和2.7%；水果面积达65.2万亩、产量71.3万吨、产值30.1亿元，比上年分别增加7.8万亩、8.5万吨、1.23亿元，增13.6%、13.6%和23.1%；花卉面积5.2万亩，比上年增加0.8万亩。生物药材料面积6.5万亩，产值3亿元；烤烟面积58万亩，油料面积24.6万亩；出栏生猪290万头，比上年增3.4%；出栏肉牛18.3万头，比上年增3.4%；出栏肉羊31.7万只，比上年增5.4%；家禽出栏4 160万只，比上年增5.8%；完成肉蛋奶总产量5.04亿千克，比上年增5.2%，实现畜牧业产值93.5亿元，比上年增6.1%。以及与种植业相关的基础设施建设项目1 946个。产业项目涉及75个乡镇、704个村委会，1 351个自然村，受益群众8.09万户24.38万人，其中建档立卡贫困户3.14万户11.16万人，为贫困地区群众提供2.88万个就业岗位。

【扶贫攻坚“挂包帮”“转走访”工作】 2017年，市、县（区）挂包单位帮助贫困村引进各类项目627个，其中，市级挂包单位引进280个，县（区）挂包单位引进347个，帮扶单位协调或直接投入资金4.95亿元，其中，市级挂包单位2.92亿元，县（区）挂包单位2.03亿元，在帮扶单位协调或直接投入中，资金4.84亿元，物资折款1 143.05万元。全市75个建档立卡贫困村和9个贫困乡中的55个非建档立卡贫困村共130个村建立了驻村扶贫工作队，选派驻村扶贫工作队员705人，每个贫困村平均5人，同时选派第一书记任命工作队长，实现全覆盖。驻村工作队员走访贫困农户2.67万户，撰写驻村工作日记4 230篇、调研报告1 813篇，提交驻村工作计划918份，帮助驻村制定和完善各项制度953个、脱贫计划规划705个，提出工作建议1 376条，参与乡村中心工作及扶贫项目落实989件，参与组织召开群众会议6 729次，为驻村办好事实事1 683件，参与调解矛盾纠纷931起，帮助驻村争取到位扶贫项目189个、落实各类资金及物资折款1.03亿元。

【贫困对象动态管理】 2017年6～8月，全市贫困对象动态管理工作中，认定正常退出户5 910户2.13万人，不精准户1.14万户3.92万人，新识别2 487户8 715人，脱贫返贫1 069户3 715人，锁定贫困乡镇9个，贫困行政村198个（含2016年脱贫出列58个，2017年新增巩固提升村123个），建档立卡贫困人口2.67万户9.53万人。截至年底动态管理后，全市锁定建档立卡户2.61万户9.40万人，通过贫情分析，主要致贫原因为缺技术缺资金的1.16万户4.35万人，占44.3%；因病致贫3 211户1.10万人，占12.3%；因学致贫1 295户5 230人，占5.0%；低保户8 166户2.80万人，占31.2%。截至年底，9个贫困乡140个贫困村达到摘帽出列标准，全市累计脱贫2.22万户，8.15万人，年内脱贫1.15万户4.15万人，未脱贫建档立卡户3 946户1.24万人，县乡村贫困发生率均降到3%以下，全市贫困发生率0.78%。

（徐明洁）

政务服务管理

【设立玉溪市投资项目审批服务中心】 2017年11月16日，市委编办批复设立市投资项目审批服务中心，为市政务服务管理局所属财政全额拨款公益一类事业单位，机构规格正科级，核定事业编制5名，设主任1名（相当于正科级）。

【“互联网+政务服务”审批服务平台】 2017年，市政务服务管理局按照省政府统一安排部署，玉溪市作为试点州市，依托全省政务服务管理平台，将全市各级保留的行政许可事项和公共服务事项全部进驻省网上办事大厅，建成玉溪市“互联网+政务服务”审批服务平台，并于12月1日上线试运行。市、县（区）、乡（镇、街道）、村（社区）四级政务服务中心（为民服务中心）政务服务事项进驻省网上办事大厅提供线上服务，为实现“进一张网、办全市事”的工作格局奠定坚实基础。全市梳理入库事项5.36万项，二级以上深度事项达78.38%，其中，市级入库5 033项，二级以上深度78.69%。

【公共资源交易电子化平台】 2017年，市政务服务管理局按照市政府安排部署，于8月完成全市公共资源交易“一网三平台”系统部署和远程异地评标测试上线试运行工作。10月25日，市政府采购和出让中心顺利完成首个全流程电子化交易项目。11月1日，市公共资源交易电子服务系统在市、县（区）全面上线运行，启动电子化与纸质化同步走的电子化交易工作。12月1日起，全市范围内全面实现全流程电子化开评标工作，不再受理纸质交易项目。年内，市、县（区）办理CA数字证书1 248套，通过市公共资源交易电子化服务系统发布交易信息756次，受理电子化交易项目589个，电子化资格预审18次，电子化开评标229次，成交金额13.4亿元。

【玉溪中介超市并轨省投资审批中介超市运行】 2017年8月30日，市政务服务管理局为贯彻落实建设全省统一的中介超市的要求，确保玉溪市选取中介服务机构与全省保持一致，按照第四届市人民政府第85次常委会议研究，决定玉溪市政府投资建设项目中介服务机构库停止运行。9月12日，废止《玉溪市政府投资建设项目中介服务机构库管理办法（试行）》（玉溪市人民政府公告第36号）。玉溪中介超市并轨省投资审批中介超市运行，投资审批中介服务事项统一进入云南省投资审批中介超市选取。年内，全市共抽取选用中介服务项目882个，成交金额2 003.87万元，节约资金1 921.65万元，综合节约率48.95%。

【市政务服务中心业务办理】 2017年，市、县（区）政务服务中心受理办理业务118.29万件，办结118.29万件，办结率100%。其中，市政务服务中心38个窗口共受理办理业务30.35万件，办结30.35万件，办结率100%，群众满意率100%。

【投资项目网上审批服务业务办理】 2017年，市政务服务管理局市、县（区）政务服务中心受理投资项目审批2 637个项目、3 603件事项，投资概算6 830.69亿元，准予审批3 428件，并联项目353个，联动项目180个，按时办结率100%。其中，市政务服务中心办理投资项目审批447个项目、857件事项，投资概算2 526.18亿元，准予审批800件，并联项目85个，联动项目145个，按时办结率100%。

【公共资源交易业务办理】 2017年，市、县（区）公共资源交易中心共为各类交易活动提供信息服务4 171次，场地服务4 006次，受理交易项目2 292个，完成交易项目2 203个，成交金额169.64亿元，节约资金10.16亿元，溢出资金1.7亿元。其中，玉溪市公共资源交易中心为各类交易活动提供信息服务1 094次，提供场地服务916次，受理交易项目450个，完成交易项目532个，成交金额54.21亿元，节约资金3.67亿元，溢出资金0.042亿元。

【政府采购和出让中心业务办理】 2016年12月29日，市政府采购和出让中心受市财政局的委托，组织完成2016～2017年度玉溪市行政事业单位计算机等办公设备批量集中协议供货项目增补产品和协议供货经销商入围的申报及评审工作，共完成800多万元的通用办公设备协议供货任务。2017年12月19日，完成全市11宗市属行政事业单位国有资产产权拍卖活动，11宗国有资产产权全部成交，成交总金额6.11亿元。市政府采购和出让中心组织完成政府采购项目812个，成交金额41.86亿元，节约资金4.45亿元，节资率9.6%；矿业权出（转）让项目的2个，成交金额0.5亿元，溢出资金0.38亿元，溢出率316.6%；国有产权交易项目72个，成交金额7.77亿元，溢出0.64亿元，溢出率8.96%；国有建设用地使用权出让项目144个，成交金额29.79亿元，溢出金额0.68亿元，溢出率2.34%。

（张正云）

机关事务管理

【财务管理工作】 2017年，市政府机关事务管理局严格执行各项财经纪律，认真贯彻落实中央“八项规定”健全完善厉行节约、反对铺张浪费长效机制，完善审批报销程序，启动单位内部控制规范和财政资金绩效评价管理工作，“三公”经费支出逐年压缩。全年完成了市政府办公室及所属9个财务单位的财务收支核算、单位国有资产清查、2016年度部门决算、“三公”经费公开和2017年度部门预算公开等工作，按时按质报送相关报表、资料、数据，做到账证相符、账实相符、账表相符。“三公”经费比上年下降11.02%。圆满完成向上争取资金1 834万元的目标任务。

【公务用车改革和公务用车管理工作】 2017年，市政府机关事务管理局完成市直参改单位取消车辆处置工作，市直参改单位车改取消车辆863辆。截至3月22日，分6个批次拍卖市级车改取消车辆568辆，总评估价2 143.81万元，总成交价2 965.18万元，总溢价821.37万元，总溢价率达38.31%；完成市直参改单位全部295辆车的报废注销工作。成功拍卖省驻玉垂管单位车改全部取消车辆42辆车。规范车改留用车辆管理，严把一般公务用车审批关，市级未审批1辆一般公务用车，审批特种专业技术用车7辆，办理行政划拨3辆。同时，对市级参改单位保留车辆喷涂标识和安装定位系统进行核实检查，市级192辆留用车辆均严格按照要求喷涂了标识和安装定位系统；全力为金砖国家就业工作筹备会议、全国蔬菜产业大会、财政部增强医保基金可持续性座谈会等重大会议和活动提供优质服务，全年为市直72家涉改单位提供公务车辆出行2 311辆次，服务1.22万人次。向10个执勤执法单位提供执勤执法车辆出行187辆次，服务686人次。司勤人员出车4 865天次，车辆行驶总里程74.93万千米。应收取车辆使用费174.59万元，已收缴国库163.05万元，减免执法车辆使用费10.31万元，车辆运行支出158.45万元。

【公共机构节能管理工作】 2017年，市政府机关事务管理局认真组织开展全国公共机构生态文明宣传作品征集活动，征集各类作品81件，玉溪市白美红的作品《生态文明·节能先行·节能减耗·从我做起》荣获全国优秀奖；开展节约型公共机构示范单位的创建工作。根据《2017～2018年云南省节约型公共机构示范单位创建和能效领跑者遴选工作方案》通知要求，组织市公安局、玉溪一中、师院附中、中医医院、元江县机关事务管理局申报节约型公共机构示范单位创建，澄江县行政中心通过国家级“能效领跑者”初审；围绕“节约能源资源公共机构在行动”主题开展系列节能宣传活动，向全市广大干部职工开展节能宣传，倡导低碳办公和出行。同时，组织全市公共机构进行能耗调查分析，完成上半年能耗数据统计和上报工作，全市1 482个公共机构用地面积1 089.36万平方米，单位建筑面积687.29万平方米，用能人数58.52万人，电消耗量5 274.39万千瓦时，水消耗量723.68万立方米，油消耗量357.72万升。

【机关办公用房和资产管理工作】 2017年，市政府机关事务管理局认真贯彻落实《中共云南省委印发〈关于中央第十一巡视组对云南省开展巡视“回头看”反馈意见的整改方案〉的通知》，组织开展领导干部办公用房整改工作“回头看”工作，共清理整改政府口134个市直单位，办公用房使用面积4.56万平方米，办公用房超标面积5 076.62平方米，办公用房超标已整改面积5 717.27平方米。完成对

"胡田二区"活动中心的托管。严格管理市政府办公室、机关事务管理局国有资产，做好清查盘点登记工作，做到"三个一"，即一物、一卡、一照片，账卡物相符。

【市级机关交流干部周转住房工作】 2017年5～12月，市政府机关事务管理局按照市政府第81次常务会会议和五届市委第27次常委会议关于"研究解决市级机关交流干部周转住房问题"的决定事项，在市委办的统筹和市政府办的领导下，认真做好市级机关交流干部周转住房服务保障工作。租赁高新区管委会、玉溪百信集团等单位房屋作为全市市级机关交流干部周转住房使用，妥善解决了市级机关交流干部住房问题。

【会务服务工作】 2017年，市政府机关事务管理局以"提高效率、提升质量、规范服务"为目标，由会议服务科统筹协调机关会议室的管理使用，认真搞好会务服务工作。全年共接待各类会议520余场次，接待人员2.6万多人次，制作名称水牌6 500余个。

（杨　伟）

信访工作

【概　况】 2017年，全市信访总量12 973件人次，比上年下降15.29%。来访10 156人次，比上年下降24.56%；来信838件次，比上年上升17.86%。集体访5 925人次，比上年下降24.49%。全市群众赴省上访390人次，比上年下降13.1%。到国家信访局上访33人次，比上年下降42.4%。到京非接待场所人员22人次，比上年上升15.7%。全市网上信访自收件423件，同比上升49.68%；人民网自收件87件，比上年上升443.75%；微信自收件102件；手机信访自收件2件。全年市、县（区）共开展视频接访432件745人次。市长热线办公室受理交办语音、邮件信访件1 124件，其中，语音信访件受理交办762件，比上年上升44.05%；邮件信访件受理交办362件。全市共办理信访事项复查26件，比上年上升36.84%；办理信访事项复核6件，比上年上升50%。全市信访事项办理"三率"水平明显提升，信访部门与责任部门的信访事项及时受理率均为100%，责任部门的信访事项办结率为100%，按期办结率为94.16%，群众满意率100%。

【群众信访特点】 2017年，群众信访呈现4个特点，部分利益诉求群体串联聚集上访处置难度增大，部分特定利益群体通过建立区域性组织，运用新媒体进行动员和串联上访，发现处置难度大；金融领域信访问题形势严峻，涉众型经济案件频发，相关利益受损群体聚集上访意愿强烈，"e租宝""泛亚""拓农"等投资受损群体频繁串联上访；城乡建设和房地产领域引发矛盾大量增加，因土地征用、房屋拆迁、房地产开发等引发的风险易发高发；各种矛盾突发性、关联性增强，防范化解难度加大，一些信访人员抱团成群、以多造势、聚集施压等现象突出，跨地区、多群体串联趋势明显，大规模聚集事件时有发生。

【重点信访积案攻坚化解】 2017年，市信访局按照中央和省的部署要求，全面开展信访积案排查梳理，全市共排查梳理信访积案33件（其中市级16件，县级17件），省级交办信访积案1件。5月19日，五届市委第26次常委会议专题研究领导包案化解信访积案工作，讨论通过了《2017年市级党政领导包案化解信访案件工作方案》，对17件重点信访积案实行市级领导包案化解。7月12日，市委书记罗应光到峨山县塔甸镇七溪村委会本租村就其包案的信访积案进行实地调研，由市级投入治理资金400万元，化解了30多年来因开采煤矿导致农田污染的信访问题。8月14日，市长张德华主

①2017年11月29日，国务院副秘书长、国家信访局局长舒晓琴到玉溪市就信访工作进行调研 ②2017年10月23日，省政府副秘书长、省信访局局长朱家美到玉溪市调研信访工作

（市信访局　提供）

持召开专题协调会，由市级投入农田水利设施资金600万元，解决通海县杨广镇两村之间因土地争议引发群体性斗殴、时间跨度长达8年的信访案件。其他市级领导先后对所负责包案化解信访事项进行实地调研，研究制定化解方案，积极协调推进信访问题的化解。通过市委市政府主要领导带头示范，全市各级各部门先后共投入1 310万余元资金开展信访积案化解，全市34件信访积案已全部成功化解，化解率100%。

【网上信访平台建设】 2017年1月1日，市长热线电话、书记市长电子信箱正式进入云南信访信息系统流转；2月7日，视频接访系统延建到部分村（社区）并进入云南信访信息系统流转，“四级联动”视频接访取得阶段性成果，群众不用长途跋涉就可以反映问题逐步成为玉溪市信访工作的新常态。目前，全市信访信息系统已初步形成了信访信息网络、微信公众号、书记市长电子信箱、视频接访等多方式网上诉求表达平台，群众信访由“面对面”转向“键对键”，为打造网上信访主渠道奠定良好的社会基础。

【“玉溪信访”微信公众号开通】 2017年1月20日，市委市政府信访局开通了“玉溪信访”微信公众号，群众可通过“手机信访”直接提交投诉请求或提出意见建议，并通过“办理查询”了解查询信访事项办理情况；微信公众号通过“信访动态”“政策解读”发布信访工作制度改革的最新进展，解读信访工作相关政策法规，宣传全市各级各部门信访工作的新举措、新经验，并通过群众来信选登，讲述信访干部为群众排忧解难的案例。全年“玉溪信访”微信公众号共推送70期158条信息，单条信息点击达2 011次，强化了信访工作的宣传，为全市信访工作营造良好的社会氛围。

【信访工作责权体系构建】 2017年，市委市政府信访局认真贯彻落实中央《信访工作责任制实施办法》和省《信访工作责任制实施细则》，经五届市委第26次常委会议研究并审议通过，5月27日，印发《玉溪市信访工作责任制实施细则》（以下简称《细则》）。6月2日，市委市政府信访局召开市、县、乡三级信访工作业务视频培训会，以《压实责任·细化考核·严肃追责》为题，对《细则》作出详细深度的解读，并对《细则》的贯彻落实进行全面部署。市委书记、市长认真履行“第一责任人责任”，带头抓工作落实树好标杆，与各县（区）委书记签订信访工作责任书，明晰各级信访工作责任，切实把各级的信访维稳责任层层压到实处。

【信访基础业务规范化建设】 2017年初，市委市政府信访局认真研究国家信访局、省委省政府信访局关于开展信访基础业务规范化建议的工作要求，决定在全市建立信访案件评查制度。8月9日，制定出台《玉溪市信访案件评查办法（试行）》和《玉溪市信访案件评查评分标准》。8月14～22日抽调县（区）、市直有关部门共35人组成7个评查组，对全市各县（区）、市直有关部门的信访案件进行评查，共抽查案件260件。通过开展信访案件评查工作，紧盯信访责任主体单位，以信访基础业务建设倒逼信访工作责任的落实，确保了全市信访基础业务规范化工作达到预期目标。

【领导干部接访下访工作】 2017年，市委、市政府信访局坚持书记市长接待日制度，在书记市长的示范带动下，全市各级各部门领导接访群众2 114批6 378人次，解决问题1 403件；约访821批1 412人次，解决问题599件；下访3 029批7 485人次，解决问题2 559件。接访中，各级领导与群众“零距离”接触，认真查看上访群众书面材料，耐心听取群众诉求，与来访群众亲切交谈，让群众愿说话，说知心话。与上年相比，全市群众到

①2017年7月12日，市委书记罗应光看望信访群众 ②2017年7月17日，市长张德华主持召开信访积案化解专题会
（市信访局 提供）

省上访390人次，人次下降13.1%；到国家信访局上访33人次，比上年人次下降42.4%。通过领导干部大接访，促进了依法及时就地解决信访问题，为维护全市社会和谐稳定发挥了重要作用。

【市委书记罗应光参加新华网“市委书记谈信访”】 2017年12月19日，市委书记罗应光代表云南省参加由国家信访局与新华网联合推出的“市委书记谈信访”系列访谈，围绕贯彻落实党的十九大对信访工作的新要求，罗应光介绍了玉溪按照“5577”总体思路推动经济社会发展的情况，以及抚仙湖保护中既推进生态文明建设又充分保障民生权益、红塔区修订村规民约实现良法善治等方面的做法。他强调做好信访工作就是要坚持以人民为中心，坚持在发展中保护和改善民生，始终把人民的利益摆在至高无上的位置，不忘初心、牢记使命，依法依规解决好群众诉求，努力让每一个上访群众满意而归。

【信访工作秩序规范】 2017年，全市各级信访部门进一步强化大局意识和服务意识，始终把服务和保障重要会议和重大活动作为重要政治任务抓紧抓好。在重要敏感节点，紧密结合全市实际，完善工作预案，加强组织领导，制定工作方案，落实工作责任。全国、全省、全市两会和党的十九大等重大会议、活动期间，全市没有发生大规模集体进京上访和聚集，没有发生因信访问题引发的重大群体性事件，没有发生因工作不当引起的负面炒作，尤其是全国两会和十九大期间全市实现“零上访”工作目标，圆满完成信访维稳工作任务，有效维护社会和谐稳定。

【信访“第二研究室”】 2017年，全市信访部门围绕深化信访工作制度改革和群众工作中的理论、实践问题开展调研，切实把工作重点从事后处理转移到事前预防上来，争取工作主动权，及时将各类不稳定因素收集、研判并上报党委政府。开展信访形势分析研判19期，发出预警信息19份，各县（区）、各部门先后整理上报调研、工作信息707条。同时，充分应用大数据，通过全市信访信息系统，分类统计，调查分析，及时发现带有普遍性、倾向性问题，特别是群众反映强烈的信访突出问题，提出有价值的工作意见建议，多篇分析建议信息得到书记市长的批示肯定，为党委、政府科学决策提供了有益参考。

2017年8月22日，工作人员在开展信访案件评查工作　（市信访局　提供）

【信访干部队伍建设】 2017年，市信访局切实加强信访干部队伍思想建设、能力建设和作风建设，3月14～24日，在浙江大学举行玉溪市信访系统领导干部能力提升专题培训班。市级相关部门、各县（区）信访局及重点乡镇（街道）分管领导和信访专兼职干部187人参加培训，为做好新形势下的信访工作打下坚实的思想和业务基础。弘扬典型，广泛宣传优秀共产党员、优秀信访干部先进事迹，用身边事教育身边人，在全市信访系统形成“学先进、比贡献、争一流”浓厚氛围。全市涌现出一大批成绩显著、贡献突出的信访工作先进典型，新平县信访局局长赵家福获得“全国信访系统优秀信访局长”荣誉称号，市委市政府信访局和易门县信访局获得“云南省信访工作先进集体”荣誉称号，市、县（区）5名信访干部分别获得“云南省信访工作先进个人”荣誉称号。

（高玲艳）

外事工作

【因公出国（境）管理】 2017年，市外事侨务办积极落实省委外事工作会议精神和市委相关会议要求，严格管理，因公出国（境）管理工作更加规范。坚持“统筹安排、服务大局”的原则，多措并举，确保全市因公出国（境）工作规范有序。按照省外办的要求，对全市因公出国（境）总量进行压缩，科学制定了全市因公出国（境）计划。根据中央、省、市有关文件精神，结合玉溪市实际，严格执行5个不批，即没有列入年度计划的不批，经费没有列入财政预算、经费来源不明的不批，团组人员党风廉政情况不明的不批，事前没有公示的不批，无实质性内容的不批。同时，加强对外事工作的统筹和协调，按照中央和省、市关于严控因公出国（境）经费总量及团组数量的要求，为加强全市国家工作人员因公出国（境）工作，起草下发《关于进一步加强全市国家工作人员因公出国（境）工作的通知》，对全市因公出国（境）工作应遵守的纪律和流程等进行再次强调和规范，有力保障因公出国（境）工作的规范开展。全年共审批因公出国（境）团组37批，60人次。

【重要出访】 2017年，市外事侨务办严格按照云南省外办批复的“因公临时出国（境）计划”执行出访任务，优先保障对外文化交流、经贸往来、区域合作、人才培养等因公出国（境）项目。按照批复计划统筹安排，提升了对外工作的实效性和出访质量，玉溪市的对外交流工作取得了新的进展。5月，为促进玉溪市与泰国、老挝、柬埔寨的经贸合作，进一步协调解决我市在泰国、老挝、柬埔寨投资企业的困难问题，指导企业有步骤、有计划地推进国际化经营，挖掘外贸增长潜力，强化外贸联动发展，市人大常委会主任谢兴荣带队一行6人赴泰国、老挝、柬埔寨进行实地调研交流，并为玉溪市驻柬埔寨（金边）商务代表处成立揭牌。

6月，为贯彻落实好云南“旅游强省”和玉溪经济社会“5577”发展战略，加强对欧洲国家旅游文化产业最新发展模式的了解，学习借鉴欧洲国家旅游文化产业的先进经验和做法，同时推介玉溪旅游产品和拓展旅游市场，加快玉溪旅游文化大市建设步伐。市委副书记、市委统战部部长保明顺带队一行5人赴法国、挪威、英国开展旅游营销宣传，交流学习旅游文化产业的先进经验和做法，同时推介玉溪旅游产品和拓展旅游市场。

6月，市委副书记、市长张德华率市政府代表团赴美国、加拿大进行访问。此次出访的主要目的是了解掌握全球生物医药研发及产业发展情况，寻求玉溪市与美国生物医药产业和相关基金会、协会的战略性合作机会，加速玉溪生物医药产业国际化进程，推动生物医药产业招商引资和招才引智取得新突破。

【对外友好交流】 2017年，玉溪市主动融入“一带一路”、云南建设中国面向南亚、东南亚辐射中心战略，始终贯彻落实“深化与周边国家、发展中国家和新兴市场国家的友好关系”国家大政方针，积极开展民间外交，充分发挥民间外交优势，多渠道、多形式、多层次地开展对外交流与合作。坚持与邻为善、以邻为伴，巩固睦邻友好，深化互利合作，努力使自身发展更好地惠及周边国家的工作方针，充分发挥地缘和传统优势，使“睦邻、安邻、富邻”的周边外交政策落到实处。加强与老挝、越南、缅甸、泰国、柬埔寨等东南亚国家的睦邻友好关系，促进市领导带团出访泰国、老挝、柬埔寨，加强与老挝占巴塞省的联系，争取在农业、科技、文化、教育、旅游等方面达成进一步合作。注重物色与玉溪有互补性的城市，多渠道联系友好城市建设工作。玉溪市与韩国巨济市已经签订发展友好城市关系意向书，正在积极推进正式建立友好城市工作。正在协调与柬埔寨西哈努克港与玉溪市结为友好城市。努力探索与欧美发达国家的友好

①2017年5月12日，市人大常委会主任谢兴荣为玉溪市驻柬埔寨（金边）商务代表处成立揭牌（王　浩　摄）②2017年6月19日，市委副书记保明顺率玉溪代表团与英国韦林哈特菲尔德市市长及有关领导就城乡一体化发展规划进行交流（何雪峰　摄）③2017年6月26日，市长张德华率市政府代表团拜访爱非尼沃克斯疫苗公司（范崇磊　摄）

往来，通过爱尔兰克莱尔郡的牵线搭桥，正在协调爱尔兰在装备制造业、医疗器械制造业等方面发展较好的高威市与玉溪市结为友好城市。正在协调加拿大、法国、以色列相关城市与玉溪市结为友好城市，推动全市现代农业发展。

【提升中国·玉溪英文网】 2017年，市政府外事侨务办从质量方面，进一步丰富和发展玉溪网英文版。通过玉溪网英文版宣传玉溪旅游、生态、人文、投资环境、投资服务、政府服务等信息，让更多人了解玉溪、认识玉溪，提升玉溪对外知名度、美誉度和影响力，强化玉溪的竞争优势。

【外宾接待】 2017年，市外事侨务办立足于宣传推介玉溪为出发点，在外事接待中，根据来访外宾的目的和国别，有针对性地安排参观点，着重展示玉溪生态城市建设、基层党组织建设、经济建设、新农村建设、教育、旅游发展等方面的成果，体现玉溪的区位优势和良好的投资环境，重点宣传介绍与外方可能合作的领域和内容，积极牵线搭桥，力促扩大全市对外开放。全市共接待缅甸、越南、西班牙、德国、法国、美国、苏里南、圭亚那、泰国、蒙古国、俄罗斯、南非、巴西、印度、多米尼加、汤加、伊朗、印度尼西亚、老挝、新加坡、柬埔寨、尼泊尔、孟加拉国、马来西亚、斯里兰卡、埃塞俄比亚、赞比亚、肯尼亚、巴拿马、黑山、日本、英国、新西兰、乌克兰、韩国、塔吉克斯坦、比利时、菲律宾、摩洛哥、不丹、吉布提、捷克、意大利、马里、巴基斯坦、塔吉克、澳门、台湾等48个国家及地区的外宾47批次1 011人，来访外宾人数再创历史新高。

【重要外宾接待】 2017年2月22日，越南老街省祖国阵线主席杨小韵为团长的越南老街省祖国阵线代表团访问玉溪，考察全市新农村建设情况。4月19日，金砖国家就业工作组第一次会议在玉溪市澄江县举行。人力资源和社会保障部副部长游钧，云南省副省长高峰，玉溪市委副书记、市长张德华，国际劳工组织副总干事格林菲尔德女士出席活动并致辞。此次会议在国际国内引起广泛关注和强烈反响，接待工作得到人力资源和社会保障部、省委、省政府的高度赞扬和肯定。应中国共产党和“金砖国家政党、智库和民间社会组织论坛”筹委会邀请，以老挝中央政治局委员、中央书记处常务书记、国家副主席潘坎为团长的老挝人民革命代表团于6月10～14日访华，并于6月13～14日赴玉溪访问考察。

【全市扩大对外开放】 2017年，全市外事侨务工作围绕对外开放和经济社会发展大局，积极创新开展对外友好工作，加强与中联部、外交部、全国友协、省外办、省友协、省侨办的汇报对接和协调沟通，进一步拓宽对外交流渠道，充分利用外事接待、中外论坛等平台，全力做好对外推介玉溪，切实提升和扩大玉溪的对外影响力。年内，积极组织参加了外交部蓝厅云南推介，在中国希腊地方友好合作论坛上做了玉溪主旨推介，有效提升玉溪对外知名度。进一步加强与香港的密切联系和交流，年内对香港中华总商会、香港新华集团对接筹划玉溪市赴港澳招商事宜，做好香港“古董车”云南行玉溪站的相关工作。认真筹谋做好荣誉市民工作，学习借鉴外地的先进经验做法，筹划在全市开展荣誉市民评选工作，探索建立常态化对外友好联系渠道和桥梁，扩大玉溪的对外影响力。在外事接待中，根据来访外宾的目的和国别，有针对性地安排参观点，着重展示玉溪生态城市建设、基层党组织建设、经济建设、新农村建设、教育、旅游发展等方面的成果，体现玉溪的区位优势和良好的投资环境，重点宣传介绍与外方可能合作的领域和内容，积极牵线搭桥，力促扩大玉溪市对外开放。有力配合国家总体外交战略，圆满完成高访团组接待工作，细心周到的接待好外交部、中央外联部、省委、省政府等安排的高规格外宾团组，接待以老挝中央政治局委员、中央书记处常务书记、国家副主席潘坎为团长的老挝人民革命代表团，以越南国会常委会民意部副主任阮金洪为团长的越南党政干部考察团，柬埔寨班迭棉吉省省长孙巴沃为团长的柬埔寨代表团，越南老街省祖国阵线主席杨小韵为团长的越南老街省祖国阵线代表团；配合市纪委做好尼泊尔反腐败措施与实践研修班接待工作，配合市委组织部做好老挝干部培训考察团接待工作，配合市抚管局积极做好环抚仙湖高原国际超级马拉松赛事工作及金砖国家就业工作组第一次会议相关工作等。加强与驻华使领馆交流合作，年内拜会了泰国、老挝、柬埔寨、马来西亚、缅甸、孟加拉国、越南等驻昆明总领事，加强联络沟通、挖掘国际资源，向各领事馆了解他们的工作安排，寻找与玉溪市合作的契机与项目，为与各国深化在经济、文化、教育、旅游等领域的交流合作奠定坚实的基础。8月1日，西班牙加泰罗尼亚中小企业协会主席卡姆帕德拉克莱乌访问玉溪，并与玉溪市签署合作备忘录。

2017年6月13日，老挝中央政治局委员、中央书记处常务书记、国家副主席潘坎考察玉溪庄园 （陈明真 摄）

侨务工作

【为侨服务工作】 2017年，市外事侨务办在春节慰问生活困难的归侨侨眷以及侨务工作重点对象家属201户，共发放慰问金10.05万元。在中秋节前，慰问鳏、寡、孤、独、残，丧失劳动能力及患有重大疾病的生活极度困难的归侨侨眷16户6万元。积极向上争取到省侨办专项资金15万元，用于全市110户归侨侨眷困难救济，对1户患有重大疾病的侨眷、1户患病南侨机工遗属进行临时救济，对1户有发展能力的侨眷进行产业扶持。与玉溪技师学院合作举办电子商务培训班1期，助力归侨侨眷创业，成效显著。3月，云南刘胡乐律师事务所律师来到元江县甘庄街道开展现场法律咨询活动，对群众提出的涉及民政、殡葬、抚恤、离退休、土地等问题给予了法律分析和政策解答。8月，暨南大学附属第一医院专家赴元江县开展“侨爱工程——送医送药送温暖”活动，为侨界群众开展义诊、发放药品、普及健康实质，受到侨场群众的热烈欢迎。9月，全市集中开展“侨法宣传月”活动，通过各种形式的宣传和法律咨询活动，发放印制环保袋、宣传册等宣传材料5.50万份，有效覆盖全市涉侨群体，达到良好的宣传效果，营造良好的知侨、爱侨、护侨社会氛围。在玉溪滇玉律师事务所成立首个“为侨法律服务工作站”，标志着玉溪市为侨服务公共体系建设法治化迈出了关键性步伐。元江县澧江街道红侨社区成功创建为全国社区侨务工作示范单位，元江县甘庄街道红新社区创建为暖侨敬老示范点。

依法认真做好侨务信访工作，全年共受理侨务信访件3件，通过深入调查、积极协调，对3件信访件都及时做了反馈，回复率达到100%，办结率100%。

成功申报“红侨农场历史陈列室建设和联合国出资援建房屋修缮保护”项目，对一间占地150余平方米的联合国出资援建房屋进行修缮保护，通过在红侨社区广泛征集具有红侨历史文化纪念意义的相关实物和资料，以红侨农场历史变迁、归国华侨华人特殊异国风情经历为主题，建设成为以集展示、宣传、旅游观光为于一体的陈列室。

【华文教育工作】 2017年，全市选派7名优秀教师赴老挝、泰国等国家协助当地开展华文教育工作，切实推进全市外派教师工作有序开展。目前全市共有7名教师在外任教。举办海外华文教师培训班2期，100余名缅甸华文教师来玉溪学习。举办华裔青少年中国寻根之旅七彩云南玉溪夏令营2期，100多名泰国华裔青少年参加。

【侨务经济科技工作】 2017年6月，玉溪市借力东盟华商会这一侨务招商引资平台，抓住世界42个国家600余位华商齐聚昆明、畅叙友谊、共谋发展的契机，成功举办第十五届东盟华商会玉溪市专场推介会，为华商提供了解玉溪、寻求交流与合作的窗口，展示了玉溪适合投资兴业的优良环境及政策支持。在玉溪市专场推介会上，市长张德华做了玉溪主旨推介，进一步增进与广大侨领、侨商和华商朋友的了解和友谊，帮助玉溪企业与“一带一路”沿线国家企业开展投资与合作。猫哆哩集团、易门康源菌业有限公司、玉溪健坤生物有限公司等知名企业进行现场展示，推介会取得良好的效果，提升了玉溪在相关国家的知名度和美誉度。1～4月，市外事侨务办完成争取上级资金任务66.1万元，占全年目标任务的104.9%，提前超额完成年度目标任务。

（潘翠华）

玉溪市人民政府2017年10件惠民实事实施情况
（截至11月30日）

第一件：加快农村公路提升改造，新建、改建农村公路2614千米，实现建制村100%通硬化路、90%以上通客运班线。

全市完工新建、改建农村公路2 833.77千米，完成108.4%。其中：红塔区完工122.06千米，江川区159.69千米，澄江县116.09千米，通海县144.48千米，华宁县370.33千米，易门县302.88千米，峨山县485千米，新平县483.74千米，元江县649.5千米。

我市纳入统计的建制村673个，已全部实施100%通硬化路目标任务。

全市建制村已通客运班线641个，占88.71%。其中：江川区、易门县、新平县分别是100%，峨山县96.1%，澄江县95.6%，红塔区93.3%，通海县82.9%，华宁县81.3%，元江县72.8%。

第二件：改善农村发展条件。

1. 改造中低产田地16.7万亩。

全市改造中低产田地19.61万亩，完成117.4%。其中：红塔区3.06万亩，江川区1.87万亩，澄江县1.42万亩，通海县0.85万亩，华宁县4.18万亩，易门县1.17万亩，峨山县2.09万亩，新平县3.2万亩，元江县1.77万亩。

2. 新增高效节水减排面积20万亩，解决15万农村人口饮水安全问题。

全市建成高效节水减排面积16.01万亩，完成80.1%。其中：红塔区0.23万亩，江川区1.1万亩，澄江县5.1万亩，通海县0.63万亩，华宁县4.98万亩，易门县0.44万亩，峨山县0.38万亩，新平县2.8万亩，元江县0.35万亩。

全市解决了15.08万人的饮水安全问题，完成100.5%。其中：红塔区0.76万人，江川区1.87万人，澄江县0.96万人，通海县1.22万人，华宁县1.05万人，易门县1.31万人，峨山县2.22万人，新平县3.23万人，元江县2.46万人。

3. 实施“百村示范”60个、“千村整治”605个。

60个“百村示范”工程全部开工，完工27个，完成45%。其中：红塔区完工1个，完成16.7%；江川区完工1个，完成14.3%；澄江县完工4个，完成50%；通海县完工4个，完成66.7%；华宁县完工1个，完成16.7%；易门县完工7个，完成100%；峨山县完工4个，完成57.1%；新平县完工1个，完成16.7%；元江县完工4个，完成57.1%。

605个“千村整治”工程全部开工，完工356个，完成58.8%。其中：红塔区完工34个，完成50.8%；江川区完工26个，完成37.7%；澄江县完工56个，完成83.6%；通海县完工50个，完成75.8%；华宁县完工25个，完成37.9%；易门县完工50个，完成73.5%；峨山县完工52个，完成80%；新平县完工16个，完成22.5%；元江县完工47个，完成71.2%。

第三件：实施点亮玉溪工程，安装太阳能路灯5万盏。

完成安装太阳能路灯30 993盏，完成62%。其中：红塔区安装2 342盏，完成45.8%；江川区安装4 913盏，完成94.8%；澄江县安装4 343盏，完成72.4%；通海县安装3 105盏，完成62.1%；华宁县安装2 665盏，完成52.9%；易门县安装2 565盏，完成51.3%；峨山县安装3 795盏，完成74.4%；新平县安装3 181盏，完成63.2%；元江县安装4 084盏，完成80.1%。预计2018年春节前完成全部安装工程。

第四件：改善群众住房条件，改造棚户区1万户、建成8 399户，启动农村危房改造4 900户、完成1.59万户。

棚户区开工建设6 684套、建成9 969套，完成任务51.41%、103.98%。其中：新平县开工3 182套、建成3 262套，完成任务100%、277.2%；峨山县开工725套、建成1 289套，完成任务100%、100%；澄江县开工613套、建成1 644套，完成任务19.1%、71.5%；通海县开工157套、建成157套，完成任务100%、100%；红塔区开工605套、建成1 329套，完成任务60.5%、138.43%；江川区开工555套、建成555套，完成任务27.8%、44.5%；易门县开工368套、建成1 156套，完成任务24.53%、114.45%；元江县开工479套、建成479套，完成任务95.4%、73.2%；华宁县开工任务723套，至今未开工，建成98套，完成任务19.6%。

结合脱贫攻坚，全市启动农村危房改造11 614户，完工8 565户，完成73.7%。其中：红塔区开工720户，完工550户，完成76.4%；江川区开工918户，完工660户，完成71.9%；澄江县开工653户，完工389户，完成59.6%；通海县开工633户，完工490户，完成77.4%；华宁县开工912户，完工659户，完成72.3%；易门县开工463户，完工331户，完成71.5%；峨山县开工1 046户，完工931户，完成89%；新平县开工2 414户，完工1 499户，完成62.1%；元江县开工3 855户，完工3 056户，完成79.3%。

第五件：积极推进就业创业。

1. 新建3个创业孵化平台，城镇新增就业2.5万人，城镇下岗失业人员再就业9 000人。

建成玉溪启迪众创园、通海云秀农业创业园、玉溪体育运动学校校园创业孵化平台，实施低租金低费用创业场地优惠政策，吸纳入驻创业实体588个，带动就业人员2 325人。

分别完成新增城镇就业和下岗失业人员再就业27 226人、9 731人，完成任务108.9%、108.1%。其中：红塔区完成106.8%、116.6%；江川区完成105.4%、111.1%；通海县完成105.3%、103.3%；澄江县完成100.5%、102.1%；华宁县完成105.7%、110.3%；易门县完成106.5%、108.4%；峨山县完成100.4%、101.3%；新平县完成100.3%、100.6%；元江县完成100.5%、100.4%。

2. 培训新型职业农民1 600人。

全年培训新型职业农民1 643人，完成102.7%。其中：市本级完成培训267人，红塔区150人，江川区257人，澄江县100人，通海县266人，华宁县100人，易门县150人，新平县250人，元江县103人。

第六件：着力改善办学条件，实施“全面改薄”80个项目9万平方米。

全市完成“全面改薄”80个项目93 963平方米。其中：红塔区7个项目9 373平方米；江川区6个项目3 602平方米；易门县2个项目2 338平方米；峨山县9个项目2 603平方米；新平县21个项目41 240平方米；元江县35个项目34 807平方米。

第七件：加强基层医疗卫生服务能力建设，完成2个县中医院、2个乡镇卫生院、10个村卫生室建设。

完成新平县中医院、江川区中医院项目建设。

完成易门县六街中心卫生院、通海县河西中心卫生院建设。

完成江川区雄关乡白石岩村，澄江县九村镇东山村，通海县河西镇清水河村、里山乡大黑冲村，华宁县宁州街道火特村、岔纳村，易门县六街街道铁厂村、白邑村、绿汁镇腊品村，元江县羊街乡党舵村等10个村卫生室建设。

第八件：实施“关爱妇女儿童健康行动”计划，完成农村妇女宫颈癌、乳腺癌免费检查工作，完成宫颈癌HPV基因免费检测10 000例；全面启动新生儿疾病苯丙酮尿症和先天性甲状腺功能减低症筛查、听力筛查工作。

全市完成农村妇女宫颈癌免费检查15 335例、乳腺癌4 462例；完成宫颈癌HPV基因免费检测15 547例；完成新生儿疾病苯丙酮尿症、先天性甲状腺功能减低症筛查28 197例，筛查率91.18%；完成新生儿听力筛查27 873例，筛查率96.28%。

第九件：加快推进养老服务设施建设，完成5个乡镇敬老院改扩建、20个居家养老服务中心建设。

完成了江城敬老院、大龙潭乡敬老院、铜厂乡敬老院、易门十街敬老院、建兴乡敬老院5个乡镇敬老院建设。

完成了20个居家养老服务中心建设。其中：红塔区2个，江川区2个，澄江县2个，通海县1个，华宁县1个，易门县2个，峨山县4个，新平县4个，元江县2个。

第十件：开展残疾人关爱行动，为700名残疾人免费配备辅助器具，实用技术培训100人，贫困残疾人家庭无障碍改造100户。

免费为710名残疾人配备了辅助器具。其中：江川区255名，通海县258名，峨山县197名。

免费对100名残疾人进行了实用技术培训、对100户贫困残疾人家庭进行了无障碍改造。其中：红塔区、江川区、澄江县、通海县、华宁县、易门县、峨山县、元江县分别培训10人、改造10户；新平县培训20人、改造12户。

绿水青山·碧玉清溪

（吴 垠 摄）

政协玉溪市委员会

YUXI COMMITTEE OF CHINESE PEOPLE'S AND CONSULTATIVE CONFERENCE

责任编校：李晓媛

重要会议

协商议政

政协专门委员会工作

【概　况】 2017年，政协玉溪市委员会紧紧围绕全市改革发展稳定大局，切实发挥人民政协作为社会主义协商民主重要渠道和专门协商机构的作用，认真履行政治协商、民主监督、参政议政职能，着力做好思想引导、汇聚力量、议政建言、服务大局各项工作，为推动玉溪经济社会发展作出了积极贡献。全年举行全体会议1次，常委会议5次，主席会议9次；开展常委会专题协商3次，立法协商2次，对口协商1次，界别协商1次，提案办理协商1次；开展专题调研视察15项，形成调查报告6份，视察报告9份，提出意见建议100多条。

【政协玉溪市四届五次会议】 2017年1月9～12日，政协玉溪市四届五次会议在玉溪举行。会议应到会委员310名，实到291名，符合规定人数。市政协主席夏立洪，副主席李平、汪燕平、马良昌、郭亚钢、贺光明、李少华，秘书长张卫在主席台前排就座。罗应光、张德华、保明顺、谢兴荣等市领导出席会议并在主席台就座，祝贺大会召开。夏立洪代表政协玉溪市第四届委员会常务委员会向大会作工作报告，李平向大会报告市政协四届四次会议以来的提案工作情况，代市长张德华代表市人民政府作《政府工作报告》说明。与会委员列席玉溪市第四届人民代表大会第五次会议，听取并分组协商讨论政府工作报告、“两院”工作报告和计划、财政报告。会议审议通过了《政协玉溪市第四届委员会第五次会议关于常务委员会工作报告的决议》《政协玉溪市第四届委员会第五次会议关于四届四次会议以来提案工作情况报告的决议》《政协玉溪市第四届委员会提案委员会关于四届五次会议提案审查情况的报告》《政协玉溪市第四届委员会第五次会议决议》。

【常务委员会会议】 2017年，市政协举行了四届十九次至二十三次常务委员会会议。

2月17日，市政协举行四届十九次常委会议。会议应到常委会组成人员59人，实到49人，符合规定人数。市政协主席夏立洪主持会议并讲话，副主席李平、汪燕平、马良昌、郭亚钢、贺光明、李少华，秘书长张卫出席会议。会议传达学习省政协十一届五次会议精神，听取《政协玉溪市委员会2017年工作要点（草案）》《政协玉溪市委员会2017年度重点协商计划（草案）》起草情况及有关人事事项说明，讨论通过了《政协玉溪市委员会2017年工作要点》《政协玉溪市委员会2017年度重点协商计划》及有关人事事项。

5月25日，市政协举行四届二十次常委会议。会议应到常委会组成人员59人，实到43人，符合规定人数。市政协主席夏立洪主持会议并讲话。市政协副主席李平、汪燕平、马良昌、郭亚钢、李少华，秘书长张卫出席会议。市政府副市长蔡四宏应邀出席会议。会议听取了市农业局工作情况通报、《玉溪市农业科技推广服务体系建设调查报告（草案）》起草情况及有关人事事项说明，讨论通过了《玉溪市农业科技推广服务体系建设调查报告》及有关人事事项。

8月29日，市政协举行四届二十一次常委会议。会议应到常委会组成人员59人，实到48人，符合规定人数。市政协主席夏立洪主持会议。市委常委、常务副市长王力，副市长孙云鹏，市政协副主席李平、汪燕平、郭亚钢、贺光明、李少华，秘书长张卫出席会议。会议听取了王力通报玉溪市2017年以来经济运行情况，听取了市旅游发展委作工作情况通报，听取了市政协联络委作《玉溪市红河谷—绿汁江流域旅游文化产业发展情况的调查报告（草案）》起草情况说明。市委组织部副部长陈川铭作人事事项说明。会议以“红河谷—绿汁江流域旅游文化产业发展”为主题开展协商议政，审议并原则通过《玉溪市红河谷—绿汁江流域旅游文化产业发展情况的调查报告》，通过了有关人事事项。

11月23日，市政协举行四届二十二次常委会议。会议应到常委会组成人员59人，实到45人，符合规定人数。市政协主席夏立洪主持会议并讲话。市政府副市长蔡永飞，市政协副主席李平、汪燕平、马良昌、郭亚钢、贺光明、李少华，秘书长张卫出席会议。会议听取了市纪委通报全市全面推进从严治党、加强党风廉政建设和反腐败工作情况，听取了市扶贫办关于全市精准脱贫情况的通报，审议了《关于精准脱贫攻坚工作情况的调查报告（草案）》。会上，市政协常委、委员和专家学者围绕“精准脱贫攻坚”这一主题进行了专题协商。新平县、市农业局、市交通局相关负责人就加快推进脱贫攻坚作了专题发言。

12月27日，市政协举行四届二十三次常委会议。会议应到常委会组成人员59人，实到47人，符合规定人数。市政协主席夏立洪主持会议并讲话。市政府副市长蔡永飞，市政协副主席李平、汪燕平、马良昌、郭亚钢、贺光明、李少华，秘书长张卫出席会议。会议听取和审议通过了有关人事事项，对做好政协玉溪市五届一次会议筹备工作进行了安排部署。

【主席会议】 2017年，市政协举行了四届三十四次至四十二次主席会议。

1月11日，市政协召开四届三十四次主席会议。会议听取了各委员组对政协玉溪市第四届委员会第五次会议“三个决议”（草案）的讨论情况汇报，审议了“三个决议”（草案），审议了《政协玉溪市第四届委员会第五次会议期间提案审查情况的报告（草案）》。

2月15日，市政协召开四届三十五次主席会议。会议讨论了人事事项、《政协玉溪市委员会2017年工作要点（讨论稿）》《政协玉溪市委员会2017年度重点协商计划（讨论稿）》；研究确定了市政协四届五次会议重点督办提案和委室对口督办提案；审议通过了《政协玉溪市委员会社会和法制委员会工作细则》《政协玉溪市委员会民族宗教委员会工作细则》；讨论了《玉溪市政协第十七辑文史资料〈四届市政协文献汇编〉征集工作实施方案（讨论稿）》；研究了调整充实市政协“挂包帮”“转走访”定点扶贫工作领导小组成员事宜；讨论了《政协玉溪市四届十九次常委会议筹备工作方案（讨论稿）》。会议同意唐进峰、冯晓燕拟任市政协副秘书长（正县级），方正春拟任社会和法制委主任，许志云拟任民族宗教委主任，易长生拟任民族宗教委副主任（正县），俞自力拟任社会和法制委副主任（兼）、免去民宗法制委副主任职务（兼），王美华拟免去人口资源环境委副主任（兼）职务，提请市政协四届十九次常委会议审议；由副主席马良昌分管社法委、民宗委，其他不变。

5月15日，市政协召开四届三十六次主席会议。会议讨论了人事事项，通过了合丽娟拟任社法委副主任，施忠平拟任民宗委副主任（兼）、免去民宗法制委副主任（兼），谭佳拟免去提案委副主任（兼），王丽文拟免去经济委副主任（兼），华旭拟免去文史委副主任（兼），提请市政协四

届二十次常委会议审议；讨论了市政协机关2017年公务经费包干分配安排和2017年驻县区市政协委员活动经费安排、2017年补助县区政协改善办公条件资金分配、2017年县区政协委员活动组联络补助经费；审定了政协玉溪市四届五次会议提案办理专项补助资金方案；讨论了《玉溪市农业科技推广服务体系建设调查报告（讨论稿）》《农业科技推广服务体系建设专题协商方案（讨论稿）》《政协玉溪市四届二十次常委会议筹备工作方案（讨论稿）》。

5月26日，市政协召开四届三十七次主席会议。会议讨论了《玉溪市政协机关关于进一步贯彻落实中央八项规定精神的实施意见（讨论稿）》《政协玉溪市委员会办公室关于进一步规范市政协机关工作人员外出公务活动的意见（讨论稿）》《关于召开政协玉溪市第四届委员会提案工作评选表扬会议筹备方案（讨论稿）》。

8月2日，市政协召开四届三十八次主席会议。会议听取了各专委会汇报2017年上半年工作情况及下半年工作计划；听取了玉溪市政协系统第十五届运动会有关事宜的说明；听取了关于取消召开提案工作表彰会有关事宜的说明；听取了玉溪市山区民族教育促进会、红塔集团第七届资助贫困大学生活动启动仪式暨表彰山区民族地区中小学幼儿园优秀教师活动筹备情况的汇报；讨论了《关于征编〈政协玉溪市第四届委员会履职探索与实践〉文集的活动方案（讨论稿）》《中共政协玉溪市委员会党组巡视整改专题民主生活会整改方案（讨论稿）》。

8月21日，市政协召开四届三十九次主席会议。会议讨论了人事事项，同意拟免去李近伟经济委副主任职务、任机关调研员，李娜拟任经济委副主任，提请市政协四届二十一次常委会议审议；讨论了《玉溪市红河谷—绿汁江流域旅游文化产业发展情况的调查报告（讨论稿）》《玉溪市红河谷—绿汁江流域旅游文化产业发展专题协商方案（讨论稿）》；讨论了《玉溪市政协系统第十五届职工运动会实施方案（讨论稿）》，同意于9月25～29日在元江县召开运动会；讨论了《政协玉溪市四届二十一次常委会议筹备工作方案（讨论稿）》。

11月15日，市政协召开四届四十次主席会议。会议讨论了《政协玉溪市第五届委员会第一次会议筹备工作方案（讨论稿）》《关于精准脱贫攻坚工作情况的调查报告（讨论稿）》《精准脱贫攻坚工作专题协商方案（讨论稿）》《政协提案办理协商工作考核办法（试行）（讨论稿）》《政协玉溪市委员会 玉溪市中级人民法院关于对负有执行义务的政协委员实施惩戒的联动机制（讨论稿）》；听取了四届市政协委员五年履职工作情况的汇报；讨论了《玉溪市政协2018年新年茶话会筹备方案（讨论稿）》；讨论了《政协玉溪市四届二十二次常委会议筹备工作方案（讨论稿）》。市政协主席会议成员集中学习了《民法通则》。

12月8日，市政协召开四届四十一次主席会议。会议听取了市政协各专委会五年工作总结、今后五年工作建议及2018年工作计划等情况汇报；审议了市政协四届五次会议提案办理考核情况；研究了2018年继续与人民政协报、云南政协报合办专刊专栏及《政协玉溪市第四届委员会履职探讨与实践》印刷经费等相关事项。

12月26日，市政协召开四届四十二次主席会议。会议讨论了人事事项，同意方正春拟任市政协副秘书长、办公室主任，免去市政协社会和法制委员会主任职务；周艳芬拟免去市政协副秘书长（正县级）职务，保留原职级待遇；唐进峰拟免去市政协副秘书长（正县级）职务，保留原职级待遇；黄海东拟任市政协办公室副主任；刘兴荣拟任市政协提案委员会主任，免去市政协副秘书长、办公室主任职务；杨惠存拟免去市政协提案委员会主任职务，保留原职级待遇；杨敏拟任市政协经济委员会兼职副主任；金志林拟任市政协科教文卫体委员会主任；何勇拟免去市政协科教文卫体委员会主任职务，保留原职级待遇；陈原拟任市政协科教文卫体委员会兼职副主任；杨立波拟任市政协人口资源环境委员会兼职副主任；王宏义拟任市政协社会和法制委员会主任，免去市政协副秘书长（保留原职级待遇）职务；施忠平拟任市政协社会和法制委员会兼职副主任，免去市政协民族宗教委员会兼职副主任职务；俞自力拟免去市政协社会和法制委员会兼职副主任职务；张少英拟任市政协民族宗教委员会副主任；矣胜荣拟任市政协民族宗教委员会兼职副主任；易长生拟免去市政协民族宗教委员会副主任（正县级）职务，保留原职级待遇；杨志文拟任市政协文史委员会兼职副主任；何国光拟免去市政协联络委员会兼职副主任职务，提请市政协四届二十三次常委会议审议。会议还讨论了《政协玉溪市四届二十三次常委会议筹备工作方案（讨论稿）》。

【协商议政】 2017年，市政协主动对接全市改革发展稳定的重点领域和关键环节，紧扣经济社会发展“5577”总体思路，找准履行职能的切入点和着力点，充分发挥政协人才荟萃、智力密集、位置超脱的优势，深入调查研究，积极议政建言，为实现玉溪跨越发展提供了政协方案和智力支持。

通过政协全体会议、常委会议等平台，组织政协委员与市委、市政府领导及有关职能部门面对面协商交流，共商发展大事，共谋发展大计。深入开展“科教引领创新发展”大讨论、大行动，就全市科教创新城规划建设、科技创新工作自身能力建设、农业科技推广服务体系建设、信息产业发展、红河谷—绿汁江流域旅游文化产业发展进行重点调研，听取市政府关于2017年上半年经济社会发展情况及下半年工作建议的通报并开展协商，对《关于加快玉溪公路网建设的建议》《关于加大支持金融业发展壮大的建议》《我市医养结合事业发展的建议》等提案进行提案办理协商和对口督办，深入查找制约全市经济发展的关键障碍，为打破投资环境旧瓶颈、打造经济增长新引擎、打好稳增长促跨越百日攻坚战提出有见地、有价值的对策建议，协助市委、市政府破解发展难题、增强发展后劲、厚植发展优势，加快推进发展方式转变、经济结构优化、产业转型升级。

围绕玉溪市打造创新开放生态宜居文明幸福的魅力之城这一目标，聚焦生态文明建设，持续关注抚仙湖保护治理，对抚仙湖统一托管后续工作进行协商，对《关于理顺抚仙湖径流区统一托管工作关系的建议》《关于尽快启动实施玉溪大河三期改造工程的建议》等提案进行重点督办和对口督办，对全市公益林管护、中心城区公共自行车安全骑行系统建设运行情况进行视察，选择部分课题举行以监督为特色的协商座谈，提出的很多意见建议得到了市委、市政府及职能部门的重视和采纳，推动了相关工作落实。

选择人民群众普遍关心关注的民生课题，以“精准脱贫”为主题开展专题调研和协商，围绕深化物业管理改革、加强和规范居民住宅小区物业管理工作开展界别协商，视察传统民居保护开发情况、民族宗教法律法规（6+N）进学校情况，组织政协委员对重点行业的食品安全进行明察暗访，全力参与全市创建全国文明城市、全国长安杯工作，积极向市委、市政府反映相关情况、提出意见建议，促进各种惠民政策和举措落到实处、取得实效。持续打造资助百名贫困大学生和表彰山区民族地区优秀教师活动的政协社会公益品牌，继续做好市政协“挂包帮”定点扶贫工作，积极发动广大政协委员、社会各界人士参与扶贫帮困、捐资助学、送医送教等公益活动，努力为基层和群众办实事、解难题。

【政协专门委员会工作】 2017年，市政协坚持“围绕中心、服务大局、提高质量、讲求实效”的提案工作方针，创新工作思路，突出工作重点，促进提案工作创新发展。加大引导力度，广泛征集提案。利用各种媒体，采取电话联系、信函、电子邮件等形式向社会公开征集提案线索。以函件形式向市直相关部门征集提案选题参考素材。印发《致政协委员和参加单位的一封信》，整理编辑提案选题参考题目120条等有关材料，引导委员围绕全市经济社会发展中的重点问题和事关民生的热点问题咨政建言。做好审查立案，按时交办提案。由市政府办公室牵头，及时召开代表建议、政协提案交办会议，立案的275件政协提案交59个承办单位进行办理。增强服务意识，开展提案督办。通过多形式的协商督办，提案在规定时限内全部办复完毕，解决率达54.2%。对“百村示范、千村整治”工作、玉溪三中新校区项目建设、绿化苗木产业发展情况、华宁陶产业发展情况等进行调研视察。注重团结协作，完成各项任务。参加省政协第二十六次提案工作座谈会暨提案工作研讨会和提案工作表彰会，市政协和全市9名先进个人受到省政协表彰。召开全市政协提案工作座谈会，总结交流经验，安排部署工作。

市政协围绕中心，精心选题，潜心调研，积极建言献策。扎实做好调研视察工作。对全市农业科技推广服务体系建设进行重点调研，对科技创新发展情况、信息产业发展情况进行视察。扎实做好“挂包帮”“转走访”工作，积极为江川区安化彝族乡安化社区的联系户想办法、出主意、解难题、办实事。充分利用调研、视察、提案办理、界别委员活动、工作通报、对口协商等形式，千方百计搞好委员知上情、晓民意、献良策服务工作，引导委员发挥自身优势和社会影响力，提出有价值的意见建议。召开全市政协经济委联系会议，总结交流工作经验。完成政协玉溪市四届五次会议第126号和第188号提案督办工作。做好外出学习考察和调研视察工作。到临沧永德、耿马、双江和普洱思茅区等地学习考察农业科技推广服务体系建设和高原特色农业发展工作，配合省政协经济委对玉溪市加快云南高原特色现代农业产业发展和强化省农产品安全体系建设情况进行调研。配合做好政协玉溪市四届五次会议筹备工作和会务工作。完成26篇大会交流发言材料组稿改稿工作，推荐大会交流发言8篇。做好大会特邀和列席人员名单及会议座次表材料起草，会务组会前准备和会中服务等工作。

市政协认真履行职责，狠抓工作落实，积极发挥专委会的基础性作用。完成关于全市科技创新工作基础能力建设工作情况的调研，对全市科教创新城规划建设工作开展重点视察。认真组织全市政协2017年科教文卫体委工作座谈会，积极配合省政协教科文卫体委组织的调研视察活动。积极参加对口联系部门召开的工作会议，了解部门的工作重点和动态。积极参与有关部门组织的行风监督活动。参加市文明委组织的道德大讲堂活动，认真抓紧抓好意识形态领域的工作。落实各项民生政策，多谋民生之利、多解民生之忧。全年共协调资金75万元，帮助群众解决人畜饮水、环境整治、校园文化建设等实际困难。积极商请红塔集团继续向玉溪市山区民族教育促进会捐资60万元，资助贫困大学生130余名，表彰长期在边远山区和少数民族地区工作的优秀教师50名，促进山区民族地区教育事业发展。

市政协坚持团结和民主两大主题，注重发挥专委会干部、专委会委员和界别委员3个作用，紧扣市政协年度工作要点开展工作。积极履行职能，努力发挥基础作用。对全市公益林管护情况、中心城区公交自行车系统运行情况、玉溪大河改造三期工程建设情况进行视察，围绕抚仙湖径流区统一托管后续工作、居民住宅小区物业管理工作开展协商，认真协商办理《关于理顺抚仙湖径流区统一托管工作关系的建议》提案。加强与专委会委员、界别委员和有关方面的工作联系。组织专委会委员和民主党派二组委员到玉溪技师学院、新知图书集团展览中心（中国国际出版物团购物流中心）考察。组织各县区政协人资环委有关人员到文山、红河学习考察森林自然资源保护和公益林管护工作。配合省政协人资环委到玉溪市视察新环境保护法贯彻实施情况，配合山东省政协、江西省景德镇市政协调研组到玉溪市考察学习海绵城市建设和生态环境保护工作、“城市修补，生态修复”及林业生态环境保护工作。认真落实“挂包帮”“转走访”和“百村示范 千村整治”工作要求，深入联系户家中进行走访慰问和回访座谈，了解群众生产生活情况，介绍扶贫贷款政策，把党的温暖送到群众家中，助推联系户脱贫摘帽。

市政协积极组织开展协商、调研、视察和民主监督工作，为法治玉溪建设作出积极努力。认真组织开展调研和视察工作。紧扣玉溪市创建“长安杯”，开展综治维稳基层基础工作专题调研；围绕依法治市，开展“七五”普法规划实施情况专项视察；围绕玉溪创建全国文明城市，组织部分政协委员对中玉酒店、中心客运站和新兴农贸市场等窗口单位服务行业进行明察暗访；积极配合省政协社法委开展“强化综合整治，推动城乡平安建设”的专题调研；深入基层开展随机调研。积极组织政协委员建言献策。组织部分市政协委员和民主党派，对《玉溪市城镇绿化条例（草案）》和《玉溪市森林防火条例（草案）》进行立法协商。积极配合市中级人民法院建立对拒不履行执行义务的失信政协委员建立联合惩戒机制。适时组织开展专委会委员和界别委员活动，切实发挥委员主体作用。加强学习，提高履职能力。加强政治理论学习，坚定政治站位；认真学习相关法律法规，提升履职能力；加强与省内外政协的联系和沟通，进一步交流经验、拓展思路、推进工作。

市政协认真履行政治协商、民主监督、参政议政职能，为建设美丽玉溪作出积极贡献。组织开展调研、视察工作，对民族政策法规“进学校”工作、元江县城建设及棚户区改造工作进行视察，对全市精准脱贫攻坚工作进行专题调研，认真开展随机调研视察工作，做好提案回访、督办工作。深入基层，密切联系群众，到安化彝族乡安化社区开展“挂包

帮”“转走访”工作，到华宁县宁州街道火特村、盘溪镇矣得村、龙潭村以及通海县高大乡、峨山县小街街道甸百亩村等乡镇村组体察民情、了解情况，积极帮助群众解决实际问题。加强自身建设，不断提高专委会履职能力，认真组织专委会集中学习活动。积极参加部门会议和对口单位的有关活动14次，与社法委共同组织开展专委会和界别委员活动2次；加强与省政协、县区政协对口专委会的沟通联系，共同促进工作开展；加强对外交流学习，到贵州、湖南两省学习精准脱贫攻坚工作经验和做法。配合做好全国政协、省政协到玉溪的视察、考察等相关工作，协调配合吉林延边市政协到玉溪考察江川区高原湖泊保护及生态环境建设情况，配合宁夏回族自治区政协到通海纳古、红塔集团、澄江抚仙湖考察生态治理等工作，配合省政协到新平县调研民族团结进步边疆繁荣稳定工作。

市政协认真履行文史资料征集、整理、研究、编辑、出版、发行职能，积极协商建言，较好地发挥文史资料工作“存史、资政、团结、育人”的作用。加大探索创新，积极拓展文史资料工作新途径，收集、整理四届市政协五年来重要活动、重大事件和重点工作等文献，编辑出版《四届市政协重要文献汇编》专辑。提前谋划2018年文史资料选题、征集、编撰等工作，做好《玉溪风味》文史资料专辑的前期筹划工作，力争出特色、出成果、出精品。立足历史与现实的结合点，认真组织开展调研视察，以历史文化遗产保护为切入点，对红塔区、江川区、通海县、澄江县古民居保护开发利用情况开展视察，就古民居保护开发利用工作中存在的问题及下步工作等进行深入探讨。强化沟通交流，组织无党派、农业界委员23人，深入通海县河西镇，对古民居保护情况进行参观学习，创新了委员履职的方式，增强了委员履职的能力；组成考察组赴曲靖市实地考察徐霞客游线标志地——沾益区珠江源和松林古镇，并与曲靖市政协文史委及沾益区、麒麟区、罗平县和会泽县政协文史委进行座谈交流，互通情况，探讨问题，交换认识；组织开展文史图书捐赠交换活动，向市图书馆、老年大学、民革玉溪市委、扶贫联系点捐赠文史资料图书851册，与县（区）政协和部分省市政协建立长期史料交换、共享关系，加强了彼此间的联系和交流。四是密切联系群众，深入基层调查研究，反映社情民意，积极为群众办实事好事。

市政协突出扩大联谊、凝心聚力、促进发展的履职重点，不断加强同海外“三胞”眷属、各民主党派、人民团体和政协委员的广泛联系，深入调研视察，积极议政建言。坚持广泛联谊，扩大对外交往，牵头组织举办市政协新年茶话会；做好海外联谊会工作；多渠道加强与海外“三胞”及眷属、归国华侨和各界人士的联系，积极做好争取人心、凝聚力量的工作，争取更多人士关心支持玉溪发展；主动做好到玉溪参观考察、旅游观光、探亲访友、经贸活动、文化交流的“三胞”眷属、市海联会理事（顾问）和省外政协的接待和协调服务工作，配合接待了越南老街省祖国阵线主席杨小韵率代表团到玉溪考察，接待了安徽省滁州市政协到玉溪市学习考察精准扶贫和生态文明建设工作。开展调研视察，积极建言献策，对全市风电和航空产业发展情况、红河谷—绿汁江流域旅游发展情况进行调研，组织民主党派一组委员到易门县视察科技创新发展工作情况，到华宁县视察陶瓷产业发展情况。整合力量，提高履职水平，加强与对口部门和单位的联系与协作，加强同市政协机关委室间的沟通与联系，同心协力，共同完成工作任务。加强对委员的联系、服务和管理，及时对2016年度市政协委员履职活动情况进行统计汇总。积极组织市政协委员参加市直相关部门开展的各类视察、座谈会、听证会及公众开放日等活动。加强“挂包帮”“转走访”联系，全力做好脱贫攻坚工作。

【政协经常性工作】 2017年3月8日，市人大、市政府、市政协联合召开人大代表建议和政协提案交办会，将“两会”期间收到的235件人大代表建议和261件政协提案交由市政府办理。市委常委、常务副市长王力，市人大常委会副主任叶本功，市政协副主席李平，市直相关部门和各县区政府分管领导及提案办理工作人员出席会议。市政协副主席李平通报了政协玉溪市四届四次会议以来提案办理情况和四届五次会议提案审查立案情况，对做好提案办理工作提出要求。

8月18日，由市山区民族教育促进会牵头，红塔集团和玉溪市政协共同举办的第七届“百名贫困学子大学圆梦”资助活动启动仪式在市政协举行。市政协副主席、党组副书记汪燕平，红塔集团副总裁葛孚明，市政协秘书长张卫，红塔集团原料物资党总支书记官五四，市政协办公室、研究室、科教文卫体委以及市教育局、市民政局相关负责人，各县区政协分管副主席，受资助的贫困大学生代表等共70余人参加启动仪式。市政协秘书长张卫主持启动仪式。红塔区的8名学生代表当场受到资助，2名学生分别代表贫困大学生发言。资助活动自2011年启动以来，红塔集团每年向市山区民族教育促进会捐赠60万元，资助百名贫困学子，至年底已资助贫困大学生750余名。

8月18日，玉溪市第七届山区民族地区中小学优秀教师表彰会在市政协举行。会议对坚守在全市山区民族地区工作并取得优异成绩的50名优秀教师进行了表彰奖励。市政协副主席、党组副书记汪燕平，红塔集团副总裁葛孚明，市政协秘书长张卫，红塔集团原料物资党总支书记官五四，市政协办公室、研究室、科教文卫体委以及市教育局、市民政局相关负责人，各县区政协分管副主席，受表彰的优秀教师代表等共70余人参加表彰会。市政协秘书长张卫主持表彰会。表彰会上，汪燕平和葛孚明分别讲话，张卫宣读表彰决定。郑云伟等18位优秀教师代表当场受到表彰奖励。新平县新化乡六竜村小学教师何志珍、元江县羊街乡中心小学教师白友发代表优秀教师发言。

9月25～29日，玉溪市政协系统第十五届职工运动会在元江县举行。本届运动会由玉溪市政协主办、元江县政协承办、元江县文化旅游广电和体育局协办。来自全市政协系统的10支代表队共200名运动员参加比赛。

9月28日，政协云南省第十一届委员会提案工作先进单位和先进个人表彰大会在昆明召开。会议对60个提案工作先进单位，99名提案先进个人、100名承办提案先进个人、100名服务提案先进个人进行了表彰。玉溪市政协被表彰为提案工作先进单位，黄宪庭、杨洋、郭开堂、蒋兴建被表彰为提案先进个人，董芸被表彰为承办提案先进个人，杨惠存、刘国华、陈林柱、李志程、石云峰被表彰为服务提案先进个人。

11月10日，玉溪市政协召开全市政协系统新闻宣传工作会议，深入学习党的十九大精神，传达贯彻全省政协新闻宣传工作暨2018年度《云南政协报》发行工作会议精神，总结2017年度全市政协系统新闻宣传工作，安排部署2018年度新闻宣传及报刊征订工作。市政协秘书长张卫出席会议并讲话。会上，各县区政协交流了政协新闻宣传工作经验和做法，以及做好新形势下政协新闻宣传工作的新思路。会议还对2018年度《人民政协报》《中国政协》杂志和《云南政协报》的征订任务进行了安排。市政协副秘书长，市政协各委室、办公室各科室队相关人员，县区政协办公室主任、副主任、通讯员等参加会议。

12月28日下午，市政协举行2018年新年茶话会，全市党政军领导与社会各界人士欢聚一堂，共叙友谊、共谋发展。中共玉溪市委书记罗应光、市人民政府市长张德华、市人大常委会主任李洪云、市政协主席夏立洪等主要领导出席茶话会，部分离退休老领导，各民主党派、工商联、人民团体、无党派人士、归侨侨眷、民族宗教代表、驻玉部队和各界人士代表，驻玉省政协委员、市政协常委等应邀出席茶话会。夏立洪主持茶话会。茶话会上，罗应光代表市委、市政府向全市各民主党派、工商联、无党派人士和各人民团体，全市广大工人、农民、知识分子、干部、离退休老同志和各界人士，向驻玉人民解放军指战员、武警官兵和公安干警，向在玉的台港澳同胞、海外侨胞致以新年的问候和祝福。民进玉溪市委主委何雪峰代表各民主党派、工商联发言，市红十字会党组书记、常务副会长王红代表各界人士发言。市政协主席夏立洪代表市政协向与会人员致以节日的祝福。

【上级领导视察、调研】 2017年2月22日，越南老街省祖国阵线主席杨小韵率代表团到玉溪考察。市政协副主席、民革玉溪市委主委李少华，市政协联络委主任任连荣，市政府外事侨务办党组成员、副主任刘东红一同考察。杨小韵一行首先前往玉溪市红塔区大营街社区参观。在听取大营街经济社会发展情况介绍后，杨小韵对改革开放以来大营街社区抢抓机遇，通过发展乡镇企业壮大村级集体经济，走村企一体化发展的共同富裕道路，获得“云南第一村”美誉表示赞叹。随后，杨小韵来到西古城村实地参观美丽乡村建设情况，并走进村民新居，了解社区居民收入水平、生产生活情况。在大营街社区汇龙生态园，杨小韵对大营街社区在新农村建设中取得的成就表示祝贺，并详细询问了社区集体企业生产经营方式、主要产品，居民享受的社会福利，以及中共党员和基层党组织在社区经济社会发展中发挥的作用等情况。

3月9～10日，民革中央社会服务部部长边旭光一行到新平县水塘镇调研。民革云南省委专职副主委李兴华、市政协副主席李少华、新平县政协副主席毛启芳等参加调研。边旭光一行深入民革玉溪市委扶贫联系点水塘镇大口村，与镇村组干部座谈交流，听取水塘镇扶贫工作、产业发展、城乡统筹发展等情况汇报。边旭光向村组干部详细询问了解大口村脱贫攻坚、村级集体经济发展、基层组织作用发挥、村庄基础设施建设、人居环境整治、教育、医疗等情况。随后，边旭光一行到大口村小学、卫生所、锅底塘小组，就新农村建设等情况进行实地调研。通过座谈交流和实地调研，边旭光对水塘镇各项事业发展及脱贫攻坚工作取得的成绩给予充分肯定。

4月6日，省政协主席罗正富到玉溪市调研烟草产业发展情况。市政协主席夏立洪，三届市政协主席冷明德，市政协原主席黄宪庭，市委常委、市委秘书长李洪云，市委常委、常务副市长王力等参加调研。调研座谈会上，红塔集团总裁夏开元，市烟草专卖局（公司）局长、经理田泽华分别汇报了2016年全年及2017年第一季度烟草产业发展情况。与会人员围绕烟草产业结构调整、品牌发展、市场营销、原料供应等现实问题，深入分析当前面临的形势以及存在的困难和问题，就下一步如何稳销量、提结构、降库存、增税利进行了交流和探讨。4月12日，全国政协副主席、全国工商联主席王钦敏率队到玉溪市就降低实体经济企业综合成本开展调研。省政协副主席、省工商联主席喻顶成，市委副书记、市长张德华，市政协副主席汪燕平参加调研和座谈，副市长解仕清主持座谈会。王钦敏一行实地走访了玉昆钢铁（集团）、玉溪太标太阳能有限公司、玉溪沃森生物有限公司，听取企业生产经营状况介绍。座谈会上，张德华就贯彻落实国务院《关于印发降低实体经济企业综合成本工作方案的通知》要求有关工作向调研组作了汇报。与会的13家企业代表围绕生产经营状况、降低企业综合成本等介绍了成功的经验做法，提出了新形势下民营企业发展的困难和问题。调研组表示，将认真梳理总结调研情况，充分吸收玉溪的好经验、好做法，把企业反映的意见建议带回去认真研究，形成专报，推动各项政策措施落地落细落实。

6月25日，山东省政协副主席王乃静一行10人到玉溪市考察学习海绵城市建设和生态环境保护工作。考察组一行实地走访了红塔区瀑布生态公园、景观大道、植物园、东风广场，以及澄江县抚仙湖生态展示中心、北岸生态湿地，听取全市海绵城市建设和生态环境保护情况介绍。考察组对玉溪市良好的自然生态环境，多民族和谐共处的繁荣景象以及经济社会发展等给予高度评价。市政协副主席郭亚钢、澄江县政协主要领导一同考察。

8月5日，江西省政协副主席、九三学社江西省委主委李华栋一行10人到玉溪市调研大健康医药产业发展情况。市政协副主席郭亚钢一同考察。8月25～26日，宁夏回族自治区政协副主席田成江一行10人到玉溪市考察民族宗教工作和抚仙湖生态治理工作。考察组一行到通海县纳古镇实地考察了民族宗教工作，到澄江县考察了抚仙湖生态治理工作以及帽天山古生物化石遗产保护工作，到红塔集团考察了卷烟生产车间，并听取了相关情况介绍。田成江一行对全市各级党委政府抓好民族宗教工作和抚仙湖生态治理等工作取得的成绩给予高度评价。省政协民族和宗教委副主任王毅，市政协主席夏立洪、副主席马良昌，通海县、澄江县政协领导一同考察。

（刘仕芬）

（吴 埌 摄）

绿水青山·碧玉清溪

（蒯学庆　摄）

民主党派·工商联

DEMOCRATIC PARTIES FEDERATION

责任编校：王　捷

民革玉溪市委

民盟玉溪市委

民建玉溪市委

民进玉溪市委

农工党玉溪市委

致公党玉溪市委

九三学社玉溪市委

工商业联合会

民革玉溪市委

【思想建设及学习培训】 2017年，民革市委将“不忘合作初心，继续携手前进”主题教育活动作为民革市委开展“坚持和发展中国特色社会主义”学习实践活动的新主题，认真学习党的十九大和习近平总书记系列讲话等精神。同时，协助市委统战部举办“不忘合作初心，继续携手前进”喜迎党的十九大文艺晚会，民革党员冯咏梅、李沅遥分别担任晚会艺术总监和总导演职务。并组织机关干部参加省内外各类学习培训班、参观民革中央党史教育基地及爱国主义历史遗址。此外，组织党员开展“纪念民革成立70周年”知识竞赛活动，并派选手参加民革省委组织的现场知识抢答赛，进一步凝聚思想共识。

【组织建设】 2017年，民革市委发展新党员6名。原有6个基层支部调整为7个，新增市委直属支部；原有4个专门工作委员会调整为5个，新增妇女老龄委员会。3月26~27日，第四次代表大会召开，选举产生第四届委员会委员13名（李少华、施忠平、冯咏梅、董金柱、何建刚、赖明辉、王文智、康保坤、陶彦辉、张少英、范玟均、李沅遥、侯永寿），选举李少华为主委，施忠平为专职副主委，冯咏梅、董金柱为兼职副主委，任命何建刚为秘书长。6月22~25日，8名代表参加民革省委第十二次代表大会，李少华当选省第十二届委员会常委，冯咏梅当选委员。

【参政议政】 2017年，民革市委参与市政府政研室对全市康养产业发展情况调研工作并形成报告。此外，向市政协四届五次全会提交5件集体提案、3件联合提案、1份调研报告、1篇联组会发言报告和1篇大会交流发言报告。其中，《关于尽快启动实施玉溪大河三期改造工程的建议》提案被列为市政协重点督办提案。副主委施忠平在界别联组会上作《关于统筹推进中心城区交通畅通的建议》发言。主委李少华在全市各民主党派、工商联和无党派人士重点课题调研成果协商座谈会上提出《玉溪旅游产业发展品牌定位及业态开发的建议》，得到市委主要领导充分肯定。

【社会服务】 2017年，民革市委组织30余人到扶贫联系点新平县水塘镇大口村委会走访调研，开展脱贫攻坚民主监督工作，下拨扶贫资金9.2万元，协调市政协资金5万元，捐赠物资2 558.8元，扶持建档立卡贫困户发展产业，增收致富。同时，下拨2万元工作经费支持江川区大街街道河咀社区建设活动场地。此外，配合民革省委做好华宁县青龙镇“同心工程”工作，下拨经费2万元帮助开展春节文艺调演。社会与法制支部到红塔区春和镇黄草坝社区和峨山县双江街道登云社区开展送医、送法下乡活动，接待群众120余人，发放药品1 200余元、宣传资料300余份。

（张杰贤）

民盟玉溪市委

【组织建设】 2017年1月24日，民盟市委召开全委会，进行届中调整，选举杨志文为专职副主委，白洪峰为兼职副主委，补选白洪峰、陈佳、杨洪坚、董晓娟为第三届市委委员。11月12～13日，又召开第四届盟员代表大会，选举董晓娟为主委，杨志文为专职副主委，蒋建明、白洪峰为兼职副主委，产生市委委员15人。全年新成立玉溪八中支部，完成机关、二中、技师学院、师范学院、市医院等5个支部换届，发展新盟员17人。截至12月，民盟市委有支部19个、直属小组3个、盟员377人，副高以上职称盟员占41.7%。

【参政议政】 2017年，民盟市委在市四届政协五次会议上提交集体提案3件、联合提案4件、委员提案18件，民盟委员叶丽晶作《关于推进玉溪“医养结合”产业发展的建议》联组会发言。民盟市委领衔7家民主党派联合提案《关于玉溪医养结合事业发展的建议》被确定为市政协领导督办提案。

【社会调研】 2017年，民盟市委深入红塔区大营街街道、李棋街道、春和街道、小石桥乡，通过座谈会议、实地调研、发放问卷、入户调查等方式进行民主监督，形成《对口红塔区脱贫攻坚民主监督工作报告》。同时，深入各县（区）开展调研，形成《关于玉溪市推开村规民约修订完善工作的建议——基于红塔区村规民约修订完善工作情况的调研报告》《玉溪市农业信息“进村入户”工作开展情况的调研报告》，供市委、市政府决策参考。

【助力脱贫攻坚】 2017年，民盟市委与市工商联共同挂钩帮扶新平县平甸乡磨皮村，拨款3万元支持该村村民培训，组织机关干部与该村6户贫困户结成帮扶对子开展扶贫工作，并抽调1名机关工作人员到联系点担任联络员。此外，向磨皮小学捐赠5 000余元图书，开展免费义诊、法律知识讲座。12月1日，又与市工商联、新平县委组织部、县工商联、平甸乡党委政府在磨皮村联合开展“扶贫扶志”活动，民盟成员白蓉主讲《不忘初心方得始终感恩诚信自强前行》讲座，专职副主委杨志文讲解“等不是办法、干才有希望”的西畴精神，激励群众催生内生动力，巩固脱贫成果。

【“黄丝带”帮教活动】 2017年6月16日，民盟市委与元江监狱联合开展“黄丝带·同心帮教”系列活动，向服刑人员图书室捐赠价值6 000余元的各类书籍200余册。民盟成员、高级教师汤开科为服刑人员讲授“孝悌”主题中华传统文化课。民盟成员、市三医院主治医师王继莲为服刑人员讲授“毒品与艾滋病”健康知识专题讲座。

【“同心”工程】 2017年，民盟市委与红塔区凤凰街道葫田社区结为统战“同心社区”，组织盟员参与葫田社区《居民公约》修订完善工作及“创文”“铭记两史·展望未来”活动，助力“和谐社区”建设；联合开展“书香社区·阅读悦生活”主题世界读书日活动、“学史明智·圆梦中华”活动，向社区群众赠送书籍200余册。民盟成员杨洪坚、汤开科分别主讲“知史明志·圆梦中华”“诚信国学”主题讲座。9月29日，民盟市委与江川区委统战部在旱街社区联办“喜迎十九大·脱贫奔小康”系列公益活动，送法律、健康服务进社区，接待群众法律咨询，发放价值5 000元常用药。民盟成员胡霁玲在该社区主讲“孝老爱亲”道德讲堂；朱敏嘉为社区群众义诊，发放价值3万多元的自制风湿筋骨外用药。

（陈　佳）

民建玉溪市委

【组织建设】 2017年3月26~27日，民建市委召开第四次代表大会，选举自福庄为主委，杨敏为专职副主委，高巨华、王建钢为兼职副主委，陈开燕、彭牧青、黄玉凯为常务委员，马国富等8名同志为第四届委员会委员。5月，又调整6个支部主委、副主委和10个专委会组成人员。截至12月，民建市委有会员340名（新会员16名）。其中，男会员194名、女会员146名；具有大专以上学历的会员314名，占会员人数92.5%；具有中高级以上职称的会员161名，占会员人数47.3%。

【思想建设及学习培训】 2017年，民建市委重视思想建设及学习培训，组织会员学习中共十九大、民建十一大、民建省委九大等会议精神及习近平总书记系列讲话精神。同时，开展“不忘合作初心·继续携手前进”主题教育活动，举办新会员入会仪式暨会章、会史学习培训会，抓好会员对民建会章、会史的学习。全年组织27名会员参加市委统战部、民建省委等部门举办的各类学习培训。

【《玉溪民建》创刊】 2017年5月，民建市委会刊《玉溪民建》创刊发行，为展示民建各项工作和会员风采提供重要平台。截至12月，《玉溪民建》编撰出版3期。

【参政议政】 2017年，民建市委在省、市政协全会上提交《关于加快玉溪公路网建设的建议》等14件集体提案及《关于深化医药卫生体制改革，推进分级诊疗制度建设的建议》等13件个人提案。并在市政协界别联组会上作《关于加快玉溪公路网建设的建议》的发言。民建会员代表高风兰向市人代会提交《关于解决幼儿园划片招生的建议》个人建议案。

【社会服务】 2017年，民建市委紧扣市委、市政府中心工作，组织调研组深入市、县（区）有关部门，开展《玉溪市城市历史文化保护与利用》《玉溪小微企业发展支持策略研究》《玉溪三湖生态经济带建设研究》3个专题调研工作。同时，监督易门县开展脱贫攻坚民主工作，形成专题报告上报市委。

【民建上海闵行区委到玉溪考察】 2017年，民建市委与民建上海闵行区委结为友好组织。11月2日~5日，民建上海市委秘书长、民建闵行区委主委沈永铭及委员一行12人到玉溪市开展健康扶贫公益捐赠暨投资环境考察。考察团向新平县磨皮村卫生室捐赠价值5万余元的医用推车、电子血压计等医疗设备及办公用品，向省级非物质文化遗产——磨皮花鼓舞队捐款5 000元，资助新平一中24名困难学生，参观澄江县广龙旅游小镇、时光栈道等旅游建设项目。

【社会服务】 2017年，民建市委发挥自身优势，积极引导和鼓励会员奉献爱心，回报社会，做好“挂包帮、转走访”工作，组织领导干部多次深入易门铜厂里士村等地，开展新春送温暖、脱贫攻坚民主监督专题调研等活动，下拨经费3万元用于里士村活动场所建设。又于5月1日在红塔区虹桥路开展大型义诊活动，义诊病人130人，发放药品价值2 800余元。8月，民建会员企业阳光食品有限公司向江川区捐赠扶贫资金5万元，向江川区光彩事业捐款7 000元。“六·一”儿童节、重阳节期间，民建会员企业玉清物业服务有限公司组织员工编排舞蹈节目到市福利院慰问演出。11月26日，会员张丽华组织5名医务人员到元江县因远镇开展送医下乡活动，义诊病人300多人，发放药品价值3 900余元。

（马国富）

2017年10月28日，民建玉溪市委举行“不忘合作初心 继续携手前进”主题朗诵会

（民建玉溪市委 提供）

民进玉溪市委

【思想建设】 2017年，民进市委组织会员学习中共十九大会议精神及习总书记系列讲话精神，深刻领会中国特色社会主义理论，提升认识。同时，学习全省民主党派、工商联发展史教学基地建设经验，结合地方特色制作“综合篇”“职能篇”“业绩篇”三个展板，丰富民主党派机关文化建设。此外，持续开展“不忘合作初心，继续携手前进”专题教育，与民进省委共同主办“我身边的先进”宣讲报告会，弘扬优良传统，凝聚思想共识。全年编辑、编办《玉溪民进》会刊44期，均被民进省委网站采用。

【组织建设】 2017年2月25日，民进市委召开扩大会议，对第三届班子及成员进行述职、民主测评，推荐第四届班子成员和委员会委员。3月26～27日，召开第四次代表大会，选举何雪峰为第四届主委，矣胜荣为专职副主委，谭佳、伍贤学为副主委，产生13名委员会委员（何雪峰、矣胜荣、谭佳、伍贤学、金国东、黄蕊仪、吴健雄、杨丽琼、张敏、邓攀、董辉、杨军、杨晓娟）。截至12月，民进市委有9个基层支部，会员208人（新会员10名）。其中，教育界会员占

56.3%、文化艺术界会员占19.2%、出版传媒界会员占0.5%，具有中高级职称的占80.3%。

【参政议政】 2017年，民进市委在市政协四届五次会议上提交21件提案（集体提案10件、委员个人和联名提案11件），涵盖财政经济、农业发展、道路交通、城建环保、医疗卫生等方面。同时，完成《推进农村三产融合发展的难题与对策研究》《关于抢抓民族团结示范区建设的机遇，加快我省旅游发展的对策研究》《新时代下玉溪民族文化旅游产业发展的对策研究》等省、市级调研课题，形成3篇调研报告呈送市委、市政府及相关单位。并积极配合市委统战部、民进重庆永川区委、民进延安市委调研组的各项专题调研。此外，组织骨干会员成立调研组深入元江县贫困地区，就扶贫政策落地、资金使用、干部作风等情况开展民主监督工作，撰写《元江县脱贫攻坚情况调研报告》呈送市委统战部等相关部门，助力精准扶贫。

【社会服务】 2017年，民进市委组织干部多次深入帮扶对象易门县小街乡普厂村走访慰问贫困户、宣传帮扶政策、制定扶贫计划、选择帮扶项目、协调解决问题，下拨资金5万元帮助该村建设大棚，发展蔬菜产业；联合市招商局开展送农业科技下乡活动，组织普厂村干部、村民代表40余人到峨山县化念镇和红塔区大营街街道实地考察，学习农业产业化经营和专业合作社模式，邀请市农业局和易门县农业局科技人才深入普厂村开展农业科技培训。此外，组织文艺界、教育界会员到普厂村开展送文艺、送教育下乡活动；组织医卫界会员开展送医疗服务下乡暨“义诊·疾病预防”公益活动，义诊村民180余人，发放宣传单200余份，赠送价值1.2万余的66个品种药品。

【同心工程】 2017年，民进市委领导班子多次深入华宁县宁州街道走访调研，与民进省委在宁州街道岔纳村委会共同主办“春雨行动”精准帮扶培训活动，对该村74户建档立卡贫困户进行生产经营帮扶和农业技术指导，赠送价值2万余元的实用农具和化肥。

（黄蕊仪）

农工党玉溪市委

【思想建设】 2017年，农工党市委认真组织学习中共十九大会议精神、习总书记系列讲话精神、中国特色社会主义理论体系、统一战线和多党合作理论政策，参加市政协举办的专题党课、市委统战部等部门组织的时代前沿知识讲座、十九大精神宣讲讲座等，提升班子成员思想政治素质，增强党员使命感和责任感。

【组织建设】 2017年2月26日，农工党市委召开扩大会议，对第三届班子成员进行述职和民主测评，推荐第四届委员人选。3月27日，又召开第四次代表大会及全委会议，选举周爱华为主委，陈原、张铁群、罗增勇为副主委，任命黄晓薇为秘书长，产生第四届委员会委员。此外，对各基层支部党员进行调整，直属一组（红塔区北城中学及其他中学）、二组（玉溪溪南律师事务所）、五组（玉溪师范学院、市滇剧院、市文化馆等）升级为支部，新建第十六支部（其他界别支部），完成16个支部、1个小组换届工作。截至12月，农工党玉溪市委有16个支部，1个党小组，党员230人（新党员10名）。

【参政议政】 2017年，农工党市委组织开展医养结合产业发展和加快陶瓷产业发展的调研，参与市政协、市委统战部组织的调研视察和提案协商督办工作。并向市人大四届五次全会提交《关于进一步加强大健康产业培育力度的建议》，向市政协四届五次全会提交《关于在全省率先设立首个市级体育产业发展引导资金的建议》《关于以小柔力球助推玉溪旅游大产业发展的建议》《关于加强人才培养和引进力度发挥人才作用的建议》等集体提案7件。

【社会服务】 2017年，农工党市委组织党员到红塔区玉兴街道文化社区进行心肺复苏培训，为社区居民普及心肺复苏急救知识；组织十三支部邀请市公安局红塔分局网络安全保卫大队队长李正平到北城中学开展网络安全教育讲座，展示展板30块，发放资料1 000余份；组织医疗专家赴峨山县小街镇大维堵村举办内科、妇科、中医科、保健科等科室义诊咨询活动，发放价值9 000余元药品，服务群众100余人；组织第十二支部（红塔区疾控中心支部）部分党员，对目前居住在红塔区的56例麻风治愈存活者进行慰问，对196名家属进行体检，赠送大米、被子、洗衣粉等慰问品；组织党员到红塔区春和街道波衣村水槽小组捐赠价值1万余元的车厘子树苗；组织医疗专家到北城街道刺桐关社区开展第29届中国“国际科学与和平周”送医、送药义诊活动，开展健康知识科普宣教，接诊群众200多人，发放药品9 000余元；分别到北城街道东前社区东前小学和华宁县宁州街道岔纳小学，捐赠2万余元课外读物；在玉溪师院举办“我的青春，我做主”世界艾滋病日校园宣传活动，设立宣传点和HIV免费咨询检测点，开展“红丝带青春接力赛”、艾滋病基础讲座等活动。

【社会调研和民主监督】 2017年5月17日，农工党市委组织党员赴华宁县宁州街道红坡村委会开展脱贫攻坚民主监督调研，开展“挂包帮”“转走访”项目智力帮扶，先后举办马铃薯种植农业科技讲座、驾驶培训讲座、市工财贸学校招生就业扶贫讲座、太阳能安装帮扶项目宣传讲座。并拨付5万元帮助红坡村修建卫生厕所。同时，组织能源环保工作委员会的党员到红坡村发放《农村沼气户用安全管理使用知识》等宣传资料，进行沼气安装、使用、管理知识的普及宣传。此外，组织党内7位医疗专家到脱贫攻坚联系点江川区九溪镇矣文村委会开展医疗义诊活动，接诊群众大约100多人，发放各类药品8 000余元。

（黄晓薇）

致公党玉溪市委

【思想建设】 2017年，致公党市委以开展学习实践活动为契机，进一步加强学习型参政党建设，组织全体干部、党员学习中共十九大、致公党十五大及习近平总书记系列讲话精神，参观民主党派工商联无党派人士发展史展室，参加市委统战部组织的各类专题培训班。

【组织建设】 2017年3月26～27日，致公党市委召开第四届全体代表大会，选举周勇为主委，邓雪松、任云珏、李晓松为副主委，李培英为秘书

长，圆满完成换届工作；完成7个支部完成换届工作。同时，组织党员订阅云南致公微信，关注致公党发展，加大致公宣传工作力度，微信公众号订阅量达党员数量80%。截至12月，致公党玉溪市委有基层支部7个、党员153人，其中归侨侨眷共37人，占22.3%。

【参政议政】 2017年，致公党市委在市政协四届五次会议上提交集体提案5件、个人提案4件、联合提案2件，提案内容涉及西站片区（高铁新区）开发建设、公立医院改革、海绵城市建设、建设特色城市等方面；认真开展《玉溪市科技成果转化问题研究》课题调研，充分吸收致公党省委提案联系会议上的意见和建议，形成调研报告；开展澄江县脱贫攻坚民主监督调研工作，完成《致公党玉溪市委关于脱贫攻坚民主监督工作情况的报告》。

【社会服务】 2017年，致公党市委下拨5万元经费支持联系点江川区安化乡早谷田村委会建设烂泥箐小组老年活动室。又与市卫计委协调，下拨经费8万元帮助建设村委会卫生室。同时，支持“百村示范·千村整治”美丽家园建设工程，筹集经费2万元帮助对口联系点峨山县小街街道永昌村委会八街窝小组美丽家园附属工程建设。全年组织30名医卫界党员到谷田村、元江县甘庄街道甘坝社区、红塔区胜利社区开展送医、送药活动，接诊群众600余人，发放药品1.6万余元。此外，开展“致福助侨”奖学金计划，资助元江县甘庄华侨农场、红侨华侨农场考入本科院校的14名困难学生6.6万元奖学金。

（赵皖婷）

九三学社玉溪市委

【思想建设】 2017年，九三学社市委认真学习贯彻十九大会议精神、九三学社中央十一大会议精神、习近平新时代中国特色社会主义思想及全市第五次党代会和市“两会”精神。并组织市委委员、基层支社负责人、社员参加九三学社中央、九三学社云南省委、市委统战部组织的各类学习培训班。同时，组织社员参与第四届“九三学社中央坚持和发展中国特色社会主义论坛”“五四运动与九三学社缘起”研讨会论文征集。

【组织建设】 2017年3月26~27日，九三学社市委召开第四次代表大会，选举郭亚钢为主委，杨立波为专职副主委，王树坤、宁杰为兼职副主委，郭亚钢、杨立波、王树坤、宁杰、代玉华、谷桂华、鲁伟、刘家宏、李明、李斌、张立猛、张培清、高兴忠为第四届委员会委员，任命周海琼为委员会秘书长。全社原有7个支社调整为8个，并相继召开社员大会，选举产生新一届支社委员会，圆满完成换届选举工作。截至年底，全市有社员175名（新社员12名）。其中，具有高级职称93人，占社员总数的53.15%；中级职称73人，占社员总数的41.71%；硕士以上学历的27人，占社员总数的15.43%。

【科研成就】 2017年，九三学社社员张立猛参与的“多功能生防菌剂与生物多样性协同控制烟草真菌病害的研究与示范应用”“基于生物炭的植烟土壤改良技术研究与推广应用”获省科学技术进步三等奖；王树坤参与的“甲型副伤寒沙门菌MLVA分子分型及运用”获省科技进步三等奖；杨硕媛主持的“蚜虫可持续防控技术研究与应用”获2016年度中国烟草总公司云南省公司科技进步二等奖；代玉华主持完成的“红塔区主要作物病虫研究与推广”获2015年度省农业技术推广奖三等奖；滕玉芬参与的“月季新品种选育及配套栽培技术推广”获2015年度省农业技术推广奖一等奖。

【社会调研】 2017年，九三学社市委积极参与市政协、市委统战部组织的视察调研活动，依托农业支社与市农业局统战工作领导小组，就全市花卉产业及生物有机肥产业开展联合调研；与九三学社江西省委、毕节市委就生物医药大健康产业、生态保护、有机农业、高原特色农业发展情况开展调研；与普洱支社就元江县滨江棚户区改造项目、玉磨铁路（元江段）建设进展情况开展调研。同时，完成《关于深入推进玉溪市农业供给侧结构性改革的建议》《河长制推行背景下的玉溪市水资源监测评价体系研究》《把大健康产业培育成玉溪市支柱型主动融入滇中城市群发展》等8个调研课题。

【议政建言】 2017年，九三学社市委向市人大四届五次会议提交《关于建立和完善中心城区夜景照明亮化工程建设实施和运行管理办法的建议》《关于在生态环境保护中重视新的安全风险控制的建议》；向市政协四届五次会议提交11件集体提案及16件委员提案，其中，《关于加强江川甘棠箐旧石器遗址保护研究的建议》《关于在玉江高速公路果木林场出口道路安装路灯便民的建议》2件提案被确定为市政协督办提案。

【助力脱贫攻坚】 2017年，九三学社市委多次深入通海县3个贫困行政村和9个贫困自然村，监督脱贫攻坚工

2017年10月23日，“百名专家科技下乡”活动在红塔区启动

（九三学社玉溪市委　提供）

作，认真分析存在问题，提出工作建议，完成《九三学社玉溪市委关于脱贫攻坚民主监督工作情况的报告》上报市委统战部、市扶贫办等相关部门供决策参考。同时，多次深入扶贫联系点华宁县宁州街道火特村，走访慰问建档立卡联系户；组织该村“三委”班子成员、部分致富带头人开展金铁锁栽培技术培训，赠送价值4 000余元的农药、薄膜和种子；组织社内农业、畜牧业专家深入联系户家中就种养殖业发展进行一对一指导；下拨经费2万元帮助火特村修缮文化室，协调水利建设项目资金40万元，帮助解决村民饮水工程项目建设。

【社会活动】 2017年9月20日，九三学社市委与市口腔专业委员会、口腔专业委员会民营分会、口腔疾病防治中心联合举行第29届“全国爱牙日”大型义诊宣传活动。10余名口腔医学专家为700余名群众进行诊断咨询，发放口腔宣传资料760余份、保健牙刷700支。10月23日，又在红塔区、华宁县、澄江县同时开展“百名专家科技下乡活动”，举办知识讲座和业务指导4场次，受众人数500余人。11月10日，还邀请九三学社江西书画院的7位国家级、省级陶瓷、工艺美术大师到玉溪交流指导陶瓷产业发展。

（周海琼）

工商业联合会

【市工商联第五次代表大会】 于2017年3月27日召开，选举产生第五届执行委员会委员159名、主席（会长）1名、副主席（副会长）3名、兼职副主席10名、商会兼职副会长16名、秘书长1名、常务委员28名，审议通过市工商联第五次代表大会决议，向与会代表发出“玉溪民营企业‘万企帮万村’精准扶贫行动倡议”。

【学习培训】 2017年9月23~29日，市工商联在西安交通大学经济与金融学院举办全市工商联系统干部综合素质提升专题培训班，55名领导干部、民营企业家、商会负责人参加培训。此外，于11月28~29日在市委党校举办全市年轻一代非公有制经济人士暨民营企业家培训班，市工商联（商会）五届执委会全体民营企业家执委和全市年轻一代非公有制经济人士参加培训。

【商会组建和会员发展】 2017年，市浙江商会、市广东商会成立。全市工商联有会员19 332个，其中企业会员2 388个、团体会员149个、个人会员16 795个；有商会组织149个，其中行业组织（商会、同业公会、协会）83个、乡镇商会39个、街道商会27个、园区商会2个、异地商会10个。会员和商会数量均位居全省前列。

【经济和招商服务】 2017年，市工商联参加省工商联“上规模民营企业调研及非公企业100强排序”活动，全市11户企业荣登“100强”榜单，其中4户入围“非公企业制造业20强”、1户入围“非公企业服务业20强”。此外，组织13户企业参加全省民营企业直接融资专题培训会，解决融资难题。并与保山市工商联、四川省自贡市工商联、河北省邢台市工商联、唐山市工商联缔结为友好工商联，扎实做好以商招商、以诚招商、以情招商工作。

【维权服务】 2017年，市工商联打造14个商会和民营企业作为非公有制企业、商会（协会）劳动争议预防调解示范点。同时，与市人社局、总工会、工信委、企业联合会共同举办两期“构建和谐劳动关系，促进企业提高劳动争议协调能力”企业负责人培训班，130户企业的199名负责人参加培训。此外，与市司法局共同举行“法律三进”（进企业、进商会、进机关）活动启动仪式暨培训班，18名优秀律师组成市民营企业律师服务团，维护民营企业合法权益，选取市川渝商会、市江西商会、市昭通商会、市家居建材商会为调解组织试点。

【创业帮扶】 2017年，市工商联完成2 200户“贷免扶补”工作任务，发放贷款金额2.18亿元，带动吸纳就业人数5 270人；完成“小微企业贷款”扶持目标任务55户，发放贷款9 775万元，带动就业1 069人；作为全省工商联系统“创业担保贷款”唯一承办单位，圆满完成目标任务400户，发放贷款3 700万元，带动971人就业。

【助力精准脱贫】 2017年，市工商联为扶贫联系点新平县平甸乡磨皮村协调资金54万元，动员42户企业捐助帮扶资金2 373万元，实施扶贫项目8项。全村实现经济总收入1 807.98万元，比上年增加189.92万元；农民人均纯收入8 230元，比上年增收1 494元。53户建档立卡贫困户中有52户脱贫，精准脱贫取得阶段性成果。市工商联还组织开展“万企帮万村”精准扶贫工作，动员96户民营企业结对帮扶市内82个贫困村（75个为省级贫困村），实施扶贫项目145个，投入资金3 649.74万元，惠及困难群众14 452人。

【参政议政】 2017年，市工商联向市政协四届五次会议提交《关于加快我市装备制造业发展的建议》《关于妥善处理劳动争议案件》等6个提案。

【社会调查和服务】 2017年，市工商联以“转作风、提水平、促发展”为主题，走访67户企业、12户商会，围绕“民营企业产权和合法权益”“降低实体经济企业综合成本”“民营企业自主创新”等课题开展调研，为党委、政府提供政策建议和咨询意见。市光彩事业促进会全年接收170个企业（团体）捐赠款2 298.35万元，转出捐赠款23笔、2 295.55万元，在广大非公经济人士中发挥较好的示范带动作用。

（刘亚丹）

（吴　垠　摄）

绿水青山·碧玉清溪

（吴 垠 摄）

人民团体

MASS ORGANIZATIONS

责任编校：王　捷

总工会

共青团玉溪市委员会

妇女联合会

科　协

侨　联

总工会

【组织建设】 2017年，在市委和省总工会的领导下，市总工会充分发挥职工服务中心、职工之家、会员活动室、职工书屋、职工大讲堂等阵地作用，加强理论学习，规范基层工会组织建设。全市有基层工会组织3 273个（新建141个），涵盖基层单位5 996个。其中，“六有”工会建设达标单位3 098家，占基层工会组织的90.16%。全年核销“空壳工会”“僵尸工会”1 224个。全市有工会会员23.44万人，其中，农民工会员12.36万人。

【工会改革】 2017年，市总工会贯彻《市总工会改革实施方案》，围绕全市工会系统存在的突出问题开展17个重点课题调研，列出“四化”问题清单，制定下发《市总工会关于贯彻落实〈市总工会改革实施方案〉任务分解方案》等32个改革配套措施，调整优化4个内设机构和1个事业单位职能职责，对3个内设机构进行更名。全市乡（镇、街道）工会主席实现由同级党委副书记（或人大主席）兼任，配备乡（镇、街道）专职副主席或工作人员。江川区工会代表大会实现劳模、一线职工、基层工会工作者代表比例不低于80%的目标，并配备兼职副主席。华宁县、新平县成立工业园区总工会。红塔区、易门县、澄江县建立社区联合工会，加强对企业、零散职工和农民工服务维权工作。

【提升职工素质】 2017年，市总工会大力开展“大联合大练兵职工素质提升行动”，组织陶瓷工艺品成型师、手工铜器制作、家政服务、机床装调维修工、电子商务师等9个工种技能大赛，带动全市焊工、测绘等78个工种、4.4万名职工，开展285场技能比武。同时，组织开展农民工《安全生产法》《职业病防治法》知识竞赛，认定农民工培训基地32个，补助经费284万元；组织2.1万名农民工参加引导性培训，其中5 085名职工取得专项职业能力证书、职业资格证书或晋升技术等级；开展第三届职工创新创意成果评选活动，建立完善职工创新成果、发明专利推介机制，促进职工创新成果转化。全年创建劳模工作室17个、技师工作站8个、职工创新工作室24个，充分发挥劳模和高技能人才示范引领作用。

【职工维权】 2017年，市总工会落实协调劳动关系三方制度，推动行业协商、区域协商，签订工资集体协商合同1 310份，合同签订率95.6%，覆盖3 325户企业、职工11.27万人；推进工会劳动法律监督意见书和建议书制度，充分发挥667个工会劳动法律监督组织、2 123名监督员作用，受理劳动法律监督案件47件；建立困难职工法律援助制度，在10个县（区）职工服务中心设立法律援助站，完成困难职工法律援助62件；积极参与农民工工资清欠集中行动，维护职工合法权益；做好职工信访接待、矛盾排查和化解工作，妥善解决涉及职工切身利益的问题。全市公有制企事业单位全面建立厂务公开民主管理制度和职工代表大会制度，非公有制企业建立率分别达97.9%、95.2%。

【困难职工帮扶】 2017年，全市建立6个省AAA级职工服务中心、5个省级职工服务中心示范单位、54个乡（镇、街道）职工服务站。市总工会开展困难职工解困脱困精准帮扶项目，做好单亲女职工帮扶、金秋助学、困难职工生活大病救助，筹措帮扶资金1 208.49万元，帮扶困难职工及其子女1.65万人次，完成建档立卡困难职工解困脱困30%的年度任务；制定实施“新工人、新市民、新成长”脱贫攻坚计划，开展脱贫攻坚劳动竞赛和“挂包帮”“转走访”工作。

【劳模和“玉溪工匠”服务管理】 2017年，市总工会贯彻执行《市劳动模范评选服务管理办法》，推荐全国“五一劳动奖章”1名、省级劳动模范14名；围绕“科教引领”发展战略，建立健全“玉溪工匠”培养、选树和激励机制，认定30名“玉溪工匠”，在产业职工中树立“玉溪工匠”精神。全年开展劳模巡回演讲14场，拍摄劳模、技术能手、“玉溪工匠”专题宣传片37部；组织劳模疗养、体检，发放三级劳模慰问金、帮扶金，营造劳动光荣、知识崇高、人才宝贵、创造伟大的良好社会氛围。

【“中国梦·劳动美”主题教育】 2017年，全市各级工会组织弘扬和践行社会主义核心价值观，进一步深化“中国梦·劳动美”主题教育，推动职工大讲堂、职工之家、职工书屋、职工手机报、职工读书活动等工作。全年建立“职工道德讲堂”示范企业20个，开讲37期；新建职工书屋示范点25个；表扬好妻子20人、好邻里15人、和谐家庭20户、优秀家书作者20人。

【“安康杯”劳动竞赛活动】 2017年，市总工会组织465家单位、4 230个班组、7.23万人参加“安康杯”竞赛活动。全市146家企业、1 735个班组分别组织“践行新理念、建功十三五”“七比一创”等主题劳动竞赛，各行业形成“比学赶超、奋勇争先”局面，激发和调动广大职工参与建设的积极性、主动性。

（普开明）

共青团玉溪市委员会

【换届选举圆满完成】 2017年，全市各级团委、市青联、学联分别完成换届工作，优化县（区）、乡（镇、街道）团委班子结构，充实市青联、学联委员会委员。

【“喜迎十九大”系列活动】 2017年，团市委开展“青春喜迎十九大·不忘初心跟党走”系列庆祝活动，先后组织“互联网+公益”平台启动仪式暨“绿色长征”公益徒步活动、建团95周年集体入团仪式、“团徽闪闪”占领微信运动计步排行榜封面、“边疆青年说变化”随手拍活动，拍摄五四青年寄语片《不忘初心跟党走》。

【青年创业帮扶】 2017年1月4日，团市委邀请部分市人大代表、政协委员、市直单位领导、县（区）团委代表及青年电商创业代表、学校双创中心代表等30余人，围绕“加强城乡青年电商创业人才培养”主题，举办“共青团与人大代表、政协委员面对面”活动。全年通过“贷免扶补”工作成功扶持700名青年创业，发放贷款6 856万；通过创业担保贷款工作扶持180名青年创业，发放贷款1 800万；与市人社局等部门联合举办“春风行动”暨“农村劳动力转移就业百日行动”“毕业生就业”大型招聘会，协调企事业单位提供就业岗位4 385个，达成意向性就业协议1 760人；推荐磨浆农业有限公司董事长周锋、新昊环保科技有限公司董事长张廷科参加省第七届青年创业省长奖评比并获奖。

【“3·5雷锋志愿日”主题活动】 2017年3月5日，团市委联合市文明办、市总工会等30余家企事业单位在聂耳文化广场开展“弘扬雷锋精神·创建文明城市”主题志愿服务系列活动，200余名志愿者为广大市民提供义务理发、小家电维修、免费医疗、科普宣传、旧物回收等志愿服务，受到广大市民一致好评。

【“互联网+公益”平台启动】 2017年五四期间，团市委“互联网+公益”平台——“青益玉溪”正式启动，各级团组织可通过“青益玉溪”平台在网上发起志愿公益活动，组织团员青年注册成为志愿者并参加公益项目即可获取青益值兑换物品。该平台充分整合志愿者、团组织和爱心企业资源，为开展志愿公益活动搭建快捷有效平台。

【少先队工作】 2017年，全市20个少先队工作课题获得立项，市少工委课题《社会主义核心价值观在少先队分层教育中的应用研究》获全国少先队科研重点课题立项。6月1日，市少先队“喜迎十九大——我向习爷爷说句心里话”主题队日活动在市一小山水校区举行，300余名少先队员参加活动。10月13日，团市委、市少工委召开庆祝中国少年先锋队建队68周年座谈会。10月22～27日，团市委、市教育局、市少工委在陕西省延安泽东干部学院联合举办少先队辅导员培训班，63名少先队工作者和辅导员参加培训。

【对外交流活动】 2017年，团市委承办全省首届国际留学生文化交流周走进澄江活动，组织来自美国、意大利、马里、印度、泰国、老挝、缅甸、越南等20个国家的100名留学生及省内部分高校学生代表，在抚仙湖时光栈道开展徒步活动。又于7月21日筹办中国——东盟青年企业家“一带一路”经贸交流玉溪行活动，接待来自东盟和国内各地的125名青年企业家参观市内多家重点企业，召开招商引资项目推介交流会。

【西部计划志愿者项目】 2017年，全市新增西部计划中央项目志愿者45名，其中延期19名。团市委正式启动西部计划地方项目，招募志愿者40名，其中30名在各县（区）服务、10名在市直单位服务。

【举办青年马克思主义培养工程培训班】 2017年10月，团市委组织44名团干部和青联委员到延安大学泽东干部学院参加青年马克思主义培养工程培训班，通过理论学习、参观革命旧址或纪念馆、学唱革命歌曲等多种形式学习历史，体会延安精神。

【第四届“玉溪青年五四奖章”评比】 2017年，团市委授予刀向梅、尹珊珊、李振华、邱仕强、张健、陈磊、陈治国、洪欣、彭牧青、董春富10名优秀青年第四届“青年五四奖章”称号；授予王福平、代瑞、冯磊、谷方、张雪松5名优秀青年第四届“青年五四奖章”提名奖。

2017年6月1日，市四套班子领导参加庆“六·一”主题队日活动

（团市委　提供）

【助力脱贫攻坚】 2017年，团市委继续发挥青少年关爱活动品牌效应，协调各方资源，争取爱心扶贫资金100余万元，直接帮助困难青少年1 836人，间接帮助4 700余人。同时，组织干部职工积极投身脱贫攻坚工作，多次赴联系点华宁县宁州街道火特村走访调研，下派1名干部到联系点担任工作队联络员，下拨资金21.2万余元帮助联系点建设党团活动室及垃圾池。

（严　辰）

妇女联合会

【妇联改革】 2017年，市妇联全面落实《市妇联改革实施方案》，以江川区为改革试点，推动全市高质量完成妇代会改建妇联及扩大乡（镇、街道）妇联组织成员工作，选举产生乡（镇、街道）妇联主席74名、专职副主席74名、兼职副主席301名、执委1 881名，选举村（社区）妇联主席702名、副主席2 193名、执委1.08万名。全市乡（镇、街道）妇联主席全部由同级党政班子中的女性成员兼任，村（社区）妇联主席100%进“两委”，妇联干部队伍较改革前增加6 424人。

【妇女创业创新】 2017年，市妇联开展贷免扶补工作，发放创业贷款8 949万元，帮助900人创业，吸纳就业1 463人；开展小额创业担保贷款工作，发放贷款6 000万元，帮助600户创业；争取省妇女发展循环金40万元用于加强项目指导，推动产业发展；举办“春风行动”大型招聘会，1 760人达成意向性就业协议。全年举办巾帼创业带头人、农村女能人、农村电子商务、健康养老服务、育婴师、刺绣等各类技能培训班77期，参培人员4 597人，选送18名女带头人参加省级种养殖培训，提高妇女创业技能。

【妇女儿童维权】 2017年，市妇联以“建设法治玉溪·巾帼在行动”为主题，深入开展“百万妇女学法律”、法律“四进”和“三八”妇女维权月法制宣传活动；与玉溪师范学院法学院联合开展“宣传反家暴法，发展社会工作”普法宣传活动，签署共建学生见习实习基地战略合作协议，举办“模拟法庭”和反家暴面对面嘉宾访谈活动，发出9个人身保护令及12

份家庭暴力告诫书；开展国策培训10期，参训人员近1 000人，推动男女平等基本国策“进机关、进党校、进学校、进社区、进家庭”。同时，举办社区儿童保护骨干培训、维权骨干培训班3期；组织“女童保护”基金志愿者团队13名讲师走进35所学校，为3 567名中小学生开设“爱护我们身体”主题防性侵知识讲座；新建儿童之家21个；在华宁县、新平县启动实施新一轮全国妇联、联合国儿基会社区儿童保护项目。

【助力精准脱贫】 2017年，市妇联把扶贫与扶技、扶志、强资、扶教相结合，先后开展巾帼脱贫培训88期，参培人员5 325人；在贫困妇女及家庭中开展“四自”精神教育和文明家庭创建活动；向有创业意愿和能力的贫困妇女倾斜贷免扶补、创业担保贷款、妇女发展循环金等政策；组织妇联干部下农村、进家庭、找家长，做好教育宣传、劝返辍学儿童等工作，走访家庭325户、辍学学生284人，以“巾帼建功”“双学双比”创建活动为载体，创建全国巾帼脱贫示范基地1个、市级巾帼脱贫示范基地18个、县级巾帼脱贫示范基50个，培树一批扶贫帮困女能人，发挥“领头雁”作用；深入开展挂包帮工作，协调经费31万元、落实项目6个，帮助联系点华宁县华溪镇黑牛白村委会成立彝族文化研习社、妇女发展互助社。

【关爱妇女儿童】 2017年春节前，市妇联以“心系儿童·情暖寒冬”为主题，对109户农村留守儿童和困境儿童家庭开展走访慰问活动。此外，开展困境妇女儿童关爱活动，实施贫困单亲母亲住房援建项目6户，救助贫困两癌妇女131人，捐赠母亲邮包1 000个、母亲水窖1个。各级妇联联合启动“儿童节的礼物”微心愿征集活动，组织志愿者参与“圆梦微心愿”志愿服务活动，征集认领微心愿上千个。

【文明家庭创建】 2017年，市妇联坚持把家庭文明建设作为培育和践行社会主义核心价值观的重要载体，在基层“妇女之家”开展寻找“最美家庭”“好家风好家训”宣传展示活动，向全市广大家庭发出“传承家庭美德　争做最美家庭”“廉洁文化进家庭”倡议书，举办全市妇联系统家庭教育骨干、新媒体骨干培训班。全年评选出“最美家庭”30户、“最美家庭提名奖”54户，其中2户家庭获全国“最美家庭”殊荣。

【生态文明创建】 2017年，各级妇联注重发挥妇女在建设美丽乡村中的积极作用，开展“百村妇女争创秀美庭院”创建活动，465支巾帼志愿者队伍、6 337名志愿者常年活跃在生态文明建设一线，成为不可或缺的重要力量，在推进“美丽乡村”建设、创建文明城市工作中发挥“半边天”作用。同时，以村（居）民小组为单位，每年创建50个“秀美庭院”示范点。截至年底，全市已创建“秀美庭院”示范点150个，有效改善农村人居环境。

【优秀表彰】 2017年，玉溪市人民检察院妇委会被授予全国三八红旗集体荣誉称号；4名个人获省级三八红旗手荣誉称号；3个集体荣获省级三八红旗集体荣誉称号。

（张　娟）

科　协

【组织建设】 2017年，市科协被中国科协办列为地方科协深化改革工作13家地市级试点单位之一，积极开展深化改革工作，新增设科技创新管理部，新增参公事业编制2名，内设科室由改革前的2个增加至3个，分别为办公室、科普技术普及部、科技创新管理部。同时，新成立基层科普组织38个，其中，农村专业技术协会27个、科普示范基地7个、科普示范社区及社区科普大学4个（所）。红塔区高仓街道龙树小学、华宁县第一中学被命名为“省科普示范学校”，澄江县仪凤社区、通海县万家社区、红塔区高龙潭社区、峨山县登云社区被命名为“省科普示范社区”。

【全民科学素质行动】 2017年，市科协召开学术会议6次，413名科技人员参会，交流论文55篇；组织政协科协界委员开展8次科技调研活动，提供决策咨询报告5篇、建议19条；开展“科普日”“玉溪科普展”“玉溪科普博览会”“科技活动周”“科技三下乡”“流动科技馆”“四送一创”等品牌科普活动；举办讲座44场、大型宣传活动80场，发放各种宣传资料18.7万份，受众人群30余万人次。全年建成8个农技协及科普示范基地，2名农村科普带头人获得中国科协“基层科普行动计划奖补”。

【优秀学术论文评选】 2017年，市科协开展第九届优秀学术论文评选工作，征集自然学科论文146篇，最终评出获奖论文75篇，其中，一等奖12篇、二等奖25篇、三等奖38篇。9月，市科协与市委宣传部、市社科联共同举办市科教引领创新发展学术研讨会，120名科技人员提交学术论文110篇，评出优秀论文40篇，编印《玉溪市科教引领创新发展优秀学术论文集》。

【青少年科技创新大赛】 2017年，市科协举办第三十二届青少年科技创新大赛，征集参赛作品359件，其中，学生创新成果项目40项、科技实践活动38项、少年儿童科幻绘画151幅、科技创意作品17项、科技教师方案及创新成果项目82项、教师论文31篇；推荐163项市级获奖作品参加省级竞赛，96项作品获奖，其中，一等奖5项、二等奖12项、三等奖79项。易门县龙泉中学学生李欣玥的《自由些》获全国优秀创意奖，元江县民族中学老师李八生的《氢气的验纯、点燃爆炸实验改进》获科技教师创新成果省级一等奖，市科协职工冷健康被评为省级优秀组织工作者，玉溪第一小学老师曹梅、第四小学老师管聪慧被评为省级优秀科技教师。

【青少年学科竞赛】 2017年，市科协组织玉溪一中556名学生参加全国中学生生物学联赛云南分赛，有151人获奖。其中，获一等奖15名，占一等奖总数的37.5%；获二等奖58名，占二等奖总数的29%；获三等奖78名，占三等奖总数的26%。获奖人数连续三年蝉联云南赛区第一，包揽赛区成绩排行榜前三名。玉溪选手唐蔚然成绩名列全省榜首，2名学生代表云南赛区参加全国联赛，获全国三等奖。

【青少年科普教育】 2017年，市科协组织红塔区龙树小学、峨山县锦屏中学、玉溪市第一小学、新平县第一小学、新平县第四小学、通海县秀山第一小学开展“我爱绿色生活”全国青少年科学调查体验活动推广示范学校创建工作，2 600余名师生参赛，提交网络作品2 200余件。玉溪市第一小学、通海县秀山第一小学荣获“全国优秀活动示范学校”。此外，组织开展中科院老科学家科普报告团玉溪行活动，在澄江县、华宁县、峨山县开展8场科普报告，中小学生及社区群众2 000余人参与活动。

【科普大篷车】 2017年，全市有科普大篷车5辆（市级、新平县、澄江县、易门县、华宁县各1辆）。市科协建立中国科普大篷车远程信息网络平台链接，完善使用管理办法，及时上传、上报科普大篷车活动GPS运行轨迹、活动图片、工作动态、数据反馈和信息简报至中国科普大篷车远程信息平台和省科协科普网。全年上传并被采用信息11条、图片23张。

【科普志愿者活动】 2017年，市科协健全志愿者招募、注册、登记、活动开展等制度，推进志愿服务常态化、制度化开展，建立市科普志愿服务队、市科协科普志愿服务队，完成科普志愿者登记注册90人。

【科普信息化建设】 2017年，市科协加强“互联网+科普”工作，全市科协系统充分运电视科普栏目和村（社）、校园的多媒体系统终端，加强科普中国V视快递落地应用、科普中国e站和“科猫”平台建设工作。全市各级科协均建有科普网站和微信公众号，播放科普中国V视宣传片1 022部，累计时间50小时。同时，建设科普中国e站78个，其中，乡村e站16个、社区e站38个、校园e站24个。全市有1 145人实名注册科普中国平台，1 021人注册“科猫”平台。

【科普助力精准扶贫】 2017年，市科协结合自身部门特点和优势，围绕项目示范、产业扶持、能力素质提升三个方面开展科普助力精准扶贫工作，组织60余名干部职工到扶贫联系点华宁县宁州街道红坡村委会开展帮扶工作。同时，拨付11万元扶贫资金，协调整合其他资金240余万元用于红坡村委会扶贫工作，帮助完成15户D级危房改造，新建200立方人畜饮水工程1个、文化长廊1个、卫生公厕4座，拓宽机耕路2.65千米，翻建待客室1个；开展科技专家服务团送医药、送技术下乡活动4次，党课教育2期，种养技术培训7期，累计培训291人次；引进甜脆玉米等3个新品种蔬菜示范种植。各项帮扶工作成效明显。

【农函大办学】 2017年，全市科协系统在73个乡（镇、街道）开办233个专业（统办专业134个、地方特色专业99个）农村致富技术函授大学教学班，招收学员1.35万人（统办专业7 005人、地方特色专业6 461人）。其中，农村党员3 308人、基层干部1 946人、少数民族5 407人、妇女4 628人、农村中学生600人、返乡农民工10人。参与农函大教学管理人员245人，聘请辅导教师173人。

（杨继林）

侨　联

【侨联改革】 2017年，市侨联围绕“服务经济发展、依法维护侨益、拓展海外联谊、积极参政议政、弘扬中华文化、参与社会建设”6项侨联基本职能开展工作，根据中国侨联、省侨联改革精神要求，认真部署改革工作，形成《玉溪市侨联改革实施方案》，增加事业编制3名，内设综合科，设科长1名（正科级）。全年组织选拔任用正科级领导干部1名，免去主任科员职务1名，选调机关干部1名，扎实推进侨联改革工作。

【侨务干部培训班】 2017年8月1～2日，市侨联在市委党校举校办全市侨务干部培训班，参培人员60余人。培训班以《新形势下的侨联工作》为题就侨的历史、华侨华人对新中国的重大贡献及影响、如何开展新形势下侨务工作等内容开展培训。

【学习交流】 2017年11月20−24日，市侨联组织县（区）侨联干部11人，赴福建厦门、泉州开展学习交流，参观厦门市侨联办公大楼、相关部室、泉州市华侨博物馆，追忆著名华侨领袖陈嘉庚先生伟大事迹。并与泉州市侨联交流座谈，就侨联改革、海外联谊、文化交流等方面交换意见。

【服务侨界群众】 2017年，市侨联向省市争取“贫困归侨侨眷生活困难补助资金”2.7万元、“贫困归侨侨眷产业扶贫”资金5.58万元，帮扶困难归侨侨眷19户；走访慰问2个华侨农场、散居贫困归侨侨眷和部分退休侨务干部等侨界群众201户，发放慰问金10.53万元；配合凤凰街道胜利社区，以侨务工作示范点创建活动为载体，开展“杜绝黄、赌、毒”进社区活动；协助元江红侨社区筹建全市首家华侨农场侨乡文化陈列馆——红河华侨农场历史文化陈列馆；深入侨乡宣传侨法侨规，发放宣传资料3.15万份，提供政策咨询397人次，宣传覆盖群众9 500余人；与市委统战部共同聘请1名法律顾问，依法维护侨界群众合法权益，全年办理涉侨信访件2件，接待来访群众36人次。

【参政议政】 2017年，市侨界人大代表、政协委员在市“两会”上提出议案、建议、提案12件，内容包括涉侨利益、关注民生等方面，得到党委、政府的重视和采纳。12月21日，市侨联第十次党组（扩大）会议推荐副主席、秘书长许真生同志作为市政协委员提名人选。

【海外联谊】 2017年，市侨联参与承办“七彩云南·中华寻根之旅”泰国华裔青少年玉溪行夏令营，邀请37名泰国华裔青少年参加学习汉语知识、中国文化、中华才艺、考察风土民情等主题活动，参观侨乡大白邑、彝族特色村寨摆依寨，与峨山职中学生联谊交流。全年接待返乡祭祖、探亲访友、旅游观光的华人华侨、港澳台同胞30余人。

【“侨爱心·光明行”活动】 2017年6月22日，“侨爱心·光明行——走进元江”白内障健康复明大型公益活动启动仪式在元江县甘庄华侨农场举行，中国华侨公益基金会副会长庞燕、省侨联副主席高峰、德国华商会会长张禹华、昆明爱尔眼科医院CEO（院长）龚永祥、相关单位负责人及白内障患者代表近150人出席启动仪式。启动仪式结束后，爱尔眼科医务人员随即开展白内障患者筛查工作。全年完成筛查31场次、1 102人，查出适应症人数602人，自愿接受免费救助并完成手术273人，其中甘庄华侨农场72人、红河华侨农场201人，救助金额23.8万元。

【助力脱贫攻坚】 2017年，市侨联5次深入扶贫联系点新平县扬武镇马鹿寨村委会开展“关爱民生、寒冬送暖”等扶贫活动，下拨经费4万元用于该村综合用房建设和发展冰糖橙、脐橙产业。同时，下拨经费3万元扶持“百村示范、千村整治”联系点元江县那诺乡者党村委会戈期垤村民小组开展整治工作。

（施又莓）

绿水青山·碧玉清溪

（吴 垠 摄）

法　治

LEGAL SYSTEM

责任编校：王　捷

政法及综治

立法工作

法制政府建设

公　安

检　察

法　院

司法行政

政法及综治

【平安玉溪建设】 2017年，市委政法委统筹推进城乡一体化社会治安防控体系建设，建成高清视频监控系统10 058路并接入共享平台，在市、县、乡边界分别建设41套集视频抓拍、通讯采集、WIFI采集三位一体的卡口系统，构建三层电子防护圈；强化群防群治力量建设，发动9 800余名治保人员、2.78万余名内保人员、3.24万余名志愿者参与治安防控，平安“红袖标”遍布大街小巷，构筑坚固的群防群治人民防线；推进“雪亮工程”建设，建成11个图像联网平台，完成多种视频图像信息的采集传输和整合工作；紧抓源头性、基础性问题，强化重点领域安全管理，整治突出治安问题，推进23项重点行业平安创建，增强人民群众安全感；督促相关部门主动发声，主导话语权，强化网上、网下斗争，组织治理境外宗教渗透、打击邪教活动专项行动；按照“综治办+综治信息系统+N”的模式，推进市、县（区）、乡（镇、街道）、村（社区）四级综治中心建设，完成中心挂牌和制度上墙。全市刑事案件立案比上年下降25.9%，立现行命案31起，比上年下降26.2%，命案破案率为100%，连续三轮荣获“全国社会治安综合治理优秀市”，首捧全国综治工作最高奖项“长安杯”。

【创新社会治理】 2017年，全市政法机关全面实施“互联网+社会治理”，按照国家标准设置综治业务“9+X”模块，打造全面覆盖、动态跟踪、整合资源、联管联动、信息共享、功能齐全的综治信息化、网格化服务管理平台；强化寄递物流企业管理，严格落实“3个100%”安全生产制度，强化平安智慧物流工作，全市1 183辆客车（9座以上）全部安装定位系统，512辆危货车辆安装实时视频监控系统，运用平安智慧物流动态监管模块，车载终端数据与运输企业监管平台、市网格化社会服务管理综合信息系统无缝对接，对全市“两客一危”、重型货车运输生产全过程进行可视见、可定位、可控制管理，做到24小时实时监控，交通事故和货物盗抢案件大幅下降；全面实行流动人口“一站式”、均等化服务管理，促进流动人口社会融合；落实易肇事肇祸倾向精神病人“以奖代补”等措施和以乡（镇、街道）、村（社区）干部、责任区民警和其近亲属、综治网格员为主体的“五位一体”监护责任，确保实现救治联动、信息联通、救助联合、风险联控，全年未发生精神障碍患者重大肇事肇祸案（事）件。

【服务经济社会】 2017年，市委政法委建立市社会稳定风险评估专家库，培育9家第三方评估机构，搭建社会稳定风险评估信息化管理平台，实现风险评估网上报备、审批。全市开展社会稳定风险评估124件，准予实施121件，暂缓实施3件。凡通过评估的重大决策事项，未发生群体性事件和案（事）件。同时，继续推行人民调解、司法调解、行政调解“三调联动”和行业调解助推的调解模式，调动和发挥23个行业性调解组织、2个专业性调解组织、61个个人调解室作用，化解大量社会矛盾纠纷，市保险业人民调解委员会被司法部表彰为“全国模范人民调解委员会”。此外，继续推行“七位一体”市级领导牵头包案化解信访积案制度，打造“4级联动”的视频接访平台，探索信访案件评查制度，推行网上信访事项回访制度、群众满意度评价制度。全市信访总量比上年下降15.29%，信访工作的做法和经验得到国家信访局的肯定，被推荐参加新华网“市委书记谈信访”系列访谈活动。还针对玉水金岸房地产项目引发的不稳定隐患，想方设法筹措资金，督促开发商通过项目复工、经济补偿等方式，妥善化解社会稳定风险。并强化“拓农”案的情报导控，完善维稳工作预案，精心组织实施，确保案件顺利完成一审。

【依法治市】 2017年，市委政法委深入推进依法治市工作，在全省率先建立重大行政决策责任追究制度、重大行政执法决定法治审核制度，严格实施重大决策终身责任追究及责任倒查；落实“谁执法谁普法，谁主管谁普法”责任制，在中心城区东风广场等休闲场所打造“爱国”“敬业”“诚信”“友善”4个法治宣传园，指导各县区打造一批融入社会主义核心价值观、法治文化、历史文化、民间传统文化的法治宣传阵地；创建民主法治示范村81个（国家级5个、省级16个）、民主法治社区29个（省级6个）、法治乡镇24个、法治单位89个；以红塔区、澄江县为试点，探索修订完善村规民约和居民公约，有效解决“保留户口人员”、征地拆迁等涉稳问题，形成良法善治的新局面。

【司法体制改革】 2017年，全市政法机关稳步推进司法体制改革，健全科学高效的司法权力运行机制，遴选入额法官232名、检察官198名；完成全市两级法院、检察院机构编制和经费上划省级统一管理和三类人员的分类管理工作；制定《关于切实推进基本解决执行难工作的意见》，对执行工作推进中的重难点问题加强指导，确保解决执行难措施落到实处，建立各级政法委执行工作联席会议制度，将法院执行工作纳入市综治考核内容，推进执行难工作的开展；制定《关于建立刑事裁判涉财产部分执行及检察协作机制的意见》，保障刑事裁判涉财产部分执行活动的顺利进行；抓好《领导干部干预司法活动、插手具体案件处理的记录、通报和责任追究规定》《司法机关内部人员过问案件的纪律和责任追究规定》《关于进一步规范司法人员与当事人、律师、特殊关系人、中介组织接触交往行为的若干规定》的落实，配合检务督查，严肃办案纪律，未出现市级政法部门领导干部干预司法、插手具体案件处理以及内部人员过问案件的情况及当事人、律师和特殊关系人、中介组织的接触交往情况。

【十九大安保工作】 2017年，市委政法委组织市维稳领导小组及其成员单位及时开展排查化解工作，落实重点群体、重点人的包保稳控责任。并抽调市维稳办、市信访局、市公安局专门人员成立党的十九大安保维稳信访工作领导小组，启动“3+N”情报信息会商研判机制，由市维稳办牵头，市委信访工作联席会议办公室、市公安局为固定成员，其他相关部门和县（区）根据会商内容或工作需要视情参加，将研判后的突出涉稳问题直接交相关县（区）党委、政府及市直有关单位主要领导办理。联席会定期分析研判，确保情报信息收集全面，处置高效快捷，实现群众进京“零上访”的目标。

【政法队伍建设】 2017年，市委政法委根据中央、省委相关精神，出台

《关于进一步加强新形势下政法队伍建设的实施意见》《关于认真贯彻落实〈政法机关党组织向党委请示报告重大事项规定〉的通知》，落实《党委议事规则》，用制度管人、管事、管权；督促政法各部门坚持集体领导、民主集中、个别酝酿、会议决定的原则对“三重一大”决策事项进行决策；落实从优待警政策，营造以警为本、关爱干警的良好氛围。全市政法干警有3人荣立个人二等功、44人获省级以上系统内表彰。

（王建文）

立法工作

【编制年度立法计划】 2017年，市人大常委会精心编制年度立法计划，组织部分地方立法专家，对《市城镇绿化条例》《东风水库水资源保护条例》《红塔山自然保护区条例》《飞井海水库水资源保护条例》4个立法项目立项的必要性、可行性、合理性进行认真研究论证，形成年度立法计划正式文件，为全年立法工作提供依据。

【制定颁布《新平哀牢山县级自然保护区条例》】 2017年，市人大常委会稳步推进《新平哀牢山县级自然保护区条例》立法工作。该条例经省人大常委会审批，于6月1日起正式施行，并由市人大法工委按规定及时在玉溪日报、玉溪网、玉溪人大网进行公告。该条例是全市具有地方立法权后起草制定的第一部地方性法规，也是全国第一件针对县级自然保护区的立法，条例的制定和颁布开启了全市法治建设和立法工作新篇章。

【审议通过《市城镇绿化条例》《市森林防火条例》】 2017年，市人大常委会积极开展《市城镇绿化条例》《市森林防火条例》立法工作，督促相关部门按照时间要求开展调研，听取意见，召开论证会，及时对两个条例的起草工作进行指导，多次参与论证修改。7月3日，市四届人大常委会第三十一次会议对《市城镇绿化条例》进行第一次审议。10月28日，市四届人大常委会第三十三次会议审议通过《市城镇绿化条例》，按程序报省人大常委会审查。同时，对《市森林防火条例》进行第一次审议。12月27日，市四届人大常委会第三十四次会议审议通过《市森林防火条例》，报省人大常委会审批。

【加强地方立法管理】 2017年，市人大常委会加强与立法咨询服务基地的沟通联系，提高地方性法规的质量，确保实现科学立法、民主立法。全年委派专家参与《市地方水库水资源保护条例》《市飞井水库水资源保护条例》起草，对这两个条例的名称进行论证和反馈；加强对立法咨询基地经费的管理，制定《地方立法研究评估与咨询服务基地经费使用与管理办法（试行）》，进一步规范经费的管理和使用；制定开展地方立法的14项办法、制度，编制成《立法工作资料汇编（第一辑）》，为全市地方立法工作打好基础。

2017年2月17日，市人大常委会组织部分地方立法专家，对2017年立法计划进行专家论证

（高 翔 摄）

【加强立法培训】 2017年，市人大常委会为顺利推进地方立法工作，提高审议质量和水平，于6月组织工作人员到深圳全国人大培训基地，就如何起草和审议地方性法规进行专门培训，又于9月组织法工委人员参加立法专题培训，提高法工委人员的立法能力和水平。

【规范性文件备案审查工作】 2017年，市人大常委会按照“有件必备、有备必审、有错必纠”的原则，做好规范性文件备案审查工作，先后对《市农村公益性公墓管理办法》等2件规范性文件开展审查，提出审查意见，切实履行法律监督职能，进一步加强和改进规范性文件备案审查工作，维护国家法制统一。

【征集下一个五年立法规划建议】 2017年，市人大常委会办公室通过玉溪日报、玉溪人大网向社会公开征集下一个五年立法规划项目建议，并向市直有关部门和政府组成部门征求立法项目建议，为2018~2022年立法规划的编制工作做充分准备。

（官家燕）

法治政府建设

【建设法治政府】 2017年，市政府法制办围绕“五位一体”总体布局和“四个全面”“四带多园”战略布局及“5 577”经济社会发展总体思路，以2020年基本建成法治政府为总体目标，深入推进依法行政，加快建设法治政府；先后召开全市政府法制工作会议、全市法治政府建设工作推进电视电话会，分析问题、提出要求；制订《年度法治政府建设任务分工方案》，从6个方面细化为31项工作任务，明确责任和工作要求，确保各项工作任务顺利落实；指导和督促各级各部门结合实际，制订本县（区）、本部门的法治政府建设实施方案；发挥考核评价的“指挥棒”和“风向标”作用，抓好法治政府建设及依法行政监督考核，并将各县（区）建设法治政府工作情况、市级各部门依法行政工作情况纳入市委、市政府综合考核内容；坚持市政府常务会议集体学法制度，组织全市政府系统领导、干部参与《党政主要负责人履行推进法治建设第一责任人职责规定》《中华人民共和国环境保护法》等法律法规集体学习及专题法治讲座。市政府在省政府法制办开展的“十二五”法治政府建设状况评估中排名第一。

【依法决策】 2017年，全市严把法律关，确保行政决策合法适当，举行听证89次，组织专家论证重大行政决策事项134件，开展风险评估重大行政决策事项124件，合法性审查重大行政决策事项525件，开展重大行政执法决定法制审核372件。市政府法制办对涉及市政府重大决策、重要建设项目等事项进行合法性审查370件，做到市政府重大决策事项合法性审查率100%。

【政府法律顾问工作】 2017年，市、县（区）政府及其所属部门共聘请政府法律顾问772人，其中市政府法律顾问16人，支付聘用报酬802.8万元。市政府法律顾问全年参与审查重大项目合同126件，参与各类重大行政决策事项、重要文件审查38件，参与书记、市长接待日11期，参与信访矛盾纠纷化解35件158人次，参加研究疑难复杂涉法专题会议27次，参与办理行政复议诉讼案件13件，为市政府提供优质高效的法律服务，避免或减少政府及部门决策的法律风险。

【规范性文件监督管理】 2017年，市政府法制办认真执行新颁行的《省行政规范性文件制定和备案办法》，加强规范性文件的清理和审查、登记备案工作，组织全市开展对生态文明建设和环境保护、“互联网+政务服务”“放管服”改革和“减证便民”工作涉及规范性文件的清理。并对2件省人大制定的地方性法规建议进行修订；对市政府制定的规范性文件废止8件，拟修改8件；对各县（区）、各部门规范性文件废止27件，修改13件。全年对县（区）政府和市政府部门报送登记的20件规范性文件进行审查登记备案，按规定报备市政府发布的6件规范性文件。

【行政复议和诉讼调解】 2017年，全市各级行政复议机关收到行政复议申请46件，受理42件，上年结转6件，办结40件。办结案件中，行政行为认定事实清楚、证据确凿、适用依据正确、程序合法、内容适当予以维持的23件，驳回复议请求5件，纠错12件，复议案件纠错率30%。市政府法制办贯彻《市行政机关负责人行政诉讼出庭应诉规定》，制定出台《市政府办关于加强和改进行政应诉工作的实施意见》，做好行政应诉工作，主动接受社会监督。市、县（区）政府及部门被诉行政案件100件，其中法院开庭审理46件，政府及部门负责人出庭应诉44件，出庭应诉率95.65%。全市认真贯彻落实《省行政调解规定（试行）》《市行政调解工作规则（试行）》，行政调解受理案件15 954件，调解结案15 816件，结案率99.14%。

【行政执法监督】 2017年，市政府法制办组织3 048名新办行政执法证件、法制督察证件和到期审验换证行政执法人员、法制督察人员进行培训（轮训），做到持证上岗、亮证执法；做好省行政执法资格管理系统信息录入工作，完成行政执法主体信息录入423个，行政执法人员信息录入9 509人；健全完善行政执法与刑事司法衔接信息共享平台建设工作，录入信息2 162条，全市检察机关监督行政执法机关移送案件14件、20人，建议行政执法机关移送涉嫌犯罪案件11件、15人，行政执法机关移送9件、13人，公安机关立案8件、11人，实现信息互通和资源共享，行政处罚和刑事处罚无缝对接；积极推行行政执法公示制度，规范行政执法程序；下发《市政府法制办关于做好行政处罚信息公开工作的通知》，明确凡是适用一般程序作出的行政处罚案件，应当自作出行政处罚决定之日起20个工作日内在互联网上主动公开行政处罚结果信息，接受监督；开展行政执法案卷评查，采取随机抽取案卷的方式，对全市各县（区）和22个市级部门的71卷行政许可行政处罚案卷组织集中评查，评出优秀案卷22卷、合格案卷41卷、不合格案卷8卷，案卷优秀合格率88.7%。

【仲裁工作】 2017年，市仲裁委受理民商事案件47件，涉案标的额6 090.7万元，通过多渠道化解争议纠纷，有效维护经济秩序和社会稳定。

（刘桂华）

公　安

【概　况】 2017年，全市公安机关牢牢把握稳中求进工作总基调和“5 577”经济社会发展总体思路，坚持问题导向和创新引领，做好十九大安保维稳工作，推动“四个专项”的深入开展，实现“五个严防”“三个不发生”目标，各项公安工作和队伍建设保持良好发展态势，社会治安形势持续向好，刑事案件总量、八类重点案件、命案、两抢一盗案件下降幅度均在20%以上，打防刑事犯罪的效能显著提升，实现案件大幅下降、命案全破的目标；群体性事件降到历史最低，没有发生暴恐案事件、大规模群体性事件、重大公共安全案事件、严重影响政治稳定的重大事件、个人或集体进京访事件、个人极端暴力案件、网络舆情炒作事件、队伍重大违法违纪案事件，公安机关驾驭社会治安局势和社会治理能力不断提高，群众安全感不断增强；全市公安机关把深化“放管服”改革作为公安改革工作的重中之重，最大限度放宽审批条件、压缩审批时限、提高服务效率，推出49项便民利民改革措施；全市连续七次入选全国最安全城市；市公安局在年度工作综合考评中获全省第四名，获市直单位一等奖。

【维护国家安全和政治稳定】 2017年，全市公安机关牢固树立国家安全观，把确保国家安全放在首位，着力防风险保稳定，强化风险隐患的排查和预警，健全完善“4+N”综合研判、专班力量常态研判、敏感时期联席会商研判等多层级情报研判工作机制，围绕各类重要会议、重大活动和敏感节点做好情报信息预警工作；注重方式方法和工作策略，全面做好“泛亚”、e租宝、善心汇、拓农、民师、涉军等重点人员和群体的稳控工作，实现党的十九大、全国“两会”“一带一路”峰会、商洽会期间赴昆进京“零上访”目标；加强网上舆情监控和引导，加大网上巡查和执法力度，及时发现、上报、处置网络谣言及违法信息，没有发生影响较大的舆情炒作事件；切实做好民族宗教安全保卫工作，严厉打击非法宣教活动，坚决抵御各类宗教极端思想渗透；加强对邪教人员的调查掌控，强化邪教专案攻坚，严厉打击邪教组织违法犯罪活动；认真落实矛盾纠纷滚

①2017年9月4日，市公安局举行迎接党的十九大安保维稳誓师大会暨反恐演练 ②2017年4月16日，市公安局在玉溪工业财贸学校举行《反恐怖主义法》"八进"宣传暨"进校园"主题活动启动仪式 ③2017年5月3日，副市长朱家伟（左三）率队督导检查全市涉恐隐患排查整治专项行动工作

（市公安局 提供）

动排查化解机制，对排查出来的各类矛盾纠纷，逐一明确市、县两级公安机关的化解稳控责任，积极开展包保化解工作，全年未发生造成事态扩大和人员伤亡的群体性事件。

【深入推进反恐怖斗争】 2017年，全市公安机关坚持底线思维，紧紧围绕反恐怖重点工作，落实反恐怖斗争各项措施，履行反恐办职责，建立、落实纵向到底、横向到边的"属地、领导、部门、行业、岗位"反恐工作责任体系和问责制度；对反恐重点目标实行分类分级管理，明确主体及监管责任，建立市、县（区）公安机关分片、分行业联系督导工作机制，对相关地方和行业分管领导进行诫勉约谈7次、39人，免职处理2人，处罚违规行业场所及业主1 014家，适用《反恐怖主义法》办理行政案件22起；深入推进反恐怖宣传教育，在全省开展《反恐怖主义法》"六进"基础上，新增"进宗教场所，进公路收费站"的"八进"宣传活动，推动反恐宣传常态化、法治化；加强反恐应急演练，组织多科目、综合性反恐应急演练（拉练）81次，提升全市反恐应急处置能力。

【打击刑事犯罪】 2017年，全市公安机关坚持"更快地破大案、更多地破小案、更准地办好案、更好地控发案"原则，严打各类刑事犯罪，开展打击黑恶势力、涉枪涉爆犯罪、"盗抢骗"犯罪、涉电犯罪等专项打击整治行动，取得刑事立案数、命案、八类案件、传统"盗抢骗"案件、电信诈骗案件下降，抓获网上逃犯数上升"五降一升"的好成绩。全年立刑事案件1.03万起，比上年下降25.9%。其中，八类重点刑事案件、命案比上年分别下降20.9%、22.5%，破获现行案件4 175起、积案3 057起，抓获犯罪嫌疑人2 464人，摧毁犯罪团伙48个、226人，收缴罚没财物3.06亿元；立命案31起，比上年下降22.5%，连续两年实现命案全破，破获新平"8.02"致2人死亡抢劫杀人案，江川区"1.08"抢劫杀害出租车司机案及红塔区20年前、峨山县19年前的2起命案积案，抓获逃犯616名。

【打击"盗抢骗"犯罪】 2017年，全市公安机关进一步建立完善侦破"盗抢骗"系列团伙案件工作机制，组织开展"三打击一整治"专项行动，提升打击"盗抢骗"犯罪活动能力。全市立传统"盗抢骗"案件8 338起，破6 014起。同时，加强警企协作，加大对涉电、涉路违法犯罪打防力度，立涉电案件82起，破获53起；立涉高速公路刑事案件29起，破获14起，追缴车辆通行费153万元。

【"黑枪拐"专项整治】 2017年，全市公安机关深入开展扫黑除恶专项斗争，坚持"打早打小、露头就打""黑恶必除、除恶务尽"方针，推进扫黑除恶专项斗争，全年打掉恶势力犯罪团伙6个，抓获团伙成员39名，侦办九类涉恶案件74起；加大情报信息研判、线索经营、专案侦查力度，严厉打击非法制贩枪支、网络贩枪等涉枪犯罪活动，全年立涉枪案件41起，破获41起，抓获犯罪嫌疑人44人，缴获枪支50支，子弹100发，铅弹、钢珠弹1 908颗；严格落实"一长三包"、儿童失踪快速查找等工作机制，严打拐卖妇女儿童犯罪，全年立拐妇女、儿童案件2件，破2件，解求儿童2名。

【打击电信网络新型犯罪】 2017年，全市公安机关深入开展打击电信网络诈骗、"伪基站"、黑广播、买卖公民个人信息等新型违法犯罪活动，组建全省反诈骗中心市分中心，建立反诈骗犯罪工作成员单位联席会议制度。全年立电信网络诈骗案件795起，破获153起，抓获犯罪嫌疑人36名，止付冻结资金后返还50余万元；成功劝阻疑似电信诈骗案件1 264起，避免群众直接经济损失480余万元；成功侦破通海县“8·20”特大跨境电信诈骗系列案件，抓获犯罪嫌疑人18名，冻结资金700余万元、扣押价值100余万元赃物。

【打击经济违法犯罪】 2017年，全市公安机关以维护经济安全和市场经济秩序为着力点，加强经济运行新趋势、新风险的分析研判，强化源头防控、线索摸排和情报信息收集，严厉打击非法集资、涉税、涉烟、传销和假币等违法犯罪行为，维护全市经济社会和谐稳定。全年立各类经济案件346起，比上年下降0.9%，涉案价值为12.5亿元，破235起，挽回经济损失1.07亿元，抓获犯罪嫌疑人183人；立非法集资类案件8起，破获7起，涉案金额达1.66亿元，抓获犯罪嫌疑人11人，挽回经济损失501.4万余元；立组织、领导传销活动案件36起，破案23起，涉及金额1亿多元，涉案人员7 000余名，抓获犯罪嫌疑人35人，捣毁传销窝点5个；立涉税案件28起，破获18起；立涉烟刑事案件58起，破47起，抓获犯罪嫌疑人69人；协办行政案件691起，处罚599人，缴获价值3 171.6万余元的假、私、非卷烟1 304.5件，烟叶680.1吨，追缴罚没420元；立假币案件4起、破案4起，抓获犯罪嫌疑人8人，收缴假币69.5万余元。

【打击网络违法犯罪】 2017年，全市公安机关开展“打击整治网络侵犯公民个人信息犯罪”“打击黑客攻击破坏和网络侵犯公民个人信息违法犯罪”“扫黄打非·净网2017”“打击整治网络政治谣言和网络炒作”等10余个专项打击整治行动，侦查办理涉及网络的刑事案件21起、行政案件50起，抓获违法犯罪嫌疑人109人（逮捕23人、刑拘35人、行政处罚51人）；发现处置网络谣言案件8起（散布涉国家领导人政治谣言案5起、散布涉警谣言案3起），查处违法人员8人（行政拘留6人、罚款1人、训诫警告1人）。

【禁毒工作】 2017年，全市公安机关坚持“预防为主，综合治理，禁种、禁制、禁贩、禁吸并举”工作方针，健全完善堵源截流各项工作机制，突出重点，拓展思路，不断强化涉毒情报信息、专案侦查、公开查缉、打击零星贩毒等各项工作措施，严打毒品违法犯罪。全年破获毒品案件654起（万克大案11起、部级毒品目标案件1起、省级毒品目标案件2起），抓获毒品犯罪嫌疑人575人，缴获毒品439.84千克（海洛因94.65千克、冰毒310.18千克、鸦片48克、吗啡29.87千克、氯胺酮14克、大麻21克），缴获制毒物品64.27吨（麻黄碱1.88吨、甲苯29.02吨、盐酸21.8吨、氢氧化钠11.08吨、二苯甲酰酒石酸0.5吨）。

【公开查缉毒品工作】 2017年，全市公安机关组织开展7次固定轮值毒品查缉和3次专项行动，坚决遏制毒品及易制毒化学品从市内过境向内地渗透蔓延的势头，公开查缉毒品工作取得成效显著。全年查获毒品案件260起（万克大案7起），抓获犯罪嫌疑人261名，缴获毒品309.07千克。

【打击零星贩毒】 2017年，全市公安机关牢固树立“破一案，斩一线，打一片”思想，将打击零星贩毒、切断毒品供应作为萎缩毒品消费市场、遏制本地毒品问题扩大的重要措施。全年破获零星贩毒案件366起，抓获犯罪嫌疑人383人，缴获毒品20.2千克，捣毁吸毒窝点24个。

【禁吸戒毒工作】 2017年，全市公安机关坚持以人为本、服务为先，落实查处、管控、帮教、戒毒康复等措施，坚持全面排查、应收尽收、全员收戒，严防吸毒人员漏管失控、肇事肇祸。全年查处吸毒人员1 732人次，新发现吸毒人员508人，收戒吸毒人员2 112人，新收戒吸毒人员信息录入率100%，其中强制隔离戒毒1 003人、社区戒毒710人、社区康复399人，超额完成省政府下达的收戒任务；社区戒毒社区康复执行率98.3%，社会面应管控吸毒人员失控脱管率低于1.1%，均达到省考标准，未发生吸毒人员肇祸肇事案（事）件。

【打击整治突出治安问题】 2017年，全市各级公安机关加强重点治安问题整治，强化日常检查巡查和重点行业、区域、时段的整治。全年受理治安案件22 045起，比上年下降4.3%，查处16 532起，查处违法人员18 334人。其中，寻衅滋事案件72起、78人，殴打他人案件1 899起、1 395人，非法携带枪支、弹药、管制刀具等案件141起、139人，扰乱公共场所秩序案件756起、757人，故意损毁财物606起、258人，诈骗117起、27人。同时，通过组织开展“扫黄禁赌”等专项行动，破获涉黄刑事案件11起，刑事拘留12人，取保候审7人，逮捕10人，查处涉黄场所3家；查处涉黄行政案件368起，行政拘留449人，罚款54人，拘留并处罚款7人，其他处理28人，查处涉黄场所7家；破获涉赌刑事案件20起，铲除赌博窝点20个，行政拘留28人，罚款14人，行政拘留并处罚款61人，刑事拘

2017年6月9日，市公安局组织开展全市公安武警反恐处突应急拉动演练

（市公安局 提供）

留56人，取保候审35人，逮捕23人；查处涉赌行政案件282起，行政拘留430人，罚款396人，拘罚并处91人，其他处理12人，收缴赌资194.86万元、赌博游戏机72台。

【打击食药环违法犯罪】 2017年，全市公安机关深入推进食药打假“利剑”行动，落实农资、建材、成品油等领域的打假工作，切实维护人民群众切身利益。全年侦办食品案件10起、药品案件13起、建材案件1起、其他制售假劣商品案件1起，抓获涉案人员36人，涉案金额202.4万余元，查获并销毁冷冻肉制品19余吨，查获假劣钢材108吨及各类涉案白酒、泡酒4 371瓶、65缸，查处收缴各类原料白糖、果脯糖浆、色素、食品添加剂2 966千克及假药500余瓶。同时，健全完善与相关部门联合巡查和执法联动机制，加大抚仙湖等湖泊水域环境保护力度，全年开展联合巡查98次，检查企业90家，整治环境突出问题62个，查处污染环境违法犯罪案件20起，其中治安案件14起、刑事案件6起；查处各类森林案件951起，处理违法犯罪人员926人次，收缴木材801立方米、野生植物153株、野生动物219头只，挽回直接经济损失1 500余万元。

【枪爆危险物品管理】 2017年，全市公安机关全面深入推进缉枪治爆工作，收缴各类枪支755支、枪弹10.18万发、炸药1.18万千克、雷管3.03万枚、黑火药烟火剂83.13万千克、索类爆炸品4 725米，手榴弹308枚、鱼雷信号弹779枚、其他战争遗留物589枚、管制刀具5 177把、烟花爆竹15.31万箱、礼花弹6.13万枚，清理网上涉枪违法信息577条，侦办涉枪涉爆刑事案件46起，采取刑事强制措施46人，查处涉枪涉爆治安案件26起，治安处罚26人；深入推进易制爆危险化学品专项整治工作，对全市易制爆危险化学品使用、销售、生产单位及从业人员进行重点检查和排查管控，查出、整改安全隐患148处；进一步强化枪爆危险品安全监管，清理排查爆破作业人员2 728人，注销离岗326人，排查重点人员28名；对在建铁路、公路和其他涉爆涉危单位进行安全检查732家次，对“五区”检查677家次，对“五场”单位检查1 366家次，发现隐患383处，现场整改371处，限期整改12处；检查涉公务用枪单位395家次，对10家公务涉枪单位的枪管人员进行业务及安全培训。

【人口管理】 2017年，全市公安机关贯彻落实《市政府关于进一步深化户籍制度改革的实施意见》，促进农业转移人口落户城镇，全面放开人才、学生等重点群体落户限制，深入推进户籍人口城镇化工作。截至年末，全市常住人口共2189 950人（不含驻玉现役军人），其中，男性1101 671人、女性1088 279人，常住人口总数比上年末增长0.692%；全市总户数793 311户，比上年增加0.53%；全市流动人口202 726人（含在校学生63 071人），其中，男28 260人、女33 937人，境外人员登记350人。同时，改革优化户政管理工作方式和措施，实行“5+2”延时错时工作制、户籍业务首问责任制和部分业务上门服务制度，下放居民临时身份证办理权限到派出所，并在派出所公安户政窗口实行双户籍民警上岗制度，方便群众就近办理业务。此外，对标先进、积极创新，在全省率先建成24小时全天服务的玉兴路派出所“户政超市”，实现居民身份证的自助申领、自助照相和电子缴费，深受群众好评。

【矛盾纠纷排查化解】 2017年，全市公安机关建立健全每周、每半月、每月的“三级”情报会商研判机制，按照抓早抓小抓苗头的原则，深入走访排查，及时化解疏导。全市排查各类民间矛盾纠纷7 374起，化解6 989起；调解治安案件6 017起；排查各类敏感性、涉众性矛盾纠纷331起，化解95起；收集掌握内幕性、预警性情报信93条；妥善处置5起群体性事件，比上年下降28.6%；接待群众来信来访119件次，办结率100%；化解省、市梳理排查出的5件信访积案（息诉罢访1件、销案2件、按终结程序呈报省厅审核终结2件）。全年未发生因排查化解不及时、处置不当而导致矛盾激化、事态扩大的“民转刑”案件、个人极端暴力案件、社会影响较大的群体性事件。

【社会治安防控体系建设】 2017年，全市公安机关着眼于基层治理和基础防范，推进社区警务战略和城乡一体化社会治安防控体系建设。市、县（区）两级组建10个公安、武警混编反恐专班，与全市31个武装处突单元、4个公安武警联勤反恐突击单元实行24小时应急值守。全市设立27个公安检查站和51个交通卡点，实行固定查缉和动态勤务，开展对人、车、物的安全检查，构筑严密的“环玉”“环昆”安保圈；强化城乡社区防控网络，在城市、重点集镇以及三级以上客运站，建立211个规范警务室，379家治安保卫重点单位全部按要求建设视频监控技防设施；不断加强群防群治队伍建设，建立治保会702个、治保小组5 977个，治保组织成员9 635人，另有9 800余名治保人员、2.78万余名内保人员、3.24万余名治安志愿者共同参与到治安防控中来，形成“政府主导、部门协同、社

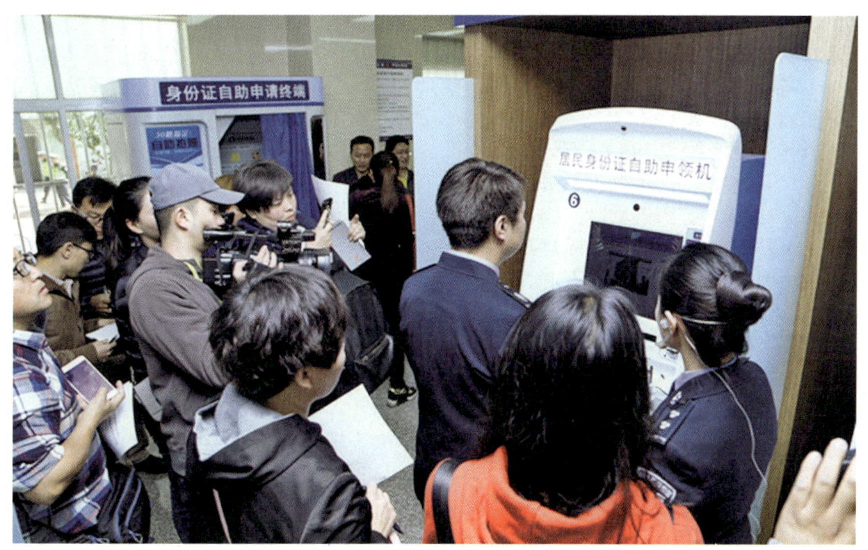

玉兴派出所24小时身份证自助申领“户政超市” （市公安局 提供）

会参与、共治善治”的新型社会治理格局；大力推进信息化治安防控网建设，建成高清视频监控探头1万路，在市、县（区）、乡（镇、街道）边界建设41套视频抓拍卡口系统，构建全时空、全覆盖的信息化防控网络；全面推广“两车”智能防盗“行车卫士”系统，全市盗窃“两车”刑事案件下降52.2%；健全落实大型活动风险评估、审批、管理各项工作机制，有效确保106场大型活动安全有序开展。

【创新行业场所管理】 2017年，全市公安机关联合市交通运输局、市邮政管理局、市商务局进一步规范物流寄递业、客运站、加油站等行业、场所的治安管理工作。全市234家寄递企业、88个邮政公司营业厅、209个物流货运营业网点均严格落实“三个100%”安全措施；204家加油站、11家县级以上客运站全部落实实名制管理登记，并抓获逃犯7人；通海县试点开展生产生活性管制刀具编号打码管理工作，实行刀具实名登记购买；新平县探索开展射钉器打码销售工作，实行射钉器实名登记购买、定期备案。

【交通安全管理】 2017年，全市公安交警部门坚持前移防控关口，强化路面管控，着力构建缉查布控网、路面秩序管控网、高速公路防控网、城市疏堵保通网、农村事故防控网等“五张网”，查处各类交通违法59.29万起，排查整治道路交通安全隐患356处，确保全市道路交通安全、有序、畅通。全市有机动车87.03万辆、驾驶人80.67万人，比上年分别增长15%、7%。全年受理一般程序处理的交通事故311起，死亡271人，受伤313人，直接财产损失188.66万元，与上年比，事故起数、死亡人数分别下降2.2%、7.5%，受伤人数、经济损失分别上升5.74%、21.87%；受理按简易程序处理的交通事故1.57万起，比上年下降6.82%；未发生死亡6人及以上的较大及重特大道路交通事故。

【消防安全管理】 2017年，全市公安消防部门深入推进火灾隐患排查整治，建立县（区）政府、乡（镇、街道）、行业部门包监管单位，公安消防和派出所包监管单位和高层住宅小区的“三包”制度；排查高层建筑529栋，设立专职消防安全经理人和“楼长”1 280人，设置微型消防站601个；开展拉网式安全检查，督促整改火灾隐患或违法行为5.25万处。全年发生火灾376起，比上年上升29.1%；死亡2人，比上年下降71.4%；直接经济损失314万元。

【“放管服”改革】 2017年，全市公安机关大力推进“放管服”改革。市公安局在抓好省厅22项便民措施和35项改革措施的基础上，结合实际，制定出台全市公安机关49项“放管服”改革措施，改革内容涵盖公安治安管理、交通和消防管理、执法办案、窗口服务、内外监督等各个方面，大部分行政审批事项办理时限大幅压缩，审批和处理权限下放到县级公安机关和派出所，方便群众办事。同时，大力推进“互联网+政务服务”，建设“公安网上服务大厅”，最大限度实现管理服务事项的网上流转、审批、办理和缴费；建设出租屋和流动人口社会化信息采集与服务平台，在出租房安装二维码门牌，方便采集流动人口信息，提高管理效能；在全市网吧安装人脸识别系统，“刷脸卡”便可解决网民实名登记上网问题；搭建在押人员视频会见平台，解决外地籍在押人员与家属会见难问题。此外，不断优化和改进行政管理服务质量，在各窗口单位全面公布办事流程、实行当场受理与网上预约、预先审核相结合，确保群众提交材料一次齐备，在公开承诺时限内一趟办结；所有窗口实行“5+1”延时错时便民服务，推行当日事项不办结不下班制度，建立“绿色通道”，急事急办；在少数民族自治县的办证窗口推行“双语服务”，方便少数民族群众办证办事；建设“家门口”车管流动服务站，深入各偏远乡镇，帮助农村群众解决“办证难”“年检难”等问题。出入境部门全面推行出国境申请免费快递、免费照相服务，为群众节省费用54万余元，并在红塔公安分局、华宁盘溪派出所、新平戛洒派出所增设出入境服务窗口。全市受理、审批公民出国（境）申请7.75万人次，比上年增加13.8%。

【执法规范化建设】 2017年，全市公安机关紧紧围绕“执法规范化深化年”目标要求，努力实现执法队伍专业化、执法行为标准化、执法管理系统化、执法流程信息化，在各分县局增设受案立案管理中心，实行刑事案件统一审核、统一出口，实现接报案、受案、立案、办案、结案全过程可溯式管理；狠抓执法监督，严格落实执法管理委员会工作机制，召开执法管理委员会议58次，研究案件和执法问题179个；健全执法质量考评、审核机制，法制部门审核各类案件8 180件、10 926人；推进执法公开，公开各类执法活动和生效法律文书，接受群众监督；规范办案场所和执法设备的管理使用，最大限度开展讯（询）问违法犯罪嫌疑人全程同步录音录像工作，对95个执法办案场所进行自检自查，及时整改存在问题，一线执法民警移动4G执法记录仪配备率达100%；强化执法培训，依托公安机关轮训轮值教育培训活动，广泛开展执法教育培训，提高广大民警执法办案素质，全市3 125人通过基本级执法资格考试，1 666人通过中级执法资格考试，61人通过高级执法资格考试。

【队伍建设】 2017年，全市公安机关深入学习贯彻党的十九大和习近平总书记系列讲话精神，切实把从严治党、从严治警贯穿到队伍教育管理的各个环节，逐级签订党风廉政建设责任书5 658份，开展“小金库”专项整治、领导干部办公用房清理、涉酒专项治理等工作，制定《全市公安民警“八小时外”监督管理办法（试行）》等“三个办法”，打造忠诚、干净、担当的公安队伍。同时，通过警方微博、微信、《警视窗》和中央、省市的有关媒体，积极宣传推广，在省级以上主流新闻媒体刊播稿件885篇（条）；培育选树先进模范典型，组织开展先进事迹巡回宣讲活动，用榜样的力量来凝聚警心，激发广大民警敬业奉献的热情。李浏华被列为全国特级优秀人民警察、公安部“二级英模”“全国十大法制新闻人物”候选人；饶惠莹、李正平被评为全国优秀人民警察；市公安局高速公路交巡警大队大风垭口中队被评为全国优秀公安基层单位；向云顺被评为全省先进工作者。

（陈　刚）

检　察

【概　况】 2017年，全市检察机关受理各类案件4 435人，比上年上升7.2%。其中，批准和决定逮捕犯罪嫌疑人1 114件、1 599人；提起公诉1 899件、2 700人；初查各类贪污贿赂案件146件，立案82件、112人；初查渎职侵权案件33件，立案25件、29人。通过办案挽回经济损失2 915.5万元。全市刑事执行检察、民事行政、控告申诉、职务犯罪预防、环保检察、案件管理、检察技术、队伍建设、宣传调研、人民监督、检务保障、司法警察等工作持续平稳健康发展。

【批准逮捕】 2017年，全市检察机关侦查监督部门受理案件1 288件、1 968人（受理自侦部门移送审查逮捕案件23件、25人），比上年分别下降6.5%和5.6%。经审查批准、决定逮捕1 114件、1 599人，批准、决定逮捕率80.4%；不批准逮捕184件、389人，不捕率为19.6%，其中不构成犯罪不捕21人，事实不清、证据不足不捕219人，无社会危险性不捕122人，其他不捕24人；捕后不诉19人，比上年下降20.8%，其中法定不诉1人（红塔区院办理的瞿树仙组织、利用邪教组织破坏法律实施案，该案因法律发生变化导致捕后不诉），相对不诉6人，存疑不诉12人，捕后撤案1人（通海县院办理的陈进盗窃案，因犯罪嫌疑人在取保候审期间死亡），无捕后判无罪的案件。

【立案监督】 2017年，全市检察机关侦查监督部门向公安机关发出《要求公安机关说明不立案理由通知书》89份，向自侦部门发出《建议报请立案侦查书》4份。监督立案的案件中已起诉37件、41人，判决生效38件、40人，其中，被判处有期徒刑以上刑罚的26人；监督公安机关撤案68件，比上年上升79%。同时，开展破坏环境资源犯罪专项立案监督活动和危害食品药品安全犯罪专项立案监督活动，监督行政执法机关移送涉嫌犯罪案件6件、8人，监督公安机关立案侦查案件17件、18人，在监督移送、监督立案案件中，批准逮捕1件、1人，移送审查起诉4件、5人，经监督的案件有罪判决4件、5人，其中，判处三年以上有期徒刑1件、1人。全市两级检察院受理两法衔接案件14件、20人，建议行政执法机关移送涉嫌犯罪案件11件、15人，其中建议行政执法机关移送涉嫌犯罪8件、11人已成功立案。“两法衔接”工作纳入全市综合目标考评内容。

【侦查活动监督】 2017年，全市检察机关纠正漏捕犯罪嫌疑人29人，比上年下降34.1%；纠正漏捕后起诉32人，判决30人，其中判处三年（含三年）以上有期徒刑16人。全市侦查监督部门对侦查活动违法行为发出书面纠正意见144件，侦查机关已纠正137件，比上年上升63.1%，并向侦查机关（部门）提出检察建议2份。公诉部门书面纠正侦查活动违法37件次，发出检察建议34件次。侦监、公诉部门深介入侦查、引导取证工作机制，对重特大、疑难复杂案件适时提前介入侦查22件，引导侦查人员围绕公诉标准收集和固定证据。全年对事实不清、证据不足的案件一次退回补充侦查509件、1 077人，二次退回补充侦查153件、448人；办理提请省检察院延长侦查羁押期限案件19人次，批准各县（区）院提请批准延长侦查羁押期限案件68人次。

【审查起诉及提起公诉】 2017年，全市检察机关公诉部门受理一审刑事案件2 360件、3 556人，比上年分别上升7.6%和6.5%；审结2 121件、3 075人，其中提起公诉1 899件、2 700人；决定不起诉215件、355人，附条件不起诉14件、21人，不起诉率为11.6%，比上年上升39.8%；出席一审法庭支持公诉1 914件次，人民法院一审作出有罪生效判决1 538件、2 022人；办理二审刑事案件28件、57人，比上年分别上升27.3%和18.8%，其中上诉案件17件、27人，抗诉案件11件、30人。

【刑事审判监督】 2017年，全市检察机关公诉部门坚持抗诉前请示制度，各县（区）院抗前请示27件，提出抗诉11件，获法院改判8件、发回重审2件（含上年积存），对审判活动中存在的违法情形，向法院发出纠正违法通知书7件。同时，依法开展量刑建议工作，强化对法官自由裁量权的监督与制约，对交通肇事等15类案件提出量刑建议1 161人，法院采纳791人，采纳率为68.1%。

【打击刑事犯罪】 2017年，全市检察机关履行批捕、起诉职能，突出打击重点，依法严惩危害人民群众生命和财产安全的犯罪，批准逮捕故意杀人、故意伤害、强奸等严重侵犯公民人身权利犯罪299人，起诉459人；批准逮捕“两抢一盗”等侵犯财产犯罪604人，起诉779人；批准逮捕电信诈骗犯罪案件23人，起诉7人；批准逮捕放火、危险驾驶等危害公共安全犯罪26人，起诉586人。同时，参与社会治安综合治理、重点地区整治、缉枪治爆、禁毒禁赌、反恐、反邪教等专项行动，批准逮捕涉枪涉爆犯罪9人，起诉36人；批准逮捕毒品犯罪368人，起诉309人；批准逮捕利用邪教、迷信活动犯罪13人，起诉4人。还突出惩治破坏市场经济秩序犯罪，依法维护市场经济秩序，确保经济运行安全，批准逮捕生产、销售伪劣商品犯罪案件3件、6人，起诉5件、6人；批准逮捕非法吸收公众存款犯罪案件3件、5人，起诉1件、18人；批准逮捕集资诈骗犯罪案件1件、1人，起诉1件、1人；批准逮捕合同诈骗犯罪案件9件、10人，起诉10件、13人；批准逮捕非法经营案件19件、30人，起诉21件、32人。此外，对涉嫌集资诈骗、非法吸收公众存款犯罪嫌疑人李春生等14人提起公诉（拓农案，非法吸收、集资诈骗金额高达4.14亿余元，造成损失1.82亿余元）。

【反贪污贿赂】 2017年，全市检察机关反贪部门受理初查贪污贿赂犯罪案件146件，立案82件、114人，比上年分别上升34.4%和30.2%。其中，贪污29件、46人，贿赂44件、55人，挪用公款8件、9人，私分国有资产1件、2人。所立案件中，大案59件、要案15件，正厅级1人、正县级4人、副县级10人，立案金额3 835.6万元；侦查终结78件、115人，移送审查起诉76件、113人，侦查终结金额5 266.3万元，挽回经济损失2 169.2万元；提起公诉57件、87人，法院作出生效判决50件、63人。同时，突出办案重点，严肃查办农村基层组织人员贪污贿赂犯罪案件36人，扶贫领域犯罪案件26人，危害经济投资、发展环境、影响重大经济政策实施等系统领域职务犯罪33人，民生领域案件34件，工程建设领域职务犯罪案件13件，商业贿赂领域案件3件，土地资源领域案件8件。并将打击行贿犯罪和受贿犯罪放在同等重要位置，查办围猎干部、主动行贿、手段恶劣等行贿案件17件、18人。

【反渎职侵权】 2017年，全市检察机关反渎职侵权部门受理初查渎职侵权案件33件，立案25件、29人，比上年分别上升78.6%和16%。其中，滥用职权类案件14件、18人，玩忽职守类案件11件、11人。所立案件中，要案6件、重大案件6件、特大案件12件，重特大案件占立案人数的72%。所查办的案件均为发生在群众身边，侵害群众利益、危害民生民利案件，涉及扶贫领域案件7件、7人，国资管理领域4件、4人，交通燃油补贴领域2件、2人，公路路政部门2件、3人，林业部门2件、2人，科协部门1件、3人，公安部门3件、5人，卫计部门2件、2人。涉案金额1.07亿元，通过办案挽回经济损失746.2万余元。侦查终结移送审查起诉26件、30人，起诉12件、17人（含上年积案），不起诉8件、8人，法院有罪判决7件、11人（含上年积案）。

【惩治“村霸”和宗族恶势力】 2017年，全市检察机关贯彻落实高检院、省院关于充分发挥检察职能依法惩治“村霸”和宗族恶势力犯罪积极维护农村和谐稳定的意见，结合实际，制定工作方案，依法惩治“村霸”和宗族恶势力犯罪。市院和红塔区院组成专案组，查办大营街街道甸苴社区党总支副书记徐洪福、社区党总支书记兼居委会主任辛光忠、社区第四居民小组组长肖家仕等人涉及的贪污受贿、“村霸”恶势力等犯罪行为，维护群众切身利益和农村和谐稳定。

【职务犯罪预防】 2017年，全市检察机关开展职务犯罪案件预防调查47件，职务犯罪预防分析39件，发出检察建议32件，受理行贿犯罪档案查询8 862件，推动社会诚信体系的建设。同时，开展预防职务犯罪进社区、进乡村活动，深入全县各乡（镇、街道）和相关部门，开展警示宣传教育活动395场，受教育人数1.72万人；组织参观教育基地97次，参加人数2 977人；发放《预防职务犯罪，促进精准扶贫》等预防宣传材料6 720余份，使预防职务犯罪进村到户，增强基层人员学法、尊法、守法、用法的意识，强化扶贫干部的廉洁观念。

【未成年人刑事检察】 2017年，全市检察机关不断探索未成年人刑事检察工作专业化、制度化、规范化建设，继续推进捕、诉、监、防一体化办案模式，受理未成年人审查逮捕案件75件、163人，不批准逮捕59人；受理未成年人审查起诉案件135件、297人，不起诉9件、18人；对涉罪未成年人或未成年被害人心理矫正（疏导）37人，提供法律援助180人；开展社会调查并形成报告258份。同时，健全未成年人刑事检察办案机制，加强未成年人检察宣传帮教工作，市院重新修订《检察阶段合适成年人参与刑事诉讼联动实施意见》，完成全市合适成年人的重新选任工作，与教育部门联发《关于“检校合作”“法治进校园”巡讲联动实施意见》，强化未成年人犯罪预防。通海县院与县综治委、团县委联合印发《涉案未成年人心理疏导实施办法》，建立心理疏导机制。红塔区院设立首个未成年人观护帮教基地和首个检察机关驻看守所爱心观护室。元江县院创立首个青少年法治教育实践基地和元江未检电台“凤凰花开”，推出“检察官为孩子讲故事”等系列电台节目，未检工作打开新局面。

【刑事执行检察】 2017年，全市检察机关刑事执行检察部门把刑罚交付执行纳入常态化监督，及时监督纠正应当交付执行而不交付执行或者不及时交付执行，应当收押、收监而拒不收押、收监等行为，检察判决、裁定、执行通知书、释放证等法律文书7 724份，发现并纠正错误62份；强化对减刑、假释、暂予监外执行案件各个环节的同步监督，加强对“三类罪犯”等重点服刑人员刑罚变更执行的监督，防止“花钱买刑”“提钱出狱”等现象发生，审查减刑提请1 165件、减刑裁定1 091件，审查假释提请66件、假释裁定39件，审查暂予监外执行提请7件，派员出席减刑、假释案件开庭审理486件，书面监督纠正减刑、假释不当7件，暂予监外执行不当1件，提出书面检察建议8份；针对社区矫正管理工作中存在的监管问题发出书面检察建议106份，《纠正违法通知书》26份，口头建议65次，均得到采纳；依法严厉打击体罚虐待被监管人等违法犯罪活动，加强被监管人非正常死亡的检察和防范，重视保护未成年、年老病残和女性刑事被执行人的合法权益，针对监管活动中违法违规情形，发出书面检察建议79份，《纠正违法通知书》109份，口头纠正98次；受理刑事被执行人控告、申诉案件43件、43人，均及时进行相关调查并及时将调查结果进行答复或移送相关部门处理；教育谈话、约谈1 024人次，上法制课33次，受教育面达4 306人次，加强刑事羁押期限监督，防止和纠正超期羁押、久押不决，依法向办案部门提示催办案件160件、148人，其中向省院层报催办高法8件、8人，保持超期羁押“零记录”；开展羁押必要性审查工作66件、66人，提出羁押必要性审查变更强制措施建议145件、145人，办案机关采纳123件、123人；开展财产刑执行专项检察“回头看”活动；建立刑事裁判涉财产部分执行及检察协作工作机制，推动检察机关监督刑罚执行工作再上新台阶。

【民事行政检察】 2017年，全市检察机关民行检察部门进一步完善和优化民事行政诉讼监督多元化监督格局，开展审判程序监督、执行活动监督、行政执法监督、支持起诉等工作，受理审查案件845件，比上年上升93.8%。其中，受理生效裁判、调解书监督案件60件；受理审判程序（人员）违法行为监督案件55件，发出检察建议53件，已采纳51件；受理执行监督案件163件，发出检察建议154件，已采纳152件；受理行政执法监督案件363件，提出督促履行职责检察建议345件，已采纳338件；受理起诉案件204件，支持203件，已采纳97件。同时，强化公开听证，促进检务公开，举行公开听证210件；积极稳妥推进公益诉讼工作，受理审查公益诉讼案件95件，履行诉前督促程序81件，提出诉前检察建议81件，已采纳64件；扎实开展虚假诉讼，加强与法院、公安、国土资源管理部门、房管部门、保险公司等单位的联系，开展虚假诉讼的案源挖掘工作，受理查办虚假诉讼案件2件。

【控告申诉检察】 2017年，全市检察机关控告申诉检察部门深化涉法涉诉信访改革，进一步建立健全来信、来访、网络、电话“四位一体”信访机制，推进远程视频接访系统应用，及时妥善解决群众合法诉求，受理各类来信来访337件（控告类46件，申诉类183件，举报类77件），所受理的信访件均在规定的时间内分流处理完毕；坚持检察长接待日制度，全市检察长接待日接待案件90件，批办案件40件；认真办理刑事申诉案件，受理刑事申诉案件48件（立案复查39件，审查结案11件）；建立适应检察工作一体化的刑事申诉案件办理机制，探索建立刑事申诉异地复查制度，办理

2017年10月24日，市检察院控申处与精恒律师事务所的律师代表共同为"律师参与化解和代理涉检信访案件法律服务中心市检察院工作站"揭牌 （李虹燕 摄）

省院交办刑事申诉案件16件，办理结果上报省院并获采纳；发挥举报中心举报初核职能，对性质不明难以归口、群众多次举报未查处、检察长批交的举报线索进行初核26件；办理国家司法救助案件38件、56人，发放救助金额65.3万元；办理国家赔偿案件1件，决定不予赔偿；受理民事行政监督案件99件；成立信访案件法律服务中心市检察院工作站，积极邀请律师接待信访群众、评析信访案件、做好释法劝导、引导申诉、帮助申请救助，促进群众依法规范反映涉法涉诉信访问题，有效化解社会矛盾，全年办理律师代理涉法涉诉信访案件4件。

【环保检察】 2017年，全市检察机关两级环保检察部门（包括未设环保检察科的县级检察院公诉、侦监部门）受理破坏环境资源类批捕案件19件、27人，其中批捕11件、16人，不捕8件、11人；受理移送审查起诉破坏环境资源类案件79件、138人，其中起诉41件、70人，不起诉34件、57人（其余案件正在办理当中）；针对违法行为向公安机关及法院发出纠正违法5份、检察建议5份，向破坏环境资源的村组集体及负有管理监督职责的行政执法部门发出检察建议5份；开展破坏环境资源犯罪专项立案监督活动，排查环保、林业、国土等行政执法部门行政执法案件87件，针对所发现的执法程序不规范、法律文书制作瑕疵等轻微违法问题提出工作意见及改进建议；加强对环境违法行为的监督检查，单独或联合市环保局监察支队对红塔区中心城区大型施工工地污染源、垃圾焚烧项目、达利园食品有限公司生产污水外排、相关企业环评手续欠缺等违法行为进行现场检查；将人民群众反映强烈突出的环境污染问题作为工作重点加以督察防范，协同市环保局环境监察支队先后7次监督检查相关重点污染企业的排污及粉尘污染情况，督促重点生产企业和建筑施工单位严格依法依规进行生产与施工；加强森林防火工作，先后5次对挂钩联系的江川区相关乡（镇、街道）森林防火工作进行督查，联系点未发生森林火灾案件。

【案件管理】 2017年，全市检察机关案件管理部门深化案件管理机制改革，加强案件流程监控、质量评查和业务态势分析，实现对执法办案活动的全程、统一、实时、动态管理和监督，受理各类案件4 435件，接收卷宗9 494册，送案审核3 008件，移送案件2 970件；依托统一业务应用系统对办案程序、办案过程和办案期限进行全程跟踪、预警和监督，针对办案活动中的不规范情形，口头提示791次，发出流程监控通知书79份，对发现有错误情形的，通知有关办案部门进行纠正；开展案件质量评查，评查案件923件；对扣押的涉案款物进行统一登记管理，接收、登记并入库涉案款3 245万余元、涉案物品9 990件，登记出库涉案款2 062万余元、涉案物品19 814件；规范辩护人、诉讼代理人接待，接待律师阅卷和当事人查询1 094次，安排律师阅卷881次；坚持开展日常性统计审核工作，及时发现和纠正业务信息源头填录问题，统一业务应用系统的信息资源，撰写统计分析报告，对全市统计工作中出现错误的140类统计信息数据进行纠正，编发统计分析报告4篇；推行电子卷宗制作全覆盖，制作电子卷宗2 333件7 539册；深化案件信息公开工作，公开案件程序性信息3 471条、法律文书1 749份，发布重要案件信息333条；全面启用最高人民检察院开通的"人民检察院案件信息公开网"微信平台，实现检察机关案件信息推送从"网上"到"掌上"的转变，提高信息公开服务效率。

【提升检察技术】 2017年，全市检察技术部门以"智慧检务"建设为突破口，以电子检务工程建设为抓手，强化科学技术与检察工作的深度融合，为案件侦破提供有力证据和侦查方向，受理办结各类检察技术案件37件（法医临床11件、法医病理12件、文件检验专业类8件、电子证据4件，同步录音录像123件、132人次，录制时长达1 077.7小时）。同时，以涉密信息系统分级保护建设为依托，加强信息化安全保密管理，做好计算机及网络的定期检查和台账登记，无失泄密事件发生。并坚持网络维护管理日常化，定期进行木马、病毒的有效查杀及入侵检测，针对在全球范围内突然爆发的"永恒之蓝"网络勒索病毒，及时采取应急措施，全市检察机关没有一台计算机被勒索病毒侵袭感染。此外，完成移动办公系统"玉溪掌上检务"第三次升级，功能涵盖日常检务管理工作中所有内容，保障检察办公系统安全、高效、便捷。

【检察委员会建设】 2017年，全市检察机关结合司法责任制改革要求，进一步加强检委会规范化和信息化建设。全市有检察委员会委员115名，其中，非专职委员99名，占委员总数的86.09%；专职委员16名，占委员总数的13.91%。全年召开检委会117次，审议议题210件，其中，审议案件189件、事项21件，组织检委会集体学习67次。

【检察理论研究】 2017年，全市检察机关在省级以上刊物发表及获省级以上表彰奖励的检察理论研究成果25篇，其中1篇论文入选第十九届全国检察理论研究年会，2篇论文发表于

《人民检察》，3篇论文发表于《检察理论研究工作情况》《检察队伍建设》等高检院主办的内刊，4篇论文被《认罪认罚从宽制度的理论与实践——第十三届国家高级检察官论坛论文集》等公开出版文集收录入，2篇论文在高检院主办的征文活动中获奖，其他13篇论文发表于《云南检察》《云南政法研究》等省级刊物或在省检察院、省政法委等单位主办的征文活动中获奖。

【接受外部监督】 2017年，全市检察机关启动人民监督员监督程序，监督职务犯罪案件中的“十一类案件或事项”19件、24人；定期向人民监督员通报检察工作，认真听取人民监督员的意见建议，组织人民监督员参与检察开放日、庭审观摩、案件回访、案件听证、搜查监督、未成年人的审讯等各种活动50余次；组织特约检察员参加检察开放日、庭审观摩、案件听证等活动20余次；邀请人大代表、政协委员视察检察工作、观摩案件庭审等活动30余次。

【检察队伍建设】 2017年，全市检察机关招录检察人员14人，其中检察官助理11名、会计与审计2名、司法警察1名；向社会公开招聘11名服务岗位人员；配合市委组织部选配处级干部7名；配合市人大做好县（区）换届工作，任命基层院检察长9名、市院机关法律职务3名；市检察院下派4名中层领导干部分别到4个基层检察院挂职任副检察长；选派5名干部到江川区前卫镇、九溪镇担任驻村扶贫工作队员。同时，推进高层次人才培养，全市有全国检察业务专家2人、全国检察理论研究人才3人、全国检察调研骨干人才2人、高检院系统内人才3人、省检院系统内人才4人。

【司法体制改革】 2017年，全市检察机关有员额检察官145名，根据“以案定额”“以职能定额”原则，配置在司法办案部门133人、综合业务部门12人；完成全市员额检察官单独职务序列等级评定工作，其中二级高级检察官1名、三级高级检察官7名、四级高级检察官43名、一级检察官66名、二级检察官47名、三级检察官29名、四级检察官5名；建立入额院领导及部门负责人直接办理案件和定期通报制度，150名入额院领导和部门负责人带头承办案件7 629件；做好

①

②

③

①2017年1月22日，市检察院民事行政检察处首次举行行政诉讼监督案件听证会（杨荣伟 摄） ②2017年5月26日，市检察院举办以“护航青春 传递司法温度”为主题的“检察开放日”活动，邀请人大代表、政协委员、人民监督员、检风检纪监督员、扶贫联系点负责人等20余名代表参加（雷 红 摄） ③2017年4月12日，全市检察机关举行检察官宣誓仪式（孟润华 摄）

检察辅助人员、司法行政人员分类定岗，有司法行政人员87名，检察辅助人员209名；全市两级院均制定出台《检察官业绩考评办法（试行）》《司法行政人员及检察辅助人员业绩考评办法（试行）》《绩效考评奖金分配实施办法（试行）》，依规完成对员额检察官、司法行政人员和检察辅助人员年度考评工作；根据检察业务特点和职能分工，按照整合资源、优化职能、只减不增的原则，对内设机构进行整合，原有16个部门整合为9个大部；配合省级相关部门完成人财物统管改革，两级检察院154个机构、600个政法专项编制和281个领导职数上划省编办统一管理，人员经费、公用经费、办案业务经费和业务装备费均由省财政保障。

【检务保障】 2017年，市检察院围绕检察业务和司法体制改革的经费保障新需求，以提高检务保障能力为核心，协调相关部门，争取中央和省级转移支付资金及时足额到位。全年经费总收入6 138.94万元，其中，财政收入4 167.35万元、其他资金收入1 971.59万元；经费总支出6 185万元，其中，财政拨款支出4 176.23万元、其他资金支出2 008.77万元。同时，规范“三公”经费管理，降低行政成本，“三公”经费支出69.54万元，其中，车辆运行和维护支出52.74万元、接待费支出16.8万元，未发生因公出国经费。此外，有序推进“两房”建设，市院“两房”项目主体建设已完成，正在进行内外装饰；红塔区院、易门县院“两房”建设已竣工验收。

【司法警察办案】 2017年，全市检察机关司法警察共派警开展各类警务保障任务1.05万人次，其中，保护直接立案侦查案件犯罪现场30次、执行传唤436人次、执行拘传38人次、参与搜查156人次，协助执行监视居住拘留逮捕等强制措施338人次、提押犯罪嫌疑人被告人和罪犯750人次、送达有关法律文书1 024人次、看管犯罪嫌疑人被告人罪犯195人、出警3 213次、协助维护接待群众来访场所秩序和安全1 507人次、参与处置突发事件207人次、完成法律法规规定的其它职责1 394人次、保护出席法庭检察人员安全117人次、完成检察长交办的其他任务1 403人次，没有发生办案安全事故。同时，加强市院机关安全保卫值班工作，法定节假日及重要会议期间值班80余天，及时有效处置突发事件；协助完成维护涉检信访安全及秩序548人次，开展综治维稳、反恐、消防安全、保安业务指导等工作，为服务检察中心工作提供警务保障。

【宣传工作】 2017年，全市检察机关在报刊、杂志、网络发稿256篇（条），其中，在省级媒体见稿56篇（条）、在市级媒体见稿200篇（条）；编发《玉溪检察简报》20期、96篇，《检察院情况反映》5期、5篇，广泛宣传检察机关的职能和工作成绩；《玉溪检察》出刊4期，编发文章80篇；《通海检察》出刊1期，编发文章62篇；《峨山检察》出刊2期，编发文章210篇；《菌乡检察》出刊1期，编发文章19篇；《元江检察》及专刊出刊2期，编发文章146篇；充分应用微信、微博等新兴媒体拓宽检务公开渠道，发微信信息1 027条、微博1 032条、新闻客户端437条、其他138条。

【表彰奖励】 2017年，全市检察机关49个集体、74人次受国家、省、市、县表彰，其中，4个集体和6名个人受国家级表彰，10个集体和12名个人受省级表彰。市检察院妇委会被表彰为“全国三八红旗集体”。市检察院、澄江县检察院、通海县检察院荣获“全国检察机关文明接待室”称号。市检察院刑事执行局被省检察院荣记集体二等功。副检察长矣长城被评为全国检察机关优秀反贪局局长。

（段青衿）

法 院

【概 况】 2017年，全市法院受理各类案件3.12万件，办结2.67万件，比上年分别上升9.91%和14.8%。其中，中院受理各类案件4 581件，办结4 230件。

【刑事审判】 2017年，全市法院树立科学刑事司法理念，确保惩治犯罪和保障人权相统一，受理一审刑事案件2 180件、3 232人，审结2 032件、2 939人；突出打击重点，审结故意杀人、强奸、抢劫等严重暴力犯罪案件99件、174人；依法严惩侵害人身财产安全犯罪，审结故意伤害、交通肇事、盗窃等犯罪案件913件、1 399人；依法打击飙车、超载、醉酒驾车等危害公共安全行为，审结危险驾驶犯罪案件376件、379人；加大对经济犯罪打击力度，审结集资诈骗、合同诈骗、非法吸收公众存款等犯罪案件10件、28人；依法严厉打击毒品犯罪，审结涉毒犯罪案件245件、322人；积极参与反腐败斗争，审结贪污、贿赂、渎职等职务犯罪案件47件、67人，审结行贿、介绍贿赂犯罪案件14件、20人；审结制售假药案等侵害食品药品安全犯罪案件3件、4人；审结涉枪、涉爆、涉邪教等犯罪案件45件、53人。

【民事审判】 2017年，全市法院坚持“能调则调、当判则判”原则，加大案件调处力度，受理各类民商事案件1.75万件，审结1.56万件，结案标的金额8.25亿元，一审民商事案件调撤率为55.49%。同时，贯彻绿色发展理念，妥善化解涉及抚仙湖生态环境保护的各类民事纠纷，依法受理全市首例环境民事公益诉讼案件。全年审结婚姻家庭、继承纠纷案件2 819件，机动车交通事故责任纠纷案件964件，劳动争议、劳动合同纠纷等案件769件，金融借款、保险等涉金融纠纷案件3 579件，买卖、运输、承揽等合同纠纷案件1 195件，妥善处理涉企纠纷。

【行政审判】 2017年，全市法院认真贯彻新修改的行政诉讼法，加大对行政争议的受理和审理力度，受理各类行政案件152件，审结104件，审结国家赔偿案件4件；依法监督行政执法行为，一审判决撤销或变更行政行为、确认行政行为无效或违法、责令履行法定职责、赔偿案件7件，占一审案件结案总数的9.72%；严格审查非诉执行案件，准予执行60件，占受理行政非诉案件总数的78.95%；深化司法与行政的良性互动，全面促进行政机关依法行政，行政机关负责人出庭应诉率上升至96.88%。

【执行工作】 2017年，全市法院受理执行案件9 127件，执结6 807件，执结标的金额34.05亿元。同时，推动构建破解“执行难”问题共治格局，市中院与市委组织部、市人社局联发文件，对负有履行义务而拒不履行的党员、公务员、事业单位工作人员等实施联合惩戒；与市检察院、市公安局联发文件，加大对拒不执行法院生效判决裁定犯罪的打击力度，敦促被执行人履行义务，全市法院向公安机关移送犯罪线索11起。此外，强化执行信息化建设，市中院建成执行指挥中心，全市法院均建成网络查控室；加大失信惩戒力度，曝光失信被执行人信息1 432人次；执行强制措施，限制出国（境）426人，限制高消费3 655人，司法拘留157人，推动建立“一处失信，处处受限”信用惩戒格局。

【践行司法为民】 2017年，全市法院持续强化诉讼服务，优化便民利民举措，市中院全面推进集诉讼服务中心、门户网站、微信平台、APP应用、12 368热线为一体的诉讼服务中心升级版建设，为人民群众提供便利诉讼服务；加大对基层调解组织的培训指导力度，健全完善多元化纠纷解决机制，与保险、消协等部门制定行业调解工作制度；联合市、县（区）两级司法局，在全市两级法院设立法律援助工作站10个，37家律师事务所、185名律师参与来访接待、协助送达、法律援助等工作；在旅游景区设立旅游巡回法庭和审判点6个，就地快速化解旅游纠纷；峨山县、新平县、元江县法院积极开展“双语审判”工作，保护少数民族当事人的诉讼权利；全市法院通过互联网公开拍卖执行标的物354件，成交率47.18%，成交金额1.45亿元，平均溢价率22.94%，为当事人节省佣金435万余元；切实关注弱势群体，向特困申请人发放司法救助金，为确有困难的案件当事人缓减免诉讼费。7月4日，市中院开通12 368诉讼服务热线，为当事人和律师提供优质的诉讼咨询、联系法官、案件查询、举报投诉和意见建议等服务。

【打造智慧法院】 2017年，全市法院加大硬件建设力度，建成科技法庭86个、远程视频接访室10个、看守所远程视频提讯室10个。市中院确立信息化建设“三统一”原则，形成全市法院信息化建设“一盘棋”格局；在全省率先部署使用云桌面，完成服务器虚拟化建设，建成法院数据信息容灾备份系统；主动融入智慧城市建设，携手华为云计算中心，打造法院“司法云”；大力开展电子法院试点工作，推广应用庭审语音识别、文书智能纠错等辅助办案系统；自主研发法微应用平台，实现通知、出差、报销、请假等事项的移动在线办理，内部管理更加便捷高效。5月，市中院法微平台参加全国法院信息化成果展，得到最高法和多家省市法院领导好评。又于10月在成都“2017·政府网站精品栏目建设和管理经验交流大会”上被评为“互联网+政务服务”创新应用（APP）奖。年底，市中院审判管理办公室被最高人民法院表彰为全国法院信息化工作先进集体。

【推进改革创新】 2017年，全市法院落实法官、合议庭办案主体地位，入额法官在独任庭、合议庭依法独立行使审判权，除审判委员会讨论的案件外，裁判文书由直接参与案件审理的法官按程序签署。入额院庭长带头办理重大疑难复杂案件，市中院与县（区）法院入额院庭长司法改革后办结案件数比上年分别上升49.63%和43.43%。全市法院坚持因地制宜原则，按照“法官+法官助理+书记员”模式组建新型审判执行团队；建立刑事、民事、行政等审判领域法官组成

2017年5月11日，最高人民法院党组书记、院长周强（前排右一）在全国智慧法院建设成果展上听取玉溪中院审管办干警王波（前排左一）汇报法微移动办公平台（王 波 摄）

的专业法官会议，对疑难复杂案件进行“联合会诊”，促进裁判标准统一；改革审判委员会工作机制，中院与县（区）法院审判委员会司法改革后讨论案件数比上年分别下降64.71%和3.3%；全面落实立案登记制，做到有案必立、有诉必理，全市两级法院当场登记立案率达99.52%；扎实推进涉诉信访改革，建立诉访分离机制，依法分类处理群众诉求；积极探索繁简分流改革，一审简易程序适用率44.4%；推进以审判为中心的刑事诉讼制度改革，落实庭审实质化要求，确保无罪的人不受刑事责任追究；推进人民陪审员制度改革，充分保障人民陪审员的参审权和监督权，基层法院人民陪审员参审一审案件2 878件，占普通程序案件数的51.36%。

2017年08月22日，玉溪中院历史以来卷宗最多刑事一审案件——朱红梅、李伟贵、余莉莉、任家进虚开增值税专用发票案判决生效　（市法院　提供）

【加强队伍建设】　2017年，全市法院扎实开展“两学一做”学习教育，牢固树立“四个意识”，增强“四个自信”，始终坚定理想信念，认真落实民主生活会、“三会一课”、党员积分制管理等制度，全面加强和规范党内政治生活；认真落实意识形态工作责任制，加强法院系统传统媒体、新媒体阵地建设管理，反对和抵制意识形态领域的错误思潮；积极开展法院文化建设和文明单位创建工作，市中院被评为“第五届全国文明单位”；通过驻村工作、走访慰问、协调资金等方式不断加大脱贫攻坚工作力度；联合知名高校、本地院校举办素质能力提升班，积极组织干警参加审判执行、警务技能、综合行政等各类培训；推行年轻干警“上派下挂”制度，提升全市法院年轻干警业务能力；强化岗位练兵和技能比武，组织司法警察、书记员开展专项技能比赛；落实全面从严治党要求，通过加强日常管理、观看警示教育片、参观廉政教育基地、签订党风廉政建设责任书等方式，引导干警切实做到讲规矩、守纪律、知敬畏、存戒惧；完善廉政风险防控机制，积极开展司法巡查、审务督察及纪律作风检查等活动；严格落实中央八项规定精神及省市委实施办法，聚焦反对“四风”，开展“六难三案”集中整治，不断改进工作作风。

【深化司法公开】　2017年，全市法院树立司法透明理念，加大司法公开力度，通过互联网向当事人公开2.1万件审判执行案件的流程节点信息，公布生效裁判文书1.7万份，直播案件庭审2 147件，庭审直播点击量达1 900余万人次；坚持新媒体与传统媒体并重的工作思路，两级法院开通官方网站、微博、微信，制作《法庭纵横》《法庭聚焦》《法治同期声》等电视栏目；积极开展“阳光司法工程”活动，全市两级法院在乡（镇、街道）、村（社区）、学校、军营开庭审理案件130余件；全面加强案件监督，确保提高审判质效，中院认真办理二审上诉案件，依法纠正县（区）法院的不当裁判；严格审查罪犯财产刑履行情况，督促罪犯积极履行财产刑和附带民事赔偿义务；全面启用法院、检察院、监狱信息化协同办案平台，减刑、假释案件实现网上流转办理；严格规范减刑、假释、暂予监外执行工作，对确有悔改或立功表现的1 082名罪犯依法裁定减刑、假释，开展对假释、暂予监外执行罪犯的回访考察工作；自觉接受外部监督，邀请人大代表、政协委员及相关部门人员旁听庭审、见证执行、视察法院，落实全盘工作定期报告、专项工作专题汇报、重点工作及时报告机制，向代表委员通报法院工作动态及重大案件审判情况；市中院认真办理代表委员建议提案，严格落实同级检察长列席法院审判委员会会议制度，接受检察机关诉讼监督。

【表彰奖励】　2017年，澄江县法院副院长杨爱斌被最高人民法院评为“全国法院优秀法官”；元江县法院专职审委会委员吴世莉被中华全国妇女联合会评为“巾帼建功标兵”。

（张　坤）

司法行政

【基础设施建设】　2017年，市司法局与各县区司法局联通应急指挥视频电话，增强司法行政系统应急指挥能力和水平；积极推进司法业务用房建设，完成易门县、澄江县的司法业务用房建设项目，积极争取市局和其他县（区）司法业务用房建设项目；认真抓好规范化司法所创建工作，全市有74个基层司法所，13个为标准化司法所，并将红塔区洛河司法所、江川区九溪司法所、华宁县华溪司法所和峨山县化念司法所列为省级规范化司法所创建单位。

【法治宣传】　2017年，市司法局进一步加大法治宣传教育工作投入力度，着力培养一批普法骨干，成立市“七五”普法讲师团，制定印发《市法治宣传教育工作要点》《贯彻落实市法治宣传教育工作要点的实施意见》；抓好国家工作人员学法用法，与市委组织部、宣传部、市人社局联合印发《进一步加强国家工作人员学法用法制度的实施意见》《关于建立领导干部和国家工作人员学法用法档案的通知》；进一步加强青少年法治宣传教育，协调各有关部门，构建政府、学校、社会、家庭共同参与的青少年法治教育新格局；推进少数民族群众、宗教教职人员及信教群众的法治宣传教育，把法宣教育纳入非公有制经济组织工作重要内容；建立健全各县（区）、各部门普法责任清单制度，推进国家机关“谁主管谁普法”“谁执法谁普法”责任制有效落实；推动法官、检察官、律师、行政执法人员、法律服务工作者落实以案释法制度，拍摄制作以案释法专题片2部；利用三下乡、国际禁毒日、全国宪法日、全省宪法宣传周等节点，开展国家安全、反恐、消防、禁毒、防艾、反邪教、交通安全、创建文明城市、妇女儿童权益保护、流动人口等方面法治宣传教育活动；制定印发《关于开展全民国家安全教育日法制宣传教育活动的通知》，开展面向广大人民群众的宣传教育活动；制定《全市司法行政新闻宣传工作要点》，切实提高司法行政新闻宣传的感染力、渗透力、影响力；加强法治宣传教育阵地建设，深化“法律6+4”活动，加强法律进机关、进乡村、进社区、进学校、进企业、进单位、进家庭、进景区、进宗教场所、进民族聚居区域的宣传教育，编印“法律十进”丛书3万册；推进法治文化广场、法治文化主题公园建设，推动各级党政群机关、企事业单位、非公有制经济组织和社会组织在办公场所设立固定法宣传栏，在其主管主办的刊物、网站上开设法宣专栏或建设专业普法基地；推进“互联网+法治宣传”行动，开通“法宣在线”微信公众号平台，推送依法治市、依法行政、公正司法、法律服务，增强全民法治观念。

【人民调解】 2017年，市司法局认真抓好人民调解工作，不断筑牢社会稳定第一道防线，制定下发《市司法局关于进一步加强基层人民调解组织建设的意见》，对全市“一案一补”经费管理和使用情况进行督促检查；抓好规范化村级人民调解委员会和个人调解室试点工作，基本完成试点工作；构建覆盖全市重点行业和领域的人民调解组织网络体系；加强对流动人口法制宣传、法律咨询、法律援助及矛盾纠纷化解，推动流动人口均等化服务管理；加强人民调解队伍培训工作，举办全市乡（镇、街道）人民调解委员会主任暨司法所长培训班，组织开展乡镇（街道）人民调解委员会案卷评查工作和人民调解矛盾纠纷奖励兑现工作。全市936个人民调解组织、1.11万名调解员排查矛盾纠纷4 608次，预防纠纷6 021件，调解矛盾纠纷2.24万件，调解成功2.23万件，成功率99%；防止民间纠纷引起自杀件2件、2人，防止民间纠纷转化为刑事案件80件、191人，防止群体性上访81件、5 709人，防止群体性械斗29件、638人。

【基层法律服务】 2017年，市司法局深入开展“一乡一所、一村一法律顾问、一村一公示牌”为主要内容的基层法律服务“三个一”惠民工程，全市74个乡（镇、街道）设立基层法律服务所66个，执业人数190人，未设立服务所的乡（镇、街道）按“就近就便”原则，由附近乡（镇、街道）的服务所设立法律服务工作点进行业务覆盖，满足广大基层人民群众的法律服务需求；依照司法部《基层法律服务所管理办法》《基层法律服务工作者管理办法》的规定，认真组织开展基层法律服务年度检查和注册工作，65个基层法律服务所、190名基层法律服务工作者通过年检和注册；制定印发《市司法局关于组织开展基层法律服务案件评查工作的通知》，采取各基层法律服务所自查、县（区）司法局检查、市司法局抽查的形式，对基层法律服务所已经结案的诉讼和非诉讼案件进行案件评查；抓好全市基层法律服务工作者的培训，对全市基层法律服务工作者、县（区）司法局分管领导和基层股长等179人进行《刑法》《民事诉讼法》等法律法规知识专题培训，结合基层法律服务案件评查，专题讲解卷宗制作专业知识。全市基层法律服务工作者担任法律顾问680家，代理诉讼807件，代理非诉讼242件，调解纠纷210件，解答法律咨询11.44万人，办理农民工事项90件，办理法律援助489件，参与司法行政工作336件，避免和挽回经济损失1 861.04万元，业务收费249.08万元。

【社区矫正】 2017年，市司法局进一步抓好社区矫正人员管理教育，推进社区矫正工作制度化、规范化建设，制定信息化管理流程，建立健全社区服刑人员日常管理、检查考核、奖惩激励等工作制度；做好“两会”、十九大期间社区矫正人员的安全稳定工作；与市检察院相关业务骨干组成3个执法检查组，分赴各县（区）开展社区矫正执法检查，查阅相关档案材料，与36名社区服刑人员实地交谈，了解工作开展情况；规范社区服刑人员工作档案和执行档案，加强“社区矫正信息”平台建设，对社区服刑重点人员的活动轨迹，实施手机定位监控；在重大节假日、敏感时期对重点人员开展走访，及时排查不安全因素和隐患，确保社区服刑人员不脱管、不漏管。

【安置帮教】 2017年，市司法局进一步做好安置帮教人员接收工作，加强与监狱、看守所沟通协调，做好刑释人员无缝衔接工作，对重点对象坚持“必接必送”制度，重点人员衔接率100%；加强各部门协作，联合市人社局、市民政局等部门举办技能培训班，为有劳动能力的刑满释放人员提供岗前培训和就业指导；建成县（区）司法局远程探视系统，根据《省远程探视帮教管理办法（试行）》规定，落实责任人，切实履职；开展服务民生工作，加强刑释人员过渡性安置帮教基地建设，完善和解决刑释人员的教育管理等问题，落实帮教措施，促进刑满释放人员顺利回归社会。

【律师工作】 2017年，市司法局、律师协会两次召开律师事务所主任、党支部书记、党外代表人士参加的全市律师工作培训班，承办全国律师协会专家讲师团玉溪站培训工作，对来自全省的580名律师开展法律业务知识和思想道德建设培训；组织和引导律师担任政府法律顾问，选派多名优秀律师为政协委员提供法律服务，引导律师参与涉法涉诉信访、社会矛盾调处等法律服务活动，积极服务法治政府建设；组织6个律协公益法律服务工作站为贫困青少年、妇女儿童、农民工、老年人、残疾人、少数民族提供专项法律服务，开展送法进军营、进监区等活动，促进民生领域法律服务多元化、社会化；抓好律师事务所、律师执业年度考核工作，健全律师执业状况评价机制。全市49个律师事务所、347名执业律师担任法律顾问1 047家，办理刑事辩护1 305件，民事、经济代理3 655件，咨询和代写法律文书1.99万件。

【公证工作】 2017年，市司法局积极稳妥推进公证体制改革，认真贯彻执行公证执业“五不准”，提升公证质量，加强公证员培训，组织符合条件公证员参加各类任职培训、实操技能轮训、公证质量监管和公证质量建设等主题培训班。同时，充分发挥公证职能作用，积极服务地方重点工程和项目建设，为泛亚铁路中线（玉磨铁路）工程招投标及设备采购、玉江大道提升改造、城市综合管廊建设、东风中路（凤凰路-玉兴路）拓宽改造、泷水塘老工业区棚户区改造、元江县农村公路“建养一体化”服务EPC总承包、元江县洼垤乡扶贫开发整乡推进等建设项目提供法律保障。此外，加强行业对口帮扶工作，开展公证送服务“进基层、到农村”活动，为村民办理亲属关系、赠与合同、收养、小额遗产继承保管等公证；开通“绿色”法律服务通道，为老、弱、病、残等弱势群体提供上门服务、优先服务；加强与法律援助中心的合作，对经济困难、无能力或无完全能力支付公证费用的当事人提供法律援助。全市10个公证处、28名公证员、15名公证助理共办理各类公证1.48万件，其中国内公证1.33万件、涉外公证1 502件、涉港澳台公证37件，公证涉及标的近28.5亿元。

【法律援助】 2017年，市司法局深入贯彻《市关于完善法律援助制度的实施方案》，着力提升全市法律援助窗口单位服务能力和质量，配齐配强法律援助机构工作人员，落实“应援尽援”法律援助惠民工作，降低法律援助门槛，开展法律援助宣传咨询服务活动，在红塔区、澄江县试点建设公共法律服务实体平台，使法律援助各项惠民政策落到实处。全年办理法律援助案件2 476件，其中民事法律援助案件1 438件、刑事法律援助案件1 035件、行政法律援助案件3件，法律咨询3 911人次，受援对象3 873人。

【司法鉴定】 2017年，市司法局认真履行司法鉴定管理工作职能，提升司法鉴定工作质量水平，全市办理各类司法鉴定案件4 419件，援助鉴定39件，重新鉴定17件，出庭作证16件。

【人民监督员管理】 2017年，市司法局与市检察院联合起草《市推进落实人民监督员制度改革实施办法》，正式启动全市人民监督员改革工作。并于2月成立人民监督员管理科，选任人民监督员40名，组织开展初任培训，为全市人民监督员更好地履职打下坚实基础。

（王　丹）

（蒯子猷　摄）

绿水青山·碧玉清溪

（吴　垠　摄）

军　事

MILITARY

责任编校：贺蒋萍

玉溪军分区

31637 部队

预备役三团

武　警

市公安消防支队

人民防空

玉溪军分区

【安全稳定工作】 2017年，军分区认真贯彻落实上级安全稳定工作会议精神，严密组织“迎接贯彻十九大，安全稳定做贡献”活动，突出抓好意识形态和信访工作，确保十九大期间部队集中统一和安全稳定；扎实开展安全大检查和“百日安全”活动，紧盯“17个安全管理要素”，组织安全教育、形势分析和隐患排查，促进安全管理落实；深入开展枪弹专项清查整治和“回头看”活动，组织签订枪弹“零持有”承诺书，严格核心岗位人员政治考核，核对枪支3 411支（挺），清查弹药140万发；坚持严抓人员管理、严纠苗头问题、严查违纪行为，确保全市安全稳定，军分区被省军区评为安全稳定工作先进单位。

【思想政治建设】 2017年，军分区以学习贯彻习主席系列重要讲话精神为根本，组织“四个全面”解读、中国梦想畅谈、使命意识研讨、强军实践体验等活动，采取集中备课授课、分层学习讨论、领导点评串讲、心得体会交流等形式，开展“维护核心、听从指挥”主题教育，组织官兵职工同步观看盛况、聆听报告、学习讲话，召开党委专题学习会，广泛开展辅导授课、解疑释惑、讨论辨析。

【国防动员事业】 2017年，军分区通过推进完善联合行政例会、情况分析、检查抽查、考评讲评等工作机制，有力推动国防动员建设工作。制定下发《玉溪市全民国防教育工作意见》，组织“第17个全民国防教育日”系列活动和国家公祭日活动，走进院校和党校开展专题辅导授课，国防教育取得新突破；组织召开议军会和双拥座谈会，坚持定期走访慰问部队和军烈属，组织评选情系国防好家庭好军嫂，开展党政领导军营体验观摩等活动，双拥共建富有成效；积极做好解难帮困工作，强力推进议军会9个方面决议事项落地见效，澄江县人武部营区新建工作进展顺利，易门县人武部整体搬迁事宜逐步推进。

【国防教育活动】 2017年，军分区结合第十七个全民国防教育日，通过多种方式拓宽教育空间和渠道，把国防教育渗透到官兵、学生和民众中。军分区政委金志达，副司令员严泽平、余喜松分别到地方党政机关、院校开展国防教育，全年累计授课30余次；先后组织官兵、职工和民兵观看《高山下的花环》《闪闪红星》《建党伟业》《建国大业》《建军大业》等红色革命影片，撰写心得体会300余篇；结合“万映计划”组织官兵、民兵开展“家书载梦”活动，书写致杨利伟的一封信100余封；积极协调联系市委宣传部、玉溪师范学院和市农业职业技术学院，密切关注“爱我国防”大学生主题网络演讲比赛进程，积极出谋划策，参与讲稿写作和评判等过程；依托聂耳纪念馆和觅池冲中共滇中地委旧址，为全民开放为期7天的参观展览，由专人负责图片和事迹解说，组织到场的党员重温入党誓词，引导广大党员同志忠于党、忠于国家、热爱人民，不忘初衷，砥砺前行；广泛开展“党课教育下乡村”活动，将全民国防教育日贯穿到征兵宣传、脱贫攻坚等活动中，利用下乡宣传、扶贫慰问等时机，给群众上党课，让群众热爱祖国、关心国防。

【双拥共建】 2017年，军分区高标准、严要求，进一步加大双拥工作力度，不断创新活动形式和内容，全面落实双拥政策。分区党委结合年初、年终、重要节日和各阶段工作，适时召开各类协调会、座谈会、表彰会10余场；根据上级文件精神和党委工作意图，制定年度扶贫工作计划表、重大节日走访慰问计划；组织召开议军会、双拥座谈会，开展八一军事日活动和“情系国防好家庭”“情系国防好军嫂”评选表彰；协调解决64名干部、3名士兵退役安置；配合地方党委政府走访慰问15次；协调9名军人子女入学入托、安置7名随军家属就业；参与支援地方重点项目建设4个，援建中小学9所。

【脱贫攻坚】 2017年，军分区坚持精准当头、严实把关，积极参与脱贫攻坚工作。军分区联系贫困村10个，结对户114户、407人，累计投入扶贫经费181.8万元，协调扶贫资金647.6万元，扶持特色项目8个，包含供水站安全设施建设、斗牛场建设、道路改建、帮带培养农家生态园致富带头人、烤烟、柑橘、金铁链等特色农作物种植；组织进村普法宣传累计36次，教育群众3 800人，捐资助学38人，党课教育31次，参与修建公路33千米，寒冬送暖活动20次，协调农科院技术人员组织种养殖培训18次，帮建村党组织5个，开展送医送药活动进入贫困村5个，巡诊群众50人次。

【夏秋季征兵】 2017年，军分区坚持以《兵役法》《征兵工作条例》等政策法规为依据，扎实推进征兵各项工作落实，完成789名新兵征集任务（男兵776名、女兵8名、直招士官5名），其中，男性大学生470名，占征集任务数的61%，比去年提高7%，征兵“五率”量化全省排名第8名，较去年提升4个名次。

【学生军训工作】 2017年，针对学生军训工作需求大、协调难、力量弱的现实情况，军分区组织召开年度学生军训工作座谈会，分析军训中存在的问题，研究制定八项制度，形成政府部门主导、教育机构主抓、军事单位配合的军训共识。13家具备承训资质的部队完成全市44所学校、4.11万名学生的军训任务，学生军训工作领导小组派出工作组15人次，对玉溪师范学院、市农业职业技术学院等8所院校学生军训情况进行检查，与160名学生、40名教官座谈，组织问卷调查400份，收集意见建议20条。

【进军营授课】 2017年，结合建军90周年，军分区邀请红塔区人民法院北城中心庭庭长滕永金为红塔区官兵职工进行法律知识宣传，引导广大官兵遵纪守法，杜绝身边“微腐败”和不正之风。并邀请江川区全国民兵模范徐宝祥老同志为江川籍2017年度入伍新兵及家长进行优良传统授课，讲述革命时期英勇斗争事迹，激励广大青少年热爱祖国，珍惜生活，热爱人民子弟兵。

【基层武装部达标验收“回头看”活动】 2017年1月22～29日，军分区组织县（区）军地相关部门，按照动员部署、具体实施、研究整改、组织验收4个步骤，对所属75个乡（镇、街道）武装部、2个高校武装部、1个企业武装部进行规范化达标建设验收“回头看”，坚持问题导向，摸清现状底数，分析制约瓶颈，解决矛盾困难，进一步深化巩固“2013年玉溪会议”试点成果，解决落实基础设施和机构设置中存在问题等，确保全市基层武装部建设取得新成效。

【重要会议】 2017年3月13日，军分区召开党委十四届九次全体（扩大）会议暨调整改革任务部署会，传达学习南部战区、军委国防动员部、省军区党委扩大会议和上级纪检工作会议精神，全面分析总结部队建设形势，安排部署年度工作计划，会议要求分区各级要站在听党指挥、维护核心的高度拥护改革，确保改革任务圆满完成，年度工作扎实推进，部队管理正规有序。

7月31日下午，市委议军会暨县（区）人武部党委第一书记党管武装工作述职会召开。会议传达省委议军会精神，安排3个县（区）人武部党委第一书记党管武装工作述职。市委书记、军分区党委第一书记罗应光围绕紧贴改革强军、强化党管武装、在新起点推进军民融合深度发展作了讲话。会议提请审议了驻玉军警部队提出的筹备组建玉溪军分区常驻民兵应急分队、随军家属就业安置、官兵子女跨行政区域入学、建设永久性大型国防公益宣传广告牌、训练场地租用和装备器材购置等10个方面困难问题，由市长张德华亲自挂帅督办，将10个方面困难问题任务分解安排分管市级领导负责解决，明确责任单位、责任领导、责任期限，并将落实情况列入“两办”督导内容跟踪督办。

【战备训练建设】 2017年，军分区围绕“5+2”使命任务，修订国防动员战备方案，充实战备物资器材，开展军地抗震救灾综合演练，参与完成处突维稳、治安巡逻、抢险救灾等任务43次，出动民兵3 100余人次，战备应急能力不断加强；突出抓好首长机关和民兵训练，采取通用科目集中训、专业科目自主练的方式，严密组织年终军事训练考核，累计完成民兵训练780人次，消耗弹药9 000余发，训练水平明显提升。

（屈庆峰）

31637部队

【组建成立31637部队】 2017年4月23日，根据中国人民解放军陆军命令，以原77208、75104部队为基础，纳入原77216、77221部队部分力量，调整组建成立31637部队，机关部署在云南玉溪。4月28日，中国人民解放军31637部队成立大会召开，集团军首长参加。会上，首长宣读了部队组建命令、领导班子任职命令和党委班子成员组成，向部队授予了军旗，并就抓好部队转型建设作了重要指示。

【赴黎维和分队完成任务轮换交接】 2017年5月19~26日，根据中央军委命令和国防部维和事务办公室通知，31637部队顺利完成第十五批、十六批赴黎维和工兵分队任务轮换交接。第十五批维和分队自2016年5月部署以来，累计出动兵力1.64万人次，车辆3 296台次，建设标准掩体25个、装甲车掩体2个、观察哨2个、防护墙446米、防护网1 198米，维护高塔3个，吊装T型墙139块，栽设蓝桶7个，运送石料1 030余方，义诊救助1 000余人次，完成大型工程保障任务46项。联黎司令比尔里少将称赞分队为“联黎冠军”，200名官兵均荣获联合国维和勋章。截至年底，第十六批维和分队共完成“蓝线”189个点位勘察和42条安全通道维护，新开设1条54.7平方米的安全通道，清排出80枚防步兵地雷，完成防卫工程建设任务33项，参加联黎“钢铁风暴”多国联合实弹演习和“天使救援”演习，充分展示了中国维和部队的形象和实力。

【开展网络媒体国防行活动】 2017年7月23~24日，中央网信办会同军委政

4月28日，31637部队成立大会会场　（31637部队　提供）

治工作部与31637部队联合开展“同心共筑强军梦”网络媒体国防行活动，军委政治工作部首长康海龙一行44人参加了此次活动。活动内容包括召开记者见面会，参观单位史馆，观看水上编队、水上救援、浮桥架设等演示科目，观看国际维和展板、扫雷排爆装备展示、维和纪录片及工程机械操作演示，观看地震救援展板、地震救援装备及地震救援演练等行程。

【第一届“优秀军嫂”表彰暨“集体婚礼”活动】 2017年8月1日，31637部队举行“优秀军嫂”表彰暨“集体婚礼”活动，表彰12位为部队建设默默奉献的优秀军嫂，为因改革任务或大项活动等错过婚期的22对新人举行集体婚礼。市民政局和市妇联、中国银行市分行等单位参与活动，新华社、中新社、云南日报等10余家媒体记者就活动开展及部队建设情况进行采访报道，产生了良好的社会效应。

【深入开展精准扶贫帮困活动】 2017年10月17日，在国家第四个“扶贫日”到来之际，31637部队深入江川区雄关乡白石岩村开展入户帮扶工作，结合白石岩村致贫实际情况，详细制定脱贫攻坚方案，派出工作组进行走访调研，为白石岩村所有的贫困户和贫困学生建立“帮扶联系卡”，对白石岩村10户贫困户，7名贫困学生送上贫困慰问金和爱心助学金各1 000元，为村民活动室送去30套餐桌椅。同时，在党的十九大召开前期，结合扶贫工作联建共创活动，部队官兵与白石岩村党支部成员共同向全体村民宣传十九大召开的相关情况。

【国家民政部领导到31637部队检查慰问】 2017年11月16日，国家民政部优抚安置局副局长李敬先率省、市民政系统相关领导一行9人到31637部队进行检查慰问，召开双拥工作座谈会。会上，31637部队向慰问组汇报了近年来双拥工作开展情况，李敬先给予了充分肯定，代表民政部赠送慰问金20万元。

【完成地震灾害紧急救援队业务考核】 2017年12月29日，由省政府应急办、财政厅、民政厅、住建厅、解放军、武警、消防相关单位人员组成的地震灾害救援考评组，采取“随

①第十六批赴黎维和分队成立暨出征大会 ②2017年8月1日，最美军嫂表彰活动 ③2017年8月1日，集体婚礼举行

（31637部队 提供）

机抽签、临设条件、现场打分”的方法，从31637部队、省武警特勤2支队、市消防支队各抽30名队员考评。考评设置墙体凿破、水平顶撑、深井救援、高空缓降4个考核科目和携装机动、犬搜索定位2个演示科目。31637部队取得3个单项第一、总成绩第一的好成绩，所展示的2个演示科目也得到军地领导的一致认可。

（齐鹏飞）

预备役三团

【思想政治建设】 2017年，预备役三团认真学习贯彻党的十九大精神和习近平主席系列重要讲话，党委中心组落实20个学习日，专题学习18次，开展“两项教育”和“两个清理”活动，彻底肃清郭伯雄、徐才厚流毒影响，引导官兵践行“三个维护”，把思想和行动统一到党中央、中央军委和习近平主席的部署上来，坚决维护核心、服从命令、听从指挥。

【战备建设】 2017年，预备役三团坚持以使命任务为牵引，不断打牢战备训练基础，把常态化应急处突工作作为一项经常性长期性工作来抓，组织官兵学习上级关于战备工作系列指示精神，结合重要节日、敏感时期组织形势战备教育，修订各类预案方案。同时，加大战备值班分队建设和训练，全面提升了团队应对突发事件的能力。

【军事训练】 2017年，预备役三团把提升核心军事任务能力贯彻始终，开展首长机关训练，常态化抓好“考比拉”和群众性练兵活动，参加师第八届“勇士杯”比武竞赛成绩优异，常态组织应急救援操作训练和应急拉动演练，确保了训练四落实，备战打仗能力得到提升。

【组织整顿】 2017年8～9月，预备役三团以提高部队“两个能力”为目标，以巩固提高“三率”为重点，围绕军事斗争准备需要，树立“编为用，编为战”的思想，按照“固强补弱、编组科学、布局合理、管理有序的思路”，优化组织结构、改进编组方法、严格过程管控，突出整组中的点验，实现遇有情况能“拉得出、起作用”。

预备役三团官兵参加玉溪市公祭日活动　（预备役三团　提供）

【安全稳定工作】 2017年，预备役三团深入贯彻习近平关于纠治“四风”的指示精神，开展反腐倡廉专项教育，对照标准查找问题，坚持领导带头，从严执纪执法，持续传导压力，进一步纯正政治生态，确保作风建设永远在路上，坚持以全军安全大检查为牵引，陆军“争创安全年”和师百日安会活动为抓手，抓实“四个经常性工作”，抓好“帮战友”“双四一”活动，落实“禁酒令”，实时进行保密教育，定期对涉密官兵进行政治考核，有效防止失泄密问题发生，打牢团队安全基础。

【双拥共建】 2017年，预备役三团落实团职干部“1+1助学行动”，帮扶6户建档立卡贫困户脱贫，向帮扶村以及所属小学实施物资器材支持，连续第10年开展“爱心圆梦”助学活动，至2017年已资助20名困难大学生入学。

（王　元）

武　警

【政治建设】 2017年，武警玉溪市支队深入学习习近平强军思想和党的十九大精神；定期组织升旗仪式，塑造“聂耳故里新传人”的好形象；举行家属座谈会，表彰6名好军嫂和6个情系国防好家庭，先后为3名家属协调工作调动，推荐6名优秀官兵携家人参加总队疗养；拿出7.69万元慰问困难官兵，主官亲自协调转业安置，4名转业干部安置满意度100%；评选五类十大标兵，严密组织“十大标兵暨巅峰勇士先进事迹报告会”，涌现了优秀指挥员李建设、十大标兵士官王绍才、“云岭先锋”人物段文海、优秀纪检干部郭自强和极限训练9勇士等一大批先进典型。

【能力建设】 2017年，武警玉溪市支队狠抓正规化执勤，制定《勤务管理十条措施》，深入开展执勤安全隐患排查治理活动，完善执勤设施110余处，划设警戒线4 000余米，加装监墙刀刺网600余米、防冲闯拒马32个、减速带14条，安装重点部位监控视频56个；狠抓实战化训练，制定《军事训练十条措施》，严格落实周二、周四五千米和400米障碍测试，军事训水平稳步提升；在总队首届“巅峰”比武竞赛取得团体第二名的历史最好成绩，王绍才勇夺个人全能第一名。固定目标执勤实现23年安全无事故，动用2 300余名兵力圆满完成临时警卫、联勤巡逻、武装押解、南博会安保、十九大安保等各类临时勤务30余起，组织玉溪市十九大安保誓师动员大会暨多警种反恐处突演练，为维护驻地社会稳定做出了重要贡献。

【正规化建设】 2017年，武警玉溪市支队注重培塑军人意识，严抓军容着装标准化、营区行进队列化、礼节礼貌规范化；严密组织士官队伍作风纪律教育整顿，党委成员列席专题民主生活会帮带指导，开展“二十个说清楚”活动，整治突出问题79个；抓实“百日安全”竞赛活动，制作下发支队安全管理、勤务管控十条措施，在迎接安全大检查中被武警总部通报表扬，支队被表彰为“连续22年安全预防工作先进单位”和“百日安全竞赛活动优胜单位”。

【基层建设】 2017年，武警玉溪市支队落实主要领导包片、机关股室包中队的挂钩帮建责任制，重要时节安排营以上干部深入基层指导帮建，先后派出17个批次工作组，累计下基层蹲点帮建92人次，帮助整改问题34个，基层对机关满意度达95%。严密组织党支部岗位练兵和“大练基本功”活动，“三个一线”更加坚强有力，“三支队伍”能力不断提高。

【基础设施建设】 2017年，武警玉溪市支队以实战化为牵引，规范应急保障“一组五队”拉动程序，投入284.72万元用于支队战备器材库战备物资区建设；坚持“管采分离”，探索出委托地方工程造价、招投标公司进行预算和招标的新模式，使招投标工作走入法制化轨道；注重服务基层，财力物力投向投量始终向基层倾斜聚焦，对玉溪中队营房进行全面翻新改造，为7个中队更换系列化营具；投入260万元推进红塔、华宁中队正规化试点建设，实现医疗巡诊和心理服务全覆盖。

【班子建设】 2017年，武警玉溪市支队党委成员带头研读、手抄十九大报告，带头落实双重组织生活、按时交纳党费、参加军事训练、落实学习制度，强化执纪监督，强力推进“两个清理”回头看，实现基层巡视审计全覆盖，解决官兵休假难的问题，官兵休假率达100%，官兵休满假率达到91%；认真贯彻民主集中制，在选人用人、物资采购、工程建设等问题上，始终坚持集体研究、民主决策，提拔使用营连职干部6人，推荐选送技术学兵28人，发展党员53人，选改、晋升士官124人。

【地方领导慰问】 2017年1月5日，由省文化厅组织的“中国梦云南情、文化大篷车千乡万里行”惠民文化演出活动走进支队慰问演出。8日，省民政厅副厅长胥廷义率省“迎新春、鱼水情”慰问团到支队走访慰问，市政府副市长蔡四宏、支队长陶明昌、政治委员赵银桂陪同。19日，市委常委、市政协主席夏立洪，市委常委、副市长尚建华，带领慰问团到支队慰问。26日，市委政法委书记明正彬、公安局长朱家伟一行，在支队参谋长段从智的陪同下，深入原红塔区中队走访慰问，向中队官兵送来新春祝福。5月3日，副省长张祖林在总队政委王洪斌、市委书记罗应光陪同下，深入支队指挥中心调研支队抢险救援能力建设。7月27日，市委常委、市政协主席夏立洪率“八一”慰问团看望支队官兵。

【联勤巡逻勤务】 2017年3月5～16日，武警玉溪市支队每天出动12名兵力，配合公安干警，完成全国“两会”期间两警联合巡逻勤务。又于10月18～24日，出动540名兵力，到市委、市政府、城南客运站等重点区域开展巡逻防控，完成党的十九大期间两警联合巡逻勤务，并挑选思想过硬的特战队员与市公安局特警支队组成机动反恐单元，担负全市暴恐事件支援处置任务。

【地震救援联合演练】 2017年5月12日，武警玉溪市支队参加地震救援联合演练。此次演练以江川区发生6.5级地震灾害为背景，支队全体参演官兵

11月18日，支队宣讲队带着十九大精神资料，走进驻地傣族聚居地元江县者嘎村，看望村里傣族老人，为村民宣讲党的十九大精神和惠民政策
（柏少波　摄）

发挥“两不怕”精神，连续奋战10小时，完成救援任务，展示了支队官兵昂扬的精神状态和精湛娴熟的救援技能，赢得了全市各级领导的充分肯定和高度赞扬。通过联合演练，使参演官兵进一步熟悉掌握抗震救灾预案，明确任务协同方法，提高组织指挥、谋划决策、科学救援能力，为更好地履行职能使命奠定坚实基础。

【十九大安保誓师大会】 2017年9月4日，武警玉溪市支队召开党的十九大安保誓师大会暨多警种联合演练，总队政委王洪斌、市委书记罗应光到现场指导，省安保信访督导组以及全市党委、政府、驻玉部队领导观摩了演练活动。此次演练设置警用防暴棍与防暴盾牌综合应用展示、反恐技战术演示、反恐处突队形演示、公安武警消防处置客运站暴恐案件、武装巡逻及处置力量拉动演练5个内容，演练内容紧贴实战，参演分队分工明确、协同紧密、反应迅捷，支队参演官兵士气高昂、训练有素、业务精湛，展示了支队反恐维稳建设取得的丰硕成果。

【视察调研】 2017年5月7～8日，总队后勤部部长杨波到支队检查指导安全管理工作，并对原二中队、原市中队、原峨山县中队营房进行抗震能力检测。22日，总队参谋长方红霄检查指导总队侦察情报业务骨干暨反恐特战骨干集训队检查指导成果汇报演示准备情况。6月17日，总队司令员高道权到支队原二中队、原红塔区中队检查调研，看望慰问一线执勤官兵。7月14日，总队政治部主任王维新深入支队通海县中队、研和教导队检查指导工作。19日，总队副政委、纪委书记孙国深入支队听取党委风气建设情况汇报，组织召开基层风气监督员培训会。10月4～5日，总队参谋长方红霄深入支队原二中队检查调研并亲切慰问中队官兵。13日，总队政委王洪斌一行3人，深入支队原澄江县中队，会见县主要领导，有力有效推进中队新建搬迁。12月12日，总队司令员高道权率工作组深入支队检查指导正规化试点建设工作。12月20日，武警部队政治工作部副主任魏智威在总队司令员高道权、政治工作部主任冯贵富的陪同下，深入支队检查调研。12月25日，总队政委王洪斌深入支队检查指导新兵手榴弹实投训练。

①2017年10月1日，武警玉溪市支队在聂耳音乐广场举行升旗仪式 ②2017年9月4日，玉溪市召开党的十九大安保誓师大会暨多警种联合演练 （柏少波 摄）

【先进集体】 2017年，武警玉溪市支队被武警部队表彰为“连续5年以上无执勤事故、无行政事故、无刑事案件，且2015年以来无自杀问题的旅、团级单位”“暑期百日安全竞赛活动优胜单位”，被总队表彰为“基层建设先进支队”，原司令部被总队表彰为“先进司令部”，原政治处被总队表彰为“先进政治处”，原后勤处被总队表彰为“先进后勤处”，支队军械库被总队表彰为“红旗军械仓库”，原红塔区中队被总队表彰为“基层建设标兵中队”，原华宁县中队被总队表彰为“执勤标兵中队”，原一大队一中队、原一大队二中队、原二大队峨山县中队、原市中队、原华宁县中队被总队表彰为“基层建设先进中队”。

【先进个人】 2017年，武警玉溪市支队一中队中队长段文海被总队表彰为“云岭先锋人物”，班长王绍才被总队表彰为“十大标兵士官”，特勤排王绍才、周佩等9名同志被总队表彰为“极限训练勇士”，政治工作处组织纪检股干事郭自强被总队表彰为“纪检巡察先进个人”，勤务中队武器保管员何志光被总队为“优秀军械保管员”，勤务中队驾驶班班长郑发高被总队表彰为“红旗车驾驶员”。陶明昌、李建设等20人被表彰为三等功臣。

（郭自强）

市公安消防支队

【领导重视】 2017年，市委、市政府坚持把消防工作作为党委政府重点民生工程，召开全市消防工作会议强调部署消防工作，将经费保障、装备购置、火灾防控等纳入政府消防工作责任状，并定期组织督导考评。市委书记罗应光、市长张德华、政法委书记明正彬、副市长朱家伟等领导同志多次专题听取汇报、做出批示，带队检查、现场办公，有效解决一批影响消防事业发展的瓶颈问题。市政府第81次常务会议通过了《玉溪市农村消防工作保障标准》，同意划拨601万元用于加强全市农村社区微型消防站建设，购置器材2.04万件套。并推行农网改造入户工程和“村村消防队”“家家灭火器”工程。

【火灾和接警出动情况】 2017年，全市共接警出动1 190次，出动消防车1 723辆次，官兵1.07万人次，抢救被困人员369人，疏散人员1 356人，抢救财产价值933万元。同时，完成党的十九大、G20峰会等重大消防安保任务。全年发生火灾391起，亡人火灾2起，死亡2人，同比下降71.4%，连续22年未发生重大以上火灾事故。

【严格消防监管】 2017年，市消防支队以宣贯国办《消防安全责任制实施办法》为牵引，督促指导行业部门履行监管责任、社会单位履行主体消防责任，全面推进“两个标准”“六加一”措施落实，全市所有重点单位全部建立“户籍化”管理工作档案，消防安全宣传“三提示”和员工“一懂三会”知晓率达100%；采取动用少部分住宅维修基金的方式，对红塔区、高新区的27个小区、193栋存在消防设施故障的高层住宅进行维修更换，全面提升高层住宅建筑消防设施（器材）完好率，确保人民群众生命财产安全。

【夯实消防基础】 2017年，全市消防队着力夯实消防基础设施建设，市消防支队完成战勤保障大队暨综合应急救援训练基地训练场看台的升级改造；研和消防站取得项目选址意见书和《建设用地规划许可证》，正在启动拟征土地的收储及设计论证工作；新平大队营房迁建项目完成正式搬迁进驻任务；易门大队营房迁建项目食堂、综合楼主体已封顶，正在进行公寓房建设；澄江大队营房迁建项目由政府代建，已完成勘察、设计等工作。全年投入8 150万元购置各类进口底盘主战消防车36辆（已到位21辆，正在采购15辆），购置器材装备6 300余件套，全市消防站、消防车辆器材等基础设施建设全面改善。

【强化消防宣传】 2017年，市消防支队积极做好“全民消防我代言”大型公益活动，520位代言人152张代言海报在全市公交车站及主要街道宣传栏粘贴；聘用1 000余名社区消防宣传员开展宣传，在小区和人员密集场所设置200余块固定消防宣传栏；免费向市民发放《玉溪消防》杂志10期共计2万余本；举办消防公益广告大赛，向社会展示不一样的消防部队。其中，支队拍摄的微电影《等我懂你》荣获省消防“三微”作品大赛微电影二等奖。

【坚持从严治警】 2017年，市消防支队配合完成公安部第三巡视组巡视工作，对基层2013年以来财务管理情况进行专项审计，发现并责令整改问题602条；开展“三清”、干部工作大检查、财务大清查、消防执法腐败问题集中整治等专项活动，完善执法回访、廉政消防大家谈、公开述职述廉“三项工作机制”；建成全省消防部队首个廉政教育基地并定期对外开放；常态开展作风纪律整顿、安全大检查等工作，建立健全常态化督察机制，全面推进部队正规化建设。

【淬炼消防铁军】 2017年，全市新增政府专职队员55名，改（扩）建政府专职队7个，年末，政府专职消防队数量50个，人员429人，消防车50辆，42名政府专职队员通过职业技能鉴定。市消防支队落实党委议训制度，推行“中队每周一测试、大队每月一会操、支队每季度一考核”制度。深入开展全员额、整建制、实战化岗位练兵比武竞赛活动，基层指挥员、攻坚组队员、拟晋级士兵每年全部轮训一遍，完成所有重点单位数字化预案制作，扎实开展“一高、一低、一大、一化工”单位技战术评估，按标准组建地震救援、高层、石油化工等专业救援队伍，针对滇中石油库、华宁龙鑫燃气站、红塔集团物资储备库等重点场所开展联合演练。年内举办2次全市实战化练兵大比武活动和2次协作区比武竞赛活动，在全省消防部队实战化练兵大比武活动中，市支队取得综合成绩全省第五的好成绩，3名参赛队员荣获总队实战化练兵先进个人，1名参赛队员荣立三等功。

【深化廉洁建设】 2017年，市消防支队制定《党风廉政建设工作意见》，与机关各部门、各大队党委签订《党风廉政建设责任状》，进一步明晰责任清单。同时，出台《进一步加强消防监督执法廉政建设实施办法》，整合纪检、审计、督察“三支队伍”，进一步强化内部管控。此外，全面叫停对外有偿服务项目，整改纠治发票

2017年6月19日，市消防支队组织石油化工灭火救援实战演练（市消防支队　提供）

①2017年4月10日，玉溪市消防支队参加全省消防部队实战化大练兵比武竞赛 ②2017年12月29日，全省地震灾害应急救援队考核在玉溪市消防支队战报大队举行 ③2017年，市消防支队地震救援重型搜救队参加全省地震灾害应急救援队考核（市消防支队 提供）

不合规、手续不完善问题1 000余条，对24名干部的205名亲属从业情况进行了核查。全年未发生警民纠纷、违纪案件、责任事故、消防执法诉讼和涉消舆情，消防执法公信力和群众满意度明显提升。

【推进信息化建设】 2017年，全市投入830余万元信息化建设经费，强力推进支队指挥中心升级改造和动中通卫星通信指挥车建设，在全省率先完成支队至大中队指挥调度网扩容建设和IPSTAR卫星便携站配备，建成支队及应急通信保障分队，市、县（区）两级指挥中心全部建设达标，所有中队全部配备海事图传设备，全面推广消防无人机系统运用，信息服务支撑部队实战能力大幅提升；抓实应急通信保障分队建设，针对性开展了高层、地下、化工、地质灾害等演练应急通信保障工作，应急通信保障水平大大提升。

【提升执法服务水平】 2017年，市消防支队推进消防行政审批“放、管、服”工作，从执法公开栏建设、窗口规范化管理、网上便民服务建设、禁令制度建设“四个方面”强化便民服务窗口建设工作，向社会公开承诺“优化合并办事环节、缩短行政审批周期、开辟项目绿色通道、搭建沟通交流平台”四项便民利民措施，不定期开展消防窗口暗访活动；在全省率先为所有监督干部配备移动执法终端，为10个基层大队配置执法记录仪和数据采集站，使执法行为全程记录、执法流程规范运行、执法信息可考可查，有效保障执法行为的规范运行；组建消防执法服务队，加大服务性回访指导，主动下基层为大队提供执法复核服务，对全市46名消防监督干部进行全员培训，全市执法服务水平不断提升。

【创新社会治理模式】 2017年，市消防支队探索推进“智慧消防”建设，全面推行“互联网+消防”工作模式，制作消防行政审批业务微信公众服务平台，全面落实常态化消防安全检查治理六项制度，乡（镇、街道）全部落实消防网格化管理。并提请市政府将农村消防工作纳入精准扶贫、“五网”建设、“百千工程”统筹推进。

【完成重大安保任务】 2017年，市消防支队圆满完成党的十九大、G20杭州峰会、厦门金砖国家峰会、2017商洽会及节事等重大安消防安保任务，被公安部消防局表彰为“党的十九大消防安保先进支队”；支队防火处被表彰为“优秀消防法制部门”；在全省消防工作绩效考核中持续名列前茅。

（可文苑）

人民防空

【概　况】 2017年，市人民防空工作围绕新时期人防应急斗争准备，贯彻长期准备、重点建设、平战结合方针，努力适应打赢信息化战争和发展社会主义市场经济需要，提高人民防空整体抗毁能力、快速反应能力、应急救援能力和自我发展能力，做好城市防空袭斗争准备；完成人防宣传教育工作，进行防空警报器维修维护，“九一八”防空警报试鸣；完成人防业务的培训，短波电台车载台安装，进行机动指挥所操作练习和野外训练，结合城市民用建筑修建防空地下室审批等工作。

【基本指挥所建设】 2017年，市人防办继续推进基本指挥所建设，加强请示汇报工作力度，指挥所建设列入市政府第79次市政府常务会议题，建设缺口资金逐年纳入财政预算解决，市政府先后召开2次项目推进会，与市直相关部门沟通协调，支付建设用地尾款725万元，项目交由市级平台公司（家园公司）代融代建，已完成项目各项前期工作。

【指挥通信训练】 2017年6月1~3日，市人防办进行新装备机动车训练，并与新平县人防办进行联合野外通信训练。8月17~20日，又与各县（区）人防办人员携带装备到文山州麻栗坡县等地进行联合野外通信训练。

【短波电台建设】 2017年，市人防办根据《玉溪市人民防空办公室125W短波全数字化电台购销合同书》约定，采购安装3台短波全数字化电台，6月，又进行125W短波全数字化2台车辆移动电台的安装调试，对随车电台设备进行清点交接和测试。市人防办指通科按要求进行电台值班，每个工作日与省人防办通话两次。

【结合民用建筑开展行政审批】 2017年，市人防办依法开展结合民用建筑修建防空地下室工作，开展审批工作，规范行政执法，促进人防工程建设。全市共办理行政审批事项185项，其中，审批结合民用建筑修建防空地下室建设10项，审批防空地下室易地建设项目151项，所有审批事项均在向社会承诺的时限内办结，服务对象满意率100%。同时，做好市政府招商引资、城市基础设施建设和民生工程等重大项目人防行政审批服务工作，落实“降费减负”政策。依据省发改委、省人防办和市发改委及市财政局等部门文件通知精神，市人防办对人防易地建设费执行降低30%的收费标准。

【防空警报维护管理】 2017年，全市共有鸣响防空警报60台，其中，固定防空警报57台（电动警报55台、电声警报2台），移动防空警报3台。警报信号基本实现城区全覆盖，鸣响率达到100%，音响覆盖率90%。市人防办对市中心城区的防空警报设施设备维护维修继续实现社会化管理，受托方严格按照《2017年度人防警报设施技术维修合同》要求，做好市中心23台固定防空警报器设备巡检维修工作，按每月1次对警报器设备终端接收机、电源线路、扬声器等设备进行巡回检查，对发现的问题及时修理，检查情况形成月报表每月底报送市人防办；每季度1次对警报器内部终端设备的供电系统和信号控制系统进行电压和信号检测；在试鸣前对中心城区防空警报器进行维修，在全市中心城区新安装警报器系统天线10幅，及时排除隐患，确保全市防空警报器系统处于良好的工作状态，确保全市警报器完好率达100%。

【防空警报试鸣】 2017年9月18日，全市城区同时进行防空警报试鸣。市人防办成立市防空警报试鸣领导小组，负责试鸣工作的组织指挥协调工作，各县（区）成立相应的试鸣指挥部，负责组织指挥本县的试鸣工作，在试鸣前一周开展人民防空知识宣传周活动，并于9月11～17日，在玉溪日报、玉溪电视台、玉溪广播电台、政府新闻网刊播市政府公告，向市民发试鸣的短信，保证全市防空警报试鸣成功。

【人防教育】 2017年，市人防办为贯彻落实省人防办、省国防教育办公室、省教育厅《关于初级中学人防知识教育纳入国防教育有关问题的通知》精神，要求各县（区）人防办、国教办、教育行政主管部门继续组织各初级中学人防知识教育培训，通过观看《永远的蓝天》《居安思危、备战人防》人民防空电影科教片，学习人防知识宣传手册、国防知识读本，开办专题讲座等方式进行人防知识教育，62所学校、4.11万学生接受教育。

（周克金）

（吴 垠 摄）

绿水青山·碧玉清溪

（吴　垠　摄）

农　业

AGRICULTURE

责任编校：王竹能

农业管理

农业经济管理

种植业

林　业

畜牧业

乡（镇）企业

渔　业

农村能源

种子管理

农业机械

土肥植保

农业科研

农业管理

2017年2月24～25日，农业部第三考评组在省农业厅段洪文副处长的陪同下检查通海县基层农技推广体系改革与建设补助项目蔬菜科技示范基地　（李艳兰　摄）

【概　况】 2017年，全市实现农林牧渔业总产值245.58亿元，按可比价增长6.3%。其中农业产值140.97亿元，可比增5.7%；林业产值6.13亿元，可比增7.0%；牧业产值92.83亿元，可比增7.3%；渔业产值3.11亿元，可比增4.6%；农林牧渔服务业产值2.56亿元，可比增5.9%。全市实现农林牧渔业增加值143.69亿元，按可比价增长6.3%，增速全省排名第一。其中农业增加值93.39亿元，可比增5.9%；林业增加值4.16亿元，可比增7.3%；牧业增加值42.34亿元，可比增7.3%；渔业增加值2.06亿元，可比增4.4%；农林牧渔服务业增加值1.73亿元，可比增7.5%。全市实现农村居民人均可支配收入13 057元，增长9.1%，绝对量和增量位列全省第二。全年新增农机总动力6.25万千瓦，农机总动力达到276.35万千瓦，农机作业632.42万亩次，耕种收综合机械化水平达50.1%。全年培训新型职业农民1 646人。全年完成农业固定资产投资77.5亿元，比上年增长54.5%。同时完成峨山县生态养猪建设项目，新建配种妊娠舍8 360平方米，产仔舍3 000平方米，仔猪舍2 500平方米，中大猪舍7 920平方米，隔离区240平方米，配套用房设施建设2 160平方米及场区主要道路硬化；完成新平县国家现代农业示范区高标准农田建设项目，建设高标准农田2.05万亩，实施土地平整2.05万亩，建设沟渠5.63万米（118条），建设机耕路3.87万米（84条）；完成玉溪庄园云果园项目、易门县占马田生态肉猪养殖小区建设项目、新平县2016年核心糖料蔗基地建设项目等一批重点项目建设。

（张继宏）

【督查督办】 2017年，市农业局对市委、市政府确定的重大决策和重点工作、重点项目涉及市农业局的，通过采取定期上报材料与深入一线、调查研究相结合等方式，对各项工作任务落实情况进行跟踪督查督办，并建立市农业局关于市政府重点督查的20项重要工作和10件惠民实事督查责任体制和落实情况报告制度，由分管领导担任责任领导，落实责任单位和配合单位，层层落实、目标倒逼，抓好工作落实，实行工作月报和季报制度，按要求全部完成任务。全年市农业局督查事项44项，办结省政府、市委、市政府主要领导批示件17件，其中省政府领导批示件3件、市委主要领导批示2件、市政府主要领导批示12件，办结率100%。1至12月，通过各类公开渠道累计发布信息4 958条，其中通过“农业信息网”发布信息4 712条、农产品价格信息类229条、执法类信息94条、农业微信公众号发布264条、财政预算类信息18条；通过《玉溪日报》发布新闻稿246条；发布重要事项公示18件、重点工作通报38件；办理电话来访132件、网上咨询10件；办理信访案件5件。

（叶尤川）

【建议、提案办理】 2017年，市农业局根据市政府“两会”建议和提案交办会议的安排，承办人大代表建议12件，其中主办6件、协办6件；承办政协委员提案19件，其中主办10件、协办9件。人大代表建议中有1件（第18号建议）主任会议确定为重点处理建议。6件主办件全部为A类件，涉及农业生态环境4件、农业产业扶持3件、农作物病虫害防治2件、畜牧业发展1件、农业基础设施建设1件、农产品质量安全1件。由市农业局答复的6件主办件的面商率、满意率均达到100%。其中办理峨山县代表团范桂萍代表提出的《关于加强农作物病虫害防控的几点建议》（第18号，市人大主任会议确定重点处理建议），获得代表较好评价。政协委员提案10件主办件全部为A类件，涉及农业产业扶持7件、生态环境5件、农作物病虫害防治1件、农业基础设施建设1件、农产品质量安全1件、畜牧业1件、农业科技推广服务体系1件、互联网+现代农业1件、农产品市场1件。由市农业局答复的10件主办件的面商率、办结率、满意率均达到100%。全部建议、提案做到件件有着落、事事有回音，得到人大代表、政协委员的一致好评。

（张继宏）

【农业发展规划编制】 2017年，市农业局编制完成《全市国家农业可持续发展试验示范区建设规划（2016～2030年）》。同时完成红河谷—绿汁江、“三湖”生态经济带、滇中高速环线经济带、昆玉—玉元经济带4个农业产业发展规划和全市蔬菜、花卉、柑橘、云岭牛4个重点产业规划。

（吴　敏）

【现代农业产业园建设】 2017年，全市投入现代农业产业园建设资金1 000万元，按照现代农业产业园创建项目要求、把握产业园功能定位、科学确定产业园规模布局、突出产业园创建任务、探索农民持续增收新机制新路径，建设华宁县柑橘现代农业产业园。

【农业专项资金】 2017年，中央、省级、市级投入全市农业部门专项扶持资金47 616.62万元，其中，中央32 075.47万元，省级8 529.41万元（含价值1 988.091万元的物资），市级7 011.74万元。中央农业生产救灾资金290万元，主要用于水稻病虫害

2017年4月26日，市农科院举办2017年省级高产创建油菜绿色高产高效示范现场观摩及技术培训（饶 敏 摄）

防治。省级农业发展专项资金3 581.9万元，主要用于粮食生产、经济作物生产、农场经济信息统计、畜牧业生产发展、草地畜牧业生产发展与生鲜乳及饲料安全监管、动物疫病防治及防疫体系建设、农业科技推广与可持续农业技术创新、现代农业产业技术体系建设、渔业技术推广与资源保护、新型职业农民培训、农产品质量安全、农机技术推广与购置补贴、农业信息化与市场推广。中央和省级耕地地力保护资金，全市以县（区）粮食作物计划播种面积行业统计数为测算依据，按照某县补贴金额 = 该县粮食播种面积 ÷ 全省粮食计划播种面积 × 全省耕地地力保护资金 × 绩效评价结果计算补贴资金。按照《云南省财政直接补贴农民资金“一折通”发放管理暂行办法》，全年通过“一折通”兑付种粮农民面积160万亩，资金合计10 057万元，其中中央9 837万元，省级220万元。中央农业资源及生态保护补助资金（草原生态修复治理），全市到位中央草原生态修复治理资金931万元，主要用于辖区内草地资源清查工作、农牧户信息采集、草畜平衡核查、禁牧管护、补助奖励资金发放、监督检查、草原上图等政策与技术培训、绩效评价、草原承包和基本草原划定等草原生态补奖政策落实的基础工作经费补助。其中，在峨山县进行草牧业试点多年生人工草地建植面积不低于2 250亩，天然草场改良不低于4 500亩，划区轮牧围栏不低于6 750亩，新建标准化牛羊圈舍不低于6 250平方米，青贮氨化窖或储草棚不低于3 000立方米。全市分两批安排开放农业和农业产业发展专项资金。第一批专项资金扶持奖励基地建设、冷链物流体系建设、农产品出口基地备案、品牌等81个项目共1 146万元。第二批专项资金扶扶持奖励基地建设、冷链物流体系建设、品牌等37个项目共444.29万元。

【市级名特优新项目】 2017年，全市名特优新项目资金200万元，主要用于易门县铜厂乡扶贫蔬菜种植项目、易门县十街乡大村村委会农作物示范项目、易门县十街乡老吾村委会蔬菜示范种植项目、新平县平掌乡甘蔗产业发展项目、新平县平掌乡仓房村猪圈改造项目、元江县洼垤乡产业扶持项目、因远镇扶贫开发农业产业发展项目果蔬交易市场附属工程建设、龙潭乡脱贫攻坚林下养鸡项目、甘庄街道阿不都村委会林下养殖扶持项目、曼来镇红旗村委会大西蒿小组科技培训、澳洲龙虾试养试验项目。

（王宏伟）

【农业农村深化改革】 2017年，全市出台《全市关于深入推进农业供给侧结构性改革加快培育农业农村发展新动能的实施意见》。8月，成立市农林投资开发有限公司。11月，市农林投公司在深圳市、上海市设立高原特色农产品销售中心。

【现代农业重点建设项目】 2017年，全市新增市级“四个一百”及高原特色现代农业重点产业项目、产业创新重点项目10项。同时，向上推荐规模化生物天然气工程建设项目、糖料核心基地建设项目等8项17个项目，获批5项13个项目，获批中央扶持资金7 070万元。

（吴 敏）

【重点龙头企业】 2017年，大有为食品有限公司、留云进出口有限公司、紫玉花卉产业有限公司、农垦蔬菜有限公司、地衡丰农业科技开发有限公司、德商农业投资有限公司、沣野农产品有限公司等7户企业被认定为全省第十二批农业产业化经营省级重点龙头企业，全市省级以上重点农业龙头企业达68户。探花农业科技开发有限公司、茂源肥业有限公司、祥馨农业技术开发有限公司、飞熊农业开发有限公司、文记爱群农产品发展有限公司、秋庆种业有限公司、万家红园艺有限公司、德锦农业有限责任公司、实建果业有限公司、米三全食品有限责任公司、瑞均农产品有限公司、莲心食品有限公司、佳海农业产业有限公司等13户企业被认定为第十批全市农业产业化龙头企业，全市市级重点农业龙头企业达168户。全市168户市级以上农业产业化经营与农产品加工重点龙头企业实现销售收入189.5亿元，上缴税金3.96亿元。其中，猫哆哩、茂源、万绿等39户企业年销售收入上亿元，滇雪粮油食品工业有限公司、达利食品有限公司等2户企业年销售收入超过10亿元。

【农业保险补贴】 2017年，全市农作物（水稻、玉米、油菜、小麦）保险补贴1 211.04万元，其中，中央394.6万元，省级394.52万元，市级421.92万元；养殖业（能繁母猪、奶牛）保险补贴337.66万元，其中，中央307.87万元，省级29.79万元，市级上年结余较多。

（王宏伟）

【农产品出口】 2017年，在农产品出口全省负增长情况下，全市农产品出口保持增长，自营出口额183 494万美元，比上年增3.6%，占全市出口额的88.9%。其中水果150 482万美元，比上年增0.8%；新鲜蔬菜18 363万美元，比上年增15%；冻猪分割肉4 345万美元，比上年减6.2%；干货5 227万美元，比上年增15.9%。胜品果蔬进出口有限公司出口超1亿美元，达12 143万美元。

（李连兴）

【集中行政审批职能】 2017年，市农业局保留实施的3项行政审批事项，即农业植物及其产品调运检疫及植物检疫证书核发和拖拉机、联合收割机操作人员操作证核发、跨省引进乳用种用动物的审批，均由市农业局直接受理办理。市农业局已完成常用行政许可事项办事指南和业务手册编写，12月27日，将修订完善后的《拖拉机联合收割机操作证核发、植物检疫证书核发、跨省引进乳用种用动物检疫审批3个行政许可事项办事指南》（完整版）、《办事指南》（简版）和《业务手册》在市农业信息网上进行公告。市农业局对权责清单中的行政职权和责任事项进行重新梳理，承接行政许可事项3项，即渔业船舶登记、渔业船舶及船用产品检验、渔业船舶船员证书核发，下放县（区）执行；调整行政许可事项1项，即跨省引进乳用种用动物检疫审批；保留2项行政许可事项，即农业植物及其产品调运检疫及植物检疫证书核发和拖拉机、联合收割机操作人员操作证证件核发。全年组织完成跨省引进乳用种用动物检疫审批6批次（猪581头、禽33 300羽），开出植物检疫调运检疫证书94批次89 310.35千克，核发拖拉机、联合收割机操作证457人次。同时，市农业局清理行政权力311项，其中行政许可3项、行政处罚243项、行政强制24项、行政检查12项、行政确认5项、行政奖励15项、行政征收2项、其他行政权力7项，更有利于工作开展和当事人申请办理行政审批事项。12月18日，根据市委编制办公室关于市农业局调整集中行政审批职能有关问题的批复，市农业局设产业政策与法规科（市政府减轻农民负担办公室），加挂行政审批科牌子，将市农业局承担的行政审批职能归并划入产业政策与法规科（市政府减轻农民负担办公室、行政审批科），除产业政策与法规科外，其他科室不再承担行政审批职能。调整后，市农业局产业政策与法规科承担市农业局行政审批职能，负责行政审批制度改革、行政审批业务办理、行政审批事务综合协调和行政许可事项的统一收件、办理、送达和初审、审核、转报等及协调管理市农业局的政务服务；拟订农业产业政策，提出农业产业保护和发展的政策建议；负责农业行政执法监督和法制宣传、培训、普法考试等，指导农业行政执法体系建设；提出稳定和完善农村基本经营制度的政策建议和农民专业合作组织发展的政策措施；负责审核拟作出的行政处罚、强制等具体行政执法决定及规范性文件的合法性审查、清理；协助有关部门调查和处理涉及农民负担案件；指导农村土地承包、耕地使用权流转等合同纠纷仲裁管理及农村集体资产、财务管理和审计等；负责监督减轻农民负担和村民“一事一议”筹资筹劳管理；监督检查农业行政执法，组织农业行政执法听证，承办农业行政复议、行政应诉和行政赔偿工作。

【双随机一公开监管】 2017年，市农业局按照《关于推进“双随机一公开”全覆盖进一步强化事中事后监管的通知》要求，制定“双随机一公开”监管工作实施细则和实施方案。市、县（区）农业部门分别建立双随机抽查事项的“两库一单”，即随机检查对象名录库、市级和县（区）农业执法检查人员名录库、随机抽查事项清单。全市农业系统开展监督检查，除有初步证据或线索证明明显涉嫌违法、由农业部门依法立案查处外，均须通过摇号、机选等方式，从抽查对象名录库中随机抽取检查对象，从执法人员名录库随机选派执法人员。全年开展随机抽查156次，参加抽查人员850人（次），抽查对象917个（次）；跨部门开展联合检查3次，检查对象40个；公开随机抽查结果48次，涉及检查对象264个（次）。同时，结合实际，制定《市农业局关于做好依法公开农业行政处罚案件信息有关工作的通知》，明确农业行政处罚案件信息公开范围、主体、内容和网址，并要求各县（区）做好农业行政处罚案件信息公开工作。市农业局于6月中旬分3个组对七县二区开展农产品质量安全、农资打假、农业行政执法办案情况及处罚案件信息公开情况进行专项检查。通过检查，各县（区）均能按照要求对农业行政处罚案件信息进行公开。全市农业系统行政处罚案件信息公开的有效网址有11个。全市农业系统办理的行政处罚案件（一般程序）共83件，信息公开55件，基本做到应公开尽公开。

【政务服务事项录入】 2017年，市农业局对照本部门权责清单、内部审批事项目录清单、公共服务事项目录清单，将涉及农业部门的事项全面梳理录入全省政务服务平台。全市共录入254项事项，即行政许可6项，行政处罚243项，行政确认2项，其他行政职权2项。根据《玉溪全市人民政府办公室关于政务服务事项核查情况的通报》，市农业局录入的254项政务服务事项，做到录入全面、要素规范，事项准确率达到100%。

【规范性文件】 2017年，市农业局制定《玉溪市农业局重大行政执法决定法制审核办法》《玉溪市农业局规范性文件监督管理制度》，完善规范性文件制定程序，落实合法性审查、集体讨论决定等制度。凡以市农业局名义发布的规范性文件，一律由产业政策与法规科进行合法性审查，并报市政府法制办审查备案。市农业局保留继续有效的规范性文件2件，即《市农业局行政处罚自由裁量权基准制度》《市农业局关于在全市农村沼气建设中推行沼气生产工持证上岗的通知》，制定的规范性文件未出现随意发文、超越权限发文现象，

【法律顾问】 2017年，市农业局制定《玉溪市农业局法律顾问工作制度》，聘请红塔律师事务所律师为市农业局法律顾问，严格执行《玉溪市重大行政决策责任追究暂行办法》，推动法律顾问全面介入市直农业系统依法行政、依法决策和行政执法各领域各环节，加强责任倒查和终身责任追究力度。对市农业局协办的《中国蔬菜产业大会玉溪市工作方案》，由恒泰社会稳定风险评估有限责任公司进行社会稳定风险评估；对《玉溪市农业局法治政府建设实施方案（2016～2020年）》《玉溪市农业局重大行政执法决定法制审核》进行合法性审查，由红塔律师事务所出具合法性审查意见。法律顾问参与审查法律文书6件，代理仲裁、诉讼案件2件（胜诉），参与相关法律法规的研究及讨论8次，协助农机管理站对宇程培训站进行清算、解散全程提供法律服务，法律咨询2件，拟定、审查合同（协议）3件，列席局党组会2次，参加拖拉机处置事件1次，参与行政案卷评查2次，为市农业局妥善解决和处理行政争议、维护社会稳定提供法律服务。

【农业行政执法案件评查】 2017年10月12日，市农业局组织抽调熟悉行政执法的市、县（区）有关单位农业执法人员，邀请市农业局法律顾问组成

案卷评查组，开展2017年农业行政执法案卷评查活动。参加此次评查活动的农业行政执法案卷共16件，全部按照一般程序实施，其中种子类案卷2件，农药类案卷2件，兽药类案卷9件，动物卫生监督类案卷2件，农产品质量案卷1件。经案卷评查组认真评查，在报送的16件行政处罚案卷中，90分以上的优秀案卷有11件，占68%；80～89分的合格案卷有4件，占25%；不合格案卷有1件，占6.2%。根据《云南省农业厅关于2017年全省农业行政处罚案卷评查结果的通报》，经市、县（区）农业局层层推荐，逐级上报，省农业厅组织专家评审，共评出41件全省农业行政处罚优秀案卷，市农业局选送的3件案件全部评为优秀案卷。

【公布接收行政案件法律文书信息】 2017年12月29日，市农业局在市农业信息网上公布接收法院行政案件法律文书的机构、通信地址、联系电话等信息，以方便群众。

【创建“平安农机”】 2017年，市农业局开展“平安农机”创建活动，制定《玉溪市“十三五”时期创建“平安农机”活动实施方案的通知》。通过开展“平安农机”创建活动，全市农机“三率”综合水平力争稳中有升，农机事故持续下降。易门县、澄江县列为2017年度全国“平安农机”示范县候选名单。通海县农业机械管理站过亚东、易门县农业机械管理站高红芬列为2017年度全国农机安全监理示范岗位标兵候选名单。

（周文忠）

【农业招商引资】 2017年，全市高原特色现代农业产业招商在建项目197个，实际引进市外国内资金69.08亿元；筛选、包装招商储备项目15个，其中亿元以上项目7个；招商签约备案项目9个，完成招商引资项目分成1.2亿元，完成市政府年初下达任务数的120%。同时积极推进鲜花产业供应链体系建设项目在“收获金秋共谋发展”投资峰会上签订正式协议，并按期开工建设；成功引进华西希望集团、香港阳光基金等知名企业的投资，建设了一批技术含量高、产品竞争力强、生产规模大、示范带动广的现代农业项目。

（赵艳丽）

【农产品展示推介】 2017年，全市组织企业参加农产品推介会，努力开拓农产品市场，搞活农产品流通，拓展农产品市场。全年组织25家企业参加2017南亚东南亚商品展暨投资贸易洽谈会、9家企业参加第十五届中国国际农产品交易会、36家市级企业参加第十三届中国昆明国际农业博览会、10家企业参加在北京农业展览馆举办“云南特色·冬农魅力”2017云南高原特色现代农业（北京）推介活动，精选优质特色农产品参加展示，取得较好效果，充分展示了全市高原农产品的特色。在全国经济步入新常态形势下，为探索政企合作、联合办展、共筑品牌新机制，进一步推进蔬菜产业品牌发展，进一步提升蔬菜在国内的影响力和市场占有率，市农业局组织高原农产品有限公司、环泰进出口有限公司、金茂农产品有限公司、象腾蔬菜有限公司、华宁县农业开发有限公司5家企业参加在昆明举行的第二届中国蔬菜品牌大会暨云南省蔬菜产销对接大会，精选优质特色蔬菜产品参加展示，取得了一定的认知度。

【“互联网＋现代农业”和农村电子商务行动】 2017年，全市制定支持电商发展、扩大农产品电子商务销售份额的措施办法，完成2个农业物联网应用示范点。全市从事农产品电子商务66户，交易额68 489万元，比上年增长8%。其中，交易额超过8 000万元3家（淘宝·中国特色玉溪馆、易门县丛山公司、新平县水塘国家生猪交易平台），超过5 000万元3家（实建电子商务公司、猫哆哩集团、丫眯食品公司）。同时组织凯添农业开发有限公司（新平农业互通创新平台）、猫哆哩集团食品有限责任公司2家企业等8个数据平台参加首届全国“互联网+现代农业新农民新技术创业创新博览会”。市农业局被农业部认定为2017年度全国农业农村信息化示范基地并授牌。

【省级名牌农产品】 2017年，全市累计认定为省级名牌农产品的有18家企业28个产品。其中，新获得认证的有5家企业7个产品，分别是金泰果品有限公司“褚橙”牌冰糖橙，何礼食品有限公司“何礼”牌腌酸笋，地衡丰农业科技开发有限公司“地衡丰”牌勐炳葡萄、火龙果、香蜜枣，森海农业发展有限公司“森海臻果”牌蓝莓，阿贝楚农艺有限公司“阿贝楚”牌核桃。

【一村一品建设】 2017年，全市统计上报“一村一品”专业乡（镇）6个及“一村一品”专业村23个，涉及的主导产品主要是蔬菜、水果等。其中，华宁县华溪镇获得农业部“一村一品”（柑橘）示范镇的称号，新平县漠沙镇获得农业部“一村一品”（苦瓜）示范镇的称号，华宁县盘溪镇新村获得农业部“一村一品”（柑橘）示范村的称号。

【“一园四品”获省名园名优称号】 2017年，全市通过有机、绿色食品、无公害、地理标志认证或省名牌农产品评选的果品参加“2017年云南十佳水果

2017年6月15日，市农科院举办云南省现代农业花卉产业技术体系玉溪市现场培训会

（饶 敏 摄）

示范园”和“2017年云南名优水果”评选，“一园四品”获省名园名优称号，其中，高原甜橙有限责任公司的柑橘果园获“2017年云南十佳水果示范园”称号，特行果业有限公司“佳贡”牌柑橘、新村柑橘有限责任公司“华宁柑橘”牌柑橘、泉乡早熟柑橘专业合作社“华宁柑橘”牌柑橘、高原甜橙有限责任公司“高原王子”牌柑橘获“2017年云南名优水果”称号。

【鲜活农产品调控目录制度试点】 2017年，全市充分发挥市场在资源配置中的决定性作用，以实现鲜活农产品市场供需均衡为目标，以试点示范为突破口，以制度创新为动力，探索建立和完善中国特色的鲜活农产品调控目录制度，形成前瞻、联动、系统、规范的鲜活农产品市场调控机制。通海县被农业部评为全国鲜活农产品调控目录制度试点县。

（颜洪敏）

【农资监管】 2017年，全市农业部门围绕重点产品、重点环节以及重点农时，突出抓好关系到农业生产和农产品质量安全的农业投入品监管。全年开展春秋两季农资打假专项治理行动，出动农业执法人员15 758人次，检查规模种养生产基地（场）3 380家次、农民专业合作经济组织260家次、饲料生产经营单位1 834家次、农药种子肥料经营网点11 072家次、农机具等1 549家次。

【农业监督抽查】 2017年，全市组织完成种植业、畜禽水产品现场监督抽样510批次、农业投入品现场监督抽样575批次，其中农作物种子490批次，农药40批次、肥料25批次，饲料20批次。并组织发放宣传材料30.1万份、电视媒体宣传42场次、执法培训192场次7 913人次。

【立案查处案件】 2017年，全市立案查处违法案件122起，结案122起，其中种子14起，农药35起，肥料2起，兽药46起，农产品11起，其他14起。全年查获劣质农资数量1 033.8千克，货值金额4.98万元。全市受理纠纷投诉31件，协议赔偿2.26万元。

【综合执法培训】 2017年7月6日至7日，市农业局在市委党校举办全市农产品质量安全监管暨农业综合执法办案技能培训班。省农业厅农产品质量安全监管处杨榆梅围绕农产品质量安全监管工作进行专题授课。此次培训还包括部级优秀案件解读、农产品质量安全监管执法的推进、农业执法全过程摄影摄像记录等内容。全市农业系统共150余名执法人员参加培训。

【“平安市场”创建】 2017年，全市以消费者维权日、放心农资下乡进村宣传周和食品安全宣传周活动为契机，开展“平安市场”创建工作，印发资料23.3万份，检查企业1.3万个次，整顿市场1 404个次，受理举报案件6件，挽回经济损失15.6万元。并立案查处85件，查获食品数量1 646千克、农机具17台次，货值金额6.7万元。

（张　明）

农业经济管理

【家庭农场】 2017年，全市家庭农场发展到903个，比上年新增237个，增35.6%，评审认定为市级家庭农场示范场300个，纳入家庭农场名录管理系统718个；家庭农场经营土地面积63 557亩，其中耕地36 725亩，草地454亩，水面580亩，其他25 798亩；家庭农场行业分布情况为种植业312个，畜牧业318个，渔业14个，种养结合163个，其他96个；家庭农场年销售农产品总值40 531万元，购买农业生产投入品总值27 721万元，拥有注册商标的家庭农场4个，126个家庭农场获得贷款2 575万元。按照《云南省省级示范家庭农（林）场评定办法》，经家庭农（林）场自愿申报，县（区）、市农业林业部门逐级审核推荐，经省农业、林业厅会同省级有关部门评审并公示，全市共有26家家庭农（林）场被省级命名为第一批示范场。

（常　林）

【农村集体经济组织收益分配情况】 2017年，全市农村集体经济组织实现收入200 882万元，比上年增加24 419万元，增长13.84%。其中经营收入30 440万元，发包及上交收入25 444万元，投资收益3 238万元，补助收入76 263万元，其他收入65 497万元。全年支出122 915万元，其中经营支出12 654万元，管理费用49 410万元，其他支出60 851万元。全年实现收益77 967万元，比上年增加13 787万元，增长21.48%。加上年初未分配收益30 084万元和其他转入6 965万元，全年实现可分配收益115 016万元。在提取公积公益金47 152万元、应付福利费579万元后，农户分配21 345万元，其他分配643万元，年末未分配收益45 297万元。全市户均收入3 476元，人均收入1 072元；户均收益1 349元，人均收益416元。

（廖树琼）

【市级家庭农场、农民合作社示范社项目补助】 2017年，为促进全市经济平稳较快发展，促进农民家庭农场持续健康发展，市级家庭示范农场创建100个家庭示范农场，每个给予1万元扶持，重点用于改善家庭农场基础设施和经营条件，引进新技术和新品种等；创建20个农民合作社示范社，每个给予2万元奖励扶持，奖励资金重点用于改善农民合作社示范社的基础设施和引进新技术和新品种等。

（王宏伟）

【农村集体经济组织资产负债情况】 2017年末，全市农村集体经济组织资产总额1237 315万元，其中流动资产540 077万元，农业资产288万元，长期资产696 950万元；负债180 846万元，其中流动负债167 002万元，长期负债13 844万元；所有者权益1056 469万元。全市村组负债中，兴办公益事业负债14 765万元，占8.2%。全市村均负债272万元，人均负债965元，负债面广量大。

【农村集体“三资”管理情况】 截至2017年末，全市共代管农村集体资金33.69亿元，农村集体资产750万件，资产原值58.51亿元；耕地4.9万块，面积25.9万亩；林地72.6万块，面积642万亩；果园428块，面积7 086亩；建设用地1.5万块，面积5.6万亩；水面84.4万块，面积2万亩；矿山2 667宗，面积8.5万亩；道路28万条，长度34 183千米；沟渠701.9万条，长度25 679千米；其他农用地226.5万块，面积20.6万亩。为保障农村集体“三资”管理制度及“三资”处置操作规程落到实处，进一步明确工作职责，强化“三资”监管，促进农村集体“三资”管理制度化、规范化，全市农经站组织县（区）开展农村集体“三资”管理考核。峨山县、新平县、江川区、通海县、红塔区、华宁县、元江县、易门县考核为合格，澄江县考核为基本合格。

【农村集体资产股份权能改革试点】 2017年，市农经站高度重视农村集体资产股份权能改革试点工作，严格按照中央、省、市有关文件要求，采取强化培训、调查了解、加强督促检查指导、设计清产核资统计表、拟定《全市农村集体产权制度改革实施方案》等办法措施扎实推进农村集体资产股份权能改革试点。截至2017年末，全市9县（区）均制定出台试点方案，按要求确定试点村23个、试点组53个。红塔区、通海县安排24.83万元工作经费，所有试点村、组完成宣传动员，开展业务培训44期，培训1 529人次，18个村、47个组完成人口信息核实，17个村、47个组完成清产核资，13个村、34个组完成成员身份认定，4个村、14个组完成股权设置、股权量化，4个村、14个组成立股东大会，3个村、9个小组完成总结完善工作。

【规范农村集体产权流转交易】 2017年，全市全面规范农村集体产权流转交易，利用农村集体产权流转交易平台进行产权交易量448件，其中公开招标108件，竞争性谈判18件，询价采购30件，招租8件，邀标191件，竞价93件。标底价12 963.17万元，中标价12 785.16万元，农村集体资产资源收益达到最大化。

【农经统计业务人员培训】 2017年，为提高全市农经干部统计业务水平，准确反映农业农村经济发展变化和农民收入增减变动情况，为精准扶贫提供准确决策依据，市农业局于11月28日至29日在红塔区举办全市农经统计暨扶贫统计业务培训班。县（区）农业局分管局领导、农经局（站、中心）正副职、负责农经统计业务人员及市农经站全体人员共70余人参加培训。通过培训，参训人员提高了思想认识，提振拼搏精神，树立冲刺目标任务的信心和决心，为全面做好农经统计及扶贫统计，提升统计分析质量打下坚实基础。

（廖树琼）

【农村经济稳步增长】 2017年，全市农经站对全市74个乡（镇）666个村（居）民委员会6 225个村（居）民小组全年农村经济运行情况进行全面调查统计，全市实现农村经济总收入15285 480万元，比上年增1488 719万元，增长10.8%，农村经济总收入稳步增长。从经营层次看，乡（镇）办企业收入1686 035万元，村组集体经营收入930 347万元，农民家庭经营收入12475 078万元，农民专业合作社收入43 092万元，其他经营收入150 928万元。5个经营层次与上年相比，除农民专业合作社收入减3.3%外，乡（镇）办企业、村组集体经营、农民家庭经营、其他经营均有所增加，分别增长0.3%、37.6%、10.4%、51.1%。农民家庭经营收入在农村经济总收入中所占比重为81.6%，在农村经济发展中占主体地位。从行业划分看，农业收入1843 819万元，比上年增229 016万元，增长14.2%。其中种植业收入1755 756万元，比上年增214 600万元，增长13.9%；林业收入62 707万元，比上年增8 160万元，增长15.0%；牧业收入769 302万元，比上年增46 087万元，增长6.4%；渔业收入57 640万元，比上年增6 589万元，增长12.9%；工业收入6057 505万元，比上年增755 050万元，增长14.2%；建筑业收入1673 825万元，比上年增90 493万元，增长5.7%；运输业收入1123 424万元，比上年增101 511万元，增长9.9%；商饮业收入2575 509万元，比上年增91 144万元，增长3.7%；服务业收入697 743万元，比上年增84 029万元，增长13.7%；其他收入424 006万元，比上年增76 640万元，增长22.1%。与上年相比，农业、林业、牧业、渔业实现收入增长，幅度分别达14.2%、15.0%、6.4%、12.9%，其中种植业收入增幅达13.9%。从产业划分看，农村中一、二、三产业收入分别是2733 468万元、7731 330万元、4820 682万元，与上年相比，各个产业分别增长11.9%、12.3%、7.9%。其中一产业发展速度加快，增长势头强于三产业。各个产业收入在农村经济总收入中所占比重分别为17.9%、50.6%、31.5%，其中一产业中占农村经济总收入比重较大的是农业、牧业，分别达12.1%、5.0%；二产业中工业占农村经济总收入比重最大，达39.6%；三产业中占农村经济总收入比重最大的是商饮业，达16.9%。

【农村经济成本费用率居高不下】 2017年，全市农村经济总费用12835 913万元，比上年增1196 240万元，增长10.3%。在总费用中，生产费11030 065万元，比上年增988 752万元，增长9.9%；管理费1137 477万元，比上年增54 147万元，增长5.0%。各种生产资料价格上涨以及高额人工工资导致费用率居高不下，成本费用率84.0%，与上年84.4%相比下降0.4个百分点。

【农民收入稳步增加】 2017年，全市农村经济可分配净收入总额2866 203万元，扣除上交国家税金255 988万元、上交国家有关部门16 282万元，农民所得总额2531 377万元，农民人均所得13 513元，比上年的12 112元增1 401元，增长11.6%。全市有25个乡（镇、街道）农民人均所得突破14 000元，有209个村（居）委会（社区）农民人均所得突破14 000元，有37个村（居）民小组农民人均所得突破24 000元。

（刘 英）

【农村土地适度规模经营流转】 截至2017年末，全市家庭承包耕地流转总面积为327 442亩，比上年增加13 479亩，增4.3%。土地规模经营50亩以上面积225 658亩，比上年增加18 433亩，增8.9%，流向规模经营的土地增幅明显高于其他流转，其中，50～100亩的54 389亩，占适度规模经营总面积的24%；100～300亩的82 568亩，占适度规模经营总面积的37%；300～500亩的37 003亩，占适度规模经营总面积的16%；500～1 000亩的23 264亩，占适度规模经营总面积的10%；1 000亩以上的28 434亩，占适度规模经营总面积的13%。300亩以内是规模经营的主体。

【家庭承包耕地流转】 2017年末，全市家庭承包耕地流转流入农户的面积165 116亩，比上年增加4 834亩，增3%；流入专业合作社的18 230亩，比上年减少496亩，减2.6%；流入企业的119 465亩，比上年增加8 648亩，增7.8%；流入其他主体的面积24 631亩，比上年增加493亩，增2%。土地流转以自发流转和乡村提供信息流转为主，其中农户间自发流转家庭承包耕地143 881亩，占流转面积的43.9%；乡村组织提供信息流转的133 379亩，占流转面积的40.7%；委托乡村组织流转的49 284亩，占流转面积的15.1%；其他方式流转的面积898亩，占流转面积的0.3%。

【农村土地承包经营权纠纷调解】 根据2017年农经统计，全市农村土地承包纠纷共发生1 522件，比上年减少529件，减25%。其中，土地承包纠纷1 097件，土地流转纠纷数228件，其他纠纷197件。已调解纠纷总数1 413件，调解率为92.8%，比上年增加7.8个百分点。

【工商资本租赁农地】 2017年，全市按照上级有关精神，探索建立工商资本租赁农地分级备案制度。峨山县及元江县建立工商资本租赁农地分级备案制度，租赁农地面积2 000亩以上省级备案数3个，涉及耕地面积7 453亩；租赁农地面积1 000亩至2 000亩市级备案5个，涉及耕地面积6 586亩；租赁农地面积500至1 000亩县级备案数5个，涉及耕地面积3 004亩；租赁农地面积500亩以下乡（镇）备案数53个，涉及耕地面积8 728亩。

（缪丽润）

【农村土地承包经营权确权登记颁证项目资金】 2017年，全市争取中央农村土地承包经营权确权登记颁证资金998万元，工作任务量99.8万亩；省级农村土地承包经营权确权登记颁证资金898万元，工作任务量89.8万亩；市级农村土地承包经营权确权登记颁证资金1 105.08万元，工作任务量110.508万亩。

（王宏伟）

【农民负担状况】 2017年，全市农民负担总体稳定在较低水平，但上交集体各种款项增幅明显。全市上交集体各种款项3 494万元，比上年增加640万元，增长率为22.4%。其中土地承包金2 069万元，所占比重为59%，比上年减少523万元，减少率为20.2%；其他款项1 372万元，所占比重为39.3%，比上年增加1 141万元，增长率为493.9%。一事一议筹资筹劳负担减少。全市共有192个村发生一事一议筹资筹劳行为，比上年减少22个村；筹资205万元，比上年减少61万元；涉及人员7.92万人，人均25.88元，没有超过省政府规定的人均40元的标准；筹劳32.97万个，比上年减少10.29万个，涉及筹劳人数7.25万个，劳动力人均负担4.55个，没有超过劳均10个的标准，筹资酬劳总规模和人均筹资酬劳都比上年有所下降。农业生产性收费有所增加。全市农业生产性收费1 798万元，比上年增加165万元。其中农业灌溉水费864万元，所占比重为48%，比上年增加98万元；农业灌溉电费为923万元，所占比重为51.33%，比上年增加120万元；其他收费为11万元，比上年减少53万元。行政事业性收费等其他负担项目保持低负担或无负担。全市行政事业性收费3 512万元，比上年减少14万元；摩托、三轮汽车农机等农用车辆收费3 320万元，比上年增加71万元。全面执行农村义务教育“三免一补”政策，学校没有发生收费现象。没有发生集资摊派，建设项目都纳入一事一议管理。政府补贴不断增加。全年农民共得到政府补贴55 164万元，比上年增加2 776万元；其他补贴为36 835万元，比上年增加4 012万元，主要来源于农业综合开发、家电下乡补贴、能繁母猪补贴等。农机具购置补贴2 291万元。农民合作医疗收费增加明显。随着政策宣传的深入，农村合作医疗进一步普及，参加农村医保的人员扩大、收费标准不断提高，农民合作医疗收费明显增加。全市合作医疗收费27 322万元，比上年增加4 780万元，增长率为21.2%。

【农民专业合作社】 截至2017年底，全市在农业部门备案的农民专业合作社共900个，比上年增加83个，其中贫困地方新增15个，超额完成市政府下达目标。按行业划分，种植业633个，畜牧业117个，林业57个，渔业9个，服务业70个，其他14个。按区域划分，红塔区90个，江川区54个，澄江县47个，通海县188个，华宁县97个，易门县128个，峨山县80个，新平县106个，元江县110个。全市624个合作社采取产加销一体化服务模式，占69.3%；206个合作社采取以生产为主，占22.9%。被农业部门认定的合作社示范社229个，比上年增加68个，其中市级新增20个，县级新增48个；参加农民专业合作社的成员10.03万户，占全市承包农户的21.44%，比上年增加5.06个百分点；合作社成员中建档立卡户660户，带动非成员农户18.3万户。合作社统一销售农产品总值20.53亿元，比上年增加1.3亿元；统一购买生产投入品4.47亿元，比上年增加4 765万元；全年实现经营收入4.42亿元，盈余6 650万元，比上年增加318万元，按交易量返还给社员4 178万元。同时重视品牌建设，82个合作社拥有注册商标，比上年增加5个；获得质量认证的合作社23个，比上年增加4个；实施标准化生产的合作社9个，比上年增加3个。全市24个合作社获得各级财政扶持，共获得扶持资金100万元，分别比上年减少11个、501万元；获得银行贷款的余额只有30万元，比上年减少110万元。

（李连坤）

种植业

【种植结构持续调优】 2017年，全市完成农作物播种面积420.28万亩，比上年增加3.82万亩，增0.9%。其中，粮食170.64万亩，经济作物249.64亩，粮食作物与经济作物比为40.6∶59.4，粮食作物比重降低0.2个百分点。调减甘蔗0.71万亩、油料0.73万亩、烤烟0.31万亩，增加蔬菜5.38万亩、鲜切花0.1万亩。

【粮食生产】 2017年，全市粮食作物播种面积170.64万亩，比上年增0.59万亩，增0.3%；粮食单产368千克，比上年增加1千克，增0.3%；总产量2 789.98万千克，比上年增389.98万千克，增0.6%，粮食产量实现自“十一五”以来恢复性“十二连增”。其中小春粮食面积51.99万亩，比上年增加0.34万亩，增加0.7%；总产8 734万千克，增加109万千克，增长1.3%。大春粮食面积118.65万亩，比上年增加0.24万亩，增0.2%；总产量54 056万千克，比上年增加1 094万千克，增2.1%。

【经济作物生产】 2017年，全市经济作物种植面积为249.64万亩，比上年增加3.24万亩，增1.3%。蔬菜、花卉、水果、生物药原料面积持续增加。蔬菜面积134.52万亩，比上年增加5.38万亩，增长4.2%；产量240.2万吨，比上年增加10.53万吨，增长4.6%。花卉面积4.82万亩，比上年增加0.47万亩。水果面积73.48万亩，比上年分别增加8.8万亩，增13.6%。生物药原料面积6.28万亩，比上年增加0.61万亩，增长10.8%。烤烟、甘蔗和油料面积持续减少。烤烟面积58.35万亩，比上年减少0.36万亩，减少0.6%；产量7.53万吨，比上年减0.49万吨，减少6.1%。甘蔗面积15.87万亩，比上年减0.71万亩，减少4.3%；产量74.51万吨，比上年减1.02万吨，减少

1.4%。油料面积25.13万亩，比上年减0.73万亩，减少2.9%；产量3.87万吨，比上年减少0.03万吨，减少0.8%。

【冬季农业开发】 2017年，全市冬季农业开发面积持续增加，农业开发面积118.0万亩，比上年增加6.47万亩，增长5.8%；总产量136.47万吨，比上年增加12.09万吨，增9.7%；产值29.9亿元，比上年增加0.6亿元，增2.0%；平均亩产值2 537元，比上年略减。

（张志军　孙　钺）

【中药材种植】 2017年，全市种植中药材6.28万亩，其中面积上万亩的有三七、芦荟2个品种，上千亩的有滇重楼、白及、砂仁、天麻、草果、滇龙胆、附子、茯苓、八角、黄精、天冬、生姜等12个品种，上百亩的有石斛、露水草、当归、续断、桔梗、白术、金铁锁、金银花、红豆杉、沉香、黄山药等11个品种。

（李连兴）

【晚秋作物种植】 2017年，全市种植晚秋作物61.14万亩，其中，晚秋粮食29.95万亩，晚秋蔬菜31.19万亩。在晚秋粮食中，种植秋玉米15.21万亩，占50.8%；秋大豆2.79万亩，占9.3%；秋马铃薯2.43万亩，占8.1%；秋荞3.0万亩，占10.0%；晚稻1.9万亩，占6.3%；其他4.63万亩，占15.5%。全市实现晚秋粮食产量8 626万千克。

（张志军　孙　钺）

【市级高原特色冬季农业示范项目】 2017年，市级投入高原特色冬季农业示范项目资金300万元，主要用于马铃薯新品种繁育及高产高效种植技术研究与示范、连片土壤质量提升技术集成研究与示范、花卉自动化设施化种植研究、生物药品种筛选及优质高效生产技术集成研究、山地蔬菜高效栽培技术研究与示范、葡萄简化栽培技术示范、温带水果优质丰产栽培技术研究与示范、沃柑标准化生产技术适应性研究、农药减量增效技术研究与示范、鲜食冬玉米品种筛选及配套高产高效栽培技术研究与示范、化肥减量增效技术应用。项目实行首席专家负责制。

（王宏伟）

【科技增粮】 2017年，全市完成省、市级粮油作物高产创建25片，示范区面积30.59万亩。其中粮食作物示范区平均亩产达651.87千克，比非示范区亩增产106.11千克，增产19.44%；油菜示范区平均亩产223.68千克，比当年非示范区亩增产48.02千克，增产27.34%。同时完成农作物间套种面积245.2万亩，其中，粮食作物间套种192.85万亩，占农作物间套种面积的78.65%，平均每亩增加粮食产量91.02千克；完成粮食地膜覆盖栽培面积52.49万亩，其中地膜玉米42.19万亩（其中鲜食玉米6.3万亩），平均每亩增产106.9千克。

【农作物受灾】 2017年，全市农作物播种面积420.28万亩，农作物受灾面积28.4 462万亩，占农作物播种面积的6.77%。其中，成灾13.6 849万亩，占3.26%；绝收3.9 467万亩，占0.94%。受灾具体情为冰雹灾，农作物受灾面积8.1 056万亩，占农作物播种面积的1.93%，其中成灾4.6 461万亩占1.1%，绝收1.7 599万亩占0.42%；旱灾，农作物受灾面积1.4 379万亩，占农作物播种面积的0.34%，其中成灾0.1 932万亩占0.05%，绝收0.0 172万亩占0.004%；洪涝灾，农作物受灾面积18.9 027万亩，占农作物播种面积的4.5%，其中成灾8.8 456万亩占2.1%，绝收2.1 696万亩占0.52%。

（张志军　孙　钺）

【中央农业支持保护补贴】 2017年，全市获得中央农业支持保护补贴（耕地地力保护资金）项目预拨面积160万亩，预拨补贴资金10 057万元，加上年各县（区）遗留的耕地地力保护资金3.09万元，实际补贴资金10 060.09万元。据各县（区）统计上报，全市实际完成补贴面积174.25万亩，比省预拨下达数多14.25万亩，实际兑付补贴资金10 269.14万元。中央农业支持保护补贴全市共涉及74个乡（镇、街道）、653个村委会、6 027个村民小组、447 033户农户，受益人口达1367 145人。

【农作物保险】 2017年，全市种植业保险计划面积为97万亩，其中，水稻17.1万亩，玉米59.5万亩，油菜20.4万亩。参加种植业保险的9县（区）签单承保面积达86.1万亩，其中水稻14.9万亩，玉米58.2万亩，油菜12.99万亩，比计划97万亩少10.9万亩。种植业保险保费由中央、省级、市级和县级分别按40%、25%、25%、10%的比例承担。全年投保农作物生长期间，不同程度地发生霜冻、干旱、冰雹、雨雪和大风等自然灾害，受灾农户达19 773户，受灾农作物面积25 902.9亩。通过保险公司和农业部门现场勘查定损、理赔公示等程序，保险公司共赔付给受灾农户298.89万元，其中水稻72.8万元，玉米226.09万元。

（吕　萍）

【承办中国第五届蔬菜产业大会】 2017年5月17日至18日，由中国蔬菜协会、省农业厅、市政府主办，市农业局、省农业技术推广总站、通海县政府承办的2017年中国第五届蔬菜产业大会在通海县召开。本次大会以“绿色发展、提质增效”为主题，对中央“三农”政策、中国蔬菜产业发展、全省蔬菜产业新蓝图等分别进行介绍，并展示中国蔬菜产业发展的新技术、新装备。农业部总农艺师孙中华、副省长张祖林、省农业厅长王敏正、市委书记罗应光等领导出席大会并发表重要讲话。大会邀请20多位专家和企业家到会作3场主题报告。来自农业部、中国农业科学院、全国农业技术服务推广中心等机构的专家，以及全国31个省区市蔬菜生产、加工、科研、技术推广、农资企业代表800余人参加大会，并实地参观通海县蔬菜生产、加工、示范基地。

（张志军　杨云光）

【蔬菜生产】 2017年，全市蔬菜种植面积达134.52万亩，比上年增加5.38万亩，增4.2%；蔬菜总产量240.21万吨，比上年增加10.54万吨，增4.6%；蔬菜总产值45亿元，比上年增加0.23亿元，增0.5%，产值与上年基本持平。蔬菜平均单价2.07元/千克，比上年提高0.06元/千克，增3.0%。

【水果生产】 2017年，全市新植果园面积8.9万亩，超额完成年初新植2.5万亩水果的目标任务，完成计划任务数的3.56倍。其中，新植芒果30 611亩、柑橘31 697.6亩、苹果1 101亩、香蕉2 650亩、枣子2 344亩、桃13 032亩、李子440亩、樱桃773.5亩、葡萄692亩、柿子880亩、梨81亩、石榴300亩、猕猴桃2 148亩、其他2 211亩（西番莲、荔枝等）。全市水果在园面积累计73.48万亩，比上年增加16.08万亩，增28.0%；水果总产量71.33万吨，比上年增加8.52万吨，增13.6%；水果总产值30.1亿元，比上年增加5.64亿元，增23.1%。水果综合平均单价4.22元/千克，比上年的3.89元/千克提高0.33元/千克，增8.5%。

【甘蔗生产】 2017年，全市甘蔗种植面积15.87万亩，比上年的16.58万亩减少0.71万亩，减4.3%；产量74.51万吨，比上年的75.52万吨减少1.01万吨，减1.3%。

（杨云光）

【花卉自主知识产权】 到2017年，随着花卉产业的发展，花卉企业科技意识增强和科技人才队伍不断壮大，全市花卉自主知识产权品种的研发培育能力大幅提高。全市花卉自主知识产权品种已达28个，其中玫瑰鲜切花品种22个，玫瑰盆花品种4个，百合鲜切花2个。

【花卉种球种苗生产】 2017年，全市从事花卉种球种苗生产企业13户，建成花卉优质种球种苗生产基地7个，生产玫瑰（鲜切花、盆花、食用加工）种苗7 500万苗、百合种球3 750万粒。花卉种球种苗除满足市内生产需要外，还销往省内外生产企业并出口东南亚周边国家。玉溪市已先后被省花卉产业办公室、省科技厅、省农业厅列为花卉优质种苗重点生产区，花卉种球种苗生产在全省的核心地位日趋突显。

（夏　宁）

【茶叶生产】 2017年，全市茶园面积8.26万亩，其中采摘面积7.96万亩；总产量4 438.2吨，比上年减6.65%；综合产值40 264.73万元，比上年增0.24%，其中第一产值16 096万元，第二产值20 076.72万元，第三产值4 092.25万元。

【芦荟生产】 2017年，全市芦荟种植面积12 720亩，比上年增加1 720亩，增15.6%，其中已投产面积12 720亩；产量50 811吨，比上年增15.6%；芦荟产值3 026.8万元，比上年增14.8%。芦荟平均单价0.6元/千克。

【除虫菊生产】 2017年，全市除虫菊种植面积674.3亩，比上年减80.4%；产量61.8吨，比上年减84%；产值132.5万元，比上年减81.8%。除虫菊平均单价21.44元/千克。

【茉莉花生产】 2017年，全市茉莉花种植面积7 800亩，与上年持平；产量4 582吨，比上年减2.7%；产值9 524.2万元，比上年增16.8%。茉莉花平均单价20.78元/千克。

【三七生产】 2017年，全市三七种植面积16 428亩，比上年减7.7%；产量1 510吨，比上年减48.8%；产值16 552.1万元，比上年增5.9%。三七平均单价109.6元/千克。

【重楼生产】 2017年，全市重楼种植面积2 027.3亩，比上年增42.3%，其中新植面积530.1亩；产量3.1吨，比上年减88.2%；产值218.5万元，比上年减33.7%。

【露水草生产】 2017年，全市露水草种植面积2 344亩，比上年增2.2%；产量1 812吨，比上年增12%；产值1 398.3万元，比上年增245.7%。

2017年9月4日，玉溪微型盆栽玫瑰落户普洱　（张建康　摄）

【金银花生产】 2017年，全市金银花种植面积1 310亩，比上年减1.5%；产量2.8吨，比上年减9.6%；产值16万元，比上年减37.5%。

【蔬菜新品种新技术推广】 2017年，全市引进蔬菜新品种74个，试验面积35.9亩，展示面积20 564.3亩。蔬菜新技术推广应用面积116.48万亩，其中漂浮育苗28.62万亩，喷滴灌技术7.75万亩，测土配方施肥19.978万亩，绿色防控30.05万亩，地膜覆盖29.78万亩，其他技术0.30万亩。

【水果新品种新技术推广】 2017年，全市引进水果新品种18个，试验面积541.5亩，展示面积2 448亩。水果新技术推广应用面积66.90万亩，其中高接换种0.51万亩，喷滴灌技术15.79万亩，测土配方施肥15.87万亩，病虫害统防统治21.52万亩（绿色防控12.31万亩），其他技术0.90万亩；大棚设施水果面积0.18万亩。

（杨云光　马东锦）

【苦瓜栽培项目获省农业技术推广三等奖】 2017年，市经济作物工作站主持完成的《玉溪干热河谷区苦瓜综合栽培技术集成与应用》项目实现品种选育推广应用、应用嫁接育苗技术、栽培制度模式、集成苦瓜种植规范四个方面的技术创新。累计应用面积39.5万亩，实现增收节支总额33 553.70万元，实现增收节支纯收益33 076.90万元，科研推广投入产出比高达1∶54。该项目荣获省农业厅农业技术推广三等奖，同时获市农业局2017年度农业技术推广一等奖。

（杨云光）

【葡萄简化栽培技术示范】 2017年，在红塔区、江川区完成葡萄简化栽培技术示范项目核心区102亩，辐射带动全市葡萄生产应用简化栽培关键技术示范面积532亩。示范区夏黑葡萄商品性状调查结果为平均糖度16.3%，商品率91.8%，实收亩产2 087.2千克，商品亩产1 915.0千克，高于非示范区7.5%。示范区葡萄商品果单价8.23元/千克，比非示范区高0.38元；示范区葡萄亩产值15 766.5元，比非示范区增收1 786.8元，增

12.8%。

（杨云光　胡冬梅）

【温带水果引种试验与示范】 2017年，在峨山县、江川区建立温带水果新品种展示区20亩，举办示范样板500亩，辐射带动峨山县新增温带水果面积7 338.7亩。同时开展猕猴桃、金丝枣、油桃等栽培技术试验研究3组，集成相配套的优质高产栽培技术。

（杨云光）

【经作技术培训】 2017年，市经作站结合职能职责，围绕水果、蔬菜等重点产业发展，深入基层、农村、田间地头开展多种形式的科技培训和技术指导服务。全年蔬菜、水果等科技培训25期2 309人次，印发资料3 000多份。

（杨云光　肖　梅）

【柑橘技能大赛】 2017年，市农业局成功举办全市柑橘芽变选种技能大赛2个专场（温州蜜柑和冰糖橙各1个专场）。其中温州蜜柑专场于8月29日在华宁举办，精心推选华宁县、新平县、元江县的76个温州蜜柑样品参赛，评选出11个温州蜜柑单项奖、3个最佳组织奖；冰糖橙专场于11月7日至8日在新平桔荔庄园举行，来自新平县、元江县、华宁县选送的178个芽变样品，经初选后，对符合条件的145个柑橘样品进行全面、公正、科学的评比打分，评选颁发品质最优、果面最佳、果肉颜色特异、果皮硬而易剥皮及其他特异性状的11个单项和2个组织的荣誉证书。

（杨云光　胡冬梅）

【云南省名牌水果产品】 2017年，全市有4家企业6个产品荣获“2017年云南省名牌农产品”称号，分别为地衡丰农业科技开发有限公司生产的“地衡丰”牌勐炳葡萄、勐炳火龙果、勐炳香蜜枣，金泰果品有限公司“褚橙”牌冰糖橙，阿贝楚农艺有限公司“阿贝楚”牌柿子，森海农业发展有限公司“森海臻果”牌蓝莓。

【云南省名优水果称号】 在省农业厅组织的“2017年云南十佳水果示范园”“2017年云南名优水果”评选活动中，全市有1家果园和4家企业的4个柑橘产品榜上有名。高原甜橙有限责任公司（柑橘）被授予“2017年云南十佳水果示范园”称号，特行果业有限公司“佳贡”牌柑橘、华宁县新村柑橘有限责任公司“华宁柑橘”牌柑橘、泉乡早熟柑橘专业合作社“华宁柑橘”牌柑橘、高原甜橙有限责任公司“高原王子”牌柑橘等4家企业4个产品荣获“2017年云南名优水果”称号。

【水果蔬菜出口】 2017年，全市水果和蔬菜出口额16.89亿美元，占全市出口商品总额的81.8%，其中水果占72.9%，蔬菜占8.9%。水果出口量69.27万吨，比上年增5.6%，出口创汇额15.05亿美元，比上年增0.8%。蔬菜出口量37.48万吨，比上年增43.5%，出口额1.84亿美元，比上年增15.0%。

（杨云光）

林　业

【概　况】 2017年，全市林业完成争取上级资金40 147.39万元，比任务数40 070万元增加77.39万元，完成任务数的100.19%。全市育苗面积507亩，出苗量829万株；完成营造林18.61万亩，完成计划任务18.6万亩的100.05%；完成低效林改造4万亩，完成计划任务4万亩的100%；完成天然林保护工程森林管护面积480.62万亩，天然商品林停伐保护面积291.75万亩；实施森林生态效益补偿面积727.46万亩；完成市级木本油料产业发展任务26万亩，并新增林农专业合作社省级示范社10户。同时完成《玉溪市乡村绿化管理办法（征求意见稿）》编制。全市林业总产值66.97亿元。全市森林公安机关查处各类涉林案件951起，处理违法犯罪人员926人（次），为国家挽回经济损失1 500余万元；受理征收占用林地报件130件，办结106件，其余24件已全部上报省林业厅待批，累计征占用林

天然林保护工程成效显著　（蒋志东　摄）

地（含临时占用）1.6万亩，收缴森林植被恢复费1.41亿元。全市收到卫星热点23个，比去年减少3个，下降11.5%；发生火情1起，比上年减少75%，受灾面积4.35亩。投资2 700万元建设的江川森林防火直升机场正式启用。红塔区国家森林防火“以水灭火”试点项目建设完成。全年建成森林防火通道77.4千米。全市林业有害生物发生面积56.9万亩，防治面积56.42万亩，防治率99.2%，其中无公害防治面积57.84万亩，无公害防治率97.4%；成灾面积1.62万亩，成灾率1.3‰；种苗产地检疫率100%，测报准确率99.88%。全年收容救护野生动物22种134头（只），其中32头（只）为国家二级野生保护动物。同时继续推进野生动物公共责任保险，全年发生野生动物索赔案件966件，核定案件966件，核定理赔金额74.18万元。6个国有林场改革工作已顺利通过市级检查验收。全市颁发林木权证222本，颁证面积3.45万亩；抵押贷款83宗，抵押面积1.56万亩，抵押贷款金额7 094万元。全年完成中央财政林业科技推广示范项目1项，争取中央、省级财政推广项目各1项；举办林业科技培训220期1.39万人次，编印宣传资料8.9万（册）份。

（师红艳）

【林业投资】 2017年，中央、省、市投入全市林业系统资金52 406.47万元，比上年48 669.49万元增加3 736.98万元，增长7.68%。其中中央26 717.97万元，省级17 656.75万元，市级8 031.75万元。

（张丽慧）

【林业产值】 2017年，全市林业总产值实现66.97亿元，比上年57.59亿元增加9.38亿元，增长16.28%。其中，第一产业产值53.01亿元，比上年增长18.41%；第二产业产值8亿元，比上年增长1.14%；第三产业产值5.96亿元，比上年增长21.63%。

（聂　晶）

【林业专业合作社】 2017年，全市新增林农专业合作社省级示范社10户，林农专业合作社省级示范社总数达到46户。新增的10户合作社入社成员1 756户，带动农户4 629户，出资总额3 686万元；经营总面积18 564亩，其中林地面积13 129亩，带动基地总面积28 830亩；资产总额4 389万元，经营收入3 204万元，纯收益403.4万元，返还成员收益268.3万元。注册商标2个，云南省著名商标1个。

【林业产业龙头企业】 2017年，全市有林业产业化省级龙头企业40户，总资产超亿元企业9户，职工人数4 640人，带动农户70 425户，户均增收6 630.8元。产品、技术等相关认证32项，云南省名牌产品数量8个，注册商标数量40个，省级著名商标数量11个，国家专利数量52项。基地规模17.37万亩，企业自有基地面积12.23万亩，联营合作经营面积4.32万亩。

【核桃产品获奖】 2017年11月13日，在全省核桃博览会颁奖会上，磨浆农业股份有限责任公司“磨浆”牌核桃乳系列产品获核桃饮品类金奖，华富核桃产业开发有限公司“小铺子”牌2种核桃干果分别获干果类金奖和铜奖，源天生物集团有限公司“源天”牌核桃油获核桃油类银奖。

【举办首届抚仙湖樱花节】 2017年4月15日至5月7日，万家红园艺公司在抚仙湖东岸世家村樱花基地，联合世家村村民小组，利用种植在抚仙湖东岸边250亩樱花景观，开展丰富多样的文化娱乐活动，成功举办抚仙湖樱花节。

（高兴忠）

【国有林场改革】 截至2017年8月底，列为全市改革范围的北山林场、玉白顶林场、梁王山林场、抚仙湖林场、东山林场、龙泉森林经营所6个国有林场已按要求完成主体改革工作，通过市级验收，并开展国有林场森林资源二类调查报告、中长期发展规划、森林经营方案编制工作。

【林权管理】 截至2017年12月底，全市林权流转累计宗数3 120宗，面积26.06万亩，金额31 639.91万元；累计林权抵押贷款宗数3 033宗，面积33.51万亩，贷款金额99 952.35万元。

【林木权登记发证】 截至2017年12月，全市颁发林木权证222本，颁证面积3.45万亩；抵押贷款83宗，抵押面积1.56万亩，贷款金额7 094万元。

（普传雄）

【开展保护植物种质资源库建设】 市保护植物种质资源库建设投资11万元，计划收集市内国家二级保护植物品种39种。截至2017年底，共收集保存21个保护植物品种78株苗木。

【苗木资源普查】 2017年，市苗木资源普查工作领导小组成立，统一普查标准，对全市苗木企业进行详细调查统计，历时半年完成普查工作。普查结果显示，全市苗木种植面积41 971亩，苗木品种450个，苗木企业134家，个体经营户318户，从业人员3 978人，人均管理苗圃面积10.8亩。

【林木良种补贴】 2017年，全市落实国家林木良种苗木补贴40万元。其中，新平县培育核桃苗木40万株，良

2017年7月27日，市委书记罗应光（右一）、市长张德华（左）参加义务植树

（蒋志东　摄）

种补贴20万元；易门县培育华山松苗木100万株，良种补贴20万元。

（郭　斌）

【制定《沙化土地封禁保护制度三年行动方案》】 2017年，元江县、新平县、华宁县、峨山县按照《云南省沙化土地封禁保护制度工作方案》，制定2018～2020年沙化土地封禁保护行动方案。4个县封禁保护规模面积2 882.98公顷，涉及乡（镇、街道）12个。封禁保护及生态修复投资概算12 230.49万元，资金来源为各部门向上争取项目投资及自筹。

【首年交通沿线面山绿化优化任务完成】 2017年，全市交通沿线面山绿化优化范围主要是高速公路、一二级公路、重要旅游公路路域。截至9月，全市完成路域环境绿化优化4.24万亩，为年度计划任务的112.8%；完成投资4 916.9万元。其中，完成人工造林1.13万亩，封山育林1.36万亩，退耕还林0.02万亩，陡坡地治理0.11万亩，森林抚育0.48万亩，低效林改造1.03万亩，灾害木清理0.11万亩。

【超额完成“十二五”林业“双增”目标任务】 2017年，省政府办公厅通报全省“十二五”林业双增目标考核结果，全市2 011～2015年完成新增造林面积161.44万亩，目标任务完成率124.18%；新增森林蓄积量828万立方米，目标任务完成率为108.95%。

（陈桂芬）

【林业技术培训】 2017年，全市结合特色经济林、林业产业发展和生态建设，采取办培训班、现场示范、专题讲座、发放资料等多种形式，积极开展林业技术培训。全年举办林业技术培训220期，累计培训专业技术和林农13 893人次，发放《核桃栽培管理技术要点》《核桃提质增效技术措施》等技术资料8.7万份。

【实施千亩核桃科技示范基地项目建设】 2015年10月至2017年12月，以市林业科技推广站的科技成果为技术支撑，元江县林业科技推广管理工作站、林果产业发展办公室共同实施2015年度中央财政千亩核桃科技示范基地项目。项目为在元江县洼垤乡它吉克和业白2个贫困村建成1 000亩核桃示范基地。通过施肥、修剪、病虫害防治等抚育管理，至2017年底，基本形成丰产树形，冠幅平均达3.4×3.5米，核桃结果株率比对照提高17.3%；对510株核桃树进行品种改良，改良成活株率达87.4%；举办技术培训班18期，培训1 467人次；发表论文3篇，出版专著《核桃种植及幼树抚育管理技术》，创新集成“核桃幼树配方施肥技术”。项目带动元江县核桃幼树抚育管理3.1万亩。

①2017年3月，核桃栽培技术培训 ②元江县千亩核桃示范林　（蒋志东　摄）

【启动大砂壳核桃科技创新示范基地项目】 2017年11月，华宁县在宁州街道西冲村委会和普茶寨村委会启动实施2017年度中央财政林业科技推广示范项目大砂壳核桃科技创新示范基地。该项目中央财政投入100万元，实施期限3年。通过实施抚育管理和林下种植等综合科技措施，建立1 000亩大砂壳核桃科技创新示范基地，预计亩产核桃干果由2016年10千克增加到2019年的25千克，亩产值增加375元，示范基地可增加产值37.5万元。

【森林生态系统定位研究站建成投入使用】 2017年11月，森林生态系统定位研究站竣工。该研究站2011年11月经国家林业局批准，由新平县林业局承担，西南林业大学为技术支撑，于2012年12月在新平县启动，至2017年11月竣工。研究站自2015年试运行以来，功能发挥正常，每年采集气象、水文、生物、土壤、水土资源监测等数据100万余个，计算相关指标6万项。西南林业大学依托该站已获得多项科研成果，其中包括获国家自然科学基金、省部级等各类科研项目10余项，授权专利5项，出版专著和教材2部，发表学术论文35篇（SCI收录3篇、ISTP收录1篇、核心级论文25篇），培养硕士研究生16名、在读博士研究生1名、在读硕士研究生10名。

（蒋志东）

【第九次全国森林资源清查通过国家和省级评质检查验收】 2017年6月5日至11日，国家和省级第九次全国森林资源清查评质检查组对全市第九次全国森林资源清查进行评质检查，抽取通海县、华宁县、易门县、峨山县、新平县、元江县进行实地检查。经检查，全市第九次全国森林资源清查通过国家和省级评质检查验收。本次清查的目的是为了获得全省宏观森林资源现状和动态，掌握全省森林资源与生态状况，为国家和省制定和调整林业方针政策、规划、计划及全省森林资源消长任期目标责任制提供基础数据和重要依据。

【征收占用林地审核审批】 2017年，全市受理征收占用林地行政审批事项130件，其中上报省厅74件，累计征占用林地714.5 933公顷，预缴省林业厅森林植被恢复费10 438.9 237万元。市林业局临时占用林地受理56件，办结56件，累计临时占用林地352.012公顷，缴纳森林植被恢复费3 701.1 897万元。其中，五网建设项目89件，涉及林地面积847.3 361公顷；民生项目18件，涉及林地面积32.8 455公顷；企业建设项目23件，涉及林地面积186.4 237公顷。

【灾害木清理专项采伐限额使用管理】 2017年，省林业厅下达全市灾害木清理专项采伐限额为29.6万立方米，专项用于2016年、2017年冻害木、风倒风折木、病虫害木等受灾林木采伐清理。截至12月31日，全市灾害木清理采伐专项限额发放林木采伐许可证845份，采伐蓄积量214 564.3立方米（商品林195 434.77立方米、公益林19 129.53立方米），剩余采伐指标8.14万立方米，完成专项采伐指标的72.5%。

（李翠华）

【森林防火】 2017年，全市森林防火克服了大风干旱极端天气等不利因素，实现零火灾、无人员伤亡的森林防火工作目标，圆满完成省政府下达的各项目标任务，连续3年被省政府考核为全省优秀。主要工作成绩体现在“五到位、两加强”，即宣传发动到位，责任落实到位，防范措施到位，投入保障到位，应急处置到位，技防能力得到全面加强，依法治火得到全面加强。全市投入森林防火资金约8 000万元，比上年增长30%以上，建成防火通道77.4千米，完成森林防火无线数字通信网络系统建设升级，建成30套高清视频监控系统和100主要入山路口探头。市森林防火指挥部投入100万元、易门县投入17万元购置无人机投入火情航空监测。

2017年3月29日，市委书记罗应光（前排左一）督查森林防火工作

（鲁江梅　摄）

【市委书记罗应光督查森林防火工作】 2017年3月29日，市委书记罗应光率队深入峨山县谢扎村林区督查森林防火工作。罗书记强调，全市各级各部门要认真贯彻落实国家、省召开的森林防火暨造林绿化电视电话会精神，按照“抓防火就是抓安全、抓生态、抓发展、抓稳定、抓民生”总要求，切实加强领导，强化措施，抓好各项工作落实，确保不发生森林火灾，确保森林资源和人民生命财产安全；明确和落实好各区域的细分责任，做到山山有领导，段段有人管，重点有人盯，责任全覆盖；继续加强森林防火宣传教育工作，多渠道多形式广范围的在社会上营造清明期间文明祭扫、杜绝火源入山的良好氛围和舆论环境；早做准备、全面布局、排查隐患，切实把应急值守、应急指挥、应急人员、物资保障、扑火装备等工作落实到位。

（溥恩波）

【启动“无火清明”森林防火武装巡护统一行动】 2017年3月31日上午9时30分，市政府在聂耳文化广场举行全市“无火清明”森林防火武装巡护统一行动启动仪式。市政府副市长、市森林防火指挥部指挥长蔡四宏出席启动仪式并发布启动命令。此次“无火清明”森林防火武装巡护统一行动于3月31日至4月5日在全市范围内开展，由全市各级森林公安机关联合各方力量，开展联合武装巡护，全面加强重点林区、重点火险区、城市面山、坟山林区的巡逻防控；坚持“见烟就管、见火就查”，深入排查林区农事生产用火隐患，严厉打击违规野外用火行为，深入排查高危人群，科学管控林业重点人口，针对上坟人员、放牧者、儿童、痴呆、存在报复心理的人员等采取有针对性的管控措施，切实管住火源，切实将森林火灾案件化解在基层和萌芽状态。红塔区、江川区政府分管领导、市森林防火指挥部成员单位领导、市林业局班子成员、部门负责人、武警玉溪支队、消防支队官兵及市区森林公安民警、扑火队员等400余人参加启动仪式。

（冯建团　师红艳）

【江川区直升机场正式启用】 2017年2月25日，2017年度滇中航空护林协调会在江川区直升机场召开，宣布江川区直升机场正式启用，滇中航空护林正式开航。国家森林防火指挥部、国家林业局于“十二五”期间启动森林航空消防江川区直升机场建设项目，经过近3年的建设，完成包括停机坪、滑行道、通信指挥塔台、综合楼等建设，一期投资2 700万元，于2016年底机场正式建成。驻防江川区直升机场的航护直升机，主要承担玉溪、昆明、曲靖、红河、楚雄滇中五州市的航空护林以及应急抢险救灾任务。

2017年3月31日，市森林公安“无火清明”启动仪式　（魏中红　摄）

【完成国家级森林防火“以水灭火”试点项目建设】 截至2017年12月，红塔区已全面完成国家级森林防火“以水灭火”试点项目建设，总投入679万元，购置森林消防水车、装备运输车20辆、4组接力水泵系统、12千米消防水带、8台高压细水灭火机、160台动力喷水灭火机和风水灭火机、1套储气式泡沫灭火系统以及移动水箱、软体水囊、消防避火服等装备。红塔区政府积极筹措资金投入56.6万元，完成128口林区消防水窖建设，每年投入专项资金，加强对已建成的156千米林区防火通道的维护，提升快速、高效扑灭林火的能力。

（溥恩波）

【林业有害生物防治】 2017年，全市林业有害生物发生面积56.9万亩，防治面积56.42万亩，防治率99.2%；防治作业面积59.37万亩，其中无公害防治作业面积57.84万亩，无公害防治率97.4%；成灾面积1.62万亩，成灾率1.3‰。种苗产地检疫率100%。年初预测发生面积为56.97万亩，实际发生面积56.9万亩，测报准确率99.88%。

（何海波）

【成立重大林业有害生物防控指挥部】 2017年7月24日，市政府印发《玉溪市人民政府办公室关于成立玉溪市重大林业有害生物防控指挥部的通知》，成立以市政府副市长蔡四宏为指挥长，市政府副秘书长杨胜、市林业局局长资武为副指挥长，市发改委等22家单位的领导为成员的市重大林业有害生物防控指挥部。指挥部下设办公室和专家组，分别负责重大林业有害生物灾害应急处理、灾害调查、评估、分析，提供技术支持及开展相关科学研究。

【发现检疫性林业有生物锈色棕榈象】 2017年5月27日至6月7日，澄江

澄江县松小蠹喷药防治现场　（孙绍芳　摄）

县林业局对辖区内梁王河公路沿线移植在龙街街道办事处龙街社区、左所社区和右所镇右所村委会等地的海枣树进行普查时，发现241株海枣树有疑似林业检疫性有害生物锈色棕榈象危害。经省林科院鉴定，确认该害虫为林业14种检疫性有害生物之一的锈色棕榈象。针对澄江县发生锈色棕榈象危害，市、县林业部门按程序分别上报当地政府和上级林业主管部门后，及时制定《澄江县锈色棕榈象除治实施方案》，并联合公安、交通、林业等部门，投入经费11.86万元，动用挖机、吊车、大卡车、柴油、柴火等完成对价值500万元左右241株染虫海枣树的销毁除治。

（袁素蓉）

【陆生野生动物资源调查】 2017年6月16日，历时2年的全市陆生野生动物资源调查项目通过专家评审。调查结果显示，全市有陆生野生脊椎动物资源4纲32目111科384属730种，包括兽类9目30科87属144种、鸟类19目54科202属446种、爬行类2目18科60属81种、两栖类2目9科35属59种，占全省陆生脊椎动物的49.13%和全国陆生脊椎动物的25.57%，分别达到全省陆生脊椎动物的1/2和全国陆生脊椎动物的1/4。记录各类珍稀濒危及国家级重点保护野生动物233种，占全市陆生野生脊椎动物的31.92%，包括国家I级重点保护野生动物13种和国家II级重点保护野生动物74种，并有103种受威胁物种。同时发现鸟类新记录1种和陆生野生动物新记录45种。

（汤镒帆）

【确认濒危珍贵植物火焰兰】 2017年4月，在元江县国家级自然保护区内确认发现中国濒危珍贵植物——火焰兰。野生火焰兰分布于元江县和越南，20世纪50年代初，中国植物学专家曾在元江县干热河谷区域发现国内唯一的火焰兰。2015年4月，在元江县国家级自然保护区内意外发现3株疑似火焰兰植物，经过近3年的观察和论证，已确定其为极为珍贵的濒危植物云南火焰兰，数量不足10株，被称作植物中的“大熊猫”。

（卢　辉）

【林区治安秩序持续稳定】 2017年，全市森林公安机关以“建设过硬班子，提高队伍素质，树立良好警风，提升执法水平”为目标，以保护森林资源、维护林区社会治安稳定为重点，全面提升森林公安工作水平和队伍战斗力，依法严厉打击破坏森林及野生动植物资源违法犯罪活动，构建林区治安防控体系新格局，维护林区治安秩序稳定，建设“平安林区”。全市查处各类涉林案件951起，处理违法犯罪人员926人（次）。其中，破获刑事案件138起，抓获犯罪嫌疑人128人；查处林业行政案件813起，查处违法人员798人（次）；收缴木材801.21立方米、野生植物153株、野生动物219头（只）；罚款962.743万元，为国家挽回经济损失1 500余万元。

【涉林专项整治行动】 2017年，全市森林公安机关组织开展打击破坏森林和野生动物资源违法犯罪专项行动、湿地和自然保护区专项行动、治爆缉枪等专项行动，严厉打击整治涉林犯罪活动。行动期间，全市森林公安机关清理非法占用林地项目10个，清理木材及野生动物非法交易场所31处、加工经营场所39处，检查野生动物活动区域92处，清查湿地和自然保护区107次，开展宣传教育162次；查处各类涉林案件175起，其中刑事案件10起，林业行政案件165起，打处违法犯罪人员171人，打掉团伙1个，抓获犯罪嫌疑人17人，行政处罚154人；收缴木材189.533立方米、国家重点保护植物1株、收缴野生动物9头（只）、野生动物制品2千克、作案工具10件；查处林地面积51.345亩，查获走私冰冻鸡爪19.27吨；组织宣传活动27场次，到重点林区发放禁毒宣传单14 445份，清理可疑地块624块，清查房屋402间，查获毒品可疑物876克（冰毒726克、海洛因150克），抓获犯罪嫌疑人2人、吸毒人员3人，移送地方公安案件3件；收缴非法枪支4支、子弹588发。

【“平安林区”创建】 2017年，全市森林公安机关加强林区治安防控体系建设，构建林区防控新格局；加强林区巡逻防范，设置林区卡点，建立适应林区治安的警务运行机制；加强涉林重点行业场所动态监控，并在林区重要路口建立视频监控，有效提升管控能力，扭转复杂林区治安形势；进一步加大跨区域林区警务合作，与周边州市局、县（区、市）局建立林区警务合作机制，实现林区安全稳定。经“平安林区”创建活动年度考核，全市各县（区）均达到“平安林区”标准，通海县、澄江县、元江县考核为优秀，新平县、江川区、易门县、红塔区、峨山县、华宁县考核为合格，通海县推荐为“省级选优”单位。

【森林公安信息化建设】 2017年，市森林公安局指挥中心建设完成，全市森林公安机关林政案件实现网上实时办理，率先在全省森林公安系统使用新版警综平台，全面完成执法办案场

濒危珍贵植物——火焰兰　（吴建勇　摄）

所建设改造，执法办案场所信息化项目建设实现与省市联网对接，并采集林区警务资源信息84.85万条。同时，试点开展林区卡口建设，红塔区局38路单点视频卡点已投入使用，元江县局指挥中心20路接入公安视频专网林区视频监控卡口投入使用，新平县局指挥中心16路接入公安视频专网重点林区视频监控卡口项目立项。市林业局机房设备整体搬迁进入森林公安中心机房，实现林业网、森林防火指挥调度系统在森林公安指挥中心上屏共享。

（冯建团）

畜牧业

【概　况】 2017年，全市以生猪、家禽为重点，发展适度规模养殖，开展种养结合循环养殖示范，加强动物疫病防控，强化兽药、饲料和屠宰场（点）监管，保障畜牧业健康发展和畜产品质量安全，促进畜牧增产、农民增收。全市肉蛋奶总产量52.63万吨，比上年增加4.67万吨，增长9.7%；畜牧业现价产值92.8亿元，比上年增加4.71亿元，可比价增长7.3%，占农业总产值的37.8%。

【生猪生产】 2017年，全市生猪存栏179.79万头，比上年增加5.25万头，增长3.0%。其中，能繁母猪存栏17.15万头，比上年增加0.39万头，增长2.4%。肉猪出栏301.49万头，比上年增加26.20万头，增长9.5%，肉猪出栏率172.7%。

【畜禽生产】 2017年，全市家禽存栏2 162.88万只，比上年增加98.25万只，增长4.8%；家禽出栏4 396.77万只，比上年增加465.25万只，增长11.8%，出栏率213.0%。禽蛋生产13.94万吨，比上年增加0.57万吨，增长4.2%。牛存栏29.03万头，比上年增加0.61万头，增长2.2%；肉牛出栏18.96万头，比上年增加1.26万头，增长7.1%，出栏率66.7%。山绵羊存栏49.48万只，比上年增加0.48万只，增长1.0%；肉羊出栏34.15万只，比上年增加4.06万只，增长13.5%，出栏率69.7%。

（郭丛荣）

【畜禽循环养殖项目】 2017年，市级畜牧产业发展畜禽循环养殖示范扶持项目计划及补助资金200万元，扶持10个畜禽循环养殖示范项目，每个补助20万元。资金主要用于小区内水、电、路建设及防疫设施设备等补助。

（王宏伟）

【生猪屠宰监督管理】 2017年，全市开展屠宰生猪瘦肉精抽检13 510头（份），结果都为阴性。同时组织开展生猪屠宰专项整治行动、生猪屠宰监管“扫雷行动”。各县（区）都公布监督举报电话。全市开展检查476次，出动执法人员2 558人次，办理屠宰违法案件4件，有效震慑了不法分子。

（郭丛荣）

【重大动物疫病防控会】 2017年5月24日，全省重大动物疫病防控工作检查情况反馈会议在市动物疫病预防控制中心召开。省重大动物疫病防控工作检查组到会指导。检查组在深入易门县铜厂乡、小街乡和生猪定点屠宰厂、规模养殖场、交易市场及市、县畜禽屠宰监管机构设置、重大动物疫病应急物资储备、冷链体系建设等检查的基础上，对全市的重大动物疫病防控工作给予充分肯定。

（胡文格）

【动物检疫电子出证】 2017年，全市38个生猪定点屠宰场（点）及江川区仔猪批发交易市场、新平县肥猪交易市场、9个县级报检点和74个乡级报检点全部实现检疫电子出证，检疫电子出证点达到123个。全市检疫电子出证总计235 123份，其中动物A证1 789份，动物B证37 886份，动物产品A证261份，动物产品B证195 187份。全年受理出省畜禽检疫75.18万头只，其中猪6.28万头，牛99头，羊2 953只，禽68.46万只，其他1 286只，出省动物产品2 231吨，出省畜禽及其产品检疫电子出证率100%。

（郭丛荣　杨晓橙）

【动物诊疗机构清理整顿】 2017年，按照省级要求，全市组织开展动物诊疗机构清理整顿。各县（区）对现有的23个动物诊所开展执业兽医处方活动清理整顿。市级抽查6个县8家动物诊疗机构，未发现有违规使用兽医职业证书的情况，全部使用兽医处方，填写较规范。

（郭丛荣）

【兽药监管】 2017年，全市制定兽药质量抽检计划、兽用抗菌药专项整治方案，开展兽药经营环节“二维码”追溯监管工作。按省农业厅通报，及时组织查处制售假劣兽药案件，兽药违法案件立案22件，办结22件。全市无兽药生产企业，有兽药经营户229户，全部通过兽药GSP认证。对兽药经营户采取经常性与突击性相结合的监督检查方法，累计出动执法人员2 255人次，对经营企业进行检查，检查兽药门市1 586个（次），抽检兽药19.5万盒（包），检出不合格兽药产品1 132盒（包），货值1.83万元；对经营假劣兽药及无证经营者进行打击，没收不合格兽药381盒（包），罚款5.23万元。抽样送检20个，检测合格17个，合格率85%，并对不合格产品组织查处。全年组织兽药GSP现场检查验收143次，其中新办企业12个，换证企业131个，现场通过140个，发布公示15次，公告14次。通过监管，有效阻止了不合格投入品进入生产环节。同时发放《禁止在饲料和动物饮用水中使用的药物品种目录》等宣传资料4万余份，签订《规模养殖场畜禽产品质量安全生产承诺书》等承诺书、责任书5 000余份，组织畜禽产品质量安全知识培训6 000余人，为畜产品安全生产提供保障。

（郭丛荣　杨晓橙）

【继续实施猪瘟和高致病性猪蓝耳病疫苗补助政策】 2017年，在国家和省级对猪瘟和高致病性猪蓝耳病退出强制免疫不再承担疫苗费后，全市根据防疫实际情况，经市政府专题会议研究，决定只退出能繁母猪存栏50头以上或生猪常年存栏200头以上的规模养殖场户，对生猪散养户暂不退出。经测算，秋防全市生猪散养户猪瘟和高致病性猪蓝耳病疫苗经费需200万元，市、县（区）财政各承担100万元，应急疫苗储备费50万元由市财政承担。

【中央和省级动物防疫等补助政策】 2017年，全市认真落实中央和省级动物防疫等补助政策，科学统筹使用省级下达的动物疫病防治及防疫体系建设经费122万元、中央动物防疫等补助经费719万元和重大动物疫病防控补助省级配套资金59.76万元，及时将相关补助下达各县（区）和市级单位，切实发挥补助政策的作用。

【病害猪无害化处理补贴】 2017年，

中央财政将用于屠宰环节病害猪无害化处理的相关资金并入中央对地方的一般转移支付后，市农业局积极协调，推动病害猪无害化处理补贴政策落实。9月，经市委主要领导批示同意，按照本市现行的补贴标准（损失补贴480元/头，处理费用补助48元/头），屠宰环节病害猪无害化处理费用和损失补贴市、县（区）财政各承担50%，所需经费列入2018年财政支出预算，省级补贴政策出台之后按照省级政策执行。

【动物防疫员补贴和人身意外伤害保险】 2017年，全市9县（区）74个乡（镇、街道）704个村委会（居委会、社区）有村级动物防疫员1 201名，村级动物防疫员工资补贴每人每月300元（新平县500元），其中市级承担200元，县级承担100元（新平县300元）。为解决动物防疫工作中困扰村级动物防疫员的意外伤害问题，促进动物防疫工作顺利开展，全市统一为村级动物防疫员办理人身意外伤害保险，保费100元/人，市、县各承担50%。同时，认真落实村级动物防疫员退岗补助政策，根据《中共玉溪市委、玉溪市人民政府关于加快发展现代农业进一步增强农村发展活力的实施意见》规定，对年老退岗的村级动物防疫员，按照每在职1年给予1个月补贴的标准，一次性给予退岗补助。红塔区、江川区、澄江县、华宁县、峨山县、新平县、元江县已经落实兑付村级动物防疫员退岗补助费。同时，对全市动物检疫协检员按照每人每月300元的补贴标准给予工作补贴，其中市级承担200元，县级承担100元，列入年度财政预算支出。全市动物检疫协检员933人，市级财政预算支出动物检疫协检员工作补贴224万元。

【能繁母猪保险】 2017年，全市投保能繁母猪111 243头，占能繁母猪存栏数的65.4%。能繁母猪保险金额为1 055元/头，保费60元/头，其中中央财政补助50%，即30元/头，省财政补助6%，即3.6元/头，市级财政补助14%，即8.4元/头，县（区）财政补助10%，即6元/头，农业经营者及农户承担20%，即12元/头。

【草原生态保护补助】 2017年，全市继续实施第二轮草原生态保护补助奖励机制政策，6个项目县实施中央草原补奖面积921.98万亩（禁牧面积124.83万亩、草畜平衡面积797.15万亩），获得补奖资金2 929.10万元，其中澄江县82.55万元，华宁县241.08万元，峨山县511.97万元，新平县1 218.83万元，易门县189.77万元，元江县684.90万元。补奖资金全部通过“一折通”的形式兑付到户，受益农户108 371户。按照省级要求，组织澄江县等6个项目实施县对2016年度草原生态保护补助奖励机制政策项目进行绩效评价，6个县2016年的绩效评价材料均通过省级的审查考核。

【畜牧贴息贷款】 2017年，全市继续实施畜牧专项贴息贷款扶持政策，贷款规模6亿元，贷款使用周期3年，贷款利率按年息5.46%，由市级财政承担2%、县级财政承担1%、养殖户承担2.46%。市级财政下拨贴息资金1 318.75万元，到年末发放贷款23 925万元。县、乡农业部门派畜牧兽医技术人员对2 002户贷款养殖户入户指导，从饲养技术、疫病防治、经营管理等环节进行全程跟踪指导服务。

【种养结合循环养殖示范项目】 2017年，全市按照市级种养结合循环养殖示范项目申报指南，经过申报、评审和批复实施方案等程序，确定10个种养结合循环养殖示范项目，分别是红塔区南旭养殖场、江川区源峰养殖场、澄江县艳琼种植基地、通海县潇斌培养殖场、华宁县鼎晶牧业有限责任公司生猪养殖基地、易门县源生福冠科技开发有限公司、峨山县永生黑山羊养殖场、新平县金顺农业开发有限公司、新平县水塘镇旧哈村小旧院养殖小区、元江县来琳养殖场。每个项目市级补助20万元，10个项目实际完成投资503.74万元，完成计划投资的101.8%；完成沼气池及污水处理池2 220立方米、猪舍标准化改造1 261平方米、羊舍标准化改造346平方米及水、电、路、防疫、灌溉等配套设施建设；水果、蔬菜等经济作物种植2 096亩，完成批复工程量的100%。通过示范项目建设，推动发展种养结合循环养殖，改善养殖环境，实现种植业和养殖业的良性循环和可持续发展。

【牛羊标准化养殖项目】 2017年，全市已建成肉牛、肉羊标准化规模养殖场项目2个，分别是新平县天鹿畜牧有限公司肉牛标准化养殖场建设项目、易门县二台坡黑山羊标准化规模养殖场建设项目。该项目中央投资100万元，肉牛、肉羊项目分别补助50万元。

【畜禽标准化示范场创建】 2017年，峨山县源天生物有限公司种猪场创建国家级畜禽标准化示范场并通过验收。普吉禽业有限公司、易门县李忠贵肉羊养殖场、新平县烨丰牧场创建省级畜禽标准化示范场并通过验收。

【草原畜牧业发展方式转变项目】 2017年1月，省农业厅和财政厅批复峨山县和新平县上报的2016年中央草原生态保护补助奖励机制绩效考评奖励资金草原畜牧业发展方式转变项目实施方案，两县按照批复和实施方案进行施工，10月底已全部完成建设任务。峨山县在甸中镇白土村建设牛圈4 755平方米、羊圈2 200平方米，种植多年生人工草地1 700亩，草地改良6 660亩，总投资447.93万元（中央资金300万元，农户自筹及投工投劳147.93万元）。新平县在建兴乡帽盒村建设羊圈2 400平方米，建贮草棚1 200立方米，建划区轮牧围栏2 000亩，购置饲草料机械5台（铡草机4台、收割机1台），多年生人工种草2 400亩，改良草地9 650亩，总投资425.825万元（中央资金300万元、农户自筹及投工投劳125.825万元）。

【草牧业试点项目】 2017年1月，省农业厅和财政厅批复新平县上报的2016年中央草原生态保护补助奖励机制绩效考评奖励资金草牧业试点项目实施方案，新平县按照批复和实施方案进行施工，10月底完成建设任务。新平县在漠沙镇鱼塘梁子建设多年生人工草地建设5 000亩、节水灌溉设施建设3 500亩、草料库建设525平方米，总投资910.96万元（中央投资300万元、自筹610.96万元）；在平甸乡者甸村建设天然草地改良4 104.7亩、围栏建设200亩、草料库建设800平方米，购置铡草机1台，项目总投资143.11万元（中央投资100万元，自筹43.11万元）。

【养殖生态循环产业化项目】 2017年，德康公司投入6 000万元资金建成峨山县祖代种猪场及配套设施，11月23日通过德康集团总部验收符合关猪条件，12月17日引进纯种猪1 248头，正式饲养投产。其选育场土建工程完成90%。为加快生猪家庭农场建设步伐，峨山县、新平县、元江县、易门县4个项目县共有635户申请意向合作建设家庭农场，正式合作签约132户132个单元（年出栏肥猪1 000头为一个单元），动工57户，已建设完成4户。2 000万只肉鸡生态循环经济养殖项目由于市场等方面的原因德康公司决定缓建，开工建设时间待定。

【动物免疫】 2017年，全市按照“政府保免疫密度、部门保免疫质量”要求，通过正面宣传、发动群众、群防群治，推行防疫整村推进，推广生猪“321”免疫技术。全市累计免疫畜禽疫病23种19 357.18万头（只）次，其中重大动物疫病免疫6 502.59万头（只）次，常规疫病免疫12 854.59万头（只）次。全市高致病性禽流感、牲畜口蹄疫和小反刍兽疫等重大动物疫病免疫密度均达到应免数100%，并按照省级要求，建立免疫档案。

【动物疫病监测】 2017年，全市监测29种畜禽疫病，监测样品56 472份，其中免疫效果监测31 768份，病原学监测24 704份，重大动物疫病免疫抗体合格率均在70%以上。其中，口蹄疫免疫抗体监测牲畜4 705头只，抗体转阳3 521头只，转阳率74.83%；高致病性禽流感监测H5N1（Re-6株）血清抗体检测7 201份，免疫合格6 808份，合格率为94.54%；H5N1（Re-8株）血清抗体检测5 646份，免疫合格5 379份，合格率为95.27%；H7N9血清抗体检测6 757份，未免疫抗体监测5 727份，未检出阳性。秋防采集免疫后血清1 029份，抗体合格934份，免疫合格率90.77%。猪瘟免疫抗体监测2 528头，抗体转阳2 101头，转阳率83.11%。高致病性猪蓝耳病免疫抗体监测2 195份，抗体转阳1 946份，转阳率为88.66%。小反刍兽疫免疫抗体监测1 489份，转阳1 294份，转阳率86.90%。通过监测，及时消除防疫隐患。

【兽医实验室建设】 2017年，全市为巩固兽医实验室建设成果，对通海县、澄江县和元江县兽医实验室设施建设分别给予5万元、10万元、5万元的补助，对9个县（区）兽医实验室分别给予3万元的监测补助费。全市兽医实验室功能布局得到优化，实验室面积增加508平方米，增加仪器设备79台套，新增实验室人员12人。市级培训县（区）实验室检验技术人员109人次。同时完善实验室管理制度，提升实验操作能力。市级主要完成病原学检测，免疫抗体检测全部由县级自行完成。

【动物春防检查】 2017年5月22日至23日，省农业厅春防检查组对全市的动物春防工作进行检查。通过查阅文件资料、听汇报、看现场和采血检测等方式对市级和易门县的重大动物疫病防控整体安排、春防完成情况进行检查考核，抽查易门县的4个中小规模饲养场、众康生猪屠宰场、龙泉活禽交易市场、小街乡法泽村、铜厂乡团田村，采集猪、牛、羊、鸡血清样品200余份带回省动物疫控中心检测抗体合格率，并对全市的动物春防工作给予好评。

【动物秋防检查与防疫绩效考核】 2017年10月16日至18日，省农业厅秋防检查与防疫绩效考核组对全市的动物秋防和防疫绩效管理工作进行检查考核。检查组通过查阅文件资料、听汇报、看现场和采血检测等方式对市级和新平县的重大动物疫病防控整体安排、秋防完成情况及年度防疫绩效管理工作进行检查考核，抽查新平县的4个中小规模饲养场、中云公司生猪屠宰场、桂山活禽交易市场、嘎洒镇大田村、漠沙镇仁河村，采集猪、牛、羊、鸡血清样品200余份带回云南省动物疫控中心检测抗体合格率，并对全市的动物防疫工作给予了充分肯定和好评。

【控制畜禽疫病死亡率】 2017年，全市采取“免、检、监、驱、治、消”等综合防疫措施，畜禽疫病得到有效控制。10月，市级组织抽样调查9县（区）18个乡（镇）（街道）36个村（居）委会731户农户，畜禽疫病死亡率为猪1.70%、大牲畜0.22%、羊0.64%、禽2.17%，均控制在省下达的指标内。全市未发生区域性重大动物疫情，保障了畜牧业生产安全和公共卫生安全，促进农民增收。

（郭丛荣）

【生猪粪铜减排关键技术集成与示范】 2017年，全市畜禽改良站联合牧道生物技术有限公司、省动物营养与饲料重点实验室、江川区畜牧兽医局开展以生产中广泛应用的DLY生长育肥猪为素材的“不同养殖模式生猪粪铜减排技术集成与示范”项目研究，系统开展不同养殖模式（普通水泥地面养殖、发酵床养殖）不同生长阶段猪群饲料铜源（无机铜、有机铜）、添加剂量、停铜时间等铜减排关键技术集成与示范。通过检测饲料、猪粪、血清、猪肉、猪肝样品439份，明确生长育肥猪前期饲粮铜适宜添加量、育肥猪最佳停铜体重及停铜时间，猪粪铜含量降低90%以上，猪肉、肝脏、血清中的铜含量明显降低，示范推广生长育肥猪65万余头，形成《生猪粪铜减排关键技术操作规程》等企业技术标准4套，研发猪系列饲料产品32个，生态、社会、经济效益显著。

（王红琴）

【生猪养殖技术培训及生猪体系建设交流】 2017年10月27日，市生猪产业技术体系试验站在易门县举办生猪养殖技术培训，邀请省生猪产业技术体系首席科学家鲁绍雄教授、省畜牧兽医科学院院长李华春研究员、云南农业大学郭荣富教授分别围绕《种猪场生产数据收集与分析》《动物疫病防控策略》《高产母猪繁殖效率的营养干预技术》等内容进行专题授课。全市有75人参加培训。试验站团队成员就生猪产业技术体系建设工作与有关专家进行了交流。

【养鸡技术培训】 2017年5月5日至6日，市禽蛋产业技术体系试验站依托市畜禽改良站举办养鸡技术培训，邀请省禽蛋产业技术体系首席科学家、云南农业大学副校长葛长荣、云南农业大学动物科学技术学院副院长叶绍辉教授及云南农业大学动物科学技术学院李琦华教授进行授课。培训的主要内容是科技成果申报及材料编写、地方鸡种的组群（选育）技术、鸡蛋品质提升技术等。全市有60人参加了培训。

【牛冻精改良】 2017年，全市完成牛冻精改良7 084头，同时启动20头雪花牛肉阶段性饲养试验，并示范养殖早期断奶犊牛205头，成效明显。

【种畜禽场生产】 2017年末，全市7个良种猪繁育场存栏种猪3 080头，其中纯种猪存栏1 221头，累计销售纯种猪164头、LY母猪1 459头、商品仔猪30 237头，销售猪精液197 435头份。2个种禽场存栏祖代种禽3.23万羽、父母代种禽43.394万羽，累计销售种禽49.2万羽，累计销售商品禽5 352.88万羽。

【开展云岭牛产业发展技术培训】 2017年11月27日至28日，由市农业局主办，市畜禽改良站和省现代农业肉牛产业体系元江试验站联合承办的全市云岭牛产业发展及云岭牛养殖技术培训会在元江县召开，邀请省草地动物科学研究院王安奎、副院长金显栋等专家对雪花牛肉生产配套技术、云岭牛育种与产业发展、肉牛产业发展和养殖技术、非常规饲料开发与育肥技术等方面进行培训。全市有90多人参加了培训。

（王红琴）

【跨省引进乳用种用动物检疫审批】 2017年，全市动物卫生监督所办理跨省引种27批，引进种畜禽39 203头（只），其中种猪5 263头，种牛20头，种羊620只，禽33 300羽。县（区）动物卫生监督所主动对引进畜禽进行跟踪隔离观察，将隔离观察情况书面报告市所和省所备案，有效防止动物疫病的传入。

【动物产地检疫】 2017年，市动物卫生监督机构对372个规模化养猪场（小区）、89个规模养牛场、143户规模养羊户及351户规模养禽户的检疫申报100%开展产地检疫，对报检的1 052.46万头（只）畜禽，全部实施产地检疫。其中检疫生猪173.03万头，检出病猪261头；检疫牛6.13万头，检出病牛0头；检疫羊16.59万只，检出病羊4只；检疫家禽856.71万只，检出病禽1 307只。并对检出的病畜禽按相关规定进行处理，有效防止动物疫病传播蔓延。

【动物屠宰检疫】 2017年，全市动物卫生监督机构对38个生猪定点屠宰场、11个牛羊屠宰场（点）的检疫申报进行100%屠宰检疫。全市屠宰检疫畜禽398.16万头（只）。其中检疫生猪70.06万头，检出病害猪535头；检疫牛羊18.68万头（只），检出病牛羊0只；屠宰检疫禽类309.42万只，检出病害禽5 398只。对检出的病害动物及其产品，开具《检疫处理通知单》，监督畜主进行无害化处理，对无检疫证明的屠宰户按照有关规定进行处罚，有效防止病害动物产品进入市场，确保消费安全。全市动物卫生监督机构办理行政执法案件80件。

【病害畜禽及其产品无害化处理】 2017年，全市动物卫生监督机构在产地检疫、屠宰环节监督处理病害猪714头、羊1只、禽类6 212只、有害产品14 004千克，在养殖环节监督556户生猪规模养殖户无害化处理病死猪7 280头，有效防止动物疫病传播，保障畜禽产品和生态环境安全。

【规模养殖场监管】 2017年，按照“双随机”要求，市动物卫生监督所对6县（区）24个畜禽规模养殖场进行监督抽查，检查存栏生猪6 852头，口蹄疫免疫密度96%，猪瘟免疫密度97%，猪高蓝耳免密度72%；检查存栏羊405头，全部进行小反刍兽疫免疫，口蹄疫密度70%；存栏禽27.857万羽，禽流感免疫密度85%。对免疫密度较低的养殖户，当场下达书面补免通知要求限期补免，并对养殖档案管理制度落实情况进行督促整改。

【动物疫病可追溯体系建设】 2017年，全市动物卫生监督机构在74个乡（镇）100%推广使用动物标识，佩戴动物标识151.99万个，其中佩戴猪标识138.37万个、牛标识4.42万个、羊标识9.20万个。

【生猪屠宰质量安全专项整治】 2017年，市动物卫生监督所组织执法人员对9县（区）20个生猪定点屠宰场（点）（县级9个，乡、镇11个）开展专项整治，围绕屠宰企业质量安全生产、“瘦肉精”检测、肉品品质检验、生猪屠宰行业检验记录台账、“扫雷行动”、违法行为查处、生猪屠宰检疫规程落实、屠宰场病死猪无害化处理等内容进行专项整治。全年组织开展屠宰环节瘦肉精抽检监测13 510批次，结果均为阴性，未发现瘦肉精。

【兽药监管执法培训】 2017年，市动物卫生监督所组织开展全市兽药监管执法培训、动物卫生监督信息及统计报表培训及动物卫生行政执法案卷评查暨执法培训共3期。全市160人次参加培训。

（杨晓橙）

乡（镇）企业

【农产品加工业】 2017年，全市农产品加工企业发展到7 222户（企业474户、个体6 748户），比上年增长4.15%；农产品加工业产值254.79亿元，比上年增长8.23%；从业人员5.08万人；营业收入238.42亿元，比上年增长7.06%；实现利润总额21.83亿元，比上年增长28.28%；支付劳动者报酬12.40亿元，比上年增长6.12%；原材料采购支出117.15亿元，比上年增长7.99%。全市带动农户19.51万户，带动农户增收5.16亿元。

【休闲农业】 2017年，全市休闲农业经营户364户，其中农家乐303户，休闲农庄22户，休闲农业园5个，民俗村1个，其他类型33户；从业人员7 001人，比上年增3.56%；接待人次738.76万人次，比上年增13.46%；营业收入6.74亿元，比上年增16.4%。

【规模以上农产品加工业】 2017年，全市农产品加工业规模以上企业131个，从业人员2.14万人，完成总产值166.28亿元，比上年增长8.0%，占全市农产品加工业总产值的65.26%；实现营业收入155.86亿元，比上年增长9.21%，占全市农产品加工企业营业收入的65.37%；利润总额16.03亿元，占全部农产品加工业利润总额的73.43%；上缴税金5.35亿元，占全部农产品加工业上缴税金的82.68%。

【农产品加工业重点投资扶持】 2017年，全市推荐澄江县昊海蓝莓科技有限公司年产3 000吨蓝莓果汁建设项目、通海县杨氏天然产物有限公司花椰菜废弃菜叶提取叶绿素铜钠盐工艺研究及产业化项目、元江县瑞丰民特食品有限公司元江热带水果深加工产能提升项目等3个项目申报省级农产品加工及华宁县农业局农产品加工统计监测6个统计监测项目。9个项目共获得省级农产品加工及统计监测项目106万元资金扶持，其中3个农产品加工项目获得省级扶持资金100万元，6个统计监测项目获省级扶持资金6万元。

【农产品产地初加工项目】 2017年，全省有22个县获中央农产品产地初加工项目资金补助，红塔区、江川区、新平县名列其中，共获781万元的资金扶持。红塔区补助资金231万元，新建组装式冷库22座，全部为100吨组装式冷库，涉及农户4户、专业合作社4个。江川区补助资金317万元，新建组装式冷库29座，其中500吨1座，100吨20座，50吨1座，涉及农户10户、专业合作社5个。新平县扶助资金233万元，新建组装式冷库19座，涉及农户9户，专业合作社1个，其中200吨组装式冷藏库8座，100吨组装式冷藏库9座，50吨组装式冷藏库1座，20吨组装式冷藏库1座。

【乡村旅游接待单位星级认定】　截至2017年底，全市118户乡村旅游经营主体被市乡村旅游质量等级评定委员会评定为星级乡村旅游接待单位。其中四星级单位18户，三星级单位80户，二星级单位20户。

（阮　波）

渔　业

【渔业经济】　2017年，全市渔业经济总产值62 169.24万元（按现行价格计算），比上年增加2 776.83万元，增幅4.68%。其中，渔业产值（含养殖、捕捞、苗种）28 480.73万元，占渔业经济总产值的45.8%，比上年增加1 679.26万元，增幅6.27%；渔业工业和建筑业产值10 464.20万元，占渔业经济总产值的16.8%，比上年增加139.79万元，增幅1.36%；渔业流通和服务业产值23 224.31万元，占渔业经济总产值的37.4%，比上年增加957.78万元，增幅4.3%。全市渔业经济增加值为12 945.57万元，其中渔业增加值为7 488.94万元，渔业工业和建筑业增加值为2 346.8万元，渔业流通和服务业增加值为3 109.83万元。

【水产品总产量】　2017年，全市水产养殖面积10 645公顷，完成计划面积的102.36%，比上年减少26公顷，减幅0.25%。其中池塘养殖面积1 294公顷，比上年减少6公顷，减幅0.46%；湖泊养殖面积6 800公顷，与上年持平；水库养殖面积2 546公顷，比上年减少20公顷，减幅0.79%；河沟养殖面积5公顷，与上年持平。全市水产品总产量17 179吨，比上年增加367吨，增幅2.18%。其中，淡水养殖产量15 178吨，仅池塘养殖产量即为7 313吨，与上年池塘养殖产量持平；湖泊养殖产量3 525吨（星云湖产量2 300吨，杞麓湖产量1 225吨），比上年增加37吨（星云湖增加12吨，杞麓湖增加25吨），增幅1.06%；水库养殖产量3 523吨，比上年增加173吨，增幅5.16%；河沟养殖产量56吨，比上年减少1吨，减幅1.75%。淡水养殖产量占年度水产品总量的88.35%，比上年增加346吨，增幅2.33%。淡水捕捞产量2 001吨，其中抚仙湖捕捞产量1 893吨（江川区556吨，澄江县1 012吨，华宁县325吨），比上年增加21吨，增幅1.12%；江河捕捞产量108吨，与上年持平。淡水捕捞产量占总产量的11.65%，比上年增加21吨，增幅1.06%。

（张员超）

【稻田养鱼】　2017年，全市稻田养殖面积2 543公顷，比上年增加284公顷，增幅12.5%；产量761吨，比上年增加137吨，增幅21.96%。市级稻田养鱼项目计划及补助资金80万元，主要用于红塔区、峨山县、易门县、新平县、元江县的200亩水稻田内建设永久性鱼凼，在红塔、江川区、通海、易门、峨山、新平、元江县组织养鱼户开挖符合标准的鱼沟、鱼溜、加高、加固田埂2 500亩，开展稻田养鱼技术培训，提供合符稻田养殖标准的鱼种，开展稻田养鱼鱼病、稻病防治工作。

（张员超　王宏伟）

【渔业资源保护项目】　2017年，中央补助全市渔业资源保护项目资金140万元，主要用于渔业资源经济物种鲢鱼、鳙鱼、抗浪白鱼、抚仙湖四须鲃、云南倒刺鲃、星云白鱼和濒危物种大头鲤增殖放流。

（王宏伟）

【增殖放流】　2017年6月6日，市农业局组织向抚仙湖投放规格6厘米以上的抗浪鱼31.94万尾、规格6厘米以上的云南倒刺鲃、抚仙湖四须鲃1万尾。8月26日，投放规格6厘米以上的抗浪鱼45.85万尾。12月22日，投放规格6厘米以上的抗浪鱼16.8万尾。6月30日，向星云湖投放规格10～20厘米的大头鲤8.3万尾，投放规格5～8厘米的大头鲤92万尾。7月11日，向杞麓湖投放规格5～7厘米的杞麓鲤28.7万尾。12月18日、19日，投放鲢鱼、鳙鱼106.3万尾。

（梁用本）

【渔业安全生产】　2017年，全市在渔业（渔船）安全生产、水产品质量安全生产监管等方面签订责任书，做到层层落实，层层有人抓，全年未发生渔业（渔船）安全生产事故。3月10日，市农业局组织全市水产站站长及各县（区）负责渔业安全人员、农业安全办公室、市红十字会相关人员，在通海县杞麓湖边召开全市渔业安全救援应急演练实训。6月5日至23日，组织全市水产站进行渔业（安全生产、水产品质量安全、船舶安全）交叉检查。5月24日至25日，对元江县进行水产苗种抽样4个，合格率100%。7月5日至7日，再次对元江县、峨山县、红塔区进行产地和市场风险质量安全抽检，其中对元江县产地抽样1个、峨山产地抽样5个、红塔区产地抽样5个，市场抽样14个。

（王宝云）

农村能源

【农村能源建设】　2017年，全市完成节能改灶任务5 000眼，其中红塔区600眼，江川区500眼，澄江县700眼，通海县1 000眼，峨山县1 200眼，元江县1 000眼，完成任务数的100%；完成太阳能热水器4 000台，其中江川区800台，华宁县700台，易门县700台，峨山县800台，新平县500台，元江县500台，完成任务数的100%。同时完成养殖小区大中型沼气工程2件，一件为源天生物集团牧业有限公司大型沼气工程，项目总投资645万元，其中中央投资225万元，企业自筹410万元，地方配套10万元；另一件为瑞丰农业科技开发有限公司养殖场大型沼气工程，项目总投资420万元，其中中央投资150万元，企业自筹260万元，地方配套10万元。

（马艳敏）

【农村能源综合效益】　2017年，全市沼气池统计数据为233 384口，获中央规模化大沼气池工程资金5 350万元，按80%使用率186 700口计算，推广省柴节煤灶285 283眼，推广太阳能热水器65 234台。通过农村能源项目建设，年累计形成开发和节约能源56.1万吨，折合标煤37.41万吨，年累计产值29 928万元，年减少森林砍伐2.47万公顷，年减少化肥施用量5.83万吨，减少砍柴工日10.68万个，减少二氧化碳排放97.96万吨，减少二氧化硫排放0.31万吨。

（马艳敏　王宏伟）

【农村沼气项目】　2017年，市级能源建设项目计划和补助资金136.59万元，主要用于全市农村沼气池安全、正常使用，保证养殖企业大中型沼气池、村沼气服务网点及养殖小区小型沼气池建设。

（王宏伟）

【外来入侵生物调查】 2017年，市农村能源环保工作站在上年的基础上针对52种《国家重点管理外来入侵物种名录》（第一批），在全市范围内继续开展外来入侵生物物种调查。全市发现18种外来入侵物种（入侵植物8种、入侵动物10种）。

【农业野生植物资源保护】 2017年，市农村能源环保工作站完成元江县野生稻国家级保护点农业野生植物（普通野生稻）原生境保护点生态保护红线的划定工作，并跟踪监测评估元江县野生稻国家级保护点资源环境状况，形成《2017年农业野生植物保护点资源状况监测评估报告》。监测评估结果上报省农业环境保护监测站。

（张　诚）

种子管理

【查办种子经营违法案件】 2017年，在春秋两季农作物种子销售期，市种子管理站深入各县（区）进行农作物种子市场联合检查，专项整治农业投入品、打击侵犯知识产权和制售假冒伪劣农资、依法查处取缔无证无照经营和农业行政处罚等案件。全市出动执法人员1 461人次、执法车辆249台次，检查9个县（区）、73个乡（镇、街道）集贸市场403个次、种子企业47次、种子经营门店8 082个次，检查种子包装、标签43 694个次。

【建立网络备案平台】 2017年，全市种子生产经营备案者可通过APP或PC进行网络备案，既降低了备案成本，又提高了备案的工作效率。全年网络备案908单，备案网点211户，备案品种435个，完成农作物经营备案品种1 144个，备案数量202.86万千克。主要农作物生产备案品种12个，生产备案面积4 550亩。

【法制农业宣传教育】 2017年，市种子管理站认真落实好“谁执法谁普法”工作责任制，深入开展法制农业宣传教育，进一步健全农业普法宣传教育机制。全市印发各种普法资料81 821份，把新《种子法》及3个配套规章法律法规送到全市种子执法工作者、种子经营者及购种大户手中。同时加强种子经营户培训，对9县（区）种子经营户开展相关法律法规、生产经营注意事项、农作物种子标签和使用说明、种子备案操作方法的宣传培训，共计培训1 338人次。并做好种子执法人员能力提升工作，组织种子执法人员开展新形势下的执法理念、行政与司法衔接、调查取证的方法、农业行政执法文书制作等业务培训，共有56人参加培训。

【清理无证无照经营种子企业（户）】 2017年，为确保辖区内无证无照经营比例控制在5%以下，亮证照率达到95%以上，不发生因无证无照经营造成重大安全事故、重大环境污染事故及经营人员暴力抗法等事件，市种子管理站对全市种子经营户进行检查清理。全市有合法种子经营企业7家、种子经营户865户，培训合格的种子从业经营人员1 346人。

【农业转基因生物（种子）安全监管】 2017年，结合开展春秋季种子市场监督检查及农作物种子质量监督抽查工作，全市开展农业转基因生物（农作物种子）专项检查，加强对种子经营者的宣传教育，并对种子生产经营企业及经营门店开展农作物种子转基因成分抽查抽检，严查转基因种子非法销售。全年运用上海佑隆生物科技有限公司生产的转基因快速检测试纸条（BtCrylAb/Ac试纸）对大小春农作物种子质量监督抽查抽取的491个种子样品进行转基因成分快速定性检测，全部检测反应为（–）阴性，即不含BtCrylAb/Ac试纸对应的转基因成分。

【种子质量监督抽查检验】 2017年，全市种子管理部门在春秋两季种子市场对辖区内种子企业、经销户、门店的种子进行抽样，进行“净度、发芽率、水分”3项指标室内检验。春季重点抽查玉米、杂交水稻、常规水稻、蔬菜等作物种子，抽取样品348份，涉及品种324个次，合格样品344份，抽检合格率98.9%。秋季重点抽查小麦、油菜、豌豆、蔬菜等作物种子，抽取样品143份，合格样品142份，抽检合格率99.3%。

【杂交玉米制种基地田间质量抽检】 2017年，全市种子管理部门进一步加强农作物种子生产基地监管，强化种子质量源头治理，严厉打击无证生产、侵权生产种子等违法行为，加强全市种子生产基地监管，规范种子生产秩序，切实抓好杂交玉米制种田花期田间质量管理工作，促进种子企业进一步提高种子质量，确保大田生产用种质量安全。市种子管理站认真组织市、县（区）两级种子执法人员及检验员联合开展市内制种企业在制种基地的专项检查和田间花期质量抽检，抽检结果均为持证生产，生产技术操作较为规范，所生产的品种真实，制种田植株生长较整齐，并对还存在的问题和后期工作重点作了明确要求。

【杂交玉米种子品种纯度田间种植鉴定】 2017年，市种子管理站统一抽检玉米种子纯度田间小区种植鉴定，全市共54个样品，涉及品种52个，委托红塔区种子管理站承担所抽检的玉米种子纯度田间小区种植管理。期间，市种子管理站组织市、县（区）田间检验经验丰富的种子检验人员8名组成品种纯度鉴定专家组，现场进行田间小区纯度种植鉴定，鉴定结果为54个玉米杂交种子样品中，53个均达到国家《农作物种子质量标准》（GB4 407.1–2 008）和《农作物种子标签通则》（GB20 464–2 006）规定，合格率98.1%。

【引进鲜食玉米新品种】 2017年，全市引进鲜食（甜、糯）玉米新品种开展区域试验、冬季筛选试验及播期试验，甜玉米品种有新美夏珍、田蜜三号、双色先蜜、金卡珍、白美玉、圣甜5 789、鲜甜90、佛甜2号、农甜88、正甜68、花超701、花超702、库普拉902，糯玉米的品种有石糯2号、天紫色23、甜糯888。经试验筛选出适宜全市种植的鲜食（甜、糯）玉米新品种有新美夏珍、田蜜三号、双色先蜜、金卡珍、白美玉、库普拉902、石糯2号、天紫色23，为全市鲜食玉米生产发展、选定适宜种植品种奠定基础。

【救灾备荒种子储备及救助】 2017年，市种子站依据《玉溪市市级救灾备荒种子储备管理办法》《玉溪市市级救灾备荒种子储备管理方案》要求，完成市级救灾备荒种子食粒豌豆2.61万千克、油菜3 341千克的储备及管理工作。全年动用救灾备荒种子13 956千克，其中食粒豌豆种子10 615千克，油菜种子3 341千克。

（秦 婧）

【非主要农作物品种登记】 2017年5月1日，《非主要农作物品种登记办法》正式实施。市种子站积极宣传，依据《非主要农作物品种登记指南》的要求，指导、配合搞好非主要农作物品种申请登记工作。全市申请通过登记的品种有6个，分别是油菜常规种玉红油1号、玉红油2号、玉红油3号、玉红油4号、A35、21-4-3。

【主要农作物相邻区域引种】 2017年，依据《主要农作物品种审定办法》《云南省主要农作物品种引种备案工作指南》等有关规定，在省内同一适宜生态区域内的主要农作物品种可以进行引种备案。全市区域内引种备案玉米品种"北玉10号""春喜99"等69个，杂交水稻品种"两优816""宜香优2 905"等8个。

（褚惠琼）

农业机械

【农机机械作业】 2017年，全市实现农机总动力276.35万千瓦，乡村农机从业人员14.99万人，拥有拖拉机5.67万台、拖拉机配套农机具2.24万台、多功能微型耕整机9.81万台、农用排灌机械4.03万台、联合收割机174台、农产品初加工动力机械2.98万台。全年完成机耕作业面积240.75万亩、机械深松作业面积13.64万亩、机播作业面积15.34万亩、机电灌溉作业面积97.83万亩、机械植保作业面积238.49万亩、机收作业面积36.25万亩。全市有农机专业合作社38户，完成农机专业合作社作业面积36.25万亩。全市有农机维修网点772家、农机经销企业和网点233家。

【小麦机械化生产】 2017年，市农机科和农技推广中心协调配合，试验、示范小麦生产机械化的新思路、新方法，在机播和机收上深入研究，示范推广中、小型拖拉机挂接的机械化播种机等新型农机具，分别建成多个小麦机械化播种、收获百亩和千亩连片示范区，辐射带动上万亩。还在易门县组织召开全市小麦生产全程机械化培训，全面提升小麦机械化播种生产技术。全市完成小麦机械化播种5.56万亩、机械化收获12.17万亩。通过不懈努力，与省农机主管部门积极协调汇报，易门县被省农业厅列为全省18个主要农作物生产全程机械化示范县之一。

（普文学）

【中央财政农机购置补贴项目】 2017年，全市发放中央财政农机购置补贴资金3 423万元，农机装备数量稳步增长，装备结构更趋合理，主要农作物耕、种、收综合机械化率达到47.6%以上，水稻、玉米、马铃薯等主要粮食作物生产全程机械化水平稳步提高，果蔬、油菜、花卉、中药材等特色经济作物机械化生产取得突破性进展，养殖业、林果业、农产品初加工机械化生产有所突破。

（王宏伟）

【机械化深松】 2017年，全市投入212台套深松整地作业机具，在春耕生产时节强农时、提效率、保生产，完成深松整地作业面积13.64万亩。同时在新平县举办深松整地作业监管系统培训班。并在全省领先投入使用农机深松整地监管系统，并确保监管平台运行正常，监督管理到位。全市还安装206台套位置通车辆定位仪。

【洋芋机械化收获】 2017年，市农机技术培训推广站结合扶贫攻坚和新型适用农机具推广，加大洋芋机械化收获推广力度，将12台洋芋收获机械送达铜厂乡芭蕉村委会，就地组织举办马铃薯机械化收获培训，120余人参加，发放技术资料250余份，送技下乡，送机入村，送教到人，现场实作讲解，实机操作，确保机具使用效果。全市完成马铃薯机械化收获示范面积1 000余亩，培训操作人员120余人次。

【作物秸秆还田机】 2017年，市农机推广站举办机械化秸秆还田现场培训，引进南昌旋耕机厂生产的1JQ-200型、1JQ-230型秸秆切碎机，展示农机新技术新机具，切实加大农机推广力度。全市推广秸秆还田机55台，完成机械化秸秆还田作业22 000亩。

【果蔬烘干机】 2017年，市农机技术培训推广站结合购机补贴政策的实施，根据全市农业发展需要，推广和扩大果蔬烘干机，不仅运用到果蔬烘干上，还在烤烟生产中大力运用，有效解决烟农烘烤时烤房不足的问题。并在通海县、元江县举办果蔬烘干机安全操作示范培训班，通过理论讲解和实际操作培训，使农户掌握技术要点，安全操作，提高效率，增产增收。全市推广果蔬烘干机3 288余台套，受益户数2 692户。

【农业机械化培训】 2017年，全市分类别开展农业机械化培训，培训15 000余人次。全年培训农机从业人员15 021人次，其中农机管理人员107人次，农机技术人员231人次，农机监理人员77人次，农机操作人员14 570人次，拖拉机教练员、安技员、总教练员、理论教练员复训108人。在澄江县、华宁县、峨山县、通海县举办农机职业技能鉴定培训，221人参加，合格212人，合格率95.93%。同时，持续承办由省农机干校组织举办的全省拖拉机教练员、安技员、总教练员的培训，对来自全省16个州市的100名拖拉机教练员、安技员、总教练员进行教育培训并考试发证。在峨山县举办全市拖拉机教练员复训班，对110名持证的拖拉机教学人员进行复训，采取多种教学方式强化拖拉机教练员教学水平和能力，提高农机培训质量，确保农机安全生产。

（普文学）

【拖拉机、联合收割机牌证管理】 2017年，全市各级农机安全监理部门依法行政、文明监理、优质服务，认真履职，严格办理各项农机监理业务，从源头上抓好农机安全生产工作。全市办理拖拉机注册登记169台，注销登记75台，拖拉机在册数53 290台；注册登记联合收割机10台，在册联合收割机86台；拖拉机、联合收割机挂牌率达85.9%，比上年提高0.1个百分点。全年检验拖拉机18 371台，检验率78.8%，比上年增加0.1个百分点。

【农机驾驶人员管理】 2017年，全市举办拖拉机驾驶员培训考试15期，合格发证585人，到期换证3 760人，在册拖拉机驾驶员41 659人；举办联合收割机驾驶员培训考试1期，合格发证15人，在册联合收割机驾驶人86人。拖拉机、联合收割机持证率92.5%，与上年持平。

【农机安全宣传教育】 2017年，全市

各级农机监理部门依据职能认真搞好农机安全宣传教育工作，出动宣传车辆1 505车次、宣传人员5 640人次，粘贴宣传标语522条，悬挂宣传横幅277条，发放宣传材料134 312份，开展农机安全宣传“五进”活动1 859次，举办安全知识讲座52次教育群众3 172人次，开展安全日学习活动336次教育群众17 923人次。为进一步营造农机安全生产氛围，全市农机安全监理所设计制作120块农机安全宣传牌，下发到各个县（区），安装在主要道路的醒目位置，提醒广大农机驾驶操作人员提高安全意识。

【农机安全生产“打非治违”专项行动】 2017年，市农机安全监理所按照省、市开展安全生产“打非治违”专项行动的相关要求，在重点时段和节假日期间，组织开展7次全市性的农机安全生产大检查。全年执法检查1 061次，出动检查车辆1 307车次、检查人员4 482人次，检查农业机械11 241台次、驾驶人员8 157人次，排查农业机械11 947台次、驾驶人员9 282人次、单位企业431家次、有关场所1 321个次，查出一般隐患449项，已整改449项，整改率100%，把隐患消除在基层、一线和萌芽状态。全年没有发生农机安全事故，农机事故严格控制在省下达的农业机械安全生产控制指标内。

【变型拖拉机专项整治】 2017年，全市农业、公安、安监部门联合制定下发《关于印发变型拖拉机专项整治工作方案的通知》，集中开展变型拖拉机专项整治。全市变型拖拉机注册登记总数为20 445台，拖拉机所有人为本省辖区内的18 898台、为本省辖区外的768台、为外省的779台，辖区内运营的外籍变型拖拉机总数为344台，其中本省籍辖区外286台，外省籍58台。检验情况为已检验10 790台，1年未检的1 432台，2年未检的1 079台，3年以上未检的7 144台。全市开展变拖整治联合执法21次，出动执法车辆94车次、执法人员330人次，检查变拖858台次、驾驶人员866人次，逾期未检行驶36起，非法拼装改装3起，变拖无牌行驶1起，变拖无证驾驶4起，变拖超载驾驶4起，变拖违法载人16台次，扣留变拖2台次，注销变拖42台，批评教育警告147次。

【“平安农机”创建】 2017年，全市组织开展“平安农机”创建工作。易门县、澄江县获2016年省级平安农机示范县和2017年全国平安农机示范县。华宁县获2017年省级平安农机示范县。过亚东、高红芬获2016年全省农机安全监理示范岗位标兵和2017年全国农机安全监理示范岗位标兵。史应仙、禹旻娇、武丽芝、杨险峰、郭水全、杨兴平获2017年全省农机安全监理示范岗位标兵。

【农机安全监理台账管理】 2017年，全市切实加强农机安全监管，强化安全控制，规范农机安全生产台账管理。全市各级农机监理机构完善建立安全管理机构台账、安全管理制度台账、安全管理文件台账、安全管理目标责任书台账、安全生产有关会议台账、安全生产检查台账、安全隐患整改台账、安全事故管理台账、安全培训台账、重大危险源台账共10本台账，落实专人负责，切实规范痕迹材料的管理，使得农机安全生产管理更科学高效。

（李　翔）

【农产品监管检测体系】 2017年，全市所有县（区）、涉农乡（镇、街道）均建立农产品质量安全监管机构，部分村级形成以村组干部、兽医员、农科员为主体的质量安全协管员队伍，在各级党委、政府的指导下，明确村民小组长为村民小组质量安全管理员。市级检测站主体工程已竣工。县级检测站已全部建成。红塔区和新平县获得“双认证”。全市所有涉农乡（镇、街道）均配备快检设备。

【农产品质量安全执法】 2017年，全市七县二区均成立农业综合执法机构，全年办理农产品质量安全执法案件8件，办理案件数量比上年增长12.5%。其中省级监督抽查、风险监测案件1件，市级监测案件6件。全市组织开展农药、兽药等七大专项整治行动，出动工作人员7 712人次，检查企业10 333家次，立案查处45起，涉及金额8.9万元。

（祝琳静）

【农产品检测】 2017年，市农业局配合省农业厅完成监督抽查，种植类产品农药残留定量检测项目为甲胺磷、氧乐果等58个品种，畜牧产品兽药残留定量检测项目为喹诺酮类、磺胺类等4类13个品种，水产品渔药残留定量检测项目为喹诺酮类、孔雀石绿等4类13个品种。现场抽样150批次，其中蔬菜120批次，水果30批次；完成例行监测260批次，其中蔬菜200批次，水果60批次；完成市级农产品质量安全定量检测样品510个，其中蔬菜250个，水果110个，畜禽肉50个，水产品50个，禽蛋50个。全市定量抽检总合格率98.6%，其中蔬菜、水果、畜牧水产品抽检合格率分别为98.0%、98.2%、100%。全市完成蔬菜、水果农药残留快速样品检测25 334个，其中蔬菜23 574个，水果1 760个。全市快检总合格率98.9%，其中蔬菜快检合格率98.0%，水果快检合格率98.2%。全市农产品质量安全工作总体保持在较高水平。

（祝琳静　李双艳）

【农产品追溯体系建设】 2017年，全市追溯平台入网企业112家，入网农产品260个，其产品实现可追溯，追溯标签打印2万多个，用户扫码查询记录1 500多条。动物卫生监督实现全市38个生猪定点屠宰场（点）的屠宰检疫电子出证，9个县级生猪定点屠宰场实现屠宰全程电子监控并联网，市、县动物卫生监督机构在网上就能查看屠宰过程。

（祝琳静）

【农业品牌创建】 2017年，全市新增云南名牌农产品4个，云南名牌农产品已达28个。全市3家企业5个产品获得“三品一标”证书，14家企业24个产品完成省级审核并上报到农业部绿色食品发展中心。全市持有效证书的“三品一标”有78家企业143个产品，用标产值突破百亿元，其中无公害农产品69个，绿色食品63个产品，有机食品6个，农产品地理标志产品5个。全市无公害农产品、绿色食品认证面积达到42.18万亩，产量61.8万吨。全市农产品地理标志登记面积达到278.6万亩，产量1.5亿吨。并新增地理商标“易门豆豉”1个，全市地理商标总数达6个。

（祝琳静　朱林立）

【农业标准化生产】 2017年，全市制定并颁布实施种植业类标准20多项，标准数达160多个。全市获农业部热作标准化示范园5个、农业部蔬菜水果标准化创建基地8个、养殖类标准化创建基地31个。

（祝琳静）

土肥植保

【测土配方施肥】 2017年，全市各级财政投入测土配方施肥项目到位资金325万元，其中中央耕地质量提升与化肥减量增效项目资金305万元（峨山县），省级农业生产发展专项资金20万元。全年在水稻、玉米、油菜、烤烟、蔬菜、马铃薯、柑橘等作物实施测土配方施肥200.59万亩次，配方肥施面积101.69万亩，配方肥施总量4.42万吨，完成各类试验106组，创建各类示范区73个，示范面积10.53万亩，项目总减不合理施肥量6 738.38吨（纯量），总节本增效21 953万元，平均亩节本增效109.44元。全年组织采集土样2 097个，分析化验土样4 759个20 312项次、植株样60个；举办各类培训班259期，培训技术骨干、培训营销人员及农民14.45万人次，发放培训技术资料9.32万份，召开现场会50次；研究确定配方88个，为39.09万户农户提供测土配方施肥服务。

（金 萍）

【耕地保护与质量提升项目】 2017年，在新平县实施耕地保护与质量提升项目面积2.2万亩，采购发放各种物资3 554吨，其中商品有机肥912吨，生石灰2 086吨，钙镁磷肥556吨，项目投资200万元。在峨山县实施中央耕地保护与质量提升项目，补助资金305万元，开展耕地质量提升与化肥减量增效示范，示范面积2万亩以上，取土化验600个以上，田间肥效试验30个以上。

（高嘉培 王宏伟）

【耕地休耕制度试点项目】 2017年，在澄江县、易门县实施耕地休耕制度试点项目1万亩，投资500万元。其中澄江县0.5万亩，易门县0.5万亩。两县结合当地产业结构调整和群众种植习惯，因地制宜改种防风固土、涵养水分、改良土壤、培肥地力的作物。推行耕地休耕制度，有助于耕地休养生息，减少化肥农药投入，实现用地养地相结合，打破恶性循环，推进生态修复治理，缓解生态环境压力。

（何飞逾）

【建立市级耕地质量监测点】 2017年，为进一步加强耕地质量保护，建立健全全市耕地质量监测网络，设置市级耕地质量监测点100个，构建布局合理、功能完善的耕地质量监测网络。

【肥料执法】 2017年，依据《肥料登记管理办法》等法律法规，市土壤肥料工作站联合县（区）土肥站，在全市发放宣传资料2.18万份，共出动执法人员666人次，检查肥料生产企业17家、肥料市场77个、肥料经销户961户，随机抽取10家肥料生产企业进行监督抽查。通过对肥料生产企业及经销商的监督抽查，对规范全市肥料市场秩序，提升肥料产品质量，打击制售假冒伪劣肥料产品，维护农民合法权益，构建放心肥料市场，起到了积极的推动作用。

（杨绍富）

【农作物病虫害监测预警】 2017年，市、县（区）两级植保站发布主要病虫害发生趋势预报、简报、防治警报109期，其中小春41期，大春68期，并在全市农业信息网内发布信息174条，通过市、县（区）电视报道15期次，《玉溪日报》报道1条。全年农业有害生物灾害发生565.15万亩次，防治面积1 209.96万亩次。其中，水稻病虫害发生面积36.44万亩次，防治面积73.91万亩次；玉米病虫害发生面积92.52万亩次，防治面积86.18万亩次；小麦病虫害发生面积29.43万亩次，防治面积59.59万亩次；油菜病虫害发生面积28.82万亩次，防治面积44.20万亩次；蚕豆病虫害发生面积7.72万亩次，防治面积9.78万亩次；蔬菜病虫害发生面积145.19万亩次，防治面积435.41万亩次；马铃薯病虫害发生面积2.66万亩次，防治4.34万亩次；柑橘病虫害发生面积21.59万亩次，防治面积91.56万亩次；农田鼠害发生面积57.91万亩次，防治面积136.92万亩次；农田草害发生面积116.39万亩次，防治面积164.09万亩次。

【绿色防控技术推广】 2017年，全市在蔬菜、水果、粮食、烤烟等作物设立统防统治与绿色防控融合技术示范区53个，核心示范区面积11.64万亩次，辐射带动660.53万亩次。其中，绿色防控面积301.33万亩次（性诱面积16.27万亩次、灯诱面积43.62万亩次、色诱面积23.62万亩次、生物农药防治面积105.15万亩次、生物防治面积112.67万亩次），统防统治面积359.20万亩次。全市农作物绿色防控覆盖率73.14%，统防统治覆盖率87.18%。

【农田鼠害防治】 2017年，全市农田鼠害发生72.63万亩次，防治171.2万亩次。室内、农田灭鼠效果分别达到82.6%和82.21%。全市投入资金127.13万元，挽回粮食损失716.74万千克，折合人民币1 814.16万元，防害减灾增收效益明显。

（王田珍）

【宣传《农药管理条例》及配套规章】 2017年，全市累计开展《农药管理条例》及配套规章的宣传活动46次，发放宣传材料41 454份，开展培训113期，培训农药管理人员240人次、农药经营人员1 154人次、农药使用人员8 766人次。

【农药生产经营主体核查】 2017年，根据中国农药信息网查询及调查，全市现有农药生产企业11家，登记有效期内农药产品共计17个，其中生物农药10个，微毒或低毒化学农药7个。全市有证照齐全的农药经营单位（门店）2 066家。

【农药安全生产监管】 2017年，全市累计开展农药安全生产宣传活动79次，开展农药市场检查活动162次，累计出动执法人员1 148人次、车辆353台次，发放宣传材料42 663份，依法检查农药经营单位4 024户次，检查农药产品24 563个，检查农药标签9 906个，检查兽药经营单位554家（次），抽检农产品131个。同时，整顿市场1 094个次，受理举报案件5件，挽回经济损失8.6万元。全市办理农业行政处罚案件122件，罚没款18.2万元。并与抚仙湖径流区的151户农药经营门店签订《加强抚仙湖保护的农药经营承诺书》。在省农业厅组织的农药监督抽查工作中，抽查40个农药经营单位，立案查处10个不合格的农药经营单位。全市累计查处农药经营违法案件32个，涉及违法经销商30家，涉及农药产品46个，没收违法所得7 716元，并处罚款41 969元；检查农药生产企业3家，未发现有违规生产行为；规模化种植企业未发现在蔬菜、瓜果、茶叶、中草药等作物上使用禁限用农药。

（旃庆全）

【植物检疫】 2017年，全市实施植物

和植物产品产地检疫14.89万亩次，涉及的品种主要有水稻、玉米、蔬菜、水果等；调运检疫签证共计602批次，涉及苗木130批次65.66万株，种子395批次215.6万千克，植物产品77批次247.85万千克。调运检疫签证的苗木主要是茉莉花、木瓜、柑橘、玫瑰等，种子主要是水稻、玉米和烤烟，植物产品主要是玉米、蔬菜。

（普　群）

【柑橘黄龙病防控】 2017年，全市柑橘黄龙病普查面积25.52万亩，发生面积0.93万亩，占普查面积的3.64%。主要分布在华宁县华溪、盘溪，新平县腰街、者竜，元江县大水平等老柑橘园区。至10月，全市开展技术培训68期，培训橘农10 351人次，发放技术资料9 867份、科技书刊（光盘）4 320本；开展联合检查20次，抽样送检822份，检出阳性2份，并发送《责令改正通知书》。全市挖除病树34.71万株，推广无病苗434.8万株，开展木虱统防统治82.18万亩，防治效果达90.17%以上。

【红火蚁疫情普查防治】 2017年，全市红火蚁疫情发生县（区）2个，分别为红塔区、澄江县。在农田发生面积3 970.8亩，其中红塔区2 218亩，澄江县1 752.8亩。全市防治8 116.5亩次。

【植物检疫宣传月活动】 2017年，结合全市实际，于9月在全市范围内组织开展植物检疫宣传月活动。全市共出动车辆71台次，张贴标语226条，设置科技宣传栏561块，累计开展现场咨询活动21次，到现场咨询的人员达到2 650人。全市举办培训12场，培训人员935人。同时，全市进一步加强植物检疫工作，不断提升植物检疫履职把关能力。全市开展植物检疫联合执法20次，针对有无产地检疫合格证和调运检疫证，检查种子门店229个，检查种子257个。

（范桂萍）

农业科研

【科研项目通过验收】 2017年2月8日至3月23日，市农科院完成的“玉溪市水稻高产高效栽培技术集成创新与应用”“草莓脱毒种苗规模化繁育技术集成研究与应用”“玉溪市红皮洋葱优质高效栽培技术研究与应用”“低纬高原山区油菜避灾高效栽培技术研究与集成应用”4个科研项目和市烟草产业办公室、市农科院、红塔烟草（集团）有限责任公司共同完成的《红塔玉溪烟叶核心原料生产关键技术集成与应用》项目通过验收。

【扶贫项目“引种金铁锁”获得成功】 自2016年市农科院首次引进中药材金铁锁在红石岩扶贫点进行试验种植以来，经过一年多的努力，2017年3月1日种植户喜获第一笔收入。据统计，2017年有种子收成的面积为68.69亩，除去农户自留扩大种植所需种子外，实际交售种子321.5千克，总收入91 431.5元，加权平均每千克种子价格284.4元，种子按质论价在250元至300元之间，最高亩种子收入3 760元，为贫困村农民增收提供了一条好路子。

【油菜现场观摩及技术培训会】 2017年4月26日，市农科院举办省级高产创建油菜绿色高产高效示范现场观摩及技术培训会。参会人员到市农科院贾井基地对高含油量油菜新品种“玉油1号”和高产新品系“玉油4号”及优质杂交油菜新组合“云油杂28号”等进行田间考察，现场观摩油菜收割机作业，并聆听云南农业大学林良斌教授作《油菜高效生产技术–免耕栽培与机械化收割》专题讲座。

【花卉产业技术培训】 2017年5月9日，市农科院举办全省现代农业花卉产业技术体系技术培训会。参会人员先后到高仓街道紫玉花卉产业有限公司、研和街道贾井基地对月季盆花栽培及百合、洋桔梗等花卉栽培技术进行观摩学习，随后听取市现代农业花卉产业技术体系试验站长张军云作《云南省花卉产业技术体系玉溪试验站建设情况》及《切花月季产业化集成技术推广》专题讲座。6月15日至16日，市农科院举办全省现代农业花卉产业技术体系全市现场培训会。参会人员先后到红塔区研和街道锦绣花卉产业有限公司、大营街街道彩云花卉产业有限公司观摩切花月季、微型盆花月季栽培，随后听取省农科院花卉所草本中心主任蒋亚玲副研究员作《切花康乃馨高效栽培种植技术》及云南省农业大学李少明高级实验师作《新型肥料在花卉种植中的应用技术》专题讲座。

【省花卉产业体系玉溪试验站启动】 2017年，在现有的8个现代农业产业技术体系的基础上，全省又启动12个新的产业体系，花卉苗木产业技术体系位列其中。省农科院花卉所作为该体系的牵头单位，所长王继华任首席科学家，由鲜切花、盆花、观赏苗木、特色花卉、加工花卉、景观花卉、土壤肥料、病虫害防控和产业经济研究室9个功能室及大理、玉溪、泸西、砚山、迪庆、楚雄、丽江、版纳、省花卉推广中心试验站9个站组成。市农科院作为该体系的试验站之一已启动。

【易门新增切花月季】 2017年，全市花卉种植面积约2.4万亩，亩产值4万多元，种植品种主要有月季、百合、康乃馨、非洲菊、洋桔梗等，主要集中在通海县、红塔区、江川区和元江县，已成为全省花卉主产区之一。通海县瑞金花卉公司在易门县六街镇流转连片土地200亩，并全部建成标准化切花月季大棚，种植蜜桃系列、多头系列10多个品种。

【科企合作】 2017年8月2日，市农科院与锦颖花卉公司签订花卉新品种新技术研发及示范合作协议，并举行市农院月季新品种新技术试验示范基地、月季研发中心、省花卉苗木体系玉溪试验站锦海示范基地授牌仪式。此举为深入推进科企合作，充分发挥科研单位的职能职责，努力壮大全市花卉产业奠定坚实基础。

【玉溪微型盆栽玫瑰落户普洱】 玉溪微型盆栽玫瑰种植始于2014年，经过近几年的发展已成为全国盆栽玫瑰中心，在标准化育苗、新品种选育、种植技术、病虫害防治和种植模式等方面取得较好成效。尤其是市农科院和紫玉花卉产业有限公司结合生产实践积极探索研发新的种植模式—管道渗透灌栽培技术在当地盆栽玫瑰种植中得到较好的推广应用，节水节肥、人工浇水省工省时、病虫害发生率降低、成品花率提高等技术优势深受种植户喜欢。经省花卉体系玉溪站牵线搭桥，帮助普洱市思茅区依象镇半坡村一种植户设计制作管道渗透灌栽培系统设施，紫玉花卉公司提供优质盆栽玫瑰种苗，该种植户于2017年8月25日顺利种植2万盆玫瑰。

【外国水稻专家指导水稻育种】 2017

年9月18日，国际水稻研究所育种系主任GeorgeP.Kotch博士、国际水稻研究所驻中国代表叶国友博士在云南大学农学院院长胡凤益教授、市农科院副院长杨进成研究员等陪同下考察市农科院水稻育种及示范推广工作。外国水稻专家一行到新平县嘎洒镇实地田间考察市农科院水稻试验站承担的工作及同云南大学合作的多年生稻遗传改良及应用研究技术课题进行大田生长、试验情况实地察看。

（饶　敏）

【新型职业农民培育】 2017年，全市争取到中央和省级新型职业农民培育工程项目资金402万元，承担培训任务1 620人，实际完成培训1 646人。按类型分，青年农场主100人，新型经营主体带头1 010人，生产经营型104人，专业技能型312人，专业服务型120人。按县（区）分，市级267人，红塔区150人，江川区257人，澄江县103人，通海县266人，华宁县100人，易门县150人，新平县250人，元江县103人。

（台　英）

【基层农技推广体系改革与建设】 2017年，全市争取中央财政资金700万元，组织全市二区七县实施基层农技推广体系改革与建设补助项目，按因素分配法分配每县（区）资金70～100万元。全市建设科技示范基地20个，建立试验示范基地19个，培训技术指导员320人、农业科技示范户3 180户，辐射带动示范户63 600户、科技示范村8个。全市遴选基层农技人员1 091名入村进行技术指导，并组织632名基层农技人员参加由省农大、云大等5个培训机构举办的能力建设培训，其中参加15天重点班异地脱产培训65人，参加5天普通班异地脱产培训567人。每个基层农技人员全年进村入户指导每个示范主体5次，下乡技术指导100天以上，农业技术到位率超过95%，有效地促进了农业增效、农民增收。

（李艳兰　王宏伟）

【农业技术推广奖】 2017年，全市申报2016年度市农业技术推广奖请奖成果28项，经审核后，于2017年5月23日召开专家评审委员会，评出授奖项目27项，其中一等奖4项，二等奖7项，三等奖16项。按照“好中选优、优中选强”的原则，推荐省农业技术推广奖9项。

【村级农业技术推广人员工资补贴】 2017年，全市已认定村级农业技术推广员704名，财政每人每月给予300元的工资补贴，其中市级补贴200元，县级补贴100元。市级共补贴村级农业技术推广人员工资168.96万元。

【推荐全省第七届科技兴乡贡献奖】 2017年，全市乡（镇）农技推广机构中民主推荐符合科技兴乡贡献奖条件人员6人，经省选拔有突出贡献优秀专业技术人才评审委员会评审，通海县河西镇农业综合服务中心普光发、江川区大街街道农业综合服务中心赵正宏、峨山县富良棚乡农业技术推广站李军、新平县扬武镇农业综合服务中心洪春海4人获全省第七届科技兴乡贡献奖。

【推荐享受省政府特殊津贴】 2017年，根据市人力资源和社会保障局相关通知要求，组织各县（区）农业（畜牧兽医）局及局属各单位严格按照选拔条件、方法和程序，本着“好中选优、优中选强”原则推荐符合条件人员2人。经省选拔有突出贡献优秀专业技术人才评审委员会评审，市水产工作站高级农艺师王宝云、红塔区种子管理站高级农艺师刘庆荣2人获省2017年享受政府特殊津贴专家。

【农业部“最美农技员”称号】 2017年，根据农业部相关通知要求，市农业局组织全市县、乡两级农业技术推广机构自下而上推荐在编在岗符合条件人员7人报省农业厅，经农业部有关专家评审，通海县秀山街道农业综合服务中心高级农艺师许艳斌获农业部“最美农技员”称号。

【农业部检查基层农技推广体系改革与建设补助项目】 2017年2月24至25日，农业部考评组在省农业厅段洪文副处长的陪同下，对全市2016年全国基层农技推广体系改革与建设补助项目实施情况进行全面考评。通海县作为全市的代表县顺利通过考评组的现场考评，并得到考评组的一致好评。3月18日，农业部督导检查组和省农业厅督导检查组一行11人，对峨山县2013～2016年实施全国基层农技推广体系改革与建设补助项目的资金使用情况、项目建设情况进行全面的检查，实地察看基地建设情况，并对项目中的科技示范户进行现场提问。市农业局、峨山县农业局相关人员迎接检查工作，并顺利通过农业部督导组的检查。

（李艳兰）

绿水青山·碧玉清溪

（吴 垠 摄）

水　利

WATER CONSERVANCY

责任编校：王竹能

水利规划与建设

水利管理

防汛抗旱

水资源管理

水利规划与建设

【概　况】 2017年，市政府下达水利投资计划27.5亿元，年末全市实际完成水利建设投资27.91亿元，占目标任务的101.5%。全年新增高效节水灌溉面积20.83万亩，巩固提升15.1万农村人口饮水安全问题；新增有效灌溉面积2.06万亩；完成水土流失综合治理面积284.8k平方米，占年度目标任务的101.4%。全市库塘蓄水56 971万立方米，比上年多1 463万立方米，占年度任务的111.7%。全年争取上级资金43 942万元。据市统计局数据，全年市水利管理业固定资产投资完成35.31亿元，占年度目标任务31.7亿元的111.4%。中央水利投资计划省考核为优良，得分98.99分，位列全省第三名。

【水利前期工作】 2017年，按照《云南省水利厅关于建立重点水利工程前期工作会商督办机制的通知》要求，全市建立了重点水利工程前期工作会商督办机制。新平县洋发城、白沙河中型水库和小（一）型水库、水系连通工程前期工作顺利推进。峨山县下玉杵水库、新平县洋芋山水库、元江县寒及冲水库、华宁县龙洞河水库、易门县岔河水库连通工程、江川区前卫镇石河水库-小井坝-星云湖抗旱应急连通工程、抚仙湖水资源生态保护甸垛龙潭调水工程、通海县西片区水资源配置工程等项目可行性研究报告的编制和审查批复全面完成。元江县大风丫水库、南泗冲水库、新平县摆依寨水库、华宁县玉泉山水库的技术方案对接和评审等工作完成。并配合市滇中引水办开展滇中引水市境段配套工程规划阶段工作。

【水源工程建设】 2017年，全市在建和新开工水源工程15件。全年完成投资48 310万元，累计完成投资128 696万元。其中，中型水库3件。元江县鲁布水库完成大坝填筑70余万立方米，开始输水高洞和溢洪道高边坡开挖。易门县苗茂水库大坝主体工程完工。华宁县矣则河水库扩建工程完成大坝填筑25万立方米，输水隧洞无压段贯通。小（一）型水库12件。易门县团结水库和抗旱水源工程华宁县分水岭水库完工。新平县马鞍山和易门县龙潭坝水库主体工程完工。元江县小拉史水库和西拉河水库渠系配套工程正常推进。烟草援建项目红塔区平滩箐水库、华宁县核桃冲水库和新平县横山水库进行收尾。新开工建设的华宁县雨勒冲水库、峨山县笳川水库和通海县木格水库开展截流前准备工作。峨山县尼去本水库和易门县团结水库扩建工程2件小（一）型水库竣工验收。同时，东片区暨“三湖”生态保护水资源配置应急工程一期工程完工投入运行，累计完成投资16.24亿元，并向星云湖补水2 154万立方米进行水体置换。4月25日，二期工程江川、通海支管开工建设，完成投资751万元。抗旱水源工程华宁县分水岭水库于8月工程竣工，累计完成投资2 500万元。

【民生水利建设】 2017年，全市完成冬春农田水利投资18.78亿元（超额完成省级下达的17.5亿元任务），群众投入工日2 134万个，出动机械台班45.8万台，完成土石方2 269.59万立方米，新修和维护小型水源工程9 879件，修复水毁工程456件，完成干支渠防渗189.9千米、田间渠道267.9千米，疏浚河道214.1千米，清淤沟渠2 760.5千米，建设村镇供水工程33处，新增蓄水能力905.1万立方米，新增和改善灌溉面积39.38万亩，新增节水灌溉面积26.42万亩，年新增节水能力1 086万立方米，改造中低产田地8.1万亩，新增供水受益人口15.6万人。全面启动病险小坝塘除险加固项目，全年计划实施400座病险小坝塘除险加固工程。至12月底，累计完成投资2.89亿元，主体工程全面完成，大部分工程已投入使用。市水利局以干旱缺水、水源贫乏，大中型水源覆盖不到或缺乏建设大中型水源工程条件的山区和半山区，特别是贫困、干旱少雨地区为重点，大力开展山区“五小”水利工程建设。截至12月底，全市“五小”水利完成投资32 951.7万元，建成“五小”水利工程23 480件。

【农村饮水安全巩固提升】 2017年，全市计划实施15万农村人口饮水安全巩固提升。市委、市政府高度重视，将其列为“民心工程”，实行行政首长负责制，市、县（区）政府对辖区内农村饮水安全负总责，分管领导为市、县（区）农村饮水安全保障责任人。年初，市政府与市水利局签订农村饮水安全巩固提升目标任务责任书，并且列在全市“20项重要工作和10件惠民实事”和“争先创优跨越发展”大讨论、大行动计划中进行督查。市水利局分别与各县（区）水利局签订年度目标任务责任书，并在年末按照目标任务进行考核。全市充分利用国家金融支持水利信贷政策，积极筹措资金，积极推进农村饮水安全巩固提升工作。经市政府、市人大常委会研究通过，由市水利局作为项目实施主体，以政府购买服务方式向银行融资4 083万元，用于全市农村饮水安全巩固提升项目。全年建设农村饮水安全巩固提升项目229件，巩固提升农村人口15.11万人；完成总投资8 964.27万元，其中中央资金2 938.54万元，省级资金649万元，市级资金3 734.6万元，县（区）资金1 353.38万元，群众自筹288.75万元。在采取

2017年1月7日，全市水网建设重点项目集中开工仪式　（市水利局　提供）

工程措施的同时，对全市农村饮用水源地采取修砌围墙、铁丝围网，进行物理隔离和封闭管理；划定水源保护区，设立警示牌，限制或禁止放牧，禁止砍伐树木，禁止开采砂石，退耕还林，涵养水源；加强运行维护管理，除险加固，派驻专人看管，定期取样监测水质状况；修建封闭的取水、蓄水设施，建立自来水厂；并进行普法宣传、节水宣传，成立用水户协会。

【小（二）型水库除险加固工程建设】 2017年，按照省财政厅、省水利厅关于下达第二批中央财政水利发展资金的通知，全市有9座小（二）型水库列入年度建设计划，批复总投资1 485.4万元，中央补助1 071万元，不足部分由市、县配套。项目按建设程序全部开工建设，部分工程已完工投入运行。按照省财政厅、省水利厅关于提前下达2018年中央财政水利发展资金的通知，全市有11座小（二）型水库列入建设计划，批复总投资1 789.6万元，中央补助1 309万元，不足部分由市、县配套。项目按建设程序已全部完成招投标，部分工程已开工建设。

【河道治理工程建设】 2017年，华宁县南盘江盘溪防洪治理工程项目批复概算总投资6 685.26万元，批复治理干、支流治理河长为5.89千米，两岸治理堤防长10.33千米，完成治理河长4.1千米、堤防长度6.4千米，完成投资2 750万元，至年底盘溪防洪治理工程已全部完工。12月，新开工的曲江通海县段治理工程、曲江峨山县段治理工程2项目，完成征占地和进场道路平整。全市进入《加快水利薄弱环节建设云南省实施方案》的11件中小河流和2件主要支流治理项目，根据省厅要求，项目所在县（区）已开展前期工作，到年底已全部完成编制，其中9件已通过省水利厅和省发改委的评审待批。

【中央财政小型水利重点县项目建设】 2017年，在建重点县为江川、易门、新平及华宁县4个县（区），项目涉及第七、八、九3个批次，批复投资8 188.8万元，其中中央财政补助4 300万元，省财政补助2 750万元，市财政补助509万元，县财政530万元，群众自筹99.8万元。已到位资金7 050万元，其中中央财政补助4 300万元，省财政补助2 750万元，实际完成投资4 957万元。至12月底，工程建设按计划有序推进，4个县（区）建设进度都超过计划要求的50%，其中江川区工程建设进度为63%，易门、新平2个重点县工程建设进度均达51%以上，华宁重点县工程建设主体工程已完工，正在扫尾，进度达83.2%。工程完工后，预计实现灌溉效益4.41万亩，其中增加灌溉面积1.34万亩，改善灌溉面积3.07万亩，发展高效节水面积0.83万亩，受益人口3.98万人。

【水土保持工作】 全市国土面积15 285平方千米，主要分属珠江和红河两大流域。根据《云南省水土流失调查成果公告（2015年）》显示，全市土壤侵蚀面积3 537.62平方千米，占土地总面积的23.67%。为有效遏制生态环境恶化趋势，建设生态文明，全市水土流失防治目标任务为完成新增治理水土流失面积281平方千米。通过水利、林业、农业等部门和社会各界的共同努力，全年全社会完成水土流失综合治理面积284.8平方千米，占计划数的101.35%，并完成新实施生态修复面积72.54平方千米，完成投资24 504.76万元。重点水保工程组织实施3件水土保持工程，包括续建2件上年中央预算内投资水土保持工程（新平县曼干小流域坡耕地水土流失综合治理工程和易门县马头小流域坡耕地水土流失综合治理工程），新建1件中央预算内投资水土保持工程（新平县富库小流域坡耕地水土流失综合治理工程）。3件工程年度内完成水土流失治理面积2.96平方千米，完成投资820.20万元。

华宁县矣则河水库除险加固工程施工现场　　（市水利局　提供）

【农村水电站增效扩容改造】 2017年，全市组织完成“十三五”批复的8个农村水电站增效扩容项目复核（总投资9 900万元），并对项目环境影响评价情况进行落实，按新要求的技术经济指标进行审核调整；组织完成“十二五”水电新农村电气化建设项目国有资产保值增值登记确认，开展自然保护区水电站建设情况摸底排查，并完成“十三五”农村水电增效扩容改造项目中央、省级财政资金确认；参与新平县三江口水电站涉水行政审批情况调查，对施工现场进行检查、反馈；组织开展辖区内水利系统负责农村水电工程安全生产抽查和现场督查。全年农村水电站增效扩容改造完成投资200万元，农村水电发电量完成累计17多亿度。

（范　文　向小华）

水利管理

【水库运行管理】 2017年，全面推进落实水库大坝安全责任制，建立协调联系机制，强化预警监测，加强巡查巡视，及时排除安全隐患，开展灾后水利薄弱环节小型病险水库和小坝塘除险加固项目建设。全市开展中型水库大坝运行现状评估，全面监控水库大坝工作状态，开展15座中型水库大坝安全监测资料整编与分析工作，收集全市中型水库的基本工程资料、监测资料，为后期水库运行管理提供技术支持。

【水利脱贫攻坚】 2017年，全市水利部门继续把保障贫困地区生产生活用水作为深化水利改革发展的核心任务，全力投入，积极推进水利脱贫攻坚工作。全年水利脱贫攻坚完成投资30 071.96万元，年新增供水能力555.09万方，新增、改善灌溉面积7.62万亩，巩固提升贫困地区农村饮水安全人口12.31万人，其中涉及建档立卡贫困人口2.2万人。全市制作饮水安全“明白卡”2.96万张，并发放到建档立卡贫困户。全市水利部门直接安排在贫困乡（镇）、贫困村委会的水利项目总投资24 547.05万元，其中第一批水利脱贫攻坚项目总投资9 243.79万元，市级补助6 343万元；第二批水利脱贫攻坚项目总投资3 153.26万元，市级补助1 157万元；病险小坝塘除险加固项目总投资10 657.6万元，市级补助8 100万元；中央预算内农村饮水安全项目总投资1 492.4万元，中央、省补助787.2万元，市级补助554.8万元。这些项目的实施，提升了贫困地区水利基础设施配套水平，较好地解决了贫困地区生活生产用水问题，为提高贫困地区抗御水旱灾害能力，保护和合理利用水土资源，保障经济社会持续、稳定、健康发展产生了重要作用。按照贫困行政村退出内容及标准，至年底，全市贫困村人畜饮水保障问题已基本解决，今后的主要任务是加大巩固提升力度，稳步提高贫困地区的饮水安全保障水平，进一步改善贫困群众的饮水条件。

【乡（镇）供水】 2017年，全市投入资金8 964.27万元，建设和改造农村人饮工程229件，巩固提升农村饮水安全人口15.1万人。至12月底，全市建成农村饮水工程5 478处，日供水能力27.72万方，累计解决了189.01万人的饮水困难和饮水安全问题。全市农村饮水集中供水率94%，自来水普及率90%，城镇供水管网覆盖行政村比例为26%。

【水利投融资改革】 按照市政府与省建设投资控股集团有限公司签订的合作协议，2017年5月18日，市水利基础设施投资建设有限公司正式挂牌成立，标志着全市积极扩大水利投融资渠道，深化水利投融资改革，探索PPP运行模式，加快水利事业改革与发展迈出更大步伐。市水利局以此为平台，积极推进水利投融资改革。通海县木格水库、琉璃河水库扩建工程、峨山县下玉杵水库、罗里水库、新平县洋发城水库、易门县岔河水库连通工程、白龙水库扩建工程、苗茂水库库尾人工湿地工程、大谷厂水库除险加固、苗茂—驿马坡段河道治理等工程合作事项逐步展开。同时，经市政府常务会、市人大常委会研究决定，由市水利局向万生水利投资有限公司购买全市病险小坝塘除险加固等5个项目服务，计划项目融资贷款12亿元。至6月，已融资到位3.85亿元，并已下拨到各项目县（区）。后续融资贷款因国家政策调整而停止。

【农田水利改革】 2017年，全市实施农田水利改革项目12件，其中小农水重点县4件，高效节水灌溉7件，山区“小水网”1件。至12月底，项目完成投资29 925.5万元，并按照“先建机制，后建工程”的要求，因地制宜推广初始水权分配、形成合理农业水

新平县黄草坝水库 （市水利局 提供）

价、社会资本参与、节水激励和精准补贴、群众全程参与、落实工程管护、构建节水减排合同管理等农田水利改革试点经验。7件高效节水灌溉项目累计引入社会资本13 138万元。全市成立用水合作社38个，参与改革人数10.25万人。

【农业水价综合改革】 2017年，市政府农业水价综合改革工作领导小组成立，建立由水利、发改、财政、国土、农业、烟草等6个部门组成的农业水价综合改革联席会议制度，组织起草全市农业水价形成机制意见和农业水价综合改革节水奖励与精准补贴实施办法。元江县出台新的水价改革政策。通海县启动县管水利工程农业水价综合改革。在全面推进改革的同时，以高效节水灌溉等重点项目为抓手，以点带面，组织开展12件重点项目的农业水价综合改革。全年完成农业水价综合改革面积22.8万亩。12月，对9个县（区）农业水价综合改革工作进行了全面考核。

（范　文　向小华）

防汛抗旱

【防　汛】 2017年1月1日至9月30日，全市9个县（区）、70个乡（镇）、39.70万人不同程度遭受洪涝灾害，紧急转移703人，倒塌房屋628间；农作物受灾面积17.38万亩，成灾面积9.22万亩，绝收面积2.25万亩，减产粮食4 527.8吨；经济作物损失11 523.9万元；水产养殖损失11.58吨；停产企业4家；公路中断735条次；供电中断18条次；通信中断5条次；损坏堤防124处、8千米，损坏护岸16处，损坏水闸1座，损坏机电井13眼，损坏机电泵站4座。因洪涝灾害造成的直接经济损失3.04亿元，其中农业直接经济损失达1.77亿元，工业交通业直接经济损失4 191.13万元，水利工程直接经济损失5 138.97万元。全市出动抢险人数8万人次、机械设备251台班，投入编织袋10.01万条、沙石料1 414立方米，抗灾用油55.34吨，总物资消耗折算资金134.9万元。防洪减灾效益为减淹耕地7 700亩，避免粮食减收2 765.59吨，减少受灾人口2万人，解救洪水围困群众7人，减灾经济效益1 012.12万元。

星云湖南岸大街河入湖口生态湿地和调蓄带　　（市水利局　提供）

【抗　旱】 2017年入春后，全市气温升高，降雨偏少，部分缺水山区、半山区出现常态化干旱。进入5月以后，旱情逐渐扩大、加重。全市累计农作物受旱58 301亩，其中轻旱30 604亩，重旱27 418亩，干枯279亩，因旱3座小（二）型水库、27座小坝塘干涸，因旱造成29 682人、9 352头大牲畜饮水困难，估算因旱造成直接经济损失1.87亿元。全市投入抗旱人数4.2万人次、泵站62处、机动抗旱设备1 040台套次，出动运水车辆586辆次，投入抗旱资金366万元（县级26万元，群众自筹340万元），抗旱用电186.4万度、油255吨，抗旱浇灌面积18 030亩，临时解决29 682人、9 352头大牲畜饮水困难，35个村、6 707人因旱拉送水量11.2万方，估算挽回经济损失2.03亿元，旱区群众人心稳定、生产生活有序。

【防汛减灾基础设施建设】 2017年，华宁县南盘江盘溪防洪治理工程完工，完成投资6 685.26万元，治理干、支流河长为5.89千米，治理段防洪标准从原来的不足5年一遇提高到10年一遇，保护盘溪镇沿岸9 836人和5 891亩耕地的防洪安全。12月，曲江通海县段治理工程、曲江峨山县段治理工程开工建设，工程进展顺利。全市进入《加快水利薄弱环节建设云南省实施方案（2016～2019年）》的11件中小河流和2件主要支流治理项目初步设计和可研报告编制完成。9县（区）和市级山洪灾害非工程措施项目开展建设，批复总投资10 156.9万元，建成自动雨量、水位站305个、群测群防点1 252个（简易雨量站1 205个、简易水位站47个）、图像（视频）监测站32个、预警广播576个，实现危险区雨水情监测全覆盖，雨水信息水利、气象、水文、国土部门共享，全市水雨自然灾害应对能力稳步提升。

【库塘蓄水】 2017年，全市平均降雨量与上年相比属偏丰水年景，元江县、峨山县属正常年景，其余县（区）偏多1至3成。全市年末库塘蓄水总量为5.69亿立方米，完成省厅下达5.2亿立方米蓄水目标任务的108%，蓄水量比上年多1 096万立方米，比正常年景多5 911万立方米。

（范　文　向小华）

水资源管理

【水资源“三条红线”管理】 按照中央、省实行最严格水资源管理制度的意见和精神，全市出台《玉溪市实行最严格水资源管理制度意见》和《玉溪市实行最严格水资源管理制度考核办法》，制定《玉溪市实行最严格水资源管理制度考核实施方案》《玉溪市“十三五”期间实行最严格水资源管理制度考核工作实施方案》《玉溪市“十三五”水资源消耗总量和强度双控行动实施方案》，建立健全最严格的水资源管理制度，明确提出对县（区）的“三条红线”控制指标，严格水资源“三条红线”管理与考核。4月13日至14日，省政府考核工

元江县街子河水库　　（市水利局　提供）

作组对2016年度全市实行最严格水资源管理制度进行考核，考核等级为良好。省政府下达全市最严格水资源管理2016年控制目标为用水总量控制在11.08亿立方米内，万元国内生产总值用水量较2015年下降4.3%，万元工业增加值用水量较2015年下降11.3%，农田灌溉水有效利用系数提高到0.53以上，16个重要水源地水质达标率94%以上，18个重要水功能区水质达标率72%以上，重要水功能区污染物总量减排量较上年度减少。实际完成情况为年用水总量8.4亿立方米，低于控制目标；万元国内生产总值用水量较2015年下降9.3%，达到比2015年下降4.3%考核工作目标值；万元工业增加值用水量较2015年下降7.4%，低于比2015年下降11.3%考核工作目标值；农田灌溉水有效利用系数0.56，利用率高于年度控制目标；16个重要水源地水质达标率为94%，达到94%以上目标值；18个重要水功能区水质达标率66.7%，低于考核目标值72%；重要水功能区污染物总量减排量较上年度减少。7月6日，市最严格水资源管理制度工作领导小组办公室向各县（区）政府发布《玉溪市2016年度实行最严格水资源管理制度考核结果公告》。

【依法管水治水】 2017年，全市严格水政执法，积极查处水事违法案件，及时调解水事矛盾纠纷。市水利局制定印发《玉溪市水利局法治水利建设实施方案（2016～2020年）》，明确提出当前和今后一段时期水利法治建设的指导思想、总体目标、基本原则、主要任务和具体措施，为全市全面加强依法治水管水工作提出行动指南。同时与市公安局联合印发《水行政执法联动协作机制实施方案》，各县（区）《实施方案》也相继出台，为健全行政执法和刑事司法衔接机制，充分发挥水利、公安各自职能优势，打击水事违法犯罪建立了平台。全市查处各类水事案件37件，其中河道案23件，水工程案1件，水资源案13件。至年底，全市水事矛盾纠纷及隐患共16件，已化解处理15件。对通海县与石屏县发生的小路南水事纠纷案，按照省水利厅和省水政监察总队要求，明确市、县、乡、村各级各部门责任，及时掌握案件动态，协调维稳工作顺利进行。

【节水型社会建设】 到2017年底，全市建成节水灌溉面积88.7万亩，农田灌溉水利用系数0.56，工业用水重复利用率87.6%，城区供水管网漏损率低于8.11%，城镇污水处理率93.31%，污水处理回用率20%。为提高节水实效，树立节水优秀典型，积极开展节水型企业（单位）和节水型小区的创建活动。全市2批共46家企业、单位（小区）获得“云南省节水型企业、单位（小区）”称号，形成典型引导的社会节水氛围。红塔区节水型小区覆盖率提高到15.35%。澄江县2014年列为省级节水型社会建设示范县，示范期2014～2017年，通过3年建设，试点任务圆满完成，并于2017年12月通过省级考核，为全市推广节水型社会建设树立了典型、探索了经验。

【农业高效节水灌溉项目建设】 2014年以来，水利部选择澄江县高西社区作为中国南方农业高效节水减排试点，形成了系统的“澄江经验”，为云南高原湖泊、重要江河流域和全国南方节水减排改革提供了可复制、可推广、可持续的实践经验和体制机制。根据《玉溪市农业高效节水减排项目规划（2016～2020年）》，到2020年，全市将新增农业高效节水减排面积65.25万亩。按照市政府的安排部署，2017年，全市计划完成20万亩建设任务。各县（区）按照市级下达目标任务，制定建设计划。全市计划实施54件项目，其中红塔区实施3件，发展高效节水面积0.5万亩；江川区实施4件，发展高效节水面积1.5万亩；澄江县实施7件，发展高效节水面积7.0万亩；通海县实施5件，发展高效节水面积2.0万亩；华宁县实施3件，发展高效节水面积2.5万亩；易门县实施6件，发展高效节水面积1.0万亩；峨山县实施12件，发展高效节水面积2.0万亩；新平县实施9件，发展高效节水面积2.5万亩；元江县实施5件，发展高效节水面积1.0万亩。至12月底，全市计划实施的54件高效节水灌溉工程已全部完工，建成高效节水灌溉面积20.83万亩，完成投资57 100.6万元。

【河长制工作】 2017年，全市提前一年全面建立河长制，并制定出台《玉溪市全面推行河长制的实施意见》《玉溪市全面推行河长制行动计划》。9县（区）和74个乡（镇、街道）相继出台工作方案，市、县（区）成立河长制办公室，配备领导班子，明确职能职责，建立管理制度。对境内红河、珠江两大流域河流和抚仙湖、星云湖、杞麓湖3个高原湖泊及15座中型水库等77个重要河湖库渠，由35位厅级领导担任市级河长，起到示范带动作用。全市在6 408个项目上设置2 119名四级河长，其中省级项目5个，河长5名，市县（区）级项目553个，河长331名，乡（镇）（街道）级项目2 481个，河长710名，村级项目3 374个，河长1 120名，部分县（区）将河长制工作延伸到村民小组，实现河长制责任全覆盖，并将河长名单全部在政府网站公布。抚仙湖、星云湖、杞麓湖和元江、南盘江由省级河长挂帅，2区7县河湖库渠均有市级河长牵头，县、乡、村三级河长覆盖全部河湖库渠。全年省、市、县河长开展巡河1 445次，乡（镇）河长巡河5 367次，村级河长巡河实现日常化，护河管河成效显著。全市始终把“三湖两河”保护治理作为河长制工作的重中之重，以中央和省环境保护督察发现问题整改为抓手，全面加强生态建设和环境保护。认真学习贯彻中央和省有关重要批示精神，把保护抚仙湖作为一项重要政治任务，及时制定方案，围绕确保抚仙湖生态环境安全的目标，扎实开展保卫抚仙湖雷霆行动，取得阶段性成效，22家中央、省属、市县企业按时全部退出抚仙湖一级保护区，6 300余亩农田退出抚仙湖一级保护区；坝区5.35万亩重度污染区耕地休耕轮作正有序开展，实施高效节水减排5.1万亩；沿湖餐饮住宿服务业整治深入推进，畜禽养殖有序推进；完成238个村落整治，铺设污水收集管网333千米，实现村庄污水收集全覆盖；人工湿地和湖滨缓冲带建设力度不断加大，为抚仙湖稳定保持Ⅰ类水质起到了关键作用。严格执行“三湖”保护条例，入湖河道整治加快推进，湖滨带提质改造、环湖截污、底泥疏挖等工程顺利推进，星云湖、杞麓湖水质进一步好转。强化财力保障，落实河长制工作经费2 742万元，其中市级1 500万元，县（区）1 242万元。并积极引导社会资本参与，探索建立长效稳定的河湖库渠综合治理与保护管理投入机制。全市积极开展“一河（湖）一策”编制工作，完成抚仙湖、星云湖、杞麓湖、飞井水库、金水河、九溪河等6个项目的编制试点工作；完成市级河长制信息平台建设方案设计和全市河湖库渠水系沙盘制作；充分发挥水利、环保、抚管、住建、水文等部门优势，各司其职、各尽其能，加快推进江河湖泊保护、人居环境提升、黑臭水体整治、海绵城市建设、水库除险加固等各项工程；推进封闭式管理，着力整治东风水库径流区污染源，加大集中式饮用水源地保护力度，保障人民群众饮水安全；深入推进湖长制网格化管理，坚持日巡、周检、月查处制度，制定抚仙湖环境风险应急预案，织牢织密抚仙湖保护网；严格实施“三湖”保护条例，认真落实环评、水保“三同时”制度，坚持“零容忍、无盲区”，严厉打击对各类环境违法违规行为。同时，加强水环境监管能力建设，制定实施覆盖两江、三湖及重点水源地水质监测方案，完善环境监测预警体系，建立河流湖泊水质监测系统，组建“三湖”保护治理专家组；建立流域水环境状况分析制度、水质状况评价通报考核制度、项目实施跟踪评估制度，加强抚仙湖径流区环境影响评价全程监管，严格建设项目环境管理。全面开展入河排污口综合排查整治行动，核查入河排污口33个，其中企业废水排污口17个，混合废污水排污口12个，市政生活废污水排污口4个，进一步摸清底数、找准问题、强化整改，确保整治行动取得实效。全面建立督察体系，充分发挥市、县两级人大、政协的监督作用，由市、县两级党委副书记担任总督察，人大、政协主要负责同志担任副总督察，协助本级河长开展督察、督导工作2次。主动向社会公布河长名单，在河湖库渠统一设置河长公示牌1 692块，聘请10名社会义务监督员参与，主动接受社会监督。并加强宣传引导，充分利用电视、报纸、网络等多种形式高频率、高姿态宣传河长制工作，提高群众环境保护意识，为河长制工作开展营造了良好舆论氛围。对杞麓湖周边农田实施田间地头环境“三包”责任，农户在自己责任田周边“不向河道内乱丢生产垃圾、废弃菜叶”“不随意破坏绿化树木”“不随意顷占公共空间”“保持河道清洁、排水通畅”，并在杞麓湖周边村组田间建设蔬菜清洗池，实行定点清洗。充分发挥基层党组织、党员积极推进生态文明建设和“河长制”工作中的“领头雁”作用，创造性开展“党建+河长制”活动，将河道管理纳入党员活动日、主题党日、“三会一课”、党员积分制管理，每年年底作为基层党建考核的内容。工程与非工程措施并重，主要入湖河道的入湖口按照湿地公园标准建设要求，统筹整合项目资金，对大街河等12条入星云湖河流进行全面的专项整治，软硬措施齐上，星云湖的治理工作初见成效。针对每一条入湖河流制定严谨、操作性强的管理保洁方案，市、县、乡及部门充分联动，形成村组日保洁、镇级河长及部门周巡河制度。此外，利用舆论媒体，加强宣传，动员全民参与，在显眼位置悬挂“河长制”宣传标语，印制《绿汁镇全面推行河长制倡议书》1 000余份，市河长办印制《玉溪市河（湖）长制知识100问》10 000份，向群众发放，营造推行河长制工作良好氛围。

（范 文 向小华）

绿水青山·碧玉清溪

（吴 垠 摄）

工　业

INDUSTRY

责任编校：王竹能

工业运行
工业产业
电力工业
信息化建设

工业运行

【工业经济运行主要特点】 2017年，全市完成规上工业总产值1 598.5亿元，比上年增长18.9%；完成规上工业增加值623.7亿元，比上年增长7.2%，完成省工信委、市政府下达6%目标任务，超过目标任务1.2个百分点。从省内看，增速7.2%，比昆明市的10.4%低3.2个百分点，比曲靖市的11.0%低3.8个百分点，比红河州的14.0%低6.8个百分点，增速在全省排名第15位，低于全省规模以上工业平均增幅3.4个百分点。全市完成工业增加值662.5亿元，占全市生产总值1 415.1亿元的比重达46.8%，拉动GDP增长3.56个百分点，规上工业对GDP的贡献率为38.3%。工业经济运行稳中有进，保持了良好的发展势头，对全市经济发展支撑作用显著。卷烟及配套产业实现增加值393.6亿元，占全市规上工业增加值比重达63.1%，比上年降低2.4个百分点，烟草比重逐步下降，产业结构调整有序推进。装备制造业、生物医药和食品业、电子信息制造业等占全市规上工业增加值比重达11.2，比上年提高3.2个百分点，新兴产业加快发展。全市规模以上工业运行呈现以下主要特点：烟草制品业扭负为正。12月，烟草制品业比上年增长20.5%，环比提高15.5个百分点。烟草制品业全年累计完成规上工业增加值393.6亿元，比上年增长0.4%，比上年提高5.2个百分点，环比提高2.5个百分点，实现扭负为正。非烟工业持续保持高速增长。12月，非烟工业比上年增长20.7%，环比下降7.9个百分点。非烟全年累计完成规上工业增加值230亿元，比上年增长22.1%，比上年提高2.7个百分点，环比提高1.7个百分点。重点行业高速增长。全市13个重点行业中，11个行业实现两位数以上的快速增长，其中黑色金属冶炼及压延加工业比上年增长8.5%，有色金属冶炼及压延加工业比上年增长39.1%，农副食品加工比上年增长28.3%，食品制造业比上年增长18.5%，化学原料和化学制品制造业比上年增长20.3%，医药制造业比上年增长41.0%，非金属矿物制品业比上年增长26.8%，金属制品业比上年增长13.4%。县（区）“7快3稳”，增速持续回升。全市各县（区）增速持续回升，全部实现两位数以上增长。其中，增速高于上年的有7个县（区），分别是易门县、新平县、通海县、江川区、峨山县、元江县、高新区；其他3个县（区）增速低于上年，红塔区比上年下降5.8个百分点、澄江县比上年下降3.6个百分点、华宁县比上年下降15.5个百分点。工业投资实现快速增长。全市工业投资完成188.7亿元，增长11.4%，占全社会固定资产投资17.5%。其中非电工业投资完成181.9亿元，增长29.5%。用电量小幅下降。工业用电量完成97.65亿千瓦时，比上年减少4.62%，其中黄磷行业比上年增加1.07%，水泥行业比上年增加1.83%，黑色金属冶炼及压延加工业比上年减少2.69%。主要工业品价格继续保持稳中有升。全市10种主要工业产品及原材料价格环比是“6涨1平3跌”，比上年“8涨2跌”，价格保持稳中有升。其中焦炭、生铁、钢坯、线材、铜选矿和粗铜环比上涨，焦炭、铁矿石原矿、生铁、钢坯、线材、铜选矿、粗铜和黄磷比上年上涨。主要工业产品产量“9增4减”。全市13中主要

2017年全市工业增加值累计增幅情况

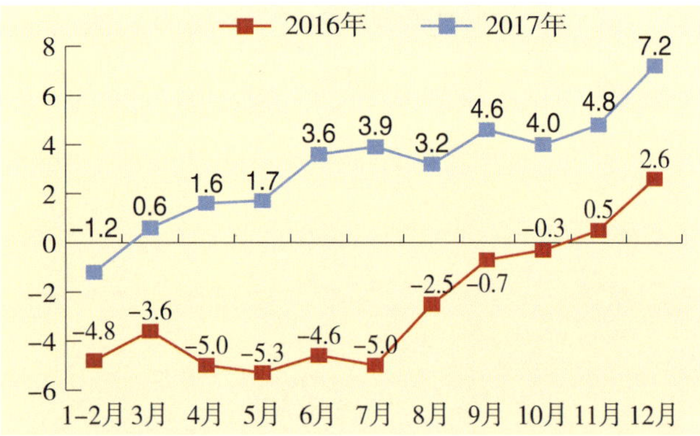

2017年全省及部分州市规上工业增加值增速情况

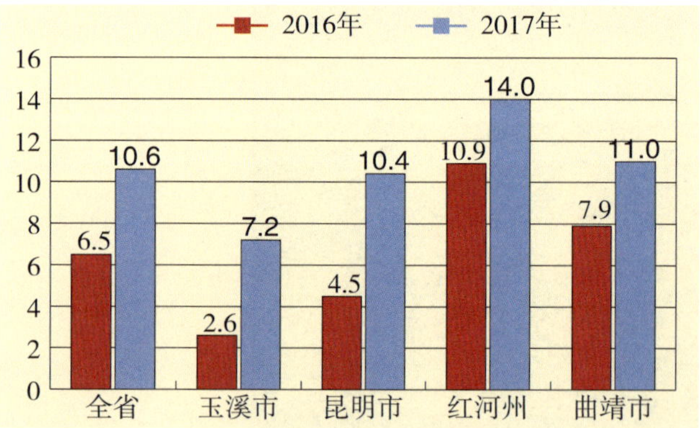

2017年全市烟草制品业增加值增长情况

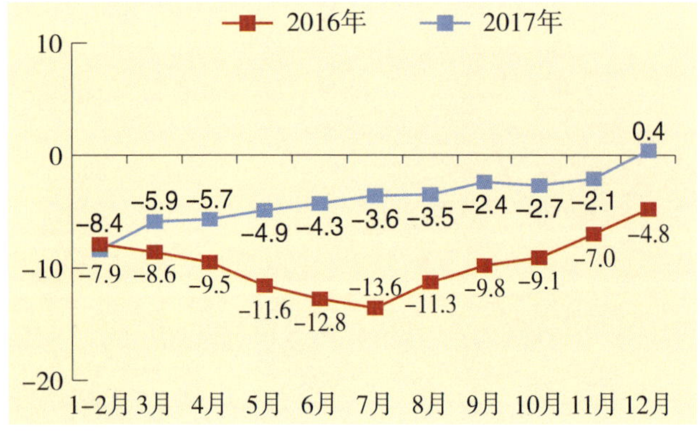

2017年全市非烟工业增加值增长情况

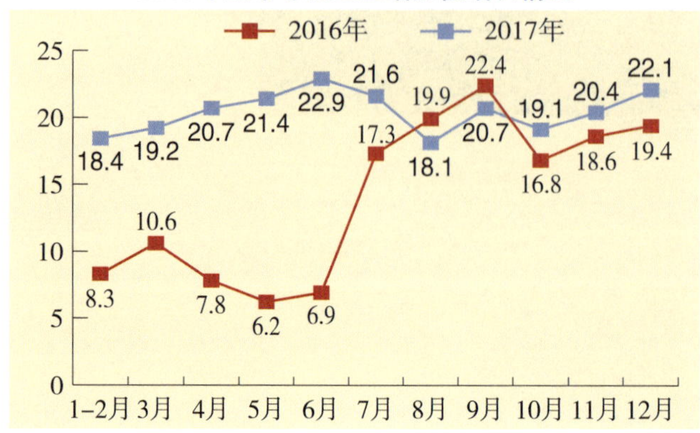

2017年全市钢铁工业增加值增长情况

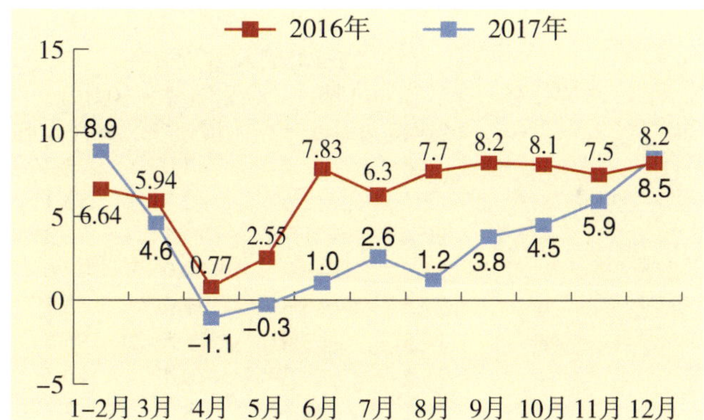

2017年全市县（区）增加值累计增速情况

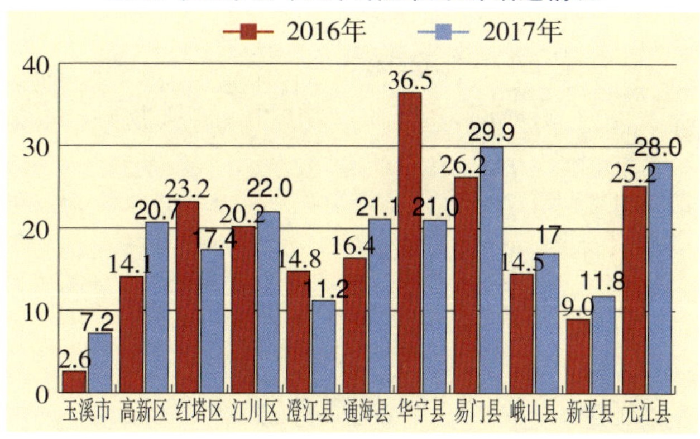

工业产品产量“9增4减”。其中生铁比上年增长1.7%，钢材比上年下降1.1%，磷矿石（折含$P_2O_5$30%）比上年增长62.9%，黄磷比上年增长6.1%，水泥比上年增长2.4%。

【重点产业运行情况】 2017年，全市“四大产业”完成工业增加值599.2亿元，比上年增长5.7%，增速全部实现正增长（详见附件4）。卷烟及配套产业完成工业总产值527.1亿元，比上年增长0.3%；工业增加值403.9亿元，比上年增长0.2%。矿冶及装备制造产业完成工业总产值787.2亿元，比上年增长33.3%；工业增加值150.5亿元，比上年增长17.7%。矿冶业完成工业总产值666.4亿元，比上年增长36.6%；工业增加值125.6亿元，比上年增长19.4%。其中黑色金属冶炼及压延加工业增加值比上年增长8.5%；生产钢材640.5万吨，比上年减少1.1%。有色金属冶炼及压延加工业增加值比上年增长39.1%；生产铜选矿产品含铜量5.3万吨，比上年增长7.9%；生产精炼铜392吨，比上年减少80.1%。化学原料和化学制品制造业增加值比上年增长20.3%；生产黄磷16.6万吨，比上年增长6.1%。非金属矿物制品业增加值比上年增长26.8%，生产水泥1 127.3万吨，比上年增长2.4%。装备制造业完成工业总产值120.8亿元，比上年增长17.7%；工业增加值24.9亿元，比上年增长10.3%。全市生物医药及食品产业完成产值205.7亿元，比上年增长28.8%；工业增加值41.5亿元，比上年增长29.1%。其中生物医药完成产值26.9亿元，比上年增长43.3%；工业增加值8.9亿元，比上年增长42.2%。食品工业完成产值178.8亿元，比上年增长26.8%；工业增加值32.6亿元，比上年增长26.1%。全市电子信息产品制造业完成工业总产值12.1亿元，比上年增长38.9%；工业增加值3.26亿元，比上年增长59.8%。

2017年玉溪市规上工业主要产品产量

产品名称	2017年1～12月	
	绝对量	比上年增长%
成品糖（吨）	68 997	-6.4
纸制品（吨）	147 174	-5.1
铁矿石原矿量（吨）	17163 419	12.8
铜金属含量（吨）	52 700	7.9
磷矿石（折含$P_2O_5$30%）（吨）	1357 481	62.9
硫酸（折100%）（吨）	351 092	33.3
黄磷（吨）	166 457	6.1
磷酸（吨）	145 136	1.4
农用化学肥料（折纯）（吨）	92 552	4.5
水泥（吨）	11273 118	2.4
生铁（吨）	4182 198	1.7
钢材（吨）	6405 186	-1.1
精炼铜（吨）	392	-80.1

【分县（区）工业发展情况】 2017年，全市各县（区）奋勇争先，努力拼搏，规上工业增加值增速全部实现两位数增长。根据年初市下达的目标增速，全市6个县（区）达到或高于目标增速，4个县（区）未达到目标增速。高于目标增速的6个县（区）中，红塔区、通海县、易门县、峨山县、新平县分别超目标进度1.6、1.1、1.9、0.5、1.8个百分点。高新区、江川区、澄江县、华宁县4个县（区）未达到目标增速。其中高新区差目标进度4.3个百分点，江川区差8个百分点，澄江县差4.8个百分点，华宁县差7个百分点。

【工业企业规模情况】 2017年，全市规模以上工业企业433户（含云南中烟玉溪），其中工业总产值上亿元企业176户，10亿元（含）以上工业企业15户，5～10亿元工业企业24户，1～5亿元工业企业137户。亿元以上企业完成工业总产值占全市规上工业总产值比重达92.4%，规模以上大中型骨干企业在全市工业中的龙头作用进一步凸现。全年新纳规、升规工业企业共计28户，其中纳规企业9户，升规企业19户。红塔区升规企业7户，高新区纳规企业2户、升规企业1户，江川区纳规企业1户、升规企业1户，通海县纳规企业1户、升规企业2户，澄江县纳规企业1户，峨山县纳规企业1户，华宁县纳规企业3户、升规企业1户，易门县升规企业1户，新平县升规企业5户，元江县升规企业1户。

【工业效益情况】 2017年，全市规模以上工业企业实现主营业务收入1 419亿元，比上年增长17.1%；实现利润总额112.5亿元，比上年增长17.3%。其中，农副食品加工业比上年增长26.7%，食品制造业比上年增长36.8%，烟草制品业比上年下降

玉溪市1～12月县（区）规上工业增加值情况

单位：亿元、%

指标 县（区）	2017年任务目标		1～12月份增加值	1～12月份增速%	增速与全年目标任务±百分点	增速排名	1～12月增速对比			
							1～11月		1～10月	
	目标数	增长%					增速%	±百分点	增速%	±百分点
玉溪市	631	6	623.7	7.2	1.2	–	4.8	2.4	4.0	3.2
烟草制品业	–	–	–	0.4	–	–	−2.1	2.5	−2.7	3.1
非烟工业	–	–	–	22.1	–	–	20.4	1.7	19.1	3
红塔区	31.6	15.8	31.6	17.4	1.6	7	21.1	−3.7	20.0	−2.6
高新区	35.3	25	27.8	20.7	−4.3	6	27.5	−6.8	27.0	−6.3
江川区	17	30	14	22	−8	3	18.5	3.5	15.5	6.5
通海县	22.1	20	20.4	21.1	1.1	4	18.1	3	10.4	10.7
澄江县	10.7	16	10.2	11.2	−4.8	10	9.1	2.1	8.5	2.7
华宁县	18	28	12.4	21	−7	5	19.9	1.1	20.5	0.5
易门县	42.9	28	32.3	29.9	1.9	1	28.6	1.3	25.0	4.9
峨山县	17.1	16.5	15.9	17	0.5	8	13.5	3.5	11.8	5.2
新平县	46.4	10	46	11.8	1.8	9	11.0	0.8	10.0	1.8
元江县	11.4	28	10.7	28.0	0	2	23.6	4.4	22.0	6

10.7%，化学原料和化学制品制造业比上年增长1.7%，黑色金属冶炼和压延加工业比上年增长947.1%。

【工业发展存在的突出问题】 2017年，全市工业结构中，烟草工业占比为63%，而烟草制品业持续负增长，在12月才最终扭负为正。矿冶业快速复苏，比上年增长19.5%，矿冶业占全市规上工业增加值比重达20.1%，但是行业增加值率相对偏低，对全市工业经济贡献远低于其比重。新兴产业保持快速发展，占比逐步提升，但还未能支撑工业经济的快速发展。烟草制品业复苏乏力、钢铁等传统行业面临去产能的任务及压力，原材料行业受制于PPI持续上涨，新兴产业培育刚刚起步，多点支撑的格局尚未形成，全市工业经济的结构性矛盾仍然突出。全市工业投资仅占全社会固定资产投资17.5%，而且投产项目规模较小，缺少大项目带动，建成投产项目大多未能纳规入统形成新的工业经济增长点，工业经济增长后劲乏力。工业生产者购进价格指数涨幅长期高于工业生产者出厂价格指数，企业生产成本逐步上升，生产经营压力加剧。2017年，全市规上工业企业主营业务收入比上年增长17.1%，但主营业务成本比上年增长20.7%，存货比上年增长5%。企业贷款难及银行难贷款的“两难矛盾”依然存在，工业企业融资难题突出，企业生产经济形势依然严峻。

【利用综合标准推动落后产能依法依规退出】 2017年，为贯彻落实国家、省利用综合标准推动落后产能依法依规退出一系列文件精神，市工信委牵头起草《玉溪市2017年利用综合标准依法依规推动落后产能退出工作方案》，以钢铁、水泥、平板玻璃等行业为重点，通过严格常态化执法和强制性标准实施，促使一批能耗、环保、安全、技术达不到标准和生产不合格产品或淘汰类产能（以上即为落后产能），依法依规关停退出。钢铁行业拆除洛河永旭钢铁有限责任公司300立方米高炉1座，淘汰落后炼铁产能35万吨；拆除易门云铸工贸有限公司120立方米高炉1座，淘汰落后炼铁产能12万吨；开展坚决遏制钢铁煤炭违规新增产能和打击“地条钢”规范建设生产经营秩序工作，依法取缔全市采用中频炉、工频炉生产“地条钢”的企业36户、中频炉202台、产能359万吨。水泥行业拆除活发集团刘总旗水泥有限公司Φ3.3×54m旋窑生产线1条，淘汰水泥熟料产能35万吨；拆除活发集团大营街水泥制造有限公司Φ3.3×52m旋窑生产线1条，淘汰水泥熟料产能35万吨；拆除玉珠水泥有限公司Φ3.3×50m旋窑生产线1条，淘汰水泥熟料产能36万吨；拆除洪泰建材有限公司里山水泥厂JT窑1座，淘汰水泥熟料产能22万吨；拆除宝山水泥厂JT窑1座，淘汰水泥熟

2017年8月13日，市委常委、市政府副市长田川，市工信委主任康凌华，副主任王亮等一行6人就工业经济发展情况到新平县调研　（市工信委　提供）

料产能10万吨。平板玻璃行业对不符合产业政策要求的平拉工艺平板玻璃生产线（含格法）等落后产能做到应退尽退，拆除星光平板玻璃制造有限公司平板玻璃生产线1条，产能66万重量箱；拆除永兴玻璃制品有限公司平板玻璃生产线3条，产能321万重量箱（经省轻纺工业设计院核定其产能为321万重量箱）。全年拆除2座炼铁小高炉，淘汰落后47万吨，炼铁产能工作于3月31日前完成并通过市级验收；开展坚决遏制钢铁煤炭违规新增产能打击“地条钢”规范建设生产经营秩序工作，拆除并废毁36户企业202座中频炉工作于6月30日前完成，已通过省级验收及国家抽查验收工作；拆除5条水泥生产线淘汰水泥熟料产能138万吨工作任务，已完成4条生产线102万吨产能拆除工作；拆除4条落后平板玻璃生产线淘汰落后平板玻璃产能387万重量箱工作，红塔区已完成星光平板玻璃生产线1条产能66万重量箱淘汰拆除，已通过市级验收。

【打击取缔地条钢产能并加强后续监管】 2017年，市工信委贯彻落实党中央、国务院和省委、省政府决策部署，全力以赴严厉打击、全面取缔“地条钢”违法产能，加强涉钢企业全产业链监管，取得阶段性成效，顺利通过省政府和国务院抽查组的检查验收。全市按照“四个彻底”要求，全面拆除36户“地条钢”企业的中频炉、变压器、除尘罩、操作平台及轨道等设施设备，拆除中频炉202台，去除产能359万吨。其中纳入全省钢铁化解过剩产能工作任务的企业31户、中频炉185台、产能320万吨，不在取缔清单范围内排查并拆除中频炉的企业5户、中频炉17台，产能39万吨。市工信委代市政府起草并出台《玉溪市打击“地条钢”规范建设生产经营秩序促进转型升级实施方案》《玉溪市关于建立涉钢企业全产业链长效监管机制严防“地条钢”违法生产经营的通知》等文件，全面加强全产业链监管，严禁新增钢铁产能，防止死灰复燃，严禁利用地条钢为原料轧制钢制品，严禁采购销售使用地条钢及其制品，在各种媒体上公布举报电话，加强全社会监督，把全市退出的36户“地条钢”生产企业、利用中频炉生产的34户铸造企业、40户轧钢企业纳入监管范围，明确措施，加强监管。

①2017年3月25日，省工信委产业政策处处长毕书明和省轻纺设计院吴工等到通海检查淘汰落后产能工作情况 ②2017年11月10日，省法制办处长王珲、省工信委黄治胜在市工信委副主任孙汝泽陪同下调研红塔工业园区（市工信委 提供）

【开展产能置换】 2017年，市工信委严格执行国家关于钢铁、水泥、平板玻璃等行业严禁新增产能政策，对新改扩建项目实行严格的产能等量或减量淘汰，制定产能等量或减量置换方案。北城钢铁450立方米高炉、纳古连铸40吨电弧炉、永发水泥、大椿树水泥、中瑞水泥、活发水泥等项目聘请第三方核定产能。玉溪钢铁集团北城钢铁450立方米炼铁高炉产能指标跨省交易方案、活发集团日产5 000吨新型干法水泥生产线产能等量置换方案上报省工信委并公告。大椿树水泥日产4 000吨新型干法水泥生产线产能等量置换方案已报省工信委转省政府。永发水泥、中瑞水泥日产4 000吨新型干法水泥生产线开展产能等量置换前期工作。

【开展制造业服务行动】 2017年，市工信委配合省工信委开展制造业单项冠军企业培育工作和服务型制造企业、项目、平台培育申报工作及省级工业设计中心培育申报工作。太标太阳能工业设计中心认定为省级工业设计中心示范名单。水松纸厂工业设计中心认定为省级工业设计中心培育名单。对上年评为省级制造业单项冠军的3户培育企业，加强指导培育工作，争取2018年纳入示范企业名单。申报6户企业省级服务型制造示范企业。

（周凤琴）

工业产业

【卷烟及配套业】 2017年，全市规模以上卷烟及配套产业实现工业产值527亿元，比上年增长0.3%；实现增加值403.4亿元，比上年增长0.2%。全年卷烟运行特点为主要经济指标降幅逐步收窄，工业产销比上年下降，产明显大于销格局未变；合作生产规模显著缩减，输出结构降低；商业销售降幅收窄，销售结构企稳回升；工商库存明显降低，库存水平趋于合理；单箱结构有所提高，结构提升形势依然严峻；新品及细支烟销售有序推进。卷烟面临的困难及问题为提结构、稳状态、促销售形势依然严峻；结构增长乏力，市场竞争加剧；确保重点目标指标完成压力较大，部分重点指标未达到中烟考核目标要求；集团工商库存维持高位，去库存压力依然存在；生产总量调减，产值目标完成难度加大。卷烟配套情况为全市规模以上卷烟配套企业29户，其中10户是合和集团在玉溪的配套企业。1～10月，规模以上卷烟配套产业实现产值31.35亿元，比上年下降4.6%；实现增加值7亿元，比上年下降5%。

【矿冶及装备制造业】 2017年，全市矿冶及装备制造产业完成工业总产值787.2亿元，比上年增长33.3%；工业增加值150.5亿元，比上年增长17.7%。全市矿冶业完成工业总产值666.4亿元，比上年增长36.6%；工业增加值125.6亿元，比上年增长19.4%。其中，黑色金属冶炼及压延加工业增加值比上年增长8.5%；生产钢材640.5万吨，比上年减少1.1%。有色金属冶炼及压延加工业增加值比上年增长39.1%；生产铜选矿产品含铜量5.3万吨，比上年增长7.9%；生产精炼铜392吨，比上年减少80.1%。化学原料和化学制品制造业增加值比上年增长20.3%；生产黄磷16.6万吨，比上年增长6.1%。非金属矿物制品业增加值比上年增长26.8%；生产水泥1 127.3万吨，比上年增长2.4%。全市规模以上的装备制造企业共有97户，装备制造业完成工业总产值120.84亿元，增长17.7%；工业增加值24.92亿元，增长10.3%。装备制造业完成工业总产值100亿元，增长18.3%，完成全年市政府目标100亿元的100%；工业增加值23亿元，增长23.7%，完成全年市政府目标23亿元的100%。装备制造业发展专项资金使用进度100%。主要开展了年度考核工作，切实推进装备制造业发展；抓招商引资，增强发展后劲，加快推进航空装备制造项目发展；借助会展平台，开拓国内外市场；引进战略合作，带动产业升级拓宽；充分发挥好市级装备制造业专项资金的引导和扶持作用，并做好智能制造项目申报工作。全市装备制造产业发展在全省处于领先地位，经过多年的发展，建立了一定的产业基础，但仍存在产业发展规模小、产品档次不高、自主创新品牌少、核心竞争力不强等问题，规模以上装备制造业增加值占全市规模以上工业增加值比重不大。同时，银行在经济下行压力不断加大的情况下，为防范信贷风险采取抽贷、压贷等措施，使得原本已经举步维艰的工业企业面临难以扩大生产规模，创新能力和核心竞争力发挥受限，新增投资无力。

【生物医药及大健康】 2017年，全市生物医药和大健康产业完成情况为主营业务收入99.1亿元，超额完成省下达82亿元的目标；实现增加值41.9亿元，超额完成省下达30亿元的目标，增长12%；新上亿元以上项目9个，超额完成省下达4个目标数；新增投资额完成32.95亿元，超额完成省下达5亿元目标任务；竣工投产项目新增销售收入5亿元，没有完成省下达10亿元的目标任务，原因是3个竣工项目，1个在12月份竣工，另一个项目是休闲养生项目，都没有年度销售收入，只有1个项目有收益；亿元以上省外重点招商引资落地项目1个。全年主要采取的措施是建立健全工作机制，理清产业发展思路，持续加快项目建设推进工作，搭建产业平台，形成聚集效应，扶持骨干企业，狠抓招商引资，但仍存在发展动力不足，生物医药产业企业规模散而弱，健康服务业发展滞后，产业办公室运行机制还不完善等困难和问题。

【信息产业】 2017年，全市电子信息产品制造业完成工业总产值12.1亿元，比上年增长38.9%；工业增加值3.26亿元，比上年增长59.8%。伴随华为、华唐教育、永兴元、亿赞普、晶鑫达、卡为通讯等知名信息产业企业的落户，以玉溪高新技术产业开发区为核心，以九龙片区和龙泉山片区2个产业聚集区的“一核两片区”空间布局逐渐形成。全年持续推进国家信息惠民、宽带中国、智慧城市试点等网络基础设施建设，全市通信光缆长度达到5.3万皮长千米，互联网通信出口总带宽从296G增加到890G，市到县骨干网从50G已升级到200G，光纤到户工程全面推进，新建光纤端口27万个，端口总数达124万个，267个社区和435个行政村实现光纤覆盖，4 098个自然村中有2 990个光纤通达，宽带用户从38.6万户增长到47.6万户，家庭宽带普及率达到62.6%，城区家庭全面实现20Mbps以上宽带接入能力。全市免费WiFi热点数从173个增长到412个，覆盖政府办公场所、医院、车站、宾馆饭店和旅游区。信息化重

2017年9月13日，市工信委开展无线电管理宣传月活动　（市工信委　提供）

点项目建设加快，华为云计算数据中心市级业务承载、省级业务拓展推进顺利；玉溪九龙大数据产业园6个项目开工，总投资39.2亿元，年内可实现产值8亿元；云南联通玉溪数据中心主体工程已完工，正在进行内外墙粉刷和配套设备采购工作。“互联网+”应用成效显著，持续推进大数据交换平台的建设，不断拓展全市“互联网+”的应用领域，已经完成大数据软件平台的建设。绿动玉溪项目投入使用，一站式惠民服务平台、网格化社会服务管理综合信息系统、智慧社区、智慧农业、智慧旅游、智慧环保等项目进展顺利。同时强化招商引资，与明匠集团、中智科技、春森智能家居、曙光星云等公司对接，积极协调引入有实力、有发展前景的信息化企业，努力创造信息产业发展的良好环境，着力打造以云计算、大数据为支撑的信息产业聚集区。

（周凤琴）

电力工业

【工业用电】 2017年，由于全国经济下行压力依然较大，经济增速接近“L”型增长底部，随着全市化解过剩产能工作的深入开展，部分不符合产业政策的企业关停，部分企业生产所需原料采购困难且品质不稳定，导致企业成本增加，市场竞争力减小，从而失去市场减少用电，全市电力供应进一步宽松，用电量增长不理想，全社会用电量121.2亿千瓦时，比上年减少0.14%，其中工业用电量97.65亿千瓦时，比上年减少3.3%。但受经济增长动力转换、结构转型以及人民生活水平提升的影响，第一、第三产业用电持续快速增长，第一产业用电量1.5亿千瓦时，比上年增加13.1%；第二产业用电量100.3亿千瓦时，比上年减少2.2%；第三产业用电量9.0亿千瓦时，比上年增长8.55%；城乡居民生活用电量10.4亿千瓦时，比上年增长4.9%。

【用电交易】 2017年，电力市场化交易机制不断完善，市场运行平稳有序，发电企业、用电企业、售电公司之间逐渐形成“互惠互利，和谐共赢”的良好局面，部分合作主体之间逐渐形成长期稳定的合作关系。全市持续遵循市场化、坚持公平竞争和确保电网安全三项原则，积极执行电力市场化交易政策，促使企业多用电用好电，降低企业用电成本，促进产业结构调整，充分释放改革红利，工业企业降低成本显著。全年组织427户参与电力市场化交易，比上年增加66家，累计成交电量77.2亿千瓦时，比上年增长18.9%，为企业节省电费开支7.62亿元，有效帮助企业降低用电成本，稳定和推动工业企业恢复生产。

【电力生产】 全市电网为典型的受端电网，地方自发电仅仅作为补充用电。2017年，全市有中小水电站101座，工信委口径统计全年发电量23.3亿千瓦时，比上年增长27.4%。全市积极推动余热余压发电项目的实施，有23家企业建设有余热余压利用发电机组，工信委口径统计全年发电量9.9亿千瓦时，比上年增长21.8%。全市新能源发展迅速，已有13个新能源电站投运发电上网，总装机62.5万千瓦，发电11.1亿千瓦时，实现新能源项发电从无到有并逐步壮大的局面。全年自发电量44.3亿千瓦时，自供电比率提高到36.6%，实现电量的有效补充。针对全市电网运行特点，为进一步提高电网的安全稳定水平，提高电压支持能力，同时使整个电网具有较高的灵活性，继续完善城市电力基础设施建设，结合市中心城区电力专项规划，积极推动哨坡变、荷花变项目前期工作，开展中心城区泰山变供电分区优化，提升供电质量和可靠性。同时，继续推进总投资8 127万元城网项目建设，基于三层概念网架完成城市配网网格化规划，强化城市配网精益化管理，提升配网可靠性；全面完成1.6亿元的中心村电网改造升级工程，实现配网联络率达80%，可转供率72%，为全市在全省率先全面建成小康社会提供可靠电力保障。

【电网安全】 2017年，市工信委积极保障电网安全稳定运行，先后组织开展小水电安全督查、重要电力用户安全隐患大检查等行动，提高电力供应保障，严格按照提前组织、周密部署、精心调度、科学维护的十六字方针，合理安排电网运行方式，严控电网停电工作，及时消除缺陷和隐患，保证电网安全健康稳定运行，为全市重要活动做好保供电，努力为经济发展提供稳定可靠的电力支撑。全年电网综合供电可靠率99.91%，安全生产形势平稳，未发生重大人身、电网和设备事故。

（周凤琴）

【电力供应】 截至2017年底，玉溪供电局下辖江川、易门2个供电局和通海、峨山、新平、元江、华宁、澄江共6家供电有限公司，拥有53个供电所，运行维护35千伏及以上变电站119座（500千伏变电站2座、220千伏变电站13座、110千伏变电站56座、35千伏变电站48座），总变电容量1 437.455万千伏安；运行维护35千伏及以上输电线路270条5 002.26千米（500kV线路10条659.356千米、220kV线路34条860.464千米、110kV

2017年12月27日，省电网公司专家组到玉溪局开展2017年基建工作年度考评

（贺 璇 摄）

2017年玉溪市电网主要经济技术指标

指标名称（全口径）	计量单位	本年完成	上年完成	比上年增减	备注
供电量	万千瓦时	1127 050	1130 475	-0.3%	
售电平均单价	元/千千瓦时	422.53	412.71	2.38%	含税
最高日供电量	万千瓦时	167.3	174.5	-4.1%	
最高日负荷	万千瓦	3 495.01	3 551.13	-1.6	
平均日负荷率	%	87.4369%	86.6852%	0.75%	
线损率	%	4.77	5.13	-0.36	
主设备可用率	%	99.99	99.99		
综合电压合格率	%	99.189	98.899	0.29	
综合供电可靠率	%	99.9087	99.9 088	0.001	
电费回收率	%	99.9917	100	-0.01	
企业总资产	万元	552 277	548 398	0.7%	
固定资产原值	万元	828 638	865 867	4.49%	
固定资产净值	万元	393 267	386 663	-1.68%	
主营业务收入	万元	308 468	325 267	5.45%	
上缴税金	万元	13 547.6	19 332.2	42.70%	
全员劳动生产率	万元/人年	71.16	71.23	-0.1%	

线路152条1 860.64千米、35kV线路142条1 622千米）、10千伏配电线路636条11 559.18千米。全年完成售电量107.33亿千瓦时，比上年增长0.08%；营业收入39.14亿元，比上年增长2.87%。综合线损率4.77%。综合电压合格率99.201%。固定资产报废净值率9.39%。全口径综合供电可靠率99.9 087%。全口径城市、农村、综合客户平均停电时间分别为4.46、8.64、8.00小时/每户。资产总额55.23亿元，比上年增加0.71%。员工总数4 870人（县级供电企业3 427人），具有本科及以上学历的1 288人，占33.02%；具有中级及以上专业技术资格的480人，技师及以上职业资格的197人。

【电力安全】 2017年，玉溪供电局紧紧围绕安全生产目标、夯实人员安全责任，持续深化“全覆盖、全过程、分层级、分专业”的“大安全监督检查”模式，提升安全监督检查效能。同时坚持问题导向，充分运用生产安全状态预警、安全监管工作质量评价、安全生产绩效考核三个工具，常态化运用约谈、“说清楚”等追责机制，强化红线意识和底线思维，狠抓安全责任制落实和问题闭环整改。首创VR虚拟安全警示教育平台、作业现场远程移动视频监控系统，有效提升安全警示教育培训效果，实现作业现场安全监督全覆盖。并深化“金石”安全文化建设，荣获“国家级安全文化示范企业”和“南方电网公司第二批安全文化示范单位”称号。安全生产基础深化生产安全系统建设，强化电网、设备、作业风险管控，不断提升本质安全能力；制定并落实防范年度9大电网运行风险31项重点工作50项措施，有效管控电网安全风险。全面开展OCS系统遥控试验，调控一体化能力得到夯实；建立设备主人奖惩机制，推动“设备主人制”在班组落地；探索实施隐患亮灯机制和“三比对”机制，配网缺陷发现率提升130%，配网隐患消除率比上年提升355.5%，故障跳闸率下降8.56%；开展变电运行和检修试验专项提升活动，提高设备运维水平；深入推进差异化运维，全面强化生产项目管理，设备健康状态稳步提升；组建易门、澄江变电巡维中心，完成华宁片区输电集约管理，逐步推进输变电“一体化、专业化、集约化”精益管理；建立健全配网自动化运维管理机制，终端在线率从25%提升至92.7%，配网自动化覆盖率及应用情况在全省处于领先水平；完善输配电线路“机巡+人巡”运维模式，全面推广无人机输电线路巡视；开展主动带电作业等新举措，可靠性指标处于全省前列，专业管理评价A级。应急保障建立全方位应急保供电体系，组织开展应急演练69次，成功应对强降雨等灾害，实现灾区快速复电。

【供电改革】 2017年，玉溪供电局制定12项配售电业务支持举措，与市域全部11个园区管委会签署配售电合作框架协议，公有售电企业积极拓展跨

2017年6月30日，国家863计划课题“基于分布式能源的用户侧智能微电网技术研究与集成示范”项目通过国家科技部验收 （贺 璇 摄）

区域代理业务，用户数从年初42户增至246户，年代理电量超过28亿千瓦时。同时梳理形成10千伏及以上战略性客户资产接收库，完成原值6 081万元的38项客户资产接收。率先启动高压业扩投资界面延伸，投资1 838万元实施29项业扩延伸工程。竞争性业务探索综合能源服务模式，开发配电智能运维系统，与67家企业签订合作协议，利用互联网技术与电力技术的融合，采用“线上+线下”模式，提高客户配电运维的规范性、安全性。全力推进充电基础设施项目建设，建成全省首个集信息使用平台和智能运维平台相融合的社会化服务示范充电站，保证首条城际电动汽车客运专线开通，电动汽车充电基础设施建设走在全省前列。面对数量多、人员广、遗留问题繁杂等困难，在全省率先完成职工持股企业非公股权清退及平台吸纳改革任务，完成17家职工持股企业5 568人非公股权清退，清退资金1.3亿元。改革后，企业管控模式和机制初步建成并有效运转。全年建立与政府、客户的固定联系机制，动态跟踪用电市场变化，挖掘增供扩销潜力；做好招商引资重点项目跟踪服务，支持信息化产业发展、大型城市综合体建设；推进风电、光伏发电接入等工作，支持新能源发展。全市427户大用户参与市场化交易，成交电量77.2亿千瓦时，比上年增长19%。

①2017年6月13日，云南省首个城际电动公交车项目投运（段绍国 摄） ②2017年12月1日，技术创新打造智能电网——玉溪供电局首家开通南网地市级供电单位具备2M ASON技术通信光传输网（贺 璇 摄）

【科技进步】 2017年，玉溪供电局研究编制《玉溪配网远方合环试点方案》，逐步开展配电网远方遥控合环试验；开发“日线损管理系统”在九溪供电所试点应用，提升数据价值利用率和生产工作效率，实现10千伏线路和400伏台区异常率均降到7%以内。在实现计量四类终端全覆盖的基础上，全面提升电子化结算率，全口径低压客户电子化结算率比上年提高40%。同时，开通南网地市级第一张采用2MASON技术的通信光传输网，极大地提升了可靠性；启动信息技术服务标准体系建设，成为全省电网第一家通过ITSS体系认证的地市级供电局。全省电网首套基于综合数据网的通信电源远程监控系统正式投运，荣获省公司技改贡献奖。此外，充分发挥基层员工自主改善精神，利用7S管理、QC、职创、合理化建议等平台，成立148个QC课题组，获省部级以上奖项2项，完成国家“863”课题1项、网公司重点科技项目1项，申请实用新型专利12项，发明专利2项，获得专利授权16件，累计拥有有效专利数75项。

【优质服务】 2017年，玉溪供电局面对地方经济产业转型、地条钢关停等不利因素带来的影响，通过促成政府出台磷化工企业扩产促销奖励政策、市场化交易、业扩提速增效、电能替代、优化停电管理等措施全力增供扩销，并做好电费回收相关工作，电费回收率99.99%，全市主要行业开工率由最低的21.6%提升到最高的84%，全年平均开工率达66.82%。同时，深化客户全方位服务机制，打造全员营销、全员服务的客户“服务圈”，实施业扩报装办理“减证便民”，业扩“五大环节”办理时限比上年压缩40%；拓宽缴费渠道，非现金缴费比例达98.16%，连续三年居全省第一。还通过客户服务工程师团队搭建、“首问负责”快速响应、全员服务意识培养、客户经理全面推广、客户信息质量提升五项重点工作，全面构建和强化全员服务价值链。认真落实减少客户投诉举措，95 598投诉量比上年下降56.8%。全年实施121个“改薄项目”落地，配套建成全国首个规模型集中式电烤烟项目，累计完成电能替代1.02亿千瓦时。并深挖电网节能潜力，综合线损率比上年下降0.36个百分点。

【电网建设】 2017年，玉溪供电局推动电网规划统筹协调牵引作用发挥，持续优主网、强配网、升级农网，电网发展进一步优化。同时构建规划“6+7”业务体系，通过管理策略和技术路线协同发力，提升规划精益管理水平。全年围绕全市“五网”行动计划和“三湖”生态经济带规划建设，完成“十三五”配电网规划修编，编制印发配电自动化和通信网规划、综合管廊配套设施规划等成果；基于三层概念网架开展城市配网网格化规划，聚焦关键区域与核心指标，完成1.7亿元中心村电网改造升级工程，配网环网率达80%，可转供率达72%，高古楼二期工程高质量“零缺陷”投产得到省公司充分肯定，王大户配网工程和出水口充电站项目荣获省公司基建优质样板工程奖，玉溪供电局获得“南方电网公司2017年度基建精益管理优秀单位”称号。首创物资信息发布平台，有效提升物资供应各环节的信息共享效率，全年物资采购计划完成率100%，库存常规储备物资周转率从2016年的547.8%提高到2017年的996.2%，闲置物资再利用率达到85%。

（李　媛）

信息化建设

【概　况】 2017年，全市信息通信基础设施日趋完善，电信、移动、联通和广电网络公司积极推进光网行动计划，加快实施“光进铜退”改造工程，通过“宽带乡村”“宽带中国”国家试点城市建设，全光网改造和互联网接入能力大幅提升，光纤入户工作取得显著成果。至年底，全市通信光缆长度5.52万皮长千米，互联网通信出口总带宽从296G增加到890G，市到县骨干网从50G已升级到200G；推进光纤到户工程，完成主城区所有铜缆接入小区的光纤化改造，新建光纤端口27万个，端口总数158.68万个。全市开展“宽带乡村”工程，加大山区农村宽带网络建设力度，着力缩小“数字鸿沟”，267个社区和435个行政村实现光纤覆盖，4 098个自然村中有2 990个光纤通达，自然村覆盖率达到72.96%，农村人口光纤覆盖率超过80%。同时，完善和优化网络结构，加强现网资源盘活及挖潜，加快FTTH规模部署，城市覆盖率达100%，全市宽带用户从38.6万户增长到47.7万户，家庭宽带普及率达到63%，城区家庭全面实现了20Mbps以上宽带接入能力。移动互联网业务快速发展，3G和4G用户占移动用户的64.5%，每月数据业务量从800TB增长到4 000TB；推进无线WiFi网络建设，有效提升网络覆盖能力，全市免费WiFi（“I.YUXI”）热点数从173个增长到412个，覆盖全市政府办公场所、医院、车站、宾馆饭店和旅游区。着力引进国内知名互联网企业大型数据中心落户玉溪，全力推进华为玉溪计算数据中心（一期规模1 200平方米，1 000个机柜，20 000个云桌面端）、联通玉溪数据中心建设（一期规划1 200平方米，1 700个机柜，投资5亿元），积极争取阿里巴巴、腾讯等数据中心落地。1～12月份，全市信息产业（电子信息产品制造业）完成产值12.1亿，比上年增长38.9%，实现增加值3.26亿比上年增长59.8%。

【信息产业空间布局基本形成】 2017年，伴随华为、华唐教育、永兴元、亿赞普、晶鑫达、卡为通讯等知名信息产业企业的落户，以玉溪高新技术产业开发区为核心，以九龙片区和龙泉山片区两个产业聚集区的“一核两片区”空间布局逐渐形成，全市信息产业发展初具规模。市工信委编制完成《玉溪市信息产业“十三五”发展规划》。市政府与华为公司云计算大数据深化战略合作协议签订，进一步深化与华为公司在产业发展、云计算应用、人才培育等方面的合作；与省工信委信息产业处就华为玉溪数据中心打造成为“滇中城市经济圈同城数据备份中心”交换意见，同时积极争取成为省“云上云”重要承载平台。全市依托华为数据中心这个“玉云”工程核心项目，开始倾力打造跨境电子商务中心、小语种服务外包中心、大数据处理及离岸数据中心、信息备份数据备灾中心。

【高新区信息产业发展成效显著】 2017年，玉溪高新区信息产业发展、企业引进成效显著，已建成高新区互联网产业园、高新电子商务产业园、高新区互联网产业创新园，投入运营项目19项，总投资19.15亿元，主要有华为玉溪云计算数据中心、华唐大数据服务外包示范基地、亿赞普西南大数据跨境贸易平台、玉力测绘地理信息数据中心、中磷磷资源交易电商平台、永兴元科技公司互联网+政务服务平台及城市大数据运营中心、云南掌赢天四微平台等。九龙大数据产业园位于玉溪高新区九龙片区，规划用地1 200亩，估算总投资55亿元，总建筑面积130万平方米，分为大数据中心、小语种呼叫外包服务区、跨境电商和O2O（在线离线/线上到线下）贸易区、智能产品制造区四大功能板块。7月24日，九龙大数据产业园智能制造项目开工。至年底，玉溪高新区智能终端制造及配套产业签约项目13项，已完成公司注册17户，预计总投资106.2亿元，达产后预计实现产值370多亿元，可上缴税收近6亿元，需要用工近1.8万多人。已开工建设项目6项，总投资39.2亿元，完成投资12.5亿元。已建成投产项目4项，分别是深圳市晶鑫达科技有限公司（玉溪信德科技有限公司）、深圳市沃歌通讯技术有限公司（玉溪泰阳

2017年6月12日，玉溪市免费WIFI二期项目验收　　（市电信分公司　提供）

时代智能科技有限公司）、深圳市酷备族科技有限公司（玉溪蓝光旭科技有限公司）、深圳市龙士康科技有限公司（玉溪美辰科技发展有限公司）项目。12月底，特穗芯片生产项目投产。美辰科技园项目用地136亩，由企业自建厂房15万平方米，进行手机全产业链生产，12月开工建设，明年底建成投产。在谈项目7项、签订框架协议6项，拟投资104.35多亿元，达成后预计可实现产值近340亿元，新增税收10亿多元，新增就业1.5万多人。新注册成立的潮隆商贸有限公司仅用45天完成外贸出口5 300万美元。

【“互联网+”应用成效显著】 2017年，市工信委持续推进大数据交换平台建设，并加强与市直单位各部门的联系和沟通，不断拓展全市“互联网+”的应用领域。市工信委已经完成大数据软件平台建设。市住建局负责的安全骑行项目已投入使用。智慧社区建设初步选定万裕生态城、临岸三千城2个小区作为智慧小区试点，并完成网络基础设施建设。市工信委、市发改委、市编办、市政务服务局牵头一站式惠民服务平台建设，录入省政务服务管理平台事项53 740项、行政职权事项50 792项、公共服务事项共2 421项、内部审批事项共527项，已基本完成政务服务平台管理事项的录入工作，正按照省级要求指导部门对已录入事项的信息要素进行进一步的修改完善。红塔区试点工作稳步推进，完成区级33个部门、11个乡（镇、街道）行政许可和公共服务事项梳理和审核工作，采用“线上与线下融合，实体大厅与网上大厅融合”的方式，进驻27个行政审批和服务事项职能部门。市委政法委牵头网格化社会服务管理综合信息系统建设平台已上线运行，并完成数据更新，深入开展矛盾纠纷排查化解及问题隐患排查整治等模块应用。市农业局、市商务局牵头智慧农业项目，正加快推进“互联网+玉溪现代农业”，率先在全省推广使用农机作业位置通车辆定位系统，安装作业拖拉机196台，并建立全市农产品质量安全追溯系统，完成18个追溯试点企业建设。市旅发委牵头的全域智慧旅游信息服务管理平台即将进入项目合同签订阶段。市抚管局牵头的抚仙湖水资源智慧环保项目建设完成项目采购结果确认及合同备忘录，完成与社会投资人合同磋商，并将PPP合同提交市政府。市教育局牵头的互联网+教育建设完成玉溪教育云IPTV电视频道开发和广电网络高清互动平台教育频道开发，举办精品录播课程大赛颁奖暨教育云平台APP和广电教育云频道专区上线活动，并完成玉溪教育云“IPTV电信杯校园风貌展示大赛”市级评审工作。市卫计委牵头的互联网+健康医疗建设已基本完成澄江县域医疗协作体系建设，已实现数据互联互通，各级之间已具备开展远程会诊、远程示教功能，并实现调阅居民电子健康档案等功能。市公安局牵头互联网+智慧警务建设已开工建设，完成15个道口的基础设施改造，高清视频监控系统建设方案已进入纪委前置审计阶段。高新区管委会的云南联通数据中心项目7月初主体工程已封顶断水，并完成墙体支砌工作，基本完成外墙抹灰施工，联通公司将进行设备进场及安装工作。华为云计算数据中心机房已进行设备安装和调试，正在对遗留缺陷问题进行整改。税收征管保障数据交换平台建设已经完成，数据交换量90%，共计190多万条，平台运行正常。

（周凤琴）

【信息产业招商引资及产业规模】 2017年，全市信息产业重点围绕网络安全产业、云计算、大数据、智能终端制造开展招商引资，以高新区九龙片区和双创中心启迪众创园为落地载体，成功引进并落地清华启迪、猪八戒网、360安全集团等知名互联网企业，信德科技、泰阳时代、蓝光旭手机整机生产及配套项目相继建成投产。同时，成功举办“华为合作伙伴走进玉溪”、中国数据中心联盟2017年全体联络员大会、2017数据中心企业家峰会暨中国数据中心产业发展联盟玉溪论坛、“2017一带一路数字科技文化节·玉溪暨第十届全国三维数字化创新设计大赛总结赛”等活动。并与卡为手机、深圳正威集团等信息化企业开展合作，促进全市信息产业和智能制造产业的集聚发展。全年全市信息产业（含信息服务业、电子信息制造业）共对接招商引资项目（企业）36个，签订框架合作协议28个，成功落地并投产项目7个，正在落地项目12个。全市完成电信业务总量54.5亿元，比上年增长128.8%；实现增加值21.7亿元，比上年增长33%。其中，电子信息产品制造业完成工业总产值12.11亿元，增长38.9%；完成工业增加值3.26亿元，增长59.8%。

【信息产业重点项目】 2017年，全市通信光缆长度5.6万皮长千米，互联网通信出口总带宽890G，市到县骨干网从200G升级到1 100G，光纤接入端口159万个，新建、改造移动通信基站2 314座、通信铁塔2 478座，移动互联网数据量月数据量达5 000TB。全市267个社区和435个行政村全部实现光纤覆盖，4 098个自然村光纤通达，光纤入户用户占总宽带用户比率89%，固定宽带家庭普及率63.9%，移动宽带用户普及率68%，贫困村宽带网络覆盖率按行政村统计100%、20户以上自然村62%，网民数量175万。九龙大数据产业园规划总面积约1 200亩，净用地990亩，总建筑面积130万平方米，分为四大功能板块，即大数据中心区96亩、小语种呼叫外包服务区64亩、跨境电商和O2O贸易区63亩、智能终端制造及配套区767亩，估算投资约54亿元。产业园完成一期修建性详细规划编制。华为玉溪云计算数据中心IDC运营牌照已顺利取得，过渡机房业务已于4月底平稳迁移至数据中心。云南联通玉溪数据中心完成主体基础建设，6月完成内部主体配套建设，投入运营。互联网+政务服务平台红塔区试点工作进展顺利，效果显著，赢得省级有关部门及省外专家学者一致好评。作为互联网+政务服务的平台服务提供方的永兴元公司业务发展顺利，其业务范围已拓展至周边州市乃至重庆。全市围绕互联网+政务服务暨信息惠民城市运营中心重点项目，积极推进大数据交换平台、互联网+服务体系平台、新型智慧城市建设；推进玉溪智慧农业项目建设，淘宝特色中国·玉溪馆运行良好；推进玉溪智慧旅游工作，一部手机游云南正式启动，智慧旅游目的地服务系统上线；推进“互联网+教育”平台建设，“IPTV+玉溪教育频道”上线；推进“互联网+医疗健康”平台建设，互联网+医疗健康服务走向群众；推进“互联网+智慧警务”平台建设，开展移动警务建设项目应用拓展服务；建成全市统一的信息资源共享交换平台，共享交换数据230余万条，自5月上线以来，仅市地税、国税系统通过交换共享数据比对新增税收超过2.38亿元；实施一站式惠民（“互联网+政务服务”）建设，在红塔区积极开展试点工作，“最多跑一次”成功落地。

【智能终端制造及配套产业】 2017年，玉溪高新区智能终端制造及配套产业签约项目19项，预计总投资136.2亿元，达产后预计实现产值498.5亿元，可上缴税收7.6亿元，解决就业约25 000多人。已投产运营项目共4项，分别是深圳市晶鑫达科技有限公司LCD模组生产项目、深圳市龙士康科技有限公司手机整机生产及配套、深圳市酷备族科技有限公司智能穿戴生产、深圳市沃歌通讯技术有限公司等智能制造项目，总投资18.2亿元，达产后产值75亿元，预计实现税收8 500万元，就业3 500人。在建项目15项（已签约并注册公司等待标准化厂房的项目11项），总投资118亿元，预计产值423.5亿元，实现税收6.55亿元。

【网络安全服务基地建设】 2017年，市网信办以打造全省首个"网络安全示范市"和创建"国家级安全服务基地"为目标，积极引入上海交大网络安全学院、启迪网络安全公司、360企业集团、美亚柏科等院校和企业，充分发挥其技术优势和资源优势，强强联合，以关键信息基础设施保护为切入点，开展网络安全教育培训、网络安全服务和网络安全产品研发，形成完备的生态链条，建设网络安全服务基地，积极探索形成可复制、可推广的网络空间安全治理经验，推动全市网信事业创新发展。年底，打造全省首个"网络安全示范市"的工作已纳入省委网信办2018年工作重点，并得到中央网信办的关心和支持。

【推进双创中心启迪众创园建设】 双创中心定位为大型综合性科技创新创业园区，将打造集创业服务与投资孵化于一体的众创综合平台，并于2017年9月16日正式开园运营。双创中心以全市三大战略新兴产业发展为导向，重点引进符合园区产业发展规划的国内外知名品牌企业、行业龙头企业和科技含量高、产品附加值高、产业链长、税收贡献大的企业和研发培训机构，着力打造一带一路网络安全创新园区。至年底，园区共计入驻企业79家，其中1号楼（启梦楼）众创空间小微初创企业61家，行业涉及互联网服务、高原特色农业、生物医药、物联网等，企业总注册资本5 080万，从业人员906人；园区2～5号楼稳定性成长性大中型企业18家（如猪八戒网、360企业安全集团、永兴元等），以网络安全和互联网信息产业为主，企业总注册资本44 110万元，预计直接带动就业1 167人。

（潘　跃）

【电信运营】 2017年，市电信分公司新增投资打造智能化高速网络，全面取消手机国内长途和漫游费，助力双创，大幅降低中小企业互联网专线接入资费，降低国际及港澳台长途通话资费，加快推广六模全网通手机，让用户得到更多实惠，并深入推进信息惠农，提速降费。同时，加快网络建设，保障网络质量，推动全市五网建设。全年工程总投资1.5亿元，其中4G、LTE建设投资2 100万元，接入网宽带投资2 600万元，IPRAN投资400万元，使全市主城区、高速公路、风景区及广大农村4G覆盖及用户感知得到较大提升（其中主城区覆盖率达100%以上，高速公路覆、风景区盖率达99%以上，农村覆盖率80%以上），城区高层质差小区明显减少，网络质量及各项网络指标达到显著提升。全力支撑政府重要项目，推进互联网+产业，推进信息消费提升和产业转型。免费WIFI二期项目顺利通过验收，建设WIFI热点238个，新增AP设备868个，主要分室内和室外两种场景，建设范围包括街道、广场、卫生所、医院、企事业单位、车站、文化馆、图书馆、社区服务中心、民营示范医院、示范村委会等。签订社区矫正业务合作协议，将在发展司法E通之社区矫正用户的同时，为全市司法E通提供使用标杆。司法手环项目在上半年完成本地测试交流，司

①

②

①2017年4月13日，中国电信集团公司政企客户事业部总经理梁宝俊、市委宣传部部长杨兴荣在玉溪工业财贸学院察看物联网实验室 ②2017年8月19日，中国电信玉溪分公司与玉溪农村信用社"开农信手机银行 享电信天翼手机"项目签约仪式

（市电信分公司　提供）

法服刑矫正人员手环已完成终端产品在省司法厅的测试。全市“互联网+公务用车”平台建设完成，公务用车管理服务中心已完成车辆入网管理。食安E通项目已在各县（区）全面落地，取得食安E通全省发展第一的佳绩。智能公交调度系统实现红塔区公交信息化监管。全市货车定位系统项目承接全国货运平台在玉溪落地，推进货车监管信息化。市卫计委“卫生EPG”频道在中国电信ITV平台搭建居民健康档案专属通道，让老百姓在电视上就可查阅自己的健康档案。为市人行、中行到8个县（区）电路提供提速改造。并做好红塔区公安局到乡镇派出所电路割接，及时开通电路，保障政企单位通信通畅。保障市水利局、市森林公安、市国土资源局等机房顺利搬迁。对红塔区政企清单级客户按月/按季进行“安心服务”专项支撑。全面强化首问负责制，提升集中投诉处理中心的业务技能和支撑能力，建立快速投诉预警机制；建立全市服务质量监督员制度，邀请社会各界精英参与；充分利用好“12 315消费维权服务站”和“客户服务专席”，快速、及时、高效的解决日常用户纠纷/争议，投诉问题闭环管理；优化装维服务星级评价办法，调整装维指标、考核标准，重点聚焦装维服务守时和质量；持续推进服务一体化考核管理和结果应用，推广“当日装、当日修、快赔付”服务举措，升级和完善“预约服务”。

（张晓燕）

①民政部副部长顾朝曦（左二）听取通信应急保障工作汇报 ②峨山“彩云优品”互联网+扶贫培训现场

（市移动公司　提供）

【移动通信运营】 2017年，市移动通信分公司深入推进“大连接”战略落地，全面深化“三化”转型，全面增强核心竞争能力，加大基础设施建设，贯彻落实“提速降费”要求，全年累计实现运营收入10亿元，在网通话客户数180万户，宽带用户数16万户。分公司大力推广“互联网+党建”工作，通过“中移党建云”APP实现在线交党费，简化了传统的党费收缴工作流程，以灵活、开放和便捷的方式促进“互联网+党费”的科学化管理。借助“玉溪移动党建”微信公众号、玉溪移动党员微信群、《玉溪移动》报、EIP、心灵驿站等平台，用喜闻乐见的方式对党的政策方针进行宣传，确保及时、有效覆盖全体党员，提高了党建工作信息化水平。针对全市9个贫困乡镇、75个贫困行政村，开展网络规划和建设工作，新建4G基站38个，新建传输杆路153千米，总投资超过750万元，为贫困地区网络基础设施建设打好基础。同时按照扶贫工作要求，合理规划，整合资源，强化扶贫工作管理，探索数字服务扶贫方式，借助线下“互联网+扶贫”综合服务站及线上“彩云优品”，为贫困地区土特产销售打开通道，推动全市贫困地区经济更好更快发展，让帮扶工作真正惠及百姓。按照“党委负总责，各部门、各县区公司抓落实”的扶贫攻坚工作机制，针对挂钩扶贫点新平县库独木村委会，公司明确了扶贫工作方案、责任领导和挂钩联系人，到位扶贫资金8万元，用于支援库独木村传习馆项目建设；派专人进行驻村扶贫，结合各类营销政策，积极推进家庭宽带等产品应用于实际扶贫工作中，助力群众提升自身脱贫致富能力。分公司协助市急救中心新办公楼整体通信信息化的规划、设计等相关工作，制定实施方案，通过搭建“互联网+医疗”平台，进一步优化市急救中心急救资源的有效配置，合理调度与安排120急救车辆，提升服务效能，促使全市急救工作迈向互联网快车道，实现科技急救。市急救中心整体通信信息化项目荣获省公司“互联网+”创新成果评选三等奖。分公司配合省公司搭建玉溪第二枢纽楼内部结算框架，积极建立结算模型，并落实到公司财务报表和公司考核绩效中，共同推动市场化契约机制的有效落地，助力公司转型发展。分公司承接了利润中心评价体系构建项目“第二枢纽中心内部结算”分项，获得中国移动第十四届管理创新十佳奖，为公司经营业绩指标把脉、护航。同时，助力文化传承，为红塔区“哇家灯会”、峨山县开新街暨油菜花文化旅游节、红塔区第七届“米线文化节”提供通信保障。

（周晗丹）

【联合网络通信运营】 2017年，市联合网络通信分公司聚焦行业，抓新增，保存量，在信息技术和通信市场高速发展的浪潮中，不断完善自我，提升能力，以4G为中心，加速推进重点乡镇、重点区域、重点楼宇的4G网络建设进度，积极对核心网及在网运行基站进行优化调整，极大地改善了网络覆盖及网络质量，提升了用户感知。全年完成LTE工程443个基站的安装与开通、农校等5所高校的校园网应急保障工程建设开通、新平嘎洒大红山隧道覆盖重点工程的建设工作及新建站点443个沃建设信息录入和新建站点沃建设2 000多条无主小区清理工作。LTE接入配套传输工程投资420万元，新建光缆306千米、管道15千米。同时完成小石桥等4个综合接入机房的空调电源新建工程、易门梅营和华宁县一中2个汇聚节点的传输出局双路由改造、澄江县南门OTN设备的OMSP保护建设、塔甸和高大等14段环路保护的建设、成环以及IPRAN峨山小街环等9个环路由GE环升级到10GE环的升级开通，实现了重点乡镇的IPREN10G覆盖工作；完成中缅一干、成昆贵一干、玉溪长长中继二干的建设开通工作和玉溪会堂、燃料公司2个传输汇聚机房的搬迁工作；完成核心网工程联通至铁通话务及信令改至移动承载工作，经计费验证和信令业务测试正常，并于10月份正式整体迁移；完成数固工程宽带乡村工程46台中兴OLT安装及对应的一级分光器施工建设，为宽带小能人的招募打下坚实的基础；完成峨山县、元江县、新平县的城区BOT宽带OLT安装及对应的一级分光器施工建设，一区7县中心城区均有BOT合作FTTH网络覆盖。为贯彻落实党中央、国务院提速降费工作部署，对所有的业务资费进行清理，并按照要求取消了在用套餐的国内长途漫游费，产品结构得到简化，产品竞争力加强。并利用广电接入网的资源优势，与广电签订“智慧玉溪、宽带乡村”合作协议。全面建设自营厅，扩覆盖，全市自营厅建设数量达到11个，主要以回收柜台外包为主，回收易门厅、会堂厅、珊瑚厅、北苑厅，实现各县（区）100%覆盖；聚焦旗舰厅打造标杆，将会堂营业厅回收自营为旗舰厅，着力建设优秀经营团队，实现全品类终端销售，逐步使会堂厅成为本地个人、家庭信息化消费的体验和标杆；打造自营厅成为客户运营中心，使营业员成为客户代表，实现线上运营，与客户保持上、线下的有效联系和良好互动，推进线上线下一体化销售。政企客户完成森泰克数据通信有限公司GPS平台车辆运行数据卡、市烟草公司21条专线及互联网的开通、省电网常态化招标及2017～2019年框招项目的投标、对接完成红塔集团公务车辆运行平台GPS监测监控。

（李懿薇）

【铁塔生产经营情况】 到2017年，市铁塔分公司共承接3家运营商塔类项目需求5 280个，交付5 051个，铁塔全量共享水平提升至33.58%，减少站址建设1 939个，节省投资约2.61亿元，节省土地约2.9万平方米，塔均租户数达到1.382，累计总收入24 824.02万元，其中2015年收入合计1 699.17万元，2016年收入合计11 737.83万元，2017年收入合计13 766.64万元。3月，获取全市20 000个路灯杆资源。4月，政府支撑、专项流程、特事特办，全市99本产权证过户全面完成。5月，基站拆迁获保护赔偿，为新站选址、搬迁、电力引入提供保障。通过主动获取社会公共资源、已有建筑物资源以及新建小杆塔资源的方式，利用市政路灯杆、监控杆、交通指示牌等公共资源为5G承接做好准备工作。在三性推进过程中，公司建立流程管理体系，通过抓流程、抓制度管理，建立站址的常态化的生命周期管理，运营规范性的要求已深入人心，常态化机制有效建立，单站核算能力进一步提升，数据真实性、内控规范性、资产合法性显著改善，资源资产匹配率、资产产品匹配率、场租收支配比等16项指标全额达标，第一家通过省公司符合性测试及现场检查。公司强化对5 000多座铁塔资产的管理，重点开展单站核算、资产延寿，减少折旧性成本支出，并依托铁塔资源积极拓展“蓝天卫士”环保项目、充电桩项目、公安项目等新业务领域，培育收入新增点。通过加强选址管理，落实建设责任，强化质量、进度、成本、安全管控，有效满足3家运营商的需求。维护工作推行全面质量管理，建立故障管理、代维管理、站址管理、应急管理、资源管理、服务质量、维护对接七大体系。通过嵌入式的代维管理，嵌入县（区）代维基础管理，调动一线维护人员工作积极性，与代维单位建立互利共赢的合作关系，促进维护工作质量的持续提升。11月，晋红高速49个站点已完工验收交付，昆玉城际铁路主体工程已全部完工，2条路实现与道路同设计、同施工、同验收，昆玉高铁通信基础设施投资约1 027万元，晋红高速通信基础设施投资约674万元。电信、联通全年稽核指标全部达到客户服务目标要求，平均断电退服时长均低于25分钟，发电及时率高于95%，回单及时率和接单及时率全年均高于99%，全年站址拆迁率低于1%，综合离线率达4.7%，全省排名第一，一脱

2017年6月19日，联通市分公司与玉溪农业职业技术学院正式签订《玉溪农业职业技术学院“智慧校园”合作协议》

（市联通公司 提供）

速度铁塔 （市铁塔公司 提供）

准确率52%，排名全省第一，物业续签率92.31%，排名全省第一。

【全量开放路灯杆资源助力小微站建设】 2017年，市铁塔分公司为全面承接好3家运营商的小微站建设，积极向市委、市政府汇报在共建共享、节约资源方面取得的成绩，并申请为进一步延伸“互联网+”领域，为“网络强市”建设打下基础，请示市政府在前期《玉溪市人民政府办公室关于促进公众通信基础设施建设的通知》文件的基础上，全量开放全市路灯杆资源，全力支撑玉溪铁塔开展小微站建设。3月3日，市政府办公室批复《关于支撑“网络强市”建设开放路灯灯杆资源的批复》，同意为支撑“网络强市”建设，全市开放路灯灯杆资源，允许铁塔公司根据信号覆盖需求在不影响路灯灯杆设施功能、运行安全及灯杆美观的前提下，快速审批在存量路灯灯杆上安装通信基础设施或将现有不满足技术条件的灯杆替换并加装通信设施，并要求市住房和城乡建设局配合做好路灯灯杆共建共享有关工作。此举打开了市铁塔分公司传统业务+小基站+新业务的多元化建设模式的新篇章。

【编制全通信基础设施专项规划】 2017年6月12日，市政府发出《关于编制玉溪市通信基础设施专项规划的通知》，强调通过现状调研和资料收集，对通信网络发展现状和存在主要问题进行分析，提出解决对策；按照信息通信产业实际需求及城市总体规划相关内容确定通信铁塔、机房需求，并规划具体位置和规模，确定通信基础设施用地；根据本地实际情况，对各通信运营商提交的基站进行筛选分析，按照共建共享、集约美化的原则对重复建设的站点和具备共建共享条件的站点，提出整合和改善建议，对新建通信基站提出通信网络基站站址规划，从新建铁塔建设标准、机房及配套建设标准、占地面积要求等方面提出铁塔及配套设施建设标准。此举打开了市铁塔分公司统筹规划、合理布局、远近结合、共建共享规划的新篇章。

【基站拆迁赔偿规范化】 为确保国有资产得到重视和保护，由市政府牵头协调实施，2017年4月下旬，市铁塔分公司积极与市政府对接，对因征地拆迁、城乡建设等涉及基站拆迁进行补偿，同时下发相关的文件及方案，确保基站作为国有资产被保护。4月24日，由市政府副市长解仕清牵头3家电信运营商、铁塔公司、工信委召开现场协调会。经市政府研究，要求由工信委牵头，联合铁塔公司出台基站相关拆迁的流程、方案以及资产价值，由市政府进行合法性审查、资金审查，将基站列入国有资产进行保护，确保涉及因征地拆迁、城乡建设等涉及基站拆迁时，基站得到保护。8月2日，市发改委批准《投资项目备案证》，使铁塔新建和改建项目有法可依，为公司解决多年的骨头站点、物业纠纷站点提供了重要的依据，保障了铁塔新建和改建项目的顺利实施。

【启动基础维护管理达标专项工作】 2017年7月5日，市铁塔分公司正式启动基础维护管理达标专项工作。维护中心对代维公司的汇报材料进行点评，并对维护关键指标进行说明，要求代维公司加强内部自查管理，及早发现、反馈并共同解决维护过程中的难点问题，确保维护工作有效推进。各县（区）及代维务必全面结合基础维护达标检查表中作业制度、基站环境、设施运行、客户设备、动环监控、资源管理6大类现场检查项目进行逐站自查自纠，并将自查结果和现场整治情况填写在纸质表格上备查，通过基础维护达标活动的开展，实现“四落实（组织落实、制度落实、标准落实、流程落实），四提升（质量提升、效率提升、效益提升、形象提升）”。基础维护达标工作内容包括基站环境、作业制度、设施运行、客户设备、动环监控、资源管理等6个方面共42条，要求维护中心按阶段进行组织，尽可能避免重复上站，切实围绕达标验收的六大主线，查找基础维护管理短板与薄弱环节，规范各项基础维护工作。

（张 迎）

绿水青山·碧玉清溪

（吴　垠　摄）

烟草产业

TOBACCO

责任编校：贺蒋萍

烟草管理

烤烟生产

卷烟生产

卷烟营销及专卖管理

烟草科技

红塔集团

烟草管理

【烤烟生产收购完成情况】 2017年，全市计划种植烤烟56.66万亩，烟叶收购153万担。11月29日，省烟草专卖局下发《云南省烟草专卖局关于调整下达部分单位2017年烤烟收购计划的通知》，收购计划数调整为140.41万担。实际按节令适时完成烤烟移栽面积56.66万亩，完成种植计划的100%，累计完成烟叶收购量140.41万担，完成计划的100%。均价28.92元/千克，比上年减3.04元/千克。上等烟比例占63.74%，比上年降6.10个百分点。烟农总收入22.8亿元（交售烟叶收入20.30亿元，直补烟农收入2.50亿元），比上年减少3.08亿元。烟叶税4.47亿元，比上年减少0.91亿元。

【烤烟生产遭受灾害】 2017年，受自然灾害影响，全市烟叶减产降质，严重影响烤烟生产。4月11日至5月10日，烤烟移栽时段，全市降雨量增多、平均气温偏低、日照时数减少，对烟株早生快发造成不利影响，导致烟株长势差。5月11日至6月20日，烤烟旺长时段，持续高温干旱少雨又导致烟株生长滞缓，底烘、早花现象普遍发生，烟株抗逆性减弱，病害发生较重。6月下旬至8月，正直烤烟现蕾至成熟采烤期，阴雨连绵、光照不足、点性大、暴雨频发，以病毒类为主的病害严重暴发。保险公司定损面积9.5万亩，涉及烟农3.1万户，商业保险累计理赔0.35亿元。全年病毒病发生面积11.03万亩，江川区、华宁县、新平县、元江县等情况严重。

【烟草产业政策扶持】 2017年，市政府印发《玉溪市人民政府关于切实抓好2017年烤烟生产工作的通知》，市县出台系列巩固提升烟叶生产发展的政策措施。全市在产前投入、基础设施、特色烟叶开发等方面共投入资金3.9亿元，其中，市、县（区）两级统筹财政投入1.18亿元，红塔集团及市烟草公司投入2.72亿元，全市烟叶生产政策保障体系更加完备。

【“2260”高端特色烟叶开发】 2017年，“2260”高端特色烟叶开发项目涉及江川、华宁、易门、峨山、新平5个县（区），共计5万亩，15万担。市烟办成立了“2260”高端特色烟叶开发领导小组，印发“2260”高端特色烟叶开发工作方案、生产技术方案及考核方案，形成政府负责组织发动落实、烟草公司负责制定技术措施标准的政企合力工作机制，实现优质烟叶高端化供给。

【县乡村烤烟样板示范】 2017年，全市按照“以点带面、典型引导”的思路，共落实书记、县（区）长和分管副县（区）长挂钩的千亩以上示范样板17片、6.67万亩，占比11.8%，乡村样板521片、5.69万亩，占比10%，县、乡、村三级样板占烤烟种植面积21.8%，辐射带动烟叶生产水平整体提升。

【向上争取资金及基础设施建设】 2017年，市政府烟草产业办争取上级资金69 985.9万元，完成目标任务数的100.3%，在全市19个项目区建设烟水配套项目262件、机耕路16条、密集烤房2 052座、育苗设施28群；投入项目前期经费200万元，完成2018～2020年烟水工程项目规划，储备项目71件，概算投资1.06亿元，受益烟田面积1.5万亩。

【烟草援建水源工程】 2017年，全市在建烟草援建水源工程项目4件，即红塔区平摊箐水库、新平县横山水库、华宁县核桃冲水库、峨山县箈川水库，年末累计完成投资29 734.01万元。元江县陆家店水库、华宁县小箐水库2件已获国家烟草总局批复，概算总投资19 256.62万元。

【能源替代烟叶烘烤工场试验示范】 2017年，全市以能源替代烟叶烘烤工场试验示范项目为切入点，推动以电为中心、燃气为补充、清洁化为特征的农业生产能源结构调整，制定《玉溪市2017年能源替代烟叶烘烤工场试验示范项目实施方案》，在江川区建设30座热泵加热密集烤房烘烤工场，改造2座天然气加热密集烤房烘烤工场。

【烟草产业精准扶贫政策】 2017年，出市政府办出台《玉溪市人民政府办公室关于印发玉溪市2017年烟草产业精准扶贫实施方案的通知》，明确在全市建档立卡的9个贫困乡镇和75个贫困行政村实行烤烟生产精准扶贫政策全覆盖，在现有的烤烟补助政策基础上，每亩增加补助35元，下达烟草产业精准扶贫资金573.99万元。

（普泳智）

烤烟生产

【概　况】 2017年，市烟草专卖局（公司）下辖七县二区烟草专卖局（分公司）及研和水泥制造有限公司、玉溪钢铁有限责任公司、通海县熙苑宾馆有限责任公司、云岭四季酒店管理公司4个多元化经营的控（参）股公司。内设17个职能部门。在岗职工964人，其中高职9人，本科以上学历536人（含博士9人、硕士55人）、占职工总数的55.60%，40岁以下职工442人、占45.85%。全年烟草商业总资产72.21亿元，比上年增5.26%；固定资产净值4.04亿元，比上年减10.11%；流动资产65.48亿元，比上年增6.81%；资产负债率9.73%，比上年下降3.74个百分点；三项费用率6.94%，比上年下降0.46个百分点；实现“两烟”销售收入75亿元，比上年增1.24%；“两烟”税利32.36亿元，比上年增1.10%；“两烟”利润20.31亿元，比上年增4.49%。种植烤烟56.66万亩，完成7 020.5万千克（140.41万担）烤烟收购任务。全市销售卷烟41.8亿支（8.36万箱），比上年增1.69%；实现销售收入25.94亿元，比上年增7.78%；单箱销售收入3.1万元，比上年增5.99%。

【烟叶生产】 2017年，全市有种烟县（区）9个、乡（镇、街道）64个、村（居）委会421个、村（居）民小组2 916个、烟农7.43万户，签订烤烟种植合同7.43万份。种植面积56.66万亩（田烟18.08万亩、地烟38.58万亩），户均7.62亩，比上年提高0.44亩，户均10亩以上农户1.42万户，面积21.56万亩。千亩村194个，面积44.6万亩；万担乡46个、收购量143.2万担。其中，种植“K326”品种56.46万亩，占99.65%；“KRK26”品种0.2万亩、占0.35%。年内，全市在遭受严重自然灾害的情况下，仍收购烟叶140.414万担（7 020.7万千克），比上年减8.23%，完成收购计划的91.77%。其中，指令性计划完成6 480.9万千克，出口备货计划完成539.8万千克，国家工商局交接检查等级合格率64.94%，比上年提高3.79个百分点；省局收购等级质量检

查等级合格率75.41%，比上年提高2%。同时，优先保障红塔集团108.1万担优质原料需求，支付烟叶收购款203 025.7万元，比上年减16.96%。烟叶均价28.92元/千克，比上年减3.04元/千克，上等烟比例63.71%，比上年减6.13个百分点。烟农售烟总收入20.3亿元，户均售烟收入2.73万元，上缴烟叶税4.47亿元，比上年减16.92%。

【统筹施策聚合力】 2017年，市烟草公司加大烟叶生产扶持力度，市级财政执行16元/担烟叶生产组织奖励政策，县级财政拿出烟叶税的10%以上做扶持经费，红塔集团投入0.96亿元基地建设资金，市公司补贴1.76亿元产前投入，全市烟叶生产政策保障体系更加完备。同时，做好协同工作，全年商业保险累计理赔0.35亿元，涉及面积9.5万亩、烟农3.1万户；查办涉烟叶案件46起，查获烟叶615.11吨，调处涉烟矛盾纠纷62件，成功率100%，保障了烟区和谐生产。

【科学育苗移栽】 2017年，全市实现100%专业化商品化育苗，共有育苗点325个，比上年减少46个，平均单点供苗面积0.17万亩，各育苗点分批次培育壮苗，苗龄与移栽期高度吻合。5月9日，全市完成烤烟移栽任务，用时29天，比上年缩短5天，85.4%的面积集中在谷雨至立夏节令内移栽。全年推广节水滴灌1.1万亩，膜下小苗移栽44.19万亩、占比78%，山地烟100%实现膜下小苗移栽。

【烘烤提质增效】 2017年，全市密集烤房投烤率比上年提高14.2%，上部烟叶一次性采烤占比80%以上，联户联烤29.77万担，专业化商品化烘烤85.55万担。年末，有烤房11.58万座，其中，密集烤房2.3万座。

【烟叶科技创新】 2017年，全市加大面源污染治理力度，一次性推广施用有机肥51万亩，占比90.1%，探索构建烤烟订制化精准施肥技术服务新模式，建成"智能化肥微工厂"2个，推广1.9万亩，亩均化肥用量同比减少10千克。以蚜茧蜂为主全面构建黄蓝板、性诱剂、杀虫灯等病虫害绿色防控体系，在烤烟上推广蚜茧蜂56.66万亩、占比100%。同时，加大能源结构变革力度，实施30座电能替代烘烤试验示范项目，与传统煤炭烘烤相比，减工4.4个/炉，降成本0.9元/千克（干烟叶），均价增加1.16元/千克，CO_2、SO_2、氮氧化物、粉尘等实现零排放；推广140座生物质颗粒燃烧加热烤房，与传统煤炭烘烤相比，减工1.6个/炉，降成本0.2元/千克（干烟叶），增效0.81元/千克，每吨燃料燃烧减少排放CO_2量0.82吨、SO_2量8.5千克；加大废弃物清理和综合利用力度，建成生物质颗粒加工厂1个，合作社回收烟秆、玉米秆等农田废弃资源480吨，再加工生产生物质燃料368吨，回收农药包装废弃物3.51万亩，废弃地膜14.8万亩，加工再利用1 000吨。

【产业转型升级】 2017年，全市以减工降本增效为目标，推动烟叶生产组织形式和发展方式转型升级，建成原料基地化基地单元19个，对口工业3家，收购量103.67万担，基地化率67.8%，其中标准单元16个、收购量85.83万担；特色单元3个、收购量17.84万担；"2 260高端特色烟叶"开发涉及5个县、15万担，占全省的1/4。重视职业烟农化，全年累计培育认定职业烟农7 112户，占比9.6%，户均面积14.8亩，是全市平均的1.9倍，交售烟叶26.98万担，占比19.2%，上等烟比例65.5%，比全市平均高1.86个百分点，均价29.65元/千克，比全市均价高0.73元/千克。实行作业机械化，全市机耕51.41万亩，占比90.73%；起垄9.79万亩，占比17.28%；中耕培土7.43万亩，占比13.11%；植保25.24万亩，占比44.55%。此外，移栽0.1万亩，覆膜0.22万亩，施肥0.03万亩，编烟0.3万亩，拔杆0.01万亩。推行服务专业化，烟农合作社从46个优化整合至43

①2017年5月18日，国家财政部副部长余蔚平（中）在市委书记罗应光（左二）陪同下调研玉溪现代农业庄园 ②2017年10月8日，云南省烟草专卖局（公司）党组书记、局长、总经理陈卫东（中）调研玉溪市烟叶收购工作 （方连海 摄）

个（国家局行业示范社3个），其中6个示范应用管理信息系统，30个开展烟用物资供销，育苗、植保、分级专业化服务实现“三个100%”。结合“发展生产脱贫一批”要求，继续实施“一乡一策、一村一策”的烤烟提质增效精准扶贫措施，全市涉及9县（区）、59乡（镇）、332村、6 988户、2.62万人的建档立卡贫困烟农，建档立卡的9个贫困乡（镇）、75个贫困行政村全覆盖，贫困户烟农售烟总收入1.7亿元，户均2.4万元，人均6 438元。同时，挂钩帮扶易门铜厂村，投入379.8万元用于基础设施建设，捐赠20万元用于修缮公房和党员活动室及解决村民安全饮水问题。

（代玉洁）

卷烟生产

【卷烟生产经营】 2017年，红塔集团境内外卷烟总产量（包括集团省内四厂内销与出口、合作生产、境外生产）2 470.35亿支（494.07万箱）。

集团省内四厂生产卷烟1 782.1亿支（356.42万箱），比上年下降3.99%。生产内销卷烟1 743.85亿支（348.77万箱），比上年下降4.07%，其中一类烟700.75亿支（140.15万箱），比上年上升8.41%；二类烟22.32亿支（4.46万箱），比上年上升9.77%；三类烟903.65亿支（180.73万箱），比上年下降4.34%；四类烟54.05亿支（10.81万箱），比上年下降32.54%；五类烟63.1亿支（12.62万箱），比上年下降50.07%。生产出口烟38.25亿支（7.65万箱），比上年增长0.19%。合作生产卷烟577.5亿支（115.5万箱），比上年下降16.37%。

玉溪卷烟厂全年生产卷烟985.96亿支（197.19万箱），含出口32.51亿支（6.5万箱），比上年减少35.81亿支（7.16万箱），降低3.51%。一类卷烟生产557.87亿支（111.57万箱），比上年增加69.32亿支（13.86万箱），增长14.19%；二类卷烟生产22.11亿支（4.42万箱），比上年增加2.91亿支（0.58万箱），增长15.13%；三类卷烟生产348.06亿支（69.61万箱），比上年减少83.82亿支（16.76万箱），降低19.41%；四类卷烟生产35.51亿支（7.1万箱），比上年减少5.32亿支（1.06万箱），下降13.03%；五类卷烟生产22.42亿支（4.48万箱），比上年减少18.9亿支（3.78万箱），下降45.74%。同时出口一类卷烟生产7.19亿支（1.44万箱），比上年减少0.6亿支（0.12万箱），下降7.64%；三类卷烟生产19.52亿支（3.9万箱），比上年增加5.77亿支（1.16万箱），增长42.02%；新增四类卷烟0.38亿支（0.08万箱）；五类卷烟生产5.43亿支（1.09万箱），比上年减少0.97亿支（0.19万箱），降低15.17%。全年生产“玉溪”556.83亿支（111.57万箱），“红塔山”351.47亿支（70.29万箱），“红梅”52.12亿支（10.42万箱），“新兴”4.9亿支（0.98万箱），“阿诗玛”19.65亿支（3.93万箱）。万支卷烟综合能耗1.89千克标煤，平均消耗烟叶6.11千克/万支，滤嘴棒1 668.72支/万支、卷烟纸600.08米/万支、接装纸0.32千克/万支、商标500.06张/万支、水0.05吨/万支、电5.25千瓦时/万支。

集团销售卷烟（含集团省内四厂内销与出口、合作方销售、回购销售、境外加工生产销售）2 486.6亿支（497.32万箱），比上年下降7.2%。省内四厂共销售内销卷烟1 710.8亿支（342.16万箱），比上年下降5.14%，其中一类烟675.35亿支（135.07万箱），比上年增加3.46%；二类烟22.55亿支（4.51万箱），比上年增加15.34%；三类烟889.3亿支（177.86万箱），比上年减少4.09%；四类烟57.2亿支（11.44万箱），比上年下降31.5%；五类烟66.45亿支（13.29万箱），比上年减少44.84%。出口卷烟38.45亿支（7.69万箱），比上年增长1.27%。

集团本部及省内四厂实现工业总产值715.88亿，工业增加值575.59亿。本部及省内四厂实现销售收入606.9亿，比上年减幅0.07%。实现税利516.65亿，比上年增幅0.06%，其中利润60.63亿。三项费用率为6.11%。

【主要产品】 2017年，集团生产卷烟2 470.35亿支（494.07万箱），比上年减少195.8亿支（39.16万箱），降幅7.34%。其中“玉溪”品牌726.4亿支（145.28万箱），占29.4%，比上年增加43.85亿支（8.77万箱），增幅6.43%；“红塔山”品牌1 363.3亿支（272.66万箱），占55.19%，比上年增加18.25亿支（3.65万箱），增幅1.36%；“红梅”品牌265.1亿支（53.02万箱），占10.73%，比上年减少263亿支（52.6万箱），降幅49.80%；其他品牌115.55亿支（23.11万箱），占4.68%，比上年增加5.05亿支（1.01万箱），增幅4.57%。

【新品生产】 2017年，集团生产卷烟新品8个，合计生产50.62亿支（10.12万箱）。其中“玉溪（壹零捌）”3亿支（0.6万箱），“玉溪（硬初心）”28.7亿支（5.74万箱），“玉溪（合和）”71万支（14.2箱），“玉溪（软阿诗玛）”7.25亿支（1.45万箱），“玉溪（细支初心）”4.6亿支（0.92万箱），“玉溪（高配版）”3.05亿支（0.61万箱），“红塔山（硬经典二代）”1.6亿支（0.32万箱），“玉溪（软初心）”2.4亿支（0.48万箱）。

【新产品销售】 2017年，红塔集团8个新品在市场上成绩表现优异，受到国家局的高度表彰。“玉溪（硬初心）”商业销售20.77亿支（4.15万箱），“玉溪（细支初心）”8月份上市以来累计商业销售1.88亿支（0.38万箱），“玉溪（软初心）”9月份上市以来累计商业销售0.51亿支（0.1万箱），“玉溪（华叶）”商业销售0.86亿支（0.17万箱），“玉溪（软阿诗玛）”商业销售4.95亿支（0.92万箱），“玉溪（108）”商业销售1.46亿支（0.29万箱），“玉溪（高配版）”商业销售1.27亿支（0.25万箱），“玉溪（细支阿诗玛）”商业销售3 625万支（725箱），“红塔山（硬经典二代）”商业销售3 900万支（780箱）。多个新品规格的稳步推进，对于保持市场稳定、恢复品牌状态发挥了积极的作用。

【境外卷烟生产】 2017年，集团境外生产卷烟110.75亿支（22.15万箱），比上年减少8.8万箱（1.76万箱），减幅7.35%。其中，“玉溪”6.2亿支（1.24万箱），比上年减少5.4亿支（1.08万箱），减幅46.65%；“红塔山”10.65亿支（2.13万箱），比上年减少4.45亿支（0.89万箱），减幅29.49%；“红梅”3.4亿支（0.68万箱），比上年减少0.45亿支（0.09万箱），减幅12.10%；其他品牌90.5亿支（18.1万箱），比上年增加1.55亿支（0.31万箱），增幅1.73%，包括“阿诗玛”10.2亿支（2.04万箱）、“MARBLE”26.45亿支（5.29万箱）、“BRASS”13.55亿支（2.71

万箱）、“GEM”31.2亿支（6.24万箱）、“ESTON”0.15亿支（0.03万箱）、“STRAND”0.5亿支（0.1万箱）、“云烟”7.3亿支（1.46万箱）、“钓鱼台”0.15亿支（0.03万箱）、“大唐”0.05亿支（0.01万箱）、“L.J.”0.05亿支（0.01万箱）、“红花”0.4亿支（0.08万箱）、“JN”0.55亿支（0.11万箱）。

【出口卷烟】 2017年，生产制造中心组织生产出口卷烟38.25亿支（7.65万箱），比上年增加0.1亿支（0.02万箱），增幅0.26%。其中，“玉溪”系列11.95亿支（2.39万箱）、“红塔山”系列1.45亿支（0.29万箱）、“新兴”系列4.9亿支（0.98万箱）、“阿诗玛”系列19.55亿支（3.91万箱）、“BRASS”系列0.4亿支（0.08万箱）。

【烟叶基地建设】 2017年，红塔集团紧扣品牌导向型质量需求，做实基地、做精原料，推广各项生产技术措施。强化政工商协同，抓实基地品种纯度，巩固提升合作基础；增强科技支撑力，以科研项目为切入点，加强统防统治和土壤保育，着力解决生产技术短板；加强过程管控，通过分类施策、区隔采购，适时调整优化烟叶产区布局，基地化采购率达到85.26%，夯实优质原料供应链基础。

【开发“2260”高端特色烟叶】 2017年，集团根据省中烟技术中心关于“2260”高端特色烟叶的综合质量评价情况，联合烟草公司完成“2260”项目区的调整优化，清退风格特征不明显、综合质量未达标的区域，取消墨江、弥渡2个项目区，新增江川、大理湾桥项目区，把易门六街置换为浦贝，调增综合评价优质区，扩增新平、南华、双柏项目区，增加小街、岔河调拨计划，产区布局再优化后，10个“2260”项目区分布在玉溪、楚雄、大理三大核心烟区。工商双方制定工作方案、技术方案、考核方案和补贴办法，共同把控质量、检查考核，使用结果，推动品牌与原料的深度融合，采购高端特色烟叶30万担。烟叶工商交接质量检查结果达到品种纯度100%，等级纯度90%以上，等级合格率80%以上，经云南中烟技术中心专家评价，烟叶成熟度好，香气量足，工业可用性整体得到有效提升。

【烟叶工业分级】 2017年，红塔集团完成省内烟叶工业分级任务276.71万担，各复烤车间就来料细分产区、精分等级，制定分选计划，定编分选小组，安排调运流转，加大技能培训力度，确保分后烟叶等级质量的稳定性。烟叶实物得率、分选损耗率及吨烟劳务费用等关键指标均获得提高。

【复烤加工】 2017年，集团完成烟叶复烤加工19.4万吨（387.98万担），其中省内四厂加工15.03万吨（300.58万担）、玉溪厂8.71万吨（174.16万担）、楚雄厂2.62万吨（52.32万担）、大理厂2.19万吨（43.83万担）、昭通厂1.51万吨（30.27万担），出片率68.11%，比上年提高0.73个百分点；区外委托16个复烤厂加工4.37万吨（87.4万担），出片率68.54%，高于同期2.31个百分点。工作组提高投料质量，强化在线监督和关键环节质量管控，核验加工过程参数及重点指标，批次产品抽检结果比上年持续向好。

（王丽媛）

卷烟营销及专卖管理

【卷烟营销】 2017年，全市销售卷烟8.36万箱（41.8亿支），比上年增1.69%。其中，一类烟销售1.86万箱，比上年增11.79%；二类烟销售2 759箱，比上年增111.39%。销售收入25.94亿元，比上年增7.77%。卷烟税收6.41亿元，比上年增6.94%。单箱销售收入3.10万元，比上年增5.98%，高于全省平均水平1 028元。其中，新品烟销量2 521箱，占一二类烟销量比例的11.8%；销售额1.15亿元，占一二类烟销售收入比例的8.9%；新品量、贡献度均排名全省第一，新品平均单箱4.56万元，拉动全市单箱增长462元。卷烟营销创下历史最高增幅新记录，实现销售收入增幅全省排名第一，高于全省平均水平3.82%的3.95个百分点，单箱销售收入增幅居全省第一，高于全省平均增幅2.51个百分点，新品贡献度指标全省排名第一。

【卷烟营销改革创新】 2017年，全市卷烟营销改革创新领导小组成立，建立由主要领导负首责、分管领导负主责、部门负专责，构建扁平化、一体化的营销管理结构，全年召开会议43次，开展市县点各层级调研28次。同时，在全省率先构建起“政工商”三方协同营销指挥体系，构筑新品营销政策高地，率先争取市委、市政府500万元营销资金支持，为“华叶”等新品卷烟培育提供保障，高起点、高规格、高效率、高质量推进新品上市发布，开展意见领袖助销、主题营销活动等工作。

【强化营销考核】 2017年，市烟草专卖局（公司）围绕省局（公司）重奖重惩考核要求，认真研究、制定出台营销考核政策，从工资总额中单列200万元对销售新品卷烟进行考核奖励，实际兑现200万元；全力助推新

2017年8月2日，云南中烟红塔新品全国首发会召开，参会领导嘉宾共同点亮水晶球
（田　平　摄）

品培育，单列250万元作为卷烟营销专项考核奖励，实际兑现247.5万元。

【专卖管理监督】 2017年，全市联合出动执法人员6 540人次、执法车辆1 635台次，检查工商经营户3.11万户次。全年查获涉烟案件868起，其中大要案件79起、移送公安案件40起、行政案件749起（一般案件190起、简易案件452起、无主案件107起）。查获“假私非”涉案卷烟1 388.99万支（案值813.68万元），查获烟叶、烟丝等原料570.16吨（案值2 111.4万元）。刑事拘留27人，批捕22人，判刑14人。破获符合国家局标准的网络案件4起，受到国家局表彰奖励。截至年底，全市有持证卷烟零售户8 972户，占全市人口比例的3.79‰，比上年减130户。

（代玉洁）

烟草科技

【科研成果】 2017年，全市实施烟草科技项目20项，其中主持承担科技项目16项（含国家局重大专项项目1项、省科技厅项目2项），与省公司、烟科院合作项目4项。科技计划项目总经费预算1 155万元，实际支付603.69万元。全年发表科技论文14篇，获得专利授权11件，含发明专利6件，即《一种提高菜蚜茧蜂繁殖效率的方法》（专利号ZL201510755450.6）《一种菜蚜茧蜂繁殖方法》（专利号ZL201510755451.6）《一种副球菌及其菌剂和制备方法与应用》（专利号ZL2015102918370.0）《一种僵蚜自动定量分装机》（专利号ZL201510932884.9）《4-甲氧基吲哚溶液在防治烟草黑胫病中的应用及制法》（专利号ZL201510042654.5）《一种生物质炭化炉尾气处理装置》（专利号Zl201410016244.9），获得发明专利受理4件。通过省公司验收科技项目成果1项，获得科技奖励3项，其中获省人民政府科技进步奖三等奖2项，中国烟草总公司云南省公司科技进步奖二等奖1项。2人入选市中青年学科带头人。

【绿色植保技术研究】 2017年，绿色植保技术研究取得新突破，菜蚜茧蜂年繁育规模达到5亿头，推广使用面积160余万亩，田间综合防效60%以上，通过专家组田间鉴评，鉴评结果为优秀。同时，还从烟草中发现一类新的抗烟草花叶病生物碱，对普通烟草花叶病病毒增殖的抑制活性达到70%以上，该成果获得CORESTA大会专家的一致认可。

【土壤保育技术研究】 2017年，全市针对局部烟田土壤养分含量过高、化肥用量偏大、肥料利用率较低、测土配方施肥和精准模块化施肥措施难以落地的问题，根据“土壤—耕作—作物”系统关键养分平衡原理，采取“技术+服务”、定制式智能配肥的思路，依托土壤大数据库，通过在乡镇建立智能配肥微工厂方式，开展覆盖村组农户的定制式配肥、施肥技术服务，确保土地基础地力100%不降级，测土配方施肥技术覆盖率100%，化肥用量每亩减少10千克，烤烟肥料利用率提高15%，实现减肥不减产、减肥不减值，确保烟农增收和耕地可持续利用。

【烘烤技术研究】 2017年，新能源烘烤技术研究取得新突破。峨山县小街镇建设生物质燃料加工厂1座，每小时生产生物质颗粒1.8吨左右，设计产能6 000吨，满足1 000座左右烤房烘烤需要，试生产生物质颗粒燃料78吨；开展140座密集烤房的生物质燃料烘烤示范，覆盖大田面积2 800亩，在装烟量和烘烤时间基本相同的条件下，平均工时量减少1.03个工，每千克干烟叶的烘烤成本减少0.03元。相比煤炭，每吨燃料可减少二氧化碳排放量0.82吨，二氧化硫排放量8.5千克，生态效益显著。

江川区前卫镇建设电烤房30座，成为全省规模最大的集中电烤房试点区。并针对当年烟叶素质情况制定不同环境条件、不同品种、不同生长情况的设计配套烘烤曲线，用于指导不同区域烟叶烘烤工作；结合电烤房在烟叶自控密集烤房中的高效利用技术，升级热泵内除湿技术，实现每千克干烟叶烘烤成本1.4元，较传统烤房降低0.9元。

（代玉洁）

红塔集团

【概　况】 2017年，红塔集团以母分公司形式下辖玉溪卷烟厂、楚雄卷烟厂、大理卷烟厂、昭通卷烟厂4家不具有法人资格的卷烟生产厂；控股红塔辽宁烟草有限责任公司、海南红塔卷烟有限责任公司、香港红塔国际烟草有限公司、老挝寮中红塔好运烟草有限公司、云南合和（集团）股份有限公司；参股吉林烟草工业有限责任公司、中烟国际欧洲公司。集团总资产1 293亿，其中，固定资产净值97.17亿，流动资产568.00亿，资产负债率为16.31%。集团省内企业在岗员工9 177人，其中，博士3人、硕士362人、大学本科2 744人；拥有专业技术资格人员3 836人，其中高级56人、中级1 278人、初级2 502人。集团认真贯彻落实全国烟草行业及云南中烟工作会议精神，围绕行业“稳产销、提结构、降库存、增税利”工作主线，紧盯云南中烟“两个不低于、一个持平”目标，聚焦重点品牌止跌回稳中心任务，坚定品牌发展信心，和衷共济，扎实工作，合力攻坚，“玉溪”品牌商业销量由负转正，“红塔山”品牌商业销量降幅进一步收窄，实现税利总额由负转正，推动集团发展企稳回升。

【领导调研烟叶收购】 2017年9月25～29日，红塔集团董事长王勇、副总裁杨煜文深入玉溪、楚雄、大理等烟区，调研烟叶收购以及特色品种、等级纯度与“2260”高端特色烟叶收购专线运行等相关情况，召开烟叶采购调拨工商座谈会，分析烟叶收购环节面临的困难。调研组强调，收购交接要突出品牌需求，坚守质量底线，盯紧烟叶站这个“关键要塞”，落实“尊重事实、货真价实”的收购交接原则，有序推进各项采购任务。

【节能减排】 2017年，红塔集团能源消耗总量59 472.83吨标准煤，比上年增加3 816.58吨标准煤，上升6.86%；卷烟万元产值综合能耗5.94千克标煤，比上年上升3.02%；卷烟万元增加值能耗7.44千克标煤，比上年上升0.90%；单箱卷烟综合能耗11.74千克标煤，比上年上升7.88%；卷烟单箱耗水0.35立方米，比上年下降6.33%；复烤吨烟能耗140.10千克标煤，比上年上升2.70%；复烤吨烟耗水4.53立方米，比上年上升28.01%。11月，集团组织内部专家对省内四厂申报的节能减排课题进行评审，16个获奖课题，其中，一等奖2项、二等奖3项、三等

玉溪市烟叶工商交接启动仪式，前排左起朱雄伟、王勇、田泽华、马云参　　（红塔集团　提供）

奖7项、鼓励奖4项。内容涉及能源管理、节能改造、减少排放等，全方位展示集团节能减排取得的实效。

【安全管理】 2017年，红塔集团以落实全员安全环保责任制为主线，突出风险防控，强化隐患治理，推进集团安全管理各项工作向标准化、规范化、系统化迈进，有效防止安全责任事故发生。全年发生一般事故2起（均为电缆熔断事故），未发生较大以上安全环保事故，实现云南中烟“两个不超”（从业人员生产安全事故死亡率不超过0.055‰、重伤率不超过0.2‰）、“两个为零”（直接经济损失50万元以上的火灾事故为0，公车发生直接经济损失30万元以上、负同等责任以上的交通事故为0）、“六个100%”（主要负责人、分管领导和安全管理部门负责人安全培训合格率100%，特种设备作业人员和特种作业人员持证率100%，员工安全教育率100%，职业病危害项目申报率100%，建设项目“三同时”制度执行率100%，隐患整改率和监控率100%）及集团提出的“四保”“五无”安全目标指标。

【物流保障】 2017年，集团完成卷烟3 593.85亿支（718.77万箱）和烟叶123.2万吨（2 464万担）的运输配送（含入库、销售出库、转储移库）作业任务。卷烟成品准时发货率99.89%，卷烟成品准时到货率99.84%。集团本部运输卷烟1 111.5亿支（222.3万箱）。其中，玉溪生产点对外销售运输卷烟874.65亿支（174.93万箱），转储运输卷烟236.85亿支（47.37万箱）。配送玉溪卷烟厂生产原辅料13.7万吨。初烤烟烤季工商交接入库7.01万吨（140.21万担），其中，玉溪市5.02万吨（100.41万担）、普洱市0.58万吨（11.5万担）、德宏州0.25万吨（5万担）、临沧市0.46万吨（9.3万担）、曲靖市0.7万吨（14万担）。

【社会公益】 2017年，红塔集团捐款1 527万元，其中集团总部捐款279万元，向山区大学生扶贫项目捐款60万元，向玉溪师范学院红塔奖助学金捐款79万元，向峨山县幼儿园购置教学设施捐款70万元，向市工业财贸学校机器人实训室建设帮扶捐款70万元。玉溪卷烟厂捐款1 248万元，向峨山县富良棚乡扶贫济困捐款634.5万元，向市部分中小学、幼儿园捐款480万元，向市人民医院心血管、脑卒中疾病防治捐款35万元，其他捐款98.5万元。

【重要成就】 2017年9月29日，红塔集团在全省企业联合会和云南企业100强发布会暨大企业高峰论坛上，以2016年销售收入904亿元名列滇企百强第二；11月8日，红塔集团“玉溪（初心）”“玉溪（软）”“红塔山（恭贺新禧）”以高票数包揽中国最具代表力的喜庆卷烟品牌前三甲；11月20日，玉溪卷烟厂“心启点”团队在286支团队中以排名第一的成绩，获烟草行业年度精益改善团队；12月6日，红塔集团获“全国质量信得过班组建设优秀企业”，玉溪卷烟厂卷包一车间获“2017年现场管理星级评价五星级现场”，玉溪卷烟厂卷包二车间硬甲、硬乙班组、中试车间卷包修理班组和楚雄卷烟厂卷包车间生产甲班、昭通卷烟厂制丝车间电气作业组获“全国质量信得过班组”，玉溪卷烟厂李毅获“全国现场管理推进先进工作者”。

（王丽媛）

绿水青山·碧玉清溪

（吴 垠 摄）

园区经济

PARK ECONOMY

责任编校：李海明

园区宏观管理

高新技术产业开发区

特色园区

园区宏观管理

【园区规划建设】 2017年，全市共规划建设1个国家级高新区和10个工业园区，其中：1个国家级高新区；6个省级园区（红塔工业园区、研和工业园区、通海五金产业园、新平矿业循环经济特色工业园区、易门工业园区、华宁工业园区）；4个未来五年拟培育的省级园区（玉溪大化产业园区、江川工业园区、澄江工业园区、元江工业园区）。形成了烟草及其配套、钢铁有色金属、装备制造、生物医药、新能源新材料、电子信息、磷化工、新型建筑建材、生物资源加工、现代物流等10大特色主导产业及产业基地，园区产业发展框架已具雏形。积极探索园园合作模式，推进高新区与江川龙泉园区战略合作关系，共同开发建设园区。全市工业园区总体围绕“园区向山地布局、工业上山发展”的布局，规划面积由257平方千米扩大到目前的371.85平方千米，建成面积达71.6平方千米，建成率为19%。

【园区经济运行】 2017年，全市工业园区实现主营业务收入1 646.04亿元，增长8.9%；工业总产值完成1 639.2亿元，同比增8.5%；工业增加值完成674.8亿元，同比增8.7%；招商引资完成420.05亿元，同比增19.5%；完成固定资产投资281.58亿元，增长15.86%；其中：工业投资完成180.95亿元，基础设施投资完成100.63亿元；土地收储4 578.42亩，三通一平土地3 044.52亩；新开工工业项目165个，其中5 000万元以上投资项目64个；竣工工业项目139个，其中5 000万元以上投资项目54个；建成标准化厂房60.38万平方米。

【园区规划调整修编】 2017年，玉溪市牢固树立“产业分工、错位发展、优势互补、集群培育”理念，全面贯彻落实《云南省人民政府关于印发云南省工业园区产业布局规划（2016～2025）的通知》要求，立足玉溪“四带多园”即“昆玉——玉元经济带”“三湖生态经济带”“滇中高速环线经济带”“红河谷——绿汁江热区产业经济带”的功能定位和产业定位以及区位优势，着眼实现资源要素科学布局、高效配置。启动了《“昆玉——玉元经济带”工业园区行动计划》《玉溪市江川澄江通海华宁易门产业发展行动计划》；大化、通海园区总体规划的调整修编工作，大化产业园区总体规划修编于3月7日通过了评审；通海五金产业园区总体规划修编于5月3日通过了评审；通过一系列编制和修编，提高规划的指导性和科学性，更好的指导全市工业园区发展。

【园区基础设施】 2017年，园区基础设施有所改善，承载能力逐步提升。各园区管委会本着规划先行的原则，对园区各项基础设施进行详细规划，将基础设施建设作为招商引资硬件环境建设予以夯实，全年完成基础设施投资100.63亿元，为园区项目引进打下扎实基础，营造良好环境。

【园区土地收储】 2017年，园区土地收储及开发力度不断加大，不断完善园区规划，全市园区规划面积由257平方千米扩大到371.85平方千米，建成面积达71.6平方千米，建成率为19%。不断加大土地收储和园区开发建设力度，全年土地收储4 578亩，三通一平土地3 044亩。

【园区基本框架及项目建设】 2017年，产业带动，产业集聚格局加速形成。通过多年的建设，全市基本形成了以烟草及其配套、钢铁有色、装备制造、五金机电、陶瓷、新能源新材料、生物医药、绿色食品等为特色主导产业的产业集群，园区基本框架形成。年内新开工工业项目165个，其中5 000万元以上投资项目64个；竣工工业项目138个，其中5 000万元以上投资项目53个。工业园区已成为产业集群、配套协作、专业生产、效益集聚的大平台、大基地。

【园区标准厂房建设】 2017年，大力推行标准厂房建设，改善工业投资环境，促进园区加速发展。争取省级标准厂房建设补助资金的同时，玉溪市率先在全省用市级工业园区建设专项资金对园区和企业自建标准化厂房项目给予扶持，年内补助标准厂房项目1 430万元。

（周凤琴）

高新技术产业开发区

【概　况】 2017年，玉溪高新区已形成一园三片区加研和工业园区的发展空间格局，国务院和市政府批复规划开发面积为73.12平方千米，其中：南片区6.08平方千米、九龙片区7.04平方千米、龙泉片区60平方千米。在继续发展卷烟及配套传统产业基础上，高新区聚集并进一步发展生物医药、电子信息、装备制造三大新兴产业，产业布局不断优化。截至年底，园区企业达2 883户，个体工商户5 255户，民营经济共有从业人员约4.2万人。其中：规模以上工业企业64户、高新技术企业25户。园区拥有28个国家级、省级科研单位和技术中心，一个博士工作站，先后承担了290个国家级和省级科技计划项目，是国家级产城融合示范区、国家火炬高新区生

2017年9月16日，玉溪双创周开幕式暨玉溪双创中心启迪众创园开园仪式在玉溪高新区举行

（高新区管委会　提供）

物医药特色产业基地和高层次人才创新创业示范基地。年内，高新区经济增长提速，园区综合实力持续增强，在全国147个国家级高新区排名上升4位，位居第69位。

【生产总值】 2017年，高新区实现生产总值491.8亿元（含玉溪卷烟厂），占全市的34.8%；规模以上工业增加值421亿元，占全市的67.5%。不含玉溪卷烟厂，实现生产总值86.2亿元，同比增长19.8%；规模以上工业总产值122.6亿元，同比增长21.6%；规模以上工业增加值30.1亿元，同比增长25.1%；招商引资到位资金76.3亿元，同比增长15.7%，其中省外资金60.5亿元，利用外资1 010.5万美元；公共财政预算收入6.7亿元，同比增长13%；规模以上固定资产投资54.5亿元，同比增长16.5%；外贸进出口总额1.2亿美元，同比增长128.6%。

【招商引资】 2017年，高新区招商引资取得新业绩，招商引资到位资金76.3亿元，同比增长15.7%。在强化精准招商方面，组织点对点精准招商活动，全年签订正式投资协议项目39个，协议投资总额210.8亿元；新开工项目28个，投资总额191.8亿元；竣工项目18个，投资总额33.2亿元，达产后可实现年产值115.4亿元，新增税收2.7亿元；在培育智能制造方面，制定专项政策，促使智能终端及配套产业培育工作快速推进；签约项目13个，总投资106.2亿元，全部达产后可实现年产值370亿元，已开工6个，投产4个，在谈项目12个，拟投资100亿元；在着力打造招商载体方面，完成玉溪生物医药产业园核心区项目规划、可研编制及投资+EPC招标工作，完成项目区内土地平整，推进地勘及整体工程施工。启动华为玉溪云计算数据中心运营，云南联通玉溪数据中心完成主体工程，玉溪九龙大数据产业园25.1万平方米标准厂房陆续交付使用。玉溪·顺义产业园开园，升华电梯西南生产运营中心项目开工，在建的20.9万平方米标准厂房与环宇赛尔锂电池、康立特科技控制器等项目达成入驻意向。

【产业培育】 2017年，高新区通过产业集群驱动，优化产业结构，实现产业转型新发展。培育规上企业。出台加快推进园区企业扩销促产提质增效的实施意见，提振企业发展信心，逐户分析企业现状，用好加快培育规模以上工业企业的扶持政策，10户纳规（升规）企业相关资料报送统计部门进行认定。加快项目建设。签约项目促落地、抢工期，尽快形成实物投资，升华电梯、卡为西南智能终端制造产业园、电子芯片LCD晶片等项目开工建设。云南联通玉溪数据中心、宫颈癌疫苗产业化、医学体外分子诊断试剂等续建项目加快推进。强化政策引导。设立初期规模5 000万元的企业贷款置换资金，为园区10户企业置换到期贷款1.1亿元。设立总投资规模10亿元的玉溪高新产业创业投资基金，出台玉溪高新区加快培育总部（楼宇）经济的实施意见，吸引企业到园区设立总部。优化经济结构。加大结构调整力度，非烟产业快速增长，全年实现非烟规模以上工业总产值122.6亿元，占园区全部规模以上工业总产值的20.2%。新兴产业生物医药成为非烟产业第一大支柱产业，17户规模以上生物医药及健康食品企业实现工业总产值38.5亿元，同比增长40.6%。装备制造产业提速发展，9户规模以上装备制造企业实现工业总产值17.4亿元，同比增长53.9%。电子信息产业项目快速落地，实现工业总产值10.6亿元，同比增长25%。

【财政运行】 2017年，高新区实现财政总收入14.4亿元。实现公共财政预算收入6.7亿元，同比增收0.8亿元，增长13%。其中：完成税收收入5.2亿元，占公共财政预算收入的77.6%，同比增收0.5亿元，增长11.4%。完成非税收入1.5亿元，占公共财政预算收入的22.4%，同比增收0.2万元，增长18.8%。完成政府性基金预算收入3.1亿元，同比增收11，277万元，增长57.2%。地方公共财政预算支出7.1亿元，同比增长42.1%，完成年度预算的134.4%。社会消费品零售总额实现63.9亿元，同比增长13.1%。完成进出口总额1.2亿美元，同比增长128.6%，超额完成全年5 714万美元的任务。其中出口总额8 996万美元，同比增长159.5%，进口总额2 854万美元，同比增长66.2%。

【科技创新】 2017年，高新区组织申报45个类别的科技创新资金扶持，涉及130多户企业（项目），到位省、市资金8 268.4万元。组织推荐企业申报认定高新技术企业，中烟种子、创新新材料等5户企业通过再认定，云溪香精、玉力测绘等3户企业被认定为高新技术企业。启迪众创园、互联网产业园、互联网产业创新园和云科高新众创空间等创业平台引进科技型创业团队159个，在谈创业项目49个，带动就业1万余人，增强了产业间协调发展的能力。创业团队共申报软件著作权、发明专利、实用新型专利22项。园区有效注册商标1 330件，其中中国驰名商标5件、省著名商标32件、市知名商标30件。在推动院企合作方面，云南贡润祥茶产业公司“孙汉董院士工作站”成立，新天力现代农业装备制造有限公司与中科院院士闻邦椿签订院士工作站建站协议。国家“千人计划”特聘专家张涛博士创办的玉溪全维智码信息技术公司落户高新区。目前，高新区拥有各类国家级、省级和市级科研单位和技术中心30多个，国家博士后工作站1个，院士工作站1个，高新技术企业28户，科技型中小企业46户，省级众创空间2个，省级科技企业孵化器1个。拥有各类专利数1 203件，同比增长38.4%，研发投入5.2亿元，同比增长10%，占园区（含卷烟厂）生产总值的1.1%。

【园区建设】 2017年，高新区加快推进玉溪生物医药产业园、玉溪九龙大数据产业园、玉溪·顺义产业园、空港经济区建设，带动高新区3个片区提速发展。完成玉溪生物医药产业园规划及厂房单体方案设计，启动了生物医药产业园高新区产业孵化中心建设，完成支护桩施工、土方开挖及桩基础施工；完成了九龙片区八纬路和九纬路、二经路路基开挖、验槽工作，完成12条道路透水地砖3.5万平方米的铺设和道路绿化面积1.93万平方米，完成片区二次加压供水工程，彻底解决九龙片区供水问题，完成了莲池片区新征地块道路可研评审、施工图，正式启动了道路施工、路基和排水管施工；完成王棋540亩新收储用地地上附着物清理和“三通一平”工作；完成云南中经卡为科技公司西南智能制造产业园项目供地，8月10日正式开工；积极推进南片区“退二进三”工作，出台《玉溪高新区加快推进南片区“退二进三”产业转型升级（2017～2018年）工作实施方案》；启动核心区内路网建设和土地整理工作，1号路、创新路和1号景观游道已进场施工，土地整理正着力推进；按照《龙泉片区标准厂房设计方案》，园区标准厂房建设稳步推进。完成绿化覆盖面积392.1万平方米，绿化覆盖率达56.01%，城市人均公园绿地达42.13平方米。

【智能制造培育】 2017年，高新区围绕“互联网+”战略的深入实施，依托面向南亚东南亚的通信枢纽和区域信息汇集中心区位优势，立足服务西南、辐射两亚，建设泛印度洋数字经济先行区，以加快智能终端制造及配套建设为主要抓手，紧盯智能终端制造企业招大选强，加快智能终端制造项目建设步伐。园区以玉溪九龙大数据产业园为主要平台，规划用地1 200亩，建设总面积为130万平方米，标准化厂房占地面积475亩。分为大数据中心、小语种呼叫外包服务区、跨境电商和O2O贸易区、智能产品制造区四大功能板块。龙泉片区智能终端标准化厂房用地面积约297亩。自2017年3月第一个智能终端项目签约以来，智能终端及配套产业培育工作快速推进，年内玉溪高新区智能终端制造产业投产运营项目共5项，玉溪九龙大数据产业园智能制造项目EPC招标已完成，玉溪九龙大数据产业园智能制造企业改造老厂房项目已开工，总投资19.2亿元。

【土地收储】 2017年，按照“四带多园”规划布局，开展土地收储、土地平整、土地供应工作，重点在盘活存量土地上下功夫。年内，为卡为、玉农兴联、实建果业三期、生物医药、升华电梯、合续环保、比亚迪、特固、博能燃气、标准化厂房（装备制造）等项目供地25宗，供地面积1 765.8 249亩：其中高新区九龙片区4宗供地面积262.905亩；高龙潭11宗供地面积240.2 334亩；龙泉园区10宗供地面积1 262.6 865亩；完成龙泉片区4宗土地297亩标准化厂房的供地报件工作。配合江川区政府开展龙泉园区的土地收储工作，完成龙泉片区410亩征地、土地利用总体规划调整等工作；配合协调红塔区政府开展生物产业园片区高仓老龙坝146亩土地收储工作，完成龙潭路18亩土地的收储。引入民间资本1 177万元，完成生物医药产业园场地620亩土地平整、龙泉园区625亩土地的平整和九龙片区534亩土地平整工作。在盘活存量土地方面，完成回购云锡同乐569亩土地资产移交、产权过户等相关手续，确保高新区孵化中心项目、高新区医护用品产业园项目用地；创新项目用地模式，租用春和44.8亩低效利用集体土地提供云南达利食品有限公司三期项目使用，提高土地利用率。

【实体化改革】 2017年，实施玉溪高新区龙泉片区一体化发展，市政府出台《玉溪高新区龙泉园区一体化发展实施意见》，撤销玉溪高新区龙泉园区管委会，组建玉溪高新区龙源开发建设有限公司（玉溪高新区融建集团公司全资子公司），负责龙泉山片区基础设施开发建设等工作。深化“放管服”工作，行使市政府授予的经济社会管理权限，简化41项行政审批及管理服务程序，工作效率持续提高。制定玉溪高新区管委会“双随机一公开”实施细则，明确界定职权行使边界，梳理管委会随机抽查事项清单并对外公布。在全市率先成立城市综合行政执法机构，提高文化市场准入等行政审批效率，规范首问负责制和限时办结制等制度。

【节能降耗及新能源】 2017年，高新区按照节能降耗和环保要求，项目准入有严格的环保和能耗控制，进入园区的企业都是技术含量高、附加值高、低能耗的企业，园区的单位能耗远低于全市平均水平。年内，园区规模以上工业企业能耗为115 592.3吨标准煤，万元产值能耗为0.021吨标煤/万元；万元增加值能耗0.034吨标煤/万元。园区达利食品公司天然气锅炉替代煤粉锅炉项目、健坤生物药业公司水煤浆锅炉改燃气锅炉项目已竣工。淘汰燃煤锅炉4台（沃森生物药业1台10t、玉药生物制药1台4t、健坤生物公司2台分别为4t和6t）。园区重点培育新能源汽车和电池产业，签约正能实业新能源汽车充电设备、电池生产项目，引进环宇赛尔、国雅智能、弘顺龙等动力电池、数码电池、储能电池等新能源项目，重点发展以锂离子电池为主的新能源产品，在高新区龙泉片区打造云南新能源电池产业园。

【安全生产】 2017年，高新区紧紧围绕稳增长、保安全的目标，以坚决遏制重特大事故为重点，以大检查长效机制为抓手，健全监管机制，强化风险管控，夯实基层基础，深化重点行业领域专项整治，高新区安全生产形势保持总体稳定。强化领导，加快推进安全生产改革发展。党工委、管委会实行书记、主任共同担任安委会主任的“双主任”制度。健全机制，全面提高安全生产工作绩效。始终把安全生产工作作为建设和谐高新区的重要工作来抓，与经济社会发展一同部署、一同推进、一同考核，年内管委会与55户企业签订安全生产目标责任书。突出重点，扎实推进安全生产大检查工作。共组织检查组78个（次），检查企业325户次，查出隐患635项，督促整改隐患635项，隐患整改率达100%。文化引领，广泛开展全民素质提升工程。组织开展“安全生产”主题宣讲活动3期，专题开展企业主要负责人和安全管理人员取证培训班3个共计培训157人；组织园区12家企业，140个班组，3 898名职工开展“安康杯”竞赛活动，从根本上减少因思想认识不到位、麻痹疏忽等引发的各类安全违法行为和生产安全事故。

（向致林）

特色园区

【红塔工业园区】 红塔工业园区由红塔集团片区、高新区片区、九龙片区、高仓片区、大营街片区、观音山片区、北城片区、洛河片区组成，形成了规划面积57.37平方千米的“一园八片区”发展格局。是云南省重点培育的10个国家级园区和10个销售收入超千亿园区之一，被工信部认定为国家新型工业化产业示范基地，被省政府认定为云南省高新技术产业开发区。2017年，红塔工业园区主营业务收入完成899.55亿元，同比增0.6%；工业总产值完成779.69亿元，同比增3.8%；工业增加值（现价）完成447.29亿元，同比增2.8%；固定资产投资额完成132.01亿元，同比减11.8%。园区工业投资5 000万元以上新开工项目8个、竣工项目7个；完成标准厂房建设5.4万平方米。

年内，园区完成招商引资项目20项。其中，省外国内项目15项，市外省内项目5项，实际引进到位资金83.75亿元。签约项目22个，计划总投资137.99亿元，其中：签订建设协议9个，签订框架协议13个。杭萧钢构股份有限公司、传化物流集团有限公司、华灿光电股份有限公司、聚光科技（杭州）股份有限公司等4家上市企业进入红塔工业园区投资。玉溪通力公司与浙江传化集团有限公司（中国企业500强之一）合作成立玉溪传化通力公路港物流有限公司，将通力物流园的线下物流基础设施与传化中国智能公路物流网络核心传化网结合，成为目前玉溪唯一一家“互联网+物流+金融”的智能化物流基地和“AAAA”级物流企业。玉溪传化通力公路港项目上线营运，凭借传化通力在业界树立的良好口碑及品牌吸引力，完成昆明及周边地区企业招商洽谈项目42个，除物流企业外还涵盖了医药、医疗器械、劳务、商贸以及信息科技等企业。云南蓝晶科技有限公司与创业板上市公司华灿光电股份有限公司完成并购重组，华灿光电资产重组后，募集资金6亿元，其中投入蓝晶科技3.24亿元。

（高培亮）

①2017年3月23日，红塔区第一季度项目集中开工仪式在研和工业园区举行 ②2017年7月21日，云南首家“互联网+石化”华信能油通电商平台揭牌暨客户签约仪式在研和工业园区举行 （研和工业园区管委会 提供）

【研和工业园区】 2017年，研和工业园区实现企业主营业务收入151.2亿元，同比增30.1%，其中：工业企业主营业务收入107.5亿元，同比增47.8%；工业总产值95.5亿元，同比增35.1%，其中：规模以上工业总产值93.3亿元，同比增36.7%；工业增加值15.76亿元，同比增28.4%；固定资产投资12.5亿元，同比减42.3%；招商引资市外国内资金50.62亿元，同比增14.99%，其中：省外国内资金38.16亿元，同比增2.47%；一般公共预算收入1.84亿元，同比增89.15%；新开工5 000万元以上工业项目7个，同比增40.0%，完成目标7个的100.0%，竣工5 000万元以上工业项目7个，同比减30.0%，标准厂房竣工面积5.0 251万平方米，同比增171.6%；土地收储195.195亩，同比减87.0%。截至年底，入园企业210户，其中工业企业110户，规模以上工业企业16户。

大力完善基础设施，不断美化园区环境。中小企业创业园配套道路、商住二期配套道路、大坡头产业大道等8条道路建设先后完工，省道S102线哨坡至玉钢路段路灯修复及中央分隔带加装波形护栏板工程顺利完工，中石油进场道路正抓紧施工推进，园区路网建设逐步完善；玉溪第二污水处理厂及管网配套设施建设项目主体工程已完工，已投入试运行；装备制造产业标准厂房建设项目正进行1、2、3号厂房建设施工；红塔区公安消防大队研和中队消防站建设项目已完成立项、选址意见书、建设用地规划许可证；10幢4 200套公租房已建成开始分配入住，对闲置公租房向上级争取到盘活政策，将其中8幢3 360套房源调整为园区“双创”基地安置用房，为园区产业发展奠定了坚实基础。启动道路绿化、美化、亮化工程，园区主要道路景观绿化工程项目已全部进场施工，目前已完成初验工作；太阳能路灯建设部分工程已基本完工；研和工业园区公租房夜景照明景观亮化工程已完工，完成初验。

加大投资力度，有力推进重点项目建设。玉溪市第二污水处理厂及配套管网工程项目，计划总投资1.3 403亿元，累计完成投资1.3 043亿元，污水处理厂已经投入试运行。玉溪市福旺物流有限公司仓储物流及配套设施建设项目，计划总投资0.69亿元，累计完成投资0.6 885亿元，工程已竣工验收、投入使用。玉溪新兴钢铁有限公司260m2烧结机低温余热综合利用工程项目，计划总投资0.6亿元，累计完成投资0.4 639亿元，该项目设计变更已经完工，投资已报。云南太标数控机床有限公司年产10 000台数控机床光机机加工配套生产线项目，计划总投资1.4 249亿元，累计完成投资1.31亿元，已经投产。云南太标再生资源利用有限公司废旧汽车回收拆解项目，计划总投资0.56亿元，累计完成投资0.5 628亿元，厂房建设已经完工，设备已经进场安装。云南金岭材料科技有限公司年产10万吨水泥特种添加剂产品生产线项目，计划总投资0.773亿元，累计完成投资0.773亿元，项目利用现有闲置厂房和办公楼扩建生产线，项目已经开工，产品质量检验报告已取得，正在进行产品市场推广。玉溪万德能源技术有限公司年产10万吨生物质固体颗粒成型燃料项目，计划总投资0.5 516亿元，累计完成投资0.5 516亿元，正在试生产。玉溪茂源肥业有限公司年产10万吨有机配方肥项目，计划总投资0.5 831亿元，累计完成投资0.5亿元，项目租用土地面积约32亩，正在办理土地后续手续，主体基础已经开始施工。云南汇发再生资源有限公司废铅蓄电池回收项目，计划总投资0.5亿元，累计完成投资0.58亿元，项目已完工。

年内，园区组织外出招商活动17次，参加各级推介会3次，签订招商引资协议11个，项目协议金额达25.68亿元，在谈项目9个，策划包装新项目20个。同时，转换招商思路，围绕园区现有产业，注重内部企业的潜能挖掘，吸引外部企业和资金“嫁接”现有产业和企业，进行企业间的多方式合作，盘活闲置资产。引进云南神之农生物科技公司租用制管公司厂房生产生物农药；引进万德能源公司租用太标集团闲置场地生产生物质固体颗粒成型燃料；推动红塔塑钢厂进行技改，利用企业现有厂房及场地，建设年产1万吨铝型材生产基地；引导金岭材料公司上马年产10万吨水泥特种添加剂生产线项目。

依托便利的交通优势和区位优势，加快产业结构调整和经济增长模式转变，积极发展电子商务产业，引进的云南省首家“互联网+石化”华信能油通电商平台项目已正式揭牌运营，被区政府认定为第二批的总部企业，已有58户企业入驻平台，成为园区主营业务收入和税收收入新的增长点。

全年园区共争取上级资金3 250万元；向上争取政府债券置换债务资金3.799亿元；下属玉溪工业融资担保有限公司为企业新增担保额8 900万元。以研和土投公司为承贷主体，积极开展玉溪研和东片区整体城镇化建设项目融资工作，向农发行云南省分行申请10亿元固定资产贷款，已发放贷款4.5亿元。组织供地报件共17宗，面积共计646亩，其中：完成土地供应手续的6宗，面积为176亩；完成报件上报挂牌的项目7个，面积为269亩；上报供地报件资料并通过价格决策会的土地3宗，面积170亩；正在组织供地报件的项目1个，面积30亩。

（赵雪如）

【江川工业园区】 2017年，园区实现工业总产值13.74亿元，同比增41.1%；实现主营业务收入12.98亿元，同比增40.8%；实现工业增加值3.1亿元，同比增48.1%，完成市下达目标任务2.63亿元的117.8%。园区完成固定资产投资10.97亿元，同比增41.4%，完成区下达目标任务9.5亿元的115.5%，完成市下达目标任务8.92亿元的123%。其中：工业投资3.70亿元；基础设施建设投资7.27亿元。园区完成招商引资额16.1亿元，同比增54.7%，完成区下达目标任务13亿元的123.9%，完成市下达目标任务10.83亿元的148.8%。其中：省外国内资金14.9亿元，完成区下达目标任务12亿元的124.2%。园区储备项目6个，完成区下达目标任务的100%。园区企业从业人员990人。

打造服务园区，改善投资环境，加强招商引资工作力度。加大园区宣传和推介力度，完善园区网站，提高园区吸引力、承载力、知名度。全力推进在谈项目，与深圳合续、雪域飞鹰、中民筑友科技集团、北京申华电梯、新海宜、比亚迪等17家企业进行洽谈。在谈项目促签约，与雪域飞鹰、北京申华电梯、特固扩建、深圳合续、中民筑友、比亚迪等6个项目成功签约。签约项目促开工，成功完成雪域飞鹰捷克轻型固定翼飞机组装、江川龙泉彩印包装、云南宏程物流、北京申华电梯、深圳合续、特固扩建、园区标准化厂房及孵化大楼等7个项目开工建设。

加大征地拆迁工作力度，不断提高征地、供地服务能力和水平。完成自来水厂建设用地41.36亩的勘测定界、权属调查认定、地类划分、地上附着物调查、签订征地补偿协议等工作；完成三街社区居委会736.62亩范围内的坟墓搬迁；办理1 000亩征地范围内林木的砍伐证，进行了林木砍伐；完成皇壮牧业和中恒养殖2个猪场的资产评估、协议签订和拆迁；对即将拆迁的2户烟花爆竹生产企业和2户经营企业地上构筑物的评估进行招投标；对王牌、星云湖畔2户烟花爆竹生产企业的原材料、半成品、成品进行核查登记、销毁。推进江滇路、江源路、龙尚路3条道路遗留果园问题的解决。对三街五组原山水新城征地15户果园户进行地上附着物重新核查，进行多轮商谈，成功解决赵明亮、李绍明、贺锁贵等果园长期遗留补偿问题，打通江源路、江滇路；成功解决业庆华遗留问题，使路坝合一龙尚路具备开工条件。年内，园区完成云南宏程物流、北京升华电梯、深圳合续、臣鹏燃气、博能燃气、特固扩建、中民筑友7个项目的土地报批、挂牌、移交。

加快基础设施建设步伐，累计完成基础设计建设投资12 968万元。其中：投资832万元，完成园区核心区排水、德兆道路、试飞场场平、老关窝坝新建四级抽水站等建设工程；投资3 578万元，完成园区仙水大道、龙泉大道、江义街绿化工程；投资4 679万元，完成园区电缆通道土建工程；投资798万元，完成园区太阳能风光互补路灯工程；投资107万元，完成江城小微企业创业园场地平整工程。实现龙滨路、江鼎街2条道路建成通车目标，江源路、江滇路预计可完成路面工程，即将实现全面通车；完成总投资136 000万元的园区标准化厂房及孵化大楼建设工程和总投资10 131万元的深圳合续标准化厂房建设工程的前期工作，实现2个项目开工建设。完成自来水厂建设、污水处理厂建设2个项目的方案设计、项目选址论证、初步选址、地形图测量等前期工作。对污水处理厂建设项目土地利用总体规划调整进行报批，落实20亩拟建设用地指标。

加强对入园企业实行“五个一”定向定责服务机制，即一个项目、一名领导、一班人马、一抓到底、一次考核，通过目标倒逼、限时办结和代理帮办等有效措施，建立全方位经常性服务体系，为企业排忧解难，为企业解决各类问题27个，各项服务工作得到企业认可。

（徐凡清）

【澄江工业园区】 2017年，澄江工业园区实现工业总产值39.73亿元，同比增长20.77%；工业增加值8.17亿元，同比增长16.54%；实现主营业务收入27.08亿元，同比增长12.65%；固定资产投资8.9 638亿元，同比增长42.55%；实现招商引资10.19 183亿元，同比增长97.9%。

园区以完善配套服务功能为重点，加快推进蛟龙潭片区土地收储、开发整理及水网、电网、路网建设。完成蛟龙潭片区场地平整项目，项目投资约2 400万元，平整面积234亩；启动蛟龙潭片区南充沟挡土坝及排水设施建设项目，开展可研立项、水保、环评、地勘等前期工作。1号主干道长3 902米、宽24米，建成3.4千米；建成3号次干道、4号次干道，3号次干道长2 681米、宽15米，4号次干道长466米、宽15米；1、3、4号道路已完成绿化、亮化工程。启动蛟龙潭片区8号市政道路前期工作，道路长850米、宽18米，完成设计图纸送审。

园区落户5 000万元以上项目1个、亿元项目1个。云南鑫成鹏高分子材料有限公司生产电线电缆原材料项目计划总投资6 000万元，占地面积约100亩；广西汇盈纸业有限公司年产2亿平方米瓦楞纸板纸箱生产项目计划总投资2亿元，占地面积130亩。年内，新开工1千万元以上项目7个，云南赣滇轻型材料有限责任公司年产36 000吨水泥制品项目、中国东南亚食品商贸仓储物流港建设项目、澄江知明轻型建材有限公司水泥制免烧砖生产新建项目、云南抚仙湖精酿啤酒有限公司希博瑞啤酒生产线建设及工业体验观光项目、云南澄江冶钢集团水泥有限公司水泥粉磨站异地技改入园项目、金威建材有限公司年产30万吨水泥干粉砂浆项目、澄江恺达塑胶有限公司异地搬迁高密度聚乙烯（HDPE）市政管道生产技术改造项目全面开工建设。竣工1千万元以上项目5个，澄江县磷化工华业有限公司余热发电装置技术改造项目、莲心食品有限公司年产1 500吨颗粒速溶型藕粉项目、仙湖藕粉高原农产品加工项目、昊海蓝莓年产800吨蓝莓酒厂建设项目、澄江知明轻型建材有限公司水泥制免烧砖新建项目顺利竣工。

（澄江工业园区管理委员会）

【通海五金产业园区】 2017年，通海五金产业园区以打造“辐射南亚东南亚的重要物流基地、面向国际的五金机电制造基地”为目标，强化措施，补齐短板，切实加快园区转型升级，努力推动园区经济跨越式发展。园区总开发面积2.8平方千米，正在实施开发的土地规划面积1.5平方千米。园区共有入园企业89户，其中：建成企业77户、在建企业12户；完成工业总产值78.7 767亿元，同比减4%；完成主营业务收入72.7 436亿元，同比减3%；完成工业增加值14.6 828亿元，同比增41%，完成市下达任务（13.15亿元）的112%；新增固定资产投资10.9 807亿元，同比增57%，完成市下达任务（8.05亿元）的136%；完成招商引资24.1 992亿元，同比增15%，完成市下达任务（24.13亿元）的100%；新增投资5 000万元以上开工项目7个，同比增133%，完成市下达任务（7个）的100%；新增投资1 000万元以上开工项目11个，同比增10%；新增投资5 000万元以上竣工项目4个，同比增33%，完成市下达任务（5个）的80%；新增投资1 000万元以上竣工项目14个，同比增180%；标准厂房竣工面积7.4 296万平方米，完成市级下达任务（5万平方米）的149%，同比增238%；争取上级资金560万元，完成县下达任务数（558万元）的100%。完成土地收储1 475.3亩，熟地平整260亩。企业用电总量21 710万千瓦时，同比减39%；园区从业人员数7 900人，同比减10%。

不断完善园区总体规划修编工作。投资19.5万元的园区总体规划模型（沙盘）投入使用，园区规划为一园三片，总面积为1 922.22公顷，其中里山片区规划面积1 711.8公顷，以五金机电及新材料产业为主导产业，辅以生物资源加工产业和彩印包装产业，形成通海五金产业园区的核心片区；杨广片区规划面积130.32公顷，作为冷链物流区，为通海的农副产品、食品、生物资源加工产品等提供仓储、冷链物流服务；曲陀关片区规划面积80.1公顷，为仓储物流基地，主要为五金机电及新材料产品、彩印包装产品等提供仓储和物流服务。

积极推进基础设施及配套项目建设。推进园区道路、供水、污水处理、场地平整等园区基础设施建设，完成梅子园片区五号路16米段、四号路1号支路、3号支路路面硬化工程，实施五号路12米段路基工程，完成投资约1 000万元；芭蕉片区基础设施、大石山片区道路、通海35KV提水线改迁、里山片区污水厂一期等多个项目有序推进，项目计划总投资8 374万元；启动实施园区食品及生物制药园中园基础设施项目建设，计划投资约2 500万元；启动园区中小企业创业园区项目建设，计划投资约1 600万元。推进企业项目建成投产。完成通海益生麻棉布艺厂“搬迁及新建生物专业水洗技术生产水洗麻布系列服装面料年产220万米生产线项目”、通海和创包装有限公司“新建年产泡沫保鲜箱及泡沫保温板等1 500万套生产项目”、云南福慧科技股份有限公司“规模化生物天然气工程项目等项目”竣工投产；CY集团项目二期、云石工贸二期项目建设启动。

（吴　媛）

【华宁工业园区】 2017年，华宁工业园区工业总产值69.6亿元，同比增长8.6%；主营业务收入50.5亿元，同比增长7.6%；工业增加值24.63亿元，同比增长25%；招商引资22.54亿元，同比增长15.2%；固定资产投资17.83亿元，同比增长15.8%；新开工项目14个，协议总投资8.07亿元，竣工项目8个，累计投资9.96亿元；新增入园企业6户，入园企业81户，从业人员6 480人。

截至2017年末，园区共收储土地2 002.83亩，平整土地920.38亩。组织开展园区总体规划修编4次，园区规划面积调整为13.98平方千米。园区以“磷化工、陶瓷建材、装备制造、生物资源加工”四大产业及相关配套产业为主导，打造云南省重要的磷化工产业基地、主要的陶瓷建材产业基地，滇中特色生物资源加工基地，同时发展冶金铸造和加工制造等产业，建设多业并举的现代化特色工业园区。

年内，园区完成水利投资125万元，天然气管道铺设投资150万元；自主投资园区标准厂房建盖5.12万平方米，投资23 083万元；园区修建新庄片区4号路、5号路、金昌路、莲花片区主干道、科力电器入厂路、同创工贸入厂路及盘溪片区入园主干道等道路全长5.92千米，投资4 543.7万元，保证了园区企业的物流运输通道；园区投入资金2 448万元对新庄片区上海电气、中复连众、云南蓝天重工等园区企业因土地平整后产生的高边坡进行彻底治理，解除企业的安全生产隐患。

年内，园区围绕风电产业示范基地建设开展项目招商工作，先后引进上海电气云南有限责任公司投资25 000万元；中复连众（玉溪）复合材料有限责任公司投资33 000万元；云南蓝天重工有限公司投资20 000万元及华宁沪华新材料有限公司投资200万元；围绕磷化工、陶瓷建材产业招商，引进华宁玉珠水泥有限公司投资75 000万元；华宁金振环保科技公司总投资7 220万元；华宁长新新型建材有限公司投资3 067.81万元；华宁凯丰陶业有限公司投资4 960万元；围绕造纸行业、药材加工和食品行业开展招商，引进华宁金晨纸业有限公司投资28 000万元；华宁裕丰纸业有限公司投资15 000万元；云南鸿翔药业有限公司投资11 000万元；华宁原野农产品有限公司投资5 800万元等项目入园生产，填补了园区造纸行业和药材加工行业生产空白。

（张　兰）

【易门工业园区】 2017年，易门工业园区实施场地平整、园工道路、市政管网、供水工程、电力迁改、标准厂房及附属工程等8个基础设施建设项目，总投资2.7亿元；启动实施了投资870万元的园区环境综合治理项目麦子田片区绿化工程项目；建立健全县级领导联系园区重点项目推进机制，及时协调解决建设中的困难和问题，推进铜业公司底吹炉渣资源综合利用、金峰木业、中盛日科、晶科新能源等28个新开工项目，推进康贝特生物科技、官房钢结构、金贝中药、妈姆调味品、耀博机械等19个续建项目，促成官房钢结构、五色谷节水科技、冠宜陶瓷、佳奇食品等25个项目竣工。全年新开工工业项目40个，其中：投资5 000万元以上项目12个，完成市下达任务7个的171%；竣工工业项目33个，其中5 000万元以上项目8个，完成市下达任务5个的160%。苏汇调味品、蓝绿康药业、昌晟源石化、傲远大森机电、中贸物流、超润食品等20个项目成功签约，协议投资31.37亿元，涉及生物医药、陶瓷建材、物流、食品加工等行业。新认定省级科技型中小企业9户、高新技术企业6户、院士专家工作站2个，5户企业在全省创新创业大赛中获奖，2名企业家获青年创业省长奖。

年内，继续推进“园保贷”工作，推荐7户企业为“园保贷”对象，为4户企业发放贷款4 300万元，全年共筹集资金9 840万元。推进园区总体规划（修编）及区域环评、地灾、矿压工作，通过总规（修编）听证和地灾评审，报审矿压评估，编制规划环评文本。加强与各部门、企业、群众的沟通协调，化解入园项目手续办理、项目建设等过程中遇到的困难和问题。配合环保部门依法完成10个建设项目的环境影响评价行政审批，对4个建设项目作竣工环境保护验收；处理信访案件10件，成功调解7件，调处各类劳资纠纷20余件次50余人次，协调化解17件次308人525万元；配合主管部门协调各类劳资纠纷6件次，调处企业股东纠纷1件。开展专项安全检查6次、日常安全检查169户/次，发现一般事故隐患1 038项，整改899项。

全年实现工业总产值190.44亿元，同比增26.7%，其中规模以上企业完成总产值147.07亿元，同比增39.8%；实现工业增加值50.46亿元，同比增27%，完成市下达任务47.5亿元的106%，其中规模以上企业工业增加值32.29亿元；实现主营业务收入128.3亿元，同比增21.9%；固定资产投资完成51.7亿元，同比增26%，完成市下达任务47.2亿元的110%；招商引资完成55.91亿元，同比增16.4%，完成市下达任务55.26亿元的101%；标准厂房竣工面积完成10.27万平方米，完成目标任务5万平方米的205%。

（禹春裕）

【大化产业园区】 玉溪大化产业园区规划为“一园三片区”，即化念片区、金水片区和甸中片区，规划面积43.5平方千米。2017年末，园区共有企业57户，入驻项目60个。其中43个项目建成，16个项目在建，1个项目正在开展前期工作。规模以上企业22户。年内完成工业总产值69.2亿元，同比增长36.8%；完成主营业务收入65.9亿元，同比增长31%；完成工业增加值19.85亿元，同比增长26%；完成招商引资39.6亿元，同比增长15%；完成固定资产投资29.9亿元，同比增长16%；向上争取资金任务完成741万元，同比增长17%。

加快基础设施建设。金水片区已建成园区主干道、银河化工迁建项目进厂路、回龙路等7条园区公路，总长12.68千米，累计投资1.37亿元。110KV小街变电站、工业固体废物集中处置场等基础设施建成投运。完成16 015米10kV供电线路架设及配套设施建设，完成7 553米园区生产生活供水管网建设，实施1 562亩场地平整工程。化念片区路网建设基本完成，化念片区1、2、3号路通过初验并投入使用，新建的10条道路总里程达14.406千米，概算总投资9.5亿元。低丘缓坡路网总里程8.49千米，完成玉溪市土投公司对化念片区主干道1、2、3号路等相关资料工作的移交。甸中——十街生物产业园项目指挥部已成立，正在积极推进基础设施建设。

加大招商引资力度。立足现有装备制造业等产业的基础与优势，精心策划、包装一批产业项目，其中：装备制造业项目8个，园区标准化厂房项目1个，物流项目2个，食品、生物资源加工项目4个、煤化工项目2个。先后引进云南活达木业制造有限公司年产3.5万立方米高档家装实木多层板制造项目、峨山肥天下腐殖酸肥料有限公司年产5万吨腐殖酸肥料项目、玉溪裕康农业发展有限公司农产品冷链加工项目、峨山银锋工贸有限公司年产20万立方米水洗砂石料加工项目、云南丰晨电缆有限公司生产特种电缆、1KV电线电缆及35KV以下交联电力电缆项目、云南绿水亲山有限责任公司年产180万平方米多层实木复合地板项目。

加快推进重点项目建设。金水片区：云南活达木业实木多层板制造项目取得相关许可证，场地平整、挡墙建设工程及标准化厂房建设已完成。云南云曲坊年产4万吨米酿花饮和农产品深加工冷链物流项目完成中式米酿生产车间建成并投入生产，正在开展冷链物流和蔬菜脱水生产线建设。峨山金峰金属年产2万吨拉丝技改扩建项目已投产，正积极开拓市场，争取尽快达产达效。和盛方便即食米线完成厂房建设，生产设备11月中旬进厂安装调试。玉溪裕康农业发展有限公司农产品冷链加工项目正在进行场地平整和相关行政许可手续办理。化念片区：云南丰晨电缆有限公司生产特种电缆、1KV电线电缆及35KV以下交联电力电缆项目，已完成公司注册，取得项目备案证及入园选址批复，正在开展场地平整工程。五行生物年产1 000KG中药大麻（CBD）项目完成场地平整、厂房建设，正在进行设备安装调试。云南能投天然气——玉溪市应急气源储备中心工程项目，已经完成场平工程，正在进行建筑工程招投标和设备订购工作，初步设计已通过市住建局审查。甸中片区：7月份集中开工4个项目，甸中——十街生物产业园规划展览馆、滇中农业生物资源研发创意中心、甸中核心区循环加工工业园区主干道、筇川水库建设项目，概算总投资为8.58亿元。

积极开展土地收储。年内，园区管委会完成金水片区玉溪程宏混凝土项目、云南活达木业实木多层板制造项目、玉溪裕康农业农产品冷链加工项目、上海六方木业年产180万平方米多层实木复合地板、云南丰晨电缆有限公司生产特种电缆、交联电力电缆项目等项目土地收储316亩；完成化念片区路网建设土地收储99亩；完成甸中——十街农业生物产业园细金营商贸物流、生活服务区面积丈量及青苗附作物、建构筑物清点核实475.015亩。

（沐进恩）

【新平工业园区】 2017年，新平工业园区完成主营业务收入195.86亿元，同比增14.87%；工业总产值241.9亿元，同比增34.37%，完成园区战役目标任务188亿元的128.67%；完成工业增加值51.1亿元，同比增16.22%，完成园区战役目标任务46.5亿元的109.89%，完成市级目标任务63.36亿元的80.7%；完成固定资产投资32.09

亿元，同比降7.68%，完成园区战役目标任务30亿元的106.96%，完成市级目标任务34.27亿元的93.64%；招商引资到位资金25.99亿元，完成园区战役目标任务22.5亿元的115.5%，完成市级目标任务28.18亿元的92.2%。

园区累计完成基础设施建设投资24 952万元。其中：扬武片区田房组团工程，开发预算投资32 746万元，分三期完成。完成场地平整、护坡处理及绿化、大沙坝道路路基路面、田房道路路基路面、田房矿老路修复、供水、供电等工程，完成投资12 337万元，开发整理后净用地面积479亩。斗戛片区一期基础设施建设项目投资6 941万元，开发整理后净用地面积478亩。大开门片区综合开发项目规划总面积4 805亩，规划建设集仓储物流、产业聚集、服务为一体的新平特色小集镇。规划分两期，一期规划面积1 510亩，含居拉里地块、高速公路出入口南面地块、大开门村委会东面地块，是整个大开门组团的核心区，主要以居住、商业、公共服务及仓储物流为主；二期规划面积2 742亩，含养殖场地块、大平地地块，属于大开门组团的扩展区，主要以工业及仓储物流为主。已完成1 085亩土地征收工作，启动小团山等小组搬迁补偿安置工作，完成搬迁安置点场地平整工程招标，启动化念河新平段河道治理和大开门综合开发通讯线迁改工程。

园区共有在建项目65个，其中，园区负责推进的市级重点前期项目、市级四个一百项目和县级领导联系项目等重点工业建设项目有15个：瑞隆工贸有限公司技改扩建年产5 000万块页岩空心砖项目；新平桂山街道斗戛基础设施建设一期项目；新平扬武片区田房组团一期基础项目；桂山街道酱菜产业园区基础设施建设项目；新平县恒泰公司环保生态透水路面砖项目；新平醉花腰酒业有限公司年产销500吨白酒和200吨果酒生产线项目；新平富博工贸有限公司农机制造销售项目。云南品益生物科技有限公司三七和玫瑰茄提取物项目；富能源环保科技公司年产50 000吨生物质燃料项目；新平龙泉茶业有限公司异地扩建年加工精制茶叶500吨茶叶生产线；玉溪同远新型建材有限公司新型建筑材料20万m^3/a加气混凝土砌块（标砖）复合生产线2个项目。全年总概算投资为132.75亿元，2017年计划投资34.27亿元，完成投资32.08亿元，完成年度计划的93.61%。其中续建项目49个，概算总投资122.98亿元，2017年计划投资26.25亿元，完成投资23.35亿元，完成年度计划的88.95%。新建项目16个，概算总投资9.77亿元，2017年计划投资8.02亿元，完成投资8.73亿元，完成年度计划的108.85%。新开工5 000万元以上工业投资项目7个，概算总投资7.44亿元。

结合新平资源禀赋，精心包装储备项目。年内，园区新增储备项目12项，累计储备生物资源加工、农业机械加工、装备制造和医疗器械生产等各类项目48项，概算投资355 030.89万元。其中，投资1 000万至5 000万元项目15个，投资5 000万元至1亿元项目15个，投资1亿元以上项目18个。

围绕新平县“十二五”“十三五”规划和园区发展需要，加快推进和完善工业园区规划。完成《新平工业园区总体规划》修编工作。完成扬武片区田房组团、大开门组团和桂山片区小横山、平甸河北面控制性详细规划编制；完成新平工业园区总规环评报告编制并上报省环评中心组织评审；启动园区集中式污水处理设施建设可研报告和漠沙片区控制性详细规划编制。

（魏正荣）

【元江工业园区】 2017年，元江工业园区按照“一园三片区”区域格局规划，即元江工业园区，甘庄青龙厂新兴产业和热区特色资源加工及仓储物流片区、江东大健康产业及热区特色资源加工片区和安定循环经济片区三个片区，总规划用地面积为25.93平方千米，其中：甘庄青龙厂新兴产业和热区特色资源加工及仓储物流片区规划用地面积13.51平方千米，以一类工业用地、二类工业用地和物流仓储用地为主，以高新技术为特色，发展新兴产业，包括物流、新材料产业等主要功能；江东大健康产业及热区特色资源加工片区规划用地面积8.30平方千米，以商业服务业设施用地及一类工业用地为主，以特色生物资源为特色，发展大健康产业、旅游业、特色加工业等绿色产业；安定循环经济片区规划用地面积4.12平方千米，以二类工业和二类居住用地为主，以循环经济为特色，利用矿产资源就近发展矿产资源综合深加工产业。着力打造元江红河谷农产品物流与交易园区建设，重点发挥红河谷特色农产品资源优势，建设集公铁联运、冷链物流、综合保税、跨境电商、集散配送、先进流通加工、国际商贸、物流金融为一体的综合性国际低碳物流园区。

工业园区入驻企业41户，其中规上企业17户。完成主营业务收入25.12亿元，比上年同期增2.23亿元，同比增1%；工业总产值24.02亿元，比上年同期增4.77亿元，同比增25%；规模以上工业增加值5.51亿元，比上年同期增1.16亿元，同比增27%，完成市下达目标5.48亿元的101%；招商引资资金9.07亿元，比上年同期增1.28亿元，完成市下达目标8.96亿元的101%；固定资产投资9.07亿元，比上年同期增1.27亿元，完成市下达目标8.95亿元的101%；投资1 000万元以上新开工工业投资项目11个，完成市下达目标7个的157%，新竣工工业投资项目5个，完成市下达目标5个的100%，标准厂房竣工面积3.55万平方米，完成市下达目标3万平方米的118%。

加大投资力度，着力推进项目建设。投资2 150万元的元江县瑞丰民特食品有限公司热带水果产业融合项目已开工建设，累计完成投资2 150万元。云南元江银岭石业有限公司花岗岩建筑用石加工项目已完工，累计投资5 495万元。计划投资4 990.81万元的云南天美天康生物科技有限公司“芦荟化妆品生产线”项目已开工建设，完成投资628万元。计划投资1 053万元的云南万绿集团“芦荟皮渣高效节能干燥项目”已开工建设，累计完成投资578万元。计划投资2 100万元的元江县农产品冷链物流加工建设项目已竣工投产，累计完成投资2 100万元。计划投资1 000万元的云南康福茶有限公司普洱茶醋饮料项目已竣工投产，累计完成投资1 000万元。计划投资1 210万元的元江县永发水泥有限公司2 500T/d水泥熟料生产红粉磨工艺节能改造项目，累计完成投资600万元。计划投资4 913万元的工业园区甘庄片区元江县玉磨铁路元江火车站电力迁改工程已完工，累计完成投资4 955万元。计划投资1 800万元的元江大有为食品有限公司芒果速溶精粉建设项目已开工建设，累计完成投资1 350万元。元江果香四季国际旅游度假区（大健康产业园区建设项目）已开工建设，累计完成投资5 698万元。立足元江的优势和特色，突出五大产业及产业链延伸抓招商，积极参加昆明商洽会、江川私董会等一系列招商活动。年内，新开工建设项目8个，竣工投产项目5个，签约项目4个，签约资金5亿元。

（李红兰）

绿水青山·碧玉清溪

（吴　垠　摄）

城乡发展

URBAN AND RURAL CONSTRUCTION

责任编校：王竹能

城乡规划

城镇基础设施建设

建筑业

房地产业

公积金管理

六城同创

城乡规划

【全面推动海绵城市建设】 2017年，市规划局始终以问题和目标为导向，坚持因地制宜、多措并举，高起点规划、高标准建设、高水平管理，全面推进海绵城市建设工作。全年始终强调规划的管控作用，编制《玉溪市海绵城市建设专项规划》《玉溪市海绵城市试点区域控制性详细规划》，将海绵城市专项规划与技术要求落实到中心城区控规单元“一张图”中，及时对《玉溪市城乡规划管理技术规定》进行修订。对下属事业单位市规划局总规划师办公室明确了海绵城市规划管理的相关职能职责，制定海绵项目的审查审批制度，科学指导海绵城市规划建设工作。市规划局还把海绵城市建设要求纳入“两证一书”、规划竣工验收等环节，在规划部门职能职责范围内实现海绵城市规划管理流程闭合循环，加强规划落实。通过海绵城市建设项目的实施，将有效缓解城市内涝，减少洪涝灾害，节省用水成本，削减城市径流污染负荷，控制城市面源污染，逐步改善城市生态环境。

【全国首批城市设计试点】 2017年1月19日，玉溪市成功入选为全国第一批20个城市设计试点之一，也是全省唯一一家城市设计试点城市。玉溪市城市设计试点工作自2017年2月开始，计划通过2年努力，从创新管理制度、探索技术方法、规范城市设计编制、抓重点项目建设、打造城市设计示范平台、建立城市设计实施评估和反馈机制几个方面来开展城市设计试点工作。通过摸清全市环境资源本底，深入分析城市风貌特色和发展需求，以协调城市景观和自然风貌为目标，从总体、专项和区段、地块分层次开展城市设计，建立健全城市设计层次体系，进一步优化城市形态格局，组织公共空间，传承历史文化，塑造城市景观特色，提升城市空间品质和活力，加强对城市空间立体性、平面协调性、风貌整体性、文脉延续性方面的规划和管控，彰显玉溪文化特色和地域特色。

【全国第三批城市双修试点城市】 2017年7月14日，住房城乡建设部印发《关于将保定等38个城市列为第三批生态修复城市修补试点城市的通知》，玉溪市被列为全国第三批“城市双修”试点城市。至此，玉溪市先后成为国家海绵城市建设试点、全国城市设计试点、“城市双修”试点（全国665个城市中，玉溪市、宁波市共获殊荣同时推进3个国家级试点）。全市认真贯彻落实中央和省的决策部署，将“城市双修”作为新时期城市发展的重要任务，专题研究制定中心城区“城市双修”工作方案，完善建筑风貌、停车系统、夜景照明、地下空间、绿地系统、绿道慢

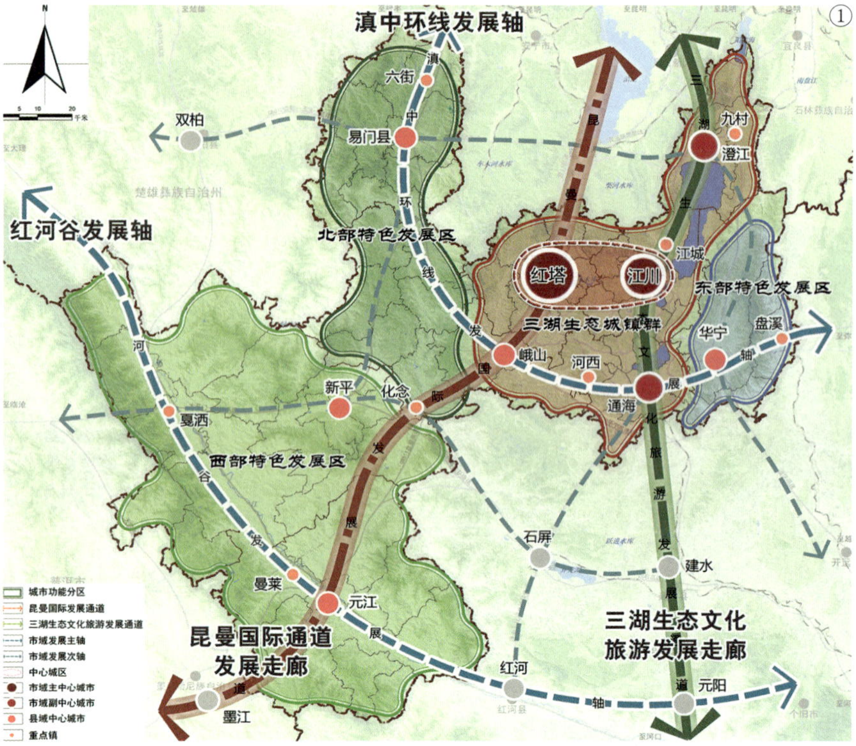

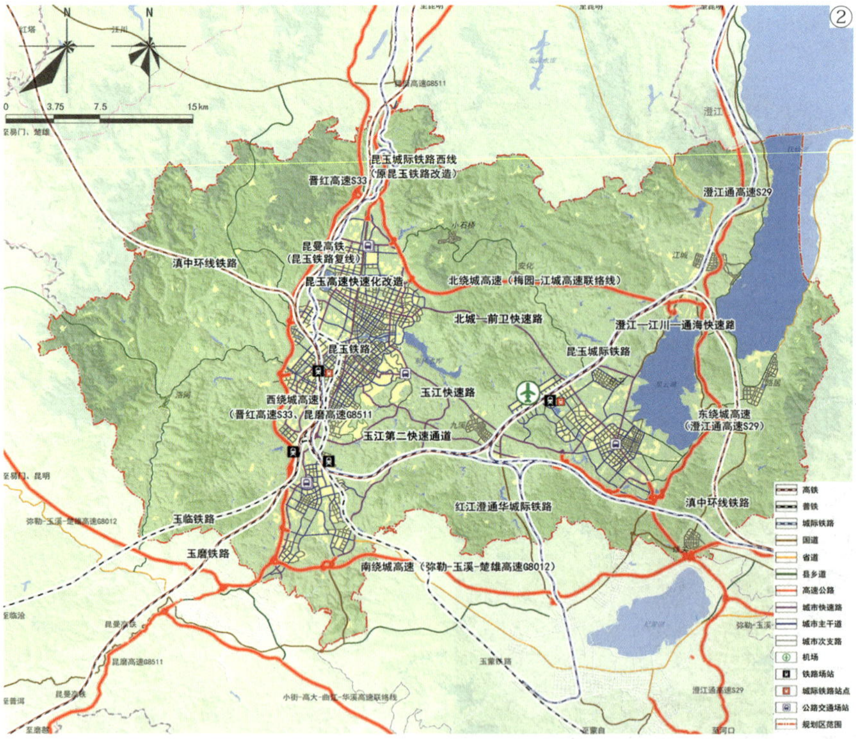

①玉溪市城乡总体规划——市域空间结构图 ②玉溪市城乡总体规划——规划区综合交通规划图
（市规划局 提供）

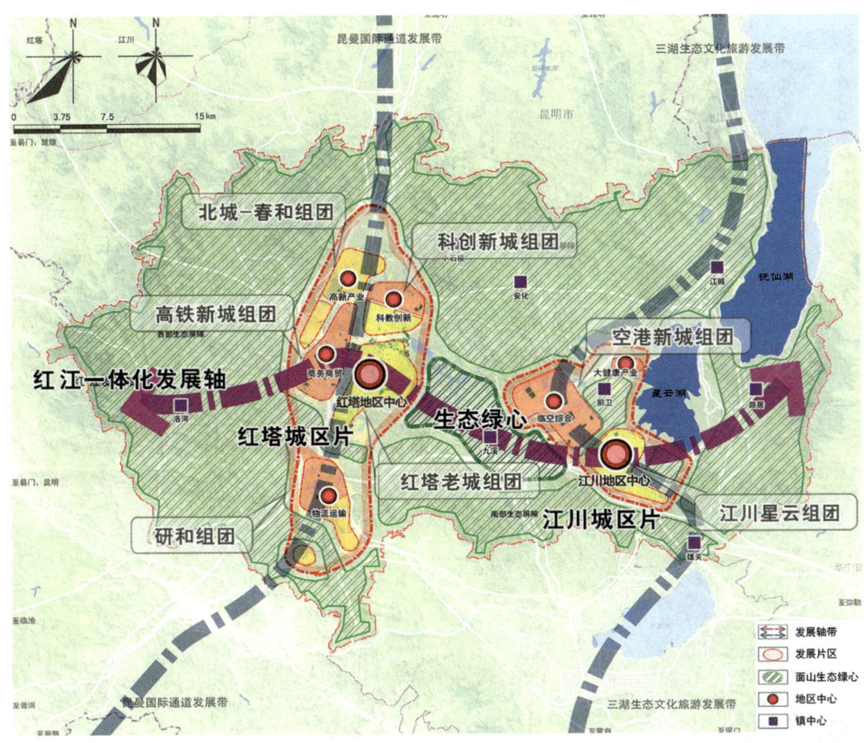

玉溪市城乡总体规划——中心城区空间结构 （市规划局　提供）

行系统、标识系统等多个专项规划，紧紧围绕“创新、开放、生态、宜居、宜业”的城市新定位，以“六城同创”为抓手，坚持“多规合一”，采取“1+N”模式全面推进城市工作暨人居环境综合提升工作，以城市双修、海绵城市建设理念全面推进新区开发、老城更新改造，加快黑臭水体整治与内涝治理，启动城市提质扩容、增绿添色工作，完善各项城市基础设施，积极融入城市慢行绿道系统，鼓励绿色交通方式出行，综合提升城乡人居环境。

【开展新一轮总体规划编制】 2017年初，全市正式开展新一轮总体规划编制。此次总规编制按照“党委领导、政府组织、专家领衔、部门协作、公众参与”的模式编制规划，成立市城乡总体规划编制工作领导小组，由市规划局作为主体责任部门，统筹负责总规编制与协调工作，市直各部门、二区七县全面参与总体规划编制工作。规划编制由上海市同济城市规划设计研究院和广州市城市规划勘测设计研究院2家国内知名的规划设计机构牵头编制，联合住建部城乡规划管理中心、省城乡规划设计研究院、上海市社会科学院等知名研究机构，开展13个专题研究。编制过程中采取咨询、座谈、听证等方式广泛征求社会组织、企业、公众等各方意见，促进社会各界积极参与，特邀省城乡规划委员会专家、上海市援滇顾问组专家、市决策咨询顾问专家等在项目编制的全阶段对重大议题进行把脉，突出总体规划的战略前瞻性、法规程序性、公众参与性和编审对接性。本次总规定名为《玉溪市城乡总体规划（2016～2035年）》，全面贯彻落实党的十九大精神，面向“两个一百年”奋斗目标，尊重城市发展规律，契合发展现实，坚持以人为本，按照“创新、开放、生态、宜居、宜业”的总体要求，从城市到城乡在更大的空间维度上，从2020年到2035年、2050年更长的时间维度上，从城规到“多规”在更广的专业维度上，顺应国家总规改革要求，全面探索规划编制的新模式。同时发挥总体规划的战略引领和刚性管控的作用，构建分级管控、逐级传导、定期评估和动态维护的长效机制，实现“一张蓝图绘到底”，为新时代城乡现代化发展谱写玉溪篇章。

（周保梅）

城镇基础设施建设

【概　况】 2017年，全市住房城乡建设系统紧紧围绕市委、市政府重大决策和住房城乡建设中心工作，坚持稳增长、促改革、调结构、惠民生、防风险，积极抢抓海绵城市、棚户区改造、地下综合管廊、人居环境治理等政策机遇，沉着应对去库存、补短板、降成本和经济持续下行等历史挑战，坚定不移推进供给侧结构性改革、城乡统筹协调发展和新房新村宜居宜业的美丽乡村建设，住房城乡建设事业蓬勃发展。全市棚户区改造开工10 732套，货币化安置10 586套，基本建成13 436套，建成率140.1%；4类重点对象农村危房改造开工12 074户、竣工11 229户，开工率、竣工率分别达到省级下达任务数的335.39%和311.92%。全市房地产业完成投资205.69亿元，销售商品房面积141.34万平方米，比上年增长21.43%；完成建筑业增加值67.4亿元，比上年增长25.3%，增速全省排名第一。并成功引进全国龙头企业中民筑友落户江川区龙泉园区，打造区域装配式建筑产业基地。海绵城市建设在国家绩效考核中排名全国第五，成功获得国家节水型城市称号，创建联合国人居环境奖实现阶段目标。全市城乡“四治三改一拆一增”和村庄“七改三清”各项指标任务完成情况年度排名全省第二，人居环境得到较大提升。高铁站前广场、红塔大道、城市规划馆等一批重大市政项目主体完工，公共设施管理业固定资产投资实现预期目标。全市成为全省首个通过省、部两级住房公积金“双贯标”工作检查验收的城市。全市城镇化水平50.8%，比上年提高1.9个百分点。城市道路总长651.86千米。城市供水管网总长1 348千米，城市供水普及率97.15%。全市建成城镇生活污水处理厂10座、污水管网1 021千米，城镇生活污水集中处理率92%；建成城市生活垃圾处理厂9座、中转站18座、渗滤液处理设施9座，生活垃圾无害化处理率99.35%；启动建制镇“一水两污”设施项目84个，完工24个、在建16个，开展前期工作44个，乡（镇）镇区自来水供水设施覆盖率100%，污水处理设施覆盖率91.8%，生活垃圾处理设施覆盖率100%，自然村生活垃圾有效治理率99.7%。

【城市地下综合管廊建设】 至2017年末，《玉溪市城市综合管廊专项规划》和澄江县、华宁县地下综合管廊规划编制完成，其余各县正抓紧编制。中心城区红塔大道、火车西站市政道路及元江县滨江路、新平县生态

①2017年3月9日，玉溪市被住房城乡建设部和国家发改委正式命名为国家节水型城市国家节水型城市并授牌（张 权 摄）②2017年3月30日，国家民政部副部长（右前排三）考察玉溪抗震应急工作情况（市住建局 提供）③2017年5月24日，全省城市地下综合管廊海绵城市建设工作推进会在玉溪召开，省及各州市领导参观玉溪聂耳广场建设情况（市住建局 提供）

文化旅游示范区规划1号道路4个城市地下管廊项目共计19.04千米，建成综合管廊13.3千米，累计完成投资7.4亿元，完成国家和省级下达任务；新启动实施红龙路、玉江大道、中心城区城东区等8个项目，共计开工建设长度为31.82千米，累计完成固定资产投资35.06亿元，建成管廊长度6.3千米。全市所有地下管廊项目开工建设长度为54.72千米，累计完成固定资产投资42.46亿元，建成管廊长度19.6千米。

【黑臭水体治理】 至2017年12月末，中心城区玉带河、中心沟下段、玉溪大河下段、东风大沟南段（后更名为金水河）4条河道共计6.26千米黑臭水体已实现全面开工整治，共计完成投资13.6亿元。根据水质监测数据显示，玉溪大河已不属于黑臭水体，金水河水质得到明显改善。

【城市规划馆项目】 至2017年7月中旬，市城市规划馆完成主体工程并交由规划部门实施相关布展工作。城市规划馆选址玉江大道与滨河北路交叉口东北侧，用地面积26亩，总建筑面积19 843平方米，地上4层，地下1层，总投资约1.99亿元。该项目以“玉贝涎珠、溪懿万象”为核心主题，贝壳来源于水，内在同于山石，集中体现玉溪有山有水、人与自然和谐的城市愿景。项目采用政府购买服务方式融资建设，由市住建局作为项目实施主体，政府购买服务采购所需资金分年度列入市本级财政预算。

【中心城区安全骑行系统】 至2017年末，中心城区安全骑行新增自行车1 560辆、电助力车440辆，新增投入使用站点55个。公共自行车服务范围已覆盖中心城区主要街道、政府单位、集市和市民聚集区域，并建立完善人员、安全、设备、卫生等保障制度，简约适度、绿色低碳的生活方式明显转变，交通环境进一步改善，实现开放、创新、生态、宜居、宜业城市发展阶段性目标。

【天然气利用】 2017年5月17日，市住建局制定《玉溪市2017年天然气利用发展实施方案》。至年末，中心城区新增燃气管网10千米，全市新增加燃气管网54.7千米，新增居民用户15 176户，完成率100%，实现通气小区39个，居民5 938户，新增工业用户2家、商业用户16家，全年用气量1 027.8万立方米。华宁县天然气支线管道工程江川区联建站场地已完成平整，正在进行站房建设。通海县合建站正在办理工程规划许可证，站房建设正在进行中，长输高压管线敷设完成75千米，管线已全部贯通，正在与能投协调在普洱支线2号阀室开口接气的相关事宜。峨山县天然气支线工程化念末站、红塔区分输清管站项目正开展专项验收等工作，长输高压管线敷设完成81.27千米，管线已全部贯通。易门县天然气支线工程末站项目正开展专项验收等工作，长输高压管线易门段铺设完成23.85千米，管线已贯通管道，安宁段全线长8.02千米已完成铺设5千米。

【中心城区其他重大项目建设】 2017年，玉江大道提升改造项目环评经评审取得批复，规划许可证办理完毕，水保通过评审取得报告，成立项目公司，于8月29日全面开工建设。至年末，河滨路段完成基坑主体围护，高速段往江川区方向除桥梁横跨处沥青路面未铺设外，其余可施工路段均已完成底层、中层沥青铺设，波形护栏安装完成4千米，路肩、水沟完成14千米。南半幅已按照市委、市政府要求临时应急开放通车。玉江大道提升改造项目全长26.039千米，包括绿化提升、路面改造、配套设施和8.56千米地下综合管廊等建设内容，概算投资12.85亿元。太极路至东风立交中央绿化带的苗木已经完成移交工作。管廊下穿玉溪大河道段管廊已完成，恢复河道放水。同时完成5个场站建设。高铁新城站前广场已完成主体结构封顶，规划路已完工，正在建设横四路、纵一路、横一路、秀山路延长线、站前路B段、红汇路6条道路，累计完成投资18.6亿元。红塔大道地下综合管廊项目于2018年1月30日实现全面通车，累计完成投资3.23万元。

【县（区）提质扩容】 2017年，江川区市政基础设施项目涉及6条市政道路和1个全民健身运动场馆建设，估算投资14.8亿元，于9月30日实现总体开工，至年末完成浪广路北延线、龙泉大道南段道路工程和城市运动场馆三通一平工作，完成投资3.86亿元，其他项目正积极开展前期工作。峨山县提质扩容示范县项目包含6个子项目，估算投资11.39亿元，至年末完成社会投资人招选、项目公司注册，获得可研批复，征地拆迁及相关前期工作正在积极开展。澄江县提质扩容示范县项目包含8个子项目，估算投资16.77亿元，完成可研并获得批复，PPP实施方案已获市政府批准实施，正在招选社会投资人。澄江县全国生活污水处理示范县项目估算投资22.1亿元，至年底完成社会投资人招选、签订PPP投资协议、项目公司注册，获得可研批复，正在开展前期相关工作。

【城市供水管理】 2017年末，全市共有供水企业9家、自来水厂17个，供水管网总长1 348千米。全市自来水厂供水能力26.92万立方米/日，城市供水普及率97.15%，水质合格率100%。

【城镇污水处理配套设施建设及运营管理】 2017年，省级下达全市城镇污水处理厂配套设施建设和运营管理任务为新建配套管网70千米，消减化学需氧量15 369吨，消减氨氮1 352吨。至年末，全市新建污水管网91千米，完成率130%；完成COD削减量16 095吨，完成率105%；完成氨氮减削减量1 362吨，完成率101%。

【集镇一水两污项目建设】 至2017年末，全市共启动建制镇“一水两污”设施项目84个，总投资8.09亿元，其中66个项目争取到省级补助资金11 450万元，已完工24个，在建16个，其余44个项目正在进行前期工作，共计完成投资2.93亿元。全市乡（镇）镇区自来水供水设施覆盖率100%，污水处理设施覆盖率91.8%，生活垃圾处理设施覆盖率100%，自然村生活垃圾有效治理率99.7%。

【美丽乡（镇）规划建设三年行动】 2017年10月，全市对2016年实施的12个美丽乡（镇）建设主体工程进行了市级考评验收。

【城乡垃圾整治行动】 至2017年末，全市已有473个村居委会建设垃圾收集设施，418个村居委会建设垃圾处置设施，保洁人员5 161人，垃圾池5 930个，垃圾房1 185个，垃圾桶22 462个，垃圾箱体7 182个，转运站74个，人力三轮车408台，电动三轮车52台，拖拉机138台。

【百村示范千村整治】 2017年，全市60个示范村完工46个、在建14个，605个整治村完工559个、在建46个，整体完工率90.98%，完成投资7.75亿元；启动以脱贫攻坚为主的第二轮“百千工程”，组织实施村组竞争性评审，确定100个示范村和597个整治村村组名单，至年末完成实施村庄的

①2017年8月23日，住房城乡建设部住房保障司司长曹金彪（左二）一行调研玉溪市城镇保障性安居工程建设管理情况，市委书记罗应光等市领导陪同 ②2017年12月9日，玉溪新型智慧城市研讨——座谈沙龙
（市住建局 提供）

规划及实施方案评审。5月17日，市住建局制定《玉溪市农村危房改造及配套设施建设二期（第二轮“百村示范、千村整治”）行动实施方案》，包含全市53个民族村在内的67个村组启动建设。

【点亮玉溪行动】 至2017年末，“点亮玉溪”行动计划成功引进飞利浦照明、中国电子2家世界500强企业与本地企业合作，实现灯泡、芯片、电池、灯杆等一整套路灯照明设备的本地化生产，并建立完善、统一、高效和智能的后期运行管护体系。全市二区七县4 663个尚无路灯的村庄已集中安装太阳能路灯45 727盏，实现全市所有自然村庄内智能化太阳能路灯全覆盖。

【城乡公共厕所治理】 2017年，省、市两级共补助城市公厕建设管理资金1 332万元，完成新建城市厕所25座、改建69座。农村公厕建设纳入“百村示范千村整治工程”一并实施，全年新建和改扩建农村公厕159座。

【传统村落保护】 2017年，市住建局继续开展传统村落保护工作，加快推进第1至3批共14个传统村落保护项目建设，积极争取第四批传统村落列入中央财政支持范围。至年末，1至3批共14个传统村落保护项目已全部开工，完工9个；第四批共有14个村落被列入中国传统村落名录，共争取到位中央和省级补助资金6 915万元。

【提升城乡人居环境五年行动】 2017年，市住建局持续推进《玉溪市进一步提升城乡人居环境五年行动计划（2016～2020年）》和《玉溪市城乡违法违规建筑治理行动方案》《玉溪市农村生活垃圾治理及公厕建设行动方案》《玉溪市农村污水治理及镇供水设施建设行动方案》3个配套方案。至年末，全市城乡“四治三改一拆一增”和村庄“七改三清”各项指标任务完成情况年度排名全省第二，人居环境得到较大提升。全市查处整治占道经营13 823件、乱摆乱放8 839件、乱贴乱画22 406件、乱搭乱建2 215件，治理重点区域脏迹情况1 109件；普查建成区违法违规建筑66.29万平方米，累计查处“两违”建筑96.47万平方米，拆除91.86万平方米。全市701个行政村设立土地规划建设专管员789人，覆盖率达100%；改造旧住宅区45万平方米，完成投资22.4亿元；完成旧厂区改造59.4万平方米，改造率100%。全市城市建成区园林绿地面积达2 554.2公顷，有公园64个，在建3个，公园绿地面积746公顷。乡（镇）建成区绿地面积达1 650公顷，61个乡（镇）镇区生活垃圾设施覆盖率100%，5 668个自然村实现垃圾有效治理率99.66%，5 685个村庄建立卫生保洁员制度，覆盖率100%，5 444个村庄建立垃圾收费制度，覆盖率95.8%；61个乡（镇）镇区污水处理设施覆盖率91.8%，镇区污水处理率83.4%，419个行政村实现污水治理，农村生活污水治理率76.3%；61个乡（镇）镇区自来水供水设施覆盖率100%；61个乡（镇）镇区2座以上公厕310座，覆盖率100%，701个行政村1座以上公厕1 347座，覆盖率99.82%；筹措农村人居环境治理资金10.67亿元，实施省级示范村项目91个，县级“一水两污”项目295个。

2017年12月9日，市委副书记、市长张德华为昆山杜克大学校长（院士）刘经南颁发市政府决策咨询顾问聘书（市住建局 提供）

【“争先创优跨越发展”和“科教引领创新发展”大讨论大行动】 2017年，按照《玉溪市开展“争先创优跨越发展”两年行动计划》，市住建局持续推进《玉溪市统筹城乡发展争先创优两年行动计划》，围绕“增强城市聚集辐射能力、提高城镇综合承载能力、夯实农村长远发展基础”三大行动目标，从城乡规划全覆盖、城乡基础设施提档升级、农村扶贫开发脱贫攻坚、城乡人居环境改善、农村潜力挖掘、城乡住房保障体系完善、房地产业建筑业提质增效、城乡管理体制创新八大工程着手，全面构建新型城乡关系，促进城乡要素平等交换、合理配置和基本公共服务均等化，推动城乡共同繁荣、协调发展取得新成效；从加大房地产业和市政基础投资、推进房地产去库存工作、完善城镇供水污水处理管网建设等方面，全力配合各牵头部门实施固定资产投资争先创优、供给侧结构性改革争先创优等六个行动计划。按照《中共玉溪市委玉溪市人民政府关于在全市开展“科教引领创新发展”大讨论、大行动的实施意见》及四个配套方案，市住建局围绕“一核五片七区”规划布局，全力推进玉溪师院成教异地重建、红龙路地下综合管廊、高铁海绵新城片区项目、高新区南片区生物产业园区、九溪片区海绵项目建设，确保“科教引领创新发展”大讨论、大行动部署住房城乡建设的各项工作得到有效落实。

【民营经济县域经济园区经济“三大战役”】 2017年，按照《玉溪市加快民营经济发展的实施意见》，市住建局从加大对民营建筑企业的扶持力度，加强对民营勘察设计企业的服务和管理，简化民营企业建设项目的招标程序，积极引导鼓励民营企业参与市政公用设施建设和运营，重视和加强民营企业专业人才队伍建设，支持民营建筑业和房产业发展。同时，支持配合加快县域经济发展，在已下放各县（区）的前提下，将项目建设安全报监备案下放高新区。按照《玉溪市加快县域经济发展的实施意见》，市住建局采取精简和容缺措施保障施工许可迅速办理，优化项目流程、精细施工管理，全面提高项目管理水平；充分发挥市家园建设投资有限公司平台优势，与江川区政府组建家美公司，与澄江县政府组建家和公司，与峨山县政府组建家鼎公司，为江川区市政基础设施项目融资14.8亿元，为澄江县生活污水处理示范县和县城提质扩容项目融资40余亿元，为峨山县城提质扩容项目建设融资11.42亿元，推动县（区）基础项目建设；以棚户区改造为抓手，为各县提供项目包装、融资和争取上级资金支持，全面提升县域投资硬件环境。按照《玉溪市加快园区经济发展的实施意见》，市住建局积极支持配合加快园区经济发展，除承担高新区生物产业园区项目建设和指导、支持、参与各园区基础、标准厂房等项目建设外，突出行业产业招商，促进园区经济发展。以"点亮玉溪"行动为平台，成功引进飞利浦集团和中国电子信息产业集团2家世界500强企业与汇龙科技公司合作建厂，落户高新区九龙园区，实现灯泡、芯片、电池、灯杆等一整套路灯照明设备的本地化生产，并建立完善、统一、高效和智能的后期运行管护体系，有效整合高新技术产业链；成功促成本地企业与杭萧钢构结合落户红塔工业园区，实现钢结构建筑制造质的飞跃；成功引进全国龙头企业中民筑友落户江川龙泉园区，打造区域装配式建筑产业基地。

2017年9月29日，玉溪市2017—2020年城市（城南区）地下综合管廊项目腾霄路综合管廊项目开工仪式（市住建局　提供）

【园林绿化】　至2017年末，全市建成区绿地率33.62%，绿化覆盖率38.2%，人均公园绿地11.38平方米，并荣获得国家园林城市称号，易门县、华宁县获得国家园林县城称号，元江县、新平县国家园林县城已通过住建部专家评审及公示，命名为国家园林县城，峨山县、澄江县获得省级园林县城称号。市住建局完成《玉溪市城镇绿化条例》起草工作，于10月28日市第四届人民代表大会常务委员会第三十三次会议审议通过，并经11月30日省第十二届人民代表大会常务委员会第三十八次会议批准，自2018年3月1日起施行。同时全面开展绿化普查，继续强化"绿色图章"竣工验收，做好"星级园林式单位和小区"评选和复审，指导澄江县、峨山县做好国家园林城市2018年申报工作。

【聂耳文化广场景区管理】　2017年，市住建局在景区管理方面主要做好反暴恐、宣传、接待、保洁、绿化、灯光及基础设施设备维修工作，维护好景区秩序，创建平安和谐景区，并完成"春节""五一""国庆""哇家灯会""聂耳音乐合唱周"等节假日及重大活动场地保障工作。5月，完成新建AA级旅游公厕2座、改造AAA级旅游公厕1座并投入使用；完成东风北路末端至东风水库溢洪道路灯工程及玉溪瀑布生态公园缠帛、发光字等景观提升改造工程。

【落实市委、市政府决策部署情况】　2017年，市住建局全年办理落实市政府重点督查的20项重要工作3件14项、10件惠民实事3件4项，均已完成既定目标；办理落实市委、市政府领导批示件69件，办结率100%，其中市委书记罗应光同志重要批示10件，市长张德华同志重要批示31件，其他市级领导批示件28件；办理落实市委常委会议决策事项12项、市政府常务会议决定事项23项，办结率100%；办理落实市委主要领导讲话要求事项44项，完成41项，持续推进3项。

【人大建议及政协提案办理】　2017年，市住建局办理人大建议26件，其中主办18件（含重点建议1件），协办8件，人大议案1件；政协提案39件，其中主办30件（含重点提案1件），会办9件。至10月底，已全部办理完成，满意率和答复率均达到100%。

【招商引资及争取上级资金】　2017年，市级下达市住建局争取上级资金目标任务为71 042万元，至12月末，争取到位71 856.9万元，完成市级下达年度任务的101.15%。按照《2017年玉溪市市直责任、成员单位招商引资绩效考核评价标准》，市住建局没有下达招商引资任务，主要负责开展好涉及住建部门的招商引资工作。

【信息与调研】　2017年，市委、市政府下达市住建局信息目标任务分别为市委《重要信息》200分、市政府《政务信息》400分。至12月末，完成市委《重要信息》385分，完成率192.5%；完成市政府《政务信息》797分，完成率492.5%，在2017年市政府组成部门、直属机构及列入全市综合考评的单位中排名第一。其中，被《国办综合》采用1篇、省级采用5篇、《玉溪改革简报》采用1篇，被市委副书记、市长张德华同志批示2篇。同时积极开展住建领域调研工作，主动向市委、市政府报送反映工作进展、困难问题、对策建议类信息、简报、调研督导报告等共21篇。

【依法行政】　2017年，根据《玉溪市法治政府建设实施方案（2016～2020年）》等文件精神，市住建局制定《法治政府建设实施方案》《法治住建建设任务分工方案》《法治创建活动实施方案》《法治宣传教育第七个五年规划》《重大行政执法决定法制审核办法》等指导性和操作性文件，明确指导思想、目标任务、方法步骤、职责分工，进一步规范住房城乡建设领域依法行政水平。同时抓好规

2017年9月8日，玉溪市“横一路纵一路”项目开工仪式暨2017年“质量月”启动大会（市住建局　提供）

范性文件清理，全年先后3次清理规范性文件，梳理现行有效的地方性法规、规范性文件和一般性文件15个，提出市政府出台规范性文件废止意见2条，已通过市法制办审核并向社会公示；收集内部规范性废止意见2条、修改意见3条，已按照程序完成废止、修订工作，并向社会公布；实施法律顾问制度，投入经费31万元，聘请13名律师为市级住建系统提供重大行政决策、行政应诉能力建设、地方性法规起草、论证、合法性审查及相应备案审查等方面提供专业的法律服务；制定《法律顾问考核办法》，完善律师管理制度，进一步规范法律顾问管理；全年交由法律顾问审查合同205份，通过193份，审查政策文件23份；推进“放管服”制度改革，承接行政许可事项2项，取消2项，调整1项，报请市级审核并通过市政府常务会研究发布实施；完成全局13项行政许可及14项公共服务事项《办事指南》和《公共服务事项清单》的编制工作，规范审批权责，明确办理流程、收费依据、咨询方式、受理部门等事项；制定《玉溪市住房和城乡建设局“双随机、一公开”实施方案》，建立“两库一清单”，明确法律依据和抽查范围、方式等问题，规范检查机制；开展“减证便民”清理工作，取消基本公共服务事项证明材料10项，精减率达到40%；深化政务服务平台建设工作，录入政务服务平台事项135项，核查通过率100%。

【易地扶贫搬迁】 2017年，为实现精准脱贫百日攻坚战工作目标，全市认定4类重点对象危房19 317户、市级建档立卡户危房8 961户。按照市委、市政府安排，市住建局全面接手峨山、易门、新平、元江4县易地扶贫搬迁安置点项目建设。针对点多面广、时间紧迫、资金缺乏、山高路远、交通不畅、雨季施工等突出困难，紧急抽调25名技术人员，筹措安置点建设资金3亿元，整合农危改资金4.08亿元，通过倒排工期、蹲点协调、联合督查、每周通报等有力措施，实现农危房改造开工11 804户、竣工11 526户，克期完成4个县59个安置点3 331户安置房建设，为全市扶贫攻坚精准脱贫工作提供了有力支撑。

【“挂包帮”“转走访”定点扶贫】 自2016年起，按照市委、市政府关于建立扶贫攻坚“领导挂点、部门包村、干部帮户”定点挂钩扶贫工作长效机制，扎实开展“转作风走基层遍访贫困村贫困户”的部署和要求，市住建局负责“挂包帮”咪哩乡大黑铺村委会、与中石化分公司共同负责咪哩乡哈罗村委会，全局共58名副科级以上干部结对帮扶69户贫困户，帮扶困难群众257人，派出5名干部驻村开展帮扶工作，其中包含党组成员、副局长1名。2017年，市住局采取定期深入帮扶点联系开展走访调研、督促检查、跟踪项目、帮扶基层党建等方式，针对大黑铺和哈罗村贫困特点，从道路交通、人畜饮水、产业发展、环境卫生、教育设施等方面着手，积极争取项目、筹措资金，全力夯实2个村组长远发展基础，努力帮助困难群众解决最迫切问题。至2017年末，协调争取温脱鸡4 896只、仔猪584头、红梨苗8.16万株，投入烤烟生产扶助金15万元，并开展养殖、种植技术培训；筹措资金为大黑铺村委会修建机耕路22千米，硬化乡村道路16.92千米、村内道路413米，新建饮水净化设备1套、输水管13千米，建设活动板房1幢、公厕1座、挡墙50米、排水沟74米；争取“美丽乡村”“百千工程”“点亮玉溪”等政策项目，投入资金740.8万元，为大黑铺村委会实施道路硬化、两污治理、场地硬化、挡墙和垃圾房建设、安装太阳能路灯、购置垃圾车和垃圾桶；帮助大黑铺村新建办公用房1幢303平方米，捐助乡政府综治维稳经费5万元；协助成立咪哩乡农村资金互助会大黑铺村委会分会；以志愿者服务等活动依托，引导中铁二局、华控环境城市建设有限公司等开展捐资助学活动，为当地小学、留守儿童捐赠电脑、学习用品、文体用品、生活用品等物资，修建校内应急厕所，提升贫困儿童学习条件；开展关爱年迈老人捐助活动，发动全局干部职工为60岁以上老人捐资25 565元。

（张　权）

建筑业

【建筑企业及产值】 至2017年末，全市建筑施工企业249家，其中一级企业6家，二级企业120家，三级企业100家，不分等级企业21家，劳务资质2家；勘察设计企业33家，监理企业9家；建筑业从业人员近10万人，职称工程技术和管理人员9 341人，高级职称223人，中级职称2 274人。全年完成建筑业总产值197.36亿元，比上年增速37.2%；完成建筑业增加值67.4亿元，比上年增长25.3%，增速在全省排名第一，建筑业增加值占全市GDP比重上升到4.8%。

【建筑工程招投标监管】 2017年，市住建局从压缩招标范围、简化招投标程序、推行总承包招标方式等方面，严格执行《玉溪市房屋建筑及市政基础设施项目招标投标管理规定》和配套《玉溪市房屋建筑和市政基础设施建设项目招标代理机构管理办法》《玉溪市房屋建筑和市政基础设施项目招标投标活动投诉处理暂行办法》《玉溪市房屋建筑和市政基础设施项目投标专家咨询委员会制度》3个管理办法。至年末，全市房屋建筑及市政工程完成限额以上工程招投标800个，招标工程造价1018 108.19万元，中标造价970 278.74万元，节约造价47 829.45万元，工程造价降低4.70%，公开招标率100%；完成限额以下工程招投标376个，招标工程造价30 843.63万元，中标造价29 014.27万元，节约造价1 829.36万元，工程造价降低5.93%。

【工程造价数据信息平台建设】 2017年4月，玉溪市与广联达软件公司、上海普耐信息科技有限公司签署合作协议后，正式启动全市工程造价数据信息平台（包含材料价格、技术经济指标、造价信息指数的采集、管理和发布等功能模块）建设。至年末，已完成一期系统建设的需求分析工作、造价数据收集并进入调试阶段。待造价指标体系完善后开展二期系统建设，完善典型项目造价指标发布、综合指标发布以及造价指数的信息发布。工程造价数据信息平台建设完成后，将为全市建设各方提供高效的造价指标指数信息服务。

【国家标准员试点】 2017年4月，对工程建设标准化管理系统“标准通”APP软件及其配套产品进行全新改版升级，新版本升级为“标准通”PC端及移动APP——标准版、“标准通”PC端及移动APP——标准员运用版2个版本，全市标准员岗位设置工作在试点基础上更进一步。并参与中国工程建设标准化协会标准员课题研究，发布实施《玉溪市工程建设标准化管理暂行办法》，国家标准员试点工作全面推进。

【建筑节能管理】 2017年，市住建局认真贯彻《玉溪市绿色建筑行动实施方案》，从节能标准、节能监管、可再生能源利用、新型建筑节能材料应用等方面推进建筑节能，强化监督管理。年末，全市新建建筑面积361.02万平方米，其中新建绿色建筑面积119.17万平方米。同时，委托省建筑技术发展中心起草《玉溪市绿色建筑行动方案》，9月1日邀请相关单位召开编制汇报会。全市积极推进科研院所、医院、商场、宾馆、体育场馆等大型公共建筑和办公建筑通风、照明、给水、热水用能系统的节能改造，因地制宜地制定公共建筑节能改造市场化推动政策，鼓励应用PPP、合同能源管理等创新模式；探索鼓励居住建筑实施节能改造，以红塔区范围为试点，结合棚户区改造、旧城改造、既有建筑加固改造的开展，以采取加设外遮阳、加强自然通风等技术为手段，兼顾太阳能热水、节能照明改造方式，同步开展居住建筑节能改造；在老旧住宅小区开展以节能改造为重点，以助老设施改造、环境综合整治等其他改造为补充的节能宜居综合改造试点，探索可复制、可推广的改造模式和组织机制；大力推行合同能源管理等市场经济模式，鼓励有条件的居住建筑节能及节水等改造进一步得到实施。至年末，全市71个示范项目总建筑面积440.971万平方米，折合示范面积221.1 605万平方米，并通过市、省两级检查验收。

【装配式建筑发展】 2017年，全市贯彻《国务院办公厅关于大力发展装配式建筑的指导意见》《国务院办公厅关于促进建筑业持续健康发展的意见》《住房城乡建设部关于印发〈“十三五”装配式建筑行动方案〉〈装配式建筑示范城市管理办法〉〈装配式建筑产业基地管理办法〉的通知》《云南省人民政府办公厅关于大力发展装配式建筑的实施意见》等意见办法。市政府与杭萧钢构股份有限公司签订框架合作协议，红塔区政府、红塔工业园区管委会与宇城杭萧钢构有限公司签订合作协议和项目协议，全力推动钢铁产业转型升级。6月6日，中民筑友（玉溪）装配式节能建筑产业基地项目正式落户龙泉工业园区。省级装配式建筑产业基地及园区的申报工作完成，并委托赛黔科技有限公司完成《玉溪市装配式建筑及产业发展规划（2017～2020）》起草工作，同时为申报省级装配式建筑示范城市完成《玉溪市装配式建筑示范城市实施方案》起草工作。

【工程质量安全管理】 2017年，全市住建系统紧紧围绕房屋建筑和市政工程质量安全提升行动，不断健全完善房屋建筑和市政工程质量安全管理体系，深化工程质量主体责任，强化工程质量安全监管和工程技术创新能力，全市工程质量安全管理水平明显提升。至年末，全市累计排查治理隐患建筑施工企业141家，排查整改重大隐患4项，整改率100%；停产整顿1家，警示罚款0.59万元；市政工程排查治理企业单位3家，排查整改一般隐患10项，整改率100%；城镇燃气排查5家，排查整改一般隐患16项，整改率100%。全年各级住房城乡建设主管部门开展现场宣传39场次，参加活动3 864人次；组织普法宣传37场次，参加培训人员1 597人次；印发各类宣传品34种，共7 965份；组织知识竞赛17场，参赛人数457人；在报纸杂志、网站设置专栏10个，刊发专题文章13篇；在微信、微博平台发布普法信息2 176条。全市完成塔式起重机施工升降机备案证及单机备案证换证169台，其中塔式起重机147台，施工升降机22台。

【标准化工地建设】 2017年，经企业申报、县（区）推荐、市级住建部门初验评定、省级专家组考评验收，玉溪卫校实训楼等4个项目成功申报为年度全省建筑施工安全生产标准化工地（待批复）。

【建设工程唯一性标识见证取样】 唯一性标识见证取样是在建设工程施工过程中，对进场的建筑材料利用二维码标签和“质监e通”手机终端进行见证取样，并通过GPS定位见证员与取样员地理位置信息，确定取样员与见证员是否在同一工地现场。通过对取样过程、见证过程影像资料的实时上传，可对见证取样过程进行监控，通过对样品进行GPS定位与联网，有效杜绝试件的代做代养护现象。2017年，全市继续全面推广唯一性标识见证取样工作，全年通过二维码唯一性标识见证取样系统进行见证取样的工程项目达1 976个，实体检测结果（混凝土强度）与现场二维码见证取样试块强度差值范围3MPa～6MPa之间。全市10家建设工程质量检测中心累计向省建设工程质量检测监管信息系统平台上传数据138 254条。

【应急力量建设】 2017年，市住建局修订完善《玉溪市住房和城乡建设局地震应急预案》《玉溪市住房和城乡建设局房屋建筑和市政工程事故应急抢险预案》《玉溪市住房和城乡建设局供水系统重大事故应急预案》《玉溪市住房和城乡建设局城镇燃气供气系统重大事故应急预案》《玉溪市住房和城乡建设局防汛抗洪抢险救灾应急预案》等一批专项预案和部门预案。至年末，华宁县、峨山县已编制完成县域防震减灾规划编制文本初稿，待评估审查。通海县因县城总体规划正在修编，正在抓紧编制过程中。市中心城区共有聂耳文化广场、出水口生态公园、体育广场等综合性应急避难场所3个，人防应急疏散场所1个，总面积近8万平方米，先后投入29万多元补齐配强应急物资、装备器材，保证发生突发事件时能第一时间将所需物资进行调配保障。在"5.12"防灾减灾周活动期间，组织所属应急救援队伍参加市政府组织的地震应急救援演练活动，相继开展供水、燃气、震损房屋鉴定评估的演练活动。同时充实以房屋鉴定评估专家队、市政基础设施抢险队和大型机械抢险救援队为基础的3支抢险应急队伍，人数达450人，并配备各类抢险应急装备。全年开展应急疏散、燃气泄漏应急、供水保障等应急抢险等演练1次。

【城建档案管理】 2017年，市城建档案馆积极为城市建设管理提供优质、高效、快捷服务，全年共签订建设工程档案责任书65份，发放建设工程档案初验认可证22份、建设工程档案合格证12份，入库档案3 540卷。同时为在建项目业务指导档案人员120余人次，参加29个建设项目竣工验收。全年查询利用城建档案30人次。至年末，实现馆藏工程建设档案19 388卷，档案数字化率100%。

【建设领域保证金清理】 2017年，全市建筑行业继续保留执行招投标保证金、履约保证金、工程质量保证金、农民工工资保证金四类保证金，均为国家依法依规设置。

【建设领域工程欠款清理】 2017年，市住建局受理省、市拖欠工程款交办件1件，受理来人举报40人次，涉及拖欠工程款300万元，实际清理付款80万元；直接受理拖欠农民工工资举报25件，涉及650余人，及时督促解决拖欠工资500多万元；协助市劳动局清理建设领域拖欠农民工工资45件，涉及人员1 020余人，解决拖欠工资890多万元。全年发放施工许可证28件，均按照要求审核缴纳农民工工资保证金，未发生未提交农民工工资保证金查验证明颁发施工许可证和批准开工报告的情况。

（张　权）

房地产业

【房地产企业管理】 至2017年末，全市房地产开发企业251家，其中一级资质1家，二级资质10家，三级资质20家，四级资质95家，暂定资质125家。市住建局不断完善商品房销售网签网备、商品房预售资金监管工作，不定期对房地产开发企业预售资金的归集进行抽查，印发执行《关于进一步加强商品房预售资金监管的通知》，确保预售资金切实用于项目建设。全年中心城区（红塔区）发放预售许可证7个，预售面积46.28万平方米；中心城区（红塔区）商品住房预售备案登记2 517套，成交面积31.34万平方米，成交金额16.1亿元，商品住房平均销售价（合同备案价）5 137.20元/平方米；存量房网签合同3 770份，网签面积约47.91万平方米，网签交易金额202 420.73万元；办理房屋交易2 109份，抵押2 467份，查封161份；办理商品房资料2 061份，经纪窗口代理资料1 722份；办理项目备案9个；完成商品房预售款拨付共34次，合计6.05亿元。

【房地产业投资】 至2017年末，全市房地产业完成投资205.69亿元，比上年下降32.61%；商品房销售面积141.34万平方米，比上年增长21.43%；从业人员人数（1～4季度错季）8 900人，比上年增速10.26%；房地产业单位从业人员劳动报酬总额（1～4季度错季）23 317.8万元，比上年增速13.73%。

【培育和发展住房租赁市场】 2017年，按照《国务院办公厅关于加快培育和发展住房租赁市场的若干意见》《云南省人民政府办公厅关于加快培育和发展住房租赁市场的实施意见》，市住建制定《玉溪市人民政府办公室关于加快培育和发展住房租赁市场实施意见》，从发展住房租赁企业、鼓励和支持房地产开发企业开展住房租赁业务、规范住房租赁中介机构、支持和规范个人出租住房、落实税收优惠、提供金融支持、完善供地方式、引导新建租赁住房、允许改建房屋用于租赁、推进公共租赁住房货币化等14个方面，着力完善住房租赁制度，支持鼓励住房租赁消费，加快培育和发展住房租赁市场。按计划，到2020年，全市将形成以市场配置为主、政府提供基本保障住房的租赁体系。

【物业维修资金缴存及管理】 2017年，市住建局审核千禧苑、糖烟酒公司、紫艺苑的水管改造、屋顶漏雨及电梯测速发电机维修等项目，通过技防设施改善进一步提高小区安全防范管理。至年末，中心城区维修资金余额40 559万元，累计交存小区共149个，交存金额共计34 545万元；新增维修支出53万元，累计支出292万元；办理维修资金变更登记2 424件；七县一区（江川区）累计交存维修资金共计26 478万元。

【省级物业管理示范住宅小区考评验收】 2017年，市级成立预评预验、复验工作小组和专家评审组，对县（区）推荐的4个住宅小区、1个大厦进行初验。经省级验收，其中2个住宅小区和1个大厦通过省级验收。同时，对2014年获得省级物业管理示范住宅小区的2个小区进行复验。兰溪瑞园、时代广场三期、聂耳文化中心通过省级物业管理示范小区、大厦的预评预验；山水佳园一期、山水佳园二期通过复检。

【物业企业管理】 至2017年末，全市共有物业服务企业119家（中心城区69家，七县一区50家），其中物业服务企业二级资质企业4家，三级资质企业91家，三级（暂定）资质企业24家。

【"平安小区"建设】 2017年5月，报经市平安小区领导小组办公室考核验收，2016年全市30个小区达到创建标准，被命名为全市首批"平安小区"，获得表彰并授牌。同时，组织召开2017年全市"平安小区"创建工作专题会，下达全市40家"平安小区"的创建任务。至年末，全市49个小区申报"平安小区"，44个小区通过县（区）初评。经市推进社区治理加强平安小区建设领导小组综合复评，42个小区获得2017年度玉溪市"平安小区"称号。

【房地产中介企业管理】 至2017年末，全市共有房地产中介机构116家，其中房地产评估机构10家，房产测绘机构19家，房地产经纪机构87家。依据《云南省住房和城乡建设厅关于贯彻云南省"多证合一"改革实施方案的通知》中"自2017年10月

1日起，全省各级住房城乡建设主管部门不再向新申请备案房地产经纪机构及其分支机构发放备案证（批准书）”的要求，全市已及时停止房地产经纪机构设立核准的审批工作并变更监管方式，加强事中事后监管。

【棚户区改造】 至2017年末，全市棚户区改造开工10 732套，开工率82.55%；货币化安置10 586套，货币化安置率98%；完成投资9.7亿元，基本建成完成13 436套，基本建成率140.1%。

【公共租赁住房建设和运营管理】 2017年，省政府下达全市公共租赁住房建设指标为完成2013年底前政府投资建设项目90%的分配任务，完成2014年度政府投资建设项目85%的分配任务。至年末，根据各县（区）上报数据，全市基本建成9 587套，已完成13 436套，占年度任务数140.1%。全市2013年底以前政府投资公租房累计分配49 084套（含预分配），分配率94.14%（含盘活任务数3 376套）；2014年政府投资公租房累计分配2 035套（含预分配），分配率93.48%。按照公租房处置盘活的要求，积极牵头上报盘活方案。12月，省住建厅等四部门批准全市的盘活方案，同意盘活研和工业园区公租房3 360套，峨山县公租房16套。至年底，共受理万裕生态城（李棋镇片区）公租房申请2 557户，审核通过1 733户，公示1 734户；受理万和生态城（火车站片区）公租房申请共2 557户，审核通过1 481户，公示1 581户；受理龙泽园（高新区）公租房申请共1 056户，审核通过609户。

【农村危房改造】 2017年，省级下达全市4类重点对象农村危房改造指标为3 600户，全市认定4类重点对象危房19 317户（包含市级建档立卡户危房8 961户）。至年末，全市开工12 074户、竣工11 229户，开工率、竣工率分别达到省级下达任务数的335.39%和311.92%。

【房屋租赁登记备案管理】 2017年，中心城区共办理房屋租赁登记备案凭证1 252本，办证面积为133 783.74平方米；审验房屋租赁登记备案凭证36本，审验面积为89 601.28平方米。

【市直公房管理】 2017年，中心城区市直公房对外出租住房72套，面积5 499.58平方米，出租率69%；出租商铺56间，面积3 879.75平方米，出租率81%；出租办公用房13间（幢），面积1 658.89平方米，出租率81%。全年进行公房消防安全和社会治安检查12次，共计补装、更换缺失及损坏灭火器30只，充装压力值不达标灭火器61只。

【老楼危楼排查整治】 2017年，按照《云南省住房和城乡建设厅关于印发2017年老楼危楼安全排查整治工作方案的通知》，市住建局制定《2017年玉溪市老楼危楼安全排查整治工作方案》，深入开展老楼危楼排查整治。至12月末，全市共排查房屋10 261幢，户数23 665户，面积165万平方米。

【经纪机构及从业人员管理】 至2017年末，市住建局协助调解中介机构与购房人矛盾纠纷3起；开展全市中介机构从业人员登记1次，共登记中介机构从业人员249人；协助省房地产业协会举办第六期全省房地产经纪人员教育培训，全市450余人参加培训考试；成功举办全市房地产中介从业人员培训，各县（区）管理人员、中介机构负责人等共111人参加培训。

（张　权）

公积金管理

【住房公积金个人贷款政策】 2017年1月，市住房公积金管理委员会印发《玉溪市住房公积金管理委员会关于调整住房公积金个人贷款政策的通知》，对全市住房公积金个人贷款政策进行调整，将“单职工住房公积金个人住房贷款最高额度从35万元提高到50万元，夫妻（家庭户）住房公积金个人住房贷款最高额度从50万元提高到100万元，正常缴存公积金的父母和子女双方共同购买住房的可以按照人均50万元累计计算贷款额度”的规定调整为“夫妻（家庭户）购买住房，住房公积金个人贷款最高额度为100万元；单职工住房公积金个人贷款最高额度为50万元”；将“公积金个人住房贷款期限最长为30年，根据借款人意愿，贷款偿还期限可延长至借款人法定退休年龄后最长不超过20年”的规定调整为“公积金个人住房贷款期限最长为30年，贷款偿还期限可延长至借款人法定退休年龄后5年”；将“购买库存商品房，放宽住房公积金贷款次数限制，公积金贷款总额度控制人均50万元以内。在此贷款额度内，再次购房可再次申请贷款，贷款额小于（或等于）贷款总额减去贷款余额”的规定调整为“已经有一笔住房公积金贷款的，再次申请住房公积金贷款必须结清该笔住房公积金贷款后方可申请”；当住房公积金存贷比达到85%，暂停办理商业住房贷款置换住房公积金贷款。

【住房公积金年度经济运行情况】 2017年，全市归集住房公积金26.68亿元，比上年增长20.14%；共有8.39万人支取住房公积金16.77亿元，比上年增长13.24%；向5 137户职工发放个人住房贷款20.72亿元，比上年减少6.0%。截至12月末，全市累计归集住房公积金188.37亿元，累计支取住房公积金119.46亿元，累计发放住房公积金贷款122.83亿元，归集余额68.91亿元，贷款余额69.66亿元。全市住房公积金存贷比101.09%，其中个人贷款存贷比98.18%，项目贷款存贷比2.92%。全市逾期贷款2.87万元，逾期率0.0 004%。

【“双贯标”通过省、部两级检查验收】 住建部的住房公积金“双贯标”，指的是住房公积金管理中心贯彻落实住房公积金基础数据标准和接入全国住房公积金银行结算应用系统工作（简称“双贯标”工作）。市住房公积金管理中心自2016年9月正式启动“双贯标”工作以来，按照住建部《关于加强和改进住房公积金服务工作的通知》《关于贯彻落实住房公积金基础数据标准的通知》《住房公积金银行结算数据应用系统与公积金中心接口标准》《关于印发住房公积金信息化建设导则的通知》，将贯标工作和提升综合管理水平和服务质量有效结合，积极探索新形势下住房公积金信息化建设发展走向，于2017年1月正式在新系统下办理业务，4月14日通过省级专家组初验，12月13日通过住建部、省住建厅专家组联合检查验收，成为全省首个通过省、部两级住房公积金“双贯标”检查验收的城市。在完成“双贯标”工作的同时，将服务和管理理念融入信息系统建设中，进一步简化办事流程，完善系统功能，增强风险防控能力，资金及时到账，财务实时核算，提高了工作效率和服务水平，做到让“信息多跑路”“群众少跑腿”。

【公积金异地转移接续平台上线运行】 2017年5月起，市住房公积金管理中心正式接入全国住房公积金异地转移接续平台，异地转移业务不用再往返两地奔波，即玉溪市与其他已接入该平台的城市之间办理异地转移业务时，实现“账随人走、钱随账走”，切实为跨城市就业人员办理住房公积金异地转移接续业务提供便利。同时，积极推进住房公积金业务数据体系科学化、标准化、规范化建设，着力提升公积金信息化建设水平和风险防控能力，实现公积金业务智能化，审批时间缩短，管理水平和服务质量全面提高。

【职工可提取公积金支付物业管理费】 2017年，市住房公积金管理中心认真落实国家、省相关政策，充分发挥住房公积金的住房保障作用，允许缴存职工提取住房公积金支付物业管理费。其中，红塔区范围内每人每年可申请提取2 000元，其他县（区）每人每年可申请提取1 500元。每年10月份由缴存单位统一办理。

【住房公积金管理实现一站式服务】 2017年，市住房公积金管理中心进一步强化公积金业务便民服务，扩宽服务渠道，除原有的建设银行、工商银行以外，新增中国银行、交通银行、云南红塔银行和省农村信用联合社4家委托银行承办公积金业务。同时，把公积金中心纳入市政务服务大厅统一办公，增设至8个业务窗口，积极为广大群众办理归集、提取和贷款业务提供一站式、一条龙服务，着力打造群众满意的优质服务窗口。

【住房公积金查询渠道扩宽】 2017年，全市缴存住房公积金职工可通过登陆玉溪政务信息公开网、玉溪公积金门户网、市政府微信平台站，或拨打市住房公积金查询专线8889 123、省政务查询专项96 128、全国住房公积金热线12 329，或到市政务服务大厅公积金窗口等渠道查询个人住房公积金缴存、贷款详情，及时了解住房公积金政策和工作动态信息。全年服务大厅受理业务和政策咨询42 020人次，中心网站访问量达到572 927人次，“8889 123”电话语音查询系统达到2 724人次，接听全国住房公积金热线“12 329”733起，接听省96 128政务信息热线咨询电话20个，实现服务满意率100%和零投诉。

【保障性住房建设项目贷款试点】 2017年，市住房公积金管理中心进一步强化贷后资金的监督管理，关注项目商业设施的销售情况，落实贷款本息归还，完成贷款利率调整工作，按时向住建部上报项目贷款相关资料。2013年，全市作为全省首个州市试点城市，发放保障性住房建设项目贷款3亿元，至2017年末，收回项目贷款0.99亿元，贷款余额2.01亿元。

（张　权）

六城同创

【基本情况】 党的十八大以来，党中央、国务院和省委、省政府更加注重城市对惠及民生福祉、促进经济社会发展的突出贡献，并作出一系列更高、更富有生机与活力的重大决策。为促进发展环境明显优化，城市形象品位明显提升，实现城市整体形象、发展水平、核心竞争力的明显跃升，市委、市政府持续高强度、大手笔投入城市发展，在成功荣获国家园林城市、国家卫生城市、十佳宜居休闲城市等荣誉的基础上，于2015年7月23日启动“六城同创”工作，即从2015年至2020年，同时创建联合国人居环境奖、全国文明城市、国家环保模范城市、国家海绵城市、新型智慧城市（为适应新的发展形势，玉溪市创建国家智慧城市调整为建设新型智慧城市）、国家创新型试点城市。市住建局按照部门职能和任务分工，牵头负责推进“联合国人居环境奖、国家海绵城市和新型智慧城市”3项创建工作。至2017年末，3项创建工作按年度目标有序推进，其中，2017年3月9日被国家部委正式命名为第八批国家节水型城市；海绵城市试点区项目完工58个、在建84个，共计142个，占项目总数量的71%；成功引进东南大学开展智慧城市产学研合作，玉溪新型智慧城市建设提档加速。

【联合国人居环境奖】 联合国人居环境奖是当今世界一个有重要影响的奖项，其创建工作程序多、标准高、指标细、要求严（符合创建该奖项的国内相关条件，并获得国家节水型城市、国家环保模范城市、国家园林城市称号后，创建成为中国人居环境奖。在获得中国人居环境奖之后，由中国人居环境奖办公室向联合国人居署北京信息办公室推荐，才能申报联合国人居环境奖）。2017年，市住建局紧紧围绕“建设生态宜居文明幸福魅力城市”目标，以《中国人居环境奖评价指标体系（试行）》为标准，在巩固国家园林城市、国家卫生城市等创建成果的基础上，按照“力争2015年成功获得省级节水型城市称号、2017年获得国家节水型城市称号、2018年申报中国人居环境奖、2020年申报联合国人居环境奖”的工作思路和实施步骤，积极开展各项创建工作，并取得阶段性进展。2017年3月9日，玉溪市被国家部委正式命名为第八批国家节水型城市。同时，制定《玉溪市申报中国人居环境奖暨联合国人居环境奖工作实施方案》，完成中国人居环境奖指标梳理，委托住建部城乡规划中心作为创建申报技术服务团队编制《玉溪中国人居环境奖创建基础评价报告》，并向省住建厅汇报对接创建申报工作，上报相关申报资料，全面启动申报中国人居环境奖工作。

【国家海绵城市】 海绵城市是指城市能够像海绵一样，在适应环境变化和应对自然灾害等方面具有良好的“弹性”，下雨时吸水、蓄水、渗水、净水，需要时将蓄存的水“释放”并加以利用，从而提升城市生态系统功能和减少城市内涝的城市发展方式。为贯彻落实《国务院办公厅关于推进海绵城市建设的指导意见》《云南省人民政府关于稳增长开好局若干政策措施的意见》精神，修复城市水生态环境，提高城市可持续发展能力和新型城镇化建设质量，市级成立以市委主要领导为组长、市政府主要领导为常务副组长、相关副市长为副组长、市直相关部门主要负责人为成员的海绵城市建设试点工作领导小组，按照海绵城市建设“渗、滞、蓄、净、用、排”的功能要求，完成《玉溪市海绵城市建设专项规划（2016～2030年）》，制定出台配套政策文件、办法和制度53项，全力争取海绵城市省级试点和国家试点申报工作。2016年4月22日，玉溪市在2016年国家海绵城市试点竞争性评审中以第四名的好成绩脱颖而出，成为全国海绵城市试点，获得中央财政连续三年每年4亿元的专项资金补助。2017年，4亿元中央补助资金已到位，累计到位中央补助资金8亿元。海绵城市建设专项规划已完成编制，确定20.9平方千米试点区域，梳理196个建设项目，计划投资83.77亿元；58个海绵城市建设项目已完工，84个项目正在抓紧建设，完成投资17.91亿元，完成率21.38%，建成海绵区域7.86平方千米。

【新型智慧城市】 智慧城市是运用新一代信息技术促进城市规划、建设、管理和服务智慧化的新理念和新模式，能充分发挥科技创新在新型城市建设和加强社会治理中的支撑引领作用。2017年，市级成立新型智慧城市工作领导小组，登记成立东南大学玉溪智慧城市研究院，完成玉溪市新型智慧城市顶层设计修编、评审，编制《玉溪新型智慧城市建设行动方案（2017～2020）》，并成功举办2017中国·玉溪新型智慧城市高峰论坛。以华为云计算数据中心和政务服务外网为依托，启动全市信息资源统一共享交换平台和信息资源库建设，信息互联共享纳入年度考评内容，初步形成全市党群、政府、企事业单位统一的大数据共享交换平台，深度应用在全市税收征管、互联网+政务服务等领域，效果良好。同时，数字城管、智慧旅游等重点项目有序推进，城市管理水平和公共服务能力不断提升。

（张　权）

（邓博仁　摄）

绿水青山·碧玉清溪

（吴　根　摄）

环境保护

ENVIRONMENTAL PROTECTION

责任编校：王竹能

生态环境保护

环保执法

三湖保护

生态环境保护

2017年8月30日，市委副书记、市长张德华宣布星云湖环湖截污工程全面开工，星云湖加速治理攻坚行动正式启动　（市环保局　提供）

【概　况】 2017年，全市环保工作在市委、市政府的正确领导和省环保厅的指导下，紧紧围绕“五位一体”总体布局和“四个全面”战略布局，牢固树立和贯彻落实五大发展理念，认真贯彻落实全国全省环境保护工作会和市第五次党代会精神，紧紧围绕推进绿色发展、建设生态玉溪主题，坚持目标导向补短板，坚持问题导向破难题，以改善环境质量为核心，坚定不移地实施生态立市战略，实行最严格的环境保护制度，不断深化环保改革创新，全面落实大气、水、土壤污染防治三大行动计划，进一步加强污染减排，推进生态创建，严格执法监管，加快实施重点区域、流域环境治理，推动“创模”提速增效，全面推动各项环保工作持续深入开展，开创全市环境保护工作新局面。全年完成配合省委、省政府环保督察任务，提前办结省环保督察组交办投诉举报案件97件，相关工作得到督察组的充分肯定。“三湖”“十三五”规划75个项目开工率76%，抚仙湖水质稳定保持Ⅰ类，星云湖水质明显好转，杞麓湖水质由劣Ⅴ类改善为Ⅴ类，提前实现“水十条”国考目标。全市纳入国家考核的地表水优良水体（达到或优于Ⅲ类）断面比例稳定保持在62.5%以上，达到省政府确定的目标要求。中心城区环境空气质量优良率达到99.2%，省对全市2017年大气污染防治目标责任书执行情况阶段性考核为优秀（得100分）。同时，制定实施《玉溪市土壤污染防治工作方案》，积极开展土壤污染防治；完成省政府下达的年度污染减排目标任务；编制完成《玉溪市生态文明建设规划》，华宁、新平、峨山3县被省政府命名为“第二批云南省生态文明县”，红塔区北城街道、江川区前卫镇、元江县甘庄街道等13个乡镇街道被命名为“第十批云南省生态文明乡镇街道”。并制定实施《玉溪市全面推行河长制的实施意见》《玉溪市生态文明建设目标评价考核实施细则》，成立市自然资源资产负债表试编试点工作领导小组，市级、江川区、新平县作为试点，完成自然资源资产负债表试编试点工作。全年立案查处各类环境违法案件166件，收缴罚款1 987.48万元，立案查处环境违法案件数、罚款金额分别比市年增长46.9%、90.38%。全市各县（区）均办理了环保法及其配套办法案件。全市环保违规建设项目582个，已整改完成580个，完成率99.66%，走在全省前列。全市99户重点污染企业339台（套）污染源自动监控设施数据传输有效率达100%，全省排名第一。省政府与市政府签订的责任书任务及市政府工作报告确定的各项目标任务圆满完成。

【中央环境保护督察整改】 2017年，市环保局及时研究制定《玉溪市贯彻落实中央环境保护督察反馈意见问题整改总体方案》，坚持高位统筹、强势推动，全面开展整改落实工作，取得阶段性成效。全市牢固树立“绿水青山就是金山银山”的环保意识，坚持保护优先、发展优化、治污有效的工作思路，高位推动，完善机制，坚定不移推动绿色发展。在整改中明确要求，认真落实党中央、国务院和省委、省政府关于生态文明建设和环境保护决策部署，统筹推进“五位一体”总体布局，协调推进“四个全面”战略布局，大力践行创新、协调、绿色、开放、共享的发展理念，把生态文明建设和环境保护放在突出的战略位置。各级党政“一把手”亲自抓、负总责，逐级传导压力，层层细化落实，做到“一个问题、一套方案、一套班子、一抓到底”，为整改工作的顺利推进提供组织保障。按照省环保督察办有关要求，市政府多次专题研究中央环境保护督察反馈问题整改工作，要求进一步梳理问题事项，细化整改措施，明确整改责任人和完成时限，指导各县（区）、各部门的整改工作。经过认真分析、反复研究，全市将中央环境保护督察反馈的“21+1”问题划分为立行立改类、6月底前完成类、年底前完成类、中长期等4类31项具体整改事项。同时认真学习贯彻党中央、国务院关于甘肃祁连山国家级自然保护区生态环境问题通报精神，深刻汲取教训，认真对照教训警示以及中央环境保护督察反馈意见，依据有关法律法规和政策规定，举一反三、以点带面，特别是加强红塔山市级自然保护区、江川区自然保护区、通海县秀山自然保护区及金色抚仙湖九龙国际会议中心的规划、审批及监管工作，进行全面清理核查。根据中央和国家督察办、省督导办的有关要求，在政府网站、电视、环境保护局网站等平台上及时公开整改情况，联合主流新闻媒体对整改落实情况进行适时跟踪报道，自觉接受社会监督，引导群众实事求是反映问题，积极参与对整改落实工作的监督，提高办理质量和公众知晓率及满意度。全年报道与督察整改工作有关的新闻（信息）175条，其中玉溪电视台播出93条，《玉溪日报》刊发50篇，玉溪网刊登29篇，微信、党政客服端3条。至年底，全市“21+1”问题共31项整改事项已整改完成20项，正在整改11项。其中立行立改类9项整改事项已全部完成，6月底前完成类4项整改事项已全部完成，12月底前完成类3项整改事项，已完成1项正在整改2项，中长期类15项已完成6

项、9项正在整改。

【省级环境保护督察】 2017年11月20日至12月4日，省委、省政府第一环境保护督察组进驻全市开展督察。期间下沉红塔区和澄江县，同时也对其他县（区）实施专项督察。进驻期间督察组共转办交办投诉97件，已办结97件，办结率为100%，罚款326.06万元，约谈51人。

【重点流域水污染防治】 2017年，全市实施《玉溪市水污染防治工作方案》，层层签订目标责任书，以改善水环境质量为核心，全面实施4大防治任务、4大制度保障、13条工作措施以及7条组织保障措施，确保全市水环境质量得到阶段性改善；高度重视集中式饮用水源地水质安全和重点流域水污染防治工作，加大监测、监管力度，确实保障人民群众饮水安全。全年对全市辖区内10个国控断面、14个省控地表水断面、25个市级监测断面，包括抚仙湖、星云湖、杞麓湖及主要入湖河流、南盘江、元江流域共49个断面、60个监测点进行每月1次的例行监测。南盘江、元江流域省控以上断面水质状况为优的占55.6%，良好的监测断面占11.1%，轻度污染的监测断面占22.2%，中度污染的断面占11.1%。全市24个地表水国控、省控断面中，水环境功能区达标率为75.0%。其中，Ⅰ至Ⅲ类水质断面占62.5%，Ⅳ类占8.33%，Ⅴ类占12.5%，劣Ⅴ类占16.7%。全市8个纳入国家考核的地表水体（达到或优于Ⅲ类）断面比例为62.5%，达到省政府与市政府签订的目标要求。2区7县共14个集中式生活饮用水源地水质达标率92.9%。抚仙湖水质稳定保持Ⅰ类水质。2月、3月、4月星云湖出现Ⅴ类水质。3月，杞麓湖水质从劣Ⅴ类转变为Ⅴ类，这是自2005年10月以来11年零5个月杞麓湖水质首次出现明显好转，全湖水质全年平均达到Ⅴ类水质。

【大气污染防治】 2017年，全市实施《玉溪市大气污染防治行动实施方案》，落实大气污染防治目标责任书，全面实施大气污染防治行动。全面推行“绿色施工”，加强建筑施工场地和道路运输整治，治理扬尘污染；加大工业企业污染治理，加强对钢铁、水泥、平板玻璃等企业污染治理设施监管，对1户钢铁、7户水泥企业超标排放、不正常运行大气污染防治设施依法立案查处，罚款178万元，关停星光平板玻璃厂2条生产线。中心城区58条246万平方米道路采用机械清扫与人工清扫保洁相结合的方式，机械清扫率达到60%以上。全市累计建成51条机动车尾气检测线，完成对15家机动车尾气检测站的网络、硬件设备的调试，并于2018年1月1日起全面开展机动车排气污染检验工作。同时，采取强有力的应对措施，加大空气质量监测的预警预判。市环境污染防治工作领导小组办公室连续下发5个紧急预警通知，启动实施“三停”并加强对施工场地和渣土车辆等污染源的严格管控；坚持中心城区和县城PM2.5监测发布制度，中心城区和县城环境空气质量监测数据通过当地主流媒体实时发布。全年市中心城区环境空气质量一级188天，二级174天，超标3天，与上年相比一级天数减少43天，二级天数增加40天，超标天数增加2天，空气质量优良率达到99.2%，完成省下达的目标任务。

2017年8月30日，星云湖保护治理攻坚行动部署会在江川区召开，市委副书记、市长张德华在会上作重要讲话 （市环保局 提供）

【土壤污染防治】 2017年，全市统筹管理、难中求进，稳步推进土壤污染防治工作。以农用地和重点行业企业用地为重点，以农用地土壤污染对农产品质量的影响为核心，对已掌握的土壤污染问题突出区域进行全面梳理排查；用GPS手持终端等辅助手段定位，通过遥感影像的解译，完成214户企业空间位置核查工作；制定实施《玉溪市土壤污染防治工作方案》，结合实际，提出土壤污染防治工作总体要求、工作目标和制度保障及措施，将土壤污染防治目标指标逐级分解，将任务落实到具体部门、县（区）政府和有关企业，将土壤污染防治纳入领导干部自然资源资产离任审计、综合考评的重要内容和依据。同时，积极开展土壤污染防治项目。易门县芦塘冷水箐片区土壤污染治理与修复示范项目已作为全省土壤污染治理与修复示范项目，获得1 626万元中央资金支持。红塔区高龙潭历史遗留废渣处理与处置工程项目、银河化工有限责任公司原址场地环境调查项目已入省级土壤污染防治专项资金储备库。

【服务经济社会】 2017年，市环保局继续下放环评审批权限，对除环保部和省环保厅审批权限以外，市级负责审批跨县（区）建设项目环境影响评价文件，其余建设项目环境影响评价文件继续由县（区）和高新区管委会审批，并履行好业务指导职能，强化对项目审批过程的监管工作，确保下放审批权后各县（区）能依法行政，运行管理到位。对属于省级环保部门审批项目，提前介入，积极协调，争取支持。全面履行辖区内建设项目环评和“三同时”制度执行情况监督管理职责，落实建设项目环保“三同时”制度，严格落实属地管理责任制，实现建设项目环境保护全过程监管。同时对照权责清单，推进集中办理，将与企业和群众密切相关的建设项目环境影响评价报告书、报告表行政审批、登记表备案管理以及其他行政许可事项全部纳入中心服务窗口集中受理，限时办结。市政务服务中心全年受理行政审批及公共服务事项735件，全部按时办结，办理率为100%。简化审批流程，提高服务效率，取消建设项目试生产审批事项，对建设项目环境影响登记表实行备案制。全面清理整顿，化解历史遗留问题，完成通过省发改委和省工信委备案的10家钢铁企业的临时备案工作，纳入正常监管。继续推进违规建设项目整改工作，全市环保违规建设项目582个，已整改完成580个，完成率99.66%，属于市、县（区）审批权限的项目已全部完成整改任务，走在全省前列。

【生态文明体制改革】 2017年，市环保局及时制定下发《2017年生态文明体制改革工作任务分解》，将9项生态文明体制改革任务（4项为重大改革事项）分解细化到相关责任部门，明确推进改革任务和按时报送改革工作进展的相关要求。至年底，4项重大改革事项已全部完成。并召集各县（区）政府及市直相关部门对《云南省生态保护红线划定方案（征求意见稿）》进行研究及意见征询，形成反馈意见，与修改后的矢量图及调整的文字说明一并报请市政府批准后上报省环保厅。同时制定实施《玉溪市贯彻落实云南省〈各级党委政府及有关部门环境保护工作责任规定（试行）〉的实施意见》，落实环境保护“党政同责”“一岗双责”具体要求，协调和整合各方面力量，形成环境保护工作统筹协调、各司其职、各负其责、联防联治的体制机制，共同全面推进环境保护工作。

【生态文明建设】 2017年，市环保局积极推动生态创建，完成元江县、澄江县申报省级生态文明县的技术审查工作。华宁、新平、峨山3县被省政府命名为“第二批云南省生态文明县”。红塔区北城街道、江川区前卫镇、元江县甘庄街道等13个乡镇街道被命名为“第十批云南省生态文明乡镇街道”。同时组织通海县里山乡、杨广镇、河西镇、兴蒙乡、江川区雄关乡、路居镇、新平县古城街道和华宁县盘溪镇共8个乡镇开展省级生态文明乡镇申报工作。《玉溪市生态文明建设规划》已完成初稿的编制。《华宁生态文明建设示范县规划》通过省环保厅组织的评审。全年扎实开展农村环境综合整治，争取到省级环境保护专项资金对下转移支付项目3个，补助资金900万元；争取到中央农村环境整治支持传统村落保护资金项目9个，补助资金2 700万元。峨山、华宁等县加快实施2016年争取到的8个国家和省级专项资金项目。按照《玉溪市生物多样性保护实施方案（2015～2020）》，切实加强自然保护区监管和生物多样性保护工作，开展梁王山自然保护区功能区划分初步设计及可行性研究报告编制的前期工作，编制《澄江县生物多样性保护实施方案》。组织元江县、新平县完成国家级自然保护区实地核查和问题处理情况报告，开展“绿盾2017”自然保护区监督检查专项行动，全面核查全市各级自然保护区存在的违法违规行为，清理整顿不符合要求的涉自然保护区的地方法规政策，对发现的问题立行立改、严肃查处。同时，持续推进创建国家环境保护模范城市工作，组织召开创模指挥部办公室会议，进一步分析研究存在的困难和问题，明确未达标指标的攻坚任务，制定下发《玉溪市创建国家环境保护模范城市未达标项责任分解》，对创模未达标项责任进行分解，明确责任部门和完成时限，并纳入市政府督查事项。并完成红塔区范围内所有在用及备用水源地排查工作，完成红旗水库划界立标、规范集中式饮用水源地划界立标等规范管理工作。对照《国家环境保护模范城市考核指标及其实施细则（第六阶段）》26项考核指标要求，经初步统计，不含江川区，全市已达到国家考核要求的有18项，基本达到国家考核要求的6项，未能达到国家考核要求的2项。

（赖恒红）

环保执法

【环境监管执法】 2017年，全市环保部门以认真贯彻落实《环境保护法》及其配套办法，以落实《国务院办公厅关于加强环境监管执法的通知》为重点，紧紧围绕环境执法“规范化、精细化、效能化、智能化”建设目标，加大环境监管和环境执法力度，提高环境监管执法能力水平。全市累计出动环境监察人员7 032人次，检查企业2 479家（次），立案查处各类环境违法案件166件，比上年增加53件，增长46.9%；收缴罚款1 987.48万元，比上年增加943.53万元，增长90.38%。市级立案38件，结案38件，收缴罚款508.44万元。县（区）立案128件，结案128件，收缴罚款1 479.04万元。全市办理环保法及其配套办法案件39件，比上年增加18件，增长85.71%。其中按日连续处罚2件，查封扣押3件，限产停产16件，移送拘留14件，涉嫌污染犯罪移送公安机关4件。全市各县（区）均办理环保法及其配套办法案件，有效震慑了企业的各种环境违法行为。全市环保部门切实规范环境行政执法，加强与公安、检察机关、法院等部门协调配合，强化环境执法司法联动机制，对重大、疑难、复杂的或群众反映强烈的环境违法案件，主动提请公安机关和检察机关提前介入调查，严格按照法律、法规及相关规定，不断完善案件中涉嫌刑事犯罪案件的移送工作制度，规范案件调查、证据保全、法律适用等有关事宜，严厉打击环境违法犯罪行为，全力保护人民群众的合法环境权益。全市涉嫌环境污染犯罪移送公安机关案件18件（行政拘留14件、犯罪移送4件），其中市级移送5件，县（区）移送13件。对红塔油墨有限公司违法倾倒300余吨废油墨、瑞通钢业有限责任公司违法处置150余吨酸性废渣案件及元江县纳污坑塘专项整治工作等联合公安、检察、法院开展联合办案和执法检查，及时移送案件相关材料，对环境违法责任人依法追究刑事责任，提高案件办理效率，规范办案流程。同时，坚持预防为主，防治结合，安全第一的方针，多措并举，严格管理，抓好全市辐射环境安全监管。全年对放射源、射线装置利用单位进行4次安全大检查，对186家核技术利用单位进行现场检查，收贮放射源25枚。全市未出现放射源失控、丢失和被盗，未发生辐射污染事故及安全隐患。

【环保专项行动】 2017年，全市环保部门以中央和省委、省政府环境保护督察组指出的问题和整改意见为导向，积极推进网格化与“双随机”相结合的环境监管模式，认真组织开展环境安全隐患大排查整改、饮用水源地大检查、保卫抚仙湖雷霆行动、环境执法大练兵、打击非法转移倾倒处置危险废物、非煤矿山安全生产专项整治、纳污坑塘排查整治、“三湖”流域环境监察、煤炭行业专项检查、农村生态监察、环境监察稽查、砖瓦行业环保专项执法检查、再生利用行业清理整顿、未利用地非法排污专项环境执法、排污许可证专项执法检查、排污口规范化整治、涉重金属及危险废物企业专项执法检查等专项工作，并高效完成各项工作任务。

【污染投诉处置】 2017年，市环保局通过理顺和整合各类投诉系统和平台，认真做好“12 369”环保热线、微信举报系统、环保网站、省信访系统、“96 128”政务信息查询热线等工作，畅通群众诉求和机关服务基层和群众的渠道，妥善处理环境信访案件，切实维护群众环境权益。全市受理群众投诉880件，办结880件，办结率100%。

【环境监测与科研】 2017年，市环保局按时完成“三湖两库”及入湖河流、玉溪大河、元江、南盘江、绿汁江等河流水质、全市集中式生活饮用水源水质全分析、中心城区及各县（区）环境空气质量、声环境质量、酸雨、降尘监测以及上级下达的各种指令性监测任务，完成各种监测项目160个，出具监测数据40 660个。同时，修订《玉溪市污染源自动监控系统管理办法》《玉溪市污染源自动监控设施运维考核工作方案》，强化在线监控数据在环境执法中的运用。全年新建6户企业31台套自动监控设施，12户企业更换15台套自动监控设施主要设备和核心部件。至年底，全市99户重点污染企业339台套的污染源自动监控设施完成建设安装，通过验收并和环保部门联网运行。国控重点监控企业在线监控数据传输有效率达100%，全省排名第一。

【环境法制】 2017年，市环保局制定实施《玉溪市环保局2017年依法治市任务分工方案》《玉溪市环保局2017年法治政府建设任务分工方案》《2017年玉溪市环保局法治宣传教育工作意见》《玉溪市环保局2017年宣传思想文化工作实施意见》《玉溪市环保局精神文明建设2017年工作方案》，按照全面依法治市、建设法治玉溪的要求，切实履行党委领导法治建设的主体责任，推动依法治市各项工作任务取得新成效。同时，制定《玉溪市环境保护局重大行政执法决定法制审核暂行办法》，11项行政决策事项履行公众参与、专家论证、风险评估、合法性审查、集体讨论决定程序，强化决策法定程序的刚性约束，推进行政决策科学化、民主化、法治化；将所有行政审批办理流程、承诺时限、申报条件等内容印制成“办理指南”在环保窗口免费发放给申请人，并在市政府网站、市政务服务中心网站上公开，接受社会监督；依法、主动、及时、准确公开环境质量、环评审批与核查、污染源监管、污染减排、重特大突发环境事件等环境信息，保障群众环境知情权、参与权与监督权，积极回应社会关切。

【环保宣传教育】 2017年，市环保局总结分析绿色创建工作情况及存在的问题，积极开展绿色学校、绿色社区创建工作，提升创建水平，助推美丽玉溪建设。全市17所学校、9家社区被命名为全省第十批绿色学校、第八批绿色社区。同时，大力开展新闻宣传、舆论监督和环境宣传教育等，在《中国环境报》《玉溪日报》设置专栏等途径积极做好《环保法》、新《大气污染防治法》《云南省抚仙湖保护条例》以及全市环保工作情况的宣传教育工作；组织开展环保志愿者进社区、环保·科普·法制进校园、“生态文明建设·文明城市创建·环保法规政策知识测试”知识学习测试、“绿水青山就是金山银山”主题宣传集中展示等世界环境日系列宣传活动，广泛凝聚社会共识，增强群众环境保护意识，提高群众环保行动力，营造群众关心、爱护、参与保护环境的良好氛围。

（赖恒红）

三湖保护

【“三湖”水污染综合防治】 2017年3月中旬，市委书记罗应光到“三湖”随机调研，强调要把以抚仙湖为首的“三湖”保护作为最大的政治任务、最重要的民生工程抓好落实。以市委书记罗应光、市长张德华、市委副书记、统战部部长保明顺为首的市级河长纷纷到“三湖”实地调研推进保护治理工作，履行河长职责。市委、市政府相继召开常委会、常务会、全市环境保护暨湖泊保护治理工作会、“三湖”流域水环境保护治理“十三五”规划项目推进会、通海县杞麓湖保护治理会议、星云湖加速治理攻坚行动部署会议、抚仙湖综合保护治理现场会、保卫抚仙湖专题会议等会议，研究部署三湖保护治理工作，并与县（区）政府签订湖泊水环境保护治理年度目标责任书，制定印发《玉溪市2017年抚仙湖保护管理责任书考核评分标准》《玉溪市2017年沿湖县（区）生态建设目标任务考核办法》《2017年度星云湖、杞麓湖目标责任书考核办法》，将考核结果纳入市对县（区）综合考评奖惩。坚持问题导向，加快推进规划项目实施，印发“三湖”流域水环境保护治理“十三五”规划，对“十三五”规划项目进度发布预警通报，提醒县（区）及相关项目承担单位按时推进项目实施。县（区）及项目承担单位坚持问题导向，明确专人负责，围绕年度工作目标，倒排工期计划，加快推进规划项目实施，“十三五”规划项目实施推进有力。至年底，“三湖”“十三五”规划75个项目，在建57项，开展前期工作18项，开工率76%；项目到位资金24.81亿元，完成总投资52.43亿元，投资完成率27.26%。全年申报抚仙湖山水林田湖生态保护修复试点资金、中央水污染防治专项资金、省级环保专项资金，共争取到抚仙湖山水林田湖生态保护修复试点中央资金10亿元。抚仙湖生态环境监测系统及抚仙湖高原深水湖泊研究中心建设项目、星云湖环湖截污治污工程、星云湖污染底泥疏挖及处置工程等项目采用PPP模式融资建设。同时，坚决贯彻执行“三湖”保护条例，依法加强湖泊保护治理，从严审批管理“三湖”径流区建设项目，径流区建设项目环境影响评价和“三同时”制度执行率均达100%；实施保卫抚仙湖雷霆行动，利用100天时间，集中整治100个问题；制定实施《玉溪市抚仙湖综合保护治理工作三年行动计划总体方案》，强势推进抚仙湖综合保护治理工作。

【省委书记担任抚仙湖总河（湖）长】 2017年4月21日至22日，省委书记陈豪以全省总河长和抚仙湖河长身份，调研抚仙湖综合保护治理工作，要求找准问题，保护优先，统筹实施好生态移民和“一城五镇多村”规划建设，确保一级保护区内企事业单位年底前全部退出；严格控源，完善截污管网建设，确保污水处理达标，确保污水不入抚仙湖；强化湖泊周边生态修复，协调山、水、林、田、湖、

马房村湿地 （马 杰 摄）

居，实现人与自然和谐相处；深化思想认识，夯实责任担当，全面贯彻落实中央对河长制的工作部署，深入推进以高原湖泊为重点的水环境综合治理，不断增强良好生态带给老百姓幸福生活获得感。

【中央、省、市、县国有权属企事业单位退出抚仙湖一级保护区】 2015年以来，市政府按照先易后难、先地管后直管的总体思路，稳步推进国有权属企事业单位退出抚仙湖一级保护区工作。经排查，抚仙湖一级保护区范围内共有中央、省、市、县国有权属企事业单位24家，除国家无线电监测中心云南监测站（工信部国家无线电监测中心）和七五〇试验场驻江川区路居镇杨柳洞码头（中国船舶重工集团公司七五〇试验场）2家因承担国家科研任务，暂缓退出外，应退出的有22家，其中，中央直管企业6家，省属企业5家，市属企业6家，县属企业5家，应退出土地面积1 041.576亩，建筑面积180 685.48平方米。自2017年4月20日，省交通厅带头第一家将交通培训中心退出抚仙湖保护区以来，除3家中央直管企业退出抚仙湖一级保护区资产外，其余19家企事业单位已整体退出抚仙湖保护区。至12月20日，22家国有权属企事业单位全部退出抚仙湖一级保护区，退出土地面积908.9亩，拆除建筑面积143 036.83平方米。

【抚仙湖山水林田湖草生态保护修复试点申报成功】 2017年12月21日，国家财政部下发《财政部关于下达2017年重点生态保护修复治理专项资金预算的通知》，在市委、市政府高度重视下，抚仙湖流域山水林田湖草生态保护修复工程成功申报纳入第二批全国山水林田湖草生态保护修复工程试点范围，并争取到第一笔重点生态保护修复治理基础奖补资金10亿元。

【环抚仙湖高原国际超级马拉松赛】 2017年9月30日，环抚仙湖高原国际超级马拉松赛在抚仙湖畔成功举办。为举办好本次赛事，市委、市政府进行专题研究，成立赛事组委会，制定工作方案，形成组织领导有力、市县齐心协力、统筹整体推进的工作机制，全力推进赛事执行、接待服务、产业推介、宣传报道、安全保卫、电力通信直播服务、后勤保障、环境卫生等各项筹备工作。赛事通过CCTV5在全球进行电视直播，中央、省、市媒体也对赛事进行宣传报道，在更广的范围、更宽的领域、更高的层次上宣传推介了玉溪及抚仙湖。抚仙湖环湖公路被网友评为世界最美的高原公路赛道，“抚仙湖”百度搜索指数达7 766点，比全年均值1 826高出325%，取得极佳的宣传推介效果，为进一步提升玉溪及抚仙湖的知名度，让更多的人了解玉溪、走进玉溪、投资玉溪起到极大的提升作用。

【开展“保卫抚仙湖雷霆行动”】 2017年，为深入贯彻习近平总书记关于生态文明建设重要思想和党的十九大关于生态文明建设的重大决策部署，全面落实李克强总理重要批示精神和省委抚仙湖综合保护治理工作专题会议精神及省领导指示要求，牢固树立和践行“绿水青山就是金山银山”的理念，进一步增强做好抚仙湖保护工作的使命感、责任感和紧迫感，市委、市政府决定从12月4日起，开展保卫抚仙湖雷霆行动，深入分析抚仙湖保护治理存在的问题，制定100个问题责任清单，明确时间表、路线图和工作措施，重点整治沿湖城镇居民生活污水、畜禽规模养殖、入湖河道、径流区工矿企业、旅游服务业造成的入湖污染问题，集中清理临违建筑，规范垃圾收集转运处理，加快“四退三还”及企事业单位退出，加强已建成环保项目管理运行维护等突出问题。

【试验区规划项目建设】 2017年，坚持“保护优先、审慎开发”的原则，围绕把试验区建设成为国际旅游城市、国际健康养生城市、国际会议中心和昆玉红旅游文化产业经济带核心区的目标，积极稳妥、科学有序推进试验区生态文明建设，开展项目前置审查22个、规划审查2个，着力抓好以寒武纪乐园、仙湖山水、仙湖时光栈道等为重点的14个旅游重大项目的推进工作，年内完成投资23.17亿元，历年累计完成投资159.87亿元。同时，按照“一城五镇多村”总体布局，大力推进抚仙湖“四退三还”，至年底累计完成抚仙湖北岸2 820户8 122人生态移民搬迁，拆除房屋92万平方米。并对搬迁地块进行生态修复339.47亩，增加湖滨缓冲带11 244.3亩，恢复湿地2 398.5亩。广南营马房村搬迁地块103亩湿地工程正在实施，安置房一期项目已建成。仙湖山水项目开工建设安置房29栋，其中25栋已封顶。抚仙湖北岸调蓄带一期（2.8千米）一期工程已基本完工，二期工程（5.05千米）正在有序推进。

【抚仙湖非工程管理措施】 2017年，市抚仙湖管理局印发《玉溪市抚仙湖流域湖长制网格化管理实施方案》，分四级将抚仙湖保护治理责任进行湖长制网格化细化分解。在网格的划分和网格单元的设立中，明确“五定”，即定区域、定人员、定职责、定目标、定考核；实施“四项监管”，即对本管护片区内排污、违建、违规取用抚仙湖水的情况进行监管，对环境卫生、垃圾清运、环卫设施的完好等情况进行监管，对不文明旅游行为、违规经营行为和近岸水体内的偷鱼捕鱼行为进行监管、劝阻，制止不了的及时上报，发现水体出现不明漂浮物或其它异常情况及时上报。同时制定并组织实施《条例》宣传实施方案，发放《条例》单行本3万册、公告2 000份、光盘50张、漫画5 000册，制作《条例》漫画展板35块，发送宣传短信近3 000万条。全年严格执行“日巡查、周检查、月查处”制度，全面加大抚仙湖综合行政执法力度，对环境违法行为实行“零容忍”。1～12月，全市出动执法车8 382车次、执法艇4 034次、执法人员63 574人次，立案79起，办结68起，罚款金额共计50 960.00元；拆除临违建（构）筑物6宗，拆除面积5 595平方米；“五小案件”与上年相比下降了23%。全面加大渔政管理工作，严格执行抚仙湖开、封湖制度，组织开展渔政执法专项整治，推进水生态系统恢复，开展增殖放流活动。全年办理渔业捕捞证1 034个（含垂钓证17个），收取渔业资源增殖保护费102.07万元，向抚仙湖投放土著鱼苗种78.5 882万尾。还研究起草《抚仙湖非机动船管理办法》，组织开展监管行业安全整治、隐患排查治理和打非治违等工作。全年排查一般事故隐患59项，已整改59项，整改率100%；打击、查处和纠正违法违规行为60起。并实行最严格水资源管理制度，完成抚仙湖水资源费使用管理办法起草工作，制定抚仙湖取水控制计划，征收水资源费34.97万元；进一步规范征收抚仙湖资源保护费工作，沿湖群众、企业、游客缴费意识逐步提高，全年征收抚仙湖资源保护费617.86万元，比上年增加44.9万元，增幅为7.8%；继续推行环境卫生市场化运作，深化“仙湖卫士”行动，开展“四清”保洁，强化巡查监督管理，组织开展活动106次，出动车辆1 363车次、人员35 695人次，清理垃圾4 445吨。

【抚仙湖水位上升到法定最低运行水位以上】 2012年1月29日，抚仙湖水位由于长期干旱跌至最低运行水位（1 721.65米）以下。近年来，一直处于低水位运行。2017年8月16日，抚仙湖水位升至1 721.67米（1 985国家高程基准），高于最低法定运行水位。

【抚仙湖基础研究】 2017年，市抚仙湖管理局着力推进抚仙湖生态环境监测系统及抚仙湖高原深水湖泊研究中心建设项目、抚仙湖水质监测预警关键技术研究及应用示范、抚仙湖流域生态环境动态监测等10个基础性研究项目，加快推进抚仙湖生态环境监测系统及抚仙湖高原深水湖泊研究中心项目。

（李昱琳）

①2017年5月17日，抚澄河情况 ②2017年5月5日，尖山河情况 （马　杰　摄）

绿水青山·碧玉清溪

（吴　垠　摄）

经济管理

ECONOMIC MANAGEMENT

责任编校：李晓媛

经济社会建设投资

能源工作

国有资产管理

工商行政管理

价格管理

审　计

统　计

国土资源管理

土地储备

矿产资源管理

质量技术监督管理

食品药品监督管理

安全生产监督管理

经济社会建设投资

【概　况】 2017年，全市完成生产总值1 415.1亿元、增长9.3%，其中：第一产业增加值142亿元、增长6.3%，第二产业增加值729.4亿元、增长7.9%，第三产业增加值543.7亿元、增长12%；固定资产投资1 080.8亿元、增长20.9%，社会消费品零售总额367.4亿元、增长12.5%，一般公共预算收入137.2亿元、增长4.7%，城镇居民人均可支配收入3.49万元、增长8.4%，农村居民人均可支配收入1.31万元、增长9.1%，城镇化率达50%，居民消费价格指数101.1%，城镇登记失业率3.3%，单位生产总值能耗下降3.2%。

（马庆凯）

【固定资产投资】 2017年，全市完成固定资产投资（不含农户）1 080.8亿元，增长20.9%。其中第一产业完成投资63.7亿元，增长70.6%；第二产业完成投资188.7亿元，增长11.4%；第三产业完成投资828.4亿元，增长20.6%。从主要行业看，工业完成投资188.7亿元，增长11.4%；交通运输、仓储和邮政业完成投资265.9亿元，增长82.3%；房地产业完成投资205.7亿元，下降32.6%。投资运行特点：投资运行"平开稳走"。一季度投资增长23.7%，4月开始逐步回落，4、5、6月份增速分别为23.3%、10.1%、16.3%；7～9月份增速维持在16%左右，10月份回升到19.5%，11月份到22.9%，全年增长20.9%，全年呈现"平开稳走"运行态势。县（区）和重点行业目标完成差异较大。七县二区除红塔区外，其他县（区）完成目标任务。十大重点行业中，交通物流、交通不含铁路、农业3个行业完成率超过100%。除房地产业外，其余9个重点行业可以完成全年目标任务。基础设施建设投资支撑明显。全年交通运输不含铁路、城市公共设施管理预计完成投资220亿元、130亿元，比上年增长88%、58.5%，占全市投资比重达到35%。铁路、公路、海绵城市及地下综合管廊等基础设施领域一批项目体量大、推进较快，基础设施领域投资保持较快增长。房地产业投资持续放缓。受房地产项目陆续竣工，在建和新开工项目支撑不足等影响，房地产业投资持续负增长，一季度增长7.1%，二季度负增长16.1%，三季度负增长32.5%，四季度负增长35%，呈现持续负增长态势。在库的126个房地产开发项目全年完成投资76亿元，因大的在建项目开发缓慢，且无大的增量项目，难以支撑和完成全年目标任务。工业投资"低位徘徊"。一季度工业投资负增长21.3%，二季度负增长8.6%；三季度负增长4.2%，降幅不断收窄，四季度增长7.8%。其中非电工业投资从6月份开始保持了平稳较快增长，1～12月完成182亿元，超额完成168.6亿元的目标任务。

（普晨敏）

【"五网"建设推进情况】 2017年，全市上下认真贯彻落实全省综合交通五年大会战、《云南省五大基础设施网络建设规划（2016～2020年）》精神和市委"5577"经济发展思路，把"五网"建设作为带动全市经济平稳较快增长的主动力、关键点，超常规保障、全力以赴推进"五网"重点项目建设：加强谋划、明确目标压实责任；加强领导、破解难题保证进度；加强管理、调度进度督查业绩；加强保障、增加投入精简流程，经过各级各部门共同努力，145项重点项目进展顺利，完成投资251.3亿元，占全市固定资产投资的23.3%，是全市固定资产投资快速增长的重要支撑。从建设性质看，竣工18项、完成投资52.8亿元，在建34项、完成投资154亿元，新建59项、完成投资44.5亿元，开工31项，开工率52.5%，前期34项，按计划有序推进前期工作。分行业看，路网58项，完成投资218.1亿元；航空网7项，加快推进前期工作；能源保障网19项，完成投资12.3亿元；水保障网53项，完成投资12.3亿元；互联网8项，完成投资8.5亿元。

（张庆丽）

能源工作

【通海县河西大平地并网农业光伏发电站】 2017年，通海县河西大平地并网农业光伏发电站位于通海县河西镇大平地村，工程装机规模30MW，布置30个1MWp太阳电池方阵及逆变升压配套装置，年利用小时数1 308h，年均上网电量3 924万kW·h，估算总投资27 144万元。项目为主为江苏旷达电力投资有限公司。2015年10月16日开工建设，2017年11月24日，全部机组并网运行。实际累计完成投资3.26亿元。

【玉溪市响水光伏并网电站】 2017年，玉溪市响水光伏并网电站位于红塔区小石桥乡响水村，工程装机规模20MW，布置12个1.67MWp太阳电池方阵及逆变升压配套装置，年利用小时数2 431h，年均上网电量3 358万kW·h，估算总投资3.00亿元。项目业主为玉溪市中太新能源有限公司。2016年3月15日开工建设，2017年12月16日，全部机组并网运行，实际累计完成投资2.18亿元。

【易门朝阳光伏并网电站】 易门朝阳光伏并网电站位于云南省玉溪市易门县十街乡，工程装机规模28MW，布置28个1MWp太阳电池方阵及逆变升压配套装置，年利用小时数1 265h，年均上网电量为3 558万kW·h，估算总投资3.00亿元。项目业主为中国水电顾问集团易门新能源有限公司。2016年2月20日开工建设，2017年11月29日，全部机组并网运行。实际累计完成投资3.00亿元。

（高　丽）

国有资产管理

【公司改组】 2017年，市国资委改组设立玉溪国有资本运营公司、玉溪市融资担保有限责任公司和玉溪工业信息投资有限公司、玉溪农林投资开发有限公司、玉溪物流投资有限公司、玉溪家园建设投资集团有限责任公司、玉溪市抚仙湖保护开发投资有限责任公司、玉溪交通发展投资有限公司、玉溪科教创新投资有限公司、玉溪旅游文化体育投资有限公司、玉溪大健康投资有限公司9户专业化投资公司，各公司之间互为经济关系，平行运行。按照"三分开""去行政化"和"走市场化"等若干原则，创新市属投融资公司国有资产集中统一监管和项目建设管理模式，推进市属投融资公司做实做优做强。

【制定改革配套文件】 2017年，市国资委围绕《改革实施方案》，分别制定《玉溪市国资委监管企业管理实施细则》《关于推进市级经营性国有资

产集中统一监管的实施意见》《关于调整和规范市属企业领导人员管理有关问题的通知》《玉溪市国资委监管企业负责人薪酬管理暂行办法》等系列配套文件，基本形成“1+1+N”改革制度体系，为市属投融资公司改革转型发展提供有力支撑。

【优化资源配置】 2017年，市国资委按照“资产同质、业务相近、经营同类、任务大小、行业归口”的原则，将市属10余户国有企业国有资产（产权、股权）分别配置到各专业化投资公司。积极配合市财政局创新市属行政事业单位资产盘活处置工作，帮助协调7户监管企业公开竞买10宗资产，交易金额4.51亿元。

【投融资工作和重大项目建设】 2017年，市国资委建立重点项目动态监管制度，对监管企业投融资项目实行一月一报、跟踪反馈项目融资、项目建设和相关问题等情况。截至12月底，市国资委监管企业实际融资总额173.36亿元，争取中央和省项目专项补助资金32.41亿元，争取中央和省项目基金支持37.20亿元，完成投资总额180.48亿元。武易高速公路项目于6月29日正式通车，是我省唯一入选国家交通运输部全国12条绿色公路建设典型示范的工程；晋红高速公路项目于11月8日建成通车，是云南省首个PPP高速公路项目；火车西站市政道路设施、站前广场建设、市儿童医院、玉溪卫生学校、中国西南·玉溪国际物流港等项目稳步推进，有力地支持玉溪经济跨越发展。

【国有资本经营预算管理】 2017年，市国资委组织监管企业汇算清缴2016年度国有资本经营收入，共实现净利润3 808.43万元，实缴国资收益131.14万元，其中，玉溪运营集团（母公司）9.74万元，市国资公司33.91万元、市开投公司42.8万元、市担保公司27.25万元、市抚投公司2.06万元、市高等级公路公司15.38万元，市城投集团、市土投公司无上缴收入。

【“1+1+N”改革制度】 2017年，市国资委围绕《改革实施方案》，分别制定《玉溪市国资委监管企业管理实施细则》《关于推进市级经营性国有资产集中统一监管的实施意见》《关于调整和规范市属企业领导人员管理有关问题的通知》《玉溪市国资委监管企业负责人薪酬管理暂行办法》等系列配套文件，基本形成“1+1+N”改革制度体系，为市属投融资公司改革转型发展提供有力支撑。

【“三供一业”分离移交】 2017年，为按时完成驻玉中央和省属国有企业“三供一业”分离移交，剥离国有企业办社会职能，按照市政府要求，市国资委及时组织召开玉溪市国有企业“三供一业”工作推进会，印发《关于切实做好驻玉中央和省属国有企业职工家属区“三供一业”分离移交工作的通知》，深入“三供一业”分离移交企业及接收改造企业调研，帮助企业协调解决有关困难和问题，加快推进“三供一业”工作。

【政府采购业务和评审专家培训班】 2017年5月24～25日，市财政局举办全市政府采购业务和评审专家培训班，培训突出专题，开放培训，注重解决采购人、评审专家和采购监管在政府采购工作中的要点难点问题。来自县（区）政府采购监管部门，市级各机关、事业单位、人民团体，市级政府采购评审专家，以及自愿参加观摩学习的红塔集团、部分投融资平台公司和政府采购代理公司近600人参加培训。

【监管企业考核和薪酬制度】 2017年，市国资委完成对玉溪国有资本运营集团公司、玉溪国有资本投资集团公司、玉溪市融资担保公司、云南玉溪交通运输集团公司4户市属国有企业2016年经营业绩考核。根据2017年市属投融资公司“1+1+N”改革工作，及时制定11户监管企业2017年度目标任务责任书，并在8月18日召开的市属投融资公司改革转型发展动员会议上正式签订。市国资委制定出台《玉溪市国资委监管企业负责人薪酬管理暂行办法》文件。市国资委联合市人社局对玉溪国有资本运营集团有限责任公司、玉溪国有资本投资集团有限责任公司、玉溪市融资担保有限责任公司3户监管企业2016年度企业负责人薪酬进行了结算，对玉溪市融资担保有限责任公司职工工资总额进行了审核备案。

【国有企业党建工作】 2017年，市国资委制定各级党组织书记抓基层党建责任清单，分别制定了市国资委党委书记21项、市属投融资集团公司党委（党组）书记24项、党委（党组）班子成员11项，责任清单制定到基层党支部书记和支部委员。市国资委会同市直行业管理部门做好9家市属国有资本专业投资公司领导人员配备工作，选优配强9家专业化投资公司班子，开展2批次考察，任用领导人员31名，为推动公司各项职责目标任务的落实提供保障。每家公司都设立党群办，配备3名以上党务干部。在玉溪市2017年度县（区）党委、市直党工委书记抓基层党建工作述职评议中，市国资委获评“好”等次。

（李雯漪　冯杨叶舟）

工商行政管理

【概　况】 2017年，全年查办行政处罚案件791件，其中，一般程序处罚案件633件，简易程序案件158件。年末，全市共有内资企业3 165户，外商投资企业134户，私营企业22.57万户，个体工商户15.46万户，农民专业合作社1 594户，各类市场经济主体稳步发展。

【企业注册】 2017年，全市减少工商登记前置审批事项，原有226项，继2014年调整后，5月再次削减5项，调整1项为后置审批，前置和审批保留28项，工商登记前置审批事项87%改为后置审批或取消。同时推进“先照后证”改革，对工商登记前置审批事项实施目录管理，目录之外的事项一律不作为前置审批，全年向相关部门推送数据4.40万条；开展“多证合一”改革，在2016年实施企业“五证合一”和个体工商户“两证整合”的基础上，将涉及20个部门32项各类涉企证照整合到营业执照上，实现“多证合一”，全市“多证合一”改革工作正式启动，9月29日，颁发了第一张“多证合一”营业执照，至年底，全市发放“多证合一”企业营业执照710户、个体户营业执照4 320户。从“三证合一”到“五证合一”再到“多证合一”，全市累计发放“一照一码”企业营业执照2.40万户、个体户营业执照4.15万户。9月29日，颁发全市第一张全程电子化登记的营业执照，全市企业登记全程电子化登记工作正式启动。年末，全市申报全程电子化登记的企业共104户，通过全程电子化流程登记的企业共有89户。3

2017年3月1日，国家工商总局商标局玉溪商标注册受理窗口正式运行

（市工商局　提供）

月1日起，企业简易注销登记在全市全面实施，1 104户企业通过国家企业信用信息公示系统（云南）进行注销公告，578户企业办理了简易注销登记。

【民营经济发展】 2017年，全市工商和市场监管部门落实降费减负政策，严格执行公布的行政事业性收费清单、涉企收费清单，清单之外一律不得收取，全市免企业登记费12 508户，免收金额1 071.69万元。同时，开展小微型企业创业扶持工作，对2016年度通过各县（区）受理获得扶持资金的720户小微企业开展绩效评价工作，共拨付财政扶持资金2 100万元，获贷款支持65户，获贷款650万元，存活712户，存活率为98.89%；开展个体工商户清理退市工作，全年注销个体工商户1.81万户；在个体工商户"两证整合"和农民专业合作社"五证合一"的基础上，9月28日全面实施"多证合一"工作和市场主体住所（经营场所）申报制，放宽市场准入，减少提交资料种类，全年办理"两证整合"个体工商户《营业执照》3.67万户（其中，开业登记2.12万户，变更登记1.55万户），办理"五证合一"农民专业合作社《营业执照》254份（其中，开业登记131户，变更登记123户），办理涉及18个部门32证整合的"多证合一"个体工商户执照3 752份，农民专业合作社执照27份。开展"贷免扶补"小额贷款工作，完成157户，发放贷款1 470万元，扶持创业人数147人，带动吸纳就业人数389人，到期贷款还款率100%。2016年度年报信息应公示个体工商户13.58万户，实际公示11.22万户，公示率为82.65%，去除异常经营名录未报送年报2.33万户，应公示农民专业合作社1 449户，实际公示1 340户，公示率为92.48%，去除异常经营名录未报送年报108户。个体、农专年报信息"双随机"和联合检查，抽查个体工商户2 518户和农民专业合作社29户。年末，全市内资企业3 165户，注册资金581.84亿元，外资企业134户，注册资金6.94亿美元。私营企业登记注册25 746户，从业人员33.60万人，注册资金827.61亿元，比上年分别增长9.1%、9.17%、19.02%；个体工商户登记注册15.46万户，从业人员37.49万人，注册资金159.52亿元，比上年分别增长6.85%、8.84%、15.8%；农民专业合作社1 505户，成员3.70万个、出资额18.72亿元，比上年分别增长5.91%、8.42%、28.88%。

【企业监督管理】 2017年，全市应公示年度报告企业2.59万户，实际报送并公示年度报告企业2.34万户，公示率为90.13%；动产抵押登记信息公示121条。同时制定《玉溪市工商行政管理局推行"双随机一公开"规范事中事后监管实施方案（试行）》《玉溪市工商行政管理局"双随机一公开"工作实施细则（试行）》《玉溪市工商行政管理局企业公示信息抽查实施细则（暂行）》等，共抽查的市场主体共3 536户（其中企业989户，农民专业合作社29户；个体工商户2 518户）。对逾期不年报、不履行公示义务的、通过登记住所（经营场所）无法联系、公示信息隐瞒真实情况、弄虚作假的都即时依法依规列入经营异常名录，全年被列入经营异常名录共7 307条，移出经营异常名录共2 689条。按照市场主体3%的比例，以随机摇号的方式，抽取3 536户市场主体，抽查情况全部通过"国家企业信用信息公示系统"进行了公示，其中，未发现问题的共3 353户，通过登记的住所（经营场所）无法联系的市场主体162户，检查中不予配合的市场主体21户，发现问题已责令改正的共35户，发现问题待后续处理的1户，在抽查中因通过登记的住所（经营场所）无法联系而列异的7户。

【市场规范管理】 2017年，全市工商和市场监督管理部门开展旅游市场专项整治3次，配合旅游部门开展综合检查4次，开展督查检查2次，出动执法人员968人次，出动执法车辆120台次，检查旅行社及其分支机构321户次，景区景点256个次，旅游购物商店（含购物点）3 600户次，旅游合同800份次，旅游广告1 230条次。同时，红盾护农活动，出动执法人员1 320人次、车辆136台次，检查农资经营户2 190户次，市场42个次，在全市范围内组织抽检化肥80个批次，合格74批次，不合格6批次，合格率92.5%，立案查处农资违法违章案件3件，案值15.86万元，罚没收入10.31万元。全市创建县级平安市场10个，市级平安市场5个，县级农村文明市场5个，推荐申报省级平安市场的4个。办理企业动产抵押物登记158份，贷款金额35.58亿元，办理注销登记17份，注销金额4.28亿元，并将登记信息及时录入企业信用信息公示系统。

【经济检查】 2017年，全市工商和市场监督管理部门开展危化品危险化学品安全综合治理，出动执法车辆21台（次），出动执法人员225人（次），检查成品油销售点、液化气销售点等各类经营主体75户（次），查处非法经营烟花爆竹10户，收缴烟花爆竹70多箱、盘炮260多盘和部分礼花。同时，开展流通领域"地条钢"专项整治活动，出动执法执法人员1 605人次，车辆371台次，检查各类钢材经营户1 360次，取缔无照经

营5户，查获不合格钢材143.66吨，货值金额57.46万元，立案12件，移送公安机关案件1起，行政约谈、行政指导26户次。开展非法销售、安装使用卫星地面接收设施检查工作，出动执法人员407人次，出动执法车辆98台/次，参与联合执法行动2次，检查电子产品市场50个/次，检查地面卫星接收设备、设施经营户414户，查获不符合规定的地面卫星接收设施10台。开展银行卡信息专项整治活动，检查大型购物网站16个，商品交易平台网站12个、金融类网站8个，省内大门户网站21个、分类信息网站44个、第三方交易平台网店33个、检查广告经营者、广告发布者260户次、巡查户外广告124个、监测网络广告320条、广告信息35条，发放宣传材料3 500册。

【网络市场监管】 2017年，市工商局制定《网络市场随机抽查事项清单》《网络市场督察通报制度》《网络市场监管联席会议制度》《网络市场线上线下一体化协同监管实施意见》等制度，开展主体数据库建设及核查，全市辖区内有网络经营主体1 221个，比上年增加518个，增长74%，其中，网络交易平台网站10个，自营网站293个，网店59个，其他859个，各县（区）网监已认领1 221条，认领率为100%，各县（区）核查1 221条，核查率为100%，全市在线检查网站、网店2 647个，实地检查网站、网站经营者691个，删除违法商品信息5条，责令整改网站7个，提请关闭网站9个。全市办理电子标识251个，新增电子标识51个，增长率为25.6%，累计查办网络案件6件，没收违法所得0.94万元，罚没收入4.16万元，删除违法商品信息22条，责令整改网站7个次。

【消费者权益保护】 2017年，全市发布“3·15”报刊专题、专栏17期，电视专题节目7期，典型案例10件，网络专题报道6期，消费警示、提示38条。对辖区的超市、商场、集市围绕家用电器、儿童玩具、电线电缆、消防器材等认真开展专项整治，取缔家用电器无照经营4户、服装无照经营2户；共查处违法案件10件，罚款人民币1.53万元；罚没不合格家用电器3件；退市下架不合格服装24件。“3·15”国际消费者权益日前，联合安局、食药监、环保、消防等部门集中销毁23大类，11.48吨假冒伪劣商品，案额80万元。全年出动执法人员2 236人次，执法车辆930辆次，检查各类经营户1.23万户；发出各类经营承企业诺书70份，责令改正通知书78份；查处销售假冒伪劣和不合格商品案件数合计27件，案值84.56万元。开展抽检灭火器12组（合格率100%）、抽油机20个批次（合格率55%）、成品油40个批次（合格率100%）、儿童玩具30个批次（合格率80%）、电线电缆30个批次（合格率63.3%）、电子电器开关、插座30组以及流通领域涉钢产品共计50个批次的相关产品抽检工作。开展汽车消费侵权问题清理检查，对存在问题的6户经营户，罚款6.9万。“12315”指挥中心接听消费者咨询5 993个，其中，咨询4 887件，投诉990件，解决957件（其中33件达不成协议），调解成功率为96.7%，为消费者挽回经济损失约201.17万元；举报116件，办结116件，办结率为100%，接待消费者来人来访2 453人次。

【广告监督管理】 2017年，全市工商和市场监督管理部门出动车辆126辆次，出动人员180人次，检查户外广告经营户79户，检查集贸市场31个，总计检查广告1 710条（张），责令纠正28条，停止发布11条，立案查处1件，对符合登记条件的广播电台、电视台、报刊出版9家单位办理广告发布登记。同时，开展非法集资广告专项整治行动，全市检查各类企业共200家，检查各类平面媒体广告295条次，户外广告1 145条次，印刷品广告526条次，网络广告130条次，公益广告345条次，责令停止发布违法广告30条次，立案查处2条次。

【商标监督管理】 2017年3月1日，国家工商总局商标局玉溪商标注册受理窗口正式运行，全年接待窗口和电话咨询商标注册相关事宜2 150人次，受理商标注册申请334件，受理玉溪市商标注册申请261件，占受理总量的78%，受理昆明市商标注册申请60件，受理大理白族自治州商标注册申请3件，受理普洱市商标注册申请3件，受理红河哈尼族彝族自治州1件，商品类商标有21个类别，服务类商标有11个类别，已受理的334件商标注册申请件中“一标一类”的有329件，“一标多类”的有5件，申请人为自然人注册商标的有169件，申请人为单位注册商标的有165件，分别占比为50.6%和49.4%。年末，全市有效注册商标总量达到13 135件，中国驰名商标9件，云南省著名商标217件，玉溪市知名商标314件，地理标志证明商标10件，国际注册商标1 373件，马德里国际注册1 488件。全年查处侵权假冒案件总数70件，其中，查处侵犯商标权案件7件，案值0.42万元，罚没金额0.79万元，查处假冒伪劣商品案件51件，案值14.9万元，罚没金额27.6万元。

【打击传销创建无传销城市工作】 2017年，全市出动执法人员3 565次，车辆1 100台次，摸排宾馆、旅店、出租房等场所2 563户次，共登记出租房

2017年，国家工商总局副局长到江城市场所指导工作　　（市工商局　提供）

屋3 543户，流动人口5 654人，查办涉嫌组织、领导传销活动案件50起，立案26起，抓获主要犯罪嫌疑人40人，查处涉案资金1亿元，挽回直接经济损失202.1万元，预警4起，捣毁传销窝点5个，玉溪市、红塔区、通海县、易门县、华宁县完成“无传销城市”申报工作。同时，对全市92个直销企业服务网点和专卖店进行了专项检查，出动执法人员112人次，车辆22台次，检查服务网点92户，查处未取得直销员证从事直销活动案件1件，罚款2 000元。

【个私协会工作】 2017年，全市个私协会协助工商和市场监管部门申请注册商标5 730件，注册5 456件，指导会员申报玉溪市知名商标113件，云南省著名商标61件，中国驰名商标4件，走访企业881户，听取企业意见建议179条，组织会员“七五”普法法律法规培训15期，人员1 869人。同时，开展“学法、知法、用法”宣传教育和“依法经营、诚信经营”主题活动34次，发放宣传材料8.4万份，接受群众咨询人8 167多次；走访慰问会员927户，发放慰问金3.46万元及2 997元的慰问品；组织536户会员企业参与扶贫活动，投入3.36万元资金帮助贫困户发展养殖种植业，投入6.85余万元资金捐资助学，投入26.6万元资金帮扶贫困村组修建和养护乡村公路，投入2.15万元资金开展3期创业培训。

（何志兵）

价格管理

【价格监督检查工作】 2017年1～12月，全市各级价格主管部门先后组织开展电力价格专项检查、涉企收费检查、收费公示制度落实情况专项检查、涉农收费专项检查、商品房销售价格行为检查等，并着力加强节日市场价格行为监管，全市查处价格违法案件14件，实施经济制裁金额为22.01万元，其中，退还用户16.67万元，没收违法所得2.23万元，罚款2.1万元。

【组织开展旅游市场价格秩序集中整治工作】 2017年，市发展改革委全面贯彻落实《云南省旅游市场秩序整治工作措施》，进一步整顿和规范全市旅游市场价格秩序，根据《云南省物价局关于印发〈云南旅游市场价格秩序集中整治工作方案〉的通知》文件要求，全市认真组织开展旅游市场价格秩序集中整治工作。根据集中整治工作要求，结合玉溪市实际，研究制定并下发《玉溪市旅游市场价格秩序集中整治方案》，明确了全市旅游价格秩序集中整治工作目标、任务、时间及整治措施。在“五一”“十一”、暑期等关键节点，市发展改革委与市旅游发展委、市工商、市公安、市质监、市食药监、市消防等部门组成旅游市场秩序综合执法检查组，对全市A级景区、星级酒店、乡村旅游星级接待户、旅行社、旅游汽车公司开展联合执法检查。

【加强价格社会监督】 2017年，市发展改革委加强“12358”价格监管平台的管理，确保举报电话畅通，设备正常运转。全市受理各类价格举报、投诉、咨询285件，办结285件，办结率100%，查处价格违法案件26件，实施经济制裁金额为2 057.6元，其中，退还用户57.6元，罚款2 000.00元。

【推动全市公平竞争审查制度落实】 2017年，市发展改革委按照《云南省人民政府办公厅关于在市场体系建设中建立公平竞争审查制度的通知》精神，起草了《玉溪市人民政府办公室关于在市场体系建设中建立公平竞争审查制度的通知》并于6月15日由市政府办公室发各县（区）政府及市直有关部门。通知中明确公平竞争审查工作的责任主体，审查办法，建立了玉溪市公平竞争审查工作市级联席会议制度，目前有20个市直单位作为公平竞争审查工作成员单位，后期将根据工作需要进行增补。9月29日，市公平竞争审查工作联席会议召开第一次全体会议，会议集中传达学习国家、省、市关于建立公平竞争审查制度的相关文件精神，并介绍建立公平竞争审查制度的重大意义，详细解读开展公平竞争审查工作对象、方式及标准，通报全市建立公平竞争审查制度工作进展情况，市政府法制办、市工商局、市商务局、市文广局结合自身工作开展情况作了交流发言。

（杨　蕾）

【加强价格监测预警】 2017年，市发展改革委重点对民生、生活必需品、肉禽蛋农副产品、农业生产资料以及成品油、建筑材料价格、药品价格、重要涉农收费进行监测，上报主要商品价格监测表84份，其中，粮油副食品价格监测表52份、重要商品价格监测月报表12份、建材价格专项监测表12份，药品价格季报表4份，服务项目价格监测季报表4份，监测分析59篇。

【加强价格认定工作】 2017年，市发展改革委办理市级价格认定案件359件，比上年285件增长25.96%，认定金额2 772.84万元，比上年2 406万元增长15.25%，认定补助23万余元，比上年19万余元增长21.05%。

【做好农产品成本调查和监审工作】 2017年，市发展改革委完成中籼稻、粳稻、玉米、油菜籽、烤烟、甘蔗、生猪7个品种，共计70家农产品成本调查户农产品成本收益情况的调查，认真审核、汇总、分析，及时、准确、完整地通过网络、电子邮件上报省级业务主管部门。

（陈　玲）

审　计

【审计成果】 2017年，市审计机关完成审计项目894个，查出主要问题金额222.50亿元，其中，违规金额36.84亿元，管理不规范金额185.67亿元；收缴财政金额2.90亿元，归还原渠道资金421万元，核减工程投资额9.64亿元，为国家增收节支12.58亿元，人均507.32万元；审计发现非金额计量问题416个，移送司法机关、纪检监察机关和有关部门处理事项66件、人员16人，涉及金额7 494万元。出具审计报告和专项审计调查报告951篇，提交审计信息512篇，被批示、采用199篇次，推动完善规章制度1项。向社会公告审计结果850篇。年内，审计工作信息被国家审计署采用1篇、被省政府采用1篇，计算机技术应用被省审计厅评为三等奖，获全省优秀项目1项、优秀审计组长1人。

【国家重大政策措施贯彻落实跟踪审计】 2017年，市审计局完成地方政府债券资金管理使用、保障性安居工程、精准扶贫精准脱贫、水网建设、农业转移人口和其他常住人口在城镇落户、三湖治理及水污染防治等跟踪审计专题。

【财政审计】 2017年，市审计局研究出财政一体化平台财政专户和部门专户数据采集转换方法，开展了市本级和高新区2016年财政预算执行及其他财政收支情况审计，以及10个市级部门预算执行情况审计，同时，首次开展市本级和高新区2016年财政决算草案审计。

【经济责任审计】 2017年，市审计局按照党政同责、同责同审要求，全市共审计领导干部77人，其中，县处级19名、乡科级48名、其他10名。开展新平县党政领导自然资源资产管理和生态环境保护责任履行情况审计试点，首次组织县（区）审计局对乡镇主要领导干部的自然资源资产离任开展审计试点。分别向省审计厅、市委组织部回复786人/次领导干部的审计廉政意见。

【固定资产投资审计】 2017年，市审计局提请市政府制发《贯彻落实〈云南省公共投资审计全覆盖实施办法〉的意见》，对晋红高速、新三公路、玉溪三中建设、儿童医院建设、荷花池片区土地收储、点亮玉溪、中心城区排水管网改扩建、抚仙湖流域水污染综合防治等重点项目开展审计。全市固定资产投资审计682项，其中，结算审计414项，前置审计268项，核减工程投资9.64亿元；市本局核减3.74亿元，县级核减5.90亿元。

【民生资金（项目）审计】 2017年，市审计局对全市七县二区保障性安居工程进行跟踪审计，牵头研究并由市扶贫开发领导小组印发《玉溪市关于精准脱贫项目资金审计工作方案》，分4个季度对扶贫小额到户贷款、整乡（村）推进和产业扶贫项目、大病救助保险政策落实、“直过民族”脱贫攻坚情况等进行跟踪审计，同时，对华宁县脱贫攻坚进行专项审计，抽查扶贫项目24个，审计资金1.77亿元，促进3 250万元扶贫资金拨付到位。

【信息化建设】 2017年，市审计局启动金审三期建设，完成审计OA办公系统新旧服务器的转换迁移和不适应工作需要电脑的更换，组建了37人的玉溪市计算机应用审计团队，3人通过审计署计算机中级考试，3人通过国际注册信息系统审计师考试，1人获得审计署计算机审计高级证书。玉溪市在全省审计机关中率先成功研发审计对象数据库管理系统和EXCEL+审计系统。

【审计全覆盖】 2017年，市审计局提请市委、市政府制发《玉溪市实行审计全覆盖实施方案》。市人大出台《玉溪市关于改进审计查出突出问题整改情况向人大常委会报告的办法（试行）》，构建跟踪检查督促整改机制。同时，强化审计复核、审理、审计业务会议等质量控制制度的执行，突出优秀项目示范作用，年内全市表彰18个优秀审计项目。市局抽调34人配合完成市委巡察、全市“小金库”清理、“吃空饷”及机关党建“灯下黑”专项整治等16项重点工作。组织外部培训学习46批次、478人，组织内部培训4个批次、234人。加强廉政教育建设并运用监督执纪“四种形态”，日常纪律作风随机检查形成常态化工作，年内党建和党风廉政建设考核为优秀。

（段旭晖）

统 计

【统计服务】 2017年，市统计局围绕人代会目标任务做好统计监测。市统计局不断加强统计监测，持续提升服务水平，确保依法统计、科学统计、不重不漏，为完成人代会、市政府目标任务提供了扎实的统计保障。通过“建立定期经济运行分析研判机制、提高统计部门的服务水平、切实加强行业主管部门统计工作、加强基层统计人员的业务培训指导、加强对联网直报企业的动态管理、积极探索新兴产业新型业态和新商业模式的统计调查工作、及时提供稳增长督促检查工作所需的统计数据、切实加强对统计工作的领导”等8条措施为全市重点工作推进提供统计数据支撑。加强调研分析力度，实地指导县（区）、部门抓经济。年内，召开县（区）经济运行分析会24次，在各季度统计数据发布后，市统计局领导带队分赴各县（区）分析研判经济运行情况，找出存在的困难、问题和差距，提出切实可行的建议对策形成统计专报，变统计“数库”为“智库”；牵头与市政府办召开部门联席会议3次，预测预警各行业经济运行和纳规纳限情况，通报各县（区）、各州（市）主要经济指标完成情况，认真研判工业经济形势。面对烟草工业经济下行压力不断增大的严峻现实，市统计局及时深入基层、企业调研，与市工信委研判，认真分析原因、提出对策建议，指导县（区）政府开展工作。强化局领导班子和业务科室深入企业、项目调研力度，掌握生产经营状况，提高研判经济形势的能力。市统计局撰写统计专报5期、统计信息118期、统计快报19期、统计简报116期，其中《玉溪市局“1236”履行“三员”角色》《“四字诀”助推统计信息量增质提》《打好“组合拳”加强乡镇统计站规范化建设》3篇简报被国家统计局采用，3篇简报、信息被省委省政府采用，党委、政府信息分别超额完成目标任务的237.5%和120%，市统计局获“中国信息报社2016～2017年度统计宣传工作先进单位”称号。

【统计改革】 2017年，市统计局抓好中央和省深化统计管理体制改革提高统计数据真实性意见精神落实，组织学习中央深改组通过的4个统计改革文件，落实中央、省、市主要领导对统计改革工作提出的要求，持续推进统计改革在基层落地生根。完成市、县（区）经济指标挂图上墙，分别悬挂于市县（区）政府、经济主管部门和统计部门，按月度监测22项国内生产总值基础指标完成情况，督促党委政府和各部门认真履职。充分运用“互联网+统计”，及时更新“数据玉溪”统计数据平台，为全市各级党政领导和社会各界提供更加优质的服务。定期完成抚仙湖径流区统一托管统计工作，收集整理生产总值、人口、土地面积、固定资产投资、社会消费品零售总额等统计数据。积极做好“七大重点产业”统计分析和扩规监测工作，探索“三新”统计监测，做好5 000万元联网直报和企业统计调查工作，定期发布统计数据。配合做好“五证合一、一照一码”登记制度改革工作，全市接收工商企业登记信息2.06万条，其中新增企业1.20万户，企业变更登记7 435户，注销企业1 222户。编写《玉溪统计年鉴2016》《玉溪领导干部手册2016》《玉溪市2016年国民经济和社会发展统计公报》《2015年玉溪市1%人口抽样调查主要数据公报》和季度主要经济指标小册子等，提高服务“两会”和党委政府决策部署的能力。推进落实国民经济核算、固定资产投资、能源等统计方法制度改革工作为全市深化改革工作提供扎实的统计数据，2篇信息被市委深改办采编。

【普查工作】 2017年，市统计局圆满完成第三次全国农业普查年度各项工作目标，被国务院第三次全国农业普查领导小组表彰为全国先进集体。通过“做好现场登记技术支持、发放‘两员’补贴、开展普查宣传、强化依法统计”等方式积极做好现场登记工作。全市共上报各类普查表45.44万份，其中，农户普查表43.44万份，规模农业经营户普查表1.33万份，农业经营单位普查表5 948份，行政村普查表683份，乡镇普查表76份。完成4月、5月国务院和省农普办事后质量抽查组对玉溪市的检查，及时组织市对各县（区）的质量抽查，结果符合标准，数据质量真实可靠。同时，认真做好第四次全国经济普查筹备工作。9月赴红塔、江川、通海、华宁、澄江开展经济普查调研，12月12日市政府常务会议通过四经普经费预算。

【统计基础】 2017年，市统计局突抓好统计调查基础工作。始终把GDP核算、农业、工业、服务业、投资等基础性统计调查工作作为重中之重来抓，并认真抓好名录库管理，科学纳规纳限、入库退库，切实做到“先入库再有数”，同时，认真筛选180户单位进入联网直报库，优化名录库管理。开展多层次培训，组织2期240余人县乡统计人员业务培训；组织全市统计系统业务骨干120余人次参加综合素养提升培训班；各专业分别组织召开业务培训32次，受训超过1 000人次；市统计局与市工信委联合对各县（区）统计局专业人员和规上工业企业统计员450余人开展专题培训；市统计局对住建、农业、工信、峨山、易门、江川、华宁等部门和县（区）350余人开展投资业务知识专题培训；组织9次、17人次在职工大会上讲解统计业务知识；组织市、县专业人员参加国家、省统计局举办的各类业务培训。严格按照统计工作制度要求，始终坚守统计“四条红线”，努力提高基层数据质量，分析报表指标间因果关系，建立企业、乡、县、市四级数据审核制度，加强县（区）数据评估、监测、分析工作。按照《玉溪市统计局县区统计工作目标责任书》要求对各县（区）统计局进行考核。积极做好投入产出调查准备工作和规模以上工业企业成本费用调查工作，为提升统计数据质量奠定基础。做好统计信息化建设及网络安全工作，增加资金投入、增购设备改善网络安全环境，完成统计信息网络安全应急演练，提升统计信息化水平和安全防护水平，并定期开展计算机安全检查和网络涉密检查。

【统计法制】 2017年，市统计局认真学习《统计法实施条例》《统计违纪违法责任人处分处理建议办法》文件精神，形成统计工作警钟长鸣的高压态势。印发《玉溪市统计法治宣传教育第七个五年规划（2016-2020年）》，认真制定并落实好实施方案和工作要点，明确分工、细化职责、强化调研，不断推动统计法治各项工作落到实处，强化统计法规“利剑”作用，不断优化统计工作环境。制定《2017年玉溪市统计法治工作要点》，健全完善统计法规制度、强化依法监督检查职能、加强统计法治队伍建设，确保重点任务落实；加强统计工作事中事后监管，有效推进统计执法随机抽查工作，年度内组织10个检查组对127家企业进行统计执法检查。全面落实“放管服”改革工作，通过清理，市统计局权力清单和责任清单共清理取消“行政处罚”4项，取消“其他行政职权”1项。同时，圆满组织完成全国统计专业技术资格考试玉溪考区考务工作和干部职工在线学法考试，组织8人参加全省行政执法证培训，组织32人参加2017年度全国统计执法资格考试，并有17人通过考试和资格审查取得统计执法证。结合12月“全省法治宣传月”，采取多部门座谈、现场宣传、走访统计调查对象、媒体跟踪报道等多种形式，深入开展“12·4”国家宪法日和“12·8”统计法颁布纪念日宣传活动。6月8～10日，开展全市统计执法骨干培训，召开会议传达全国深化统计管理体制改革工作的实施意见以及全国、全省统计法治会议精神，并提出具体要求。3月20～25日，省统计局对江川区、澄江县40个项目进行实地调研核查，根据核查结果，市统计局要求各县（区）统计局对建设领域数据进行自查整改，并印发《玉溪市固定资产投资项目统计数据质量检查方案（试行）》，进一步提高投资数据质量。

（何　洋）

国土资源管理

【基础工作】 2017年，市国土资源局持续推进政务信息网上公开，严格执行网上信息发布、审批程序，全年发布、更新网站信息936条。执行全省三级联网报批制度，调整、优化联网审批流程，完成全市土地、矿产、测绘等网上报批811件，公文流转3 752件。完成“数字玉溪地理空间框架建设成果”转型升级，“智慧玉溪时空大数据与云平台建设项目”列入2017年国家测绘地理信息局试点计划。完成《玉溪市十三五基础测绘规划》及《玉溪市综合地图集》编制工作，完成市第三次测量标志点普查666个点，积极开展测绘地理信息市场监督管理。高度重视国土资源信访工作，认真调查答复来信来访，有效化解和妥善处理因土地、矿产等引发的矛盾纠纷，维护群众合法权益。

【耕地保护】 2017年，市国土资源局完成永久基本农田划定目标任务，划定基本农田保护面积259.69万亩，其中坝区基本农田保护面积61.40万亩，保护比例80.02%，优质耕地得到切实保护。全力落实占补平衡制度，努力挖掘耕地后备资源，通过开展后备资源调查，全市可开发为新增耕地的后备资源5.21万亩，其中未利用地3.86万亩、空旷废弃地0.62万亩、村庄建设用地0.73万亩，可实施提质改造将旱地改造为水田11.32万亩。上报澄江龙街广龙村项目区城乡建设用地增减挂钩试点项目，争取新增建设用地周转指标335.6亩，其中耕地指标290.85亩。持续推进土地整治项目建设，完成建设规模9.23万亩、新增耕地3 435亩、投资1.83亿元的15个省级投资项目验收。

【用地保障】 2017年，市国土资源局针对用地供需矛盾突出的问题，树立正确导向，坚持有保有压，优先确保“五网”建设、农村人居环境综合整治、易地扶贫搬迁、地质灾害避让搬迁、园区建设、“三湖”保护、“四个一百”和“三大战役”重点项目用地。积极宣传长期租赁、先租后让、租让结合、弹性年期出让、用地过渡期等方式供应、配置、利用土地政策。红塔区办理长期租赁使用土地1宗32亩，澄江县办理租让结合使用土

2017年，国土资源部执法监察局局长崔瑛（左三）实地查看红塔区大营街街道赤马社区居委会违法用地拆除复耕现场（市国土资源局 提供）

地1宗52亩。市、县国土部门以书面告知函、协调会议及催办函等形式将项目用地保障基本流程和材料清单等告知项目业主或主管部门，加快重点建设项目用地报批工作。全年完成县（区）土地征收农用地转用15个报件3 044.5亩的审批、审查及上报工作。同时，及时上报“四个一百”“五网”建设、旅游行动3年计划、滇中经济圈、易地扶贫搬迁以及省“十三五”高速公路等重点建设项目用地进展情况。统筹安排使用年度新增建设用地计划指标，核拨新增建设用地计划指标2 426.47亩。全年供应建设用地153宗6 172.1亩，收取土地出让价款16.63亿元。认真开展批而未供和闲置土地清理处置工作，经过清理，2012～2016年全市共批准建设用地5.06万亩，截至年底，供应建设用地2.75万亩，供地率54.37%。

【地质灾害防治】 2017年，市国土资源局严格落实地质灾害防治责任，突出地质灾害防治工作重点，一手抓地质灾害群测群防、一手抓项目建设。开展“拉网式”地质灾害隐患巡查排查，发现并登记在册各类地灾隐患点1 406处，确定监测点594个，落实监测员947名，排查巡查地质灾害隐患点378个，应急处置地质灾害隐患点6个。发放“防灾明白卡”“避险明白卡”和“预防通知书”及各种宣传资料8万份，开展地质灾害应急避险演练59次，参加演练人数2 835人，举办地质灾害防治专业知识培训73次，参加培训人数3 519人。实施涉及54个村民小组1 854户7 062人的因地质灾害搬迁避让项目54个，下达补助资金9 505万元，建设地质灾害治理项目10个，完成投资5 181.76万元，投资7 500万元的9个大型以上地质灾害治理工程纳入2017年省级储备项目。全市发生地质灾害灾情21起，死亡3人，受伤10人，直接经济损失253.4万元，成功避让6起，避免人员伤亡31人。

【执法监察】 2017年，市国土资源局开展国土资源动态巡查3 969车次1.11万人次，及时发现制止各类国土资源违法违规行为175起。立案查处土地违法案件60件434.89亩，查结59件，收缴罚款2 592.6万元，没收违法建（构）筑物4.6万平方米。立案查处矿产资源违法案件32件，查结28件，收缴罚款122.1万元，没收违法所得21.6万元。认定闲置土地34宗1 456亩，完成清理处置23宗1 036亩。完成国土资源执法监察监管平台建设，改变原有的国土资源执法模式为智能化主动发现的新模式，实现土地执法监察“一张网”。

【不动产统一登记】 2017年，市国土资源局建立健全不动产登记首问责任制等各项规章制度，推进不动产登记窗口规范化建设，最大限度减少流转节点，区分登记类型缩短办理时间。各县（区）不动产登记机构先后在政府信息公开网站向社会作出压缩不动产登记办理时限的公开承诺，自受理之日起在20个工作日内发证，比法定的30个工作日压缩了1/3。全市共颁发不动产产权证书3.11万本，不动产登记证明1.64万份。以江川区为试点，大胆推进林权类不动产登记，颁发了玉溪市首本林权类不动产权证书。组织开展“全国百佳不动产登记便民利民示范窗口”创建活动，推动不动产登记规范完善。

【国土领域改革】 2017年6月1日，《玉溪市宅基地管理办法（试行）》颁布施行。市国土资源局制定《关于贯彻落实建立城镇建设用地增加规模同吸纳农业转移人口落户数量挂钩机制的实施意见》，落实人地挂钩政策，保障农业转移人口和其他常住人口在城镇落户的用地需求。在上年开展易门县房地一体农村宅基地和集体建设用地使用权省级试点工作的基础上，确定峨山县为农村房地一体宅基地和集体建设用地确权登记发证市级试点，其余县（区）确定一个地籍子区作为各县（区）的试点。开展“减证便民”专项行动，提高国土资源系统公共服务水平，降低群众、企业办事成本，提升政府依法行政水平。深化“放管服”改革，将一批行政审批事项下放县（区）实施。统筹推进矿业权出让制度和矿产资源权益金制度改革。调整建设项目压覆重要矿产资源查询、调查、备案或审批办理程序，改单个建设项目用地压覆重要矿产资源的查询、调查、备案或审批为按“区域”进行查询、调查、备案或审批，缩短各用地单位组织用地报件的时间，降低用地报批环节的成本，为促进县域经济、民营经济发展和招商引资用地奠定基础。

【脱贫攻坚】 2017年，市国土资源局为易地扶贫搬迁用地报批开通绿色通道，年度计划指标实行应保尽保，优先核拨，优先使用，按人均110平方米保障7 798名建档立卡贫困人口易地扶贫搬迁所需用地，实施因地质灾害易地扶贫搬迁37个村民小组1 264户5 194人，下达补助资金6 320万元。对易地扶贫搬迁中因地质灾害搬迁项目做到科学选址，认真开展建设用地勘查和地质灾害危险性评估，确保项目实施安全。在元江县洼垤乡、新平县老厂乡2个扶贫攻坚乡实施投资2 170万元、建设规模8 850亩的市级投资土地整治项目，群众生产生活条件明显改善，农业生产能力明显提高，加快部分贫困乡的脱贫摘帽步伐。

（胡继昆）

土地储备

【概　况】 2017年，市土地储备中心完成土地收储3 125.77亩，完成土地收储计划的88.3%，供应土地2 406亩，完成土地供应计划的153%，预计实现土地供应收入26.3亿元，年内已实现土地供应收入5.24亿元。申报土地储备专项债券10.77亿元，支持科教创新城（职教园区）项目和王家庄片区项目。

【土地收储转型】 2017年，市土地储备中心以科教创新发展为引领，聚焦重点，探索实践，进行土地收储转型。完成科教创新城（职教园区）项目土地收储，共计支付社保安置补助费1 137.86万元，由科教投公司拨付红塔区政府7.2亿征地补偿款，已兑付5.36亿，完成2 558.58亩征地补偿及地上附着物补偿工作。着力抓好城市综合体建设，紧抓泷水塘老工业片区改造项目，已基本完成364.88亩土地收储工作，启动该片区的回迁安置房建设工作。跟踪推进荷花池城市综合体项目建设，年末，已完成荷花池片区城市综合体建设项目一期和二期5个地块255.35亩收储工作，剩余可出让面积114.97亩，已拨付临时安置补偿费1 482万元，拨付市公安局土地及房屋补偿费1 738万元。

【加大储备土地供应力度】 2017年，市土地储备中心积极贯彻落实中央和省、市供给侧结构性改革的相关安排部署和国家“四部委”对储备土地管理工作提出的新要求。组织召开首届政府储备土地供需座谈会，主动与市场对接，通过听取市内外20余家房地产开发企业代表对土地市场供需方面的意见和建议，力求进一步盘活政府储备土地，服务地方经济社会发展。移交资料并委托红塔区政府供应市级储备土地9宗2 431.96亩（招拍挂出让3宗184.18亩，划拨6宗2 247.783亩）。其中，金钟山片区、红龙路同乐太阳能旁YXTC（2009）35-17号地块、市邮件综合处理中心、临岸三千城旁4宗储备地块已按程序完成供应，预计实现土地供应收入26.3亿元，缴入财政5.24亿元。中心城区园林城市提质扩容项目800余亩、城市规划馆、市卫生学校迁建项目和卫校、体校1 333亩划拨用地等项目已委托市国土资源局红塔分局组织供地工作。

【巡查管护工作】 2017年，市土地储备中心积极履行储备土地管护职责，依法依规对储备土地实施巡查管护。定期巡查监督管护主体管护责任落实情况，及时发现、报告和制止非法侵占、破坏储备土地的行为。年内，组织40余次储备土地巡查，加强对管护主体的监督，落实储备土地管护工作。积极探索采用“以用代管”“管护是目的，利用是手段”的方式，统一推进储备土地安全管护、人居环境整治及开发利用。开展5宗500亩储备土地管护利用工作，收缴储备土地临时利用费95万元，管护利用成效显著。根据市政府批示精神，提供2宗共85余亩储备土地予市人民医院和市中医院作为临时停车场，为中心城区交通环境综合整治工作提供保障。

【业务拓展】 2017年，市土地储备中心积极拓展业务，创新工作思路。创新开展土地合作储备，完成合作收储江川九溪润特仓储中心项目565.77亩，积极推进合作收储华宁县城南过境路200米范围内土地项目647.19亩（拨付1.2亿元），华宁县青龙镇海境社区新村小组集体土地项目（已拨付一期资金1 584.67万元），元江县县城规划区南片区土地项目。积极探索耕地占补平衡指标管理，深入新平县平掌乡、元江县洼垤乡实地调研耕地占补平衡，探索研究全市耕地占补平衡指标交易新模式。认真收集研究国有农用地收储流转有关政策，具体研究玉溪“亚洲花卉科创谷”土地收储流转事项，积极探索土地储备新模式。

【化解债务风险】 2017年，市土地储备中心进一步规范梯度储备资金管理，积极置换土地储备债务。全年置换债务13.85亿元，偿还债务本息5.1亿元，将债务期限从原来3～5年延长为3～10年，年利率从8.3%降低至3.5%。着力抓好土地储备专项债券申报，根据土地储备融资方式由土地储

①2017年7月13日，玉溪市首届政府储备土地供需座谈会召开（市土地储备中心　提供）②2017年8月24日，市土地储备中心实地调研耕地占补平衡工作（伏天平　摄）

备贷款转变为土地储备专项债券的政策调整实际情况，结合2018年土地储备计划，申报土地储备专项债券10.77亿元，其中玉溪科教创新城项目（职教园区项目）申报9.69亿元，王家庄片区项目申报1.08亿元。

【加强队伍建设】 2017年，市土地储备中心高度重视干部队伍建设，从严从实选好用好管好干部。积极开展科级干部届满考核工作，按照相关文件精神，对9名科级干部进行届满或试用期满考核工作，公开招聘和选调4名工作人员，充实土地储备干部队伍。开展土地储备业务培训，提高干部队伍知识素养，6月，市土地储备系统举办为期3天的培训班，为全市土地储备中心工作人员讲授新形势下政府储备土地管理与盘活利用、城市规划与土地利用、土地储备资金管理、产业用地政策与土地利用管理、党性教育及警示教育等内容。

【脱贫攻坚工作】 2017年，市土地储备中心组织干部职工回访联系户6次，配合社区完成脱贫攻坚“找问题、补短板、促攻坚”专项行动，进一步摸清帮扶群众的贫困情况，选准工作的切入点，结合回访实际情况制定89条精准帮扶计划和措施，针对存在的困难和问题，采取倒逼销号，确保脱贫目标任务如期实现。全年共投入脱贫帮扶资金38万元，帮助完成人居环境卫生整治、党员活动室建设、标准化村卫生室建设、便民服务站建设和补助启动洼垤社区农村资金互助会。按照《云南省贫困退出考核实施细则》的要求，对挂钩贫困户、贫困村对标“695”指标认真开展自检自查工作，挂钩联系的53户建档立卡户除一户社会兜底保障外，均达到预脱贫标准，洼垤社区也达到脱贫标准脱贫出列。

（胡继昆）

矿产资源管理

【矿政管理】 2017年，全市公开招标出让采矿权（县级发证）1个，拍卖成交价5 000万元；协议方式出让采矿权（扩大矿区范围）10个，收取新扩区部分价款617.43万元；审批转让县级发证采矿权1个，转让金额160万元。完成55个省级发证矿业权申请报件的形式审查、复审工作，进一步提高省级发证矿业权三级联网审批、审查工作效率和服务质量。严格实行矿业权联勘联审依法审批和采矿权生态环境综合评估工作机制，构建多部门“联合踏勘、联合审查、依法审批”的矿业权设置审查机制。依照职责分工全力推进全市煤矿产业及非煤矿山转型升级工作，注销采矿许可证37个，办理改造升级扩大生产规模变更6个。

【安全生产】 2017年，市国土资源局健全完善“一岗双责、党政同责、齐抓共管”的安全生产责任体系，层层落实安全生产责任。深入开展安全生产隐患排查整治、汛期安全生产、非煤矿山安全生产等专项工作，清查自然保护区、九大高原湖泊保护范围、油气输送管道周边违法违规开发利用矿产资源行为，严厉打击私挖盗采行为，完成省国土资源厅挂号江川区4个私挖盗采矿区（点）销号任务。持续开展矿产资源“打非治违”专项行动，坚决制止各类违法违规行为。加强与公安、安监、工信等部门的沟通协作，开展危险爆炸物品专项治理和缉枪治爆专项行动工作。

【储量监管】 2017年，市国土资源局进一步规范涉及各类保护区、建设项目压覆区、矿产资源规划禁止区和限制区的矿业权管理。办理建设项目用地压覆矿产资源查询109件次，办理出具矿产压覆备案证明55份，征收入库矿产资源补偿费4 353.28万元。

【生态文明建设】 2017年，市国土资源局认真落实矿山地质环境保护工作，推进矿产资源综合利用示范基地和绿色矿山建设，加强矿山环境恢复治理和土地复垦监管。建立矿山地质环境恢复治理保证金制度，初步形成“不再欠新账，加快还旧账”的矿山地质环境恢复和综合治理新局面。收取矿山地质环境恢复治理保证金2.04亿元，治理恢复矿山地质环境840亩。

（胡继昆）

质量技术监督管理

【质量强市工作】 2017年，市质监局草拟质量奖评选方案上报市政府，市政府下发实施《玉溪市人民政府质量奖管理办法》，启动首届玉溪市政府质量奖评选，完成首届市政府质量奖资料评审、现场评审、公示，由市政府组织开展质量奖评选表彰大会，对云南维和药业股份有限公司、云南玉溪水松纸厂、云南磨浆农业股份有限公司3家获奖企业进行表彰并颁发证书，通过电视、报纸等媒体对获奖企业管理模式进行宣传。

【实施名牌战略】 2017年，市质监局认真履行“玉溪市实施品牌和质量强市战略领导小组”办公室职责，组织全市32家企业的41个产品提交云南名牌产品申报材料。全市有55家企业的65个产品获“云南名牌产品”称号。积极配合高新区开展“生物医药全国知名品牌示范区”创建工作，对2016年获云南名牌的30家企业的33个产品发放奖金85万元。

【质量宣传】 2017年，市质监局联合红塔区玉龙社区、红塔区第三小学、高新区质监分区、红塔区市场监管局在聂耳文化广场、社区小学多地举办宣传活动，摆放了食品相关产品、与生活息息相关的计量器械、特种设备安全小常识宣传展板32块，制作发放宣传资料3 500份，向群众解答质量咨询21个。

【标准化工作】 2017年，市质监局积极推动瑞园花卉国家级农业标准化示范区创建工作，助推玉溪映月潭温泉娱乐有限公司同时申报国家级服务标准化试点项目并获得批准实施，贵研（易门）有限公司，被国家标准委、国家发改委列为国家循环经济标准化试点示范项目。《元江火龙果种植技术规程》《辣木种植技术规程》《葡萄种植综合标准》《油橄榄栽培管理技术规范》等地方规范通过技术审查和备案，全市有效备案地方规范26项。进一步落实企业标准化主体责任，在全市范围内全面推开企业产品和服务标准自我声明公开和监督制度，共有50家企业的137项标准在企业标准信息公共服务平台自我声明公开。对烤烟收购站点收购工作进行了监督检查。云南中杰科技开发有限公司主导参与制定的行业标准QC/T1058–2017《汽车用指纹识别装置》获工业和信息化部批准公告并颁布实施。“江川大头鱼”地理标志保护产品申报资料已上报国家质检总局，“江川青铜器”地理标志保护产品申报工作已开始进行资料准备。

【计量管理】 2017年，市质监局积极引导鼓励企业加强计量管理，强化强制计量器具周期检定，规范对自检计量器具的管理，对全市医疗单位检定医用计量器具330台（件），调修检定后合格率为97.52%；对全市55个集贸市场检定在用计量器具4 370台，检定合格率为97.68%；对辖区范围内21家各类珠宝店、金银首饰店检定在用计量器具23台，检定合格率为100%；对全市范围内167个加油站检定加油机1 110台；对全市128家快递物流站点检定快递物流行业各类衡器135台，调修后检定合格率97%；积极健全市场主体诚信计量自我约束机制，引导培育成立45个诚信计量自我承诺示范单位。

2017年5月20日，市质监局开展计量宣传活动 （市质监局 提供）

【认证认可工作】 2017年，市质监局积极推进有机产品认证示范区的创建，新平县被国家认监委正式列为国家级有机产品认证示范创建区。积极推动市政府出台《关于加快推进“十三五”认证认可工作的实施意见》。进一步加大低碳产品认证工作，重点选取云南省活发集团刘总旗水泥有限公司、华宁玉珠水泥有限公司等企业进行重点引导，动员、鼓励其开展低碳产品认证。完成全市75家检验检测机构统计年报的网上填报指导、审核、上报工作，完成率达到100%。充分利用“认证认可业务综合监管平台”管理系统，开展管理体系认证活动专项监督检查。

【特种设备安全监察】 2017年，市质监局将特种设备安全监管工作纳入《各县区质量技术监督工作目标考核细则》。全市监察机构共出动执法、检查人员831人次，开展现场监督检查1 245次，检查使用单位1 441家，检查设备3 342（台套），发现安全隐患557（起）完成隐患治理475（起）针对排查出的特种设备安全隐患，下达监察指令书77份。扎实开展涉氨制冷企业专项整治工作，全市有冷库106座，红塔区、江川区涉氨压力管道已完成整改；通海县对需要整改的63户企业下达安全监察指令书，共有31户企业办理压力管道修理告知，其中22户企业已经整改完成，整改工作稳步推进。组织开展电梯安全隐患整治“回头看”，对检查中发现存在问题的506台电梯，完成整改463台，正在整改43台，整改率达到91.5%。

【质量安全监管】 2017年，市质监局组织制定市级工业产品质量监督抽查工作计划，对134家企业、218个市级监抽批次产品和质量安全风险预警监测进行安排。市级监督抽查57个样品，合格44个，抽检合格率77.2%，省级监督抽查160个样品，合格137个，抽检合格率85.6%，抽检合格率稳中有升。在电线电缆综合治理专项检查中，检查电线电缆生产企业5家，检查销售使用企业182家，监抽11个样品，合格9个，合格率81.8%，下发了《玉溪市质量技术监督局电线电缆产品质量安全专项整治工作方案》。

【打假治劣】 2017年，市质监局坚持“打、治、建”结合，加强统筹协调和区域联动，继续开展好“质监利剑”“双打”和各类专项整治行动，市质监系统出动执法人员4 466人次，检查企业1 172家次，立案查处案件19件。

【法制质监建设】 2017年，市质监局进一步深化行政审批制度改革，认真办理各项行政审批事项，全年办理行政审批事项3 544件。把好案件初审关，组织召开案审会4次，审理案件9个；认真开展案卷评查工作，组织开展行政执法案卷评查暨依法行政专题讲座。邀请市政府法制办专家、市中级人民法院法官、红塔区人民法院法官、市质监局法律顾问进行评查，随机抽取高新分局、各县（区）市场监管局、市局稽查支队和计量科共23件行政处罚案卷，10件行政许可案卷进行评查，经过评查，优秀案卷32卷，占抽查总数的97%，合格案卷1卷，占抽查总数的3%。办理行政审批事项2 336件，“12365”质监热线电话共受理业务189件。完成了104家条码续展，新注册企业30家。

【“挂包帮”定点扶贫工作】 2017年，市质监局党组深入基层12次，到倒马坎村委会讲授党课8次，与村干部、驻村扶贫工作队召开座谈会议，听民意，汇民声。指导参与“挂包”村加强村容村貌环境整治3次，年内，市质监局投入专项扶贫资金324.7万元。

（张 然）

食品药品监督管理

【概 况】 2017年，全市共有食药企业及使用单位31 417家，其中，获证食品生产加工企业331家、食品流通经营户14 939家、餐饮服务单位9 737家、保健食品生产经营单位1 126家，药品生产企业21家、药品流通企业953家，化妆品生产经营单位2 505家、医疗器械生产经营企业512家，医疗机构等药品使用单位1 293家。市食品药品监管局坚持重党建、严监管、促规范、保安全、谋发展“十五字方针”基本思路，坚持人民利益至上，为民服务、为民监管、为民执法，严防源头、严管过程、严控风险，确保各项目标任务按期完成，推动食药监管与食药产业“双促进双发展”，全力保障人民群众饮食用药安

全。在省政府食安委开展食品药品目标责任考核中玉溪市获A级等次。

【深化改革】 2017年，玉溪市深改领导小组会、市政府常务会议审议通过并出台《关于食品药品安全党政同责的实施意见》《关于进一步加强食品安全的意见》《关于进一步加强药品监管的实施意见》《玉溪市食品药品举报奖励办法》，市政府办印发《2017年玉溪市食品安全工作要点》等重要改革性文件。协助制定出台政府一般性规划的《玉溪市食品药品安全“十三五”规划》，食品药品安全“党政同责、地方政府负总责、监管部门各负其责、企业是第一责任人、社会共治”的责任体系不断完善。同时，出台《2017年工作任务分解》，首次制定《2017年度目标任务综合考评办法》，细化目标任务，切实发挥综合考评工作“双向激励”、奖先罚后的作用；“简政放权”，深化“放管服”改革，加强行政审批标准化规范化管理、服务方式便捷化高效化建设，界定了行政许可10项、行政处罚408项、行政强制12项、行政奖励3项、其他执法行为31项，行政职权对应的“责任事项”共计2 683项，“追责情形”共计2 992项。

【食品安全监管】 2017年，市食品药品监督管理局在建成15个食用农产品批发市场、农贸市场、冷库、超市快速检测室的基础上，自筹35万元在红塔区、江川区等7县（区）建设7个农贸市场快速检测室，实现食用农产品销售快检室全市9县（区）全覆盖；6月19日与市农业局、林业局联合印发出台《关于实施食用农产品产地准出与市场准入制度的意见》，率先在云南省建立食用农产品产地准出与市场准入制度；根据《云南省食品药品监督管理局关于印发〈云南省食品摊贩备案管理办法〉的通知》，从4月1日起对全市范围内食品摊贩实行备案管理，发放食品经营许可证（食品流通环节）14 642份；全面推进量化分级管理，量化分级评定总数9 862户，量化分级管理率达100%，农村集体聚餐备案数6 068次，学校食堂持证率达100%，农村义务教育阶段学校食堂食品安全社会责任保险参保率达100%；全面启动餐饮服务单位、旅游景区、学校食堂“明厨亮灶”建设工作，完成透明厨房6 206户，视频厨房20户、网络厨房8户，全市“明厨亮灶”建设完成59%；完成重大活动食品安全保障任务44起，累计保障天数95天、209餐次，快速检测548批次，保障94 285人次的用餐安全；加强各级食安委建设，市食安委成员达28家，县（区）、乡（镇）一级均设立食安委，印发《玉溪市食品安全事故应急预案（修订稿）》《2017年玉溪市食品药品监管应急管理工作要点》《2017年玉溪市食品药品监管应急管理工作要点》，发布野生菌中毒预警公告、预防食用草乌、附片等毒性中药材中毒预警公告5期。

【药械保化安全监管】 2017年，市食品药品监管局对辖区内经营使用特殊药品企业和单位实现日常监管全覆盖，加强GSP认证后的跟踪检查，实行分类重点监管，对风险高、问题多、诚信差的企业，加大检查和巡查频次，重点进行监管；对药品批发企业、市级医疗机构、学校医务室等进行监督检查，约谈药品生产企业4家、批发企业1家；组织实施骨肽注射液、仓术、拉夫米定等问题药品的核查工作；强化医疗器械日常监管，严格落实现场检查频次，对2家管理混乱、制度不健全医疗器械经营企业依法进行约谈；针对集散市场经营户法律意识不强、产品来源渠道杂的特点，继续整治集散市场化妆品，发现可疑产品8种，责令整改2户，抽样送检4批次可疑防晒产品，其中有3批次不合格。

【行政许可】 2017年，市食品药品监督管理局共接件804件、受理行政审批事项213件、办结241件，时限内办结率100%。

【专项整治】 2017年，市食品药品监管局印发《食品药品重点专项整治计划》，围绕“开展专项整治，提升监管效能，使当前食品药品领域存在的突出安全问题得到有效整治，突出安全隐患得到有效消除，违法犯罪行为得到有效遏制，食品药品监管长效机制得到有效构建，食品药品质量安全得到有效保障，全市食品药品安全水平、现代治理能力、群众满意度得到明显提升”的工作目标，安排部署“四品一械”共计30项专项整治，并全部完成，实现整治方法、检查深度、打击力度新突破，健全完善多部门联动、跨区域执法、行刑衔接等工作机制，有效遏制了重特大食药安全事件发生；11月24日起在全市范围内开展为期5个月的米线专项整治。

【监督抽检】 2017年，市食品药品监管局印发《玉溪市2017年食品安全监督抽检计划》《2017年食品安全监督抽检监测食用农产品抽检任务方案的通知》《玉溪市2017年食品安全监督抽检国抽、省抽计划的通知》等文件，统筹用好市财政282万元抽检经费，分层级、分类别单独制定计划和方案，共完成食用农产品、食品抽检4 518批次，其中，食用农产品抽检2 445批次、合格率99.22%，食品抽检

2017年12月7日，市人民政府与云南省食品药品监督管理局签订提升食品药品安全保障水平战略合作框架协议。副市长孙云鹏代表市政府与省食品药品监管局签订战略合作框架协议

（市食品药品监管局　提供）

2 073批次、合格率98.26%；完成药品抽检660批次、合格率88.55%。

【案件稽查】 2017年，市食品药品监管局继续加大“12331”食品药品投诉举报电话宣传力度，充分发挥12331投诉举报平台主渠道作用，有效服务群众，回应人民诉求。全年受理投诉举报电话82件、来信8件，受理率100%，办结率100%；紧紧围绕年初制定的工作目标，强化队伍建设、强化制度落实、强化市场监管、进一步加强稽查能力建设，始终以保障人民饮食用药安全，维护人民群众用药的合法权益为己任，紧紧围绕食品药品安全中心工作，以规范市场秩序为目标，以查办食品药品行政违法案件为重点，不断加强市场监督检查力度，打击食品药品违法违规行为，全年检查食品药品企业34 431家次，办理案件622件，涉案金额158.55万元、罚没款409.59万元。

【信息化建设】 2017年，市食品药品监管局加快“互联网+食药安全监管”信息化项目建设和推广运用步伐，率先探索推进“互联网+食品药品安全监管”信息化建设，通过“机器+人”提高监管效能。采取租赁回购模式，由市电信公司垫资238万元开发第一期系统软件通过初验；投入145.6万元建成市局综合应急指挥中心、配备161部一线执法人员智能执法终端；将通海县试点开展的“明厨亮灶”网络视频厨房接入市局综合应急指挥中心，远程监控和调度监管模式初步成型。

【技术支撑】 2017年，市食品药品检验所顺利通过检验检测机构资质认定现场评审，食品检验参数较上年提升10%，覆盖33大类食品检验，涉及常规理化检验、饮用水检测、微生物学检验等共427项；上报MDR报告数787份，百万人口报告数345.42份，ADR报告数1 832份，百万人口报告数达804.07份，化妆品不良反应报告129份，每百万人口报告数56.62份，辖区内报告二级及以上医疗机构覆盖率达到了100%，县级覆盖率达到了100%；药物滥用报告上报2 003份，报告覆盖率100%、上报率100%、有效率100%。

【陈竺到玉溪调研】 2017年4月17～19日，全国人大常委会副委员长陈竺率执法检查组，就《中华人民共和国药品管理法》实施情况开展执法检查。检查内容包括配套法规、规章和制度的制定情况，药品监管体系建设情况，临床常用药、急用药、罕见病用药的供应保障情况，药品审评审批体制改革情况，企业主体责任落实情况以及对药品管理法修改的意见和建议等。陈竺要求继续加强药品监管体系建设，完善药品供应保障体系，强化人才队伍和专业技术力量，提升基层监管执法能力水平，推动药品管理工作再上新台阶，不断增进人民健康福祉。

（华跃飞）

安全生产监督管理

【安全生产事故指标控制】 2017年，全市发生各类伤亡事故（不含火灾事故和非生产经营性道路交通较大事故）58起、死亡61人；比上年事故起数减少46起、下降44.23%，死亡人数减少37人、下降37.76%，已连续15年杜绝一次死亡10人以上重特大事故的发生。

【安全监管长效机制】 2017年，市安全监管局建立健全“1+3+5”安全生产大检查长效机制，全力推动实现安全生产常态化、规范化、动态化监管。1～12月，正常生产973户企业基本信息完整率达100%；全市排查各类隐患48 073条，已整改48 067条，整改率99.99%。年内，全市纳入安全生产大检查管理的企业1 215户，企业隐患月度自查自报率平均值为99.86%，企业隐患查出率为平均每户企业3.6条，企业标准现场管理自定义率为74.58%，正常生产企业基本信息完整率达100%，严格落实政府综合督查、部门专项检查、专家明察暗访“三项检查”制度，检查率为23.1%，综合监管企业占系统内企业总数33.74%。玉溪市安全生产大检查长效机制建设工作在全省排名第一。

【打击各类非法违法行为】 2017年，市安全监管局严格执行停产整顿、取缔关闭、从重处罚、严肃问责的“四个一律”工作要求，严厉打击各类非法违法生产经营建设行为，依法依规查处各类安全生产违法行为，进一步规范安全生产法治秩序。全市打击非法违法、治理纠正违规违章行为7.35万起，其中，道路交通71 531起，煤矿、工矿商贸、建筑施工等重点行业领域1 945起；共排查治理隐患单位16 895家，查出一般隐患38 622项、整改37 765项。

【重点行业领域安全专项整治】 2017年，非煤矿山行业全力推进非煤矿山转型升级工作，全市淘汰关闭矿山97座，整改重组减少6座，共减少矿山103座，在2014年253座矿山的基础上，减少到了150座，已完成省政府下达玉溪市的矿山总量控制在159座以内的目标任务。危险化学品、烟花爆竹行业全面推进危险化学品安全综合治理，共排查49户危险化学品生产企业，328户经营企业。全市25户危险化学品企业构成重大危险源；将排

2017年6月23日，市县两级组织在澄江县开展磷化工综合应急演练

（市安全监管局　提供）

查结果提供省安全监管局录入《云南省危险化学品生产储存企业安全监管应用系统》，形成全市危险化学品企业“一图一表”；启动了抚仙湖片区危险化学品安全风险容量评估工作。深入开展烟花爆竹销售旺季联合整治，打击非法违法行为68起，收缴非法经营烟花爆竹产品约2 129件。共对1 160户次危险化学品、烟花爆竹生产经营单位开展执法检查，查出一般隐患和问题共1 690个，实施行政处罚34起，罚款33.65万元。同时，工贸行业开展高温熔融金属作业、煤气作业安全治理，集中整治涉氨制冷、粉尘防爆、有限空间作业等领域存在的突出问题，配合发改、工信、质检等部门，开展取缔“地条钢”专项行动。年内，共检查冶金等工贸行业企业123户次，排查出问题隐患668条，已按期整改599条，整改率89.7%，按期整改率100%。共对5户企业违法违规行为进行立案查处，累计处罚17.9万元，其他重点行业领域持续开展建筑施工行业隐患排查治理和打非治违专项整治行动，组织开展陶瓷生产和耐火材料等行业领域职业危害专项治理，深入开展高层建筑、人员密集场所、易燃易爆单位、文物古建筑、电气防火等消防专项整治。

①2017年8月23日，国务院安委办工作组在玉溪卷烟厂开展督导工作 ②2017年8月16日，湖北省安全监管局代表国务院安委办来玉溪市交叉检查（市安全监管局　提供）

【应急救援体系建设】 2017年，省市安排应急救援队伍建设专项补助资金105万元，现已建立完善1支省级烟花爆竹应急救援队伍、10支特勤消防综合应急救援队、1支市级矿山应急救援队伍和2支县级危险化学品应急救援队；积极配合做好国家安全生产应急救援指挥中心调研组赴玉溪市调研社会力量参与安全生产应急救援工作；加强应急管理，完善健全应急预案体系，市、县（区）安全监管部门共编制部门专项应急预案29个，其中，市级专项应急预案7个，县（区）级专项应急预案22个；各类高危行业生产经营单位编制并备案生产安全事故应急预案767个；全市共开展929次生产安全事故应急演练，其中，综合演练362次，单项演练407次，其他类型160次，参演人数44 533人，投入演练费用594万元。

【安全生产宣传教育】 2017年，市安全监管局结合第十六个“安全月”活动，以“全面落实企业安全生产主体责任”为主题，开展咨询日活动，共有宣传部、安监、公安、农业、交通、气象等部门（单位）22家，咨询服务人员340人参加，发放各类资料约8.65万份，展出展板158块，在广场大屏幕播放“安全生产月”主题宣传片《坚守安全红线》，咨询日活动规模、参与人数、发放宣传物品种类皆创历史新高。同时，参加全省第三届安全发展论坛演讲比赛，获得第一名。到玉溪国有资产投资公司、峨山县安全监管局、江通高速公路进行安全生产主题宣讲。组织开展中安华邦杯知识竞赛，全市共计2 000余人次参与网上答题。强化安全教育培训，重点抓好“三项岗位人员”培训，提高全民安全生产意识，年内，全市共培训人员9 345人，参加考试9 017人，考核合格发证7 284人，考核合格率为80.78%。特种作业培训7 191人，参加考试6 899人，合格人数5 538人；安全管理人员培训2 154人，参加考试2 118人，合格1 746人。

【研究制定《中共玉溪市委玉溪市人民政府关于推进安全生产领域改革发展的实施意见》】 2017年，市委、市政府经过充分研究认证，通过安全生产领域改革发展的实施意见，逐步实现从治标为主向标本兼治、重在治本转变，从事后调查处理向事前的事故预防、源头治理转变，从以行政手段为主向依法治理转变，从单一安全监管向综合治理转变，全面提升了玉溪安全生产整体水平。

（方　庆）

玉溪 YUXI
China unicom中国联通
及企业客户的首选服务商，
and other enterprise clients

（吴　垠　摄）

商业贸易

TRADE

责任编校：王竹能

国内贸易

对外贸易

招商引资

贸易促进

粮食行业

供销合作

国内贸易

【概 况】 2017年，全市商务工作紧紧围绕“5 577”总体思路和“四带多园”布局，积极融入和服务面向南亚东南亚辐射中心建设，呈现出“遍地开花、枝繁叶茂”的喜人态势。全市完成社会消费品零售总额367.4亿元，增长12.5%，增速与曲靖、楚雄、临沧并列全省各地州市第1位，高于全省（12.2%）0.3个百分点，得到省商务厅的通报表彰；批发业销售额659.7亿元，比上年增长17.2%；零售业销售额380.3亿元，比上年增长15.1%；租赁和商品服务业营业收入比上年增长30%。

【电子商务】 2017年，市商务局草拟并报市政府印发《玉溪市创建国家电子商务示范城市实施方案》，成立各县（区）电子商务办公室，建立县（区）电子商务服务中心，打造高新区互联网产业园、红塔区电子商务示范产业园，培育猫哆哩、丫眯等一批电子商务骨干企业。同时，积极开展省级稳增长奖励资金申报工作，10个项目获得奖励资金600万元；推进电子商务进农村综合示范工作，通海县示范项目转向运营，元江县示范项目建设全面实施并转向正式运营，继通海县成为阿里巴巴集团“千县万村”计划在云南的第二个试点县后，华宁县与阿里巴巴集团签订农村淘宝项目合作协议，农村淘宝运营中心已完成装修；有序推进阿里巴巴“千县万村”工作，完成淘宝特色中国·玉溪馆升级，1 000余件线上线下玉溪本地特色产品入馆售卖，实现商户入驻230家，平台商户销售额1.93亿元；完成7个贫困乡（镇）电子商务服务站项目建设、验收，29个乡（镇）电子商务服务站正在建设推进中。并先后以农村电商、电子商务与传统商贸的融合为主要培训内容在玉溪和浙江遂昌县举办3期培训班，市、县（区）相关部门和企业共200余人参加了培训。

①2017年12月8日，省商务厅副厅长龚云尊一行到玉溪市调研商务经济稳增长情况，副市长解仕清、市商务局局长段家祥等领导陪同并召开座谈会 ②2017年7月20日，省政协原副主席米东生在副市长孙云鹏和市商务局局长段家祥陪同下调研易门野生菌交易会

（市商务局 提供）

【现代物流】 2017年，市商务局紧紧围绕把玉溪建成现代物流重要枢纽、辐射南亚东南亚的重要基地目标，积极营造现代物流发展良好环境，整理包装现代物流招商项目9个，配合做好全市物流园区规划，加快推进重大物流项目建设。通力传化物流一期项目建设完成并投入运营。中国西南玉溪国际物流港和通海杨广冷链物流项目已开工建设。活发物流、九溪润特物流、东南亚食品仓储物流港项目建设进度加快。雄关农产品冷链物流、宏程物流、元江甘庄农产品仓储物流园区等一批物流项目正在开展前期工作。同时，认真落实省、市政府加快餐饮住宿业转型发展的政策措施，鼓励和推动餐饮住宿企业向大众化、网络化转型，围绕促消费，大力推进“互联网+流通”行动，着力培育新的消费增长点；推进家政服务体系建设，引导传统的家政服务企业向月嫂服务、养老服务、托管服务等新型消费领域拓展；全面建设再生资源回收体系试点，基本完成150个站点标准化建设和1个分拣中心、1个集散交易市场等项目建设。全市共有建各类农产品批发市场163个，其中蔬菜类批发市场70个，综合类批发市场68个，其他批发市场25个，农业部认定的重点批发市场3个。全市拥有各类冷库119座635个库房，冷藏库容28万立方，单批次蔬菜保鲜加工贮藏能力6万吨，年贮藏加工能力300多万吨；具备国际道路运输经营许可资质的运输企业7户，拥有长途冷链运输车53辆，单次运输能力1 000余吨。全市蔬菜、水果、花卉等特色农产品集产、供、销一体化的第三方物流操作模式基本形成。

【成品油销售】 2017年，全市累计购进成品油669 224吨，比上年增长8.9%，其中汽油254 833吨，柴油414 391吨；累计销售成品油615 236

2017年6月26日，市商务局举办全市农村电子商务培训班，局长段家祥在开班仪式上作动员讲话（市商务局　提供）

吨，比上年增长9%，其中汽油256 783吨，柴油413 936吨；年末库存量9 567吨，其中汽油5 012吨，柴油4 555吨。

【成品油市场建设管理】 2017年，市商务局组织协调推进15个加油站项目建设审批工作，协调社会加油站通过收购、联营、租赁、合建等方式实现与中石油合作，并完成省厅下达支持中石油加油站建设7座的任务。全年严格落实“云油利剑”成品油市场专项整治行动，保持市场的规范运转、合法有序。

【市场流通体系建设】 2017年，市商务局落实省市政府加快餐饮住宿业转型发展的政策措施，组织完成中心城区“吃在玉溪、购在玉溪”三年行动计划初步方案。家佳、百信、大尔多、大掌柜等零售企业建立了电商平台并迅速发展。按照统筹推进“四个层次”市场建设的工作要求，全力推进并完成13个乡（镇）农贸市场建设。同时，完善全市生活必需品、重要生产生活资料、重点流通企业统计监测体系；组织开展“双打”行动，对拍卖、融资租赁、典当行业金融风险进行排查，定期巡查省级猪肉储备情况，流通市场秩序日渐规范。全年牵头组织50个工作组，先后深入255户重点企业进行隐患排查，采取明察与暗访相结合的方式，对40余户企业进行突击检查，检查各类加油站（点）33个，对散装汽柴油购买实名登记、加油站监控设备安装、员工安全培训及安保值班制度等进行重点检查，全年无重特大安全事故发生。

【汽车销售】 2017年，全市购进各种品牌汽车10 936辆，比上年减少12%；销售各种品牌汽车11 153辆，比上年减少14.2%；实现销售额16.3亿元，比上年减少6.9%。二手车交易12 766辆，比上年减少34.3%；成交金额4.56亿元，比上年减少24.8%。

【典当行业监管】 2017年，按照《云南省商务厅关于开展2017年涉嫌非法集资广告资讯信息排查清理活动的通知》及《玉溪市防范和处置非法集资领导小组办公室关于开展2017年涉嫌非法集资广告资讯信息排查清理活动的通知》精神和安排，根据《玉溪市涉嫌非法集资风险专项排查工作实施方案》，市商务局本着“打防并举、标本兼治，集中清理、形成机制”的原则，在年全市展典当行业金融风险排查基础上，重点对市内典当行业电子宣传平台和文字广告类资讯信息开展清理排查，做好商务系统非法集资风险隐患调查摸底，组织业务人员对典当经营业务宣传活动内容开展排查，未发现非法集资广告资讯信息，无利用报纸杂志、广播电视、网络媒体、户外广告、手机短信、传单、微信、微博等进行违规资讯行为，企业电子商务平台无发布传播涉及保本、无风险、回购、返租、转让内容的营销广告资讯信息，未发现市内典当企业存在吸收存款、投资理财等违规现象及涉嫌非法集资广告资讯信息。同时，进一步净化社会舆论环境，有效防控金融风险，常态化防范和处置非法集资宣传，维护社会经济秩序，保护人民群众合法利益，促进全市典当行业健康平稳发展。

【省级猪肉储备】 2017年，市商务局根据《云南省商务厅财政厅云南省省级猪肉储备管理暂行办法》《云南省猪肉地方储备制度实施方案》的要求和省商务厅年度下达任务，配合省级猪肉储备第三方监管公司，开展储备定期巡查，加强储备信息管理，指导承储企业严格落实储备任务，明确储备肉的产品范围，确保储备猪肉产品的数量和质量，做到有储备、能应急。8月，组织具备承储资格的企业申报省级储备调整计划，申报省级储备冻肉1 200吨。

（普　超）

对外贸易

【概　况】 2017年，全市在稳步实施国家级蔬菜基地、省级水果基地建设、扩大农产品出口的同时，大力发展生物制药、智能终端制造等出口产业，积极推进外贸结构转型升级，企业国际化经营能力明显增强。8月，与中铝国际和湖南嘉德正式签订《中国·玉溪跨贸产业示范谷合作框架协议书》，项目包括综合保税区、国际物流港、南亚东南亚跨贸产业服务平台和跨贸经济合作论坛。项目建成后，玉溪将成为面向南亚东南亚国际内陆港和滇中综合物流枢纽及加工产业聚集区，并将辐射30亿人口的南亚东南亚大市场。市商务局不断提升服务外资企业水平，积极实施对外贸易便利化服务，关检合作“三个一”、商检“三证合一”各项工作高效开展。全市完成进出口总额21亿美元，增长4%，增速排名全省第4位。二区七县中，进出口额突破10亿美元的县（区）1个、上亿美元的3个。全年强化目标责任管理，认真贯彻落实省、市稳增长政策，积极向上争取省级稳增长进出口贸易奖励资金1 042.9万元，兑现市级外贸稳增长奖励资金400万元。同时改革创新，加工贸易快速增长，增速达98.7%；加强对企业指导服务，加大与中信保（云南）分公司合作力度，推荐35户企业参保。

①2017年5月，市人大常委会主任谢兴荣等领导为云南省玉溪市驻柬埔寨（金边）商务代表处揭牌 ②2017年5月，市人大代表团前往老挝考察期间召开在老挝投资贸易企业座谈会

（市商务局　提供）

【贸易便利化】 2017年，市商务局不断提升服务外资企业水平，全力推进贸易便利化建设，于10月份设立出入境检验检疫局玉溪服务窗口，实现外贸企业在玉溪报检，窗口试运行2个多月累计为企业降低成本20余万元。同时积极组织企业参加2017年“商洽会”并圆满完成各项展洽工作。全市首家县（区）外贸行业协会在易门成立。

【利用外资】 2017年，全市共办理外商投资企业备案事项30项，其中新设备案11项，增资1项，减资2项，股权变更3项，经营范围变更2项，注册资本计价币种变更1项，注册地址变更1项，董事会成员变更2项，延长经营期限2项，注销5项。新增的11户外资企业投资总额为14 735万美元，注册资本6 670.24万美元，到位外资1 033.48万美元。

【对外投资】 2017年，围绕习总书记考察云南的重要讲话精神和加快面向南亚东南亚的辐射中心建设、“一带一路”倡议，市商务局组织开展了3次政策业务培训，2次会同《玉溪日报》对境外投资政策、成效、意义进行深度报道，对外经政策进行全面解读，并加强对“走出去”企业的帮助指导，加快境外投资步伐。至年底，全市累计实现境外投资项目38个（“一带一路”沿线国家占32个），项目总投资近3亿美元，覆盖12个国家和地区（老挝14个、泰国9个、越南4个、柬埔寨2个、中国香港2个，中国台湾、新西兰、印尼、瑞士、马来西亚、罗马尼亚、缅甸各1个），涉及农产品加工、烟草种植加工、矿产资源开发、建筑建材、房地产、水电开发、精细磷化工、贸易等领域。

【境外罂粟替代种植】 2017年，市商务局组织3户替代种植企业对历年项目实施情况、扶持资金拨付和使用情况进行全面检查，补充完善相关材料，进一步规范企业管理。在境外罂粟替代种植的3户企业主要在老挝从事烤烟、橡胶、玉米、水稻、蔬菜、水果等农产品种植加工。全年3户境外罂粟替代种植企业落实上级扶持资金873.7万元，争取替代项下返销进口农产品进口指标11 536吨，返销进口2 038万美元（不包括以边贸方式进口和红塔集团的业务），在源头上减少境外罂粟种植的同时，有效带动了当地农民增收就业和种植结构的调整。

【对外交流】 2017年，市政府驻泰国（曼谷）、老挝（万象）、越南（胡志明市）、柬埔寨（金边）4个商务代表处认真履职，加强与驻外使馆、驻在国政府、商会的联系，收集发布大量境外经贸信息，为企业到境外投资提供政策咨询，协助办理相关手续，为全市党政及经贸代表团等的调研做好服务，成效发挥明显，充分体现“走出去”“引进来”的桥梁作用。为此，市人大组织市、县人大代表团于5月5日至13日前往泰国（曼谷）、老挝（万象）、柬埔寨（金边）对市驻外企业和商务代表处进行看望慰问。

【主要出口农产品】 2017年，全市实现农产品出口183 494万美元，增长3.6%，占全市出口总额的88.9%。从事农产品出口业务的企业119户，其中，5 000万美元以上的龙头企业12户，1亿美元以上企业1户。出口品种涵盖7类26种，其中水果150 482万美元，增长0.8%；新鲜蔬菜18 363万美元，增长15%；干货5 227万美元，增长15.9%；冻猪肉4 345万美元，增长6.2%。各类农产品出口企业在市内外建有蔬菜、水果、花卉、茶叶等种植基地54.32万亩（已备案基地44万亩）、生猪养殖基地36个（养殖生猪5.22万头）、水产品养殖基地252亩，主要出口33个国家和地区，东盟国家占比91%。同时，随着企业积极实施品牌发展战略，加大认证及研发投入，加快市场开拓步伐，全市农产品逐渐打入欧洲、美洲及澳洲市场，对这些市场的出口呈增长态势。

【参展南亚东南亚国家商品展暨投资贸易洽谈会】 2017年6月12日至18日，南亚东南亚国家商品展暨投资贸易洽谈会（简称商洽会）在昆明国际会展中心举行。本次商洽会是落实“一带一路”倡议有关措施、增强全省面向南亚东南亚辐射能力的重要平台，众多国内外专家、学者、商界领袖、企业代表参会，共谈合作，共谋发展。此次商洽会全市组织66户企业参展，使用展位面积共1 512平方米，参展商品主要涉及先进装备制造、高新技术、高原特色农业和旅游文化等四大类产业。6月13日下午，全市13户企业的16个项目参加签约会，其中外贸签约9项，成交金额13 385万美元；内贸签约5项，成交金额6 220万元；物流项目签约2项，投资金额5 760万元。此次外贸签约的9户企业均为2012年以来新开展进出口业务的企业，其中胜品果蔬进出口有限公司出口超过1亿美元，辰丰农产品开发有限公司，金晟农产品进出口有限公司年出口值在4 000万美元左右，汇宝果蔬有限公司等4户企业出口超过1 000万美元。

（普 超）

招商引资

【概 况】 2017年，全市招商引资工作紧紧围绕经济社会发展“5577”总体思路和“四带多园”区域布局，坚持“科教引领创新发展”和招商引资引智相结合，以深化改革为动力，以招大引强选优做特为目标，以重大项目落地推进为重点，聚焦重点产业，力求精准务实，突出责任落实，强化要素保障，加大统筹协调，增强工作合力，各项工作超额完成年度目标任务，在全省年度考核综合排名中荣获第二名。全年实施招商引资项目923个，其中，结转项目384个，新增项目539个，实际引进市外国内资金911.96亿元，比上年增111.56亿元，增幅为14%。其中，使用省外资金734.63亿元，比上年增129.07亿元，增幅为21%。全市新设立外商投资企业6户，实际到位外资1 133.47万美元，比上年增长8.7倍。

【优化招商环境】 2017年，市政府制定出台《玉溪市重点产业招商引资若干优惠政策规定》《关于加快玉溪高新区手机等智能终端制造及配套产业发展的若干政策》等政策文件，从用地保障、税收支持、财政鼓励、金融服务、人才支撑、一事一议等方面明确具体优惠政策，全市招商引资工作健康快速发展，在精准务实招商、招大引强选优、改善营商政策环境、拓展区域交流合作等多方面取得显著成效。在第二届中希城市论坛会上，获得马拉松市奥林匹克大使勋章；在新华社新媒体中心主办的“2017中国新兴媒体产业融合发展大会暨新媒体招商映像展榜单发布典礼”上，获评“最具投资吸引力城市”。

①2017年3月30日，七彩云南 抚仙玉溪—“相约春天 共筑梦想”2017玉溪重点产业（深圳）投资推介会在广东省深圳市举行 ②2017年8月1日，大型现代物流跨贸产业项目暨中国西南·玉溪国际物流港项目签约仪式 （曾永洪 摄）

【招才引智】 2017年，全市分别与复旦大学、华东师范大学、上海音乐学院、上海交通大学、景德镇陶瓷大学签订合作协议，并与齐晔教授团队、俞乔教授团队签署科研项目合作协议，聘请清华大学公共管理学院教授齐晔为决策咨询顾问。市教育局与天津职业技术师范大学、玉溪师范学院与华东师范大学、玉溪农业职业技术学院与南京林业大学、玉溪工业财贸学校与昆明理工大学签订合作协议。全球创新中心云南分中心、云南大学玉溪陶瓷创新设计研究中心、玉溪师范学院–东南大学智慧城市研究院王庆教授工作站、玉溪师范学院–东南大学建筑学院胡明星教授工作站、玉溪师范学院–德国地学研究中心许国昌教授工作站等5个“走进玉溪携手同行”合作项目落户玉溪。

【重大推介活动】 2017年，在市委、市政府的高度重视下，第一次在省外举办“相约春天共筑梦想”玉溪市重点产业（深圳）投资推介会，成功签约20个项目，投资额达123.8亿元；成功举办“收获金秋共谋发展”玉溪市招商引智峰会，成功签约项目44个，项目总投资达1 234.67亿元。其中，产业投资项目签约33个，总投资1 234.67亿元；高原特色现代农业项目3个，总投资18.6亿元；矿冶及装备制造项目10个，总投资91.1亿元；生物医药及大健康产业项目4个，总投资17.07亿元；文化旅游项目7个，总投资1 072.3亿元；现代物流产业项目1个，总投资1.5亿元；信息产业项目2个，总投资1.8亿元；其他项目6个，总投资32.3亿元；院校合作项目11个。

【精准对接招大引强】 2017年，市级组织外出招商活动46次，先后考察对接北京赛迪、中国企协、国家发改委国际合作中心、中国产业科技创新联盟、中科院绿色城市产业联盟、中国中车股份有限公司、中国交通建设股

①2017年8月10日，云南中经卡为智能制造基地开工 ②2017年9月29日，华灿光电云南蓝晶科技有限公司新增年产3500万片LED衬底片扩建项目开工仪式，相关领导为项目培土奠基（曾永洪 摄） ③2017年11月4日，全球创新中心云南分中心成立 ④2017年11月4日，收获金秋项目签约现场（市招商合作局 提供）

份有限公司、中国普天股份有限公司、中国诚通控股集团有限公司，上海复星、览海、百汇星、中梁、联影、嘉和、泽润生物科技有限公司，广东深圳华为、康美药业、华大基因、比亚迪、正威国际、卡为集团、中兴通讯、普门、纳百科技、金开利、豪威、酷乐、超盟金、铁汉生态环境股份有限公司，广州龙浩、达安基因股份有限公司、达安创谷企业管理有限公司，山东淄博科勒有限公司，重庆猪八戒网络有限公司、中科云丛科技有限公司、京东光电科技有限公司，四川绵阳光电产业园、长虹九洲电器、成都天意天印数字科技传媒股份有限公司、“同济大学”成都龙泉国际青年创业谷、天府新区南区产业园、华西希望集团，浙江颐高、锦江、传化集团、爱仕达电器有限公司、明华齿轮有限公司、跃岭轮毂有限公司、鑫磊空压机有限公司，湖南中铝国际工程有限公司、嘉德集团，江苏苏州巨丰电子有限公司，英国利物浦葛兰素史克、阿斯利康等知名企业，加拿大华人社团联席会（华联会-CCSA）、艾菲尼沃克斯疫苗公司、LabCentral产业园等知名企业和集团公司，并到清华大学、复旦大学、同济大学、中山大学、东南大学等一批知名院校和科研机构进行有效对接交流，促成复星集团、览海集团、华大基因、比亚迪、传化物流、杭萧钢构、湖南嘉德、颐高集团、升华电梯、清华启迪、浙江睿洋、中德希博瑞、卡为通信、云南建投等一批产业项目成功签约和落地建设。在坚持和完善市县（区）党政领导联系重点招商引资项目责任制的基础上，市招商局制定出台《玉溪市招商引资工作交办督办制度》，对重点在谈、签约招商引资项目及时交办相关部门，分阶段梳理下发重点跟进推进项目清单，确定每阶段的工作重点，强化责任落实，加大协调服务，扎实跟踪推进，切实提高招商项目的落地率、资金到位率；制订《重点招商工作调研督导实施方案》，坚持每季度对县（区）、高新区重点招商工作进行督导调研，并全面落实市委、市政府和省招商委关于招商引资工作月通报、季督查、年考核的工作要求，确保各县（区）招商引资工作科学有序开展。同时，强化考核导向，适时调整招商引资绩效考核办法，大幅增加项目落地相关指标权重，有力促进项目落地建设。

【项目储备】 2017年，市招商局筛选290个总投资达5 200亿元的符合产业发展导向、有基础、具潜力的项目进入全市重点产业招商项目库，在各类平台进行推介。全市签约招商引资项目185个，协议投资总额2 257亿元人民币、1.5亿美元，创历史新高。为强化项目开发的成熟度，在组织市级部门专家对开发包装项目进行论证评审的同时，还以市场化的方式，引入专业机构对招商引资项目进行深度策划包装，使项目开发质量和可对接性大幅提升。

【外资引进】 2017年，全市新设外商投资企业6户，实际到位外资1 133.47万美元，比上年增长8.7倍。引进的外资企业分别为华裕天泰置业有限责任公司（香港）、美日佳网络信息技术有限公司（韩国）、广联和贸易有限公司（韩国）、探花农业科技开发有限公司（香港）、绿度母园林管理有限公司（香港）、和霞贸易有限责任公司（老挝）。实际到位外资为美日佳网络信息技术有限公司4.3 711万美元，康贝特生物科技有限公司99.995万美元，探花农业科技开发有限公司23万美元，和霞贸易有限责任公司1 006.1 037万美元。全年分别与北京首都农业集团有限公司、中铝国际工

①2017年8月2日，市委书记罗应光率队到深圳正威国际集团考察，并签订战略合作框架协议 ②2017年8月3日，市委书记罗应光率玉溪党政代表团到深圳国家基因库与华大基因科技有限公司开展项目对接 ③2017年8月3日，澄江县禄充景区提升项目签约仪式在深圳举行 ④2017年8月3日，市委书记罗应光率玉溪党政代表团到比亚迪股份有限公司考察 ⑤2017年8月3日，市委书记罗应光率玉溪党政代表团到深圳卡为集团进行项目对接 ⑥2017年8月3日，市委书记罗应光率玉溪党政代表团到深圳市铁汉生态环境股份有限公司考察交流　（曾永洪　摄）

①2017年8月4日，市委书记罗应光率玉溪党政代表团到广州开展招商活动，并考察了中山大学达安基因股份有限公司和达安创谷企业管理有限公司 ②2017年8月4日，市委书记罗应光率玉溪党政代表团赴广州与龙浩集团进行项目对接 ③2017年11月11日，市委书记罗应光率队赴上海开展项目对接，与复星集团进行沟通交流 ④2017年11月11日，市委书记罗应光率队赴上海开展项目对接，与览海控股集团进行沟通交流 ⑤2017年11月14日，市委书记罗应光率队到昆钢开展产业合作交流

（曾永洪　摄）

程股份有限公司、湖南嘉德集团有限公司、深圳正威国际集团、比亚迪股份有限公司、中能建控股集团、远近旅游有限公司、复星集团、览海集团、云南建投集团、昆明钢铁控股有限公司、首都农业集团有限公司等知名企业集团签订战略合作协议，就生物医药及大健康、文化旅游、信息、现代物流、交通基础设施、新型城镇化产城融合发展、生态养老项目、特色小镇开发建设等领域开展全方位合作。

【友好合作】 2017年，在市领导的积极倡导和大力推动下，围绕全市重点产业的培育和发展，不断加强与发达地区的合作交流。全市在继续巩固深化与北京顺义区城市合作的基础上，高度重视与珠三角、长三角、京津冀、川渝等产业聚集度高、资金技术人才密集地区的交流与合作，与江苏常州、上海金山、广东佛山、惠州、浙江金华、台州等地开展不同层次的友好合作交流，构建良好的产业合作机制，并成功与上海金山区、广东佛山市、惠州市签署了友好城市和产业合作协议。同时，加强与异地商会、外埠商会、省市政府驻外办事机构、企业驻外商务代表处等机构的对接合作，在泰国、老挝、越南、柬埔寨设立商务代表处，并在组织知名企业赴玉考察、举办招商活动、邀请重要客商、项目跟进等方面进行深入合作，为招商引资的有效开展构建良好平台。

（李　强）

贸易促进

【经贸摩擦应对工作】 2017年，经市贸促会积极争取，中国贸促会正式批准设立中国贸促会玉溪经贸摩擦预警点，在全省率先成为全国100个经贸摩擦预警点之一。市贸促会积极争取市政府及相关部门支持，主动加强协同配合，落实健全机构建制、人员编制、办公经费、场地设备等问题，并开展相关业务，帮助企业参与国际竞争，形成政府、民间机构、企业相互配合的工作体系，补上全市摩擦应对工作中的“短板”，维护企业权益。主要工作是将中国贸促总会收集的有效信息通过预警点及时发布给相关行业的企业，在总会的领导下组织和带领相关行业的企业积极参与应对；及时将收到的本市企业及行业的涉外信息等上报总会，形成上下联动机制，形成合力应对，帮助企业维权；组织开展培训，提高本市企业参与国际竞争的能力以及防范和应对经贸摩擦的能力；组织干部职工赴北京参加国家贸促总会经贸摩擦相关培训，提高摩擦应对能力，为服务本地企业打好坚实基础。

【参展参会】 2017年，市贸促会以“一带一路”为重点，开展以中东欧、东南亚等“一带一路”沿线国家为重点的境外市场考察、项目洽谈和经贸活动，先后4次组织企业赴国内外参加展览会，促进本市与其他国家、地区贸易往来和产业合作。4月19日～22日，组织宏斌绿色食品集团有限公司、同方科技有限公司、金峰金属制品有限责任公司参加第27届越南国际博览会。6月12日～17日，组织象腾蔬菜有限公司、昇旺农产品加工有限公司、辰丰农产品开发有限公司等20余家会员企业及温州商会、福建商会等7家会员单位共计130余人参加第5届中国—南亚博览会暨第25届昆交会。期间，参加了省贸促会举办的第12届中国—南亚商务论坛的开幕式及主旨发言、中国—南亚商会合作座谈会、尼泊尔旅游投资贸易推介会等活动，还参加了国际化、大健康产业的创新与发展、青年国际化与未来创新、消费升级与生活美学、互联网+助力农业产业新发展五大分论坛，并到滇池国际会展中心展馆参观考察，寻找商机，使企业对南亚、东南亚国家的投资环境、政策、市场需求有了进一步了解。9月11日～20日，组织磷化工华业有限责任公司、盘虎化工有限公司、德林净菜有限公司参加莫斯科国际食品展并赴波兰、立陶宛开拓市场。11月10日～15日，组织宏斌绿色食品集团有限公司、金峰金属制品有限责任公司、高原农产品有限公司参加第17届越中（老街）国际贸易交易会。

【举办中国西部可持续发展·玉溪论坛】 2017年9月4日～5日，为响应可持续发展潮流，重视和推动企业社会责任和可持续发展，致力于将玉溪打造成中国西部可持续发展高地，营造良好的投资环境，提升重点产业发展品质，提升区域责任竞争力，在市政府支持下，市贸促会（玉溪国际商会）联合中国电子工业标准化技术协会、《WTO经济导刊》杂志社、中国电子工业标准化技术协会、中国外商投资企业社会责任工作委员会等机构，成功举办“中国西部可持续发展·玉溪论坛”。国家工信部法规司司长李巍、中国外商投资企业协会副会长李玲、省贸促会会长刘光溪、市委常委、副市长尚建华等领导发表讲话。本次论坛集结了可持续发展领域的专家和优秀企业家，深入立体地探讨了可持续发展的创新机遇和应对挑战的解决之道，达成《地方政府与企业实现共同可持续发展战略共识》。中电标协社责委、赛莱默（中国）有限公司、云南电网、祥鹏航空、云南铜业以及宏斌绿色食品、阳光食品等单位企业160余人参加了此次论坛。

2017年6月11日，市贸促会参加第十二届南亚商务论坛国际化分论坛

（市贸促会　提供）

【举办第四届国际汽车博览会暨购物美食嘉年华】 2017年9月29日～10月5日，市贸促会与云南世博国际展览有限公司合作，依托“中国（昆明）国际汽车博览会”“昆明新春购物博览会”班底，在聂耳文化广场举办第四届国际汽车博览会暨购物美食嘉年华。此次展会以“尚车生活、荣耀玉溪”为主题，成功引入车商近30家，涉及路虎、进口丰田、福特、大众、尼桑、江淮、哈雷摩托等30余个品牌。本次展会还同时引入购物美食嘉年华，其中特色美食企业40家，包含台湾小吃、各地特色美食及商品企业80家，极大地丰富了展会的内容。本次展会销售汽车近200台，汽车加美食总销售额6 200万元，极大地促进了全市汽车销售市场，丰富了群众国庆期间的生活。

2017年11月21日，市贸促会举办全市外经贸实务培训班，省政府政研室产业处副处长杨永祥讲授“一带一路”给云南带来的机遇和挑战 （市贸促会 提供）

【外经贸实务培训】 2017年，为认真贯彻落实国家和省市支持外贸发展各项政策措施，加强外贸队伍建设，提振企业信心，让企业及时了解政策、会用政策、用好政策，市贸促会于11月20日～22日举办外经贸实务培训班。全市40余家外经贸企业、70名外经贸企业家以及各县（区）外经贸部门分管领导干部参加了培训。本次培训在强化调研的基础上，从企业当前面临的实际问题和需求出发，精心设计培训课题，切实提升服务企业的能力和水平。邀请的省、市有关专家就外经外贸发展形势与全市外经产业结构优化、“一带一路”带来的机遇及挑战、经贸摩擦应对策略和法律风险防范等专题进行讲解和探讨，并着力促进参训企业之间的互动交流与信息共享。

【多措并举做好企业服务】 2017年，市贸促会进一步完善信息服务功能，创新载体，利用市政府信息公开门户网站、QQ群、微信等新媒体，及时向企业发布权威时事政治、经济政策、法律法规、市场行情等方面的动态信息，帮助企业掌握国际经贸规则，了解各国经贸法律框架、决策程序、政策走向、国际贸易投资实务等，提升经营管理水平、风险防范能力和国际竞争力。同时加强调研，精准服务企业，重点联系一批具有行业代表性和影响力的外经贸企业，建立企业数据库，进一步了解企业的经营发展现状、服务需求和政策建议，积极向有关部门反馈，推动解决实际问题，并及时推广各地典型案例与先进经验，帮助优化投资环境；进一步扩大对外联系网络，加强官方和民间多层次、多领域的交流，加强同各国的贸易促进机构、商协会联系合作，建立信息交流机制，充分整合各方资源，组织开展系列经贸交流活动，为企业争取更多优质展会的参展机会，拓展经贸合作空间，促进外经贸健康快速发展。

（张 谨）

粮食行业

【粮食安全保障能力】 2017年，市粮食局全面落实粮食安全行政首长责任制考核要求，积极履行责任制工作领导小组办公室职责，联系协调有关部门形成工作合力，圆满完成迎接省政府考核检查和国务院考核延伸抽查工作任务，考核成绩位列全省州市前列，再次荣获优秀等次。并按照市综合目标考核工作和《玉溪市粮食安全行政首长责任制考核办法》的要求，组织开展县（区）粮食安全行政首长责任制考核工作，充分发挥考核督促引导作用，增强县（区）政府履行粮食安全行政首长责任的使命感和责任感，提高粮食安全保障能力。同时，抓好粮食储备，圆满完成粮食储备任务；继续做好成品粮储备，补齐全市粮食应急短板；根据全市加工现状调整优化储备粮品种结构，增加储备小麦，降低承储企业市场风险、提升粮食应急保供能力、增强政府调控保障能力；继续做好政策性粮油供应工作，认真完成军粮、学生粮、救灾救济粮和平价粮销售供应，按质按量完成军粮供应任务。全市国有粮食企业累计完成救灾救济粮供应182.57万千克，学生粮供应397.1万千克，供应平价粮油2 366.73万千克，有力保障市场供给，稳定粮油价格。全年按照“三店合一”的建设思路开展应急供应门店建设，完善粮食应急供应网络建设，全市已建立粮食应急供应网点51个、应急加工企业16户；积极开展“放心粮油”进农村、进社区、进校园工程，全市已建立“放心粮油”示范销售店28个和示范配送中心2个、示范加工企业6个。

【粮食购销】 2017年，市粮食局积极做好粮食收购，制定下发《玉溪市粮食局关于认真做好2017年粮食收购工作的通知》，落实收购政策，严格执行“五要五不准”收购政策，抓好粮油收购，继续强化粮食产销合作，提高储备粮管理经营水平，加强政策性粮油供应和发展多种所有制经营，不断提高企业竞争力，实现粮油经营购销两旺。全市购进粮食（原粮）80 658万千克，比上年增26.75%，其中国有粮食企业购进41 479.8万千克，比上年增39.26%；购进油脂31 248万千克，比上年减0.2%。全市纳入统计的企业销售粮食（贸易粮）67 315.4万千克，比上年增30.79%，其中国有粮食企业销售34 579.5万千克，比上年增49.56%；销售油脂33 028.9万千克，比上年增0.46%。

全市商品粮库存（原粮）4 750.2万千克，减19.55%，其中国有粮食企业商品粮库存2 075.8万千克，减42.51%；油脂库存1 639.8万千克，减11.29%。全市国有粮食企业完成粮油销售收入118 319.5万元，比上年增38.17%；利润总额2 332.2万元，增96.38%。12户国有企业全部盈利，盈利额居全省第一。

【粮食基础设施建设】 2017年，市粮食局加大对全市项目建设工程质量管理、进度、配套资金落实等情况的监督检查，全年开展市级督查5次，陪同省级相关部门督查2次。全市10个粮库建设项目已竣工投入使用（通海库新建项目已完工待验收），粮库达标仓占全部仓容的70%，能充分满足全市安全储粮需求。按照省粮食局关于“智慧粮库”建设任务的工作要求和部署，对全市“智慧粮库”建设进行摸底调查，制定《玉溪市“粮库智能化升级改造项目建设”规划方案》，组织做好1个市级示范库和9个县（区）中心粮库项目申报和资金配套等前期工作，涉及总仓容28.2万吨，拨付到位省级资金600万元、市级财政资金650万元，待省级技术指引方案出台后立即启动实施。全市粮食产后服务中心项目建设，按要求完成粮食产后服务中心建设项目申报工作。按照市政府领导要求，积极开展粮食物流加工产业园区建设前期工作，《滇中（玉溪）粮食产业园》项目规划完成评审，方案上报省有关部门。

【粮食产业发展】 2017年，全市认真贯彻落实《玉溪市人民政府关于加快发展现代粮食流通产业的实施意见》，大力扶持粮食龙头企业发展，逐步培养一批在全省乃至全国具有一定市场竞争力、影响力的粮油行业龙头企业，粮油产业实现工业产值283 292.6万元，比上年增8.18%。同时，继续完善国有粮食企业内部管理，重新调整充实玉溪国家粮食储备库领导班子，制定企业目标考核责任书，以深化改革激发企业活力，增强企业竞争力。按照省局有关要求，积极指导推荐滇雪粮油有限公司完成“中国好粮油”企业申报工作，并继续做好对粮食龙头企业的扶持工作，玉溪国家粮食储备库、滇雪粮油公司、源天生物公司等全市粮油龙头企业在粮油产业发展的地位不断提升。围绕部队多样化军事任务和建立平战结合、主副并进的要求，积极拓展粮油供应，逐步理顺军粮企业经营业务，完善应急保障能力，提升粮油经营业务水平。

【依法治粮管粮】 2017年，全市加强粮食依法行政工作，贯彻落实全市政府法制业务工作会议精神，制定加快推进全市粮食部门法治政府建设的重点工作；组织开展法律法规学习培训，对《粮食流通管理条例》《食品安全法》《国家公务员管理条例》《玉溪市重大行政决策责任追究暂行办法》等内容进行学习，150余人次参加了学习培训；加强法律顾问管理工作，进一步明确法律顾问的职责，加大法律顾问参与重大行政决策、重大项目合法性审查力度，确保粮食工作依法、有序推进。同时，认真落实“放管服”工作要求，做好权力清单制度落实，持续推进简政放权、放管结合、优化服务；贯彻落实《中华人民共和国行政许可法》，全面清理辖区内粮食收购企业，全市重新核发粮食收购许可23户，其中国有粮食企业12户，私营企业11户；扎实开展粮食库存检查、粮食流通市场检查巡查、春节等重大节假日粮油市场检查，推进粮食行业“双随机一公开”监管。

【粮食安全生产】 2017年，认真按照国家、省粮食局的安排部署，在全市范围内组织开展“一规定两守则”学习培训、粮食系统安全工作大检查、“大快严”集中行动和秋季粮油大检查活动等一系列安全储粮和安全生产监督检查工作。始终坚持“安全第一、预防为主、综合治理”的方针，牢固树立安全意识、责任意识，绷紧安全生产责任这根红线，强化安全生产管理，认真落实安全工作责任制，全面签订安全责任书，严格落实安全生产各项制度和措施，加强对重点企业和重要岗位的安全监管，全面排查安全储粮、安全生产、在建项目、消防安全、地质灾害、粮食生产经营场所等各类安全隐患，对重要部位、事故隐患和薄弱环节开展重点细致的排查，督促采取有效措施认真整改落实。全年对全市国有粮食企业进行“两个安全”生产检查42余次，近170余人次，有效杜绝各类安全储粮和安全生产事故的发生，确保全市粮食安全和安全生产形势总体稳定。同时加强粮食质量安全监管工作，抽检各类粮油样品323个，其中检验储备粮108个（原粮98个、油脂10个）、放心粮油48个、新收获粮食风险监测16个、质量调查4个、品质测报4个、商品粮143个。

（王 薇）

供销合作

【概 况】 2017年，全市供销合作社系统实现销售总额120.05亿元，比上年增23.09%；实现农副产品购进42.35亿元，比上年增26.8%；实现化肥销售81.8万吨，比上年增11.96%；实现社会贡献额2.78亿元，比上年增9.9%；上缴各种税费0.291亿元，比上年减1.16%；实现资产总额33.20亿元，比上年增14.4%；实现所有者

2017年7月6日，省供销社主任李霖调研玉溪供销 （市供销社 提供）

权益11.81亿元，比上年增11.84%；实现汇总利润0.739亿元，比上年增18.76%；实现净利润0.698亿元，比上年增17.42%；实现化肥销售81.8万吨，比上年增11.96%；有机肥销售2.86万吨，比上年增72.16%；化肥储备5.9万吨，比上年增2.09%；食用菌农业产值7.1亿元。全年组织各类培训1 553人次。

【农资供应】 2017年，全市供销社系统积极发挥农资销售主渠道作用，主动调整农资经营结构，提升农业社会化服务水平，全力做好生产资料供应服务工作。全系统强化储备，千方百计筹措资金1.25亿元，做好化肥采购、调运和储备，确保5万吨化肥储备计划落实到位；调整结构，为推进化肥零增长行动，实现化肥减量增效，全系统农资企业在化肥经营中提高水溶肥、有机肥等新型化肥的储备、调供，并通过在田间地头开展试验示范，推广新型化肥，逐步调整化肥使用结构；转变方式，农资经营企业积极开展农化服务，抓住技术服务牛鼻子，树立“技术服务在先，农资销售在后”的理念，深入田间地头，实行技术走出去、农民拉回来的经营模式，变“坐商”为“行商”，强化技术团队建设和技术培训工作；加强监管，积极配合工商、农业等市场监管部门切实做好农资市场管理，在系统内开展行业自律，定期开展检查，为农户提供优质农资商品。全年全系统以尿素为主的化肥销售达81.88万吨，其中水溶肥销售0.43万吨，比上年增64.25%；有机肥销售2.86万吨，比上年增72.16%。

【电子商务】 2017年，市供销社把构建具有供销合作社特色的电子商务经营服务体系建设列为综合改革的重要内容，积极探索发展农村电子商务。全系统稳步推进“互联网+农资”，市农资公司、澄江县农资公司和通海县农资公司与“农一网”合作，创办农资网上代购点102个；积极组建市供销电子商务有限公司，于3月上线运营，全年实现农资网上销售6 011万元，其中农资网上销售4 531万元，农产品销售1 480万元。农资电商试点工作有序推进，市供销电商公司与元江县供销社、元江县农资公司、元江万益云品电子商务公司合作，共同开展元江县农资电商服务体系建设试点工作，在因远镇、曼来镇、甘庄街道、东峨村、青龙厂村等镇村建设电商服务站9个、服务点20个。至年年底，全市供销社系统共成立电商公司3个，自建农资销售平台1个，发展县域电商服务站8个，各级电商服务点127个，全系统实现电子商务销售额12 155万元，比上年增133.7%。

【社会化服务体系建设】 2017年，全市供销社系统积极创办、领办农民合作经济组织，提高农民的组织化程度，全系统发展农民专业合作社52个、消费合作社4个、农民合作社

供销社领办的澄江李青蓝莓专业合作社　（市供销社　提供）

联合社7个，创建省供销社示范社12个，新增入社会员2 582人。并及时提供农资农产品信息，为农民提供生产、生活便利。全年共收集农资农产品价格信息3 449条，发布2 559条，其中发布农资价格信息1 860条，发布农产品价格信息699条。全市供销社系统全年举办新型职业农民实用技能、农资实用技术、食用菌栽培技术、电子商务业务、专业合作社理事长及财务人员能力提高、基层供销社主任及社有企业负责人管理能力提高等各类培训18期，培训1 791人次。供销社通过开展社会化服务体系建设，一方面提高了农民的组织化程度和农民的综合素质，另一方面缩短了供销社与农民的距离，与农民联结更紧密。

易门县供销社指导企业——易门康源菌业生产车间　（市供销社　提供）

【基层社建设】 基层供销社是供销社服务“三农”的前沿阵地，也是供销社综合改革的重要内容之一。2017年，按照“夯实基础、创新发展、强化服务”的工作思路，全面开展基层组织体系的完善工作，着力打造经营性服务与公益性服务有机结合、专项服务与综合服务相协调的基层供销社，通过基层供销社标杆社建设，增强基层供销社经济实力，提升基层供销社服务功能，拓展为农服务的内容和空间，更好的服务“三农”。全系统投资315万元建成9个基层供销社标杆社。基层供销社全年实现营业收入20.57亿元，比上年增27.88%；实现利润0.22亿元，比上年增14.98%；上缴税收481万元，比上年增6.65%。

【食用菌产业发展】 依据《玉溪市食用菌产业发展“十三五”规划》，2017年，市供销社重点推进3个省级食用菌产业发展项目和4个市级食用菌产业发展项目，并争取到省级食用菌产业发展资金补助70万元、市级产业发展资金30万元，在红塔区、江川区、峨山县新发展野生食用菌资源保护示范基地3个2 700亩，已取得良好效益，在红塔区、江川区、通海县发展人工食用菌项目4个。全市食用菌实现总产量18 100吨，产值7.1亿元。为提高农民的野生菌资源保护意识和人工菌栽培管理技术，市、县（区）供销社联合食用菌专业合作社举办食用菌技术培训班1期95人次，深受菌农好评。

【项目建设】 2017年，市供销社把项目管理、项目建设作为企业转型发展的重要抓手，认真调研，筛选项目，确立建设标杆社建设项目9个，总投资315万元；市级食用菌产业发展项目4个，总投资78.5万元；省级食用菌产业发展项目3个，总投资439万元；市级农村现代流通服务体系项目4个，项目总投资282万元。同时，建立项目验收及对标考核制度，严格按照专项资金管理办法要求，加强对项目实施全过程监督管理，认真组织开展项目验收和对标考核工作，推动项目实现预期效益；进一步完善专项资金项目管理制度，确保财政资金使用安全、有效，聘请第三方（中介）对上年度省级财政扶持的“食用菌产业发展”项目和“省级农村流通网络建设工程”项目、市级财政扶持供销合作社的项目共计79个进行全面评审验收。

【其他综合改革】 2017年，市供销社在做好农资供应、电子商务、社会化服务体系建设、基层社建设、食用菌产业发展、项目建设等工作的同时，下发了一系列文件，确定各项目标任务和改革工作重点，根据全市供销社系统实际选择7条经验在市社2个社属公司、二区七县供销社中进行复制推广。市供销社与县（区）供销社签订综合业绩考核责任书，确保任务目标分解到位和责任到人，并加大综合改革的督查和调研力度，开展改革督查、调研18次，涉及历史遗留问题、农村电子商务发展、春耕农资储备供应、主要经济指标完成进度、创新发展等方面，形成调研报告2篇，通过对问题突出县（区）、企业的督查调研，使一些问题、矛盾得到妥善解决。同时指导帮助县（区）供销合作社和基层社召开社员代表大会，按照供销合作社章程建立、完善“三会”制度，为推进供销社依章依规治社提供制度保障。

（何剑虹）

绿水青山·碧玉清溪

（吴 垠 摄）

交通·邮政

TRANSPORTATION · POST

责任编校：王　捷

公路运输

铁路运输

交通运输管理

邮　政

公路运输

【概　况】 2017年，市交通运输局以服务全市经济和社会发展为根本，以建设、提升、完善交通基础设施建设和提高交通行业服务、保障能力为主攻方向，坚持“建、管、养、运、安”并重，全力推进综合交通运输体系建设。全市交通固定资产投资完成236.6亿元，比上年增长101.6%，其中公路交通完成227.5亿元，增长93.8%；交通物流枢纽完成9.1亿元。截至年底，全市公路里程为17 321.3千米，其中高速公路342.47千米、一级公路107.5千米、二级公路687.12千米、三级公路890.95千米、四级公路14 881.2千米。

2017年9月20日，大戛高速施工现场　　（赵艳芳　摄）

【高速公路建设】 2017年，全市在建高速公路10项，其中国家高速网项目4项（昆明绕城高速东南段、玉溪至临沧高速、弥楚高速弥勒至玉溪段、弥楚高速玉溪至楚雄段），建设里程687千米，估算投资996亿元（玉溪境内里程219千米，估算投资340亿元）；市内主导建设的地方高速网项目6项（晋红高速、江通高速、武易高速、澄川高速、大开门至戛洒高速、永金高速S35元江至蔓耗玉溪段），建设里程343千米，估算投资498亿元（玉溪境内里程257千米，估算投资370亿元）。高速公路项目全年完成固定资产投资145.1亿元，占交通固定资产投资的61.3%。昆明东南绕城高速公路宜良至澄江段全长50.9千米，完成投资48.4亿元，占估算投资的96.8%。玉溪至临沧高速公路项目新平县境内全长11.4千米，估算投资14.7亿元，现正做征地拆迁工作准备。弥楚高速弥勒至玉溪段试验路段已取得交通部行业意见批复，初步设计现场踏勘及大线方案评审已经完成，线路方案正进一步完善，目前正在准备启动林地及土地报件相关工作；华宁、通海至红塔区象山两个试验路段累计完成投资7.4亿元；玉溪至楚雄段试验路段已经取得工可各支撑性报件省级相关部门批复或备案，待取得交通运输部工可行业审查意见后便可报省发改委审批。峨山齐云隧道、易门西山箐两个试验路段累计完成投资14.28亿元。武定至易门高速公路于6月29日通车试运营，全长104.3千米，概算总投资154.42亿元（玉溪境内34千米，完成资产投资51亿元），作为全市“十三五”期间首个通车的高速项目，是滇中高速环线的重要组成部分，也是省综合交通“五年大会战”的重点项目。晋宁至红塔区高速公路于11月8日通车试运营，全长49.34千米，累计完成投资85.9亿元，是省通往东南亚、南亚大通道（昆曼主线）的重要组成部分，被列入省“三个一百”重点建设项

2017年6月29日，武定至易门高速公路通车仪式在禄脿立交举行　　（赵艳芳　摄）

目，标志着采用BOT+施工总承包模式投资建设的全省首个PPP模式高速公路全线通车。江川至通海高速公路全长33.84千米，含紫红坝至大寨段和大寨至通海秀水沟段（其中紫红坝至大寨段9.76千米、大寨至通海秀水沟段24.08千米），累计完成投资22.91亿元（2017年完成14.5亿元），占概算投资的46.65%。澄江至江川高速公路全长46.48千米，累计完成投资33.15亿元（2017年完成25.77亿元），占概算投资的49.04%。大开门至戛洒高速公路全长66.65千米，累计完成投资45.54亿元（2017年完成34亿元），占概算投资的42.04%。元江至蔓耗（玉溪段）高速公路全长39.4千米，累计完成投资17.11亿元（2017年完成17.11亿元），占概算投资的30.81%，于7月21日取得省交通运输厅对两阶段施工图设计的批复。

【农村公路建设】 2017年，市交通局围绕脱贫攻坚和率先建成小康社会目标，进一步加大农村公路建设力度，全市新建、改建农村公路2 833千米，完成目标任务的108.4%，完成投资70亿元。全市673个建制村公路硬化率达100%，127个贫困建制村通村道路已全部硬化；30户以上贫困发生率35%以上自然村公路有383项、1 186.4千米，已完工375项、1 155.3千米，其余8个项目（涉及6个自然村）因受重大在建项目影响需延后实施；30户以上直过民族户占30%以上自然村公路有28项、131.9千米，已全部完工。同时，加大质量监督和工程管理力度，全市农村公路总体水平得到明显提高，华宁县被列为全省、全国“四好农村路”创建示范县。此外，开展扶贫联系点元江县那诺乡“四好农村路”示范乡建设，在项目和资金上给予扶持。

【国省道干线公路改造项目建设】 2017年2月，市政府与省公路局友好协商并签订战略合作协议，采取省市战略合作的模式，实施国省道公路提升改造。全市计划实施国省道公路提升改造项目15项、882.9千米，总投资143.67亿元，覆盖两区、七县，分三期建设，一期工程6个项目、420千米，估算总投资138.5亿元。截至年底，一期工程4个项目已取得工可批复，其中梁王河公路提升改造工程已建成通车，其余5个项目的规划选址意见已出具，环评、水保报件均已完成编制报告。

【国道213线建设项目建设】 2017年，国道213线建设项目累计完成投资22.44亿元。该项目市境内全长227.54千米，概算投资26亿，建设主体为省公路局，过境段66.54千米由涉及的地方政府负责建设。

【县乡道路改造提升有序推进】 2017年，全市计划实施县乡道路改造工程17条、282.9千米，总投资约74.1亿元。已组织6个项目的工程可行性专家评审，其余项目正在进行工程可行性报告编制。

（赵艳芳）

2017年9月20～21日，省交通运输厅党组书记王云山（右二）率调研组到新平县调研大戛高速和农村公路建设工作（赵艳芳 摄）

铁路运输

【玉磨铁路建设（玉溪段）】 2017年，玉磨铁路（玉溪段）完成永久征地5 220.69亩，交付用地5 002.6亩；完成临时用地租用并交付5 032.23亩，拆迁面积14.16万平方米；累计完成投资24.81亿元，正线建设完成投资23.2亿元，征地拆迁完成投资1.62亿元。该项目自开工以来总累计完成投资59.96亿元，正线建设完成投资49.17亿元，征地拆迁完成投资10.79亿元。

【昆玉铁路开通运营】 2017年，昆玉铁路发送旅客51.86万人次，到达旅客51.87万人次。并增开玉溪至北京、玉溪至郑州、玉溪至昆明南站、玉溪至南窑火车站4趟客运专线。

【昆玉城际铁路建设】 2017年，呈贡至澄江至江川至红塔城际铁路新建正线91.7千米，其中，昆明市境内线路长6.5千米、玉溪市境内线路长85.2千米。全线新建桥梁70座、37.9千米，新建隧道33座、33.4千米，桥隧总长71.3千米，占正线长度的77.8%。全线设6个站，其中化城站、玉溪西站为接轨站。试验段开工点位于澄江县境内，开工点场地及道路已准备就绪，开工仪式尚未举行。

（徐建军）

交通运输管理

【公路养护管理】 2017年，全市下达大修计划1项、中修计划23项，计划投资3 952.57万元，已全面招标施工。全年危桥改造项目3座，投资646万；改造村道危桥项目2座，投资135万；实施安全生命防护工程17条，处置隐患里程87.212千米，投资1 310万元。县道优良路率78%、中等路率81%、经常性养护率100%、绿化率96%（宜林路段），乡道优良路率64%、中等路率69%、经常性养护率86%、绿化率69%（宜林路段），村道优良路率58%、中等路率61%、经常性养护率73%、绿化率56%（宜林路段）。

【路政管理】 2017年，全市围绕交通运输中心开展路政管理工作，不断加大路产、路权保护力度，高等级收费公路巡查每天不少于2次、农村公路巡查每月不少于2次，通过加大巡查处罚力度，有效减少公路损坏。同时，抓好公路路域环境整治和高等级公路服务设施整治提升工作，制定《市交通运输局关于贯彻落实〈玉溪市进一步提升城乡人居环境五年行动计划（2016～2020年）的实施方案〉》，完成约280千米公路干线增绿添色美化工程方案设计及昆磨线研和服务区、扬武服务区、甘庄服务区、刺桐关服务区提升改造工程。此外，全面治理违法超限超载行为，组织交通、交警、省管路政、公路局、运政等部门联合开展专项整治。全年发生路政案件799起，查处793起，查处率99.2%，共计修复金额为116.05万元；检查运输车辆74.74万辆次，查处超限运输车辆3.96万辆次，收取超限运输罚没款442.97万元。

2017年7月28日，城南汽车客运站举行启用仪式　（赵艳芳　摄）

【运政管理】 2017年4月9日“市交通运政管理处”更名为“市道路运输管理局”，各县（区）交通运政管理所更名为“××县（区）道路运输管理局”。7月28日，城南汽车客运站投入使用。全年新增道路运输从业资格证5 866本，考核驾驶员9.99万人，完成客运量2 011万人次、客运周转量13.51亿人千米、货运量1.14万吨、货运周转量182.35亿吨千米、总周转量183.7亿吨千米，分别比上年增长5.18%、12.52%、13.31%、15.50%、15.48%。全市开通省际班线1条、市际班线73条、县际班线52条、县内班线134条，拥有班线客车1 677辆；开通城市公交营运线路92条，拥有公交车885辆、出租车1 141辆。同时，全市通过系统自动比对、人工自纠自查、数据清理和补录等手段，对“两客一危”等重点运营车辆进行彻底清查；严格道路运输证核发和审验，年度审验办结率均100%，货运车辆审验率90%，客运车辆审验率100%。重新核定罐式危货车辆经营范围，做到“一车一罐一品”，清理注销持无效《道路运输证》运输硫酸车辆25辆；推行“省危险货物道路运输电子运单信息系统”，14家危货运输企业、615辆危货运输车辆全部纳入电子运单系统，实行统一调派制度；加强汽车客运站源头管理，执行“三不进站、六不出站”规定，严格“三品”查堵、使用行包检测仪、客运站封闭式管理等制度；对10个客运站启用计算机派车卡管理，实现派车、例检、报班等环节电子化监管；对4家客运公司、16条县际班线进行延续许可，完成市际班线车辆变更16辆，县际班线车辆变更16辆，市向远旅游客运公司增加县际非定线旅游资质；推进公路客运站厕所改造项目建设，完成峨山县、元江县、江川区、易门县、通海县、新平县汽车客运站厕所改造验收工作；加强黄标车淘汰清理工作，5辆客车报废更新，7辆停班，2辆因与环湖公交线路重叠，正在协商处理中。

【城市公交管理】 2017年，全市本着公交优先、绿色出行的原则，进一步加强行业监管，提高行业服务水平。全年受理新增公交线路许可1条（50路）、变更公交线路许可2条（12路、31路）、到期报废公交汽车89辆（中心城区8辆）；开通中心城区校车，组织开展第十二届爱心送考公益活动，20辆新能源公交车和215辆出租车参加，接送考生1.7万余人；将江川区至红塔区班线客运整合为50路公交线路，形成两区公交一体化的交通网络；以城南客运站为起始站（后期延伸至玉溪站），新增公交线路2条，调整公交线路4条，满足群众出行需求；推进“智慧玉溪”建设，采取BOT模式，建成公交智能调度系统，将公交车辆运营调度、道路人流量与车流量的实时监控、车辆定位、线路跟踪到站预测等功能合而为一，中心城区160辆公交车纳入该系统管理。8月，全市被交通运输部评选为“十三五”期间全面推进“公交都市”建设第一批创建城市。

【新能源汽车推广】 2017年，全市大力推广使用新能源汽车，新增新能源汽车1 041辆。其中，公交车389辆（中心城区48辆）、出租车400辆、其他车辆252辆；建成4个样板充电站，分别是杨家山充电站、出水口充电站、江川区客运站充电站、城南客运站充电站，充电桩/位249个，由市政府按每个200万元进补助。杨家山充电站场位于红塔大道东南侧，玉溪师范学院东门对面，总占地面积约2 335.39平方米，配置16台一体式直流充电机，于1月6日启动建设，5月竣工，成为全市首个大型景观式充电站场。

【出租车管理】 2017年，市交通运输局严把行政许可和车辆准入关，严把从业人员资格关，规范公共客运行业经营行为，全年出租车在岗从业人员1 600余人，受理到期报废出租汽车41辆（中心城区4辆），核发《从业资格证》120本（中心城区70本），完成辖区内4家出租汽车公司2016年度服务质量信誉考核工作；做好出租汽车市场日常监管工作，加大路检路查力度，严厉查处拒载、不使用计价器、无从业资格证等违章行为，截至年底，出动稽查人员1 504人，检查出租车辆7 812辆，处理出租汽车驾驶员违章案件22起，罚款金额5 000元，客运市场秩序进一步规范；做好燃油申报和补贴发放工作，对相关车辆信息、业主变更情况认真审核，并将补

贴发放名单和金额予以公示，确保行业稳定，全年发放燃油出租车补贴612.8万元。

【公路质量管理】 2017年，市交通运输局坚持按现行规范和标准进行工程质量安全监督。全年监督检查工程建设项目239个，填写《工程质量抽查意见书》35份、《工程质量安全督查痕迹记录》127份，形成会议纪要11期；接到公路工程质量监督申请书17份，填发工程质量监督计划书17份，项目合计数15个，总里程309.49千米，总投资18.8亿元；完成公路建设项目交（竣）工验收质量检测、鉴定26个，总里程382.44千米，总投资52.54亿元。

【农村客运管理】 2017年，农村交通运输基本公共服务运营水平和均等化程度提高，农村群众出行难问题得到缓解，有效带动经济生产及乡村旅游发展。截至年底，全市已建农村客运站58个，投入使用24个，有农村客运线路183条，农村客运车辆1 011辆，平均日发3 411班。全市乡镇通客车率达100%，建制村通客车率达94%，圆满完成省、市下达任务目标。

【交通安全管理】 2017年，市交通运输局深入开展“平安交通”专项整治行动和道路运输平安年活动，严厉打击“三超一疲劳”“客货混装”、非法载客、无证经营、超范围经营、非法营运等违法违规行为，严守安全生产红线，落实企业主体责任、部门监管责任、岗位工作责任。同时，对安全生产隐患实施动态管控、持续跟踪，切实消除重大隐患，努力实现事故总数、死亡人数和重特大事故数“三个下降”，促进交通运输安全生产形势总体稳定。全年发生交通运输行业安全生产事故5起，死亡5人，均为一般安全生产事故。其中“两客一危”安全生产事故4起，死亡4人；公路建设安全生产事故1起，死亡1人。安全生产事故率比上年下降44.5%，死亡人数比上年下降33.3%，安全生产形势持续平稳。

【玉江高速移交管理权】 2017年4月24日，经市政府批准，市交通运输局和市住房和城乡建设局双方充分协商，签订《玉江高速公路移交协议书》，市交通运输局将玉江高速公路管理权移交至市住房和城乡建设局。

【严格值守“12328”交通运输服务监督电话】 2017年3月起，市交通运输局“12328”交通运输服务监督电话值守工作实行7×24小时值班。截至年底，监督电话共接听处理来电152个。

（赵艳芳）

邮　政

【概　况】 2017年，全市许可快递企业58家（不含邮政EMS），登记备案的企业分支机构222家（不含邮政EMS），品牌快递21个（邮政EMS、圆通、申通、中通、百世快递、韵达、顺丰、天天、全一、国通、品信、优速、宅急送、快捷、全峰、唯品会、德邦、日益通、广通、瑞丰及其他），邮政普遍服务营业场所87个、机要通信营业场所9个。快佳捷物流有限公司被评为省邮政行业统计先进单位。全年邮政业累计完成业务收入1.83亿元（未包括邮政储蓄银行直接营业收入），比上年增长6.66%；累计完成业务总量1.79亿元，比上年增长8.09%。其中，快递业务收入累计完成9 599.96万元，比上年增长19.85%；累计完成业务总量487.7万件，比上年增长21.5%。

【优化行业发展环境】 2017年，市邮政管理局紧紧围绕寄递安全生产薄弱环节做好政策法规宣传，继续加大对《中华人民共和国邮政法》《快递市场管理办法》《中华人民共和国反恐怖主义法》和新修订的《邮政普遍服务监督管理办法》等法律法规的宣传贯彻，与市公安局和市国家安全局联合下发《关于加快全市邮件快件实名收寄信息系统推广运用工作的实施方案》，印发《邮政普遍服务标准》。全年举办邮政业安全生产知识、行业法律法规培训4次，举办全市邮政业特邀社会监督员培训1次，开展反恐演练1次。又与发改、交通部门联合发布全市邮政业发展“十三五”规划。同时，在快递园区建设方面取得新进展，红塔区、通海县、元江县部分快递企业入驻政府牵头建设的电子商务物流园区，享受政府给予的房租和配送成本补贴。

【普遍服务及监管】 2017年，市邮政分公司有邮政支局（所）87个，全部开办普遍服务业务、汇兑业务和报刊业务，其中农村支局（所）68个、电子化支局74个；开通邮路48条，城市投递段道1 458千米（单程），农村投递线路7 864千米（单程）。其中，自行车投递线路491千米（单程）、电动三轮车投递线路655千米（单程）、摩托车投递线路5 756千米（单程）、汽车投递线路491千米（单程）。全市51个乡镇、437个行政村通邮面达100%。全年免费收寄义务兵函件和盲人读物718件，收寄国际国内及港澳台平常信件及印刷品23.76万件、给据函件6.83万件、邮资封片卡17.55万件、普通包裹2.1万件、快递包裹28.92万件、标快41.36万件、无名址函件10万件，投递国内平常函件385.89万件、给据函件37.67万件、快递包裹239.24万件、无名址函件41.69万件、普通包裹2.6万件、国际及港澳台函件包裹0.19万件、标快84.39万件、报纸杂志1 671.67万份、各类通知单2.76万件，处理进出口机要邮件2.15万件，开发、兑付汇票7.47万笔。市邮政管理局全年受理撤消邮政普遍服务营业场所审批1份、营业场所变更备案4份。同时，贯彻落实《邮政普遍服务》新标准，检查邮政营业场所44个、邮政机要通信网点20个，组织8位邮政特邀社会监督员开展社会监督347次，反馈监督报告347份，走访消费者347次，提出问题1个，提出建议1条。

【包裹快递类业务及监管】 2017年，市邮政分公司进一步完善包裹快递业务经营管理架构，形成省、市、县（区）三级管理模式，扩大服务范围，加强揽投站建设及管理，全市建有揽投站25个、揽投点13个。全年包裹快递收入实现2 050.61万元，比上年增长18.69%，邮政快递业务量73.58万件，开发电商项目20多个。市邮政管理局依法办理企业许可证变更核查33家、增设分支机构84份、撤销分支机构7份、分支机构信息变更27份，受理企业经营许可年度报告48份。同时，按照“全覆盖、零容忍、严执法、重实效”的总要求，加强日常监督检查和专项检查，与邮政企业和各快递企业负责人签订《市邮政业寄递安全保障责任书》《旺季服务和安全保障责任书》《党的十九大寄递安全和寄递服务保障承诺书》。此外，着力抓好重要节点安全保障及应急工作，制定下发《关于春节期间全市邮政业安全生产工作的通知》《关于做好“一带一路”国际合作高峰论坛期间全市邮政业服务和安全生产工作的通知》等文件。全年对邮政企业、快递企业及分支机构开展实地检查589次，出检93天，检查946人，查处违法违规行为41起，下发《责令改正通知书》41份，约谈企业27家，实施行政处罚7起，处罚金额15.05万元，责令停产停业1起。

【邮务类业务办理】 2017年，市邮政分公司函件业务实现收入281.76万元；集邮业务实现收入1 176.27万元，比上年增长13.65%；报刊业务实现收入838.93万元，2018年报刊大收订实现流转额1 960.62万元。同时，市邮政分公司以利民、便民为出发点，为百姓提供代办业务，全年新增代扣电费签约户1 323户，新增短信加办2.16万户，代理车险1 107辆，代开发票1.51万张，代征税款2 281.71万元，代收话费及公共事业费46.55万笔，代理票务8.02万张。全年增值业务实现收入747.94万元，比上年增长52.04%。

【代理金融类业务办理】 2017年，市邮政分公司以提供普惠金融服务为出发点，立足三农服务，通过开展“送金融知识下乡”、建立农户临时休息站、消费者权益日宣传、夕阳红专题讲座及金融防诈骗讲座等系列活动，为广大人民群众提供邮政金融服务。同时，依托邮政电商专业“盐邮”项目、“创维电器物流直销活动”优惠购、“钱币博览会”等活动，在全市金融网点深入开展邮储客户优惠购活动，让客户得实惠。全年代理金融业务实现收入4 713.57万元，比上年增长14.16%，年度新增存款4.9亿元，余额规模33.23亿元。

【农村电商日益发展】 2017年，市邮政公司积极落实电商精准扶贫工作要求，借助邮政网络平台发展农村电商。全市有邮政便民服务站625个、邮乐购站点396个、邮乐小店7 786个。并依托优帮帮、邮乐网等平台助力农产品返程，累计招商上线商家16个，上线产品42个，建设地方特色馆2个，运作项目9个，农产品销售金额284.62万元，实现让政府满意、让农民受益，助力地方经济发展。2月24日，通海县邮政分公司和县电子商务中心联合打造的曲陀关糖心白萝卜扶贫项目正式上线。该项目是全市首个电商扶贫项目，通过农户线下采摘，邮政公司统一包装、发货、管控，“优帮帮”销售平台数据分析等流程，在24小时内将产品从田间地头送到消费者餐桌，并实现零仓储成本。该项目上线11天就销售产品51.35吨，销售额突破4万元，17名建档立卡贫困户受益，人均增收2 350余元，有效助力精准扶贫。

【集邮活动】 2017年5月19~21日，市邮政分公司在市青少年宫举办“驿路·丝路·复兴路”行走新丝路喜迎十九大——青少年一片邮集展，展出公开征集的168片青少年邮集佳作，300余名青少年集邮爱好者参观此次集邮展。参展邮集作品内容包括丝绸之路、古驿路文化及中国复兴革命之路，带领参观者重温革命历史、缅怀革命前辈，激发青少年的爱国主义热情。又于7月29~8月4日，在聂耳图书馆开展“中国梦集邮情”集邮周活动，以“集邮与收藏”“集邮与少年”“集邮与冬奥”“集邮与生肖”“集邮与建军”“集邮会员

2017年4月1日，市邮政代理税务“双开”业务正式对外开办，纳税人成功在邮政网点开具第一张增值税普通发票

（市邮政分公司 提供）

①2017年10月18日，市邮政分公司举行十九大纪念邮票首发仪式（段　娟　摄）
②2017年6月9～11日，市邮政分公司在红塔区、通海县、新平县举办“一带一路”珍邮钱币博览会（郑　波　摄）

日”6个主题分别进行展览，共展出集邮作品90框。

【惠民活动】 2017年3月20日，市邮政分公司邀请《创新作文》杂志社讲师张亚莎到李棋中心小学、北城中心小学开展提升写作水平爱心公益大讲堂，免费发放《创新作文》样刊，近400名师生参加此次活动。又于4月15~17日、6月9~11日，在新平县、元江县、澄江县、易门县、江川区和峨山县举办大型梦幻人偶剧《新白雪公主——魔镜》巡演活动，丰富当地群众文化生活。同月，还联合红塔区宣传部、红塔区教育局举办为期15天的“邮悦书香、和谐家园”大型正版图书赠阅巡展活动，向红塔区部分学校赠送书券6.5万张、书籍1.6万元。巡展展销的图书包括古典类、文史类、百科类、医疗保健类以及少儿类等近万个品种，按照售价的2至8折进行优惠销售。

【强化网络运营能力】 2017年，市邮政分公司积极优化网路结构，对全市邮路进行调整，提升邮件传递时限。同时，完成全市电子地图施画及上线工作，新增投递上线网点28个，解决乡镇邮件信息断点问题，提高乡镇客户体验。又于11月10日增开昆明市至华宁县报刊专线邮路，使红塔区、澄江县、江川区、通海县、华宁县的党报党刊能够当日见报。此外，着力提高安检等级，全市有9家快递企业按要求配置X光机安检设备，所有出口邮件实现100%过机安检，其余快递企业实行委托安检。并配合完成全省冠字号码管理系统与子系统、联网网点电子印章系统、代开增值税普通发票和代征税款业务系统、报刊系统的新服务器切换及新一代寄递平台工程上线优化工作，推进运维体系建设、强化运维管理。

【提升用户满意度】 2017年，市邮政管理局为维护消费者合法权益、促进邮政业服务质量提高，认真做好消费者申诉处理工作，加强申诉受理与市场监管的衔接和联动，及时妥善解决用户反映的问题和诉求。全年受理消费者申诉14起，办结14起，用户满意率100%。

（武映棣　段　娟）

绿水青山·碧玉清溪

（吴 垠 摄）

财政 · 税务

FINANCE · TAXATION

责任编校：李晓媛

财　政

地方税务

国家税务

财政

【概　况】 2017年，全市地方一般公共预算收入完成137.22亿元，为年初预算的100.7%，比上年增收6.16亿元，增长4.7%。全市地方一般公共预算支出完成262.12亿元，为年初预算的109.1%，比上年增支28.77亿元，增长12.3%。

【乡镇财政增收激励机制】 2017年，市财政局率先在全省出台《完善县乡财政管理体制促进财政增收的实施意见》，对财政收入增收较好的乡镇予以资金奖补。该《实施意见》激发了县（区）和乡（镇、街道）主动作为、真抓实干的活力与动力；对破解县、乡二级财政收入增长瓶颈，缓解基层财政收支矛盾和困难，挖掘县、乡财源培植和增收潜力，稳固做大做强各级财政收入“蛋糕”起到了积极的推动作用，走出了一条具有示范性的“玉溪模式”，被省厅列为全省各州市学习的典范。

【预算支出考核制度】 2017年，市财政局制定《关于实施财政支出预算执行进度考核的通知》，明确支出进度考核、督办、约谈制度，将考核结果与下一年度项目支出预算规模直接挂钩，下半年支出进度跻身进入全省第二名，达到近年来最好水平，被省财政厅作为先进典型事迹向全省通报表扬。

【全口径预算】 2017年，市财政局按照新预算法规定，改革预算编制，实行全口径预算，增强一般公共预算与政府性基金预算、国有资本经营预算的统筹力度，建立跨年度预算平衡机制，实施中期财政规划管理，并制定《财政资金审批管理办法》，硬化预算约束，规范资金审批流程，有力提高预算的精细化、规范化和科学化管理，预算执行进度和资金使用效益逐步提高。

【财政事权与支出责任划分改革】 2017年，市财政局积极推进财政事权与支出责任划分改革。根据云南省人民政府出台的《云南省人民政府关于推进省以下财政事权和支出责任划分改革的实施意见》，代市政府草拟《玉溪市市以下财政事权和支出责任划分改革实施意见》，此《实施意见》市政府已发文实施，将作为全市财政事权和支出责任划分改革的“总纲领”，指导推进下一步改革。

【跨年度预算平衡机制】 2017年，市财政局根据《云南省财政厅关于印发云南省预算稳定调节基金管理办法》和《云南省财政厅关于印发云南省财政临时救助办法的通知》要求，为做好玉溪跨年度预算平衡工作，在市政府的批准下，出台《玉溪市预算稳定调节基金管理办法》《玉溪市财政临时救助办法》，做好预算稳定调节基金的建立工作，2016年年终结算按省财政厅批复严格将结余资金2.1亿元转列预算稳定调节基金。

【预决算信息公开】 2017年，市财政局率先建立统一规范的预决算信息公开管理平台，实现部门门户网站与预决算信息公开平台“双公开”，公开面和公开及时率达100%。

【“营改增”改革】 2017年，市财政局配合税务部门做好“营改增”改革推进工作。“营改增”改革围绕“税制转换平稳、征管衔接平稳、行业运行平稳”的工作目标，在市委市政府的正确领导下，全市税制过渡平稳，征管秩序良好，税收及时入库，截至年底，全市建筑业、房地产业、金融业、生活服务业营改增试点纳税人共24 398户，其中，建筑业1 506户、房地产业221户、金融业296户、生活服务业22 375户，营改增行业入库增值税18.73亿元，地方级收入8.32亿元。

【专项资金改革】 2017年，市财政局代市政府草拟了《玉溪市市级专项资金管理暂行办法》，3月由市政府正式出台。同时配套出台专项资金清单目录管理办法、项目库管理办法2个文件。根据以上文件，制定了2套《市级专项资金改革工作方案》，组织召开专项资金改革动员会，专门部署相关工作，提高各单位的思想认识，合力推动改革。

【预算标准化平台】 2017年，市财政局率先在全省开展预算标准化平台建设试点。通过预算标准化平台建设，实现数据信息标准化、业务流程标准化和管理平台标准化，实现本级与上下级预算编制及执行数据的“横联纵通”，解决预算编制时上级专款编制不规范、不完整的问题，改变了以前年度“资金等项目”的被动局面。

【盘活财政资金】 2017年，市本级共盘活上年各部门结余资金0.7亿元，统筹用于发展急需的重点领域和优先保障民生支出。

【监狱劳教企业的退税工作】 2017年，市财政局按照财政部驻云南省专员办对退税工作要求，确保上年监狱劳教企业的增值税退税按省专员办时间要求办理完毕，全市2016年共申报退税655万元，专员办审批办理退税655万元。

【三公经费】 2017年，全市三公经费合计1.18亿元，比上年减少2 499.50万元，下降17.51%。其中：市本级三公经费合计3 079.37万元，比上年减少944.23万元，下降23.47%，阶段性完成三公经费“只减不增”任务。

【动态监控】 2017年，全市监控系统共监控财政授权支付8.28万笔，涉及资金总额29.89亿元。其中，预警监控支付5 730笔，占财政授权支付总笔数的6.92%，规范财政资金17.47亿元，占财政授权支付总金额的58.43%。

【支付电子化】 2017年，市财政局按照省财政厅对县（区）第一阶段改革工作的安排部署，玉溪市纳入第一阶段改革的通海县、江川区、澄江县、峨山县、新平县5个县（区）国库集中支付业务电子化管理改革工作在年度内推广实施，相关业务系统功能相对稳定，筑牢了财政资金安全防线，提高了财政资金运行效率。年内，共办理电子支付业务190 195笔，共计金额278.56亿元，已准确高效地清算完毕。

【公务卡监管】 2017年，省财政厅选定玉溪市为公务卡电子化改革的首个试点州市。市级公务卡电子化系统于7月1日在11家预算单位正式运行。公务卡电子化的实施，有利于财政对预算单位公务小额全程监控，有效提高财政资金运行信息透明度，进一步规范财政资金管理。截至12月末，公务卡电子化项目共办理业务9 651笔，下载消费明细4 234条，录入消费明细5 417条，还款金额合计2 277万元，均已完成支付和清算。

【财政专户】 2017年，市财政局共开展4次专户统计和清理工作，清理统计过程中，采取县（区）财政部门和辖区内商业银行同时上报财政专户开设情况的方式，对双方数据进行对比分析，及时甄别县（区）有无瞒报漏报情况。2016年7月至2017年6月，玉溪市共撤销各类财政专户76个，主要为农开办专户、综改办专户、住房基金专户、工资代发户等。截至12月，全市共有存量财政专户101个，属于文件允许保留的专户，均有相关开户依据，符合专户管理的要求，各级财政部门新开立财政专户严格按照《财政专户管理办法》规定进行办理。

【单位账户】 2017年，市财政局开展对市本级预算单位银行账户的统计工作，落实预算单位账户备案制。对预算单位银行账户分类梳理，对违规开设和多头开设银行账户的预算单位要求限期撤并，年内，共办理行政事业性单位银行账户的开立、撤销业务112件，严禁各银行未经财政部门审批备案，将商业银行开户情况纳入综合考评机制。

【决算工作和决算公开】 2017年，市财政局顺利完成2016年度总决算和部门决算编审工作。着力优化了预决算信息集中公开，预算单位公开之后将公开资料报财政部门，由财政部门在“玉溪网”开设专栏集中公开。截至11月，玉溪市各县（区）和市本级各部门已严格按文件规定公开2016年总决算、部门决算和“三公”经费信息。

【基本公共卫生服务项目】 2017年，基本公共卫生服务项目经费人均已达50元。中央、省级、市级共1.09亿元已全部下达各县（区），其中，中央经费9 318万元（40元/人），省级经费827万元（3.5元/人），市级经费767.65万元（3.25元/人），县（区）配套的767.65万元资金已足额到位。

【农村危房改造】 2017年，市级财政预算安排玉溪市家园建设投资公司以玉溪市农村危房改造及配套设施建设项目向银行贷款还本付息资金1 992万元。力争全市D级危房住户全部纳入中央、省级财政平均每户1.13万元的改造补助政策范围，联合住建部门加强农村危房改造与异地搬迁工作的统筹协调，加强对各县（区）推进农村危房改造工作常态性督导检查，全市农村危房改造项目的开工率、竣工率均超过90%，实现预算执行进度和民生工作成效双提高。

【农林水事务】 2017年，全市农林水事务支出94 211万元（含直拨“粮食风险基金专户”的农业支持保护补贴资金10 057万元）。

【惠农补贴】 2017年，全市共兑付惠农补贴资金2.68亿元，其中，中央对种粮农民补贴资金1.01亿元，中央草原生态保护补助奖励资金2 929.10万元，农机购置补贴资金3 423万元，公益林生态效益补偿资金1.04亿元。

【畜牧贷款贴息】 2017年，市财政安排贴息资金1 168.75万元，撬动银行畜牧小额信贷贴息贷款5.75亿元（红塔区4 000万元，江川区3 000万元，澄江县1 000万元，通海县3 000万元，华宁县2 000万元，易门县8 500万元，峨山县15 000万元，新平县15 000万元，元江县6 000万元），促进畜牧产业健康发展。

【木本油料产业】 2017年，市财政局为贯彻落实《省政府办公厅关于加快木本油料产业发展的实施意见》文件精神，加快全市木本油料产业建设，把木本油料产业建成农民增收、林业增效、生态改善的重要产业。年内，市财政安排2 650万元，用于扶持发展核桃、油橄榄等木本油料产业，其中：扶持木本油料基地建设800万元、提质增效1 600万元，扶持龙头企业和专业合作组织200万元，项目管理经费50万元。

【脱贫攻坚】 2017年，市财政局围绕9个贫困乡镇、75个贫困行政村、1 100个贫困自然村和95 310人建档立卡贫困人口，投入财政专项扶贫资金4.52亿元（比上年增24.85%），其中中央资金1.54亿元，省级资金2 983万元，市级资金1.80亿元（占市级农口部门年初预算的41.83%），县级资金8 841.86万元。在9月20日按期达到2016年及以前年度财政专项扶贫资金结余结转“清零”要求的基础上，12月20日全市2017年度财政专项扶贫资金结余结转1 583.75万元，结余结转率为3.5%（比上年降低45.94%），提前10天完成结余结转率控制在8%以内的预定目标任务。资金结余结转率分资金来源情况看，中央资金4.6%，省级资金6.08%，市级资金2.97%，县级资金1.8%。资金结余结转率分县（区）情况看，红塔区0.8%，江川区5.02%，通海县为零，澄江县为零，华宁县3.81%，易门县4.96%，峨山县7.57%，新平县2.49%，元江县4.29%。

【预算绩效管理制度】 2017年，市财政局继续完善制度体系，制定出台《市对下专项转移支付资金绩效管理暂行办法》《市对下专项转移支付资金绩效目标管理暂行办法》《玉溪市市级预算绩效跟踪暂行办法》逐步形成了涵盖全部预算资金和全过程预算绩效管理的制度体系。

【整体支出绩效自评价工作】 2017年，市财政局组织市文化广电局等78个市级预算部门（单位）对财政批复绩效目标的374个部门预算项目开展绩效自评工作，评价项目涉及财政资金投入的各个领域，评价资金总额达21.38亿元。项目自评评定为“优”的367个，评定为“良”和“中”的各一个项目，优良率高达98.4%。

【市级预算绩效管理】 2017年，市财政局构建“预算编制有目标、预算执行有监控、预算完成有评价、评价结果有反馈、反馈结果有应用”机制为目标，将全面推进全过程预算绩效管理作为绩效管理的重心，全面推开市级部门预算项目绩效管理工作。市级纳入预算项目支出1 544项，总金额31.8亿元，规模比上年扩大1.39倍。确定了32个部门（单位）开展整体支出绩效目标管理试点，本级所有一级预算单位的比例达到50%。

【绩效管理】 2017年，市级财政对试点项目前三季度执行情况进行跟踪监控，分析指出项目执行中存在的问题，提出整改建议200多条，及时向预算部门反馈并督促整改。

【防范债务风险】 2017年，市财政局制定出台《玉溪市政府性债务管理暂行办法》《玉溪市政府债务风险评估和预警暂行办法》《玉溪市政府性债务风险应急处置预案》《玉溪市政府债务化解规划》，对债务借、用、还行为进行规范，强化地方举债融资的制度约束和行政控制，建立了风险预警体系，对债务的规模、结构和安全性进行评估预警。

【法治财政建设】 2017年，市财政局根据《玉溪市法治政府建设实施方案（2016～2020年）》和《云南省财政厅法治财政建设实施意见》的精神和要求，结合当前全市法治财政建设工作实际，正式制定出台《玉溪市财政局法治财政建设实施意见》。在国家宪法日活动中，市财政局组织16名宣誓人在面向国旗庄严宣誓。

【抚仙湖山水林田湖生态保护修复试点工作】 2017年，根据《财政部、国土资源部、环境保护部关于推进山水林田湖生态保护修复工作的通知》和省财政厅、省国土资源厅、省环境保护厅的部署与要求，玉溪市及时成立了以市长为组长的“玉溪市抚仙湖山水林田湖生态保护修复试点工作领导小组”，全面负责山水林田湖生态保护修复试点组织协调工作；及时编制完成了《云南省抚仙湖山水林田湖生态保护修复工程试点项目实施方案（2017～2020年）》，并在全省申报会审中名列第一。9月11日，财政部、国土资源部、环保部召开了第二批山水林田湖草生态保护修复工程试点竞争性评审会议，市长张德华作为主陈述人参加了评审，并取得优异成绩，被列为全国第二批山水林田湖草生态保护修复工程试点，争取到中央10亿元资金支持。

【“四退三还”保护工作】 2017年12月26日，省长阮成发要求进一步完善措施全面保护治理抚仙湖，加大投入、加大力度、严格责任制。12月7日省政府同意安排玉溪市抚仙湖保护治理专项资金6亿元，连续补助5年。

【财政普惠金融政策】 2017年，市财政局共争取普惠金融发展专项资金2.20亿元，其中，中央资金1.75亿元，省级资金4 441.16万元。创业担保贷款财政贴息撬动银行发放贷款13.77亿元，引导金融资金投向民生，支持创业促就业工作，扶持个私、小微企业11 752人（户），带动就业人数28 576人。

【农业保险保险费补贴政策】 2017年，市财政局转发省财政厅等3个部门关于印发《云南省农业保险保险费补贴资金管理暂行办法》，并结合玉溪实际，调整了农业保险保险费补贴资金市、县区财政资金配套比例，确保了此项配套资金的足额落实，减轻了县区财政支出压力。年内共争取中央、省级财政保险费补贴资金1 511.67万元，其中中央资金1 007.32万元，省级资金504.35万元。

【PPP规范清理整顿】 2017年，全市录入财政部PPP综合信息平台并通过审核的PPP项目35个，总投资772.21亿元。其中签约的21个，落地率58.33%，总投资325.61亿元。全市列入财政部PPP示范项目5个，总投资49.09亿元，省级示范项目4个，投资总额27.2亿元。玉溪市开展PPP工作走在了全省前面，走在了省政府大督查前面。

【财政监督检查】 2017年，市财政局共对512家单位和企业实施财政监督检查，查出并追缴财政资金3.01亿元，查出并纠正财政违法、违规、违纪金额2.41亿元。

【财政票据年检工作】 2017年3月16日至5月31日，开展2016年度财政票据年检工作，全市共年检单位1 207家，单位自查率98.24%，重点检查单位1 008家，重点检查率83.51%，年检手工票33 134本，微机票1 284.23万套。

【非税收入管理】 2017年11月8日，市政府办公室印发了《玉溪市市级非税收入预算管理办法》，2018年1月1日起施行，强化了预算约束，实现了非税收入预算编制与部门预算的无缝对接。全市非税收入完成75.82亿元（其中：政府性基金收入30.78亿元），比上年增收5.83亿元，增长5.8%。

【降低行政事业性收费和政府性基金】 2017年，市财政局认真执行国家和省取消、暂停、免征、降低行政事业性收费和政府性基金的各项降费减负政策措施，年内实现为企业和社会减负5 844万元，切实降低企业和社会运行成本，促进地方实体经济发展。

【财政专网网络准入控制系统建设】 2017年，市财政局根据《财政业务专网网络接入规范》，为规范全市财政专网网络接入和解决市局到县（区）财政局专网无备份线路问题，安排专项资金建设财政专网网络准入控制系统和财政专网备份线路。7月13日委托招标代理公司通过竞争性谈判方式完成项目采购工作。8～10月网络准入控制系统和备份线路建设完成，11月项目通过验收。

【国库集中支付电子化管理系统】 2017年，市财政局在总结市本级、红塔区电子化支付试点改革成功经验的基础上，10月底完成5个县（区）部分预算单位推广实施国库集中支付电子化管理系统试点工作。

【内控制度建设】 2017年，市财政局根据财政部印发的《行政事业单位内部控制报告管理制度（试行）》，认真组织全市行政事业单位开展2016年度行政事业单位内部控制报告的编报。通过多方努力，玉溪市行政事业单位内部控制报告编报工作顺利完成，按时汇总编制《玉溪市2016年度地区（部门）行政事业单位内部控制报告》报省财政厅。

【两基培训如期举行】 2017年，市财政局举办财政支农政策培训，第三轮培训在全国有序展开，全市七县二区共培训2 208人，超计划完成培训任务，乡镇财政干部培训如期举办。根据《玉溪市乡镇财政干部2016～2018年培训规划》，8月29日～9月1日，乡镇财政干部培训在市财政局举办，共120人全程参加了培训。

【城镇保障性安居工作】 2017年，财政城镇保障性安居工程专项资金中央、省、市投入累计4.60亿元，其中，中央财政补助资金3.90亿元（综合口2.93亿元、经建口9 661万元），省级财政安排补助资金（经建口）6 500万元，市级财政配套资金467万元。年内，中央财政城镇保障性安居工程专项资金上年结余7 681万元，本年收入2.93亿元，本年支出2.65亿元。其中，城镇住房保障家庭租赁补贴支出583万元，城市棚户区改造支出2.07亿元，公共租赁住房支出5 450万元，年末结余1.03亿元。年内，城镇住房保障家庭租赁补贴实施发放2 244户，家庭人均月收入标准980元/月，人均住房建筑面积16平方米。城市棚户区改造项目完成12 132套。年内，需交付使用的公共租赁住房项目计划4 822套，完成4 822套，完工率100%。

【政府向社会力量购买服务改革】 2017

年，全市政府购买服务共计1 498个项目30 942万元，其中，基本公共服务383个项目15 462万元，社会管理事务15个项目311万元，行业管理服务与协调性服务3个项目31万元，技术性服务32个项目592万元，政府履职所需辅助性事项1 059个1.45亿元，其他适宜由社会力量承担的服务事项2个2万元。

【彩票公益金项目】 2017年，市财政局按照《云南省财政厅关于印发〈云南省彩票公益金管理办法〉的通知》《云南省财政厅关于印发〈云南省彩票专项公益金管理办法〉的通知》等规定执行。年内彩票公益金下达项目489个，资金共计8 388万元，其中，省级下达资金2 111万元，省返市级资金6 277万元，体彩下达项目157个，资金2 549万元，福彩下达项目226个，资金2 574万元，市级财政20%部分安排下达项目65个项目1 154万元彩票公益金。

【行政事业单位资产管理】 截至2017年12月31日，全市行政事业单位资产总额267.27亿元，其中，行政单位资产132.62亿元；事业单位资产134.65亿元。资产分类构成为：流动资产114.34亿元、固定资产120.64亿元、对外投资0.68亿元、在建工程18.77亿元、无形资产7.56亿元、其他资产5.28亿元。截至12月31日，市级行政事业单位共处置国有资产151件，账面原值1.89亿元，其中，土地处置3 599.8平方米，账面原值93.33万元；房屋及建筑物类处置账面原值2 859.71万元；通用设备8 358.24万元；专用设备1 169.06万元；公务用车及执法执勤用车235辆（含执法执勤用车54辆，不含公务用车改革拍卖车辆），账面原值5 929.75万元；执法执勤用摩托车34辆，账面原值41.29万元；其他报废车辆8辆，账面原值243.05万元；应收账款核销225.3万元。

【政府采购管理】 2017年，市政府采购需求预算13.94亿元，实际采购金额12.78亿元，比上年扣除PPP项目后的11.23亿元增加1.54亿元，增长13.75%，节约采购资金1.17亿元，节约率为8.37%。不纳入基础数据统计的PPP模式项目采购18个，采购金额315.73亿元，比上年增加292.88亿元，增长了1 282%。涉及住建、环保、交通、医疗、体育健身和文化设施领域。

【采购信息公开】 2017年，市政府采购网页累计发布信息量达5 534条。其中采购信息公告（公示）6 645条，中标、成交结果公告143条，采购单位公告合同数量1 527条，监督公告4条。

【省政府采购评审专家库】 2017年，全市在库政府采购评审专家657人，由市级管理的政府采购评审专家303人。专家抽取系统随机抽取专家评委的项目数量1 252项，抽取专家评委18 809人次，到位参评专家4 071人次。组织专家在线申报注册云南省政府采购评审专家库玉溪分库，在线申报注册专家229人，审核合格专家134人。

【采购投诉】 2017年，市财政局收到并受理投诉案件6件，涉及金额7.7亿元。供应商申请撤诉终止处理2件，维持原有结果3件，改变原有结果1件，处理结果供应商申请行政复议1件。

【政府采购代理机构监督检查工作】 2017年，市财政局按照省财政厅开展年度全省政府采购代理机构监督检查工作的进度安排，省、市、县联动，对云南科保建设工程招标代理有限公司、云南泷溪建设工程咨询管理有限公司、云南赛林建设招标咨询有限公司玉溪分公司、市公共资源交易中心、江川区公共资源交易中心2016年度代理的政府采购项目进行检查。

【珠心算比赛】 2017年，玉溪市华宁县代表省财政厅代表队，在青海省举办的全国第二十三届少数民族珠心算比赛中，获得团体二等奖，3人荣获个人全能二等奖、1人荣获优秀教练奖，为云南争得了荣誉；在昆明市举办全省第十三届珠心算比赛，玉溪市代表队以夺得A组、B组团体冠军，包揽了个人全能一等奖。

【会计类考试荣获省厅嘉奖】 2017年，会计专业技术初级资格无纸化考试共组织3 206人考试，有439人合格办证。会计专业技术中级资格无纸化考试共报考1 286人，有18人合格办证。注册会计师玉溪考区（含玉溪、普洱、版纳）共789人报考，有3人7科合格，取得注册会计师资格。同时，被云南省注册会计师考试委员会和云南省会计专业技术资格考试领导小组办公室评为“考试组织工作一等奖”。

（李雯漪　冯杨叶舟）

地方税务

【地方税费收入】 2017年，市地税局组织各项税费收入133.75亿元，比上年增长9.06%，增收11.11亿元。其中，地方税收入库71.48亿元，比上年下降1.46%，减收1.06亿元，完成省局下达全年收入预期目标68亿元的105.12%，超目标3.48亿元，同口径（不含营业税、增值税）相比增长11.42%；征收各项规费收入62.26亿元，比上年增长24.29%，增收12.17亿元。与全省-10.94%增幅相比，玉溪地方税收增幅比全省增幅高9.48个百分点，增幅在全省地税系统18个征收单位中排第3位，地方税收总量规模在全省地税系统18个征收单位中排第3位，排名较上年前移1位，较排名第4的曲靖多7.10亿元。

【地方税收减免】 2017年，市地税局围绕稳增长、促改革、调结构、惠民生、防风险决策部署，不折不扣落实税收优惠政策，积极助推供给侧结构性改革，充分释放支持小微企业发展、支持大众创业万众创新和改善民生等税收政策红利。全年，共减免各项地方税收7.71亿元，其中，增值税1.60亿元，营业税7万元，企业所得税1.48亿元，个人所得税3 403万元，资源税65万元，房产税421万元，印花税480万元，城镇土地使用税1 537万元，土地增值税2.26亿元，车船税224万元，耕地占用税9 211万元，契税8 354万元，其他收入5万元。从减免项目看，改善民生减免4.94亿元，鼓励高新技术减免3 210万元，促进小微企业发展减免999万元，转制升级减免305万元，节能环保减免374万元，促进区域发展减免5 076万元，支持文化教育体育减免121万元，支持金融资本市场减免3 719万元，支持三农减免365万元，支持其他各项事业减免1.36亿元。

2017年组织收入分税（费）种完成情况

单位：万元

序号	项目	2017年	2016年	增减额	±%
1	各项地方税收收入合计	714 847	725 455	-10 608	-1.46
2	一、税收收入合计	620 201	636 504	-16 303	-2.56
3	（一）增值税	4 237	1 279	2 958	231.27
4	（二）营业税	2 555	88 715	-86 160	-97.12
5	（三）资源税	23 805	17 313	6 492	37.50
6	（四）城市维护建设税	210 522	199 415	11 107	5.57
7	（五）个人所得税	121 862	86 262	35 600	41.27
8	（六）印花税	16 100	14 233	1 867	13.12
9	（七）土地增值税	14 976	16 063	-1 087	-6.77
10	（八）城镇土地使用税	21 286	21 939	-653	-2.98
11	（九）房产税	23 437	19 186	4 251	22.16
12	（十）车船税	12 505	11 062	1 443	13.04
13	（十一）企业所得税	60 858	52 707	8 151	15.46
14	（十二）烟叶税	44 666	53 791	-9 125	-16.96
15	（十三）耕地占用税	35 872	33 211	2 661	8.01
16	（十四）契税	27 520	21 328	6 192	29.03
17	二、其他收入合计	94 646	88 951	5 695	6.40
18	（一）教育费附加	94 625	88 929	5 696	6.41
19	（二）其他收入	21	22	-1	-4.55
规费收入					
1	规费收入小计	559 556.16	441 612.08	117 975.49	26.71
2	（一）养老保险费	185 814.20	255 448.79	-69 634.60	-27.26
3	（二）医疗保险费	145 593.95	125 510.82	20 083.13	16.00
4	（三）工伤保险费	11 437.82	5 963.63	5 474.19	91.79
5	（四）生育保险费	7 333.11	2 590.66	4 742.45	183.06
6	（五）失业保险费	8 605.63	12 617.52	-4 011.89	-31.80
7	（六）残疾人保障金	5 305.82	2 939.96	2 365.87	80.47
8	（七）工会经费	17 454.58	14 706.10	2 748.48	18.69
9	（八）价格调节基金	0	31.41	-31.41	停征
10	（九）抚仙湖资源保护费	744.52	686.10	58.42	8.51
11	（十）机关事业单位养老保险	138 058.07	11 040.14	127 017.93	1 150.51
12	（十一）职业年金	23 865.31	10 076.96	13 788.35	136.83
13	（十二）地方水利建设基金	15 343.16	0	15 343.16	新开征

2017年与2016年全市税费收入完成情况比较图

单位：万元

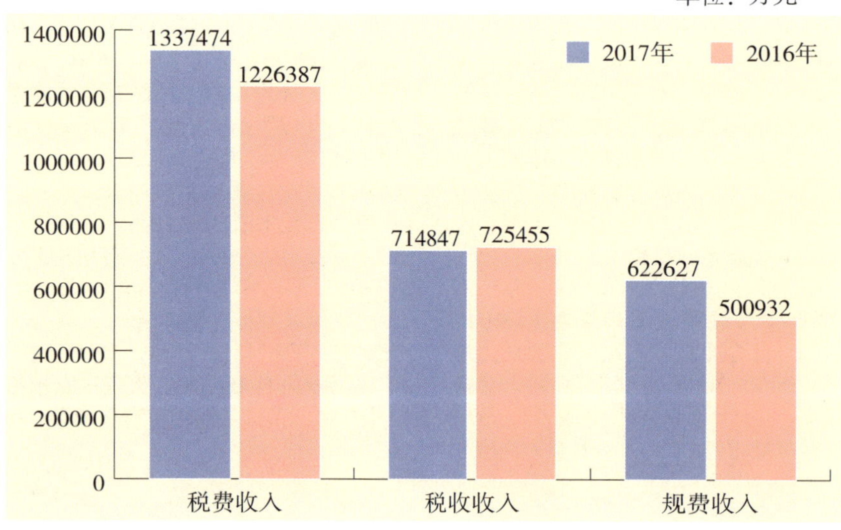

【规费管理】 从2017年1月1日起，开始征收云南省地方水利建设基金，市地方税务局通过召开税企人员座谈会，及时与市供电局对接，对全市范围内电量计费点涉及的事业单位、企业和个体经营户共9万多户缴费人，全面同步征收管理到位，年内，水利基金征收入库1.53亿元。同时，实现机关事业单位养老保险费和职业年金征收方式转变，将原来由财政统一缴纳改由各单位自行申报缴纳，通过不同方式开展对机关事业单位经办人员的培训等，实现机关养老保险费、职业年金的缴费方式由财政统一拨款到专户改由缴费人自行申报缴纳；残疾人就业保障金征收权得到统一，通过与残联、财政多次协商研究，对残疾人就业保障金的征收明确了“严格政

策执行，加强征管力量，确保收入增长”的工作思路和原则，统一全市残疾人就业保证金的征收时间为每年的7～10月份。

【税源监管】 2017年，市地税局落实税源分类管理办法，对重点税源实行重点监控管理，对中小企业实行分行业管理，将年缴纳地方税收50万元以上的纳税户纳入市局日常监控。全市地税系统缴纳地方税收50万元以上纳税户有626户，比上年度减少39户，缴纳地方税收60.72亿元，占全市地税收入的84.94%。做好重点税源监控分析。完善“五大”税源管理长效机制，加强对大企业、大项目、大税源行业、大税源区、大税种的管理力度，实时掌握企业的税收增减变动和涉税诉求，主动提供纳税服务和政策咨询；抓好重点工程项目税收征管，实行专人动态跟踪管理；严格重点工程项目的营业税、耕地占用税等地方各税的代征代扣工作，认真组织重点工程项目税收清算，确保税收征管到位。

【税政管理】 2017年，市地税局在全面落实深化税收征管改革中，积极做好各税种的征收管理工作。稳步进个人所得税明细申报工作，行依托“金税三期”系统数据，多措并举，着力提升自行纳税申报人数及申报数据质量。针对全市行政机关及事业单位人员工资、薪金逐年调增，该领域年所得达12万元以上人员比上年大幅增长的情况，全市加大培训力度，结合“金税三期”系统相关模块信息，创新个人所得税自行纳税申报，提升年度自行纳税申报项目的完整性和申报数据的准确性，全市共受理2016年度年所得12万元以上个人所得税自行纳税申报人数16 987人，比上年增长8 710人，增幅105.23%。申报年所得33.55亿元，应纳税额3.74亿元，比上年增长1.09亿元，增幅40.88%；应补税额241.57万元，比上年增长193.55万元，增幅403.06%。加强国地税征管合作，做好地税代征增值税政策解释工作，地税代征增值税4 237万元，与上年的1 279万元相比，增收2 958万元，增幅231.27%。针对土地增值税税制复杂、政策老化、管理难度大、执法风险高的问题和特点，全面梳理和督察土地增值税政策执行情况，6月26日至7月21日，完成对易门县、澄江县和新平县2016年1月至2017年5月期间土地增值税征收管理

2017年4月1日，税法宣传月启动 （周艳萍 摄）

督察，重点对是否存在土地增值税计税依据确认不准确，未按规定预征土地增值税，未按规定对土地增值税扣除项目的真实性、合法性进行审核，违规扩大核定征收土地增值税范围，未按规定对房地产企业销售尾盘的项目征收土地增值税等问题进行深入督察和落实，对督察情况实施深入评估，系统提出完善措施和建议。同时发挥上下联动的智慧合力优势，鼓励各县（区）积极探索和创新土地增值税管理的方式方法，全面提升土地增值税清算质效。

【税收调研】 2017年，市地税局为深入推进税制改革和政策完善，开展各项税收调研，继续跟进相关地方税税种立法情况，及时掌握改革动向，积极配合完成上级部门安排的各项税种改革立法任务。根据社会发展、国家方针政策调整、税收政策执行情况等因素的变化，积极调研，提出新业态、新经营方式的政策适用意见建议，为政策完善、政府决策提供参考依据，促进全市政策执行的规范性和统一性。开展契税立法调研，调研主要立足玉溪市契税暂行条例执行的情况，以及执行中存在的问题，对下一步契税立法提出将农村集体土地承包经营权的转移纳入征税范围等建议，形成调研报告《关于契税立法的建议》供上级参考；开展城市维护建设税管理情况的调研，调研主要立足玉溪市城市维护建设税暂行条例执行的情况，以及执行中存在的问题，提出加快对城市维护建设税税制改革，将城市维护建设税改革为独立的税种，不再随“三税”征收等操作性较强的建议；开展企业改制重组和土地增值税政策专题的调研；开展体育场馆房产税和城镇土地使用税的政策调研；开展土地增值税清算建安成本风险管理办法制定专题研究。市地税局被省地方税务局纳入“土地增值税清算建安成本风险管理办法制定”专题研究课题组成员单位，认真总结开发成本管理的做法，结合已清算审核案例，梳理开发成本的风险点，提出风险指标设计及应对、风险评价研究和相关数据获取等信息化管控措施的意见，将为国家税务总局出台土地增值税清算建安成本风险管理办法提供研究成果；开展代开发票附加税费征收情况的调研；6月15～22日期间，开展代开发票附加税费征收情况的调研；通过调研充分显现，“金三”系统亟待优化，实现地税委托国税在代开发票时，在同一界面同时征收增值税、消费税和城市维护建设税等地方税费。结合本地实际撰写的《真抓实干精准发力确保资源税全面改革落地生效—玉溪资源税全面改革工作报告》受到省局总经济师周锦霞的批示性表扬。

【欠税管理】 2017年，市地税局围绕欠税防范、欠税确认、欠税清缴和核销、欠税责任追究、监督考核等方面，全方位强化欠税管理。通过摸清欠税情况，完善欠税台账，制定清欠措施，实地巡查管理，对欠税户实施动态跟踪监管；推行“事前防范、事中提醒、事后追缴”的欠税监控方式，加大当期税款的征纳力度，加强

异常纳税户的管理，逐户催报催缴逾期申报、逾期缴税户，严格执行滞纳金制度和欠税公告制度，最大限度防止产生新欠；加强同工商、国税及金融部门的协调配合，依托第三方数据信息，抓实税源管理和风险管控，严格防范产生新欠。截至12月底，国地税对15户同时欠缴双方税款的纳税人联合发布欠税公告；国地税联合追缴欠税，对92户欠税人实施清欠措施，清缴欠税884.58万元（已入库）。

【国际税收管理】 2017年，市地税局加强同工商、商务等相关部门的联系，强化对非居民纳税人的户籍管理、税源管理及对外支付证明的开具，完善非居民企业关联关系表的录入采集工作，切实做好对外商投资和外来投资（内资）企业的跟踪服务工作。开展非居民税收风险管理工作。与国税局联合建立非居民税收风险管理工作机制，共同开展风险管理工作。根据省局推送的税收风险事项，进行风险应对核查。开展外商投资企业联合年检工作。4～7月，采用网上直接申报和审核的办法，与商务局等部门联合对43户外商投资企业进行年检，除有1户涉外企业被国地税联合认定为非正常户外，其余42户涉外企业均通过了年审。国地税联合上门走访服务“走出去”企业15户（其中地税主管6户），宣传解读“一带一路”相关税收政策和服务举措，收集涉外企业和涉税诉求，解答涉外企业涉税问题，进一步加强征纳沟通交流，为企业提供优质服务。

【征管改革】 2017年，市地税局继续围绕《改革方案》及总局下发的各项配套性改革文件、省局下发的《实施意见》的深入贯彻落实，从组织实施入手，不断加大工作力度，采取一系列保障措施，有序推进《改革方案》落实，保证落实的质效。市国税、地税《改革方案》督促落实领导小组切实落实主体责任，着力抓好改革举措的统筹谋划、工作指导和督促落实工作；严格执行改革文件会签、审核制度，抓好文件的扎口管理和改革措施的统筹推进；建立督促落实工作机制，将贯彻落实《改革方案》任务分解情况纳入绩效管理和督查督办的重点内容，实行督查督办；坚持国地税联席会议制度，年内召开联席会议3次（已形成会议纪要），对改革事项的稳步落地进行研究部署。玉溪地税已开展重点推进项目12项，创新改革项目4项，其他改革项目39项，属各州（市）国税、地税部门联合进行理论研究的改革项目1项。同期，市国税、地税局联合制定《改革宣传工作方案》，双方充分利用电视、广播、报纸等传统媒体，引入“互联网+”思维，利用互联网、微信、手机APP等新兴媒体，对深化国税、地税征管体制改革进行全方位、全覆盖的报道宣传，及时回应大众关切的问题，正确引导社会舆论，为深化国税、地税征管体制改革营造良好的社会环境。落实《云南省税收征管保障办法》。在市税收征管保障领导小组的领导下，市国地税局加强与公安、工商、国土等37个成员单位的联系与数据交换共享力度。5月16日，由市政府主导，财政、国税、地税部门牵头构建的玉溪市人民政府税收征管保障数据资源共享平台正式上线，公安、工商、国土、住建等39家单位参加数据共享，市政府已将数据共享、更新情况纳入年度目标任务综合考核。5～12月，市征管保障成员单位共发布数据编目155个，上传2016年度涉税数据216万条。国税局、地税局在税务登记、增值税发票、申报征收、非正常户认定、欠税信息、纳税信用、税务稽查和风险管理等方面共享信息139 192条。征管保障实施办法以来，通过国地税双方风险管理部门对数据进行整理、分析和比对后，应用于征管一线，大大提高了税务机关风险管控能力，堵漏增收效果明显，补缴税款3.36亿元，其中，国税补缴税款6 027.39万元、地税补缴税款27 584万元。深度推进国地税合作。年内，市国税、地税系统紧扣服务深度融合、执法适度整合和信息高度聚合的改革要求，通过合作办税、联合检查、协同管理、信息共享等方面的合作与联动，联合推进合作市级示范区建设，联合开展税收分析、税务稽查、纳税信用评价和风险应对，联合加强非居民税收风险管理，联合开展“走出去”纳税人基础信息核实和管理，联合开展税收宣传月活动，联合对房地产开发企业税收实施项目管理，以及联合党建纪检监察，联合开展政策宣讲和业务培训，互派干部挂职交流等，稳步推进服务深度融合、执法适度整合、信息高度聚合，实现了合作共赢。12月，经省国税、地税局联合推荐，税务总局对标复核，市国税、地税局被国家税务总局确定为全国百佳国税地税合作市级示范区。在《合作规范（3.0版）》规定的51项涉税事项中，与国税局就44项涉税事项开展全面合作（7项为省级合作事项），合作成效显著，初步形成联合征管、协同执法、创新服务的工作格局。

【纳税服务】 2017年，市地税局全面贯彻落实《纳税服务规范》，完善服务举措，优化服务管理，持续开展“便民办税春风行动”，推行“效能税务、智慧税务、便民税务、公平税务、协作税务”5类17项32条便民措施，办税便利化改革提质增效。推进办税便利化改革。合理简并纳税人申

2017年9月14日，市地税局副局长殷才祥带队到新平重点企业开展蹲企服务
（李　薇　摄）

报缴税次数。年内，对65 273户增值税小规模纳税人附征税费实行按季申报，对2 799户小型微型企业实行按季预缴，对2 452户定期定额户实行以缴代报，对62 821户增值税、消费税附征税费零申报户免于零申报，真正实现了征纳“双减负”。拓展便民办税渠道。推广规费电子支付，实现了规费征管全程电子数据化流转；全面推行“一人一窗双系统”办税模式，推行委托邮政部门实施双代业务（4～12月，全市36个邮政代开网点，累计代征税款2 281.4万元）；通过推行“二维码”一次性告知制度，让纳税人感受“一码在手、码上办税”的贴心式办税服务体验；6月成功上线使用电子税务局系统，有效缓解了纳税人重复问、多次跑的问题，同时大大降低了纳税人的办税成本。全市有13 631户纳税人使用电子税务局办税，25 374户纳税人使用网上办税平台申报纳税。进一步修订完善首问责任、限时办结、预约办理、延时服务、24小时自助办税等5项办税服务制度，为纳税人、缴费人提供线上、线下多元化的预约服务渠道，对首问责任事项办理全过程实施过程监控和痕迹管理，实现首问事项受理、转办、承办、反馈的闭环式管理，有效避免了纳税人、缴费人多头找、多次跑的问题。

【税收规范化建设】 2017年，市地税局在《全国税务机关纳税服务规范》列出的236项涉税事项中，161项地税机关涉税事项全部实现在办税服务厅受理接件，其中即时办结事项92项，限时办结事项69项。按照“前台受理、后台流转、限时办结、窗口出件”的要求，做好《全国税务机关纳税服务规范》与《税收征管规范》前后台业务及信息系统的衔接。在省局的指导下，向市政府法制办梳理报送了市局机关、市局稽查局、市局直属征收局、市局高新区分局4个行政执法主体的职权职责清单。完成市、县两级地税局权力清单和责任清单通用目录的梳理，完成对《权责清单》的梳理编制、公开工作，共涉及行政职权共计7大类96项，其中，行政许可4项、行政处罚54项、行政强制8项、行政征收20项、行政检查3项、行政奖励1项、其他行政职权6项；行政职权对应的“责任事项”共计647项，“追责情形”共计703项。

【纳税信用管理】 2017年，市地税局依托金税三期工程纳税信用管理系统开展了2016年度纳税信用评价工作，玉溪市国地税局合作做好2016年度纳税信用等级联合评定、公布、公示及补评、复评工作（纳入信用管理户数有12 664户），联合评定A级纳税人193户、B级纳税人3 041户、C级纳税人935户、D级纳税人679户。切实加强纳税信用信息归集管理与公示共享工作，对拟评的A级纳税人事前广泛征求意见，上报省地税局，于6月23日通过云南地税门户网站汇总公告，并通过“信用玉溪”、地税门户网站和办税服务厅电子显示屏向社会进行公示，同时将A级纳税人名单传递给银监分局和工商局。市级层面与市银监分局、建设银行、红塔银行、农业银行、交通银行、工商银行建立联动响应机制，与5家银行签订了“银税互动”协议，联合开展“银税互动”助力小微企业发展活动，将纳税人的“纳税信用”与“贷款信用”相结合，重点支持依法纳税守法经营的纳税人的融资需求，树立守信激励和失信惩戒的价值导向，降低金融风险。市国税局、市地税局向5家银行推送纳税人信用信息5 640户，上述银行通过“银税互动”为纳税人提供59笔贷款，贷款金额达7 162.8万元，其中，为小微企业提供贷款55笔，贷款金额为6 312.8万元。

【地税稽查】 2017年，市地税局共检查、督导企业自查1 862户，查补入库税款1.19亿元，查补率1.49%。其中：立案稽查55户，查补入库税款2 145.27万元，滞纳金493.95万元，罚款60.35万元，合计2 699.57万元。督导企业自查1 307户，入库税款9 219.99万元.查补率1.58%。开展个人所得税专项检查。从6月23日起，对全市辖区范围内所有行政事业单位开展以工资薪金为主的个人所得税专项检查。全市共对1 316户行政事业单位开展检查，对1 016户行政事业单位开展纳税辅导，举办大型辅导18场，下户辅导511户，接受咨询1 075次。经辅导，查补个人所得税税款4 969万元，已全部入库。强化税务稽查双随机一公开工作。制定随机抽查实施方案，完成“双随机系统”上线，建立了税源名录库、执法人员名录库。国地合作联合开展随机抽查。建立国税、地税税务机关稽查联合随机抽查机制，确定6户企业为共同检查对象。在全市管辖范围内随机抽查62户企业开展检查，查补入库税款1 752.9万元。国、地税合作，建立协作机制。建立了稽查局长联席会议制度，明确专人牵头负责双方合作事宜的落实，制定下发《玉溪市国、地税联合稽查工作实施方案》，进一步细化双方职能职责。强化四环节合作措施。建立选案信息、涉税违法举报信息交换机制，理顺交换渠道、缩短交换时间。年内，玉溪国、地税稽查共同下达任务，联合督导自查73户，督导自查查补入库9 585万元，其中国税查补8 435万元，地税查补1 150万元；共同确定联合进户稽查对象26户，同步分别立案10户，立案检查查补入库3 260万元，其中国税查补1 520万元，地税查补1 740万元。传递选案信息105户/次，转办信息2户/次，3个转办函；统一稽查案件审理和处罚裁量标准，确保执法公平。审理部门相互传递查结案件处理信息24次，查询涉税信息231次，及时运用对方查结案件信息，催缴本方征管税种，保证税收及时足额入库，利用国税提供信息查补入库税款348万元；研究制定协同执行机制，联合开展税法宣传，利用税法宣传月、联合稽查等契机对纳税人开展全税种、多方位税收政策宣传。税费同查，坚持“查税必查费、税费并重、税费并举、税费同查”，运用稽查手段有力推进规费追缴、征收工作。制定了工作制度，明确部门职责、规范流程、统一文书，要求在查办案件时税费检查全覆盖。设计了规费检查表、单，将税费同查任务分解至稽查各环节，明确岗责。建立地税稽查、规费、管理部门和公安经侦部门的协作机制；规费、稽查、管理、公安经侦联合对恶意欠费户进行约谈，推动规费与税收同征同管工作。全市地税稽查系统共对38户企业开展社会保险费的检查，有问题户6户，已及时将欠缴工会经费、疾保金计360万元反馈规费部门。

【行政执法】 2017年，市地税局成功创建3家全省地税系统法治税务示范基地的基础上，持续推进法治基地申报创建工作。结合税收宣传月及七五普法规划全面推行等契机，广泛动员，使全系统干部职工深刻领会创建工作的精神实质，增强创建主观意愿，掀起了全民参与的创建热潮。元江县局被省局命名为省级法治基地，通海县局正积极争创国家级法治基地。全面推广“微地税”公众号。在通海县地方税务局“通海地税”微信公众号成功运行取得良好效果的基础上，在全市地税系统推广以通海县地税局“微地税”为模式的各县区地税局政务微信公众号。截至4月20日，各县（区）11家基层单位的微信公众号已全部开通，各公众号主要包括纳税服务、办税指南和税企互动等模块，以图文并茂的形式向广大纳税人推送最新税收政策、税收优惠、涉税通知、12366热点问题、办税流程、地税动态等涉税信息。为更好地厘清、解决纳税人在申请办理税收优惠过程中的“痛点”“堵点”和“难点”，市地税局于6月对玉溪中心城区的21户中小企业进行了典型调查，调查采用召开税企座谈会、发放问卷调查表的方式进行。搜集整理纳税人关于税费政策执行、纳税申报、税法宣传等方面的建议意见7条，现场解答纳税人提问咨询18个，撰写专题调研报告一篇，积极向上级部门献言献策。同时，完成2017年执法案卷评查工作，本次评查采用各县（区）局和稽查局自查自评、市地税局集中抽查的方式进行，各县（区）局自查自评案卷79件，其中行政许可案卷1卷，为“采取实际利润额预缴以外的其他企业所得税预缴方式的核定”；行政处罚案卷（一般程序）78件，自查自评率为100%；市局集中抽查并评查，共抽取市局稽查局及各县（区）局2016年度行政处罚和行政许可案卷45卷，其中行政许可案卷1卷，行政处罚案卷（一般程序）44件，抽查评查率为57%。评查率和抽查率均达到省局要求的评查比率。最终评查结果为优秀卷宗44件，合格卷宗1件。对评查发现的问题及时印发情况通报，督促各单位落实整改，同时将评查结果作为市局法规对县（区）局绩效考核分档考核的重点内容。开展“放管服”改革和“减证便民”规范性文件专项清理工作，共清理规范性文件13件，未发现与“放管服”改革和“减证便民”专项行动等不一致的规定。代清理市政府规范性文件2件，因制定文件所依据的行政法规已失效，建议废止。

【税务公开】 2017年，市地税局加强“双随机一公开”监管工作，在2016年底完成全市11家单位“日常监管对象名录库”“执法人员名录库”两库建设及“随机抽查事项清单”公示的基础上，为全面推进“双随机一公开”监管工作，有效防范税务执法中可能存在的“任性检查”和执法扰民、执法不公、执法不严等问题，玉溪市地方税务局自主研发双随机公开摇号系统，成为首批实现“双随机一公开”监管信息化和自动化的单位。该系统主要包括数据管理、抽取管理和查询管理3个功能模块。通过该系统可以将随机抽查事项清单、抽查对象名录库、执法检查人员名录库和抽查比例、抽查频率等参数导入摇号系统，点击“抽取”按键后，由系统自动在后台生成拟抽查纳税户名单和指派的执法人员名单。系统的研发实现随机抽查的全程透明、全面公开，彻底解决人工筛选抽查可能存在的人情执法、选择性执法等灯下黑问题。目前系统已完成项目论证，进入试运行阶段，市局将根据各县（区）反馈的修改意见进一步对系统进行优化完善，使其更切合地税工作实际。

【税收信息化】 2017年，市地税局以税收现代化理念为指导，坚持科技引领、创新驱动，立足税收征管体制改革与创新发展并举，拓展税收服务新领域，为纳税人提供方便快捷、智能主动、开放透明、安全有效的办税服务，全力推进玉溪地税税收现代化建设。做好安全管理，1月3～15日，在全市税务系统开展软件安全自查，对内外网软件使用情况、病毒防护情况、U盘使用情况、涉密计算机、涉密网络防护和管理情况、网络安全知识普及教育情况等进行梳理自查。3月15日开始，按照省政府推进使用正版软件领导小组工作安排，我局将所有在用电脑外网、内网全部安装国产正版软件金山WPS。至12月底，全市地税系统共1 287台内外网办公计算机（包括台式机、笔记本电脑等单位统一配备需要使用办公软件的计算机）安装了正版金山WPS Office 2016专业版办公软件，安装率达100%。年内，以“政府主导、财政牵头，税务

2017年，市国税局、市地税局联合开展绿色骑行税收宣传活动，将绿色环保理念贯穿于税收宣传始终　（陈　蓉　摄）

协同、部门配合、信息支撑”的玉溪市人民政府税收征管保障数据资源共享平台于5月16日正式上线。平台依托玉溪市电子政务外网、华为玉溪云计算中心政务云平台进行建设，由税务、公安、工商、国土、住建等39家税收征管保障领导小组成员单位参加数据共享，共享事项包含机动车登记信息、股权变更登记信息、农用地转让信息、房屋网签登记备案信息等共187项。6月，房地产税收一体管控平台在玉溪成功上线，系统将房地产业立项—土地—规划—建安—销售—清算—保有—注销8个环节纳入信息化管理。全市纳入房地产税收一体化管控平台“项目管理”的68个，纳入房地产税收一体化管控平台“土地增值税清算”的67个，房地产一体化平台系统采集数据7 081条，产生预警待办2 236条，产生应缴纳税款512.81万元，预警税款3 611.07万元。6月1日，电子税务局在全市范围内成功上线。为做好电子税务局推广应用工作，市地税局成立电子税务局推广运用工作领导小组，并制定实施方案和应急预案，通过办税厅电子显示屏、微信公众号、报刊等多种形式加强电子税务局宣传，同时做好师资骨干培训、局端章戳采集、CA证书资料收集及证书发放、外接设备验证、系统调测、岗责权限验证等工作，截至10月底，全市地税系统CA证书共发放2 685个，注册数2 191个，注册率为81.6%。玉溪成为云南地税金税三期核心数据回放的试点单位，向新平县局、红塔区局等基层单位，市财政局、市政府等单位以及市局风控、财务、税政等科室提供数据12 521条。

（阚璐蕊）

2017年，市委书记罗应光（右一）到红塔区国税局办税服务厅了解办税服务情况

（余　娇　摄）

国家税务

【收入情况】 2017年，全市国税系统共计组织各项税收收入337.46亿元，比上年增收25.21亿元，增长8.07%。收入总量稳居全省16个州市国税系统第二位。征收的四个主体税种实现全面增长，其中：增值税入库100.25亿元，比上年增收15.36%；消费税入库204.17亿元，比上年增收1.88%；车辆购置税入库4.99亿元，比上年增收34.38%；企业所得税入库28.04亿元，比上年增收32.18%。

【收入结构】 2017年，从入库级次看，中央收入和地方收入均实现增收，其中，中央级收入入库276.12亿元，比上年增收9.63亿元，增长3.61%；地方级收入入库61.33亿元，比上年增收15.58亿元，增长34.05%。地方级收入中，省级收入入库7.98亿元，比上年增长39.81%；市级收入入库28.20亿元，比上年增长16.91%。县（区）级收入入库25.15亿元，比上年增长57.96%。从征收主体看，10个征收单位税收收入实现全面增长，其中，红塔区增长55.55%、元江县增长41.84%、澄江县增长39.67%、江川区增长38.49%、华宁县增长32.83%、新平县增长30.31%、易门县增长29.46%、峨山县增长28.63%、通海县增长23.30%、开发区增长2.27%。从三个产业看，一产税收收入同比增长87.37%、二产税收收入同比增长5.07%、三产税收收入同比增长37.41%，税收比重分别为0.07、88.24、11.7，比上年一产税收占比提高0.03个百分点，二产税收占比下降2.52个百分点，三产税收占比提高2.5个百分点。

【收入特点】 2017年，全市国税收入呈现“三突破一扭转”的形势变化。地方收入突破50亿大关，营改增后，增值税分成比例的调整带来地方收入的大幅增长，市县两级地方收入达53.35亿元，为分税制改革以来首次突破50亿。增值税首破百亿大关，全年入库收入达100.25亿元，属玉溪增值税历史上的首次破百。非烟税收的占比首次突破20%，达22.68%，2017年，供给侧结构性改革的效应逐步显现，非烟税收连续十二个月40%以上的增幅上扬，打破了长期以来“二八分配”的局面，卷烟税收的占比下降到77.32%，属近10年来首次呈现“三七分配”。在非烟税收的大力拉动下，收入总量破冰，实现8个点的增收，扭转2016年减收趋势，实现经济税收协调增长。

【工业卷烟税收】 2017年，全市入库工业卷烟税收260.94亿元，比上年增收2.94亿元，增长1.14%。其中：增值税入库48.52亿元，比上年减收2.2亿元，下降4.34%；消费税入库201.41亿元，比上年增收3.67亿元，增长1.86%；企业所得税入库11.01亿元，比上年增收1.47亿元，增长15.43%。

【重点行业税收】 2017年，全市增值税方面，增收较大的是化工产品、钢坯钢材、生铁、通用设备、建材、医药制造、营改增行业、商业，减收较大的是工业卷烟。其中，化工产品累计入库2.17亿元，比上年增收3 991万元，增长22.48%；钢坯钢材累计入库3.05亿元，比上年增收2.05亿元，增长2.06倍；建材累计入库2.63亿元，比上年增收6 617万元，增长33.62%；医药制造累计入库8 326万元，比上年增收3 072万元，增长58.47%；营改增累计入库18.73亿元，比上年增收8.96亿元，增长91.83%，增收的主要因素是2017年1～5月营改增扩围翘尾增收6.74亿元，四大行业增收6.13亿元，

①

②

①2017年4月8日，峨山县大龙潭彝族乡以花为媒，以节会友，举办以“醉美龙潭、玫瑰有约”为主题的首届玫瑰花节，峨山县国税局、县地税局组织税宣志愿者走进玫瑰花田，宣传涉农税收优惠政策，解答彝民关心的种植合作社等一系列税收政策 ②2017年，峨山县国税局第26个税收宣传月活动搭载纳税人“大走访”、政策“大辅导”，走进玉磨铁路乐和隧道施工现场，走访了解工程进展，宣传“营改增”相关政策，解答政策执行疑问（普学文　摄） ③2017年，元江县国税局工作人员到傣家农家乐进行税收宣传（高尔曦　摄） ④2017年，市、县（区）两级国地税联合开展税收宣传（余　娇　摄）

③

④

其他现代服务业增收6 055万元；通用设备累计入库3 407万元，比上年增收1 282万元，增长60.33%；商业累计入库8.91亿元，比上年增收1.54亿元，增长20.84%。消费税方面，工商业卷烟消费税均实现增收，其中，商业卷烟入库2.64亿元，比上年增收1 124万元。企业所得税方面，增幅较大的是工业卷烟、采矿业、商业、房地产、租赁和商务服务业。其中，采矿业累计入库9 563万元，比上年增收7 966万元；商业累计入库6.09亿元，比上年增收1.81亿元，增长42.29%；租赁和商务服务业入库4亿元，比上年增收2.14亿元，增长1.14倍；房地产业入库4 939万元，比上年增收2 739万元，增长1.25倍。（四）受政策影响，储蓄存款利息所得税入库1万元，比上年减收3万元。

【增值税管理】 2017年1月1日，全市国税系统将从事水果生产加工销售、且出口实行生产企业“免抵退”税管理的增值税一般纳税人，纳入农产品增值税进项税额核定扣除试点范围；贯彻落实简并税率政策，拓宽宣传渠道，加大培训力度，实现纳税人7月1日起正确开具发票，8月1日起正确申报。12月31日，全市已有23户纳税人使用增值税电子普通发票，并全部实现了网上申领，共开具增值税电子普通发票95.98万份，价税合计金额为599.46亿元。起征点以下小规模纳税人利用手机终端成功开具增值税电子发票在玉溪市测试成功。继续加强使用商品编码开具发票管理，定期下发未正确使用商品编码开具发票的纳税人，动态监控，及时辅导，力促每一户纳税人都能够使用升级后的软件正确进行开票。截至年底，共对10 064户次纳税人进行了宣传培训。

【营业税改征增值税】 2017年，全市国税系统围绕确保所有行业税负只减不增的改革目标，做好“改进好”和“总结好”工作，联合地税部门对四类重点辅导对象开展培训辅导，增强纳税人对新税制的适应能力。持续监控税负变化情况，坚持按月开展典型案例分析和税负分析专项调查工作，客观反映改革运行情况；以问题为导向，对照检查“营改增”改革落实中存在的问题查缺补漏，强化政策辅导、申报辅导、开票辅导，优化服务举措，确保打通抵扣链条、纳税人应扣尽扣，充分发挥税制改革实效。截至12月31日，全市“营改增”纳税人达39 125户，其中，四大行业营改增纳税人为33 586户，占比达85.84%。1～12月，全市营改增累计入库18.73亿元，其中，四大行业入库14.54亿元，占全部营改增收入的77.63%。建筑服务业入库9.24亿元，金融业入库2.45亿元，生活服务业入库7 411万元，房地产业入库2.11亿元。

【消费税管理】 2017年，全市国税系统加大白酒生产企业的管理力度，对白酒消费税最低计税价格进行核定，全市共核定4户企业。做好2016年度消费税涉税信息采集工作，对年消费税应纳税额大于10万元烟类、酒类和成品油类纳税人的申报销售收入等信息进行采集，审核完毕后统一录入系统。做好对成品油企业消费税和超豪华小汽车消费税的管理。

【企业所得税管理】 2017年，全市国税系统组织开展2016年度汇算清缴工作，2016年度企业所得税开业户10 169户，比2015年增加2 199户，增长27.59%，应参加汇算清缴企业10 025户，增加2 182户，增长27.82%，汇算面达100%。全市2016年度实际应纳所得税额22.92亿元，比2015年增加2 066.16万元，增长0.91%，本年实际已预缴的所得税额20.7亿元，预缴率达90.30%。2016年度全市享受企业所得税优惠政策的企业3 318户次，比2015年增加1 165户次，增长54.11%。税收优惠面达81.6%，实际减免企业所得税16.4亿元。推进企业所得税重点税源和高风险事项管理。全年共承接省局两期风险任务涉及七类风险事项共计143户企业，市局推送重点税源企业风险11户，共计调减待弥补亏损金额1 238.98万元，补缴企业所得税及滞纳金金额4 059.11万元。做好外商投资企业年度投资经营信息联合报告审核工作和高新技术企业认定推荐工作。年内，国地税配合商务、财政和统计等部门共同完成43户外商投资企业年度投资经营信息联合报告工作，与相关部门共同审查推荐40户企业上报省级相关部门进行高新技术企业认定。落实好小型微利企业所得税优惠政策。截至四季度，有符合条件的2 572户企业享受小型微利企业所得税优惠政策，比上年同期增加732户，增长39.78%，持续保持100%政策受惠面。减免企业所得税1 984.78万元，比上年同期增加1 105.28万元，增长125.67%。其中，符合扩围减税政策的企业121户，减免企业所得税714.33万元，占全部小微企业所得税减免税的35.99%。

【车购税管理】 2017年，全市国税系统共征收76 308辆，比上年增长1.21%，车辆购置税共计入库4.99亿元，比上年增收1.28亿元，增长34.38%。共办理免税车辆1 026辆，免征车辆购置税3 389万元，办理减征车辆26 457辆，减征车辆购置税5 311万元。

【国地税合作】 2017年，全市国税系统持续推进国地税合作，施行“一窗一人一机”，联合委托邮政公司代开发票代征税款，不断优化互设窗口、联合进驻、联合共建等办税服务模

2017年，市国税局开展“一窗一人一机”测试　（付　谊　摄）

式，扩大“进一家门，办两家事”的覆盖面；开展联合稽查、纪检监察合作，不断创新合作方式。截至年底，国地税联合共建1个办税服务厅，共同进驻1个政府政务大厅，国税、地税各有7个互设窗口的办税服务厅，国税共有34个联合办税服务窗口，地税有23个联合办税服务窗口。年内，国、地税联合办理设立登记28 978户，联合办理变更登记70 070户，协调办理注销登记37 887户，联合开展税收宣传30次；联合开展培训辅导28次，联合开展以需求为导向的满意度调查7次，联合对4 848户纳税人开展纳税信用评价，联合推进“银税互动”，为59户纳税人提供7 163万元贷款，其中为55户小微企业提供6 313万元贷款，联合为21户“走出去”企业提供服务管理措施，国税局代地税局征收地方税费1.33亿元，地税局代国税局征收增值税4 249万元。

【深化国税、地税征管体制改革】 2017年，全市国税系统按照总局部署，依据“服务深度融合、信息高度聚合、执法适度整合”的目标要求，分步推进改革；市县两级国税建立改革任务台账，统筹推进便民办税春风行动、国地税合作等改革举措，不断优化纳税服务，持续探索纳税人分类分级管理改革，开展联合稽查、联合执法，提升征管查质量；持续推进数字人事和绩效管理，加强干部队伍建设，截至年底，61项改革任务，已完成46项，正在开展14项，未开展1项（非市级层面开展事项），改革任务完成率达75%。

【放管服改革】 2017年，全市国税局认真落实总局省局取消行政审批项目的工作要求，取消80项行政审批、保留7项行政审批事项，推进行政审批目录化、清单化，推行备案管理，简化涉税资料报送、表单填写，梳理下发即时、限时办结事项112项，公开服务承诺事项，提高办税服务质效。将出口退税审核由市级下放至县（区）一级，加快出口退税审核进度。持续开展对“放权”事项应放未放、变相审批等违规情况的监督检查，确保“放”出发展效能、“放”出经济活力。

加强事中事后管理，持续强化税收风险管理，充分利用增值税发票快速预警系统、电子底账系统加强企业用票监控；总结虚开、偷税案件特点，制发指导意见，加强对增值税发票开具的管理监控；组织开展对商贸企业及农产品收购企业的风险应对，加强两类企业管理；结合省政府部署，开展旅游行业专项整治，加强大企业税务审计、所得税风险事项提醒。全年，共开展风险应对3 664户次，其中有问题2 600户次，补缴税款1.73亿元，调减留抵税款1 771万元，调减弥补亏损1 541万元，移交稽查查处20户，共减少税收流失2.06亿元。提升纳税服务质效，改造办税服务厅，规范窗口设置，新设叫号系统，着力解决等候时间长、办税手续复杂等问题；推进“互联网+税务”，推行增值税发票网上申领、网上勾选认证抵扣、网络申报、电子税务局、一表集成，线上线下持续拓展办税便利化渠道。全面落实便民办税春风行动“提速降负、创新服务”的46条新举措和“放管服”30条便民举措，开展“大众创业、万众创新”税收政策宣传辅导；深化商事制度改革，推进企业“五证合一”和个体工商户“两证整合”，充分释放商事制度改革红利；开展纳税人大走访活动、满意度调查和需求分析，落实办税服务联络制度，着力营造“亲、清”新型政商关系。

【税收共治】 2017年，全市国税系统全面落实《玉溪市税收征管保障实施方案》，建立健全“政府主导、财税协调、部门负责、行政监督、信息共享”的税收征管保障机制，大力推动多部门参与的综合治税协税护税网络建设；正式启用由玉溪国税主导制定业务需求、市政府立项开发的“玉溪市税收征管保障数据资源共享平台”，39家成员单位纳入该平台管理。以平台为桥梁，国地税与党委政府、各职能部门互通招商引资、重点项目、重点建设推进情况，共享涉税信息，强化风险管理，提升堵漏增收能力，共同推动税源管理向多部门“合作管税”“信息管税”逐步转变。截至年底，共享平台编目发布数为155个，数据交换量达325.2万条，经国地税分析比对，运用74 827条于征管一线，共计补缴税款2.39亿元。

2017年，市国税局工作人员深入企业开展调研，了解企业生产经营情况，进一步问需问计于民营企业家，收集优化服务的改进完善建议。图为市国税局局长黄永（左一）在太标集团听取企业负责人介绍生产工艺流程 （余 娇 摄）

【出口退税】 2017年，全市在出口退税审核系统办理出口退（免）税资格认定登记的出口企业共281户，其中，生产企业208户，外贸企业73户。全市共有115户出口企业进行申报，比上年增加14户；共审批办理出口退（免）税6.23亿元，比上年减少4 381万元，下降7%，其中，退税额5.9亿元，比上年减少5 500万元，下降9%；免抵税额3 319万元，比上年增长1 119万元，增长51%。年内，有序开展出口企业分类管理评定工作，其中，一类企业无，二类企业18户，三类企业244户，四类企业20户。积极推行跨境贸易人民币结算办理出口退税业务。全年审批办理人民币结算出口退（免）税4.58亿元，其中，外贸企业退税331万元，生产企业退税4.51亿元，免抵税额381万元。借助

"新平台"上线，提升出口退税管理服务质效。8～12月，343户（次）出口企业通过出口综合服务平台成功申报，申报出口退税额2.17亿元，免抵税额367.2万元。8～10月，全市共通过出口退税辅助管理系统预警分析、评估风险出口企业2户（次）。积极推进出口退（免）税无纸化管理试点工作，申报期成功受理两户企业出口退（免）税无纸化申报，退（免）税额9万元。

【依法治税】 2017年，全市国税系统以"规范税务人、服务纳税人"为目标，开展税收执法大督察，围绕组织收入、减免税执行、"营改增"改革、打击偷骗税等情况开展覆盖9个县区局的税收执法督察，提升税收执法质量。坚持依法稽查，以"两打一专"为重点，严厉打击税收违法行为；持续开展行业、区域专项整治和发票专项整治行动，整顿税收秩序；规范税务进户执法工作，扎实推进行政许可和行政处罚信息双公示工作，不断提高国税部门执法的透明度和公信力；开展法治税务示范基地创建工作，推进内控机制建设，推行法律顾问和公职律师双制度，不断提升税收执法质量；开展税务行政案卷评查，加大重大税务案件审理，强化税收执法权监督，规范税收执法行为、提升执法水平。全年共审理重大税务案件29件；共办理行政许可事项1 932件、行政处罚2 264件，罚款入库154.57万元，全市国税全年未发生税务行政复议和行政诉讼案件。

【国税稽查】 2017年，全市国税系统持续打击虚开增值税专用发票案件，查处部分大案要案，继续配合公安机关查办"3・25"案件，打击出口骗税取得重大突破，作出玉溪国税首例没收违法所得处理。1～12月，全市国税共对95户纳税人开展重点稽查，稽查查补入库1.13亿元，比上年减少5 437万元，减32.46%，曝光案件8件，移送公安部门案件19件，查结案件选案准确率达95.51%，入库率达100%。

①2017年，市国税局党员干部重温入党誓词（杨兴鸿　摄）②2017年，华宁县国税局开展扶贫工作（豆思鸿　摄）

【减税降负】 2017年，全市国税系统全面落实国务院6项减税新政、大众创业万众创新、"一带一路"等税收扶持政策，激发企业活力动力，大力扶持国家鼓励产业，加大税源培植力度，增强地方财政"造血"功能。全市国税共办理出口退（免）税6.23亿元，共减免税收30.72亿元。分项目看，减免税主要集中在改善民生、促进小微企业发展、促进区域发展、支持三农等领域，其中，改善民生类减免税4.07亿元，鼓励高新技术类减免税3 398万元，促进小微企业发展类减免税3.86亿元，节能环保类减免税为7 096万元，西部大开发优惠减免税1.75亿元，支持文化教育体育类减免税1 938万元，支持金融资本市场类减免税11.14亿元，支持三农建设类减免税3.68亿元，其他类减免税达4.96亿元。

（李　媛）

绿水青山·碧玉清溪

（吴 垠 摄）

金融业

FINANCE AND INSURANCE

责任编校：王　捷

金融管理

外汇管理

银行业监管

商业银行

保险业监管

保险公司

证　券

金融管理

【概　况】 2017年，市人行认真贯彻落实国家宏观调控政策，牢牢把握“抓作风，强基础，重创新、严落实”工作主线，围绕全市经济社会发展目标，加大对实体经济支持力度，切实防范金融风险，各项工作取得新成效。全年金融机构各项存款余额1 719.4亿元，比年初增加203.7亿元，增长13.4%；各项贷款余额996.9亿元，比年初增加93.4亿元，增长10.3%。

【货币信贷管理】 2017年，市人行有效发挥双支柱政策框架作用，有力支持地方经济发展，认真贯彻落实稳健中性货币政策，盘活存量、优化增量，提高资金使用效率，完成金融业增加值82.3亿元，占GDP5.8%。同时，积极发挥信贷政策导向作用，优化信贷资源配置，精准实施定向支持政策，引导金融资源向经济社会发展的重点领域和薄弱环节配置，切实加大对“三农”、小微、扶贫等领域的支持力度。年末，全市支农、支小再贷款余额分别为1亿元、5亿元，金融机构涉农贷款、小微企业贷款余额分别为483.08亿元、263.69亿元，精准扶贫贷款余额38.95亿元，较上年增长1.07倍。此外，努力提升银政企融资对接实效，满足稳增长和供给侧结构性改革的合理融资需求，持续推进应收账款融资服务平台推广应用，缓解中小企业融资难题，累计成交61笔，融资成交额115.27亿元。

【维护金融稳定】 2017年，市人行扎实推进“两管理、两综合、一保护”工作，对64家金融机构开展综合评价工作，对5家金融机构进行综合执法检查，对14家投保机构开展存款保险现场评级，实现对地方法人金融机构稳健性评估全覆盖。同时，进一步畅通金融消费者投诉咨询渠道，接待来访2件，接听12 363金融消费咨询投诉电话80次，金融消费权益保护信息管理系统转办案件3件；积极支持和促进金融机构改革，跟进全市农行“三农金融事业部”改革进展情况，配合有关部门全力推进红塔区农合行、华宁县及新平县农村信用社改革工作，推动农村信用社采取渐进式、分步走方式改制为农村商业银行。

【深化金融改革与开放】 2017年，市人行推进利率市场化改革成效显著，全市有12家地方法人金融机构成为全国市场利率定价自律机制基础成员，累计在全国银行间市场发行同业存单131.2亿元，大额存单165.83亿元，拓宽了资金来源渠道；推进跨境人民币结算工作实现新跨越，以进一步便利跨境贸易投资为出发点和落脚点，强化管理与服务，推动全市跨境人民币结算总量持续增长。截至年末，全市跨境人民币收支总额51.3亿元，比上年增加7.9亿元，增长18.2%。

【支付结算与反洗钱】 2017年，市人行组织全市支付清算业务，处理支付业务103.54万笔，清算资金142.56万亿元；持续推动非现金工具使用创新，根据地方特色农产品专业化市场不同的运作模式，加大适合农村地区非现金支付工具推广力度，广泛利用易POS、MPOS、网上银行、手机银行、ATM转账和商业银行行内系统转账等支付方式，加大烤烟、柑橘、甘蔗、茉莉花、大牲畜等特色农产品收购的非现金结算；认真履行反洗钱职能，对5家金融机构开展反洗钱现场检查，扎实做好重点可疑交易分析，接收金融机构重点可疑交易报告40份，涉及金额人民币260.82亿元和美元1，865.2元；推动普惠金融服务站建设，建成覆盖七县两区的61个普惠金融服务站，实现农户办理惠农资金补贴、农产品收购、商品订购、银行卡结算、取款、缴费、农户和贷款需求登记、金融知识普及、农村信用体系建设和人民币反假宣传等“一站式”综合服务。

【经理国库与货币发行】 2017年，市人行切实履行好经理国库职责，认真组织国库会计核算，准确、及时地办理国家预算收入收纳、划分、报解和退库。全年办理国库业务143.59万笔，各级预算收入485.33亿元，同比增长6.58%；办理各级预算支出358.37亿元，同比下降14.00%；发行储蓄式国债20 873.70万元。同时，积极推进县级国库集中支付电子化管理工作，通海县、江川区、澄江县、峨山县、新平县支库财政支出无纸化系统于10月31日正式上线；加强发行库安全管理，确保发行基金供应总量充裕、结构合理，全年投放现金105.88亿元，回笼90.09亿元，净投放15.79亿元；指导银行业金融机构加大柜面假币收缴力度，抓好反假货币工作，全年收缴假币面额44.25万元。

【征信管理】 2017年，市人行推进社会信用体系建设综合性试点工作，积极参与推动《市社会法人守信激励和失信惩戒实施细则（试行）》的起草出台；推进农村信用体系建设，全市创建信用乡镇22个，采集农户信用档案52.9万户，评定信用户41.5万户、信用村189个、信用组1 391个；推进征信宣传工作，建成14个诚信宣传教育基地，开展宣传进学校58次、进企业14次、进社区230次、进乡村54次、进机关4次、其他114次。

【调查统计与金融研究】 2017年，市人行严把统计基础业务关，提升金融统计数据质量，组织完成全市2016年度涉农贷款增量奖励和定向费用补贴申报。同时，深入政府部门、金融机构和相关企业，注重突出区域特色和反映真实情况，调查研究成果既有理论深度又有指导意义。其中，《金融业增加值季度核算方法改进及建议》《基于绿色金融视角发展“三湖”生态经济融资机制研究》《国债期货价格波动与宏观经济决策》等专题调研和预测分析工作为基层央行职能提供有力支撑，也为上级行工作提供有价值的信息和意见建议；《审慎监管指标与银行效率的关系——基于面板门限回归模型》获人总行年度青年课题三等奖；《影响玉溪市信贷增长的“五个问题”亟待解决》被市政府张德华批示；与昆明中支合作的《政府购买服务项目融资清理中产生的新问题亟待关注》《云南省环保督查力度加大，企业经营分化明显》被总行调统司《调研分析报告》采用。

（徐　昊）

外汇管理

【概　况】 2017年，市外汇局按照稳中求进的工作总基调，坚持“扩流入、控流出、稳预期、防风险”的工作思路，防范跨境资本流动风险，服务实体经济和贸易投资便利化，增加外汇市场有效供给，合理满足外汇市场有效需求，建立健全宏观审慎管理框架下的跨境资本流动管理体系，加强真实性合规性审核，严厉打击外汇领域违规违法活动，着力维护外汇市场的健康稳定运行。截至年末，全市

银行结售汇总额2.82亿美元，比上年减1.65亿美元，减幅36.9%；跨境收支10.25亿美元，比上年减1 610万美元，减幅1.5%；实现进出口报关总额20.67亿美元，比上年增5 585万美元，增幅2.8%。

【促进贸易投资便利化】 2017年，市外汇局认真贯彻落实《国家外汇管理局关于便利银行开展货物贸易单证审核有关工作的通知》，便利企业外汇结转，向银行开放企业报关电子信息，大幅提升银行进行真实性审核的便利度及办理效率；推动全口径跨境融资宏观审慎管理政策实施，对符合规定的资金汇入和结汇需求给予便利，积极按要求清理法规，推动提升外汇管理公共服务的质量和效率。

【防范跨境资金流动风险】 2017年，市外汇局密切监控新形势下跨境资金流动，增强跨境资金流动预警分析前瞻性，规范货物贸易管理，针对重点领域开展银行外汇业务合规性专项检查，加强对流出资金的监管，严肃查处外汇流出违规问题。全年对交通银行、中国银行进行非现场核查和专项现场检查，对富滇银行玉溪分行开展国际收支业务现场核查，开展1家货物贸易企业现场核查，对4家服务贸易企业非现场核查，约见谈话1家。

【推进外汇管理方式转变】 2017年，市外汇局优化大额、异常购付汇监测约谈工作，及时向市场主体传导政策意图，提示市场风险。全年对9家进出口贸易企业发出风险提示，加强对银行窗口指导，完成10家银行执行外汇管理政策情况的考核工作，督促银行完善内部绩效考核和定价策略管理，促进全市外汇市场的健康发展。同时，推进跨部门联合监管，加强与税务、商务等部门的沟通，实现监管互助、信息互换。

【严厉打击外汇违法违规活动】 2017年，市外汇局始终把严厉打击外汇违规违法行为作为维护外汇市场健康运行的第一要务，贯彻落实上级专项行动总体要求，组织开展打击“逃骗汇、非法套汇”等外汇违法违规行为，积极开展专项检查。并应用外汇非现场检查系统，开展形势分析和异常线索排查，实现非现场检查与现场检查相结合的精准打击。

（徐　昊）

银行业监管

【概　况】 2017年，全市共有持证银行业金融机构29家、营业网点373个。市银监局专注监管主业，聚焦服务实体经济质效，积极引导银行业推动供给侧结构性改革、加大金融扶贫力度、推进普惠金融发展、强化风险防控等工作，促进全市经济金融平稳健康发展。截至年末，全市银行业金融机构资产总额2 345.9亿元，比年初增长343.1亿元，增长17.13%；负债总额2 192亿元，比年初增长339.5亿元，增长18.33%。

【服务实体经济】 2017年，市银监局紧紧围绕地方发展战略，确保重点领域资金需求，鼓励银行业创造条件为市级“七大重点产业”“四个一百”“五网建设”和“四带多园”等重大战略、重点项目提供信贷支持，全年支持“四个一百”重点项目贷款余额136.59亿元，其中，新发放贷款42.95亿元；引导银行业支持全市基础设施建设，交通、水利、电力等基础设施行业贷款余额206.71亿元，保障性安居工程贷款余额56.54亿元；紧扣供给侧结构性改革，深入推进“三去一降一补”，引导银行业成立6个债权人委员会，支持经营良好企业4家，帮扶困难企业2家，债委会管理贷款余额65.31亿元，办理贷款、展期或续贷0.52亿元；持续开展房地产行业信贷情况监测研判，完善差异化信贷政策，积极支持房地产去库存；配合财政部门做好存量债务置换工作，置换地方政府债务41.3亿元；严肃查处违规收费问题，对4家机构违规收费问题实施行政处罚，罚款人民币44万元，并责令全额退回违规收费9.8万元。

【推进普惠金融发展】 2017年，市银监局助推支农质效全面提升，引导银行业资金、服务、产品“三下沉”，全力推进“村村通”全覆盖，打通农村金融服务“最后一公里”。全市金融服务覆盖行政村615个，覆盖率85.77%，比年初增9.94%，乡镇机构网点覆盖率100%。同时，强化金融支持小微力度，组织开展“行长访小微”活动，走访261家企业、82家小微企业，获新增贷款7.65亿元；推动银税互动，由市税务机关向各银行机构推送纳税客户3 213户，通过银税合作渠道发放贷款余额6 438.04万元。年末，全市银行业小微企业贷款余额452.55亿元，较年初增长25.26%，高于各项贷款增速8.87个百分点；小微企业贷款户数5.66万户，较年初增加1.02万户；小微企业贷款获得率95.19%，较上年增加0.71个百分点，顺利完成小微企业贷款“三个不低于”目标任务。

【落实扶贫攻坚】 2017年，市银监局督促各银行业金融机构落实小额扶贫包干责任制，督查4个重点县扶贫小额信贷工作推进情况。全市银行业发

2017年10月17日，市银监局组织全体党员到市博物馆参观中共一大至十八大图片展　（市银监局　提供）

①2017年9月6～7日，市银监局工作人员深入“挂包帮”农户宣传国家惠民、扶贫金融政策和防范金融诈骗等知识 ②2017年9月25日，市银监局到农业职业技术学院开展“金融知识进校园”活动，就“校园网贷”“电信诈骗”热点问题向广大师生做专题讲座　　（市银监局　提供）

放扶贫小额信贷余额4.11亿元，完成计划的102.80%；发放农村危房改造贷款44.69亿元，异地扶贫搬迁贷款余额8亿元，累计投入约81亿元支持农村公路、城乡发展一体化等农村基础设施建设。同时，分局党委认真落实扶贫攻坚“挂包帮”“转走访”工作，开展脱贫攻坚“找问题、补短板、促攻坚”专项行动，对挂包的47户贫困户逐一进行建档立卡，落实帮扶责任，基本解决贫困户危房改造、医疗保障、就学保障、吃穿问题，实现“两不愁、三保障”脱贫目标。

【深化银行业改革发展】 2017年，市银监局加快推进农村金融改革，稳妥推进3家农商行组建和改制工作；大力培育发展村镇银行，由北京银行发起设立的元江县、新平县北银村镇银行于10月获批开业，全市村镇银行覆盖6县（区），覆盖率达66.67%；引导各银行机构完善运行机制，督促法人机构加强公司治理；引导不同类别银行业机构走差异化、特色化发展道路，结合地方经济发展实际、自身功能定位、风险偏好和比较优势，培育核心客户群，寻求新的业务增长点，实现银行业持续稳健发展。

【强化银行业风险管控】 2017年，市银监局注重处理风险化解与支持地方经济发展的关系，向辖区银行业金融机构下发各类业务风险提示13份，与相关机构高管人员进行专题约谈20次；着力防控信用风险，按月主动向市委、市政府报送银行业运行情况及风险防控工作报告；着力防控案件及操作风险，督促银行业定期开展案件风险、操作风险排查，组织开展理财销售“双录”工作检查评估，对风险隐患突出的机构进行高管约谈，并对两家内控执行不力、操作风险和案件隐患突出的机构分别给予20万元的行政处罚；着力防控风险交叉传染，清理整顿银行业金融机构与融资担保、小额信贷、融资中介机构的违规业务合作和资金往来情况，协助公安机关处置4起非法集资案件，涉及金额580余万元。

【促进金融生态环境建设】 2017年，市银监局推动银行业合规文化建设，督导各银行业金融机构在元旦、春节、中秋、国庆等重要时点和党的十九大会议期间开展安全排查、案防工作考核评估等工作，强化银行业安全保卫意识；落实从业人员处罚信息登记查询制度，跟踪督导“三项技防”推进工作；组织开展《反恐怖主义法》“八进”宣传教育活动，强化银行业金融机构反恐工作意识；加大金融消费者权益保护力度，对5家机构消费者权益保护工作进行考评，对城商行、农商行消费者权益保护工作体制机制建设开展“双查”；组织开展“金融知识进万家”宣传服务月、打击银行卡非法买卖、打击非法集资、防范电信诈骗等公众教育宣传活动，提升消费者金融素养。全年妥善处置信访投诉事项39起，对部分履行主体责任不力、信访投诉频发或处置不及时的机构进行监管约谈。

【提升监管质效】 2017年，市银监局强化责任担当，围绕监管目标创新监管方法，改进监管手段，建立跨部门法律事务工作组，严格执行查处分离，做实依法监管；进一步规范非现场监管工作流程，明确监管标准，提高监管效能；从“训、学、研、赛、奖”5个方面推动EAST系统推广运用，促进EAST系统在金融案件防控、机构经营状况非现场分析、现场检查、信息科技风险监测等领域发挥作用；开展银行业市场乱象整治工作现场检查、“两加强两遏制回头看”专项检查和“三违反”“三套利”“四不当”“案件治理”“两会一层”五大专项治理，累计开展现场检查项目11项，检查机构数6个，出动工作人员882，查出问题223个，对6家机构及2名高管人员实施行政处罚。全年

荣获银监会系统文明单位、银监会系统学习型组织标兵单位、省金融五一劳动奖状、省银监局系统优秀单位、省银监局舆情工作先进单位、市综治维稳（平安建设）先进单位等多项集体荣誉。

（胡　晓）

商业银行

【市农发行经营状况】 2017年，市农发行坚持稳中求进的工作原则，以党建工作为统领，以业务发展为中心，围绕服务农业供给侧结构性改革和脱贫攻坚精准发力，统筹“严管理、强队伍、防风险、促发展”等各项工作，经营状况稳步提升，各项工作成效明显。截至年末，各项存款余额21.38亿元，贷款余额38.86亿元，中间业务收入增幅明显，风险防控成效显著，无不良贷款。

【支持地方“三农”建设】 2017年，市农发行固守粮油信贷本业，累计发放粮油收储贷款1.21亿元，保证粮食储备安全和种粮农户利益；全力支持脱贫攻坚，围绕项目扶贫、产业扶贫，倾斜人力物力，建立绿色通道，投放扶贫类贷款9笔，金额13.7亿元，占全年贷款投放量的61%；承接省分行下划的扶贫业务专项资金5.9亿元，及时拨付1.78亿元，确保扶贫资金专款专用，及时到位；助力实体经济发展，发放小微企业贷款12.9亿元，小微企业贷款余额比年初增加9亿元，增64.45%，小微企业贷款增速比全行贷款增速多18.11个百分点，有效缓解政策支持范围内小微企业的“融资难、融资贵”问题；年内获批扶贫过桥、棚户区改造、应急救灾项目各1个，贷款金额6.18亿元，完成3.18亿元贷款投放，发挥农发行补短板的职能作用。同时，积极促成农发行省分行与市人民政府签订战略合作协议，内容涵盖5大领域，涉及金额500亿元，经筛选后上报项目7个，获批金额18.73亿元，年内投放6.2亿元，有效支持农村公路、水利、整体城镇化建设等项目顺利开展。

（张　雪）

【市工行经营概况】 2017年，市工行坚持以质量和效益为中心，稳步推进转型升级，主要业务保持平稳发展势头。截至年末，人民币全部存款107.87亿元，比年初增加4.77亿元，各项贷款79.79亿元，实现中间业务收入9 023万元，经营效益明显改善，内控案防机制不断完善，实现安全经营目标。

【服务实体经济】 2017年，市工行主动跟进市“十三五”规划中的重点项目和“五网建设”项目，以高速公路、市政基础设施建设等优势行业项目拓展为重点，加强高新区、研和工业园区和红塔工业园区等入驻企业的金融服务，稳步推进公共设施领域贷款营销，支持以政府购买服务、PPP等方式运作的征地拆迁、地下综合管廊、海绵城市等建设项目。截至年末，公司贷款53.71亿元，比年初增加5 863万元。

【发展普惠金融】 2017年，市工行成立小企业经营中心，大力宣传推广网上小额贷款，采用“白名单主动准入+经办行调查确认+贷款自动审批”全新业务流程，通过总行大数据抓取方式下发66户网上小额贷款客户名单，推荐贷款额度3 180万元。同时，积极推广小微企业纳税信用贷款（税务贷）业务，于11月与市国税局、市地税局签订《“征信互认、银税互动”合作协议》，根据纳税人提出的金融服务需求，为年度纳税信用评价结果较好的纳税人提供融资和其他金融服务。截至年末，小微贷款客户74户，贷款余额6.54亿元。

【提升服务质量】 2017年，市工行转变观念，推动互联网金融快速发展，加快线上生态圈布局。全年新增工银“融e行”客户3.71万户、一键支付客户1.82万户、“融e联”客户2.77万户，实现“融e购”非金融交易额4 864万元，完成电子银行交易额2 721.83亿元。同时，加强客户投诉管理，推进网点运营标准化管理改革，完成辖属9个网点的全智能化改造，创建“党员示范岗”42个，北市区支行荣获“中国银行业文明规范服务星级网点五星级网点”称号，市工行继续保持省级文明单位称号。

（瞿　敏）

【市农行经营概况】 2017年，市农行年末存款余额214.84亿元，比年初增32.12亿元；各项贷款余额141.24亿元，比年初增31.69亿元。其中，涉农贷款余额为79.27亿元，比年初增6.54亿元；农户贷款余额3.17亿元，比年初增7 928万元；对公贷款余额110.25亿元，比年初增32.68亿元。全年实现营业收入6.19亿元，其中，中间业务收入9 400万元。

【加强小微客户贷款营销】 2017年，市农行发放“农家乐”信用贷款2笔，金额100万元；首笔烟农小额信用贷款5万元；首笔农村土地承包经营权和经济林木权两权抵押融资贷款37万元。并中标“市医保基金集中统一存储选择代理银行采购项目”，累计发放惠农卡43.16万张，比年初增3.48万张，卡激活率90.41%；开通金穗惠农通工程服务点679个，覆盖90%以上行政村；“农银e管家”金穗惠农通工程服务点注册上线413户。

【银政合作】 2017年，市农行先后与元江县、华宁县、易门县、新平县政府签署《金融战略合作框架协议》及《政府增信贷款工程合作协议》，积极支持地方经济发展，为当地党委政府提供全方位、高品质银行服务的承诺得到初步落实；支持市江通高速公路有限公司江川至通海高速公路项目、建科管廊建设有限公司红塔大道综合管廊工程项目。

【拓展金融服务项目】 2017年，市农行成为全市医保基金的唯一代理合作银行，实现与财政、社保首次独家合作；获批住房公积金代理业务，成功营销公积金中心贷款。截至年末，电子银行注册客户30万户，较年初净增4.5万户，增幅14.78%，其中，个人类客户29.6万户、企业类客户4 707户。全年发放金融社保卡24.68万张。

（柏存龙）

【市中行经营概况】 2017年，市中行充分发挥自身优势，积极支持地方建设、民生经济快速发展。截至年末，人民币各项存款余额73.32亿元，人民币各项贷款余额35.46亿元。

【加强智能网点建设】 2017年，市中行不断提升网点客户服务体验，以智能化为向导，“服务销售新模式”为核心，通过客户动线设计、网点环境改造升级、智能柜台上线、业务流程优化等工作，创新与客户交互方式，提升网点服务能力和业务处理效率。市分行营业部被评定为五星级营业网点。

【公益活动】 2017年，市中行对新平县老厂乡勐炳片区人饮供水工程项目捐赠资金15万元，解决该村10个小组及转马都村2个小组的饮水安全问题。全行246人完成“公益中国”注册，用实际行动支持中国银行扶贫点的建设发展。市分行通过开展“为爱奔跑”公益跑活动，弘扬公益文化，传递奉献精神。

（杜明敏）

【市建行经营概况】 2017年，市建行认真贯彻落实党的各项路线方针政策，加大信贷投放力度，千方百计支持地方经济建设，积极开展金融知识宣传、爱心捐助等活动，认真履行企业社会责任。截至年末，一般性存款余额208.79亿元，比上年增4.14亿元；贷款余额81.42亿元，比上年增0.93亿元；累计投放贷款32.69亿元，其中向大中型企业投放贷款16.7亿元，向小微企业投放贷款1.49亿元，个人贷款14.50亿元。

【支持地方经济】 2017年，市建行举行小微快贷产品发布会，宣告建行小微快贷正式上线，助力小微企业主实现便捷融资。全年为281户小微企业主提供授信，授信金额9 494.6万元，投放贷款7 510.33万元。10月，省建行与市政府举行金融合作座谈，双方就下一步全方位深化合作达成共识，将合力打造全省银政合作的标杆和样板，实现地方经济发展和银行发展的“双赢”。

【服务民生】 2017年，市建行响应市政府“绿色出行”的口号，率先在全省、全市发行交通一卡通，实现地铁、公交、自行车的一卡通用，为环保助力，全年累计发卡6.4万张；在南北大街支行、新平支行布放两台纸硬币兑换一体机，为市民兑换纸币、硬币、零钱等提供便捷服务；以线上聚合支付的技术优势，配合玉兴路派出所建立“户政超市——24小时身份证自助申领大厅”，实现全自助操作申领居民身份证。

【履行社会责任】 2017年，市建行为玉溪一中、玉溪三中、师院附中、民族中学四所学校的30名贫困生提供“成长计划”奖学金9万元；组织定点扶贫村困难党员慰问募捐活动，到挂钩帮扶贫困村慰问困难党员；向挂包帮扶村易门县股水完小捐助爱心款项10万元，用于改善学生住宿、饮水、学习等硬件设施。

（杨　茜）

【市交行服务地方经济】 2017年，市交行紧紧围绕市委、市政府经济发展战略，全面提升金融服务水平，优化服务流程，提高信贷审查审批效率，新增贷款投向水利环境和公共设施管理业、交通运输业、汽贸等行业；加大项目储备和投放，发挥带动作用明，获批36.3亿元重点项目贷款；抓住海绵城市建设契机，争取项目招标资金等累计进款31.36亿元，日均存款增量3.45亿元；增进与政策性银行及政府平台子公司的合作，争取到9家子公司开立账户。

【加强风险管控】 2017年，市交行高度重视全面风险管理工作，扎实管控操作风险和案防风险，在执行人行政策综合评价中被评为A类行，成为全市五大国有银行中唯一一家评为A类的银行。全年对公不良余额为0，个贷不良余额5万元，比上年下降32万元，五级分类不良率0.001%，信贷资产质量继续保持优良水平。

【技能提升】 2017年，市交行立足岗位坚持开展业务技能练兵，提升客户服务水平，于9月组织业务技能竞赛，并选派综合成绩优胜的2名代表参加省分行“指尖上的芭蕾”营运综合业务技能竞赛，分别斩获个人全能、综合录入、点钞机点钞第一名和单指单张点钞第一名的好成绩。

（乔艳梅）

【市华夏行经营情况】 2017年，市华夏行进一步提高客户融资服务能力和现金管理能力，加快结构调整步伐，夯实转型发展基础，围绕“贴着政府、贴近市场”开展业务。截至年末，全行有对公用信客户32户，用信余额22.06亿元，其中，国企背景用信客户11户，用信余额11.59亿元，用信客户数占比34.38%，用信金额占比52.52%，授信客户结构得到明显改善。同时，针对小微企业开拓多样化担保方式融资业务，推出“银税通”“云烟贷”“POS网络贷”等信用类贷款产品，解决小微企业融资难问题。

【完善金融服务机制】 2017年，市华夏行坚持以客户为中心，对信贷客户结构进行调整，扎根基础市场和基础客户，提高零售业务市场份额和贡献，推进“大零售”业务有序转型；依托市老干部活动中心平台，坚持开办“智能生活”讲座，教老年客户使用智能手机微信、手机银行、购物、相册制作等APP；参与市直机关老体协、驻建老体协等各协会的运动会、体育舞蹈展演等大型活动，完善中老年人关爱服务体系；通过走社区、进学校、访入企业等方式开展反假货币、反洗钱、支付结算管理、防范电信网络新型违法犯罪等主题宣传活动及金融知识万里行、消费者教育服务活动，切实维护消费者权益、担当金融单位的社会责任。

【完善网点布局】 2017年11月13日，市华夏行红塔路支行搬迁至新址营业，新址地处城区金融街，周边聚集建材、零售快消品批发市场，人流量大、商户、企事业单位和居民较多，具有更广阔的业务拓展空间，与支行营业部分别位于城市的南边和北边，区位布局更加合理。

（丁兆成）

【市民生行经营概况】 2017年，市民生行认真贯彻落实全国金融工作会议精神，以“服务实体经济、防控金融风险”为工作目标，贯彻落实稳健中性的货币政策，创新金融服务产品，提升服务实体经济的水平，强化内控和全面风险管理，各项工作取得新进展。截至年末，一般性存款余额13.35亿（对公存款10.59亿、储蓄存款2.76亿）；一般性贷款余额3.36亿（对公贷款1.27亿、个人贷款2.09亿）。

【服务实体经济】 2017年，市民生行坚持“以客户为中心、以市场为导向、以创新为动力”的发展理念，以“三优一特”为营销主线，聚焦区域特色，依托支柱产业和主流经济，加强对全市重要行业和重点企业的信贷营销，加快对优质民营企业的拓展力度，大力开展各类业务，不断扩大客户群体规模和市场份额，为地方民营经济的快速发展形成有效推动。

【金融服务与金融宣传】 2017年，市民生行全面开展“普及金融知识万里行”宣传教育活动，让金融知识“进社区”“进企业”“进学校”“进村镇”，不断提升公众的金融意识，保障金融消费者基本权利，助推和谐金融环境；强化社区金融服务，不断提

2017年3月8日，民生银行玉溪支行向新平县建兴乡马鹿社区捐赠扶贫资金
（市民生银行　提供）

升服务品质和社区金融产能，以社区生活为服务出发点，打破传统金融服务边界，利用互联网整合各种生活服务资源，为社区居民提供智能化服务体验。

（廖　雁）

【市浦发行经营概况】 2017年，市浦发行坚持稳中求进，抓收入、促改革、调结构、控风险、强管理，提能增效保发展，夯实基础守底线。截至年末，一般性存款18.9亿元，增长率60.06%；表内信贷余额7.6亿元，表内外授信余额16.7亿元；发放贷款8亿元，不良贷款余额142.57万元，不良率0.19%。

【融资支持】 2017年，市浦发行主动融入新一轮西部大开发、桥头堡、“一带一路”、滇中城市经济圈一体化建设等重大战略机遇，积极营销，争取到45亿元重点基础设施项目及七大产业项目，全年实现信贷投放8亿元。

【金融创新】 2017年，市浦发行推出最高30万元无线化个人消费信用“点贷”产品和最高100万元“精英贷”消费信用贷款系列产品，与市公积金中心成功签约“公积金点贷”，推进“互联网+住房公积金”业务，积极履行“普惠金融”的社会责任。

【履行社会责任】 2017年，市浦发行继续强化金融消费者权益保护工作，加大对反洗钱、反假币、支付系统的宣传，先后开展送金融知识进校园、信用玉溪行、普及金融知识万里行、金融知识进万家等大型宣传活动13场，依托社区银行开展进社区宣传活动10余场。

【企业文化】 2017年，市浦发行澄江支行营业部被共青团上海浦东发展银行委员会评为2016年度浦发银行青年文明号；顺利通过“中国银行业文明规范服务五星级营业网点”的复核工作；获浦发银行昆明分行“学法规、明底线、促合规、防案件”法律合规反洗钱知识竞赛团体一等奖；被评为市“平安银行”创建先进单位。

（李晓琳）

【市广发行普及金融知识】 2017年，市广发行持续开展“普及金融知识万里行”宣传活动，走进峨山县塔甸镇、市农业职业技术学院、社区、超市、企业等地，开展“支付结算账户使用安全月”“电子智能服务推广宣传月”“防范电信网络诈骗宣传月”主题宣传活动，宣传存贷款、个人征信、理财、校园贷、外汇等业务和防范非法集资、电信网络诈骗方面金融知识，接待现场咨询客户800余人、发放宣传折页800余份。

【助力精准扶贫】 2017年，市广发行按照脱贫攻坚各项工作要求，组织领导干部41人到峨山县塔甸镇大西村委会，给该村20户贫困户送去温暖，设立“互助基金”，配合建档立卡、动态管理等扶贫工作。并发动全行干部、员工捐款，款项发放至每户扶贫对象，用于购买鸡苗、化肥、农药、籽种及粮油等，助力精准扶贫。

【开展管理年活动】 2017年，市广发行认真贯彻落实基础管理、科技创新、文化重塑“三大工程”的建设要求，组织开展“管理年”活动，以管理促经营、以改革促发展的工作理念，以系统、管理、效率、风险、流程、机具设备等方面为主要内容，对标先进分行及同业银行管理，全面提升管理的科学化、精细化和规范化水平，增强市场竞争力、风险控制力和价值创造力。

（廖成海）

【市中信行经营概况】 2017年，市中信行在市委、市政府的大力支持下，于2月28日正式对外营业。开业以来，市中信行坚持以打造“最佳综合融资服务银行”为经营目标，强基础、拓业务、控风险。截至年末，全口径存款余额3.34亿元，对公贷款余额29.2亿，管理资产余额2.71亿元，对公客户开户数42户，其中，日均50万以上有效账户13户。

【服务小微客户】 2017年，市中信行将社区活动日常化，通过拓展电子银行业务提升基础存款、信用卡借贷关联获客等方式，提升客户层级。全年开展社区活动100余场、厅堂活动50余场；对全市大中型建材市场、批发市场宣传POS机和全付通业务，办理POS机317台、全付通390台，增加个人存款近1 000万元；通过开展借贷关联业务，累计激活信用卡2 000多户，办理借记卡比率约80%，签约薪金煲比率约80%。

【开展“金融知识进万家”活动】 2017年，市中信行开展“金融知识进万家”宣传活动，涵盖征信宣传、反假货币、反洗钱、支付结算、防范金融诈骗等内容。全年举办集中宣教活动25次，参与员工25人，发放宣传资料5 000多份，受众客户5 000多人。

（栾　奕）

【市邮储行经营概况】 2017年，市邮储行实现营业收入0.81亿元，较上年增加0.06亿元，比上年增长7.31%。截至年底，总资产48.49亿元，比上年增长13.92%；各项存款余额44.71亿元，比上年增长14.55%；各项贷款余额15.49亿元，比上年增长17.53%，不良贷款率3.95%，拨备覆盖率136.64%；个人贷款余额13.65亿元，较年初增加2.2亿元，增长19.21%。

【服务地方经济】 2017年，市邮储行重点做好创业人员的贷款扶持，投放再就业小额贴息贷款3 125笔，金额3.12亿元，累计支持当地创业人员1万多名；搭建“银政、银协、银企、银担、银保”平台，支持地方经济，牵头组建大戛高速公路建设项目，投放贷款13.2亿元；支持当地小微企业主，投放小微企业贷款4 026户，金额5.99亿元；推进农村信用体系建设，在华宁华县溪甫甸村、盘溪绿豆庄村、峨山县马鹿塘村建立信用社，合计信用户355户，投放信贷金额0.13亿元；专注“三农”金融服务，支持农村经济发展，于9月26日成立市三农金融事业分部。全年发放精准建档立卡扶贫贴息贷款2 166户，金额0.98亿元；发放畜牧贴息贷款1 097户，金额1.11亿元；其他农户贷款646户，金额0.51亿元。

【提高自身建设】 2017年，市邮储行继续推行稳健、审慎的风险管理政策，持续推进全面风险管理体系建设，及时调整政策、措施，完善基础服务。同时，对标监管和同业，开展差距分析，优化管理结构，持续提升全行合规意识。全市有营业网点51个，其中，自营网点8个、代理网点43，营业网点县域覆盖率达100%；有自助银行42个，乡镇自助银行服务占比50%以上。

（秉　芳）

【市富滇行经营概况】 2017年，市富滇行作为省属地方性国有控股商业银行，秉承“心以致远、行于维新”的企业精神，以加快发展地方金融业、促进地方经济发展为己任，积极为全市经济、社会发展和人民群众的金融、经济生活提供优质、便捷的服务。截至年末，完成各项存款余额23.98亿元，各项贷款余额47.08亿元。

【支持产业发展】 2017年，市富滇行结合全市经济社会发展实际，围绕旅游文化产业、扶贫攻坚、高原特色农业开展经营业务，积极支持“五网建设”“四个一百”等市政基础设施和民生工程建设；参与新平县戛洒国家级特色旅游小镇、抚仙湖精品文化旅游“广龙小镇”及沿岸周边环境保护项目建设；支持市“双创”中心建设，发放基本建设项目贷款9 500万元，用于“众创孵化公园”项目建设。

【服务高原特色农业】 2017年，市富滇行贯彻落实支农扶贫的相关文件精神，履行地方国有银行金融扶贫社会责任，创新推出具有地方特色的富滇“金果贷”产品。全年投放“金果贷”3 957万元，支持10户高原特色农业企业发展柑橘产业，种植面积超过1万亩，带动约400名农民增收致富。

【服务县域经济】 2017年，市富滇行全面建设金融服务平台，丰富金融服务内容，提升金融服务水平，与市公积金中心签订合作协议，增强居民住房服务保障能力；针对新平县基础设施滞后、部分群众住房条件较差的问题，发放基本建设项目贷款6亿元，用于易地扶贫搬迁建设；成立新平县支行、北苑支行，并积极筹备其他县域支行，进一步支持县域经济发展，服务人民群众。

（张芃婉）

【红塔银行经营概况】 2017年，红塔银行一手抓管理、一手促发展，整体保持良好发展态势。截至年末，银行资产总额908.41亿元，较上年增长47.38%，规模超过所有在滇全国性股份制银行，在全国城商行排名84位；各项存款余额599.33亿元，贷款余额234.75亿元，增速分别是全省平均水平的9.77倍和3.58倍，不良贷款率较全省平均水平低1.9个百分点，在全国城商行排名第37位，拨备覆盖率较全省平均水平高90.22个百分点，在全国城商行排名第51位。

【支持地方经济发展】 2017年，红塔银行通过发行大额存单组织到140.1亿元省外烟草资金，对全市存款增长起到支撑作用；通过信贷投放、非标投资、债券投资、理财投资等方式为当地企业和项目提供融资，年末，融资余额82.79亿元，其中，贷款余额70.64亿元，占全行贷款的29.59%；与高新区管委会签订《政银战略合作协议》，助力千亿经济园区建设；依托烟草大数据，针对烟草种植农户、卷烟零售商户推出无抵押、无担保“香叶贷”“香悦贷”等“香金融”系列特色产品；开办银校一卡通、银医一卡通等新业务，惠及百姓；在营业网点已覆盖所有县（区）的基础上，进一步开设兰溪支行及华宁县、峨山县的3个警银亭；成立扶贫工作领导小组，积极参与扶贫帮困、捐资助学等社会公益活动，全年向公益事业捐款104.69万元。

（龙　伟）

【市农信社经营概况】 2017年，市农信社坚持稳中求进、夯实基础、精细管理、风险防控，不断提高金融服务“三农”的水平，加大对地方经济建设支持力度。截至年末，发放金融社保卡92.99万张、工会会员卡13.25万张；各项存款余额574.14亿元，净增28.92亿元；各项贷款余额370.94亿元，净增43.38亿元，圆满完成涉农贷款持续增长和中小微企业贷款“三个不低于”目标任务。

【创新服务支持三农】 2017年，市农信社加大金融产品和服务创新力度，设立惠农支付业务服务点385个，有效解决部分农村及偏远地区的金融缺失问题，华宁县联社在全省首发“惠农贷记卡”，红塔区、江川区、华宁县、澄江县、新平县等行社分别推出惠薪贷、租金贷、惠警贷、助烟贷、乡村旅游贴息贷及中草药种植贴息贷等金融产品，红塔区、易门县、通海县实施三农信息员、专职客户经理营销等工作机制。全年农户电子建档面94.36%，比上年提高15.2个百分点；农户授信覆盖面81.77%，比上年提高11.28个百分点；农贷面47.12%，比上年提高5.06个百分点；涉农贷款余额226.55亿元，比上年增加4.71亿元。“一县一特色”支农支小服务模式初见成效。

【扶持中小微企业】 2017年，市农信社积极开展“行长访小微”活动，按照“分层挂钩、属地服务”原则对省市级重点农业龙头企业进行挂钩服务，加大对小微企业、实体经济、民营经济的信贷支持力度。全年中小微企业贷款2.57万户，比上年增加2 468户，申贷获得率98.87%，贷款余额160.51亿元，净增23.14亿元；民营经济贷款余额209.45亿元，其中，对民营企业发放贷款90.33亿元、对个人经营者发放贷款119.12亿元。

【支持重点项目建设】 2017年，市农信社采取“名单督办制”狠抓省联社与市政府战略合作协议和市委、市政府“三个责任交办清单”项目落地，

2017年6月30日，全省农信社“惠农贷记卡”在华宁县首发　　（市农信社　提供）

与江川区政府签订战略合作协议，对50个地方重点项目授信29.21亿元，发放贷款18.19亿元，涉及路网贷款7.31亿元、能源保障网贷款2.47亿元、水网贷款4.99亿元、互联网贷款0.81亿元。

【助阵脱贫攻坚】 2017年，市农信社累计发放扶贫小额、精准扶贫、贷免扶补、基层党员带领群众致富、双十万、农危改等民生类贴息贷款18.04亿元，余额38.17亿元，惠及5.02万户农户及居民。

（杨益民）

保险业监管

【概　况】 2017年，市保险行业协会有会员公司29家（产险公司15家、寿险公司11家、中介代理公司3家），职工2 101人，营销员1.35万人。全年为人民提供保险保障10 371亿元，上缴税金2.55亿元；实现保费收入40.97亿元，比上年增长13.23%，其中财产险保费收入17.28亿元、人寿险保费收入23.69亿元；赔款支出12.43亿元，赔（给）付率为30.35%，其中财产险给付赔款7.39亿元、人寿险给付赔款5.04亿元。

【行业监管】 2017年，市保险行业协会根据《省执业证自律抽查工作通知》和《关于下发〈省执业证检查工作方案〉的通知》安排，把保险销售从业人员档案管理、诚信管理等综合信息纳入自律范围，成立检查小组，采取产、寿险公司交叉组合的方式，对全市26家保险公司进行现场检查。并组织全市各产险公司传达《关于转发中国保监会关于整治机动车辆保险市场乱象的通知》文件精神，督促产险公司开展自查工作，共同规范车险市场秩序。

【推动保险便民利民项目】 2017年，市保险行业协会与市卫计委联合印发《关于推进医疗康复和护理事业发展的实施意见》，建立“医养康护”相结合的长期护理保险制度，将城镇职工、城乡居民纳入长期护理保险。还与市食品药品监督管理局联合印发《关于开展食品安全责任保险试点工作的指导意见》，根据食品生产经营风险实际，按照相关法规，积极开展符合市场需求的新型食品安全责任保险试点工作，通海县、易门县成为试点县。

【宣传引导】 2017年，市保险行业协会着力强化对消费者的宣传力度，以普及保险知识和提示消费风险为主题，借助“3·15消费者权益保护日”“7·8全国保险公众宣传日”“玉溪最美保险人”评选和“保险扶贫成果”地州巡展等活动，倡导科学理性的保险消费观念，提高公众风险意识和维权能力。全年在《玉溪日报》上刊发稿件67篇，微信公众号推送消息1 100篇，开展活动24次。

【维权调解】 2017年，市保险行业协会下属的保险业人民调解委员会共受理保险纠纷案件2 515件，涉及保险当事人数5 230人，调解成功率达99.96%，将保险矛盾纠纷化解在基层，无上访及群体事件发生，有效提高保险公司服务质量，切实增强消费者满意度。

【评奖评优】 2017年，市保险行业协会被市委、市政府授予综治维稳（平安建设）目标管理责任制先进单位一等奖；被省保险行业协会授予5A级协会。市保险业人民调解委员会被国家司法部授予“全国模范人民调解委员会”称号。

（高　敏）

保险公司

【市人保财险公司经营情况】 2017年，市人保财险公司围绕全年目标任务，有效应对商车二次费改带来的重大考验，取得发展与盈利“双丰收”的历史最好成绩。截至年底，公司保费收入8.07亿元，比上年增长17.15%，完成省公司下达预算目标的100.13%，业务规模排全省第四位；增量保费1.18亿元，增量份额48.07%，稳居市场第一；保费增速领先市场0.65个百分点，市场增速比达103.93%，其中车险增速比105.48%、非车险增速比94.78%；市场份额比上年提升0.26个百分点，达到46.51%，位居全省系统五大公司之首；综合成本率88.05%，同比下降8.71个百分点，低于市场平均（92.95%）4.9个百分点，上缴国家税收4 062.47万元；有团体客户5 000个、个人客户23万个，分别比上年增加5.48%和13.68%；为全市人民提供财产和人身保险保障3 620.47亿元。

【深化改革转型及精细管理】 2017年，市人保财险公司持续优化县（区）支公司组织架构，确保各区、县支公司对外均以渠道和专业团队对接市场，对内有专岗对接分公司职能部门；改进工作方式，强化过程管理，持续推广“五位一体”工作法，坚持“日监控、周通报、月考核”制度，适时采取实施“一对一约谈”“现场会诊”“挂钩帮扶”等措施，帮助指导基层团队；大力推广“营销管理系统”等工具的使用，该项工作在省公司重点工作评分中排名第五；顺利实现销售费用管理系统上线，推广O2O业务划转平台，试点“人保V盟”平台开店数1 376个，排全省第二。

【加强基层建设】 2017年，市人保财险公司持续强化基层班子建设，调整任免管理岗人员8人，做好高管人员的任职资格审批及自查整改工作，完成43家营销服务部拟任负责人高管考试申报；通过实施“千人工程”、同业引进、内部转岗、社会招聘、地方人员招聘等方式，引进36人充实基层公司销售人员队伍；加强培训教育工作，派送118人分别参加总公司举办的各类培训班，举办辖内培训班12期，其中“车险软装备——送培训下基层”实现基层公司全覆盖，完成省公司下达全年培训计划126.5%，获全省系统年度教育培训工作一等奖。同时，持续强化两网建设，全市39个三农网点中保费达四星级标准的2个、达三星级标准的1个、达二星级标准的6个、达一星级标准的13个，农网点部均保费271万元，比上年提高48.4万元。全市4家社区门店完成保费1 335万元，标准化建设全部达标，在省公司重点工作评价中，社区门店建设工作排全省第一。

【提升服务能力】 2017年，市人保财险公司着力提升服务品质，加强俱乐部工作建设，打造差异化服务管理平台。全市会员人数2.73万人，与60多个商家开展合作，上架服务产品71个，完成订单2.13万笔，支付费用217万元。同时，积极开展增值服务，促进车险业务发展，为公司承保的摩托车提供流动上门检测服务，累计检测2.5万辆，新增摩托车业务保费300万元。公司在省公司客户服务综合考评中排名第一；全险种案均报案支付周期7.26天，比上年提速17.12个百分点，排全省第二；全险种万元以下当期赔案理赔周期5.92天，比上年提速12.28个百分点，排全省第二；保监渠道亿元保费投诉量0件，处理及时率100%，全省投诉综合考评排名第一；在市保险行业协会车险理赔服务满意度调查中排行业第一；高新支公司蒋益花和通海支公司陈进荣获“玉溪最美保险人”称号。

【构筑坚实的保险保障壁垒】 2017年，市人保财险公司承接全市精准扶贫医疗救助保险，建档立卡贫困户享受进入大病范围剔除起赔线后全额赔付、附加意外疾病身故给予赔付的福利政策。全年扶贫医疗救助保险赔付851人、支付赔款283.95万元。9月6日，通海县境内出现强降暴雨天气，导致大面积农房倒塌及不同程度受损，损失金额52.89万元。市人保财险公司在灾后第一时间组织人员进行灾情查勘定损并及时赔付，对灾区农户恢复生产、保证基本生活发挥重要保障作用。全年处理非车险案件2.04万件，赔付金额5 879余万元；处理车险案件6.97万件，赔付金额达3.15亿元，充分发挥保险职能，维护地区社会稳定和经济繁荣，为人民群众构筑坚实的保险保障壁垒。

（樊艳萍）

【市人寿保险公司经营概况】 2017年，市人寿保险公司个险、团险、银保三大业务渠道齐头并进、协调发展，计生保险、老龄保险两块业务保费规模居全省第一，公司总体经营平稳，业务结构调整初见成效。全年实现总保费收入6.03亿元，比上年增长16.55%；首年保费2.65亿元，比上年增长12.17%；续期保费3.37亿元，比上年增长20.33%；满期给付1.48亿元，赔款支出4 299.21万元；行业市场份额25.44%。纳税总额1 173.54万元。

【队伍建设】 2017年，市人寿保险公司月均增员率12.12%，实现月均长险举绩人力543人，月均长险举绩34.52%，季均有效人力891人，截至年末，全市系统人力1 427人，持证率80.63%，保险规划师队伍418人，较去年同期增长141人；客户经理队伍79人，较去年同期增长38人。

【教育培训】 2017年，市人寿保险公司本着服务基层、服务一线、服务业务的宗旨，开展110期培训班，培训人数5 108人次；举办全市“第一届抚仙湖论坛（国寿企业家论坛）”，为销售队伍搭建学习交流的平台；组织职工参加“国寿E学”相关课程并考核，提升职工业务素质和技能。

【精准扶贫】 2017年，市人寿保险公司高度重视精准扶贫，组织干部、职工深入对口扶贫单位新平县嘎洒镇平田村委贫了解情况，宣传扶贫项目和政策，帮助贫困户找项目、找信息、找出路，捐款2万元建设该村党员活动室；开展“送保险送保障”活动，为村民送险种或优惠办理人身险；慰问挂帮包、走转访的5户家庭，出资1万余元为其配备家具用品，改善其生活质量。同时，把资助贫困学生作为一项长期工作来抓，减免981人贫困学生保险费，合计14.2万元。此外，投入电商扶贫资金20 495元，帮扶湖北十堰地区农村产业发展。

【争先评优】 2017年，市人寿保险公司获省分公司“依法合规经营提升员工素质”专业知识、专业技能劳动竞赛“团体一等奖”；李蓉、徐玲、邓春华、陈洁被评为“百佳资深员工”，陶娟、崔丽萍、翟鲲鹏、普雨、周勇刚被评为“百佳爱岗青年才俊”；公司收展一部、新平县支公司被省分公司被评为“先进集体”，邓春华、邢翠仙、彭川被评为“先进个人”；新平公司党支部被省分公司评为“先进基层党组织”，高正兴、周国存被评为“优秀党员”，李跃辉被评为“优秀党务工作者”。邢翠仙、金桂莲获市保险行业协会“最美保险人”荣誉称号。

（樊艳萍）

2017年全市财产保险公司业务统计表

单位：万元

单位	险　种	保险金额	保费收入				赔款支出			
			本年累计	上年同期	同比（%）	份额（%）	本年累计	上年同期	同比（%）	简单赔付率（%）
人保财险	1.企业财产保险	3 721 120.60	1 789.88	2 574.87	-30.49%	50.37%	539.32	775.82	-30.48%	30.13%
	2.家庭财产保险	838 631.17	1 110.73	517.97	114.44%	78.09%	382.18	412.09	-7.26%	34.41%
	3.机动车辆保险	11 663 426.03	67 189.52	56 762.69	18.37%	46.28%	32 701.35	28 675.94	14.04%	48.67%
	其中：交强险	3 002 542.00	17 092.71	15 288.22	11.80%	42.77%	6 058.74	6 156.84	-1.59%	35.45%
	4.工程保险	219 399.87	268.00	70.12	282.17%	39.28%	76.48	11.27	578.51%	28.54%
	5.责任保险	1 656 477.14	1 381.49	927.27	48.98%	42.30%	562.23	434.28	29.46%	40.70%
	6.信用保险	2320.00	188.68	729.39	-74.13%	74.54%	180.16	690.57	-73.91%	95.49%
	7.保证保险	21321.70	510.33	3.77	13423.62%	18.59%	–	–	–	0.00%
	8.船舶保险	–	–	–	–	–	–	–	–	–
	9.货物运输保险	4 980 895.92	1 454.04	1 572.34	-7.52%	76.24%	1 037.62	1 435.42	-27.71%	71.36%
	10.特殊风险保险	–	–	–	–	–	–	–	–	–
	11.农业保险	24 476.60	904.39	865.63	4.48%	18.62%	425.00	736.39	-42.29%	46.99%
	12.健康险	9 219 855.96	4 064.29	3 363.22	20.85%	96.56%	2 055.30	1 918.38	7.14%	50.57%
	13.意外伤害保险	4 137 769.74	1 824.01	1 485.76	22.77%	38.70%	886.61	617.81	43.51%	48.61%
	14.其他险	–	–	–	–	–	–	–	–	–
	合计	36 485 694.73	80 685.36	68 873.03	17.15%	46.69%	38 846.24	35 707.98	8.79%	48.15%
太保产险	1.企业财产保险	1 739 236.60	568.66	1 332.78	-57.33%	16.00%	212.91	162.44	31.07%	37.44%
	2.家庭财产保险	37 864.27	11.34	29.03	-60.94%	0.80%	4.07	12.33	-66.99%	35.89%
	3.机动车辆保险	2 007 976.21	12 884.94	11 342.01	13.60%	8.87%	5 037.19	5 704.70	-11.70%	39.09%
	其中：交强险	469 968.40	3 613.62	3 296.29	9.63%	9.04%	1 279.01	1 566.52	-18.35%	35.39%
	4.工程保险	57 010.38	103.77	60.27	72.18%	15.21%	–	–	–	0.00%
	5.责任保险	275 158.20	229.30	286.62	-20.00%	7.02%	123.62	109.90	12.48%	53.91%
	6.信用保险	–	–	–	–	–	–	–	–	–
	7.保证保险	1 066.97	7.05	–	–	–	–	–	–	–
	8.船舶保险	–	–	–	–	–	–	–	–	–
	9.货物运输保险	437 397.02	99.16	138.02	-28.16%	5.20%	86.16	125.41	-31.30%	86.89%
	10.特殊风险保险	–	–	–	–	–	–	–	–	–
	11.农业保险	360.00	1.76	3.90	-54.87%	0.04%	–	–	–	0.00%
	12.健康险	–	–	–	–	–	–	–	–	–
	13.意外伤害保险	15 242 421.54	520.05	460.92	12.83%	11.03%	382.39	701.72	-45.51%	73.53%
	14.其他险	–	–	–	–	–	–	–	–	–
	合计	19 798 491.19	14 426.03	13 653.55	5.66%	8.35%	5 846.34	6 816.50	-14.23%	40.53%
平安产险	1.企业财产保险	508 658.63	167.99	150.77	11.42%	4.73%	2.53	55.03	-95.40%	1.51%
	2.家庭财产保险	68 141.41	210.02	23.26	802.95%	14.77%	39.41	15.20	159.22%	18.77%
	3.机动车辆保险	1 183 924.58	20 882.58	16 638.24	25.51%	14.38%	6 408.22	6 434.72	-0.41%	30.69%
	其中：交强险	781 044.00	5 210.71	4 464.89	16.70%	13.04%	1 617.11	1 588.13	1.82%	31.03%
	4.工程保险	167 770.01	154.03	21.50	616.49%	22.57%	19.95	0.09	22650.88%	12.95%
	5.责任保险	212 948.93	501.99	915.68	-45.18%	15.37%	222.75	406.05	-45.14%	44.37%
	6.信用保险	1 051.06	64.45	–	–	25.46%	–	–	–	0.00%
	7.保证保险	–	–	–	–	–	–	–	–	–
	8.船舶保险	–	–	–	–	–	–	–	–	–
	9.货物运输保险	906 602.75	112.44	96.61	16.39%	5.90%	173.65	44.57	289.58%	154.43%
	10.特殊风险保险	–	–	–	–	–	–	–	–	–
	11.农业保险	3 450.04	1.57	–	–	0.03%	–	–	–	0.00%
	12.健康险	117 013.46	108.71	101.74	6.85%	2.58%	67.60	58.15	16.26%	62.19%
	13.意外伤害保险	2 448 597.62	648.85	541.10	19.91%	13.77%	44.92	54.87	-18.14%	6.92%
	14.其他险	–	–	–	–	–	–	–	–	–
	合计	5 618 158.49	22 852.63	18 488.90	23.60%	13.22%	6 979.04	7 068.69	-1.27%	30.54%
天安产险	1.企业财产保险	–	–	1.98	-100.00%	–	–	–	–	–
	2.家庭财产保险	–	–	0.03	-100.00%	–	–	–	–	–
	3.机动车辆保险	48 925.00	68.75	631.32	-89.11%	0.05%	266.80	335.67	-20.52%	388.07%
	其中：交强险	–	42.40	211.80	-79.98%	0.11%	54.96	90.23	-39.09%	129.62%

续 表

单位	险 种	保险金额	保费收入				赔款支出			
			本年累计	上年同期	同比（%）	份额（%）	本年累计	上年同期	同比（%）	简单赔付率（%）
天安产险	4.工程保险	–	–	–	–	–	–	–	–	–
	5.责任保险	800.00	0.51	49.00	-98.96%	0.02%	–	20.60	-100.00%	0.00%
	6.信用保险	–	–	–	–	–	–	–	–	–
	7.保证保险	–	–	–	–	–	–	–	–	–
	8.船舶保险	–	–	–	–	–	–	–	–	–
	9.货物运输保险	–	–	–	–	–	–	–	–	–
	10.特殊风险保险	–	–	–	–	–	–	–	–	–
	11.农业保险	–	–	–	–	–	–	–	–	–
	12.健康险	1 170.00	0.87	9.02	-90.35%	0.02%	–	0.65	-100.00%	0.00%
	13.意外伤害保险	1 149.00	0.53	4.11	-87.10%	0.01%	–	0.09	-100.00%	0.00%
	14.其他险	–	–	14.50	-100.00%	–	4.63	0.08	5478.31%	–
	合计	52 044.00	70.66	709.96	-90.05%	0.04%	271.43	357.09	-23.99%	384.14%
华泰产险	1.企业财产保险	1 039 157.81	285.82	417.16	-31.48%	8.04%	16.09	3.99	303.11%	5.63%
	2.家庭财产保险	41.40	0.93	0.32	191.15%	0.07%	–	–	–	0.00%
	3.机动车辆保险	104 959.78	1 634.75	1 410.28	15.92%	1.13%	641.61	727.33	-11.79%	39.25%
	其中：交强险	75 615.60	482.51	420.17	14.84%	1.21%	142.08	162.39	-12.51%	29.45%
	4.工程保险	–	–	–	–	–	–	–	–	–
	5.责任保险	54 900.00	90.87	125.04	-27.33%	2.78%	34.34	85.55	-59.86%	37.79%
	6.信用保险	–	–	–	–	–	–	–	–	–
	7.保证保险	–	–	–	–	–	–	–	–	–
	8.船舶保险	–	–	–	–	–	–	–	–	–
	9.货物运输保险	320 138.29	227.88	227.08	0.35%	11.95%	65.78	103.30	-36.32%	28.87%
	10.特殊风险保险	–	–	–	–	–	–	–	–	–
	11.农业保险	–	–	–	–	–	–	–	–	–
	12.健康险	40 108.46	3.68	–	–	0.09%	–	–	–	0.00%
	13.意外伤害保险	6 880.26	30.67	23.92	28.20%	0.65%	8.35	6.94	20.20%	27.21%
	14.其他险	–	–	–	–	–	–	–	–	–
	合计	1 566 186.00	2 274.61	2 203.81	3.21%	1.32%	766.17	927.11	-17.36%	33.68%
大地产险	1.企业财产保险	177 063.11	98.02	176.54	-44.48%	2.76%	10.01	19.81	-49.47%	10.21%
	2.家庭财产保险	75 267.10	9.16	2.72	236.76%	0.64%	–	–	–	0.00%
	3.机动车辆保险	3 592 281.68	15 892.40	12 534.20	26.79%	10.95%	5 958.90	4 673.42	27.51%	37.50%
	其中：交强险	2 523 191.80	4 973.04	4 365.41	13.92%	12.44%	1 505.38	1 327.44	13.40%	30.27%
	4.工程保险	24 005.21	-27.55	–	–	-4.04%	64.34	46.00	39.87%	-233.54%
	5.责任保险	333 139.89	186.27	177.76	4.79%	5.70%	27.69	22.79	21.50%	14.87%
	6.信用保险	–	–	–	–	–	–	–	–	–
	7.保证保险	644.78	1.07	0.58	84.48%	0.04%	–	–	–	0.00%
	8.船舶保险	–	–	–	–	–	–	–	–	–
	9.货物运输保险	91.00	0.34	1.24	-72.58%	0.02%	3.92	11.75	-66.64%	1152.94%
	10.特殊风险保险	–	–	–	–	–	–	–	–	–
	11.农业保险	200.00	0.78	–	–	0.02%	–	–	–	–
	12.健康险	78 265.00	21.73	12.73	70.70%	0.52%	–	1.10	-100.00%	0.00%
	13.意外伤害保险	1 105 058.80	618.99	440.79	40.43%	13.13%	158.90	167.09	-4.90%	25.67%
	14.其他险	130.00	–	–	–	–	–	–	–	–
	合计	5 386 146.57	16 801.21	13 346.56	25.88%	9.72%	6 223.76	4 941.96	25.94%	37.04%
永安产险	1.企业财产保险	1 024	3.01	4.69	-35.82%	0.08%	–	–	–	0.00%
	2.家庭财产保险	140.00	0.05	-0.05	-200.00%	0.00%	–	–	–	0.00%
	3.机动车辆保险	97 783.00	523.28	566.87	-7.69%	0.36%	462.23	465.00	-0.60%	88.33%
	其中：交强险	28 182.00	204.73	209.91	-2.47%	0.51%	155.90	178.48	-12.65%	76.15%
	4.工程保险	–	–	–	–	–	–	–	–	–
	5.责任保险	71 688.00	37.74	37.54	0.53%	1.16%	0.48	6.74	-92.88%	1.27%
	6.信用保险	–	–	–	–	–	–	–	–	–
	7.保证保险	–	–	–	–	–	–	–	–	–

续 表

单位	险 种	保险金额	保费收入				赔款支出			
			本年累计	上年同期	同比（%）	份额（%）	本年累计	上年同期	同比（%）	简单赔付率（%）
永安产险	8.船舶保险	–	–	–	–	–	–	–	–	–
	9.货物运输保险	–	–	–	–	–	–	–	–	–
	10.特殊风险保险	–	–	–	–	–	–	–	–	–
	11.农业保险	–	–	–	–	–	–	–	–	–
	12.健康险	–	–	–	–	–	–	–	–	–
	13.意外伤害保险	53 642.00	10.75	19.85	–45.84%	0.23%	2.22	3.79	–41.42%	20.65%
	14.其他险	–	–	–	–	–	–	–	–	–
	合计	224 277.00	574.83	628.90	–8.60%	0.33%	464.93	475.53	–2.23%	80.88%
安邦产险	1.企业财产保险	–	–	–	–	–	–	–	–	–
	2.家庭财产保险	–	–	–	–	–	–	–	–	–
	3.机动车辆保险	42 550.49	238.45	130.45	82.80%	0.16%	73.73	48.57	51.79%	30.92%
	其中：交强险	9 064.60	66.88	39.32	70.07%	0.17%	23.67	22.25	6.39%	35.40%
	4.工程保险	–	–	–	–	–	–	–	–	–
	5.责任保险	42 063.00	30.82	21.34	44.40%	0.94%	–	–	–	0.00%
	6.信用保险	–	–	–	–	–	–	–	–	–
	7.保证保险	–	–	–	–	–	–	–	–	–
	8.船舶保险	–	–	–	–	–	–	–	–	–
	9.货物运输保险	–	–	–	–	–	–	–	–	–
	10.特殊风险保险	–	–	–	–	–	–	–	–	–
	11.农业保险	–	–	–	–	–	–	–	–	–
	12.健康险	1 777.00	0.75	–	–	0.02%	–	–	–	0.00%
	13.意外伤害保险	8 234.60	5.20	0.17	2973.58%	0.11%	0.10	–	–	1.92%
	14.其他险	–	–	–	–	–	0.07	1.13	–93.86%	–
	合计	94 625.09	275.23	151.96	81.12%	0.16%	73.90	49.70	48.68%	26.85%
阳光产险	1.企业财产保险	164 425	42.91	1.19	3505.88%	1.21%	3.41	–	–	7.95%
	2.家庭财产保险	117 109.90	28.10	1.77	1487.57%	1.98%	14.68	–	–	52.24%
	3.机动车辆保险	46 823.36	3 718.39	3 480.19	6.84%	2.56%	1 337.15	1 039.19	28.67%	35.96%
	其中：交强险	–	1 464.59	1 349.28	8.55%	3.66%	460.93	269.44	71.07%	31.47%
	4.工程保险	1 491.15	6.33	–	–	0.93%	–	–	–	0.00%
	5.责任保险	1 760.03	87.18	70.39	23.85%	2.67%	3.28	20.00	–83.60%	3.76%
	6.信用保险	–	–	–	–	–	–	–	–	–
	7.保证保险	6 579.43	2 226.14	1 650.60	34.87%	81.11%	510.51	248.20	105.68%	22.93%
	8.船舶保险	–	–	–	–	–	–	–	–	–
	9.货物运输保险	10 519.90	6.43	20.37	–68.43%	0.34%	1.50	–	–	23.33%
	10.特殊风险保险	–	–	–	–	–	–	–	–	–
	11.农业保险	–	–	–	–	–	–	–	–	–
	12.健康险	–	–	–	–	–	–	–	–	–
	13.意外伤害保险	409 447.72	88.90	74.32	19.62%	1.89%	7.85	10.91	–28.05%	8.83%
	14.其他险	–	0.29	0.04	625.00%	0.89%	0.01	–	–	3.45%
	合计	758 156.31	6 204.67	5 298.87	17.09%	3.59%	1 878.39	1 318.30	42.49%	30.27%
永诚产险	1.企业财产保险	1 423.11	2.00	0.38	426.32%	0.06%	0.00	0.53	–99.46%	0.14%
	2.家庭财产保险	236.10	0.06	–	–	0.00%	–	–	–	0.00%
	3.机动车辆保险	222 585.54	715.75	450.85	58.76%	0.49%	192.37	92.92	107.03%	26.88%
	其中：交强险	46 030.60	200.28	139.70	43.36%	0.50%	58.35	24.91	134.24%	29.13%
	4.工程保险	–	–	–	–	–	–	–	–	–
	5.责任保险	5 981.80	16.32	0.31	5164.52%	0.50%	–	–	–	0.00%
	6.信用保险	–	–	–	–	–	–	–	–	–
	7.保证保险	–	–	–	–	–	–	–	–	–
	8.船舶保险	–	–	–	–	–	–	–	–	–
	9.货物运输保险	–	–	–	–	–	–	–	–	–
	10.特殊风险保险	–	–	–	–	–	–	–	–	–
	11.农业保险	–	–	–	–	–	–	–	–	–

续 表

单位	险种	保险金额	保费收入				赔款支出			
			本年累计	上年同期	同比（%）	份额（%）	本年累计	上年同期	同比（%）	简单赔付率（%）
永诚产险	12.健康险	46 200.00	3.47	0.02	17250.00%	0.08%	0.01	–	–	0.29%
	13.意外伤害保险	295 417.23	25.23	31.91	–20.93%	0.54%	2.02	3.04	–33.65%	7.99%
	14.其他险	0.43	0.02	–	–	0.05%	0.28	–	–	1809.21%
	合计	571 844.21	762.84	483.47	57.78%	0.44%	194.67	96.49	101.76%	25.52%
渤海产险	1.企业财产保险	–	–	1.00	–100.00%	–	–	–	–	–
	2.家庭财产保险	–	–	–	–	–	–	–	–	–
	3.机动车辆保险	215481.00	1007.00	983.00	2.44%	0.69%	440.00	319.00	37.93%	43.69%
	其中：交强险	66490.00	389.00	398.00	–2.26%	0.97%	109.00	73.00	49.32%	28.02%
	4.工程保险	–	2.00	29.00	–93.10%	0.29%	–	–	–	0.00%
	5.责任保险	123.00	27.00	25.00	8.00%	0.83%	17.00	10.00	70.00%	62.96%
	6.信用保险	–	–	–	–	–	–	–	–	–
	7.保证保险	–	–	–	–	–	–	–	–	–
	8.船舶保险	–	–	–	–	–	–	–	–	–
	9.货物运输保险	–	–	–	–	–	–	–	–	–
	10.特殊风险保险	–	–	–	–	–	–	–	–	–
	11.农业保险	–	–	–	–	–	–	–	–	–
	12.健康险	–	–	1.00	–100.00%	–	–	–	–	–
	13.意外伤害保险	28 037.00	49.00	52.00	–5.77%	1.04%	87.00	25.00	248.00%	177.55%
	14.其他险	–	25.00	–	–	76.40%	9.00	–	–	36.00%
	合计	243 641.00	1 110.00	1 091.00	1.74%	0.64%	553.00	354.00	56.21%	49.82%
人寿产险	1.企业财产保险	1 107 978.80	446.83	277.88	60.80%	12.57%	173.38	108.00	60.53%	38.80%
	2.家庭财产保险	4 768.77	51.45	38.95	32.10%	3.62%	6.72	–	–	13.06%
	3.机动车辆保险	2 561 943.98	14 964.10	14 225.01	5.20%	10.31%	5 927.57	7 415.74	–20.07%	39.61%
	其中：交强险	580 768.80	4 082.72	4 106.29	–0.57%	10.22%	1 388.33	1 635.46	–15.11%	34.01%
	4.工程保险	1 922.80	6.95	199.35	–96.51%	1.02%	13.15	0.52	2429.39%	189.22%
	5.责任保险	1 319 125.10	570.06	274.54	107.64%	17.45%	243.49	123.77	96.73%	42.71%
	6.信用保险	–	–	–	–	–	–	–	–	–
	7.保证保险	–	–	–	–	–	–	–	–	–
	8.船舶保险	–	–	–	–	–	–	–	–	–
	9.货物运输保险	5 832.41	6.27	4.10	52.87%	0.33%	0.49	–	–	7.86%
	10.特殊风险保险	–	–	–	–	–	–	–	–	–
	11.农业保险	661 662.10	3 948.08	3 711.95	6.36%	81.29%	3 312.03	2 734.20	21.13%	83.89%
	12.健康险	–	–	–	–	–	–	–	–	–
	13.意外伤害保险	901 917.75	495.15	401.78	23.24%	10.51%	160.24	156.52	2.38%	32.36%
	14.其他险	7 253.00	7.42	–	–	22.67%	–0.15	–	–	–1.96%
	合计	6 572 404.71	20 496.31	19 133.56	7.12%	11.86%	9 836.93	10 538.75	–6.66%	47.99%
诚泰产险	1.企业财产保险	394 499.46	141.03	66.09	113.39%	3.97%	19.50	4.06	380.30%	13.83%
	2.家庭财产保险	14 467.00	0.51	0.18	183.33%	0.04%	–	0.25	–100.00%	–
	3.机动车辆保险	559 273.31	2 332.09	2 152.46	8.35%	1.61%	858.11	927.16	–7.45%	36.80%
	其中：交强险	254 467.60	854.81	798.50	7.05%	2.14%	280.98	242.72	15.76%	32.87%
	4.工程保险	312.93	0.43	–	–	0.06%	0.08	–	–	18.60%
	5.责任保险	74 252.11	91.34	100.08	–8.73%	2.80%	7.08	0.15	4620.00%	7.75%
	6.信用保险	–	–	–	–	–	0.13	–	–	–
	7.保证保险	–	–	–	–	–	0.07	–	–	–
	8.船舶保险	–	–	–	–	–	–	–	–	–
	9.货物运输保险	5 000.00	0.70	1.29	–45.74%	0.04%	0.14	–	–	20.00%
	10.特殊风险保险	–	–	–	–	–	0.03	–	–	–
	11.农业保险	–	–	–	–	–	82.89	–	–	–
	12.健康险	14.40	0.02	0.36	–94.44%	0.00%	0.35	–	–	1750.00%
	13.意外伤害保险	275 833.58	230.43	128.78	78.93%	4.89%	94.74	78.30	21.00%	41.11%
	14.其他险	–	–	–	–	–	–	–	–	–
	合计	1 323 652.79	2 796.55	2 449.24	14.18%	1.62%	1 063.12	1 009.92	5.27%	38.02%

续 表

单位	险 种	保险金额	保费收入				赔款支出			
			本年累计	上年同期	同比（%）	份额（%）	本年累计	上年同期	同比（%）	简单赔付率（%）
太平产险	1.企业财产保险	6 069.81	7.31	4.21	73.70%	0.21%	–	–	–	0.00%
	2.家庭财产保险	28.50	0.00	0.34	–99.65%	0.00%	–	–	–	0.00%
	3.机动车辆保险	738 218.22	2 429.41	2 103.99	15.47%	1.67%	732.40	676.48	8.27%	30.15%
	其中：交强险	451 522.00	1 107.40	929.36	19.16%	2.77%	333.88	261.49	27.68%	30.15%
	4.工程保险	50 234.95	168.35	103.86	62.10%	24.67%	25.37	87.20	–70.90%	15.07%
	5.责任保险	9 970.00	15.07	19.15	–21.30%	0.46%	0.28	1.71	–83.93%	1.83%
	6.信用保险	–	–	–	–	–	–	–	–	–
	7.保证保险	–	–	–	–	–	–	–	–	–
	8.船舶保险	–	–	–	–	–	–	–	–	–
	9.货物运输保险	–	–	–	–	–	–	–	–	–
	10.特殊风险保险	–	–	–	–	–	–	–	–	–
	11.农业保险	–	–	–	–	–	–	–	–	–
	12.健康险	30 718.00	5.39	–	–	0.13%	–	–	–	0.00%
	13.意外伤害保险	172 563.15	135.79	118.34	14.74%	2.88%	8.05	13.73	–41.38%	5.93%
	14.其他险	–	–	–	–	–	–	–	–	–
	合计	1 007 802.63	2 761.32	2 349.88	17.51%	1.60%	766.10	779.12	–1.67%	27.74%
鼎和产险	1.企业财产保险	–	–	–	–	–	–	–	–	–
	2.家庭财产保险	32.10	–	–	–	–	0.20	–	–	–
	3.机动车辆保险	160 113.66	701.76	333.91	110.16%	0.48%	169.65	154.58	9.75%	24.17%
	其中：交强险	29 414.20	179.49	72.78	146.62%	0.45%	52.85	39.41	34.10%	29.44%
	4.工程保险	–	–	–	–	–	–	–	–	–
	5.责任保险	–	–	10.00	–100.00%	–	4.49	–	–	–
	6.信用保险	–	–	–	–	–	–	–	–	–
	7.保证保险	–	–	–	–	–	–	–	–	–
	8.船舶保险	–	–	–	–	–	–	–	–	–
	9.货物运输保险	–	–	–	–	–	–	–	–	–
	10.特殊风险保险	–	–	–	–	–	–	–	–	–
	11.农业保险	–	–	–	–	–	–	–	–	–
	12.健康险	–	–	–	–	–	3.34	–	–	–
	13.意外伤害保险	31814.00	29.26	1.24	2259.68%	0.62%	–	–	–	0.00%
	14.其他险	–	–	–	–	–	–	–	–	–
	合计	191 959.76	731.02	345.15	111.80%	0.42%	177.68	154.58	14.94%	24.31%
行业合计	1.企业财产保险	8 860 656.75	3 553.46	5 009.54	–29.07%	100.00%	977.15	1 129.68	–13.50%	27.50%
	2.家庭财产保险	1 156 727.72	1 422.36	614.51	131.46%	100.00%	447.27	439.88	1.68%	31.45%
	3.机动车辆保险	23 246 265.83	145 183.17	123 745.46	17.32%	100.00%	61 207.27	57 690.43	6.10%	42.16%
	其中：交强险	8 318 301.60	39 964.88	36 089.93	10.74%	100.00%	13 521.17	13 638.72	–0.86%	33.83%
	4.工程保险	522 147.30	682.31	484.10	40.94%	100.00%	199.38	145.08	37.43%	29.22%
	5.责任保险	4 058 387.19	3 265.97	3 039.73	7.44%	100.00%	1 246.73	1 241.54	0.42%	38.17%
	6.信用保险	3 371.06	253.13	729.39	–65.30%	100.00%	180.29	690.57	–73.89%	71.22%
	7.保证保险	29 612.88	2 744.59	1 654.95	65.84%	100.00%	510.58	248.20	105.71%	18.60%
	8.船舶保险	–	–	–	–	–	–	–	–	–
	9.货物运输保险	6 666 477.29	1 907.26	2 061.06	–7.46%	100.00%	1 369.26	1 720.45	–20.41%	71.79%
	10.特殊风险保险	–	–	–	–	–	–	–	–	–
	11.农业保险	690 148.75	4 856.59	4 581.48	6.00%	100.00%	3 819.92	3 470.59	10.07%	78.65%
	12.健康险	9 535 122.28	4 208.90	3 488.09	20.67%	100.00%	2 126.60	1 978.28	7.50%	50.53%
	13.意外伤害保险	25 118 783.99	4 712.80	3 785.00	24.51%	100.00%	1 843.38	1 839.81	0.19%	39.11%
	14.其他险	7 383.43	32.72	14.54	125.06%	100.00%	13.84	1.21	1041.40%	42.29%
	合计	79 895 084.48	172 823.26	149 207.84	15.83%	100.00%	73 941.70	70 595.72	4.74%	42.78%

（李 坚）

2017年全市人寿保险公司业务统计表

单位：万元

单位	险种	保险金额	保费收入				赔款支出			
			本期	同期	同比（%）	份额	本期	同期	同比（%）	简单赔付率（%）
中国人寿	人身意外伤害险	5 233 679.61	2 602.19	3 417.36	-23.85%	40.12%	1 123.44	934.02	20.28%	43.17%
	健康险	2 645 835.74	5 987.32	3 918.79	52.78%	20.26%	3 175.77	2 703.69	17.46%	53.04%
	寿险	2 292 849.25	51 663.36	44 361.55	16.46%	25.72%	18 868.54	15 039.89	25.46%	36.52%
	合计	10 172 364.60	60 252.87	51 697.70	16.55%	25.44%	23 167.75	18 677.60	24.04%	38.45%
太保人寿	人身意外伤害险	1 233 719.73	1 358.95	1 528.58	-11.10%	20.95%	428.87	270.46	58.57%	31.56%
	健康险	125 396.00	153.06	175.97	-13.02%	0.52%	77.75	21.82	256.32%	50.80%
	寿险	2 395 314.59	14 635.99	11 734.00	24.73%	7.29%	2 880.96	2 559.39	12.56%	19.68%
	合计	3 754 430.32	16 148.00	13 438.55	20.16%	6.82%	3 387.58	2 851.67	18.79%	20.98%
平安人寿	人身意外伤害险	125 132.25	522.18	356.25	46.58%	8.05%	109.91	162.23	-32.25%	21.05%
	健康险	104 837.55	1 998.61	1 448.32	38.00%	6.76%	351.58	266.66	31.85%	17.59%
	寿险	206 641.18	10 234.83	7 446.01	37.45%	5.10%	1 488.00	1 333.56	11.58%	14.54%
	合计	436 610.98	12 755.62	9 250.58	37.89%	5.39%	1 949.49	1 762.45	10.61%	15.28%
泰康人寿	人身意外伤害险	1 125 938.22	234.02	292.95	-20.12%	3.61%	52.04	115.71	-55.03%	22.24%
	健康险	3 327 888.99	6 664.46	4 468.51	49.14%	22.55%	764.83	673.07	13.63%	11.48%
	寿险	1 009 319.81	41 621.27	31 471.82	32.25%	20.72%	9 413.95	14 517.42	-35.15%	22.62%
	合计	5 463 147.02	48 519.75	36 233.28	33.91%	20.48%	10 230.82	15 306.20	-33.16%	21.09%
新华人寿	人身意外伤害险	279 143.67	159.89	134.91	18.52%	2.47%	73.12	111.69	-34.53%	45.73%
	健康险	127 332.84	7 175.53	5 328.56	34.66%	24.28%	460.91	311.10	48.15%	6.42%
	寿险	37 132.96	20 700.09	23 591.66	-12.26%	10.31%	771.85	954.77	-19.16%	3.73%
	合计	443 609.47	28 035.51	29 055.13	-3.51%	11.84%	1 305.88	1 377.56	-5.20%	4.66%
平安养老	人身意外伤害险	1 456 313.20	526.25	399.55	31.71%	8.11%	214.69	452.86	-52.59%	40.80%
	健康险	162576.45	352.73	307.08	14.87%	1.19%	299.66	316.08	-5.19%	84.95%
	寿险	–	19.56	17.63	10.95%	0.01%	567.48	565.67	0.32%	2901.23%
	合计	1 618 889.65	898.54	724.26	24.06%	0.38%	1 081.83	1 334.61	-18.94%	120.40%
人民人寿	人身意外伤害险	786 026.90	591.53	486.51	21.59%	9.12%	7.63	40.06	-80.95%	1.29%
	健康险	89 653.61	3 007.87	2 333.62	28.89%	10.18%	1 797.14	155.15	1058.30%	59.75%
	寿险	156 129.32	24 904.65	22 900.63	8.75%	12.40%	3 966.74	3 067.01	29.34%	15.93%
	合计	1 031 809.83	28 504.05	25 720.76	10.82%	12.03%	5 771.51	3 262.22	76.92%	20.25%
太平人寿	人身意外伤害险	161 740.10	234.26	142.56	64.32%	3.61%	0.05	–	–	0.02%
	健康险	339 667.91	1 161.10	503.87	130.44%	3.93%	27.96	20.20	38.42%	2.41%
	寿险	49 284.49	5 185.45	2 982.47	73.86%	2.58%	309.72	293.56	5.50%	5.97%
	合计	550 692.50	6 580.81	3 628.90	81.34%	2.78%	337.73	313.76	7.64%	5.13%
阳光人寿	人身意外伤害险	100 150.71	132.66	124.24	6.78%	2.05%	2.27	5.49	-58.65%	1.71%
	健康险	49 283.86	410.88	270.17	52.08%	1.39%	130.07	13.66	852.20%	31.66%
	寿险	67 937.69	14 407.92	25 483.16	-43.46%	7.17%	1 978.60	1 097.31	80.31%	13.73%
	合计	217 372.26	14 951.46	25 877.57	-42.22%	6.31%	2 110.94	1 116.46	89.07%	14.12%
富德生命	人身意外伤害险	23 186.00	6.87	7.57	-9.32%	0.11%	10.00	–	–	145.61%
	健康险	42 212.46	462.18	234.03	97.49%	1.56%	24.32	10.30	136.06%	5.26%
	寿险	42 262.34	4 684.72	5 761.67	-18.69%	2.33%	954.52	299.33	218.88%	20.38%
	合计	107 660.80	5 153.76	6 003.27	-14.15%	2.18%	988.84	309.63	219.36%	19.19%
华夏保险	人身意外伤害险	512.31	117.33	57.50	104.05%	1.81%	14.00	26.02	-46.20%	11.93%
	健康险	7 968.36	2 181.28	1 039.05	109.93%	7.38%	59.11	7.73	664.68%	2.71%
	寿险	9 856.34	12 771.95	9 881.81	29.25%	6.36%	–	9.94	-100.00%	0.00%
	合计	18 337.01	15 070.56	10 978.36	37.28%	6.36%	73.11	43.69	67.34%	0.49%
行业合计	人身意外伤害险	10 525 542.70	6 486.12	6 947.98	-6.65%	100.00%	2 036.02	2 118.54	-3.90%	31.39%
	健康险	7 022 653.77	29 555.02	20 027.97	47.57%	100.00%	7 169.10	4 499.47	59.33%	24.26%
	寿险	6 266 727.97	200 829.79	185 632.41	8.19%	100.00%	41 200.35	39 737.85	3.68%	20.52%
	合计	23 814 924.45	236 870.93	212 608.36	11.41%	100.00%	50 405.47	46 355.86	8.74%	21.28%

（李　坚）

2017年全市车辆保险业务统计表

单位：万元

单位	车型分类	承保数量（件）			保费收入			赔款支出			
		本年累计	上年同期	同比（%）	本年累计	上年同期	同比（%）	本年累计	上年同期	同比（%）	简单赔付率（%）
人保财险	家用车	232 393	204 057	13.89%	37 844.02	33 549.62	12.80%	18 644.42	16 023.11	16.36%	49.27%
	营业货车	17 434	18 721	-6.87%	3 361.32	10 825.54	-68.95%	1 814.25	2 145.46	-15.44%	53.97%
	非营业货车	2 224	27 866	-92.02%	556.27	3 979.87	-86.02%	368.81	388.44	-5.05%	66.30%
	营业客车	32 133	1 864	1623.97%	4 668.92	499.59	834.54%	3 013.65	2 549.93	18.19%	64.55%
	非营业客车	23 069	22 138	4.20%	15 419.58	3 714.47	315.12%	5 791.64	5 171.16	12.00%	37.56%
	特种车	6 402	3 981	60.83%	3 116.78	2 117.69	47.18%	2 187.88	1 182.38	85.04%	70.20%
	挂车	71 164	951	7383.07%	835.79	729.49	14.57%	184.58	190.08	-2.89%	22.08%
	摩托车	21 533	44 941	-52.09%	681.02	628.21	8.41%	314.55	392.09	-19.78%	46.19%
	拖拉机	1 888	23 070	-91.82%	705.82	718.21	-1.72%	381.57	633.28	-39.75%	54.06%
	合计	408 240	347 589	17.45%	67 189.52	56 762.69	18.37%	32 701.35	28 675.94	14.04%	48.67%
	其中：交强险	246 111	122 548	100.83%	17 092.71	15 288.22	11.80%	6 058.74	6 156.84	-1.59%	35.45%
太保产险	家用车	43 740	43 950	-0.48%	6 232.01	6 699.04	-6.97%	3 028.90	5 116.63	-40.80%	48.60%
	营业货车	7 727	5 362	44.11%	4 516.78	2 618.08	72.52%	1 099.07	330.84	232.21%	24.33%
	非营业货车	7 040	6 903	1.98%	1 208.45	1 136.97	6.29%	530.64	160.40	230.82%	43.91%
	营业客车	894	417	114.39%	194.87	126.25	54.35%	33.09	15.51	113.35%	16.98%
	非营业客车	2 386	2 639	-9.59%	322.32	229.26	40.59%	60.53	19.63	208.35%	18.78%
	特种车	617	886	-30.36%	316.93	422.73	-25.03%	264.71	51.18	417.21%	83.52%
	挂车	–	–	–	–	–	–	–	–	–	–
	摩托车	5 021	4 280	17.31%	93.58	109.68	-14.68%	20.25	10.51	92.67%	21.64%
	拖拉机	–	–	–	–	–	–	–	–	–	–
	合计	67 425	64 437	4.64%	12 884.94	11 342.01	13.60%	5 037.19	5 704.70	-11.70%	39.09%
	其中：交强险	38 627	36 007	7.28%	3 613.62	3 296.29	9.63%	1 279.01	1 566.52	-18.35%	35.39%
平安产险	家用车	95 434	78 175	22.08%	15 646.83	12 894.12	21.35%	5 504.34	5 456.90	0.87%	35.18%
	营业货车	2 770	1 978	40.04%	2 305.50	1 074.23	114.62%	358.70	291.12	23.21%	15.56%
	非营业货车	7 750	8 111	-4.45%	1 158.55	1 161.84	-0.28%	248.71	322.15	-22.79%	21.47%
	营业客车	1 447	1 080	33.98%	292.11	228.70	27.72%	32.00	36.83	-13.10%	10.96%
	非营业客车	4 017	4 901	-18.04%	849.15	779.22	8.97%	176.21	105.76	66.62%	20.75%
	特种车	703	658	6.84%	347.42	330.07	5.26%	46.82	75.73	-38.18%	13.48%
	挂车	451	176	156.25%	217.38	85.39	154.57%	25.59	101.86	-74.88%	11.77%
	摩托车	4 389	7 062	-37.85%	65.64	84.67	-22.48%	15.85	44.37	-64.29%	24.14%
	拖拉机	–	–	–	–	–	–	–	–	–	–
	合计	116 961	102 141	14.51%	20 882.58	16 638.24	25.51%	6 408.22	6 434.72	-0.41%	30.69%
	其中：交强险	64 020	57 621	11.11%	5 210.71	4 464.89	16.70%	1 617.11	1 588.13	1.82%	31.03%
天安产险	家用车	409	3 396	-87.96%	46.77	621.00	-92.47%	–	–	–	0.00%
	营业货车	136	–	–	1.67	–	–	–	–	–	0.00%
	非营业货车	–	–	–	–	–	–	–	–	–	–
	营业客车	52	–	–	9.94	–	–	–	–	–	0.00%
	非营业客车	–	–	–	–	–	–	–	–	–	–
	特种车	1	–	–	0.17	–	–	–	–	–	–
	挂车	–	–	–	–	–	–	–	–	–	–
	摩托车	1 014	577	75.74%	10.20	10.32	-1.16%	–	–	–	0.00%
	拖拉机	–	–	–	–	–	–	–	–	–	–
	合计	1 612	3 973	-59.43%	68.75	631.32	-89.11%	266.80	335.67	-20.52%	388.07%
	其中：交强险	1 348	2 941	-54.17%	42.40	211.80	-79.98%	54.96	90.23	-39.09%	129.62%
华泰产险	家用车	9 458	9 371	0.93%	1 382.13	1 356.70	1.87%	566.37	675.87	-16.20%	40.98%
	营业货车	75	15	400.00%	13.48	3.01	347.88%	0.45	–	–	3.31%
	非营业货车	1 181	194	508.76%	159.31	46.21	244.74%	55.35	49.27	12.35%	34.75%
	营业客车	–	–	–	–	–	–	–	–	–	–
	非营业客车	389	–	–	73.99	–	–	17.62	–	–	23.81%
	特种车	14	7	100.00%	3.41	1.66	105.59%	0.28	0.68	-58.73%	8.21%
	挂车	–	–	–	–	–	–	–	–	–	–

续表

单位	车型分类	承保数量（件）			保费收入			赔款支出			
		本年累计	上年同期	同比（%）	本年累计	上年同期	同比（%）	本年累计	上年同期	同比（%）	简单赔付率（%）
华泰产险	摩托车	215	258	-16.67%	2.42	2.70	-10.27%	1.55	1.51	2.54%	63.97%
	拖拉机	–	–	–	–	–	–	–	–	–	–
	合计	11 332	9 845	15.10%	1 634.75	1 410.28	15.92%	641.61	727.33	-11.78%	39.25%
	其中：交强险	6 202	5 443	13.94%	482.51	420.17	14.84%	142.08	162.39	-12.51%	29.45%
大地产险	家用车	82 279	73 644	11.73%	12 605.54	9 533.33	32.23%	4 603.99	3 267.35	40.91%	36.52%
	营业货车	2 201	2 160	1.90%	726.15	652.78	11.24%	429.83	539.76	-20.37%	59.19%
	非营业货车	11 459	8 381	36.73%	1 500.06	1 038.86	44.39%	505.90	390.70	29.49%	33.73%
	营业客车	692	791	-12.52%	210.38	249.78	-15.77%	103.92	108.83	-4.51%	49.40%
	非营业客车	1 647	1 492	10.39%	277.40	283.40	-2.12%	64.11	59.21	8.28%	23.11%
	特种车	398	433	-8.08%	81.94	93.43	-12.30%	36.50	63.22	-42.27%	44.54%
	挂车	17	18	-5.56%	4.78	6.20	-22.90%	0.15	4.33	-96.54%	3.14%
	摩托车	42 744	57 802	-26.05%	486.15	676.42	-28.13%	214.50	240.02	-10.63%	44.12%
	拖拉机	–	–	–	–	–	–	–	–	–	–
	合计	141 437	144 721	-2.27%	15 892.40	12 534.20	26.79%	5 958.90	4 673.42	27.51%	37.50%
	其中：交强险	95 561	97 323	-1.81%	4 973.04	4 365.41	13.92%	1 505.38	1 327.44	13.40%	30.27%
永安产险	家用车	2 161	1 881	14.89%	271.17	242.90	11.64%	159.22	100.47	58.48%	58.72%
	营业货车	313	419	-25.30%	103.55	132.60	-21.91%	105.32	171.72	-38.67%	101.71%
	非营业货车	432	478	-9.62%	51.48	62.84	-18.08%	51.58	39.82	29.53%	100.19%
	营业客车	197	203	-2.96%	44.87	50.00	-10.26%	0.93	2.92	-68.15%	2.07%
	非营业客车	67	103	-34.95%	11.33	14.91	-24.01%	1.08	5.15	-79.03%	9.53%
	特种车	42	98	-57.14%	24.53	59.05	-58.46%	131.23	113.80	15.32%	534.98%
	挂车	–	–	–	–	–	–	–	–	–	–
	摩托车	222	392	-43.37%	2.51	4.57	-45.08%	2.15	11.98	-82.05%	85.66%
	拖拉机	262	–	–	13.84	–	–	10.72	19.14	-43.99%	77.46%
	合计	3 696	3 574	3.41%	523.28	566.87	-7.69%	462.23	465.00	-0.60%	88.33%
	其中：交强险	2 310	2 212	4.43%	204.73	209.91	-2.47%	155.90	178.48	-12.65%	76.15%
安邦产险	家用车	1 238	826	49.88%	190.61	120.42	58.29%	66.22	45.73	44.81%	34.74%
	营业货车	14	16	-12.50%	2.26	2.26	0.00%	1.87	0.04	4821.05%	82.74%
	非营业货车	78	52	50.00%	7.57	4.82	57.05%	0.23	2.71	-91.51%	3.04%
	营业客车	183	–	–	34.55	–	–	5.41	–	–	15.66%
	非营业客车	39	12	225.00%	3.33	1.05	217.14%	–	0.09	-100.00%	0.00%
	特种车	–	–	–	–	–	–	–	–	–	–
	挂车	–	–	–	–	–	–	–	–	–	–
	摩托车	12	43	-72.09%	0.13	1.77	-92.66%	–	–	–	–
	拖拉机	1	11	-90.91%	–	0.13	-100.00%	–	–	–	–
	合计	1 565	960	63.02%	238.45	130.45	82.79%	73.73	48.57	51.81%	30.92%
	其中：交强险	743	512	45.12%	68.88	39.32	75.18%	23.67	22.25	6.38%	34.36%
阳光产险	家用车	21 322	20 287	5.10%	2 487.63	2 383.55	4.37%	1 149.26	916.32	25.42%	46.20%
	营业货车	931	898	3.67%	412.71	374.35	10.25%	96.13	77.56	23.94%	23.29%
	非营业货车	274	313	-12.46%	45.53	39.87	14.20%	7.31	4.63	57.88%	16.06%
	营业客车	687	653	5.21%	191.45	186.26	2.79%	5.17	4.02	28.61%	2.70%
	非营业客车	1 007	1 124	-10.41%	207.01	149.14	38.80%	21.39	18.19	17.59%	10.33%
	特种车	67	60	11.67%	19.22	16.11	19.30%	1.45	2.88	-49.65%	7.54%
	挂车	48	38	26.32%	22.60	10.68	111.61%	0.08	0.08	0.00%	0.35%
	摩托车	29 104	25 147	15.74%	332.24	320.23	3.75%	56.36	15.50	263.61%	16.96%
	拖拉机	–	–	–	–	–	–	–	–	–	–
	合计	53 440	48 520	10.14%	3 718.39	3 480.19	6.84%	1 337.15	1 039.18	28.67%	35.96%
	其中：交强险	44 658	37 362	19.53%	1 464.59	1 349.28	8.55%	460.93	269.44	71.07%	31.47%
永诚产险	家用车	–	–	–	–	–	–	–	–	–	–
	营业货车	–	–	–	–	–	–	–	–	–	–
	非营业货车	–	–	–	–	–	–	–	–	–	–
	营业客车	–	–	–	–	–	–	–	–	–	–

续　表

单位	车型分类	承保数量（件）			保费收入			赔款支出			
		本年累计	上年同期	同比（%）	本年累计	上年同期	同比（%）	本年累计	上年同期	同比（%）	简单赔付率（%）
永诚产险	非营业客车	–	–	–	–	–	–	–	–	–	–
	特种车	–	–	–	–	–	–	–	–	–	–
	挂车	–	–	–	–	–	–	–	–	–	–
	摩托车	–	–	–	–	–	–	–	–	–	–
	拖拉机	–	–	–	–	–	–	–	–	–	–
	合计	4 432	3 252	36.29%	715.75	450.85	58.76%	192.37	92.92	107.03%	26.88%
	其中：交强险	2 379	1 660	43.31%	200.28	139.70	43.36%	58.35	24.91	134.24%	29.13%
渤海产险	家用车	5 628	5 042	11.62%	744.00	702.00	5.98%	353.00	189.00	86.77%	47.45%
	营业货车	409	476	-14.08%	89.00	105.00	-15.24%	54.00	58.00	-6.90%	60.67%
	非营业货车	1 041	893	16.57%	135.00	110.00	22.73%	14.00	37.00	-62.16%	10.37%
	营业客车	–	–	–	–	–	–	–	–	–	–
	非营业客车	137	241	-43.15%	25.00	34.00	-26.47%	18.00	24.00	-25.00%	72.00%
	特种车	13	–	–	2.00	–	–	–	–	–	–
	挂车	–	–	–	–	–	–	–	–	–	–
	摩托车	1 066	2 668	-60.04%	12.00	32.00	-62.50%	1.00	11.00	-90.91%	8.33%
	拖拉机	–	–	–	–	–	–	–	–	–	–
	合计	8 294	9 320	-11.01%	1 007.00	983.00	2.44%	440.00	319.00	37.93%	43.69%
	其中：交强险	5 039	6 457	-21.96%	389.00	398.00	-2.26%	109.00	73.00	49.32%	28.02%
人寿产险	家用车	58 479	54 529	7.24%	8 939.28	8 452.83	5.75%	3 543.72	4 422.31	-19.87%	39.64%
	营业货车	6 827	7 128	-4.22%	3 971.69	3 585.00	10.79%	1 491.33	1 773.79	-15.92%	37.55%
	非营业货车	9 862	9 972	-1.10%	1 270.94	1 335.84	-4.86%	648.78	796.27	-18.52%	51.05%
	营业客车	224	205	9.27%	58.42	49.43	18.20%	8.38	28.35	-70.46%	14.33%
	非营业客车	2 681	3 829	-29.98%	463.64	551.65	-15.95%	147.84	244.94	-39.64%	31.89%
	特种车	544	494	10.12%	182.65	170.66	7.02%	49.49	95.72	-48.29%	27.10%
	挂车	–	–	–	–	–	–	–	–	–	–
	摩托车	6 056	6 252	-3.13%	67.94	72.91	-6.82%	21.21	22.92	-7.46%	31.23%
	拖拉机	193	152	26.97%	9.54	6.69	42.59%	16.83	31.43	-46.46%	176.47%
	合计	84 866	82 561	2.79%	14 964.10	14 225.01	5.20%	5 927.57	7 415.74	-20.07%	39.61%
	其中：交强险	47 604	46 716	1.90%	4 082.72	4 106.29	-0.57%	1 388.33	1 635.46	-15.11%	34.01%
诚泰产险	家用车	10 448	9 559	9.30%	1 447.98	1 381.77	4.79%	717.85	721.38	-0.49%	49.58%
	营业货车	850	617	37.76%	296.05	190.08	55.76%	83.09	53.68	54.80%	28.07%
	非营业货车	1 785	1 397	27.77%	223.78	174.65	28.13%	32.42	59.78	-45.76%	14.49%
	营业客车	109	87	25.29%	100.70	100.71	-0.01%	2.07	6.71	-69.15%	2.06%
	非营业客车	582	705	-17.45%	101.01	128.96	-21.67%	5.68	37.34	-84.78%	5.63%
	特种车	75	59	27.12%	13.58	13.36	1.64%	0.42	2.32	-81.84%	3.11%
	挂车	–	–	–	–	–	–	–	–	–	–
	摩托车	13 174	14 221	-7.36%	148.98	162.94	-8.57%	16.57	45.94	-63.94%	11.12%
	拖拉机	–	–	–	–	–	–	–	–	–	–
	合计	27 023	26 645	1.42%	2 332.09	2 152.46	8.35%	858.11	927.16	-7.45%	36.80%
	其中：交强险	20 858	21 138	-1.32%	854.81	798.50	7.05%	280.98	242.72	15.76%	32.87%
太平产险	家用车	13 837	11 554	19.76%	1 928.34	1 640.74	17.53%	602.94	554.22	8.79%	31.27%
	营业货车	471	608	-22.53%	101.89	158.04	-35.53%	37.58	54.24	-30.71%	36.88%
	非营业货车	–	–	–	–	–	–	–	–	–	–
	营业客车	–	–	–	–	–	–	–	–	–	–
	非营业客车	524	245	113.88%	52.83	34.41	53.50%	5.56	11.71	-52.51%	10.52%
	特种车	23	33	-30.30%	5.34	7.46	-28.50%	1.48	0.31	377.74%	27.75%
	挂车	–	–	–	–	–	–	–	–	–	–
	摩托车	28 426	21 930	29.62%	341.02	263.21	29.56%	84.84	56.00	51.49%	24.88%
	拖拉机	–	2	-100.00%	–	0.11	-100.00%	–	–	–	–
	合计	43 281	34 372	25.92%	2 429.41	2 103.99	15.47%	732.40	676.48	8.27%	30.15%
	其中：交强险	37 024	29 032	27.53%	1 107.40	929.36	19.16%	333.88	261.49	27.68%	30.15%

续 表

单位	车型分类	承保数量（件）			保费收入			赔款支出			
		本年累计	上年同期	同比（%）	本年累计	上年同期	同比（%）	本年累计	上年同期	同比（%）	简单赔付率（%）
鼎和产险	家用车	3 158	2 218	42.38%	505.38	333.91	51.35%	137.67	154.58	-10.94%	27.24%
	营业货车	195	–	–	9.14	–	–	0.49	–	–	–
	非营业货车	712	–	–	141.14	–	–	28.93	–	–	20.50%
	营业客车	–	–	–	–	–	–	–	–	–	–
	非营业客车	–	–	–	–	–	–	–	–	–	–
	特种车	151	–	–	43.65	–	–	2.29	–	–	–
	挂车	–	–	–	–	–	–	–	–	–	–
	摩托车	216	–	–	2.45	–	–	0.27	–	–	11.02%
	拖拉机	–	–	–	–	–	–	–	–	–	–
	合计	4 432	2 218	99.82%	701.76	333.91	110.16%	169.65	154.58	9.75%	24.17%
	其中：交强险	2 411	1 110	117.21%	179.49	72.78	146.62%	52.85	39.41	34.10%	29.44%
行业合计	家用车	579 984	518 489	11.86%	90 271.69	79 911.93	12.96%	39 077.90	37 643.87	3.81%	43.29%
	营业货车	40 353	38 398	5.09%	15 911.21	19 720.97	–19.32%	5 572.11	5 496.20	1.38%	35.02%
	非营业货车	43 838	64 560	–32.10%	6 458.08	9 091.77	–28.97%	2 492.67	2 251.16	10.73%	38.60%
	营业客车	36 618	5 300	590.92%	5 806.21	1 490.72	289.49%	3 204.61	2 753.10	16.40%	55.19%
	非营业客车	36 545	37 429	–2.36%	17 806.60	5 920.47	200.76%	6 309.66	5 697.19	10.75%	35.43%
	特种车	9 050	6 709	34.90%	4 157.61	3 232.22	28.63%	2 722.56	1 588.23	71.42%	65.48%
	挂车	71 680	1 183	5959.17%	1 080.55	831.76	29.91%	210.40	296.35	–29.00%	19.47%
	摩托车	153 192	185 573	–17.45%	2 246.27	2 369.63	–5.21%	749.09	851.86	–12.06%	33.35%
	拖拉机	2 344	23 235	–89.91%	729.19	725.14	0.56%	409.12	683.85	–40.17%	56.11%
	合计	978 036	884 128	10.62%	145 183.17	123 745.47	17.32%	61 207.29	57 690.40	6.10%	42.16%
	其中：交强险	614 895	468 082	31.36%	39 966.89	36 089.93	10.74%	13 521.17	13 638.72	–0.86%	33.83%

（李　坚）

证　券

【太平洋证券玉溪营业部经营概况】 2017年，太平洋证券玉溪营业部做好传统经纪业务及融资融券、股票质押、港股通、股票期权、资管产品、基金代销等各种新业务，为投资者提供多样化的服务和投资品种。并依托电子邮件、手机短信、微信公众号、现场咨询、大众媒体等形式，为客户提供每日晨报、投资周报、不定期专题研究报告，让投资者快速掌握股市先机；每周举行股市沙龙，定期开展证券专业知识、投资技巧讲座；开展高端客户专业服务，满足客户不同投资需求。10月，营业部由原玉兴路23号农业银行大楼搬迁至抚仙路1号2幢。截至年末，营业部有员工13人，客户经理16人，经纪人5人。

（马丽波）

【大同证券玉溪营业部经营概况】 2017年，大同证券玉溪营业部积极进行业务转型，寻找新营销理念，提高团队营销能力，不断改善服务方式及服务质量。全年有客户资金账户14 000余户，交易量138亿元。同时，继续力推融资融券业务及金融产品销售，累计销售开放式基金1 600余万元，其他金融产品8 800余万元。此外，作为全市中小企业服务券商于3月23日举办第一期企业上市、企业融资培训班，企业家30余人、企业代表120人参加培训。截至年末，营业部有员工19人，经纪人19人。

（雷亚萍）

【国泰君安证券玉溪营业部经营概况】 2017年10月16日，国泰君安玉溪玉兴路营业部正式开业，成为国泰君安证券云南区域第九家营业部。营业部秉承公司一贯的经营理念，始终以客户为中心，力求打造卓越服务能力，为个人客户提供证券经纪业务、信用业务、期货经纪业务、财富管理服务、理财产品服务、投资顾问服务、君弘会员服务等优质服务；打造“产业能力+综合金融”企业机构客户一体化服务体系，为企业提供股权融资、债务融资、财务顾问、新三板挂牌、债务融资、并购重组、做市、转板等全方位多角度的综合金融服务；建立合规风控长效自查自纠机制，组织工作人员参加各类合规培训及业务培训，努力营造良好、健康、有序的金融服务环境。截至年末，营业部开立客户资金账户402户；A股证券账户726户，交易金额2 421万元；基金账户357户，交易金额4.8万；债券交易金额1.1万，融券回购交易441万；金融产品销售保有额237万。

（雷冬梅）

（吴　垠　摄）

绿水青山·碧玉清溪

（吴 垠 摄）

教　育

EDUCATION

责任编校：王　斌

教育管理
学前教育
义务教育
普通高中教育
中等职业教育
高等教育
成人教育
特殊教育
民办教育
招生考试
教师队伍建设
学生工作
办学条件

教育管理

【概　况】 2017年，全市教育工作以促进公平为重点，以提升质量为核心，以改革创新为动力，以教育现代化为目标，全面深化教育领域综合改革，持续推进数字、绿色、文化、平安、质量“五化校园”建设，推进各项工作取得了显著成效，为玉溪社会经济发展做出了积极的贡献。

截至2017年底，全市现有各级各类学校954所，其中，幼儿园298所，小学526所，初中85所，普通高中22所，中职、中专和成人中专20所，普通高等院校和高等职业学校2所，特殊教育学校1所。在校学生达374 283人，其中，幼儿园65 106人，小学143 946人，初中82 621人，普通高中38 513人，中职、中专27 480人，普通高等院校和高等职业学校16 148人，特殊教育学校469人。共有教职工30 760人（含政府购买岗位1 522人），其中，专任教师25 609人。全市学前三年幼儿毛入园率为80%，比上年提高1.91个百分点；小学学龄儿童入学率为99.96%，与上年持平；小学辍学率为0.43%，比上年降低0.2个百分点；初中学龄人口入学率为97.1%，比上年提高1.01个百分点；初中辍学率为1.31%，比上年降低0.5个百分点；残疾儿童入学率达98.54%，比上年提高0.28个百分点。玉溪各项教育指标均高于全省平均水平，教育综合实力和整体水平继续保持全省前列。全市所有县区通过国家督导检查，率先在全省实现义务教育发展基本均衡的目标。

（周　洁）

【教师资格认定】 2017年，市教育局建立204人的考官库和7名组织管理人员，完成国考346人（含缺考4人）的“面试”。4月15日至5月18日，组织师院及各县（区）、市直各学校完成本年度申请教师资格人员的网络申请报名、现场确认、信息修改完善等工作。4月24～29日，组织申请教师资格的非师范教育类人员省考教育教学能力测评工作。全市申请高中、中专及实习指导教师教育教学能力测评347人，实际参加测评346人，通过312人，通过率90.17%。其中优秀5人，优秀率1.6%；良好138人，良好率44.23%；合格168人，占53.85%；不合格34人，占10.89%。6月16日，完成2017年申报高中、中专、中专实指教师资格证的1 481名申报人员的教师资格证资格审查工作，完成1 371人认定，其中获得高级中学教师资格证1 340人，获得中等职业学校教师资格证29人，获得中等职业学校实习指导教师资格证2人。

（蔡建平）

【语言文字工作】 2017年，玉溪市语委办组织举办玉溪市与怒江州福贡县“直过民族”普及国家通用语言结对帮扶项目语言文字骨干培训班，福贡县20名语言文字骨干与全市16名语言文字专干同班学习交流；组织举办“起来·读书”系列活动，普及提高少数民族县及边远民族贫困地区国家通用语言文字使用水平；积极组织创建和申报4所省级语言文字规范化示范校，1所规范汉字书写教育特色学校，完成峨山彝族自治县的三类城市语言文字规范化创建工作。市测试站共建设启动工财校、二职中、通海、江川、澄江、新平、峨山、华宁8个考点的测试工作，测试点负责辖区内人员的测试任务，全市共测试学生、社会考生6 730人次。

（邵昌云）

【学生资助工作】 2017年，全市投入中央、省、市学生资助资金5.35亿元，圆满完成各项学生资助工作，受益学生达762 974人次，实现各级各类学生“应助尽助”目标，确保“不让一名学生因贫失学、一户脱贫户因学返贫”。以优先改善贫困地区办学条件、优先保障贫困地区师资配置等5个优先为原则，大力推进教育精准扶贫工作，建档立卡学生14 201名，小学生和初中生均享受义务教育阶段学生营养改善计划和“三免一补”的资助，普高和中职学生均享受免学费和国助金的资助。

（胡贵青）

【营养改善计划工作】 2017年，全市有609所农村义务教育中小学校实施营养改善计划（小学526所，初中83所），受益学生190 084人。其中，小学生123 653人、初中生66 431人。支出营养改善计划补助资金累计7 490.35万元。其中，中央资金836.78万元，市级配套资金3 338.82万元，县级配套资金3 314.75万元。466所农村中小学校采取学校食堂供餐方式，占全市农村中小学总数的76.52%。享受学校食堂供餐的学生数达133 752名，占享受营养改善计划学生总数的70.36%；143所农村中小学校采取企业供餐方式，占全市农村中小学总数的23.48%。享受企业供餐的学生数56 332名，占享受营养改善计划学生总数的29.64%。

【国家助学金和免学费资金管理】 2017年，全市按照普通高中一等助学金2 500元/生/年、二等助学金1 500元/生/年的标准，下拨国家助学金资金共计1 407.18万元，其中，中央资金1 344.20万元、市级资金62.98万元，受益学生10 820名。根据市委、市政府《关于加快我市人口较少民族和贫困民族地区经济社会发展的意见》，市属3所高中学校少小民族“三免一补”项目，按照“免补”对象的条件、内容及标准，市属三所高中学校统计上报，已下拨资金15.4万元，对47名符合条件的学生进行资助。免除普通高中建档立卡家庭经济困难学生学杂费，到位资金共60.71万元，其中，中央资金51.29万元、省级资金8.97万元、市级资金0.45万元，受益学生1 462名。按照中等职业教育国家助学金2 000元/生/年的标准，下拨中央和省资金共计871.2万元。其中，中央资金696.96万元、省级资金174.24万元，3 983名学生受到资助。按照中等职业教育免学费资金2 000元/生/年的标准，下拨中央、省、市资金共计3 770.60万元，其中，中央资金3 016.48万元、省级资金40.76万元，市级资金230.48万元，全市21 490名中等职业教育的学生享受免学费资助。

【大学新生助学贷款和奖励计划】 2017年，全市根据省中心及国开行的要求，实施生源地信用助学贷款合同电子化试点工作。大学本科学生每年每生可申贷8 000元，研究生每年每生可申贷12 000元，无须抵押、担保，凭录取通知书，其父母作为共同借款人即可办理。共办理合同10 368份，发放助学贷款7 734万元。其中，纸质合同564份，电子合同9 804份，占所有合同总数94.6%。实施“中央彩票公益金润雨计划项目”，一次性补助普通高校家庭经济困难新生入学的交通费及短期生活费用。按照录取省内院校为500元、省外院校为1 000元的标准，下拨资金19.75万元，惠及288名家庭经济困难新生。实施“省优秀贫困学子奖励计划项目”，凡考入国家部（委）属院校的云南籍贫困学子，由省级财政给予本科期间每人每年5 000元学费奖励，已下拨省级资金392万元，预计784名学生受到资助。实施“市优秀贫困学子奖励计划项目”，对考入省属院校的玉溪籍贫困学子，每年评定200名左右，由市级财政给予本科期间每人每年3 000元学费奖励，已下拨市级资金240万元，800多名学生受到资助。

（胡贵青）

【德育工作】 2017年，全市中小学开展推荐中小学社会主义核心价值观教育工作优秀案例评选工作，进行“社会主义核心价值观24字上墙”工作。抓住重要时间节点组织好实践教育活动，开展“我们的节日”（清明节、端午节、中秋节）、庆六一等系列主题活动。根据《中共云南省委高校工委 共青团云南省委关于开展2016～2017学年评选省级三好学生优秀学生干部和先进班集体工作的通知》精神，按要求认真组织评选推荐上报省级三好学生250名、优秀学生干部62名、先进班集体17个和市级三好学生260名、优秀学生干部82名、先进班集体16个。深入推进中小学法治宣传教育，组织开展“保护未成年人合法权益宣传周活动”开学第一课、“打黄扫非·护苗2017”专项行动、“蓝鲸”死亡游戏摸底调查、“绿书签”等活动。推荐玉溪一中、玉溪市民族中学、玉溪体育运动学校等学校进行“国防教育特色学校”遴选。组织开展青少年校外科技体育竞赛、国际科普日、“圆梦蒲公英”、玉溪市第五届“聂耳杯”乡村少年宫才艺大赛等活动。推荐玉溪工业财贸学校、玉溪第一小学评选2017年全国文明校园；组织红塔区北城中心小学、江川区职业高级中学、澄江县凤山小学、通海县秀山中学、通海县第二中学、易门县龙泉小学等学校申报2017年省级、市级文明学校工作。

【心理健康教育】 2017年，全市共有513所学校建立心理辅导室，并配备专兼职心理健康教育教师。现有专职心理健康教师53人，兼职心理健康教师1 960人，心理辅导室763间。玉溪一中和元江县三中申报“全国中小学心理健康教育特色学校”，市二职中被评为“全国未成年人思想道德建设文明单位”，玉溪第六中学被评为“全国心理健康教育示范学校”，并投入30万元进行心理健康辅导建设。成立16人的“玉溪市心理健康教育名师工作室”，成员及顾问均来自市教育局及各县区学校从事心理健康教育的专职教师。

（杨进宏）

【养成教育】 2017年，市教育局关工委开展玉溪市第十三届“关爱”夏令营，各县区荣获省、市、县级“美德少年”“孝心少年”“中华魂”主题教育活动优秀学生及留守儿童、随父母进城务工子女优秀代表分别在各分营参加夏令营活动。加强社会主义核心价值观教育，通海县举办教育讲座320余场，受教育学生65 000人次。开展“中华魂”主题教育读书活动，通海县13 200名学生参加，红塔区、澄江、元江县报送征文239篇。开展全国青少年“五好小公民”主题教育活动，与市新华书店联系订购读本32 399册，上报征文572篇，书画作品80件，306篇征文荣获教育部关工委表彰，266篇征文获市教育局关工委表彰。6月5日，与市新华书店联合举行主题教育演讲选拔赛，从14名选手中选拔出3人参加省教育厅演讲比赛，1人获一等奖，2人获三等奖，2人评为先进工作者，市教育局关工委获优秀组织奖，3所学校评为“五好小公民”主题教育示范学校。抓好法制教育，红塔区、江川、澄江 3 县区设法制副校长171人，校外法制辅导站、团73个，受教育人数达109 689多人。抓好青春期健康教育，红塔区30所学校举办培训、讲座共112期，培训学生16 280人。4月12日，红塔区32所中小学15 305名学生参加“青春健康·禁毒防艾”知识竞赛活动。关爱弱势学生，红塔区、通海、峨山县共筹款264.99万元，扶助贫困学生3 370余人。抓好家长学校、家庭教育、家风建设，红塔区7.4万名学生及家长参加活动，征集6.63万个家风、家训、家规，1 245个班级制作了班级“格言集锦”，评出优秀组织奖10名，先进班集体65名，优秀班主任65名，优秀作品407件。

（吴永林）

学前教育

【学前教育增量提质发展】 2017年，市教育局统筹中央、省、市学前教育建设项目，加快扩充学前教育资源，共下达学前项目86个，建筑面积18.77万平方米，下达中央资金12 276万元。据省教育厅9月通报，玉溪市资金使用率62.63%，开工面积率57.37%，竣工面积率48.67%，三个指标均在全省排名第一。下达2017年学前教育奖补专项资金87万元。玉溪市“入园难”问题现已初步缓解，办园行为不断规范，保教质量明显提高。市一幼、红塔区二幼等5所幼儿园被省教育厅评定为2017年对口帮扶薄弱幼儿园先进单位，3人被认定为省级对口帮扶薄弱幼儿园先进个人。澄江县机关幼儿园晋升省一级一等幼儿园

2017年9月26日，中国·玉溪科教创新高峰论坛举行签约仪式 （廖鹏飞 摄）

2017年6月30日，云南省政府教育督导委员会评估专家组对市一幼进行督导评估
（市一幼　提供）

通过省级复评。全市232人取得园长证。市特校与市二幼合作开办特殊教育幼儿园，招收残疾儿童21名。

（杨金发）

【市一幼通过省现代教育幼儿园督导评估】 2017年6月29～30日，省政府教育督导委员会省级评估专家组，对市一幼进行督导评估。专家组从办园条件、办园理念、办园模式、课程结构、师资队伍、保教、安全、示范帮扶等八个方面，对市一幼近年来的综合办园情况给予了充分肯定，市一幼通过云南省现代教育幼儿园督导评估。

（市一幼）

义务教育

【“全面改薄”工作】 2017年，玉溪市全面优化城乡教育资源，积极改善办学条件，“全面改薄”项目开工率、竣工率分别为161.14%和143.72%，两项指标均位居全省前列，实现全市608所义务教育薄弱学校全覆盖。累计开工建设954个项目117.22万平方米，竣工839个项目95.95万平方米。2017年纳入市政府10件实事的80个项目已全部完工，完成面积9.39万平方米，完成投资8 929.58万元。争取市级专项资金105万元，用于解决通海、华宁、峨山、元江县中小学教学仪器及图书达标问题，整体提升发展水平。通过推进全面改薄项目、免试划片入学、特殊教育送教上门、国家改革实验区和农民工试点城市改革项目等，全市义务教育均衡化水平持续提高。深入开展“玉溪市流动人口基本公共服务均等化工作”“农转城”子女教育等工作，获2016年市政府流动人口基本公共服务均等化试点工作考核成员单位一等奖。全市9个县区率先在全省实现义务教育均衡发展目标任务。红塔区、易门县被评为云南省第二轮教育工作先进县。

（业　凌）

【率先实现全省义务教育基本均衡发展目标】 2017年，玉溪市率先在全省整体实现了义务教育基本均衡发展的目标。五年来，全市义务教育阶段硬件投入资金达38.06亿元，其中，县（区）投入17.51亿元。新建学校4所，改造扩建学校618所，新增校舍面积104.37万平方米，新增学位34 157人，新增体育运动场馆面积75.99万平方米，新增实验室、功能室1 326间，新增教学仪器设备投入2.77亿元，新增图书155.63万册，新增计算机2.69万台。新补充教师3 157人，其中，音体美信息技术学科教师457人；交流校长教师6 373人。

（市教育局）

普通高中教育

【高考成绩较大提升】 2017年，全市14 512人参加高考，约占全省考生总数的4.95%。其中，文史类考生6 516人，理工类考生7 540人，三校生456人。全市高考综合成绩稳步提升。总上线率96%，比上年提高1.64个百分点。文科总上线率98.71%，比上年提高0.35个百分点。理科总上线率93.7%，比上年提高0.59个百分点。一本上线率，比上年提高1.45个百分点。市直高中5名考生进入全省前50名，600分以上考生251人，一本率、本科率、上线率等各项指标稳步提升。县（区）高中600分以上考生人数达13人，比上年增加4人。省教育厅对全省140所一级完中教育教学质量进行综合评价，50所一级完中被评定为先进学校，玉溪市7所学校名列其中，占获奖学校总数的14%。玉溪师院附中已顺利晋升省一级二等高中，初步构建了普通高中多元化、特色化发展格局。

（王　星）

【玉溪一中举办DSD学校德语教师经验交流会暨青少年德语辩论赛】 2017年3月10～12日，由德国海外教育司主办，玉溪一中和玉溪实验中学承办的DSD学校德语教师经验交流会暨青少年德语辩论赛在玉溪一中举行。玉溪一中和玉溪实验中学的德语师生和来自成都、重庆、厦门等地的10余名德语教师及12名选手参加，在为期3天的交流和辩论中，相互学习，收获成长。市教育局副局长吴光连，玉溪一中校长李立杰、党委书记迟万昌，玉溪实验中学校长杨建宏，以及德国国外教育司西南区教学顾问约克等参与了此次活动。玉溪一中、玉溪实验中学DSD项目的德语班办学经过7年不懈努力，教育教学取得了优秀的成绩，DSD一级和二级考试，超过90%的学生都能通过考试。

【迪庆州教师到玉溪一中对口培训】 为贯彻落实市教育局与迪庆州教育局关于教师培训合作协议精神，由玉溪一中承担对迪庆州中学教师的培训任务，每批次教师培训时间为一年。2017年9月3日，第一批次参训教师到达玉溪，玉溪一中在润玉楼五楼会议室举行迪庆州培训教师欢迎会。随后，玉溪一中对迪庆州教师的培训工作展开。

【第十届“汉语桥”十强体验赛玉溪分赛区】 2017年10月22～24日，由孔子学院总部/国家汉办、云南省人民政府主办，云南省教育厅、云南师范大学、云南广播电视台承办的第十届“汉语桥”世界中学生中文比赛十强体验赛玉溪分赛区在江川和玉溪一中举行，主题为“文明之路 青铜之光”。玉溪一中37位老师参与组织策划和实施，46名学生参与活动，准备过程历时4个多月。来自俄罗斯和匈牙利的四名选手通过实景体验和现场比赛完成了玉溪赛区的角逐，并在江川体验了青铜之美。感知玉溪独特的文化底蕴、文明风尚和前景魅力。

（玉溪一中）

【师院附中高考成绩创新高】 2017年，玉溪师院附中高考成绩创历史新高，稳居全市第二。应届生580人报考，一本上线291人，一本率50.2%，较上年提高9个百分点，是恢复高考以来，继玉溪一中之后又一所一本率首次突破50%的高中学校；本科556人，本科率96%；600分以上18人。2017年云南省教育厅一级高中教学质量考评获二等奖，列全省17名。

【师院附中教育科研】 2017年，玉溪师院附中加强精细化管理，教育科研成果丰硕。学校荣获玉溪市“十二五”教育科研先进集体称号，杨春楠荣获玉溪市“十二五”教育科研先进工作者称号；教师在省级以上刊物发表论文14篇，教师论文获国家教科院二等奖1篇、获省教科院三等奖3篇；公开课共计318节；成功组织第17届“创新杯”课堂教学竞赛及玉溪市第二届“起来·读书”系列活动现场作文、演讲比赛；省级课赛获一、二、三等奖各1人，4名教师荣获2017年省级优课名师称号，玉溪市优质课教学竞赛6人获一等奖；玉溪市“中心城投杯”录播课决赛一等奖1人、二等奖2人；玉溪市中小学实验教学说课竞赛一、二、三等奖各1人；祁智获玉溪市首届中小学师生“起来·读书”系列活动演讲比赛教师组一等奖。年内开展研究的课题有5个，其中市级课题4个、国家级子课题1个。云南省“国培计划”高中语文名师工作坊、玉溪市第二届语文、历史、英语、生物名师工作室落户玉溪师院附中。

（高 俊）

【市民中高考工作】 2017年，市民族中学高考再创辉煌。全校702人参加高考，上线率100%。其中600分以上11人，占全省600分总人数的2.1‰，理科最高分667分，排名全省第140名；本科率95.9%；一本上线人数320人，一本率45.6%，比上年提高10个百分点，创造了学校一本率的新纪录，取得了低进高出的优异成绩，超额完成了市教育局下达的各项教育教学质量指标。在省教育厅2017年一级高中教学质量考评中，列全省第19名，在全省民族中学中排名第一，荣获二等奖。

【市民中教育科研】 2017年，市民族中学教育科研成果取得丰硕成果，被评为玉溪市“十二五”教育科研先进单位。年内研究课题共20个（市级6个、校级14个）。其中，甘霖主持的《民族高中学生分层辅导应用研究》、赵兴洪主持的《课程化的高中学生自主管理研究》，以及李燕祥主持的《初高中数学教学的衔接研究》等3个市级课题已顺利结题；省级甘霖名师工作室2017年被市教育局考核为优秀；新增数学省级名师工作坊，地理、化学、心理健康3个市级名师工作室，申请到“国培计划”项目（怒江州骨干教师培训）1个。全校教师在省级以上刊物发表论文46篇，17名教师参加市级以上课堂教学竞赛获奖，79名教师获各种形式奖励。其中，省级及其以上的有40人次。学校积极组织捆绑体学校参与“求真杯”教学竞赛，开展教学研讨与交流。

【市民中招收迪庆籍学生】 2017年，为支持玉溪市对口迪庆州教育帮扶工作，按玉溪市委、市政府的安排部署，玉溪市民族中学接收迪庆籍学生入学。8月20日，来自迪庆州德钦县藏文中学等学校的30名高一新生及2名跟班教师到校报到，开始新学期的学习生活。

（市民中）

中等职业教育

【提升职业教育办学水平】 2017年，全市以“科教创新”为契机，继续加快职业教育的发展，四大职教集团按照统一规划专业设置、统一招生、统一人才培养标准，实现全市职业教育资源的优化配置，全市各职业院校招收中职学生10 566人。着力构建现代职业教育体系，组织玉溪工业财贸学校申报玉溪工业与信息职业学院、玉溪农职学院申报滇西应用技术大学玉溪烟草学院。组织职业院校校长、教师素质提升班赴同济大学培训，开展中国职教质量万里行云南行玉溪站培训等。3月，组织11所职业院校500多名师生组成33支代表队参加2017年云南省中等职业学校技能大赛、1所学校参加展评，共荣获团体一等奖10个、团体二等奖7个、团体三等奖7个，单项一等奖46个、单项二等奖32个、单项三等奖37个，再次蝉联奖牌总数冠军。组织开展“共筑职教梦 喜迎十九大”职教活动周主题活动，向社会各界展示职业教育办学实力和高技能人才培养成果。

【公益性职业技能培训】 2017年，全市各职业院校充分发挥职业院校师资、设备力量优势，优先面向扶贫乡镇、村，贴近贫困农户、贴近主导产业、贴近市场，开展公益性职业技能培训。2017年上半年，先后在华宁县开展40余天的养殖、陶艺等技能培训，培训100余人；在澄江县开展农村妇女茶艺、礼仪、化妆等技能培训；在江川区开展金属加工工艺技术培训班，旅游服务技能、宾馆服务技能、餐饮服务、客户服务技能、服务礼仪、计算机操作、食品烘焙、电子商务等培训，培训184人；在峨山县岔河谢札村委会、红塔区小石桥村委会等地开展烤烟栽培技术、病虫害防治、务工常识、法律维权、禁毒防艾知识等培训，培训257人；在新平县老厂乡转马都村等村委会开展职业技能培训；积极协助农广校、乡职成技校开展新型职业农民培育、农村劳动力转移培训，传授蔬菜种植、养殖、医学按摩、家政、烹饪、化装等技术培训7 500余人。

（胡海燕）

【技师学院、工贸学校获佳绩】 2017年，玉溪技师学院、工业财贸学校参加云南省中等职业学校技能大赛八个大项的比赛，荣获27个一等奖、19个二等奖、15个三等奖，4个团体一等奖、4个团体二等奖；参加全国职业院校技能大赛13个项目的比赛，荣获8个三等奖。3月，荣获技工院校社会主义核心价值观学习教育活动优秀组织奖。

（技师学院 工贸学校）

【卫生学校迁建】 为有效整合职业教育资源，玉溪市委、市政府提出

"一核五片七区"的"玉溪科教创新城"建设思路。2017年，玉溪卫生学校迁建项目成为职教园区首个项目，项目总用地416.5亩，总建筑面积263 445.82平方米，总投资9.6亿元。1月，实训楼项目开工建设，建筑面积10 679平方米，概算总投资2 710.33元，10月20日进行了初验；7月，教学一期开工建设，建筑面积77 459平方米，总投资（投标价）237406 575.66元。8月4日，"云南云投职教扶贫开发玉溪卫校有限责任公司"注册成立，专门负责新校区建设工作。

（卫　校）

【体校荣膺"国家后备人才基地"殊荣】 2017年3月14日，玉溪体育运动学校继2013～2016年周期之后，再次被国家体育总局命名为"国家高水平体育后备人才基地"。5月10日，获国家体育总局"国家田径单项奥林匹克高水平后备人才基地"命名。

【举办国家二级、三级社会体育指导员培训】 2017年5月3～18日，玉溪体育运动学校举办玉溪市国家三级社会体育指导员培训，本次培训按照社会体育指导员技术等级培训大纲（2011年版），采用集中教学培训方式和自学方式。培训内容包括：社会体育指导员工作规范、基本知识、组织管理、健身指导、自设内容（气排球、健身操、第九套广播体操、足球规则，游泳规则）。通过培训，共有79人考核合格，获得三级社会体育指导员称号。11月17日，玉溪市国家二级社会体育指导员培训在玉溪体校开班。来自二区七县、市级两个体育协会和玉溪体校大一年级学生共110名学员参加了本次培训。培训课程按照国家体育总局有关社会体育指导员技术等级培训大纲开课，着重讲解社会体育指导管理、运动损伤与预防、科学健身方法、自选内容（气排球、八段锦、柔力球、足球裁判法）等内容。经过12天的学习培训，110名培训学员均顺利通过综合考评，取得二级社会体育指导员合格证和资格证书。

【体校签订"校企合作"协议】 2017年6月11日，玉溪体校与北京同道伟业体育科技有限公司签订校企合作协议。北京同道伟业体育科技有限公司为体校学生提供体育赛事数据采集的实习机会，免费提供实训场地给学生进行数据采集；推荐学生免费培训足球数据采集课程，实习优异者可提供到北京公司的就业机会等。玉溪体校则依托该公司的优势资源和先进技术理念，带动体校竞技体育和互联网结合的共同发展模式，打造特色专业，创新人才培养模式，拓展多元化就业渠道，增加就业率。12月25日，玉溪体校与中冶凯远实业有限公司签约。由中冶凯远实业有限公司在江川区茶尔山水库投资兴建水上训练基地，作为玉溪体育运动学校皮划艇项目的训练基地。

【体校参加省年度赛成绩斐然】 2017年1～2月，学校参加云南省体育局举办的省年度比赛，在田径（中长跑竞走）、自行车、射击、射箭、武术、排球、举重、击剑、摔跤、柔道、篮球、拳击12个项目上获得金牌30枚、银牌28枚、铜牌30枚。3月15日，参加2017年西南协作区射击比赛，获得1枚金牌、2枚银牌、1枚铜牌。5月，参加玉溪市首届气排球邀请赛，男女队均以全胜的成绩双双获得中青年男子、女子组冠军。5月26日，在2017年"中兵望海楼杯"全国青年柔道锦标赛女子63公斤级的比赛中，高瑞娇夺得金牌。6月11日，参加2017年全国中长跑项群赛，取得2金2银的好成绩，唐明顺夺得专业组男子5 000米金牌，董毅夺得基地组女子3 000米金牌，罗天帆获基地组男子3 000米银牌，周文香获女子基地组3 000米银牌。7～8月，玉溪体校16个在训项目参加云南省体育局组织的省十五运会预赛及年度比赛。参加省十五运会预赛田径、自行车、游泳、击剑、射箭、武术、篮球、排球、沙滩排球共9个项目284名参赛运动员，获金牌21.5枚、银牌17枚、铜牌34枚，264人获得2018年省十五运会决赛阶段的参赛资格。参加2017年省年度比赛摔跤、射击、拳击、举重、柔道、散打、皮划艇的7个项目133名参赛运动员，获金牌18枚、银牌15枚、铜牌19枚。11月，参加云南省少数民族第三届气排球锦标赛夺得1金1银。

（蒋晓霜）

高等教育

【师院招生就业工作】 2017年度，玉溪师范学院共有35个本科专业、3个专业大类、2个专升本专业、1个专科专业及4个五年制一贯制高职专业招生。共录取全日制新生3 782人，本科2 888人，"专升本"286人，专科90人，五年一贯制高职342人，少数民族预科99人。汉语言文学、英语、数学与应用数学三个专业纳入省内一本批次录取。绝大多数专业的最低录取分数线均大大高于2016年。共有毕业生3 343人，本科42个专业3 033名，专科3个专业310名。1 036名男生，占毕业生总数的30.9%，女生2 313名，占毕业生总数的69.31%；师范类毕业生1 704人，占50.88%，非师范类毕业生1 645人，占49.12%。本科就业率96.21%，师院连续11年获云南省高校毕业生就业创业工作目标责任考核一等奖。

（刘淑娟）

【师院学科建设与专业调整】 2017年6月，玉溪师院获批增列自动化、信息与计算科学、新闻学3个专业为学士学位授予权专业。1人获得2017年云南省中青年学术和技术带头人后备人才培养资格；8人获得2017年玉溪市中青年学科技术带头人培养资格。12月，玉溪师院对原资源环境学院进行拆分重组，成立化学生物与环境学院和地理与国土工程学院，有序完成学科、人员、资产的划分。化学生物与环境学院包含本科专业8个，拥有教师64人（其中教授8人，副教授14人，高工1人，博士21人）；地理与国土工程学院现有5个本科专业，专业教师39人（其中教授4人，副教授4人，高工1人，博士5人）。

（玉溪师院）

【师院校企合作】 2017年2月6日，由华为技术有限公司、玉溪高新区和玉溪师院联合创建的玉溪互联网大学在玉溪师院揭牌成立。市委书记罗应光、高新区管委会主任吴伯平、师院党委书记张学武、华为技术有限公司有关负责人为玉溪互联网大学揭牌，师院与华为技术有限公司、玉溪高新区分别签署合作协议。3月9日，玉溪文创学院签约暨揭牌仪式在玉溪师院举行，副市长孙云鹏、师院校长王力宾为玉溪文创学院揭牌，市政府副秘书长刘世祥，SMART度假产业专家委员会秘书长王旭，台湾文化创意产业联盟协会理事长李永萍等出席签约揭牌仪式。9月16日，玉溪师院与云南启迪孵化器产业签署战略合作协议，玉溪师院与清华启迪合作，"玉溪师范学院设计+创新与产业联动研发

2017年11月3日，玉溪师范学院本科教学工作审核评估专家意见反馈会召开。教育部专家组组长、广西师范大学校长贺祖斌及评估专家组全体成员，省教育厅高教处处长卢明，省高等教育评估中心常务副主任、云南大学高等教育研究院副院长刘康宁，副市长尚建华、市教育局局长罗江云及玉溪师院党政领导班子成员等参加了会议，玉溪师范学院通过教育部专家组本科教学审核评估工作（廖鹏飞 摄）

中心”入驻玉溪启迪众创园；25日新华网与玉溪师范学院在2017中国·玉溪科教创新高峰论坛开幕式签约共建创客学院协议，同日，创客学院揭牌仪式在玉溪师院举行，新华网董事、副总裁申江婴，副市长尚建华、师院党委书记张学武为创客学院揭牌。

【师院科研工作】 2017年玉溪师范学院组织教师申报各级各类纵向科研项目共计208项，获准立项纵向项目59项（经费251.60万元），横向立项项目12项（经费128.0 081万元），合计71项，科研经费共计379.6 081万元。国家级科研项目4项，立项经费110万元：国家社会科学基金项目2项获经费40万元，国家自然科学基金项目2项获立项经费70万；省级科研项目22项，立项经费90万元：云南省哲学社会科学规划项目12项，立项经费20万元；云南省应用基础研究项目5项，立项经费25万元；教育部社科规划项目3项，立项经费28万元；教育部语保工程专项任务2项，立项经费17万元；地厅级科研项目33项，立项经费51.6万元：云南省教育厅科学研究基金项目12项，立项经费29万元；玉溪市社会科学课题项目立项17项，立项经费11万；四川省教育厅项目2项，立项经费1.1万元；玉溪市科技局项目1项，经费10万元；云南高校古籍整理项目1项，立项经费0.5万元。

2017年12月6～8日，由玉溪师院与云师大共同承办的中国高等教育学会语文教育专业委员会第17届学术年会暨第二届全日制教育硕士学科教学（语文）专业教学技能大赛在玉溪师院图书馆多元学术厅举行（师院 提供）

【传习馆公共选修课程受欢迎】 2017年2月，玉溪师院传习馆围绕云南本土民族民间文化做好服务地方与应用型人才的培养、教授学生，开设传统手工编织中国结、传统手工编织、黑白木刻小版画、云南绝版套色木刻创意制作、民间传统木雕、民间传统陶艺、云南民间刺绣、玉溪青花陶绘、云南少数民族舞蹈、云南少数民族原生态民歌演唱、陆生植物化石鉴赏、民族打击乐、民族装饰画、世界遗产澄江化石地等14门公共选修课，全校有500多名学生选修。3月25日，“当代美育与传统文化”高端理论研讨会在北京工业大学建国饭店举行，云南省玉溪师范学院涠公河次区域民族民间文化传习馆等6家单位获得中国人生美育研究会颁发的2016全国学校美育研究基地年度评比先进单位。

（杨　云）

【师院对外交流工作】 2017年3月，泰国呵叻易三仓学院、泰国吞武里易三仓学院到访玉溪师范学院，分别与玉溪师范学院签订了《中国云南玉溪师范学院与泰国呵叻易三仓学院合作意向书》《玉溪师范学院与泰国呵叻易三仓学院就玉溪师范学院选派实习生赴泰国呵叻易三仓学院进行汉语文化教学合作意向书》《泰国吞武里易三仓学院与中国云南玉溪师范学院合作意向书》《泰国吞武里易三仓学院与玉溪师范学院就玉溪师范学院选派实习生赴泰国吞武里易三仓学院进行汉语文化教学合作意向书》；玉溪师院参加在保加利亚和波兰举办的国际教育展，与保加利亚西南大学签署《玉溪师范学院与保加利亚西南大学合作协议》。4月，泰国娜瓦蜜皇后中学、泰国孔敬欧阳语言学校、泰国孔敬工业社区教育学院到访玉溪师院，与玉溪师院签订《中国云南玉溪师范学院与泰国娜瓦蜜皇后中学合作意向书》《玉溪师范学院与泰国娜瓦蜜皇后中学就玉溪师范学院选派实习生赴泰国娜瓦蜜皇后中学进行汉语文化教学合作意向书》《中国玉溪师范学院与泰国孔敬欧阳语言学校合作协议书》《中华人民共和国玉溪师范学院与泰王国孔敬工业社区教育学院友好合作协议》。

【师院成人函授和国培计划工作】 2017年，成人学历教育函授在籍学员2 529人（本科1 525，专科生1 004人）；毕业1 087人（本科537，专科生550人）；成人学士学位授予3人；2017级入学新生796人（本科479人，专科317人）；完成2017年662名成人函授学员的招录工作，承接各类社会考试22 465人次。2017年，玉溪师范学院组织专家团赴景东、新平、澜沧、建水四个县，对320人参训学员进行了2个阶段分批培训，并开展了训后跟踪指导和送教下乡培训。经过专家组严格评审和公示，玉溪师范学院在“国培计划”项目实施工作先进集体先进个人和优秀案例推荐中成效显著，获得了“先进集体”，9人评为先进个人，入选2个优秀案例。

【师院教学成果丰硕】 2017年9月，省教育厅表彰参与第十三届全国学生运动会做出突出贡献的先进单位和先进个人。师院被评为先进单位，3位教师与6名学生分别荣获先进个人的好成绩。2013级旅游管理团支部获团中央“活力团支部”称号，校团委被评为云南省“五四红旗团委”。商学院学生实践团队荣获团中央学校部2017年“镜头中的三下乡”优秀报道奖。12月在第三届全国美育大会上，玉溪师院荣获全国美育工作示范单位称号。

2017年10月，玉溪师院选拔出10名学生代表（生物5名、政治5名）参加中国教育技术协会微格教学专业委员会第二十届年会暨第七届“华文杯”全国师范院校师范生教学技能大赛，夺得5个特等奖、8个一等奖、7个二等奖，5名学生获本次年会论文评比一等奖2人、二等奖3人。5月，‘互联网+核心素养’暨全国大学生语文微课教学风采展示活动在陕西西安举行，师院文学院2013级学生刘畅荣获二等奖。12月，云南省高校教师教育联盟第五届师范生教学技能赛在昆明举办，师院13人参加决赛，所有参赛选手均获奖，一等奖6项，其中玉溪师范学院一等奖数量占了本次大赛本科组一等奖总数（共15名）的40%，二等奖2项，三等奖5项。

（玉溪师院）

【农职院与深圳华大基因签约合作】 2017年3月30日，玉溪农业职业技术学院与深圳华大基因签约合作，设立玉溪华大高原特色农业基因测序中心。依托华大基因，联合中国科学院昆明动物研究所、中国科学院昆明植物研究所、南京农业大学、华南农业大学、云南农业大学等科研院所共同组成。技术中心建成后，主要面向云南乃至东南亚动植物分子育种、动植物保护、农畜产品及食品安全等领域的研究、开发和成果转化应用，以基因测序和功能分析研发服务中的关键环节和共性技术为攻关目标，采用研、学、产联合模式，重点开展高通量测序方法研究、动植物基因数据库的构建和数据挖掘、基因表达调控分析和分子诊断方法开发等研发工作，形成跨组学研究的链条式生物技术研发服务实体，推动相关成果的转化和应用，通过模式和机制创新培养一支基因测序和功能分析技术团队，为云南乃至东南亚生物产业发展提供有力的技术支撑。6月17日，中科院院士、华大基因主席、华大基因学院院长杨焕明率队到校考察，副市长蔡四宏以及市教育局主要领导陪同考察。9月25日，学院与云南华大基因研究院、中国科学院昆明动物研究所签订共建云南高原湖泊珍稀鱼类研究中心协议。

【农职院成绩喜人】 2017年4月，玉溪市农业职业技术学院参加云南省职业技能大赛，获得5个一等奖，10个二等奖，5个三等奖。6月30日，参加第九届“挑战杯”云南省大中专学生课外学术科技节，作品《玉溪市农户对农业社会化服务的需求意愿与影响因素的调查与研究》获一等奖并推荐参加国赛，《基于Android控制的智能温室》《有机肥对NC71生长发育及品质的分析》《马铃薯“3 414”配方施肥效应试验研究》《云南省农户土地流转的意愿及影响因素的调查与研究》4个作品获三等奖。7月5日，《基于Android条件下的水肥一体化管理系统的研制与开发》获得在香港举办的2017“中星杯”泛珠三角+大学生计算机作品总决赛（高职组）银奖。9月15～17日，参加“青春与创新相约，梦想与创业同行”第十三届全国职业院校“新道杯”沙盘模拟经营大赛全国总决赛荣获一等奖。12月23日，获云南省2017大学生模拟招聘大赛两个“潜力人才奖”（铜奖）。

【植物药适用技术培训】 2017年6月22～28日，玉溪农业职业技术学院举办南亚、东南亚植物药适用技术培训班。来自尼泊尔、缅甸、马来西亚、孟加拉国、老挝和斯里兰卡六国的25名学员参加了培训。

【云南云投职教扶贫开发玉溪农业职业技术学院有限责任公司成立】 2017年7月11日，玉溪市人民政府文件批复同意玉溪农业职业技术学院与云投集团组建云南云投职教扶贫开发玉溪农业职业技术学院有限责任公司。8月7日，经玉溪市工商行政管理局登记备案，云南云投职教扶贫开发玉溪农业职业技术学院有限责任公司正式注册成立。主要职能是加强与省教育厅、云投集团、国开行云南分行的沟通对接，协调解决项目推进过程中存在的困难与问题，主要负责承接国开行贷款及支付工程款等工作。8月21日，云南云投职教扶贫开发玉溪农业职业技术学院有限责任公司召开一届一次股东会、董事会、监事会，审议通过了《公司章程》及公司管理制度，选举董事会成员、监事会成员等。

【农职院取得副教授评审权、考试招生资格】 2017年12月8日，云南省人社厅、教育厅联合发文《关于进一步下放高校教师职称评审权的通知》，玉溪农业职业技术学院被列为下放副教授评审权的高校。12月11日，根据云招考院文件，学院取得2018年高职院校单独考试招生资格。

（农职院）

成人教育

【开启“互联网＋五级培训”模式】 2017年，市教育局采取内外结合、市校合作和委托培训等方式，全面开启“互联网＋五级培训”中小学教师继续教育模式。年内，选派4人参加中小学校（园）长骨干研修培训，选派258名教师、校（园）长参加乡村中小学村小教师访名校名园、校（园）长能力提升等项目培训。组织全市180名中小学校长、中小学教研员、高中校长、教科所所长，赴上海、北京等地参加专题研修学习班；委托云南师范大学，举办120人参加的校级后备干部、高中班主任培训班；组织100名小学、初中班主任参加“玉溪市小学、初中班主任培训班”，聘请全国、全省及市内、区内专家和优秀班主任作专题讲座。选派新平县8位教师参加“直过民族”聚居区的教育扶贫省外高校短期集中培训，推荐新平县、红塔区8所学校为“国培计划”网络研修与校本研修整合示范学校；委托云南师范大学举办两期以玉溪 3 个少数民族县200名教师为主体的教育精准扶贫暨“直过民族”教师专项培训。选派16名教师、教研员参加国家、省级“三科”教材培训，组织2 786人参加市级“三科”建材培训；2 619名教师在“全国中小学教师继续教育网”注册，6 107名中小学幼儿园教师在奥鹏网络平台参加学习。启动第二届名师工作室和名校长、名师工作坊工作，全市中小学共创建26个学科名师工作室、6个省级名师工作坊、2个名校长工作坊。

（邵昌云）

【“三型九式”红塔师训模式】 2016年以来，红塔区玉溪教师进修学校探索出“三型九式”中小学教师继续教育培训模式，每年培训教师10 000余人次。尤其是“周末修身”式培训，有效缓解了教师工作压力，受到教师的热烈欢迎，在全国还属首创。

走下去——普惠型（面上）。“锦上添花”式：以上课、说课、评课和讲座的形式，送课到红塔区所有学区。“雪中送炭”式：承办学校准备两堂课，进修学校遴选两位教师上示范课，最后由市、区专家进行点评和相应专题的讲座。“菜单”式：每个学区根据需要点一个“菜单”（一门学科）到牵头学校（基地学校）；基地学校接“单”后，聘请组建专家团队，组织送教活动。请上来——精准型（线上）。“周末修身”式：外聘授课教师在周末开办修身班，如：太极、插花、茶艺等，累计培训教师3 270人次。“假期充电”式：寒、暑假期，进修学校以自主开发课程为主，为教师专业成长服务。“不定期讲坛”式：每年举办一次“宜学红塔·生态教育”大讲坛。派出去——高尖型（点上）。“管理提升”式：选派学校管理人员外出参加培训。“专业成长”式：选派学科骨干外出参加培训。“交流互动”式：以13个“师训基地”学校牵头，开展学区、跨学区的“交流互动”式培训。

（姚桂琼）

特殊教育

【特校签订姐妹学校友好合作协议】 2017年5月26日，玉溪特校校长张国强、副校长杜亚洲一行到上海市闵行区启智学校进行友好访问，两校签订姐妹学校友好合作协议。两校将在学校队伍建设、学科建设、学生交流、信息互享等方面开展全方位深层次交流合作，通过互补互助、友好合作，推动两校共同发展，促进两校教育教学实现新跨越，取得新发展。

【特校承办“响应全纳教育的新型特教学校建设”研讨会】 2017年11月29日至12月1日，由市教育局和上海市长宁区特殊教育指导中心主办，《现代特殊教育》编辑部协办，玉溪市特殊教育学校承办的“响应全纳教育的新型特教学校建设”学术研讨会暨全国教育科学“十三五”规划教育部重点课题实施活动在玉溪市拉开帷幕。国内知名专家和60所特校的校长、教师近200人齐聚玉溪，共同探讨特殊教育转型发展之路。

（侯树平）

民办教育

【民办教育多样化发展】 2017年，全市共有民办学校197所，其中民办中小学校4所，民办幼儿园193所；在校人数35 801人，其中在校中小学生4 499人，在园幼儿31 302人；教职工2 777人，其中中小学校教职工351人，幼儿园教职工2 426人；校舍建筑面积240 962平方米，资产42 175万元，教学仪器设备总值5 912.38万元，图书360 997册。有培训机构41所，教师240人，在校生6 510人，资产总值1 325万元。市教育局深入贯彻落实《玉溪市关于进一步促进民办教育发展的意见》《玉溪市民办教育发展专项资金项目管理暂行办法》，市级每年投入专项资金250万元，提供各项优惠政策，2017年下达民办骨干普惠性幼儿园建设中央专项资金两批285万元，支持14所幼儿园建设；审批“云南玉溪衡水实验中学”，批复玉溪市一幼接收由云南玉山城投资开发有限公司在玉山城建设的配套幼儿园“玉山小镇幼儿园”为“民建公办”幼儿园，鼓励发展优质高端民办教育，满足群众高层次、多样化的教育需求。

【扶持普惠性幼儿园】 2017年，全市累计扶持141所普惠性幼儿园，资金总投入2 315.31万元，其中生均公用经费582万元，添置设备和玩教具专项资金790万元，教师培训154.51万元，提高教师待遇214.97万元，其它资金（含学前专项资金）投入573.88万元，惠及幼儿23 828人。

（杨金发）

招生考试

【普通高校招生考试】 2017年，全市高考报名人数14 512人，比上年增59人。其中：文史类考生6 516人，理工类考生7 540人，三校生456人。应届考生12 334人，往届考生2 178人。全市共设置12个高考考点，486个标准化考场。

实考13 541人，上线12 999人，上线率96.00%，比上年增1.78个百分点；一本上线1 972人，上线率14.56%，比上年增1.47个百分点，在全省居第六位；本科上线5 779人，上线率42.68%，在全省居第五位；专科上线5 248人，上线率38.76%；600分以上251人，占实考人数的1.85%，在全省居第五位。全市共录取考生13 665人（含三校生444人），录取率94.16%，比上年增11.52个百分点。其中，一本录取1 715人录取率12.55%；本科录取5 557人，录取率40.67%，比上年下降15.57个百分点；专科录取6 388人，录取率46.75%，比上年增2.99个百分点。

【高中、初中学业水平考试】 2017年，全市共组织2次高中学业水平考试。1月，全市报考65 158科次，其中文化课64 970科次，信息技术188科次。全市共设考点19个。7月，全市报考80 406科次，文化课67 838科次，信息技术12 568科次。全市共设考点19个。初中学生文化科目报考人数：初三27 277人，考点76个，考场886场；初二28 337人，考点85个，考场923场；体育科目报考人数28 076人。

【成人高考、自学考试及其它考试】 2017年，全市成人高考报名人数5 786人。其中：专科起点报本科3 137人，高中起点报本科409人，报专科2 182人，免试专科生8人，免试中专生50人。全市设考区1个，考点6个。年内，全市组织2次自学考试。上半年1 560人，3 225科次；下半年1 711人，3 617科次；高等教育教师资格认定课程考试101人，196科次；特岗教师考试471人；全国中小学教师资格认定课程考试6 742人（幼儿园648人、小学2 459人、初中2 347人、高中1 103人、中职文化课29人、中职专业课143人、中职实习指导13人），15 198科次。年内，全市组织2次全国计算机等级考试，上半年2 109人，下半年1 440人，考点设玉溪师院；专升本考试3 137人，考点设玉溪师院；高中阶段（含特长生）体育、艺术专业考试1 761人（体育类860人、声乐156人、器乐248人、舞蹈114人、美术258人、书法125人）。

（方丽华）

【职教集团化招生】 2017年5月26日，市教育局在峨山县职业高级中学报告厅举行2017年职业院校集团化招生工作会暨三校生高考交流会。印发《2017年玉溪市职业教育集团化招生工作方案》，对中等职业学校招生范围、招生计划等进行改革。主要体现在四个方面：一是实行职教集团化招生，由集团统筹后将招生名额下达到各成员学校。二是实行“考试录取和注册入学”并轨运行，录取时间与普通高中学校同步进行。五年一贯制和学前教育、医学类专业凭中考成绩录取；其他专业凭初中毕业证、身份证到学校先办理入学手续，再由学校根据学生实际报到人数向招考机构办理录取手续。三是实施跨区域招生，县区职业中学可以面向全市范围内的应届初高中毕业生、往届初高中毕业生、进城农民工、退役士兵、生产服务一线职工、下岗失业人员等城乡劳动者招生。四是注重“技能+文化”的升学方式，在国家、省级技能大赛中获奖选手可直接免试进入上一级学校。截至2017年10月11日，全市各职业院校共招收中职学生10 566人。

（胡海燕）

教师队伍建设

【多措并举抓好教师队伍建设】 2017年，市教育局制定完善从教师招聘到教师考核与绩效管理等制度，出台师德师风建设系列文件。中学增设正高级教师，小学、幼儿园增设副高级教师，2017年共评审正高级教师6人、副高级教师2 429人、一级教师989人。全面推广“互联网+教师”，玉溪教育云平台入驻学校749所，实名注册教师、教育管理者2.45万人，占全市教师的92%，教师信息化培训覆盖全市所有学校和教师。通过“请进来、走出去”、挂职锻炼、在职提升等方式，教师培训实现100%全覆盖，认定骨干教师564名，补充21名特岗教师到峨山县边远地区任教。成立35个“名师工作室”，推行学区化建设，试行优秀教师多点执教政策，把全市18所公办高中组建为4个学区进行捆绑发展考核，促进全市教育均衡发展。全面实施中小学教师奖励性绩效工资和乡村教师支持计划，共建成教师安居住房7 659套，教师廉租房6 087套29万平方米。

（陈玉宏）

【认定市级中小学幼儿园骨干教师】 2017年，经过资格审查和专家组阅读评审教师个人提供的纸质材料，全市共评选公示市级骨干教师499人。其中幼儿园34人，小学语文86人、小学数学74人、小学英语7人、小学思品1人、小学科学2人，中学语文54人、中学数学45人、中学英语46人、中学物理37人、中学化学33人、中学政治35人、中学生物26人、中学历史5人、中学地理4人、中学音乐3人、中学美术1人、中学体育3人、中学信息技术3人。

（张碧艳）

【打造名师队伍】 2017年，市教育局全面打造玉溪名师队伍，搭建教师学习交流平台，促进教师专业发展。举办“2017年玉溪市中小学（幼儿园）‘秋韵杯’中青年教师课堂教学评比”活动，18个学科共评一等奖61人、二等奖80人、三等奖80人，观摩教师2 500余人；与市总工会联合举办“2017年玉溪市初中音乐、体育与健康、美术教师教学技能决赛”，3个学科评一等奖6人、二等奖9人、三等奖12人，参加观摩教师200余人次，每学科推选2名教师代表玉溪参加省级赛。参加2017年云南省职业院校教学设计技能大赛，获团体一等奖2项、二等奖1项。玉溪二职中教师参加第二届“全国职业院校教师微课大赛”，获二等奖2人、三等奖5人，玉溪二职中获全国微课大赛优秀组织奖。

（邵昌云）

学生工作

【素质教育工作】 2017年，市教育局坚持“立德树人”根本导向，在全市教育系统创新开展“立五德树五风”学校德育工作，深入开展爱国主义、社会主义核心价值观等14项专题教育，同步实施学校精细化管理、“互联网+德育”等11项提升工程。深入开展体卫艺工作，组织开展2017年青少年校外科技体育模型竞赛、创建云南省文明城市主题月实践活动、书画名家进校园等活动。举办2017年玉溪市青少年校园足球选拔赛暨校园足球啦啦操比赛，小学、初中、高中共79支球队，37支啦啦操队参加，运动员1 653人。投入80万元开展全市体育比赛、艺术节活动，组织开展“禁毒宣传月”“禁毒宣传周”“创卫”等活

2017年11月9日，玉溪市委书记罗应光为玉溪师范学院师生作“共筑中国梦·同绘彩云南”2017年云南省高校百场形势政策报告会
（易 滟 摄）

动。成功创建校园足球特色学校国家级44所、省级66所、市级78所，国家级篮球特色学校13所，中华优秀文化艺术传承学校2所，省级乐团试点学校2所，省级绿色学校17所。大力推进国家通用语言文字普及工作，创建省级语言文字规范化示范校4所、规范汉字书写教育特色学校1所，峨山县通过国家三类城市语言文字评估达标。

（杨进宏）

办学条件

【“互联网+教育”玉溪模式】 2014年，玉溪全面启动教育信息化建设，现已全部建设完成。2017年，全市680所数字化校园建设项目圆满收官。与2013年相比：新增校园网终端点数32 653个，实现校园网络全覆盖，学校互联网接入率由原来的83.6%提升到100%；新增多媒体教室5 721间，覆盖率由原来的62.4%提升到100%；新增计算机教室626间22 610台，计算机生机比小学、初中、高中分别提升到20：1、10：1和7：1；新建校园安全监控点14 372个，实现全市所有学校安全监控覆盖无死角。新建录播教室37间，覆盖全市18所高中学校和10个教科所。玉溪教育教学云平台包含43万个教学资源、150万道试题的题库、1 000余名省内外名师的2 500多个名师视频资源等，实名注册师生达26万人，活跃度达到56%。玉溪教育云平台APP和广电教育云频道专区涵盖从幼儿园到职业院校各学段33万余条教学资源，优质资源惠及全市45万师生。国家发改委、教育部把玉溪“互联网+教育”列为全国智慧城市优秀实践案例，省教育厅将其作为全省教育体制改革试点项目，安排专项经费进行总结推广。省内外36个州市到玉溪参观学习“互联网+教育”的经验和做法。“互联网+教育”玉溪模式成效显著、影响广泛，走在全省前列。

（陈 琳）

【职教园区建设】 玉溪市因地制宜，创新思路，围绕高级技能人才输出、科技成果转化孵化、城市新区三个功能，按照“一园五片”进行规划建设的职教园区位于红塔区玉枕山，占地4 386亩（可用2 680亩），计划入住10所学校4.5万人，概算投资65亿元，整个片区分两期进行建设。2017年，职教片区已办理完成项目用地预审意见，调规、审批手续已上报省国土资源厅，征地协议已全部签订完成并兑付了征地款，现已完成征地工作。职教片区体校及少体校迁建项目投资13.8亿元，建筑面积24.91万平方米，已完成规划方案编制，正在进行初步设计，现已启动部分工程建设。卫校迁建项目计划投资9.5亿元，建筑面积26.67万平方米，现已完成1万平方米实训楼建设，教学一期工程已开工10万平方米，完成投资1.2亿元。剩余16万平方米的教学二期工程，已在2017年底启动部分工程建设。

（周 洁）

【“引智引校”工作】 2017年，市委、市政府领导多次率队与复旦大学、华东师大、上海音乐学院等32所高校对接洽谈，正式签约13所高校，签订15份战略构架合作协议，“引智引校”工作取得明显成效。一是拟落地的高等教育院校引进。玉溪师院与上海音乐学院合办聂耳音乐学院，滇西应用技术大学、同济大学生命科学研究院、华大基因共建滇西应用大学华大生物学院，合作创建云南中兴服务外包学院等。二是合作的基础教育学校引进。玉溪师院与华东师大合办附属中小学、幼儿园，玉溪三中与北京外国语大学合作办学等。三是合作的培训机构引进。华为互联网大学、360网络安全培训学院、新华网——玉溪师范学院创客学院、新华网无人机资质培训学院、永兴元软件开发技术培训学院等。四是合作的重点实验室和科研机构引进。大数据协同安全技术国家工程实验室云南区域示范中心、电子政务云计算应用技术国家工程实验室云南分中心、物联网工程应用实验室、云南全息城市大数据产业研究院、云南农业基因检测中心、高原湖泊生态保护、高原特色农业研究中心；复旦大学云南研究院、华东师大基础教育研究院、华中科技大学生物医药研究院、南开大学云南研究院、东南大学智慧城市研究院、云南大学玉溪陶瓷研究院、玉溪师范学院——东南大学高水平专家工作站等。

（沈海亮）

绿水青山·碧玉清溪

（吴 垠 摄）

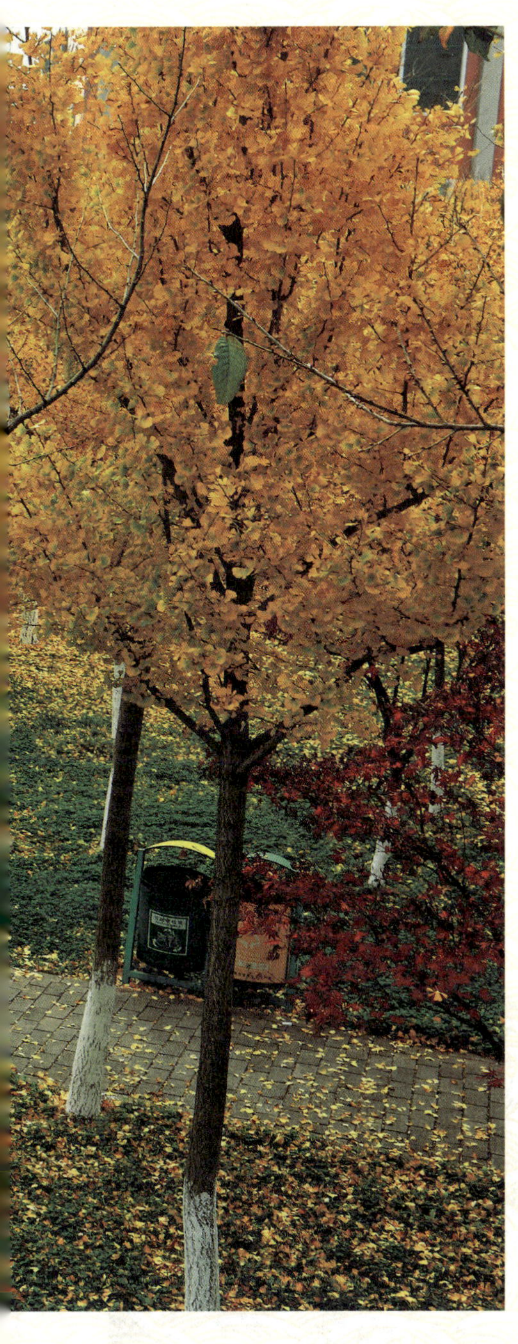

科学技术

SCIENCE AND TECHNOLOGY

责任编校：王 斌

科技管理

自然科学研究与应用

知识产权

科技情报

社会科学研究与应用

科技管理

【概　况】 2017年，玉溪市科技管理工作紧紧围绕“创新强市”战略，“五位一体”总体布局和“5577”经济社会发展总体思路，汇聚创新资源，凝聚创新力量，集聚创新优势，积极开展“科教引领创新发展”大讨论、大行动，推进《玉溪科技创新实施方案》工作落实，着力营造良好创新生态，科技创新对新旧动能转换的支撑引领作用进一步凸显，多项科技指标位居全省前列：科技对经济发展的贡献率达58.5%；拥有科技园区数量全省第一，新能源汽车推广工作全省领先，高新技术企业拥有量和省级科研平台、省级科技人才（含人才团队）拥有量排名全省第二，专利授权量、有效量排名全省第二；参加全国、全省科普讲解大赛成绩优异，市科技局获“优秀组织奖”，被人力资源社会保障部和科技部评为全国科技管理系统先进集体，有力支撑了全市经济社会跨越发展。

【出台《玉溪市科技创新实施方案》】 2017年3月2日，市委、市政府，以科教创新为主题，在全市开展实施“七个一”和“1+3”工作部署的“科教引领创新发展”大讨论、大行动，把发展动力转换到依靠创新驱动上来，助推全市争先创优跨越发展。3月23日，市委、市政府办公室出台《玉溪市科技创新实施方案》。《玉溪科技创新实施方案》明确了玉溪科技创新工作到2020年的奋斗目标：基本形成以政府为引导，企业为主体，市场为导向，产学研紧密结合的科技创新体系，努力打造云南领先，西部一流，辐射南亚、东南亚的科技成果孵化、示范、推广基地，完成科教创新城的建设，基本建成科技创新驱动的框架和制度体系。十二项工作任务：加强“科教创新城”核心区创新园建设、强化科技创新供给源能力建设、发挥科技创新辐射源示范效应、推进科技创新驿站建设、支撑战略性新兴产业快速发展、推动科技产业园区提质增效、加快领军型科技创新人才引进、重视科技型创新型企业家培养、推进玉溪科技大市场建设、促进科技和金融紧密结合、促进国际国内科技合作交流、推进知识产权战略工程。

【2017中国·玉溪科教创新高峰论坛】 2017年9月25～26日，由玉溪市人民政府、新华网主办，玉溪市科技局、新华网云南分公司承办的“2017中国·玉溪科教创新高峰论坛”在红塔大酒店举行。论坛设有考察调研、玉溪师院创客学院揭牌、郑永年教授专题讲座、新华思客会、科教高峰对话、园桌对话、“丝路瓷语·文创旅游产业发展新观察”青花瓷主题分论坛等系列活动。开幕式上市委书记罗应光，新华网董事长、总裁田舒斌致辞，市委副书记、市长张德华向嘉宾推介玉溪。中国科学院院士、清华大学生命科学学院教授孟安明，中国科学院院士、北京大学定量生物学中心副主任欧阳颀，中国科学院院士、中科院北京纳米能源与系统研究所所长和首席科学家王中林，新加坡国立大学东亚研究所所长、新华网思客高级顾问郑永年等来自国内外的五百余位专家学者、行业精英、政府官员以及媒体代表齐聚一堂，在为期两天的论坛中围绕玉溪“科教引领创新发展”，打造科教创新城的发展机遇，深入聚焦培育发展新动能、剖析发展新优势、探索发展新方向等议题共同对话，为玉溪实现跨越发展建言献策。玉溪市人民政府与北京化工大学签订全面合作框架协议，新华网与玉溪师院签订共建创客学院合作协议，玉溪工业财贸学校与四川西南航空职业学院签订联合办学协议，玉溪农职学院与云南华大基因研究院、中国科学院昆明动物研究所签订共建云南高原湖泊珍稀鱼类研究中心协议。市委书记罗应光为玉溪高新区管委会与同济大学中德工程学院共建的“同济大学玉溪智能制造研究院”揭牌。

【科技体制改革】 市科技局起草制定《玉溪市“十三五”科技创新规划》于2017年4月21日经市政府印发实施。《玉溪市“十三五”科技创新规划》确定了玉溪到2020年的发展目标：玉溪自主创新能力大幅提升，区域创新体系基本形成，创新能力居云南前列，将玉溪建设成为全省区域创新高地和科技创新的聚集、示范、辐射和带动区，科技支撑生态文明建设的示范区，科技惠民促进民族团结进

2017年12月7～8日，2017一带一路数字科技文化节·玉溪暨第10届全国三维数字化创新设计大赛总决赛在玉溪举行

（市科技局　提供）

步的示范区。部署科教创新城科技片区建设的各项工作，明确完善区域创新体系的主要任务和具体目标；着眼深化科技体制改革，加快建立以企业为主体，市场为导向，产学研深度融合的技术创新体系。基于充分激发科技创新源动力，起草制定《实现2020年全市R&D经费投入占GDP2.5%实施方案（试行）》，加大科研经费投入，强化财政科技经费的引导作用，从根本上扭转玉溪全社会研发经费投入强度偏低的现状；基于互联网的新业态、新模式蓬勃兴起，众创、众包、众扶、众筹快速涌现，起草制定《关于加快构建大众创业万众创新支撑平台的实施意见》，带动广大开发者、劳动者以及社会工作者，灵活分散就业，扩展就业渠道，让更多的人为社会创造价值；基于促进科技成果向经济和社会转移转化，起草制定《促进科技成果转移转化实施方案》，推动以科技创新为核心的全面创新，努力走出一条具有玉溪特色的创新驱动发展之路，三个实施方案经市政府第92次常务会审议通过，于12月12日、13日由市政府印发实施，至此，基本形成了国家、省、市关联配套的科技创新政策体系。

【创新主体培育】 2017年，市科技局组织申报高新技术企业40户，通过国家认定公示32户，全市高新技术企业总数达93户，拥有量居全省第二。45户企业通过省科技型中小企业认定（2016年底申报），2017年组织申报科技型中小企业72户，72户企业通过省科技型中小企业认定，全市省科技型中小企业总数达331户。组织49个项目参加省创新创业大赛，18户企业进入复赛，10户企业进入决赛获奖，3户企业晋级参加国赛。积极开展“大众创业、万众创新”工作，全市认定省级众创空间4家：云科高新众创空间、通海五金产业园区众创空间、云科慧乐酷众创空间、云科双湖汇众创空间。

【创新平台建设】 2017年，市科技局支持企业建立院士、专家工作站，工程（技术）研究中心、重点实验室等各类科技创新平台。申报院士专家工作站10个，7个获通过，全市建立院士专家工作站总数达13个，分别为：孙颖浩院士工作站、孙汉董院士工作站、艾连中专家工作站、李德发院士工作站、相海专家工作站、孙宝国院士工作站、陈云飞专家工作站、余永富院士工作站、陈蕴博院士工作站、王光谦院士工作站、田禾院士工作站、齐涛专家工作站、陈芬儿院士工作站。完成对玉溪市松属林化产品工程技术研究中心、玉溪市天然色素提取工程技术研究中心、玉溪市磨浆核桃系列产品产业化工程技术研究中心、玉溪市茶膏产业化工程技术研究中心、玉溪市特色作物营养工程技术研究中心5家市级工程技术研究中心的认定，全市市级工程技术研究中心、重点实验室总数达44个。

【科技人才培引】 2017年6月，市科技局修订出台《玉溪中青年学科技术带头人选拔培养管理办法》，按照德才兼备、突出重点、平等竞争、动态管理的原则选拔科技、经济、社会发展有重要影响的技术领域人才。通过选拔、筛选、审核，推荐云南省技术创新人才及培养对象5人，全市共有云南省学术和技术带头人3人、云南省学术和技术带头人后备人才6人、云南省技术创新人才4人、云南省技术创新人才培养对象7人，共20人；4家企业入选为省级创新团队；国家级创新创业人才2人；共有市级中青年学科技术带头人170人。

【科技交流与合作】 2017年3月8日，省科技厅、市政协、市科技局、云南猫哆哩集团负责人一行6人到上海理工大学就云南猫哆哩集团与上海理工大学产学研战略合作事宜进行考察洽谈，上海理工大学与云南猫哆哩集团签订产学研战略合作协议和艾连中专家工作站建站合作协议。3月23～25日，东南大学教授团到玉溪进行实地考察和对接座谈，市科技局与东南大学智慧城市研究院签订合作备忘录，市科技局支持东南大学智慧城市研究院在玉溪注册成立“玉溪新型智慧城市创新研究院”。4月6～8日，市政府、市科技局、澄江县工业商贸和科技信息局、云南万绿生物股份有限公司、云南江磷集团股份有限公司、云南澄江盘虎化工有限公司科技考察团一行到北京化工大学、北方工业大学、创新科技国际联盟、中国留学人才发展基金会进行实地考察、洽谈合作，云南万绿生物股份有限公司、云南江磷集团股份有限公司与北京化工大学达成合作协议。6月13日，组织企业参加2017南亚东南亚技术转移对接洽谈会，云南太标集团与印度印中贸易中心就太阳能技术与产品转移、电动自行车生产技术转移项目参加了集中签约。8月22日，北京化工大学与江磷集团共建阻燃剂联合实验室启仪式在江川区举行。10月17～18日，组织企业参加2017年沪滇科技成果对接洽谈活动，云南墨浆农业股份有限公司与上海海洋大学、云南南宝生物科技有限责任公司与上海居知园生物技术有限公司、澄江星星蓝莓合作社与上海食品研究所就达成初步合作意向。10月22～24日，

2017年1月15日，“捷克轻型固定翼飞机组装制造项目”签约仪式在江川区举行，江川区人民政府与雪域飞鹰航空运动有限责任公司，捷克伊赫拉瓦飞机制造有限责任公司与雪域飞鹰航空运动有限责任公司分别签署项目正式合作协议

（市科技局　提供）

邀请江苏省技术转移联盟成员单位到玉溪考察，在科研、人才、信息等方面达成合作意向。

【新能源汽车推广】 2017年，为加快国家新能源汽车推广应用示范工作，玉溪出台了一系列政策，实现了三个领先。政策措施实施领先。市财政按1：0.5给予购车补助，每个样板充电站给予200万元补助，兑现新能源汽车市级购车补助款拨付金额累计3 580万元。充电站建设领先。全市首期规划建设7个样板充电站，已投入运营使用5个；建成充电桩位249个，其中住宅区充电桩位37个，办公区充电桩位29个，充电站内的充电桩位183个。新能源汽车推广使用领先。全市落户上牌新能源汽车1 041辆，其中公交车389辆，出租车400辆，其他车辆252辆。

【农业科技工作】 2017年4月27日，省科技厅下发《云南省科技厅关于认定第二批云南省农业科技园区的通知》，通海县蔬菜、花卉农业科技园区被认定为省级农业科技园区。市科技局组织各县区申报中央财政支持地方科技计划项目涉农的6项，地方科技创新项目示范3项：华宁2 000亩樱花优良新品种示范推广、油橄榄特色产业示范基地、自育草莓品种、优质种苗繁育及栽培技术示范推广；地方专业性技术创新平台三项：微生物饲料研发及检测平台建设、农业互通创新平台建设、新型矿物肥料农业运用研究中心，共计划争取中央财政支持地方科技计划项目资金1 255万元；组织申报省级“星创天地”项目认定，上报5个项目中，《云曲坊粮酿制品星创天地》《云秀月季鲜切花星创天地》《新平凯添农业互通星创天地》《江绿园星创天地》项目获省科技厅认定。

【科技金融结合专项工作】 2017年，市科技局积极开展知识产权质押融资试点工作，加快促进知识产权与金融资源融合，通过多次调研和考察，完成《玉溪市知识产权质押融资试点工作的扶持办法》和《企业知识产权质押贷款宣传册》，帮助拥有自主知识产权的科技型中小企业解决融资难题。起草制定《玉溪市科技局关于金融资源支持科技创新创业的政策措施》。根据省科技厅有关要求，共审核申报各县区2018年科技金融结合专项6项，申请补助金额86万元。

【科普与宣传】 2017年4月1日，市科技局举办2017年玉溪市第二届科普讲解大赛。4月12～14日选送5位选手参加云南省第三届科普讲解大赛，其中2人包揽二等奖、2人获三等奖、1人获优秀奖，市科技局获得“优秀组织奖”。2名获奖选手代表云南参加全国科普讲解大赛，1人获三等奖，1人获优秀奖。5月20日，由市科技局承办的2017年云南省科技活动周启动仪式在聂耳文化广场举行，本次科技活动周有30余家单位参加，以“科技强国、创新圆梦”为主题，通过集中示范活动，开展精准扶贫精准脱贫宣传，组织“数字科技智慧生活”趣味展示、3D打印科普体验、智能机器人展示及表演、中小学生发明作品现场体验和展示、圆梦蓝天云南模拟飞行、综治维稳反邪教、禁毒防艾科普宣传、医疗咨询与义诊等活动。

【省可持续发展试验区认定】 2017年5月31日，红塔区，通海县和易门县被省科技厅认定为2016年云南省可持续发展实验区，实现零突破。10月23～26日市科技局组织红塔区科技局、江川区、通海县、易门县、澄江县、新平县工信局相关人员赴丽江、临沧考察学习，借鉴各地申报国家级、省级可持续发展实验区管理经验、支撑项目及建设情况、实验区建设的相关政策和措施等，大力推进可持续发展实验区各项工作。

【亚洲花卉科创谷揭牌】 2017年3月28日，亚洲花卉科创谷和玉溪国家农业科技园区花卉创新中心在江川区九溪镇揭牌。市政府与云南省农科院就建设亚洲花卉科创谷签订战略合作协议。市政府和云南省农科院将共同构建合作机制，聚合创新资源，合力将玉溪建设成为国际花卉育种创新中心、花卉示范农场、花卉产业创新发展区域性中心、花卉产业人才培养基地、花卉品牌产品交易平台和东南亚、南亚重要花卉生产基地，打造江川区九溪花卉小镇和玉溪农村一二三产业融合发展示范区。

【中国—新西兰园艺作物灌溉及养分管理研讨会】 2017年7月31日至8月1日，“中国—新西兰园艺作物灌溉及养分管理研讨会”在玉溪现代农业庄园举行，中新两国科学家及政府领导、企业代表共约100余人出席开幕式，来自新西兰皇家植物与食品研究院、中国环境科学院、中国农业科学院、上海交通大学、云南大学等18所国内外高水平大学、研究机构的科学家围绕水灌溉分配、水质量管理、水资源利用效率及相关技术进行交流研讨。

（胡　晓）

【获省科学技术奖项目】 2016年度，全市共有14项科技成果获云南省科学技术奖，其中科技进步二等奖3项、三等奖11项。云南大红山管道有限公司牵头完成的《多物料浆体管道网和分级顺序输送关键技术研发及应用》、通海县植保植检站参与完成的《云南蔬菜小菜蛾可持续绿色防控关键技术研发与集成应用》、玉溪市农业科学院参与完成的《豌豆种质资源收集评价创新与新品种选育及应用》3个项目获科技进步二等奖。玉溪市种子管理站、云南盛衍种业有限公司完成的《玉米新品种华兴单7号选育及应用》，玉溪市农业科学院、元江哈尼族彝族傣族自治县农业技术推广站、玉溪市红塔区农业技术推广站等单位完成的《山地油菜避灾高效栽培技术研究与集成应用》，玉溪市疾病预防控制中心完成及牵头完成的《甲型副伤寒沙门菌MLVA分子分型及应用》《玉溪市乙型病毒性肝炎防控体系的建立及应用》《传染病监测防治技术策略研究及应用》《玉溪市1989～2014年暗娼HIV流行的监测、综合干预与应用》，云南省烟草公司玉溪市公司牵头完成的《多功能生防菌剂与生物多样性协同控制烟草真菌病害的研究与示范应用》《基于生物炭的植烟土壤改良技术研究与推广应用》，玉溪矿业有限公司大红山铜矿参与完成的《大高差矿区空间定位技术研发与应用》，贵研资源（易门）有限公司参与完成的《贵金属载体催化剂及其废料中铂钯铑的准确测定技术》，通海县环境保护局参与完成的《植物-微生物联合去除农田退水硝态氮技术及工程化应用》11个项目获科技进步三等奖。

（连　梅）

自然科学研究与应用

【气象监测及预报服务】 2017年，市气象局修改完善市气象台短临预报工作业务流程细则，加强短临预报、预警发布和服务工作的把关，重点把关72小时内的降水预报，特别是强降水天气过程的质量把关。制定《玉溪市气象台灾害性天气预警发布办法》《玉溪市灾害性天气临近警报分类发布指导意见》，于7月正式实施。不断完善和检验本地短临预报预警相关指标，逐渐形成更适应本地化的一系列短时、临近预报预警指标。建立和完善灾害性天气“内响应、外联动”机制，规范灾害性预警信息发布及内外响应联动机制。

公众服务。2017年，《云南省短临预报预警一体化业务系统》在市气象台开展业务应用，该应用优化短临预报业务流程，为全市提供更有效、优质的气象预警预报服务。全年制作发布重要天气消息、转折性天气消息、高温天气消息等各类天气消息72期；发布寒潮、霜冻、大雾、高温、雷电、大风、暴雨、山洪地质灾害等预警信号32期。市气象服务中心通过预警平台向有关部门和领导发送重要天气消息72期、270 000多人次；发送降水量实况信息80 000多人次；发布玉溪市2017年前期气候情况及后期气候趋势预测2期、玉溪市气候影响评价10期、短期气候趋势预测10期、关键期气候预测2期、干旱监测报告10期。

行业气象服务。气象服务中心主动为农、林、水、国土等相关部门做好专项服务，发布农气旬报、小春作物产量预报、农业气象灾害监测评估、病虫害分析与预警等农业气象专题服务材料53期；发布农业气象专题服务7期、烤烟气象服务专题服务材料24期、地质灾害专题气象服务11期、森林火险专题气象服务30期、电力专业气象服务材料10期。各县区气象局开展火龙果、蔬菜、花卉等高原特色农业气象服务体系已逐步成熟，各类极具针对性和地方特色的气象服务材料为用户趋利避灾科学劳作提供了及时有效的信息依据，广受大众好评。

决策气象服务。完成山洪地质灾害防御气象保障项目可研报告编制，上报省局并获批复，建设2个六要素区域站，进一步升级完善气象灾害监测骨干网，每日定时和适时更新传送气象监测信息，使决策服务更具主动性和及时性。及时配合有关部门，为江川通用机场建设、海绵城市建设、玉溪市城乡总体规划调研、抚仙湖高原超级马拉松比赛等工作提供气象资料和现场保障服务，在第三届聂耳音乐合唱周期间，每天4次向组委会滚动提供未来3小时的精细化天气预报，受到了大会组委会的肯定和表扬。年内，共为市委、市政府及各部门制作重要气象信息专报1期，决策服务材料42期，重大活动保障及其它服务材料8期。

特色农业气象服务。市气象服务中心进一步深化烤烟气象服务，与红塔集团原料部签订合作框架协议，围绕烤烟观测网络建设、烤烟烟草种植气候分析评价、烟草种植气象灾害风险及应对措施研究等工作进行为期三年的合作，充分发挥“云烟之乡”独特的气候优势，促进玉溪现代烟草产业优质高效发展。元江县气象局在2014年以来开展火龙果气象服务的基础上，2017年与相关科研单位和当地重点龙头企业合作，开展火龙果气候品质认证工作，拟通过2年的样品送检结果，在全省率先完成火龙果的气候品质认证工作，提升火龙果市场竞争力和经济效益。

【气象行政执法与防雷减灾】 2017年，市气象局制定《玉溪市气象局2017年全面深化气象改革工作要点》《玉溪市气象局关于优化建设工程防雷许可重点任务分工及进度安排的通知》，进一步对全市气象部门防雷减灾体制改革做出安排布置，重新调整市、县（区）气象主管机构防雷行政许可权限，依法做好职责范围内的防雷装置设计审核和竣工验收许可行政审批工作。宣传贯彻执行《云南省气象设施和气象探测环境保护办法》，做好玉溪市“安全生产月”宣传咨询活动，向市内各大工矿企业、乡镇、学校，社会群众散发防雷安全法律法规、科普知识、技术标准等宣传资料8 000余份，展出防雷科普、气象灾害防御等展板10块，收到较好宣传效果。

年内，全市共发出执法通知书93份，发出责令停止违法行为通知书1份，立案案件1起。依法办理施放气球活动审批23件；办理防雷装置设计审核12件；办理防雷装置竣工验收17件，无投诉及复议、诉讼案件发生，对57家单位2 000余幢（套）防雷装置开展了防雷安全检测，做好专用用户雷电监测及预警服务工作，发布雷电预警信息288人次。

【人工影响天气工作】 2017年，市气象局编制《2017年玉溪市人工影响天气工作实施方案》并上报市政府批准实施。2月底完成了市内所有作业装备的年检，确保作业装备不“带病”上阵，所有年检的火箭架和高炮均合格。组织全市104名作业点点长进行了培训，并全部考试合格。完成市县两级人影安全责任书的签订；完成新平、江川新增作业点安全等级评定和上报工作；完成无线通信网双信道建设，加快作业点标准化建设步伐，建成标准化示范点4个，红塔区固定作业点视频监控项目方案通过专家论证。

全市共布设作业点106个；实施防雹作业805点次、人工增雨作业29点次；作业点保护烤烟约45万亩，其它经济作物约47万亩，粮食作物约52

2017年5月20日，云南省气象局联合玉溪市气象学会到聂耳文化广场参加科技日活动。图为气象学会宣讲员为群众介绍气象观测仪器　（市气象局　提供）

万亩。全市降雹日天数14日，比往年增加，与上年持平，大范围强对流天气系统比上年增多增强，冰雹灾害严重，烤烟受冰雹灾45 891亩（其中防区内16 870亩，防区外29 021亩）。通过全市全体作业指挥人员的严防死守，防区外烤烟受灾率为24.9%，而防区内仅为3.7%，最大限度降低烤烟雹灾损失。

【突发事件预警信息发布系统建设】 2017年11月1日召开的玉溪市第四届市人民政府第90次常务会议上，研究通过了《玉溪市突发事件预警信息发布系统建设方案》。会议决定：由玉溪市工业信息投资有限公司作为项目建设主体，市气象局以政府购买服务方式分三年度向市工业信息投资公司购买服务；突发事件预警信息发布中心6名工作人员以政府购买服务方式解决；购买服务费用分年度纳入市级财政预算安排，并纳入中期财政规划滚动编制，从2018年开始执行。为推进项目建设，市政府成立了由政府办主任任组长，市财政、发改委、工信委、应急办、气象等相关部门组成的项目建设领导小组，统筹组织项目实施。

【滇中烤烟农业气象服务系统建设】 2017年，市气象局启动实施了“滇中烤烟农业气象服务系统”项目建设。10月“滇中烤烟气象服务系统”通过软件测试并初步投入使用，主要功能包括实时气象监测、烤烟气象灾害监测、烤烟气候适宜性监测、烤烟气象服务产品查询、综合数据库查询、产品编写、系统管理等功能，系统各功能模块运行正常，功能完备，数据齐全，计算速度快捷，操作简单，安装和帮助文档完备。该系统为红塔集团提供5次玉溪优质烟叶种植基地的分析和筛选烤烟气象服务专题材料，为玉溪园林城市复检统计、分析计算出了中心城区的城市热岛效应强度气象服务专题材料。该系统应用方便、快捷，统计查询资料全面、及时、准确，极大地提高了烤烟气象服务的针对性、时效性、准确性和标准规范性。

【《玉溪市气象灾害防御规划》通过评审】 2017年，市气象局邀请省局和地方相关单位组成评审专家组，召开《玉溪市气象灾害防御规划》评审会。会上，专家组充分肯定了《规划》编制工作取得的成绩，《规划》开展了气象灾害的风险区划，对气象灾害的防御管理和基础设施建设提出了具体要求，是一份基础性、科学性、前瞻性、实用性、操作性都较强的研究成果。在未来一段时期对玉溪气象防灾减灾工作具有较强的指导作用，符合玉溪经济社会发展和生态文明建设要求。专家组成员一致同意通过《规划》评审。

2017年9月29日，农业、林业、水利、国土等部门到市气象局灾害监测预警中心进行联合天气会商（市气象局 提供）

【《玉溪市人工影响天气无线通信网络信道优化改造》项目通过验收】 2017年11月28日，由市气象局组织，邀请云南省人影中心、市图书馆、市工信委等有关部门专家7人组成验收组，对《玉溪市人工影响天气无线通信网络信道优化改造》项目进行验收。验收组听取和查阅了项目实施报告、网络试运行报告和抽样检测报告等相关材料，经质询和讨论，验收组表示：项目实施按照设计要求建设了一套市到县、县到作业点的无线通信备份网络，完成了玉溪市人工影响天气无线通信网络信道优化改造；经业务试运行，备份信道与原有网络协同运行稳定，通信效果优良，提高了玉溪市人工影响天气无线通信网络保障能力；项目采购程序及资金使用符合有关规定。最后，专家组一致同意该项目通过验收。

（周泽宝）

【地震活动】 2017年1月1日～12月31日，玉溪市七县二区共发生可定位ML≥1.0级地震214次，其中1.0～1.9级197次，2.0～2.4级15次，2.5级以上2次。年内全市共有2次震感较明显的地震：5月1日00:40:09在峨山县岔河乡（24°19′N，102°16′E）发生4.0级地震、6月9日14:50:23在峨山县小街街道（24°07′N，102°27′E）发生3.0级地震。最大地震事件为5月1日峨山县岔河乡发生的4.0级地震（MS3.4），震源深度10千米，震时，峨山县、红塔区震感明显，易门县、江川、通海、新平县部分人有感。

2017年度的地震活动水平与上年同期相比，频次增多、强度明显增强，明显超过2016年地震活动水平。市内2次有感地震均发生在曲江断裂右侧的峨山境内，江川区小震明显增多，与通海境内的小震呈半圆弧排列。地震具体分布：新平98次，元江35次，峨山25次，江川区18次，易门县13次，通海县11次，红塔区8次，澄江县4次，华宁县2次。

【国务院督查组到玉溪检查抗震救灾应急准备工作】 2017年3月30日，民政部副部长顾朝曦带队，国务院应急办、中国地震局、工信部、国土资源部、交通运输部等有关部委为成员的国务院抗震救灾指挥部督查组一行16人，对玉溪市抗震救灾应急准备工作进行检查。市委书记罗应光，市委常委、市委秘书长李洪云，副市长蔡四宏及市县相关单位负责人陪同检查。督察组听取玉溪市防震减灾工作介绍，实地查看应急救灾物资储备、应急避难场所建设、东风水库运行安全保障、抗震紧急救援、交通运输抢险和应急通信保障等方面情况，对玉溪市在全省率先实现地震应急指挥平台省、市、县（区）互联互通给予了高度评价。督查组对玉溪市防震减灾工作给予充分肯定，认为玉溪市党委政府高度重视防震减灾工作，县区、部门协作有力，工作落实到位，成效明显。要求进一步落实防震减灾工作责任，总结经验，细化抗震救灾应对方案，提高应急保障能力和水平；进一步强化城乡抗震能力，提高校舍、库坝等基础设施和重大工程抗震能力；进一步加强地震监测和震情跟踪，做好监测预报；进一步做好防震减灾宣传教育，加强培训和演练，提升全社会防震减灾能力。

2017年5月12日，由市防震减灾局牵头，联合公安、住建、卫计、交通、供电、移动、红十字会等13个部门在江川区龙泉工业园区开展大型军地震应急综合演练

（市防震减灾局　提供）

【地震监测预报】　根据2016年度全国、全省地震趋势会商结论，市防震减灾局作为滇南至滇西南地区的震情跟踪工作牵头单位，把工作重点放在震情跟踪监视上，确保信息畅通、数据快速传递和各类监测仪器正常运转，坚持每周震情会商、每月编印《震情动态》《玉溪市震情跟踪工作月报》、季度编印《玉溪防震减灾信息》报当地党政领导、省地震局和有关部门，及时反映地震监测预报情况和防震减灾工作动态。执行宏微观异常零报告制度，组织各县区及成员单位开展辖区或所属观测点各类定点前兆观测、定点宏观观测点资料的清理。

完成红塔区黄草坝地震观测站AETA多分量地震监测系统和卫星三频信标接收仪器安装工作；11月启动易门县小绿汁地震观测山洞改造；开展地震烈度速报和预警工程项目台站勘选，已基本完成地震预警一般台和预警终端选址。年内共召开各类震情会商40余次，对云南和玉溪本地短期地震趋势进行系统分析和研判。严密监视年内发生的13起宏微观异常，确保落实异常不过夜，适时对宏微观异常进行分析研判。按有关震情跟踪方案震后第一时间立即进行震情快速处置，完成《震情速报》《震情反映》等材料上报市委、市政府、省地震局值班室，并及时开展联合地震趋势会商研判工作。关注网络舆情，积极引导社会舆论，消除社会恐慌。《玉溪及邻区地震活动特征和预测方法研究》由云南科技出版社正式出版发行，为今后玉溪及邻区地震研究提供了依据。

【震害防御】　2017年，全市创建“玉溪市防震减灾科普示范学校”9所，“玉溪市防震减灾科普示范社区（村）”10个，“云南省地震安全示范社区”3个，“国家地震安全示范社区”3个。

全年累计发放各类宣传资料5.3万份，接受现场咨询400余次，举行知识讲座25场次。同时，利用微信公众号、《玉溪防震减灾报》和市政府信息公开网“市防震减灾局”栏目积极传播防震减灾科普知识。依托玉溪市防震减灾科普馆，广泛开展防震减灾法律法规和地震科普知识宣传。市防震减灾科普馆开馆90余次，接待参观者近4 000人，有效提升了公众的防震减灾意识，增强了应急处置和自救互救能力。加强对全市建设工程抗震设防要求及新一代地震动参数区划图执行情况的监督管理，共出具抗震设防要求确定意见建议55件。

【地震应急工作】　2017年，为进一步做好全市的地震应急准备工作，市防震减灾局编制《玉溪市地震重点危险区专项抗震救灾应对工作方案》，印发市抗震救灾指挥部有关成员单位和各县区执行。5月12日，市防震减灾局牵头在江川区龙泉工业园区开展了一次1 000余人规模的大型军地震应急综合演练，军分区、消防、武警、防震减灾、公安、住建、卫计、交通、供电、移动、红十字会等13个部门参与。演练重塑地震废墟现场，全面模拟实战。各参演部门按照《玉溪市地震应急预案》规定，对震损房屋鉴定、燃气设施抢修、灾区通信保障、废墟救援、道路滑坡点抢通、救援现场应急供电、余震监测、救灾帐篷搭建、物资发放、伤员救治、灾区卫生防疫等科目进行了演练。通过演练，全面加强了应急救援队处置地震灾害的能力，提高了各级政府科学应对地震灾害的指挥决策水平和综合处置能力。

2月27日、8月28日，由省政府应急办、地震局、民政厅、住建厅等单位组成的省政府检查组先后2次对玉溪的地震应急准备工作进行了检查督查。市防震减灾局根据反馈问题及时整改，进一步加强应急抢险队伍和装备建设，完善救灾物资储备，强化应急演练，确保突发灾害时能快速高效处置灾情，全力维护人民群众的生命财产安全。

3月21日，在峨山县举办地震救援第一响应人培训班，培训内容涉及地震现场灾情管理与物资需求分析、建筑物结构知识与救援评估、搜索与救援、医疗基础等14门课程，通过培训达到增强以基层民兵、民政部门为主的地震救援能力建设和提高第一响应人带头组织开展自救互救基本技能的目的。

（尹俊峰）

知识产权

【知识产权专利】　2017年，全市每万人口发明专利拥有量达3.4件，专利完成申请量1 819件，其中：发明专利371件，实用新型专利1 118件，外观设计专利330件。专利授权量1 003件，其中：发明专利110件，实用新型专利756件，外观设计专利137件。专利有效量807件。专利授权量和拥有量居全省第二。根据《国家知识产权局办公室关于开展2017年度全国专利调查工作的通知》要求，组织玉溪农业职业技术学院、云南蓝晶科技股份有限公司、云南省玉溪市云溪香精香料有限责任公司、云南玉溪驰骋化工有限公司、云南省玉溪市红塔时装厂、红塔烟草（集团）有限责任公司等全市多家企业开展2017年度全国专利调查工作。

【知识产权优势企业】 截至2017年年底，全市被认定为国家级知识产权优势企业2家：云南大红山管道有限公司认定为国家知识产权示范企业，云南恩典科技产业有限公司被确定为国家知识产权优势企业。省级知识产权优势企业7家：玉溪水松纸厂、云南大红山管道有限公司、云南恩典科技产业发展有限公司、云南省玉溪市溶剂厂有限公司、红塔烟草（集团）有限责任公司、玉溪大红山矿业有限公司、云南维和药业股份有限公司。

【知识产权宣传周活动】 2017年4月25日，以“创新创造改变生活、知识产权竞争未来”为主题的全市知识产权宣传周活动启动仪式在易门县举行。向群众发放知识产权宣传材料6 000余册，出动悬挂知识产权醒目的宣传标语宣传车一辆，现场解答专利、商标申请、版权登记等知识产权方面的问题。其他县区也同步组织开展此项宣传活动，知识产权活动周全市发放各种宣传资料38 000多份，出动宣传车辆十余辆次，收到了良好的效果。通过开展知识产权周宣传活动，营造全社会尊重知识、崇尚科学、鼓励创新的良好社会氛围，有效提高了基层群众的知识产权保护意识。

【专利转化运用】 2017年，市科技局引导和扶持企业专利转化运用，以生物医药和大健康产业等重点产业发明专利为重点，积极组织企业申报省科技厅、省知识产权局专利转化项目，新增专利转化实施项目立项1项（云南同方科技有限公司），扶持资金20万元。对云南源天生物集团肥业有限公司承担的省级专利转化实施计划项目“无臭定向发酵油枯生产烟用有机肥的方法”等专利在菜籽饼粕有机无机复混肥生产上的应用项目进行跟踪指导，7月31日到期结题验收。组织和推荐2个发明专利项目参加第十九届中国专利奖评选申报工作，组织遴选和推荐5个发明专利项目参加云南省首届专利奖申报工作，并取得3个三等奖的好成绩。

【专利行政执法检查】 2017年3月15日，对流通商品、批发、零售等企业开展联合专利行政执法检查行动，全市知识产权管理部门执法系统人员检查超市、药店等商品批发零售商店、市场12个，范围涉及药品、医药器械和日用商品12 000余件，发现专利标识不规范案件10件，专利权已过期限仍标注标识案件1件，涉嫌假冒专利案件1件，执法人员根据前述不同情形，向经营者提出完善进货制度、加强索证环节等具体改正措施，对涉嫌假冒专利案件依法作进一步调查核实，同时向经营者宣传普及专利法律制度和维护知识产权法治环境的相关知识。

【知识产权扶持】 2017年，全市共申报省级专利资助项目360件，获省专利资助金额46.55万元，完成市级1～3季度专利奖励项目审核469件。完成2016年全市专利奖励项目审核和上报请奖工作，2016年，市本级专利奖励项目740件，核发专利奖励资金165.1万元。组织完成中国专利奖、云南省专奖的推荐申报工作，经省知识产权局评定，3家企业荣获3个云南省专利奖三等奖，云南恩典科技产业发展有限公司“一种包水微胶囊的制备方法”的发明专利、云南大红山管道有限公司“一种多品级铁精矿矿浆输送装置及其工作方法”发明专利、贵研资源（易门）有限公司“从失效汽车催化剂中回收贵金属的方法”发明专利，获奖金9万元。

科技情报

【技术合同登记】 2017年，玉溪市登记技术合同18项，技术合同成交额为13 649.05万元，排名全省第四（2016年排名第十三），同比增长471.19%。其中，技术交易额1 358.85万元，同比增长996.65%。按统计指标分，技术开发、技术转让、技术服务、技术咨询四类技术合同交易情况：技术开发合同登记10项，合同成交额为13 465.20万元；技术服务合同登记5项，合同成交额为110.27万元；技术咨询合同登记1项，合同成交额为10万元；技术转让合同登记2项，合同成交额为63.58万元。按社会经济目标分，技术合同认定登记数排在前三位的是农林渔业、社会发展和环境领域，技术合同认定登记数分别为5项、4项、3项；按计划来源分，计划内10项，其中国家科技合作计划1项，省市计划6项，地市计划3项，计划外项目8项。

【科技信息开放共享】 2017年，市科技局完善以“玉溪科技信息网”为主体的技术转移信息网络服务平台，积极做好科技动态、玉溪科技、聚焦科技、图片新闻、科普园地等栏目的日常信息发布工作，搭建合理有效的技术转移信息网络，为各个领域的技术转移提供有效途径。自2010年2月以来，引进重庆维普《中文科技期刊数据库》，建立维普资源系统玉溪镜像站，数据库共收录国内公开发行的中文期刊12 000余种，收录科普、科技类文章约6 800万篇，涵盖工业、农业、环境科学、文化教育和医药卫生等学科，是科技查询核心数据库之一，玉溪成为云南省唯一一个通过互联网可免费查阅和下载重庆维普《中文科技期刊数据库》全文的城市。《中文科技期刊数据库》使用量和下载量逐年增加，数据库年访问人数达5万人次，年文献下载量达8千多篇，约3万页，社会反映良好。

（胡　晓）

社会科学研究与应用

【社科研究】 2017年，市社科联围绕“五位一体”总体布局和“四个全面”“四带多园”战略布局及“5577”经济社会发展总体思路，精心策划选题，开展课题申报，严格立项评审，完成市级社科重点课题、年度课题的立项工作。共收到课题申报书50项，经过专家评审、立项公示，予以资助立项重点课题8项、年度课题18项。经济建设方面，立项开展《经济下行背景下玉溪市小微企业融资现状、困境及对策研究》等6个课题研究；政治建设方面，立项开展

《玉溪市党内政治文化研究》等4个课题研究；在文化建设上，立项开展了《玉溪市科教引领创新发展研究》等9个课题研究；社会建设方面，立项开展《玉溪市农村弱势群体贫困问题研究》等5个课题研究；生态文明建设方面，立项开展《森林生态服务功能价值研究》等2个课题研究。探索开展委托研究，以《云南蒙古族史话》编撰内容为研究对象，以市级社科重大研究课题为标准，委托玉溪师院开展研究。

10月16日，为认真落实市委、市政府关于开展科教引领创新发展大讨论、大行动的安排部署，与市委宣传部、市科协共同举办科教引领玉溪创新发展学术论文征集及学术研讨会，共收到论文110篇，70多名专家学者和工作者参加研讨会，来自科研机构和基层一线的9人作学术交流，40篇有代表性的学术论文入选《玉溪市科教引领创新发展学术论文选编》一书，为玉溪科教引领创新发展建言献策140多条。对2016年“云南社科专家玉溪行”的19位社科专家调研咨询暨玉溪发展高端论坛期间形成的研究成果进行收集、整理，出版发行《社科专家话玉溪》一书。玉溪师院申报的社科项目有2项获国家社科规划项目立项、6项获省社科规划课题立项、3项获教育部人文社科基金项目立项。市社科联《玉溪市推动县域经济争先进位跨越发展研究》获云南省2017年基层智库建设课题立项。编印《2016年度课题研究报告》《玉溪市科教引领创新发展学术论文选编》。

①2017年9月5日，中央候补委员、中国社会科学院党组成员、副院长李培林，云南省社科院院长何祖坤一行到玉溪调研澄江化石生物科学博物馆，帽天山古生物化石首发地，澄江抚仙湖生态保护展示中心，江川云南李家山青铜器博物馆及大营街西古城新农村建设 ②2017年11月8日，玉溪市社科界学习贯彻党的十九大精神及2017年市属社科类社会组织秘书长联席会议（市社科联　提供）

【社会科学知识普及】 2017年，“云岭大讲堂·玉溪讲坛”的品牌影响力不断提升。市社科联在丰富讲坛内容、精准讲坛受众、拓展讲坛范围、借助外力推动上下功夫，推动讲坛向县（区）延伸，加强部门间的合作，提高讲坛的针对性。联合市纪委派出第五纪工委举办《加强党内监督的重大意义和作用》讲座，联合市直机关工委举办《关于新形势下党内政治生活的若干准则》讲座，与红塔区委宣传部合作举办《严肃党内政治生活营造良好政治生态——十八届六中全会精神解读》讲座，促进了学习贯彻党的十八届六中全会精神的深入开展。承办“云岭大讲堂·玉溪讲坛”8讲、受众2 000余人，承办讲坛的县（区）由上年的1个增加到4个。

澄江帽天山化石博物馆成功申报为省级社科普及示范基地。开展市级社科普及宣传示范基地建设工作，全市16个单位踊跃申报，经过实地评估、组织专家委员会认真审核和投票表决评定，易门孙兰英烈士纪念馆教学基地、通海县青少年学生校外活动中心、玉溪市青少年宫、玉溪市农业职业技术学院4个单位，被评定为2017年度市级社科普及宣传示范基地。

（靳　雨）

绿水青山·碧玉清溪

（吴　垠　摄）

文化事业

CULTURE

责任编校：王　斌

文化管理
群众文化
文化交流
文化市场管理
文化产业
文化基础设施建设
文学艺术活动
文艺人才培养
文艺创作成果
文化遗产保护管理
文化场馆
新闻出版印刷管理
广播电视
报　刊
地方志编纂

文化管理

【概　况】 2017年，玉溪文化管理能力稳步提升，文化广电综合实力和整体水平继续位居全省前列，多项指标领跑全省，为全市经济发展、社会进步作出重要贡献。文化基础设施进一步夯实，文艺创作和演出工作成绩突出，精品工程扎实推进，成功打造和推出滇剧《贵妇还乡》、花灯戏《山茶花红》和大型跨界融合竹音乐剧《秘境云南》等一批叫座叫好的优秀剧目。推动《水莽草》《秘境云南》等一批优秀本地剧目"走出去"，把国家级非物质文化遗产滇剧、花灯和云南少数民族音乐舞蹈推向全国，走上国家舞台。不断巩固和完善公共文化服务体系，落实各项文化惠民政策，扩大公共文化服务覆盖面和提高服务水平，加大文化馆、图书馆、博物馆（纪念馆）免费开放力度，推进全市10个文化馆、10个图书馆、3个博物馆、75个乡镇文化站、684个农村文化活动室、714个农家书屋不断提高服务质量。圆满完成文化"三下乡"、文化惠民演出、"文化大篷车·千乡万里行"演出、文艺汇演暨新剧目展演和第五届聂耳音乐（合唱）周等演出任务，组织下基层惠民演出近千场、播放公益电影5 000余场，让群众文化权益得到保障和落实。开展形式多样、丰富多彩的各类群众文化活动，推进文艺繁荣兴盛。启动"聂耳音乐之都"建设，引入200余场优秀剧目到玉溪演出，做到"周周有活动，月月有演出，节日有庆典，群众都受益"。文物保护和非物质文化遗产保护成效突出。市"扫黄打非"领导小组办公室被全国"扫黄打非"工作小组办公室评为2017年全国"扫黄打非"先进集体。市图书馆通过中国图书馆学会复核，继续保留"全民阅读示范基地"称号；新平县戛洒镇被评为全国"扫黄打非"进基层示范点；华宁县宁州街道城关社区农家书屋被评为全国示范书屋。

【"聂耳音乐之都"建设】 2017年，玉溪市启动"聂耳音乐之都"建设，围绕中心城区聂耳大剧院、聂耳文化广场舞台和月光综合演艺厅开展一系列文化演出活动，以开展文化惠民演出为基础，引导和培育高雅艺术观众群体，群众文化消费意识有所增强。聂耳大剧院引入16个剧目共20场演出。其中，国外团队4个，国内团队12个，涵盖戏剧、芭蕾舞剧、儿童剧、话剧、交响乐、民乐、合唱等诸多艺术类别。市民从免费观看到主动购票走进剧院观看，文化消费意识有所增强，初步形成良好的文化消费认知。开展艺术文化交流活动，为广大专业和业余音乐爱好者提供与演奏大师零距离学习和交流的机会，促成《中国梦·唱响云南》原创音乐这一省级音乐品牌项目落地玉溪，形成具有玉溪特色的原创音乐人才队伍，打造属于玉溪的音乐文化品牌；积极普及各类音乐专业基础知识，引导市民懂音乐、爱音乐、会音乐，让群众文化艺术修养与音乐鉴赏水平普遍提高。在聂耳文化广场舞台和月光综合演艺厅，开展周末群众文化演出、周末小舞台、重大节庆晚会、省内中小型音乐精品演出、举办群众音乐文化活动，在中心城区初步形成"周周有活动，月月有演出，节日有庆典，群众都受益"的文化新局面。"聂耳音乐之都"系列活动得到省市媒体和文艺界的广泛支持，省内各大专业和业余艺术团队主动寻求参与玉溪"聂耳音乐之都"建设各项文化演出系列活动。在聂耳大剧院和聂耳文化广场举办的七一主题晚会和国庆主题晚会，得到云南省委机关老同志合唱团、云南省政府机关老战士合唱团等多家省市艺术团队的大力支持和积极参与，音乐之都建设活动得到社会广泛响应。

【获奖剧目】 2017年，在云南省第十四届新剧目展演中，玉溪获得3个剧目奖，9个单项奖的好成绩，玉溪是本届入选剧目最多、获奖率最高的州市。圆满承办云南省第十届歌舞乐展演，参赛的5个节目分别获得一金一银两铜和优秀组织奖。滇剧《水莽草》、花灯剧《山茶花红》获得2017国家艺术基金资助。其中，《水莽草》被列为国家艺术基金2017年度传播交流推广资助项目，成为连续3年荣获国家艺术基金资助的项目。近三年来，玉溪共获国家艺术基金立项8项，受资助资金940万元，成为云南省立项最多、获资助最多的州市。

【文化"三下乡"活动】 2017年1月，文化"三下乡"活动，切实把"送文化"和"种文化"有机结合，开展形式多样、内容丰富的系列活

2017年12月31日，北京交响乐团受邀在玉溪聂耳大剧院上演新年音乐会，由著名指挥家谭利华执棒　（李万东　摄）

动。市滇剧院等单位呈上10个精彩纷呈的文艺节目，进行公益演出；新平县文化“三下乡”文艺演出，表演了独唱《天籁之爱》、傣族舞蹈《花腰韵》、彝族舞蹈《彝山欢歌》和民族健身操等文艺节目；通海县为群众赠送春联、书籍、计生用品等；江川区整合博物馆、图书馆、文化馆和新华书店资源，展出40余块展板，2名讲解员详细介绍文物知识，并向群众发放文物宣传册，出动流动图书车1辆，现场借阅300余册图书，演出13个歌舞娱乐节目；易门县以舞蹈《盛世欢歌》拉开“送文化下乡”的演出序幕，送上独唱、舞蹈、小品、花灯小戏等精彩表演；峨山县发放科技图书7 800余册、科技报4 600余份、各类宣传单3.1万份，筹资16.9万元用于改善富良棚乡文化、科技、卫生条件。

（尚　薇）

云南省第十届民族民间歌舞乐开幕式暨文艺演出　（李万东　摄）

【启动贝丘遗址专题调查】 2017年6月初，市文广局启动贝丘遗址专题调查，调查工作计划用两年时间完成。2017年主要调查江川、通海两区县范围内星云湖、抚仙湖周边地区已发现和新发现的多处贝丘遗址，弄清玉溪市贝丘遗址的分布范围、性质、年代等情况，揭开玉溪古代文化历史的神秘面纱，使文物更好地服务于全市经济社会发展。

（张琼梅）

【承办“云南省第十届民族民间歌舞乐展演”】 2017年12月11～15日，云南省第十届民族民间歌舞乐展演在玉溪市举行，由玉溪市承办。此次展演围绕“展示民族艺术风采弘扬优秀传统文化”主题，举办3场展演比赛、4场巡演及开、闭幕式综合晚会。来自全省16个州市22个民族的非物质文化遗产代表性传承人、民间艺人，基层文化馆、文化站工作人员等1 000余人参加演出，其中包括基诺族、怒族、阿昌族、普米族、布朗族、景颇族等6个人口较少民族的137人。经过评比，本届展演评选出金奖10个、银奖12个、铜奖19个、优秀奖22个。金奖节目：传统类舞蹈《磨皮花鼓舞》、传统类器乐《阿哥四弦转花乐》《山乡乐汇》、创新类声乐《赶花街》、传统类声乐《牡帕密帕·山谷的回声》《放猪调》、创新类舞蹈《滇池夕阳》《力格高》《心路传承》《山花》。另有舞蹈《跳左脚》《木雀与棕扇》，声乐《牡帕密帕·山谷的回声》《火塘恋歌》《迪庆藏族礼宾舞歌“仁侥”》等5个传统类节目获传承奖。楚雄、普洱、大理、玉溪等4个州市代表队获优秀组织奖；昆明、曲靖、昭通、红河、文山、保山、丽江、临沧、西双版纳、德宏、怒江、迪庆等12个州市代表队获组织奖。

（邵建洪）

群众文化

【“我们的中国梦”文化进万家春节文化系列活动】 2017年春节期间，市文广局组织开展主题为“我们的中国梦”文化进万家春节系列文化活动，围绕“文艺演出、展览、民族民间文化习俗、免费开放服务”等四大类群众文化活动开展。其中，大年初一至初五，在市、县（区）广场大舞台组织滇剧、花灯、民族歌舞等形式多样、群众喜爱的文艺表演。为增加春节喜庆气氛，还举办内容丰富的展览活动，市、县（区）主要以美术、书法、摄影作品展和常规性展览为主，市博物馆举办“寻觅古滇文明感受铜作之美——江川区前卫镇铜器工艺展”，通海举办“通海兴义遗址考古发掘成果图片展”和“通海碑帖展”，华宁举办“盆景展”等特色专题展览，深受观赏者好评。打造品牌民俗文化活动，红塔区举办中国玉溪“哇家灯会”，新平县举办“花腰傣花街节”和“磨盘山溪湖之春旅游文化”，华宁县举办“象鼻温泉民俗活动”和“苗族花山节”，易门县举办“二月二”戏会，元江县举办“傣族正月蒙面情歌会”等形式多样的特色系列旅游文化活动，极大地丰富广大人民群众精神文化生活。

（徐亚玲）

【《秘境云南》走进社区】 大新创新跨界融合舞台剧《秘境云南》走进社区活动第一轮惠民首演于2017年2月18～19日在聂耳音乐广场进行，北苑社区居委会组织居民前往观看。演出吸引了周边众多群众纷纷前往驻足观看。随后，《秘境云南》启动第二轮走进基层社区演出，先后在北苑、玉州、右所、瑞新社区等13个社区，演出20场，观众人数万余人次。《秘境云南》走进社区活动，不仅让更多的基层观众看到精品剧目，更加接地气。

（高海畅）

【免费培训系列活动】 2017年寒假，全市各地公共文化单位开展系列寒假免费培训活动，吸引广大市民。市文化馆举办肚皮舞、扬琴、琵琶、瑜伽、古筝、少儿声乐、视唱练耳、少儿国画、青少年色彩、素描等27个培训班，报名参训学员300余人。红塔区图书馆开办寒假青少儿水粉基础绘画班，培训中小学生25人，青少年书法培训班，培训37名中小学生；玉带路街道文化事务中心开办民族文化培训活动。澄江县文化馆开办书画、美术、舞蹈、古筝培训班，培训少年儿童33名；龙街文化站开设篮球、足球、乒乓球、古筝、串珠、钩花、书法、剪纸折纸、电脑、葫芦丝、美术、舞蹈13个项目培训班，培训170人。新平县文化馆开办花腰傣舞蹈班、爵士舞蹈班、彝族剪纸班、花腰傣手工艺制作培训，普及和传承少数民族文化。3月，市文化馆举办第六期体育舞蹈免费培训班，特邀曾获2009年国际标准舞、全国城市公开赛暨云南省首届锦标赛常青C组拉丁舞冠军及2010年WDC国际标准舞亚洲国际巡回赛暨中国.昆明全国公开赛常青C组拉丁舞冠军的姚兆祥、高琼珍授课，主要培训交谊舞和国标舞两个舞种，共招收新老学员112人次。

（尚　薇　梁　昆）

【市滇剧院“滇声梅韵”戏迷联谊会成立】 2017年5月20日，市滇剧院“滇声梅韵”戏迷联谊会成立。市滇剧院作为戏迷联谊会的发起和组织者，现场为戏迷朋友颁发会员证书并免费赠送市滇剧院建院65周年“优秀唱段”录音光碟一份。成立联谊会，旨在弘扬民族优秀传统文化，传承、发展和振兴滇剧事业，挖掘滇剧人才，以戏会友，联系广大滇剧爱好者，提高社会对滇剧事业的关注度，为滇剧爱好者搭建一个较为专业的平台。“滇声梅韵”戏迷联谊会有300余名会员，大多数为中、老年滇剧爱好者。

（市滇剧院）

【“中国梦·云南情·文化大篷车·千乡万里行”走进玉溪】 2017年1月6日晚，由省文化厅、财政厅主办，市文广电局承办，省话剧院演出的中国梦·云南情“文化大篷车·千乡万里行”走进玉溪惠民演出在玉溪聂耳文化广场启动。省话剧院派出38名演职人员组成演出团，用半个月的时间，深入红塔区、华宁县、通海县、峨山县的社区、乡镇、学校、企业、军营进行34场惠民演出。

7月26日至8月10日，省文化厅2017年度“文化大篷车·千乡万里行”第四演出分团——云南省话剧院到澄江县、新平县、元江县的基层农村、学校、厂矿，开展为期16天27场惠民巡演活动。38名演职人员送来高标准、高质量的文化大餐，演出节目内容丰富，除“歌舞乐”外，还有曲艺类小品、相声、杂要等表演，深受基层群众的欢迎和喜爱。同时，新平县和元江县群众文化工作队挑选具有地域民族特色的精彩节目与省级院团同台表演。

（徐亚玲）

【第五届农民书画展】 2017年7月10日，第五届农民书画展在市图书馆开展，共展出作品84件，这些作品大多以赞美家乡变化，讴歌现实生活为题材，集思想性、艺术性为一体，突出时代主旋律，展示广大农民艺术家的风采和精神面貌，每幅作品都闪烁着朴实的农民精神。

（陈南男）

【迎十九大国庆公益晚会】 2017年9月29～30日，“不忘初心砥砺奋进”喜迎十九大国庆主题公益晚会分别在聂耳大剧院和聂耳文化广场舞台隆重举行。晚会在合唱《九儿》中拉开序幕，随后演出《四渡赤水》《在太行山上》等精彩节目，来自云南省政府机关老战士合唱团、云南高原秋色艺术团、昆明月亮女子合唱团、玉溪聂耳老干部合唱团、玉溪市老干部聂耳合唱团戏曲队、玉溪市老年大学、玉溪市文化馆群苑合唱团的300多名离退休老干部欢聚一堂，用嘹亮的歌声、欢快的舞蹈共度国庆。

（瞿文君）

【全民阅读活动】 2017年，玉溪大力推进全民阅读，制定印发《玉溪市深入开展全民阅读实施方案》和《玉溪市2017年全民阅读工作方案》，对推进全民阅读作出长远工作部署和安排。举办玉溪市“4.23世界读书日”活动暨2017年全民阅读活动启动仪式，开展“绿书签”签名、优秀书籍赠阅、优质图书资源推广宣传、“好书推荐”折扣售书等活动。先后开展“书香玉溪”青少年读书征文活动、“书香玉溪第二课堂”活动及“书香玉溪——阅读时光”广播节目等。

市图书馆举办各类公益讲座32场，各类摄影、书法、书画展共计11场，其他读书活动11场；利用数字资源在医院、学校、公园等处设置免费电子阅读机，利用优质图书资源进机关、校园、企业和监狱40余次，将全民阅读引向深处；开展“我的快乐假期”少儿阅读创意展示和“我是小图书管理员”公益体验活动。指导市总工会大力推进实施“职工书屋”和职工道德讲堂建设管理，向全国总工会申报职工书屋示范点1家、全国职工书屋补配点1家、全省职工书屋示范点2家，培育市级示范点20家、县区级职工书屋示范点52家；开展以“注重家教家风·培育家国情怀”为主题的第五届“书香三八”读书活动，促进女职工读好书、用好书、藏好书。开展2017年“中华魂”（辉煌与梦想）主题教育读书活动，收到读书征文、心得体会27 662篇；江川区大街小学年仅10岁的孔星羽参加全国“中华魂”主题教育大会，在人民大会堂演讲获得特等奖。市司法局将全民阅读活动与法治宣传教育结合起来，以“法律六进”活动为抓手，广泛开展法律阅读进机关、进校园、进乡村、进社区、进企业、进单位活动，编印“法律十进”丛书30 000册。全市统战系统采取演讲、经典诵读等丰富多彩的形式大力推进主题阅读活动，并在民主党派大楼建立“统战书香之家”，为统战成员搭建阅读平台。市新闻出版和版权局组织开展了“玉溪好书”和玉溪市第一届“书香之家”，经过筛选、组织专家评选、社会公示等程序，评选和命名玉溪好书10册（套）、书香之家10户。

文化交流

【《秘境云南》全国巡演】 大型跨界融合舞台剧《秘境云南》作为国家艺术基金2015年度资助项目、云南省文艺精品创作扶持资金资助项目，是市文化广播电视局鼎力支持和打造一个大型舞台艺术创作项目，由市文化管理服务中心创作开发，玉溪聂耳竹乐团和玉溪师范学院师生共同参与出演。《秘境云南》在全国9个城市，6个省份展开了40场演出，于2017年4月顺利结项。

1月21日，《秘境云南》受北海市委宣传部的邀请，作为2017年1月新春演出季精品惠民演出项目，在北海人民剧场上演，至此，《秘境云南》一期巡演完美落幕。本次《秘境云南》在全国巡演历时30天，先后辗转曲靖、贵阳、涪陵、武汉、长沙、岳阳、南宁、北海8个城市，演出13场，每场演出都带给观众震撼的艺术演绎，让观众对云南竹乐文化和民族文化的跨界融合产生极大的认同感。4月14～15日，受“敦煌之春”2017首届文博国际艺术节组委会的邀请，《秘境云南》剧目在敦煌大剧院演出两场；《秘境云南》剧组还走进西北师范大学敦煌学院，践行“高雅艺术进校园”活动，与敦煌学院舞蹈专业的学生们进行现场交流学习。6月12日《秘境云南》剧组代表市委市政府前往广东佛山市开展交流演出。

（尚　薇　瞿文君　刘　彦　普丽萍）

【聂耳竹乐团赴京演出】 2017年3月初，玉溪聂耳竹乐团受邀进京参加“2017年‘两会’少数民族代表、委员茶话会文艺演出”。玉溪聂耳竹乐团编排主演的《一带一路·彩云飞》是一个乐器与舞蹈相结合的节目，展示了云南特有的竹乐器、彝族小二胡、葫芦丝、哦比、白族唢呐和栽秧鼓，音乐时而轻柔、时而喜庆、时而欢快、时而热烈，短短几分钟就把云南多元的少数民族文化带给观众，让参加“两会”的代表、委员一饱云南神秘精湛的艺术绝活。党和国家领导人习近平、李克强、张德江、俞正声、刘云山、王岐山、张高丽等与出席“两会”的少数民族代表委员们共同观看了茶话会文艺演出。

2017年12月31日至2018年1月1日，聂耳竹乐团受邀参加由国家民委主办的《中华民族一家亲——2018中国少数民族新年音乐会》，音乐会在北京民族剧院连续上演。聂耳竹乐团参演节目为大型创新跨界融合舞台作品《秘境云南》选段《赶街子——竹琴合奏》。央视新闻移动客户端、央视新闻移动网、今日头条、新浪微博、手机百度等媒体进行了宣传报道。

（瞿文君　李婷鑫）

【通海馆藏古代珍贵书画精粹展出】 2017年2月23日，“南滇翰墨”——通海馆藏古字画展在西双版纳开展。展品多为在全国第一次可移动文物普查中鉴定为等级以上文物的馆藏书画，多为首次公开展示，阚祯兆、钟岳等通海书画名家和周于礼、康有为、于右任等省内外名人的作品参加展出。

4月14日，“翰墨流韵·玉溪地区馆藏古代书画精粹展”在云南省博物馆开展，通海县博物馆馆藏古代珍贵书画精粹走进省博物馆。此次展出由云南省博物馆、玉溪市博物馆、通海县博物馆联合举办，是一次省、市、县三级博物馆进行馆际交流合作的有益尝试。展览以通海县博物馆送展藏品为主，展品多为通海本地名家如阚祯兆、钟廷桧、钟岳、孔继尹等的书画精品和馆藏省内、国内名人作品共50余件（套）。

（尚　薇）

①聂耳竹乐团亮相“两会”茶话会现场（苏　星　摄）②2017年10月26日，由著名导演张继钢执导，著名作曲家张千一作曲的大型山西说唱剧《解放》在聂耳大剧院上演（瞿文君　摄）

【李家山青铜器博物馆文物成都参展】 应成都博物馆邀请，江川区李家山青铜器博物馆的金腰带饰等4件文物参加2016年12月26日至2017年4月10日的“丝绸之魂——敦煌艺术大展暨天府之国与丝绸之路文物特展”。来自丝绸之路沿线的全国70余家博物馆150余件文物精品参加展出。李家山青铜器博物馆参展文物作为“丝绸之路”的重要历史鉴证之一，以其承载的深厚历史文化及精湛的艺术造诣，受到广大观众喜爱。经李家山青铜器博物馆发起倡议，在与成都博物馆、昆明市博物馆积极协商后，三方本着“发挥优势、长期合作、互利互赢”的原则，4月11日，三方缔结为友好博物馆并签订缔结友好博物馆框架协议。

（李彦丽）

【花灯剧《月照枫林渡》登陆玉溪】 2017年5月6～7日，贵州省花灯剧院大型花灯剧《月照枫林渡》在玉溪聂耳大剧院精彩上演。该剧以清末民初的黔北酒乡小镇为背景，以两家酒坊此起彼伏的兴衰为事件发展线索，用诗意的手法描写了民族风情浓郁、酒文化神秘久远、人民和谐相处的贵州。该剧曾荣获“曹禺戏剧文学奖”“中国戏剧文化奖”等大奖。

（尚　薇）

【穿越古滇文明之光玉溪文物精品展走进义乌博物馆】 2017年6月4日，市博物馆携“穿越古滇文明之光——云南玉溪文物精品展”走进浙江省义乌市博物馆，进行为期两个月的巡回展览。此次“穿越古滇文明之光——云南玉溪文物精品展”精选玉溪市博物馆馆藏文物151件，包括中国唯一的化石类世界自然遗产、距今5.3亿年前的“澄江动物群”化石；新石器时代生活在玉溪“三湖”流域的人类先民使用过的石器和陶器；江川李家山出土的战国至西汉的滇国青铜器；元明时期玉溪窑烧造的青花瓷器；“人民音乐家”聂耳的相关文物、历代名人书画和丰富多彩的非物质文化遗产等展品，全面展示和介绍了玉溪古老的历史文化精粹。

自2013年，“穿越古滇文明之光——云南玉溪文物精品展”首站从内蒙古包头出发，辗转内蒙古、宁夏、山西、安徽、江苏、浙江等省区的鄂尔多斯、敕勒川、阿拉善、银川、太原、黄山、马鞍山、南京、杭州等地博物馆展出，至今已历五载。该展每到一地，均获得当地观众高度的认可和评价，通过巡展，把玉溪悠久、灿烂的历史文化带到不同的省份和地区，既开阔和丰富了当地群众的眼界和知识，又增进了两个不同地域之间相互的了解和文化的交流。此次展览，灿烂的古滇文明走进“文化之乡”义乌，是玉溪同义乌两地之间一次跨越古今的历史碰撞和文化对话。

（杨　霏）

【迪庆州美术、书法、摄影作品展】 2017年5月22～31日，“迪庆州美术、书法、摄影作品展”在市文化馆综合展示厅开展，共展出作品68件，其中摄影42件、书法14件、绘画12件，作品全面诠释了香格里拉独特的地理环境、藏传佛家文化、藏民的风俗人情。本次展览旨在加强两地群众文化的交流与合作，促进两地美影书艺术的繁荣与发展，展示两地文化特色。

（尚　薇）

【《猫猫侠：保卫蝶苑》在玉上演】 2017年6月4日，由广西杂技团倾力打造的升级版童话杂技剧《猫猫侠：保卫蝶苑》在聂耳大剧院上演。该剧通过运用唯美的空中芭蕾、空中吊子、溜冰、蹬人跳板、地圈、绸吊、转碟等各种高难度的杂技动作，并融合华丽的服装、道具、音乐、舞蹈等舞台元素，向广大小朋友们展示出一个奇幻的童话世界。

【邕剧《玄奘西行》在聂耳大剧院上演】 2017年7月6～7日，广西南宁市戏剧院2016年国家艺术基金资助项目——大型邕剧《玄奘西行》在聂耳大剧院连续上演两场。该剧由中国艺术研究院戏曲研究所研究院毛小雨担任编剧，新锐导演王香云执导，广西第一文武生黄俊成主演，讲述了玄奘从公元628年出国到公元643年荣归的这段历史。用玄奘西行历险、天竺求学、载誉荣归三个段落展开情节，表现玄奘探究佛理，执着信仰、追求理想的精神，塑造了一个有血有肉的高僧形象。

（瞿文君）

【中共一大至十八大图片展】 2017年8月3日至9月20日，中共一大会址纪念馆、市文化广电局、市博物馆和市聂耳纪念馆主办的《光辉的历程——中共一大至十八大图片展》开展。本次展览由18个单元，103块展板组成，共展出400余幅珍贵历史照片，系统回顾历届中国共产党全国代表大会召开的时间、背景，以及做出的重大决策。本次展览，是中共一大会址纪念馆同市博物馆、市聂耳纪念馆之间一次重要的馆际交流与协作。

（王　溪）

【《永恒的旋律》全息多媒体音乐会】 2017年8月18日晚，《永恒的旋

《中国的声音：聂耳与国歌图片展》在上海中共一大会址纪念馆展出　　（聂耳纪念馆　提供）

2017年9月15日，紫凤中国女子乐团专场音乐会在聂耳大剧院演出（瞿文君　摄）

律》全息多媒体音乐会在聂耳大剧院奏响时尚悦动音符。本次音乐会首次启用线上售票系统，演出当晚座无虚席。音乐会聚合当今国内古典乐坛顶级演奏家，囊括古典音乐、动漫音乐、流行音乐、电影原声四个音乐领域。演奏《梁祝》《胡桃匣子》《月光》《千与千寻》《天空之城》《菊次郎的夏天》《犯罪高手》《黑与白》《拯救世界》等10余首经典音乐作品，把音乐、舞蹈、电影、动漫多种艺术形式相互融合，并载以全息多媒体的媒介形式，实现了一次跨世纪、跨经典、跨体裁的创新与整合，让观众感受到经典音乐的温度和厚度。

【《独龙天路》玉溪上演】 2017年8月31日晚，云南省话剧院原创主旋律话剧、文化部2016年度国家舞台艺术精品创作重点项目、2016年云南省文艺精品创作扶持资金资助项目《独龙天路》在聂耳大剧院上演。《独龙天路》以全国道德模范高德荣为原型创作，将独龙族的历史沿革和高德荣的故事整合在一起，以高德荣带领独龙族乡亲们修路为线索贯穿全剧始终，塑造出一个热爱党、热爱国家，全心全意为人民服务的共产党人形象，展现一名党员领导干部的使命担当和价值追求，是一部践行“三严三实”的生动教材。全市行政机关、事业单位和社会团体组织前往观看。

（瞿文君）

【《水莽草》参加全国地方戏曲南方会演】 2017年9月19日至10月12日，中宣部文艺局、文化部艺术司主办的2017年全国地方戏曲南方会演在湖北武汉举行。玉溪滇剧精品剧目《水莽草》是云南省唯一一台入选剧目。演出时，观众座无虚席，掌声热烈，叫好声一片，许多观众表示第一次看滇剧就喜爱上了这个剧种，其优美的唱腔、精彩的表演、曲折的故事、清新的风格给人留下了深刻印象。

（广播电视台）

【玉溪非遗项目参加广东（佛山）非遗周暨佛山秋色民俗文化活动】 2017年11月，玉溪市文化广电局应邀组织优秀非遗项目（节目）参加广东佛山非遗周暨佛山秋色民俗文化活动，进行巡游演出、非遗活态展示，表演花腰傣舞蹈《花腰翘》，充分展示花腰傣的靓丽风采，这是自玉溪市与广东省佛山市在佛山签订建立友好合作城市关系协议书后文化交流的硕果之一。

（尚　薇）

【新西兰摩登毛利四重唱组合专场演出】 2017年11月14日，新西兰摩登毛利四重唱组合来到玉溪聂耳大剧院，为玉溪观众带来了一场难忘的毛利文化音乐演唱会。毛利人是新西兰土著，摩登毛利组合继承了五六十年代新西兰音乐史上里程碑式的经典毛利乐队传统，全新诠释新西兰金曲与现代国际名曲。摩登毛利四重唱组合的成员分别是表演家詹姆斯·逖多、表演家玛卡·珀哈图、表演家马塔利奇·珐塔罗、表演家弗朗西斯·阔旯以及音乐总监马图·纳罗珀。4位多才多艺的毛利绅士用他们磁性的歌声与潇洒的舞步呈现经典毛利民谣、西方巡游乐队金曲和现代流行音乐，全场观众在他们扣人心弦的优美和声与跨越国界的风趣幽默中，度过了一次难忘的四重唱之夜。

（瞿文君）

【台州与玉溪开展文化走亲活动】 2017年11月20日，台州、玉溪文化走亲联合演出在通海洞经古乐馆举行，晚会在通海妙善学女子洞经古乐团优美的旋律中拉开序幕，台州文化走亲团的艺术家们表演了二胡独奏、民歌独唱、台州乱弹等精彩节目，通海妙善学女子洞经古乐团也倾情奉献了多支拿手曲目。次日，台州文化走亲团还考察秀山古建筑群。

（尚　薇）

文化市场管理

【全市黑网吧整治现场工作会】 为推广通海县整治“黑网吧”工作经验，进一步提高“黑网吧”整治工作依法、依规、有序开展。2017年1月10日，玉溪市“黑网吧”整治现场工作会议在通海县召开，会上对全市网吧管理和“黑网吧”整治工作提出新要求。要求文化行政部门要充分认识查处取缔“黑网吧”的重要性和必要性，从净化文化环境、保障未成年人健康成长的高度，把查处取缔“黑网吧”摆上重要议事日程，采取有效措施，保持高压态势。要通过多渠道疏导，鼓励网吧丰富经营业态，发展连锁经营，创新经营模式，助推网吧行业转型升级，保证网吧经营管理积极健康向上。要强化与公安、电信等部门的沟通协调，精心组织开展联合执法行动，充分发挥各部门优势，逐步形成各司其职、协同配合、综合治理的工作格局，坚决查处取缔“黑网吧”。

（尚　薇）

【春节前文化市场检查】 2017年1月4～10日，市文化市场综合行政执法支队到县区开展春节前文化市场检查工作，加强对城乡结合部及农村乡镇等重点地区互联网上网服务营业场所、娱乐场所日常巡查，依法查处违规接纳未成年人、擅自从事娱乐场所经营活动等违规行为；以中小学校园周边、车站等人流聚集地区为重点，依法收缴和查处含有淫秽色情、封建迷信、暴力等违法内容的非法出版物和音像制品；对人员密集的娱乐场所、互联网上网服务营业场所、演出场所进行集中检查，查处无证经营行为，排查安全生产隐患。检查共出动执法人员120人次，检查网吧11个，发现网吧违规接纳未成年人2名；音像店8户，收缴暂扣盗版音像制品122碟（套），书店6户，发现一户存在非法经营盗版教辅现象，检查印刷厂2家。

（文广局）

【查处“黑网吧”】 2017年2月，玉溪市文化市场综合行政支队根据“12318”文化市场举报线索，联合江川区文化市场执法大队依法对前卫镇渔村“黑网吧”进行查处，查获“黑网吧”1家、电脑 8 台。执法查处时有 4 名未成年人在玩网络游戏。同时，执法人员还对江川区江城镇辖区内登记在册的4家网吧进行全面清查，发现其中2家存在接纳未成年人上网的违法行为，执法人员依法进行了处理。11月17日，市文化市场综合行政执法支队、红塔区文化市场综合行政执法大队、市公安局出动执法人员11人进行突击检查，查获并取缔“黑网吧”2家，查封扣押上网设备64台，对“黑网吧”经营者进行法制宣传教育，对其经营“黑网吧”的行为立案调查处理。

【文化广电“放管服”工作】 2017年，玉溪市文化广电“放管服”改革取得显著成效：梳理、编制完成文化广电系统权力清单责任清单，清理部门职权4类，行政许可项9项、行政处罚481项、行政检查13项、行政确认1项，共计504项，行政职权对应的“责任事项”4 452项，“追责情形”3 497项；简政放权，取消6项目职能，承接3项职能，保留市级行政审批项目共计9项、行政确认1项；精简审批环节，规范审批程序；制定《推广文化市场随机抽查规范文化市场事中事后监管工作实施方案》强化事中事后监管，健全文化市场管理“双随机”抽查机制；加大执法力度，做到放管结合；依托全国文化市场技术监管与服务平台优化服务，提高文化市场互联化办案水平，为大文化、大发展、大繁荣奠定现代化管理与服务基础。

（尚　薇）

【查处“黑广播”】 2017年3月底，玉溪市文化市场综合执法支队联合市工信局、公安局，成功查获一起通过私设“黑广播”播放性保健品违法广告的案件。该“黑广播”安置于红塔区某住宅小区一栋33层楼高的屋顶，频率为92.3MHz，是无人值守的非法调频广播电台设备。执法人员当场对非法黑广播电台设备关停并进行拍照取证。这是本市自2016年以来第四次查处“黑广播”案件，通过对“黑广播”露头就打的高压态势，进一步巩固打击治理“黑广播”工作成果，有力维护广播播出秩序。9月13日，市文化广播电视局联合市工信委及澄江县工信、公安、文化等部门，成功取缔一非法广播电台，当场对非法“黑广播”电台设备关停并进行拆除。

（文广局）

文化产业

【中国动漫集团到玉溪考察调研】 2017年8月17～18日，中国动漫集团党委书记、董事长庹祖海率考察组到玉溪考察调研非遗民族文化，寻求项目合作。在座谈会上双方围绕助力玉溪文化产业转型升级，推进非遗+旅游、非遗+文创、非遗+影视项目，广泛交换意见。考察组一行还到澄江、江川、通海实地查看化石博物馆、抚仙湖生态展示中心、青铜器博物馆、秀山古建筑群、妙善学女子洞经音乐等文化项目。希望通过这次考察交流，能进一步深化玉溪与中国动漫集团双方合作，助力玉溪文化产业跨越发展，实现强网络、强文化、强产业的发展目标。

（尚　薇）

【市图书馆与红塔大酒店签订战略合作协议】 2017年3月14日，玉溪市图书馆、云南红塔大酒店有限公司、华宁宁州陶发展有限公司、云南江川培兴铜艺坊签订战略合作框架协议。玉溪红塔大酒店是云南红塔集团有限公司投资的四星级酒店，每年接待众多国内外宾客，是一个展示玉溪文化的窗口。双方此次合作推出阅读服务，不仅可以为国内外宾客提供丰富的图书阅读服务，促进全民阅读推广，还可以进一步展示玉溪的特色文化，普及科学文化知识，促进资源共享。

（市图书馆）

文化基础设施建设

【启动市文化广播影视传媒中心建设】 玉溪规划在北片区（玉枕山）建设适应和引领玉溪市建设“聂耳音乐之都”和文化广播影视事业创新发展的示范区、新地标。用地196.92亩，项目规划总建筑面积217 523平方米，含地下室人防工程62 777平方米，工程总投资概算25.06亿元，共建设聂耳音乐厅、美术馆、电视制播中心、广播制播中心、广播电视安全播出指挥中心、非物质文化遗产传承保护中心、玉溪市南亚东南亚文化交流中心和报业中心8个建筑体。项目拟采取“统一规划、一次供地、一期建设”的方式建设完成。2017年，项目取得规划选址意见书、可行性研究报告、地灾、矿压、水保、节能、环评等批复；完成项目地勘和项目修建性详细规划并经玉溪市规委会研究同意，并于9月全面推进建设。截至2017年12月31日，项目已完成美术馆、报业中心、非遗中心地下室基础土方开挖和美术馆、非遗中心试桩施工，正在进行桩基堆载实验，音乐厅地下室土方进行了两次爆破开挖，广播电视制播中心基坑土方正在开挖。

【网吧“人脸识别系统”落户新平】 2017年4月，新平县启动网吧“人脸识别系统”安装试点工作，全市率先在新平辖区内33家网吧安装“人脸识别系统”。“人脸识别系统”通过手机APP扫描网吧专有二维码，将上网人员身份信息传递给网吧实名审验程序，验证一致即可完成实名登记上网。作为实名登记的辅助工具“人脸识别系统”与原有审验程序无冲突，极大地节省人力、物力、财力，且可防止伪造身份，同时能够全面采集用户身份、近照等信息，提高网吧市场管理效能。经过一个多月的试点运营，“人脸识别系统”已成为执法部门在网吧实名制管理上的有效抓手。

（尚　薇）

文学艺术活动

【“抚仙湖保护与发展”图文展】 2017年1月1日，“抚仙湖保护与发展”图

2017年1月7日至16日，玉溪市文联、玉溪市书法家协会分别在易门县龙泉文化广场、玉溪市图书馆、玉溪市人民医院等地举办2017年迎新春"送万福·进万家"书赠春联活动。5月，市书法家协会荣获中国书法家协会授予的2017年"送万'福'进万家"书法公益活动先进集体称号 （杨 勇 摄）

文展在市图书馆展出，展览主要分为抚仙湖大赛作品展和《云南省抚仙湖保护条例》漫画展两个部分。摄影作品历经3个月的征稿，从500多件，1 000余幅参赛作品中，评选出56件作品参展，作品涵盖了抚仙湖流域经济社会发展、自然风光、生态文明建设、记录抚仙湖历史变迁等多方面内容。通过36副漫画将《云南省抚仙湖保护条例》以生动、通俗易懂的形式呈现给观众，对学习、宣传、贯彻《云南省抚仙湖保护条例》起到积极的作用。

（潘科雨）

【"千秋遗韵——黄宏集藏古代带钩展"】 2017年3月21日至5月3日，"千秋遗韵——黄宏集藏古代带钩展"在市博物馆展出。本次展览共展出藏品192件，全部为春秋战国时期前后古代王公贵族、文人武士日常佩戴的饰品——带钩；共八大系列，分别是纹彩、贵胄、工巧、丰赡、祥瑞、孔武、异域、天真。展品可让观众近距离观赏到古人的服饰文化、工匠之美，以及神秘的器物文明。该次展览藏品的所有者是国防大学教授、少将黄宏。

（王 溪）

【"文化和自然遗产日"系列活动】 2017年6月7～10日，由市文化广电局、通海县政府主办，市文化馆（非物质文化遗产保护中心）、通海县文化广播电视和体育局承办的"2017年文化和自然遗产日"系列活动举行。系列活动包括玉溪市非物质文化遗产项目图片展、项目联展、通海妙善学女子洞经音乐专场演出、玉溪市非遗展演及非遗保护宣传活动等。图片展通过直观的图片，让广大群众感受到玉溪非物质文化遗产的丰富多彩；非遗项目联展汇集传统技艺、传统美术和民俗等20多项非物质文化遗产代表性项目，充分展示非物质文化遗产丰厚的人文蕴涵和独特的文化魅力；通海妙善学女子洞经音乐专场演出中，先后演奏《将军令》《小开门》《步步娇》《鹧鸪天》《浪淘沙》《礼乐满堂红》等洞经经典曲调；展演晚会全场座无虚席，近500名观众观看了各县区表演团队送上的11个特色节目。活动期间，现场发放《玉溪市国家级、省级、市级非物质文化遗产代表性项目名录》1 500多册，集中展示玉溪市现有国家级6个、省级40个、市级181个非物质文化遗产代表性项目名录，旨在营造保护文化遗产氛围，提高公众对文化遗产保护重要性的认识。

（尚 薇）

【曲艺作品荣获省级奖项】 2017年6月，玉溪曲艺作品《惊魂记》《母亲的呼唤》在参加由云南省文联主办的2017年云南省曲艺小品展演中分获一等奖、三等奖。

【创作研讨会】 2017年5月26日，市作家协会召开2017年小说创作研讨会，对马玫、李海明、宋艳珊、陈伟4名青年小说作者的作品进行研讨，分析了玉溪小说创作存在的普遍性问题，探讨了提升玉溪小说创作水平的方向。市文联、市作家协会主要领导，市内小说创作爱好者、文学评论专家、小说编辑等30余人参加会议。9月3日，市文联、市作家协会在聂耳大剧院召开全市2017年诗歌创作研讨会。邀请诗人、鲁迅文学奖得主雷平阳授课，各县（区）诗歌爱好者40余人参加研讨会。雷平阳介绍了云南诗歌创作情况，诗歌创作的重要理论和关键技巧，并对玉溪部分诗歌作者的作品进行了现场点评。

【"两片区"文学创作笔会】 2017年6月21～23日，2017年"哀牢山四县"文学创作笔会在易门县举办。此次笔会由市文联主办，易门县文联承办，市文联、市作协、易门县委领导出席会议并讲话，邀请《滇池》副主编包倬，《滇池》编辑李泉松授课，易门、峨山、新平、元江县文学爱好者近60人参会。7月11～13日，2017年"抚仙湖五县区"文学创作笔会在通海县举办。邀请《边疆文学》编辑雷杰龙、田冯太授课，红塔区、江川区、华宁县、澄江县以及通海县文学爱好者近70人参会。

【云南省中国美协、中国书协、中国剧协会员专题研讨班在玉溪举办】 2017年7月24～28日，云南省中国美协、中国书协、中国剧协会员深入学习贯彻习近平总书记文艺工作座谈会重要讲话精神专题研讨班在市委党校举行。中国文联党组成员、副主席、书记处书记左中一出席开班仪式并作专题辅导，中国美协分党组书记、驻会副主席、秘书长徐里，省文联党组成员、专职副主席黄映玲，市委常委、宣传部部长杨兴荣出席开班仪式，省文联党组成员、专职副主席张碧伟主持开班仪式。本次专题研讨班由中国文联、中国美协、中国书协、中国剧协主办，云南省文联、云南省美协、云南省书协、云南省剧协、玉溪市文联承办，在为期3天的学习培训中，来自全省的260余名云南籍全国美术、书法、戏剧会员和玉溪文艺创作骨干聆听了左中一作的《自觉追求德艺双馨努力攀登艺术高峰》、徐里作的《坚定文化自信弘扬中国精神》、中国书协分党组副书记、秘书长郑晓华作的《习近平总书记文艺工作座谈会重要讲话导读》等专题报告，并观看闫肃先进事迹报告会录像，分组讨论学习体会。

【中国文联领导到玉溪调研】 2017年7月25日，中国文联党组成员、副主席、书记处书记左中一专题调研玉溪新文艺群体联系服务、团结引领工作，左中一先后参观了玉溪新和谐文化产业开发有限公司、玉溪师院湄公河次区域民族民间文化传习馆、江川区李家山青铜器博物馆并强调，文联要切实把握发展面临的新形势新问题，开阔工作视野，强化制度保障，营造组织氛围，创新扶助机制，把团结联络服务新兴文艺群体作为工作重点，确保工作取得新成效。

【云南省中国画优秀作品展暨研讨会在玉举行】 2017年10月14～24日，第七届云南省中国画优秀作品展在市博物馆举办。省美术家协会主席团部分成员、中国画艺术委员会全体委员及学术秘书组、云南省部分州市美术家协会主席、玉溪师院、玉溪市及各县（区）主要中国画创作者，以及云南省知名中国画艺术家出席开幕式并参加了云南省中国画艺术研讨会。此次活动由云南省美术家协会、云南省美术家协会中国画艺术委员会、市文联、市文化广播电视局主办，市美术家协会、玉溪师院、市博物馆、玉溪画院承办，共展出全省国画家的代表作品52件，反映了云南中国画创作的整体面貌和水平。

【“滇中艺术年展”2017美术作品展在玉溪举行】 2017年11月8～30日，“喜庆十九大　共绘中国梦”滇中艺术年展2017美术作品展在市博物馆举行。昆明、玉溪、曲靖、楚雄4州市文联领导和美术家协会主席、副主席和美术爱好者200余人参加开幕式并观看展览。展览共展出208幅美术作品，包括国画、油画、版画、水彩、雕塑等各个画种，体裁多样，题材广泛，主题突出，构图精巧，色彩强烈，用形象直观的艺术形式生动描绘了云南神奇美丽、多姿多彩的山川景物，是各位美术家深入生活、辛勤耕耘、潜心创作的艺术结晶，是近年来云南努力建设我国民族团结进步示范区、生态文明建设排头兵、面向南亚东南亚辐射中心的艺术见证。滇中艺术年展是由昆明市文联、玉溪市文联、曲靖市文联、楚雄州文联于2016年共同发起的云南省重要文艺活动，每年举办一届，按照“书法—美术—书法—美术”的顺序由各州（市）文联轮流承办，旨在贯彻落实中央、省委关于繁荣发展文艺事业的相关要求，传承和弘扬优秀传统文化，发现和培养书画艺术人才，开拓艺术创作视野，繁荣滇中书法、美术事业，用文艺的形式助推滇中城市经济圈“一体化”发展，为促进云南民族文化强省建设贡献力量。

（杨　勇）

2017年1月13日，玉溪市文联主办的“我们的中国梦”文化进万家——2017年迎新春文艺晚会在聂耳文化广场举行（杨　勇　摄）

文艺人才培养

【市花灯剧院培训青年演员】 2017年2月中旬，为培养和造就优秀青年表演人才，展现优秀青年演员风貌，进一步推动玉溪花灯这一地方戏曲的传承发展，市花灯剧院开展戏曲小生全套基本功培训。培训特邀云南省著名滇剧表演艺术家马庆老师授课，培训内容包括水袖、折扇、厚底等全套戏曲小生基本功训练，提升演员在戏曲表演艺术上“唱、念、做、打、舞，手、眼、身、法、步”的表演能力和表现手段，提高演员综合素质。

（花灯剧院）

【云贵川地方戏表演艺术人才培训班在玉溪开班】 2017年6月12日，国家艺术基金2016年度资助项目《云贵川地方戏表演艺术人才培训》在聂耳纪念馆开班。市滇剧院作为项目执行单位，联合成都川剧研究院、贵州省花灯剧院、贵州省黔剧院、玉溪市花灯剧院共同申报的人才培养项目，旨在通过各剧种间的相互交流、碰撞和学习，为西南地区地方戏曲培养、储备优秀表演艺术人才，致力打造西南戏曲人才培养“生态链”。本次培训班秉承“小批量、高层次”的原则，从五家申报单位中优选25名青年表演骨干，邀请国内著名戏剧家从编剧、导演、音乐、表演、当下戏剧生态、戏剧美学等多方面对学员进行培训，不断提高学员表演水平和业务素养。

（徐亚玲）

【文艺创作培训】 2017年10月13～15日，市文联、市作家协会举办2017年小说散文笔会，邀请鲁迅文学奖得主、《美文》杂志常务副主编穆涛，《中国作家》编辑部主任方文，《当代》编辑石一枫授课，玉溪市小说、散文创作骨干70余人参加笔会。10月15～17日，市舞蹈家协会举办2017年玉溪市舞蹈编导培训班，邀请原解放军艺术学院教授黄蕾授课，来自全市各县区的文艺团体、专业院校、文化馆、舞蹈培训中心的43名舞蹈创作骨干参加培训。11月10～12日，市文联举办2017玉溪诗歌创作笔会，邀请《星星诗刊》主编龚学敏，鲁迅文学奖得主雷平阳，《诗刊》主编助理、鲁迅文学奖得主刘立云授课，玉溪市各县区诗歌创作骨干30余人参加笔会。

【《民族文学》重点作家班在玉举办】 2017年10月29日至11月2日，由民族文学杂志社、中国少数民族作家学会、省作家协会主办，市文联承办的“2017《民族文学》重点作家培训班”在玉溪市举办。10月30日上午，培训班举行了开班仪式，中国少数民族作家学会常务副会长叶梅、《民族文学》主编石一宁、省作协常务副主席范稳、市文联主席普辉、澄江县委常委马云华出席开班仪式。开班仪式由《民族文学》副主编陈亚军主持。来自全国各地的少数民族作家和玉溪少数民族重点作家50余人参加培训。为期5天的培训中，叶梅、范稳和中国环境文学研究会副会长郭雪波、辽宁省作协原副主席孙春平分别为参会作家授课。此次培训是《民族文学》创刊以来第一次到玉溪举办培训班，对于培养玉溪少数民族作家，推动玉溪文学创作，宣传推介玉溪经济社会和文化发展成果产生深远影响。

（杨　勇）

文艺创作成果

【花灯戏国家级传承人李鸿源抢救性记录开拍】 2017年4月，花灯戏国家级传承人李鸿源的抢救性记录开拍。抢救性记录，就是利用数字多媒体等现代化技术手段，全面、真实、系统地记录代表性传承人掌握的非物质文化遗产知识，为后人传承、研究非物质文化遗产留下宝贵资料。对传承人的抢救性记录将分传承人口述、传承人项目实践、传承人教学、综述四部分进行。李鸿源是云南省第一批抢救性记录拍摄对象之一，也是玉溪市第一批拍摄记录的国家级传承人。纪录片从多个角度记录了玉溪花灯的传承历史与现状，使人们进一步了解玉溪花灯戏历史、传承情况、目前生存状况等。

（王静霞）

【花灯剧《山茶花红》上演】 2017年6月26～27日，大型革命历史题材花灯剧《山茶花红》上演，献礼党的生日迎接党的十九大召开。该剧根据真实人物原型创作，讲述云南省内入党的第一个共产党员李国柱和云南第一位女共产党员吴澄夫妻俩，在为争取民族独立、自由和解放的伟大斗争中英勇奋斗的英雄事迹。该剧运用花灯艺术手法，展现中国共产党人对理想信念的执着追求，对中国革命和共产主义理想充满信心、壮怀激烈的博大胸怀。8月，由玉溪花灯戏（国家非物质文化遗产）传承保护展演中心申报的花灯戏《山茶花红》成功入选国家艺术基金2017年度大型舞台剧和作品创作资助项目。花灯戏《山茶花红》是继滇剧《水莽草》之后，又一大型舞台剧入选国家艺术基金资助项目。

（花灯剧院）

【现代滇剧《贵妇还乡》首演】 2017年8月7～8日，由市滇剧院全新改编创作的现代滇剧《贵妇还乡》首演。该剧根据瑞士剧作家迪伦马特的同名话剧改编，由中国戏剧“梅花奖”得主冯咏梅、著名滇剧演员徐铭领衔主演，是本市文艺精品创作扶持项目，故事悬念迭起、情节扣人心弦，用地道的滇剧演绎发人深省的现代寓言，对人性弱点、虚伪与道德、拜金主义进行了尖锐批判，并对滇剧现代化做出有益探索。该剧在保持原著悖论特点和怪诞风格的同时，根据中国观众的审美习惯，对故事情节、人物形象做了大胆改造，对思想内容进行全新演绎，使古老的戏曲具有了现代品格。演出吸引众多戏曲爱好者前往观看，赢得观众称赞。

（广播电视台）

【文艺汇演暨新剧（节）目展演】 2017年9月24～27日，玉溪市2017年文艺汇演暨新剧（节）目展演举行。本次汇展演，是近两年来玉溪文艺创作成果的一次大展示、大检验、大交流。展演分为“文艺汇演类”和“新剧（节）目展演类”两个组，文艺汇演由来自全市七县二区的文化馆组织各界群众文艺队参加，展现群众文化的亮点和成果；新剧（节）目展演由市滇剧、花灯非物质文化遗产传承展演中心、市艺术创作研究所及5个县（区）群众文化工作队的专业文艺工作者参加，专业性强、具有较高艺术水准。本次汇展演共组织3场展演、3场汇演、1台颁奖晚会，演出汇聚600余名编导、演员以及55个优秀剧（节）目。展演中演员表演充满激情，生动细腻，题材紧扣时代主题，体现时代精神，展示地域文化特色，抒写现代玉溪人的生活与情怀，主题内容积极向上。

（尚　薇）

【“唱响玉溪”全国歌词征集活动】 2017年10月底，历时11个月的“唱响玉溪”全国歌词征集评选活动圆满结束。活动共收到来自全国各地的187件投稿作品。省内作品占总数16%，省外作品占84%，作者中有入选中国亚运会、奥运会歌词征集的词作家，有“五个一工程奖”的获得者，也有来自玉溪本土的作家。活动最终评出一等奖1名、二等奖3名、三等奖6名，优秀、入围奖各10名。其中，一等奖获得者是湖北省钟秀林的《赶花腰的花腰傣》，二、三等奖获得者有江苏、浙江、辽宁、重庆等省外作者。获奖的30首歌词作品多以玉溪的人文历史、民族风情、幸福和

滇剧《贵妇还乡》演出剧照　（瞿文君　摄）

2017年12月9日晚，"2017云南原创音乐颁奖盛典"在玉溪聂耳大剧院举行。颁发最佳制作奖、最佳乐队奖、最佳男（女）歌手奖、最佳网络人气奖等12个最具影响力的年度单项奖 （瞿文君 摄）

谐、生态治理、城市发展等角度歌颂玉溪，体现出玉溪文化的深刻内涵和热爱玉溪山山水水的丰富情感。

（艺术研究所）

【3台作品亮相云南省第十四届新剧目展演】 云南省新剧目展演是云南省内规格最高、影响最大的文艺活动品牌，许多优秀剧目和优秀艺术家正是通过新剧目展演而推向全国。在2017年举办的"喜庆十九大·筑梦彩云南——云南省第十四届新剧目展演"中，玉溪市入选参展的花灯剧《山茶花红》、现代滇剧《贵妇还乡》、跨界融合舞台作品《秘境云南》于11月13日至18日晚陆续亮相，荣获专家评审和观众的一致好评。

（尚 薇）

【"碧玉清溪是我家"摄影作品选集结成册】 2017年5月，《"碧玉清溪是我家"摄影作品选（一）》集结成册。以"碧玉清溪是我家"为主题的美术、摄影、书法作品展览，是市文化馆自2016年推出的群众文化系列活动之一，每年按门类分别举办一届。本书收入的是第一、二届"碧玉清溪是我家"摄影作品展览的优秀摄影作品，共计120件。这些作品全部出自玉溪摄影爱好者之手，所拍内容也都在七县二区行政区域内。作品题材广泛，内容丰富，类别齐全，表现手法多样。

（朱 勇）

文化遗产保护管理

【15个非遗项目入选第四批省级非遗项目】 2017年6月2日，云南省政府公示第四批省级非物质文化遗产名录推荐项目名单，玉溪市15个项目成功入选，非遗保护工作再上新台阶。此次项目申报，玉溪市共推荐18个非遗项目，15个项目入选。传统舞蹈类别的彝族四弦舞（新平）、彝族花棍狮子舞（新平）、傣族狮子舞（元江），传统美术类别的竹编（新平、华宁），传统技艺类别的豆豉制作技艺（易门），民俗类别的彝族开新街（峨山），民族传统文化生态保护区类别的元江县那诺乡塔朗村哈尼族传统文化生态保护区、新平县平甸乡磨皮大寨村彝族文化生态保护区，以及四项扩展项目，分别是民间文学类别的彝族民间故事"阿哩"（元江），传统舞蹈类别的苗族芦笙舞（华宁），传统戏剧类别的花灯戏（太平花灯）（澄江），民俗类别的苗族服饰（华宁）、火把节（新平）。

（王静霞）

【第四批市级非物质文化遗产项目代表性传承人】 2017年1月，玉溪市人民政府公布第四批市级非物质文化遗产项目代表性传承人名单，涵盖民间文学、传统音乐、传统舞蹈、传统戏剧、传统体育、游艺与杂技、传统技艺、传统医药、民俗8个类别40名代表性传承人"上榜"。年底，玉溪市共有国家级非物质文化遗产代表性项目6项，国家级传承人4人；列入省级名录的项目40项，省级传承人65人；列入市级名录的项目181项，市级传承人139人；列入县级名录的项目324项，县级传承人210人，形成了较为完善的四级名录体系，进行分层分级保护。

（尚 薇）

文化场馆

【公共图书馆评估定级工作】 2017年3月，市文化广电局组织启动全国第六次图书馆评估定级工作。经市级专家组认真初评和复评，向省申报1个国家地市级一级馆、1个国家县级二级图书馆、8个国家县（区）级三级图书馆。8月，申报图书馆通过评估定级，市图书馆被评定为国家地市级一级馆；红塔区图书馆为国家县级二级图书馆；易门县、通海县、新平县、澄江县、华宁县、江川区、峨山县、元江县图书馆为国家县（区）级三级图书馆。

（徐亚玲）

新闻出版印刷管理

【印刷企业年度核验】 2017年3月底，历时两个月的2017年印刷企业年度核验工作圆满结束。市内共有114

家印刷企业参加年检登记，资产总额331 411.26万元，销售收入136 762.21万元，利润总额17 966.28万元，营业税金及附加1 469.44万元，工业总产值139 549.42万元，工业增加值35 636.10万元，从业人员4 981人。

（王玲玲）

【集中销毁侵权盗版及非法出版物】 2017年4月26日，在第十六个“4.26世界知识产权日”来临之际，玉溪市在聂耳大剧院设立“云南省侵权盗版及非法出版物集中销毁活动分会场（玉溪·2017）”，与全省同步开展侵权盗版及非法出版物集中销毁活动。活动共销毁邪教类反宣品5 724件，非法图书3 500册，非法音像制品4 200件，非法博彩游戏机15台，黑广播发射器1台，黑网吧服务器1台等，总计近1.5万件的侵权盗版及非法出版物和相关非法物品。

（尚　薇）

广播电视

【概　况】 2017年，全市广播电视媒体以新闻宣传为抓手，牢牢把握思想意识形态正确导向，结合市委、市政府重大决策部署，深入基层关注民生、了解民情、反映民意，源源不断地宣传报道党的路线、方针和政策。玉溪广播电视台交通旅游广播开播，扩大宣传阵地。全年全台播出新闻13 550条，其中广播新闻4 166条，电视新闻9 384条；2017年7月14日，在2017年全省广播电视新闻年会上，玉溪广播电视台荣获2016年云南广播电视台电视新闻宣传一等奖，再次蝉联全省电视新闻宣传一名，实现外宣工作“两连冠”。新闻综合广播入围2016～2017年度融合创新最具创新力城市新闻（民生）广播，《锋行玉溪》栏目入围2016～2017年度融合创新全国城市广播栏目品牌创新力TOP20；《幸福玉溪》系列城市宣传片荣获第十届中国旅游电视周优秀旅游电视节目评比二等奖；玉溪广播电视台荣获“2017年度城市电视台品牌创新力TOP10”奖项；《新闻直通车》栏目荣获“2017年度城市电视栏目创新力TOP10”奖项；台长朱星宇荣获“2017年度全国电视地面频道融合创新人物”奖项。

在新媒体发展中，“玉溪市文化广电局”“哇家玉溪七彩云”“大家帮”等微信公众号先后上线，通过新媒体矩阵共计推送新闻信息13 648条次，用户发展到近30万人，总阅读量近600万次，单条最高阅读量近65 000次。各县（区）先后开通了“印象红塔区”“掌上澄江”“热情元江”“通海掌上电视”等微信公众号。玉溪广播电视台新闻综合广播通过与手机客户端“酷狗FM”、喜马拉雅、“蜻蜓FM”合作，听众群不断增加，实现传统媒体与新兴媒体的融合发展。

圆满完成老尖山和龙马山广播电视发射台建设；进一步做好本地节目无线数字覆盖网运行维护和管理，有力保障广播电视信号畅通、安全；继续推进中央广播电视节目无线数字化覆盖工程建设，实施完成一期工程备用信号源的安装调试，组织实施补点工程基础设施和附属设施建设；扎实开展行业扶贫，完成对建档立卡贫困户的电视信号入户工作，顺利完成151户村村通和4 060套户户通任务。

（尚　薇）

【《幸福玉溪》荣获全国优秀电视作品奖】 2017年8月，玉溪城市宣传系列片《幸福玉溪》荣获中国电视艺术家协会主办的第十届中国旅游电视周全国旅游形象宣传片优秀作品奖（全国二等奖）。《幸福玉溪》一部十集，全片主题风格统一，总时长105分钟，是玉溪城市形象的全景展现。《幸福玉溪》为总片名，时长15分钟的总片是玉溪自然风光、人文历史、民族特色、城市风貌的精彩荟萃，其余9集时长均为10分钟，每集集中展示一个县（区），根据玉溪七县两区的不同特色各有侧重，10个片子既可单独成片，也可组合为章，由玉溪广播电视台独立完成。2017年4月，经云南省电视艺术家协会初评，《幸福玉溪》被选送参加中国旅游电视周优秀旅游电视节目评选。全国共有413件作品参赛，《幸福玉溪》得到众多业内权威专家的肯定。

（施燕飞）

【中央无线数字化广播电视节目开通】 2017年初，玉溪市中央广播电视节目无线数字化覆盖工程最后一个站点——玉溪市老尖山广播电视发射台完成中央节目无线数字化设备开通。标志着玉溪市在云南省全省率先完成中央节目无线数字化工程9个台站建设，中央12套无线数字电视节目正式试播。本期中央无线数字化电视节目覆盖全市人口70%以上，覆盖区域内的观众采用2015年及以后购买的电视机，通过无线接收的方式可免费收看中央1台等12套高质量的中央电视节目，同时，还可接收3套市县级地方地面数字电视节目。

2月18日，随着玉溪市中央广播电视节目无线数字化覆盖工程配套监控设备的最后一个站点元江老窝底发射台安装调试完毕，全市9个“自台监控”建设圆满完成。“自台监控”，即通过对广播电视发射台内主要播出环节的信号进行监听监看，对设备运行状态进行监控，能及时发现并处置播出故障。通过建设发射台“自台监控”，重点针对发射台站日常监测管理、监测质量考核等容易出现问题的环节作出指导和规范，实现全封闭隔离、全流程化操作、全视频监控，有效提升发射单位的自我监测硬实力，有效杜绝了安全播出事故的发生。

（尚　薇）

【新闻综合广播抓节目创新提升服务质量】 2017年，玉溪广播电视台新闻综合广播狠抓节目创新，不断提升服务听众的水平和质量，在省广播电视播出广播新闻495条，在中央人民广播电台播出新闻49条、播出社教节目25期（条），外宣工作在全省广播电台名列前茅。

《玉溪民情之声》通过热线电话和微信交流互动的方式，倾听群众呼声，共有30家市直单位和9县（区）主要领导、100多人次参加节目，受理各类咨询、投诉和建议共计214件，内容涉及农村道路修缮、子女入学、户籍管理、二孩生育政策、农村宅基地建设等方面，真正搭建起政府部门和听众沟通的桥梁，成为玉溪市民反映诉求的一个重要渠道。新闻综合广播与中央人民广播电台、云南人民广播电台联合，组织开展广播惠农面对面——全国“农广”小分队走村大行动，走进峨山县岔河乡西就村和文山村、新平县老厂乡开展扶贫攻坚政策宣讲、义诊和走访慰问活动，受到群众的欢迎和好评。与市交警支队支属大队联合举办少年交警“文明交通、平安校园、交通安全在我心中”演讲比赛，获得社会各界的好评。《锋行玉溪之玉溪米线节》《红河谷中太阳城——元江》两组节目获云南广播电视奖社教和外宣节目一等奖，消息《通海成立首个农村电子商务党支部》获新闻类二等奖，三件作品获三等奖。

【党的十九大广播电视宣传报道工作】 玉溪广播电视台党的十九大宣传报道工作取得可喜成绩，10月份在央视新闻联播播发4条新闻，创下单月在央视新闻联播发稿最好成绩，其中《同升一面旗祝福祖国更加繁荣富强》《欢庆国庆感受美好生活》为联播头条，《十九大代表杨琼英深入基层宣讲十九大精神的报道》成为全省首个入选央视报道的地方基层代表。《峨山彝族广播员：宣传党章修正案传播党的好声音》《还看今朝·云南有我〈刘跃芬：离湖更远了我们更有希望〉》等新闻也在央视各档新闻节目中播出，取得良好的传播效果。在党的十九大宣传中，玉溪广播电视台发稿质量和数量都在全省16个地州中持续保持领先，截至10月底，在云南广播电视台播发十九大相关电视新闻83条、广播新闻56条；在中央电视台播出相关新闻10条、在中央人民广播电台播发新闻3条，为提升玉溪知名度、美誉度发挥重要作用。

（方丽芬）

【十九大广播电视安全保障工作】 2017年，玉溪市圆满完成广播电视安全保障任务，全市未发生安全播出事故，各项工作安全有序，持续平稳，高标准实现“确保万无一失”目标。党的十九大期间，按照“全覆盖、零容忍、严执法、重实效”的标准和要求，在全体干部职工中强化安全责任意识，切实抓好问题和隐患整改，全力确保文化广播电视安全，坚决有效防范各类安全事故发生。采取明察与暗访相结合、巡查与抽查相结合的方法，对基层单位落实安全保卫工作及安全播出落实等情况开展现场督察，确保各项安保维稳工作措施得到有效落实。先后组成广播电视设备检查组15个，检查单位30家次，排查整改一般隐患24项，重大隐患7项；组成广播电视安全播出检查组16个，检查单位33家次，排查整改一般隐患28项，重大隐患6项；组织消防工作检查组28个，检查单位130家次，排查整改隐患36项。严格落实24小时值班值守制度，每天都有局领导、行政人员、专业人员在岗值守，落实好安全保障“零报告”制度，确保各项工作及时上报、下达、解决。加强与网信办、610办、公安、电力、无线电管理等相关部门的沟通联系，加大信息系统网络安全监控和防范力度，加强新媒体、融媒体直播类节目的安全保障，完善应急预案，提升保障能力。

【通海马尔多山转播台恢复播出】 2016年，由于马尔多山转播台铁塔被大风吹断损毁，本地节目转播陷入停播状态。2017年4月26日，通海县马尔多山转播站重新安装发射天线和馈管，调试完成后，恢复本地节目转播，使

“不忘初心　砥砺奋进”喜迎十九大国庆主题公益晚会　（李万东　摄）

覆盖区域内的人民群众又看上了本地电视节目。通海县共有3个本地节目无线覆盖转播台站，传输玉溪电视台综合频道、公共频道、江川电视台、通海电视台4套本地节目，其中马尔多山转播台主要承担团田、水塘两个村委会及高大部分村寨的覆盖任务，并向下一级转播台传送信号。

（尚　薇）

【“印象红塔区”官方微信公众平台开通】 2017年4月中旬，红塔区文化广电和体育局新媒体“印象红塔区”官方微信公众平台顺利开通。“印象红塔区”官方微信公众号设置《时政要闻》《民生关注》《社会热点》《哇家玉溪》《每周面对面》《社会公益》6大栏目板块，节目以视频为主，融合文字和图片，实现了红塔区电视台大部分节目的实时点播，重要新闻和节目也可多次反复观看，观众通过手机终端在任何时间任何场所均可及时了解红塔区新闻事件，不再受到传统媒体收看定时定点的限制。微信公众平台开通2个月，订阅人数和浏览量、转载量不断突破。

（李玉梅）

【广播电视台交通旅游广播开播】 2017年9月29日，经国家新闻出版广电总局批准，玉溪广播电视台第二套广播节目——FM87.7交通旅游广播开播。玉溪交通旅游广播立足玉溪市交通、文化旅游产业的建设与发展，面向城乡，服务听众，本着“关注民生，服务百姓，快乐交通、轻松旅游”的宗旨，全天播音18小时，以音乐为构架，以交通新闻和路况信息为龙头，辅以服务性和娱乐欣赏性节目，及时、客观、全面地宣传交通旅游政策、法规和知识，报道交通新闻，传播交通信息，服务疏导交通，提供旅游资讯。信号已覆盖玉溪市行政区域内各县区，特别是各景区景点及道路主干道。

（尚　薇）

【MV《玉溪好在》】 2017年，春节期间，由市文广局、玉溪广播电视台投资制作的MV《玉溪好在》在玉溪广播电视台新闻综合频道、公共频道播出广受好评。该片时长4分钟，立意新颖，以歌舞为主线将玉溪的生态、美丽、宜居、和谐、幸福展现其中。该片上传玉溪广播电视台微信公众号“哇家玉溪七彩云”推出，当月点击率达16 000多次，宣传效应良好。

（广播电视台）

报　刊

【“行走红河谷”全媒体联合采访活动】 2017年8月24日，“行走红河谷”全媒体记者齐聚红河州河口县，在横跨红河、连接中国与越南的中越红河公路大桥上完成最后一次采访，标志着“行走红河谷”全媒体采访活动圆满落幕。“行走红河谷”是玉溪日报、红河日报、楚雄日报共同发起的州市媒体跨区域联合采访活动。活动于2016年12月6日在新平戛洒启动，三报通过组建全媒体采访团队，历时8个多月对玉溪、红河、楚雄三地进行全媒体联合采访报道，全方位立体展示红河谷流域风采。活动结束后玉溪日报社集结出版“行走红河谷”——《玉溪日报》《红河日报》《楚雄日报》全媒体联合采访活动作品集和摄影集。活动共刊发了100多篇文字稿、170幅摄影作品、32个整版报道，在媒体融合上作了诸多有益探索，在推动三报传统媒体与新媒体的融合发展、推动州市级党报跨区域采访合作等方面作了大胆探索并取得了丰硕成果，受到新华网、今日头条、网易新闻等20多家中央、省级媒体的广泛关注。

【首届云南报业新媒体年会在玉举行】 2017年3月23日，由云南省报业协会主办，云南省报业协会新媒体专业委员会、玉溪日报社承办的首届云南报业新媒体年会在玉溪举行。来自全省的30余家报社齐聚一堂，围绕“创新新媒体携手新突破”主题，共同交流探讨新形势下云南报业新媒体的创新发展之路，省报业协会会长、副会长单位代表签署《云南报业新媒体合作宣言》。云南报业传媒（集团）公司总经理、云南省报业协会会长张光旭，新华通讯社新媒体中心党组成员、副总编辑贺大为，市委常委、市委宣传部部长杨兴荣出席年会。

【玉溪日报文学奖摄影奖颁奖】 2017年6月9日，第四届玉溪日报文学奖、第二届玉溪日报摄影奖、2017中国玉溪“哇家灯会”摄影比赛颁奖仪式在玉溪日报社举行，来自全市各地的获奖者和新闻界、文艺界人士100余人出席颁奖仪式。本届玉溪日报文学奖的获奖作品全部来自2016年《玉溪日报》“红塔”“随笔”两个栏目，经组织专家初评复评，有34篇（首）作品获奖。玉溪日报摄影奖的评奖范围包括2016年在《玉溪日报》、玉溪网、玉溪日报社旗下各新媒体、玉溪日报社主办的各种刊物上公开发表的反映玉溪的摄影作品，以及在行摄玉溪网发表的作品。经组织专家初评复评，有80余幅作品获奖。玉溪日报社与红塔区委宣传部联合举办的2017中国玉溪“哇家灯会”摄影比赛也同步进行，有40余幅作品获奖。

【“走进高鲁山”专题摄影展】 2017

“行走红河谷”的三家报社全媒体记者深入楚雄州双柏县国家级民间艺术之乡法脿镇李方村采访民间艺术锣笙

（潘　泉　崔永红　摄）

年9月28日，“走进高鲁山”专题摄影展在红塔大酒店开展。展出的120幅精美摄影作品全面、充分展示了高鲁山秀美风光和多彩民族风情、人文历史，受到参观者的广泛赞誉。为进一步加大对高鲁山的宣传推介，从2016年底开始，市委宣传部组织玉溪日报社与红塔区委宣传部、峨山县委宣传部一起，联合启动走进高鲁山专题摄影活动。玉溪日报社组织20多名特约摄影师先后8次深入高鲁山进行专题拍摄。历时近一年时间，收集到展现高鲁山秀美风光和人文历史等方面的摄影作品3 000多幅，并从中精选出120幅精品举办此次展出。

【举办2017《玉溪日报》读者嘉年华】 2017年12月15～17日，2017《玉溪日报》读者嘉年华举行。活动邀请了市司法局、房管局、住房公积金管理中心、科协、红十字会、义工联合会等部门现场开展咨询服务，为民众排忧解难。邀请汇欣律师事务所现场为市民解答法律方面的问题；市中医院派专家在活动现场开展义诊服务；交通银行、浦发银行、太平洋证券、中国人寿、泰康人寿等多家金融机构组成金融知识宣传小组，开展金融知识普及宣传，为市民提供金融咨询服务。

【“走进华宁”专题摄影活动】 2017年4月28日，由玉溪日报社、华宁县委宣传部联合主办，玉溪网、玉溪图库、行摄玉溪网共同承办的“走进华宁”专题摄影活动正式启动。本次专题摄影活动为期半年。期间，本市13名本土知名摄影家陆续走进华宁县开展系列采风活动，通过摄影的方式记录、宣传、展示华宁秀美山水风光和多姿多彩的民族风情、人文历史，并通过新媒体平台加大对华宁文化旅游资源优势宣传，进一步提升华宁县美誉度和影响力，促进华宁县经济社会跨越发展。

【“淘玉溪”正式上线】 2017年3月23日，玉溪首家以展示、销售本土文化创意产品和土特产为主的“淘玉溪”电子商务平台经过4个多月试运行，正式上线营运。启动仪式上，云南报业传媒（集团）公司总经理、省报业协会会长张光旭，新华通讯社新媒体中心党组成员、副总编辑贺大为，市委常委、市委宣传部部长杨兴荣，省报业协会副会长、玉溪日报社党组书记、社长张存良共同按动水晶球，启动“淘玉溪”。“淘玉溪”电子商务平台由玉溪日报社下属的玉溪网新媒体发展有限公司联合玉溪诺德软件开发有限公司打造，除了销售土特产外，还是玉溪首家展示销售本土文化创意产品的网上平台，实现了玉溪网电子商务质和量的飞跃。

【《玉溪日报·抚仙湖专刊》与读者见面】 2017年4月25日，《玉溪日报·抚仙湖专刊》正式与读者见面。为进一步在全社会营造保护抚仙湖的良好舆论氛围，按照市委和市委宣传部的安排部署，澄江县委宣传部与玉溪日报社合作《玉溪日报·抚仙湖专刊》，专刊设置为《玉溪日报》的9至12版，每月三期，按上、中、下旬出版发行。重点关注、深度解读以抚仙湖保护治理为重点的玉溪生态文明建设最新动态和成效，以及澄江县在推进县域经济转型发展、推进国家级生态文明建设示范区创建等方面的工作。同时，也向广大读者推荐抚仙湖周边的旅游文化资源，让更多人了解抚仙湖，擦亮“抚仙湖”名片。

【“玉溪新闻云”项目获中国报业创新项目三等奖】 2017年4月26日，在海南召开的中国报协理事会暨中国报业发展大会上表彰了中国报业第一届创新项目，玉溪日报社申报的“玉溪新闻云”项目建设荣获第一届（2014～2015年度）中国报业创新项目三等奖。“玉溪新闻云”项目依托玉溪华为云计算数据中心资源，运用云计算、大数据分析，搭建“互联网+新闻”云平台。项目于2015年底启动，已完成容灾备份、玉溪图库、全媒体发布平台、网络舆情监测分析系统等建设。全部建设完毕后，将形成新闻聚合发布平台、玉溪新闻数字资料库、新闻大数据分析系统、报社内部管理平台四个系统平台，并实现四项功能：整合新闻资源，做好新闻发布；充分利用大数据、云计算分析整合新闻资源，为党委、政府和公众提供信息服务；加强和改善内部管理，促进媒体融合发展，打通多平台信息采编、传播渠道，实现信息的高效传播；安全、长期地保存玉溪新闻历史数据资料。

【《玉溪日报》获省报纸印刷质量金质奖】 由云南省报业协会举办的“2016年度云南省报纸、书刊、数字印刷质量评比活动”于2017年11月底揭晓，玉溪日报社印刷厂印制的《玉溪日报》获报纸印刷金质奖。本次印刷质量评定中，玉溪日报社印刷厂取得较好的成绩，在参评单位中所获奖项综合排名第二。

【28件作品获省级新闻奖】 玉溪日报社在2016年度各类云南省级新闻奖评选中28件作品获奖，成为历年来获奖件数最多的一年。在第33届（2016年度）云南新闻奖中，本报的《高铁时代飞驰而来》《磨皮“吃花酒”：花季少女的鲜花成人礼》2件作品获二等奖，《营造良好人居环境解决面源污染问题　澄江抚仙湖径流区村落实现污水集中处理》《聚焦玉溪“五网”建设》等4件作品获三等奖。《行走红河谷媒体融合报道》荣获云南新闻奖·媒体融合奖二等奖。在第十九届（2016年度）云南报业新闻奖和第五届云南报业论文奖中，12件新闻作品、7件论文作品获奖。其中，深度报道《玉溪庄园经济发展现状观察》荣获云南报业新闻奖一等奖；《借鉴“中央厨房”推进融合发展》《立体化扶持让深度报道真正成为纸媒利器》荣获云南报业论文一等奖。云南报业新闻奖中《玉溪工艺大师》荣获新媒体报道二等奖、《行走红河谷》荣获全媒体报道二等奖，《澄江出台“容错机制”鼓励干部干事担当》《传统村落，拿什么留住你？》《矣晓沅：困难选择了我，我选择了坚强》等9件作品荣获三等奖。在2016年度云南省报纸副刊好作品评选中，《〈尼租谱系〉：记述102代先人的旷世奇书》《一条河流的成长史与一座城市的精神气质》获二等奖。

（郭　帆）

地方志编纂

【年鉴编辑出版】 2017年，市地方志办认真贯彻落实《地方志工作条例》《云南省地方志工作规定》，紧紧围绕市委、市政府的中心工作，广泛收集稿件、精心组织编纂，编辑出版了《玉溪年鉴》（2017卷），同时，对年鉴版式进行了升级，增加《玉溪年鉴》标识，外形为玉佩造型，有三朵流畅的浪花汇集成汹涌澎湃的大海，是对玉溪精神“玉汝于成、溪达四海”的最佳诠释。封面把浪花和音乐

符号有机组合起来，体现新时代玉溪人拼搏进取、追云逐浪、永立潮头的精神。全书采用全彩印刷，书籍的印刷质量有较大提升。

【二轮修志】 2017年，为进一步加快《玉溪市志》（1978～2005）的编纂进度，确保不拖全省二轮修志工作的后腿，市地方志办多次召开专题会议，认真分析研究工作推进中存在的困难和问题，明确任务、责任到人，倒排工期，快速推进，有力地推动了编纂工作，《玉溪市志》现已完成初稿编纂任务。市地方志办相关人员多次深入二轮修志任务未完成的峨山、新平、元江、易门、澄江、通海县史志办指导编纂工作，与县史志办人员一起共同研究存在的困难和问题，多方寻找突破口，想方设法加快推进，确保全市的二轮修志任务健康有序推进。

2017年6月16日，市地方志办党支部全体党员、干部以及市政府办公室部分党员前往保山杨善洲林场开展纪念中国共产党成立九十六周年主题党日活动（市地方志办　提供）

【到外州（市）地方志办学习取经】 2017年，市地方志办相关人员分别到曲靖市、昭通市、大理州、临沧市等州（市）地方志办学习取经，深入了解工作开展较好的州（市）年鉴编纂、二轮修志工作、地情资料收集整理出版、网站建设及机构设置等情况。通过学习，市地方志办充分认识到自身存在的困难和问题，开阔了视野，看到了差距，学到了知识，取得了真经，有力促进市地方志办各项业务工作开展。

（李晓媛）

（吴　垠　摄）

绿水青山·碧玉清溪

（吴 垠 摄）

旅游业

TOURISM

责任编校：王　斌

景区建设与促销

旅游节庆活动

旅游行业管理

景区建设与促销

【概　况】 2017年，玉溪市旅游行业认真贯彻省委、省政府建设旅游强省和转型升级发展的决策部署，主动融入国家“一带一路”和长江经济带建设，按照全市社会经济发展“5577”总体部署，推动玉溪旅游产业跨越发展。全市旅游工作紧紧抓住全域旅游转型发展、旅游强省、滇中城市经济圈及昆玉红旅游文化产业经济带建设机遇，坚持高位统筹、强势推进，全面实施“文化旅游兴市”发展目标，推动旅游产业深化改革，推进全域旅游发展，促进旅游产业从观光旅游向全域休闲旅游转变，推动旅游资源优势向经济优势转变。组建玉溪旅游文化体育投资有限责任公司，填补市一级政府撬动市场的“抓手”空白。加强政策引导，市政府出台了《玉溪市贯彻落实〈云南省旅游文化产业发展规划及实施方案〉工作方案》《玉溪市全域旅游创建实施方案》《玉溪市加快旅游产业转型升级的实施方案》等系列政策文件。全市大干快上文化旅游产业的思想认识高度统一，良好环境氛围已经形成。全市共接待海外旅游者6 481人次，同比增长16.36%；接待国内旅游者3 579.98万人次，同比增长32.07%；实现旅游总收入283.21亿元，同比增长73.90%；住宿业营业额增速完成18.1%。旅游产业持续稳步健康发展。春节黄金周接待游客214.01万人次，同比增长67.86%；实现旅游收入8.88亿元，同比增长81.12%；国庆黄金周接待游客161.19万人次，同比增长19.9%；实现旅游收入7.32亿元，同比增长36.5%。客源市场已由昆明、红河等周边主要城市向川、渝、黔、湘乃至北京、上海等地不断拓展，旅游目的地的市场占有率逐渐扩大。

【旅游重大项目建设】 2017年，玉溪坚持大项目带动大发展战略，加大太阳山、寒武纪乐园、仙湖山水、新平民族文化园等在建重大旅游项目的推进力度，加快推进通海名邦印象、元江山云华界和果香四季国际旅游度假区等重点项目建设。先后召开了全市旅游项目申报国家、省相关产业基金培训会和协调会，着力拓宽全域旅游发展资金渠道。安排500万元经费专项推动项目前期工作，启动哀牢山—红河谷、高鲁山旅游区，多个重大项目、特色小镇和特色村的策划或规划编制。加强广龙旅游小镇、云南国际赛车场、红塔区青花街、华宁象鼻温泉等项目建设的服务指导。1～12月，纳入省统计系统的42个旅游重大项目，完成投资45.31亿元，累计完成投资232.87亿元；纳入市统计的26个旅游固定资产投资项目，完成投资24.66亿元。与此同时，扎实抓好旅游项目招商工作，组织7次“走出去”、30次“请进来”精准招商，近10个项目进入实质性合作阶段。

2017年，新开工项目（1项），元江果香四季国际旅游度假区，1～12月完成投资5 004.3万元。续建项目（10项）：1～12月，仙湖山水国际休闲旅游度假园完成投资22 721万元；新平磨盘山景区完成投资15 323万元；澄江寒武纪乐园完成投资124 269万元；玉山城完成投资18 033万元；太阳山国际生态旅游度假社区完成投资51 142万元；抚仙湖国际老年康体养生度假中心（抚仙湖畔樱花谷）完成投资43 280万元；临岸三千城完成投资16 150.65万元；哀牢小镇完成投资5 135万元；山云华界庄园完成投资2 650万元；新兴蓝莓庄园完成投资1 612万元。竣工投产项目（2项）：1～12月，樟木箐乡村旅游带（喜祥庄园）完成投资1 520万元；城市文化旅游综合体建设（名邦印象）完成投资4 746万元。

【旅游目的地建设】 2017年，全市继续加大旅游目的地建设力度。优化旅游环境，积极培育新业态旅游产品。加强三湖（抚仙湖、星云湖、杞麓湖）休闲度假旅游环线、哀牢山—红河谷生态民俗旅游环线、易（门）—红（塔）—华（宁）特色旅游连结线配套设施建设工作。抚仙湖国家级旅游度假区创建工作通过省级初审，待国家旅游局评定，完成了国家首批体育旅游示范基地申报工作。加快游客休息站点、旅游标识系统、绿道网络等基础设施和公共服务设施建设。抚仙湖区域、新平戛洒、元江坝区全域旅游取得明显成效，一大批具有玉溪本土特色的精品民宿和客栈建成运营，成为“农家乐”未来发展的引领标杆。启动了3个国家湿地公园、3个特色旅游城市、6个旅游强县、20个休闲农业庄园的创建工作，完成了87座旅游厕所建设；各县区启动策划建设1条以上的文化旅游特色街区、建设1个以上特色旅游小镇、建设1个以上特色旅游村、建设1个以上乡村旅游扶贫村、建设1条以上的城乡绿道（慢道）、打造1件以上文化旅游商品品牌、打造1个县区级以上文化旅游节事品牌、主导开展1次以上市外客源地宣传营销活动等系统工程。截至2017年，全市建成旅游景区点113个，其中国家A级景区20个（磨盘山列入国家4A景区，全市4A增至5个），世界自然遗产暨国家地质公园1个，全国工业旅游示范点1个，国家级生态旅游示范区1个，省级旅游度假示范区1个。实施了旅游小镇、特色旅游村等工程，建设了一批与旅游相配套的服务设施，建设了33家星级酒店、41家旅行社、94家旅行社网点、134家乡村旅游星级接待户、9家省级休闲农业与乡村旅游示范企业、9家旅游车船服务公司，旅游从业人员达10余万人。旅游产业的综合效益进一步凸显，旅游目的地建设初见成效。

【旅游厕所建设】 2017年，全市高度重视厕所革命工作，把旅游厕所的建设管理工作作为提升服务水平、改善旅游环境的重要抓手，高位推动。市政府制定了《玉溪市旅游厕所建设与管理新三年总体实施方案（2018～2020年）》，对旅游厕所的建设和管理进行了责任目标安排，提出3年内全市投资7 000万元新建和改建旅游厕所198座（其中旅游部门完成98座、住建部门完成50座、交通运输部门完成20座、商务部门完成30座）的目标任务。市政府将旅游厕所建设管理工作纳入全市10件惠民实事进行督查，强化工作督促落实。市旅游产业领导小组办公室、市旅发委根据《旅游厕所质量等级的划分与评定》国家标准，深入县区进行检查、督查，对每一座厕所填写《旅游厕所建设专项督查记录表》，对建设管理情况拍照留存，现场提出整改意见和要求，严格把好玉溪市旅游厕所的建设管理水平关。组织开展旅游厕所A级评定，共评定A级旅游厕所52家。通过各级各部门的努力，旅游厕所建设和管理取得显著成效，2017年全市投入资金3 043万元，其中仅旅游部门安排市旅游发展资金达870万元用于旅游厕所建设，建设完成旅游厕所87座（其中旅游部门完成45座），完成目标任务120%。

【市场促销】 2017年，市旅发委积极

文明旅游宣传　　（市旅发委　提供）

组织旅游部门和企业到武汉、长沙，珠三角等地进行玉溪夏季避暑休闲和冬季避寒养生产品推介。积极搭建对外推介平台，通过2017中国（昆明）国际旅游交易会、2017中国—南亚东南亚商品展暨投资贸易洽谈会等推介玉溪旅游产品。积极开展节赛事营销，举办了玉溪“哇家灯会”、抚仙湖嘉年华、玉溪米线节、元江金芒果节、新平花街节、“中国旅游日”等活动，起到了以节造势的良好效果。制作了玉溪旅游宣传片，编撰《玉溪故事》《玉溪自驾游地图》《玉溪旅游摄影》《匠心传承文脉玉溪》《欢天喜地热闹玉溪》《多姿多彩风情玉溪》《玉见美味暖胃享受》等宣传品（宣传册），进一步丰富完善玉溪旅游宣传推广内容，展示玉溪丰富的历史文化，反映玉溪旅游要素风采，提升玉溪旅游品质。

【会展宣传促销】 2017年6月12日，南亚东南亚商品展暨投资贸易洽谈会（2017商洽会）在昆明举行。全球84个国家及地区参展。市旅发委携七县二区旅游发展局（文旅广体局）和玉溪市绣顶尖商贸有限公司、通海县岳氏工艺鞋厂、澄江县德春绿色食品有限公司等16家具有玉溪特色旅游企业共同参展，设置旅游形象展位10个，旅游企业展位34个。2017商洽会玉溪旅游呈现出三大特点：一是参展规模大，参展人员多达140余人，参展商户16户，展位面积400余平方米；二是宣传面广，产品推介由往年的单一线路推介变为时间、空间、地域、风情的多组合推介，同时各县区旅游局（文旅广体局）由玉溪市旅游发展委员会统一组织进行宣传，不再分散宣传；三是商品丰富，旅游商品的展示不再局限于食品，彝族刺绣、通海银器、玉溪陶瓷等特色民间工艺品均纷纷亮相。同时，新添非物质文化遗产展示板块，增强玉溪旅游形象魅力。丰富的旅游资源，特色鲜明的旅游商品，加之各类宣传资料和宣传品极大地展示了玉溪旅游，生动诠释“玉溪好在　旅所当然”的旅游形象。

9月5～12日，市旅发委组织各县区旅游发展局（文旅广体局）、相关旅游企业营销人员等单位组成玉溪旅游宣传营销团队赴武汉、长沙、贵阳市开展“玉溪好在　旅所当然”精华旅游产品推介活动。宣传营销推介会上，玉溪游客中心代表就玉溪知名旅游资源及现有旅行线路向当地各大旅行社代表进行了介绍。红塔区、新平县、通海县、澄江县旅发局代表分别对各县区旅游资源及旅游文化活动进行了简洁生动的介绍。除了丰富多彩的少数民族歌舞表演，宣传营销团队

2017年9月5～12日，市旅发委组织各县区旅游发展局（文旅广体局）、相关旅游企业营销人员等单位组成玉溪旅游宣传营销团队赴武汉、长沙、贵阳市开展“玉溪好在　旅所当然”精华旅游产品推介活动。图为武汉推介会　　（市旅发委　提供）

还带去了各县（区）极具代表性的旅游手工艺品，向当地旅行社代表展示玉溪丰富的旅游文化资源。玉溪市旅行社代表与当地旅行社代表签订友好合作协议，双方希望通过此举加强行业业务交流和市场联动，实现信息共享、客源互送的良好局面。通过此类宣传营销活动的举办，增进双方旅游主管部门、旅游企业的沟通交流，以旅游为纽带，加快两地市场的培育和发展，实现客源互送、信息互通、优势互补、市场联动，共同发展的良好局面，为“引团入玉”打下良好的基础。

9月20～27日，市旅发委组织二区七县旅游发展局（文旅广体局）及主要旅游企业，赴佛山、广州、桂林三地开展玉溪旅游宣传推介活动。推介会上，各县区旅游部门从旅游资源、旅游精品路线、旅游攻略等方面对玉溪旅游做了推介。推介会组织红塔区民谣陶艺馆、华宁沁心陶艺、峨山慧玉公司、澄江悦莲庄园等15家旅游企业参加，风情浓郁的花腰傣舞蹈、历史底蕴深厚的牛虎铜案、小巧精致的华宁陶、传统古朴的哈尼棕扇舞等受到广泛关注，在场嘉宾对玉溪秀美的自然风光、浓郁的民族风情、独特的人文景观、深厚的历史文化底蕴产生了浓厚的兴趣。此外，宣传团队还前往佛山岭南站NOVA、广州百货大厦、桂林鲁家村开展旅游推介演出，花腰傣歌舞和彝族歌曲受到欢迎，吸引不少市民驻足观看。现场穿插的有奖竞答环节别开生面，许多观众获得华宁陶、元江芦荟胶、新平傣家小秧箩等礼品，极大地调动了游客来玉溪旅游的积极性，增进了观众对玉溪旅游的了解。旅游宣传团队向当地市民及游客派发《玉溪旅游手绘地图》《欢天喜地热闹玉溪》《玉见美味食在玉溪》《多姿多彩风情玉溪》《匠心传承文脉玉溪》《相聚在玉溪优惠册》等5 000多份宣传资料。旅游推介活动受到广东南方卫视、广州日报、佛山日报、桂林日报、广州信息时报等40多家媒体和170多家旅行社关注。玉溪与佛山、广州、桂林多家旅行社签订旅游合作协议，推出针对三地客源地优惠政策，以更为优惠的价格和优质服务吸引当地旅行团到玉溪旅游。

2017年4月6～11日，市旅发委和广东南方卫视合作组织“中华旅游名博行”活动
（市旅发委　提供）

【媒体宣传】 2017年，市旅发委继续加强与市内外各类媒体及户外平面广告媒介合作，在长水国际机场、新昆明南站、大理火车站、玉溪高铁站、各县（区）客运站、入滇高速公路、玉溪康辉旅游汽车公司旅游大巴等易于引人注目的场所投放旅游宣传广告，大力宣传玉溪旅游的整体形象。在巩固与传统媒体合作的同时，创新宣传方式，不断提升玉溪知名度和影响力。与玉溪日报社合作，加强对玉溪旅游工作进展、动态及旅游产品、节庆活动的采访报道工作。2月，完成了“十六州市旅游主官共话云南旅游强省建设”重点媒体大型访谈活动，让媒体深度了解玉溪旅游现状及今后发展目标方向。4月6～11日，市旅发委和广东南方卫视合作组织“中华旅游名博行”活动，整合电视媒体和网络媒体，邀请中华旅游名博走进玉溪，重点宣传“帽天山、抚仙湖、花腰傣”三张名片，同时对江川铜、通海“三礼活动”、元江哈尼棕扇舞、红塔区陶进行宣传，深度推广玉溪旅游资源和旅游产品。积极开展与传统媒体和新媒体的有效合作。与玉溪网合作，加快推动玉溪旅游网、玉溪旅游微信平台的推广应用；利用手机报、玉溪网新媒体“掌上滇中”平台与昆明、楚雄、曲靖、红河等州市搭建旅游信息互通、资源共享的互动宣传营销平台；借助云南旅游宣传平台（中国网中国视窗频道、新华网云南频道）进一步拓宽玉溪旅游新闻宣传渠道，创新旅游资讯传播方式，提升旅游信息推广效果。加强与新东网科技有限公司、北京易游华成科技有限公司等公司的合作，进一步加大智慧旅游项目建设力度，推动景区智慧化建设、构建VR旅游技术平台和VR玉溪旅游资源库。成立了玉溪市旅游信息中心，以实现更加有效的统筹，更加精准地开拓市场、营销玉溪。

（徐晓秋）

旅游节庆活动

【米线节】 2017年1月29日，2017年玉溪米线文化节在大营街汇龙生态园举办。本届米线文化节从1月29日至2月13日，共举办16天。秉承让传统民间节日在传承中创新发展的宗旨，除以往的米线文化街、玉溪名特产品商贸街、玉溪风味特色小吃外，米线节还增加了郁金香展和丰富多彩的游客互动活动。汇龙敬老行、中华优秀传统文化知识竞答等活动，把民间节日与国学、民俗、美德等精神文明创建内容有机结合起来。截至2月2日春节假期结束，共接待游客超过10万人次，5天共销售米线、卷粉近30吨。

【铜锅美食旅游文化节】 2017年6月17～18日，澄江县2017抚仙湖铜锅美食旅游文化节在禄充景区波息湾举办，分会场设在澄江县明星鱼洞景区。铜锅美食旅游文化节以特色旅游商品展、创意美食集装箱、大铜锅煮鱼、长街宴等丰富活动与澄江传统民俗和特色文化相结合，让广大游客在品味美食的同时，尽享生态美景和民俗文化。通过举办抚仙湖铜锅美食旅游文化节，以节造势，以势引人，增强澄江旅游吸引力和影响力，从而推

2017年9月2日，抚仙湖体育旅游产业发展论坛举行　　（市旅发委　提供）

动澄江县全域旅游融合发展。

【抚仙湖嘉年华】 2017年9月1～3日，2017抚仙湖嘉年华暨抚仙湖大铁113铁人三项赛在抚仙湖畔月亮湾湿地公园举办。活动包含抚仙湖嘉年华、体育旅游论坛、大铁113铁人三项赛三大板块。另外，还加入了小小铁人之时光栈道定向亲子跑、“抚仙湖日不落”主题电音派对等内容。本次嘉年华活动吸引了450多位选手参加铁人三项比赛，其中包括全国15个省市地区的选手和来自全球19个国家的外国选手。活动受到中央电视台、云南网、新浪网、云南日报、春城晚报等十多家媒体报道。2017抚仙湖嘉年华，突出“体育+旅游”的主题概念，以抚仙湖大铁113国际铁人三项赛为主、结合“体育+旅游”产业论坛相关活动，在传承往届培育抚仙湖旅游品牌、引领健康生态的旅行生活方式的基础上，进一步将旅游、文化、运动有机地融合于一体，打造抚仙湖旅游国际品牌。

【金芒果旅游文化节】 2017年6月23～25日，以“金色芒果·火热元江”为主题的第十四届中国·元江金芒果文化旅游节在元江县举办。本届金芒果节设有大型群众文艺类活动、游客狂欢体验类活动、乡村休闲旅游类活动、特色产品展销类活动四大类共19项活动。民族歌舞晚会、棕扇舞舞出幸福来、最炫民族风等更接地气的文艺类活动为游客呈上一道道民族文化大餐；沙滩狂欢、泼水狂欢、越野车邀请赛、吃芒果比赛等狂欢体验类活动互动性强、游客参与度高；花果采摘、蒙面情歌、无火之炊等乡村休闲旅游让游客领略了花果元江的闲适生活；热带水果一条街、土特产品一条街、美食一条街等提高了元江特色产品的知名度，拓宽销售渠道。多样性和互动性，吸引更多游客参与活动、体验元江人民的热情似火。金芒果节接待游客再创新高，星级宾馆酒店入住率达100%。共接待游客28.948万人次，实现旅游收入11 487.42万元，同比分别增长20%、35%。其中，接待一日游游客25.7 147万人次，过夜游客3.2 333万人次，同比分别增长19%，增28%。

【峨山火把狂欢节】 2017年7月14～20日，以“激情七月·鼓韵峨山”为主题的第三届中国彝族花鼓舞艺术节暨峨山县2017年火把狂欢旅游节举行。峨山县的火把节民族文化传统深厚，吸引了省内外大量游客，期间峨山县共接待游客11.127万人次，同比增长9%；实现旅游收入4 862.5 951万元，同比增长18.62%。火把节除了传统而又古老的钻木取火、火种传接、祭祖仪式、点火仪式、大西赶花街、彝族原生态歌舞表演、千人挝嘢·万人狂欢活动等活动之外，还增添了中国彝族花鼓舞大赛、花鼓舞巡街表演、山地自行车邀请赛、嶍山十里漫道徒步活动、彝族火把杯全国垂钓邀请赛、特色小吃展示、滇泉之夜喝啤酒比赛、商贸一条街、汤锅美食、彝族长桌宴、品牌汽车展销、民族服饰摄影大赛、彝族刺绣比赛等精彩活动。同时在彝人谷竹海庄园举行自驾露营，观竹海、品竹宴、竹林抓鸡、自助烧烤、竹海寻宝、火把狂欢等活动；在小街温泉度假区可以参与登天子山、泡温泉、观百年古树、品小街春菜、尝鸽子宴、篝火挝罗等活动；在有“世外桃源”之称的凤窝举行群众文艺表演、接火种、点火仪式、篝火晚会等。从多个角度展现新中国第一个彝族自治县峨山彝族独具魅力的民族文化，大大提升群众参与度，提高“天下彝家·笃慕梦园”的影响力和知名度，使节日氛围更加浓烈。

【柑桔文化节】 2017年9月8～10日，华宁柑桔节举行。2017年华宁柑桔节以“丝路陶语　泉润橘乡”为活动主题，旨在宣传和展示华宁独特旅游文化资源，进一步提升华宁“泉乡”“桔乡”“陶乡”的知名度和影响力，促进华宁旅游文化产业发展。柑桔节在华宁县城泉乡广场设主会场。华溪镇、盘溪镇也结合当地实际，举办乡村民族民俗系列文艺节庆活动。节庆期间华宁县城举办了云南省职工陶瓷成型技能大赛、华宁陶论坛、象棋公开赛、开龙窑民俗活动、柑橘尝鲜和吃柑橘比赛、第二届“唱响泉乡”电视歌手比赛、第四届将军山山地自行车爬坡赛、华宁县泉乡美食节暨“十大名店名菜”评比、品牌汽车展、汽车营地旅游活动、盆景展、华宁特色炊锅宴等19项活动。节庆期间，华宁县共接待国内旅游者20 210人次，其中过夜游客11 079人次，一日游游9 131人次，实现旅游收入954.26万元。与上年同期相比，游客总量增长32.3%，旅游收入增长24.2%。

【哈尼“十月年”活动】 2017年11月27～29日，元江县哈尼族迎来了一年一度盛大的传统节日“十月年”。从11月25日开始，元江哈尼山寨处处欢歌笑语，返乡过年的游子、慕名而来的游客观云海、爬梯田、逛山寨、舂粑粑、杀年猪、吃年饭，跳棕扇舞、唱哈尼酒歌，感受传统哈尼年俗，体验梯田人家风情。节日期间，羊街乡举办了“哈尼狂欢十月年暨棕扇舞文化旅游节”系列活动，在迷都普思（美女广场），连续上演两天的《梯田人家罗槃王》原生态实景演出，每天人气爆棚的万人狂欢棕扇舞，以及哈尼族服饰展、哈尼秘境摄影作品展、古老的农耕道具展示、哈尼传统手工织布工艺展示体验等活动，让游客充分领略了国家级非物质文化遗产棕扇舞的独特魅力。胆大的游客还亲自体验了荡秋千、转磨秋、玩转秋、打陀螺、射弩等哈尼族传统体育竞技活动。尼果、澜普等特色旅游村寨还推出哈尼长街宴、棕扇舞宴，让游客品尝哈尼族地道美食，体验哈尼族传统饮食文化和节庆文化。梯田红米、紫米、红心鸭蛋、腊肉等梯田人家系列产品已成为了十月年馈赠亲友的佳品和游客必带的旅游商品。据统计，2017哈尼十月年，元江县共接待游客72 656人次，实现旅游综合收入2 855.47万元。

【对外交流】 2017年3月24～27日，柬埔寨、缅甸旅游官员及旅游企业高管访问玉溪。代表团一行80人，参观考察了红塔工业旅游、映月潭休闲文化中心、聂耳文化广场、通海秀山公园、澄江化石博物馆、澄江县禄充风景区等。中方与柬埔寨、缅甸两国代表交换礼物。此次访问促进了玉溪与两国的交流合作，推动文化旅游互动。

【春节黄金周】 2017年“春节”黄金周期间，全市共接待游客214.01万人次，同比增长67.86%，其中接待过夜游客17.84万人次，一日游游客196.17万人次；实现旅游收入8.88亿元，同比增长81.12%。主要景区“三湖”休闲旅游区接待海内外旅游者99.32万人次，同比增长62.53%；中心城区接待海内外旅游者43.96万人次，同比增长158.95%；哀牢山—红河谷旅游区接待海内外旅游者49.17万人次，同比增长40.25%。全市接到旅游投诉3起，全部圆满处理完毕。全市旅游秩序良好，无重大交通、治安、游船等安全责任事故发生。2017黄金周有几大特点：一是主题活动“亮点”多。戛洒花腰傣花街、禄充抚仙湖铜锅美食节、玉溪灯展及花展、通海秀山庙会、峨山县油菜花节等系列活动相继登场，吸引了大批周边省内外游客。二是假日经济“拉动”作用凸现。节日期间，旅游饭店、旅游景区、特色餐饮店、休闲娱乐场所、乡村旅游接待户等接待设施消费需求旺盛，呈现出欣欣向荣的节日景象。红塔区、澄江县、新平县、元江县等县区客房入住率较高，希尔顿酒店、悦春酒店、映月潭温泉等高星级酒店住宿爆满，一房难求。全市各类宾馆、饭店、民宿客栈的客房网络预订、网络支付和网络销售情况较上年同期有较大幅度增长。避寒胜地元江红河谷热海等旅游产品，成为玉溪旅游市场的新宠。三是自驾、高铁游成为“主流”。黄金周期间，进出玉溪的机动车总通行量200.31万辆次，同比增加64%；进出玉溪的自驾车通行量122.96万辆次，同比增长27.49%，自驾游成为中短途旅游出行的主要方式。四是省外游客逐年增长。玉溪高铁开通后，大大拉近了与周边省份的距离，四川、重庆、贵州等省外游客增长较快。

【“清明”小长假】 2017年清明小长假期间玉溪接待游客31.43万人次，同比增长39.48%，其中过夜游客8.28万人次，一日游客23.15万人次；旅游总收入达13 295.33万元，同比增长47.69%。抚仙湖接待游客1.90万人次，门票收入12.39万元；通海秀山接待游客0.41万人次，门票收入1.08万元；新平磨盘山、哀牢山等景区接待游客0.72万人次，门票收入3.74万元。整个“小长假”期间共有自驾游车辆553 868辆次，其中进入本区域的有284 616辆次，离开本区域的有269 252辆次。

【“五一”小长假】 2017“五一”小

赶花街　（蒯学庆　摄）

①新平火把节（市旅发委　提供）②富良棚乡开新街节（柏映泉　摄）

长假，全市接待游客69.88万人次，同比增长18.39%，其中过夜游客12.93万人次，一日游客56.95万人次；旅游业总收入2.85亿元，同比增长27.64%。“五一”小长假期间，红塔区、新平、元江等地举办丰富多彩的节日活动，吸引外地游客到玉溪休闲度假。假日经济成效明显。红塔区接待4.3 156人次，同比增长50.68%；实现总收入1 766.69万元，同比增长69.67%。新平哀牢山等景区共接待游客2.77万人次，同比增长41.07%。自驾车市场持续火爆，全市主要景区、饭店、餐馆的停车场爆满。自驾车游客主要来自昆明及周边县市。整个小长假期间共有自驾游车辆615 583辆次，其中进入本区域的有326 955辆次，离开本区域的有288 628辆次。

【“端午”小长假】 2017年5月28～30日“端午节”小长假期间，全市接待游客31.5 507万人次，同比增长38.84%；实现总收入13 682.87万元，同比增长46.74%。其中过夜游客10.26万人次，同比增长50.21%，收入5 644.30万元，同比增长43.76%；一日游游客21.29万人次，同比增长33.96%，一日游收入8 038.57万元，同比增长48.91%。抚仙湖、星云湖、杞麓湖三湖旅游区接待游客15.08万人次，同比增长33.90%，实现总收入6 474.31万元，同比增长38.61%。

【“十一”黄金周】 2017年国庆和中秋双节重逢，玉溪旅游市场各项指标创同期历史新高。“十一”黄金周期间全市共待游客161.19万人次，同比增长19.95%；实现总收入73 196.77万元，同比增长36.51%。其中，中心城区接待20.9 889万人次，同比增长22.45%；实现总收入11 311.0 995万元，同比增长41.63%。三湖旅游区接待79.44万人次，同比增长12.67%；实现总收入34 178.74万元，同比增长28.31%。哀牢山—红河谷旅游区接待47.13万人次，同比增长30.18%；实现总收入21 051.79万元，同比增长42.58%。中秋佳节来临之际，中秋赏菊自然是惬意之选，红塔区汇龙菊花艺术节、通海县菊花艺术节，吸引游客纷至沓来；抚仙湖度假区依然是游客赏月与休闲放松的好去处，赏灯光秀、健康步行、骑车等活动成为抚仙湖热点；游元江万亩花果园，品尝香甜可口的瓜果，赏成片花海，元江“避寒养生”魅力显现；到华宁温泉泡浴游泳，逛窑街、陶艺DIY制作、登高磨豆山，赏万亩橘园，华宁受到众多自驾游爱好者的喜爱。国庆期间，新平花腰傣服饰文化节、新平者竜第十五届核桃节、新平扬武彝族民间烟盒舞文化节、峨山县“知渔之乐·第二季峨山摸鱼节”、元江哈尼族传统节日“柴奢扎”、华宁瓦窑村“赏千年古陶寻玛瑙奇珍品宁州美食”等节庆活动带动周边乡村旅游，吸引省内外游客到玉溪感受浓郁民族风情，体验趣味活动，旅游经济收入大幅提升。“十一”黄金周期间，玉溪旅游市场运行平稳，秩序良好，无重特大涉旅安全事件发生。旅游企业诚信经营，为广大游客提供了优质服务，游客满意度较高。

（徐晓秋）

旅游行业管理

【星级饭店评定复核】 2017年，全市参加星级年度常规性复核的酒店（一至三星级）29家，24家通过复核，取消星级的有5家：江川瑞文酒店（3星）、新平凯登大酒店（2星）、峨山云茶山庄（2星）、环玉山庄（2星）、绿苑宾馆（2星）。

【旅游市场监管】 2017年，玉溪市全面整治旅游市场秩序，加强行业管理，成立了由市长担任组长（指挥长）的市旅游市场秩序整治工作领导小组、市旅游市场监管综合调度指挥部及指挥中心，下发了《玉溪市旅游市场秩序整治工作方案》《关于开展旅游市场秩序突出问题专项整治工作的通知》《玉溪市旅游综合监管考核评价暂行办法》等文件，召开全市贯彻落实省政府旅游市场秩序整治22条措施工作大会，全面规范整治旅游市场秩序，优化旅游发展环境；开展星级饭店、旅行社和乡村旅游星级接待户创评、从业人员培训、旅游服务技能大赛等工作，全面提升旅游从业人员服务水平，积极督导开展“诚信为本，游客至上”的服务理念，全面改善旅游服务环境；开展形式多样的文明旅游宣传活动，强化出游意识，引导游客文明旅游；加大元旦、春节、五一、中秋、国庆等节假日旅游安全检查力度，严格旅游安全管理；保持全国旅游投诉专线电话“12301”24小时接处，确保所有投诉在第一时间有效处理。

全年开展旅游市场秩序整治工作491批次，暗访26批次，出动执法人员3 279人次，联合执法检查219批次，参与单位415家次，检查涉旅企业1 563家次，其中旅行社（含旅行社分社及服务网点）460家次，饭店341家次，景区景点224家次，旅游车船公司20家次，其他涉旅企业518家次。自3月27日省政府召开全省旅游市场秩序整治工作电视电话会议，特别是4月15日起执行《云南省旅游市场整治工作措施》以来，全市共开展旅游市场秩序整治工作334批次，暗访26批次，出动执法人员2 558人次，联合执法检查173批次，参与单位401家次，检查涉旅企业1 277家次，其中旅行社（含旅行社分社及服务网点）382家次，饭店275家次，景区景点185家次，旅游车船公司18家次，其他涉旅企业419家次。其中10～12月以旅游市场综合整治“秋冬会战”、旅游诚信体系建设、保卫抚仙湖雷霆行动为重点，切实抓好旅游市场整治工作，全市共开展旅游市场秩序整治工作104批次，暗访6批次，出动执法人员806人次，联合执法检查60批次，参与单位175家次，检查涉旅企业368家次，其中旅行社（含旅行社分社及服务网点）119家次，饭店61家次，景区景点53家次，旅游车船公司4家次，其他涉旅企业131家次，确保了玉溪旅游市场秩序平稳有序。全市共整治规范201户涉旅经营户明码标价行为；涉旅刑事案件立案3起，同比下降70%；责令停业整顿旅行社网点3个，警告1个；设立景区景点12315消费者申诉举办站（点）10个；受理有效旅游投诉22件，结案率100%，较上年同期受处理旅游投诉50件减少28件，投诉率同比下降56%。每百万人次投诉率0.6%，不足1起，整个旅游行业呈现“两升一降”，即旅游人次和旅游收入大幅度上升，旅游投诉明显下降，旅游市场秩序持续明显好转。

【旅游安全管理】 2017年，全市认真开展旅游安全检查。按照旅游企业开展日常自检自查，县区旅游行政部门定期不定期检查，市旅游委督查的方式开展全市旅游安全大检查。针对节假日、汛期、暑期、旺季开展针对性强的专项检查和督查并对检查中发现的问题，及时向受检单位提出，并要求及时整改。落实企业安全生产责任体系五落实五到位规定，落实各项安全制度及应急预案。完善各项安全制度、应急预案、联动机制。以“加强安全法治、保障安全生产；安全出行，诚信经营，文明旅游。”为主题，开展全市旅游行业安全生产月活动。

【保卫抚仙湖雷霆行动】 2017年12月7～13日，市旅发委保卫抚仙湖雷霆行动领导小组对抚仙湖沿湖污水、垃圾源、抚仙湖西岸及禄充景区拉客宰客现象、抚仙湖非机动船标准化管理、非机动船入湖管理、碧湖游船公司责任主体、统一规范经营等整治工

澄江悦莲庄园　　　　（市旅发委　提供）

作进行现场督查，认真梳理目标责任清单，拟定保卫抚仙湖雷霆行动工作措施及方案。完成对禄充风景区、抚仙湖西岸拉客宰客现象的整治并转入长期巩固管理；完成立昌片区庄子村排水沟渠截污工程和社区客房污水收集及管网铺设工作，对右所镇、海口镇、九村镇等5个镇、街道共638户餐饮宾馆进行摸底排查，完善沿湖污水、垃圾配套设施，确保沿湖垃圾、污水应收尽收；与碧湖游船公司负责人共同研究整改方案，明确碧湖游船公司责任主体，统一规范经营。通过整治，保卫抚仙湖雷霆行动取得初步成效。

【旅游投诉管理】 2017年，全市共受理旅游投诉22件，办结22件，结案率100%，无一起行政复议案件，无一起省挂牌督办案件，无旅游安全责任事故。进一步巩固了玉溪在省内的良好旅游目的地形象。

【导游服务技能大赛】 2017年4月19～21日，由市旅游行业协会主办的玉溪市第九届旅游饭店服务标准化竞技赛在新平县戛洒镇开赛，来自玉溪4星级旅游饭店的32名选手和各县（区）旅游饭店的78名选手参赛。本次服务技能大赛以“展风采、树形象、促服务、求发展”为宗旨，旨在通过竞赛全面展示玉溪市旅游饭店从业人员勤奋敬业的精神风貌、娴熟精湛的服务技能，进一步提升玉溪旅游的美誉度和赞誉度。同时，通过大赛树立行业技能标杆，在旅游行业内掀起“以赛促学、以赛促训”的学习风潮，选拔培育出更多更优秀的旅游饭店从业人员。本次比赛项目设有中餐宴会摆台、西餐正餐摆台、客房中式铺床、饭店工装展示以及前台问询5个类别，经过激烈比拼，比赛结果为：前台问询及服务一等奖，高星组红塔大酒店张骏、县区组江川景湖酒店胡清；中餐宴会摆台一等奖，高星组阳光海岸培训中心姚芳蓉、县区组江川职中杨陈莹；西餐宴会摆台一等奖，高星组红塔大酒店常萍、县区组易门大酒店李红香；中式铺床一等奖高星组红塔大酒店李晓蕾、县区组红塔区龙马大酒店；工装展示一等奖红塔大酒店、二等奖峨山县、三等奖江川区；高星组中，红塔大酒店获最佳组织奖，阳光海岸培训中心和中玉酒店获优秀奖；县区组中，红塔区旅游发展局获最佳组织奖，澄江县旅游发展局、江川区旅游发展局获优秀奖。红塔区、澄江县获9枚奖牌并列第一，江川区获8枚奖牌获第二名。

【旅游美食大赛】 为进一步挖掘、整理、提升和弘扬玉溪市餐饮文化，充分展示玉溪市餐饮业的丰富内涵，打造地方美食名片，点亮玉溪全域旅游。2017年10月27日，“玉昆杯”玉溪市第二届旅游美食大赛在玉溪汇龙生态园举行。各县区旅游行业协会带领的32支代表队参加比赛。大赛由市旅游行业协会主办，市旅游行业协会乡村旅游分会、各县（区）旅游行业协会承办。旅游美食大赛采取厨艺比赛与烹饪技术培训相结合、作品展示与互品互评结合、评委评分与美食达人评鉴结合的创新方式，通过微信直播对活动进行宣传，着力打造“玉溪旅游美食”名片。经过激烈的厨艺比赛，玉昆城市酒店、汇龙生态庄园获得金奖，易门大酒店、澄江四季农庄、通海司马第食府获银奖、易门陈记风味羊肉城、郭三牛角、紫风傣味园、通海通印大酒店、澄江鱼故乡、云溪宾馆、拾菌人家获铜奖。旅游美食大赛进一步挖掘玉溪旅游特色菜肴，弘扬玉溪美食文化，提升玉溪旅游餐饮水平。

【文创培训】 2017年3月6～9日，市旅游发展委员会协同SMART度假产业专委会、台湾文化创意产业联盟协会在云溪宾馆举办为期4天的文创培训。市旅发委员会领导及委员、各县（区）政府分管领导、旅游部门负责人、相关基层领导干部、文创投资企业代表、创客等120余人参加培训。此次课程分为专家实地授课和现场实地教学两个板块，下设包括民宿类、观光农业类、环保类、互联网及新媒体类、活动组织类等多个与文创产业相关的课程，包含社区总体营造、乡村建设及文化资产、环境保护、有机农业农产品深加工、地方特色伴手礼设计、节庆活动与民俗、文化/全域旅游规划设计、体验经济/观光农场/民宿、地方品牌营销/城市名片和社会企业/共享经济/IP打造等10个课程板块，所有课程均由SMART度假产业专委会联动10位顶级文创专家授课。3月8日，学员们分两批分别对红塔区老五街、澄江上村、小凹村进行了实地考察、结合实际讲授。

3月9日上午，玉溪文创学院签约暨揭牌仪式在玉溪师院举行。市旅发委主任何雪峰和玉溪师院代表李崇科作为机构代表签署了合作办学协议。市旅发展委主任何雪峰、SMART度假专委会秘书长王旭和台湾文化创意产业联盟协会黄传进作为三方代表签署了关于开展文创、乡创课程培训及项目合作协议。副市长孙云鹏和玉溪师院院长王力宾共同为文创学院揭牌。玉溪文创学院成立后，将借助玉溪师院丰富的教育资源、SMART度假产业专委会、台湾文创产业联盟协会强大的专家资源及各方资源优势，培养文化旅游产业所需的文创、乡创人才，探索建立促进创意设计人才交流和技能提升的公共服务平台。

（徐晓秋）

绿水青山·碧玉清溪

（吴 垠 摄）

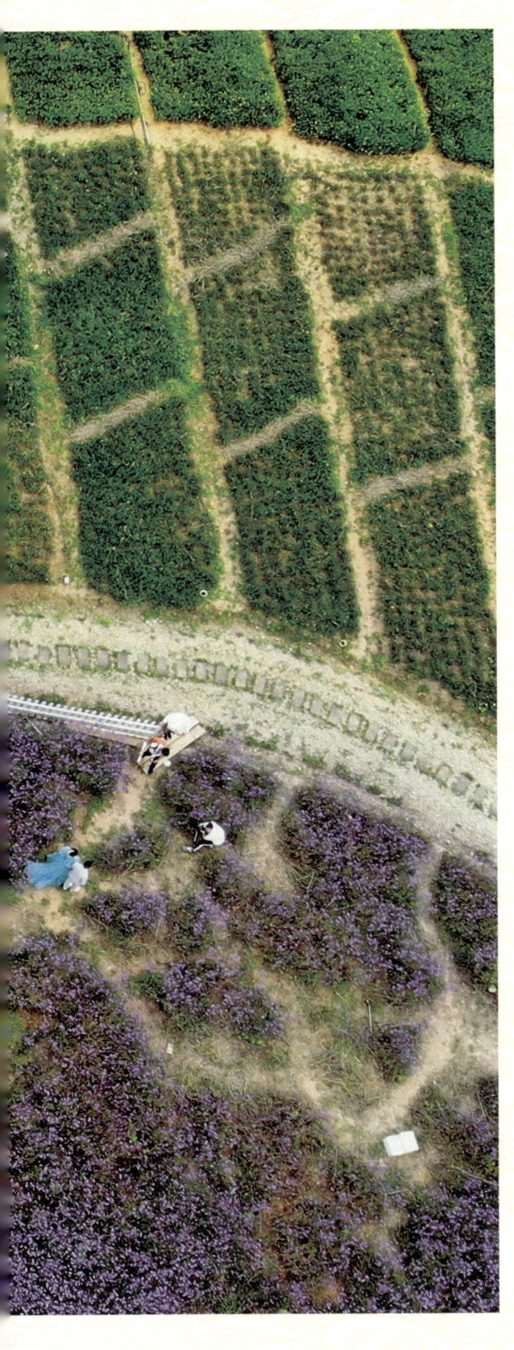

卫 生

HYGIENE

责任编校：王　斌

卫生管理

卫生规划与建设

卫生监督执法

基层卫生

疾病预防控制

卫生应急

妇幼保健

爱国卫生

医政管理

社会办医

中医药管理

医教科研

卫生管理

【概　况】 2017年，全市医疗卫生工作紧紧围绕“5项制度、10件实事”的重点任务，进一步解放思想、主动作为，突出重点、狠抓落实，全力抓好医药卫生体制改革，取得了良好的进展和成效。圆满完成年度各项目标任务，卫生计生重点工作取得明显成效，走在全省前列，推进健康玉溪建设迈出了坚实步伐。

玉溪顺利通过国家卫计委公立医院综合改革效果评价考核和国务院医改办2017年上半年医改督查。财政部在玉溪召开了医保支付方式改革现场调研会，肯定并推广玉溪DRGs付费改革的有益经验和做法。玉溪被列为公立医院综合改革首批15个国家级示范城市之一，也是云南省唯一入选城市。启动了全国健康城市试点市建设。被国家工信部、民政部、卫计委评为全国首批智慧健康养老示范基地，也是云南省唯一获评城市。承担的公立医院综合改革、健康城市、健康养老、医养结合等4项重点工作成为国家、省级示范。年内，玉溪荣获全国无偿献血先进市、全国优质护理服务表现突出医院、云南省实施妇女儿童发展规划先进集体。

深化医药卫生体制改革取得新进展，走在全省前列。紧紧抓住国家综合医改第三批试点城市的重大机遇，进一步增强责任意识和攻坚意识，以体制机制改革为重点，以问题为导向，充分认识开展示范城市建设的重大意义，进一步抢抓机遇、增强责任、狠抓落实，从牵动全局的主要改革、事关长远的重大问题、关系民生的紧迫任务入手，不断把医改推向深入。2017年，全市医疗费用增幅8.39%、控制在国家下达的10%指标范围内；药占比31.27%，同比下降3.62个百分点；百元医疗收入消耗卫生材料24.47元，同比减少0.97元；医务性收入占比达30.36%，同比提高3.67个百分点，医改主要量化指标全面向好，公立医院收入结构持续优化，可持续发展内生动力增强，医改给人民群众带来实实在在的健康福祉。

以家庭医生签约服务和县乡村一体化为抓手，加快分级诊疗制度建设。各县区已组建签约服务团队1 040个，提供签约服务的人员2 900人，签约总数为995 293人，重点人群签约660 575人，总签约率42.45%，重点人群签约率83.32%。建档立卡贫困人口、计划生育特殊家庭、低保户、五保户签约率均达100%。全市9个县区的县级医疗机构与43个乡镇卫生院（社区卫生服务中心）实现了一体化管理，县区、乡镇覆盖率达到100%和64.12%。

公立医院管理体制改革人事薪酬制度改革成效明显。抓住被列为云南省公立医院薪酬制度改革试点城市的契机，市政府制定出台《玉溪市开展公立医院薪酬制度改革试点工作实施方案》，成立了玉溪市公立医院管理委员会和公立医院管理服务中心，对6家城市公立医院开展薪酬制度改革试点。公立医院职工收入在2016年增长18.62%的基础上，2017年继续增长10%以上，医务人员阳光收入在医改中实现大幅增长。

公立医院药品联合限价采购启动。成立了采购结算平台，制定药品价格与质量6：4的权重评审机制和招采结算考核管理办法，积极推行“一品两规”和“两票制”，药品目录从1万多个品规压缩到2千个品规左右。2017年，全市药品联合限价采购7.6亿元，与省采购平台比对，节约采购资金1.54亿元，药价平均降幅17.56%，切实减轻了患者就医负担。

中医药事业大力发展。2017年7月，市政府制定出台《玉溪市加快中医药发展行动计划（2017～2020年）》。10月，市中医院顺利通过三甲评鉴复审。98.51%的乡镇卫生院能够提供中医药服务。

健康扶贫稳步推进。市委、市政府高度重视健康扶贫工作，不断加强组织领导、健全机构组织，强化精准识别，强化管理，做好因病致贫因病返贫筛查，切实推进健康扶贫各项工作。市政府召开全市健康扶贫工作会，对2017年健康扶贫工作进行安排部署，制定下发了2017年健康扶贫工作要点并将任务分解到各部门，成立了以市政府分管领导任组长的健康扶贫领导小组，下设办公室在市卫计委，高位推动健康扶贫工作。建立健康扶贫领导小组联席会议制度，定期研究解决工作推进过程中存在的困难和问题。市卫生计生委制定下发《关于做好因病致贫因病返贫精准识别及动态管理工作的紧急通知》，要求根据此轮建档立卡贫困人员动态调整情况再次精准识别核实因病致贫、因病返贫人员情况。截至2017年底，根据全国健康扶贫动态管理系统数据显示，玉溪因病致贫核准率为100%，2017年建档立卡贫困户就诊自付比例为9.37%（该数据为动态数据）。市级层面共计出台了农村贫困人口大病专项救治、加快推进家庭医生签约服务工作等18个文件贯彻落实健康扶贫各项措施。全市7县2区均按要求结合各地实际正式出台贯彻落实意见（办法）。

认真抓好重点传染病防控综合措施的落实，全市共报告甲乙类传染病病种13种，按发病日期统计，传染病发病率为129.40/10万，传染病疫情低于全省平均水平、低于上年同期水平。2017年，玉溪市入选首批全省食品安全风险监测点，实现7县2区全覆盖，全年完成442件样品监测，完成率达100.4%。市人民医院荣获云南省食源性疾病监测哨点医院先进单位。在全省首创将艾滋病防治工作延伸到社区（村委会）及探索美沙酮外带服务，促进门诊与社区戒毒、社区康复的紧密结合。

2015年玉溪被列为全国精神卫生综合管理试点市后，加强精神病患者管理随访管理和肇事肇祸患者的强化管理，未发生重大精神病患者肇事肇祸案（事）件。市二医院通过省卫计委评审成为三级甲等精神病专科医院。开展第四轮禁毒防艾人民战争，基本遏制了艾滋病在玉溪的快速传播蔓延势头。爱国卫生工作深入开展。新平、澄江、易门县创建国家卫生县城，红塔区大营街创建国家卫生镇。元江、通海、华宁、峨山县申报国家卫生县城。

基本公共卫生服务工作稳步推进。坚持以儿童、孕产妇、老年人、慢性疾病患者为重点人群，突出“疾病预防控制、妇幼健康服务、卫生监督执法、中医药健康管理服务”四个重点，全面加强市民的健康服务管理。65岁以上老年人、高血压、糖尿病、重型精神病患者及妇女、儿童等重点服务对象做到了应管尽管。基本公共卫生服务项目实现动态化管理、个性化服务、均衡性发展，建立规范化电子健康档案209.57万余份。

【医疗业务与收治量】 2017年，全市医疗卫生机构诊疗人次数1 711.44万人次，比上年1 663.17万人次增加2.90%；入院病人42.2万人，比上年39.5万人增加6.8%；病床使用率为74.38%；出院者平均住院日8.3日。

【卫生机构及卫生队伍】 2017年，全

2017年6月22日，国家卫生计生委在玉溪召开云南省医改工作媒体沟通会，介绍云南省，玉溪、楚雄等州市相关医改工作成果、经验，并与部分中央、省市媒体进行沟通（赵从瑛 摄）

市市、县、乡三级共有公立医疗机构847个，其中医院27个（分别为综合医院16个、中医医院9个、专科医院2个）；基层医疗机构781个（分别为社区服务中心6个，卫生院67个，村卫生室640个，门诊部1个，诊所、卫生所、医务室67个）；专业公共卫生机构39个，分别为疾控中心10个、妇计中心10个、急救中心（站）8个、采供血机构1个、卫生监督所10个。全市公立医疗卫生机构共有在岗职工16 211人，其中卫生技术人员12 285人，占比75.78%；编制人数10 942人，占比67.50%；规划编制床位8 763张，实有编制床位数10 139张。

【国务院医改办督查组到玉溪督查医改】 2017年5月17～18日，财政部副部长余蔚平率国务院医改办第三督查组到玉溪市，就玉溪深化医药卫生体制改革工作进行督查调研。副省长高峰，市领导王力、叶本功、杨洋等出席督查座谈会，副市长杨洋就玉溪市医疗卫生事业基本情况和深化医药卫生体制改革工作情况进行了汇报。余蔚平指出：玉溪市和玉溪市人民医院推进DRGs付费制度等改革工作走在了全国前列，为进一步深化医药卫生体制改革工作进行了有益的探索。玉溪市医改工作结合自身实际采取了一系列措施，积极探索医改新路子，取得了显著的成绩、创造了一些先进经验，值得许多地区学习和借鉴。希望加快综合医改工作步伐，切实做好控制医疗费用过快增长、加快推进分级诊疗制度、深化公立医院综合改革、健全全民医保体系、大力推进药品生产流通领域改革等方面的工作。副省长高峰希望玉溪市再接再厉抓好医改工作，期待玉溪再创佳绩。18日督查组一行到新平县人民医院实地调研，市委书记罗应光就相关情况作汇报和介绍。国家卫生计生委、食品药品监督管理总局、北京协和医院、中国人口与发展研究中心及省级相关部门领导和专家参加了调研。

【云南省健康市县建设启动会在玉举行】 2017年5月19日，云南省健康城市和健康县城建设启动会在玉溪举行。省卫计委副主任、爱卫办主任陆林，副市长杨洋出席会议并讲话。会上，陆林表示健康城市和健康县城建设是城市发展的必然趋势，是实现健康中国战略的重要抓手。玉溪市作为国家健康城市建设的试点城市，要先行先试，借鉴上海、天津、杭州等发达地区健康城市和健康县城建设工作经验，探索出一套切合云南实际的工作思路、工作方法，打造一批富有特色的健康社区、健康单位和健康家庭等健康细胞，形成可在全省推广的健康城市和健康县城建设工作模式，力争在健康城市和健康县城建设中抓出亮点、形成特色，在全国出典型、出经验。杨洋代表市委、市政府对来自全省各州市、县区卫计局、爱卫办的负责人表示欢迎。表示要进一步围绕健康城市和健康县城建设重点，服务大局，着力搞好协调、狠抓落实。要积极抓住各种创建的有利契机，力争将健康城市和健康县城建设试点纳入政府的议事日程和规划，重点关注人均期望寿命、传染病发病率、孕产妇死亡率、饮用水合格率等与健康息息相关的核心指标，加大与爱卫会各成员单位的协调力度，为健康城市和健康县城建设营造有利环境。同时要建立完善长效机制，形成政府主导、社会支持和多部门协同配合的工作格局。

【省院前急救质控会议在玉举行】 2017年11月25日，2017年云南省院前急救质控会议在玉溪市急救中心举行。会议由省院前急救委员会副主任肖力屏主持，省急救中心书记李万兵及来自各州市的省院前急救质控委员共20余人参会。会上，省急救中心对云南急救提出“六统一”，即统一指挥调度、统一医疗规范、统一设备配备、统一车辆标识、统一人员着装、统一收费标准，逐步推进云南省急救规范化建设。通过讨论，与会代表达成共识，由省急救中心牵头制定云南省急救规范化建设标准。

【“互联网+健康医疗”】 2017年，玉溪市建成了市级数据中心、区域卫生云平台、区域卫生综合管理系统、卫生综合服务系统和居民健康自助服务系统。3月，联通云南省肿瘤医院，在全省率先实现五级医疗机构互联互通。在澄江试点全景诊疗项目，实现国家、省、市、县、乡五级远程诊疗。研发IPTV健康云频道系统，实现IPTV电视端居民电子健康档案自助查询。6月，玉溪市区域卫生信息平台与省全民健康信息平台实现对接，成为全省首家与省平台对接的州市级平台，获省卫生计生委肯定。

【DRG支付改革】 在2016年试点的基础上，从2017年1月开始，全市市、县区两级10家人民医院住院费用全部推行DRG支付，城镇职工和城乡居民执行同一费率。2017年执行病组531组，费用为三级综合医院7 759元、二级综合医院4 072元。10家人民医院共发生DRG住院医疗费用10.72亿元，医保按DRG付费共支付11.28亿元；医院实现资金结余5 600万元。

【医联体建设试点启动】 2017年，市政府办制定出台了《玉溪市加快推进医疗联合体建设实施方案》，所有三级医院牵头组建医联体，所有县级公立医院牵头组建紧密型医共体，实现医联体建设的全覆盖。在医联体内，医务人员在签订帮扶或者托管协议的医疗机构内执业，不需办理执业地点变更和执业机构备案手续，医疗机构药品统一集中配送、可以使用相同的药品目录、执行牵头医院的基药比例。由市人民医院牵头的医院联盟体和心电网络专科联盟已经组建；市第二人民医院牵头的精神专科联盟已经投入运行；峨山县在DRG付费的基础上，正同步开展医保资金年度整体打包付费试点，迈出先行先试的步伐。

【医养结合试点工作】 2016年12月，峨山、元江县被列为首批省级医养结合试点，2017年6月，红塔区列为市级试点。峨山县出台《峨山县医疗卫生与养老服务相结合试点工作实施方案》，将县中医医院与县民政局社会福利中心资源进行整合，在县社会福利中心建立中医医疗养老护理中心，老年人就医可享受医保政策等，打造具有中医药特色的“预防、医疗、养老、养生”深度融合的健康养老服务模式。成立“峨山彝族自治县中医医疗养老护理中心”，与峨山县中医医院实行“两块牌子、一套班子”的管理模式，核定人员编制7名，做到医疗资源与养老资源相融合。元江县紧扣“避寒养生，花果元江”主题，积极利用当地地热、气候等优势资源，以热带水果、有机食品养生等为依托，积极引入社会机构参与集健康服务、旅游休闲、文化娱乐为一体的养老基地建设，开发一批“康养、医养”型“候鸟”式养老产品。与建投集团合作，将医养措施植入高端卫生产业建设，开展卫生旅游探索。红塔区发挥基层医疗机构中医开展形式多样的优势，完成了示范点的选点工作，试点工作稳定推进。玉溪市在推进医养结合方面进行的有益探索和实践，获得了各级肯定。12月19日，玉溪被国家工信部、民政部、卫计委评为全国首批智慧健康养老示范基地，也是云南省唯一获评城市。

【依法行政】 2017年，市卫计委制定了《玉溪市卫生和计划生育委员会法治政府建设实施方案（2016～2020年）》，建立各项依法科学民主决策制度，落实执行重大行政决策法定程序和法律顾问工作制度，规范重大行政决策和部门合同合法性审查工作，强化卫生计生行政执法监督，实行重大行政执法决定法制审核。全年市级合法性审查21件、行政处罚决定审核11件。开展“减证便民”专项行动，清理市县两级卫生计生各级各类证明材料519项。加强对各类医疗机构监管，全市完成行政处罚案件174件，比上年增141%，罚没收入131.38万元，案件数和罚款列全省第三，创历史新高。

2017年11月16日，市卫计委、市直医疗单位、县区人民医院、民营医院共20家医疗单位共同成立玉溪市第二人民医院精神专科联盟　（何孝勇　摄）

【健康扶贫】 2017年，市卫生计生委制定下发《关于印发玉溪市贯彻落实云南省健康扶贫行动计划（2016～2020年）实施方案的通知》。成立以市政府分管领导任组长，市卫计委、扶贫办主要领导任副组长，相关成员单位分管领导为成员的健康扶贫领导小组，高位推动健康扶贫工作。市卫计委成立了党政主要领导任组长的健康扶贫领导小组，建立了健康扶贫工作任务分解和委领导联系县区健康扶贫工作制度。扎实开展新一轮建档立卡因病致贫筛查工作。启动了因病致贫、因病返贫筛查工作，各县区、各乡镇均成立筛查工作领导小组，制定细化方案，组织镇村干部、驻村扶贫工作队员、村医等力量，严格对照93个病种开展筛查。切实加强贫困地区医疗卫生基础设施建设。投入建设资金2 250.01万元，对9个贫困地区乡镇卫生院进行建设，建筑面积达18 078.11平方米，大大改善贫困地区乡镇卫生院的医疗卫生条件。积极推进村卫生室标准化建设，2016年至2017年投入资金320万元建设47个村卫生室，其中，贫困行政村村卫生室建设项目22个。逐步提升贫困地区基层医疗服务水平。开展三级医院对口帮扶贫困乡镇卫生院工作，明确由市医院、市中医院、市二院对口包保9个贫困乡镇卫生院。采取县医院、县中医院托管乡镇卫生院的方式，提升乡镇卫生院业务能力和服务水平，全市9个贫困乡镇卫生院全部实现由县级医疗机构托管。除元江县咪哩乡哈罗村卫生室外，为74个贫困村卫生室配备了健康一体机，村医通过一体机为辖区居民提供心电图、血糖、血压监测等基本公卫服务。建档立卡贫困人口已建电子健康档案71 880份，建档率达97.5%，高于普通人群

5.9%；管理建档立卡0～6岁贫困儿童1 553名、贫困孕产妇415名，管理率达100%；管理建档立卡65岁以上贫困老年人8 160人、高血压患者6 216人、糖尿病患者1 703人、高血脂患者1 425人、重性精神疾病患者1 002人、结核病人107人，做到应管尽管。

在贯彻落实省健康扶贫30条措施、圆满完成各项重要指标基础上，强化“五重保障”，严格落实“三个一批”。创新增加精准扶贫大病救助商业保险，实现五重保障，并确保全市建档立卡贫困户100%参保。创新开展三级医院对口帮扶贫困乡镇卫生院，逐步提升贫困地区基层医疗服务水平。全面落实农村贫困住院患者县域内“先诊疗、后付费”医疗服务模式的惠民政策。救治农村贫困大病患者3 586人次，转上级医院救治258人次，由上级医院下转治疗2人次，全市大病贫困人口救治费用达433.40万元。全市9家卫生计生局均制定农村贫困住院患者县域内先诊疗后付费实施方案，97家县及县以下医保定点公立医疗机构均开通了绿色通道和“一站式”结算通道，实行“先诊疗、后付费”，开展“先诊疗、后付费”患者数达5 293人次，医疗机构垫付医疗费用254.46万元。

（赵从瑛）

【院前急救】 2017年，玉溪市急救中心全年受理呼救37 770人次，有效受理呼救9 033人次，其中：有效受理院前急救呼救6 551人次，较上年同期的6 297人次，增加254人次，较上年同期增长4.03%；完成院前急救8 338人次，较上年同期的7 865人次，增加473人次，增长6.01%；受理长途转运2 482人次，完成长途转运2 217人次，较上年同期的2 071人次，增加146人次，增长7.05%。全年受理危重患者1 244人，抢救危重患者1 244人，危重患者处置率100%。稳步提升调度能力，总体实现“一分钟调度，二分钟出诊”要求。在每次调度中，做到急救电话接听时间平均不超过7秒，调度派车时间平均不超过51秒，急救电话受理时间平均不超过60秒。日平均完成院前急救调度18次，日平均完成转院返送调度7次。6月20日上午，市急救中心的第一个直属急救站——玉溪市第二人民医院急救站挂牌运行，进一步缩短120急救车在中心城区的急救半径，提高了中心城区的院前急救效率。

【“微急救”微信公众平台正式启动】 2017年11月25日，玉溪市急救中心“微急救”微信公众平台正式启动（公众号“玉溪市急救中心”），市民可通过微信关注“玉溪市急救中心”公众号，预留个人信息和医疗健康状况，紧急情况时通过该平台一键呼叫120（微信急救自动拨打所在地120急救电话，发起语音呼叫），GPS定位信息及报警人预留的健康资料等信息会快速同步推送到急救中心。该平台的启动，标志着玉溪院前急救步入“智慧急救”时代。

【参加省急救技能大赛获佳绩】 2017年11月9～10日，市急救中心参加了云南省第六届急救技能大赛。本次比赛，按照实际出诊人员配置“医护驾”三人，三人需协同配合完成溺水现场急救、创伤急救、高级气道开放管理，急救驾驶技术四个科目。经过理论考试及实际操作比赛，玉溪参赛队在创伤急救、急救驾驶技术两个项目中，分别荣获第一名；在个人总成绩排名中，“医护驾”三人都荣获第二名；在团体总排名中，居全省第二。

【市医学会院前急救专业委员会成立】 2017年5月27日，经玉溪市医学会第四届二次常务理事会批准，玉溪市医学会院前急救分会成立。同时，选举戴培源主任医师为主委，市急救中心陈才顺主任医师，市医院古利明主任医师、陈斌副主任医师，市中医院熊文清主任医师为副主委。各县（区）级急救站的急救主任为委员。11月25日召开一届一次学术会议，玉溪市医学会院前急救专业委员会为省内首家院前急救专业学术团。

（杞云博）

【精神卫生管理试点工作】 2017年，市二医院共筛查、复核诊断评估严重精神障碍患者7 349例，确认患者6 728例。与各县区公安协作处置严重精神障碍患者肇事肇祸事件178件，维护了社会的和谐稳定。与各县区疾控中心协作，开通“绿色通道”处置严重精神障碍患者肇事肇祸事件21件。开展现场心理咨询499人次，预约咨询259人次，来电心理热线咨询59人次，心力测查988人次，智力测查130人次。开展心理健康讲座40期，培训23 000人。

（火红艳）

卫生规划与建设

【市级卫生重点项目建设】 2017年，推进中山大学澄江教学医院（玉溪市人民医院澄江院区）建设项目、市儿童医院、玉溪市人民医院改扩建项目及补短板省级项目建设。中山大学澄江教学医院建设项目规划用地270余亩，按照1 200床规模建设“三级甲等”医院，项目概算投资24亿元。项目用地边界测绘、地上附着物补偿、土地征收清腾等场地准备工作已基本完成，项目PPP模式工作方案编制完

2017年8月19日，玉溪市卫生计生委与北京信鹏签订市儿童医院项目PPP合作协议

（赵从瑛 摄）

成。市儿童医院项目是市委、市政府确定的重大民生工程。项目概算投资63 274.15万元，规划用地34 127.5平方米，建筑面积约11万平方米，按照三级儿童医院标准设置病床750张。2017年4月26日，以竞争性磋商形式确定项目社会资本合作方为北京信鹏医疗健康投资合伙企业（有限合伙），5月19日正式签订项目合作框架协议。市儿童医院医疗机构执业许可证（二级）发放、玉溪儿童医院管理有限公司债权债务及资产明细清单的梳理工作已完成。项目的基础施工已基本完成，进入主体工程施工阶段。市医院改扩建项目总建筑面积92 968.38平方米，项目总投资52 040.37万元，主体工程已封顶断水，进入装修及后续工程。玉溪美年大健康体检中心成功落地玉溪。

【县级医疗卫生项目建设】 2017年，在推进市级重点卫生项目建设的同时，积极争取将华宁县中医医院、峨山县中医医院、澄江县人民医院、红塔区中医医院、玉溪市第三人民医院等8个县级公立医院列入省级补短板项目库，项目总概算投资16.3亿元，建筑面积25.8万平方米。全市共有中央预算内项目3个，峨山县中医医院迁建项目、峨山县妇幼保健院迁建项目、通海县疾病预防控制中心实验及突发公共卫生事件应急设施建设项目。项目总投资6 956万元，其中中央资金5 097万元，3个项目均已开工。

峨山县中医医院迁建项目概算投资4 704万元，其中中央预算资金3 440万元，其余不足部分由峨山县财政配套解决。该项目初步设计按照二级甲等医院标准，设置床位100张，规划占地11 220平方米（16.83亩），设计总建筑规模11 610.24平方米（含隔震层建筑面积1 185.45平方米），其中新建门诊医技楼3 026.75平方米、住院楼6 207.08平方米，营养食堂、消防池、配电室、垃圾房、洗涤中心等辅助用房1 190.96平方米及水、电、路、绿化等配套附属工程。峨山县妇幼保健院迁建项目概算投资1 679.62万元，其中中央预算资金1 200万元，其余不足部分由峨山县财政配套解决。该项目按照初步设计批复，规划用地4.98亩，设计总建筑规模4 625.47平方米，其中新建综合业务楼4 294.62平方米，消防池、配电室、垃圾房等辅助用房330.85平方米，以及水、电、路、绿化等配套附属工程。通海县疾病预防控制中心实验及突发公共卫生事件应急设施建设项目建设内容为实验室建设及应急物资库、留观室、洗消间、污水处理站等应急设施建设及围墙改造和环境美化等工程。占地面积629平方米，建筑面积1 887平方米，总投资572万元，其中中央预算内投资457万元，不足部分由地方配套解决。

（赵从瑛　杜　洋）

卫生监督执法

【卫生行政许可】 2017年，卫生监督部门梳理行政职权7类387项向社会公布，做好政务服务事项梳理录入和维护管理349项，准确率、通过率均为100%；清理规范行政审批中介服务事项19项，实现卫生计生行政审批全部免费服务；清理市县两级卫生计生各级各类证明材料519项，精简取消向当事人索要的证明材料34项，精简取消对外开具（核发）的证明材料1项，实现行政许可（医疗机构除外）和行政处罚信息在“信用云南”自动推送公示，各类行政审批事项业务手册、办事和服务指南提供办事群众免费取阅。截至10月11日，全市“双随机”工作基本完成，全市598户，完成574户，关闭24户。

【卫生监督稽查】 2017年，卫生监督部门对2011～2016年已办结的行政许可和处罚案卷进行逐卷评查，对2016年已结案的部分卫生计生行政执法案卷进行集中评查36个，行政处罚17件，优秀7件，合格10件。行政许可案卷19件，优秀15件，合格4件。年内通过QQ群、微信公众号和单位网站等平台刊登卫生监督信息136篇，上报云南省监督信息网50多篇。全年共查处行政违法案件174件，罚款金额131.38万元。2017年共受理投诉举报43件，查处43件，全部有效回复，全年无对监督员投诉举报。

【医疗机构准入审查】 2017年，全市完成增设诊疗科目的医疗机构4户，撤销诊疗科目的医疗机构2户；法定代表人变更的医疗机构4户，主要负责人变更5户，增加床位1户，医疗机构校验28户，医疗机构延续1户资料完整，程序规范。共办结医师、护士执业注册1 241件，其中医师执业注册140件，护士执业注册1 101件。

【医疗机构监督】 2017年，卫生监督部门组织开展限制类医疗技术备案22户次，对中心城区各类医疗卫生机构消毒效果、医院污水消毒处理情况进行监督抽检19户；监督检查临床用血机构31户、采供血机构1户，全年共组织开展各项专项整治7次，共出动卫生监督员3 252人次，共检查医疗机构3 170户次，共下达卫生监督意见书882份，收到自查、整改进展情况和依法执业承诺书1 225份。

【餐饮具集中消毒监管】 2017年，全市开展餐饮具集中消毒单位监督检查工作，监督检查餐饮具集中消毒服务单位35户，建档率100%。抽检餐饮具集中消毒服务单位35户，消毒备用餐具419件，检测合格414件，合格率98.81%；对8家情节严重的餐饮具消毒单位给予警告。对5家清真餐饮具集中消毒服务单位抽检82件样品进行大肠菌群、沙门氏菌项目检验，全部合格。

【学校卫生监管】 2017年，各县区卫生计生和教育部门联合开展业务培训学校卫生和托幼机构卫生工作培训班6期597人次；全市组织开展春秋两季学校卫生专项检查，共出动卫生监督员1 385人次，检查991所次学校，全市共抽取126家学校35名执法人员进行学校卫生“双随机”监督检查。开展综合评价学校118所，优秀6所，合格97所，不合格15所。全市监督机构共监督检查284所幼儿园（含托儿所），市卫计委、教育局、卫生监督局组成督导组，对江川、通海、新平的9所学校及托幼机构进行督查，均未发现较严重问题。市卫生监督局对9县区10个乡镇32所学校进行监督检查。

【生活饮用水卫生监管】 2017年，卫生监督部门对87户集中式供水单位和73户二次供水单位开展监督检测，集中式供水单位合格57户，合格率65.51%，二次供水设施检测73个，合格62个，合格率84.93%。对3个贫困乡所在地及17个贫困村饮用水进行监督抽检，共抽检20个管网末梢水。监督检查辖区内涉水产品生产企业7家，经检查生产的10个产品均持有卫生许可证批件，标签、说明书符合要求。按规定抽查现制现售饮用水经营

单位3家，对25台自动售水机应用现场进行监督检查，8项指标符合生活饮用水卫生标准。

【职业放射卫生监督】 2017年，全市有放射诊疗单位107户，全部配置放射诊疗防护用品，取得《放射诊疗许可证》100户，持证率93.45%；有放射工作人员543人，537人按规定进行健康监护和个人剂量监测；全市共有各种放射诊疗设备205台，对192台放射诊疗设备进行防护性能检测，对197个放射诊疗场所定期进行防护检测，放射设备及场所检测均为合格。共有职业健康检查机构7家，从事职业健康检查的医师有129人，有职业病诊断医师资格的35人。

【公共场所卫生监督管理】 2017年，全市共实施公共场所行政许可1 589户，公共场所卫生监督覆盖率86.21%，共监督6 221户次，从业人员10 843人，持健康合格证及卫生知识培训合格10 654人，持证率98.3%。全市公共场所共抽检1 267户次，举办公共场所负责人法律法规及艾滋病知识培训6期1 000余人次，与公共场所负责人签订《公共场所卫生安全承诺书》1 000余份，对全市营业的21家游泳场所进行监督抽检。举办公共场所防艾培训10期3 117人次，发放各类艾滋病防治宣传资料6 872份、安全套6 220个、接受咨询1 000余人次。对全市10户使用集中空调通风系统的公共场所经营单位开展集中空调通风系统卫生监督抽检。

（杜鹏程）

基层卫生

【全面启动实施家庭医生签约服务】 2017年，各县区已组建签约服务团队1 040个，提供签约服务的人员2 900人，签约总数为995 293人，重点人群签约660 575人，总签约率42.45%，重点人群签约率83.32%。

【基层医疗卫生机构能力提升】 2017年，红塔区春和卫生院、高仓卫生院、江川区前卫镇中心卫生院、澄江县龙街中心卫生院、通海县九龙卫生院、华宁县盘溪中心卫生院、易门县绿汁镇卫生院、峨山县塔甸镇中心卫生院、新平县漠沙镇卫生院、元江县

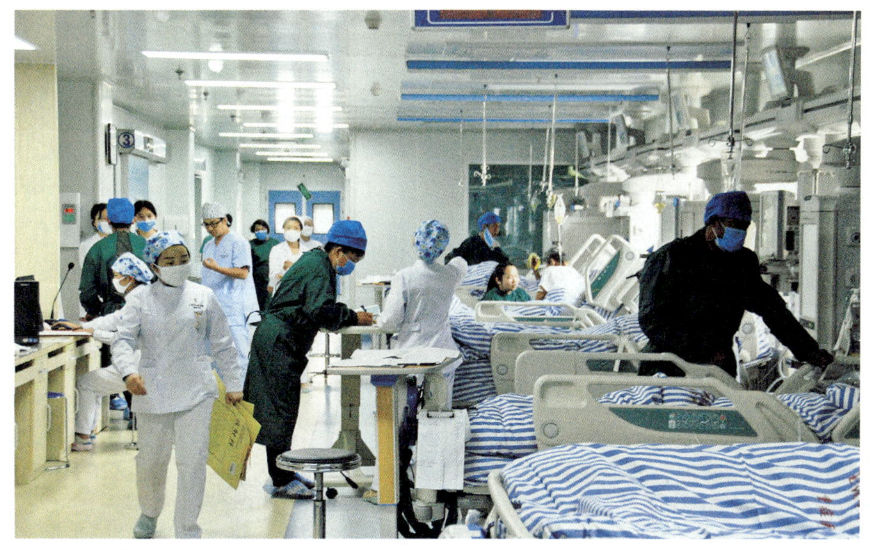

2017年8月，市中医院投资近1000万元、建筑面积810平方米、开放床位8张的重症加强护理病房投入使用 （市中医院 提供）

曼来镇中心卫生院被国家卫生计生委遴选确定为“2016～2017年度群众满意的乡镇卫生院”；.红塔区凤凰街道社区卫生服务中心被国家卫生计生委遴选确定为“2017年优质服务示范社区卫生服务中心”；投入86.32万元，完成红塔区北城中心卫生院、通海县四街镇卫生院、华宁县宁州街道卫生院、易门县龙泉街道卫生院和峨山县甸中镇中心卫生院服务能力提升工程，其中，省级补助50万元。

（邓雪松）

疾病预防控制

【甲乙类传染病发病情况】 2017年，玉溪共报告甲乙类传染病病种13种，均为乙类传染病。发病2 951例，较上年同期（13种3 062例）下降3.6%；死亡56例，比上年同期（65例）下降13.84%；发病率124.3/10万，较上年同期（129.7/10万）下降4.2%；死亡率2.4/10万，较上年同期（2.8/10万）下降14.3%。 发病数顺位：病毒性肝炎（832例）、梅毒（722例）、肺结核（614例）、猩红热（220例）、艾滋病（173例）、淋病（132例）、伤寒/副伤寒（124例）、痢疾（112例）、布病（14例）、麻疹（3例）、乙脑（2例）、疟疾（2例）、狂犬病（1例）。玉溪市乙类传染病流行强度明显低于上年平均水平。各县区发病率分别为：元江县160.9/10万、新平县138.4/10万、澄江县137.0/10万、华宁县135.8/10万、红塔区126.2/10万、通海县111.8/10、易门104.1/10万、峨山县101.6/10万、江川区101.0/10万，元江县依然是发病率最高的县；职业分布主要以农民、学生为主，分别占发病总数的67.24%、4.98%和4.05%。

【突发公共卫生事件处置】 2017年，全市共报告突发公共卫生事件23起（学校15起，发病314例，波及10 124人，无死亡病例，罹患率为3.10%），累计发病363例，事件波及12 019人，报告死亡8例，病死率2.20%。其中传染病暴发疫情16起，发病327例，无死亡病例；突发中毒事件7起，发病36例，报告死亡病例8例。23起事件中Ⅳ级事件18起，发病342例，死亡3例；III级事件4起，发病7例，死亡5例；未分级事件1起，发病14例，无死亡病例。突发事件集中在12月份，报告5起。各县区报告起数分别为：元江县5起，红塔区、易门县4起，江川区、华宁县各3起，峨山县2起，通海县、澄江县1起；市、县区疾病预防控制中心进行了及时调查、处理，并进行网络直报，23起突发事件均已结案。

【疫情管理】 2017年，对全市167个疫情报告单位进行专项督导检查，覆盖率达100%；认真开展传染病疫情报告管理专项检查及传染病疫情漏报调查工作，对28个单位进行法定传染病漏报调查、疫情管理和突发公共卫生事件报告情况进行质量督导检查。共

抽查门诊日志、检验及影像登记和出入院登记654 431人次，共查出14种法定报告传染病610例，漏报12例，总漏报率1.97%，报告及时率98.83%。其中门诊登记515 097人次，查出法定报告传染病452例，漏报7例，漏报率1.55%，报告及时率99.1%；住院登记51 574人次，查出法定报告传染病60例，漏报4例，漏报率6.67%，报告及时率100%；检验及影像登记87 760人次，查出法定报告传染病98例，漏报1例，漏报率1.02%，报告及时率97.94%。

【结核病监测防治】 2017年发现治疗管理结核病人659例，其中活动性肺结核病人657例，完成2017年指标任务的108.24%，新发涂阳肺结核病人237例，复治涂阳20例，涂阴肺结核病人359例，结核性胸膜炎41例，肺外结核2例。涂阳病人治疗满2个月痰菌阴转率83.47%，治疗满3个月涂阳病人痰菌阴转率92.74%，2017年登记管理结核病人治疗成功率97.09%；涂阳病人治愈率95.12%。新涂阳病人治愈率95.28%；复治涂阳病人治愈率84.62%；涂阴肺结核病人完成疗程率98.28%。流动人口肺结核患者的治疗成功率95.96%。

【手足口病的监测防治】 2017年，全市共报告5 880例手足口病病例，其中有16例重症病例，未出现死亡病例。全市累计采集检测咽拭子标本552份，进行实时荧光RT-PCR核酸检测，检出阳性标本266份，阳性率为48.19%，其中EV71型79份（占14.31%），CoxA16型86份（占15.58%），其他肠道病毒101份（占18.30%）。

【流感、禽流感、人禽流感和SARS监测防治】 2017年，全市流感监测哨点医院报告的流感样病例数2 147人，占门诊病例总数的0.58%。对1 545份标本进行流感病毒RT-PCR核酸检测（通A和通B）和MDCK细胞的分离培养（型别鉴定有四型：甲型H1N1、H3N2、BY亚型和BV亚型），其中阳性数为132份，阳性率为8.45%。132份流感病毒毒株血凝滴度均高于8，使用国家流感中心抗血清进行血凝抑制试验，试验结果特异性明显，该132份流感病毒株已安排专人运输至国家流感中心。主要型别为季节流感病毒H3N2有89份，甲型H1N1流感病毒有30份，乙型流感病毒Victoria系列13份。

【麻风病防治】 2017年，全市共报告麻风病线索350条，全部由专业人员进行核查，核查率100%。发现麻风病2例。全市累计发现麻风病2 397例，其中多菌型1 164人，少菌型1 233人。累计治愈1 963例，累计死亡380例，除华宁县外其他县区已达到国家规定的麻风病控制指标并通过省级验收达标。

【疟疾监测和防治】 2017年，全市完成血检8 152例，完成率为110%；完成血片复检990张，完成率为103%；病人治疗2人；疫点处置2处，主动病例监测34次，完成率为100%；督导69次，完成率为100%。

【常规免疫接种率监测】 2017年，卡介苗应种30 428人，实种30 373人，接种率99.82%；脊灰疫苗应种30 385人，实种30 300人，接种率99.72%；百白破疫苗应种33 199人，实种33 121人，接种率99.77%；麻风疫苗应种33 721人，实种33 646人，接种率99.78%；流脑疫苗应种28 285人，实种28 187人，接种率99.65%；乙脑应种31 615人，实种31 526人，接种率99.72%；乙肝疫苗全程应种数33 915人，实种数32 836人，接种率99.77%，首针应种数31 443人，实种31 399人，首针接种率99.86%，24小时及时接种29 962人，及时接种率95.29%。

【AFP、新破、麻疹、乙肝主动监测】 2017年，全市共报告疑似麻疹病例94例，确诊麻疹病例3例，发病率0.14/10万。全市共报告14例AFP病例，报告发病率3.16/10万，除通海县、峨山县外，其余各县区均有病例报告。全市共监测报告乙型肝炎病例333例，其中急性乙肝52例，占15.62%，慢性乙肝281例，占84.38%。

【脊髓灰质炎疫苗和含麻疹成分疫苗补充免疫、查漏补种】 2017年，全市脊灰疫苗补充免疫，常住儿童应服2 683人，实服2 643人，服苗率98.51%；流动儿童应服295人，实服291人，服苗率98.64%，本次补充免疫前共有“零”剂次儿童54人，占目标儿童数的1.81%，均为<1岁儿童。脊灰疫苗查漏补种，常住儿童应服248人，实服242人，服苗率97.58%；流动儿童应服175人，实服172人，服苗率98.29%，本次补充免疫前共有“零”剂次儿童89人，占目标儿童数的21.04%，均为<1岁儿童。麻风疫苗的查漏补种，常住儿童应种254人，实种252人，接种率99.21%；流动儿童应种196人，实种195人，接种率99.49%。

【疑似麻疹病例血清学病原学监测】 2017年，全市共上报疑似麻疹病例96例，采集血清96份、咽拭液96份、尿液共95份，分别进行麻疹、风疹IgM检测，其中血清96份确诊为麻疹5例，未检出风疹病例；PCR共检测尿液95份，2份麻疹核酸阳性，未检出风疹核酸；PCR共检测咽拭液96份，1份麻疹核酸阳性，排除麻疹风疹91例。上送4例阳性标本由省级进行复检，结果核酸检测均为阴性。

【乙脑监测】 2017年，全市共报告疑似病例13例，采集血清13份、脑脊液11份，其中血清IgM阳性1份，脑脊液均为阴性，排除乙型脑炎12例。

【入托入学预防接种证查验】 2017年，对全市共962所中小学和托幼机构开展查验工作，962所学校共招收新生52 646名，实际查验预防接种证52 646名，查验率100%；持证学生52 180，持证率99.11%，无证466人，补证466人，补证率100%。应补种30 029人，实际补种28 803人，补种完成率95.92%。其中托幼机构应补种4 326人，实际补种4 101人，补种率94.80%。小学应补种10 935人，实际补种9 986人，补种率91.32%；中学应补种14 768人，实际补种14 716人，补种率99.65%。

【慢性病监测防治】 2017年，全市共完成65岁及以上老年人建档214 532人，建档率85.02%；完成生活自理能力评估195 040人，评估率90.91%；完成体检（含辅助检查）173 553人，体检率80.90%；健康管理170 436人；健康管理率67.54%；腹部B超检查人数160 718人，检查率74.92%。全市共确诊高血压患者142 042人，任务确诊率98.64%；建档169 614人，任务建档率97.25%；体检158 130人，任务体检率90.66%；规范管理人数146 128人，规范管理率86.15%。全市共确诊糖尿病患者41 984人，任务确诊率89.87%；建档41 283人，任务建档率88.37%；体检37 306人，任务体检率79.85%；规范管理人数33.45人，规范管理率80.05%。

【严重精神障碍患者管理】 2017年，全市新增建档患者人数827人，累计建档患者12 276人，累计死亡患者1 169人，在册患者人数11 107人，报告患病率4.71‰。全市在管患者10 707人，管理率96.4%，规范管理人数9 577人，规范管理率86.22%。居家患者病情稳定率84.2%，体检率86.49%，体检完整率69.24%，专科医生复诊率87.04%。全市在册患者服药率86.04%，规律服药率35.93%，其中，精神分裂症患者服药率85.5%、偏执性精神病服药率100%、分裂情感性精神病服药率78.65%、双相情感障碍服药率91.4%、癫痫所致精神障碍服药率94.4%、精神发育迟滞伴发精神障碍服药率82.05%。

【死因监测】 2017年，全市死亡个案14 697例，平均报告死亡率6.80‰，县级医疗机构（院内）报告及时率95.69%，乡镇卫生院（院外）报告及时率96.96%，及时审核率99.69%，死因编码错误比例0.20%，身份证完整率98.87%，多死因链完整率99.35%，半年督导漏报率0.41%。

【放射卫生监测】 2017年，全市共完成144家放射单位580项个人剂量监测；共计完成全市普通医用X射线机房、CT机房、DR机房等11家放射诊疗机构15台射线机房建设项目的评价；完成客户委托射线装置工作场所放射防护监测27台次，完成客户委托射线装置性能检测22台次。

【环境卫生监测】 2017年，开展公共场所集中空调通风系统卫生监测工作，共监测集中空调通风系统2家20个点；完成城市饮用水218件水样监测，合格217件，合格率98.17%。城市水中全年监测出厂水24件，合格24件，合格率100%；末梢水123件，合格119件，合格率88.9%；二次供水监测71件，合格71件，合格率100%。完成农村安全饮用水692件水样监测，合格390件，合格率56.36%，枯水期监测347件，合格151件，合格率43.52%；枯水期后水利部门对问题水样进行了设施设备整改工作，丰水期监测345件水样，合格239件，合格率69.28%。

【职业卫生】 2017年，有毒有害作业工人健康监护，新建81张用人单位信息卡。225条有毒有害作业工人健康监护卡，共198家企业，岗前体检9 388人，疑似职业病9人，职业禁忌证263人；在岗体检32 319人，疑似职业病11人，职业禁忌证64人；离岗体检500人，疑似职业病6人；职业诊断、职业鉴定情况，收集诊断、鉴定信息卡5张，职业病诊断机构接诊48人，确诊8人尘肺病例（5个矽肺，3个煤工尘肺），排除例数40例，其中给出医学建议3例，排除职业相关性建议相关学科就诊2例，不能排除职业相关性建议复查的1例。

急性农药中毒情况：农药中毒卡上报355条，死亡26例，其中生产性中毒50例，死亡2例，病死率7.32%；非生产性中毒305例，死亡24例，病死率7.87%。

【食品卫生监测】 2017年，全面完成国家及省级食品安全风险监测项目指标任务，其中，省级食品项目完成127件样品的监测，完成率100%；国家级食品安全风险监测项目完成313件、完成率100%；受玉溪市卫生监督局委托、共完成集中式消毒餐具26件监测。食源性疾病暴发调查：2017年玉溪市食源性疾病上报结案报告60起（到达突发公共卫生事件数4起），其中，蘑菇中毒52起、其他中毒8起（分别是草乌中毒、老百花中毒、大麻叶中毒、橄榄树皮中毒和其他细菌污染食品中毒等）。红塔区14起、易门12起、澄江12起、新平9起、峨山4起、通海、元江各3起、华宁2起、江川1起。全年报告暴露人数1 913人，发病人数336人，患病率17.56%，住院人数98人，死亡人数4人；11所哨点医院完成2 870例腹泻病人食源性疾病主动监测及疑似食源性异常病例/异常健康事件监测。

【学校卫生监测】 2017年，全市117所学校完成69 589名学生健康体检，并对体检结果进行分析和评价。检出视力不良33 331人，不良率47.90%；检出沙眼2 425人，占3.48%；发现患龋人数14 364人，龋患率20.64%，活动龋牙数（D）13 387，已补牙数（F）4 300，填充率32.12%；检出身高上等12 354人，占17.75%，下等4 503人，占6.47%；检出体重上等18 929人，占27.20%，下等3 772人，占5.42%；检出营养不良15 765人，占22.65%。检出肥胖学生7 085人，占10.18%。贫血共监测学生4 107人，阳性人数59人，阳性率1.44%；肠道寄生虫共监测学生337人，检出蛔虫卵3人，阳性率0.89%；进一步做好学生教学环境监测工作。

【从业人员体检】 2017年，全市共对10 242人公共服务从业人员进行了健康体检。体检发现甲肝抗体阳性27例，检测率0.27%；戊肝阳性检出13例，检测率0.13%；志货氏痢疾检出3例，检测率0.03%；沙门氏菌检出0例，检测率0%；检出吸收期肺结核6例，检出率0.06%。为健康体检和复查正常的10 205人办理了公共从业人员健康证。对体检不合格的37名从业人员均按规定交卫生监督及食药监部门进行调离。

【病媒生物监测及防制】 2017年，市疾控中心对中心城区5家市级医疗机构和14家民营医疗机构医院消毒灭菌效果进行监测，共采样监测208份，合格208份，合格率100%；开展医疗卫生机构污水监测工作，共监测18家，总余氯低于国家标准的4家，大于国家标准的2家；粪大肠菌、沙门氏菌、志贺氏菌没有检测，全部指标合格12家；完成对市级托幼机构预防性消毒的监测工作，共采样监测2家市级幼儿园及其分园，对市级2家幼儿园及其分园的预防性消毒工作进行监测，对室内空气、桌面、床扶手、玩具、餐具等共采样监测43件，合格41件，合格率95.35%。

（李顺祥）

卫生应急

【突发公共卫生事件基本情况】 截至2017年12月31日，全市共报告突发公共卫生事件23起（比上年同期31起，下降25.81%），累计发病363例（比上年同期863例下降57.94%），事件波及12 019人（比上年同期17 137例下降29.87%），报告死亡8例（与上年同期8例持平），病死率2.20%。23起事件中Ⅳ级事件18起，发病342例，死亡3例；Ⅲ级事件4起，发病7例，死亡5例；未分级事件1起，

2017年7月17～20日，应急技能竞赛（罗珠珠 摄）

发病14例，无死亡病例。23起事件中，13起事件进行了采样，采样率为56.52%，其中13起通过实验室检测后，原因得到确认，占事件总数的56.52%；未进行采样事件共有10起，占43.48%，均为临床诊断事件。

【突发公共卫生事件种类及发病情况】 2017年，全市传染病暴发疫情：传染病暴发疫情16起（上年同期23起），发病327例（上年同期557例），无死亡病例（上年同期死亡1病）。其中丙类传染病暴发14起（87.5%），发病269人；其它传染病暴发2起（12.5%），发病58人。无甲乙类传染病暴发。病种分别为：丙类传染病3种（手足口病11起、流感2起、流行性腮腺炎1起）、其它传染病1种（水痘2起）。突发中毒事件：食物中毒事件报告6起（上年同期6起），发病33例（上年同期301例），死亡5例（上年同期死亡5例）；其他中毒事件报告1起（上年同期2起），发病3例（上年同期5例），死亡3例（上年同期死亡2例）。

（罗永波）

妇幼保健

【关爱妇女儿童健康行动】 2017年，全市有序推进“两癌”筛查国家重大公卫项目和宫颈癌HPV基因免费检测，累计完成农村妇女“乳腺癌”4 462例、“宫颈癌”15 335例的筛查工作，完成宫颈癌HPV基因免费检测15 547例；开展新生儿遗传代谢性疾病筛查28 197人，筛查率94.91%，新生儿听力筛查27 873人，筛查率96.28%；出生缺陷发生率129.50/万。全面开展19项免费孕前优生健康检查项目，免费检查24 141人次，完成率109.67%；完成叶酸发放人数18 180人，完成率118.82%；全市孕产妇活产数28 951人，孕产妇死亡4人，死亡率为13.82/10万；婴儿死亡率5.42‰，5岁以下儿童死亡率6.91‰，剖宫产率为30.1%。

【农村孕产妇住院分娩补助项目】 2017年，农村孕产妇住院分娩人数24 013人，住院分娩率99.92%，1～6月农村住院分娩补助714.72万元，补助人数17 868人；高危和贫困孕产妇救助专项资金79.77万元，危急孕产妇抢救212人。

【妇女常见病筛查】 2017年，玉溪结合农村妇女免费宫颈癌和乳腺癌检查项目，全面开展妇女常见病筛查，认真落实早诊早治防病原则。20～64岁妇女病筛查723 377人，筛查率58.75%，妇女常见病人数24 761人，患病率17.51%；乳腺癌筛查26 451人，乳腺癌11例，患病率94.02/10万；宫颈癌筛查11 700人，宫颈癌23例，患病率86.95/10万；为4 462例农村妇女提供免费“乳腺癌”筛查，为15 335例农村妇女提供免费“宫颈癌”筛查工作，完成宫颈癌HPV基因免费检测15 547例，进一步提高妇女健康水平。

【免费婚前医学检查】 2017年，全市结婚登记33 164人，免费婚前医学检查31 576人，婚前医学检查率95.21%，检出疾病1 780人，其中指定传染病622人（性传播疾病157人），严重遗传性疾病0人，有关精神疾病7人，生殖系统疾病883人，影响婚育疾病的医学意见221人。

【预防艾滋病、梅毒和乙肝母婴传播】 2017年，为新婚登记人群提供HIV、梅毒免费检测31 056人，HIV阳性60例，阳性率0.19%；梅毒阳性94人，阳性率0.30%。为孕产妇提供HIV、梅毒和乙肝检测29 706人，检测率99.50%，HIV阳性孕产妇78例，检出率0.26%。HIV阳性孕产妇服药率100%，婴儿服药率100%，HIV感染产妇所生儿童抗体检测率100%，HIV感染产妇及所生儿童母婴传播阻断措施覆盖率100%。梅毒孕产妇药物治疗率100%，药物规范治疗率92.31%。梅毒感染产妇所生儿童规范治疗率100%，乙肝感染产妇所生儿童免疫球蛋白注射率99.75%。母婴阻断网络直报及时报告率100%。

【产前诊断暨新生儿疾病筛查】 2017年，完成29 359例产前筛查，产前筛查率80.35%；产前诊断800例，无创产前DNA检测1 378例，遗传咨询8 629例。通过外周血染色体检查，确诊异常染色体核型29例。通过对本市21 223位孕妇进行产前血清学筛查，检出高风险1 138例，对其中800位高风险孕妇进行了羊膜腔穿刺羊水细胞培养产前诊断技术，确诊35例胎儿染色体异常，分别为：唐氏综合征（21三体）19例、18三体4例、性染色体数目异常3例、嵌合体4例，各种结构异常5例。通过对28 197例新生儿遗传代谢病筛查，检出G6PD阳性113例，经筛查及诊断，确诊新生儿先天性甲减5例、PKU患儿3例。为其中2例本地户籍的PKU患儿家庭争取到苯丙酮尿症特殊奶粉治疗国家免费资助项目。年内建立“优生遗传诊断合作实验室”和“基因扩增实验室（PCR）”。

【托幼机构卫生保健管理】 2017年，全市有托幼机构303个，在园儿童49 366人，体检人数47 566人，体检率96.35%。低体重人数占1.59%、龋齿人

2017年8月25日，玉溪市妇幼保健院举行“优生遗传诊断合作实验室”挂牌仪式

（市妇幼保健院　提供）

数占44.80%、弱视斜视人数占1.77%、佝偻病人数占1.11%、贫血人数占1.70%。并对体检儿童进行综合评估，对儿童保健知识进行广泛宣传。

【出生医学证明管理】 2017年，全市向省级申请34 000份出生医学证明，全市各级各类机构申领、签发31 120套，其中机构内签发30 800套，首次签发30 179份，换发294份，补发327份，机构外签发87份。发生废证233份，废证率0.75%；年内未发生遗失、被盗出生医学证明的案件，亦未发生违规发放的情况。

（邓光明　周艳华）

爱国卫生

【农村改水改厕】 改水工作：2017年全市农村总人口176.4 094万人，累计受益179.6 198万人，受益率达98.2%，当年受益10.95万人；自来水厂（站）2 576个，累计受益170.58万人，受益率103.43%，当年受益8.86万人，当年由国家、集体、个人用于农村改水总投资2 559.26万元。改厕工作：全市农村总户数54.73万户，累计卫生厕所户数38.23万户，卫生厕所普及率70.72%，无害化卫生厕所普及率72.74.%，三格化粪池式累计7.07万户，三联沼气池式卫生厕所累计18.44万户，完整下水道水冲式8.30万户，新增无害化卫生厕所2.79万户，累计使用卫生公厕户数17.44万户，当年由国家、集体、个人用于农村改厕总投资3 226.64万元。

【控烟工作】 2017年，全市控烟宣传坚持实行两个结合，把日常性控烟宣传与“无烟日”大型社会宣传结合起来，控烟工作初显成效。重点抓好“无烟日”的社会控烟大发动、大宣传，以营造全社会支持控烟的大环境，把控烟宣传与开展创建“无烟医院”“无烟单位”“无烟场所”活动结合起来，集中力量抓好“无烟单位”的创建工作。在各类人群中举办控烟巡讲、制作控烟宣传知识宣传内容展板。各医疗卫生单位实行全面禁烟，划定禁烟区域，在醒目位置设立禁烟告示牌。公共场所张贴明显禁烟标志，并制定相关禁烟考评奖惩制度和奖惩标准，明确专职人员做好相关记录，做到室内完全禁烟。设有经过相关培训的禁烟劝阻员和监督员，进行相应的巡查。同时在医院各楼层电子屏幕滚动播“拒绝烟草的危害”及相关控烟知识，在医院门诊大厅、门诊各候诊区、住院病区发放《吸烟的危害》等宣传资料，走道、宣传栏都有控烟专栏。将“世界无烟日”活动列入学校年度活动内容，充分利用开展第30个“世界无烟日”活动集中宣传教育。

【爱国卫生月活动】 2017年4月，在爱国卫生月活动期间，全市参加健康教育活动人数29 046.723千人次，发放各类健康教育宣传材料289 476份，展出宣传展板2 297块，黑板报2 114期。投放灭鼠毒饵37.35吨，投放灭蟑药4 429.1千克，药物灭蚊灭蝇2304 258平方米，投入资金133.55万元。对全市的食品生产经营单位和公共场所卫生抽查单位9 026个，不合格单位207个，销毁不合格食品1 975千克，对从业人员进行了培训，对经营许可证和健康证的相关工作进行了全覆盖检查。

【病媒生物防制】 2017年5月15～18日，市爱卫办对江川区（灭蚊、灭蝇）、澄江县（灭鼠、灭蟑）、华宁县（灭鼠、灭蟑）的病媒生物相关复审工作进行指导。9月20～22日，省病媒生物防制研究所组织专家对玉溪上述三个县区的病媒生物防制先进城区工作进行了检查验收。全市投放灭鼠毒饵37.35吨，投放灭蟑药4 429.1千克，药物灭蚊灭蝇2304 258平方米，投入资金133.55万元。

【建设全国健康城市试点工作】 2016年11月1日，玉溪市被全国爱卫办确定为建设全国38家健康城市试点之一。2017年，市爱卫办经过学习调研，草拟了《玉溪市建设国家健康城市实施方案》，实施方案主要涉及7大健康工程：营造健康环境工程、构建健康社会工程、优化健康服务工程、培育健康人群工程、实施全民健身工程、实施健康细胞建设工程、创新健康发展工程。

（黎明燕）

医政管理

【医改工作】 全面推进分级诊疗工作。2017年，市、县（区）两级医疗机构累计上转患者24 748人次，累计下转患者127人次，居民自愿、基层首诊、政策引导、创新机制的分级诊疗制度逐步得到落实。落实社会办医政策，促进民营医疗机构快速发展。2017年，全市新设置审批社会办医疗机构55个。稳步推进医师多点执业工作。认真贯彻落实《医师执业注册管理办法》，推进玉溪医师多点执业工作的开展。配合推进县级公立医院综合改革。配合做好国家卫计委、省卫计委组织的2016年度公立医院综合改革效果评价考核以及国家医改办组织的2017年上半年深化医药卫生体制改革督查相关准备工作。巩固加强县乡村医疗服务一体化管理工作。2017年，全市9个县区的县级医疗机构与44个乡镇卫生院实现了一体化管理，县区覆盖率达到100%，乡镇覆盖率达到65.67%。托管单位下派1 088人次，所托管单位上派进修学习358人次，被托管机构新开设服务项目20余个（项、次），被托管的基层医疗机构的管理更加规范，服务能力得到提升。与2016年相比，被托管理的基层医疗机构门急诊人次增加1.91%，收入增加7.28%。县乡村医疗服务一体化管理工作取得一定成效。组织开展市级公立医院绩效考核。牵头制定玉溪市公立医院绩效考核方案和玉溪市公立医院绩效考核评分标准，会同市人社、市财政联合考核，促进市级三家公立医院规范绩效管理。推进医联体建设。经过考察学习、深入调研和广泛征求相关部门、医院意见，制定《玉溪市加快推进医疗联合体建设实施方案》，组织各县区和市级医院开展医联体建设工作。

【医疗机构审批管理】 2017年，市级新设置审批医疗机构6家（其中：新设置2家，级别变更1家，级别、类别变更1家，执业地点变更2家），变更登记14家，延续注册2家，校验30家，新设置审批的6家医疗机构均按要求向省级备案；为县区备案医疗机构57家。

【医疗机构管理】 2017年，全市542人通过全国医师资格考试。玉溪考点荣获“云南省医师资格考试考务管理工作优秀考点”。组织辖区医疗美容服务机构开展医疗美容主诊医师专业核定备案工作，备案美容主诊医师84人，其中：美容外科31人，美容牙科19人，美容皮肤科16人，美容中医科17人（同时备案美容皮肤科和美容中医科1人）。制定《玉溪市医疗机构、医师、护士电子化注册管理改革工作方案》，组织开展全市医疗机构、医师、护士电子证照管理试点工作，医疗机构、医师、护士电子化注册率分别达到96%、99%、97%，位于全省前列。组织开展限制类医疗技术临床应用备案、登记工作。开展了6项限制类医疗技术的备案工作，备案医疗机构达15家。

【医疗秩序维护】 2017年，全市卫生部门进一步做好维护医疗秩序工作，深入推进创建“平安医院”活动，继续开展严厉打击涉医违法犯罪专项行动，对伤医行为始终持“零容忍”的态度，坚决打击涉医违法犯罪行为，严防伤医事件发生，确保医务人员人身安全，维护正常医疗秩序；进一步完善医疗纠纷预防与处理法制建设，健全“三调解一保险”医疗纠纷处理制度及保障机制，组织开展第三轮玉溪市公立医疗卫生机构“医疗责任保险”统保工作，全市104家公立医疗卫生机构全部参加了统保，保险期暂定三年（2017年3月25日至2020年3月24日）；加强医疗纠纷行政处理工作，及时移交医疗事故技术鉴定36起（含再次鉴定10起）；配合推进医疗纠纷调解工作，玉溪市医疗纠纷调处中心共受理申请调解中心城区公立医疗机构的医疗纠纷案件24件，涉案诉求金额365万元，经调解后达成协议的24件，实际赔偿金额75万元，占诉求金额的20%。调解成功率100%，结案率100%。接待群众来访来电20件。

【医疗服务能力建设】 推进临床重点专科建设，2017年，玉溪4家医院的5个专业被确定为省级临床重点专科建设项目。加强紧缺人才培养，根据短缺人才现状，结合省卫计委骨干医师等培训项目，选派儿科、妇产、护理等人员参加骨干医师等培训项目。在全市二级以上医院大力推行优质护理服务，落实责任制整体护理，组织开展优质护理服务病区验收工作，全市20所二级及以上公立医院全面开展优质护理工作，开展优质护理服务的科室（病区）达188个，覆盖率为94.95%。加强医疗急救管理，制定《玉溪市疾病应急救助制度实施细则（试行）》，实施疾病应急救助制度，召开联席会，开展基金申报、评审、支付工作。组织开展院前急救能力调查及督导检查工作，规范非院前急救转运工作及办理流程。

【医疗质量管理】 继续推进等级医院评审工作。2017年，组织通海秀山医院迎接省卫计委的现场评审。建立健全医疗质控体系网络。进一步加强医疗质量控制工作，提高各级各类医疗机构诊疗水平及服务质量，新成立了5个医疗质量控制中心。继续落实“进一步改善医疗服务行动计划”，深入落实改善医疗服务各项重点工作，积极参与相关宣传活动，进一步展示改善医疗服务的成果，增强人民群众获得感。大力推进临床路径管理，20所县级以上医疗机构实行临床路径管理工作，涉及病种2 103种次、试点专业205个次，进入临床路径管理的病例数136 900例。大力推进无偿献血，保障临床用血安全，玉溪临床用血100%来自无偿献血、100%为成分输血。加强医疗废物监管，规范处置医疗废物，认真核实各医疗机构医疗废物产生及处置情况，做好医疗废物申报登记统计工作，全市医疗废物集中处置率达到93.79%，位于全省前列。组织开展大型医院巡查工作，制定《玉溪市2017年大型医院巡查实施办法》，6～7月，分别对市第二人民医院和二区七县人民医院开展巡查工作。制定《玉溪市医疗安全管理和风险防范工作专项整治活动方案》，在全市范围内认真组织开展医疗安全管理和风险防范有关工作整治活动。各医疗机构认真贯彻落实《医疗质量管理办法》，结合医院实际，细化完善医疗质量安全管理的18项核心制度，保证医疗安全，不断提高医务人员的安全意识和服务水平。加强医院感染日常监督管理工作，贯彻落实《医院感染管理办法》，完善医院感染管理制度，建立健全三级监控网络，切实加强医院感染管理工作，避免恶性医源性群体感染事件的发生。强化公共卫生职责医意识，做好“三位一体”新型肺结核防治工作。

（杨　坤）

【无偿献血】 2017年，市中心血站采集全血21 207人次，采血量6065 300毫升；机采435人次，663个治疗量。较上年相比全血采集量上升14.34%，机采采集量下降0.14%（临床需求量下降），无偿献血率为9.13/千人口，较上年上升了1.24/千人口。无偿献血人次首次突破2万人，无偿献血年采血量首次破6吨。建立献血者队伍机采献血者252人、稀有血型献血者281人、固定无偿献血者7 317人；连续12年实现全市医疗临床用血100%来自自愿无偿献血。9月，市中心血站被省人力资源和社会保障厅、省卫计委评为“云南省卫生计生系统先进集体”。

【血液检测】 2017年，市中心血站完成血液检测21 642人份；血液检测率为100%；血型检测准确率为100%；血液标本漏检率为0；血液检测报告发放准确率为100%；质量安全事故率为0。

【成分输血】 2017年，市中心血站积

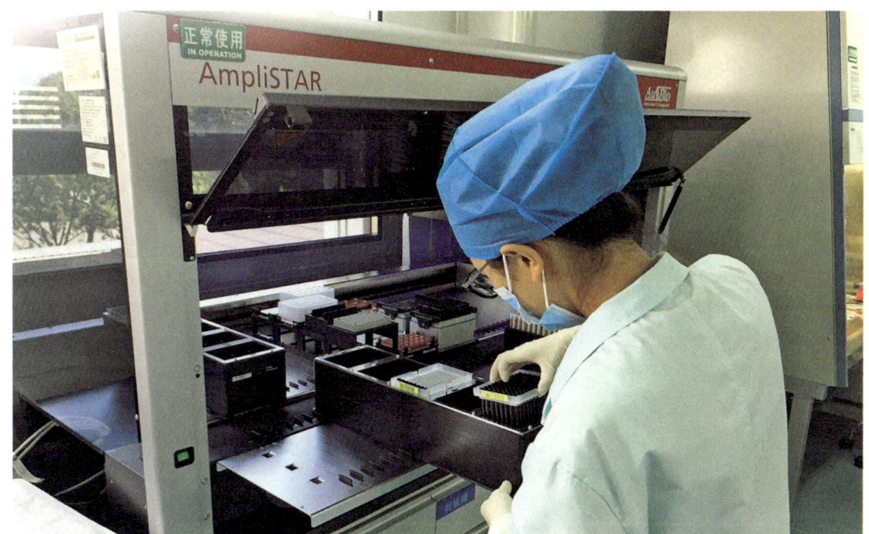

2017年7月1日，市中心血站开始核酸检测，实现对每一份血液标本进行核酸筛查

（市中心血站 提供）

极推广成分输血，全年向临床供应血液63 259U，分别是悬浮红细胞：29 288.5U；洗涤红细胞：375.5U；冰冻解冻去甘油红细胞：17.75U；单采血小板：6 540U；新鲜冰冻血浆：12 651U；冰冻血浆：9 384U；冷沉淀：5 002.25U。较上年上升6.87%。成分输血率100%。

（沈佳佳）

社会办医

【鼓励支持民营医院发展】 2017年，市卫计委为促进民营医院医疗质量的持续改进，为患者提供良好的医疗服务，提升品牌形象，鼓励、支持民营医院创建二级甲等综合医院，组织通海秀山医院迎接省卫计委的现场评审。实行新、改、扩建项目的预防性审查及竣工验收制度，主动介入新、改、扩建的民营医院的选址、设计、建设等前期工作，从建设标准和要求等方面进行审查和把关，避免了不必要的改造经费投入。简化审批流程，压缩审批时限。成立许可审核科，统一受理，对资料齐全、符合条件的社会办医疗机构，在执业登记、变更、校验以及医师、护士注册等审批事项力争当场办理，并将医疗机构设置审批时限由《医疗机构管理条例》规定的30日压缩为15日，将执业登记时限由《医疗机构管理条例》规定的45日压缩为20日。推进医师多点执业工作，鼓励符合条件的医师到基层医疗卫生机构和社会办医疗机构多点执业，年内，办理医师多机构执业67人。

【社会办医疗机构情况】 2017年底，全市共有社会办医疗机构572个（其中社会办医院52个），占医疗卫生机构总数的40.31%；实有床位3 383张（达到每千常住人口1.42床），占全市医疗卫生机构床位总数的25.02%；医师1 707人，占全市医师总数的28.99%；护士2 371人，占全市护士总数的29.37%。2017年，社会办医疗机构门急诊人次369.03万人次，占全市门急诊人次的22.04%；出院人次7.77万人次，占全市出院人次的18.55%；业务收入6.80亿元，占全市医疗机构业务收入的17.49%。

（杨 坤）

中医药管理

【中医药服务能力建设】 2017年，全市中医医院全面取消除中药饮片以外的药品加成，认真贯彻执行中药饮片收入不纳入药占比等中医药扶持政策。在建立现代医院管理制度、人事薪酬制度改革、支付方式改革、参与分级诊疗体系建设、家庭医生签约等方面进行了积极探索实践。

加强中医重点专科建设，督促指导市中医医院国家级“十二五”重点专科建设项目的评审验收，易门县中医医院骨伤科、新平县中医医院针灸科省级中医重点专科建设评审验收，强化项目跟踪问效。加强中医医院急诊急救能力建设，按照中医医院重症医学科、急诊科《建设与管理指南》要求，组织开展市中医医院重症医学科建设和县级中医医院急诊科建设，完成2016年元江、易门、江川3个县急诊急救能力建设项目绩效评估，申报并督促2017年新平、澄江县2个县级中医医院急诊科项目建设。6月28～29日，红塔区通过“创建全国基层中医药工作先进单位”省级评审工作。联合发改、财政、人社、食

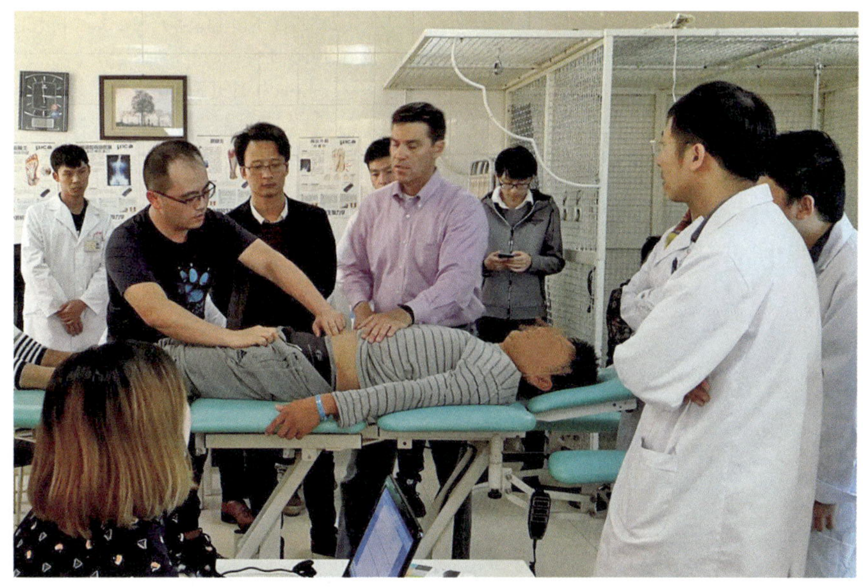

2017年10月，市中医医院邀请国际筋膜研究会创始会员、美国亚利桑那州整脊协会会员、筋膜手法课程讲师爱德华博士到医院进行《现代筋膜理论及意大利筋膜手法的临床应用》课程讲授

（市中医院 提供）

药等五部门下发《玉溪市基层中医药服务能力提升工程"十三五"行动计划实施方案》，各县区按照基层医疗机构中医综合服务区（中医馆）建设指南要求，强化基层医疗机构中医药服务能力建设；澄江县、红塔区、峨山县分别申报中央和省级基层中医药服务能力整体提升专项资金项目，以县为单位整体提升基层中医药服务能力。

【中医药服务管理】 2017年，以等级中医医院评审持续改进和大型中医医院巡查整改工作为抓好手，加强和规范中医药服务监管工作。全市开展中医医疗安全管理和风险防范工作专项整治活动。本次专项整治活动共监督检查327户，其中县区综合医院9户、中医医院7户、综合门诊部3户、卫生院48户、村卫生室136户、中医诊所91户、社区服务中心5户、民营医院14户、学校（厂矿）医务室13户、妇幼院1户，排查重点科室152个。

【规范中医药健康服务项目】 2017年3月，市卫计委组织市级专家对全市各县区开展的中医药健康管理服务项目进行专项督导检查，进一步规范中医档案台账、服务记录表。累计完成老年人中医药健康服务管理157 412人，项目覆盖率70.88%，完成省级40%覆盖率的目标；0～36个月儿童任务目标人群65 306人，儿童中医药健康管理服务管理完成60 841人，项目覆盖率99.16%，完成了省级40%覆盖率的目标。

【中医药治疗艾滋病】 2017年，玉溪市中医药治疗艾滋病任务数为200人，截至至2017年12月底，累计完成入组患者建档治疗522人，正在治疗293人。完成CD4检测447人次。完成常规检测490人次。

（龙江涛）

医教科研

【专科联盟】 2017年8月3日，市人民医院与墨江县人民医院签订医疗战略合作协议，开启医院跨地区医疗合作新模式；9月19日，签约加盟泛中南地区肿瘤专科（单病种）联盟暨肿瘤临床研究协作网络联盟，成为省内首家成功加盟该研究中心的综合医院。市中医院深化对外合作，携手省内外实力较强的综合医院，跨区域结盟拓展技术实力，肛肠科加入北京中日友好医院肛肠专科联盟；针灸科加入云南省第二人民医院康复科联盟；推拿科加入云南省小儿推拿专科联盟，昆明医科大学第一附属医院骨质疏松与骨矿疾病诊疗联盟；治未病科加入云南省医疗集团专科联盟，中医健康状态评估与监测示范基地专科联盟。

【医学科研成果】 2017年，市人民医院共发表文章230篇，其中SCI论文5篇，国家级论文17篇，省级论文208篇；2项国家自然地区基金项目地区科学基金，获得66万元的经费资助；9项院内课题通过省教育厅科学研究基金项目、科技厅联合专项重点项目、省科技厅联合专项青年博士统筹项目、省科技厅联合专项统筹项目、省科技厅联合专项自筹项目、省社会哲学基金项目和省科技档案项目申报，共获专项经费96万元；医院检验科临床生化实验室通过美国国家糖化血红蛋白标准化计划（National Glycohemoglobin Standard Program， NGSP）二级实验室（Level-II Laboratory）认证。市人民医院拥有1个国家级全科规培专业基地，内科、儿科、放射科、外科、外科—神经外科方向、外科—泌尿外科方向、骨科、妇产科、外科—心胸外科方向、神经内科、耳鼻咽喉科、麻醉科、皮肤科、眼科、放射肿瘤科、急诊科、检验科、超声科、口腔全科等19个省级规培专业基地通过国家级规培基地初审；每年接收各类实习、进修、培训、教学人员达1 000余人次，培训住院医师约170人。

市中医医院科研立项15项，有3项列为省科技厅项目，科研验收14项，其中1项成果向省卫生科技教育管理协会申报2017年度卫生科技成果奖，发表论文89篇；举办了12项继续医学教育项目，其中有1项国家级项目、6项省级项目、5项市级项目。

【专科建设】 2017年，市人民医院获1个国家级临床护理重点专科建设项目，有重症、心内、骨科、儿科、妇产、急诊、内分泌科等7个省级重点专科，1个省重点培育项目（肾内科），1个省级内设研究中心（云南省优质护理服务研究中心），1个省级质控中心（精神科），3个玉溪市诊疗中心（儿童疾病临床诊疗中心、神经疾病诊疗暨康复中心、肾脏疾病暨血液净化临床诊疗中心），18个市级医疗质量控制中心（检验、手术室、药事、感控、护理、麻醉、心内、血液、急诊医学、输血、儿科、重症医学、病案、传染病、病理、超声、X线、产科）；1个院士工作站（中国人民解放军第二军医大学孙颖浩院士工作站）。

市内首家专业脑病康复门诊在市中医医院成立，康复门诊在进行规范治疗的基础上，运用中医中药的辨证论治，同时配合中医的特色治疗方法全方位进行，为患者提供了一站式的康复服务，收效较好。"段其昌全国名老中医药专家传承工作室"成立，成为省内本批州市级中医医院唯一一家获此殊荣的单位。"云南省国医名师夏惠明名医工作室"成立，对医院推拿学科技术提升、服务能力提升、加快人才培养等方面起到推动作用。

（杨　丽　火红艳　康雪俊　李钰雯）

（吴 垠 摄）

（解家敏 摄）

体　育

PHYSICAL EDUCATION

责任编校：王　斌

体育管理

竞技体育

群众体育

体育产业

体育管理

【概　况】 2017年，市体育局围绕玉溪“生态立市、产业富市、创新强市、开放兴市、共享和市”发展战略，开展“科教引领创新发展”大讨论大行动，以人民为中心，以改革创新为动力，以举办赛事为活力，以竞技提升为目标，以产业发展为抓手，以补齐短板为重点，创新思路深化改革，真抓实干锐意进取，奋力拼搏攻坚克难，群众体育活动不断丰富，竞技体育取得突破，体育产业发展迈上新台阶，开启了玉溪体育事业发展新篇章。

群众体育有声有色。落实《玉溪市全民健身实施计划（2016～2020年）》，构建群众体育公共服务体系，申报群体中央转移支付资金项目32个，申报省“七彩云南全民健身基础设施建设工程”“十三五”体育场地建设项目404个，全年争取上级资金4 290.78万元。投入群体基础设施建设资金655万元，县、乡、村基层群众体育基础设施建设逐步完善。投入425万元用于开展全民健身活动，组织开展全民健步走、七彩云南格兰芬多国际自行车节玉溪站、全国公开水域游泳系列赛抚仙湖站、“三八”职工趣味运动会、第五届县区乡镇（街道）篮球大联赛等群众体育赛事活动150余次。全市共有社会体育指导员5 347人，市级体育协会28个，社区体育健身俱乐部4个，国家级青少年体育俱乐部11个，健身气功活动站点57个，全民健身站点503个，全市人均体育场地面积1.62平方米，经常参加体育锻炼的人数达35.5%。

竞技体育稳步推进。率先在云南省州市成立“玉溪市青少年足球训练中心”，积极申办省第十六届运动会，圆满完成省体育局下达的第十三届全运会训练参赛任务，玉溪籍运动员参加全国第十三届运动会取得3金3银2铜的佳绩；组织运动员1 002人次参加云南省十五届运动会预赛、年度锦标赛36项次比赛，荣获金牌89.5枚，银牌98枚，铜牌114枚。承办ITF国际女子网球巡回赛·玉溪站比赛、全国青少年足球冠军杯赛（玉溪女子赛区），举办玉溪市青少年足球精英赛等省、市竞技体育赛事7项次。全市拥有国家级体育后备人才基地1个，省级体育后备人才基地5个。玉溪体校被国家体育总局命名为“国家高水平体育后备人才基地”和“国家田径单项奥林匹克高水平后备人才基地”。

体育产业加快发展。新建成抚仙湖环湖健身步道、骑行步道，建成红塔区洛河云南越野车、摩托车赛车场地及龙马山、凤凰山、金鳌山航空滑翔运动基地，磨盘山山楂湖健身步道、越野车、摩托车丛林穿越赛道及房车营地前期设施，喜祥庄园户外运动休闲基地赛车道等体育基础设施。体育商业赛事亮点频现，举办云南国际汽车文化主题公园首届越野车场地邀请赛、抚仙湖嘉年华暨铁人三项赛、抚仙湖国际帆船邀请赛、保利·抚仙湖国际半程马拉松赛、云南·新平户外运动联盟大赛、滑翔伞国际邀请赛、抚仙湖超级马拉松赛、自由搏击对抗赛等体育国际国内商业赛事15场次，吸引运动员及观赛人员30万人次。场馆资源优化整活，成功实施通海县体育场馆升级改造工程，玉溪体育场托管经营，利用废旧矿山整合开发洛河体育特色汽车主题风情小镇。招商引资推介力度加大，在深圳举办七彩云南抚仙玉溪—“相约春天·共筑梦想”2017玉溪体育产业投资推介会，参展中国体育文化·中国体育旅游博览会、中国国际旅游交易会。优化体育产业项目储备库建设，50个项目纳入玉溪市体育产业项目储备库。

体育改革亮点频现。制定出台《玉溪市全民健身实施计划（2016～2020年）》《玉溪市足球改革发展实施方案》《玉溪市城镇居民住宅小区配套体育设施建设的实施意见》《玉溪市体育创新实施方案》《玉溪市体育商业赛事报备管理办法》等政策措施，营造体育发展良好政策环境。深化体育管理机制改革，成立玉溪市体育产业发展促进中心、玉溪市旅游文化体育投资国有平台公司、玉溪市体育产业协会。通海县应用PPP模式改造提升带动城市服务综合体建设遴选国家发改委、国家体育总局产业联系点典型案例。

【全市体育工作会议】 2017年2月16日，全市体育工作会议在市体育局召开，来自全市各县（区）文旅广体（文广体）局局长、分管体育副局长及体校领导60多人参会。会议总结2016年全市体育工作，安排部署2017年工作任务。市体育局副局长朱建华传达全国、全省体育局长会议、全市社会事业口工作会议精神。局长李家富在会上作《以改革创新为突破口推动玉溪体育事业实现新跨越》工作报告。总结2016年全市体育工作取得的成绩和存在困难问题，传达学习习近平总书记关于体育工作系列重要讲话精神，以及市四届人大五次会议、全省体育局长会议精神，全面做好2017年各项体育工作：落实市委、市政府政策文件，推进体育事业改革创新；争先进位，推动全民健身与全民健康深度融合，全民健身全覆盖；以申办第十六届省运会为龙头，以体育产业为抓手，全面推进玉溪科教创新城体育工作开展；围绕备战省十五运会周期工作重点，进一步推动竞技体育发展。

【市人大专题调研体育产业】 2017年4月24～28日，玉溪市人大常委会副主任叶本功带队，教科文卫委全体成员组成的调研小组对玉溪市体育产业发展情况进行专题调研。市体育局局长李家富、副局长黄绍林等陪同，分别到红塔区、澄江县、通海县、新平县、元江县对体育产业项目进行实地调研，听取各县区分管领导关于体育产业发展情况、工作思路及问题困难专题汇报。5月2日，在市体育局召开全市体育产业调研座谈会，市人大教科文卫委主任周葵、副主任李贵华、杨英泽，市体育局局长李家富、副局长朱建华及相关企业、协会代表参会。李家富就玉溪体育产业发展情况作汇报，参会的企业、协会代表发言，对体育产业发展提出意见建议。

7月2日下午，玉溪市四届人大常委会举行第五十九次主任会议，专题研究体育产业发展工作。会议听取市体育局局长李家富关于全市体育产业发展情况汇报、市人大常委会教科文卫工委主任周葵关于全市体育产业发展情况的调研报告。市人大常委会党组书记李洪云讲话，要求坚定不移实施体育消费和品牌发展战略，着力推进体育产业发展，积极营造体育产业发展的良好氛围和环境，促进全民健身运动深入开展，不断满足人民群众多样化体育需求，提高人民群众健康水平和生活品质。市委常委、副市长尚建华讲话，表示将认真梳理会议提出的意见建议，以《玉溪市体育产业发展规划（2016～2025）》为引领，抓好各项工作落实，促进玉溪体育产业健康有序发展。市人大常委会副主任周继武主持会议，副主任郭开堂、叶本功，秘书长李伟出席会议。

【体育彩票销售】 2017年全市体育彩票共销售5.12亿元，比上年增加0.51亿元，增长10.94%，全省排名第5名，比上年上升1名，上缴市财政国库体育彩票公益金3 187万元，受到省体育局表彰奖励。

【体育彩票公益金使用专项检查】 2017年10月16～20日，为加强体育彩票公益金监督管理，提高体育彩票公益金使用效率，市纪委派出第三纪工委、市体育局抽调财务及相关工作人员组成玉溪市体育彩票公益金专项检查小组，对全市二区七县、市体育局机关、市少体校、市老年人体育文娱活动中心、体校等单位体育彩票公益金使用情况进行专项检查。检查组采取听汇报、查阅账目资料、实地检查的方式，依照《云南省体育彩票公益金管理办法》，对省、市下拨到县区2017年1～6月份体育彩票公益金1 987.80万元资金是否到位、是否专款专用、资金支出情况、资金投入效果等方面作了全面、细致检查，检查组还实地察看了建设项目工程进度和建设成效。通过检查，玉溪体育彩票公益金使用整体情况良好，除少数县区由于财经资金困难未能及时拨付到位外，其余县区体彩公益金到位，并已开始实施项目工程建设。体彩公益金投放紧紧围绕开展全民健身活动、体育场地建设和修缮、体育健身路径购置、体育竞技、体育扶贫工程及青少年校外活动场地建设和维护等社会公益事业，充分体现了体育彩票公益金“取之于民，用之于民”的宗旨。检查组针对体育彩票公益金使用范围、项目申报、会计核算中存在的问题，提出要严把项目审核关、资金拨付关、资金使用关、资金监督关，采取有效监管措施，提高彩票公益金使用效率。

【体育特色学校】 2017年2月28日，省教育厅命名第一批全省598所中小学校为“云南省省级体育特色学校”，玉溪66所学校榜上有名，涉及多个体育特色项目。航模：玉溪四小、聂耳小学、通海秀山一小、华宁斗居小学；乒乓球：红塔区研和小学、春和小学、江川前卫小学、澄江凤山小学、通海第一中学、杨广小学、东麓中学、华宁宁州示范小学、元江一小、玉溪师院附中；武术：红塔区高仓小学、龙池小学、澄江右所小学、通海纳古小学、华宁华溪小学、元江民族中学；健美操（啦啦操）：玉溪一小、江川大街小学、伏家营中学、大街中学、澄江六中、华宁一中、通海二中、玉溪体校；射击（射箭）：玉溪一小；棋类：红塔区黑村小学、冯井小学、澄江九村小学；定向越野：红塔区灵秀小学；篮球：红塔区洛河小学、新平一小、元江二小、玉溪工业财贸学校、玉溪四中、江川雄关中学、澄江二中、通海秀山中学、元江三中、华宁一中、三中、易门龙泉中学、玉溪民中；田径：红塔区小石桥小学、通海桑园中学、里山小学、华宁青龙小学、江川大庄小学、元江羊岔街小学、龙潭小学、玉溪六中、澄江四中；体育舞蹈：玉溪聂耳小学、澄江龙街小学、华宁甸尾小学、元江那诺小学、玉溪六中；网球：通海四街小学；排球：玉溪体校、玉溪五中、玉溪八中、华宁四中、澄江一中；羽毛球：玉溪师院附中、华宁六中、玉溪二中、三中、澄江职业中学、新平一小。

2017年全国青少年校园足球特色学校遴选工作于5月完成申报。红塔区刘总旗小学、玉溪第八中学、玉溪体育运动学校、玉溪聂耳小学、江川区大街小学、江川区江城中学、澄江县龙街中心小学、澄江县第六中学、通海县秀山中学、通海县镇海小学、华宁县第七中学、华宁县宁州镇示范小学、易门县六街镇中心小学、峨山县化念中心小学校、峨山县双江中学、新平县第一小学、新平县第二中学、元江第四小学等18所学校被认定为全国青少年校园足球特色学校，加2015、2016年已认定的26所特色学校，全市全国青少年校园足球特色学校达到44所。

【受表彰单位和个人】 2017年8月27日，第十三届全国运动会期间，国家体育总局表彰2013－2016年度全国群众体育先进单位、全国群众体育先进个人、全国体育系统先进集体、全国体育系统先进工作者。玉溪市公安局、玉溪市总工会、玉溪市体育局、玉溪体育运动学校、新平县文化广电和体育局、华宁县文化旅游广电和体育局、元江县文化旅游广电和体育局被命名为全国群众体育先进单位，玉溪市体育局副局长朱建华、群众体育科副科长李洪周、玉溪市公安局治安支队经文保大队队长杞绍安、澄江县文化广电和体育局副局长张和平、通海县六一社区书记张万林被命名为全国群众体育先进个人。12月29日，第十三届全运会云南代表团总结表彰大会上，市体育局被省体育局、省人社厅授予全国第十三届运动会备战参赛工作“集体嘉奖”、被省体育局授予“参加全国第十三届运动会优秀输送奖”，玉溪籍运动员刘浩被授予“云南五四青年奖章”。

9月23日，2017中国体育文化·体育旅游博览会在内蒙古包头市举行，在体育旅游精品项目评选授牌仪式上，“七彩云南格兰芬多国际自行车节”被国家体育总局和国家旅游局认定为国家体育旅游精品赛事，新平磨

2017年4月29日，云南省第八届青少年体育舞蹈锦标赛在市体育馆举行。来自全省各州市的1 337名青少年体育舞蹈爱好者参赛　　（解家敏　摄）

盘山户外运动公园获评“中国体育旅游精品景区”。10月，玉溪市体育局被国家体育总局游泳运动管理中心、中国游泳协会、中国救生协会授予“2017年全民游泳健身活动优秀组织奖”。11月18日，省登山户外运动协会、省旅游业协会受省体育局、省旅游发展委员会委托，在2017中国国际旅游交易会上举行授牌仪式，抚仙湖体育旅游休闲度假区被授予“体育旅游目的地”荣誉称号，新平磨盘山户外运动公园被授予“精品景区”荣誉称号。11月，“云南省玉溪市通海县应用PPP模式改造提升带动城市服务综合体建设”项目被国家发展改革委、国家体育总局遴选为全国体育产业联系点典型案例。

（解家敏）

竞技体育

【参赛全运会】 2017年9月8日，第十三届全国运动会在天津闭幕，玉溪籍运动员共夺得3枚金牌3枚银牌2枚铜牌。杨定宏以2小时19分09秒的成绩获得马拉松比赛银牌，李建芳以总分19.389分获得女子个人太极拳太极剑全能项目银牌，师涛获得场地自行车男子团体追逐赛铜牌，玉溪柔力球队获得群众项目柔力球花式比赛铜牌。代表云南参赛的玉溪运动员刘浩和解放军队选手李金达组合以3分35秒630的成绩获得皮划艇静水项目男子1 000米双人划艇金牌，实现了玉溪本土运动员代表云南省参赛全运会金牌零的突破，刘浩以3分54秒465的成绩获得男子1 000米单人皮划艇银牌。代表解放军队参赛的玉溪籍运动员白发全以1小时49分50秒547的成绩蝉联全运会铁人三项男子金牌，和队友一起以1小时22分57秒167的成绩夺得铁人三项混合接力赛金牌。

【申办省第十六届运动会】 根据《云南省体育局云南省教育厅云南省总工会关于申请承办云南省第十六届运动会有关事宜的通知》文件，经玉溪市人民政府第82次常务会议、中共玉溪市委常委会第31次（扩大）会议研究同意，玉溪市政府于2017年6月底向省体育局提交申请承办云南省第十六届运动会的报告。10月17日，副市长尚建华、市体育局局长李家富到省体育局向尹勇局长汇报申办工作。12月27日，由省体育局、省总工会和省教育厅组成的联合考察组到玉溪，就玉溪申办2022年云南省第十六届运动会的基本条件进行考察评估，并召开汇报会，听取玉溪申办省运会陈述报告，副市长李劲松出席汇报会。考察组听取玉溪申办2022年云南省第十六届运动会陈述报告后，实地考察玉溪体育场、市体育馆、玉溪科教创新城、通海县体育中心、江川区体育馆配套设施建设情况以及拟新建场馆玉溪奥林匹克体育中心的选址情况，现场听取玉溪体育工作、体育场馆建设和体育发展等情况汇报后，对玉溪申办2022年云南省第十六届运动会工作给予充分肯定，并就体育场馆规划建设、现有场馆升级改造、体育人才培养等方面提出意见建议。

【“玉溪杯”ITF国际女子网球巡回赛】 2017年5月6～14日，由国际网联（ITF）授权，国家体育总局网球运动管理中心、省体育局、玉溪市政府主办，玉溪市体育局、玉溪日报社承办，红塔集团工会、玉溪师范学院体育学院协办，玉溪报业传媒有限责任公司、玉溪市少体校执行的“玉溪杯”2017ITF国际女子网球巡回赛在玉溪红塔网球中心举行。比赛设女子单打和双打两个项目，其中单打预选赛与正选赛分别设64个签位和32个签位，双打设16个正选签位。赛事总奖金为2.5万美元，选手成绩将计入WTA世界排名积分。来自中国、英国、法国、新西兰、黑山、日本、印度等8个国家和地区的74名职业运动员报名参赛。最终四川组合蒋欣玗/汤千慧获得双打冠军，高馨妤获单打冠军。玉溪网、云南通·玉溪党政客户端、玉溪日报新闻客户端、掌上玉溪客户端等新媒体对比赛进行全程图文直播，对双打和单打两场决赛进行视频直播。

【市首届足球比赛】 2017年1月7日，“玉溪杯”玉溪市首届足球比赛在玉溪师院开幕，比赛由市委、市政府主办，市体育局、市教育局、市总工会、玉溪日报社承办，玉溪师范学院体育学院、玉溪体校、红塔区文化广电和体育局、玉溪网新媒体发展有限公司协办。这是玉溪首次由市委、市政府主办的足球赛事，掀开了玉溪足球运动发展新的一页。市领导叶本功、杨洋、汪燕平、范志华等出席开幕式。比赛分成年组和青少年组两个组别，成年组的14支球队于1月7～13日比赛，青少年组分为U13男子组、女子组和U16男子组于2月11～17日比赛。成年组共有来自各县区及部分企事业单位的14支球队参赛，最终红塔区足球队2：0战胜红塔物业足球队，决出冠亚军。

【幼儿体操啦啦操教练员培训班】 2017年6月16日，由市体育局、市教育局主办，市少体校承办的玉溪市幼儿体操、啦啦操教练员培训班在市少体开班，来自市直及各县区58所幼儿园100人参加。培训班为期3天，由市少体校高级教练王惠英、刘爱莉任教，培训内容为幼儿花球操、幼儿基本体操、幼儿排舞及幼儿基本体操比赛规定动作、难度、规程讲解。

【青少年校园足球选拔赛暨校园足球啦啦操赛】 2017年2月26日，玉溪市青少年校园足球选拔赛暨校园足球啦啦操比赛在玉溪第六中学运动场闭幕。比赛历时14天，共有79支足球队和37支啦啦操队参加，参赛运动员1 653人，进行了183场激烈角逐。玉溪第四小学和玉溪聂耳小学分获小学男子组和小学女子组冠军；玉溪市第八中学和澄江县第五中学分别获得初中男、女子组冠军；玉溪师范学院附属中学和元江县民族中学分别摘取高中男、女子组桂冠。玉溪聂耳小学、江川区大街小学、易门县六街中心小学获小学组啦啦操比赛一等奖；澄江县第六中学、玉溪第四中学、通海县秀山中学荣获初中组啦啦操比赛一等奖；玉溪一中、通海二中、元江县民族中学获高中组啦啦操比赛一等奖。比赛共评选出优秀运动员107名，最佳运动员79名，最佳射手6名。

【邛海抚仙湖川滇帆船对抗赛】 2017年7月21日，首届“体彩杯”2017邛海抚仙湖川滇帆船对抗赛在四川省西昌市月色风情小镇拉开帷幕。本次比赛是首届“体彩杯—西昌大众帆船体验赛”中的一场重要比赛，共有8支队伍参加对抗赛，分别来自云南和四川，抚仙湖云帆会帆船队代表玉溪参赛。本次对抗赛分为航线赛（场地赛）和长距离赛（环湖赛），经过两天比赛，玉溪代表队云帆会帆船队摘得航线赛（场地赛）和长距离赛（环湖赛）的总冠军。本次赛事由凉山州体育局、西昌市人民政府、玉溪市体育局、邛泸管理局主办，西昌市文广新体旅局、西昌市国资公司、西昌邛海帆船帆板运动协会协办。

【市少儿田径游泳篮球年度赛】 2017年7月20～23日，由市体育局、市教育局联合主办，玉溪师院体育学院承办的玉溪市少年儿童田径比赛在玉溪师院举行。来自全市各县区9支代表队230名小运动员参加，比赛设少年组17个项目，儿童组13个项目。经过3天激励角逐，红塔区、易门县、通海县代表队分获团体总分前三名。元江县、澄江县、华宁县代表队分获第四、五、六名。红塔区、峨山县代表队获体育道德风尚奖。

7月28～30日，由市体育局、市教育局主办，华宁县文化旅游广电和体育局、县教育局承办的玉溪市儿童游泳比赛在华宁象鼻温泉游泳馆举行。来自全市5县2区的7支代表队170名小运动员报名参加。经过两天角逐，比赛破一项市儿童纪录，元江县、华宁县、红塔区、通海县、新平县、江川区代表队获男子团体总分前六名，红塔区、元江县、新平县、通海县、江川区、华宁县代表队获女子团体总分前六名。评选出体育道德风尚奖两个队，优秀运动员14名，优秀裁判员6名，优秀教练员6名以及优秀工作人员3名。

7月26～31日，由市体育局、市教育局主办，峨山县文化旅游广电和体育局、教育局承办的玉溪市少年儿童篮球比赛在峨山县体育馆举行。共有来自全市的18支男、女代表队243名运动员及教练员参加。经过6天角逐，华宁县男、女子代表队分获冠军，峨山县男队、通海县男队，澄江县女队、通海县女队分获男、女子组亚军和季军；新平县男队和峨山县女队获体育道德风尚奖。

【承办省青少年排球锦标赛】 2017年8月3日，由省体育局主办，玉溪体育运动学校承办的2017年云南省青少年排球锦标赛暨云南省第十五届运动会排球预赛开幕。共有昆明市、德宏州、曲靖市、红河州、保山市、大理州、玉溪市、云南师大附中、云南师大附中呈贡分校、昆明市官渡区一中10支代表队338人参赛，设男子甲组、女子甲组、女子乙组、女子丙组4个组别。玉溪排球队共派出男子运动员18人、女子运动员25人参赛，全体参赛运动员均顺利通过运动员赛前文化测试。

【成立青少年足球训练中心】 2017年9月29日，玉溪市青少年足球训练中心授牌大会在中玉酒店举行，标志着玉溪足球青训工作跃上了一个新的台阶。市体育局决定组建成立云南省足球运动管理中心玉溪市青少年足球训练中心，并授权玉溪市体育产业发展促进中心、云南同道伟业有限责任公司为实施主体。认定玉溪体育场、玉溪一小、玉溪二小、玉溪四小、玉溪六中、红塔区冯井小学、新平四小为中心训练基地；认定玉溪市足球协会、红塔区青少年体育俱乐部、玉溪精英青少年足球俱乐部等单位为中心训练营组织单位。

【承办全国青少年足球冠军杯赛】 2017年11月2日，由中国足球协会、国家奥林匹克体育中心、玉溪市政府主办，玉溪市体育局、北京奥林匹克经济技术开发公司和北京国奥越野足球俱乐部有限公司承办的2017年全国青少年冠军杯赛“小牛在线”杯（玉溪女子赛区）在玉溪二职中开幕，是全国青少年足球顶级赛事首次在玉溪举办。国家奥林匹克体育中心党委书记杨文，玉溪市委常委、副市长尚建华，市体育局局长李家富等领导及市内五所中学3 000余名师生参加开幕式。本次冠军杯赛U11、U12玉溪赛区共有来自重庆、广东、深圳、广州、贵州、长沙、上海、成都、四川、云南、浙江、福建、湖北、江西、昆明、厦门、武汉等17个省市的28支队伍参加。全国青少年足球冠军杯赛是我国U11、U12年龄组最权威、最专业、最有影响力的全国青少年足球赛事。经过4天角逐，U11、U12两个组别的冠军均为上海队，四川队和深圳队分别获得U11和U12组的亚军，连同两个组别的第三名、第四名各2支队伍，共8支队伍顺利出线晋级总决赛，获得12月中旬在福建省宁德市举办的总决赛资格。

【青少年足球精英赛】 2017年12月30日至2018年1月1日，由市体育局主办，青少年足球训练中心、足球协会承办的“2017年玉溪市青少年足球精

2017年11月2日，2017年全国青少年冠军杯赛“小牛在线”杯（玉溪女子赛区）在玉溪二职中开幕，图为首场比赛

（解家敏 摄）

英赛”在玉溪第六中学举行。比赛历时3天共82场，来自全市的38支球队450余名小球员参赛。比赛分男子组U11、男子组U9、女子组U11和女子组U9四个组别。经过激烈角逐，玉溪第四小学摘得男子组U9、男子组U11两个冠军，浪潮青少年俱乐部捧得女子组U9冠军及男子组U9和男子组U11两个亚军；女子组U11冠军被聂耳小学摘得，华宁平坝小学获得亚军。本次精英赛是2017年11月《玉溪市足球改革发展实施方案》出台后举办的首次全市范围的青少年精英赛，为推动玉溪青少年足球发展奠定了良好的基础。

【玉溪运动员参加国际国内大赛创佳绩】 2017年3月1日，在巴林王国举行的亚洲公路自行车锦标赛上，代表中国自行车队出战的玉溪运动员常玥勇夺女子公路大组赛冠军。5月19日，第十三届全国运动会武术套路预赛暨2017年全国武术套路锦标赛在江苏省无锡市落幕。玉溪武术名将李建芳夺得女子太极拳、太极剑及全能三项亚军，获得全运会决赛入场券。5月21日，第十三届全国运动会群众比赛围棋项目云南省选拔赛总决赛在昆明官渡古镇云子棋院收枰，玉溪小将张玺然获得业余女子个人冠军，她和获得业余男子个人冠军的刘骄代表云南出征全运会。5月24～28日，2017年全国青年柔道锦标赛在辽宁兴城举行。在女子63公斤级比赛中，首次参加全国比赛的玉溪体育运动学校柔道队女子运动员高瑞娇连续战胜国内同级别名将捧得桂冠。11月26日，第16届亚洲马拉松锦标赛暨2017东莞国际马拉松比赛举行。玉溪市培养输送的长跑名将杨定宏以2小时16分27秒获男子组第五名，创国内选手最好成绩。

（解家敏）

【运动员输送及教练员裁判员培训批授】 2017年，市体育局共组织选派基层教练员120余人次参加了省级以上业务培训，包括青少年体育管理干部、中小学校长、体育教师培训。市级举办教练员培训班1期，培训110余人。2017年市体育局批授二级运动员50人，三级运动员1人，批授二级裁判员434人，三级裁判员747人。向省级输送运动员6人，县区向市级训练单位输送后备人才74人。省级体育部门批授玉溪一级运动员6人，一级裁判员3人。

（靳志良）

群众体育

【参赛全运会柔力球、舞龙、龙舟项目】 2017年3～7月，市体育局按照省体育局安排，承担第十三届全运会云南柔力球、龙舟、舞龙群众项目训练及参赛任务。5月16日玉溪柔力球队12名花式运动员，4名网式运动员代表云南到山西晋中市参加第十三届全运会预赛，网式女子单打和花式集体套路获得全运会决赛入场券。7月4日，玉溪柔力球队到天津市滨海新区大港体育中心参加全运会柔力球决赛，经过激烈角逐，在花式集体套路比赛中以9.075分摘得铜牌，玉溪网式项目女子单打选手梁燕获得第八名。6月5日，龙舟队在广东省东莞市麻涌镇华阳湖参加预赛没有取得决赛资格。5月17日，舞龙队在重庆铜梁区参加全运会舞龙预赛，无缘挺进决赛。

【体育社团工作会】 2017年4月7日，玉溪市体育社团工作会议召开，就2016年体育社团工作进行总结，对2017年工作作安排部署。会议要求各协会要充分落实《全民健身条例》，紧紧抓住“全民健身日”等时机，积极组织开展以“全民健身与海绵城市建设共进”为主的全民健身系列活动。以大型活动和小型多样的活动相结合，促进人民群众体育健身意识的提高，更广泛地动员和吸引人民群众参加到体育健身行列中来。会议要求各协会要围绕全市体育工作的重点，有针对性开展属于自己行业的健身项目，每个协会每年的活动不少于4次。如协会每年开展活动较少，甚至不开展活动，市体育局将联合民政和相关部门进行取缔。

9月15日，玉溪市体育总会委员大会召开，大会回顾总结了上届总会的工作，修订完善了玉溪市体育总会章程，选举产生了新一届委员会组成人员。会议要求新一届委员按照全市体育工作的总体部署，抢抓玉溪体育事业快速发展的良好机遇，加快体育社会组织转型升级，提高协会工作组织水平，团结依靠全体委员、体育工作者和体育爱好者，紧紧围绕全市体育工作中心任务，积极探索、努力实践，为推动全民健身、增强人民体质、构建和谐社会、促进玉溪体育事业的发展作出积极贡献。

12月28日，2017年度玉溪市体育协会年度工作会在市体育局召开。市体育局局长李家富、市体育总会主席谭斌、副主席王明朝等及28个市级体育单项协会负责人参加会议。会议听取了谭斌2017年体育总会工作总结和2018年工作计划安排，各体育单项协会作交流。28个单项体育协会负责人汇报2017年协会工作及2018年活动计划，对体育总会工作提出了宝贵的意见和建议。

【“7·16全民游泳健身周”全国重点会场云南抚仙湖站】 2017年6月28日，“7·16全民游泳健身周”新闻发布会在北京国家体育总局训练局全民健身馆举行。玉溪市体育局局长李家富作为云南抚仙湖站代表出席新闻发布会，并在筹备工作座谈会上汇

2017年3月3日，玉溪市“展巾帼风采·做魅力女性”庆三八职工趣味运动会在聂耳文化广场举行。市属各单位、大中专院校等75家单位1 700多人参与。比赛设拔河、集体跳绳、28米运球迎面接力3个比赛项目（解家敏　摄）

报了抚仙湖站筹备情况。7月15日，“7·16全民游泳健身周”全国公开水域游泳系列赛重点会场抚仙湖站暨“七彩云南全民健身运动会”第十一届云南·玉溪抚仙湖公开水域游泳邀请赛在澄江县禄充风景区波息湾鸣枪开赛，来自云南、重庆、四川、河南等省的21支代表队的658名游泳健儿畅游抚仙湖。比赛由国家体育总局游泳运动管理中心、中国游泳协会、中国救生协会、云南省体育局、玉溪市政府主办，玉溪市体育局、云南省游泳协会、玉溪市旅游发展委员会、澄江县人民政府承办。2017年“7·16全民游泳健身周”活动时间为7月8～23日，主题为“亿万大众游泳、共筑健康中国”。

【元旦·春节环城跑】 2017年1月7日，“七彩云南全民健身运动会”玉溪市、红塔区元旦·春节环城赛跑活动在聂耳文化广场举行。市委副书记、市委统战部部长保明顺宣布活动开始，副市长杨洋致词，市领导叶本功、杨洋、汪燕平、范志华等参加活动，并为活动鸣枪起跑。来自市、区直属机关、省属驻玉单位、部队、厂矿、学校、乡（街道）、企事业167个单位的10 773人参加。活动设中、青年男、女子竞赛组、单位集体方队及老年组，竞赛组竞赛距离为6千米，其余组别为3.5千米，起点聂耳文化广场，终点玉溪体育场。

【老年人体育活动】 2017年4月18日，第十四届玉溪“高新杯”老年人体育运动会在市体育馆开幕。由市老年人体育协会主办，高新技术产业开发区管理委员会承办，设置乒乓球、地掷球、门球、柔力球（网式）4个比赛项目，共有16支中央、省驻玉单位老体协、市退管中心老体协代表队的400余名运动员参加。5月23日，2017年市直老体协“农业杯”运动会在市体育馆开幕。来自市委、中级法院、农业局等市直机关单位老体协的25支代表队参赛。由市直老体协主办、市农业局承办，设乒乓球、广场舞、羽毛球和武术4个项目，近600名老年运动员在3天内参加各项目的角逐。9月19日，为期4天的玉溪市第十五届老年人体育运动会在澄江县体育馆开幕，市委常委、副市长尚建华出席并宣布开幕，演出人员为现场观众送上了精彩纷呈、高潮迭起的文艺表演。运动会旨在进一步推动玉溪老年人体育运动发展，为老年人搭建一个相互沟通学习交流的体育平台，展示玉溪老年人良好的精神状态，丰富老年人的精神文化生活，增强广大老年人的健身意识和健康水平，营造全民健身的良好氛围。运动会设门球、乒乓球、地掷球、网式柔力球4个项目，共有七县二区、市退管中心共10支代表队的380余名运动员参赛。

5月31日，全市老年人体育工作会议召开，副市长杨洋出席会议并讲话。会议回顾总结前一阶段老年体育工作，安排部署重点工作，引导全市上下更加重视老年体育工作，全面提升全市老年体育事业发展水平，不断增强老年人的幸福感。

【首届气排球邀请赛】 2017年5月19～21日，由市体育局主办，市气排球协会承办的玉溪市首届气排球邀请赛在红塔文体中心举办，来自二区七县的47支队伍356名运动员参赛。经过3天122场角逐，玉溪运动学校、恒峰驾校、新平志联代表队获中青年男子组前三名；玉溪少儿棋院、通海和谐队、红塔区代表队获老年男子组前三名；玉溪运动学校、新平县气排球协会1队、华宁县女子中年3队获中青年女子组前三名；玉溪少儿棋院、通海和谐队、华宁女子老年队获老年女子组前三名。此次邀请赛旨在丰富全市群众业余体育文化生活，推广气排球项目活动，同时提高中老年人身体素质和参与项目的积极性。

【迎端午七千米跑计时赛】 2017年5月28日，我要上全运暨跑动的云南全民健身运动会玉溪分会场迎端午七千米跑计时赛在聂耳文化广场开跑。活动由市体育局主办，市跑步协会承办，玉溪高山国际健身中心协办。来自市跑步协会、骆峰跑吧、通海跑吧、蜗牛快跑等跑步组织和社会广大跑步爱好者200人参赛。

【柔力球及健身气功赛事活动】 2017年6月21～25日，第三届全国老年人体育健身大会柔力球（套路·竞技）交流活动在江西省婺源县举行。来自全国的23支代表队261名运动员参加。代表云南省出征的玉溪市老年柔力球竞技队获得甲组（60～70岁）团体第一名、女子技巧第一名、男子技巧第二名。红塔区老体协组队代表玉溪市参加柔力球套路、竞技项目交流活动。经过小组赛、循环赛、决赛，取得套路团体第一名，竞技技巧女子第一名，男子第二名的好成绩。

7月25～28日，玉溪市组队参加在保山市体育馆举行的2017年七彩云南全民健身运动会健身气功交流比赛暨云南省第六届健身气功交流比赛（站点联赛）。来自云南省16个州、市32支队伍共128名运动员参赛。设易筋经、五禽戏、六字诀、八段锦集体赛和个人赛。经过3天角逐，玉溪队获集体三等奖和体育道德风尚奖，队员张丽芳获得个人“五禽戏”第三名。

8月，首届北京国际柔力球交流大会上，受邀参赛的玉溪市直机关柔力球队斩获中年组集体全能第一名。8月13日，在第九个“全民健身日”活动期间，为进一步提升健身气功品牌，推动全民健身的新时尚，用科学健康的气功法引导群众强身健体，市直机关老体协组织两千多人，在聂耳文化广场举行2017年市直老体协第八届千人太极拳暨千人“健身气功”展演。

9月，在“2017年首届中国丽江国际健身气功大奖赛”上，玉溪健身气功代表队获得团体总分第四名。王明朝获得八段锦第二名、易筋经第四名，张开杰获五禽戏第五名，张丽芳获五禽戏第七名、六字诀第八名。

10月14～15日，在2017年“七彩云南全民健身”云南省第八届太极拳、械套路锦标赛上，玉溪群英武校华向龙、张开杰等4名运动员代表玉溪参加12个项目比赛获得6金8银，其中华向龙获2金5银，张开杰获2金，胡万昭获1金2银，李云芬获1金1银1铜。

11月24日，2017“我要上全运”全国百城千村健身气功交流展示系列活动大赛云南预赛闭幕式暨云南省第四届视频大奖赛在玉溪举行。玉溪1 000余名健身气功爱好者分别表演了健身气功八段锦、太极拳、柔力球和民族舞蹈。本次活动由省体育局、省政府防范和处理邪教问题办公室、省科协主办，省健身气功管理中心、健身气功协会、玉溪市体育局承办，于5月在曲靖启动，群众参与面广，活动时间长，形成了层层推进的广泛竞赛模式，为广大健身气功爱好者搭建了广阔的交流展示平台。

【“全民健身日”系列活动】 2017年8月8日上午，由市政府主办，市体育局、红塔区政府承办的“动感云南·我要上全运”玉溪市“全民健身日”系列活动启动仪式在科技广场举行，市委常委、副市长尚建华出席仪式并宣布活动启动。来自社会各界的10 000余名健身爱好者从科技广场出发，沿创新路、抚仙路、秀山路、胜利水库、红塔网球中心、关索庙，抵达终点红塔集团工业旅游接待中心，全程约7.5千米。玉溪市2017年“全民健身日”系列活动时间为8月5～13日，玉溪在中心城区举行千人太极拳、健身气功展演、国民体质监测和健身方法咨询、即开型体育彩票现场销售、玉溪市三人篮球赛、玉溪市第三届夏季滑翔伞全国联赛、玉溪市跆拳道锦标赛等9项活动；各县区举行了龙马山山地自行车爬坡赛、环杞麓湖健步走、峨山县环城赛跑、澄江县时光栈道徒步、新平县广场舞大赛、易门县全民健身健步走、元江县千人瑜伽秀等24项活动。从2009年第一个“全民健身日”，玉溪每年都以“全民健身日”活动为契机，举办各类全民健身活动200余次，参与人群达70余万人次。

【承办全省舞龙、柔力球培训】 2017年10月17日，由省社会体育指导中心、市体育局主办的云南省社会体育项目（舞龙）骨干培训班在玉溪开班，来自全省各州市的49名舞龙骨干参训。此次培训由舞龙项目的专业教练陶志勇、欧阳俊雷、袁双平作为指导老师，采取讲座、学员交流、实地演练等方式，向学员讲解了舞龙项目的理论和实践知识，舞龙项目的组织和裁判规则，探讨了舞龙项目地推广、社会合作等，对加强全省舞龙裁判员、教练员队伍建设，提高从业人员业务水平，推动云南舞龙运动开展起到积极作用。

10月21日，由省社会体育指导中心、市体育局主办的云南省社会体育项目（柔力球）骨干培训班在市体育馆开班，来自全省各州市的70多名柔力球爱好者参加为期三天的培训。培训项目分网式柔力球和花式柔力球，各项考核合格者可获得柔力球教练员证书且有申请柔力球项目相应等级的裁判员资格。

【首届广场舞大赛】 2017年10月31日，舞动的云南全民健身运动会暨庆十九大·玉溪市首届广场舞大赛在聂耳文化广场拉开帷幕。本届广场舞大赛由玉溪市全民健身指导协调委员会主办，市体育局、市体育总会承办，各县区文化旅游广电和体育局协办。来自全市21支队伍参赛，是一场展示玉溪本土广场舞水平，激发广大群众全民健身热情的比赛。通过举办比赛，进一步深化“坚持每天锻炼一小时，健康快乐每一天”的健身运动理念，使更多群众参与到体育锻炼中来，促进全面健康与全民健身的深度融合。

【滇黔桂三省（区）老年人体育协作赛】 2017年10月11日，滇黔桂三省（区）十州市第32届老年人体育协作赛在玉溪开幕。比赛由玉溪市政府主办，市老龄委办公室、市老年人体育协会承办。该赛事自1985年起已举办32届，参与单位由4个增加到10个，对促进老年体育事业的健康发展发挥了积极的作用。此次协作赛共有贵州省六盘水市、毕节市、安顺市、黔西南州，广西壮族自治区百色市、河池市，云南省文山州、玉溪市、昭通市和曲靖市共10支代表队参赛。比赛设门球、网式柔力球项目，200余名老年人参赛。

【第五届县（区）乡镇（街道）篮球大联赛】 2017年3月30日，“七彩云南全民健身运动会”玉溪市第五届县（区）乡镇（街道）篮球大联赛决赛阶段比赛在元江县落下帷幕。来自全市二区七县的男、女各8支共16支代表队参赛。比赛设小组循环赛和交叉淘汰赛，经过角逐，男子组1～8名依次为：易门县、元江县、江川区、华宁县、通海县、峨山县、新平县、澄江县代表队。女子组1～8名依次为：红塔区、江川区、新平县、易门县、元江县、澄江县、峨山县、华宁县代表队。

（解家敏）

体育产业

【体育产业招商推介活动】 2017年3月30日，七彩云南抚仙玉溪——“相约春天·共筑梦想”玉溪重点产业（深圳）投资推介会在深圳市举行，市体育局作为本次招商活动成员单位，针对玉溪体育产业做了专题推介。市体育局局长李家富在会上发言。欢笑体育旅游发展公司、森地客体育用品公司、啪啪运动有限公司等17家体育企业代表参会，会上观看了玉溪体育产业宣传视频。李家富向体育企业代表介绍了玉溪体育资源禀赋、区位优势、发展现状等，企业代表就玉溪体育产业招商项目发言。本次座谈推介会全面展示了玉溪体育魅力与风采，并与多家企业达成共识。

6月20～22日，受杨洋副市长委托，市体育局局长李家富和玉溪市抚投公司总经理邓柯一行赴上海参加同济大学国际足球学院成立大会，期间进行体育工作考察，参观上海浦东区、虹口区、杨浦区的部分体育场馆和体育企业。李家富就玉溪体育产业做了推介，希望上海的优秀企业能够到玉溪考察、交流，并加强合作，合力发展，助推玉溪体育产业发展腾飞。

（刘海屹）

【体育产业工作培训】 2017年6月13日，市体育局举办县区体育产业统计工作培训班，来自全市各县区18名体育产业统计人员和分管体育工作的副局长参加。培训的主要内容是完善玉溪市体育产业统计名录库、相关调查表填报讲解、现场提问解答等。6月22～28日，为进一步提高体育产业从业人员队伍业务能力和综合素质，推动玉溪体育产业快速发展，市体育局组织全市体育产业工作人员及部分体育企业、体育协会代表50人到广州体育职业技术学院学习培训。培训班邀请华南师范大学教授、博导谭建湘，广州恒大足球学校校长、原广州市体育局局长刘江南，原国家体育总局体育文化中心主任、国家体育总局政策法规司副司长梁晓龙等授课。讲授内容包括体育产业的发展现状与趋势、体育产业政策解析、体育场馆的经营与管理、体育健身休闲产业的发展和体育改革等。实地参观考察广州恒大足球学校、天河体育中心及部分体育企业。11月9～10日，为提高全市体育产业管理干部、体育企业人员对现行国家、省、市体育产业政策的认识，强化全市体育产业项目申报工作，市体育局举办体育产业业务培训班。来自市、县区体育部门、体育企业负责人共75人参加。培训教师围绕国家、省、市体育产业发展政策及体育产业项目申报实务、体育产业统计实务、体育产业项目绩效管理等知识，为参训人员做深入、细致、详实的讲解。

【抚仙湖国际半程马拉松赛】 保利·2017抚仙湖国际半程马拉松赛于2017年8月13日在澄江县月亮湾湿地公园鸣枪开跑。比赛由玉溪市体育局、澄江县人民政府主办，中国田径协会合办，云南博捷体育赛事策划有限公司承办，致力于打造云南“最美赛道”旅游景区马拉松赛事。比赛设半程马拉松21.0 975千米、迷你10千米、健步行5千米和欢乐跑2千米四个项目，吸引来自美国、法国、意大利、加拿大、泰国、埃塞俄比亚、肯尼亚等外籍运动员40余名和国内1万余名跑步爱好者参与。最终Kennedu Kimnthi力压群芳，以1小时06分45秒837摘得半程马拉松男子组冠军，杨定宏以1小时07分57秒617获得半程马拉松男子组第三名；来自贵州的丁常琴以1小时22分09秒夺得半程马拉松女子组冠军。举办2017抚仙湖国际半程马拉松赛事，是玉溪打造健康城市的重要部分。

【建立健全体育产业名录库】 2017年6月13～30日，市体育局组织开展体育产业统计，启动体育产业名录库建立健全工作，全市纳入2017年体育产业统计名录库的体育产业单位423户，其中企业法人单位190户（含2017年成立的12户），非企业法人单位120户（2017年成立的1户），个体工商户113户。与2016年相比，企业法人增117户，非企业法人增3户，新增个体工商户120户。

【市体育产业协会成立】 2017年12月28日，玉溪市体育产业协会成立大会在市体育局会议室召开。市体育局副局长王红及31家会员单位代表参加会议。会议审议通过了《玉溪市体育产业协会章程》《玉溪市体育产业协会选举办法》《玉溪市体育产业协会经费管理及使用办法》。选举产生协会执行机构、监督机构及机构负责人，组建协会第一届常务委员会班子及监事会班子。玉溪旅游文化体育投资有限责任公司总经理杨鸿飞当选为协会会长，云南同道伟业体育发展有限公司法人朱恒星、云南动享体育产业发展有限公司法人曾静、云南大满冠商贸有限公司法人杨忠原、云南秀旅赛车文化有限公司法人依子波当选为协会常务副会长，玉溪名堂文产旅游投资发展有限公司法人周劲松当选为协会监事长。

【抚仙湖体育旅游产业发展论坛】 2017年9月2日，由市旅游发展委员会、市体育局、澄江县人民政府主办，上海大铁体育文化发展有限公司承办的“2017抚仙湖体育旅游产业论坛”在抚仙湖悦椿度假酒店举办。市体育局局长李家富、市旅游发展委员会主任何雪峰、澄江县副县长夏德喜等体育旅游相关部门负责人及北京游美国际营地、上海大铁体育、曜为资本、荣正投资咨询有限公司等企业董事长、总经理等。论坛以“体育+旅游”融合发展为主题，以专家讲授、圆桌论坛的方式举行，通过政府、嘉宾和专家集思广益，广纳谏言，为玉溪市体育旅游融合产业发展献计献策。

【抚仙湖大铁113国际铁人三项赛】 2017年9月3日，2017抚仙湖嘉年华暨STC大铁联赛之抚仙湖大铁113铁人三项赛在抚仙湖畔月亮湾湿地公园开赛。来自中国、德国、澳大利亚等18个国家和地区的450余名铁人三项爱好者同场竞逐。经过全程113千米的激烈角逐，澳大利亚的Mitchell Robins以4小时22分30秒的成绩夺得大铁113组男子冠军，女子冠军则被云南选手谭文娟以5小时39分44秒的成绩夺得。赛事由市旅游发展委员会、市体育局、澄江县人民政府主办，上海大铁体育文化发展有限公司承办，是STC大铁联赛首次落户玉溪。

【七彩云南格兰芬多国际自行车节玉溪站】 2017年11月6日，2017第四届七彩云南格兰芬多国际自行车节玉溪站开赛。来自国内外的1 000多名自行车爱好者环绕抚仙湖骑行105千米。最终蒙古国熊猫车队包揽长距离男子组前三名，其中羌巴获得冠军，Tegshbayar Batsaikhan荣获第二，米卡获得第三名。昆明市春城中学青少年俱乐部在长距离女子组项目前10名榜单上占据了7名，唐欣斩获项目冠军。“七彩云南·格兰芬多国际自行车节”是云南省举办的“最大规模、最长距离”一项大众性国际自行车骑行盛会，2017年7月被国家旅游局、国家体育总局评定为“国家体育旅游精品赛事”，是云南唯一获国家评定的体育旅游品牌赛事。本届赛事分别在昆明、玉溪、楚雄、大理、丽江5个城市举行，总赛程约580余千米，赛事时间为11月5～11日。

【参加体育会展】 2017年9月23～25日，2017中国体育文化博览会·体育旅游博览会在内蒙古包头市举办。博览会以“沐浴体育文化，乐享体育旅游”为主题。市体育局组织各县区文旅广体局（文广体局）、市体育产业发展促进中心、玉溪旅游文化体育投资有限责任公司共20人参加博览会，全方位观摩了解各省区市各具特色、内容丰富的优势体育资源、体育文化、体育旅游建设成果。依托云南展区展位，播放玉溪抚仙湖、磨盘山体育旅游宣传片，发放集玉溪体育产业发展政策保障、湖光山色、美食荟萃、乡村特产、休闲景区、自驾营地、户外游乐为一体的宣传册830份，全面宣传玉溪体育旅游资源，推介玉溪体育旅游项目。11月17～19日，2017中国国际旅游交易会在昆明国际会展中心举行。此次国际旅交会首设“体育旅游主题馆”，由省体育局、旅发委、民族宗教委共同主办。市体育局组织参展，设立展示区，发放体育旅游宣传资料、播放宣传片，对玉溪体育旅游进行宣传推介。

（解家敏）

2017年11月6日，第四届七彩云南格兰芬多国际自行车节玉溪站在澄江抚仙湖开赛

（解家敏 摄）

绿水青山·碧玉清溪

（柏映泉 摄）

社会生活

SOCIETY

责任编校：贺蒋萍

人力资源管理

城市管理与行政执法

民政事务管理

基层民主政治建设

地名管理

社会保险

民族事务

宗教事务

移民工作

计划生育

老龄工作

关心下一代工作

残疾人事业

慈善事业

红十字会工作

人力资源管理

【人才工作】 2017年，市人社局紧紧围绕《玉溪市中长期人才发展规划（2010～2020年）》，实施“人才突破年”系列工程，进一步深化人才发展体制机制改革，充分激发各类人才创新创业活力，突出抓好人才服务功能，坚持引培并举，出台《关于创新体制机制加强人才工作的实施意见》《玉溪市人才引进办法》《玉溪市引进高层次人才绿色通道服务办法》“兴玉英才计划”6个配套政策等文件；启动“专家基层科研工作站”“柔性引进高层次人才基地”“人才公寓协作基地”“高层次人才体育活动基地”“高层次人才医疗保健基地”建设，进一步提升人才服务的能力和水平。同时，全力抓好高层次人才选拔培养，4人获批“云南省有突出贡献优秀专业技术人才”、14人获“科技兴乡贡献奖”、17人获“国务院特殊津贴”，新增2个专家基层工作站建设（全市共14个）；组织实施以保护抚仙湖、星云湖、杞麓湖为重点的“第40批中国博士后科技服务团云南玉溪行”活动，中国科学院地理科学资源研究所李勇博士与市抚仙湖管理局签订了“抚仙湖资源环境承载力研究”项目；高度重视高技能人才队伍建设，完成全市机关事业单位166名技师和473名技术工人的培训鉴定工作，大力实施“云岭首席技师”培养工程，新增“云岭首席技师”2名，建成6个技能大师工作室，破格评审高级工36人，向省厅推荐技师1人。全年新增高技能人才3 084人，完成目标任务的106.3%。此外，做好外国专家管理工作，加强对聘外专家和5家“玉溪市引进国外智力成果示范推广基地”的管理；做好技工院校招生宣传工作，全年完成招生录取2 943人，占招生计划数的147.15%。

【人才招聘】 2017年，市人社局做好高校毕业生就业服务工作，为7 422名毕业生提供报到登记服务；健全完善人才市场服务体系建设，举办现场招聘会15场次，进场单位249家次，提供岗位6 913个，近6 000人进场求职，为165家用人单位办理网上人才招聘信息发布，提供岗位1 991个；继续做好高校毕业生就业见习工作，鼓励企业吸纳更多的高校毕业生参加就业见习，全年高校毕业生就业见习人数605人，完成目标任务的121%；做好事业单位公开招聘工作，完成第一批医疗卫生事业单位、第二批教育事业单位及第三批其他事业单位的公开招聘工作，三批招聘涉及岗位923个，参加考试考生3.21万人；提升人事代理服务水平，提供人事代理服务1 591人次，其中单位代理172家1 077人，个人代理392人，单纯保管档案122人，管理户口192人，保管各类人事关系档案5 784册。

【人事考试】 2017年，全市提供三支一扶招募岗位58个，招募到岗44人。同时，为“三支一扶”“大学生村官”“西部志愿者”“特岗教师”4类农村基层服务项目期满人员提供定向招聘岗位48个，通过笔试和面试，实际聘用37人。此外，组织公务员笔试、二级建造师、经济、军转安置等各类考试15 514人32 212科目，完成各类资格考试资格初审3 101人次，复审2 703人次，发放各类资格、职业资格考试合格证986本。

【公务员队伍管理】 2017年，市人社局认真做好公务员考录工作，科学设置考录岗位，严格工作程序，完成1.24万名考生笔试和287名考生面试的公务员录用考试工作，经笔试、资格复审、面试、体检、考察等环节，全市录用公务员193人，其中，政府口录用103人（2016年缓录3人）、党群口录用90人（3人缓录）；积极开展公务员培训，组织2016年新招录的313名公务员开展初任培训，新任职的761名科级干部开展任职培训；抓好全市各单位公务员能力提升在职培训，16 406名公务员（含党群口）参加培训并完成考试，实现考试全覆盖；在市委党校承办2期省公务员初级考官培训班，841名学员参训（玉溪组织148人参训），选派12人，分3批次到昆明参加省公务员局组织的三级考官培训，考核全部合格，选送7批次，18人到市外、省外参加专项培训；切实做好公务员日常管理，审批公务员（参公人员）登记466人、任免475人、调配73人、辞职3人、办理提前退休8人、市级机关公开遴选公务员27人；扎实推行公务员平时考核制度，做好公务员表彰奖励工作，对2014至2016年度市直部门及参照公务员法管理单位连续三年考核为优秀等次的62名同志记三等功，对2016年度考核确定为优秀等次的485名同志给予嘉奖，审批省级以上表彰先进集体54个，先进个人72名，劳动模范1名；认真做好集中清理县级以上机关事业单位长期借调下级部门人员工作，全市机关事业单位共清理清退借调人员398人；配合市委组织部做好县级以下机关职务与职级并行工作，审批职级晋升11人，其中晋升副处2人，晋升正科6人，晋升副科3人。

【事业单位人事管理】 2017年，市人社局加强岗位管理，做好《聘用合同》鉴证和《岗位卡》核发，受理141家事业单位，1 320人《聘用合同》鉴证，对278个事业单位的岗位设置方案进行调整核准，核发“岗位卡”3 150张，办理各类岗位等级晋升聘任手续295批次1 127名；进一步深化职称改革，将中小学职称评审权下放到县（区），完成市属27个评委会评审工作，经职称资格审查同意，提交各级评委会评审通过5 860人，其中，正高56人、副高3 014人、中级1 746人、初级1 044人；加强机关企事业单位“吃空饷”问题督查和检查，全年进行4次督查，有效杜绝“吃空饷”现象的发生，全面建立起了防治“吃空饷”长效机制；加强事业单位工作人员继续教育培训工作，组织知识更新培训1万余人次，将新聘人员开展初聘培训工作下放县（区）；完成全省专业技术人员网络继续教育试点工作，配合市委编办做好生产经营类事业单位改革人员安置前期准备工作。

【职业技能人才培养】 2017年，市人社局大力培养具有精湛技艺、高超技能和较高技能人才队伍，培训高技能人才3 584人，鉴定合格3 084人，其中高级工2 720人、技师302人、高级技师62人，完成目标任务的106.34%。同时，开展职业技能培训鉴定219期，1.85万人参训，参加鉴定1.55万人，获证1.37万人，获证率88.62%。

【收入分配】 2017年，市人社局积极探索公立医院薪酬制度改革的试点工作，完成市直3家公立医院2017年绩效工资总额核定和2016年工资总额清算工作；进一步规范事业单位绩效工资管理，有效发挥绩效工资分配的激励导向作用，核定市直127家事业单位奖励性绩效工资的总额，由单位按照分配方案自主分配，促进事业单位工作人员积极性；完善改革性补贴和规范奖励政策，全市机关单位（含参公事业单位）共2.68万人完善改革性补贴和规范奖励项目及奖励标准，机关单位（含参公事业单位）在职人员提高改革性补贴月人均增资975元，离休人员和退休人员月人均增加生活补贴1 200元；规范6.11万人津贴补贴政策，把基本工资、国家规定津贴以外的津补贴项目纳入绩效工资管理，规范收入分配秩序，事业单位在职在编工作人员奖励性绩效工资人均月增加1 500元，离休人员和退休人员月人均增加生活补贴1 200元。同时，继续稳步实施县以下公务员职务与职级并行制度，全市3 000多人晋升职级，月人均增资约450元；顺利完成市直机关事业单位工作人员正常晋升工资工作，机关单位（含参公单位）共计7 574人晋升了级别工资，人均月增资102元，事业单位3.92万人晋升了薪级工资，人均月增资58元；严格执行国家的最低工资标准，未接到不执行最低工资标准的举报、投诉，也未接到关于不执行最低工资标准的劳动争议仲裁案件，在劳动监察机构的各种检查中，未发现用人单位有不执行国家最低工资标准规定的情况。

【军转干部安置】 2017年，市人社局切实抓好军转安置工作，组织32名自主择业军转干部赴长沙参加个性化培训。并完成64名计划安置军转干部、6名随调家属和7名随军家属的安置任务，接收安置30名自主择业军转干部。

【出国培训与外国专家管理】 2017年，市人社局认真组织实施“外国人来华工作许可”制度，完成“外国人来华工作许可”从试点系统到正式系统的过渡。全年办理各类“外国人来华工作许可”50件。同时，做好出国（境）培训工作，成功申报2个因公出国培训项目。还加强对市医院等5家“引进国外智力成果示范推广基地”管理工作，拨付资助经费15万元。此外，组织好2017年金砖国家就业工作组第一次会议。

【人事档案管理】 2017年，市人社局推进政府口事业单位人事档案专项审核工作，接收档案零散材料5 380份，调入档案104卷，转出档案99卷，审批《查借阅审批表》582份，查借阅档案3 120卷，档案专审出入库970卷（包括回头看）；协调指导50个事业单位开展干部人事档案专项审核，初审复审4 023卷，认定归档389卷。

【企业退休人员管理服务】 2017年，全市纳入社会化管理服务企业退休人员5.17万人，社会化管理率达100%，其中进入乡镇（街道）、社区管理5.11万人，社区管理率达99%。部分县（区）退管中心还接收了6 924名机关事业单位退休人员，与企业退休人员实行一体化规范管理。全市组建退休人员自管大组286个，自管小组289个。并在6 563名退休党员中，组建党总支8个、党支部151个、党小组91个，通过组织退休人员进行政治学习强化思想引领，开展信访接待、走访慰问、住院看望和医疗互助工作，为退休人员落实各项政治生活待遇，做实做细社会化管理服务工作，有效保障了企业退休人员权益。同时，广泛开展文体公益活动，举办全市企业退休人员门球、塑质地掷球比赛及兴趣小组活动，开展文艺表演、体育竞赛、保健知识讲座、观光考察、扶危帮困等，促进老年事业和社会保障事业协调发展，维护社会和谐稳定。

【劳动关系】 2017年，市人社局贯彻落实《中共玉溪市委玉溪市人民政府关于进一步构建和谐劳动关系的实施意见》，将构建和谐劳动关系纳入当地经济社会发展规划和政府目标责任考核体系，对县（区）进行考核；健全完善劳动关系“三方四部门协调机制”，召开协调两次会议，研究通过《关于举办2017年构建和谐劳动关系促进企业提高劳动执法劳动争议协调能力培训工作的意见》《玉溪市企业工资集体协商调查报告》，通报清欠农民工工资情况和上年度和谐劳动关系考核反馈意见整改情况；联合市总工会、市企业联合会、企业家协会、市工商业联合会举办两期构建和谐劳动关系培训班，135户企业负责人共236人参加了培训，全市劳动合同签订达签订率97.6%，工资集体合同签订率95.6%；做好劳务派遣行政许可、劳动能力鉴定等工作，办理劳务派遣行政许可2件，办理退休审批807人，组织劳动能力鉴定17次，鉴定830人，开展企业薪酬调查226户，涉及17个行业6.88万名职工。

【劳动保障监察】 2017年，市人社局继续加大劳动保障监察执法力度，全力做好日常巡视检查和投诉举报专项检查工作，主动检查3 398户各类用人单位，受理举报投诉368件，立案查处17件，结案率100%，涉及劳动者612名，追发工资1 257.83万元，协调处理351件，涉及农民工6 242人，金额9 798.24万元；对2 602户进行春节前专项检查，责令支付农民工工资及赔偿金3 550.73万元，为2 647位农民工补发了劳动工资；对209户进行人力资源市场秩序清理整顿专项行动，开展用人单位遵守劳动用工和社会保险法律法规情况专项检查655户，涉及劳动者3.09万人，责令支付工资及补偿赔偿7件，涉及金额298.118万元，督促缴纳社会保险费56户，涉及缴纳社会保险费105.49万元；完成劳动保障执法网上年审6 982户；严厉打击拒不支付劳动报酬犯罪行为，向公安机关移送案件7件，公安机关审查后调解处理2件，立案查处4件，不予立案1件；建成县（区）级10个监察执法网格，“两网化”管理率100%，劳动保障监察举报投诉案件结案率100%，高于目标任务4个百分点。

【劳动信访仲裁】 2017年，市人社局全年立案受理劳动人事争议仲裁案件1 574件，涉及劳动者1 574人次，结案1 546件，涉案金额3 126.29万元，劳动人事争议仲裁结案率98.22%，高于目标任务8.22个百分点。同时，进一步完善调解组织和调解机制建设，继续加强对乡镇（街道）劳动人事争议调解组织和企业劳动争议调解组织的工作指导，认真对待每一位来信来访群众，全年处理和接待劳动人事争议信访件1 027件次，2 430人次。

【信息化建设】 2017年，市人社局继续推进“互联网+人社”信息化工作，新推出社保自助服务一体机、数字电视“玉溪人社之窗”等便民服务举措，不断优化门户网站服务体验，进一步规范和完善网站信息公开和交流互动功能，积极推进、拓展掌上人社服务，探索推广“云南人社12 333”手机客户端在养老、医保参保缴费方面的应用，充实“玉溪人社”微信公众号服务内容，优化服务体验。全市累计发行社会保障卡205.74万人，完成目标任务的100.36%，推进实现全国异地住院费用持金融社保卡直接结算工作。同时，认真梳理、细致分析，实现30项人社信息数据的共享交换（其中26项为有条件共享）。此外，做好96128电话和网上咨询服务工作，全年共接听96 128电话48个、回复网上咨询问题403条、“玉溪发布”微信公众号人社业务咨询10条，咨询回复满意率100%。

（王　锦）

城市管理与行政执法

【城市管理机构和队伍建设】 2017年，全市除红塔区、江川区及高新区单独设立城市管理综合行政执法机构外，其余七县均在原城建监察机构的基础上加挂牌子，设立城市管理综合行政执法机构。年末，全市共有执法人员编制数309人，实有正式执法人员267人，其中，行政人员及参公管理的52人，其余为全额拨款事业人员或工勤人员，城市管理执法队伍不断壮大。同时，不断强化队伍规范化建设，所有在编执法人员均取得行政执法资格，按照住建部规定，统一配备执法服装和标志标识，队伍形象明显转变，业务能力得到提升。

【城市精细化管理】 2017年，市住建局严格执行《云南省玉溪城市管理条例》，督促指导各县（区）全面推行城市精细化管理，及时掌握了解推行情况，提高精细化、规范化管理水平，着力解决交通拥堵、占道经营、私搭乱建等问题；坚持以考核评价为抓手，实现城市管理工作与“六城同创”、特色小镇建设、城乡人居环境提升等工作有机结合，有效避免政出多门、各自为政、资源分散的现象；根据市委领导安排，借鉴省内外经验做法，起草《玉溪市城市管理考核评比办法》，下步将随着城市管理执法体制改革工作同步推进；加快智慧城管平台建设，制定《玉溪市数字化城市管理平台建设方案》，积极筹措资金，周密制定实际方案，全面启动了市、县（区）两级数字城管平台建设，已完成招标采购工作，正在抓紧开工建设和数据信息维护工作。

【城乡建设执法稽查】 2017年，市住建局依法查处住房城乡建设类违法违规行为3起，罚款7万元，暂扣安全生产许可证1起，结案率100%，行政复议、行政诉讼败诉率为零；办理省住房和城乡建设厅违法行为转办件3件，督促指导新平县、通海县、红塔区住建部门严格依法对转办件所反映问题进行核查处理，并将处理情况上报省住建厅；办理市审计局建设工程招投标类移送处理书5件，依据《招投标法》对3个涉案企业及单位进行约谈，要求涉案单位向市住建局作出书面检查，并追究相关责任人员责任；开展城市管理执法人员业务培训1次、共76人。依据“控制增量、消除存量”原则，扎实开展违法违规建筑治理工作。全市共清理排查出违法建筑总面积122.91万平方米，查处违法建筑面积110.82万平方米，查处进度90.16%。

【城市扬尘污染治理工作】 2017年，市住建局制定《玉溪市2017年深入治理城市扬尘污染行动方案》，联合红塔区、高新区深入开展以中心城区为重点的城市扬尘污染攻坚行动，城市扬尘对中心城区空气质量的影响不断减少。全年共制定工作方案、监督检查机制、信息报送制度、执法联动机制各11个，建立建筑工程台账241个，开展检查310次，检查工程374个，责令整改184起，整改率100%，行政处罚45起，罚款1.79万元。

【城市管理执法体制改革】 2017年，市住建局加快推进城市执法体制改革，充分借鉴学习发达省市城市管理执法体制改革经验做法，制定《玉溪市关于深入推进城市执法体制改革改进城市管理工作实施方案》，对全市城市管理执法体制改革工作提出具体目标任务和时限，正式启动了全市城市管理执法体制改革工作。并按照中央、省上要求，制定《玉溪市住房和城乡建设局关于推行执法全过程记录制度试点工作的通知》，全面启动城市管理执法全过程记录制度试点工作。

（张　权）

民政事务管理

【社会救助工作】 2017年，市民政局建立困难群众基本生活保障联席会议制度，出台《玉溪市城乡居民最低生活保障实施办法》《玉溪市特困人员救助供养实施办法》，在峨山县实施精准低保积分制管理试点，推进农村低保与扶贫开发制度衔接，确保社会救助政策落实到位、资金发放到位、困难残疾群众得到及时救助；开展社会救助规范化管理专项治理，农村低保标准由2 904元/人·年提高到3 420元/人·年；城市低保标准由456元/人·月提高到506元/人·月。全年核对城乡低保对象2.66万户6.32万人，清退不符合低保条件的低保对象3.83万人，新增1.25万人，实现应保尽保、应退尽退。同时，全面做好资助参保、住院救助、重特大疾病救助工作，全年实施医疗救助12.09万人次，支出救助资金4 315.3万元；实施重特大疾病医疗救助1.70万人次，支出救助资金1 809.02万元。此外，进一步加大临时救助力度，按照“托底线、救急难”的要求，将所有遭遇突发性、临时性、紧迫性基本生活困难的居民家庭和个人均纳入了救助范围，全年实施临时救助1.25万人次，支出救助金1 334.3万元。

【社会福利工作】 2017年，全市销售福利彩票4.18亿元，市民政局继续开展“福彩助学、爱心圆梦”资助贫困大学生活动，全年投入226.4万元，资助783名贫困家庭大学新生入学（含建档立卡贫困家庭大学生65人），其中市本级投入150万元，资助500名困难家庭大学新生。

【抚恤优待政策落实】 2017年，全市共有重点优抚对象1.72万人，其中，伤残人员891人、“三属”人员276人、在乡复员军人1 372人，带病回乡退伍军人422人，两参人员8 624人、其他优抚对象5 654人。2月，市民政局和市财政局联合下发《玉溪市民政局、玉溪市财政局关于按月发放优抚对象抚恤补助资金的通知》，明确从4月1日起，全市执行优抚金统一按月社会化发放。全年发放优抚安置资金15 299.16万元，为1 634名义务兵发放家属优待金1 525.34万元，抚恤补助金发放和义务兵家属优待面达100%。投入解三难资金75.15万元，重点解决优抚对象的生活难、医疗难、住房难问题。各县（区）加大工作力度，对1 300名城镇无工作单位且生活困难的重点优抚对象发放生活困难补助金624万元。

【退役士兵安置工作】 2017年，全市共接收退役士兵781名，按政策安置127名，自主就业654名。同时，发放自主就业和自谋职业补助经费1 287.8万元。并组织412名退役士兵开展职业技能培训，投入培训经费180万余元。此外，做好退役士兵数据采集、问题梳理、矛盾化解和信访稳定等工作。

【双拥工作】 2017年，市民政局开展春节、八一建军节等重要节庆日走访驻玉军警部队和重点优抚对象活动，全市投入慰问金480万余元。其中春节走访慰问驻军部队（团级）、部分城乡特困户、百岁老人、空巢失能老人和烈属、伤残军人、在乡老复员军人，投入105.9万元；八一建军节，全覆盖对1.72万名优抚对象进行每人200元的慰问投入，对驻玉部队和涉军单位给予慰问，慰问金额师级单位8万，团级单位5万，团级以下2万，共投入经费279.75万元。同时，组织重点优抚对象3批次共130余人，到市社会福利服务中心光荣院开展短期疗养活动，进行全面健康体检，建立健康档案，讲解医疗保健方知识，并组织优抚对象观看文艺节目，开展棋、牌等娱乐活动，丰富疗养人员的文化生活，提高重点优抚对象生活质量和幸福指数。

【社会组织管理】 2017年，全市新增社会组织92个，其中，社团58个、民非34个；注销44个，其中，社团33个、民非11个。年末，全市累计有社会组织1 231个，其中，社团917个、民非313个、基金会1个。并对1 077个社会组织开展年检，合格率100%。同时，做好社工和志愿服务工作，全市社会工作专业人才达到3 987人，在全国志愿服务信息系统记录注册志愿者11.29万人。还积极引导社会组织参与扶贫攻坚，以多种形式开展一系列扶贫济困、赈灾救孤和扶老助残的公益慈善活动，全年累计捐款3 110万元，志愿帮扶820次，帮扶19.98余万人次，参与志愿者1.7万人次。此外，社会组织党建工作不断加强，党组织覆盖率70.8%，党的工作100%覆盖，全年下拨党建经费21.38万元，创建完成市社会组织党委、市关爱老人慈善会党支部和市保险行业协会党支部3个党建示范点。

【殡葬改革工作】 2017年，市委、市政府制定出台《关于全面深化殡葬改革的实施意见》，易门县率先出台《全面推行节地生态安葬的实施意见》，对县内户籍居民死亡火化后，采用节地生态安葬的，在原执行殡葬惠民补助4 000–5 000元基础上，给予丧属一次性奖励5 000元。全年，全市火化遗体1.19万具，发放惠民殡葬补助金3 876.4万元，七县二区均实现火化区火化率100%和骨灰100%进入公墓安葬目标，基本形成了移风易俗，丧事简办的文明新风。同时，市民政局下拨殡葬基础设施4 214万元（殡仪馆1 157万元，农村公益性公墓3 057万元），补助4个殡仪馆和新建144个农村公益性公墓建设。并对全市9个殡仪馆、11个经营性公墓、673个农村公益性公墓行风建设进行督查，坚决杜绝乱收费、强买强卖等现象。8月，全国殡葬工作座谈会在玉溪召开，玉溪市被民政部确定为全国殡葬改革试点地区，殡改经验在全国推广。

①市领导和社会各界代表缓步绕行，依次瞻仰烈士墓碑，追思英烈的丰功伟绩 ②市委书记罗应光、市政府市长张德华、市人大常委会主任李洪云、市政协主席夏立洪、玉溪军分区政委金志达、红塔区委书记张小良及社会各界代表（学生）神情庄重地来到花篮前，仔细整理花篮上的缎带（市民政局 提供）

【流浪乞讨人员救助工作】 2017年，全市民政部门坚持自愿救助、无偿救助的服务宗旨，不断规范流浪乞讨救助和托养程序，强化站内照料服务和托养机构日常监管。全年累计投入救助金348.11万元，救助流浪乞讨人员7 387人次，完成1 260名流浪乞讨救助对象网上寻亲和DNA采集工作。并持续开展“寒冬送温暖”专项救助活动，动员30余个公益慈善社会组织和出租车司机、环卫工人、园林工人、志愿者、社区居（村）干部、社会工作者，实施了517次主动救助，受助者5 768人次，实现市区主干道、重点社区、集镇、景区工作全覆盖。

【留守儿童和困境儿童保障工作】 2017年，市民政局联合公安、卫计、综治等7个部门开展关爱农村留守儿童"合力监护相伴成长"专项行动，排查出留守儿童3 741人，签订委托监护责任书3 741份，为62名无户籍儿童办理登记，为15名失学或辍学儿童办理返校复读。全市各级民政系统启动全国农村留守儿童和困境儿童信息管理系统，对全市留守儿童和困境儿童实施动态管理。市民政局下拨困境儿童生活保障金502.69万元，保障425名困境儿童（孤儿303名、艾滋病感染儿童16名、事实无人抚养儿童106人）基本生活。市儿童福利院实施"添翼计划"项目，为44名残障儿童开展为期4个月的免费康复训练。并组织39名困境儿童参加"共享关爱快乐成长"为主题的困境儿童夏令营活动。

【婚姻收养登记工作】 2017年，全市共设20个婚姻登记处，自4月1日起，全面停征婚姻和收养登记收费。全年依法开展婚姻登记2.38万件，其中，结婚1.79万对、离婚5 893对，涉外结婚16对、离婚1对，依法办理收养登记123件。

【残疾人两项补贴工作】 2017年，全市累计发放残疾人"两项补贴"2 281.6万元，保障4.11万名残疾人权益。其中，困难残疾人2.40万人，累计发放生活补贴1 384.6万元；重度残疾172万人，累计发放护理补贴897万元。

【救灾救济工作】 2017年，全市气候多变，特别是汛期，大风、雷电、强降雨、短时大暴雨等极端灾害性天气频现，共发生暴雨洪涝灾害27次、冰雹灾害22次、雷电灾害2次、大风灾害1次，地质灾害21起（滑坡15起、崩塌4起、泥石流2起）、地质灾害险情73起（滑坡46起、崩塌12起、泥石流2起、地裂缝5起、地面塌陷7起、地面沉降1起），发生可定位ML≥2.0级地震15次。全年安排自然灾害生活救助资金1 980万元，救助受灾群众20.79万人次，其中，发放大米2 126吨，救助受灾群众16.12万人次；发放衣服1.85万件（套）、棉被1.79万床、大衣6 192件、毛毯2 523床，救助4.27万人次；紧急调运救灾帐篷244顶、折叠床260张、棉被及床上用品976套、大米6吨，转移安置受灾群众1 588人次（其中集中安置1 237人）；发放因灾死亡家属抚慰金8万元。并完成因灾倒塌民房重建278户、修复480户。全市储备救灾物资有帐篷4 777顶、彩条布2 840件、折叠床3 352张、垫棉5 600床、棉被2.79万床、毛毯5 000条、床单7 750条、毛巾被4 000条、棉衣1.45万件、男装1.5万套、女装1.38万套、发电机8台、野外场地照明灯14台、应急照明小灯1 200只。国家减灾委、民政部命名红塔区李棋街道康井社区、江川区大街街道下营社区、澄江县凤麓街道拥晖社区、峨山县双江街道登云社区和富良棚乡富良棚村社区为"全国综合减灾示范社区"。市政策性农房地震保险试点落地实施，投入1 873万元，将全市48.03万户农村农房纳入政策性商业保险。

（王渝阳）

基层民主政治建设

【概　况】 2017年，市民政局组织开展全国农村社区建设示范单位创建活动，下拨社区干部生活补助经费1 267.2万元，教育培训补助经费66.45万元；推进城乡社区协商，完成红塔区104个村（社区）村规民约修订工作；组织240名村（社区）干部到市委党校培训，提升村（社区）干部履职能力；开展村（居）务公开和民主管理示范创建活动，村（居）务公开民主管理制度100%覆盖；补助450万元，实施城乡社区综合服务基础设施建设，提升城乡社区服务功能；加快推进新型城镇化布局，新成立社区6个；理清权利清单，规范村组干部"微小权力"，推进基层治理现代化、法治化、规范化；积极开展基层群众性自治组织特别法人统一社会信用代码数据比对和赋码工作，加强村（居）民委员会规范化建设。

【村规民约修订完善试点】 2017年，市民政局在红塔区开展村规民约修订完善试点工作，围绕村规民约基本内容，制定、修改、备案程序，新增（减）集体经济组织成员资格认定，集体资产股份合作制改革4项主要任务展开。并对资格认定问题较为突出的"结婚嫁入（赘入）、嫁出（赘出）、离异、丧偶、离异再婚、丧偶再婚、随迁未成年子女"等类型人员的资格认定进行规范，化解"保留户口人员"历史矛盾和问题。还对事务管理、社会治安、民风民俗、环境卫生、婚姻邻里、土地建房、文化教育、履行义务等方面作了明确规定，特别是对部分法律法规不好管和管不了的琐事也做到了有据可依，提高了基层群众性自治组织的自治能力。年末，104个村（社区）完成村规民约修订完善工作。

【村（社区）干部培训】 2017年6月27日至30日，市民政局在市委党校举办村（社区）干部、社工人才、民政信息员培训班，参训人员包括各县（区）民政局分管领导、基层政权与社区建设科（股）长及工作人员、各乡（镇、街道）分管民政工作的领导及民政所所长（民政信息员）、全市村（社区）部分干部，共计240人。培训内容包括党的十八届六中全会精神及习近平总书记系列重要讲话、基层组织党风廉政建设、村务公开和民主管理工作、民政信息员及社工人才队伍建设、城乡社区治理和服务能力提升等，坚持从思想上和业务能力上"双管"齐下，重点将基层民主政治及社区建设、基层党风廉政及作风建设、创新基层社会管理等知识作为村（社区）干部培训的重点内容，切实提高村（社区）干部服务民生、维护稳定、助推发展的能力。

【基层群众性自治组织特别法人统一社会信用代码数据比对和赋码工作】 2017年，市民政局启动全市709个村（社区）基层群众性自治组织特别法人统一社会信用代码证发放工作，进一步提高我市城乡社区治理社会化、法治化、智能化、专业化水平和村（居）民委员会服务能力，激发基层活力，提升社区治理水平，促进城乡社区治理体系和治理能力现代化。

【撤村设居工作】 2017年，为加强和完善城乡社区治理，全面提升城乡社区治理法治化、科学化、精细化水平和组织化程度，加快新型城镇化布局，市民政局深入开展调查研究，积极开展撤村设居工作，指导峨山县完成撤销小街街道立昌、由义、兴旺、文明、舍郎、牛白甸6个村民委员会，成立社区居民委员会工作。

【村务公开和民主管理】 2017年，市民政局认真贯彻落实《中共玉溪市委办公室玉溪市人民政府办公室关于加强村务监督委员会工作的意见》，着力建立健全村（居）务监督委员会组织建设，进一步明确村务公开内容和公开时间，规范民主决策程序，建立村务公开答疑纠错制度，对村民反映的问题如属实的，及时采取整改措施，并公开整改情况，对弄虚作假、公布不全面、不及时的，名实不符、遗漏错误的，及时责令改正。同时，深入推进村务公开和民主管理规范化建设，认真开展村务公开和民主示范创建活动，实现村（居）务公开民主管理制度100%覆盖，推进村务公开民主管理工作制度化、规范化和科学化，保障农村群众对村务管理的知情权、参与权、决策权和监督权。

（王渝阳）

地名管理

【地名普查宣传工作】 2017年，市民政局开展第二次全国地名普查宣传工作，全年发放宣传资料3.33万份，接待群众咨询280余人次，悬挂横幅标语239条，广播宣传876场次。

【地名普查工作】 2017年4月，市民政局组织专家核查验收组开展对9个县（区）地名普查工作进行全面核查，对核查出的各种问题进行整改后，报请省第二次全国地名普查办公室检查验收。通过县（区）自查、市级核查、省级复查、国家级验收，层层把关，反复整改，全市共采集11大类的地名信息2.82万条，其中，陆地水系791条、陆地地形2 189条，行政区域102条，群众自治组织726条，非行政区域334条、居民点6 830个，交通运输设施5 996条，水利、电力设施4 151条，纪念地、旅游景点1 027条，建筑物341条，具有地名意义的单位5 700条，历史地名954条。并标绘成果图91幅，地名标准化处理776条，设置重要地名标志55块，制作地名标志登记表1 458份，采集地名照片7.12万张，修改整饰国家地名数据库矢量地图，完成阶段性普查工作任务。

（王渝阳）

社会保险

【建档立卡贫困人口基本养老保险和基本医疗保险】 2017年，全市建档立卡贫困人口9.53万人，符合参加基本养老保险条件7.58万人，已参保7.58万人，其中，参加城乡居民基本养老保险7.42万人，城镇职工基本养老保险1 522人；全面完成省人社厅提出的符合参保条件的建档立卡贫困人口100%参保，100%缴费两个百分之百的目标任务，参加基本医疗保险9.53万人；领取基本养老金1.53万人，按月足额发放养老待遇，人均年领取标准最低960元。同时，全面落实健康扶贫政策，认真贯彻落实《玉溪市人民政府办公室关于贯彻落实云南省健康扶贫30条措施的通知》等文件精神，通过建立健全医疗费用兜底保障机制，对建档立卡贫困人口享受基本医疗保险、大病保险待遇政策给予倾斜，全年建档立卡贫困人员基本医疗保险住院1.26万人次，总费用6 213.9万元，大病报销住院223人次，总费用566.51万元，建档立卡贫困人口住院医疗费用（含门诊特殊病）在政策范围内报销比例81.1%，超出目标任务11.1个百分点，医疗保险支付比例70%以上。

【城镇职工基本养老保险】 2017年，全市参加城镇职工基本养老保险32.11万人，完成省市目标任务的101.8%。其中，企业职工参保18.54万人，完成省市目标任务的100.93%；机关事业单位职工参保6.29万人，完成省市目标任务的101.29%。企业养老保险基金收缴17.92亿元，完成预算调整的107.11%，支付养老金13.79亿元，完成预算的100.95%。机关事业单位工作人员养老保险基金收缴21.62亿元，完成预算的165.04%，含清算收入8.06亿元，不含清算部分收入13.57亿元，完成预算的103.59%，支付养老金22.78亿元，完成预算的163.3%，含清算支出12.28亿，不含清算部分12.64亿，完成预算的89%。同时，全面推进机关事业单位养老保险制度改革，出台《玉溪市人民政府关于印发玉溪市机关事业单位工作人员养老保险制度改革实施方案的通知》，将全市在职职工6.29万人、退休人员2.48万人全部纳入养老保险参保范围，收缴职工个人职业年金1.71亿元，单位0.37亿元；追缴企业历史欠养老保险费1 123万元，完成省目标任务的172.77%；继续提高养老保障水平，企业退休人员月人均增加149.89元，机关事业单位退休人员增加199.11元。

【城乡居民基本养老保险】 2017年，全市城乡居民基本养老保险应参保123.47万人，实际参保121.45万人，参保率98.36%，完成省下达目标任务的100.95%，缴费人数88.84万人，续保缴费率99.33%。全年发放养老金3.05亿元，其中基础养老金28 244.69万元，个人账户养老金2 272.74万元。60周岁以上领取养老金29.47万人，其中领取个人账户养老金12.79万人。55～59周岁重度残疾人领取养老补助金832人，发放金额28 244.69万元。领取丧葬补助费1.04万人，发放丧葬补助费624.06万元。全市各级财政为特殊人群代缴养老保险费21 393人，其中，重度残疾人6 100人、三级残疾人5 365人、四级残疾9 426人、五保供养人员502人。

【基本医疗保险】 2017年，全市有212.57万人参加城镇基本医疗保险，其中城镇职工参保26.98万人，城乡居民参保185.59万人，完成目标任务数的101.22%。城镇职工基本医疗保险参保单位缴费费率为8%，个人缴费费率为2%，灵活就业人员缴费费率为10%，全年征缴城镇职工基本医疗保险基金11.67亿元，完成省厅目标任务数的107.86%。建档立卡贫困人口9.53万人，100%参加基本医疗保险和大病保险，政策范围内医疗保险支付比例80.2%，超出目标任务10.2个百分点，实现了基本医疗保险、大病保险、大病救助保险、医疗救助、兜底保障“一站式”即时结算。全市将DRG付费方式列入医改重要内容，全面推行DRG付费制度改革，10家医院的城镇职工、城乡居民医疗保险住院医疗费用全部纳入DRG付费结算，经过一年的运行，人均住院医疗费用明显下降、病案质量显著提高、临床路径全面铺开、医院收入结构逐步优化、医务性收入占比持续提高、药占比明显下降；积极稳妥推进药品集中采购工作，1月正式启动市公立医院药品采购工作，全年药品采购总金额7.6亿元，通过和省药品集中采购平台价格比对，结余金额1.54亿元，平均降幅为17.56%；加快接入国家异地就医结算系统，积极推进跨省异地就医持卡结算，各医院共计结算省外参保患者28人次，合计结算总费用34.53万元，市内参保人员到省外就医结算24人次，合计结算总费用53.49万元；加大监管力度，协议医药机构实地核查面100%，协议医疗机构病历抽查率20%

以上，门诊特殊病慢性病评审资料抽查率10%以上；不断强化基金监管，确保基金运行安全平稳，通过开展基金预算、精算管理工作，完善智能审核系统，开展“两定”机构稽核、医保基金安全评估工作、社保基金风险管理专项行动等工作，保障基金的安全平稳运行。

【失业保险】 2017年，全市15.83万人参加失业保险，完成目标任务的101.5%。1月1日起，失业保险费费率统一从1.5%下调为1%，其中，用人单位0.7%，职工个人0.3%。按月领取失业保险金人数为5 324人，551名农民合同制工人领取一次性生活补助。全市有476户企业通过审核，享受稳岗补贴2 544.17万元，惠及员工6.1万人。

【工伤保险】 2017年，全市24.25万人参加工伤保险，完成目标任务的102.05%，工伤保险基金收缴11.73亿元，完成预算的144.81%，支付0.81亿元，完成预算的101.25%。追缴企业历史欠工伤保险费73万元。同时，大力实施“同舟计划”，建立部门联席会议制度及联合督查制度，全力推进建筑企业等高风险行业按项目参加工伤保险工作，年末，全市在建项目159个，参保159个，参保率100%，新开工项目553个，参保553个，参保率100%；按时完成工伤职工和供养亲属待遇调整兑现工作，1~4级工伤职工伤残津贴月人均增加153元、生活护理费月人均增加87元，调整后伤残津贴月人均2 325元，生活护理费月人均1 449元，工亡职工供养亲属抚恤金月人均增加75元，调整后月人均1 023元。

【生育保险】 2017年，全市19.77万人参加生育保险，完成目标任务的102.12%。生育保险基金收缴0.74亿元，完成预算的160.87%，支付1.14亿元，完成预算的180.95%。追缴企业历史欠生育保险费26万元。10月起，缴费费率提高，企业提高至1.5%，机关事业单位提高至0.3%。

【被征地农民养老保险】 2017年，市人社局在确定红塔区、峨山县为改革完善被征地农民基本养老保障政策试点县区的基础上，开展对全市被征地农民基本情况的摸底调查工作，启用被征地信息系统，并对全市的被征地农民养老保障专项资金和征地报件进行全面的清理。全年审核征地报件15件，征地面积183.95公顷，应缴被征地农民基本养老保障专项资金（原社保安置补助费）5 024.673万元，收缴率100%，全市被征地农民养老保险参保人数10.12万人。

【社保基金监督】 2017年，市人社局采取多项措施加强社保基金监督和源头治理工作，严格基金预算管理，做好基金保值增值工作，全市13项社会保险基金累计结余113.57亿元，基金累计收益3.22亿元，平均收益率3.03%。同时，强化基金日常监管，坚持内部审计，扎实开展新一轮严禁领导干部及相关部门单位违规使用社会保险基金专项整治，研究开发社会保险基金安全评估系统，全面完成安全评估工作，完成企业职工退休审核审批、城乡居民养老保险经办机构内部控制、社保基金专项执法检查，加大社保基金清欠力度，清欠各种社会保险费1 859.47万元，确保各项社会保险基金运行平稳、安全、完整。

（王　锦）

民族事务

【民族团结进步示范区建设】 2017年，市民宗局按照《关于加快建设民族团结进步示范区的实施意见》27项子任务和具体措施，及时将市财政安排的民族团结进步示范创建工程专项资金1 500万元下达到各县（区），补助新平示范县和5个示范（特色）乡镇665万元，安排“6+n进”创建活动及协调民族宗教关系经费325万元，产业发展及精准扶贫经费330万元，民族乡（聚居镇）民族团结进步创建活动经费130万元，民族文化传承保护经费50万元。同时，向上争取资金3 653.1万元，继续实施新平示范县、通海县纳古镇、峨山县岔河乡、元江县因远镇示范乡镇的示范创建工作，启动易门县铜厂乡、新平县戛洒镇和11个示范村（特色村）和1个示范社区创建工作。并在计划外新争取到示范点5个，资金500万元，提前安排2018年示范点3个，资金300万元。配合省级部门完成对2016年示范点创建绩效评价相关工作，评价结果为优秀。此外，向省民族宗教委推荐上报新平县大槟榔园和云南万绿生物股份有限公司为全国民族团结进步示范创建单位，红塔区上灵秀等11个特色村寨被评为首批“云南少数民族特色村寨”，打造出一批各具特色、类型多样的示范典型。

【出台《云南省建设我国民族团结进步示范区规划（2016～2020年）》的实施意见】 2017年8月7日，为深入贯彻落实《云南省建设我国民族团结进步示范区规划（2016～2020年）》，着力推进民族团结进步事业，确保全市民族团结进步示范区建设干在实处、走在全省前列。市委、市政府出台关于全市贯彻《云南省建设我国民族团结进步示范区规划（2016～2020年）》的实施意见，围绕如期实现民族地区全面脱贫、加快民族地区基础设施建设、提升改

元江县曼来镇红旗村委会大西蒿“直过民族”拉祜族安居房（市民宗局　提供）

善农村人居环境、提升医疗卫生条件和服务水平、实施人口较少民族和贫困民族支系保险保障、保护和改善生态环境、发展特色优势产业、推进新型城镇化建设、提高科技创新能力、加快普及学前教育、推进义务教育均衡发展、提升高中阶段教育综合办学水平、加快发展中等职业教育、推进民族高等教育、普及国家通用语言教育、加快民族文化公共设施和服务体系建设、传承保护和创新开发民族文化、广泛开展优秀民族传统文化进校园活动、发展民族文艺体育、加强民族文化传播能力建设、加强民族团结进步创建活动、持续推进城市民族工作、推进民族团结宣传教育、促进宗教和谐和顺、维护民族团结社会稳定、培养高素质少数民族人才队伍、完善民族宗教工作服务管理体系、提升民族宗教事务法治水平28项具体任务，细化责任推进示范区规划的有力实施。

【国家民族画报社到玉溪专题拍摄】 2017年8月25~27日，国家民族画报社赵利同志带队到玉溪，专题采访拍摄示范区建设中，民生改善、发展动力增强、民族教育促进、民族文化繁荣、民族团结创建、民族宗教事务管理6个方面的特色和亮点，并在全国范围内宣传玉溪模式。

【扶持人口较少民族（支系）发展】 2017年，市民宗局继续加大对“直过民族”包括拉祜族在内的6种人口较少民族（支系）的帮扶力度，按照《玉溪市坚决打赢“直过民族”脱贫攻坚战的实施方案》，会同有关部门采取特殊政策，对6种人口较少民族（支系）代缴新农合个人承担费用450万元，并对在定点医疗机构发生住院费起付标准降低至200元；贯彻落实市委、市政府有关少数民族学生学历培养政策，对在玉溪师院、农职院就读的37名6种人口较少民放（支系）学生给予每生每年5 000元的资助，对考入省内外高等院校的182名少数民族贫困学生给予2 000~3 000元的困难补助；加强少数民族人才培训，在市委党校举办为期5天的村组干部综合知识培训，309名以人口较少民族（支系）聚居区为重点的村组干部参加培训；落实普及国家通用语言教育工作，在不通汉语地区小学低年级推行双语教育，实现小学三年级少数民族学生通过汉语关。

【民族文化】 2017年，市民宗局争取省级民族文化项目经费123万元，实施民族民间百名人才扶持项目2个（竹乐和花灯），世居少数民族文化精品工程项目2个（峨山县彝族刺绣保护开发、新平县花腰傣大鼓舞打造），还有祭龙习俗保护、《元江民族服饰集》出版等传统文化抢救保护项目5个；争取市级少数民族传统文化保护项目经费50万元，补助实施江川区彝族腰鼓舞抢救保护、通海《马家大院》纪录片拍摄等9个项目；组队参加“七彩云南”民族赛装节获组织奖，蒙古族女装获金奖；成功筹办省第十届民族民间歌舞乐展演，展演项目《磨皮花鼓舞》获一等奖；组团参加全省少数民族传统体育锦标赛获体育道德风尚奖。

【民贸民品】 2017年，市民宗局认真贯彻落实国家、省扶持民族贸易和民族特需用品生产企业的优惠政策，抓宣传，强服务，搭平台，重实效，培育发展民族特色优势产业，以通海银饰、工艺刀具、石雕、木雕品牌等为代表的民族民间工艺品影响力和产业实力逐步提升。全年争取到中央、省级民贸民品贴息资金783万元，64家企业受惠，实现3个民族贸易县民贸民品政策业务全覆盖。峨山县源天生

“我的中国梦　文化进万家　民族团结一家亲”玉带街道迎国庆文艺晚会　（市民宗局　提供）

物集团有限公司、元江县万绿集团生物股份有限公司和金珂集团糖业集团有限公司、新平县南恩糖纸有限公司入选全国“百家壮大”企业。

【城市民族工作】 2017年，市民宗局牵头，联合公安、民政、教育、工商、人力资源等部门建立城市民族工作协调联系机制，健全市、县（区）、乡（镇、街道）、村（社区）四级工作网络，发挥城市社区和基层群众的作用，推进少数民族流动人口服务管理和清真食品管理工作。红塔区玉带路街道玉龙示范社区创建取得初步成效。全年共办理清真食品生产经营行政许可事项33件。

【团结稳定】 2017年，市民宗局加强宣传教育，深入开展民族宗教政策和法律法规“六进”活动，形成贯穿全年、覆盖全面的常态化工作机制，编印《民族宗教政策法规知识宣传册》发放到社会各界。同时，积极开展矛盾隐患排查调处，进一步完善市、县（区）、乡（镇、街道）“三级”同步监测监管涉及民族宗教领域团结稳定问题长效机制，建立属地管理、受理接访和化解纠纷的信访维稳联动机制，坚持以回族聚居区、行政接边地区和中心城区为重点，定期开展民族宗教关系分析研判，积极稳妥化解各类矛盾纠纷隐患，维护全市连续20年没有发生因民族宗教问题引发群体性事件的团结稳定局面。

（邹贤超）

宗教事务

【和谐寺观教堂创建】 2017年1月，中央统战部、国家宗教局在北京召开第三届全国创建和谐寺观教堂先进集体和先进个人表彰大会，通海县河西镇下回村清真寺荣获“第三届全国创建和谐寺观教堂先进集体”荣誉称号。

【宗教活动场所管理】 2017年，各县（区）民族宗教工作部门加强宗教活动场所制度建设，建立健全民主管理、财务、会计、治安、消防、文物保护、卫生防疫等各项管理制度；进一步巩固伊斯兰教经文学校（班）规范管理成果；加强宗教活动管理，严格执行宗教活动审批程序，各宗教活动场所举办宗教活动做到及时申报、安全有序；抓好宗教活动场所民主管理组织的换届工作，公开、公平、公正推选出民主管理组织，完成主要教职人员备案工作，对新任的主要教职人员严格进行备案；贯彻落实《玉溪市宗教活动场所主要教职人员生活费补助办法》等政策，安排宗教活动场所主要教职人员生活补助资金90.6万元，争取省级宗教活动场所修缮费55万元，安排市级宗教活动场所修缮补助经费80万元。

【修订《玉溪市宗教活动场所管理办法》】 2017年，市民宗局严格按照规范性文件制定要求，先后完成公开征求意见、召开听证会和专家论证、进行社会风险评估等各项工作，完成《玉溪市宗教活动场所管理办法（送审稿）》。

【宗教团体建设】 2017年，市民宗局认真抓好全市宗教团体建设，指导宗教团体发挥积极作用，定期拨付全市宗教团体工作经费和副秘书长以上人员生活补助资金60万元，指导市佛教协会、市伊斯兰教协会、市基督教“两会”顺利换届，加强对宗教教职人员的教育培训，全年发放新颁布的《宗教事务条例》1 000册、《中华人民共和国反恐怖法》600册、《云南省宗教事务规定》1 000册、《政策法规学习月系列宣传资料》200册、宗教政策和拒绝邪教进我家宣传材料1 500张。并于11月12～15日举办宗教界人士培训班，全市115名宗教团体理事参加培训。又指导帮助各宗教组织开展16期共1 800人次参加的各类培训班，选派11人参加省民族宗教委举办的清真寺管委会主任培训。此外，认真做好朝觐事务组织服务工作，积极稳妥应对中东呼吸综合征疫情，组织全市201名朝觐人员安全、有序完成朝觐功课。市民宗局被评为2017年度省朝觐组织工作“优秀组织单位”，带队干部李长松被评为先进个人。

【依法行政】 2017年，市民宗局加强部门法治政府建设，制定出台《玉溪市民族宗教事务法治建设规划（2016～2020年）》，完善部门法律顾问制度，严格部门重大决策程序，做好行政审批事项服务工作，全年审批许可设立宗教活动场所事项1件，办理《中国公民民族成份变更登记》行政确认事项116件。

（邹贤超）

移民工作

【后期项目扶持和资金发放管理】 2017年，市移民局制定出台《关于进一步加大玉溪市移民后期扶持项目管理工作的通知》，进一步规范项目和资金管理。同时，聘请中介机构，对新平县进行后扶政策实施情况的监测评估；对新平县、华宁县“十二五”期间移民新村建设和移民后期扶持政策实施情况进行专项稽查；指导新平县、华宁县开展自查，对存在问题进行整改；指导峨山县对2016年省移民局开展的稽查工作进行“回头看”，确保大中型水库移民后期扶持政策落实到位。全年实施各类扶持项目41项，总投资6 282.45万元，其中，移民专项资金5 872.6万元，其他专项资金74.45万元，县区自筹资金335.4万元；启动8个移民新村建设，投资2 436万元，其中，移民专项资金2 340万元，整合及自筹资金96万元；坚持移民动态管理，准确核实后期扶持对象，按月核减因死亡、判刑、参加工作、农转非等原因不符合扶持政策的移民，共发放后扶直补资金1 245.83万元。

【水利工程项目建设征地移民】 2017年，市移民局在新建、在建水利工程项目建设征地移民工作方面取得新成效，完成元江县鲁布水库建设工程移民专项投资1 837万元，安置点“三通一平”工程完工，建成科技文化活动室，89套移民安置房一层封顶。完成华宁县矣则河水库扩建工程移民专项投资1 060.63万元，完成生产安置移民22人。1月23日，市移民局牵头，组织维稳、信访、水利等部门对《新平县洋发城水库扩建工程建设征地补偿和移民安置社会稳定（信访）风险评估报告》进行评审。又于3月出具审查意见。11月，该工程可研阶段建设征地移民安置规划报告获得省移民开发局批复。

【戛洒江一级水电站暂停施工】 2017年8月6日和25日，中国水电顾问集团新平开发有限公司通知，因绿孔雀舆情及环境保护方面的要求，戛洒江一级水电站工程建设及相关的移民项目工程建设暂缓施工，停止支付征地移民款项。9月1日，市移民局向新平县发改局发出通知，暂时停止征地移民

“感动中国·中国记者眼中的云南移民——玉溪行”采访活动媒体见面会在中玉酒店召开　　（市移民局　提供）

安置协议签订等相关工作，停止拨付征地补偿和移民安置相关费用，已经预拨的相关经费暂时冻结。

【外迁化念移民安置工程收口】 2017年，市移民局按照省移民开发局要求，和峨山县、三峡公司移民局、规划设计单位、移民综合监理、云南建投等相关单位共同努力，对峨山化念移民安置相关项目进行全面清理，完成溪洛渡水电站（云南库区）外迁化念移民安置工程收口和项目设计变更上报。

【移民宣传】 2017年11月28日，“感动中国—中国记者眼中的云南移民——玉溪行”采访活动媒体见面会在中玉酒店召开。市人民政府副秘书长毕孝宁在会上致辞，市移民开发局局长唐建民介绍全市移民工作情况。中央、省市的20多家驻滇媒体对市移民工作取得的成绩和经验进行了为期3天采访宣传报道，在各种宣传平台刊登宣传消息100余篇。

【扶贫攻坚】 2017年，市移民局继续抓好2016年安排的省级第一批库区基金项目建设，实施水库移民脱贫攻坚项目6项，完成投资214万元；做好“挂包帮、转走访”精准扶贫，调整驻村队员，筹集资金20万元帮助扶贫挂钩村元江县咪哩乡甘岔村解决实际困难。

（柳卫国）

计划生育

【计划生育指标完成情况】 据计生自然年报显示（所有数据均不包含澄江县阳宗镇），至2017年底，全市总人口222.31万人，年内出生婴儿2.72万人，比上年增加1 160人，其中男性1.41万人，女性1.31万人，出生男女婴儿性别比107，比上年同期下降2个点。一孩出生1.17万人，一孩率42.91%，出生性别比106；二孩出生1.44万人，二孩率52.90%，出生性别比107；多孩出生1 141人，多孩率4.20%，出生性别比107。与上年同期相比，一孩出生减少1 423人，一孩率降低7.38个百分点；二孩出生增加2 167人，二孩率上升5.97个百分点；多孩出生增加416人，多孩率上升1.41个百分点。在出生的2.72万人中，政策内生育2.59万人，符合政策生育率为95.41%，比上年同期降低0.24个百分点。分孩次符合政策生育率情况分别为一孩92.84%，比上年同期下降0.41个百分点；二孩99.42%，比上年同期下降0.21个百分点；多孩70.99%，比上年同期下降0.73个百分点。计划外出生1 249人，比上年同期增加116人，计划外生育率4.59%，比上年同期上升0.24个百分点。其中，计划外多孩出生331人，比上年同期增加126人，计划外多孩生育率1.22%，比上年同期上升0.43个百分点。

全市已婚育龄妇女41.75万人，占总人口的18.78%，比上年同期减少5 787人。落实各种节育措施35.89万人，比上年同期减少4 892人，综合节育率85.96%，比上年同期上升0.02个百分点。其中，长效节育人数32.88万人，与上年同期相比减少8 974人，优选节育率78.75%，下降1.04个百分点；采取针药及避孕药具避孕3万人，增加4 082人，针药具避孕率7.21%，上升1.06个百分点。

【人口和计划生育责任目标落实情况】 2017年，市级财政投入计划生育经费1 629.88万元，比上年增加105.41万元，增长6.91%。其中，年初预算项目配套经费1 594.83万元，其他计划生育事业经费668.13万元，工作经费24万元，超额完成省级下达任务指标。2017统计年报表（2016年10月1日至2017年9月30日）显示，全市活产数2.9万人，产妇数为2.88万人，死亡孕产妇4人，孕产妇死亡率13.82人/10万，完成不超21人/10万的目标；婴儿死亡数156人，死亡率5.39‰，完成控制在7‰以内的任务；新生儿遗传代谢性疾病筛查2.75万人，筛查率94.92%，超出省级下达85%指标14.92个百分点；听力筛查2.79万例，筛查率96.29%，超出省级下达90%指标6.29个百分点。剖宫产率29.98%，未超出30%的控制目标；全市农村孕产妇住院分娩率达99.80%，超额完成省级要求99.5%的目标任务。

统计年内完成农村妇女“宫颈癌”检查1.55万例，超出省级下达1.5万例指标500例。同时，积极争取市级财政筹资150万元，免费为1.51万名育龄群众提供宫颈癌HPV检查，完成农村妇女“乳腺癌”检查4 309例，超出省级下达4 000例指标309例。免费为2.26万名目标人群提供19项孕前优生健康检查，实际完成率达102.79%，完成省级下达任务。全市结婚登记人数3.32万人，免费婚前医学检查人数3.16万人，婚检率95.21%，超出省级下达85%指标10.21个百分点。

【人口和计划生育会议】 2017年7月，市委、市政府召开会议，听取市卫生计生委主任马跃武关于《实施全面两孩政策改革完善计划生育服务管理的实施意见（送审稿）》的起草背景和主要内容的专题汇报，讨论通过了《实施全面两孩政策改革完善计划生育服务管理的实施意见（送审稿）》。9月26～28日，市、县、乡三级计划生育计划生育干部169人参加了全市计划生育综合业务培训班，围绕全面两孩政策、行政执法、奖优免补等13个主题展开培训，重点对《中共玉溪市委、玉溪市人民市政府关于实施全面两孩政策改革完善计划生育服务管理的实施意见》《玉溪市贯彻落实计划生育目标管理责任制实施方案》作了细致的解读，并对2017年度责任目标任务再次进行安排部署。11月21～22日，市人口形势分析暨计生信息化培训会召开，市、县、乡78名计划生育干部参会。

【全国生育状况抽样完成】 2017年7月1～3日，市卫生计生委承办了全国生育状况抽样调查省第二片区培训班，来自玉溪、红河、文山、普洱和西双版纳5个州市的督导员、调查员等186人参加了培训。7月16～19日，国家卫生计生委生育状况抽样调查质量督导组到玉溪开展督导工作，并深入峨山县小街街道水车田村委会随机抽样回访，重新入户调查，代表省接受国家督导，验证抽样调查工作质量。7月20日，督导组召开座谈会，对玉溪调查工作进展和调查质量给予充分肯定。8月，全省开展调查质量事后质量监督工作，5名优秀调查员交叉审核其他州市调查问卷、调查录音，为全省调查工作质量控制最后把关做出贡献。玉溪市、江川区分别被评为全国优秀市级、县级单位，刘浩勇、王莉、张玉芬被评为全国优秀个人。

【人口和计划生育专题调研】 2017年2月，市卫生计生委专题调研抚仙湖径流区托管事宜，明确托管区内江川区、华宁县区域的村（社区）所有计划生育工作，由澄江县统一管理，促进托管区工作快速步入正轨。同时，结合计划生育工作实际，拟定29项专题开展调研，组织人员走村入户，深入了解计划生育行政执法、基层基础工作、奖免扶补资金兑现、全面两孩政策落实等主要工作开展情况，积极应对新形势下人口计划生育工作的情况和问题，有力促进了计划生育年度目标责任各项工作任务圆满完成。4月至7月，全市开展了一孩家庭基线调查，细致摸排一孩家庭底数，做好出生人口动态监测工作。6月，又开展计划生育特殊困难家庭调查，为完善计划生育奖扶政策，推进扶贫攻坚工作提供翔实数据支撑。11月15日至16日，省委统战部组织民主党派到玉溪专题调研全面两孩政策落实情况，充分肯定政策落地执行效果，市卫生计生委代拟调研报告和提案3篇，其中1项被列为2018年市政协常委会议协商议题。计生工作年度考核获得全省第二名的好成绩。

【计划生育家庭扶助优待】 2017年，市卫生计生委继续贯彻落实计划生育“奖优免补”系列政策，完成资金兑现3 716.69万元，惠及群众13.66万人，其中兑现农村独生子女家庭奖励扶助金（农村养老生活补助）8 621人，补助资金875.76万元；计划生育家庭特别扶助制度（独生子女伤残、死亡家庭）1 293人，扶助资金495.71万元；计划生育家庭特别扶助制度（其它家庭）592人，资金74.16万元；农村独生子女家庭“一次性奖励金”470人，资金23.74万元；农业人口独生子女教育“奖学金”1.02万人，资金459.91万元；新型农村合作医疗符合全额资助条件（新农合）8.55万人，资金1 537.87万元；独生子女死亡家庭“一次性抚慰金”78人，资金19.40万元；城镇居民未享受退休金独生子女父母“养老扶助金”689人，资金70.40万元；独生子女保健费2.92万人，资金164.69万元。以上项目资金均已及时、足额兑现到人（户），兑现率100%。

【医疗卫生和养老服务相结合工作稳步推进】 2017年，市卫生计生委加大指导，在峨山县和元江县被列为首批医疗卫生和养老服务相结合工作省级试点后，又将红塔区列为市级试点，发挥基层医疗机构中医开展形式多样的优势，完成示范点的选点工作，试点工作稳定推进。其他县（区）也大力推行医疗卫生机构与养老机构签约服务，为养老机构提供不同形式的医疗卫生服务，全市养老机构71个，其中55个与医疗机构签订医疗卫生服务，签约服务率77.46%，超额17.46个百分点完成目标任务。全市有公立医疗卫生机构104个，其中，开设为老人提供挂号、就医等便利绿色通道的有91个，占医疗卫生机构数的87.5%，比指标要求高2.5个百分点。11月22日至23日，市卫生计生委、市民政局联合召开全市医养结合试点工作推进会，总结全市开展试点以来的工作，试点单位交流发言，并

国家卫生计生委基层计生队伍状况调研座谈会　　（市卫计委　提供）

组织与会者进行现场观摩学习。全市在推进医养结合方面进行的有益探索和实践，获得了各级肯定，峨山县作为省级试点先进县多次在全省相关会议上交流工作经验。12月19日，玉溪被国家工信部、民政部、卫计委评为全国首批智慧健康养老示范基地，也是全省唯一获评城市。

【综合治理出生婴儿性别偏高】 2017年6月，市卫计委联合市食药监局、市工商局、市妇联在全市范围内，开展了为期一个月的“两非”的专项整治行动，下发《关于进一步规范人工终止妊娠服务程序的通知》，进一步规范施行人工终止妊娠手术的服务程序。县（区）卫计局与有资质的医疗卫生机构、相关科室或人员签订禁止“两非”责任书，制定相关管理制度，并报县区卫计局备案。医疗卫生机构相关岗位张贴醒目的“禁止非医学需要的胎儿性别鉴定和非医学需要的人工终止妊娠”及举报电话。全年无“两非”案件发生，出生婴儿性别比接近107，趋于正常值范围，工作成效显著。

【人口计生信息化建设】 2017年，市计生卫生委采取“互联网+计生服务”的工作思路，继续服务基层。7月，省全员人口信息系统上线运行，于9月28日和11月21日，分别召开启动会和培训会，安排部署全员人口信息系统上线运行工作。又于12月，组织采购部分配套设备，计划生育便民服务（生育服务登记及再生育审批、独生子女父母光荣证办理等）、计划生育奖励扶助、流动人口服务管理等纳入信息化建设工作。

【全面实施两孩政策】 2017年，市委、市政府出台《中共玉溪市委玉溪市人民政府关于实施全面两孩政策改革完善计划生育服务管理的实施意见》，市政府出台《玉溪市贯彻落实计划生育目标管理责任制实施方案》，继续推进“全面两孩”政策，改革完善生育服务管理。全年准备生育二孩夫妻生育登记1.45万对，实际出生二孩1.44万人。市卫生计生委继续加强计划生育宣传教育工作，加强对“全面两孩”政策和国情国策的宣传培训力度，通过市广播电台“民情之声”栏目、电视采访、玉溪日报及政府网站广泛宣传“全面两孩”政策及新的《云南省人口与计划生育条例》，主动回应社会关切，并利用“5·29”计生协会活动日开展宣传咨询、文艺演出等大型宣传服务活动，发放宣传册及计生用品，提供政策咨询。

【流动人口卫生计生服务管理】 2017年，市卫生计生委不断推动流动人口卫生计生服务管理改革、流动人口卫生计生基本公共服务均等化、促进流动人口和留守人群关怀关爱活动深入开展，完成2017年度各项任务。截至年底，全市登记流动人口12.35万人（男性7.48万人，女性4.87万人），流入人口7.53万人（男性4.69万人，女性2.84万人），流出人口4.78万人（男性2.80万人，女性1.98万人）。同时，宣传贯彻落实全面“两孩”政策和国家、省市相关法规、政策和制度，落实流入地生育服务登记和承诺式办证，实行首接责任制和“一站式”办理，全年办理流动人口一孩生育服务登记12人，二孩生育服务登记3人；完成人口信息平台上线和国家对接培训，加强流动人口信息采集、汇总、核实、反馈和通报；加强对红塔区、通海县、新平县、元江县4县区12个调查点的督导，协调人力和资金支持，完成全国流动人口卫生计生动态监测调查工作。此外，协调财政、综治、公安、人社、民政等相关单位和卫生计生技术服务、妇幼保健、疾病防控等业务部门，开展“十四项真情服务”和示范创建活动，促进流动人口基本公共服务均等化。全市流动人口健康档案电子建档率81.3%，流动儿童预防接种率86%，3岁以下流动儿童体检率97%，流动孕产妇产前检查率99.7%，流动人口传染病报告率100%，流入已婚育龄群众避孕药具免费发放率80.9%，流动人口计划生育手术免费服务率80.9%，孕前优生健康检查率88.1%，35岁及以上常住流动人口高血压管理率99.5%，35岁及以上常住2型糖尿病管理率96.7%，65岁以上常住流动人口老年人健康管理率61.9%，肺结核管理率100%；在流动人口中全面落实14项基本公共卫生计生服务，完成国家流动人口基本公共卫生计生均等化重点联系城市评估要点各项指标；印制《玉溪市流动人口基本公共服务均等化和健康教育知识宣传手册》3万册、健康支持工具包1千个、新市民健康促进倡议书3万份，多形式开展宣传服务和流动人口健康教育促进示范场所创建。全市3个企业、3所学校、8户流动人口家庭获全国流动人口健康促进示范企业、示范学校、示范家庭称号。还命名流动人口基本公共服务均等化示范乡镇（街道）12个，示范村（居、社区）12个，推进流动人口基本公共卫生计生服务全覆盖和流动人口与户籍人口融合。

【留守人群关爱工作】 2017年，全市有留守儿童4 373人、留守妇女2 720人、留守老人5 617人，合计留守人群1.27万人。卫生计生系统开展留守儿童保健服务和疾病防治1.26万人次、主题健康教育活动6 084人次、强制报告16人次、医疗救治359人、评估帮扶928人次、建立活动场所212个，组织集中慰问活动141次，慰问金和物资合币20.9万余元，发放宣传资料7.9万余份，设立宣传栏和展板665块，广播电视、网络微信等新媒体宣传360次。

【计划生育药具管理及技术服务】 2017年，全市计划分配计划生育药具94.20万元，实际分配94.20万元，计划执行率100%；应使用药具人数35.63万人，实际使用药具人数35.52万人，药具使用率99.68%。全年共有规范药具免费发放网点1 045个，其中，主渠道发放网点897个，社会发放网点122个，药具自助发放机网点26个；开展免费孕前优生健康检查2.41万人，完成省级下达目标任务的114.96%，免费发放叶酸1.82万人，完成省级下达目标任务的118.82%。

【计划生育协会工作】 2017年底，全市共有各级计生协会组织812个，机关企事业计生协27个，流动人口计生协56个；有协会理事8 043名，团体会员197个，个人会员198 073人，志愿者队伍821个、志愿者91 370人，文化社团986个。各级计生协继续做好宣传教育活动，各县（区）共上报各类简报、信息109篇，其中省计生协采用60篇、市计生协采用48篇；组织开展好中国计生协成立37周年纪念日、中国计生协第19个“5.29”会员活动日和第21届“母亲节暨救助贫困母亲活动日”活动，全年各级计生协共组织文艺演出195场次，观众达11.48万人次，广播宣传939次，出板报669期，发放各类计生宣传资料17.1万份、手提袋3万个，为育龄妇女免费提供生殖健康医学服务1.39万人次，义诊、量血压等2.05万人次，发放安全套4.96万盒、避孕药1.87万盒，组织培训1.81万人次，群众咨询1.27万人次，助耕帮助生产好人好事1 231人次。慰问独生子女、双女困难户、困难计生工作者和贫困母亲及困难学生670户，发放慰问金10.98万元，慰问品折合人民币1.84万元。全市共投入资金82.5万元，开展第六轮“生育关怀—精准脱贫”帮扶项目，帮扶9个县（区）、12个乡镇（街道）、19个村居、46户。同时，新建计划生育基层群众自治示范项目县区3个，其中，峨山县补助5万元、红塔区、易门县各补助3万，共计11万元；新建青春健康教育培训示范项目点1个，即华宁八中，补助5万元；巩固2016年项目点3个，其中，玉溪六中、澄江五中、云南民族大学应用技术学院，各补助3万元；新建流动人口计生协建设示范项目点1个，即新平县大红山铜矿，补助5万元；巩固原建项目点5个，其中，红塔区春和街道春和社区、红塔区大营街关怀关爱项目、峨山县小街街道石邑社区、通海县秀山街道万家社区、易门县陶瓷工业园区各补助1万元，计5万元；创建幸福家庭——创建家庭服务中心今年新建项目点1个，即新平县五桂社区，补助15万元。截至年底，全市承保户数8.56万户，保单份数30.12万件，承保人数29.97万人，完成投保金额1 282.74万元，其中政府补助或企业资助金额38.55万元、家庭投保金额1 225.12万元，完成率95.73%。理赔总件数3 919件，总金额907.67万元，其中死亡赔付173件，金额316.81万元、伤残赔付80件，金额84.56万元、医疗赔付3 666件，金额506.30万元。

（刘浩勇）

老龄工作

【基本情况】 截至2017年底，全市60周岁以上老年人36.3万人，占户籍人口总数的16.6%。其中，60至69周岁17.5万人、70至79周岁14万人、80至89周岁4.3万人、90岁以上0.44万人、100周岁以上58人。

【老年人养老保障和救助】 2017年，全市城乡基本养老保险参保人数153.5万人，领取养老金36.4万余人。2.95万名老年人纳入城乡最低生活保障。城镇老年人低保人均补助水平从去年的月均332元增加到358元，农村低保人均补助水平从178元提高到202元，农村特困人员集中和分散供养标准由645元和456元，提高到647元和528元。全市为3 998名特困人员支出救助供养资金2 634万元。

【老年人医疗保障】 2017年，全市资助7.3万名老年人参加医疗保险，对参加新型农村合作医疗的70岁以上老年人，住院医疗费用减免补偿比例增加3%，对60岁以上的老年人，由属地的市、县（区）人民医院每年对其免费常规体检一次，全年共检22.08万人，建档率89.4%，完成健康管理17.68万人，健康管理率76.6%，生活自理能力评估21万人，评估率91%。

【基础设施建设管理】 2017年，全市完成5个农村敬老院、20个居家养老服务中心建设，建成和在建城市公办养老机构10个，床位1 486张；民办养老机构5个，床位334张；农村敬老院58所，床位3 220张；居家养老服务中心124个，床位近2 020张；年末，全市共有养老床位数7 064张，平均每千名老年人拥有19.4张。同时，对2015年、2016年补助的居家养老服务中心进行了项目绩效评价，开展居家养老服务示范点建设，对7个社会福利服务中心，53个农村敬老院和64个居家养老服务中心进行了运营补助。

【老龄事业投入】 2017年，市、县（区）老龄事业经费列入同级财政预算，全年投入老龄事业和老龄工作专项经费6 495.68万元，其中市财政投入3 325.68万元，包含养老服务设施建设经费1 685.68万元、高龄补助经费800万元、养老服务机构运营补助经费800万元、工作经费及其他经费40万元；县（区）财政投入3 170万元，包含老龄事业发展资金67.1万元、老年人补助经费2 408.5万元、居家养老服务中心配套建设经费434万元、百村建设经费45万元、敬老节活动经费94.2万元，工作经费99万元，其他经费22.2万元。市级福彩公益金投入养老服务体系建设2 040万元，其中，投入1 210万元，补助191个基层老年协会新建或修建老年活动场所、添置活动设施，投入200万元，补助老年体育活动设施建设，投入300万元，补助福利院、老年公寓等城市公办养老机构建设，投入300万元，补助农村敬老院进行改扩建，投入30万元，补助特困人员购买老年人意外伤害保险，福彩公益金投入养老服务体系建设的资金占全年留存总数的72.8%，推动了养老服务设施的建设工作。上级投入养老服务体系资金、设施建设资金和高龄补助资金2 223.26万元，其中投入农村敬老院建设768万元，公办养老机构建设138万元，居家养老服务中心建设649万元，民办养老机构建设143万元，老年活动室建设66万元，高龄津贴补助459.26万元。

【老年人优待】 2017年，市老龄委为1.71万名60岁以上老年人办理《云南省老年人优待证》，为65岁以上老年人建立健康档案并免费常规体检一次，为28名百岁寿星挂百岁匾。并为老年人办理“爱心卡”，免费乘坐市内公交车，全年免费乘坐1 224万人次，政府补助公交公司574万元。

【保健（长寿）补助发放工作】 2017年，全市发放高龄老人补助金3 667.7万元，其中，80周岁以上4.8万人，金额3 059万元，70至79岁2.09万人，金额608.5万元。除市财政补助的800万元和省级补助的459.26万元外，县（区）承担2 408.44万元。

【老年人意外伤害保险工作】 2017年，老年人意外伤害保险参保人数由上年的10.6万增加到13.9万，投保率由31.6%增加到38.2%，收取保费692.7万元。同时，投入35.8万元为全市4 100名农村“五保”老人、2 100名城市“三无”老人购买意外伤害保险，完成老年人意外伤害保险的扩面工作。

【老年协会建设】 2017年末，全市共成立机关、企事业单位老年协会101个，社区基层老年人协会254个，村级基层老年协会428个，有老年人协会分会3 694个。30.9万名老年人加入老年协会组织，683个老年协会进行了登记备案工作。

【敬老及老年政策法规宣传】 2017年，市老龄委在玉溪日报开辟“关爱老年人全面建小康”专栏，对全市典型的和睦家庭、为老服务志愿者、先进基层老年协会、孝亲模范、敬老养老好村组、孝心少年、老有所为典型事迹进行宣传，全年刊登稿件43篇，支出报刊宣传费和各种宣传资料制作费8.4万元。并在中心城区、各县区所辖街道（乡镇）、村（社区）开展老年法规宣传活动，印发宣传资料2万份。此外，通过玉溪日报、玉溪电视台、各县区电视台、玉溪人民广播电台等媒体和村、组板报、宣传栏，大力宣传《老年法》《云南省老年人权益保障条例》等老年政策法规。重新修改《玉溪市老年人权益保障实施办法》，完成向社会听证等工作。

【老年人生活服务】 2017年，全市县、乡（镇、街道）全部成立老龄工作机构，机关、村（社区）共成立老年协会783个，老年服务网络进一步健全;建立老年人信息系统，及时掌握老年人的动态情况和服务需求。社区为老年人开展生活、文化、教育、体育、医疗、康复、护理、日托服务。部分村（社区）利用居家养老服务中心的书画室、体育健身室、医疗护理室、日托聊天室、棋牌娱乐室等场所为老年人开展教育、休闲、娱乐、助餐等服务。志愿者、青年团员和妇女定期不定期地为孤寡、残疾老年人提供生活照料和服务，做好困难老人家庭生活救助的申请、调查、审核、上报等方面的工作。全市共招聘政府购买养老服务人员200多人。

【老年人维权服务】 2017年年末，全市共有老年人法律援助工作站80多个，基层老年法律援助覆盖率100%。法院受理涉老案件105起，基层司法调解涉老纠纷293起，老年人协会调解涉老纠纷697起，涉及老人1 170人。并在办理过程中加大宣传力度，引导老年人依法维权，提高老年人的维权意识和维权能力，简化老年人申请援助程序，降低援助门槛，拓展援助工作渠道，扩大老年人法律援助范围，为老年人提供更加方便、快捷的法律援助服务。

【文体休闲教育服务】 2017年，全市投入老年活动场所建设资金1 462万元，为193个基层老年协会新建或修建老年活动场所、添置活动设施。年末，全市共有老年活动中心（室）4 120个，其中，市级老干部活动中心和老年文艺体育活动中心2个，县区级老年活动中心8个，乡（镇、街道）老年活动中心38个，社区及村委会老年活动中心（室）517个、村民小组老年活动中心（室）3 555个；建有门球场、地掷球场近136块，老年服务设施基本普及；成立老年文艺团（队）1 818支，队员4.2万人，老年体育锻炼团队1 983个，队员6.9万人；有老年大学（学校）359所，其中市、县（区）老年大学9所，乡镇老年学校14所，村（居）委会175所，村（居）民小组161所，学员4万余人。

【老年人慰问活动】 2017年春节，各级党委、政府广泛开展走访慰问老年人活动，慰问66名百岁老人、158位空巢老人、1.52万名困难老人，支出慰问金134.4万元。老年节期间，又将全部百岁寿星和部分空巢、失能困难老人作为重点走访慰问对象，共慰问困难、高龄老人1.1万人，支出慰问金353.7万元，慰问养老机构7个，支出5.7万元。

（王渝阳）

关心下一代工作

【思想道德教育】 2017年，市关工委制定下发《关于进一步做好青少年思想道德建设工作的通知》，要求各级关工委扎实开展青少年思想道德教育。各级关工委成立思想道德宣讲团341个，有宣讲员2 082人，作报告1 548场，受教育人数39.13万人；成立社会主义核心价值观演讲团298个，演讲990场次，受教育人数30.92万人次，其中在校学生25.72万人次。

【“中华魂”主题教育活动】 2017年，市关工委与市教育局、市文明办、市司法局、共青团玉溪市委等部门联合开展“中华魂”主题教育活动，投入8.9万元征订读本3万册，组织全市246所中小学校的10.74万名师生以及省第三监狱、九溪戒毒所3 000名劳教、强戒人员参加活动，收到读书征文、心得体会2.77万篇。市关工委被中关工委表彰为先进集体，9人被表彰为先进个人。江川区大街小学孔星羽同学代表全省参加在北京人民大会堂举办的全国“中华魂”主题教育活动表彰大会暨演讲比赛并获得特等奖。

【法治教育与帮教】 2017年5月22日至23日，市关工委联合市司法局、市教育局在市委党校举办全市中学法制副校长培训，共176人参加。并联合市检察院、市司法局、市教育局、团市委、市妇联共同下发《关于检查阶段合适成年人参与刑事诉讼联动实施意见》，确实保障未成年犯罪嫌疑人的合法权益，进一步规范合适成年人参与刑事诉讼制度。各级关工委积极配合团委等有关部门以“关爱明天，普法先行”为主题，采取多种形式大力开展法治宣传教育。全市有法制教育讲解团236个，宣讲员2 390人，宣讲1 117场次，受教育人数42.65万人次，发放宣传材料11.27万份，投入经费42.03万元。同时，各级关工委积极发动“五老”帮教失足青少年，坚持到省少年管教所开展帮教活动，成立帮教小组1 709个，有帮教员4 541人，帮教对象4 052人（其中未成年人2 896人），有转变的3 102人（其中未成年人2 292人）。

【未成年人司法项目】 2017年，全市积极开展未成年人司法项目工作，红塔区成绩突出，在全省排名第三。市综治办、市关工委等10部门重新调整充实玉溪市未成年人司法项目指导小组成员，联合下发《关于在全市全面实施未成年人司法项目的通知》，召开全市未成年人司法项目指导小组第二次会议暨全面推进项目工作会议，组织市、县（区）项目办主任10人参加省滇东片区项目培训班。全年参与公安机关首次询问维护合法权益92人，参与公安机关后续维权146人，参与检察机关维权21人，组织人员教育释放帮教146人，司法分流帮教34人。

【夏令营和少年军校】 2017年，市关工委联合市教育局组织各县（区）关工委、教育局举办以“育禾苗·感党恩”为主题的第十三届“关爱”夏令营活动，全市1 015名优秀学生和留守儿童代表参加；举办以“心系国防·爱我中华”为主题的少年军校第二十三期军政训练，全市20 507名中学生接受了严格的军政训练和党史、国史、国防知识、科普等教育。

【持续扩建农村“留守儿童之家”】 2017年，市关工委投入19.5万元，分别在通海县、江川区、澄江县、华宁县、易门县、新平县、元江县7所小学新建立“留守儿童之家”。年末，全市已有25所学校建立“留守儿童之家”。并与市民政局对接，积极争取，协调5万元经费在峨山县富良棚中心小学建“留守儿童之家”。9月，市关工委召开交流会，就“留守儿童之家”的建立、运行、存在问题等情况进行交流。

【推进“民族团结教育示范校”工作】 2017年，市关工委在已有的6个县（区）7所小学民族团结教育示范学校基础上，核拨红塔区1.4万元、澄江县1.5万元，要求各建1所民族团结教育示范学校。年底，共在全市9所小学建立民族团结教育示范校。9月，召开全市“民族团结教育示范校”交流会。

【扩大残疾少儿困难家庭“生产自救”帮扶】 2017年，市关工委先后投入帮扶资金1.5万元，对通海县高大乡东麓中学、里山中心小学，新平县平掌乡联合村小学、老厂乡中心小学，元江县甘庄中学、甘庄小学共6名残疾学生进行帮扶救助，扶助残疾少儿困难家庭成员发展种养殖、种植、加工、运输、服务业等，使他们增加收入，支持残疾子女在校完成学业。全年帮扶残疾少儿87户。

【捐资办学济困助学】 2017年，市关工委、市财政局坚持开展困难家庭未成年人救助工作，发放省、市救助金31万元，救助困难家庭未成年人371名；联合团市委等相关部门开展“爱心圆梦大学”公益救助工作，帮助玉溪一中1名毕业贫困生及峨山县富良棚乡5名贫困应届毕业生完成“爱心圆梦大学”公益助学金救助，每人4 000元；资助峨山县富良棚乡富良棚村树林小组“挂包帮”“转走访”联系贫困户李永国之子，现就读云南警官学院大三的李万彪救助金2 000元；主动对接玉溪市青少年发展基金会，救助2名贫困学生圆梦大学；继续发放玉溪二中1名毕业贫困生第二年“爱心圆梦大学”救助金。同时组建志愿者队伍，开展服务关爱弱势青少年活动。并于“六一”节前后，深入易门县、峨山县、新平县、元江县开展志愿者服务慰问特困留守儿童公益活动，慰问43名品学兼优的特困留守儿童，为144名留守儿童送去150床棉垫，价值8 600元；为易门县中屯小学、峨山县富良棚中心小学五六年级160名小学生送去《青春期性教育》课程；又于“七一”前夕，慰问市特殊教育学校10名特困残疾学生；资助二职业中4名孤儿每人2 000元完成学业；为新平县40名贫困小学生捐款1 500元，捐赠过冬衣物、学习用品，购买40套爱心安全包，开展“七彩阳光·守护童安校园行”爱心安全包捐赠活动；联合相关部门到元江县咪哩乡咪哩中心小学开展脱贫攻坚志愿服务帮扶活动，送去80床棉被。此外，联合社会爱心组织—阳光076到华宁县宁州街道新庄小学向30名留守儿童捐赠价值4 316元的体育用品、价值500元的作业本、30余本课外书籍、50余份儿童玩具、300余件衣服、32双鞋子，还带去6名专业理发师为孩子们义务理发。全年市关工委投入爱心救助款64 816.67元。

【推进“党建带关建”创“五好”关工委工作】 2017年，市关工委下发《关于玉溪市关工委开展“党建带关建”创“五好”乡镇街道关工委的意见》至各县（区）贯彻执行，6月15日召开“党建带关建”加强基层关工委建设经验交流会。随后，又与市委组织部联合下发《关于党的建设带关工委建设的实施意见》，发至各县（区）组织部、关工委，推动“党建带关建”，抓基层、创“五好”活动的深入开展。

【老同志读书班】 2017年9月20日至22日，市关工委举办全市乡镇街道关工委老同志读书班，邀请市委党校副教授魏旭萍作题为《夺取中国特色社会主义伟大胜利—学习习近平总书记“7.26”讲话精神》专题辅导，安排9位老同志在读书班上作学习和工作方面的经验交流，市关工委对加强乡级关工委建设和工作提出新要求，对基层工作中的弱项和短板问题提出解决的办法。

（昂子艺）

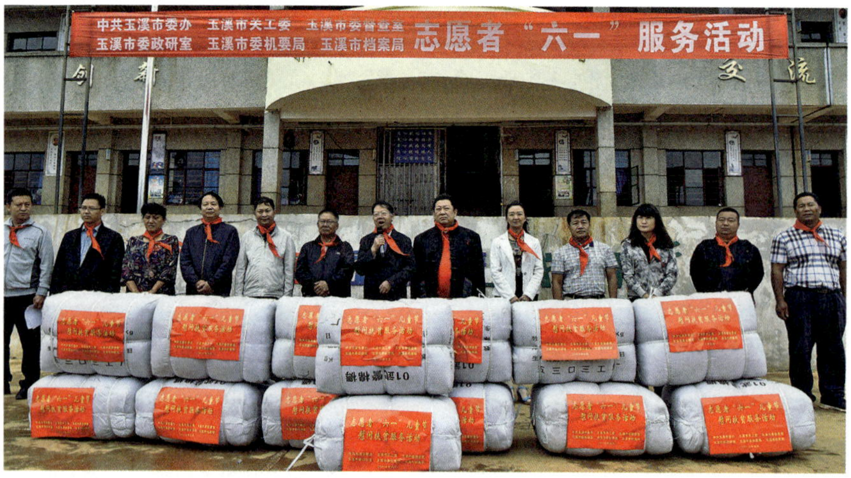

2017年5月25日，玉溪市关工委、市委办公室、市机要局、市档案局等单位到元江县咪哩乡中心小学开展留守儿童“六一”志愿服务活动（张翼 摄）

残疾人事业

【概况】 2017年初，市残联召开第四届主席团第二次会议，补齐空缺主席团副主席、执行理事会理事长，出台《玉溪市“十三五”加快残疾人小康进程规划纲要》《玉溪市残疾预防行动计划（2016～2020年）》。全年争取上级资金1 740万元。同时加强75个乡（镇、街道）残联、50个专门协会、704个村（社区）残协建设，登记助残疾志愿者1 334人，服务残疾人33 775人（次）。5月20日，启动全市残疾人基本服务状况和需求信息数据动态更新登记工作，投入39万元，对七县二区1 143名调查员进行残疾人信息采集培训工作。全年印发宣传资料2 372册，发送手机短信3 071条，慰问残疾人家庭468户，发放慰问金12.90万元；登记村委会（社区）718个，调查持证残疾人65 581名，入户率97.85%，注销1 325本死亡残疾人证，完善744名专职委员信息，办理残疾人证12 817本，注销121本。

【残疾人康复】 2017年，市残联积极开展残疾人精准康复服务，受助2.6万人（次），并发放康复服务手册60 000本。同时开展残疾人关爱行动，超额完成为700名残疾人免费配备辅助器具惠民实事任务，补助康复机构经费188.33万元，完成白内障复明手术2 356例，安装普及型假肢80例，装配矫形器30件，供应用品用具2 048件，安排200例重度精神病患者免费住院，1 350例精神病患者免费服药；开展“阳光家园计划”项目实施，完成省级“阳光家园”居家托养1 200例，市级机构托养249例，居家托养450例；以“爱眼日”“爱耳日”为契机，利用广播电视宣传308条（次），接待前来咨询的群众2 950人次，发放康复宣传单2 300份。

【残疾人扶贫工作】 2017年，市残联实施“贫困残疾人辅助救助项目”，完成贫困残疾人家庭无障碍改造100户，残疾人实用技术培训100人，争取中央“贫困残疾人家庭无障碍改造”项目资金108万元完成任务180户，争取省级资金15万元完成实用技术培训300人，争取市级财政补助资金13万元完成实用技术培训1 300人次；开展春节、助残日走访慰问活动，走访慰问贫困残疾人家庭4 293户，慰问资金156.7万元，其中，市本级走访慰问900户，发放慰问金45万元。市电视新闻播报新闻30条、玉溪日报刊登5版宣传全市残疾人工作，制作“砥砺奋进残疾人生活更富有更幸福”五年全市残疾人事业成果展。并在“全国助残日”活动期间，广播电视宣传26次，黑板专栏宣传341块，张贴标语321条，发放宣传材料2 786份，咨询服务672人（次）。同时，抓好扶贫基地建设工作，形成“基地＋公司＋农户”的扶贫模式，并争取上级补助资金10万元，分别补助江川区洪斌绿色食品集团有限公司、峨山县应华生猪养殖场各5万元；为抓好扶贫攻坚“挂包帮”“转走访”工作，安排驻村工作队员及干部职工走访15户贫困残疾人，补助经费5万元；协调市扶贫办、市民政局完成2.5万人贫困残疾人基础数据核实工作，纳入建档立卡2 574人，纳入低保1.7万人，核实确认危房改造对象3 461户，其中C级危房1 929户，D级危房1 532户。市级全年“两项补贴”发放2 261.89万元，补助3.66万人，其中困难残疾人生活补助资金1 284.48万元，补助2万人，重度残疾人护理补助资金965.64万元，补助1.6万人。

【残疾人教育】 2017年，市残联加强智力助残和“送教上门”工作，补助大中专院校学生367人、中小学生912人，补助资金108.55万元，对232名在册人数“送教上门”累计服务1 800余人（次），补助经费60.675万元。全年争取省残疾人事业专项彩票公益金助学项目资金24万元，资助贫困残疾人学生及残疾人子女就读高中、大学171人，补助2016年度残疾学生和贫困残疾人家庭子女大学生367人，18.08万元。并对义务教育阶段的残疾学生全面实行“三免一补”政策，全市残疾儿童入学率达到90%以上。

2017年3月7日，玉溪市委副书记、市委统战部部长保明顺对推进残疾人小康进程及残疾人事业发展等工作进行调研 （市残联 提供）

【残疾人文体宣传工作】 2017年，市残联启动全国残疾人“康复体育关爱计划”试点实施项目，为400名残疾人发放适合自身康复锻炼的器材，争取省级资金20万元；完成200户残疾人文化进家庭活动。同时，投入经费6万元，在市特殊教育学校开展文艺体育后备人才培养，培训聋人篮球队员12人、足球队员12人、舞蹈队员20人，聘请教练（教师）6人。此外，完成第八届全省残疾人文艺汇演节目选送参评，获团体奖、组织奖，器乐《梅花三弄》获三等奖、声乐《晚安·玉溪》获二等奖、《斑鸠调》获三等奖、舞蹈《赛哈户黑》获辅导二等奖、《大山·女人》获辅导一等奖。

【残疾人维权信访工作】 2017年，市残联完善保障措施，把残疾人法律体系建设纳入各级人大、政协和政府的执法检查工作范围，6名优秀残疾人和残疾人工作者、残疾人家属进入当地人大、政协参政议政。全年为残疾人提供法律援助100人（次），下达省级信访解困资金11.4万元和市级财政安排信访维权经费7.5万元；接待残疾人来访1 807人（次），来信241件，其中市级来访20人（次），来信3件。回复率100%，无越级上访。

【残疾人就业工作】 2017年，市残联全面启动残疾人就业保障金征收工作，全市征收残疾人保障金5 076.6万元，其中市本级2 010.21万元；奖励18家超比例安排残疾人就业用人单位，征集残疾人创办企业及个体残疾人手工艺产品10件，参与“云南省残疾人电商创业孵化试运营平台”的试运营和销售；投资71万元实施“助残就业同奔小康”创业就业行动，新增残疾人自主创业70户，创建6家市级残疾人创业就业示范点，申报1家省级残疾人创业就业示范点，带动扶持100余名残疾人实现创业就业，实名制录入36名高校残疾人毕业生台账。同时，开展残疾人就业援助月活动，全年走访登记残疾失业人员家庭1 750户，失业残疾人207人，组织7场招聘会，1 547名残疾人实名制纳入年度培训计划，实现就业228人，国有企业吸纳54名残疾人就业，帮助247名残疾人享受专项扶持政策。此外，推荐30名残疾人工作者参加2017年全省残疾人就业服务人员业务能力提升和就业指导员岗位能力提升远程培训，并组织参加全省残疾人岗位精英职业技能竞赛暨残疾人就业服务机构工作人员职业指导竞赛获优秀组织奖；落实《残疾人职业技能提升计划（2016～2020年）》，开展城镇残疾人职业技能培训1 500人次，举办20名残疾人参加的青铜器工艺制作培训班，投入资金12万元，组织9名残疾人参加省级手机维修和视频流媒体等各类培训班；组织全省“助盲脱贫”行动推进会扶持50名盲人按摩脱贫示范带头人，组织各类盲人按摩培训9期250人次，选派7名学员参加全省“助盲脱贫”行动盲人小儿按摩培训班，筛选3个有实力的盲人按摩机构负责人参加全省“助盲脱贫”行动盲人按摩机构发展暨按摩技术培训班，组织7名盲人报考医疗按摩人员考试，3人取得《盲人医疗按摩人员从事医疗按摩资格证书》，组织23名盲人医疗按摩人员到昆明参加国家级和省级继续教育培训，还对参加评定的19家盲人按摩店给予省、市经费扶持26.4万元。

（刘祥松）

慈善事业

【概　况】 2017年，市慈善总会获得公益性社会团体捐赠税前扣除资格。并被市民政局认定为“慈善组织”。全年接收捐款407.18万元，接收捐物价值270.98万元。成立至今，累计筹集善款1 730.50万元，接收捐赠物资价值708.44万元。

【精准扶贫】 2017年，市慈善总会响应市扶贫开发领导小组号召，为全市精准扶贫百日攻坚战工作捐款200万元；捐助10万元为华宁县华溪社区居民委员会3户五保户、6户特困户修缮房屋；动员爱心企业捐款捐物102.4万元，为18个村和小组解决人畜饮水困难、危房改造等问题。

【疾病救治】 2017年，市慈善总会接收到省艾维投资集团有限公司捐赠的40万元、湖南爱眼公益基金捐赠的100万元，联合市残联、华山眼科医院共同实施“慈善玉溪光明行”公益救助项目，帮助救治692名中老年人白内障、翼状胬肉等眼病患者；争取到大病救助资金6万元，对6名大病患者进行了每人1万元的救助；向省慈善总会争取协调到由贵阳建筑房地产开发有限公司捐赠的8台价值240万元的深度麻醉检测仪，分别捐赠给易门县医院、易门县康达医院、易门县重生医院、红塔区妇幼保健计划生育服务中心、澄江县人民医院、澄江县中医院、澄江县澄海医院、峨山县人民医院。并向澄江县澄海医院捐赠量子点全定量快速检测分析仪一台，价值3万元。

【扶贫助学】 2017年，市慈善总会向中华慈善总会争取“泰益德集团御印基金”30万元，对华宁一中2017年录取的39名贫困新生实施助学救助。其中27名贫困新生每人每年3 000元，共发放3年；临时资助特困学生7人，每人1 000元；单独走访5户特困学生家庭，每户资助1万元。同时，继续在峨山一中开展中慈“好运来基金”贫困高中生救助项目，对峨山一中22名贫困高中生每人每年资助3 000元资助，年补助金6.6万元；继续在易门铜厂乡开展“关爱贫困学生救助项目”，对100名贫困学生按不同标准实施救助，连续救助3年，每年发放救助金7万元。并在易门县底尼村开展“慈善情暖万家”扶贫助学活动，给予15名贫困大学生每人5 000元的救助，共发放7.5万元。此外，联合企业对3名大学生进行困难救助，发放救助金3.2万元；安排10万元善款帮助华宁县青龙镇解决教育扶贫问题；接受市高新集团房地产开发有限公司捐赠的10万元，帮助红塔区春和街道团山小学学生购买校服。

【“慈善情暖万家”活动开展】 2017年，市慈善总会接收到棉被2 047床，价值25.2万元；食用油502桶，价值3.2万元。在开展“创维公益万里行”惠民活动中，为澄江县低保户发放棉被660床，价值8万元；为易门县困难群众发放毛毯750床，价值9万元；为峨山县困难群众发放棉被637床，价值8.2万元。在开展“创维2017献爱心”活动中，为易门县底尼村、十街大村等502户建档立卡户捐赠食用油502桶，价值3.2万元。全年为86名抗战老兵，发放生活补助金共49.55万元。

【外联工作】 2017年10月25日至27日，市慈善总会配合中华慈善总会在澄江县举办“微笑列车项目2017年全国会议”，全国30余个省、市、自治区100余人参加会议。并与韩国衣恋集团达成了“衣恋阳光助学项目”，接受捐赠助学款90万元，对玉溪100名贫困高中生进行救助；与市先施医院达成捐赠100万元，在先施医院设立“贫困家庭重、急病患者医疗费用救助资金”协议，为贫困家庭重、急病患者进行救助；与创维集团省公司达成协议，将在2017年底至2018年开展“创维送温暖”活动，为部分低保户捐赠棉被、发放惠民折活动；初步与玉溪星启眼科视光中心达成在市慈善总会设立“星启公益基金”协议。

（王渝阳）

红十字会工作

【保明顺调研市红十字工作】 2017年3月7日，市委副书记、统战部部长保明顺到市红十字会调研，对市红十字会近年来开展的工作及所取得的成绩给予充分肯定，他指出，红十字会是党和政府在人道领域联系群众的桥梁和纽带，要把红十字工作作为密切联系群众、改善民生、加强精神文明建设的一项重要工作来抓，不断提高红十字会人道服务的能力和水平，推动全市红十字事业健康发展。

【召开三届四次理事会】 2017年3月29日，市红十字会召开第三届理事会第四次会议，市人民政府副市长、市红十字会会长杨洋出席会议并讲话，市红十字会党组书记、常务副会长王红作题为《发挥独特优势　服务民生改善——以优异成绩迎接党的十九大胜利召开》的工作报告。会议审议并通过工作报告和财务收支情况报告，按照章程规定更换了1名常务理事和10名理事。

【成立备灾救灾中心】 2017年8月，市编委批准成立市红十字会备灾救灾中心，规格正科级，核定事业编制人员4人。同时，举办红会系统备灾救灾能力培训班和备灾救灾核心业务培训班2期。

【募捐救助工作】 2017年，全市红十字会广泛动员汇聚爱心力量，积极开展筹资募捐工作，全年筹集款物1 026.05万元。并通过“博爱送万家”、天使阳光基金、滇苗助学、爱尔眼科致盲眼病救助、微心愿征集等项目，救助贫疾人员和贫困学生14 767人，发放救助金388.54万元，帮助261个孩子实现微心愿。

【应急救护培训工作】 2017年，市红十字会联合市委组织部、市人社局、市教育局、市旅发委、市安监局等部门下发《关于在全市开展应急救护知识公益培训的实施方案》，制定《玉溪市红十字应急救护公益培训管理办法》，聘请专家编写6个应急救护公益培训标准课件，并开展标准课件和AED培训，统一红十字应急救护培训师培训标准。还组建88人组成的公益培训师资队伍和9人组成的应急救护公益培训专家队伍，建立师资库，举办市红十字会应急救护师资培训班。全年开展应急救护公益培训及防病治病知识讲座130期，培训学员3万人。

【“三献”宣传】 2017年，全市各级红十字会积极开展无偿献血、造血干细胞捐献及人体器官捐献宣传工作，发放宣传画册、折页等资料8万份，张贴宣传画9 000张，接受群众咨询500人次，完成对800名无偿捐献造血干细胞志愿者的回访工作。全年有4人捐献人体器官，挽救了9名重症患者的生命，并使4名眼疾患者重见光明。

【红十字“博爱送万家”活动】 2017年，市红十字会举行“红十字博爱送万家”活动启动仪式，通过多种方式筹集到价值66.64万元的活动款物，其中省红会下拨25.29万元，市县红会自筹41.35万元；物资包括家庭箱、军用毯、运动鞋、棉被、救助箱等4 926箱（件）。各级红十字会相继开展“红十字博爱送万家”活动。

【红十字精神宣传活动】 2017年5月8日，是第70个“世界红十字日”，活动期间，各级红十字会积极开展博爱周宣传活动，联合玉溪师院、中心血站开展主题宣传活动，师院326名学生踊跃参与无偿献血，献血67 650毫升。同时，组织开展应急救护知识讲座、义诊、微心愿认领、亲子互动等活动。

【“玉溪道德讲堂”总堂红十字专场活动】 2017年6月16日，市红十字会在聂耳大剧院举办“玉溪道德讲堂”总堂第43期（市红十字会专场）活动，公民道德宣讲员讲述造血干细胞捐献者毛金凤两次捐献造血干细胞挽救患者生命的事迹，志愿者讲述爱心企业—云端药业有限公司捐资助学、助医的善举，其他参与者也对涌现的好人好事进行了讲述。

【红十字志愿服务工作】 2017年，市红十字会为巩固发展志愿者队伍，规范管理志愿者，引导志愿者发挥特长，组织志愿者参与红十字精神宣传、人道资源动员、人文关怀、应急救援、环境保护等活动，举办“青春善言行”同伴教育培训班和红十字骨干志愿者2期培训班，培训志愿者94人。全年开展红十字志愿服务活动96次，参加志愿服务活动4 800人（次），筹集善款5万元。

【助力环抚仙湖国际超级马拉松赛】 2017年9月30日，市红十字会组织70名具有应急救护技能的志愿者参与环抚仙湖国际超级马拉松赛赛事服务活动，在大赛当天进行了17小时的红十字应急救护志愿服务。

【举办主题宣讲会】 2017年11月13日，市红十字会举办以“深入学习贯彻十九大精神全面推进红十字依法建会”为主题的宣讲会，特邀苏州大学社会学院兼职教授、红十字运动研究中心副主任郝如一老师主讲，重点围绕红十字会如何抓好十九大精神贯彻学习，以新红会法的颁布实施为切入点，在新时代发挥新作用进行宣讲。

（杨　梅）

2017年6月12日，市红十字会组织志愿者开展保护抚仙湖植树活动　（市红十字会　提供）

绿水青山·碧玉清溪

（柏映泉　摄）

县（区）概况

GENERAL SITUATION OF THE COUNTRIES AND DISTRICT OF YUXI

责任编校：胡　芸

红塔区

江川区

通海县

澄江县

华宁县

易门县

峨山彝族自治县

新平彝族傣族自治县

元江哈尼族彝族傣族自治县

红塔区

【地理位置】 红塔区位于云南省中部，玉溪市西北部，位于东经102° 17′ 32″ ~102° 41′ 37″、北纬24° 08′ 30″ ~24° 32′ 18″ 区间，东与江川区相连，东南与通海县毗邻，西南与峨山县交界，北与晋宁县接壤。距省会昆明88千米。区内交通便利，213国道、昆磨高级公路和昆玉铁路、玉蒙铁路纵贯南北，形成云南省南北交通枢纽，是泛亚铁路东线、中线和昆曼、昆河高速公路等区域性国际大通道的交汇区域。

【自然概貌】 红塔区平面形态呈北宽南窄不规则三角形状，区境四面环山。市区中心州城海拔1630米，境内最高点（高鲁山）海拔2614米，最低点（玉溪与通海交界处的曲江河滩）海拔1502米。幅员周边长161千米，土地面积1 004平方千米，森林覆盖率60.49%。土壤酸碱性适中，有机质含量和熟化程度高，宜种性广。境内地层褶皱、断裂构造复杂，水系比较发达，玉溪大河横贯其间，河流的主干和支干流总长350余千米，河网密度0.35，水资源年均总量4.3亿立方米，其中地下水占29%。境内自然资源丰富，有动物、植物1 500多种。矿藏有铁矿、硅矿、煤等16个矿种，有大、中、小矿床28个，矿点11个。

红塔区为中亚热带半湿润冷冬高原季风气候，冬无严寒，夏无酷暑，气候宜人。2017年年平均气温16.7℃，极端最高气温30.8℃（6月12日），极端最低气温-2.6℃（12月21日）。全年日照时数为1 797.3小时，日照率41%。霜降从2016年11月21日始至2017年2月17日止，共57天；全年降雨129天，降雨量1 184.3毫米。主要气象灾害有轻度干旱、重霜冻、暴雨洪涝、大风、冰雹等。2017年气候条件对工、农业生产属于中等偏上年景。

【历史沿革】 红塔区历史悠久，开发较早。先秦时属古滇国地。汉武帝元丰二年（公元前109年）置益州郡俞元县。蜀汉时为建宁郡俞元县地，两晋时为晋宁郡俞元县地。隋时置宁州总管府西爨地。唐贞观年间置求州，红塔区即为所属。玄宗时，云南为南诏控制。肃宗上元元年（公元760年），南诏以澄江为河阳郡，郡下辖温富州。温富州的设置使红塔区在历史上开始成为州一级的行政单位。宋代大理国时为河阳郡休制部。元代至元十三年（公元1276年）设新兴州，隶属澄江府，明清沿袭。辛亥革命后，民国元年（1912年），改新兴州为新兴县，管辖范围未变。民国2年，因新兴县与广东肇庆的新兴县同名，更名为休纳县；国民5年，又更名为玉溪县。1950年1月1日，玉溪县人民政府成立。1983年9月9日，更名为玉溪市（县级），1997年12月13日改为玉溪市红塔区（县级）。

【人口民族】 2017年年末，公安部门登记的全区总户数180 884户、总户籍人口449 185人。其中，乡村人口194 947人，城镇人口254 238人；少数民族人口73 285人，占总人口的16.3%，有30个民族，其中世居民族有汉族、彝族、回族、白族、哈尼族5个。人口密度447人/平方千米。年内出生人口6 963人，出生率15.61‰，死亡人口3 304人，死亡率7.41‰，净增人口3 659人，人口自然增长率8.20‰。

【行政区划】 全区设玉兴、玉带、凤凰、北城、大营街、研和、李棋、春和、高仓9个街道和洛河、小石桥2个彝族乡；村委会（社区居委会）104

玉溪中心城区极中心 （蒯学庆 摄）

个，其中，社区94个，村委会10个；村（居）民小组1 106个，其中，社区居民小组1 035个，村民小组71个；自然村437个。

【经济概况】 2017年，全区实现地区生产总值（现价）635.08亿元，按可比价计算（下同），比上年增长5.4%。人均生产总值实现生产总值124 080元，同比增5.4%。在生产总值中：第一产业（农业）增加值15.0亿元，同比增5.5%；第二产业（工业、建筑业）增加值430.55亿元，同比增3.3%；第三产业（除一、二产业外）增加值189.53亿元，同比增10.7%。三次产业在生产总值中的比重分别为：2.4%、67.8%、29.8%。区属生产总值286.54亿元。其中：第一产业（农业）增加值为15亿元，同比增5.5%；第二产业（工业、建筑业）增加值91.9亿元，同比增17.3%；第三产业（除一、二产业外的行业）增加值179.63亿元，同比增10.8%。不含红塔集团的三次产业在生产总值中的比重分别为：5.2%、32.1%、62.7%。

【农　业】 2017年，全区农、林、牧、渔业现价总产值29.02亿元，同比（可比价，下同）增长5.5%。其中种植业产值12.65亿元，占农业总产值的43.6%，同比增长9.0%；畜牧业产值15.78亿元，占农业总产值的54.4%，同比增长3.1%；其他产值0.59亿元，同比增长3.0%。全年农业增加值完成15.13亿元，同比增长5.5%。其中种植业8.74亿元，同比增长5.5%；畜牧业6.01亿元，同比增长5.2%；其他0.38亿元，同比增长10.7%。

2017年，全区全年经济作物种植15 180.67公顷，比上年增加265.47公顷，增长1.8%。烤烟种植2 441.6公顷，比上年增加121.53公顷，增5.2%；烤烟总产量487.23万千克，比上年增加13.39万千克，增2.8%；油料种植3 691.2公顷，比上年减8.2%，产量968.18万千克，比上年减9.0%。全年蔬菜种植6 725.87公顷，比上年增加806.93公顷，增长13.6%；蔬菜总产量14 576万千克，比上年增加1 527万千克，增长11.7%；花卉种植688.80公顷，比上年减70.47公顷，减9.3%。全年粮经作物种植比例由上年的32.48∶67.52，调整为32.07∶67.93，经济作物比重比上年上升0.41个百分点。

年末，生猪存栏21.78万头，同比减8.5%，其中，存栏能繁母猪1.48万头，减7.1%。全年肥猪出栏54.90万头，增6.4%；出栏肉牛9 800头，增0.7%；出栏家禽886.09万只，增1.4%。全区肉蛋奶总产量9 886.5万千克，同比增3.5%；猪、牛、羊肉总产量5 164.4万千克，同比增6.2%，其中猪肉产量4 919.1万千克，同比增6.5%；禽蛋产量2 652.5万千克，同比减2.9%。

全区乡村从业人员18.54万人，比上年增2 115人。其中，男劳动力9.50万人；女劳动力9.03万人。在农村从业人员中：从事第一产业的从业人员6.59万人，占农村从业人员的35.5%，比重比上年下降1.3个百分点；从事二产业的从业人员有6.46万人，占农村从业人员的34.8%，比重上升1个百分点，从事三产业的从业人员有5.49万人，占农村从业人员的29.7%，比重上升2.3个百分点。

2017年，全区实施油菜、水稻、玉米三种农作物种植业保险7 866.67公顷，耕地地力保护补贴540万元。完成中央购机补贴资金149.94万元，农机总动力达18万千瓦。实施一事一议财政奖补普惠制项目16个，投资1 303.91万元。完成小石桥乡土地承包经营权确权登记颁证试点，选取2个村委会（社区）、4个村（居）民小组开展农村集体资产股份权能改革试点。全区土地流转面积4 140公顷，占全区家庭承包经营面积的51.58%。建成100吨组装式冷藏库22座。完成节柴改灶600眼，建成1 000立方大型沼气池1个。兴修农田水利设施，治理水土流失面积22平方千米；黄草坝村山区“小水网”项目改革试点，对13座病险小坝塘进行加固处理，提高坝塘安全度，增加防洪库容。实施农村饮水安全巩固提升工程5件，改善5 220人的饮水安全问题，其中贫困村委会1个，贫困自然村2个，贫困户156户，贫困人口577人。

2017年，全区开展绿化造林，村庄绿化、珠江防护林等。绿化造林286.33公顷。其中，珠江防护林工程192.40公顷，异地造林76.67公顷、义务植树基地造林17.27公顷，义务植树72.64万株。实行森林防火网格化管理324个，组建区、乡街道共210人专业扑火队，巡山护林、瞭望监测及堵卡人员590人。加强防火基础设施建设，投入22万元维护防火通道156.68千米，投入资金12万元修复防火隔离带15千米；新建森林防火水窖128口，火情视频监控4套，改造森林防火无线数字通讯系统建设；在洛河高鲁山建瞭望台1座。常年聘请巡山护林人员200名，防火戒严期新增巡山护林人员300名，对境内森林资源进行管护。年内，林业有害生物发生面积2 313.33公顷，发生率3.9%，成灾率3.15‰；采取人工清理蠹害木、喷粉和喷烟的方法防治，防治面积2 306.67公顷，防治率99.7%，无公害防治面积2 220公顷，无公害防治率96.2%。

【工　业】 2017年，全区烟草行业持续低迷，采取“烟草下滑非烟补”，培育新兴产业，促进非烟工业增长；推进供给侧结构性改革，出台稳增长政策和实施振兴实体经济行动计划30余个，建立工业项目投资优化奖补机制，落实企业扩销促产、化解过剩产能、破解融资用地瓶颈等措施。玉昆、汇溪、福玉等三家钢铁企业兼并重组，形成玉昆基地、汇溪基地年产钢铁600万吨以上的生产能力，成为省内最大的民营钢铁企业。2017年，全区工业总产值（现价，下同）完成892.88亿元，比上年同期增长10.5%。其中，全区规模以上工业产值完成852.50亿元，同比增长10.8%。区属工业总产值完成407.52亿元，同比增长25.8%，其中区属规模以上工业总产值完成367.14亿元，同比增长28.6%。

在区属工业中，钢铁产业、装备制造业、战略性新兴产业、农产品加工业保持正增长，卷烟配套产业产值同比增幅为负。钢铁产业实现总产值166.75亿元，同比增43.7%，占区属工业总产值的40.9%；卷烟配套产业实现总产值33.37亿元，同比减1.6%，占区属工业总产值的8.2%；战略性新兴产业实现总产值20.05亿元，同比增59.9%，占区属工业总产值的4.9%；农产品加工业产值53.42亿元，同比增15.8%，占区属工业总产值的13.1%；装备制造业实现产值25.29亿元，同比增长28.6%，占区属工业总产值的6.2%。

2017年，区属规模以上工业实现主营业务收入360.1亿元，同比增长28.0%；工业企业实现利税总额累计33.7亿元，同比增长59.3%；其中利润总额23.7亿元，同比增长68.9%。亏损企业27户（亏损面23.1%），比上年减少2户；亏损企业亏损总额1.2亿元，同比下降22.3%。涉及的24个行业中，印刷业、烟草制品业、金属制品业等6个行业利税总额为负增长，其他行业保持较快发展。烟草制品业实现利税总额0.65亿元，同比减少45.5%；印刷业实现利税总额1.73亿元，同比减少28.0%；金属制品业实现利税总额0.32亿元，同比减少23.1%。黑色金属冶炼业实现利税总额9.30亿元，同比增长1 013.7%；医药制造业实现利税2.94亿元，同比增长70.9%；电力供应业实现利税2.01亿元，同比增长40.9%；非金属矿物制品业实现利税2.10亿元，同比增长112.3%；化学原料和化学制品业实现利税总额1.46亿元，同比增长10.0%；食品制造业实现利税5.75亿元，同比增长30.7%。

水泥产量总计203.5万吨，同比增6.8%。钢铁行业的生铁产量总计408.68万吨，同比增2.0%；粗钢产量425.87万吨，比上年同期增4.2%；钢材产量总计427.15万吨，比上年同期增0.6%。塑料制品产量8.4万吨，同比增长10.5%。

【固定资产投资】 2017年，全区固定资产投资累计完成290.31亿元，比上年同期增长0.7%。其中，民间投资完成103.04亿元，同比减42.3%，占全部投资总额的35.5%。在固定资产投资完成总额中，非房地产投资完成260.26亿元，同比增加6.5%；房地产投资完成30.05亿元，同比减31.7%。全区投资总额占全市总投资1 080.85亿元的26.9%。从产业投资情况看，第一产业投资4.11亿元，同比增长62.7%，第二产业投资50.09亿元，增长22.0%，其中非电工业投资47.83亿元，增长35.6%；第三产业投资236.11亿元，减3.5%。生产经营性行业投资74.07亿元，增长17.4%，占投资完成总额的25.5%；房地产行业投资65.34亿元，下降53.6%，占投资完成总额的22.5%；基础设施建设投资126.48亿元，增长90.1%，占投资完成总额的43.6%；社会公共事业投资24.42亿元，增长35.5%，占投资完成总额的8.4%。

【房地产业】 2017年，全区房地产开发企业完成投资30.06亿元，同比下降31.7%。其中，住宅投资17.85亿元，同比下降35.1%；办公楼投资3 200万元，同比减少87.6%；商业用房投资7.50亿元，同比下降17.4%；其他投资4.38亿元，同比下降8.2%。住宅投资占房地产开发投资总额的59.4%。年末，全区有联网直报的房地产开发企业47家，其中，具有一级资质等级1家，二级资质等级9家，三级资质等级5家，四级资质等级18家，五级资质等级14家。有项目开发的房地产公司29家，共42个在建楼盘，其中新开工项目4个。

有资质等级的建筑施工企业106户，其中，施工总承包一级3户，二级29户，三级34户；专业承包一级3户，二级17户，三级19户；建筑业完成施工产值103.71亿元，比上年增长35.7%。年末从业人员3.03万人，比上年增加2 939人，同比增长10.8%。

【交通、通信】 2017年年末，全区公路通车里程1 430.9千米，比上年增加50.1千米。其中，国道141.1千米，省道22.2千米，县道162.8千米，乡村道路1 104.8千米。公路网密度142.5千米/百平方千米。全区拥有机动车32.93万辆，其中，汽车13.79万辆（大型汽车1.48万辆、小型汽车12.09万辆、其他汽车2 200辆）、挂车2 000辆、摩托车18.94万辆。机动车驾驶员23.4万人，其中汽车驾驶员21.6万人。

2017年，城市乡村“五网”设施建设，昆玉高铁运营顺畅，开通玉溪到北京、郑州动车。晋红高速、新黄路竣工通车，弥玉高速开工建设，玉磨铁路、国道213线改扩建进展顺利，初步形成“五纵四横、四环九互通、两枢纽”立体式综合交通网络。建设44条乡村“断头路”，西部山区7条乡村旅游环线及9条贫困村农村公路建成，综合交通互联互通能力提升。天然气管道华宁支线红塔区段完工，红河支线全面开工，新建城市燃气管道26.1千米，新增天然气用户2 000多户。完成“宽带乡村”试点，全区移动通信网络覆盖率97%，实现城镇60%以上住宅小区、社区和村小组的光纤宽带覆盖，宽带平滑能力达50M。

2017年，全区本地电话交换机总容量453.49万门，比上年增加92.40万门。年末，固定电话机总数4.8万户，比上年减少1.2万户；移动电话用户84.1万户，比上年增加12.1万户；电话普及率每百人173部，其中移动电话普及率为每百人164部。互联网宽带用户快速增长，有18.98万户，比上年增长51.9%。

【商贸物流】 2017年，全区物流、电子商务等新兴产业发展势头强劲，现代物流产业经济带初步形成。鼓励总部和楼宇经济发展，培育和引进云南盐业、大成方略等总部经济企业和项目18个，认定重点商务楼宇6个。消费拉动经济增长的作用持续增强，城乡地区结构改善，假日经济、旅游经济推动消费品市场快速发展。全年完成社会消费品零售总额175亿元，同比增长12.4%。分销售地域看，城镇消费品零售额166.99亿元，同比增长12.9%；其中，城区实现零售额162.22亿元，同比增长11.5%。乡村实现零售额8.01亿元，比去年同期增长1.5%。

年末，全区货运周转量846 703万吨千米，其中公路798 703万吨千米、铁路48 000万吨千米，同比分别增长10.1%、15.5%、下降38.2%；客运周转量45 079万人千米（均为公路），同比增长12.5%。货运量5 152万吨，其中公路4 402万吨、铁路720万吨，同比增1.1%、13.4%、下降38.2%；客运量588万人，同比增8.5%，铁路到发人数114万人。

【城建、环保】 2017年，全区实施“六城同创”，通过国家节水型城市验收，开展国家海绵城市和国家智慧城市创建，推进全国水生态文明城市、地下综合管廊建设试点。实施州大河以北等总投资83.8亿元的海绵工程项目4个，建成面积5.53平方千米，雨水管网17千米、污水管道6.3千米。完成《红塔区区域乡村建设规划》编制、中心城区高铁海绵新城民房规划建设方案编制。大营街社区成为首批全国农村幸福社区建设示范单位，上牟溪冲等一批村庄建成全市宜居宜业示范村，完成覆盖125个自然村的“百村示范、千村整治”行动工程；推动1.5万户统规联建农村危房改造和抗震安居工程。年末，中心城区建成区面积32.92平方千米，公共绿地总面积318.21万平方米，人均公共绿地面积12.81平方米，绿化覆盖率38.06%。完成中心城区内61条道路、1个交通环岛、6个城市水景、3.8万株行道树和绿地乔木、绿地52.43万平方米、游路硬地6.37万平方米的管护保洁。

2017年，全区改进城市管理，消除城市管理短板，推行网格化城市管理，秉持城市管理70%服务、20%管理、10%执法理念。城市下水道清淤和排水设施维护，清理淤泥800立方米，修缮维护破损路面2 210平方米，清扫保洁城乡面积80万平方米、城区道路58条246万平方米，清理乱张贴及牛皮癣广告，新建和改造城市公厕46个。城区环境卫生，推行生活垃圾、医疗废物无害化处理，生活垃圾处理10.3万吨，日均处理生活垃圾282.2吨，城市生活垃圾无害化处理率95%，处理医疗垃圾64.65吨。投资3.48亿元，实施“花城点亮红塔”二期工程，中心城区亮灯率98%以上。建立网格化、精细化、数字化、信息化城市管理机制，数字城管九大基础子系统和五个扩展子系统建设完成投入使用，中心城区城市管理智慧城管监控全覆盖。

2017年，全区实施城乡人居环境百日攻坚战，进行“四治三改一拆一增”和“七改三清”环境整治，进行大气污染治理、饮用水源地周边环境保护、大河综合治理以及生态文明体制改革等。实施大气、水、土壤污染防治，金水河、玉溪大河下段、中心沟、玉带河等黑臭水体综合治理，715条河库渠推行河长制，建立巡察制度；加大农业面源污染治理力度，完成禁养区、限养区划定；研和工业园区“玉溪市第二污水处理厂”项目和红塔工业园区污水管网铺设。创建省级“生态乡镇”8个，其中大营街、李棋、春和创建为国家级“生态乡镇”；建绿色社区13家（省级5家、市级8家），绿色学校8所（省级2所、市级6所）。规范运行研和、大营街、北城三个空气质量自动监测站，定期开展大气、水、噪声环境质量监测和重点污染源监督性监测。

坚持二氧化硫、氮氧化物、化学需氧量、氨氮4项主要污染物减排，生态立区，改善环境质量。实施减排项目10个，其中，管理减排9个，工程减排1个。规模以上工业综合能源消费总量247.02万吨标准煤（当量热值），同比增长7.8%；万元产值能耗0.29吨标准煤，同比下降2.7%，单位生产总值能耗下降3.76%。

【旅游业】 2017年，红塔区推进昆玉红旅游文化产业经济带建设，把旅游项目建设作为推动旅游发展重点，临岸三千城项目推进，玉山城悦园开工建设，玉溪新兴蓝莓庄园即将投入试营业，汇龙生态园景区投入运营。汇龙生态园、温泉山庄、九龙池公园等一批景区景点提档升级项目完工。完善东近面山森林公园绿色慢道标识系统及休憩设施、旅游厕所建设等旅游设施。推进北城上桃源、研和小密罗省级民族特色旅游村寨一批特色乡村旅游项目建设，对17家星级乡村旅游接待点进行复核。举办“哇家灯会”、中国玉溪米线文化节、郁金花展、哇家渔乐、首届越野车场地邀请赛等旅游文化活动，通过交易会、推介会的平台多形式、多视角宣传红塔区旅游精品线路及特色旅游商品。年末，全区有国际旅行社2家，国内旅行社19家。7家星级饭店（四星级酒店2家，三星级酒店3家，二星级酒店2家）平均床位出租率58.17%，比上年下降0.2个百分点。全年接待中外旅游者1 143.77万人次，同比增32.0%；实现国内旅游收入87.78亿元，同比增70.1%；其中接待海外旅游者（含港澳台同胞）1 446人次，同比增14.3%，外汇收入59.30万美元，同比减22.6%。

【招商引资】 2017年，红塔区以招商引资推动经济发展，相继制定招商引资工作发展实施意见、重点产业招商引资若干优惠政策、鼓励扶持总部楼宇经济发展意见、促进工业项目投资优化奖补机制实施意见等一系招商引资政策措施。构建集项目策划包装、高效审批服务、项目落地推进在内的投资全产业链条运作机制，有力推动招商引资取得新突破。邀请全国各地近170户企业，300余客商参加红塔区招商引资大会；组织参加“相约春天，共筑梦想”“收获金秋，共谋发展”招商大会，到昆交会、南博会等全国各地进行点对点和精准招商。全年累计接洽230家企业及项目，签约65个项目，概算投资额530亿元。实施市外国内招商引资项目64项，引进资金282.09亿元，同比增长7.1%，其中，到位省外资金250.97亿元，同比增长27.7%。全区进出口总额14 671万美元，比上年增加774万美元，同比增长5.6%，其中出口总额为14 279万美元，比上年增加789万美元，同比增长5.8%；进口总额392万美元，同比减少3.7%。

【财政、金融】 2017年，全区财政总收入完成35.78亿元，同比增长2%。地方公共财政预算收入完成16.59亿元，比上年同期减少5亿元，减23.2%；地方公共财政预算支出完成31.42亿元，比上年同期减少8 900万元，减2.8%；其中财政八项支出完成28.86亿元，同比增长18.3%。

年末，全区金融机构人民币各项存款余额939.55亿元，同比增加160.93亿元，增长20.7%。其中，住户存款余额317.82亿元，同比增加26.06亿元，增长8.9%；非金融企业存款余额414.69亿元，同比增加128.47亿元，增长44.9%；广义政府存款余额205.81亿元，同比增加13.84亿元，增长7.2%。全区金融机构人民币各项贷款余额471.75亿元，同比增加28.07亿元，增长6.3%。从贷款用户看，住户贷款余额121.32亿元，同比增加11.08亿元，增长10.1%；非金融企业及机关团体贷款余额350.43亿元，同比增加16.98亿元，增长5.1%。

【人民生活】 2017年，全区城镇居民人均可支配收入36 007元，比去年增加2 729元，增长8.2%，扣除价格因素，实际增长6.4%。其中，工资性收入21 526元，比上年增加1 873元，增长9.5%。城镇居民人均消费性支出26 396元，比上年增加983元，增长3.9%。农村居民家庭人均可支配收入15 510元，比上年增加1 333元，增长9.4%，扣除价格因素，实际增长7.6%。其中工资性收入7 618元，比上年增加547元，增长7.7%。农村居民人均生活消费支出11 902元，比上年减少871元，降6.8%。城乡居民收入比为2.32∶1（以农村居民可支配收入为1）。城镇居民人均拥有生活住房面积70平方米，汽车、家庭电脑、钢琴等高档消费品进入城市居民家庭，每百户平均拥有家用汽车80辆、家用电脑81台、健身器材13套、移动电话277部。农村居民人均拥有生活住房面积53平方米，每百户农民家庭拥有彩色电视机112台、电冰箱97台、家用电脑33台、家用汽车73辆、摩托车68辆。

【科　技】 2017年，红塔区着眼于“科教创新城”核心区建设目标。年内，认定高新技术企业5户，省级科技型中小企业21户、市级工程技术中心1个、省级科技特派员5人，红塔区科技众创空间通过省级认定。专利申请861，授权651件，全区拥有有效专利476件；市专利奖励57项，已获批准市级专利奖励57项，奖励资金12.6万元。对获上年度红塔区科技创新、科技进步和专利奖励及“新兴英才”的55家单位及个人表彰奖励，发放奖金244.8万元。推进“双创”孵化基地建设，申报省可持续发展实验区。

【教　育】 2017年，全区境内有学校（幼儿园）172所，其中，高等院校2所，中等专业学校3所，普通中学25所，中等职业学校2所（成人中等专业学校1所、职业高中学校1所），特殊教育学校1所，小学69所，幼儿园70所。在校学生102 712人，比上年减0.39%。其中，小学在校学生33 729人；普通中学在校学生29 416人（初中18 499人，高中10 917人）；中等职业学校在校学生8 072人；普通中专在校学生10 509人；特殊教育学校在校学生469人；高等学校在校学生20 517人。全区有专任教师6 041人。

2017年，红塔区打造“科教创新城”，推进教育现代化。11个教育重点建设项目前期工作经费264万元，调整全面薄改规划项目申报备案项目112个，玉溪一小、玉溪四中等13所学校纳入市海绵城市试点区项目；研和中心幼儿园、北城大营社区幼儿园项目建设完工，9月招生办学；扩大高中教育资源，投资6.4亿元的云南玉溪衡水实验中学建成招生办学。开展课程游戏化建设，特色品牌活动，满足幼儿自主游戏需求；校园足球活动发展，被认定为国家、省级、市级体育特色学校（含校园足球特色学校）30所，特色学校项目44项。加强国际交流合作，继续实施中国老挝合作项目，为老挝培养中等职业技术人才。“三免一补”资助政策和寄宿生生活补助，免费发放教科书6.76万套，文具费补助下拨105.8万元，寄宿生生活补助下拨370.4万元，小学跨村就读交通费受助学生385人。率先成为全省首批“全国义务教育发展基本均衡县（区）”和云南省第二轮唯一的教育先进县（区）。开展“平安校园”创建，有区级“平安校园”27所、市级13所、省级9所。

【文　化】2017年年末，全区有文艺表演团体5个，群众艺术馆13个，博物馆5个，文物管理所5个，公共图书馆2个，藏书72万册。其中，市图书馆藏书49.8万册；区图书馆藏书22.2万册。全年博物馆、纪念馆活动参观人数97.67万人次。

年内，全区完成玉兴、北城街道文化站，桃源社区文化广场建设；设立牟溪书院，打造以姜氏宗祠、文明寺、文化广场、文化长廊为核心的文化阵地，促进农村群众文化活动开展。“两馆一站”免费对外开放每周56小时；完成64个农家书屋的图书配送，新增图书1.01万册，总藏书量达25.77万册；阅读推广48次，各种公益培训、辅导、展览88期。国家艺术基金项目《裙儿摆摆秧箩情》结题验收；出版季刊《九龙池》4期，刊登作品176件；摄影作品《点·线·面》《穿越》入选市第二届“碧玉清溪是我家”摄影作品展览，《出水口》《山娃》入选红塔区迎元旦摄影艺术作品展览；油画作品《翠华－毛泽东故居》《足迹》入选省重走长征路－红色写生美术作品展。开展文化惠民活动，繁荣农村、社区和广场文化，开展元旦、春节、米线节、六一儿童节、火把节等全国性、区域性、民族性的传统节日及文化、科技、卫生“三下乡四进社区”等专题活动，举办“四季风”文艺演出17场次、周末传统花灯剧目展演44场次、喜迎十九大文艺汇演15场次、文化惠民送戏下乡24场，参加全区各类公益演出83场次，观众32万多人次，丰富人民群众的文艺需求。利用互联网+，开办“红塔文学艺术”微信平台。文化遗产保护，郑氏旧居委托管理，玉溪窑址、玉溪聂耳故居接待参观人数5.39万人，制订省级重点文物保护单位北城李家大院9号院瓦屋面揭漏抢救性修缮方案，玉溪陶瓷文化旅游产业创意园玉溪青花一条街修建性规划通过市级规划。

【广播电视】2017年，区电视台播出电视新闻1 730条，玉溪电视台采用487条；播出自办节目《哇家玉溪》《每周面对面》106期；播出电视剧1 830集，宣传标语、各类通告、公益广告8 512条，和谐家庭建设《用心让爱传承》等短片15次，播出文明出游宣传片30次，资料专题片《坚守红线》《警惕冰毒之祸》2部。5件作品节目获全国广播电视节目评析的电视长消息和电视社教节目二、三奖项；依托新媒体优势，开通“印象红塔区”官方微信公众平台，订阅人数1 500多人。实施农村电影“2 131”工程，送电影下乡，11个乡（街道）每月每个村委会（自然村）放映1场电影，放映农村公益性数字电影432场次，观众观看7.79万人次，放映覆盖率100%。万达影城玉溪红塔厚品店运营，放映电影1.14万场次，累计观众18.63万人次。为“户户通”1 987户用户，排除各类故障163个。

【体　育】2017年，全区组织七彩云南全民健身市、区元旦·春节环城赛跑、市第三届环东近面山自行车赛，山区、城区小学生田径比赛，小密罗首届“火把节”山地车越野赛、全民健身日登山健步走、全区残疾人运动会、少数民族传统体育项目比赛，周末足球赛、职工趣味运动会，“玉龙杯”全国滑翔伞邀请赛，汽车、摩托车越野比赛、“高鲁山杯”越野跑比赛等赛事活动，参加人数2.44万人次。全年采购健身器材444件套、篮球架10副、乒乓球桌20台，采购金额83.98万元。新增健身路径37条、篮球场10块、乒乓球练习场20块，新增体育面积8 500平方米。

【卫　生】2017年，全区推进公立医院改革、分级诊疗和家庭医生签约服务，城市公立医院建立“一减一补两调”运行新机制，平均住院日从8.41天降至7.54天，药品收入占医疗业务收入较改革前下降8.6%；建立分级诊疗工作机制，形成“小病不出村，常见病不出乡，大病不出区，康复在基层”就医格局；开展家庭医生签约服务，覆盖率40%，重点人群、建档立卡贫困人口签约率100%，医疗资源科学整合和有效利用。实施国家基本药物制度，全年入库基本药物6 124.65万元，零差率销售基本药物6 044.58万元；88个基层医疗机构全部配备使用基本药物，实行基本药物零差率销售。打造红塔中医文化品牌，14个中医馆建成投入使用，开通云南中医学院电子图书库远程VPN10个客户点的运用，获全国基层中医药工作先进单位。贫困人口惠民便利政策，实施城乡居民基本医疗保险、大病保险、健康扶贫补充保险、医疗救助“一站式”结算，建档立卡贫困人员一般诊疗费报销金额5.22万元。改善山区乡村卫生室医疗条件，推进扶贫项目双龙、把者岱卫生室内修建；启动全省首个国家健康城市试点工作，“两医院10中心”项目与社会资本合作取得实质进展。区属医疗机构HIV咨询检测、PITC及哨点监测检测网络覆盖全区；开展高危人群行为综合干预、抗病毒治疗与感染者规范管理，探索实践社会组织举办的社区戒毒康复工作机构“平安一号”和社区社戒社康示范“春晖家园”的社区服务模式。

年末，全区有卫生机构312个，其中医院、卫生院37个，急救中心1个，采供血站1个，社区卫生服务中心（站）4个，妇幼保健院（所）2个，卫生疾病预防控制中心2个，卫生监督局2个，乡村卫生室80个，诊所、医务室183个。卫生技术人员6 851人，医院和卫生院床位5 525张。

2017年，红塔区建立计划生育特殊家庭联系人制度，开通计划生育特殊家庭就医绿色通道，推进计划生育特殊家庭签约家庭医生。做好高危孕产妇管理，保障孕产妇生命安全，对高危孕产妇实行个案管理，使高危孕妇管理率和住院分娩率均达100%，全年无孕产妇死亡。妇幼保健网络建设，孕产妇建卡率99.95%，孕产妇系统管理率98.76%，住院分娩率100；儿童生长发育的监测、疾病防治，提高全区儿童健康水平，开展新生儿听力筛查工作和出生缺陷监测。年末，全区已婚育龄妇女人数84 935人，已领取独生子女证人数31 307人，比上年减少526人。三术节育率77.63%，综合节育率87.67%。

【社会保障】 2017年，全区逐步建立以城乡低保、五保供养为基础，以医疗、教育、住房、慈善等专项救助为辅助，以临时救济、灾害救济为补充的新型社会救助保障体系。对部分低保户、五保户、贫困户等困难群众实施春荒粮、冬寒衣被救助，救助户数2 251户，受益困难群众2 266人，实施民房火灾和倒损救助17户。加强和完善城乡低保动态管理，保障城乡居民基本生活，全区有城乡低保对象6 684户7 619人，支出保障资金2 751.62万元。城乡特困人员救助供养，对城乡特困人员334人，支出保障资金231.89万元。城乡医疗救助一站式结算，将大病报销病种由原来的6种增加至22种。全年发放困难群众医疗救助金2 149人次297.01万元；对临时性、突发性原因造成基本生活出现暂时困难的低收入城乡家庭，实施救助535人，救助资金143.6万元。养老服务项目建设，洛河、龙潭、小石桥3个村社区的居家养老服务中心建成投入使用。全区建成居家养老服务中心8个，建筑面积7 698平方米，设计床位154张。

2017年，红塔区各项就业再就业促进政策，通过开发公益性岗位、鼓励企业吸纳和灵活性就业等途径，增加城镇就业人员6 406人。贷免扶补、创业促就业小额担保贷款、劳动密集型小企业贷款扶持创业，带动吸纳就业710人。拓宽高校毕业生就业渠道，完善“三支一扶”管理服务，实施云岭大学生创业引领计划，引导高校毕业生到基层就业，全区有高校毕业生见习基地4个；开展就业援助月、春风行动、民营企业招聘周、高校毕业生就业服务月等就业专项服务系列活动，组织招聘会3场，专场洽谈会1场，入场招聘单位198个，提供空岗信息4 000条，入场求职人员1.33万人次，达成意向性就业协议1 980人。办理用工单位登记630家，提供就业岗位3 000多个；办理求职登记718人，办理就业失业登记证4 642人，农村劳动力转移就业2.41万人，为各类人员免费职业指导5 000多人。全年城镇登记失业率为3.45%。

年末，全区参加医疗保险单位（含市级）2 763个。其中，企业（个体）2 296个，机关及事业单位467个；参保人数达到12.63万人（含灵活就业）；其中，企业（个体）10.16万（含灵活就业）人，机关及事业2.47万人；收缴基本医疗保险金5.57亿元。参加城镇居民基本医疗保险参保登记32.31万人。

11个乡（街道）建立老龄工作委员会，区直机关单位建立老年协会组织23个，会员1 321人；村（居）委员会老年协会组织104个；社区老年协会组织111个，会员5.17万人。门球队11个，参加人数140人；地掷球队8个，参加人数87人；健身操（舞）队280个，参加人数7 214人；其他体育锻炼团队60个，参加人数5 680人；老年文艺队456个，参加人数9 490人，演出1 030场、节目3 320个。

全区有敬老院7所（含市级1所），集中供养70人，民间投资兴办1所，收养老人48人。全年对324名高龄特困老人进行慰问，其中敬老节区级慰问高寿老人100人，百岁寿星14人；春节慰问特困老人200人，百岁寿星10人。

【领导名录】 区委书记张小良（彝族），副书记方洪、罗盛勇。人大常委会主任殷绍焜，副主任李家金（非党）、姜永祥、杨文武、龙海燕（女，2017年1月任）。区长方洪，副区长李永聪、赵南方、王红（女）、梁士洪、杜清祥、李剑（傣族，2017年1月任）、洪江（挂职）、呙晓明（女，挂职，2017年3月免）。政协主席王文平，副主席孟国平、白发福（彝族）、董晋红、张希也（2017年11月免）。纪委书记张亚波（2017年12月免）、解永辉（2017年12月任），副书记郭金安、张云春、何明春。

（王德莉）

江川区

【自然概貌】 江川区地处云南省中部，位于东经102° 35～102° 55′ 和北纬24° 12′ ～24° 32′ 之间。东接华宁县，南连通海县，西与红塔区交界，北同晋宁、澄江两县毗邻。区政府驻地距省人民政府驻地106.05千米、距市人民政府驻地25.4千米。江川区境由湖泊、盆地、中低山组成。区境东西最大横距31.9千米，南北最大纵距33.7千米，区域面积850平方千米（折合127.5万亩）。在总面积中，山区、半山区占71.67%，平坝占15.96%，湖泊占12.37%。整个地势为四周高、中部低，西部九溪略向玉溪倾斜。境内最高峰谷堆山海拔2648米，最低点九溪河口村海拔1690米。境内主要河流有16条，河道总长184.8千米，属珠江流域西江水系，最大洪水流量315立方米/秒，多数为季节性河流。县境中部有高原断陷湖泊星云湖，辖有抚仙湖三分之一水面。星云湖总面积34.7平方千米，最大水深10米，平均水深7米，容水量1.84亿立方米，正常水位海拔1 722米，属富营养型湖泊，十分适合鱼类生长，被誉为“天然养鱼塘”。抚仙湖总面积212平方千米，其中江川辖水面68.94平方千米，占水面总面积的32.5%。

2017年年平均气温16.9℃，比历年同期偏高1.0℃，比上年同期偏低0.1℃，属偏高年份。年极端最高气温31.5℃（7月30日）；年极端最低气温-1.6℃（12月31日）。全年日照时数1 952.2小时，比历年同期偏少237.2小时（-11%），比上年同期偏多96.4小时（5%），属略偏少年份。年降水量1 119.8毫米，比历年偏多32%；日最大降水量82.8毫米（7月31日）。

【行政区划】 2017年，全区辖大街街道和江城、前卫、九溪、路居4个镇及安化彝族乡、雄关2个乡。全区共有74个行政村（有21个社区，53个村委会），340个自然村；464个村（居）民小组（有居民小组168个，村民小组296个）。

【人口、民族】 2017年年末，全区常住人口28.78万人，其中城镇人口12.38万人，城镇化率43%。按公安户籍人口统计的年末总人口282 923人，比上年增0.8%。其中，乡村人口

173 533人，城镇人口109 390人。年内出生人口4 485人，死亡人口2 200人，人口自然增长率8.11‰。在总人口中，汉族人口261 455人，占总人口的92.4%；少数民族人口21 468人，占总人口的7.6%。

【综合经济指标】 2017年，全区完成地方生产总值908 475万元，按可比价格计算增13%。分产业看，第一产业增加值166 846万元，增6.3%；第二产业增加值305 055万元，增16.4%；第三产业增加值436 574万元，增13.3%。一、二、三产业分别拉动GDP增1.2、5.5、6.2个百分点，对经济增长的贡献率分别为9.6%、42.8%和47.7%。三次产业结构由上年的19.7∶32.6∶47.7发展变化为2017年的18.3∶33.6∶48.1，其中，第一产业比重比上年降1.4个百分点；第二产业比重提高1个百分点；第三产业比重提高0.4个百分点。全区人均地方生产总值31 599元，增12.6%。全区非公经济增加值514 295万元，增13.7%，占GDP的比重的56.6%，比上年上升0.1个百分点，拉动全区经济增7.8个百分点，对全区经济增长贡献率达60.5%。

【农　业】 2017年，全区实现农、林、牧、渔业增加值171 763万元，按可比价格计算增6.26%。农、林、牧、渔业总产值277 890万元，比上年增4.4%。其中，农业（种植业）产值158 466万元，增3.7%；林业产值4 651万元，增3.5%；牧业产值96 235万元，增5.6%；渔业产值11 109万元，增3.8%；农、林、牧、渔服务业产值7 429万元，增3.7%。

2017年，全区农作物总播种400 912亩，比上年增13 839亩，增3.6%。其中，粮食播种92 435亩，增266亩，增0.3%。油料播种40 124亩，增1 118亩，增2.9%。烤烟栽种86 564亩，减16亩，降0.02%。蔬菜栽种170 812亩，增10 110亩，增6.3%。花卉6 880亩，增1 312亩，增19.1%。全区粮食总产量4 436万千克，增0.4%；收购烟叶1 021万千克，收购单价30.26元/千克，收购金额30 892万元；蔬菜产量39 416万千克，增9.4%。油料产量843万千克，增5.5%；园林水果产量686万千克，增76.2%。全年完成人工造林7 347亩，特色经济林3 800亩，防护林3 547亩。全区森林覆盖率43.78%，自然湿地保护率

江川区城市建设　（陈　宽　摄）

97%。

2017年，全区肉蛋奶总产量48 558吨，比上年增4.9%，其中，肉类总产量31 665吨，增3.1%。年内出栏肥猪31万头，增3.1%；全年出售营销仔猪68.6万头，降2.1%；年末，生猪存栏23万头，增3.9%。其中，能繁殖母猪3.7万头，增3.5%。水产品产量4 350吨，比上年增36吨，增0.8%，其中星云湖2 300吨，增12吨，增0.5%；抚仙湖556吨，增2吨，增0.4%。

【工业和建筑业】 2017年，全区工业总产值完成1061 752万元，比上年增17.7%，其中规模以上工业产值634 799万元，增25.2%。工业增加值254 952万元，增16.4%，拉动GDP增4.7个百分点，对经济增长的贡献率为36.6%。其中规模以上工业增加值140 398万元，增22%。

全区主要产品产量实现较快增长，其中，磷矿石增79.3%，塑料制品增71.5%，糖果增26.6%，冷冻蔬菜增25.0%，黄磷增9.1%。

全区14个主要行业中9个行业增长最快，均保持两位数增长。分别是电气机械和器材制造业增43.1%，非金属采矿业增38.8%，通信设备制造业增33.1%，食品制造业增28.9%，造纸和纸制品业增23.5%，化学原料和化学品制造业增21.9%，橡胶和塑料制品业增15.9%，文教工美体育和娱乐用品制造业增13.9%，农副食品加工业增12%。

2017年，龙泉园区水网、电网、路网和绿化亮化等配套基础设施进一步完善，园区经济发展加快。园区企业全年共实现工业增加值26 709万元，同比增37.3%，全区规模以上工业增加值增速15.3个百分点，拉动全区规模以上工业增加值增6.4个百分点，对全区规模以上工业增长贡献率29%。

2017年，工艺美术品、烟花爆竹特色行业全年增加值增26.4%，全区规模以上工业增加值增速4.4个百分点，拉动全区规模以上工业增加值增2个百分点；装备制造业增61.2%，全区规模以上工业增加值增速39.2个百分点，拉动全区规模以上工业增加值增3个百分点。两者共同拉动全区规模以上工业增加值增5个百分点，拉动力超过大多数其它行业。

2017年，全区建筑业增加值51 638万元，按现价计算增23.5%。资质以上建筑企业15户，完成建筑业总产值118 562万元，增34.1%。商品房销售面积129 664平方米，增30.7%。

【固定资产投资】 2017年，全区500万元以上固定资产投资758 466万元，增31.5%。从三次产业看，第一产业完成投资1.12亿元，降47.4%；第二产业完成投资12.24亿元，增3.6%；第三产业完成投资62.49亿元，增42.9%。从所有制关系看，国有单位完成56.45亿元，增73.1%；集体单位完成0.28亿元，降96.8%；其他单位完成19.12亿元，增15.5%。从主要行业看，工业投资完成122 417万元，增3.6%；房地产开发投资109 964万元，增92.5%；交通运输、仓储和邮政业投资完成275 184万元，增167.6%；水利、环境和公共设施管理业投资完成212 946万元，增40.6%。

【交通运输和邮电业】 2017年，交通运输、仓储及邮政业增加值15 101万元，按可比价计算，增7.9%。公路建设成效明显，客货运输发展平稳。年末，全区公路总里程902.424千米，其中，一级公路15.07千米，二级公路54.156千米，三级公路198.987千米，四级公路594.216千米，等外公路23.995千米，高速公路16千米。全区拥有载货汽车7 846辆，载客汽车91辆。

全区年末固定电话用户8 454户，其中，住宅电话7 584户，移动电话268 780户，互联网用户77 407户。

【贸易和物价】 2017年，全区社会消费品零售总额完成246 764万元，比上年增12.5%。按销售单位所在地统计，城镇市场实现消费品零售额212 097万元，增11.9%；乡村市场实现消费品零售额34 667万元，增16.6%。按消费形态分，餐饮收入53 788万元，增18.7%；商品零售192 976万元，增10.9%。商品零售占消费品零售总额的78.2%，是销售市场的中坚力量。

全年销售营业额合计423 231万元，比上年增19.1%，其中，批发业销售额65 299万元，增31%，零售业销售额240 571万元，增16.7%，住宿业营业额22 055万元，增17.2%，餐饮业营业额95 306万元，增18.5%。

居民消费价格比上年累计上涨1.3%，商品零售价格上涨1.6%，农业生产资料价格上涨1.9%。

【对外经济和旅游】 2017年，全区招商引资项目共实施83个，其中，续建项目27个，新建项目56个。年内实际利用区外国内资金804 150万元，比上年增115 133万元，增16.7%，其中，市外国内资金770 789万元，增81 772万元，增11.8%；省外资金663 393万元，增41 296万元，增6.6%。

2017年，全区共接待游客471.45万人次，比上年增加114.88万人次，增32.22%。旅游总收入343 897.69万元，增149 870.86万元，增77.24%。

【财政、金融】 2017年，全区财政总收入107 023万元，比上年增19 394万元，增22.1%。地方财政收入103 441万元，增加23 106万元，增28.8%。地方财政支出200 050万元，增支6 510万元，增3.4%。

2017年，全区一般公共预算收入71 026万元，增12 784万元，增21.9%，其中，增值税完成11 245万元，增40.6%；企业所得税完成1 828万元，增1.8%；城市维护建设税完成1 701万元，增22.2%。全区一般公共预算支出184 023万元，增9 864万元，增5.7%，财政预算支出中八项支出完成173 574万元，增37.8%，占GDP的比重达19.1%。其中，一般公共服务支出39 629万元，增116%；公共安全支出9 152万元，增10.8%；教育支出42 772万元，增29.2%；科学技术支出4 732万元，增307.6%；社会保障和就业支出27 601万元，增34%；医疗卫生与计划生育支出14 594万元，降40.2%；节能环保支出9 329万元，增15.7%；城乡社区支出25 765万元，增114.7%。

2017年，全区金融业实现增加值46 810万元，增9.7%。年末金融机构各项存款余额1 240 877万元，比上年增12.0%，其中，住户存款余额815 736万元，增10.3%。各项贷款余额885 169万元，增24.1%。存贷比为71.3%，比上年提高6.9个百分点。

【人民生活】 2017年年末，全区在岗职工16 040人，比上年末增446人。全年在岗职工平均工资69 584元，增16 330元，增30.7%。城镇居民人均可支配收入33 936元，增8.8%。农村居民人均可支配收入12 172元，增9.0%。

【就业和社会保障】 2017年，全区开发公益性岗位550人，新增就业2 544人，城镇失业人员再就业896人，城镇登记失业率3.43%，有序组织劳务输出449人。

年末，全区参加基本养老保险人数171 028人，其中，参加农村养老保险150 557人。有391户7 687人参加失业保险统筹，发放失业保险待遇93.8万元；有238 825人参加医疗保险统筹，支付医疗保险金19 380.92万元；参加工伤保险统筹企业464户10 351人；参加生育保险统筹企业293户4 935人；城乡居民医疗保险223 983人。

全年对城市低保受益1 516户1 689人发放低保金840.62万元。对农村低保受益2 933户3 641人发放定期生活救助1 056.14万元，对农村五保285户302人发放定期生活救助197.12万元。年末，共有优抚对象2 841人，全年发放各类补助金1 749.05万元；兑现义务兵家属优待金223人191.4万元。

【教育、科技、文化、体育和卫生】 2017年，全区共有公立学校74所，其中，乡镇中心完小12所，村完小44所，教学点2个，乡镇中学11所，普通高中2所，职中1所，进修学校1所，区幼儿园1所。有教学班1 082个，其中，幼儿学前班228个，小学494个，初中230个，普通高中92个，职业高中38个。在校生39 107人，其中，在园（班）幼儿数7 619人，小学14 979人，初中10 450人，普通高中4 683人，职业高中1 376人。小学毛入学率102.64%，小学学龄儿童入学率99.99%，辍学率0.01%，毕业率99.71%，小学毕业生升学率98.73%，年巩固率99.74%，新招一年级新生受过一年学前教育99.5%，学前幼儿毛入园（班）率90.14%，15周岁初等教育完成率99.89%。初中毛入学率117.53%，初中毕业率99.57%，初中辍学率0.77%，年巩固率99.28%，17周岁初级中等教育完成率98.92%。现有教职工2 234人，专任教师合格率高中100%、初中100%、小学99.21%。

2017年，全区向国家、省、市推荐申报科技项目和科普专项共71个，其中，国家级科技项目2个，省级科技项目28个，市级科技项目30个，国家级科普项目2个，省级科普项目4个，市级科普项目5个。申报成功国家、省、市各类科技项目34项，其中，国家级1个，省级10个，市级23个；科普专项获得立项9个，其中，国家级2个，省级3个，市级4个。全年申请专利97件，专利授权量40件。

2017年，江川区成功举办“三月雪·梨花醉”文化旅游节、“江川首届七夕文化旅游节”等活动，圆满完成“玉溪号”文化旅游列车宣传推介。江川开渔节获“国家级示范渔业文化节庆”称号，界鱼石公园改造提升二期工程竣工验收。旅游市场秩序井然，文物保护和交流成效明显，“一部手机游云南”工作扎实推进，文化产业持续发展。科技、广播电视、体育等事业全面发展，平安江川建设稳步推进。年末，全区共有文艺队443个，文化馆辅导文艺团体56个，组织文艺调演、汇演20次，文艺活动123次。有文化室92个，全年举办展览50期，举办各种培训班86期。

2017年，全区共成立体育协会组织7个，累计举办活动20场，参加活动人数1.2万人次。全区乡镇（街道）

均成立全民健身领导小组，挂牌成立“全民健身指导站”，晨晚训练点36个。拥有社会体育指导员601人。举办区级体育比赛10次，组织基层体育比赛6次，体育人口达30%以上。举办全民健身活动16次，人数1.1万人次；年末，全区拥有体育场地394个，体育系统拥有体育场地7个，年内开放使用7万人次；举办培训班7期，参加培训210人次。

2017年年末，全区共有卫生机构177个，其中，区级医院2个、其他医院2个、卫生院7个，妇幼保健院1个，疾病预防控制中心1个，卫生监督机构1个。卫生技术人员1 381人，其中执业医师和执业助理医师527人，注册护士666人，其他123人。医院和卫生院床位799张。乡镇卫生院7个，床位249张，卫生技术人员275人。村级卫生室71个，乡村医生235人。

【城市建设、能源消耗和安全生产】 2017年，全区建成区面积6平方千米。供水管道107.83千米。年供水总量534.39万立方米。城市生活垃圾无害化处理率93.4%；处理生活污水344.76万立方米，城市生活污水处理率89.51%。路灯设施完好率和亮灯率均达95%以上。

2017年单位GDP能耗1.0 228吨标准煤/万元，降2.65%，其中规模以上工业单位增加值能耗2.609吨标准煤/万元，降6.55%。

全社会用电量10.36亿千瓦时，同比上升17.26%。分产业看，第一产业用电量0.17亿千瓦时，同比上升22.22%；第二产业用电量8.63亿千瓦时，同比上升19.29%；第三产业用电量0.57亿千瓦时，同比上升10.15%；城乡居民生活用电量0.99亿千瓦时，同比上升4.93%。

2017年，全区安全生产考核控制指标类别事故共发生5起，比上年减6起，降54.54%；死亡人数5人，比上年减4人，降44.44%；直接经济损失140.86万元，增58.66万元，上升71.36%。其中工矿商贸企业事故2起，死亡人数2人，直接经济损失65.06万元。发生道路交通事故1 560起，减417起，降21.09%；死亡人数33人，增7人，上升26.92%；直接经济损失235.6万元，减44.2万元，降15.8%。火灾事故75起，增19起，上升34%；死亡人数1人；直接经济损失52.9万元，增2.13万元，增4.2%。

【领导名录】 区委书记徐贤，区委副书记王志华、张燕华（女）、李长金（2017年7月任，挂职）。区人大常委会主任龚桂存（女），副主任李绍华（2017年1月任）、普朝鹏（2017年1月任）、何眉（女，2017年1月任）、李保平（2017年1月任）。区长王志华，副区长张文彬、牛旺林、杨军苹（女）、普朝鹏（2017年1月离任）、王柄璋、李忠海（2017年1月任）、靳永春（2017年1月任）、陈慧敏（女，2017年9月任）。区政协主席罗跃岗，副主席杨吉英（女）、李绍华（2017年1月离任）、曲绍庭（2017年7月离任）、李忠海（2017年1月离任）、顾秋（2017年1月任）、岳东芬（女，2017年1月任，2017年10月离任）。区纪委书记李学祥（2017年12月离任）、矣向林（2017年12月任）。

（徐凡清）

通海县

【自然概貌】 通海位于云南省中南部，东经102° 30′ 26″ ~ 102° 52′ 53″、北纬23° 55′ 11″ ~ 24° 14′ 49″之间。是历史有名的滇南重镇及经济和手工业发达地区，有“秀甲南滇”“冠冕南州”“礼乐名邦”之美誉。县城所在地秀山街道（原秀山镇）为省级历史文化名城，全县总面积721平方千米，东西长37.97千米，南北宽36.32千米。县人民政府驻地秀山街道距市政府所在地红塔区47千米，距省会昆明市125千米。县东与华宁县接壤，南与红河州石屏县、建水县交界，西与峨山县、红塔区相邻，北与江川区毗邻。通海属坝区县，县境以中山、平坝、河谷三大区组成，中山占77.07%，平坝占21.63%，河谷占1.3%。在平坝中部镶嵌有面积36平方千米的杞麓湖，是坝区用水及调节气候的重要因素，杞麓湖四周为平坦肥沃的农田，是全县粮食和经济作物的主要产区。全县湖、山、河相间，风光秀美，景色秀丽。县城海拔高度1815米，最高峰为位于河西镇的螺峰山，海拔2441米；最低处为位于红河州建水县与通海县交界处的马脖子，海拔仅为1350米，高差1 091米。通海属中亚热带湿润凉冬高原季风气候，冬无严寒、夏无酷暑，全年气候宜人、雨量充沛。2017年年平均气温16.2摄氏度，极端最高气温30.1摄氏度（6月12日），极端最低气温零下2.2摄氏度（12月21日）；全年降水量1 229.6毫米，最大日降水125.9毫米（7月31日）；全年无霜期为305天；年日照总时数为2 145.1小时，日照率49%。

【行政区划】 2017年，全县辖2个街道、4个镇、3个乡。即秀山街道、九龙街道、河西镇、四街镇、杨广镇、纳古镇、里山彝族乡、兴蒙蒙古族乡、高大傣族彝族乡。下属49个村委会、27个社区居委会，331个村民小组、223个社区居民小组，361个自然村。

【人口民族】 据全国1‰人口变动抽样调查反馈的数据，2017年年末，全县常住人口为31.04万人，比上年增加0.02万人。其中城镇人口16.27万人，城镇化率52.41%，比上年提高1.73个百分点；出生率12.56‰，死亡率6.71‰，自然增长率5.85‰，比上年提高0.01个千分点。据公安人口统计年报，年末全县户籍人口为102 937户289 488人，分别比上年增加931户1 555人。在总人口中，男性人口143 342人，占总人口的49.5%，女性人口146 146人，占50.5%；城镇人口117 679人，占总人口的40.7%；乡村人口171 809人，占总人口的59.3%；少数民族人口49 052人，占16.9%。

2017年，全县出生人口3 700人，出生率12.22‰；年内死亡人口1 803人，死亡率5.96‰；自然增长人口1 897人，自然增长率6.26‰，比上年同期减0.47个千分点。全县“三术”人数47 728人，三术率为81.01%，比上年下降0.08个百分点。全县计划生育率97.41%，比上年提高0.28个百分点。

2017年，全县有少数民族乡镇4个，少数民族村委会20个，少数民族人口占30%以上的村民小组98个，少数民族31种。全县少数民族人口48 294人，占全县总人口的16.77%。其中，彝族20 680人、回族12 599人、蒙古族6 820人、傣族5 078人、哈尼族2 946人、白族244人、苗族168人、壮族172人、拉祜族75人、布依族67人、佤族31人、傈僳族31人、纳西族18人、瑶族13人、布朗族11人、满族12人，其余的景颇族、水族、阿昌族、藏族、普米族、独龙族、基诺族、德昂族、维吾尔族等均在10人以下。

【综合经济指标】 2017年，全县固

定资产投资完成744 886万元，比上年增长31.4%，其中工业投资完成133 736万元，增长21.2%，占总投资的18.0%。500万元以上项目投资完成730 666万元，增长34.1%，占总投资的98.1%；房地产投资完成14 220万元，减35.4%，占总投资的1.9%。按产业划分：一产业完成58 023万元，减15.4%；二产业完成133 736万元，增长21.2%；三产业完成553 127万元，增长42.5%。本年施工房屋面积220.77万平方米，其中住宅面积183.40万平方米；竣工房屋面积200.47万平方米，其中住宅面积183.15万平方米，房屋竣工率90.8%。2017年经济运行保持平稳增长，全县完成现价生产总值（GDP）1 123 831万元，比上年增长11.7%。分产业看，第一产业增加值169 925万元，增长6.0%；第二产业增加值421 659万元，增长14.9%；第三产业增加值532 247万元，增长10.8%。三次产业比重为15.1∶37.5∶47.4。一、二、三产业对GDP增长的贡献率分别为7.9%、49.6%、42.4%，分别拉动GDP增长0.9、5.8、5.0个百分点。全县人均GDP达36 218元，比上年增加3 506元，增长11.4%。非公经济增加值707 215万元，比上年增长12.4%，占全县GDP比重的62.9%，比上年上升0.3个百分点。

【农　业】 2017年，全县完成农业固定资产投资18 914万元，完成农、林、牧、渔业总产值287 756万元，比上年增长6.0%。其中，农业（种植业）产值140 122万元，增长5.5%；林业产值2 385万元，增长31.3%；牧业产值140 077万元，增长6.4%；渔业产值2 864万元，增长0.3%；农、林、牧、渔服务业产值2 308万元，增长0.3%。实现农、林、牧、渔业增加值170 625万元，比上年增长6.0%。

2017年，全县农作物总播种41.23万亩，其中，粮食、油料、烤烟、蔬菜、花卉面积分别为9.66万亩、1.03万亩、4.94万亩、24.61万亩和0.69万亩。粮食与非粮食作物面积比例基本稳定在23∶77。全县植树造林7 502亩，义务植树60.84万株，育苗1亩。

2017年，全县畜牧业持续稳定发展，猪牛羊禽全面增长，肉蛋产量继续增加。全县水产品产量3 110吨，其中杞麓湖产量1 200吨。

主要农作物产量表

单位：万千克

产　品	2017年	2016年	增减（%）
粮食产量	3 705.58	3 704.67	0
油料总产	165.44	170.29	–2.8
烤烟总产	690.07	682.16	1.2
蔬菜总产	75 885.27	75 041.81	1.1
其中：小春	40 595.85	39 401.72	3.0
大春	35 289.42	35 640.09	–1.0
水果产量	934.34	946.09	–1.2

主要畜牧产品产量表

产　品	单　位	2017年	2016年	增减（%）
大牲畜年末存栏	头	16 412	16 480	–0.4
大牲畜当年出栏	头	21 073	20 483	2.9
猪年末存栏	头	158 362	156 119	1.4
猪当年出栏	头	302 943	292 179	3.7
牛年末存栏	头	16 306	16 341	–0.2
牛累计出栏	头	21 063	20 471	2.9
羊年末存栏	只	31 657	32 743	–3.3
羊累计出栏	只	27 458	25 840	6.3
家禽期末存栏	只	7696 266	7693 335	0
家禽当年出栏	只	7832 539	7368 505	6.3
肉类总产量	吨	41 073.7	38 454.5	6.8
其中：猪肉产量	吨	22 175	21 197.5	4.6
牛肉产量	吨	3 934.6	3 818.3	3.0
羊肉产量	吨	717.7	678.9	5.7
禽肉产量	吨	14 245	12 758.3	11.7
禽蛋产量	吨	73 743	69 300	6.4
奶类产量	吨	5 410	5 180	4.4

主要工业产品产量表

产品名称	单　位	2017年	2016年	增减（%）
多色印刷品	万对开色令	200	201	–0.5
纸制品	吨	48 517	47 895	1.3
合成氨	吨	54 470	51 331	6.1
碳氨	吨	256 765	248 567	3.3
氮肥	吨	43 907	42 494	3.3
甲醛	吨	18 453	12 645	45.9
精甲醇	吨	12 909	12 353	4.5
油墨	吨	1 382	1 352	2.2
水泥	万吨	74.54	59.54	25.2
成品钢材	吨	814 543	955 563	–14.8
自来水生产量	万吨	351.7	340.4	3.3
变压器	万千伏安	403.15	360.88	11.7
金属制品	吨	63 019	70 428	–10.5
铸件	吨	72 036	96 048	–25.0
发电量	万千瓦时	16 244.99	5 363.32	202.9
供电量	万千瓦时	104 644	147 409	–29.0

【工　业】 2017年，全县实现工业增加值367 184万元，增长14.3%，对GDP的贡献率为42.6%，拉动GDP增长5.0个百分点。当年74户规模以上工业企业完成工业总产值1 143 971万元，比上年增长22.9%；完成工业增加值204 258万元，增长21.1%，实现工业销售产值1 130 652万元，增长

24.0%，产销率为98.8%，比上年提高0.9个百分点。

【通信、交通运输】 2017年，全县累计在网客户数约24.03万户，年营运收入1.28亿元。年度经营业绩考核位居全市中列。中国联通通海分公司注重完善基础设施，加强网络覆盖，加强公司队伍建设。增加乡镇光宽带设施建设，在各乡镇续建社会渠道合作型营业厅和便利网点，完善与农村淘宝、邮政网点的合作。电信通海分公司加快发展速度，提升运营能力。实现4G网络全覆盖，3G覆盖率达到95%；建设FTTH端口近1万个，总数达到6万个；光端口用户占比86.23%。当年业务收入近4 000万。2017年全县邮电业务总量40 724万元；固定电话用户11 658户，其中住宅电话10 628户；移动电话用户333 893户；电话普及率111.4部/百人；互联网宽带网用户58 910户。

2017年，江通高速通海段秀水沟至义广哨段放线和勘测定界全部结束；义广哨至雄关段征地拆迁工作全面展开。非共线路段完成开挖路基土石方367.69万立方米；完成应填筑路基319.54万立方米。完成4座大桥混凝土灌注桩376根，4个隧道已全部贯通。全年共完成投资102 237.93万元。弥玉高速公路通海试验段涉及义广哨试验段和象山试验段，其中象山试验段由通海县统计上报工程建设及投资情况。象山试验段完成征地30.8亩，至当年底完成投资28 921.63万元。通建高速公路新建加水站完成蓄水池、加水场地、设备设施等主体工程，当年共完成投资1 400万元。全面实施建制村通畅工程（库外），全年完成投资2 100万元。实施自然村通硬化路工程。截至年末，一期工程已实施完成60千米，占项目总量的50%，完成投资4 500万元。二期工程完成项目设计等前期工作。全面开展公路养护，继续签订四级《管养责任书》；推行分级养护巡查机制。与3户企业签订17条县道《养护合同》。完成3项中修工程。完成公路12个项共计198个试验项目。

年末，全县公路通车总里程1 011.5千米。其中，国道40.6千米，省道74.5千米，县道110.4千米，乡村公路768.1千米。在公路总里程中，高速公路14.7千米，一级公路25.1千米，二级公路34.3千米，三级公路96.1千米，四级及以下公路841.3千米。全县机动车拥有量110 405辆（含拖拉机），比上年增加1 016辆，其中，汽车63 140辆、大中小型拖拉机11 046台、摩托车35 408辆、挂车811辆。全县公路营运货车13 968辆，吨位62 262吨；营运客车227辆，客座5 040座。公路运输客运量完成281万人，旅客运输周转量12 921万人千米；完成货运量1 709万吨，公路运输货物周转量286 658万吨千米。

【乡镇企业】 2017年，全县有乡镇企业（不含个体户）136户，其中，集体企业2户，私营企业128户。乡镇企业总数比上年加5户，增8%。年末，有职工人数7 611人，比上年的7 535增1%。全县乡镇企业实现营业收入（现价）426 876万元，比上年增12.25%。完成现价产值472 216万元，比上年增11.13%。

【城乡建设】 2017年，通海县有效推进城乡规划。按省市多规合一要求，重新修编《通海县城市总体规划（2015～2030年）》，同步8个专项规划编制；按照统筹城乡发展思路，编制《通海县提质扩容城乡一体化方案》；围绕路域环境整治和新农村建设等工作，编制《通海县秀山路、挹秀路两厢城市设计》等3个方案；完成2个乡村环境整治方案；根据新的核心保护区划定面积，完成《通海县老城区控制性详细规划》，启动《通海县建筑风貌控制导则》《通海县城市规划区广告管理办法》编制；加强传统民居的科学保护，编制《通海传统民居修缮手册》《通海县传统民居改造指导手册》；编制工业产业转型发展、旅游发展、公园和居民点改造规划；杨广镇成功申报省级智慧农业特色小镇；启动《通海县科教创新城（桑园片区）规划》编制工作；开展杞麓湖保护系列规划编制；完成《通海县域乡村建设规划》；完成3个国家第四批传统村落保护规划和实施方案编制，组织四街镇者湾村申报第五批中国传统村落。加快城乡基础设施建设步伐。进行老城区市政基础设施改造，启动2条新区市政道路建设；完成秀山路、挹秀路维修美化工程；启动秀山路“三点一线”提升改造工程，完成秀山路东入城口三个入城口绿化工作，改建金汉环岛。修缮改造城区公厕。按PPP模式推进第二污水处理厂配套管网后续工程建设。在全市率先提出自然村通硬化公路，进行饮水管道、改厩、乡镇公厕建设等工程。“百千工程”、脱贫攻坚、农村人居环境建设等项目有序推进，实施点亮通海行动。以棚改助推“城中村”改造。推进花果山保障房附属设施工程、嘉诚（豪庭）休闲商业广场一期、滇南购物中心等项目建设。做好一个街道四个镇的“一水两污”9个项目建设。加强对街道清扫保洁市场化运营单位监管，强化公厕免费后考核管理。启动省级园林县城创建工作。按照《通海县城乡违法违规建筑治理实施方案（试行）》，推进城市两违建筑整治。加强建筑工地标准化管理。农村清洁家园行动有序开展，稳步推进减排工作。住房保障工作井然有序。花果山保障性住房1 816套完成规划专项验收及竣工验收；“政企共建”公租房进入竣工验收阶段；教育卫生系统500套廉租住房已完工待验收分配入住。

2017年，全县建筑业完成增加值55 173万元，增长20%。全县具有资质等级证的建筑、装饰企业14户，从业人员4 239人，完成建筑业总产值160 375万元，增长40.1%。年末，县城建成区面积8.70平方千米；县城建成区道路长度75.46千米，道路面积104.82万平方米；建成区绿化覆盖面积333.62公顷，覆盖率38.35%，园林绿地面积289.47公顷。

【商　贸】 2017年，全县累计实现电商网络交易额16 412万元；其中，农村淘宝6 541.8万元，电商孵化中心入驻企业9 869.2万元。全县实现社会消费品零售总额346 118万元，比上年增12.5%。按经营单位所在地分：城镇消费品零售额184 487万元，增长14.4%；乡村消费品零售额161 631万元，增长10.4%。按消费形态分：餐饮收入112 813万元，增长10.3%；商品零售233 305万元，增长13.6%。

2017年，全县完成烟叶收购总量685万千克，增长1.5%，收购总金额19 933万元，减10%，中上等烟比例95.30%，比上年降低2.36个百分点，其中，上等烟比例66.13%，下降了4.98个百分点。

全年完成进出口贸易总额153 255万美元，减0.2%，其中，进口额实现186万美元，增长4 500%，出口贸易额完成153 069万美元，减0.3%，净出口为152 883万美元，减0.3%。

【招商引资】 2017年，全县共引进市

外到位资金58.91亿元，增长35%，其中引进省外资金40.87亿元。杞麓湖国家湿地公园、CY集团数控机床生产及铸造、园区5号路、污水处理场等项目顺利开工建设；杨广五垴山风电场、河西大平地光伏二期、滇南购物中心等项目顺利完工，体育场升级改造项目即将投入使用；曲陀关国际冷链物流园、杨广智慧农业小镇及冷链物流、通海商城升级改造、花果山高端住宅小区、古城立体停车场、里山综合农贸市场等一批项目顺利签约，签约总投资80亿元；食品及生物科技园中园、兴蒙特色小镇、秀山景区、杞麓湖南岸田园综合体等项目加快对接洽谈。

【财政、金融、保险】 2017年，全县完成财政总收入88 719万元，比上年增长3.9%。地方财政收入完成57 782万元，增长1.3%。一般公共财政预算收入完成55 790万元，增长7.5%。税收收入完成30 930万元，增长9.9%，其中增值税8 961万元，增长32.2%；营业税85万元，减96.8%；企业所得税1 724万元，增长6.4%；烟叶税4 385万元，减10%。当年地方财政总支出183 862万元，增长3.9%。一般公共财政预算支出179 971万元，增长8.1%，其中一般公共服务支出42 963万元，增长92.7%；教育支出45 065万元，增长16.7%；社会保障和就业支出31 412万元，增长19.1%；农林水事务支出60万元，减99.7%；医疗卫生与计划生育支出16 581万元，减30.5%。

2017年年末，全县金融机构各项存款余额1344 033万元，增长3.7%，其中住户存款余额1090 176万元，增长6%。各项贷款余额859 732万元，增长11.5%，存贷比为64%。

2017年，中国人民财产保险股份有限公司通海支公司共开办10大类险种计49个，各项保险保额1673 531.63万元，实现保费收入7 699万元。全年已决赔案数7 185件，支付各类赔款3 646万元，综合赔付率49.93%，上缴营业税金及附加93.99万元。

2017年，中国人寿保险股份有限公司通海县支公司共开办险种134种，保险费总额5 631.41万元，比上年同期增加342.67万元，增6%；年度长期险总给赔付金额3 807.74万元，比上年同期增加2 500.09万元，增191.19%；年度参保人数为9.15万人；年度短期险险赔款金额264.42万元，比上年减少64.08万元，减33.37%，综合赔付率38.32%；当年上缴税利40.81万元，比上年同期减7.92万元，减16.25%。

【科　技】 2017年，通海县以《通海县关于科技创新实施方案》的各项任务为重点，加强引导和培育，加大创业创新主体发展培育。实现红达食品、恒鑫包装等6户企业新认定为科技型中小企业；斯贝佳、红塔油墨2户企业认定为市级企业，技术中心、红塔彩印公司认定为省级企业技术中心；云秀花卉公司切花月季新品种选育与产业化关键技术集成示范项目荣获2017年度省科技进步一等奖，云秀月季鲜切花星创天地成功申报成为第二批省培育建设星创天地；蔬菜花卉农业科技示范园区被认定为省农业科技园区；通海县被省科技厅确立为省级可持续发展实验区。强化产学研协同创新，通过牵线搭桥，实现8户企业与省机械设计研究院签订技术合作协议，2户企业与云南农业大学食品研究院签订技术合作协议；高原农产品公司与中国农科院蔬菜花卉研究所共同申报云南方智远院士工作站达成合作意向；云秀花卉公司新型盆栽花卉新品种与繁育关键技术引进示范项目成功与荷兰迪瑞特公司签订国际合作协议。

2017年，全县共有高新技术企业20户，省、市工程技术研究中心6户，科技型中小企业42户，省市级企业技术中心10户，省级农产品深加工科技型企业16户，创新型试点企业5户，省科技厅科技特派员18人、农业科技示范园5个、优质种业基地4个。全年用于科技投入资金3 854万元。申请专利182件，专利授权45件。新列入科技专项计划项目77项，其中，国家级5项、省级25项、市级37项、县级10项。

2017年，全县企事业单位共有各类专业技术人员5 269人（事业单位3 812人、企业单位15人、自收自支事业单位32人、非国有企业1 405人）。其中，正高级职称12人、副高级职称1 123人、中级职称1 768人、初级职称2 186人、在岗未聘180人。在各类专业技术人员中，女性2 954人，占56.06%；少数民族563人，占10.69%。按年龄结构看，45岁以下3 810人，占72.3%。从学历情况来看，MBA1人、硕士研究生31人、本科2 687人、专科1 747人、中专624人、高中（含职高和技校）104人、初中72人、小学3人，大中专毕业以上学历5 090人占96.6%。

【教　育】 2017年，通海县教育教学质量不断提升，学前教育成效明显。创建乡镇中心幼儿园，其入园入班率和三年入园率明显提高。义务教育均衡发展，坚持按户口就近入学的原则，完成全县6周岁以上适龄儿童入小学；强化控辍保学工；中考总平均分等数值均居市县区第二名；义务教育均衡发展通过省市级督导评估认定。高考成绩稳中有升，通海二中获省青少年足球啦啦操比赛一等奖；全县高中阶段学校共招收高一新生3 257人。通海职中获省中职学校烹饪大赛烹饪项目一等奖，团体一等奖；被评为“云南省餐饮人才优秀培养基地”，获全国餐饮职业教育示范院校。校外教育突显作用，青少年学生校外活动中心进入全市、全省先进行列，获中央彩票公益金全省最高额资金153万元支持；借助和依托组织部、政法委等单位优势和力量搭建服务青少年平台；继续推进“圆梦蒲公英”系列主题活动；成功举办市青少年校外科技体育模型竞赛。办学条件不断改善，教育专项建设工程稳步推进。校安工程暨美丽100校园行动计划接近尾声。截至10月底，全县中小学校完成拆除重建项目116个，新建校舍9.9万平方米；建成美丽校园25所；稳步推进“全面改薄”建设工程，实施“全面改薄”项目119个；加快校安工程建设项目审计，完成校园基础设施建设及修缮工程。通海一中新校区扩建工程完成挡墙及运动场建设，完成投资260万元。桑园中学扩建工程完成投资82万元。新区小学建设完成征地，完成投资20万元。加强信息化建设，投入资金4 506万元完成教育信息化数字化校园建设项目二、三期；玉溪教育云平台教师注册率达100%，积极推广使用玉溪教育云《网络备课系统》等，打造智慧校园。办学模式有新突破，通海一中与成都七中、石家庄精英学校、衡水中学资源交流合作办学，引进先进管理教育理念。开展创建“平安校园”活动，全年无安全责任事故发生，校园总体平安稳定。完善教育保障，全面落实各项教育惠民政策。

2017年，全县有中、小学、中等职业学校共64所，其中，高级中学2所、完全中学1所、初级中学7所、中等职业学校1所、小学53所、小学教学点1个。全县中、小学、中等职业学校班数961个，其中，初中班214个、高中班78个、职业高中班30个、小学班639个。在校学生总数38 393人，比上年减少596人，其中，普通高中4 631人、初中10 933人、中等职业学校1 242人、小学21 587人。幼儿园35所，班数317个，在园幼儿数10 937人，比上年减少9人。全县有专任教师2 790人，比上年增加99人，其中，普通中学1 168人、中等职业学校61人、小学1 292人、幼儿园269人。毕业生人数9 018人，比上年减少576人，其中，高中1 496人、初中3 438人、中等职业学校359人、小学3 725人。学龄儿童入学率99.98%，小学升学率95.06%，初中升学率66.2%，3~5岁儿童毛入园率99.67%。

【文　化】 2017年，通海县推动“文化和县”战略，弘扬传统文化，举办“中国传统节日文化系列展”“通海兴义遗址考古发掘成果图片展”等展览。“推广全民阅读，建设书香通海”，向县域内64所中小学校赠送馆藏地方文献资料。积极推进文化馆、图书馆、博物馆、文化站免费开放。做好农家书屋的图书配送。努力打造文艺精品。开展非物质文化遗产保护工作。完成拍摄高台制作装裱技艺流程专题片。组织斯贝佳食品有限公司代表市级非遗项目《豆末糖制作技艺》到西南林业大学、澄江立夏节参加宣传展示；承办市2017年“文化和自然遗产日”系列活动。加大文物保护工作力度，编印《通海县文物保护宣传册》，完善文物保护单位“四有工作”，编制《河西圆明寺修缮方案》《杨广法明寺修缮方案》《黄龙宴公庙修缮方案》；修缮秀山古建筑群、九龙池大寺三官殿、茶花寺观音阁、义广哨宋氏宗祠等文物保护单位，编制《通海县文物事业十三五规划》。

2017年年末，全县有文化馆1个，公共图书馆1个，乡镇（街道）文化站9个。被列入国家级“非遗”名录项目2个，保护单位1个；省级项目3个，保护单位1个；市级项目13个，保护单位1个；县级项目5项，保护单位1个。国家级非物质文化遗产代表性传承人1人，省级6人，市级14人，县级27人。

【卫　生】 2017年年末，全县有医疗卫生机构199个，其中，医疗机构196个、预防保健和计划生育技术服务机构1个、卫生监督机构1个，急救中心1个。在医疗机构中，医院10个（卫生部门所属医院3个，其他医院7个）；乡镇卫生院8个；工业、其他部门所属医务室及个体办医112个；村卫生室66个。全县医疗机构有病床1 375张，其中卫生部门所属医疗机构病床866张。医疗卫生技术人员1 967人，其中，卫生部门所属机构卫生技术人员925人（包括合同工、长期临时工）、其他机构及个体诊所卫生技术人员1 042人。全县每千人拥有医院病床4.53张，拥有卫生技术人员6.48人。传染病发病率111.81/10万。2017年（3+1模式）孕产妇系统管理人数3 987人，孕产妇系统管理率99.18%，建卡率100%，住院分娩率100%；7岁以下儿童保健人数22 474人，保健管理率97.92%，3岁以下儿童系统管理人数9 921人，系统管理率97.45%，孕产妇死亡率24.93/10万，婴儿死亡率4.74‰，5岁以下儿童死亡率6.23‰，出生缺陷发生率239.60/万。

【旅　游】 2017年，全县旅游项目固定资产投资及旅游经济指标稳步增长，完成旅游固定资产投资14 249万元。全县共接待旅游者413.45万人次，实现旅游总收入29.37亿元人民币，同比增长32%和88.03%。全县限额以上住宿业营业额1 886万元，同比增长24.08%。

【体　育】 2017年，通海县全民健身基础设施建设得到加强，体育场升级改造工程继续推进；争取上级全民健身工作项目和资金支持，至9月底共争取资金243万元；申请使用各级体彩公益金130万元，援建全县40个村委会（社区）；完成中央集中彩票公益金支持体育事业专项资金预算阳光青少年体育活动项目8项。完善全民健身组织机构，新增协会2个，年末共有县级体育协会16个。竞技体育取得好成绩。通海县舞龙代表云南省参加在重庆铜梁区举行的全国第十三届运动会群众体育项目；参赛市少年儿童田径比赛荣获团体总分第三名；参加市少年儿童篮球比赛，男、女队均获第三名。参加市少年儿童游泳比赛，获男、女队团体总分均第四名；参加省第十五届幼儿体操比赛获金奖。代表中国自行车队出战的巴林王国举行的亚洲公路自行车锦标赛通海籍自行车运动员常玥勇夺女子公路大组赛冠军；在第十三届全运会上，通海籍运动员白发全蝉联铁人三项男子冠军，与队友一起夺得铁人三项混合接力冠军。师涛获全运会场地自行车男子团体追逐赛铜牌。

2017年，全县共举办县内各种竞赛活动14次，参赛人数12 000人次；参加国家、省、市比赛328人次，获一等奖18块、二等奖17块、三等奖30块；向上级输送运动员22人

【环境保护】 2017年，通海县全面落实杞麓湖水污染防治“十三五”规划项目的组织实施。完成杞麓湖流域村落环境综合整治工程初步设计编制及批复，当年累计完成投资760万元；组织实施杞麓湖湖体植物收割打捞，完成直接投资1 538万元；启动杞麓湖基础调查研究项目，抓好全县杞麓湖水污染防治项目的实施，累计完成投资21 580.37万元。做好专项规划编制及项目资金申报。完成《杞麓湖山水林田湖生态修复工程实施方案》《杞麓湖流域水环境保护治理“十三五”规划》6个专项子规划。当年累计上报国家、省市项目及资金申报11次。抓好污染防治和节能减排，实施蓝天工程。对新上项目提出符合大气污染防治的环保治理要求并纳入环评验收审核。对石化、印染等行业督促企业提质改造，认真开展环境空气质量监测，当年县城环境空气质量优良率达99.73%。严格环保执法，加强新建项目的管理和新建项目环境准入。加强危险废物管理工作进入规范化管理。加强排污许可证管理，全县境内共有持证企业43户，其中县级发证22户；年内办理排污许可证年审4户，核发7户；强化饮用水源保护，完成水源地评估并上报到市环保局。加强重点污染源的环境监管，当年征收排污费76.69万元。积极妥善处理环境污染投诉，维护社会稳定。做好中央环保督察反馈意见题整改落实及省级环保督察工作。向省环境保护督察组提供调阅资料8批，办理环境保护督察组交办投诉举报件12件，办结率100%。推进生态县建设，做好县域生态环境质量监测评价与考核。印发《通海县“十三五”期间国家重点生态功能区县域生态质量监测评价与考核工作实施方案》，完成县级自查报告及相关数据收集报省环保厅。开展生态乡镇、绿色学校的创建工作，1所中学被命名为省绿色学校，3个社区被命名为省绿色社区。开展绿色传播行动，提高全民的环保意识。全年共发放环保手提袋、围裙、环保宣传扑克、鼠标

垫、环保知识小册子等3 900余份。

【扶贫开发】 2017年，通海县按照“精准识别、精准施策、精准帮扶、精准脱贫”的要求，实施扶贫开发工程。对贫困对象建档立卡管理，并将名单录入全国扶贫开发信息系统。经县、乡、村各级领导小组审定，确定易地扶贫搬迁安置点5个，均为分散安置点，同时为地质灾害避让搬迁点。符合整改要求的5个易地搬迁安置点共计完成投资2 561万元。年内，完成2016年3个行政村整村推进扶贫项目，通过县乡村组验收，报账率100%。当年实施行政村整村推进项目3个，完成招投标并签订合同。实施产业扶贫项目1个。做好扶贫小额贷款发放，当年贴息1 216 107.97元。重视贫困对象劳动力转移培训，对建档立卡农村贫困劳动力进行技能培训，全年共培训479人1 306人次。全县各单位或落实公共服务保障政策措施，或积极争取上级项目、资金支持，让惠农政策措施真正惠及贫困群众。县属3家企业分别与3个贫困村签订帮贫协议；县级领导定点挂钩22个自然村，市、县、乡80个挂包单位685人干部职工参与“挂包帮”定点扶贫，实现全覆盖。把基层党建融入扶贫攻坚的各方面和全过程，推行“农村党组织+专业合作社+基地+农户”“强基惠农”股份合作经济模式。2017年，完成11个整村推进扶贫项目，项目总投资888万元。发放扶贫到户贴息贷款2 400万元，财政贴息资金104.4万元。投入小额信贷资金5万元扶持1户残疾人；投入39.2万元为71户残疾人改造危房；投入76万元为126名残疾人实施白内障手术、10人装配假肢、对20名残疾儿童进行早期康复训练。

【社会保障】 2017年，全县参加城镇职工养老保险人数为23 869人，其中，企业8 644人，个体、自谋职业者9 193人，机关事业单位6 032人。参加城乡居民基本养老保险164 060人。参加城乡基本医疗保险276 793人，其中参保职工23 997人，参保城乡居民252 796人。参加工伤保险职工18 277人，生育保险职工15 415人。参加失业保险职工13 223人，失业人员再就业1 102个，年末全县城镇登记失业率为3.3%。

全县共有农村敬老院6个，床位208张。全年为4 829户5 994人城乡最低生活保障户提供最低生活保障金1 993万元；为337名在乡复员、带病回乡人员发放324.7万元定补金；为“三属”、伤残军人及义务兵家庭、优抚对象发放抚恤、补助金568.34万元，为18 600人自然灾害救济对象安排口粮15万千克、提供救济衣被2 652件（条）、救助资金94.2万元。

【人民生活】 2017年，全县城镇居民人均可支配收入34 782元，比上年增加2 666元，增8.3%；农村居民人均可支配收入15 051元，比上年增加1 268元，增9.2%；城乡居民人均储蓄存款35 122元，比上年增加1 962元，增5.9%。

【领导名录】 县委书记卢维江（壮族），副书记柳洪、曾丽娟（女，2017年12月离任）。人大常委会主任魏德武（彝族），副主任喻学超（2017年1月任）、周清、钱秀琼（女）、王国雄（2017年1月任）。县长柳洪（2017年1月6日任），副县长陈文存（2017年12月离任）、刘绍宏（2017年12月任）、杨兴龙、张希也（女，2017年11月任）、孟志明、施又莓（2017年11月离任）、常伟（2017年1月任）、张发彦（2017年1月任）。政协主席钱润光，副主席吴云（女）、马吉光（2017年1月任）、施俊（2017年1月任）、龚汉坤（2017年1月任）。纪委书记李荣奇。

（张永伟）

澄江县

【自然概貌】 澄江县地处云南中部，位于北纬24°29′～24°55′、东经102°42′～103°4′之间。东沿南盘江与宜良交界，西与呈贡、晋宁两县接壤，南跨抚仙湖与江川、华宁两县为邻，北含阳宗海与宜良毗连。县城位于舞凤山下，海拔1755米，距省会昆明52千米，距市行政驻地红塔区93千米。南北长47.5千米，东西宽26千米，总面积773平方千米。其

仙湖时光栈道 （金云龙 摄）

中，山区占总面积的73.43%，水面占18.6%，坝区占7.97%。形成“七山二水一平坝”的天然格局。境内有淡水湖泊抚仙湖、阳宗海。“滇中第一山”梁王山为境内最高点，海拔2 820米；境内最低海拔1 327米，绝对高差近1 500米，立体气候明显。常年气候温和，四季如春。2017年年平均气温16.6℃，与历年平均值比偏高0.5度，与上年持平。极端最高气温30.1℃（6月12日），极端最低气温-0.9℃（12月20、21日）。境内雨量充沛，常年降雨量900～1 200毫米。2017年，降雨量1 151.1毫米，属于正常年份，与历年平均值比偏多226.2毫米，与上年比偏多195.9毫米。日照充足，常年日照时数2 141.8小时，常年平均总辐射量为每平方厘米12 220千卡。2017年日照总数1 842.9小时，与历年平均值比偏少221.9小时，与2016年比偏少100.9小时，年日照百分率42%，日照时数最多出现在5月，其值为231.3小时，最少月出现在7月，其值为81.1小时。

【行政区划】 2017年，全县辖2个街道办事处、4个镇，有326个自然村。即凤麓、龙街2个街道办事处，阳宗、右所、海口、九村4个镇，下辖18个社区居民委员会，22个村民委员会，162个居民小组，218个村民小组。

【人　口】 2017年年末，全县常住人口18.1万人，比上年末增加0.1万人。城镇化率50.49%，比上年提高1.8个百分点。人口自然增长率5.95‰，比上年提高0.01个千分点。出生率12.29‰，死亡率6.34‰。公安部门提供的年末总户数68 569户（含阳宗9 683户），总人口171 450人（含阳宗25 641人），其中，城镇人口60 994人（含阳宗5 420人），乡村人口110 456人（含阳宗20 221人）。在总人口中，男性人口85 328人（含阳宗12 832人），女性人口86 122人（含阳宗12 809人）。

【综合经济指标】 2017年，全县完成现价生产总值（GDP）907 970万元，按可比价计算增长13.5%。第一产业增加值112 017万元，增长6.7%，拉动GDP增长0.9个百分点，对GDP增长的贡献率为6.7%；第二产业（工业、建筑业）增加值282 476万元，增长9.7%，拉动GDP增长3.3个百分点，对GDP增长的贡献率为24.1%；第三产业增加值513 477万元，增长17.5%，拉动GDP增长9.3个百分点，对GDP增长的贡献率为69.2%。全县三次产业结构为12.3∶31.1∶56.6。全县人均生产总值达到50 303元，按可比价计算增长12.7%。非公经济增加值达493 861万元，按可比价计算增长11.6%，占GDP的比重为54.4%。

【农　业】 2017年，全县农、林、牧、渔业总产值（现价）完成191 240万元，可比价（下同）增长6.7%。其中，农业（种植业）产值137 830万元，增长6.0%；林业产值903万元，减少0.9%；畜牧业产值48 536万元，增长8.7%；渔业产值2 984万元，增长6.4%；农、林、牧、渔服务业产值987万元，增长8.8%。农、林、牧、渔业增加值（现价）完成112 487万元，可比价（下同）增长6.7%。其中，农业增加值89 477万元，增长5.9%；林业增加值619万元，增长1.89%；畜牧业增加值20 548万元，增长10.3%；渔业增加值1 373万元，增长6.8%；农、林、牧、渔服务业增加值470万元，增长5.8%。

2017年，全县农作物总播种37.54万亩，增长3.2%；粮食作物播种9.12万亩，增长0.7%；蔬菜种植24.10万亩，增长5.8%；烤烟种植3.49万亩，减少4%。全年农作物播种复种指数由上年的395.5%上升到414.4%，上升了18.9个百分点。粮食作物播种面积与非粮食作物播种面积比例由上年的24.9∶75.1调整为2017年的24.3∶75.7，非粮食作物比重比上年上升0.6个百分点。

2017年，全县林业用地52万亩，其中有林地37.4万亩，森林覆盖率33.27%。全年义务植树40万株，发生各类破坏森林资源和野生动植物案件79起，查处79起，综合查处率100%。全年无森林火警、火灾、无特大森林火灾发生。实施森林病虫害防治6.4 856亩，防治率达到100%；采伐木材24 314.23立方米，木材调运检疫3 608立方米，苗木调运检疫2546 125株。

2017年，全县肉类总产量1 624万千克，增长6%；牛奶产量282万千克，增长7.6%；禽蛋产量362万千克，增长0.8%。水产品产量1 797吨，比上年减少48.7吨，减少2.6%。

2017年，全县建设水利工程132

2017年主要畜牧产品产量和牲畜存（出）栏情况表

指标名称	单　位	累计绝对值		累计增减	
		本年累计数	上年累计数	增减数	增幅（±%）
1.大牲畜期末存栏	头	14 963	16 269	-1 306	-8.0
2.大牲畜年内出栏	头	6 773	6 568	205	3.1
3.生猪期末存栏	头	75 771	81 821	-6 050	-7.4
4.生猪年内出栏	头	114 131	112 576	1 555	1.4
5.羊期末存栏	只	43 404	43 121	283	0.7
6.羊年内出栏	只	16 692	15 748	944	6.0
7.家禽期末存栏	万只	98	102	-4	-3.9
8.家禽年内出栏	万只	251	246	5	2.0
9.肉类总产量	万千克	1 624	1 532	92	6.0
其中：猪肉产量	万千克	996	954	42	4.4
家禽肉产量	万千克	490	443	47	10.6

2017年主要工业品产品产量及其增长速度

指标名称	单位	累计绝对值		累计增减	
		本年累计数	上年累计数	增减数	增幅（±%）
1.发电量	万度	41 922	37 533	4 389	11.7
2.供电量	万度	119 698	118 312	1 386	1.2
3.黄　磷	吨	92 971	82 147	10 824	13.2
4.磷　酸	吨	133 509	130 108	3 401	2.6
5.水　泥	吨	1 787 067	1 779 189	7 878	0.4
6.红　砖	万块	139 351	128 039	11 312	8.8
7.食品添加剂	吨	12 868	11 719	1 149	9.8
8.塑料制品	吨	2 726	2 393	333	13.9
9.磷酸一铵（实物量）	吨	77 476	51 992	25 484	49.0
10.磷酸二铵（实物量）	吨	4 019	30 156	-26 137	-86.7
11.硅酸盐水泥熟料	吨	1 381 458	1 272 361	109 097	8.6

件，水利建设投入资金1.34亿元。新增有效灌溉面积70 000亩；治理水土流失22.26平方千米。拥有水库、坝塘134座，其中，中型水库2座，小（一）型水库5座，小（二）型水库31座，坝塘96座。总库容4 492.24万立方米，蓄水工程设计供水能力3 289.17万立方米。全县农业机械总动力16.5万千瓦，比上年增长3.1%，拥有拖拉机3 118辆。农用化肥施用量25 208吨，地膜覆盖12.4万亩，农药使用量225吨，农村用电量3 875.45万千瓦小时。

【工　业】 2017年，全县实现现价工业增加值213 891万元，按可比价计算比上年增长8.1%，拉动GDP增长2.1个百分点，对GDP增长的贡献率为15.9%。现价工业总产值742 934万元，同比增长13.3%。其中29户规模以上工业企业实现产值467 259万元，同比增长16.1%，占全县工业总产值的62.9%；实现现价工业增加值102 073万元，按可比价计算比上年增长11.2%。规模以下工业企业完成现价总产值275 675万元，同比增长8.9%，占全县工业总产值的37.1%；实现现价工业增加值111 818万元，按可比价计算比上年增长3%。

【建筑业】 2017年，全县完成建筑业增加值68 799万元，按现价计算增长23.3%，完成现价总产值113 492万元，增长36.5%。全县具有资质等级证的建筑施工企业13家，资质建筑业期末人数3 847人，其中工程技术人员499人，比重为13%。2017年资质以上建筑企业房屋施工面积33.11万平方米，增长15.6%；房屋竣工面积27.85万平方米，增长33.9%。

【固定资产投资】 2017年，全县完成固定资产投资（不含农户）1 331 776万元，增长28.3%，其中，房地产开发投资106 778万元，下降14.5%。第一产业完成投资34 518万元，下降3.2%；第二产业（工业投资）完成投资112 292万元，增长35.9%；第三产业完成投资1 184 966万元，增长28.8%。2017年在建项目126个，其中续建项目51个，新建项目75个。亿元以上项目38个，完成投资121亿元；亿元以下项目88个，完成投资12.2亿元。

【国内贸易】 2017年，全县实现社会消费品零售总额221 615.3万元，比上年增长12.6%。按经营地统计，城镇消费品零售额　193 754.9万元，增长13.3%；乡村消费品零售额27 860.4万元，增长8.1%。按消费形态统计，批发业销售额124 577.5万元，增长31.5%；零售业销售额219 108.8万元，增长16.8%；住宿业零售额25 934.3万元，增长18.5%；餐饮业零售额94 138.1万元，增长18.5%。

【对外经济】 2017年，全县招商引资实际利用市外国内资金80.77亿元，比上年增加8.36亿元，增长11.54%。重点包装、宣传、推介项目64个。

【交通运输】 2017年年末，全县境内公路通车里程为1 163.688千米（含石安公路过境线10千米）。其中，按行政等级划分，有国省道184.62千米，县道172.78千米，乡道744.07千米，村道42.35千米，专用公路9.87千米；按技术等级划分：有二级公路105.66千米，三级公路84.14千米，四级公路960.67千米。公路密度136千米/百平方千米。全县拥有各种机动车辆48 863辆，其中，大型汽车1 237辆，小型汽车20 534辆，摩托车26 962辆，三轮汽车、低速货车2辆，其他车辆128辆。开通县城第一路至第十三路公交车、环湖公交车，共投放运力107辆，覆盖全县5个街道、镇。

【邮电通信】 2017年年末，全县固定电话用户5 899户，移动电话147 820户，互联网宽带用户38 219户。国内函件23 501件；订销报纸118.91万份；杂志4.94万份，报刊期发数4 729份，杂志期发数2 726份，集邮业务量111.81万枚，其中集邮册数1 042册。

【旅　游】 2017年，全县接待国内外游客491.26万人次，与上年同期372.16万人次相比增长32%，接待海外游客481人次，与上年同期339人次相比增长41.89%，旅游总收入434 804.42万元，与上年同期237 992.25万元相比增长82.7%。全县（含托管区）共接待国内游客962.71万人次，同比增长32.11%，接待海外游客1 078人次，同比增长25.06%，实现旅游总收入77.87亿元，同比增长80.25%。截至12月底住宿营业额增长18.5%。

【财　政】 2017年，全县一般公共预算收入完成87 607万元，增长19.6%。其中，国内增值税完成6 878万元，增长14.1%；营业税完成112万元，下降98.9%；企业所得税完成1 554万元，增长11.2%。城市维护建设税完成1 687万元，下降7.6%。一般公共预算支出完成218 251万元，增长53.2%。其中，教育支出40 555万元，增长36.4%；社会保障和就业支出35 787万元，增长58.6%；医疗卫生支出15 913万元，下降0.8%。

【金　融】 2017年，全县金融业实现增加值36 673万元，增长7%。年末，金融机构各项存款余额1 030 336万元，比年初增加88 835万元，增长9.4%，其中住户存款余额571 697万元，比年初增加71 732万元，增长14.4%；金融机构各项贷款余额571 546万元，比年初增加71 224万元，增长14.2%。存贷比55.5%，比上年增长2.4个百分点。

【科　技】 2017年，全县向国家、省、市科技管理部门申报科技项目5项，获立项支持5项；举办科普宣传及展览2次，办科普宣传展板50块，发放科普宣传材料3 400余份，观众30 000余人次；开展知识产权培训，工信局采取邀请中介和企业一对一座谈培训的形式进行，座谈培训企业10户，培训人员30余人次。

【教　育】 2017年年末，全县有中小学、幼儿园及职业学校58所，其中，普通中学5所，职业高级中学1所，小学31所，幼儿园21所。全县在校中小学生17 300人（含职业中学，不含幼儿园），其中，职业高级中学556人，普通中学7 626人（高中2 134人、初中5 492人），小学9 118人，在园幼儿4 134人。全县共有教职工1 645人，其中，专任教师1 424人，普通中学专任教师426人，小学699人，幼儿园58人。有教学班495个，其中，普通高中37个，初中120个，小学314个，幼儿及学前班120个。小学学龄儿童入学率99.88%，少数民族儿童入学率100%，小学毕业生升学率99.72%，巩固率99.71%，辍学率0.01%；初中阶段学龄人口入学率97.11%，初中学龄人口毛入学率110.1%，升学率93.66%。全县有871名考生参加高考，上线人数817人，比上年增加52人，其中本科上线330人。“三免一补”政策惠及学生83 207人次，免补资金784.79万元。

【广播电视】 2017年，全县全年开办电视栏目373期，共播出电视新闻稿1 668条，其中576条被省、市电视台及广播采用，播出新闻直通车节目293条，公益广告681条次、标语880条次。年末，全县广播电视覆盖率100%，完成50户直播卫星“户户通”工程建设安装任务；完成地方节目无线覆盖二期工程3座基站的基础设施建设。广播节目综合人口覆盖率为100%；电视节目综合人口覆盖率为100%，比上年提高0.1个百分点。

【文　化】 2017年，全县开展文化“三下乡”活动，放映电影456场次，观众5.2万人，其中“2131”工程放映366场次，观众4.1万人，广场电影周放映90场次，观众1.1万人。为活跃农村文化，举办文化广场晚会和文化专场演出36场。年末，全县有公共图书馆1个，图书室52个，总藏书量19.2万册，总流通28.81万人次，总流通图书39.94万册次，读者26.57万人，外借图书17.3万册，阅览14.9万人次。

【体　育】 2017年，全县经常参加体育活动人数7.77万人，占全县总人口比重的37%。年末，全县拥有体育场地322块，其中标准体育场304块，占94%，非标准体育场地18块，占6%。

【卫　生】 2017年年末，全县共有卫生医疗机构78个（含托管区不含阳宗镇），其中镇及镇以上卫生机构13个，村级卫生所37个，一级民营医院1家，综合门诊部2家，个体医疗诊所25家，床位数629张。在职职工595人，其中卫生技术人员526人（执业医师222人、职业助理医师46人、注册护士153人、药剂人员28人、检验人员32人、其他卫生技术人员45人），占总人数的88.95%。每千人口拥有卫生技术人员2.92人，拥有病床数3.49张。门诊人数885 964人次，住院人次17 055人。乙类传染病发病率146.25/十万人，比上年下降1.98/十万人，五苗覆盖率98.88%，食品合格率100%，餐具、饮具合格率98.1%。全年孕产妇建卡管理人数2 016人，管理率100%，孕产妇系统管理人数2 012人，管理率99.46%。七岁以下儿童保健人数10 127人，儿童保健管理率为100%，三岁以下儿童保健人数4 541人，管理率为100%。

【城市建设】 2017年，全县共投资35 714.7万元加强城市基础设施建设。县城建设区面积3.97平方千米，城区道路长52.35千米，道路面积101.72万平方米，其中，人行道19.01万平方米，人均道路32.82平方米；供水管道总长127.7千米，年内供水总量312.72万立方米，出厂水水质合格率100%；建成区路灯增至4 774盏，路灯道路总长181千米，安装夜景灯3 320盏；城市绿化覆盖面积155.11公顷，建成区绿化覆盖率39.07%，建成区园林绿地面积134.88公顷，人均公园绿地面积10.79平方米；人均公共绿地面积26.35平方米，包括公园绿地面积及天然绿地面积（防护绿地）；抚仙湖水质达GB3838—2002 Ⅰ类标准。县城饮用水水源水质达标率100%。

【消费价格和人民生活】 2017年，全县居民消费价格（CPI）比上年上涨1.1%。从结构上看：食品烟酒上涨1.5%，衣着类回落0.4%，居住类持平，生活用品及服务类持平，交通和通信类上涨1.8%，教育文化和娱乐类上涨0.9%，医疗保健类上涨3.1%，其他用品和服务类上涨1.5%。

全县城镇居民人均可支配收入35 373元，增长8.4%。城镇居民人均生活消费支出26 300元。城镇居民人均住房面积59.8平方米。农村居民人均总收入18 628元，增长2%，农村居民人均可支配收入13 889元，增长9.3%。农村居民人均生活消费支出9 642元。农村居民人均居住住房面积78平方米。

年末，全县单位从业人员12 900人，其中在岗职工10 111人。从业人员工资总额80 687万元，增长20.5%，其中在岗职工工资总额71 683万元，增长18.1%。从业人员平均工资64 607元，增长5.1%，在岗职工平均工资70 882元，增长7.8%。

【社会保障】 2017年，全县享受优抚对象人数1 705人，发放优抚金总额1 474.1万元。集体办敬老院6个，实有床位359张，年末在院人数186人。社会困难救济316人次，支出245.3万元；已享受居民低保6 535户，8 226人，其中，城镇居民1 741户、2 601人，发放低保金980.5万元；农村居民4 794户、5 625人，发放低保金1 121.2万元。全年发放低保资金2 101.7万元。

2017年，全县城镇新增就业人员2 412人，帮助就业困难人员实现就业721人，城镇下岗失业人员再就业817人，开发公益性岗位434个，全县城镇登记失业率3.03%。

年末，全县参加基本养老保险参保人数122 316人，基本养老保险参保人数完成率100.87%。其中，机关事业养老保险参保缴费人数4 580人，企业缴费人数8 166人。

【安全生产】 2017年，全县共发生各类伤亡事故40起、死亡4人，死亡人数下降25%，其中，生产经营性道路交通事故死亡2人，工矿商贸事故死亡2人。无一次死亡3至9人较大事故，已连续15年杜绝一次死亡10人以上的重特大事故。

【抚仙湖抗浪鱼】 抚仙湖抗浪鱼是云南省玉溪市抚仙湖特有的土著鱼种，早在清朝中叶《滇海虞衡志》中便有“抗浪鱼亦出澄江，盐腌之而货于省”的记载。道光・江府志卷四卷五有“特产鱼类为抗浪鱼和青鱼两种均产于抚仙湖，抗浪鱼形条长约6寸许年产十余万斤为特种鱼类，制造之法用盐彩腌干即为干鱼”的记载。

抚仙湖抗浪鱼历来为云南四大名鱼之一，是抚仙湖的主产鱼类，个体较小个体细长而圆，呈纺锤形。头后至背鳍起点近圆筒形，向后渐至侧扁。吻较长，大于尾柄高和眼间距，背鳍末根不分枝鳍条为后缘光滑的硬刺。眼上下缘红色，鳞小。体呈银白色，背部较暗，鳍为灰白色，生长于抚仙湖及抚仙湖周边的水质清澈、无污染的水库、坝塘和池塘。2009年12月17日，国家农业部批准建立抚仙湖国家级水产种质资源保护区。抚仙湖特有鱼类国家级水产种质资源保护区总面积10 580公顷，主要保护对象为抚仙湖抗浪鱼。2012年8月17日，农业部副部长牛盾到玉溪视察渔业管理工作，并对抚仙湖渔业生产管理情况进行了实地视察，将抚仙湖抗浪鱼增殖放流项目纳入国家农业部专项计划、抚仙湖特有鱼类国家级水产种质资源保护区建设。2013年10月10日，主题为“保护水域生态环境，促进生态文明建设”抚仙湖抗浪鱼增殖放流活动在抚仙湖畔举行。农业部渔业局局长赵兴武参加了整个放流仪式，并亲自投放抗浪鱼鱼苗，当年共投放抗浪鱼鱼苗70万尾。

抚仙湖抗浪鱼以独特的风味和传统的烹饪方法闻名于世，抚仙湖沿岸的铜锅煮抗浪鱼、抗浪鱼咸水鱼备受消费者的青睐，也成为当地渔民及周

边居民收入的重要来源。

【领导名录】 县委书记李朝伟（彝族，2017年12月离任），副书记范永光（彝族）、张绍东（2017年1月任，2017年6月离任）、杨云华（女，白族，2017年10月任）。人大常委会主任张同安（2017年1月离任）、王亚波（2017年1月任），副主任华丽萍（女，2017年1月离任）、石洪（2017年1月离任）、李晓勇（2017年1月离任）、马汝乾（回族）、赵宏高（2017年1月任）、余安全（2017年1月任）、蒋冬琼（女，2017年1月任）。县长范永光（彝族），副县长吴正坤（2017年11月离任）、高正刚（2017年11月任），刘燕萍（女）、夏德喜、刘荣、吴运龙（2017年1月离任）、赵娴（女，2017年4月离任）、刘吉祥（2017年1月任）、陈斌（2017年1月任）、朱云海（2017年7月任）。政协主席陆永泽，副主席马金瑞（回族，2017年1月离任）、吴运龙（2017年1月任）、郭亮、张丽萍（女）、任自能。纪委书记张盛国。

（赵腾蛟）

华宁县

【自然概貌】 华宁县地处滇中偏东南，玉溪市东部，位于东经102° 49′～103° 09′、北纬23° 59～′ 24° 34′ 之间。东接弥勒县，南连建水县，西邻江川区、通海县，北倚澄江、宜良县。境内东西宽34千米，南北长59千米，总面积1 313平方千米。县城距市政府所在地红塔区53千米，距昆明市148千米。全县地势西北高，东南低，地形东西狭，南北长，崇山峻岭连绵起伏，高山、丘陵、盆地、河谷间杂交错，呈“两脊夹两槽”地形，较大的盆地有宁州坝和盘溪坝。主要河流有南盘江、青龙河、海口河、龙洞河和华溪河，均属珠江水系。境内最高海拔磨豆山2663.1米，最低海拔磨法冲江边1110米，相对高差1553.1米。气候总体属亚热带半湿润高原季风气候，但由于地形地貌复杂，形成南亚热带、中亚热带、北亚热带和南温带4个气候类型区，呈现垂直变化大、季节变化小、干湿季分明、地区差异明显的立体气候特点。2017年年平均气温16.2℃，较常年略偏低0.1℃，极端最高气温31.1℃（6月12日），极端最低气温-2.7℃（12月21日）；年日照总时数1 792.7小时，与常年同期平均值相比，偏少385.2小时，无霜期316天，全年总降雨量1 023.7毫米，比常年同期平均值偏多125.5毫米。

【行政区划】 2017年，全县辖3镇1乡和1个街道，即宁州街道，青龙、盘溪、华溪3个镇，通红甸彝族苗族乡，下辖23个社区居委会、54个村委会，653个村（居）民小组。

【人口和人民生活】 2017年年末，全县总人口75 486户212 830人，同比增加564人。其中男性109 154人，女性103 676人。乡村人口140 042人。城镇人口72 788人，城镇化率45.73%。少数民族人口64 635人，占总人口的30%。人口自然增长率为5.51‰。全县城镇居民人均可支配收入34 276元，同比增长8.7%；农村居民人均可支配收入12 723元，同比增长8.8%。社会消费品零售总额206 458万元，同比增长12.5%；人均实现购买力9 701元，同比增长12.2%。全年居民消费价格总水平上涨0.6%。

【综合经济指标】 2017年，全县完成现价生产总值872 210万元，同比增长11.2%。其中，第一产业增加值186 683万元，同比增长6.4%；第二产业增加值275 342万元，同比增长14.7%；第三产业增加值410 185万元，同比增长11.1%。一、二、三产业对县内生产总值增长的贡献率分别为13.0%、41.6%、45.4%。非公有制经济完成增加值441 270万元，同比增加40 117万元，增长11.9%，占生产总值的50.6%。规模以上工业总产值397 848万元，同比增长18.8%；农业总产值298 805万元，增长4.1%。全年税收收入47 049万元，同比增收3 131万元，增长7.1%；实现地方财政收入46 922万元，同比增收2 950万元，增长6.7%；地方财政支出163 498万元，同比增支661万元，增长0.4%。

【固定资产投资】 2017年，全县500万元以上在库项目183项，固定资产投资710 374万元，同比增长31.1%，其中，房地产投资45 092万元，同比下降37.7%。从行业看，第一产业217 677万元，同比增长221.5%；第二产业191 116万元（全为工业），同比增长14.7%，其中，非电工业投资186 416万元，同比增长68.2%；第三产业301 581万元，同比下降1.9%。从用途上看，基础设施类项目321 774万元，同比增长122.2%，占总投资的45.3%；竞争性项目341 728万元，同比增长42.3%，占总投资的48.1%；社会事业类项目46 872万元，同比下降70.1%，占总投资的6.6%。

【工　业】 2017年，全县工业增加值230 695万元，同比增长14.1%，其中，规模以上工业增加值124 133万元，同比增长21%。规模以上工业总产值397 848万元，同比增长18.8%。

【农　业】 2017年，全县农、林、牧、渔业总产值298 805万元，同比

华宁县工业园区风电叶片厂　（杨文桥　摄）

（按当年价格计算）增长4.1%。从产业构成上看，种植业产值196 645万元，占65.8%，同比增长4.2%，其中粮食产值13 459万元，同比增长25.2%，烤烟产值29 211万元，同比下降27%，蔬菜产值55 308万元，同比增长8.4%；林业产值4 414万元，占1.5%，同比增长6.5%；牧业产值91 285万元，占30.6%，同比增长3.7%；渔业产值4 216万元，占1.4%，同比增长5%；农、林、牧、渔服务业产值2 245万元，占0.8%，同比增长11.4%。"三棵树"产值83 325万元，同比增长5.6%，其中柑橘产值75 933万元，同比增长5.4%，柿子产值4 930万元，同比增长4.1%，核桃产值2 462万元，同比增长15.8%。

【招商引资】 2017年，全县引进市外国内资金534 552万元，同比增长32.3%。其中引进省外资金441 233万元，同比增长40.3%。出口969万美元，同比减少1 490万美元，下降60.6%。

【交通、邮电】 2017年年末，全县境内公路里程1 818.8千米，其中二级以上58千米，占3.2%。在总里程中，省道156.5千米，县道264千米，乡村道路1 373.9千米。全年公路客运量37.7万人次，旅客周转量每千米2 635.5万人次；货运量完成706万吨，货运周转量每千米97 422.5万吨，公路运输总周转量增速为16.5%。客运车辆125辆（班线运输车75辆，公交车34辆，出租车16辆），班线车线路26条，农村客运线路24条，全县建制村通客车率实现100%，乡镇通客车率100%，客运事故率为零。

全县邮政业务总量877万元，同比增长13.7%。年末，全县拥有固定电话6 077户，同比减少733户，下降12.1%；移动电话207 756户，增长14.9%；宽带用户33 107户，同比增加6 730户，增长25.7%。全年电信业务总量23 907万元，同比增长10.4%。

【金融保险】 2017年年末，全县金融机构各项贷款余额497 839万元，比年初增加59 897万元，增长13.7%；各项存款余额743 010万元，比年初增加10 321万元，增长1.4%。人均储蓄23 589元，同比增加1 581元，增长7.2%。

【科　技】 2017年，全县财政科技投入1 961万元，申报科技项目7项；新列入科技专项计划项目17项，其中省级项目4项，市级项目13项；申请专利109件，获专利授权42件，其中实用新型专利41件。

【教　育】 2017年，全县共有各级各类学校107所，其中高级中学1所、完全中学1所、初级中学8所、完小71所（不含海关，海镜），教师进修学校1所、职业中学1所、幼儿园24所。全县在校生31 056人，其中高中在校生3 120人，初中在校生8 032人，小学在校生13 517人，职中在校生762人，幼儿园（学前班）在园幼儿5 625人。在职在编教职工2 193人，临时工395人。师生合计33 644人，占全县总人口的15.76%。学前3年幼儿毛入园率63.01%，学龄前儿童入园（班）率99.65%。小学适龄儿童入学率99.97%；小学辍学率0.08%。初中毛入学率110.06%；初中辍学率0.73%。参加高考1 192人，上线人数1 124人，高考上线率94.3%。

【文　化】 2017年，全县有县级图书馆、文化馆、文物管理所各1个，乡镇（街道）文化站5个，农家书屋78个。图书馆藏书103 880册，接待读者21 960人次，外借、阅览图书60 220册次。县、乡文化馆（站）举办展览5次，藏书30 975册，文物藏品306件（套）。全县各文化单位共组织开展各类文艺演出活动245场，参演文艺队1 066支12 108人次，演出节目2 031个，观众32.75万余人次。截至12月底，全县共有省级文物2个、市级文物4个、县级文物64个；省级非物质文化遗产保护项目5项、市级16项、县级47项；省级传承人2人、市级传承人14人、县级传承人55人。

【广播电视】 2017年，县广播电视台播出各类新闻2 066条，其中省级媒体采用10条；市电视台综合频道和大众台采用279条；玉溪综合频道播出《新闻直通车》277条；县台播出1 500条；制作专题片9部，公益广告22 000多条。播出政论专题片10余部50多集，展播中国梦组歌五期，编审播出电视剧50多部近2 000多集，全年共编审引进七档栏目365期。有线电视传输干线网络总长1 540千米，比上年增加80千米，有线电视用户数46 523户。县广播电视台广播节目于2017年11月1日开播，节目频率为FM101.1MHZ，每天播出时长达到16.5小时。

【旅　游】 2017年，全县共接待游客107万人次，同比增加26万人次，增长32.1%。实现旅游收入89 555万元，同比增加27 794万元，增长45%。

【体　育】 2017年，全县共组织竞赛21次，参赛代表队214支，参赛8 680人次，向上级输送运动员9人。建有400米跑道田径场4块，游泳馆（池）5个，网球场5块，篮球场217块，地掷球场10块，门球场11块。经常参加体育活动人数7.9万人，占全县总人口的37.4%。

华宁柑橘节吃柑橘大赛　（杨文桥　摄）

【卫　生】 2017年，全县有卫生机构125个，其中，医院3个，卫生院5个，妇幼保健院、疾病预防控制中心、卫生监督所各1个，诊所、卫生所、医务室113个；病床829张，同比减少11张。卫生专业技术人员1 184人，同比增加41人。其中，执业医师309人，执业助理医师81人，注册护士553人。医疗机构全年门诊诊疗1108 304人次，同比增长0.3%。住院28 623人次，同比增长2.5%，出院28 477人次，死亡102人，死亡率0.36%。年内报告乙类传染病9种318例，传染病发病率149.8例/十万人；免疫五苗覆盖率97.33%；收治肺结核病人56人，免费治疗56人；新发麻风病人5人。全年全县孕产妇系统管理2 403人，系统管理率96.12%；健康管理率99.16%；7岁以下儿童保健管理率97.21%，婚前健康检查率96.48%，婴儿死亡率6.8‰，出生缺陷率19.6‰。

【社会保障】 2017年，全县参加城镇职工养老保险单位4 182个，参保人员12 781人，收缴基本养老金26 065.5万元，支出养老保险金27 594.3万元；城乡居民养老保险参保122 821人，参保率101%，收缴养老保险金3 959.8万元，支出养老保险金2 913万元。

城镇职工医疗保险参保单位474个，参保职工13 984人，收缴基本医疗保险基金6 409万元，累计发生支出4 989万元；城镇职工工伤保险参保单位522个，参保职工12 030人，收缴保险金384万元，支付保险金340万元；城镇职工生育保险参保单位480个，参保职工10 863人，收缴保险金295.6万元，支付保险金541.5万元；城镇职工失业保险参保单位394个，参保职工9 032人，筹集保险金495.6万元，支付保险金377.4万元。城乡居民医疗保险实际参保183 824人，居民医疗保险基金收入11 140万元，城乡居民医疗保险支出7 432万元。

全县享受定期补助优抚对象1 761人，优待金总额904万元。困难临时救助26 082人次，救助金额307万元；困难医疗救助11 661人次，救助金额480万元。纳入最低生活保障8 573人，发放低保金2 351万元。

【脱贫攻坚】 2017年年底，全县共有建档立卡贫困户3 270户10 743人，其中已脱贫2 741户9 106人，未脱贫529户1 637人，贫困发生率0.92%。1个贫困乡（华溪镇）、8个贫困行政村和11个提质增效村均达到脱贫出列标准。全县共有83个单位2 421名干部职工联系挂包贫困户，做到贫困乡镇、贫困行政村、贫困户全覆盖。构建县、乡镇（街道）、村（社区）、组四级管理网络，实行“一件一档”“一项目一档”“一户一档”纸质档案和电子档案双管理。

2017年实施扶贫项目42个，其中新增项目25个，规划总投资0.92亿元，包括贫困乡退出奖补项目1个，贫困行政村退出奖补项目8个、产业发展6个、美丽宜居乡村项目3个，建档立卡贫困户危房改造项目、信贷项目、劳动力转移培训项目、贫困监测抽样调查项目、精准扶贫大病救助项目各1个。项目受益14 003户47 443人。续建项目17个，规划总投资3.23亿元，包括整乡推进1个、整村推进8个、产业项目4个、易地搬迁项目3个、信贷项目1个。规划总投资3.23亿元，项目受益6 175户20 247人。

2017年，全县开展脱贫攻坚“找问题、补短板、促攻坚”专项行动，开展1个贫困乡镇、8个贫困行政村、260个贫困自然村13 178人建档立卡贫困人口入户再调查、再核实工作。6月和11月，制定《华宁县贫困对象动态管理实施方案》，开展贫困对象动态管理工作，审定识别不精准剔除1 065户3 741人，新识别纳入建档立卡贫困户360户1 231人。

【领导名录】 县委书记黄云鹍，副书记何国斌（2017年6月离任）、张洪坤（2017年10月任）。人大常委会主任李世聪（2017年1月离任）、魏德锦（2017年1月任），副主任张丕贵（2017年1月离任）、龚紫龙（2017年1月离任）、陈宁、高玉萍（女）、黄永祥（2017年1月任）、王明清（2017年1月任）。县长姜兴林（2017年11月离任），副县长张洪坤（2017年10月离任）、罗勇、沐华斌（回族）、殷智才（彝族）、宋俊、王平伟（2017年1月任）、郭艳（女，2017年1月任）、李敏灿（2017年11月任）。政协主席白应海，副主席袁慧芬（女，2017年1月离任）、张平（2017年1月离任）、黄永祥（2017年1月离任）、张进文、高双全（2017年1月任）、和文珠（女，土族，2017年1月任）、万燕（女，2017年1月任）。纪委书记施永林。

（张　兰）

易门县

【自然概貌】 易门县地处滇中西部，玉溪市西北部，位于东经101° 54′ ~ 102° 18′、北纬24° 27′ ~ 24° 57′ 之间。东接安宁市、晋宁县，南连峨山县，西邻楚雄州双柏县，北与禄丰、安宁两县市接壤，东南距市政府所在地红塔区110千米，东北距省会昆明市94千米。境内最高海拔2608米（县北小街乡甲浦老黑山顶），最低海拔1036米（县南绿汁镇南部炉房村旁易门与双柏、峨山交界处的绿汁江面），县人民政府驻地龙泉街道海拔1570米。全县总面积1 571平方千米，坝区和河谷面积占3%，山区面积占97%。2016年12月至2017年11月总降水量987毫米，为正常稍偏多年份，比历年平均值偏多143.5毫米，偏多17%，与去年同期值相近；全年平均气温偏高为16.9度，比历年平均值偏高0.4度，与上年同期值相近。远在宋朝时期，易门就有“仙源”之称，境内高山河谷相间，立体气候明显，森林覆盖率60.09%，气候温润，生态环境良好，林丰草茂，多样性生物衍生出多类型植被和多种动物，100多种野生动物活跃在高山峡谷、平坝青溪中。300多种野生菌，70多种可食用野生菌以品种全、数量多、品质优、口感好而闻名全省，干巴菌、鸡枞、美味牛肝菌和铜厂黑松露名声尤著。境内蕴藏着铜、铁、钴、钨、高岭土（瓷土）、大理石、花岗石、石灰石等丰富的矿产资源，以县境东部的东山铁矿和西部绿汁江岸的铜矿储藏最为丰富。易门县是国家对外开放县和省革命老区县，是中国建筑卫生陶瓷协会授予的“中国西南建筑陶瓷生产基地”，2005年被列为中国·云南野生食用菌交易中心，有“滇中水城、菌乡易门”的美称。

【行政区划】 2017年，全县设绿汁镇，龙泉、六街2个街道和浦贝彝族乡、十街彝族乡、铜厂彝族乡、小街乡4个乡，下辖39个村民委员会和19个社区居民委员会，共766个村（居）民小组，801个自然村。

【人口、民族】 年末，全县常住人口18.11万人，比上年末增加0.03万人，其中城镇人口8.46万人，乡村人口9.65万人，城镇化率46.69%。按公安户籍人口统计，全县总户数60 788户，总人口165 734人，其中城镇人口72 240人，乡村人口93 494人。在总人口中，男性84 316人，女性81 418人，男女性别比为103.6：100。少数民族人口55 825人，占总人口的33.68%。其中，彝族48 835人，哈尼族3 716人，回族1 317人，苗族945人，白族328人，其他民族684人。年内出生人数2 193人，出生率13.23‰；年内死亡人数1 780人，死亡率10.74‰；年内出生自然增加407人，自然增长率为2.46‰。

【综合经济指标】 2017年，全县实现现价生产总值1005 051万元，按可比价格计算，比上年增长17.6%。其中，第一产业实现现价增加值114 442万元，比2016年同期增长6.3%，对经济增长的贡献率为5.3%，拉动经济增长0.8个百分点；第二产业实现现价增加值542 859万元，比2016年同期增长23.9%，对经济增长的贡献率为71.8%，拉动经济增长12.6个百分点；第三产业实现现价增加值347 750万元，比上年同期增长12.2%，对经济增长贡献率为23.8%，拉动经济增长4.1个百分点。人均GDP达55 983元，比上年增加5 894元，增长17.1%。完成固定资产投资1009 778万元，增长32.1%。实际利用市外国内资金775 690万元，增长18.3%。三次产业结构为12：54：34，形成“二三一”的发展格局。2017年财政总收入106 804万元，比2016年同期增长2%，地方财政收入72 477万元，增长0.7%。全年地方财政支出179 581万元，比上年减3%。完成社会消费品零售总额209 303万元，增长12.6%。农村居民人均可支配收入12 516元，增长9.1%；城镇居民人均可支配收入34 501元，增长8.2%，人均生活消费支出20 458元，增长9.1%，居民消费价格指数100.8%，比上年同期下降0.3个百分点。

【工　业】 2017年，全县实现工业总产值1 932 378万元，增长26.5%。其中规模以上工业产值1 459 786万元，增长36.6%；规模以下工业产值472 592万元，增长3.1%。在三大产业中：矿冶产业产值1 106 626万元，增长28.4%；水泥陶瓷建材产业产值308 977万元，增长23.2%；食品药品加工产业完成产值　185 413万元，增长19.9%。

【农　业】 2017年，全县实现农业总产值204 042万元，增长6.3%。其中，种植业产值88 510万元，增长6.4%；林业实现产值5 266万元，增长3.9%；畜牧业实现产值107 162万元，增长1.6%；渔业产业实现产值1 040万元，同比增长2.1%；农、林、牧、渔业服务业实现产值1 040万元，同比增长2.5%。全年播种面积40.2万亩。粮食总产6 160万千克，增长1.7%。全年蔬菜总产12 111.2万千克，油料总产279.7万千克。种植烤烟68 455亩，收购烟叶843万千克，收购金额23 946万元。

【交通、邮电】 2017年，全县公路通车里程2 044.2千米，其中，省道120千米、县道220.8千米、乡道1 160.9千米、村道532.5千米、专用公路9.6千米，每百平方千米公路密度为131.3千米，全县7个乡镇（街道）全部修通沥青路或水泥路，58个行政村均实施沥青路或水泥路硬化，农村公路硬化率达68%。全县有客运车辆245辆，其中市县班线车83辆、农村客运162辆（微型车123辆、中巴车39辆），公交车39辆、出租车60辆；客运线路69条，其中，市际3条，县际3条，县内56条，公交7条，行政村通车率100%。

2017年，全县邮政业务收入完成961.78万元，完成年计划957.3万元的100.46%。移动用户达到4.45万户，完成对所有行政村的光网覆盖，光网覆盖率95%，4G覆盖率98%。联通用户数11 000余户，基站建设150余个，宽带用户发展6 000余户。

【财政、金融】 2017年，全县财政总收入完成106 804万元，比上年同期增加2 052万元，增2%。其中，中央收入完成26 492万元，比上年同期增1 835万元，增7.4%。省级收入完成7 412万元，比上年同期增1 110万元，增17.6%。市级收入完成423万元，比上年同期减1 421万元，减77.1%。地方财政收入完成72 477万元，比上年同期增528万元，增0.7%。其中一般公共预算收入完成60 765万元，比上年同期增2 945万元，增4.4%。地方财政支出完成179 581万元，比上年同期减5 471万元，减3%。其中一般公共预算支出完成172 171万元，比上年同期增6 511万元，增3.9%。银行存贷款余额1 473 687万元，比上年同期增40 716万元，增2.8%。其中银行贷款余额593 287万元，比上年同期增13 660万元，增2.4%。银行存款余额880 400万元，比上年同期增27 056万元，增3.2%。其中城乡居民储蓄存款余额535 946万元，比上年同期增26 163万元，增5.1%。城乡居民人均存款余额30 730元，比上年同期增2 534元，增9%。

【物价、贸易和旅游】 2017年，全县完成社会消费品零售总额209 303万元，增长12.6%。高于全市平均增幅（12.5%）0.1个百分点，增幅在全市与澄江县、新平县并列第一位。按行业分：批发业销售额217 820.5万元，同比增长38%，高于全市平均增幅（17.2%）20.8个百分点，增幅在全市排名第一位；零售业销售额233 824.4万元，同比增长16.8%；住宿业营业额8 150.9万元，同比增18.4%；餐饮业营业额54 278.1万元，同比增17.2%。居民消费价格指数100.8%，下降0.3个百分点。

2017年，外贸进出口总额完成12 303万美元，首次突破一亿美元大关，增长76.8%。全年接待游客192.9万人次，增长31.9%，实现旅游收入140 504万元，增长72.1%。

【科技、教育】 2017年，全县科技项目申报43项。其中申报国家级科技计划项目2项，立项2项；申报省级科技计划项目34项，立项31项；申报市级项目7项，立项6项。9户企业认定为省科技型中小企业，9户企业获得2017年研发经费投入补助资金165.59万元。3人入选市中青年学科技术带头人。全县发明专利拥有量38件，全年专利申请量156件。

2017年，全县有中小学62所，587个班，在校学生18 128人，2 186名教职工（含340人政府购买服务性岗位）。其中普通高中1所，43个班，在校学生2 241人；职业高级中学1所，34个班，在校学生1 233人（本校在籍在校生812人，与工财校联办生384人，与农职院联办生37人）；初级中学8所，153个班，在校学生6 409人；小学52所，357个班，在校学生8 161人。

【文化、广播电视】 易门县图书馆馆藏图书总量131 059册，接待读者55 100人次，（外借30 974人次，阅览24 126人次），书籍流通119 523册次（外借55 186册次，阅览64 337册次），共办理借阅卡4 425张，图书上架3 227册，期刊上架3 199册，征订期刊208种，报纸63种，修补图书917册。

数字电视无线发射覆盖全县行政区域79.6%，全县电视覆盖率99.89%，广播覆盖率99.78%。有线电视未通达的地区实现了广播电视村村通、户户通的目标。全年共制播《易门新闻》167期，播出新闻稿件1 075条，与市电视台合办栏目《新闻直通车》播出41期。开办《两会专递》《脱贫攻坚政策解读》等20多个栏目。制作专题片、资料片、汇报片7部集；刊播公益广告15类57个内容9.6万多条次，播出影视剧1 200多部集；图书馆优秀影片展播“进广场、进社区、进学校、进企业”流动放映163场次，观众6万余人；举办各类培训课程350余课时，培训文艺爱好者11 400余人次，举办各类演出170余场次，参演人员800余人，完成春节、“二月二”戏会、菌交会等重点节日庆典文艺演出任务及部门调演。启动省保单位易门龙泉寺的修缮工作，完成十街脚家店恐龙化石整理工作，成功申报易门豆豉制作项目和非物质文化遗产项目代表性传承人，易门县非物质文化遗产项目名录49项。检查文化旅游经营场所1 350家次，出动执法人员1 356人次，开展联合执法行动6次，全年执法到位率和案件查处率均达到100%，未发生行政复议、诉讼等情况。参加“第五届聂耳音乐合唱周大赛”荣获一等奖。

【卫生、体育】 全县共有医疗卫生机构114家，其中县级医疗机构3家（县医院、中医院、妇幼保健计划生育服务中心）、疾控中心各1家，急救中心1家，乡镇卫生院7家、村卫生所48家、民营医院3家、个体诊所46家、厂矿学校医务室5家。全县辖区内医疗机构有病床编制1 002张（民营医院166张），实际开放1 021张（民营医院187张）。全县参加医疗保险总人数159 846人。其中，参加城镇职工医疗保险17 819人，参加城乡居民医疗保险142 027人；城镇职工基本医疗保险基金征缴收入0.71亿元。全县累计居民健康档案169 479人，建档率94.36%，其中电子建档166 028人，电子建档率92.44%；动态使用健康档案60 412份，健康档案使用率35.65%。全县孕产妇数2 038人，建册管理2 038人，管理率100%；孕产妇系统管理1 896人，系统管理率92.96%；住院分娩率100%；2017年全县出生儿童1 728名，建卡1 728人，建卡率100%。全县各种一类疫苗各针次报告接种率以县、乡为单位均在95%以上，儿童预防免疫接种个案信息录入达100%。开展血液透析室血源性传染病专项检查、打击“两非”专项行动、消毒供应中心专项监督检查、中医药专项整治、“打击黑心棉”“整治号贩子、网络医托”“预防接种安全”等医疗行业专项整治行动。自来水厂监督监测水样12个，水源水、出厂水和末梢水全部监测指标合格，合格率100%。抽检公共用品用具94份，合格94份，合格率100%；公共场所微小气候和空气质量检测28家，合格28份，合格率100%。

2017年，全县7个晨晚健身点活动正常开展，参加活动人数3 700人次，成功申报2个2018年体育产业项目；参加市第五届县（区）乡镇（街道）篮球大联赛荣获男子团体第一名，女子第四名的好成绩，男子篮球队代表全市参加全省比赛。获体育道德风尚奖1个，优胜奖4个，优秀奖3个。参加全市少年儿童田径、篮球、游泳比赛，获团体第二名1个、第五名1个，单项第一名9个、第二名8个、第三名8个、第四至六名35个。

【社会保障】 2017年，全县参加城镇职工基本养老保险23 114人，参加城乡居民基本养老保险100 042人，参加医疗保险159 846人，参加工伤保险21 585人，参加生育保险13 626人。城镇居民社会养老保险发放养老金2 365.23万元，城镇职工基本养老保险基金支出30 187万元，工伤保险基金支出1 265万元，生育保险基金支出704万元，医保资金支出22 938万元，按时足额发放失业保险金1 459人次106.92万元，发放医疗保险金971人次32.04万元。人力资源和社会保障局完成三批事业单位公开招聘88人，农村医学订单定向毕业生招聘2人，服务基层三类人员招聘3人，任满两个聘期仍未流动大学生村官兜底分流招聘1人，大学生村官定向招聘4人，完成事业单位定向招聘大学生村官1人，新招募“三支一扶”高校毕业生18人。

全县参加失业保险人数8 213人，城镇新增就业2 578人，开发公益性岗位450个，新增农村劳动力转移就业人数1 022人，城镇登记失业率3.51%。全县有建档立卡贫困人口3 493户12 838人，其中未脱贫人口1 964户7 013人（精准脱贫百日攻坚任务为1 021户3 411人），贫困发生率5.27%。共投入中央、省、市、县专项扶贫资金4 724.21万元，其中市县区专项扶贫资金2 558.21万元。实施易地扶贫搬迁、整乡推进、整村推进、产业发展、革命老区等项目95个，发放到户贷款6 000万元，贴息261万元，实施农村劳动力转移培训140人次。全县预计可脱贫1 882户6 745人。

全县政务服务中心有服务部门18个，其中成建制进驻9个，进驻服务窗口工作人员101人，设置服务窗口83个，办理各类行政审批和服务事项167项，其中，行政审批事项75项，服务事项92项。全年累计受理各项审批和服务事项351 175件，办结351 175件，办结率100%，全年无群众投诉及未发生窗口工作人员违法违纪行为，群众满意率不断提高。全县7个乡镇、街道成立老龄工作委员会，配备老龄专（兼）职干部7人。58个村（社区）均成立老年协会，覆盖面100%；村民（居）小组一级也相应成立老年协会分会，覆盖面达92.3%。全县共建关工委组织886个，其中，县级关工委1个，乡镇、街道关工委7个，机关、企事业单位关工委35个，村（社区）关工委58个，关工小组785个，全县关工委队伍人员7 052人。全年民政社会事业经费支出9 202万元。

【易门食用菌】 易门县特殊的地貌、气候和良好的生态环境，使易门的食用菌以品种全、数量多、品质优、口感好而闻名全省。其中尤以易门松露、易门干巴菌、易门鸡枞、易门牛肝菌为著，称为易门四大名菌。

易门松露　又称块菌。物种为印度块菌（Tuber indicum Cooke et Massee），隶属于子囊菌门Ascomycota，盘菌纲Pezizomycetes，盘菌目Pezizales，块菌科Tuberaceae，块菌属Tuber. 其实体如块状，小者如核桃，大者如拳头。鲜时黄褐色，质地均匀，成熟后变成深黑色，易门松露具有色泽较浅的大理石状纹理，子囊果呈不规则球形、椭圆形，棕色或褐色，表面具有多角形疣状物，疣突多圆钝，由深网状沟缝分隔，果直径2.5～5.5厘米×2.1～4厘米或更大，切面呈褐色，散发出森林般潮湿气味，并带有干果香气。易门松露中含有丰富的蛋白质、18种氨基酸（包括人体不能合成的8种必需氨基酸）、不饱和脂肪酸、多种维生素、锌、锰、铁、钙、磷、硒等必需微量元素，以及鞘脂类、脑苷脂、神

66道美轮美奂的野生食用菌菜品成功申报上海大世界基尼斯纪录（申进明　摄）

经酰胺、三萜、雄性酮、腺苷、松露酸、甾醇、松露多糖、松露多肽等大量的代谢产物，具有极高的营养保健价值。

易门干巴菌　物种为干巴菌（Thelephora ganbajun M. Zang）隶属于担子菌门Basidiomycota，伞菌纲Agaricomycetes，革菌目Thelephorales，革菌科Thelephoraceae，革菌属Thelephora.是易门县的著名特产，品质独特，价值高，在市场上销售价格平均达600～800元/千克。每年7～9月生长在易门华山松、云南松及其针阔混交林和低矮灌木的林地上，没有菌盖和菌褶，簇生如牛牙状，刚出土呈黄褐色，老熟时呈黑褐色，表面带有一层白色。易门干巴菌具有香味芳醇、肉质脆嫩、嚼味无穷、食味绝佳的特点，其肉质坚硬、干燥、有酷似腌牛肉干的浓郁香味。含有钙、蛋白质、硫胺素等营养成分，含有抗氧化物质，能清除人体内的自由基，具有延缓衰老的功效，多种微量元素能让人体强壮和病体康复，核苷酸、多糖等物质有助于降低胆固醇、调节血脂、提高免疫力等。

易门鸡纵　物种为白蚁伞属（Termitomyces sp.），隶属于担子菌门Basidiomycota，伞菌纲Agaricomycetes，伞菌目Agaricales，离褶伞科Lyophyllaceae，白蚁伞属Termitomyces.易门鸡纵名列食用菌之首，以肥嫩细白、鲜甜、清香闻名遐迩。菌盖顶部显著凸起呈斗笠形，表面光滑，呈浅灰色、污白色、褐色、黑色，中央颜色深，成熟时颜色加深，边缘龟裂；菌褶稠密但不等长，白色至乳白色，老熟后微黄；菌柄较粗壮，白色或同菌盖色，内实，基部膨大具有褐色至黑褐色的细长假根。

易门鸡纵无论何种烹制都色、香、味、形俱佳，深受群众喜爱，使食客回味无穷、食而难忘。除了可以食用以外，易门鸡纵还具有“溢味、清神、治痔”的作用。由于其价值极高，各地消费者慕名而来。每年7～9月是易门鸡纵的上市季节，海内外游客均前往易门采购品尝。2017年，易门县共生产易门鸡纵100多吨，实现销售收入1000多万元。

易门牛肝菌　为牛肝菌科（Boletaceae）的可食用的菌根真菌，隶属担子菌门Basidiomycota，伞菌纲Agaricomycetes，牛肝菌目Boletales，牛肝菌科Boletaceae.易门牛肝菌以香味沉着、口感滑腻、养分丰富著称。菌盖扁半球形，光滑、不粘、淡裸色，菌肉白色，有酱香味，可入药，菌体较大，肉肥厚，柄粗壮，食味香甜可口，营养丰富。

易门牛肝菌做菜时多以烩制为主，其含有较高的蛋白质及氨基酸，成菜口感舒畅，味道鲜美，用之煲汤，则菌香溢四座，香郁爽滑，使完美口味、丰富营养与药用价值合而为一，具有清热解烦、养血和中、助消化等药效。易门牛肝菌多年来以其上乘的品质远销西欧、供不应求。

（马双喜）

【领导名录】 县委书记马亚东，副书记刘世伟（2017年11月离任）、马春明（2017年11月任）。人大常委会主任王华堂，副主任王文芳、李翠仙（女）、沐尚葵（女）、刘光夫。县长吴渔琛，副县长钱树才、赵兴堂、王跃华、段丽蓉（女）、李贵祥、高峻岭（女，2017年12月任）、柴玉福（挂职）。政协主席吕培生，副主席周黎明、朱林、侯丽芬（女）。纪委书记俞琴（女，2017年12月离任），杨潇（女，2017年12月任）。

（孙银龙）

峨山彝族自治县

【自然概貌】 峨山彝族自治县地处云南省中部，位于东经101°52′～102°37′、北纬24°01′～24°32′之间。东接红塔区，东南与通海县交界，南与红河州石屏县接壤，西南与新平县山水相连，西北与楚雄州双柏县隔江相望，北与易门县相通，东北与昆明市晋宁县毗邻。玉元高速公路（213国道）穿境而过。峨山县委、县政府驻地双江街道距市政府驻地24千米，距省会昆明市118千米。区域最大横距74.6千米，纵距56.7千米。总面积1 972平方千米，山区面积占96%，坝区及河谷占4%。属高原地貌，丘陵、平坝、河谷、中山相间，县城海拔1538米，最高点为北部甸中镇镜湖行政村的火石头山，海拔2583.7米，最低点在西部富良棚乡绿汁江边的丫勒，海拔820米。立体气候显著，属亚热带半湿润凉冬高原气候区。县境地形似三角形，东部狭长，西部较宽。境内海拔2000米以上的高山有60多座，较大的有高鲁山、大西山、总果山、大黑山、火石头山等。地势西北高东南低，东部因受曲江（县境称猊江）切割，形成西北至东南走向的山地与谷地相间的地貌形态。中部的岔河、塔甸、富良棚等乡（镇）属岩溶比较发达的石灰岩地区，群山起伏，溶洞、洼地较多，有地下沟、河分布，地面水源较缺。西部和北部山高坡陡，箐深谷狭，地形破碎。境内峰峦叠翠、山清水秀，素有“山有多高，水有多高，冬无严寒，夏无酷暑，四季如春”之美称。境内河流分属红河、珠江两大水系。分水岭由高鲁山沿峨山、红塔区入岔河乡境内，经黄草岭而南至厂上李家山，南入石屏县。分水岭以东为珠江水系，以西为红河水系。2017年，境内年平均气温16.5℃，最低气温-3.5℃，最高气温31.6℃，有霜期2017年12月20日至2018年1月20日，有霜日6天，年日照时数2 020.9小时，年降雨量922.6毫米。峨山矿产资源主要有铁、煤、硅、铜、锌、高岭土、花岗岩、大理石等。县内森林资源丰富，据省林业调查规划院森林资源调查结果显示，2017年，林地面积占土地总面积的80.26%，森林覆盖率达68.06%，林木绿化率78.39%，居全市第一。在茫茫的林海中，有植物1 500多种，有国家一级保护植物——大树桫椤，有国家二、三级保护植物数十种。香菇、木耳、干巴菌、鸡坳等20多种野生食用菌以质优量大闻名省内外。

【行政区划】 2017年，全县辖双江街道、小街街道、化念镇、甸中镇、塔甸镇、岔河乡、富良棚乡、大龙潭乡2个街道3个镇3个乡。设55个村民委员会、21个社区，421个村民小组、176个居民小组，557个自然村。

【人口、民族】 2017年年末，全县常住人口17.01万人，其中，城镇人口7.67万人，乡村人口9.34万人。全县户籍总户数53 475户，户籍总人口155 614人，其中，城镇人口56 084人，占总人口的36%；女性人口77 442人，占总人口的比重为49.8%；少数民族人口106 397人，占总人口比重68.4%；彝族人口88 161人，占总人口比重56.7%。

【综合经济指标】 2017年，全县实现生产总值（GDP）781 660万元，按可比价计算比上年增长12.6%，其中，第一产业增加值118 608万元，增长6.5%；第二产业增加值301 418万元，增长15%；第三产业增加值361 634万元，增长12.4%。三次产业比重由上年的16∶38∶46调整为15.2∶38.5∶46.3，分别拉动GDP增长1、6和5.6个百分点，对GDP增长的贡献率分别为7.8%、47.7%和44.5%。按常住人口计算，2017年全县人均生产总值达45 980元，按可比价计算比上年增长12%。

2017年，全县实现非公有制经济增加值461 389万元，占GDP的比重为59%。

2017年，单位生产总值能耗为1.01吨标准煤/万元，按可比价计算比上年下降7.1%。

【农　业】 2017年，全县实现农、林、牧、渔业总产值186 093万元，按可比价计算比上年增长6.5%。其中，农业产值完成99 105万元，增长3.1%；林业产值完成9 736万元，增长20.4%；牧业产值完成72 505万元，增长9.7%；渔业产值完成1 661万元，增长13.8%；农林牧渔服务业产值3 086万元，增长0.9%。实现农林牧渔业增加值120 718万元，按可比价计算比上年增长6.5%。其中，农业增加值完成69 307万元，增长3%；林业增加值完成7 660万元，增长19.6%；牧业增加值完成40 626万元，增长10.2%；渔业增加值完成1 015万元，增长13.5%；农林牧渔服务业增加值2 110万元，增长8.9%。

2017年，全县农作物总播种401 126亩，比上年增121亩，增长0.03%，复种指数187.9%，比上年提高0.7个百分点。其中，全年粮食播种181 060亩，比上年减2 449亩，占总播种面积的45.1%，比重比上年下降0.7个百分点；经济作物面积129 119亩，比上年减3 489亩，占总播种面积的32.2%，

新农村建设——塔冲新貌　（柏映泉　摄）

比重比上年下降0.9个百分点；其他作物面积90 947亩，比上年增6 059亩，占总播种面积的22.7%，比重比上年提高1.6个百分点。

2017年，温带水果种植7 338.7亩。其中，猕猴桃2 144亩，金丝枣171.3亩，冬枣99.1亩，三华李458.3亩，油桃2 725.9亩，柑橘1 500亩，车厘子240.1亩。

2017年，全县水产养殖6 200亩，与上年持平，其中，池坝塘养殖2 776亩，水库养殖3 424亩。全年水产品产量1 097吨，比上年增产207吨，增长23.3%，其中，池坝塘水产品产量737吨，水库水产品产量219吨，稻田水产品产量141吨。2017年水利化程度63.3%。

2017年，全县拥有农业机械总动力44 610.42万瓦特，比上年增加1 093.74万瓦特，增长2.5%。使用化肥31 715吨，比上年增加452吨，增长1.5%。使用农用塑料薄膜1 204.12吨，比上年增加108.12吨，增长9.9%。使用农药571.01吨，比上年减少11.99吨，下降2.1%。农用柴油使用量9 565.23吨，比上年增加3.23吨，增长0.03%。农村用电量6 317万千瓦时，比上年增长8.3%。

2017年，乡村劳动力资源数91 536人，其中劳动年龄内80 238人。全县乡村从业人员84 357人，其中从事农林牧渔业人员58 491人，占乡村从业人员的69.4%，比上年下降1.3个百分点；从事二产业（工业、建筑业）人员9 892人，占乡村从业人员的11.7%，比上年提高0.7个百分点；从事三产业（除农业、工业、建筑业以外）人员15 974人，占乡村从业人员的18.9%，比上年提高0.6个百分点。

【工业、建筑业】 2017年，全县实现全部工业增加值278 543万元，按可比价计算比上年增长14.4%，拉动GDP增长5.4个百分点，对GDP增长的贡献率为43.1%。其中26户规模以上工业企业完成增加值158 500万元，增长17%。全年规模以上工业企业累计实现利税85 458万元，比上年增长2.6%，实现利润53 279万元，增长3.2%。

2017年，全县共有资质等级建筑业企业8户，比上年增加2户，其中，施工总承包二级资质3户，施工总承包三级资质4户，专业承包三级资质1户。全年实现建筑业增加值23 516万元，按可比价计算比上年增长23.2%。

【固定资产投资】 2017年，全县完成规模以上固定资产投资955 064万元，比上年增长31.6%。其中，5 000万元及以上项目完成投资408 696万元，增长1.7%；500~5 000万元项目完成投资498 646万元，增长62%；房地产开发项目完成投资47 722万元，增长2.1倍。其中，第一产业完成投资93 117万元，增长42.9%；第二产业完成投资212 120万元，下降1.8%；第三产业完成投资649 827万元，增长46.2%。一、二、三产业投资额占规模以上固定资产投资总额比重分别为9.7%、22.2%、68.1%。

2017年，全县共有施工项目288个，比上年增124个。其中，5 000万元以上项目37个，比上年增加1个；500~5 000万元项目249个，比上年增加125个；房地产开发投资项目2个，比上年减少2个。其中本年新开工项目223个，比上年增加89个；续建项目65个，比上年增加35个；本年竣工投产项目205个，比上年增加108个。

2017年，全县房地产开发投资47 722万元，比上年增长2.1倍，其中，住宅投资43 947万元，增长2.5倍；商业营业用房投资2 242万元，下降51.8%；其他投资2 694万元。全年房屋施工面积31.87万平方米，比上年增长1倍；商品房销售面积3.98万平方米，比上年增长3.3%；商品房销售额13 746万元，比上年增长10.5%。

【国内贸易和对外经济】 2017年，全县实现社会消费品零售总额176 879万元，比上年增长12.5%。按销售单位所在地分，城镇市场实现零售额153 860万元，增长12.5%；乡村市场实现零售额23 019万元，增长12.4%。按消费形态分，商品零售实现143 133万元，增长12.7%；餐饮收入实现33 746万元，增长11.6%。

全年实施市外国内资金项目86项（资金到位项目82项），其中，新建项目55项，结转项目31项。全年实际到位市外国内资金71.77亿元，比上年增长17.9%，其中，省外国内资金51.99亿元，增长12%。全县外贸进出口总额达1 332万美元，比上年增长16.1%，其中，出口总额1 328万美元，增长16.2%；进口总额4万美元，与上年持平。

【财政、金融和保险业】 2017年，全县财政总收入（省口径）完成66 749万元，比上年增收6 437万元，增长10.7%；上划中央“两税”完成11 188万元，比上年增收4 720万元，增长73%；上划中央所得税完成6 400万元，比上年增收1 729万元，增长37%；上划省级所得税完成2 560万元，比上年增收692万元，增长37%。一般公共预算收入完成43 256万元，比上年增收1 498万元，增长3.6%。其中，税收收入完成24 942万元，比上年增收1 426万元，增长6.1%，占一般公共预算收入的57.7%；非税收入完成18 314万元，比上年增收72万元，增长0.4%，占一般公共预算收入的42.3%。一般公共预算支出完成155 167万元，比上年增支6 530万元，增长4.4%。财政八项支出完成132 550万元，增长37.1%，占一般公共预算支出的85.4%。

2017年，全县金融机构人民币存款余额770 593万元，比上年下降0.5%，其中住户存款余额482 158万元，增长8.6%。金融机构人民币贷款余额497 642万元，比上年增长4.4%。存贷比为64.6%，比上年提高3.1个百分点。住户人均存款28 362元，比上年增2 123元。

2017年，全县保险机构实现保费收入10 664万元，比上年增长2%；支付各类赔款金额6 564万元，比上年增长18.6%；赔付率达61.6%。

【人民生活与社会保障】 2017年，城镇居民人均可支配收入34 926元，比上年增收2 766元，增长8.6%；农村居民人均可支配收入11 937元，比上年增收1 016元，增长9.3%。年末，城镇居民人均住房建筑面积45.28平方米，农村居民人均住房建筑面积51.28平方米。

2017年，全县城镇登记失业率2.88%。城镇新增就业2 410人，城镇失业人员再就业810人，就业困难人员就业705人，开发公益性岗位410个；新增农村劳动力转移就业30 000人。全年“贷免扶补”扶持创业户数470户，发放贷款4 700万元；担保创业贷款户数790户，发放贷款7 900万元。

2017年，全县参加基本养老保险113 259人，其中，城镇职工基本养老保险参保21 191人，城乡居民基本养老保险参保92 068人。全县参加基本医疗保险149 206人，其中，城镇职工基本医疗保险参保16 794人，城乡居民基本医疗保险参保132 412人。失业保险参保8 905人，工伤保险参保15 916人，生育保险参保11 301人。

2017年，全县城乡居民最低生

活保障人数6 200人，共发放低保资金2 284.46万元。其中，城镇居民最低生活保障人数2 510人，发放低保资金1 210.08万元；农村居民最低生活保障人数3 690人，发放低保资金1 074.38万元。

2017年，峨山县科学制定“十三五”脱贫攻坚规划，围绕“2017年全面脱贫、2018年巩固提升，与全市同步在全省率先全面建成小康社会”的脱贫攻坚目标，按照“123 456”脱贫攻坚思路，坚持精准扶贫、精准脱贫的基本方略，加大统筹整合专项扶贫、行业扶贫、社会扶贫力度，开展脱贫攻坚“挂包帮”工作，扎实推进“六个到村到户”和“五个一批”精准扶贫精准脱贫措施。截至2017年12月31日，全县锁定建档立卡贫困户3 312户12 042人，累计脱贫2 722户10 289人（2017年脱贫1 408户5 045人），未脱贫590户1 753人，全县贫困发生率降至1.34%。全年共安排各级扶贫专项资金6 514.78万元，其中，中央资金1 869万元、省级资金340万元、市级资金2 475.78万元、县级资金1 830万元。发放到户贴息小额贷款5 300余万元。

【交通、邮电】 2017年，全县完成交通运输、仓储和邮政业增加值14 569万元，按可比价计算比上年增长8.2%。

2017年，全县公路通车里程2 321.99千米（含易峨高），其中，国道186.49千米（含易峨高），省道94.02千米，县道394.21千米，乡道1 383.60千米，专用公路44.61千米，村道219.07千米。按技术等级分，高速公路35.96千米，一级公路12.01千米，二级公路117.23千米（含易峨高），三级公路46.95千米，四级公路2 109.83千米。按路面等类型分，沥青混凝土路面238.39千米（含易峨高），水泥混凝土路面684.31千米，简易铺装路面97.95千米，砂石路面1 301.33千米。

2017年年末，全县共有客运车辆170辆，比上年减少1辆；全年客运量130万人，旅客周转量5 500万人/千米。共有货运车辆（含牵引车、挂车）5 174辆，比上年增加191辆；全年货运量801万吨，货物周转量达114 883万吨/千米。

2017年，全县实现邮电业务总量19 783万元，比上年增长3.5%；年末，全县固定电话用户5 884户，移动电话用户159 853户，互联网用户44 313户；电话用户普及率97.5部/百人。

【旅　游】 2017年，全县共接待国内游客167.99万人次，比上年增长32.3%；接待海外游客77人次，比上年增长14.9%，实现旅游总收入162 400万元，比上年增长63.3%。

【教育、科技】 2017年，全县共有幼儿园17所，其中，公办幼儿园5所，民办幼儿园12所。共有小学41所，其中完全小学40所，教学点1个。普通中学11所，其中，高级中学2所（含市民族中学），初级中学9所。有中等职业教育学校2所，其中，成人中等专业学校1所，职业高中1所。全县学校校舍建筑面积（含市民族中学）36.59万平方米，全年新增校舍面积（含市民族中学）8 170.44平方米。全县共有在校学生22 947人，比上年减少715人。其中，学前教育在校3 334人（幼儿园2 714人、学前班620人），小学在校8 820人，初中在校5 450人，高中在校4 207人（含市民族中学），职业高中在校1 136人。全县共有专任教师1 991人，比上年增加1人。其中，幼儿园专任教师130人，小学专任教师910人，初中专任教师570人，高中专任教师298人（含市民族中学），职业高中专任教师83人。学前三年儿童入学率51.42%；小学入学率99.92%，辍学率0.03%；中学入学率97.72%，辍学率0.51%；普通高中（峨山一中）高考本科上线率61.65%。

2017年，全县以“科教引领创新发展”两年行动计划为重点，积极开展科技项目申报与认定、科技服务及知识产权等各项工作，大力促进县域科技事业稳步向前。全年共完成专利申请56件、授权25件，发明专利拥有量12件。

【文化、卫生和体育】 2017年，峨山县围绕“天下彝家·笃慕梦园”民族文化名片，以祖先文化、花鼓文化、圣火文化、彝绣文化为主要元素，大力实施文化惠民工程，广泛开展群众文化活动，积极加强文化市场监管力度，全力推进峨山文化事业和产业繁荣发展。“两馆一站”（文化馆、图书馆和8个乡镇、街道文化站）免费开放，全年图书馆各服务窗口共接待读者78 539人次，图书杂志总流通135 342册次。“一月一村一场”农村电影放映工作全年在75个村（居）委会公开放映电影1 022场，观众4万余人。县群众文化工作队全年开展文化惠民演出72场次，观众9.6万余人次。文化市场健康运行，全年共出动综合执法人员586人次，检查经营单位314家次。

2017年2月，总占地面积3 333.3平方米的档案综合楼建成完工，于2月28日开始搬迁工作，至3月4日结束。年末，档案馆馆藏档案全宗数155个，馆藏档案案卷98 816卷和120 552件；开放档案全宗数31个，开放档案案卷3 052卷。

2017年，峨山电视台播出新闻汉语《峨山新闻》286期1 628条，彝语新闻《彝山新闻》96期364条；播出专栏《法治峨山》11期，《悦动峨山》14期。全县广播电视综合覆盖率分别是98.59%和98.53%，有线电视用户27 303户，有线电视入户率50.74%。

2017年，全县有医疗卫生机构130个，其中，县级直属医疗卫生机构6家，乡镇（街道）卫生院8个，村（居）委会卫生室75个，民营医院2家，个体诊所30家，厂矿与学校医务室9个。年末，卫生机构实有病床805张。拥有卫生技术人员1 116人，其中，执业医师280人、助理执业医师64人、注册护士422人。

2017年，全县共有7个体育俱乐部、各级体育社会指导员362人，成立峨山县羽毛球协会和足球协会，多渠道多形式多平台举办各类体育活动。县体育馆全年对外开放362天，开放期间参加锻炼群众4.4万余人次，实现了群众体育常态化。开展峨山县2017年中小学生篮球比赛，承办市2017年少年儿童篮球赛；成功举办“我要上全运”山地自行车邀请赛、“体彩杯”周末足球邀请赛、羽毛球邀请赛、环城赛跑、第二届“玉林泉杯”足球比赛等全民健身系列活动。

【城市建设和生态环境】 2017年年末，全县城市建成区面积4.22平方千米；建成区绿化覆盖总面积169.1公顷，绿化覆盖率40.07%；建成区绿地总面积148.17公顷，绿地率35.11%；建成区人均公园绿地面积9.64平方米；建成区实有道路面积80.02公顷、39.22千米，照明灯3 611盏、亮灯率96%。

2017年，峨山县被省政府正式命名为云南省生态文明县。截至2017年年末，全县共成功创建生态乡镇10

个，其中，国家级2个（还有3个已通过省级审查验收，待环保部正式命名），省级8个。成功创建“绿色学校”42所，其中，省级15所，市级27所。成功创建“绿色社区”12个，其中，省级3个，市级9个。

2017年，监测县城环境空气质量365天，其中，一级标准天数202天，二级163天。部署建立县城区环境噪声监测点位21个，昼间区域环境噪声等效声级值达到一级标准，≤50分贝（A）；县城道路交通噪声监测点位12个，昼间平均等效声级达到一级标准，≤68分贝（A）；县城功能区噪声昼间达标率100%。县城及乡镇集中式饮用水源水质达标率均达100%。

【安全生产】 2017年，全县共发生各类安全生产事故25起，死亡8人，受伤3人；与上年同期相比，事故减少11起，死亡人数持平，受伤人数减少2人。其中，发生道路交通安全生产事故18起，死亡5人，受伤3人；发生消防安全事故4起，无伤亡人员；发生建筑施工安全生产事故2起，死亡2人；发生工矿商贸事故1起，死亡1人。全县未发生较大及以上和有重大社会影响的安全生产事故，安全生产形势平稳、总体向好。

【领导名录】 县委书记王志新（2017年9月离任）、姜兴林（2017年11月任），副书记邓志刚。人大常委会主任陈爱军，副主任陈丽、李顺龙、李戈良、王朝斌。县长鲁春红，副县长常成、朱国翠、马东坤、徐强、倪强、普睿、王文（挂职）。政协主席董云勇，副主席邱永明、普丽华、马晓东、方银芬。纪委书记康德勤。

（沐进恩）

新平彝族傣族自治县

【自然概貌】 新平彝族傣族自治县位于云南省中部偏西南，地处哀牢山中段东麓，北纬23° 38′ 15″ ~24° 26′ 05″、东经101° 16′ 30″ ~102° 16′ 50″ 之间。东与峨山县毗邻，东南与石屏县接壤，南连元江县，西南接墨江县，西与镇沅县相接，北隔绿汁江与双柏县相望。县政府驻地桂山街道，海拔1 480米，距省会昆明市180千米，距市政府所在地红塔区90千米；全县总面积4 223平方千米，其中山区面积4 139.6平方千米，坝区面积83.4平方千米，是全市土地面积最大的县；地势西北高、东南低，境内最高海拔哀牢山主峰大磨岩峰3165.9米，最低海拔漠沙镇南蒿村422米。

新平县气候受海拔差影响，形成河谷高温区、半山暖温区、高山寒温区三个气候类型。2017年年平均气温17.6℃，年最高气温31.7℃（6月6日），最低气温-1.7℃（12月21日），全年总降水量1 031.2毫米，总日照时数2 180.6小时。

【自然资源】 一江三十二条河蕴藏着巨大的水能资源。县内河流除平掌乡过境河道谷麻江属李仙江水系外，其余均属元江水系。李仙江在县境流程短，主要河流有麻大江河、班东河；元江干流流经新平县境，长113.7千米，三江口以上称石羊江，三江口至河口大桥称戛洒江，河口大桥以下称漠沙江，于漠沙阿迭村流入元江县境。全县水资源总量18.9亿立方米，水能资源理论蕴藏量127.22万千瓦（含红河干流），可开发利用装机容量52.36万千瓦。

2017年，全县共有林地353万亩，占全县土地面积的55.8%，森林面积187万亩，森林覆盖率64.6%；草地面积126万亩。有高等植物219科762属1 402种，有国家一级保护植物伯乐树、二级保护植物水青树、三级保护植物翠柏等；兽类75种，禽类153种，两栖爬行类45种，昆虫类130余种，其中有一级保护动物绿孔雀、二级保护动物白鹇等。

县境内已发现矿种37种（含伴生矿种），占省内矿种的25%，有各类矿床、矿点、矿化点156处，已探明的矿种金属矿有金、银、铜、铁、铬、镍、钴、铅、黄铁、水银、铝、钯、铀，非金属矿有煤、石灰岩、白云石、蛇纹石、石膏、石棉、水晶、滑石、叶蜡石、大理石等，其中，铁矿石储量5.86亿吨，铜矿石储量173万吨，分别占全省探明储量的48%和25%；煤炭储量620万吨，可开采量250万吨；锌矿储量36.2万吨；大理石储量2.6亿立方米。

【行政区划】 2017年，全县辖2个街道4个镇6个乡，即桂山街道、古城街道、扬武镇、漠沙镇、戛洒镇、水塘镇及平甸乡、新化乡、老厂乡、建兴乡、平掌乡、者竜乡，共设村（居）民委员会123个，村（居）民小组1 459个。

【人口、民族】 2017年年末，全县户籍人口总户数87 966户，比上年减0.79%。户籍人口276 823人，比上年增0.5%，其中城镇户数28 433户，比上年减1.5%；城镇人口62 693人，比上年增0.5%；乡村户数59 959户，比上年减0.4%；乡村人口215 636人，比上年增0.6%。彝族、傣族人口182 783人，比上年增0.8%，占全县总人口的65.7%。年内出生人口4 596人，出生率16.60‰；死亡人口2 408人，死亡率8.70‰。人口自然增长率7.90‰，比上年提高1.29个千分点。

【综合经济指标】 2017年，全县实现生产总值1396 779万元，按可比价格计算，比上年增12.5%，其中，第一产业增加值203 019万元，比上年增6.7%，拉动GDP增1个百分点，对GDP增长的贡献率为7.8%；第二产业增加值539 234万元，比上年增12.2%，拉动GDP增长5个百分点，对GDP增长的贡献率为40%；第三产业增加值654 526万元，比上年增14.5%，拉动GDP增长6.5个百分点，对GDP增长的贡献率为52.2%。三次产业结构由上年的14.9：39.1：46调整为14.5：38.6：46.9，经济结构呈三、二、一格局。全县人均生产总值47 835元，按可比价计算比上年增12.1%，占全县生产总值的40.7%，拉动全县经济增长5.1个百分点，全县经济增长贡献率为40.6%。

【工业、建筑业】 2017年，全县实现工业总产值2439 143万元，按现价计算比上年增34.9%；实现工业增加值483 618万元，按可比价计算比上年增11.2%，拉动GDP增长4.2个百分点，对GDP增长的贡献率为33.7%。全年规模以上工业企业实现利税总额229 184万元，比上年增2倍；实现利润总额146 255万元，比上年增8.3倍。

主要工业产品产量：成品糖49 487吨，比上年减10.9%；合成橡胶29 887吨，比上年增2.11倍；发电量91 597万度，比上年增5.6%；铁精矿4425 589吨，比上年增12.2%；机制纸及纸板27 608吨，比上年增3.6%；铜金属含量48 446吨，比上年增7.3%；铁矿石原矿量9 876 374吨，比上年增1.1%；球团矿628 676吨，比上年减2%；粗钢1 688 692吨，比上年增9.7%；线材845 978吨，比上年减0.8%；棒材

662 334吨，比上年增19%；耐磨钢球39 711吨，比上年增8%；水泥737 735吨，比上年增0.6%；酒精494千升，比上年减45.1%；手提包（袋）、背包461万个，比上年增0.7%。

2017年，全县具有资质等级建筑企业10个，从业人员1 860人，比上年增0.3%。从业人员中工程技术人员519人，占从业人员总数的27.9%。完成建筑业总产值226 478万元，比上年增39.4%；实现建筑业增加值56 390万元，按可比价计算比上年增23.1%。

【固定资产投资】 2017年，全县完成规模以上项目固定资产投资1 425 542万元，比上年增28.4%，其中，第一产业完成投资125 392万元，比上年增0.2%；第二产业完成投资233 601万元，比上年减24.3%；第三产业完成投资1066 549万元，比上年增57.7%。

全年完成房地产开发投资11 469万元，比上年减72.1%，其中商品住宅投资9 028万元，比上年减75.9%；商业营业用房投资1 750万元，比上年减38.5%。全县商品房施工面积27.7万平方米，比上年减3.5%；商品房销售面积7.7万平方米，比上年减33%；实现销售额26 407万元，比上年减37.7%。

【农　业】 2017年，全县实现农、林、牧、渔业总产值386 346万元，按现价计算比上年增9.6%，其中，种植业产值206 429万元，比上年增7.9%；林业产值23 059万元，比上年增8.3%；畜牧业产值149 677万元，比上年增12.3%；渔业产值2 502万元，比上年增15.9%。年末，乡村从业人员164 011人，比上年增1.2%，其中从事一、二、三产业的从业人员分别为112 732人、15 710人、35 569人，分别占乡村从业人员总数的68.7%、9.6%、21.7%。

2017年年末，全县耕地总资源315 016亩，与上年持平，乡村人口人均耕地1.46亩；有常用耕地面积292 901亩，与上年持平，乡村人口人均常用耕地1.36亩。稳产高产基本农田133 102亩，与上年持平。全县拥有农业机械总动力38 388万瓦特，比上年增9.3%；大中型拖拉机4 544台，小型拖拉机5 540台，分别比上年增0.1%和1.0%。全年化肥施用量81 051吨，比上年增3.1%；农药使用量834吨，比上年减3.1%。全年粮食总产16 346万千克，比上年增1.1%，其中，大春14 444万千克，比上年增2.4%；小春1 902万千克，比上年减8%。烤烟总产1 056万千克，比上年减9%。甘蔗总产（估产）508 091吨，比上年增0.8%。油料总产123.6万千克，比上年减5.7%。蔬菜总产19 292万千克，比上年增2%。水果总产13 998.5万千克，比上年增12.1%。茶叶总产170.9万千克，比上年增8.9%。核桃总产6 082.1吨，比上年增0.7%。笋丝总产727.4吨，比上年减18.2%。

年末，全县拥有水库、坝塘697座，总库容14 717.9万立方米，年蓄水量11 562.21万立方米，其中中型水库2座，库容5 620万立方米，年蓄水量4 789.1万立方米。水利有效灌溉面积191 389亩，占常用耕地面积的65.1%，比上年上升0.6个百分点。

全年全县完成480.65万亩天然林保护二期工程年度任务，实施县级封山育林2万亩，完成造林面积2.94万亩，核桃抚育6.8万亩，竹子低效林改造1.5万亩，种植杉木14万株、旱冬瓜111万株，补植竹子5万丛，县城面山抚育2 100亩。森林覆盖率64.6%。全

腰街荔枝园　　（蒯学庆　摄）

年实现林业增加值12 268万元，按可比价计算比上年增4.8%。

2017年，全县实现畜牧业增加值72 552万元，按可比价计算比上年增7.4%。肉蛋总产量6 261万千克，比上年增19.6%，其中猪肉产量4 013万千克，比上年增23.1%。生猪年内出栏480 577头，比上年增17.9%；生猪年末存栏349 194头，比上年增6.4%。大牲畜年内出栏44 637头，比上年增11.1%；大牲畜年末存栏101 915头，比上年增6.6%。山绵羊年内出栏86 236只，比上年增13.9%；山绵羊年末存栏123 670只，比上年增5.5%。家禽年内出栏522.3万只，比上年增15.1%。

全县水产品产量1 524吨，比上年增2.4%，实现渔业增加值1 237万元，比上年增9.5%。

【商业、对外经济】 2017年，全县实现社会消费品零售总额242 239万元，比上年增12.6%。从消费形态看，实现餐饮收入39 585万元，比上年增9.4%；实现商品零售额202 654万元，比上年增13.3%。从销售所在地看，城镇实现消费品零售额205 300万元，比上年增12.9%；乡村实现消费品零售额36 939万元，比上年增10.9%。

2017年，全县共实施市外国内资金项目107项，比上年增30.5%，实际到位市外国内资金742 600万元，比上年增16.9%；完成进出口总额4 951万美元，比上年增79.4%，其中出口4 802万美元，比上年增86.6%；进口149万美元，比上年减19.5%。

【交通运输、邮电】 2017年年末，全县公路通车里程5 712.7千米，其中，高速公路22千米，国道282.7千米，省道182.9千米，县道440.9千米，乡道2 288.6千米，村道2 495.6千米，公路密度135.3千米/百平方千米。拥有各种机动车辆99 165辆（不含拖拉机），比上年增2.3%，其中，营运货车4 887辆，营运客车510辆（出租汽车100辆、公交车13辆、班线客车122辆、农村客运车辆275辆）；客运周转量18 460万人千米，比上年增1.6倍。全年实现交通运输、仓储及邮政业增加值81 620万元，比上年增8.3%。

全年报刊累计发行135.5万件，比上年减0.5%。电话机总数25.64万部，比上年减0.1%，其中，固定电话0.77万部，比上年减6.1%；移动电话24.87万部，比上年增0.1%；电话普及率87.9部/百人，比上年减0.3部/百人；互联网用户4.41万户，比上年增19.8%。

【财政、金融、保险】 2017年，实现辖区内财政总收入234 708万元，比上年增8.5%；实现地方财政收入154 732万元，比上年增5.1%，其中一般公共预算收入126 701万元，比上年增5%；完成地方财政支出309 369万元，比上年增0.9%，其中一般公共预算支出278 800万元，比上年增3%。国税收入94 739万元，比上年增30.3%；地税收入69 646万元，比上年增12%。

年末，全县金融机构各项存款余额1 098 877万元，比上年增14%，其中住户存款余额654 468万元，比上年增23.9%；贷款余额835 965万元，比上年增21.2%。存贷比率为76.1%，比上年提高4.5个百分点。

2017年，财产和人寿保险机构实现保险业务收入10 173万元，比上年增1.5倍，保险赔付支出3 210万元，比上年增19.6%。

【城市建设和生态环境】 2017年，全县城镇建成区面积15.42平方千米，其中县城中心城区建成区面积6.45平方千米。县城建成区绿化覆盖面积253公顷，绿化覆盖率39.2%；绿地面积223公顷，绿地率34.6%；公园绿地面积76公顷，人均公园绿地面积14.2平方米。戛洒镇被住建部列为全国特色小镇，新平县城被住建部评为国家园林县城。

2017年，平掌乡中心小学、水塘镇中心小学被命名为省级绿色学校，古城街道他拉社区被命名为省级绿色社区，新平县获省级生态文明县。玉溪仙福钢铁（集团）有限公司180平方米烧结机脱硫项目建成投运，新平鲁奎山水泥有限责任公司2 000吨/日新型干法窑烟气脱硝等5个管理减排项目治理设施运行正常，二氧化硫、氮氧化物、化学需氧量、氨氮四项约束性指标全面完成。县城集中饮用水源地清水河水库、他拉河水库水质均达到Ⅱ类；与上年相比，消除了Ⅲ类水体。全年累计监测县城环境空气质量355天，其中轻度污染4天，空气质量优良率98.87%。全年出动执法人员337人次，检查企业111家次，下达责令改正违法行为决定书18份，实施行政处罚7家企业10个案件，共处罚金59万元。全年征收33家企业排污费349.9万元；处理信访、来访案件29件，处理率100%；全年辖区内未发生重特大环境污染事件。

【教育、科技】 2017年年末，全县共有各级各类学校141所，其中，高中1所，高级职业中学1所，教师进修学校1所，初中12所，小学92所，幼儿园34所（民办幼儿园32所）。教职员工3 727人，专任教师2 952人，其中小学1 439人。在校学生38 315人，比上年减1.7%，其中小学17 827人，比上年减2.5%。毕业学生10 853人，比上年减3.2%，其中小学3 287人，比上年减5.1%。学龄儿童入学率99.96%，小学巩固率99.53%，小学升学率98.36%，初中升学率88.9%，高中升学率91.8%。全县有党职技校13所，其中县委党校1所，乡镇党职技校12所。

2017年，全县共组织申报省、市级科技项目23项，其中，省级立项9项，获补助科技经费947万元，市级立项4项，获补助科技经费50万元。申报认定省科技型中小企业16户，农业科技示范园3个、农产品深加工科技型企业2个、企业技术中心1个。全县评审奖励县级科技成果14项，其中，一等奖2项、二等奖4项、三等奖8项，兑现县级财政科技成果奖励资金9.2万元。全年完成专利申请214件、专利授权111件、发明专利有效量181件。帮助企业申报争取省专利资助71件，获补助资金12.8万元，申报市级专利奖励152件，获补助资金41.4万元。云南大红山管道有限公司获得“国家知识产权示范企业”认定。年末，全县共有各类专业技术人员4 166人，其中，正高级4人，副高级996人，中级1 463人，初级1 300人，员级149人，未定等级254人。

【文化、旅游、广电和体育】 2017年，玉溪市文艺汇演暨新剧节（目）展演上，新平县原生态舞蹈《磨皮花鼓舞》荣获舞蹈类、创作类一等奖，花灯歌舞剧《情牵戛洒》获戏剧类、创作类二等奖，小品《跟踪追击》获戏剧类优秀奖、创作三等奖。全年参与、协助、举办各项文艺演出200余场次，参与人数1.2万余人次，观众16万余人次；搜集小调、山歌、敬酒歌等71首；征集可移动文物37件。民族图书馆藏书50 730册，接待读者23 190人，44 138册次。农家书屋借阅20 118人次、阅览42 110人次。农村电影放映点98个，全年深入基层放映农业农技、科普科技、法律教育、

故事片等电影1 911场。图书发行89.5万余册。

年末，全县共有星级饭店6家，星级乡村旅游接待点34户，国内旅行社3家，AA级景区4家，AAA级景区1家，AAAA级景区1家；全年接待游客385.2万人次，比上年增32.1%；实现旅游业总收入294 494万元，比上年增76.8%。

2017年，县电视台开通企鹅媒体平台，实现微信公众号与《天天快报》《腾讯新闻》同步发送，外宣渠道进一步拓宽。全年播出本台电视新闻2 148条，在中央、省、市级媒体播出涉及新平新闻675条；新闻综合广播FM89.3兆赫播出广播新闻303期1 861条、《气象服务》1 095期。县广播电视台播出公益广告234个15 024余次、通告160个，标语116条4 346余次、专题专栏共190期。年末，全县有线电视、数字电视用户4万户，其中，县城有线电视用户1.7万户，农村数字电视用户2.3万户，广播信号覆盖率和电视信号覆盖率均达100%。

2017年，全县共主办、承办、协办各种赛事及运动会17场次，建成七彩云南全民健身基础设施工程100余个，健身广场、公园4个，晨晚体育练点40个。全县共有社会体育指导员500余人，体育人口13.9万人，占全县总人口的48%。年内，向玉溪体育运动学校输送体育后备人才6名。县文化广电和体育局被国家体育总局评为“2013～2016年度全国群众体育先进单位。”

【卫　生】 2017年年末，全县有医疗卫生机构27个，其中，县级5个，乡镇卫生院10个，社区卫生服务中心2个，私立医院6个，厂矿医院2个，综合门诊部2个。共有医院编制床位993张，实有病床1 339张。有职工2 206人，其中，卫生技术人员1 676人，比上年增5.7%；执业医师424人，比上年增3.9%；执业助理医师119人，比上年减6.3%；注册护士719人，比上年增7.9%。村级卫生所122个，乡村医生和卫生员316人。每万人拥有卫生技术人员57.4人，每一名卫生技术人员负担人数为174.1人。全年病床使用率65.6%，门诊治疗病人170.3万人次，入院人数4.49万人。年内无甲类传染病病例报告，乙丙类传染病发病率为652.8/10万，乙类传染病发病率为144.1/10万，丙类传染病发病率为508.6/10万。

【社会保障】 2017年，全县共有204 666人参加基本养老保险，其中，职工28 618人，城乡居民176 048人；有16 542人参加失业保险；有271 836人参加基本医疗保险，其中，城镇职工22 428人，城乡居民249 408人；有16 615人参加职工医疗互助活动。全县共有1 187户1 800名城镇居民享受最低生活补助，发放最低生活保障金1 072.4万元；有2 970户5 675名农村居民享受最低生活保障补助，发放最低生活保障金1 941万元。年内实现城镇新增就业2 909人、农村劳动力转移就业2 682人，城镇失业人员再就业805人，城镇失业登记率为3.29%。

【人民生活】 2017年，全年发放在岗职工工资总额194 012万元，比上年增17.6%，其中国有经济单位109 861万元，比上年增21.8%。在岗职工年平均工资71 117元，比上年增16%，其中国有经济单位108 545元，比上年增23.6%。农村常住居民人均可支配收入12 259元，比上年增9.2%。城镇常住居民人均可支配收入34 717元，比上年增8.5%。

【领导名录】 县委书记李永忠，副书记普光照、潘宝华（2017年1月离任）、王华（2017年3月任）。人大常委会主任刘振华（2017年1月离任）、史亚新（2017年1月任），副主任张家惠（2017年1月离任）、张绍平（2017年1月离任）、李天禄（2017年1月离任）、郭健鑫、张永光（2017年1月任）、李学明（2017年1月任）、高焕美（2017年1月任）。县长普光照，副县长王丽娟、李顺平（2017年3月离任）、龙家寿（2017年1月离任）、杨雪波、赵兵（挂职，2017年3月离任）、李玉琼（挂职）、普红青（2017年1月任）、刀文高（2017年1月任）、饶云（2017年1月任，10月离任）、巨立中（2017年3月任）、郭金平（2017年12月任）。政协主席史亚新（2017年1月离任）、刘振华（2017年1月任），副主席李太祥（2017年1月离任）、李永光（2017年1月离任）、邵永云（2017年1月离任）、毛启芳、龙家寿（2017年1月任）、陈强（2017年1月任）。纪委书记金家辉（2017年12月离任）、坝汝明（2017年12月任）。

（刀燕勤）

元江哈尼族彝族傣族自治县

【自然概况】 元江县位于云南省中南部，东经101°39′～102°22′、北纬23°19′～23°55′之间；东与红河州石屏县接壤，南与红河县相连，西与普洱市墨江县毗邻，北与新平县紧邻。县城距市政府所在地红塔区132千米，距省会昆明220千米。县境南北长64.5千米，东西宽71.5千米。总面积2 858平方千米，其中，山区2 766.5平方千米，占96.8%；坝区91.5平方千米，占3.2%。地势西北高，东南低；山脉南北走向，以元江（河）为界，西南支属哀牢山脉，东北支属横断山脉，两山脉逶迤向南延伸，使元江河谷形成了东峨坝、元江坝等河谷盆地。境内最高海拔2580米，最低海拔327米；县城所在地海拔380米。气候属低纬高原季风气候；由于地形复杂，立体气候特点突出，山区温凉，坝区炎热。2017年年平均气温24.3℃，较历年同期相比偏高0.4℃，较上年同期相比偏低0.2℃。其中冬季平均气温为18.8℃，春季平均气温为25.3℃，夏季平均气温为28.8℃，秋季平均气温为24.5℃。极端最高气温40.3℃（6月6日），极端最低气温3.5℃（12月21日）；年降水量921.1毫米，较历年同期偏多116.8毫米，较上年同期偏多223.9毫米。其中冬季降水量120.7毫米，春季降水量196.5毫米，夏季降水量435.4毫米，秋季降水量190.1毫米；年日照时数2 186.9小时。

【行政区划】 2017年，全县辖5个乡、2个镇、3个街道，即咪哩乡、羊街乡、那诺乡、洼垤乡、龙潭乡、曼来镇、因远镇、澧江街道、红河街道、甘庄街道。设81个村（居）委会，其中，57个村民委员会、24个社区居民委员会，763个村（居）民小组，682个自然村。

【人口、民族】 2017年年末，全县常住人口22.45万人，比上年增加0.03万人。其中城镇人口9.24万人，城镇化率41.2%，比上年提高1.8个百分点。据公安部门统计，年末全县户籍户数67 580户。户籍总人口210 160人，比上年增加1 340人，其中，男108 294人，女101 866人；少数民族人口172 019人，占总人口的81.9%，少数民族中，哈尼族91 593人，占总人口的43.6%、彝族46 085人，占总人口的21.9%、傣族25 513人，占总人口的12.1%、白族5 947人，占总人口的2.83%、苗族1 096人，占总人口的0.52%、拉祜族1 135人，占总人口的0.54%；壮族227人、回族144人、佤族21人、纳西族12人、瑶族23人、蒙古族31人、布依族18人，其他少数民族149人。按年龄分：0～17岁以下44 958人、18～34岁54 560人、35～59岁81 057人、60岁及以上29 585人。年内出生人数2 374人，出生率11.91‰，年内死亡人数1 148人，死亡率5.82‰，人口自然增长率6.09‰，比上年提高0.01个千分点。人口密度为每平方千米74人。

【自然资源】 由于地理环境特殊，元江县水能、地热、矿产和动植物等自然资源非常丰富。2017年，全县水能理论蕴藏量41.37万千瓦，可开发25.51万千瓦，500千瓦以上可建31座（红光、漫画沙田电站570千瓦和500千瓦已停运，基本已拆除），已开发水力电力10.45万千瓦（可运行电站），占可开发量的25.25%。共有15处地热温泉，水温为21～94℃，流量86.2升/秒，年产水量272万立方米。县辖区内，已发现各类矿产21种，其中金属矿产有镍、铜、金、铁等9种，非金属矿产有红宝石、蛇纹石、石膏、石灰岩、硅石、页岩等11种，燃料矿产煤1种。截至2017年年末，已探明镍金属量53万吨、保有铜金属量17.5万吨、水泥用石灰岩5 600万吨、蛇纹石4.8亿吨、煤330万吨、硅石283万吨，优势矿产为镍矿、铜矿，镍矿主要分布在因远镇，铜矿主要分布在甘庄街道，近城区江东以水泥用石灰岩为主。地质矿产勘查工作程度不平衡，除镍、铜、金等矿种勘查工作程度较高外，其它矿产勘查工作程度普遍偏低。境内野生动植物栖息分布情况：野生动物有30目96科142属479种，其中云豹、黑熊、蜂猴、猕猴、穿山甲、绿孔雀、江獭、丛林猫、蛇雕、红鹇、蟒蛇、蛤蚧等为国家一、二级保护动物；麂子、岩羊、眼镜王蛇、豪猪、竹鼠等为省级保护动物（“三有”保护动物）。野生植物共有2 303科1 081属2 394种，其中桫椤、伯乐树（钟萼木）、元江苏铁、润楠、十齿花、普通野生稻、金荞麦、红椿、千果榄仁、翠柏、榉树、香木莲等植物为国家一、二级保护植物；顶果木、八宝树、野茶树、鬼柳树、罗望子（酸角树）等为地方狭有濒危珍贵树种。

【综合经济指标】 2017年，全县实现现价生产总值（GDP）815 542万元，比上年增加93 772万元，按上年可比价格计算，增长13.5%，其中，第一产业（农、林、牧、渔及其服务业）增加值197 998万元，增6.7%，对GDP贡献率为13.1%，拉动GDP增长1.8个百分点；第二产业（工业、建筑业）增加值175 886万元，增21.5%，对GDP贡献率为33.5%，拉动GDP增长4.5个百分点。在第二产业中，工业增加值132 689万元，增21.3%，建筑业增加值43 714万元，增22.5%；第三产业（除第一、二产业外的其他产业）增加值441 658万元，增13.6%，对GDP贡献率为53.5%，拉动DGP增长7.2个百分点。三次产业在生产总值中的比重分别为24.3%、21.6%、54.1%。人均地区生产总值36 343元，比上年增加4 093元，可比价增13.1%。

【工　业】 2017年，全县实现现价工业总产值334 019万元，增长24.3%。增加值132 689万元，可比价增长21.3%，对GDP贡献率为25.8%，拉动GDP增长3.5个百分点，其中全县规模以上（年主营业务收入2 000万元以上独立核算）工业企业25户，实现产值334 019万元，增长24.3%；增加值107 309万元，可比价增长28%；非公有制工业增加值占全部工业增加值比重的88.8%。

全县全年完成建筑业增加值43 714万元，按可比价增22.5%。对GDP增长贡献率为7.8%，拉动GDP增长1.05个百分点。资质以上建筑企业有7户，其中，2级资质1户，3级资质6户。实现合同额142 721.5万元，同比增长61.2%；实现新增合同额108 209.7万元，同比增长31.6%；期末从业人员3 545人，同比增长125.7%。

【固定资产投资】 2017年，全县完成500万元以上固定资产投资969 448万元，增长32.8%，增速分别高于全省水平14.8个百分点和全市水平11.9个百分点。其中城镇投资完成833 569万元，增长39.4%；房地产开发投资完成135 879万元，同比增长3%。按三次产业划分，第一产业完成投资89 138万元，同比增长48.3%；第二产业完成投资48 612万元，同比减少14.1%；第三产业完成投资831 698万元，同比增长35.6%。一、二、三产业投资占总投资的比重分别为9.2%、5%、85.8%。全年500万元以上固定资产投资在库项目220个，其中，城镇投资项目211个，房地产开发投资项目9个。竣工项目191个，本年新增固定资产投资656 672万元。

【农　业】 2017年，全县实现农、林、牧、渔业总产值（现价）333 365万元，比上年增加20 595万元，按可比价格计算，增长6.7%。其中农业产值261 212万元，增长7.1%；林业产值7 518万元，下降6.1%；牧业产值60 555万元，增长6.8%；渔业产值2 988万元，增长0.3%；农林牧渔服务业产值1 092万元，增长8.7%。

全年农作物总播种522 422亩，比上年减5 540亩，减少1%。复种指数为186.2%，比上年下降1.2个百分点。全年粮食播种289 699亩，比上年增17亩，占总播种面积的55.5%，比重比上年提高0.6个百分点；经济作物232 723亩，比上年减5 557亩，占总播种面积的44.5%，比重比上年下降0.6个百分点。

特色生物产业进一步发展，全年芦荟鲜叶产量22 917吨，比上年减少21 982吨，减少49%；实现农业产值1 967.8万元，比上年减少499.3万元，减少20.2%；实现工业产值22 070.6万元，比上年增加5 735.1万元，增长35.1%。茉莉花鲜花交易量4 633.21吨，比上年减少316.79吨，减少6.4%；实现农业产值10 018.34万元，比上年减少772.66万元，减少7.2%；种植花卉10 754亩，实现花卉产值7 075万元，比上年减少7 922万元，减少52.8%。青枣产量43 484.4吨，实现产值20 418万元；香蕉产量30 713.7吨，实现产值7 506万元。

2017年，全县完成造林面积（人工造林）4.44万亩，义务植树60.09万株；森林覆盖率54.63%；林木绿化率66.63%，其中国家特别规定灌木林面积2 576.9公顷。

2017年，全县共有生猪标准化规模养殖场30个。全年出栏肥猪50头以上的规模户76户，其中500头以上的9户，1 000头以上的6户；饲养肉牛20头以上的规模户202户，其中100头以上的3户；饲养羊50只以上的规模户121户，其中年出栏50只以上的规模户3户，年出栏100只以上的3户；年出栏肉鸡1 000只以上的规模户9户，其中1万只以上4户，5万只以上1户；年

2017年主要农产品产量表

指　标	单　位	2017年	2016年	2017年比2016年增减	
				绝对数	%
粮食总产量	万千克	9 960	9 912	48	0.5
其中：大春	万千克	8 928.97	8 931.4	-2.43	0.0
小春	万千克	1 031.03	980.6	50.43	5.1
油料总产量	万千克	351.3	345.8	5.5	1.6
其中：油菜	万千克	300.14	293.75	6.39	2.2
甘蔗总产量	万吨	23.2	16.74	6.46	38.6
烤烟产量	万千克	667.83	785	-117.17	-14.9
水果总产量	万千克	27 588.44	24 782.22	2 806.22	11.3
其中：芒果	万千克	9 783.87	9 117.44	666.43	7.3
香蕉	万千克	3 071.37	3 082.46	-11.09	-0.4
青枣	万千克	4 348.44	4 559.47	-211.03	-4.6
蔬菜产量	万千克	5 582.42	5 272.64	309.78	5.9

备注：甘蔗产量2016年数为2015～2016年榨季实产数，2017年数为2016～2017年榨季预计数。

2017年畜禽产品产量表

指　标	单　位	2017年	2016年	2017年比2016年增减	
				绝对数	%
生猪年末存栏	头	173 219	166 569	6 650	4.0
肥猪年内出栏	头	209 620	196 427	13 193	6.7
猪肉产量	吨	18 059.2	16 673.2	1 386	8.3
大牲畜年末存栏	头	53 217	51 871	1 346	2.6
其中：牛存栏	头	53 130	51 761	1 369	2.6
牛出栏	头	25 465	24 226	1 239	5.1
牛肉产量	吨	3 229.5	3 043.7	185.8	6.1
山绵羊年末存栏	只	46 096	44 952	1 144	2.5
山绵羊年内出栏	只	28 063	26 239	1 824	7.0
羊肉产量	吨	700.5	657.2	43.3	6.6
家禽出栏	只	1042 301	962 433	79 868	8.3
禽肉产量	吨	1 680.3	1 516.9	163.4	10.8
肉类总产量	吨	23 715.9	21 938.9	1 777	8.1
禽蛋总产量	吨	2 613.2	2 513.6	99.6	4.0

饲养蛋鸡1 000只以上1户，5万只以上1户；年出栏水禽500只以上8户。

2017年，全县水产养殖19 537亩，其中池坝塘2 442亩，水库6 895亩，稻田10 200亩，全年水产品产量1 824吨，比去年增加30吨，增长1.7%。

年末，全县农村劳动力132 413人。全年完成中低产田地改造2.02万亩，实有常用耕地276 681亩，其中，田73 262亩，地203 419亩（含水浇地40 851亩）。

全年完成农田水利化建设项目65项（不含小水窖），新增有效灌溉面积600亩，年末，有效灌溉面积181 050亩，水利化程度64.27%。全县实有水库48座，其中，中型水库4座，小型水库44座，水库总库容10 928.8万立方米；小坝塘170座，总库容294.05万立方米。全年完成供水量13 670万立方米，其中，农业供水10 765万立方米；工业供水1 993万立方米；城镇生活供水453万立方米；农村生活供水399万立方米。

全年化肥施用量51 071.7吨，比上年减少8吨；农药使用量672吨，比上年减少1吨，减少0.15%；农膜使用量624吨，比上年增加24吨，增长4%。

2017年，全县农业机械总动力17.03万千瓦，其中拖拉机2 406台3.8万千瓦。

【商　业】 2017年，全县实现社会消费品零售总额275 136万元，比上年增长12.5%。批发业销售额64 815万元、零售业销售额296 631万元、住宿业营业额20 655万元、餐饮业营业额105 798万元，分别增长25.5%、17.5%、18.6%、17.2%。

【旅　游】 2017年，全年共接待海外旅游者474人次，同比增长14.22%；接待国内旅客207.37万人次，旅游业总收入188 934万元。实现旅游外汇收入10.46万美元，同比增14.54%，折合人民币64.86万元，同比增长15%；接待国内旅游者207.37万人次，同比增长32.01%。其中，过夜游客74.98万人次，同比增长6%；一日游游客132.39万人次，同比增长53%，实现旅游业总收入188 934.15万元，同比增长64.70%。住宿业营业额收入20 655.32万元，增幅18.6%。新建元江果香四季国际旅游度假区、山云华界庄园、元江印象大酒店等重点项目建设，全年完成投资5.67亿元，完成《2017年全市旅游产业发展工作目标责任书》下达项目建设投入4.1亿元的任务。其中，果香四季（新建），完成项目前期工作，由市旅发组织完成项目总体规划及项目一期修建性详细规划专家评审工作。完成项目110亩建设用地供地程序，签订《国有土地使用权出让合同》，完成社会稳定评估报告编制和备案及110亩挂牌地地勘，完成3 417.061亩土地勘察定界和土地实物量化工作，摸清一期用地内土地权属和租用现状情况，累计投资13 698万元。山云华界（新建），完成项目主体工程建设，累计投资27 258万元。印象大酒店（新建），完成项目建设，累计投资5 102万元。红河谷热海续建项目前期完成投资3.2亿元建设，投入试运营，筹划二期康养项目建设。哈尼云海梯田旅游景区、大明庵旅游栈道续建项目截至目前累计投资7 750万元。重点打造那路、者嘎、它克、坡垤、侨乡园精品客栈、新华村、箐门口移民新村片区、塔朗、尼果、光伏特色农业旅游体验区、莫郎那嘎新村、安定村12个乡村旅游点。重点扶贫坡垤村、安定村，确定坡垤村为旅游扶贫示范村。目前，整合项目资金0.16亿元（旅游资金45万元），完成坡垤村落整体改造项目建设，正式成立元江坡垤谷农业旅游有限公司，流转村民土地1 200余亩，推广种植砂仁，启动坡垤农业旅游庄园旅游策划。年末，全县实有星级宾馆2家，拥有床位5 749张（星级宾馆床位263张），实有乡村旅游星级接待单位18家。

【交通、邮电】 2017年，全县交通运输、仓储和邮政业增加值4 351万元，可比价增长8.2%。年末，全县公路通车里程2 815.1千米；公路运输客运量

2017年社会消费品零售总额分类及其增长速度

指　标	单位	绝对数	比上年增长（%）
社会消费品零售总额	万元	275 136	12.5
按经营地统计：城镇	万元	240 707	12.6
乡村	万元	34 429	11.8
按消费类型统计：餐饮收入	万元	48 099	12.4
商品零售	万元	227 037	12.5

2017年公路通车里程及其增长速度

指　标	单位	绝对数	数据来源部门
公路通车里程	千米	2 815.1	
按行政区划分：国道	千米	241.6	市公路局元江分局、县交通运输局
省道	千米	30.7	县交通运输局
县道	千米	430.9	县交通运输局
乡道	千米	1 906.3	县交通运输局
村道	千米	150.2	县交通运输局
专用道路	千米	55.4	县交通运输局
按技术等级分：高速公路	千米	81.5	玉溪高速公路路政管理大队元江中队
一级公路	千米	5.9	县交通运输局
二级公路	千米	160.1	玉溪公路局元江分局、县交通运输局
三级公路	千米	34.1	县交通运输局
四级公路	千米	2 526.5	县交通运输局
等外公路	千米	7	县交通运输局

2017年财政八项支出及其增长速度

指　标	单位	绝对数	比上年增长（%）
一般公共服务	万元	41 588	66.7
公共安全	万元	7 760	-19.9
教育	万元	48 770	37.7
科学技术	万元	2 878	286.3
社会保障和就业	万元	26 510	15.9
医疗卫生与计划生育支出	万元	14 515	-24.3
节能环保	万元	3 579	-45.8
城乡社区事务	万元	30 065	401.4

2017年金融机构存贷款余额及其增长速度

指　标	单位	2017年绝对数	比上年增长（%）
金融机构存款余额	万元	690 103	-1.5
其中：境内存款	万元	689 828	-1.5
境外存款	万元	274	-6.5
金融机构贷款余额	万元	510 233	18.7
其中：住户贷款	万元	251 755	9.0
非金融企业机关团体贷款	万元	258 478	30.0

59.72万人，下降16.9%；旅客运输周转量5 874.21万人千米，下降16.9%。货运量2 988.6万吨，增长13.5%；公路运输货物周转量98 247.2万吨千米，增长16.6%。

2017年，全县拥有机动车80 467辆，其中，大型汽车982辆，小型汽车17 831辆，摩托车61 405辆，农用运输车（三轮汽车、低速货车）42辆，挂车133辆，教练车、教练摩托车74辆。营运客车240辆，其中，客运公交车26辆（城市公交车9辆，城乡公交车17辆），客运大中巴车90辆，客运微型面包车53辆，客运出租车31辆，城市客运观光电瓶车40辆。全县共有汽车驾驶员34 719人，摩托车驾驶员35 740人。

2017年，全县邮电业务总量24 924万元，其中邮政业务总量667万元，电信业务总量1 603万元；移动业务总量18 673万元；联通业务总量3 981万元。固定电话用户5 935户，其中住宅电话5 626户；移动电话用户185 707户；互联网用户27 189户，其中宽带网27 189户。完成国内外函件3.25万件，订销报纸累计115.95万份，订销杂志累计5.87万份。

【招商引资】 2017年，全县共实施招商引资项目72项，实际利用县外国内资金67.55亿元，比上年增长20.5%，其中省外国内资金53.1亿元，比上年增长25%。全年实现进出口总额818万美元，其中出口818万美元。

【财税、金融】 2017年，全县累计完成财政总收入73 411万元，比上年增加10 380万元，增长16.5%。完成上划中央“两税”收入11 675万元，比上年增加3 299万元，增长39.4%。地方财政收入60 225万元，比上年增加8 249万元，增长15.9%。其中公共财政预算收入48 814万元，增长15.2%。地方财政支出191 560万元，下降0.5%。

全县两税系统共组织各项税收入库52 213万元，比上年增加7 743万元，增长17.4%，其中国税系统收入27 760万元，比上年增加8 190万元，增长41.8%；地税系统收入24 453万元，比上年减少447万元，下降1.8%。

全县金融机构存款余额690 103万元，下降1.5%；贷款余额510 233万元，增长18.7%。存贷比为73.9%，比上年上升12.5个百分点。

【科　技】 2017年，全县组织申报高新技术企业2户，认定云南省科技型中小企业5户（元江红泰农业科技发展有限公司、元江羽楠农业科技有限公司、元江依江风辣木产业开发有限公司、元江县万源水果种植有限责任公司、云南优力农业发展有限公司）。省农业科技示范园1户（云南森源农业科技开发有限公司），市级工程技术中心1户，专利67件，专利授权18件，科技项目获得省市主管部门立项支持16项，争取项目资金422.54万元，其中省级10项（项目资金325.54万元）、市级6项（项目资金70万元）。云南万绿生物股份有限公司、元江大有为食品有限公司、元江依江风辣木产业开发有限公司、元江雅康生物科技有限公司等企业分别与云南大学、省农业科学院、贵州大学等建立院企（院校）合作关系，开展鸡纵菌栽培试验合作、芒果速溶精粉产品开发等课题研究。

【教　育】 2017年，全县有教师进修学校1所、普通高中2所、职业高中1

所、初级中学9所、完全小学57所、教学点4个、幼儿园17所（含民办幼儿园6所）、其他教育事业单位5个。在职公办教职工2 496人，其中教师进修学校教职工12人；义务教育阶段学校教职工1 945人（小学1 274人、初中671人），专任教师1 843人（小学1 234人、初中609人）；高中阶段学校教职工335人（普高270人，职业高中65人），专任教师293人（普高242人，职业高中51人）；学前阶段学校教职工156人，专任教师115人；其他事业单位教职工48人。在职民办教职工150人，专任教师108人。全县在校学生31 918人：其中义务教育阶段学校在校学生23 191人（小学15 726人、初中7 465人）；普通高中在校学生3 236人；职业中学在校学生362人；学前在园（班）儿童5 129人。全县校园占地面积979 456平方米，校舍建筑面积405 468平方米，教学及辅助用房159 792平方米，行政办公用房17 215平方米，生活用房210 041平方米。义务教育阶段学龄儿童入学率97.5%，小学入学率99.82%，辍学率为0.02%；初中入学率92.76%，辍学率1.03%；三类残疾儿童少年入学率100%。2017年高考参加考试学生1 127人，上线1 033人，其中一本上线26人，二本上线411人，文科最高分605分，理科最高分566分；初中学业水平考试参加考生2 243人，总平均分345.05，较上年提高12.88分。小学六年级学业水平检测成绩稳步提高，全科合格率62.11%。

2017年，国家财政性教育经费投入54 666.67万元，其中，中央资金投入6 718.62万元、省级资金投入2 267.51万元、市级资金投入1 926.54万元，县级资金投入43 754万元，下达各种专项资金10 912.67万元，已按要求及时足额拨付到学校，拨付率达100%。

年末，全县建档立卡贫困家庭学生总人数4 188人，其中，学前教育261人，小学2 037人，初中999人，普通高中420人，职高43人，大专以上428人。年内，对984名家庭经济困难学前儿童发放困难补助资金29.52万元；12 211名义务教育寄宿学生发放生活补助1 209.17万元；春季学期对790名普通高中学生发放国家助学金71.05万元，秋季学期对903名普通高中学生发放国家助学金81.22万元；对特殊少数民族实行特殊扶持政策。2017年春季学期对153名普通高中少小民族在校学生实施“三免一补”资金18.62万元，秋季学期对146名普通高中少小民族在校学生实施“三免一补”资金21.13万元。退还建档立卡贫困户学生免学费478名，退还资金31.33万元；对103名大学新生发放路费7.4万元，101名市级优秀学子实施奖励计划30.33万元，54名省级优秀学子实施奖励计划27万元。中等职业学校国家助学金和免学费政策：2017年春季学期共减免学费1 886人次，减免学费资金37.72万元；秋季学期至今减免学费554人次，减免学费资金10.08万元。2017年春季学期共发放国助金368人次，发放助学金7.36万元；秋季学期至今发放国助金205人次，发放助学金4.1万元。通过公开推选果蔬花卉生产技术班1名学生获得省政府奖学金4 000元。生源地信用助学贷款省下达指标1 100名，全县共办理助学贷款1 277名，放贷资金966.64万元。办理3名应征入伍服义务兵役高校学生国家助学贷款代偿，金额2.68万元。营养改善月平均受益学生16 580人，其中初中5 000人，小学11 580人。2017年建档立卡贫困户拉祜族在校学生80人，其中，学前幼儿班学生12人、小学生29人，初中生19人，高中生16人，职高生1人，大中专及以上学生3人。建档立卡贫困户子女适龄儿童、少年已全部入学。

【文　化】 2017年，全县共有文化馆1个，公共图书馆1个，乡镇（街道）文化站10个。被列入国家级“非物质文化遗产”名录项目1个，省级项目4个，市级项目25个，县级项目47个。省级重点文物保护单位4处，市级5处，县级14处。国家级非物质文化遗产代表性传承人1人，省级8人，市级25人，县级130人。县群众文化工作队下乡演出70场次，观众16.6万余人次。县文化馆组织各类文娱活动23场次，观众3.26万余人次；全县10个乡镇（街道）文化站共组织各类文娱活动379场次，观众14.633万余人次。2017年，全县电影放映故事片763场，科教片604场，观众55 341人次。其中农村放映点347个，放映故事片687场，科教片593场，观众33 281人次，广场放映86场，科教片11场，观众22 060人次。

2017年，县图书馆购进新书2 417册，馆藏34 252册；订购期刊237种，订购报纸10种；收集地方文献20种30册；到馆29 778人次，外借7 524人次，普通文献外借量17 757册次；办理借书证180个，持证读者1 700人；有电子图书数据库1个，内含百万册电子图书，主要在PC端阅读；有电子期刊数据库1个，内含3 600种30万册期刊；有1台电子图书借阅机，内含3 000册图书，每月更新150册图书；有1台电子期刊报纸借阅机，内含1 500种电子期刊和100种报纸；有1台数字音乐点唱机；新华书店发行图书80万册，完成销售收入1 147万元，（其中门市销售368万元，其他销售收入779万元）实现利润186万元。2017年，县档案馆馆藏档案156全宗，51 545卷。

【广播电视】 2017年，全县广播人口

元江喋奢扎　　（王　芳　摄）

综合覆盖率92.64%，电视人口综合覆盖率95.87%。县电视台全年播出新闻1 785条，市级电视台播出189条，省级电视台播出104条，中央电视台播出19条，拍摄制作电视专题片15部，播出专栏节目52期。截至12月，公众号热情元江发布图文信息911条。其中《芒果节的元江，真不是一般的美！》阅读量达29 123人。《时政新闻》《天气预报》《健康养生堂》《话说元江》《我在元江》《知识长廊》等六档栏目实现广播新闻每日一换。播出天气预报284组，《话说元江》《健康养生堂》等四档栏目共38组。

2017年，龙潭乡擎天山发射台全部工程建设完工；完成咪哩飞机场广播电视发射台电力线路架设、机房等建设，预计年内可完成建设目标任务；开展洼垤乡么佐山发射台科研报告编制。"村村通""户户通"服务体系建设积极推进，技术人员开展下乡服务31次，服务群众498（户）次。

【卫　生】 2017年年末，全县实有卫生机构（含私立）112个，职工1 554人，其中卫生技术人员1 065人，每万人拥有卫生技术人员48人。全年门诊诊疗病人117.37万人次，入院人数3.32万人，病床使用率74.14%；传染病发病率169/10万。县人民医院迁建前期项目规划用地面积118.12亩，完成可研审批、选址规划意见书、土地预审意见、环评批复等前期工作。县中医医院门诊综合楼投入使用，建设项目占地822.6平方米，建筑面积4 355.8平方米，投资1 105万元，项目主体总投资1 200万元。县妇幼保健计划生育服务中心搬迁，建筑面积3 337.3平方米，占地面积4 000平方米，项目主体总投资1 000万元。

2017年年末，全县已婚育龄妇女人数42 162人，年内施行计划生育手术1 815例，累计落实各种节育措施人数35 813人，"三术率"75.31%，比上年下降1.64个百分点。计划生育率91.58%。全县计划生育率达91.58%，比上年下降1.68个百分点。登记二孩服务证夫妻数1 181人，二孩出生1 103人。孕产妇死亡率39.70/10万、婴儿死亡率6.35‰、5岁以下儿童死亡率7.54‰、农村孕产妇住院分娩率99.82%、剖宫产率27.51%，农村妇女宫颈癌检查1 031人，孕前优生健康检查756对（1 508人）、增补叶酸发放1 160人，结婚登记人群婚检率94.76%，新生儿代谢性疾病筛查率84.43%、听力筛查率99.92%。

全县组成家庭签约服务团队269个、团队专家组2个，家庭医生307人，全科医生22人。2017年家庭医生签约102 591人，超过任务数（67 260人）35 331人，率约45.75%；重点人群签约71 665人，率约81.83%；建档立卡的贫困人群、低保户、五保户签约服务覆盖率达100%。

2017年，全县居民健康纸质档案建档率93.55%，电子档案建档率89.65%。传染病病例报告1 316例，发病率630.2/10万，比上年同期下降43.8%。共收到突发事件相关信息报告91起（中毒事件47起，传染病37起，其他事件7起），调查处理率100%。累计报告HIV/AIDS人员500例（HIV311例，AIDS189例），新增7例，累计死亡112人，开展免费抗病毒治疗351人。

2017年，全县建立基础档案1 052户（供水单位649户，学校64户，医疗机构87户，公共场所252户），共巡查3 103户次。其中，生活饮用水巡查1 654户次，学校巡查229户次，医疗机构巡查287户次，公共场所巡查921户次，食品安全信息报告8起，非法行医信息报告4起。组织开展非法行医专项整治行动，打击取缔非法行医4户，对5户医疗机构和1户公共场所进行行政处罚。

【体　育】 2017年，全县共举办各类运动会23次，参赛运动员5 000人次，向上级输送各类体育人才10人。小学、初中参加国家学生体质健康标准测试及格率分别为98.39%、95.83%。全县经常参加体育锻炼人数占总人口数的38%以上。2017年7月，组队参加市少年儿童田径、游泳、篮球比赛，取得游泳男子团体第一、游泳女子团体第二、田径团体第四、女子篮球第七和男子篮球第七的成绩。游泳队获赛区体育道德风尚奖荣誉称号。县（户籍）运动员在游泳和田径比赛项目中全年共获奖牌74枚，其中，省级比赛银牌8枚、铜牌13枚，市级比赛金牌21枚、银牌21枚、铜牌11枚。少体校网球运动员王子榆、李成2名运动员代表玉溪少体校取得2018年省运会网球比赛资格。2017年6月，省低海拔训练基地改建——元江县江东体育场一体化改造项目完成建设。农村体育基础设施建设稳步推进，使用体育彩票公益金完成村级篮球场建设2块，完成25条健身路径和8副篮球架捐赠。统计和上报30个行政村体育基础设施项目，争取2020年前完成建设任务。

截至2017年12月，全县境内乡镇（街道）共有体育场地405块，其中，体育场1块，体育馆1座，游泳馆1座，网球馆1座，篮球场336块，网球场6块，羽毛球场6块，乒乓球场8块，地掷球场13块，门球场12块，健身路径109条（共有664架）；体育用地面积316 671平方米，建筑面积26 876平方米，场地面积289 795平方米，投入资金8 577万元（含体彩公益金和体彩项目资金1 718万元），总人口（不含在学校学生）人，人均活动面积1.66平方米。

【扶贫工作】 2017年，全县投入财政专项扶贫资金6 664万元，继续实施洼垤乡整乡推进项目、实施8个贫困行政村整村推进项目、实施8个2016年贫困乡贫困村脱贫出列市级奖补项目、实施19个自然村整村推进项目、实施11个产业扶贫项目、实施7个"直过民族"聚居村整村推进项目、发放扶贫到户贷款7 160万元。

【社会保障】 2017年，全县共投入6.6万元，为11户贫困残疾人家庭进行无障碍设施建设；投入2.6万元，为7名残疾人装配8例假肢；投入10.08万元，对8名残疾儿童进行早期康复训练；积极争取上级资金280万元，为100名听力障碍残疾人免费验配助听器；投入1.92万元，为64名贫困视力残疾人免费验配助视器具。

2017年年末，全县共有重点优抚对象1 152人，发放抚恤定补金额655.91万元；义务兵家属145户，发放义务兵家属优待金128.33万元；享受城市最低生活保障2 532户2 849人，发放城市最低生活保障金1 568.04万元；享受农村最低生活保障4 524户7 802人，发放农村最低生活保障金2 085.34万元；全县共有"特困供养"对象370人，其中集中供养78人。集体办敬老院9个，职工20人，床位165张。

2017年，全县职工基本养老保险参保人员24 041人，其中，企业参保11 302人，机关事业单位参保5 726人。实际征收基本养老保险基金20 836万元，全年支付养老保险金35 609万元；城乡居民基本养老保险参保人数111 801人，参保率97.34%，实际收缴养老保险基金1 064.2万元，政府补贴2 827.27万元，实际支付养老金2 661.33万元。城镇职工基本医疗保险参保19 170人，其中在职人员12 605人，全年实际收缴基本医疗保险金8 457万元，支付8 434万元；全县参加城乡居民（城镇居民与新农合合并）医疗保险人数184 683人，参保率97.88%，筹集基金10 713万元，其中个人缴纳2 772万元。全年享受待遇73万人次，基金支出12 300万元。工伤保险参保企业职工10 480人，其中农民工4 262人，全年收缴保险基金436万元，支付486万元。生育保险参保企业职工7 773人，其中农民工4 262人，全年实际收缴生育保险金338万元，支付473万元。失业保险参保职工9 025人，全年实际收缴失业保险金542.17万元，支付1 012.19万元。

2017年，全县城镇新增就业人员2 779人，城镇下岗失业人员再就业803人，帮助就业困难人员实现就业704人，开发公益性岗位417个，城镇登记失业率3.46%。

【人民生活】 2017年年末，全县在岗职工15 501人，比上年增加1 077人，增7.5%。在岗职工工资总额115 184万元，比上年增加13 255万元，增长13%。全县在岗职工年平均工资76 847元，比上年增加9 335元，增长13.8%。

2017年，城乡居民生活水平进一步提高。城镇居民人均可支配收入34 066元，同比增长8.4%；农村居民人均可支配收入11 706元，同比增长9.5%。

【领导名录】 县委书记黄太文，副书记封志荣、白文华。人大常委会主任方国铁，副主任王文保（2017年1月离任）、周明亮（2017年1月离任）、李云珍（2017年1月离任）、赵德福（2017年1月离任）、陈家福（2017年1月任）、曾睿辉（2017年1月任）、白春林（2017年1月任）、吴海燕（2017年1月任）。县长封志荣（2017年1月任），副县长雷鸣、王玉华、陈家福（2017年1月离任）、李丽、曾睿辉（2017年1月离任）、瞿瑞、郑荣（2017年1月任）、邓拾祥（2017年1月任）、贺斌（2017年10任）。政协主席黄文康（2017年1月任），副主席陶明、刀桂芳、赵德福（2017年1月任）、白雄（2017年1月任）。纪委书记李浩。

（李红兰）

元江芒果节晚会文艺表演 （方　红　摄）

绿水青山·碧玉清溪

（蒯子猷　摄）

人　物

FIGURES

责任编校：王　斌

全国五一劳动奖章获得者

云南省劳动模范

云南省先进工作者

享受云南省政府特殊津贴

受表彰人物

全国五一劳动奖章获得者

【罗秉俊】 男，汉族，1973年11月生，中共党员，本科学历，云南万绿生物股份有限公司副总经理兼总工程师。

2000年云南元江万绿生物（集团）有限公司组建，任分析检测中心主任主要负责分析检测中心的一系列筹建工作。2001年参与公司筹建芦荟膜分离浓缩液生产线，参加小试、中试及生产线的设计、建设；主持编写《芦荟产品企业标准》。2002年公司组建品管部，任品管部经理并牵头开始进行HACCP体系的认证。2004年，代表公司参与国家轻工协会对《国家芦荟制品行业标准》（《食品用芦荟制品QB/2489-2000》和《化妆品用芦荟制品QB/2488-2000》）的修订工作，是指标修订的主要负责人。2011年、2014年两次主持“玉溪市芦荟加工工程技术研究中心”的认定工作，并通过验收。罗秉俊作为企业的技术带头人，攻坚克难，制定企业的技术发展规划，加大对年轻技术人员的培训和传帮带，使一批年轻的技术人员成长为各专业的技术骨干。他加大新产品、新工艺、新技术的开发及科技管理力度，多年来在新产品、新工艺的研发方面取得了显著的成绩，为公司发展打下了坚实基础。2016年3月，被玉溪市总工会授予“罗秉俊劳模创新工作室”。8月，被云南省总工会授予“云南省职工创新工作室（罗秉俊职工创新工作室）”。他先后荣获“玉溪市劳动模范”“云南省劳动模范”“玉溪市科学技术二等奖”“云南省科学技术三等奖”。2017年4月27日，被中华全国总工会授予全国“五一劳动奖章”。

（朱双明）

云南省劳动模范

【陶丽芬】 女，汉族，1982年11月生，中共党员，本科，云南佑生药业有限责任公司QA检查员兼工会主席。

陶丽芬在业务上，勤于钻研，不断提高专业技术水平和业务素质，做好生产现场质量监控工作，决不让不合格产品流入下道工序，不合格产品决不出厂，充分发挥出一名QA检查员的作用。从自身做起，带头践行节能减排，保护环境，带动广大职工树立“节约光荣，浪费可耻”的意识，使干部职工把节能降耗，节能减排措施变成生产、生活的良好习惯和自觉行动，推动公司健康、科学发展。她带领职工积极参与“生态文明之家”的创建活动，公司分别荣获云南省及玉溪市“生态文明之家”示范单位。作为工会主席，积极开展工会工作，建好职工之家。关心职工生活，帮助职工解决困难，协调好职工与企业之间的关系。她带领职工积极参与“劳动关系和谐企业”的创建活动，以实现企业与职工良性互动，真诚合作，共谋经济发展，公司分别荣获云南省及玉溪市“劳动关系和谐企业”荣誉称号。她多次被公司评为先进工作者和先进个人，发挥出了一名制药人员和基层工会工作者的作用，为公司的发展做出了积极贡献。她先后荣获“玉溪市优秀工会工作者”“玉溪市热爱企业优秀员工”“玉溪市优秀工会积极分子”“玉溪市第五届劳动模范”。2017年4月25日，被云南省人民政府授予“云南省劳动模范”荣誉称号。

【段志林】 男，汉族，1972年12月生，中共党员，大专学历，云南新平云新糖业有限责任公司生产技术科科长。

段志林作为一名制糖战线上的普通工人，在平凡的工作岗位上勤勤恳恳、踏踏实实地工作，兢兢业业地认真履行着自己应尽的职责。经过几年的不断学习和实践锻炼，业务上刻苦钻研，他的专业水平和管理水平不断提升，积累了较丰富的实践经验，能够独立完成部分技术革新和技术改造项目的设计和组织实施，能够沉着冷静地分析，组织指挥处理生产过程中出现的突发事故。在榨季工作开始时，他就严格要求第一车间（原料部）提供新鲜的原料——初压汁简纯度≥84AP，他要求抓好过程控制，以减少跑、冒、滴、漏，均衡生产减少糖分的损失提高收回率。他不断总结，积极探索对安全、工艺、设备有待改进，对环保、节能降耗有益的新设备、新技术、新材料、新方法、新工艺。他参与公司对锅炉的技改，改造后，锅炉效率提高7.45%。参与公司无滤布真空吸滤机技改，技改后无污水排放，满足环保要求，减少热水用量，提升热效率，实现节能降耗，降低干滤泥转光度，提高收回率。2013年2月，参与组织成立安全标准化领导小组，制定了《新平恒诚糖业有限公司推行企业安全标准化工作实施方案》，经专家组现场考评，达到轻工行业安全生产标准化三级企业评分要求，通过现场评审。他先后荣获“玉溪市第三届劳动模范”“云南省五一劳动奖章”。2017年4月25日，被云南省人民政府授予“云南省劳动模范”荣誉称号。

【蒋建波】 男，汉族，1969年12月生，中共党员，中专学历，通变电器有限公司二车间车间主任。

蒋建波在担任二车间车间主任期间，完成了500kVA以下电力变压器椭圆铁芯的试制，并投入大量生产，椭圆铁芯工艺技术的应用，使公司50—500kVA等规格的变压器成本平均降低了7.15%（700～5 700元/台），按年产3 000台中、小型变压器产品测算，该项目的应用，每年可为公司节省开支450万元，同时，试制的各规格椭圆铁芯结构变压器均通过各项型式试验检测，其性能指标、电气强度、绝缘强度均达到国家标准。该项工艺技术的推广应用，经济效益明显，推进了产品的技术进步，节约了资源，降低了能耗，对企业对社会都作出了卓越的贡献。在蒋建波的带领下，二车间近年来完成了多项技改：“刮漆器引进运用”“0.4kV中小线圈绝缘捆扎工艺改进”“线圈压床改进”“高压绕线机计数方式及传动方式改进”“箔式线圈层绝缘裁剪工艺改进”“35kV线圈角环改进”“非晶变脱气工艺的改进”“非晶变铁芯退火工艺改进”“箔式线圈直流电阻不平衡控制工艺提议及实施”。他在平凡的工作岗位上作出不平凡的成绩，为企业的经济发展、节能减排作出了极大的贡献。2009年，获“玉溪市劳模”称号。2017年4月25日，被云南省人民政府授予“云南省劳动模范”荣誉称号。

【伏　斌】 男，汉族，1965年2月生，大专学历，包装印刷工程师，云南红塔包装实业有限责任公司设备组组长。

伏斌注重理论联系实际，利用所学知识、实际经验来解决工作中遇到的困难和问题。在业务上，勤于钻研，不断提高专业技术水平和业务素质。带领设备组的同志在设备技改和节能降耗方面成绩显著，他先后组织和参与了EMBA244柔性版四色印刷机、七层瓦楞纸板生产线和GD1224五色印刷机的可行性研究、设备的引进、安装及调试工作；积极探索进口设备配件的代替工作，采用国产配件代替进口配件，为公司节约了资金，并保证了设备的正常运行。面对生产设备使用时间长，设备故障越来越多的现状，他勇于探索，积极钻研，反复论证，通过不懈的努力，完成了公司因发展需要而进行的一系列设备技改，产品质量得到了可靠的保障，扩大了生产规模，经济效益有了很大提高。2009年1月，他向公司提出了车间废蒸汽及高温冷凝水回收技改方案，技改后，提高了锅炉蒸发量、蒸发速度，避免负荷波动过大对生产及产品质量带来的不安全影响，废蒸汽及高温冷凝水回收极大地减少锅炉用煤和软水，有效降低了纸箱生产的成本。2012年，他被评为“玉溪市劳动模范”称号。2017年4月25日，被云南省人民政府授予“云南省劳动模范”荣誉称号。

【王新华】 男，汉族，1972年5月生，民进会员，硕士研究生，高级工程师，云南玉溪水松纸厂副总工程师。

2000年3月，水松纸厂技术中心成立光机电技术研发团队，对激光打孔设备进行调研和设计、安装调试，王新华承担激光打孔电气自动化的设计开发。2001年开发成功“薄型基材激光打孔设备”，研制出国内第一台水松纸激光打孔机，填补国内空白。实现激光打孔机的产业化，项目被评为“2005年度云南省科技进步一等奖”。2001年，研制开发出第一代水松纸专用烫金设备，解决了传统水松纸烫金技术设备效率低、物耗高等不足，为烫印水松纸的普遍推广奠定了坚实的基础。2005年承担多单元成型纸电子打孔机的研发，主持电气自动化的CAD设计、安装调试工作。2009年负责ND660圆压圆跳步烫金机自动化CAD设计、PLC编程、安装调试工作。水松纸“同步自动检测、实时套准系统”和“电化铝薄膜跳步烫金、多次套印系统”处于国内首创，达到国际水平。2011年，王新华负责研发“数控烫金机”及其产业化。应用集散型控制系统（DCS）、计算机集成制造系统（CIMS），研究开发成功10台高精度数控烫金机，达到国际先进水平，为企业新增产值上千万元。2016年，负责研发“5毫米功能性高精度分切机”和“高速激光打孔机”，项目获得成功，达到国际先进水平，为企业新增产值上百万元。先后获得12项国家专利，其中2项为发明专利，10项为实用新型专利，主持高新技术企业认证项目10多项。2009年被评定为玉溪市第三批学术技术带头人，2008～2016年获“玉溪市无偿献血先进个人和优秀工作者”荣誉称号，2013年，被评定为红塔区优秀人才和玉溪市中青年学科技术带头人，2016年荣获云南省五一劳动奖章。2017年4月25日，被云南省人民政府授予“云南省劳动模范”荣誉称号。

【宋子波】 男，汉族，1972年10月生，中共党员，大学学历，食品工程师，云南猫哆哩集团董事长、云南猫哆哩集团食品有限责任公司总经理。

1991年，宋子波成立云南省玉溪市甜馨食品有限责任公司，任公司总经理兼法人代表。2012年，宋子波成立云南猫哆哩集团。先后研发了“猫哆哩”牌酸角糕、西番莲果派和“花齿轮”魔芋花派等系列产品，深受消费者喜爱。公司在产品工艺上还是生产设备上，在全国同行业中属于领先水平。“猫哆哩”已经成为西南知名的品牌，成为云南对外宣传的一张可食名片，得到社会各界的高度赞誉和认可。2008年5月“猫哆哩”牌酸角糕被评为“云南名牌农产品”。2012年7月，公司起草《酸角糕》地方标准，《DBS53/013—2013酸角糕》地方标准于2014年2月1日正式实施。2014年1月，“猫哆哩”商标荣获《中国驰名商标》，公司的技术中心被认定为省级技术中心和玉溪市热带果蔬深加工工程技术中心。2016年，公司与云南省热区园艺所的专家成立了专家工作站，专门研究酸角及其他热带水果，共同推动酸角事业的发展。2017年3月，与上海理工大学签约，合作成立专家工作站共同研究开发罗望子胶。宋子波于2005年被红塔区政府授予“红塔区科技勤劳致富先进青年”。2007年作为“猫哆哩”酸角糕新产品研发项目的主要负责人，荣获2007年玉溪市科技进步三等奖。2008年当选为红塔区政协委员。2009年10月，被市委、市政府评为优秀企业家。2011年11月被红塔区委、区政府评为红塔区“科技致富”先进个人。2017年4月25日，被云南省人民政府授予“云南省劳动模范”荣誉称号。

【赵永跃】 男，汉族，1974年5月5日生，初中学历，澄江县佳旺家政服务中心总经理。

2007年，赵永跃成立了澄江佳旺家政服务中心，是澄江县最早从事外墙清洗、高空作业、管道疏通、楼宇综合清洗、搬家的专业家政中心。十年来，赵永跃兢兢业业、努力钻研专业技术技能和管理方法，家政中心由当初的两人发展壮大到现在二十多人的团队，为一批无技术、无知识、无本钱、就业困难的农村妇女提供了就业平台。在业余时间，他带领职工学知识、学技能，开展演讲比赛和技术比拼，掌握与客户沟通的技巧，提高业务技能，更好地为客户提供优质服务。在工作中，他急客户之所急，想客户之所想，一直本着诚信为本，稳健经营，清新益明，解决就业的宗旨。团结敬业，创新实干，以规范化、专业化、标准化打造一流的服务团队，赢得了各界的赞誉。澄江佳旺家政服务中心发展成为澄江县最专业的从事高空外墙清洗作业的家政服务中心。中心业务涵盖了室内外清洗，保洁，高层建筑水电安装，灯光维护等业务。2013年，被玉溪市农民工工作联席会议办公室、玉溪市人力资源和社会保障局评为玉溪市优秀家庭服务企业“先进单位”。2014年，被玉溪市家政行业协会评选为玉溪市先进单位。2016年被市人力资源和社会保障局评选为“先进单位”，赵永跃被评为“优秀农民工”。2017年4月25日，被云南省人民政府授予“云南省劳动模范”荣誉称号。

【方富光】 男，哈尼族，1973年12月生，中共党员，初中学历，峨山县大龙潭乡迭所村委会乡村医生。

方富光出生在峨山县大龙潭乡偏远山区，六岁时左脚受伤，引发脊髓炎，因救治不及时落下残疾。乡村医疗条件的落后和医疗人才的匮乏，鞭策着他要立志当一名医生，实现救死扶伤的愿望。1993年，他拜赤脚医生为师，开始学习医疗知识，并买来医疗书籍自学。随后多年里他参加了多次的乡村医生培训和学习，并通过考试获得“药士”资格证书，2006年7月正式成为一个乡村医生。在担任乡村医生期间，除了为周边村民就诊以外，还要做好国家基本公共卫生服务、儿童计划免疫工作，担任村完小的校医，负责辖区内的卫生监督工作。他拖着残疾的身躯深村民家中，向村民们宣传预防接种的重要性。无论刮风下雨、烈日骄阳，他都坚持入户接种，从不遗漏，确保迭所村儿童疫苗预防接种率达100%。他还坚持做到一个季度为患有慢性病的群众做一次体检，一年为65岁以上老年人做一次体检，他平均每天要看10个以上病人。2012年7月，灾难又降临到他身上。方富光患上急性骨髓炎，不得不做双小腿截肢手术。面对重重灾难，他不畏困苦，一心为民，坐在轮椅上坚持为村民就诊，装上假肢后又学会骑三轮摩托车，骑着三轮摩托车赶到病人家里治病疗伤，乡亲们亲切地称他的三轮摩托车为“救护车”。他不平凡的人生经历和良好医德，赢得了乡亲们的尊敬和爱戴。“但愿人间无疾苦，不愁架上药生尘”的行医精神，使他成为人们学习的楷模。先后荣获“玉溪好人”“云南好人”“玉溪市劳动模范”荣誉称号。2017年4月25日，被云南省人民政府授予“云南省劳动模范”荣誉称号。

【陈宝荣】 男，汉族，1963年4月生，中共党员，在职研究生学历，高级经济师，红塔区大营街社区居委会党总支书记、主任。

陈宝荣坚持以经济建设为中心，努力发展好企业，积极带领社区农民共同致富，为大营街的经济腾飞做出了积极贡献。2016年大营街居委会固定资产3 454.91万元，实现企业收入54.5亿元，上缴税金1.01亿元，农民人均纯收入27 002元。建设特色居住小区，提高居民生活品质，2010年对大营街居委会现有住房实行统一规划重建，投资13亿元，统一新建1 481户双拼特色民居、112套高层单元居民住宅。他担任玉溪卷烟厂滤嘴棒分厂总裁期间，提出了一系列管理措施并实施，提升产品质量，取得较好的经济效益。2016年实现销售收入38 007万元，利税9 768万元。“汇龙牌”滤嘴棒产品连续被认定为云南省“名牌产品”“云南省新产品”，企业荣获全国乡镇企业科技进步先进单位、省百强企业综合50强、省“高新技术企业”“科技先进单位”等荣誉称号。2001年5月投资1.2亿元，兴建玉溪汇龙生态园，2016年实现销售收入2 455万元，利税400多万元。玉溪汇龙生态园通过国家级4A级旅游景区认定和3星级酒店认定，2010年获五叶级中国绿色饭店，2009年至2010年云南省餐饮名店。在稳定主业的情况下，较为成功的实现企业多元化发展和产业领域拓展，推进大营街特色旅游小城镇建设，带动大营街第三产业的发展，为地方经济发展培植了新的增长点。他先后荣获国家、省星火青年带头人，国家、省、市优秀企业家，云南十大杰出青年，玉溪市劳动模范等荣誉。2017年4月25日，被云南省人民政府授予“云南省劳动模范”荣誉称号。

（朱双明）

云南省先进工作者

【朱培昌】 男，汉族，1967年3月生，中共党员，研究生学历，高级教师，玉溪第四中学校长。

2014年，任玉溪四中校长以来，他创造性实践“343”的课堂教学模式，并在市内外10多所学校推广使用。倡导实施学校管理工作“三个一”活动，学校管理在原来的基础上有了质的飞跃。教师近三年参加课赛获省、市一等奖61人次，通过加强管理，教育教学质量大幅提升，2016年中考570分（总分600分）以上占全市13.8%，普通高中录取率85.6%。学校管理考核连续12年荣获一等奖，中考成绩近三年均居全市前茅，学校先后被认定为云南省优级甲等学校、云南省文明单位、云南省平安学校、云南省现代教育示范学校、教育部百所信息化建设示范学校，国家级绿色学校。主持研究市级课题“学校、家庭、社区一体化育人初探”等3个课题结题验收，其中2个课题获市科技进步三等奖；省级子课题“信息技术与学科整合的研究”等2个省级课题结题验收，并获省级二等奖；国家级课题“生命教育的实践与探索”等2个课题结题验收；2016年他主持教育部十二五重点课题“新课程背景下中小学价值教育的校本化研究”结题验收并获研究先进学校，这一成果在全国1 000多所共同研究学校成果共享。他的论文21篇论文发表在国家、省级核心期刊上。他先后荣获“玉溪市优秀教育工作者”“云南省名校长”“云南省五一劳动奖章”。经云南省人民政府批准，获2017年度“云南省先进工作者”称号。

【向云顺】 男，汉族，1968年11月生，中共党员，大专学历，华宁县公安局巡特警大队大队长。

向云顺任大队长以来，针对城区地域特点、人口密度、治安和交通状况等实际情况，带领巡警大队民警强力推进网格化治安巡防格局，开展各类专项行动。对县城区KTV歌舞厅、酒吧等治安复杂场所开展治安秩序专项整治，有效打击了违法犯罪人员的嚣张气焰；除了日常巡逻工作中协助县交警中队开展街面违章停车整治行动外，他还针对群众反映强烈的摩托车改装严重扰民行为及飙车行为，组织开展专项整治行动，采取源头堵截、上路盘查等方式，有力维护社会交通秩序；认真开展“护校安园”工作，为教学工作保驾护航。他带领大队全体队员始终坚持以服务群众生活、维护治安稳定为己任，为华宁社会治安稳定和人民群众安居乐业做出了重要贡献。他先后两次荣立个人三等功，荣获第二届“玉溪好人”“玉溪市第五届劳动模范”荣誉称号。经云南省人民政府批准，获2017年度“云南省先进工作者”称号。

【李桥安】 男，汉族，1976年5月生，中共党员，大专学历，工程师，元江县林业局营林站副站长。

李桥安积极探索、研究和推广林业生产适用技术，1998年以来，他先后组织或参与了“红象牙芒果引种试验示范”“荔枝嫁接技术研究”“元江县芒果标准化示范”“尾叶桉在元江干热河谷地区的嫩枝扦插育苗技术研究与应用”“元江县苦菜臭菜等森林蔬菜驯种试验示范”“元江县热坝区红香椿引种实验”“森林蔬菜资源开发利用”等课题研究，并有多篇林业论文发表，“荔枝嫁接技术研究”课题研究1999年获玉溪市科技进步三等奖，“尾叶桉在元江干热河谷地区的嫩枝扦插育苗技术研究与应用”课题研究，2006年获玉溪市科技进步三等奖，“森林蔬菜资源开发利用”课题研究2011年获玉溪市科技进步三等奖。2008年，元江县大力发展核桃产业，他坚守第一线和各乡镇林业站林业技术人员，跋山涉水，加班熬夜，顺利完成了近20万亩的核桃产业发展调查规划工作。无论在何种岗位，从事何种工作，他都是干一行爱一行，一心扑在工作上，兢兢业业、踏踏实实、勤勤恳恳，各项工作想在前、干在前，充分起到了模范带头作用，为加快全县林业生态环境建设步伐和促进林业产业的快速发展做出了突出贡献。多次被省、地、县和县林业局评为先进工作者和先进个人。2012年被云南省总工会评为云南省优秀工会积极分子，2016年被评为玉溪市第五届劳动模范。经云南省人民政府批准，获2017年度“云南省先进工作者”称号。

【张锡光】 男，彝族，1966年3月生，中共党员，在职研究生学历，主任医师，硕士生导师，玉溪市人民医院副院长。

2003年，抗击非典、昭通市鲁甸县发生6.5级地震、“国家铁人三项运动队员交通事故”的救治等每次重大突发事件抢救时，张锡光总是身先士卒、冲锋在前。张锡光在担任市人民医院急诊医学科主任期间，科室建设成效显著，社会效益和经济效益获得双丰收。急诊医学科外科病区发展成为医院外科系统业务量最大的科室，手术量从2004年至2015年每年以超过30%递增。在他的带领下，成功开展了多发性肋骨骨折并连枷胸的内固定术、颈椎前后路手术、上胸椎后路椎弓根钉内固定术、复杂骨盆髋臼骨折前后路联合入路手术等高难度手术等多项新业务新技术。在科室严格推行病人入院后、手术前、手术后及出院前“四讨论”制度和坚持规范检查、规范用药、规范治疗“三规范”原则。他领导下的病区，每年都超额完成医院各项指标，无医疗差错事故发生，还多次收到患者的表扬信和锦旗，取得了丰硕的社会效益和经济效益。2011年以来，他在《中国骨伤》《现代诊断与治疗》和《中国医学创新》等医学刊物上发表论文16篇。他不仅是一名骨科专家，还是一名优秀的带教老师，在课堂上他能够结合临床病例授课，理论联系实际，形成了独特的教学风格。他先后荣获玉溪市劳模、玉溪市优秀共产党员等荣誉。经云南省人民政府批准，获2017年度“云南省先进工作者”称号。

【李　艳】 女，汉族，1974年3月生，中共党员，大学学历，玉溪市水利局水利管理站副站长。

她任市水利局水利管理站副站长以来，通过对全市农村饮水安全现状及动态发展情况的调查，圆满完成了农村饮水安全现状及动态发展情况的调查、收集、整理和统计分析工作，为项目建设提供了准确的信息资料和决策依据。由她负责组织实施的农村人饮解困、农村饮水安全项目成效显著，“十二五”期间累计解决了50多万农村人口的饮水安全问题，得到了各级各部门和社会各界的高度赞扬和充分肯定。她组织编制了《玉溪市农业灌溉发展规划》《玉溪市农业节水纲要》《玉溪市中低产田地改造水利建设规划》《玉溪市一般中型灌区和小型灌区调查报告》《玉溪市“爱心水窖”建设规划报告》《玉溪市农业高效节水减排项目规划报告（2016～2020年）》《玉溪市“三湖”流域农业高效节水减排项目可行性研究报告》等多个重要规划和工作报告，为加快玉溪市农田水利建设发挥了积极作用。在她的努力下，全市水利工程管理单位管理体制改革、农村小型水利工程管理体制改革、水价改革、农村基层水利服务体系建设、水管单位达标考核、农田水利改革试点经验推广等工作顺利推进，成效显著。他先后荣获玉溪市优秀下派干部、安全生产先进个人、玉溪市第三届劳动模范。经云南省人民政府批准，获2017年度“云南省先进工作者”称号。

（朱双明）

享受云南省政府特殊津贴

【杨　玲】 女，1966年5月生，中共党员，本科学历，主任医师，硕士生导师，云南省中医学院兼职教授，玉溪市人民医院党委副书记、副院长。中国中医药研究促进会专科专病建设工作委员会副会长，中华医院管理协会理事会副理事长、云南省科技厅云南中医学院应用基础研究联合专项理事会理事，云南省中医医疗集团副董事长、大医院网全国联盟主席、玉溪市中青年学科技术带头人。

作为全国名老中医首位学术经验继承人，杨玲在总结、继承、发扬导师段其昌主任医师学术思想方面，做出了突出贡献。她和导师共同研制的纯中药制剂“黄芝通脑络胶囊”获得省药监局的院内制剂批文，应用于临床后被患者广泛接受，取得较好的社会和经济效益。作为玉溪首位云南省优秀青年中医，杨玲擅长温热杂病、急性胃肠炎、消化性溃疡、食管炎、乙型肝炎、自主神经功能紊乱症、肿瘤等内科疑难杂症的中医治疗，提出慢性胃炎辨治四要理论，为改善胃肠疾病的中医临床实践作出了突出的贡献。作为全国首批专科专病建设临床先进个人，杨玲积极打造重点专科，建立玉溪市首个国际级名中医工作室，建立玉溪市首个石学敏院士工作站，建立首个全国名老中医药专家传承工作室，开设玉溪市首个专业脑病康复门诊、首个骨质疏松专病门诊，建立玉溪首个治未病科，加入“大医院网全国联盟”，加入云南中医医院集团，实现“中国卒中联盟脑卒中中心”落户玉溪。她先后荣获玉溪市科技进步二等奖1项，发表学术论文14篇，出版著作3部。全国首批专科专病建设临床先进个人、第二届云南省优秀青年中医等荣誉称号。经云南省人民政府批准，享受2017年“云南省政府特殊津贴”。

【武增明】 男，汉族，1965年5月生，中共党员，本科学历，高级教师，玉溪一中副校长。

从教34年以来，常以“能为师、乐为师、善为师”来鞭策自己，用爱心、细心和耐心去教育学生和感染学生，先后送走18届毕业生，所教学生考上清华、北大、复旦、香港大学等名校30余名，有5名学生在高考中名列云南省高考总分前10名。2008年所教两个班的高考数学平均分为99.16分，居学校11个平行班第一名；2011年所教两个普通班的高考数学平均分为107分，居全省同类第一名。2014年所教两个班的高考数学平均分为124.22分，均全省第一名。指导学生参加2007、2013年全国数学联赛，取得优异成绩，被中国数学会授予全国高中数学联合竞赛“优秀教练员”称号。1999年，获市课堂教学竞赛一等奖。2001年，被易门县考评认定为“骨干教师”。2003年，被易门县委、县政府授予“模范教师”称号。2011年被评为市“十一五”教育科研“先进工作者”。2012年，被授予玉溪市“劳动模范”荣誉称号。2014年，被认定为玉溪市高中数学“学科带头人”。近十年来，在省级及其以上刊物上发表教育教学论文近200篇。经云南省人民政府批准，享受2017年“云南省政府特殊津贴”。

【刘庆荣】 男，汉族，1973年10月生，中共党员，本科学历，高级农艺师，红塔区种子管理站站长，玉溪市中青年学科技术带头人。

他一直在基层承担农作物新品种选育试验示范推广工作。主持和主要参与育成云南省审定油菜品种5个，制订了《红塔区无公害优质油菜生产技术操作规程》。新品种在全省累计推广996.4万亩，增产1.2亿千克，增收4.2亿元，成效显著，为红塔区及云南省油菜产业发展做出突出贡献。先后获科技成果奖25项次（其中：省部级1项，地厅级8项，县处级16项），发表科技论文11篇。先后荣获省市区先进个人表彰6次。经云南省人民政府批准，享受2017年“云南省政府特殊津贴”。

（人社局）

受表彰人物

【杨绍聪】 男，汉族，1962年7月生，中共党员，本科学历，农业推广研究员，现任玉溪市农业科学院副院长。

杨绍聪一直在农业生产第一线从事农业技术研究与推广工作，并主要致力于作物营养与缺素、土壤与肥料、施肥与农业生态环境、无土栽培等科研和推广工作，解决了在玉溪乃至云南省农业生产上存在的一些作物生理性病害问题，土壤养分、施肥及设施栽培对农业可持续发展影响问题，以及种植业生产对湖水保护治理有明显影响的技术难题。共获各级科技成果奖43项次，获国家授权专利11项、申请受理发明专利10项，发表论文70篇，35篇论文获国家、省、市级优秀科技论文奖，作为副主编出版发行专著1部。获各级科技成果奖28项次（其中省部级三等奖2项、二等奖1项，市厅级一等奖4项），获国家授权专利8项（其中发明专利4项、实用新型专利4项），申请受理发明专利10项；发表论文34篇（核心期刊26篇，第1作者或通讯作者21篇），有21篇论文获省、市级优秀科技论文奖；作为副主编出版发行《毛叶枣（台湾青枣）的有害生物及其防治》（中国农业出版社，2009年3月第1版）专著。由于工作业绩突出，2003年度享受云南省人民政府特殊津贴。2006年1月评为玉溪市中青年学科技术带头人。2010年度享受国务院特殊津贴。2011年5月，评为省委联系专家、市委联系专家。2011年6月，授予“全市优秀共产党员称号”。2011年12月，荣获首届“玉溪杰出人才奖”。2012年6月，被中共云南省委授予“创先争优优秀共产党员称号”。当选为玉溪市第四届、第五届人大常委会委员。2016年1月，入选“云南省第二批专家基层科研工作站”专家。2017年12月，被人力资源和社会保障部及农业部授予“全国农业先进工作者”称号，享受省部级先进工作者待遇。

【李继祥】 男，汉族，高中文化，1969年4月出生，玉溪市祥馨农业技术开发有限公司总经理。

2006年3月成立玉溪市祥馨农产品种植基地、玉溪市红塔区继祥石斛产销专业合作社、玉溪市祥馨农业技术开发有限公司，主要从事石斛、白芨、黄精、重楼等种子种苗的繁育（组培）技术研究、示范推广及滇重楼、滇黄精、玛咖、三七等中药材的种质种苗筛选、示范种植推广。2012年在特色经作生产中成绩突出，李继祥被红塔区政府评为“特色经作生产能手”，2015年被红塔区政府评为“科技创新、成果转化及科技推广应用先进个人”。2015年他带领团队完成云南省科技厅中小企业创新基金项目“铁皮石斛低成本高效种植模式的筛选与示范”荣获红塔区科学技术进步奖一等奖，获得授权专利3项，申报受理专利6项（其中发明专利5项、实用新型1项）；其所从事的中药材种植技术推广及示范服务为新农村建设和农村经济发展起到积极作用。2017年12月，被人力资源社会保障部、农业部授予全国农业劳动模范称号。

【穆云海】 男，1972年5月生，大专学历，峨山县草山饲料站站长。

穆云海在从事25年的畜牧兽医科技推广工作中，解决了多种畜牧养殖病害问题。主持完成《山区肉牛养殖综合技术集成与应用》课题分别获市农业局农业技术推广三等奖和峨山县政府科技进步一等奖。为改变传统养殖方式，加快山区肉牛养殖业发展，2010年在批复立项建设《中央支持现代农业发展肉牛养殖》项目中，推进标准化牛舍改造、杂交改良、种草养牛、秸秆青贮氨化、肉牛短期育肥及补饲、疫病综合防治等综合措施落实，带动全县饲养肉牛10头以上的养殖户（场）208户，新增经济收入1 657.13万元。穆云海先后获得县以上科技成果奖9项次（州市以上6次、主持完成4项）、先进个人奖4次（州市以上2次）、发表论文12篇（独立或第一作者6篇）。2016年12月，被农业部授予全国农业先进个人称号。

【王春勇】 男，汉族，1968年10月生，通海县人，中共党员，通海县水产工作站站长，高级农艺师，云南省科技特派员。

王春勇从事农业技术推广工作28年，致力于淡水鱼类新品种、新技术的引进、吸收、创新利用及云南土著鱼类的保护研究与开发利用与应用。他针对通海县土著鱼类的保护与开发利用过程中，特有珍稀物种面临灭绝的问题，主持土著品种杞麓鲤的立题立项攻关研究，解决了多项制约土著鱼保护和发展的技术难题。为解决库坝塘高温季节水体热成层的打破消除难题和多年养殖沉积的残渣剩饵分解难题，改造池塘底层增氧设施，把固定在池塘底层的增氧设施，创新改造成可漂浮、可移动、可灵活调节增氧水层的库坝塘底层移动增氧设施，打破了限制库坝塘渔业产量提高的瓶颈，使库坝塘渔业产量大幅度提升。曾先后获科技成果奖8项次；农业部表彰1项次；发明专利1项、实用新型专利13项；省级先进个人表彰1次；市级表彰3次等。发表科技论文18篇，编写玉溪市渔业养殖技术规范3项。2016年12月，被农业部授予全国农业先进个人称号。

（张继宏）

【金志林】 男，汉族，云南会泽县人，1963年4月出生，大学专科学历，高级工程师，现任玉溪市政协科教文卫体委员会主任。

2005年8月，金志林担任玉溪市防震减灾局局长以来，带领全局干部职工紧紧围绕市委、市政府中心工作，抢抓机遇，强基础、补短板，不断提升防震减灾三大工作体系能力建设，多措并举，攻坚克难，开拓创新，扎实工作，圆满完成了防震减灾各项工作任务。多年来，玉溪市的防震减灾工作干在实处，走在全省前列，玉溪市防震减灾局防震减灾工作综合考核2010～2017年连续八年取得全省第一名的好成绩。金志林多次被评为全省、全国防震减灾工作先进个人。2013年被评为全国地震系统优秀个人，2015年和2017年获全国市县防震减灾人员考核先进工作者称号。

【蔡建华】 男，汉族，通海县人，1965年1月出生，中共党员，大学本科学历，现任中共通海县防震减灾局支部书记、局长，政协通海县委文史委副主任。

2007年12月，蔡建华调任通海县防震减灾局局长以来，努力践行防震减灾宗旨，热爱防震减灾事业，刻苦钻研业务，忠于职守，兢兢业业，任劳任怨。在防震减灾综合管理工作中成绩突出，为通海县防震减灾工作连续6年（2012～2017）荣获全国县级防震减灾工作综合考核先进单位、连续8年（2010～2017）荣获云南省县（市、区）防震减灾工作综合考核三等奖以上（2015～2017年连续3年荣获一等奖）尽心尽力。蔡建华2009年被评为云南省防震减灾工作先进个人，2010、2015年2次被评为云南省强震动台站质量管理先进个人，2014年荣获云南省地震局"防震减灾综合评比连续5年三等奖以上"优秀成果三等奖、"水位观测连续5年保持全省观测质量评比前三名"优秀成果三等奖。2015、2017年两次被考核为全国市县防震减灾人员考核先进工作者。

（尹俊峰）

【付　航】 女，1976年11月出生，本科学历，现任玉溪市妇幼保健计划生育服务中心医学影像科科长，超声副主任医师。

付航工作严谨踏实，以优质的服务对待每位患者，深受患者及同事喜爱。她带头在玉溪开展早孕期NT筛查、胎儿系统超声检查、女性盆底超声检查、小儿发育性髋关节异常等超声检查及诊断工作。下级医疗保健机构医生进修，她进行手把手教学，并多次在院内外进行学术讲座及下基层指导工作，通过各种培训活动及规范的教学，为基层培养了一批技术骨干，对快速提升玉溪市超声诊断胎儿畸形的诊治水平起到很大作用。她负责完成的1项科研课题，荣获2013年度玉溪市科技进步三等奖。因工作表现出色，多次"荣获先进个人"光荣称号。科室于2016年5月荣获"玉溪市第二批学雷锋活动示范点"，同时她个人荣获"岗位学雷锋标兵"称号。2016年3月，被玉溪市妇联授予玉溪市"巾帼建功标兵"称号。2017年4月，荣获中华全国妇女联合会"全国巾帼建功标兵"称号。

【杨爱斌】 男，汉族，1978年生，澄江法院副院长。2009年担任澄江法院刑庭庭长以来，年均办案40余件，8年中无发回重审案件。负责全庭刑事附带民事案件的调解，年平均调解率85%以上，当庭履行率90%以上。因工作成绩突出，2015年，被云南省高级人民法院评为"全省法院先进个人"，同年被云南省委宣传部评为"最美法官"。2016年，被最高人民法院评为"全国法院先进个人"。2017年，被最高人民法院评为"全国法院优秀法官"。

【吴世莉】 女，汉族，1971年生，现任元江法院专职审委会委员。自到元江法院工作以来，不论在何种岗位，不论是否任职，她始终以一名合格的法院工作者，一名优秀法官的言行举止要求自己。曾审结了12·7甲醇中毒案等在当地乃至全国有影响的大案。由于成绩突出，2005年被云南省高级人民法院、云南省妇女联合会评为"巾帼建功标兵"。2013年，被云南省高级法院评为"诉讼服务窗口标兵"。2017年，被中华全国妇女联合会评为"巾帼建功标兵"。

（张　坤）

（普学文　摄）

绿水青山·碧玉清溪

（吴 垠 摄）

附　录

APPENDIX

责任编校：闵群书

重要文件

主要经济指标

特色人文资料

重要文件

玉溪市“十三五”科技创新规划

为深入实施创新驱动发展战略，争创国家创新型城市，充分发挥科技创新对经济社会转型发展的支撑和引领作用，推进玉溪实现跨越式发展，根据《“十三五”国家科技创新规划》《云南省“十三五”科技创新规划》和《玉溪市国民经济和社会发展第十三个五年规划纲要》，制定本规划。

第一章　科技创新成效和面临形势

一、“十二五”主要成效

“十二五”以来，全市科技工作紧紧围绕市委、市政府的决策部署和经济社会发展重大需求，深入实施创新驱动发展战略和建设创新型玉溪行动计划，深化科技体制改革，推动科技与经济紧密结合，创新驱动发展工作稳步推进，科技支撑引领经济社会发展的作用明显增强。

科技发展水平稳居全省前列。“十二五”期间，玉溪综合科技进步水平稳居全省前列。2015年，科技进步贡献率达58%，较2010年提高7个百分点；全市本级财政科技支出29329万元，是2010年的2.3倍；占财政支出的比重为1.31%，较2010年提高0.31个百分点；研究与试验发展（R&D）经费投入46708万元，较2010年增长27.47%。五年间，登记科技成果350项，58项重大成果获国家、省科学技术奖；技术合同登记98项，技术合同成交额19.84亿元，技术交易额1.4亿元。全市高新技术企业已达75家，居全省第2，其中5家高企在“新三板”上市。认定省级高新区3家，建成4个省级高新技术特色产业基地。新增省级创新型企业12户，创新型试点企业20户，省科技小巨人企业4家。取得国家高新技术开发区、国家新能源汽车推广应用城市和国家农业科技园区3张国家级名片。

科技支撑能力强劲有力。围绕玉溪优势、特色产业培育和发展，积极争取国家和省科技项目支持，组织市级科技计划，2011-2015年，共争取国家、省科技计划项目561项，是“十一五”的3倍，获经费支持22718万元。长距离固液两相输送、烟草种子技术全国领先；冻干A、C群脑膜炎球菌多糖结合疫苗、变压器片式散热器等产品列入了国家重点新产品。新增国家农业科技园区2家，省级农业科技园区2家，省级农业科技示范园32家、省级优质种子种苗基地19家、省级农产品深加工科技型企业39家，农业总产值突破百亿元，全市农业科技进步贡献率达到57%。认定省中药材良种繁育基地1个，省中药材种植示范园1个。科技创新有力支撑了烟草及配套、矿冶及装备制造、生物医药、高原特色农业等玉溪优势产业的持续稳定发展。

创新服务体系日益健全。在全省州市中率先开展市级重点实验室和工程技术研究中心认定工作。“十二五”期间，新增5个省级工程技术研究中心，25个市级重点实验室和工程技术研究中心。十二五末，全市共建有1个国家级企业技术中心，8个省级工程技术研究中心，26个省级企业技术中心，34个市级重点实验室和工程技术研究中心，研发机构的数量居全省第二。建立了科技人才、科技文献、科技项目、专利、科普、创新机构等六个服务平台和12个具有玉溪特色的资源数据库，实现科技资源集成共享，为政府决策、企业科技创新活动和科技管理工作提供了有力的资源保障。初步形成了以企业技术中心、工程技术研究中心等为主体的产学研相结合、服务地方经济发展的创新服务体系。

科技人才培养取得成效。组织开展玉溪市中青年学科技术带头人选拔培养工作，培养中青年学科技术带头人128名，其中工业类25人、农业类35人、医疗卫生类47人、教育文化类21人；2人入选国家科技创新创业人才；4人入选省级学术技术带头人和后备人才，11人入选省级技术创新人才和培养对象；2个研发团队入选云南省技术创新团队，实现我市省级技术创新团队零的突破。建立了4个院士工作站，1个国际科技合作基地。启动实施玉溪市科技特派员创新创业行动，着力建设科技特派员队伍，提高基层科技创新和服务能力。不求所有、但求所用的人才聚集机制初步形成，高层次人才队伍总量、质量均较“十一五”期间有较大突破。

知识产权工作成效斐然。在全省率先出台实施“科技项目知识产权管理办法”，将知识产权工作纳入科技项目管理全过程；成立“玉溪市知识产权援助中心、玉溪市知识产权服务中心”，切实为发明创造者提供从专利申请到专利权保护完整的技术服务和相关援助。大力开展知识产权试点示范企业培育工作，2015年，云南大红山管道有限公司被认定为国家知识产权优势企业，填补了我市该领域荣誉空白。积极开展专利奖励工作，对受理及授权专利进行奖励，“十二五”期间，全市专利申请量4656件，专利授权3414件，分别是“十一五”期间的2.6倍和3.5倍。2015年底，玉溪发明专利拥有量633件，万人有效发明专利拥有量达2.7件，远高于全省平均水平，自主创新能力明显提升。

科技合作领域深入拓展。积极促进重大科技交流，多次组织企业参加“沪滇科技成果对接交流活动”，举办了第十六届中国科协年会——生物医药论坛和“中国院士玉溪行”活动，组织了省科技厅与市人民政府的“厅市科技会商”会议；举办“高原特色农业现代化科技咨询会”，通过系列重大活动，借助各方智慧和力量，紧扣我市科技、经济和社会发展需求，积极参与对外科技合作与交流，重点支持解决制约我市经济、科技发展的重大科学问题和关键技术问题，玉溪科技合作水平进一步提升。

科技创新环境日益优化。市委、市政府坚持把科技进步与创新作为推动经济发展方式转变的重要途径，把优化科技发展环境作为一项重要工作，切实增强全社会科技创新意识，强化政策落实，进一步形成良好的创新氛围。出台实施了《关于加快实施创新驱动发展战略建设创新型玉溪的决定》（玉发〔2014〕39号）、《中共玉溪市委　玉溪市人民政府印发〈关于创新体制机制加强人才工作的实施意见〉》（玉发〔2014〕27号）等一系列推进创新发展的政策文件。加强科普宣传教育，举办玉溪市2015年科技活动周暨首届玉溪科技创新博览会、第五十七讲“云南科学大讲坛”等活动，提升民众科技素养。2015年底，我市有云南省科普教育基地9家，其中4家被认定为全国科普教育基地。全市各级干部群众创新发展的意识不断强化，创新发展的生态环境不断改善，全市依靠创新促发展的意识和自觉性明显增强。

二、存在的主要问题

创新人才总量不足，结构不合理。2015年，玉溪市R&D人员3273人，仅占全省的4.8%，全省排名第4，创新人才总量不足，高层次领军人才和高技能人才十分缺乏，创新型企业家群体亟须发展壮大。现有各类人才80%以上聚集在高校、科研院所、政府机关和其他事业单位，行业、产业人才分布严重不均衡。

创新平台总量不足，使用效率不高。全市创新平台总量不足、结构不优、运行质量不高。同时还存在创新平台建设重牌子、轻运用，重自我拥有、轻开放服务，重自身管理使用、轻协同互补开发等问题，存在总量不足和资源闲置浪费现象同在的矛盾。

创新投入不足，创新能力不强。2015年，我市R&D经费投入仅占全省的4.3%，仅为昆明的5.5%；R&D经费投入强度0.37%，居全省第5位，低于全省0.80%的平均水平，与昆明1.86%、全国2.07%差距较大；地方财政科技支出占地方财政支出比重为1.31%，而国家是3.98%。全市规模以上企业有研发投入的仅占25.3%，企业创新意识不强，创新水平较低，产品相对低端。

创新创业氛围不浓，环境不优。大众创业、万众创新的氛围不够浓郁，还没有形成强有力的众创空间支撑体系，高新技术产业开发区、各工业园区的条件与资源集聚作用没有完全凸显，缺少为小微创新企业成长和个人创业的开放式综合服务平台。

三、面临形势

新一轮科技革命和产业革命蓄势待发，信息技术、生物技术、新材料技术、新能源技术广泛渗透，带动以绿色、智能、泛在为特征的群体性技术突破，全球科技创新呈现出新的发展态势和特征，依靠科技创新培育新的经济增长点、抢占未来发展制高点已成为世界发展大势。同时，我国经济发展正进入“增长速度换挡期、结构调整阵痛期、前期刺激政策消化期”三期叠加的特殊阶段，面对经济发展新常态下的趋势变化和特点，习近平总书记提出“创新是引领发展的第一动力”的重大论断，我国确定了创新、协调、绿色、开放、共享的发展理念，以科技创新为核心的创新驱动发展已成为国家战略。

当前，玉溪面临着国家加快实施“一带一路”、新一轮西部大开发、长江经济带建设等战略和云南加快滇中城市经济圈一体化建设、“科技创新城”建设和国家创新型城市建设等重大机遇，为科技创新拓展了更大发展空间。陈豪书记调研玉溪，明确要求玉溪要立足优越的区位、良好的生态和丰富的资源优势，走高端化的科教创新发展之路，努力打造滇中科教创新城，提出了“开放、创新、生态、宜居、宜业”五大目标，为我市确定了新坐标，明确了新定位，赋予了新使命。面对创新发展新态势，市委、市政府作出了推进“五网”建设、重点发展7大产业、实施7大民生工程等重大战略部署，提出把玉溪建成全省民族团结进步示范区、生态文明建设排头兵、区域性交通枢纽、区域性中心城市和对外开放合作新高地，在全省率先全面建成小康社会的目标，科技创新支撑我市跨越式发展的现实需求更加迫切。

第二章　指导思想、基本原则和发展目标

一、指导思想

全面贯彻党的十八大和十八届三中、四中、五中、六中全会以及习近平总书记系列重要讲话和考察云南重要讲话精神，牢固树立创新、协调、绿色、开放、共享的发展理念，坚持“自主创新、重点跨越、支撑发展、引领未来”的科技发展方针，坚持创新是引领发展的第一动力，以科技创新为核心带动全面创新，以体制机制改革激发创新活力，着力夯实创新基础，着力优化创新环境，着力培育创新主体，着力集聚创新资源，着力建设“科教创新城”，为玉溪率先在全省全面建成小康社会，打造创新开放、生态宜居、文明幸福的魅力之城提供强大动力。

二、基本原则

——坚持改革创新。破除不利于科技创新的体制机制障碍，建立系统完整的科技创新制度体系，加强创新法治保障，加快政府职能从研发管理转向创新服务，打通科技成果向现实生产力转化的通道。

——坚持需求导向。发挥市场对技术研发方向、路线选择和各类创新资源配置的决定性作用，更好地发挥政府引导作用，重点规划部署市场不能有效配置资源的关键领域。

——坚持开放合作。坚持对外开放与对内开发并重，引进来与走出去并重，充分利用科技入滇、滇沪合作等平台，加强对外科技交流与合作，形成内外联动、互为支撑的创新发展新格局。

——坚持重点突破。聚焦经济社会发展重大科技需求，重点突破一批共性、核心关键技术，构建发展新优势。

——坚持人才优先。把人才资源开发放在科技创新最优先的位置，创新培养、用好和吸引人才的机制，建立人才创新创业的制度环境。

三、发展目标

到2020年，玉溪自主创新能力大幅提升，区域创新体系基本形成，创新能力居云南前列，将玉溪建设成为全省区域创新高地和科技创新的聚集、示范、辐射和带动区，科技支撑生态文明建设的示范区，科技惠民促进民族团结进步的示范区。

——创新能力大幅提升。研究与试验发展经费投入强度达2.5%以上；规模以上工业企业研发经费支出占主营业务收入的比例达到1.5%以上；专利申请量和授权量年均增长8%以上；科技创新整体水平居全省前列。

——科技支撑引领作用显著增强。科技进步贡献率达60%以上；推动2个以上现有工业园区转型升级为省级高新技术产业开发区；取得对重点产业、重点领域发展具有支撑和引领作用的关键核心技术50项以上，培育特色重大产品（系列）50个以上，登记科技成果400件以上。

——创新创业环境更加优化。全市财政科学技术支出占当年同级财政公共预算支出的比例不低于1.6%；激励创新的制度体系和法规政策更加健全，知识产权得到有效保护，创新资源配置效率大幅提高；创新活力竞相迸发，创新价值得到更大体现；创新创业文化氛围更加浓厚，公民科学文化素质明显提高。

“十三五”科技创新规划指标与目标值

序号	指标	2015年指标值	2020年目标值
1	科技进步贡献率（%）	58	60
2	全市财政科学技术支出占当年同级财政公共预算支出的比例（%）	1.31	1.6
3	研究与试验发展经费投入强度（%）	0.37	2.5
4	规模以上工业企业研发经费支出占主营业务收入的比例（%）	0.36	≥1.5
5	市中青年学科技术带头人（人）	128	≥180
6	专利申请量（件）	1136	≥1590
7	每万人口发明专利拥有量（件）	2.7	≥3.8
8	累计认定高新技术企业数量（户）	75	≥120
9	累计建设院士、专家工作站（个）	4	≥16
10	累计建设重点实验室、工程（企业）技术中心（个）	85	≥130
11	公民具备科学素质的比例（%）	3.29	≥9.58

第三章　主要任务

一、加快“科教创新城”建设

坚持“科教引领创新发展”，扎实推进“1+3”工作部署，逐步构建“一核五片七区”的科教创新城空间格局，汇聚创新资源，凝聚创新力量，集聚创新优势，加快形成以科教创新为引领的经济体系和发展模式。

（一）加强“科教创新城”核心区创新园建设

以提升服务能力和功能拓展为重点任务，以“市场化、专业化、规模化、网络化、国际化”为建设方向，在孵化器的政策、环境、机制建设方面取得突破。按照“科教创新城”规划布局要求，在核心区科技创新园建设中，规划建设玉溪科技馆，并按1：2：1的比例分配研发机构、孵化器、加速器建设框架，由市科技局、市规划局统筹协调建设布局。争取到2020年，核心区创新园建成研发机构、孵化器、加速器等各类创新创业载体20万平方米，用以集聚科技研发机构、孵化器、科技企业加速器和培育高新技术企业、创新型企业。

（二）强化科技创新供给源能力建设

强化高端引领，加强前沿领域战略布局和技术预判，以全球视野谋划和推动科技创新，全面提高创新源头供给能力，探索实施“产学研政”合作新模式，借梯上楼，努力实现各种优质的创新要素和创新资源的高密度聚集。到2020年，在科技创新区加速器内，大力引进世界500强和中国500强企业的研发机构，依托华为等行业龙头企业建设一批企业研发中心，加速推进与产业特色相适应的著名企业研发中心集聚和高端产业集群形成。

（三）发挥科技创新辐射源示范效应

强化辐射带动，推动跨区域创新合作，打造创新高地，做好科研成果转化的“大文章”，结合我市产业发展总体思路，依托与东南大学、同济大学等高等院校的深厚合作基础，在科技创新园研发区和孵化器内，进一步拓展与国内外知名科研院所合作，着力搭建科技成果转化平台，推动科技创新园建设，全市争取建成一批国际一流、国内领先的战略性新兴产业创新平台。

二、支撑产业创新发展

围绕产业链部署创新链，聚焦我市重点产业发展战略需求、产业化重大科技问题、重大成果转化应用等目标，实施一批重大科技专项，突破一批核心关键技术，补齐产业发展短板，推动产业发展迈向中高端。

（一）巩固卷烟及配套产业技术优势

引导卷烟及配套产业以高品质、高技术、高结构、低成本、低危害为主攻方向，加大技术创新力度，抓好关键技术突破，实现优势生产要素的横向扩张，继续以新产品、新技术领跑行业。支持红塔集团开展技术创新，促进产品升级换代，继续保持全国领先。引导卷烟配套产业加大产品研发和市场开拓力度，打造西南最大、辐射全国的烟草辅料研发加工中心。

专栏1　巩固卷烟及配套产业技术优势重点

烟叶种植加工：应用现代生物技术，进行烟草新品种选育，加快生物育种产业的发展；开发烟叶种植病虫害生物防治技术，发展环境友好型种植技术；改进创新烘、烤、打叶复烤等烟叶加工技术，提高烟叶质量。

卷烟产业：围绕吸烟与健康科学研究，加强配方烟叶组内质特点及主化学成分与香料及产品品质的吻合性，辅料特性与烟气的吻合性，产品品质与品牌个性吻合性的研究，开发安全、低害、体现烟草本香的卷烟新品。

卷烟配套产业：加大铝箔纸、BOPP薄膜、水松纸、滤嘴棒、金拉线及以高中档箱、彩印箱、铜版纸、白卡纸为重点的卷烟原材料配套技术创新力度。突出优势发展卷烟辅料生产，开发安全、环保的新型烟用添加剂，推进天然植物提取香精香料的技术研究。借势“互联网+”，引导烟草配套企业向跨行业方向发展，高端切入云印刷行业，积极拓展液态食品、电子电器及高端礼品的中高档纸包装行业。鼓励本地烟用香精香料企业向食用、日化用香精香料转型，助推卷烟配套产业的转型升级。

（二）深化矿冶及装备制造产业技术创新

以装备大型化、生产智能化、产品精品化、服务信息化为主攻方向，强化重大技术集成创新，加大产品研发力度，提升高端数控机床、电力电器、通用航空和农机等装备领域的创新水平。

专栏2　深化矿冶及装备制造产业技术创新重点

矿冶产业：示范推广节能环保技术，开展低品位、复杂矿产资源综合高效安全开采、分选技术，有色金属尾矿资源的高效利用技术、有用组分梯级回收、尾矿膏体充填技术，稀贵金属二次回收技术、高效分离新型浮选药剂与组合技术，非金属矿高效节能连续煅烧窑成套技术，金属连续强化熔池熔炼、短流程高效冶炼成套工艺技术等的研发和应用。开发型钢、优钢、特钢、复合板材以及高强抗震钢等新产品。

专栏2 深化矿冶及装备制造产业技术创新重点

装备制备产业：数控机床发展伺服系统、辅助装置、数控机床整机；新能源装备重点发展电控系统、驱动电机、充电设备、新能源整车等产品；电力电器装备重点发展风电设备制造，变压器制造；农机装备围绕云南省及南亚、东南亚农机市场需求，重点发展种植收获机械、收货后处理机械、农产品加工机械。

（三）加快高原特色现代农业科技创新

围绕蔬菜、水果、花卉、生物药原料和生猪家禽养殖等优势产业，在良种良法配套示范、农产品精深加、农业生产废弃物综合开发利用、农作物病虫害防治、动物重大疫病防治等重点领域，开展技术研发与集成应用。推进农业信息化，研发推广实用信息技术和产品，发展农业物联网、互联网+农业。

专栏3 加快高原特色现代农业科技创新重点

种植业：新品种选育及种子种苗高效快繁技术；优质高产高效、生态绿色有机种植等关键技术；设施农业技术；化肥农药减施增效、农业重大灾害防控关键技术；生物农药生产技术及产品；节地、节水、节种、节肥、节药、节能和循环农业技术；农业生物资源综合利用技术等。

养殖业：良种选育、扩繁及规模化生产技术；畜禽水产健康养殖、规模养殖和循环养殖技术；畜禽重大流行疫病监测检疫与防控技术；平衡饲料配制及饲料安全技术。

农产品加工：农产品加工新装备、新技术、新工艺研发推广；农产品产地预冷、销地冷藏和保鲜加工设施技术研发推广。

农业废弃物资源化利用：畜禽粪便、秸秆和残膜等废弃物综合开发利用。

农业信息化：农业生产、资源、气象、运输、储存、加工和市场信息服务的网络化体系技术的研发和应用。

（四）推动生物医药及大健康产业技术发展

以新药创制和资源二次开发为重点，加大化学药、中药、生物技术药物等新产品研发，推动精准医疗、“互联网+医疗”等新业态发展，为把玉溪建成全省重要的生物医药产业集聚区提供科技支撑。

专栏4 推动生物医药及大健康产业技术发展重点

中药种植：发展中药材种源产业，以三七、滇重楼、石斛等大品种中药材为重点，加强中药材驯化种植及良种选育繁育研究，重点解决种源退化问题。开展中药材道地性、药食同源、种植加工、三七连作障碍等关键技术研究，推行绿色、生态种植。

生物医药：开展新型生物疫苗、抗体药物、干细胞制剂、新型生物检测试剂新产品研发和生产，促进现有生物疫苗上市品种二次开发及升级换代。

（五）强化文化旅游产业科技应用

围绕文化旅游与科技融合，着力开展文化旅游科技创新攻关、文化旅游科技领军企业和产业集群培养、文化旅游科技服务创新体系构建等，以先进技术支撑文化旅游装备、软件、系统研制和自主发展，提高重点文化旅游领域的技术装备水平。加强文化旅游领域技术集成创新与模式创新，推进文化旅游和科技相互融合，提高文化旅游服务能力，加强科技对文化旅游市场管理的支撑作用。开展文化旅游科技创新发展环境建设，建设特色鲜明的文化旅游和科技融合示范基地，加强文化旅游领域战略性前沿技术前瞻布局。利用云计算、大数据、物联网、移动互联网等新一代信息技术，发挥互联网在促进旅游服务业迈向高端、高质、高效新业态、新模式发展中的作用，推进旅游服务业提速发展。

专栏5 强化文化旅游产业科技应用重点

重点开展地理信息位置服务、虚拟现实、增强现实、数字多媒体、电子商务综合服务和O2O模式（线上和线下）等技术集成创新与模式创新，推动观光型旅游向休闲度假、互动体验式转变，提升旅游业市场吸引力和运营管理水平。打造内涵丰富且具有前瞻性的智慧旅游系统，形成“文化+智慧+旅游”的全新模式，全面提升旅游项目的文化内涵和科技水平。

（六）加速信息产业技术进步

围绕“互联网+”战略深入实施，加强与华为、阿里巴巴、腾讯、华唐等国内知名互联网企业合作，发挥本地资源环境及区位等优势，发展云计算、大数据、物联网等信息通信技术，建成面向南亚东南亚的小语种呼叫中心、大数据产业基地，全省重要的产业基地。实施电子信息与新一代信息技术重大科技专项，加快云计算和大数据关键技术研究开发，推进在若干重点领域的示范应用。

专栏6 加速信息产业技术进步重点

重点研发传感网、物联网关键技术，后IP时代相关技术，使信息网络产业成为推动产业升级、迈向信息社会的“发动机”。发展具有自主知识产权的电子装备品牌产品，重点研发基于新型存储器件的并行存储、PB级大数据分布式可扩展存储、大数据挖掘与语义分析、人工智能与机器学习、多元异构数据同化与深度融合及可视化等关键技术。支持玉溪华为大数据中心和云计算中心建设，推动重点领域的大数据与云计算服务，到2020年，力争突破一批用于整合、处理、管理和分析大数据的关键技术，建成支撑若干重点领域的大数据中心和云计算中心。

围绕空间信息应用服务基础设施、“一带一路”卫星综合应用、长江经济带卫星综合应用、“互联网+天基信息+”应用领域，搭建北斗位置服务综合平台、遥感卫星应用综合服务网络平台，推进卫星遥感技术、卫星通信技术、卫星导航技术的研发与综合应用，以及空间技术与其他信息技术的研发与融合应用。加快跨境电商、农村电商创新发展，开展电子商务云服务、电子商务可信交易、电子商务支撑服务、生产和生活资料电子商务服务、旅游电子商务服务、专业市场电子商务服务、国际贸易电子商务服务、移动电子商务服务等技术研发与应用示范。

（七）加强现代物流产业技术支撑

以研和综合物流园区、通海农产品物流园区等为重点，加强北斗导航、物联网、云计算、大数据、移动互联等先进信息技术在物流领域的应用，加快企业物流信息系统、物流公共信息平台建设。加强物流核心技术和装备研发，吸收引进国内外先进物流技术，提高物流领域自主创新能力。鼓励物流企业采用先进适用技术和装备，建设辐射南亚东南亚的中转型、加工型现代综合物流枢纽。

专栏7 加强现代物流产业技术支撑重点

重点开展货物跟踪定位、无线射频识别、可视化技术、移动信息服务、智慧交通和位置服务、仓储物流、绿色物流、物流标准化、现代物流作业等技术的研发与集成应用，研发专业物流装备、物流安全检测技术与装备，提高物流产业综合服务能力和服务效率。

开展自动化物流系统的数字化、网络化、智能化设计和整体解决方案研究，自动化物流系统的数字化建模、分析、仿真、优化研究。研发智能化、信息化的物流配送成套装备和智能化仓储系统。加快自动导引车、高速堆垛机、高速分拣系统、高速输送系统、智能轨道车及系统、自动货柜等物流配送关键设备及控制调度系统的应用，提升物流配送系统的整体技术水平。

三、推动大众创业万众创新

贯彻落实国家和省关于推进大众创业万众创新的政策措施，进一步优化创业创新环境，加强创新创业载体建设，完善多层次科技创新创业投融资机制，形成创新创业的综合支撑和服务体系，激发全社会创业创新活力。

（一）强化技术转移转化服务

推进玉溪科技大市场建设，按照统一品牌标识、统一管理制度、统一服务规则、统一在线交易、统一考核评价的原则，盘活现有科技办公场地，探索建立“交易、共享、服务、交流”四位一体的科技大市场，把本区域科技大市场建设成为市场化运作，服务体系完善，服务模式创新，创新资源广泛集聚，技术展示交易活跃，技术转移和成果转化产业化成效显著的重要平台，通过线上线下的有机融合，汇集技术、成果、资金等科技资源供需信息，依托政策引导和市场交易，促进技术转移和成果转化；通过技术平台、仪器设备、科技文献、专家人才等资源的共享，实现科技资源的开放整合与高效利用；通过人才创业、政策落实、知识产权、科技中介、联合创新等专业化和集成化服务，实现科技资源与产业的有效对接；通过举办科技大集市和各种专业论坛，开展科技宣传、咨询、培训等活动。

（二）推进科技创新驿站建设

以国家、省创新政策为指导，集成和利用科技服务资源，建设以企业需求为导向、以网络信息化交流手段为支撑的跨地区、跨行业、跨领域技术转移服务暨中小企业创新支持系统（创新驿站）。创新驿站主要任务以科技型中小企业为主要服务对象，以面对面的沟通交流为主要手段，通过深入企业，挖掘企业技术创新需求，并从需求出发，组织协调科研机构，以及金融、法律等第三方专业服务机构，为中小企业提供个性化服务，解决技术创新发展中所遇到的各种问题，从而帮助中小企业提高技术创新能力和综合竞争力，为玉溪经济发展做出贡献。

（三）构建公共科技基础服务平台

建设综合性科技创新驱动服务平台，整合现有科技资源，推动大型科学仪器设备、科技文献、种质资源、科学数据等以非营利方式向企业和社会开放共享。支持建设生产力促进中心，在中小企业与政府机构、科研机构、教育机构、金融机构等之间架起桥梁，通过整合社会科技资源，为中小企业提供技术信息、技术咨询、技术转让和人才培训等服务，提高中小企业的技术创新能力和市场竞争力，促进科技与经济的紧密结合。

（四）促进科技和金融紧密结合

进一步创新科技金融服务机制，完善科技金融服务体系，优化科技金融服务平台，营造科技金融生态环境，充分发挥金融杠杆调节作用，探索科技和金融结合的新机制。设立规模适度的科技创新引导基金，放大集聚并形成科技小额贷款、创业投资基金和股权基金、科技银行、科技担保等多元化的投融资体系，引导社会资本向初创型科技企业流动。落实国家知识产权质押融资试点市各项工作，实施支持个人将科技成果、知识产权等无形资产入股和转让的试点政策，对银行向创新型中小微企业开展知识产权质押融资产生的实际坏账损失，予以一定比例的风险补偿。

四、打造区域创新高地

发挥高新技术开发区、工业园区、农业科技园区等各类园区的核心载体作用，重点支持各类科技园区完善创新创业服务支撑体系，推动创新主体聚集、创新资源聚合、创新服务聚焦、新兴产业聚变。

（一）推动高新技术开发区创新发展

推进玉溪国家高新技术开发区创建国家创新型特色园区，在深化科技体制改革和政策创新方面先行先试。促进高新技术开发区、重点工业园区科技、人才、政策等要素优化配置，完善从技术研发、技术转移、企业孵化到产业集聚的创新服务和产业培育体系，推动有条件的工业园区升级为省级高新技术产业开发区，打造省级、国家级创新平台升级版，形成若干高水平、有特色优势的产业聚集区。

（二）推动农业科技园区创新发展

加强农业科技园区建设，培育壮大农业高新技术企业，构建覆盖全市高原特色现代农业的农业科技园区体系，使农业科技园区成为农业科技创新高地、创新创业服务集聚区和现代农业科技辐射源。

（三）建设县域科技成果转化中心和科技成果转化示范县

建设县域科技成果转化中心，探索多元化、个性化服务模式与运行机制，组织和协调科技型企业、科研平台、科技人才和团队、科技成果落地，促进县域经济社会发展。建设科技成果转化示范县，开展科技成果转化政策先行先试，创新科技成果转化和产业化模式，向全市提供示范。

五、强化科技合作交流

（一）强化国际科技合作交流

抓住中国－东盟科技伙伴计划、桥头堡战略等重要机遇，积极参与对外科技合作与交流，重点支持解决制约我市经济、科技发展的重大科学问题和关键技术问题，加强与国外一流科研机构、著名大学、企业开展实质性合作研发，形成政府引导、民间参与、机构互动、产学研结合的对外合作架构。

（二）强化国内科技合作交流

充分利用“科技入滇”平台，围绕我市特色优势产业，重点推进与中东部地区的合作，重点引进机构、人才团队和重大项目，重点解决我市技术需求和创新难题，吸引知名高校、科研院所、科技型企业、科技人员到玉溪创新创业，吸引大型企业在玉溪设立研发中心，与本地企业、研究机构进行战略性技术合作，吸引优势科技资源融入玉溪的科技创新和产业发展，形成全方位、多层次、宽领域的科技交流合作新格局。

（三）强化科技合作环境营造

鼓励我市行业领军企业、应用技术研究机构与国内外对口专业的知名技术研究机构、高职院校建立紧密型交流合作平台，对国内外知名科技型企业来玉溪设立总部或区域性总部、战略性新兴产业领军企业的，采取领导联系推进制，实行“一企一策、一事一议”，积极推动合作成果在我市实现产业化生产经营。

六、建设科技创新人才队伍

实施人才强市战略，坚持培养与引进相结合原则，围绕我市产业发展、重大科技创新成果转化和重点产业转型升级，采取加大科技创业扶持力度、整合提升引才平台功能、优化人才创新创业环境等举措，大力引进和培育各类科技创新人才，到2020年，以院士专家工作站为载体，引进一批以院士专家、国家“千人计划”“长江学者”等领军型科技创业团队和人才，特别是重视引进一批海外留学归国人才和支撑玉溪产业发展的急需人才，并每年从中优选优秀人才（团队）给予重点扶持，形成科技创新创业人才规模集聚效应。把握新科技革命和产业变革的趋势，重视学科技术带头人队伍建设，主动适应新产业、新业态、新技术发展，积极推进科研机构与行业企业协同，吸引社会资源投入，形成需求导向的创新创业人才培养。建立企业为主、政府补助的人才培养基金，鼓励支持企业与省内高职院校采取产教结合、定向培养等方式，培养“工匠型”人才。

坚持以提升企业家能力素质、培养企业家精神、增强企业自主创新能力和可持续发展能力为目标，制定完善科技型创新型企业家培养计划，进一步完善相关措施，努力培养造就一支具有战略眼光、较高科技素养、善于开拓市场、引领转型升级的优秀企业家及后备人才队伍，为全市创新驱动发展提供坚强的人才支撑和智力支持。到2020年，建立起一支创业导师队伍，重点培养和扶持在新兴产业领域有较深造诣，技术精、会管理、熟悉经济规律、在商业模式上有创新的科技型创新型企业家。

七、实施科技惠民服务工程

围绕实施脱贫攻坚、教育提质惠民、创业促进就业、城乡居民增收、社保扩面提标、健康养生养老和人口均衡发展七大民生工程科技需求，部署一批专项研究和工作，推进重大新技术研发、成果转化和产业化，为增强可持续发展能力、改善民生福祉、建设幸福玉溪提供重要支撑。

（一）推进以“三湖”治理为重点的生态保护

树立“科学治湖”理念，开展以抚仙湖为重点的“三湖”保护治理重要课题科学研究，调整沿湖农业种植结构，防治农业面源污染，加强城镇和农村生态居住环境动态监测及治理。强化生态环境保护及旅游资源开发利用研究及示范，努力做到开发与保护的有机结合，实现经济社会与环境保护的协同发展。

（二）推进以节能降耗为重点的资源循环利用

依靠科技进步支撑节能减排、环保整治，积极做好发展高新技术产业的“加法”，同时做好淘汰落后产能等的“减法”，开展节能低碳、余热余压发电、节能产品和服务、城市垃圾和污水处理等行动，加大再生能源利用、水资源节约与利用、矿产资源综合利用、固体废物综合利用、再生资源利用、农林废物资源化利用和餐厨废弃物资源化利用等方面研发力度。积极开展新能源汽车示范推广应用工作，完善新能源汽车产业配套服务系统。

（三）推进以人口健康为重点的科技创新

围绕人民群众最关心、最直接、最现实的民生和社会发展重大需求，优先支持人口健康、食品药品安全、康复医疗、民族医药等技术的转化应用。继续推进我市生物医药产业发展，支持药材种植科技示范基地、科技型生物医药企业建设，实施一批科研项目，抓好名药名方二次开发和医药保健品新产品研发，形成一批具有自主知识产权的新产品。

（四）推进以信息网络构建为重点的社会管理

加强社会管理领域的科技创新，加快科技成果的综合集成、示范应用和推广普及，围绕公共安全、智能交通、防灾减灾、科技强警等重点领域，优先支持重大自然灾害监测预警、重大生产事故预防、重大突发事件应急等技术的转化应用，建立网络化、广覆盖的公共安全服务平台和应急体系，提高社会管理信息化水平。

八、重视知识产权工作

（一）激励知识产权创造

遵循“激励创造、有效运用、依法保护、科学管理”的知识产权方针，大力开展知识产权强县区工程，深入开展以小发明、小革新、小改造、小设计和小建议为内容的“五小”活动，推动群众性发明创造活动深入开展。

（二）促进知识产权运用

支持一批具有自主知识产权的核心技术或关键技术成果转化，扶持一批科技型中小企业、民营企业以及非职务发明人的专利技术实施，全面提升知识产权竞争能力，加快自主知识产权的商品化、产业化。

（三）加强知识产权保护

健全知识产权行政执法工作体系，深化信息通报制度、案件移送制度和联合执法制度建设，及时调解调处知识产权纠纷、查处假冒、冒充知识产权行为；重点针对反复性、群体性侵权以及大规模假冒、盗版等行为，开展专项行动，进行集中整治；建立知识产权维权援助机制，充分调动和整合各种资源，开展知识产权维权援助活动。

（四）优化知识产权管理

加强知识产权机构和队伍建设，重视科技、经济、贸易、工商、文化等部门的协同，完善知识产权联席会议制度，统筹协调全市知识产权重大事项，优化知识产权信息公共服务平台，不断提高知识产权宏观管理水平，营造良好的法治环境、政策环境、市场环境和舆论环境，提升知识产权工作科学化、规范化能力。

九、深化科技体制改革

紧紧围绕促进科技与经济社会发展深度融合，深入贯彻落实党中央、国务院以及省委、省政府关于深化科技体制改革的决策部署，深化科技管理体制改革，推动政府职能从研发管理向创新服务转变，激发创新活力，提高创新体系整体效能。

（一）推进科技管理体制创新

转变政府职能，推动政府简政放权、放管结合、优化服务，强化政府战略规划、政策制定、环境营造、公共服务、监督评估和重大任务实施等职能，重点支持市场不能有效配置资源的基础前沿、社会公益、重大共性关键技术研究等公共科技活动，积极营造有利于创新创业的市场和社会环境。

（二）建立技术创新市场导向机制

充分发挥市场配置科技创新资源的决定性作用，建立企业主导的产业技术创新机制，市场导向明确的产业技术创新项目由有条件的企业牵头组织实施。促进创新要素向企业集聚，增强企业自主创新能力，引导企业加大技术创新投入，政府更多地运用财政后补助、间接投入等方式，支持企业自主决策、先行投入，开展重大产业创新项目。支持具有代表性的企业和企业家参与研究制定市级科技创新规划、计划、政策。

（三）深化科技评价制度改革

逐步建立符合各类科技人才、项目、成果、研发与服务平台的多元化评价体系。针对科技创新活动的多样性，建立包括科技研究、技术开发、试验发展、成果转化及产业化的分类评价标准，建立以科技创新质量、贡献、绩效为导向的分类评价体系，评价重点从研发成果数量转向研究质量、原创价值和实际贡献，对公益性研究强化政府目标和社会责任评价，改进科学技术奖励制度，重点奖励对产业发展有重大贡献的科技成果和科技人才团队，强化对青年科技人才的奖励导向。

十、促进公民科学素质提升

按照崇尚创新、注重协调、倡导绿色、厚植开放、推动共享的发展理念，把提升全民科学素质作为支撑全市跨越式发展的长效措施，坚持“政府推动、全民参与、提升素质、促进和谐”的工作方针，围绕“节约能源资源、保护生态环境、保障安全健康、促进创新创造”的工作主题，把科学普及放在与科技创新同等重要位置，加强科技教育、传播与普及，继承创新、拓展提升，开放协同、普惠共享，扎实推进全民科学素质工作，在全社会推动形成讲科学、爱科学、学科学、用科学的良好氛围，着力建设创新生态，激发全社会创新创业活力，不断夯实实施创新驱动发展战略和推进大众创业、万众创新的群众基础和人才基础，对早日建成开放富裕文明和谐美丽幸福的新玉溪提供有力支撑。到2020年，社会化大科普工作机制更加完善，科技教育、传播与普及长足发展，建成适应创新型玉溪发展需求的现代公民科学素质组织实施、基础设施、条件保障、监测评估等体系，公民科学素质建设的公共服务能力显著增强，全市公民具备科学素质的比例达到9.58%以上，高于全省平均水平。

第四章　保障措施

一、营造良好科技创新环境

加强科技创新文化建设，大力弘扬科学精神，营造鼓励创新、宽容失败、人人皆可创新、创新惠及人人的社会氛围，大力宣传创新创业先进典型，使创新成为价值导向、生活方式和时代精神，形成鼓励创造、追求卓越的创新文化。加强科学技术普及，提升全民科学素养和创新意识，进一步激发全社会的创新创造活力，开创大众创业、万众创新的新局面，把各方面力量凝聚到创新驱动发展上来。

二、建立多元化投入机制

建立财政科技投入的长效机制，强化财政对公共科技活动的投入保障；强化财政科技资金的引导放大作用，鼓励企业加大研发投入，到2020年，规模以上企业研发投入占企业主营业务收入比重达1.5%以上，高新技术企业研发投入占企业主营业务收入比重达3%以上，扭转玉溪市R&D投入强度较低的现状。鼓励和引导社会资本参与科技创新，扩大科技创新投入总量。发展科技金融服务业，探索新型科技金融服务模式。

三、加强规划实施

推动形成“政府负责、部门协调、上下联动”的工作格局，建立规划实施工作目标责任制。各县区要根据本地实际，制定具体的组织实施方案。市直各部门要高度重视科技创新工作，加大科技资源配置和整合力度，保障规划各项任务的完成。建立规划的及时跟踪，定期评估机制，加强年度计划与规划的衔接，确保规划提出的各项任务落到实处。充分调动和激发各级各部门、各行各业的积极性，最大限度凝聚共识，广泛动员各方力量，共同推动规划顺利实施。健全科技创新考核评价体系，加强对各级党委、政府及有关部门的监督考核。

玉溪市人民政府关于
进一步深化户籍制度改革的实施意见

为贯彻落实《国务院关于进一步推进户籍制度改革的意见》（国发〔2014〕25号）、《云南省人民政府关于进一步推进户籍制度改革的实施意见》（云政发〔2015〕35号）和《玉溪市人民政府关于印发玉溪市进一步推进户籍制度改革实施方案的通知》（玉政发〔2015〕183号）文件精神，有序引导农业转移人口、其他常住人口和各类人才向城镇转移，高效推进新型城镇化建设，服务全市经济社会发展，制定如下意见：

一、基本原则

通过进一步深化户籍制度改革以及相关经济社会配套改革，在尊重群众意愿的基础上，促进在城镇就业生活的农业转移人口和其他常住人口有序实现市民化，推进城镇基本公共服务常住人口全覆盖，力争2020年实现全市户籍人口城镇化率达到46%左右。

（一）坚持从实际出发。充分考虑我市经济社会发展水平、城市综合承载能力和提供公共服务的能力，实施有重点和差别化的户口迁入落户政策。

（二）坚持以人为本。充分尊重群众自主定居意愿，通过宏观调控、分类引进、消化存量、引导增量的方式，优先解决已经转移到市区和城镇就业生活的农业转移人口和其他常住人口在城镇落户，切实保障其合法权益，维护社会稳定。

（三）坚持统筹推进。以户籍制度改革为契机，统筹协调、同步推进其他配套政策措施的逐步实施，实现基本公共服务均等化和常住居民福利保障全覆盖。

（四）坚持公开高效。及时向群众和社会公开各项户籍改革及配套政策措施，简化办事程序，优化办事流程，为广大群众提供高效便捷的优质服务。

二、放宽城镇落户条件

（一）全面放开全市城镇落户限制。在全市县区城区、县区政府驻地镇（街道）和其他建制镇（街道）有合法稳定住所的人员，本人及其共同居住生活的配偶、子女、父母（含配偶父母），可以申请办理当地常住户口。合法稳定住所包括满足居住生活条件并实际居住的自购房（已取得《房屋所有权证》或已与开发商签订购房合同、经房管部门登记备案、已交付使用未取得《房屋所有权证》的现房）、合法自建房，政府、单位授权个人使用的各类保障性住房、单位公产房、租赁房屋（指在城镇范围内公民实际居住具有合法所有权的房屋或在当地房管部门办理租赁登记备案的房屋，房屋用途为“住宅”）。

（二）放宽工作调动同户人员随迁落户条件。组织人事部门工作调动、事业单位聘用落户，其原籍同户人员可自愿选择随迁，不受条件限制。

（三）放宽大中专院校毕业生户籍迁移条件。大中专院校毕业生选择在我市就业并已落实工作单位的，可自愿在工作单位或单位所在地社区公共户落户。玉溪籍的大中专院校毕业生未就业的可自愿选择回原籍落户或落入县区人才交流中心，待就业后应当按就业条件办理落户。

（四）放宽城镇直系亲属投靠落户条件。三代以内直系亲属相互投靠且共同居住，可在实际居住地投靠落户，不受年龄及人均住房面积限制。

（五）放宽一般人才落户限制。具有初级及以上专业技术职称、高级工（国家职业资格三级）及以上职业资格、企业需要的技术工人且在该企业就业的，本人可以在我市县区城区、县区政府驻地镇（街道）和其他建制镇（街道）的单位集体户或所在社区公共户申请办理落户。

（六）放宽引进高层次人才落户条件。对具备国家承认的副高以上专业技术职称或高级技师职业资格，并在我市城镇工作的高层次人才，以及规模企业主要负责人、企业技术骨干、特殊岗位急需特殊人才，自愿迁入我市的，可将户口落入各级人才交流中心或社区公共户。

三、解决抚养弃婴户口登记问题

被抚养弃婴与抚养人形成事实抚养的，经落户地公安机关调查属实后，确认不是被拐卖儿童，同时未发现有常住人口信息的，可由抚养人提出书面申请，落户地公安机关根据实际情况形成事实抚养的相关调查材料后办理落户，户口关系登记为非亲属。

四、改革户籍管理制度

建立社区公共户口。在城镇以派出所为单位，在具有归属居委会的实体地址上，设立社区公共户口。对符合户口迁入政策条件，无固定住所，成员间存在家庭关系的，可在社区公共户上建立家庭户。在社区公共户口落户的人员及家庭户成员，与其他城镇户籍人口享有同等权益。

五、完善配套政策措施

户籍制度改革事关民生保障、社会和谐稳定和城镇化建设发展大局，市发展改革委、市教育局、市公安局、市民政局、市财政局、市人力资源社会保障局、市国土资源局、市住房城乡建设局、市农业局、市卫生计生委、市政府法制办等市直相关部门要严格按照《玉溪市人民政府关于印发玉溪市进一步推进户籍制度改革实施方案的通知》（玉政发〔2015〕183号）文件精神，对照上级政府部门相关工作要求，依照职能分工，积极探索，合理制定和细化本部门相关配套改革政策的具体落实推进措施，并及时向社会公布，全力配合我市户籍制度改革工作的顺利进行，确保进城入市群众的各项利益接续和权益保障落到实处。

户籍改革推进过程中，对进城落户人员所享有的农村土地承包经营权、宅基地使用权和集体收益分配权予以充分保障，严禁违法强制收回，要按照依法、自愿、有偿的原则，以合法形式流转。切实保障农村居民市民化过程中的合法权益。

六、工作要求

（一）加强组织领导。户籍制度改革是推进我市城镇化快速发展的重要举措，事关人民群众切身利益和社会和谐稳定。各级政府及相关部门都要严格按照国家、省、市关于新型城镇化建设的总体部署，切实加强组织领导，全力保障户籍制度改革各项政策措施的顺利实施。

（二）落实工作职责。市发展改革委、市教育局、市公安局、市民政局、市财政局、市人力资源社会保障局、市国土资源局、市住房城乡建设局、市农业局、市卫生计生委等部门要切实履行工作职责，落实经费保障，密切协调配合，形成工作合力，扎实推进工作。

（三）规范办事程序。各级公安机关在办理群众户口迁移落户工作中，要严格按户籍管理政策规范执行，认真落实各项便民利民措施，进一步简化手续程序，提高办事效率。对提交申请材料不完整的，要做到一次告知、二次办结。办理迁移落户手续不得违规收取任何费用。

（四）强化督导检查。各级人民政府和有关部门要切实强化对户籍制度改革工作的指导、培训、检查、监督，全力落实各项户籍制度改革和配套政策措施的有效施行。对工作中发生拖延办理时限、影响办事效率、违规暗箱操作、侵犯群众利益以及借机吃、拿、卡、要等行为的违纪违法人员，要严肃依法依纪追究相关责任。

（五）做好宣传引导。各级人民政府和市直相关部门，要通过多种渠道，广泛宣传我市户籍制度改革的各项政策措施，加强政务公开，营造浓厚氛围，取得群众理解和支持，凝聚社会共识，确保我市户籍制度改革各项工作的顺利推进和有效实施。

此前有关户籍改革政策及文件规定与本《实施意见》不一致的，以本《实施意见》为准，国家、省另有新规定的，按新规定执行。

（吴 垠 摄）

玉溪市人民政府关于统筹推进县域内城乡义务教育一体化改革发展的实施意见

义务教育是政府必须优先保障的公益性事业，是城镇化、脱贫攻坚的基础性事业，是教育工作的重中之重。为落实全面建成小康社会要求，促进义务教育事业持续健康发展，深入贯彻落实《云南省人民政府关于统筹推进县域内城乡义务教育一体化改革发展的实施意见》（云政发〔2016〕116号）精神，逐步缩小城乡教育差距，加快城乡义务教育协调、均衡发展，适应城乡经济社会一体化发展的客观需要，做好政府优先保障的义务教育事业，结合我市实际，现就统筹推进县域内城乡义务教育一体化改革发展提出以下意见。

一、指导思想

贯彻落实党的十八大和十八届三中、四中、五中、六中全会精神，深入贯彻习近平总书记系列重要讲话和考察云南重要讲话精神，按照“四个全面”战略布局和国务院对城乡义务教育一体化改革发展工作的决策部署，围绕国家、省、市中长期教育改革发展规划纲要和全省教育综合改革方案的总体要求，牢固树立新发展理念，合理规划城乡义务教育学校布局，完善义务教育经费保障机制，统筹城乡教育资源配置，健全教育公共服务体系，完善配套措施，统筹推进城乡义务教育一体化工作，促进城乡义务教育均衡发展。着力解决“乡村弱，城镇挤”的问题，为到2020年教育现代化取得重要进展和全面建成小康社会奠定坚实基础。

二、工作原则

统筹推进县域内城乡义务教育一体化改革发展，要坚持“优先发展、统筹规划，深化改革、创新机制，提高质量、公平共享，分类指导、有序推进”的原则，认真贯彻，有效落实。

三、工作目标

推进落实“县域内城乡义务教育学校建设标准统一、教师编制标准统一、生均公用经费基准定额统一、基本装备配置标准统一和‘两免一补’政策城乡全覆盖”五个工作目标。到2020年，实现义务教育与城镇化发展基本协调、城乡学校布局更加合理、义务教育学校标准化建设取得显著进展、城乡教师资源配置基本均衡、乡村教师待遇稳步提高、岗位吸引力大幅增强、教育质量明显提升、教育脱贫任务全面完成的发展目标。义务教育普及水平进一步巩固提高，九年义务教育巩固率达到95%。县域义务教育均衡发展和城乡基本公共教育服务均等化基本实现。

四、工作措施

（一）同步规划建设城乡学校

1. 打破城乡办学分割格局，把农村义务教育学校建设全部纳入城乡一体化发展规划。市、县区有关单位应将义务教育学校作为城乡建设的重要公共服务设施纳入城乡规划和经济社会发展规划，并征得同级教育部门同意。规划制定后应严格实施，不得随意变更，确保学校建设规划的有效落实。（责任单位：各县区人民政府，市教育局、市发展改革委、市规划局、市住房城乡建设局）

2. 科学编制城乡义务教育学校布局规划。按照城乡一体化规划，充分考虑城镇化进程中地理交通环境和人口分布变化趋势、中小学（幼儿园）建设标准和需求，充分考虑当地群众意愿，以县区为单位编制义务教育学校布局专项规划，明确拟保留学校（校点）、新建学校、撤并学校（校点）、恢复学校（校点），科学布局义务教育学校。对未征得同级教育部门同意就随意变更城乡中小学校布局专项规划，擅自变更规划确定的中小学校建设用地位置和界线，以及侵占或擅自将教育储备用地改作他用的单位和个人，要严肃追究单位和有关人员的法律责任。（责任单位：各县区人民政府，市教育局、市国土资源局、市住房城乡建设局、市规划局、市发展改革委）

3. 实行教育用地联审联批制度。各县区要根据城乡义务教育学校布局专项规划预留足够的教育用地，并核定用地位置和界线。有关部门在审批新建住宅小区设计方案时，应会同教育部门，根据城市公共服务设施设置有关规定，审核小区配套中小学校布局、位置和用地指标。（责任单位：各县区人民政府，市教育局、市发展改革委、市国土资源局、市规划局、市住房城乡建设局）

4. 依法落实城镇新建居住区配套标准化学校建设规定，实施“交钥匙”工程，确保配套学校建设与住宅建设首期项目同步规划、同步建设、同步交付使用。配套学校建成后，移交教育主管部门管理和办学，开发商不得对外销售或改变教育用途。老城区改造配套学校建设不足或未达到配建学校标准的小规模居住区，由县区政府统筹新建或改扩建配套学校，确保足够的学位供给，满足学生就近入学需要。（责任单位：各县区人民政府，市住房城乡建设局、市教育局、市国土资源局）

（二）严格实施学校标准化建设

1. 实施义务教育学校标准化建设。各县区要根据云南省义务教育学校基本办学标准，逐校建立义务教育学校标准化建设台账，全面摸清情况，统筹各教育专项工程，推进城乡义务教育公办学校标准化建设，不断改善基本办学条件。（责任单位：各县区人民政府，市教育局、市发展改革委、市财政局）

2. 提升义务教育学校管理标准化水平。各县区要认真落实义务教育学校管理标准，完善寄宿制学校管理办法和措施，构建义务教育学校标准化管理体系，提升管理标准化水平。（责任单位：各县区人民政府，市教育局）

3. 制定义务教育学校经费保障标准。依法落实“两个提高”“三个增长”以及教育费附加、土地出让金分配使用的规定和要求，建立投入长效机制。逐步调整教育经费支出结构，在逐步保障实现学校标准化建设的同时，重点支持提升教育质量。在保障义务教育中小学公用经费基准定额的基础上，对寄宿制学校再按照寄宿学生每生每年200元的标准核定公用经费，对规模不足100人的学校和教学点按照100人拨付生均公用经费，切实保障学校正常运转。（责任单位：各县区人民政府，市教育局、市财政局）

4. 制定义务教育学校工勤人员配备标准，通过政府购买服务等方式，为学校提供工勤、安保、校医、教学辅助等服务。（责任单位：各县区人民政府，市人力资源社会保障局、市教育局、市财政局）

5. 落实义务教育学校信息化配备标准。充分发挥“互联网+”在城乡义务教育一体化进程中的积极作用。加强乡村中小学信息化硬件基础设施建设，到2018年，乡村义务教育阶段学校生均计算机占有量全部达到国家和省定标准，10兆以上宽带接入比例达到100%；基本实现所有学校拥有多媒体教学条件，普通教室配备多媒体或交互式电子白板比例达到100%。全面提高乡村教师信息技术运用能力，开展信息化运用能力培训，定期组织“一师一优课、一课一名师”活动，加快推进“网络学习空间人人通”，提高师生信息化素养。加快建设全市教育资源公共服务平台，通过在线学习、在线教学、网络教研、网络备课等方式，促进优质教育资源共建、共享。（责任单位：各县区人民政府，市教育局、市工业信息化委、市财政局）

（三）努力办好乡村义务教育

1. 规范农村义务教育学校撤并工作。各县区要结合国家加快水电路气等基础设施向农村延伸，在交通便利、公共服务成型的农村地区合理确定义务教育校点服务范围，规范学校撤并工作，防止盲目撤并农村义务教育学校。坚持“因地制宜、一县一策”原则，确因生源减少需撤并的学校，县级政府必须严格履行撤并方案的制定、论证、公示、听证、报批等程序。因撤并学校造成学生就学困难的，县区政府应因地制宜，通过增设公共交通线路、提供校车服务等方式予以妥善解决。（责任单位：各县区人民政府，市教育局、市发展改革委、市交通运输局）

2. 办好必要的乡村小规模学校。按照省小规模学校办学标准和管理办法，将小规模学校纳入乡村中心学校考核，加强乡村中心学校对小规模学校的指导和管理。要通过教师交流轮岗、支教、培养全科教师等方式为小规模学校配齐配足音、体、美和英语教师，开齐课程，开足课时。要在实施乡村学校数字资源建设全覆盖基础上，实现所有小规模学校和校点接通互联网，并加强教师培训，提高信息化设备使用效率。（责任单位：各县区人民政府，市教育局、市委编办、市财政局、市人力资源社会保障局）

3. 落实闲置校舍管理办法。建立完善闲置校舍和资产管理机制，合理制定闲置校园校舍综合利用方案，严格规范权属确认、用途变更、资产处置等程序，凡是布局调整后闲置的中小学校舍，应由教育局统筹处置，并优先用于教育事业，任何个人、集体不得以任何理由侵占。要切实提高教育资源使用效益，避免出现“边建设、边闲置”现象。（责任单位：各县区人民政府，市教育局、市住房城乡建设局、市财政局、市国资委、市审计局）

4. 着力提升乡村教育质量。认真组织实施义务教育质量提升计划，重点支持乡村学校实施薄弱学校质量提升、教师队伍建设、课程建设、高效课堂推进、优质教育资源培育、依法治校和教育质量保障体系等建设工程，利用信息技术共享优质资源，完善优质高中招生指标向乡村初中分配倾斜机制，落实城乡中小学校结对帮扶政策，补齐乡村教育质量短板。（责任单位：各县区人民政府，市教育局、市财政局）

（四）健全控辍保学机制

1. 明确控辍保学工作职责。县、乡两级政府要认真履行控辍保学主体责任，及时调整充实主要负责人任组长的控辍保学领导小组，统筹安排控辍保学工作，完善控辍保学部门协调机制，督促监护人送适龄儿童、少年入学并完成义务教育。进一步落实县区教育局、乡镇人民政府（街道办事处）、村（居）委会、学校和适龄儿童父母或其他监护人控辍保学责任，健全控辍保学目标责任制和联控联保机制。（责任单位：各县区人民政府，市教育局）

2. 健全完善辍学学生监测机制。各县区要依托全国中小学生学籍信息管理系统健全完善控辍保学动态监测机制，严格学生学籍管理，完善管理机制，指导学校规范学生学籍建立、变更手续，每学期开学30天内要对本校学生入学、变动、复学、辍学情况进行分析。加强对农村、山区、民族等重点地区，初中等重点学段，以及流动留守儿童、家庭经济贫困儿童等重点群体的监控，及时掌握学生流动变化信息，并向当地政府和上级教育部门报告辍学情况。（责任单位：各县区人民政府，市教育局）

3. 完善控辍保学工作机制。落实辍学学生劝返、登记和书面报告制度，劝返无效的，应书面报告乡镇人民政府（街道办事处）和县区教育局，有关部门应依法采取措施劝返复学。（责任单位：各县区人民政府，市教育局）

4. 健全控辍保学帮扶工作机制。各地要加大对家庭经济困难学生的救助和资助力度，优先将建档立卡的贫困户家庭学生纳入资助范围。深入实施农村义务教育学生营养改善计划，加快食堂项目建设进度，加强营养指导与教育，科学制定供餐食谱，提高营养膳食质量，改善学生营养状况。通过保障就近入学、建设乡镇寄宿制学校、增设公共交通线路等方式，确保乡村适龄儿童不因上学不便而辍学。针对农村残疾儿童实际，做到“一人一案”，切实保障农村残疾儿童平等接受义务教育权利。完善学生资助政策，切实提高贫困家庭学生升学信心。（责任单位：各县区人民政府，市教育局、市财政局、市民政局、市食药监局、市残联、市交通运输局、市扶贫办）

（五）编制落实消除大班额计划

1. 编制落实消除大班额专项规划。各级教育部门要会同机构编制、发展改革、财政、人力资源社会保障、国土资源、住房城乡建设、统计等部门，按照《云南省义务教育学校办学基本标准》，对行政区域内学校大班额情况逐一排查，摸清底数，并充分考虑城镇化发展、人口变动情况、计生政策调整等因素，编制落实消除大班额专项规划和实施方案，明确工作推进任务分工、时间表和路线图，确保到2018年消除66人以上超大班额，到2019年消除56人以上大班额。（责任单位：各县区人民政府，市教育局、市委编办、市发展改革委、市财政局、市国土资源局、市规划局、市住房城乡建设局、市统计局）

2. 实施大班额消除计划。各县区要统筹“十三五”

期间义务教育学校建设项目，按照国家规定班额标准，新建和改扩建校园校舍，重点解决城镇因办学条件不足而产生的大班额问题。县级教育部门要建立消除大班额工作台账，从2017年秋季学期开始，小学一年级和初中七年级新生，不得新增56人以上的大班额。对已存在的大班额要实行销号管理，确保按期消除。（责任单位：各县区人民政府，市教育局、市委编办、市发展改革委、市财政局、市人力资源社会保障局、市国土资源局、市规划局、市住房城乡建设局、市统计局）

3. 促进教育质量优质均衡发展。要通过学区建设等方式均衡配置师资，加大对薄弱学校和乡村学校的扶持力度，提升薄弱学校办学水平。完善招生入学管理办法，严格执行免试、就近入学政策，完善将优质高中招生名额分配到县域内各初中学校的政策，限制班额超标学校招生人数，破解因质量不均而产生的大班额问题。要在县域义务教育基本均衡的基础上，建立推进义务教育优质均衡发展和县域义务教育均衡发展的制度措施，在更大范围内促进教育公平。（责任单位：各县区人民政府，市教育局、市发展改革委、市财政局）

（六）完善随迁子女就学机制

1. 认真落实“两为主”政策。进一步强化流入地政府责任，将随迁子女义务教育纳入城镇教育发展规划和财政保障范围，坚持积极进取、实事求是、稳步推进，适应户籍制度改革要求，逐渐建立以居住证制度为主、凭居民身份证件信息随迁子女入学的政策，规范优化随迁子女入学流程和证明要求，提供便民利民服务，依法保障随迁子女平等接受义务教育。认真落实以公办学校为主安排随迁子女就学政策，对公办学校学位不足的，可通过政府购买服务方式安排在普惠性民办学校就读。（责任单位：各县区人民政府，市教育局、市公安局、市民政局、市人力资源社会保障局、市委农办）

2. 认真落实“同城同教”政策。随迁子女就学实行混合编班和统一管理，努力创建平等共享的社会生活环境，保障公平和谐的校园学习环境，促进随迁子女融入学校和社区生活。（责任单位：各县区人民政府，市教育局、市公安局）

3. 利用全国中小学生学籍信息管理系统数据，推动“三免一补”资金、生均公用经费和有关教育经费随学生流动可携带。严格义务教育学校收费管理，公办和民办学校都不得向随迁子女收取任何有别于本地户籍学生的费用。（责任单位：各县区人民政府，市教育局、市财政局、市审计局）

（七）加强关爱留守儿童

1. 落实县、乡两级政府留守儿童教育关爱属地责任，建立家庭、政府、学校尽职尽责，社会力量积极参与的农村留守儿童关爱保护工作体系，促进农村留守儿童健康成长。（责任单位：各县区人民政府，市教育局、市民政局、市妇联、团市委、市关工委）

2. 建立留守儿童登记制度。县区、乡镇（街道）、村（居）委会和学校要深入排查，建立留守儿童信息台账，全面掌握留守儿童基本情况，加强关爱服务、教育服务和救助保护，帮助解决实际困难，确保留守儿童人身安全。（责任单位：各县区人民政府，市民政局、市教育局、市妇联、团市委、市关工委）

3. 中小学校要制定留守儿童教育方案，丰富学习生活，加强法治教育、安全教育和心理健康教育，加快心理辅导室建设，积极开展心理辅导，为留守儿童创造良好的教育环境。（责任单位：各县区人民政府，市教育局、市民政局、市公安局、市司法局、市妇联、团市委、市关工委）

4. 强化家庭监护主体责任，鼓励父母取得居住证的适龄儿童随父母在工作地就近入学，鼓励和支持农民工返乡创业，减少留守儿童数量。依法追究父母或其他监护人不履行监护职责的责任，依法处置各种侵害留守儿童合法权益的违法行为。发挥乡镇级政府和村（居）委会作用，督促外出务工家长履行监护责任。（责任单位：各县区人民政府，市教育局、市民政局、市公安局、市司法局、市妇联、团市委、市关工委）

（八）规划城乡师资配置

1. 各县区要依据义务教育学校教职工编制标准、学生规模和教育教学需要，按照生师比和班师比相结合的方式，合理核定义务教育学校教职工编制，对学生规模过小的小规模学校按照一定的班师比配备教师。（责任单位：各县区人民政府，市委编办、市教育局、市人力资源社会保障局）

2. 建立城乡义务教育学校教职工编制统筹配置机制和跨区域调整机制。县区教育局在核定的教职工编制总额和岗位总量内，按照班额、生源等情况，充分考虑乡村小规模学校、寄宿制学校和城镇学校的实际需要，盘活编制存量，统筹安排各校教职工编制和岗位数量，实行动态管理，并向县区编办、人力资源社会保障局、财政局备案。（责任单位：各县区人民政府，市教育局、市编办、市人力资源社会保障局、市财政局）

3. 各县区要根据国家规定，研究确定县域内统一的义务教育学校岗位结构比例，完善职称评聘政策，逐步推动县域内同学段学校岗位结构协调并向乡村适当倾斜，实现职称评审与岗位聘用制度的有效衔接，吸引优秀教师向农村流动。合理设置乡村学校中级、高级教师岗位比例并给予倾斜和支持。落实中小学教师职称评聘结合政策，确保乡村学校教师职称即评即聘。（责任单位：各县区人民政府，市人力资源社会保障局、市教育局）

4. 全面推进教师“县管校聘”改革，各县区要按照教师职业特点和岗位要求，完善教师招聘机制；要统筹调配编制内教师资源，着力解决乡村教师结构性缺员和城镇师资不足问题。严禁在有合格教师来源的情况下“有编不补”、长期聘用编外教师，严禁挤占挪用义务教育学校教职工编制和各种形式“吃空饷”。（责任单位：各县区人民政府，市教育局、市委编办、市人力资源社会保障局、市财政局）

5. 完善城乡教师交流机制。认真落实学区建设，建立学区内教师资源调配长效机制。推动城乡教师交流，城镇学校和优质学校教师每学年到乡村学校交流轮岗的比例不低于符合交流条件教师总数的10%，其中，骨干教师不低于交流轮岗教师总数的20%。结合乡村教育实际，定向培养能够承担多门学科教学任务的教师，提高教师思想政治素质和师德水平。（责任单位：各县区人民政府，市教育局、市人力资源社会保障局）

（九）提高乡村教师待遇

1. 提高乡村教师待遇。认真贯彻落实《玉溪市乡村教师支持计划实施办法（2015—2020年）》，按照越往基层、越往艰苦地区补助水平越高的原则，落实乡村教师补助，确保乡村教师实际工资水平不低于同职级县镇教师工资水平。（责任单位：各县区人民政府，市教育局、市人

力资源社会保障局、市财政局）

2. 健全长效联动机制。核定义务教育学校绩效工资总量时统筹考虑当地收入水平，确保县域内义务教育教师平均工资收入水平不低于当地公务员的平均工资收入水平。（责任单位：各县区人民政府，市教育局、市人力资源社会保障局、市财政局）

3. 完善乡村教师职业发展保障机制。完善市、县两级学科带头人、骨干教师和教学名师选拔培养机制和津贴补助机制。加强乡村教师培训，到2020年，对全体乡村学校校长、教师进行不少于360学时的专业培训，"国培计划"聚焦贫困地区乡村教师，各级培训项目向乡村教师倾斜。建立县级教师发展中心，支持教师专业发展。培养一批名校长、教学名师，并以工作室、工作坊等形式建立学习共同体，重点帮扶乡村学校。城镇学校要创造条件，与结对帮扶的乡村学校开展校本研修，教科所要加强对校本研修的指导。（责任单位：各县区人民政府，市教育局、市财政局、市人力资源社会保障局）

4. 加快实施农村教师周转宿舍建设，将符合条件的乡村教师住房纳入当地住房保障范围，并优先向女教师倾斜。（责任单位：各县区人民政府，市教育局、市发展改革委、市住房城乡建设局、市人力资源社会保障局、市财政局、市国土资源局）

5. 建立乡村教师荣誉制度。市政府对在乡村学校连续从教15年以上的教师颁发荣誉证书，县区政府对在乡村学校连续从教10年以上的教师颁发荣誉证书，让广大乡村教师有更多获得感。（责任单位：各县区人民政府，市教育局、市人力资源社会保障局、市财政局）

（十）提高教育治理能力

1. 改革义务教育管理体制。县区人民政府进一步加强在教育现代化、城乡教育一体化、教育综合改革、教育投入保障等方面的统筹。切实落实"以县为主"的义务教育管理体制，进一步落实县区政府发展义务教育的主体责任。完善县域内城乡义务教育一体化改革发展监测评估标准和督导评估机制，切实提高教育治理能力。（责任单位：各县区人民政府，市教育局，市直有关单位）

2. 推进现代学校制度建设。落实学校办学自主权，落实校长负责制，全面推进学校章程建设，到2020年，全市学校全面实现"一校一章程"格局。完善学校重大事项决策机制，完善校务委员会、教职工代表大会和家长委员会共同参与学校管理的机制，建立第三方评价机制，逐步形成中国特色的依法办学、自主管理、民主监督、社会参与的现代学校制度。（责任单位：各县区人民政府，市教育局）

3. 充分发挥学校党组织政治核心作用。建立健全党委统一领导、教育部门具体负责、有关方面齐抓共管的学校党建工作领导体制。全面加强学校党组织建设，实现党组织全覆盖，严格党组织生活，切实做好教师思想政治工作，注重从优秀教师中发展党员，充分发挥学校党组织的战斗堡垒作用和党员教师的先锋模范作用。坚持育人为本、德育为先，全面加强思想政治教育。（责任单位：各县区人民政府，市教育局，市直有关单位）

4. 继续深化中小学绩效工资制度改革。按照"责重多酬、教优多酬、多劳多得"的原则，不断完善中小学教职工绩效工资分配制度，使绩效工资向教学及管理一线倾斜。健全校长和班主任工作激励机制，根据考核结果合理确定校长绩效工资水平，坚持绩效工资分配向班主任倾斜，班主任工作量按照当地教师标准课时工作量一半计算。（责任单位：各县区人民政府，市教育局、市人力资源社会保障局、市财政局）

5. 创新校外教育方式，构建校内外教育相互衔接的育人机制。逐步建立学校教育、社会教育和家庭教育有机结合的教育体系，充分发挥社区教育在人才培养中的重要作用。加强家长学校建设，广泛开展家庭教育咨询与指导。（责任单位：各县区人民政府，市教育局、市妇联、团市委）

6. 探索建立学生意外伤害援助机制和涉校涉生矛盾纠纷调解仲裁机制，维护学校正常教育教学秩序和师生合法权益，深入推进平安校园建设，建立健全法治教育机制，强化青少年法治意识。（责任单位：各县区人民政府，市教育局、市公安局、市司法局、市综治办）

五、组织保障及工作要求

（一）加强统筹领导。市政府成立由分管副市长任组长，有关职能部门为成员的领导小组，负责统筹、协调、推动全市城乡义务教育一体化改革发展工作。县区政府要成立主要负责人任组长的城乡义务教育一体化改革发展工作领导小组，切实加强对有关工作的统筹和领导。各县区人民政府要认真落实主体责任，进一步加强新形势下政府对城乡义务教育一体化改革发展工作的领导。各级政府要切实把义务教育摆在优先发展的突出位置，根据国家新型城镇化发展的总体部署和本地城镇化进程，把义务教育纳入城镇发展规划。完善有关政策措施，通过政府购买服务、落实税收优惠政策等引导和鼓励社会力量支持义务教育发展。把统筹推进县域内城乡义务教育一体化改革发展作为各级政府政绩考核的重要内容，完善考核机制，促进义务教育与新型城镇化协调发展。及时研究解决义务教育改革发展面临的重大问题和人民群众普遍关心的热点问题，确保各项改革措施落实到位、工作目标按期实现。

（二）加强部门联动。各级教育部门要加强同有关部门的协调沟通，编制完善义务教育规划，积极推动县域内城乡义务教育一体化改革发展各项措施落实到位。发展改革部门在编制有关规划时，要统筹考虑义务教育学校布局，在安排重大项目和资金投入时优先支持义务教育学校建设。财政和教育部门要积极建立和完善城乡统一、重在农村的义务教育经费保障机制。公安部门要加强居住证管理，建立健全随迁子女登记制度，及时向同级教育部门通报有关信息。民政部门要将符合条件的特殊困难流动留守儿童和家庭经济困难儿童纳入社会救助政策保障范围，落实兜底保障职责。机构编制和人力资源社会保障部门要为推动实现统筹分配城乡学校教职工编制和岗位提供政策支持。人力资源社会保障部门要加强监督检查，依法督促落实职工带薪年休假制度，支持外出务工父母定期回乡看望留守儿童。国土资源部门要依法切实保障学校建设用地。城乡规划主管部门制定控制性详细规划涉及中小学校用地的，应当征求同级教育部门意见；未按照规划配套建设学校的，不得出具符合规划许可的有关文件，不得办理竣工验收备案。

（三）加强督查督导。各级政府要加强对本地落实有关义务教育工作情况的专项监督检查，定期向同级人民代表大会或其常务委员会报告义务教育工作情况。市、县区政府督查室、教育督导室要将城乡义务教育一体化改革发展主要措施落实和工作目标完成情况作为对县区级政府教育工作监督检查的重要内容，建立城乡义务教育一体化改革发展专项督查、督导制度，完善督导检查结果公告制度和限期整改制度，强化督查、督导结果运用。对因工作落实不到位，造成不良社会影响的部门和有关责任人，要严肃问责。

（四）营造宣传氛围。各县区要加大对新型城镇化规划、脱贫攻坚、户籍制度改革、居住证制度、城乡义务教育一体化改革发展等工作的综合宣传和政策解读力度，进一步凝聚人心、统一认识，在全社会营造关心支持义务教育工作的良好氛围。要依法推进学校信息公开，有效发挥社会监督和舆论监督的积极作用。要认真总结成功做法和典型经验，并通过多种形式进行深入宣传和推广，使义务教育改革发展更好地服务于新型城镇化建设和全面建成小康社会奋斗目标。

（五）加强推进落实。各单位要按照具体工作措施，重点落实工作事项，完善发展改革协调推进机制，加强协同配套，加大单位之间的重点、难点问题的协调力度。督查结果将作为各单位年度考评的重要依据。全市上下要把统筹推进县域内城乡义务教育一体化改革发展工作贯穿于经济社会发展各个领域、各个环节，切实把国家、省、市出台的意见方案落到实处，进一步巩固提升全市城乡义务教育一体化改革发展水平。

（吴 垠 摄）

主要经济指标

2017年玉溪市国民经济和社会发展主要指标表

指标名称	单位	2013年	2014年	2015年	2016年	2017年	2017年比2013年（%）	
							增长	年均递增
一、综合								
年末常住人口	万人	234.0	235.1	236.2	237.5	238.1	1.8	0.4
年末户籍人口	万人	214.73	215.99	216.01	217.49	219.00	2.0	0.5
年末从业人员数	万人	156.06	178.17	179.45	181.50	184.82	18.4	4.3
地区生产总值	万元	11 024 889	11 847 251	12 445 230	13 118 823	14 151 403	37.8	8.3
第一产业	万元	1 110 340	1 213 701	1 265 983	1 350 203	1 419 537	27.3	6.2
第二产业	万元	6 424 140	6 860 540	6 838 967	6 853 375	7 294 412	31.0	7.0
第三产业	万元	3 490 409	3 773 010	4 340 280	4 915 245	5 437 454	51.6	11.0
生产总值中：工业	万元	6 122 331	6 505 210	6 415 317	6 320 298	6 625 316	27.0	6.2
建筑业	万元	306 169	360 054	428 824	538 174	674 332	105.3	19.7
人均地区生产总值	元	47 216	50 500	52 812	55 389	59 510	35.2	7.8
生产总值比重								
第一产业	%	10.1	10.2	10.2	10.3	10.0	–	–
第二产业	%	58.3	57.9	55.0	52.2	51.6	–	–
第三产业	%	31.6	31.9	34.8	37.5	38.4	–	–
二、农业								
农林牧渔业增加值	万元	1 123 790	1 228 305	1 281 982	1 366 909	1 436 851	27.4	6.2
1. 农业增加值	万元	741 489	803 252	834 735	889 727	933 874	24.9	5.7
2. 林业增加值	万元	31 434	36 374	36 584	38 239	41 561	28.3	6.4
3. 牧业增加值	万元	321 236	355 750	375 862	402 488	423 479	33.0	7.4
4. 渔业增加值	万元	16 075	18 322	18 802	19 749	20 623	23.4	5.4
5. 农林牧渔服务业增加值	万元	13 556	14 607	15 999	16 706	17 314	36.1	8.0
主要农产品产量								
1. 粮食	万千克	60 287	61 419	61 520	62 400	62 790	4.2	1.0
2. 蔬菜	万千克	183 636	197 811	219 669	229 669	240 216	30.8	6.9
3. 油料	万千克	3 642	3 609	3 793	3 904	3 867	6.2	1.5
4. 甘蔗	万吨	104.62	91.32	85.98	75.60	74.51	–28.8	-8.1
5. 烤烟	万千克	9 521	8 624	8 070	8 019	7 533	–20.9	-5.7
6. 园林水果	万千克	46 457	54 755	63 317	66 867	75 961	63.5	13.1
7. 茶叶	万千克	230.8	369.0	383.0	378.1	391.0	69.4	14.1
8. 肉蛋奶总产量	万千克	44 562	49 476	47 485	47 957	52 630	18.1	4.2
其中：肉类总产量	万千克	32 748	34 030	33 904	33 783	37 851	15.6	3.7
9. 水产品产量	吨	15 871	16 159	16 491	16 812	17 179	8.2	2.0
三、工业								
1. 规模以上工业增加值	亿元	579.0	577.8	607.4	597.3	623.7	26.5	6.1
其中：中央省属企业	亿元	398.3	426.5	465.3	445.2	452.5	9.8	2.4
市县区属企业	亿元	180.7	151.3	142.1	152.1	171.2	75.3	15.1
总计中：①卷烟及配套产业	亿元	356.5	386.5	434.4	401.2	403.9	7.8	1.9
②矿冶业	亿元	133.0	132.2	106.4	90.3	125.6	36.6	8.1
总计中：轻工业	亿元	380.8	415.1	464.9	443.8	453.1	18.5	4.3
重工业	亿元	198.2	162.7	142.5	153.5	170.6	55.2	11.6
大中型企业	亿元	502.0	509.2	516.2	505.5	520.0	13.7	3.3
2. 分行业增加值								
煤炭采选业	万元	17 706	11 034	5 077	6 171	2 538	-30.3	-8.6
黑色金属矿采选业	万元	366 114	304 585	236 754	253 826	255 065	47.8	10.3

续 表

指标名称	单 位	2013年	2014年	2015年	2016年	2017年	2017年比2013年（%）	
							增 长	年均递增
有色金属矿采选业	万元	110 198	106 831	101 438	91 343	106 312	50.3	10.7
制糖业	万元	17 230	11 246	13 282	8 904	10 695	-11.3	-2.9
烟草制品业	万元	3 374 376	3 774 118	4 238 378	3 909 637	3 936 239	11.4	2.7
印刷业	万元	56 879	53 590	50 567	52 151	45 170	13.7	3.3
造纸及纸制品业	万元	68 493	56 602	58 215	74 334	77 133	77.6	15.4
化学原料及化学制品制造业	万元	192 168	178 655	126 657	132 543	155 618	58.8	12.3
肥料制造业	万元	34 680	30 066	24 105	19 327	22 142	47.8	10.3
塑料制品业	万元	20 084	21 539	31 979	36 154	41 653	150.0	25.7
水泥、石灰及石膏制造业	万元	86 389	82 452	83 874	88 905	114 665	58.5	12.2
黑色金属冶炼及压延加工	万元	664 545	416 003	285 992	247 243	347 935	-10.2	-2.7
有色金属冶炼及压延加工业	万元	165 083	185 340	181 048	205 869	176 301	213.8	33.1
金属制品业	万元	18 731	15 295	19 942	34 446	39 613	78.3	15.6
电气机械及器材制造业	万元	51 969	36 667	26 871	26 336	31 135	7.6	1.8
电力、热力生产和供应业	万元	177 110	160 344	185 462	226 853	227 280	42.4	9.2
自来水的生产和供应业	万元	3 572	3 108	3 091	4 253	4 488	55.8	11.7
3. 规模以上工业销售率	%	94.2	90.2	92.8	92.1	92.3	–	–
其中：中央省属企业	%	94.3	90.4	98.7	95.4	97.2	–	–
市县区属企业	%	90.5	90.2	86.3	88.7	88.3	–	–
4. 产品产量								
糖	吨	106 529	91 726	105 400	73 720	68 997	-35.2	-10.3
铁矿石原矿量	万吨	1 568.6	1 683.6	1 819.6	1 521.5	1 716.3	9.4	2.3
磷矿石（折含P2O530%）	万吨	170.4	170.0	216.1	83.0	135.7	-20.4	-5.5
硫酸（折100%）	吨	140 076	180 148	248 876	263 470	351 092	150.6	25.8
黄磷	吨	141 709	156 683	160 393	159 795	166 457	17.5	4.1
水泥	万吨	1 081.8	1 007.8	994.7	1 088.1	1 127.3	4.2	1.0
生铁	万吨	567.8	471.4	382.8	400.9	418.2	-26.3	-7.4
精炼铜	吨	1 122	1 318	1 743	1 976	393	-65.0	-23.1
变压器	万千伏安	383.7	387.9	298.0	360.9	403.2	5.1	1.2
四、固定资产投资								
1. 固定资产投资完成额	万元	3 937 118	5 119 163	6 675 854	8 936 911	10 808 473	174.5	28.7
其中：500万元以上项目投资	万元	2 890 583	4 004 612	6 019 973	7 950 033	9 999 734	245.9	36.4
按经济类型分：								
国有经济	万元	1 538 230	2 201 105	2 616 442	5 082 116	7 227 364	369.8	47.2
集体经济	万元	225 285	113 004	761 637	1 114 455	361 245	60.4	12.5
外商和港澳台投资	万元	81 408	72 310	78 371	89 026	114 094	40.2	8.8
其他经济	万元	2 092 195	2 732 744	3 219 404	2 651 314	3 105 770	48.4	10.4
按隶属关系分：中央省属单位	万元	575 299	641 186	563 761	1 129 223	1 627 517	182.9	29.7
市县区属单位	万元	3 361 819	4 477 977	6 112 093	7 807 688	9 180 956	173.1	28.6
按三次产业划分：								
第一产业	万元	116 100	100 002	277 483	373 303	636 992	448.7	53.0
第二产业	万元	1 247 618	1 414 994	1 811 953	1 694 117	1 887 301	51.3	10.9
第三产业	万元	2 573 400	3 604 167	4 586 418	6 869 491	8 284 180	221.9	33.9
2. 在库项目(不含房地产开发)	个	864	916	1 446	1 950	2 208	155.6	26.4
本年新入库项目	个	558	595	1 125	1 467	1 527	173.7	28.6
建成投产项目	个	510	590	955	1 191	1 791	251.2	36.9
3. 本年新增固定资产	万元	2 427 873	2 860 516	4 574 346	5 073 298	6 962 205	186.8	30.1
4. 施工房屋面积	万平方米	1 752.1	1 503.7	1 993.0	2 497.9	2 017.0	15.1	3.6
其中：住宅	万平方米	1 084.4	857.5	913.8	1 678.9	1 287.3	18.7	4.4
商品房施工面积	万平方米	1 045.9	981.2	862.6	810.3	942.9	-9.8	-2.6

续　表

指标名称	单　位	2013年	2014年	2015年	2016年	2017年	2017年比2013年（%）	
							增　长	年均递增
其中：住宅	万平方米	797.5	733.7	621.4	572.2	689.6	-13.5	-3.6
商品房竣工面积	万平方米	188.4	136.1	180.2	93.3	121.4	-35.6	-10.4
其中：住宅	万平方米	146.3	106.2	148.0	56.4	85.9	-41.3	-12.5
商品房销售面积	万平方米	171.3	110.5	87.8	116.4	141.3	-17.5	-4.7
其中：住宅	万平方米	154.0	90.8	66.2	102.9	116.5	-24.4	-6.7
五、社会消费品零售总额								
全市社会消费品零售总额	亿元	229.4	259.1	291.4	326.8	367.4	60.2	12.5
1. 按销售单位所在地分：								
城镇	亿元	192.3	224.0	264.3	279.9	314.7	63.7	13.1
乡村	亿元	37.0	35.1	27.1	46.9	52.7	42.4	9.2
2. 按行业分：								
商品零售	亿元	191.3	213.3	243.2	267.8	301.1	57.4	12.0
餐饮收入	亿元	38.1	45.8	48.2	59.0	66.3	74.0	14.9
六、人民生活								
单位从业人员	万人	27.83	27.54	26.87	27.64	28.43	2.2	0.5
在岗职工平均工资	元	43 874	45 733	51 735	60 408	70 535	60.8	12.6
城镇常住居民人均可支配收入	元	24 720	27 223	29 631	32 177	34 880	41.1	9.0
农村常住居民人均可支配收入	元	8 925	9 969	10 977	11 968	13 057	46.3	10.0
七、财政收支								
一般公共预算收入合计	万元	1 059 687	1 135 899	1 248 167	1 310 605	1 372 211	29.5	6.7
增值税（含改征增值税）	万元	197 877	210 258	232 961	377 388	490 541	147.9	25.5
营业税	万元	142 812	118 899	111 799	54 210	1 248	-99.1	-69.4
企业所得税	万元	53 463	46 909	47 273	42 353	54 564	2.1	0.5
个人所得税	万元	8 840	9 061	11 208	13 802	19 499	120.6	21.9
城市维护建设税	万元	176 882	192 173	185 814	155 956	165 074	-6.7	-1.7
烟叶税	万元	51 983	48 097	52 460	53 791	44 666	-14.1	-3.7
一般公共预算支出合计	万元	1 862 788	2 073 099	2 232 989	2 333 523	2 621 228	40.7	8.9
教育支出	万元	310 693	322 464	368 087	418 644	483 274	55.5	11.7
科学技术	万元	20 867	25 175	29 328	31 031	57 434	175.2	28.8
医疗卫生与计划生育支出	万元	160 878	189 835	219 283	274 387	269 434	67.5	13.8
八、金融								
金融机构存款余额	亿元	1 129.2	1 195.6	1 322.3	1 515.7	1 719.4	52.3	11.1
金融机构贷款余额	亿元	708.4	777.2	846.2	903.5	996.9	40.7	8.9
居民储蓄存款余额(住户存款)	亿元	575.8	627.5	683.5	752.3	825.2	43.3	9.4
存贷比	%	62.7	65.0	64.0	59.6	58.0	–	–
九、对外经济与旅游								
外贸进出口总额	万美元	71 404	96 887	189 602	201 938	210 099	194.2	31.0
其中：出口总额	万美元	67 935	91 297	185 217	199 158	206 353	203.8	32.0
进口总额	万美元	3 469	5 590	4 385	2 780	3 746	8.0	1.9
接待国内旅游人数	万人次	1 756.8	2 030.0	2 309.6	2 711.2	3 580.6	103.8	19.5
旅游总收入	亿元	85.6	108.6	126.4	162.9	283.2	230.8	34.9
十、物价指数（以上年为100）								
居民消费价格总指数	%	102.8	102.1	102.0	101.3	101.1	–	–
工业生产者出厂价格指数	%	96.5	99.5	95.5	99.4	110.0	–	–
商品零售价格总指数	%	100.5	101.1	101.8	100.5	100.9	–	–
农业生产资料价格指数	%	100.8	100.9	102.5	100.9	100.9	–	–
十一、交通运输邮电								
公路货运周转量	万吨千米	1 324 444	1 511 881	1 623 537	1 578 768	1 713 055	29.3	6.6
公路旅客周转量	万人千米	119 724	123 120	119 803	120 106	126 727	5.8	1.4

续 表

指标名称	单 位	2013年	2014年	2015年	2016年	2017年	2017年比2013年（%）	
							增 长	年均递增
固定电话机总数	万部	18.3	15.3	12.7	11.3	10.5	–42.6	–13.0
移动电话用户数	万户	209.3	210.6	204.6	224.6	258.9	23.7	5.5
十二、教育文化								
高等学校在校学生数	人	14 087	18 442	14 923	15 687	16 148	14.6	3.5
普通中专学校在校学生数	人	11 624	11 073	7 786	7 890	7 618	–34.5	–10.0
普通中学在校学生数	万人	13.2	13.0	12.8	12.4	12.1	–8.3	–2.2
小学在校学生数	万人	17.2	16.2	15.4	14.8	14.4	–16.3	–4.3
学龄儿童入学率	%	99.92	99.93	99.94	99.96	99.96	–	–
文化馆	个	10	10	10	10	10	持平	持平
公共图书馆	个	10	10	10	10	10	持平	持平
广播人口覆盖率	%	98.76	98.85	98.92	99.10	99.11	–	–
电视人口覆盖率	%	98.94	98.97	99.00	99.28	99.29	–	–
十三、卫生								
全市卫生机构病床数	张	11 349	11 922	12 811	13 238	13 282	17.0	4.0
卫生机构技术人员	人	11 379	13 401	14 849	15 724	13 432	18.0	4.2
其中：执业（助理）医生	人	4 739	4 956	5 336	5 570	5 628	18.8	4.4

注：1. 年末户籍人口不含澄江县阳宗镇人口。2. 单位从业人员、在岗职工平均工资两项指标为预计数。3. 居民储蓄存款余额自2014年更改为住户存款余额。4. 普通中学在校学生数含普通高中在校学生人数。5. 2017年卫生各项指标数据均为时点数据，不代表全年情况。

2017年玉溪市生产总值重点支撑行业指标完成情况统计表

序号	指标	实际完成增速	市人代会目标增速	与目标差距（个百分点）	责任单位
1	农林牧渔业增加值增速（不变价）	6.3	6.0	0.3	玉溪市农业局
2	规模以上工业增加值增速（不变价）	7.2	6.0	1.2	玉溪市工业和信息化委
3	规模以下工业增加值增速（不变价）	6.9	6.5	0.4	
4	建筑业增加值增速（变价）	25.3	25.0	0.3	玉溪市住房城乡建设局
5	铁路运输总周转量增速（1～12月错月）	11.3	4.0	7.3	玉溪市铁建办
6	公路运输总周转量增速（1～12月错月）	16.2	15.0	1.2	玉溪市交通运输局
7	邮政业务总量增速（错月）	19.8	25.0	–5.2	玉溪市邮政管理局
8	批发业商品销售额增速（现价）	17.2	15.0	2.2	玉溪市商务局
9	零售业商品销售额增速（现价）	15.1	17.0	–1.9	
10	住宿业营业额增速（现价）	18.1	18.0	0.1	玉溪市旅游发展委
11	餐饮业营业额增速（现价）	18.0	18.0	0.0	玉溪市食品药品监管局
12	金融机构人民币存贷款余额增速（现价、错月）	11.4	15.0	–3.6	人民银行玉溪市中心支行
13	证券交易额增速（现价、错月）	–26.7	5.0	–31.7	
14	保费收入增速（现价、错月）	16.9	20.0	–3.1	玉溪市保险行业协会
15	商品房（含期房、现房）销售面积增速	21.4	30.0	–8.6	玉溪市住房城乡建设局
16	房地产业单位从业人员增速（1～4季度错季）	10.3	7.5	2.8	
17	房地产业单位从业人员劳动报酬增速（现价、1～4季度错季）	13.7	12.0	1.7	
18	电信业务总量增速（错月）	126.2	30.0	96.2	玉溪市工业和信息化委牵头、电信运营商配合
19	其他营利性服务业营业收入增速（现价、错月）	30.0	30.0	0.0	
	其中：租赁和商务服务业营业收入增速（现价、错月、预计）	30.0	30.0	0.0	玉溪市商务局
	娱乐业营业收入增速（现价、错月）	30.0	30.0	0.0	玉溪市文化广播电视局
20	财政预算支出中八项支出增速（现价）	33.2	33.0	0.2	玉溪市财政局

2017年玉溪市主要经济指标完成情况统计表（一）

县区名称	生产总值（亿元）							规模以上工业增加值（亿元）						
	绝对数	增速（%）	增速排位	市人代会绝对值目标	完成市人代会绝对值目标（%）	市人代会增速目标（%）	完成市人代会增速目标（%）	绝对数	增速（%）	增速排位	市人代会绝对值目标	完成市人代会绝对值目标（%）	市人代会增速目标（%）	完成市人代会增速目标（%）
玉溪市	1 415.1	9.3	–	1 447.0	97.8	9.0	103.3	623.7	7.2	–	631.00	98.8	6.0	120.0
红塔区	635.1	5.4	9	663.9	95.7	7.0	77.1	397.0	2.6	8	454.40	87.4	–1.5	173.3
江川区	90.8	13.0	4	93.7	97.0	14.0	92.9	14.0	22.0	4	17.03	82.4	30.0	73.3
澄江县	90.8	13.5	2	93.0	97.6	13.5	100.0	10.2	11.2	6	10.67	95.6	16.0	70.0
通海县	112.4	11.7	7	116.1	96.8	13.0	90.0	20.4	21.1	2	22.08	92.5	20.0	105.5
华宁县	87.2	11.2	8	90.7	96.2	13.5	83.0	12.4	21.0	3	18.05	68.8	28.0	75.0
易门县	100.5	17.6	1	100.9	99.6	17.5	100.6	32.3	29.9	1	42.88	75.3	28.0	106.8
峨山县	78.2	12.6	5	80.7	96.9	13.0	96.9	15.9	17.0	5	17.13	92.6	16.5	103.0
新平县	139.7	12.5	6	144.5	96.7	12.5	100.0	46.0	11.8	7	46.42	99.1	10.0	118.0
元江县	81.6	13.5	2	83.2	98.0	13.5	100.0	10.7	28.0	2	11.40	94.1	28.0	100.0

2017年玉溪市主要经济指标完成情况统计表（二）

县区名称	固定资产投资（亿元）							社会消费品零售总额（亿元）						
	绝对数	增速（%）	增速排位	市人代会绝对值目标	完成市人代会绝对值目标（%）	市人代会增速目标（%）	完成市人代会增速目标（%）	绝对数	增速（%）	增速排位	市人代会绝对值目标	完成市人代会绝对值目标（%）	市人代会增速目标（%）	完成市人代会增速目标（%）
玉溪市	1 080.8	20.9	–	1 144.0	94.5	28.0	74.8	367.4	12.5	–	365.6	100.5	12.0	104.2
红塔区	290.3	0.7	9	360.4	80.5	25.0	2.7	175.0	12.4	9	171.1	102.3	12.0	102.9
江川区	75.8	31.5	4	75.0	101.2	30.0	105.1	24.7	12.5	4	24.9	99.0	12.0	104.2
澄江县	133.2	28.3	8	133.0	100.1	28.0	101.1	22.2	12.6	1	22.7	97.5	12.0	105.0
通海县	74.5	31.4	5	74.0	100.7	30.0	104.6	34.6	12.5	4	35.1	98.7	12.0	104.2
华宁县	71.0	31.1	6	71.0	100.1	30.0	103.8	20.6	12.5	4	20.6	100.2	12.0	104.2
易门县	101.0	32.1	2	98.0	103.0	28.0	114.7	20.9	12.6	1	21.2	98.9	12.0	105.0
峨山县	95.5	31.6	3	95.0	100.5	30.0	105.4	17.7	12.5	4	18.1	98.0	12.0	104.2
新平县	142.6	28.4	7	142.1	100.3	28.0	101.5	24.2	12.6	1	24.5	98.8	12.0	105.0
元江县	96.9	32.8	1	95.0	102.0	30.0	109.3	27.5	12.5	4	27.4	100.2	12.0	104.2

2017年玉溪市及各分县（区）主要指标完成情况表（一）

县　区	生产总值（万元）			第一产业增加值（万元）		
	2017年	2016年	增长（%）	2017年	2016年	增长（%）
全　市	14 151 403	13 118 823	9.3	1 419 537	1 350 203	6.3
红塔区	6 350 814	6 115 521	5.4	149 999	147 933	5.5
江川区	908 475	810 895	13.0	166 846	159 866	6.3
澄江县	907 970	800 218	13.5	112 017	107 023	6.7
通海县	1 123 831	1 011 949	11.7	169 925	161 321	6.0
华宁县	872 210	792 742	11.2	186 683	179 009	6.4
易门县	1 005 051	853 821	17.6	114 442	110 741	6.3
峨山县	781 660	701 610	12.6	118 608	112 231	6.5
新平县	1 396 779	1 246 767	12.5	203 019	186 389	6.7
元江县	815 542	721 117	13.5	197 998	185 690	6.7

2017年玉溪市及各分县（区）主要指标完成情况表（二）

县 区	第二产业增加值（万元）			第三产业增加值（万元）		
	2017年	2016年	增长（%）	2017年	2016年	增长（%）
全 市	7 294 412	6 853 375	7.9	5 437 454	4 915 245	12.0
红塔区	4 305 473	4 237 753	3.3	1 895 342	1 729 835	10.7
江川区	305 055	264 223	16.4	436 574	386 806	13.3
澄江县	282 476	255 646	9.7	513 477	437 549	17.5
通海县	421 659	369 038	14.9	532 247	481 590	10.8
华宁县	275 342	242 531	14.7	410 185	371 202	11.1
易门县	542 859	441 998	23.9	347 750	301 082	12.2
峨山县	301 418	266 924	15.0	361 634	322 455	12.4
新平县	539 234	486 223	12.2	654 526	574 155	14.5
元江县	175 886	144 981	21.5	441 658	390 446	13.6

2017年玉溪市及各分县（区）主要指标完成情况表（三）

县 区	一般公共预算收入（万元）			一般公共预算支出（万元）		
	2017年	2016年	增长（%）	2017年	2016年	增长（%）
全 市	1 372 211	1 310 605	4.7	2 621 228	2 333 523	12.3
市本级	603 575	549 794	9.8	697 721	560 206	24.5
高新区	66 690	59 009	13.0	71 054	50 010	42.1
红塔区	165 897	215 902	−23.2	314 181	323 100	−2.8
江川区	71 026	58 242	21.9	184 023	174 170	5.7
澄江县	87 607	73 279	19.6	218 521	142 621	53.2
通海县	55 790	51 885	7.5	179 971	166 520	8.1
华宁县	42 090	39 525	6.5	160 719	154 695	3.9
易门县	60 765	58 188	4.4	172 171	166 716	3.3
峨山县	43 256	41 758	3.6	155 167	148 637	4.4
新平县	126 701	120 646	5.0	278 800	270 646	3.0
元江县	48 814	42 377	15.2	188 900	176 202	7.2

2017年玉溪市及各分县（区）主要指标完成情况表（四）

县 区	固定资产投资（万元）			社会消费品零售总额（万元）		
	2017年	2016年	增长（%）	2017年	2016年	增长（%）
全 市	10 808 473	8 936 911	20.9	3 674 488	3 267 664	12.5
红塔区	2 903 139	2 883 429	0.7	1 749 977	1 557 519	12.4
江川区	758 466	576 681	31.5	246 764	219 346	12.5
澄江县	1 331 776	1 038 056	28.3	221 615	196 816	12.6
通海县	744 886	566 976	31.4	346 118	307 660	12.5
华宁县	710 374	541 736	31.1	206 458	183 518	12.5
易门县	1 009 778	764 300	32.1	209 302	185 881	12.6
峨山县	955 063	725 608	31.6	176 879	157 226	12.5
新平县	1 425 543	1 110 084	28.4	242 239	215 132	12.6
元江县	969 448	730 041	32.8	275 136	244 565	12.5

（玉溪市统计局）

特色人文资料

玉溪市各级非物质文化遗产代表性项目名录

序号	项目名称	项目类别（编码）	批次（时间）	属　地
国家级				
1	玉溪花灯戏	传统戏剧（Ⅳ）	国家第一批（2006）	玉溪市
2	滇剧	传统戏剧（Ⅳ）	国家第二批（2008）	玉溪市
3	关索戏	传统戏剧（Ⅳ）	国家第三批（2011）	澄江县
4	棕扇舞	传统舞蹈（Ⅲ）	国家第三批（2011）	元江县
5	通海高台	民俗（Ⅹ）	国家第三批（2011）	通海县
6	妙善学女子洞经音乐	传统音乐（Ⅱ）	国家第二批（2008）	通海县
省　级				
1	傣族叙事长诗《朗娥与桑洛》	民间文学（Ⅰ）	省级第一批（2006）	新平县
2	彝族“阿哩”	民间文学（Ⅰ）	省级第四批（2017）	元江县
3	太平花灯	传统戏剧（Ⅳ）	省级第四批（2017）	澄江县
4	撒弦乐	传统音乐（Ⅱ）	省级第三批（2013）	江川区
5	滇南四大腔（五三腔、四腔）	传统音乐（Ⅱ）	省级第三批（2013）	华宁县
6		传统音乐（Ⅱ）	省级第三批（2013）	峨山县
7	傣族三弦调	传统音乐（Ⅱ）	省级第四批（2017）	新平县
8	彝族烟盒舞	传统舞蹈（Ⅲ）	省级第一批（2006）	新平县
9	花鼓舞	传统舞蹈（Ⅲ）	省级第一批（2006）	峨山县
10		传统舞蹈（Ⅲ）	省级第三批（2013）	新平县
11	跳三桩	传统舞蹈（Ⅲ）	省级第二批（2009）	易门县
12	彝族花棍狮子舞	传统舞蹈（Ⅲ）	省级第四批（2017）	新平县
13	苗族芦笙舞	传统舞蹈（Ⅲ）	省级第四批（2017）	华宁县
14	彝族四弦舞	传统舞蹈（Ⅲ）	省级第四批（2017）	新平县
15	傣族狮子舞	传统舞蹈（Ⅲ）	省级第四批（2017）	元江县
16	高跷舞狮	传统体育、游艺与杂技（Ⅵ）	省级第三批（2013）	通海县
17	滇南石狮	传统美术（Ⅶ）	省级第三批（2013）	通海县
18	竹编	传统美术（Ⅶ）	省级第四批（2017）	新平县
19		传统美术（Ⅶ）	省级第四批（2017）	华宁县
20	傣族人生礼俗	民俗（Ⅹ）	省级第一批（2006）	新平县
21	哈尼族九祭献	民俗（Ⅹ）	省级第一批（2006）	元江县
22	彝族服饰	民俗（Ⅹ）	省级第二批（2009）	峨山县
23	傣族服饰	民俗（Ⅹ）	省级第二批（2009）	新平县
24	米线节	民俗（Ⅹ）	省级第三批（2013）	红塔区
25	花街节	民俗（Ⅹ）	省级第三批（2013）	新平县
26	彝族开新街	民俗（Ⅹ）	省级第四批（2017）	峨山县
27	苗族服饰	民俗（Ⅹ）	省级第四批（2017）	峨山县
28	火把节	民俗（Ⅹ）	省级第四批（2017）	新平县
29	傣族传统制陶技艺	传统技艺（Ⅷ）	省级第一批（2006）	新平县
30	铜器制作技艺	传统技艺（Ⅷ）	省级第二批（2009）	江川区
31	陶器制作技艺（华宁、易门浦贝）	传统技艺（Ⅷ）	省级第三批（2013）	华宁县
32		传统技艺（Ⅷ）	省级第三批（2013）	易门县
33	青花瓷器烧制技艺	传统技艺（Ⅷ）	省级第三批（2013）	玉溪市
34	竹乐器制作技艺	传统技艺（Ⅷ）	省级第二批（2009）	玉溪市
35	豆豉制作技艺（易门豆豉）	传统技艺（Ⅷ）	省级第四批（2017）	易门县
36	者湾书画之乡	民族民间传统文化之乡	省级第一批（2006）	通海县
37	彝族花鼓舞之乡	民族民间传统文化之乡	省级第一批（2006）	峨山县
38	戛洒镇大槟榔园村傣族（花腰傣）传统文化保护区	传统文化保护区	省级第一批（2006）	新平县
39	元江县那诺乡塔朗村哈尼族传统文化生态保护区	传统文化保护区	省级第四批（2017）	元江县
40	新平县平甸乡磨皮大寨村彝族文化生态保护区	传统文化保护区	省级第四批（2017）	新平县
市　级				
1	彝族民歌	传统音乐（Ⅱ）	市级第一批（2006）	红塔区
2		传统音乐（Ⅱ）	市级第一批（2006）	江川区

续 表

序号	项目名称	项目类别（编码）	批次（时间）	属 地
3	彝族民歌	传统音乐（Ⅱ）	市级第一批（2006）	华宁县
4		传统音乐（Ⅱ）	市级第一批（2006）	新平县
5	彝族器乐曲	传统音乐（Ⅱ）	市级第一批（2006）	红塔区
6		传统音乐（Ⅱ）	市级第一批（2006）	峨山县
7		传统音乐（Ⅱ）	市级第一批（2006）	新平县
8	洞经音乐	传统音乐（Ⅱ）	市级第一批（2006）	红塔区
9		传统音乐（Ⅱ）	市级第一批（2006）	易门县
10		传统音乐（Ⅱ）	市级第一批（2006）	新平县
11	唢呐吹打乐	传统音乐（Ⅱ）	市级第一批（2006）	江川区
12	彝族四弦独奏乐	传统音乐（Ⅱ）	市级第一批（2006）	江川区
13	五山腔	传统音乐（Ⅱ）	市级第一批（2006）	通海县
14	苗族芦笙舞曲	传统音乐（Ⅱ）	市级第一批（2006）	澄江县
15	彝族四弦舞曲	传统音乐（Ⅱ）	市级第一批（2006）	澄江县
16	苗族芦笙独奏	传统音乐（Ⅱ）	市级第一批（2006）	华宁县
17	苗族民歌	传统音乐（Ⅱ）	市级第一批（2006）	华宁县
18	彝族山歌	传统音乐（Ⅱ）	市级第一批（2006）	峨山县
19	彝族小彝剧音乐	传统音乐（Ⅱ）	市级第一批（2006）	峨山县
20	傣族民歌	传统音乐（Ⅱ）	市级第一批（2006）	新平县
21		传统音乐（Ⅱ）	市级第一批（2006）	元江县
22	彝族原始宗教音乐	传统音乐（Ⅱ）	市级第一批（2006）	新平县
23	哈尼族民歌	传统音乐（Ⅱ）	市级第一批（2006）	元江县
24	元江各民族酒礼歌	传统音乐（Ⅱ）	市级第一批（2006）	元江县
25	彝族丝弦竹乐	传统音乐（Ⅱ）	市级第一批（2006）	元江县
26	白族洞经音乐	传统音乐（Ⅱ）	市级第一批（2006）	元江县
27	白族堂祭音乐	传统音乐（Ⅱ）	市级第一批（2006）	元江县
28	白族民歌	传统音乐（Ⅱ）	市级第一批（2006）	元江县
29	彝族唢呐艺术	传统音乐（Ⅱ）	市级第四批（2016）	华宁县
30	彝族祭祀舞	传统舞蹈（Ⅲ）	市级第一批（2006）	红塔区
31	祭祀舞《翻猪牙齿》	传统舞蹈（Ⅲ）	市级第一批（2006）	江川区
32	彝族草狮子舞	传统舞蹈（Ⅲ）	市级第一批（2006）	澄江县
33	汉族舞蹈《打秧佬》	传统舞蹈（Ⅲ）	市级第一批（2006）	澄江县
34	兵器舞蹈《搬打》	传统舞蹈（Ⅲ）	市级第一批（2006）	澄江县
35	彝族祭祀舞《阴灯》	传统舞蹈（Ⅲ）	市级第一批（2006）	澄江县
36	汉族狮子舞	传统舞蹈（Ⅲ）	市级第一批（2006）	易门县
37	苗族芦笙舞	传统舞蹈（Ⅲ）	市级第一批（2006）	易门县
38	彝族虎掌舞	传统舞蹈（Ⅲ）	市级第一批（2006）	易门县
39	彝族祭祀舞《跳哑巴》	传统舞蹈（Ⅲ）	市级第一批（2006）	易门县
40	汉族舞蹈《道师跑灯》	传统舞蹈（Ⅲ）	市级第一批（2006）	峨山县
41	傣族虎头舞	传统舞蹈（Ⅲ）	市级第一批（2006）	新平县
42	彝族桶鼓舞	传统舞蹈（Ⅲ）	市级第一批（2006）	新平县
43	傣族大鼓舞	传统舞蹈（Ⅲ）	市级第一批（2006）	新平县
44	彝族太平花鼓舞	传统舞蹈（Ⅲ）	市级第一批（2006）	新平县
45	哈尼族扇鼓舞	传统舞蹈（Ⅲ）	市级第一批（2006）	元江县
46	哈尼族铓鼓舞	传统舞蹈（Ⅲ）	市级第一批（2006）	元江县
47	彝族烟盒舞（架子乐、乐作舞）	传统舞蹈（Ⅲ）	市级第四批（2016）	华宁县
48		传统舞蹈（Ⅲ）	市级第四批（2016）	元江县
49		传统舞蹈（Ⅲ）	市级第一批（2006）	新平县
50	碗灯舞	传统舞蹈（Ⅲ）	市级第四批（2016）	通海县
51	铜厂皮影戏	传统戏剧（Ⅳ）	市级第一批（2006）	易门县
52	花灯说唱	传统曲艺（Ⅴ）	市级第一批（2006）	红塔区
53	扬琴	传统曲艺（Ⅴ）	市级第一批（2006）	通海县
54	木雕槅子门	传统美术（Ⅶ）	市级第一批（2006）	通海县
55	关索戏面具	传统美术（Ⅶ）	市级第一批（2006）	澄江县
56	木雕《双龙盘椅》	传统美术（Ⅶ）	市级第一批（2006）	华宁县
57	葫芦雕	传统美术（Ⅶ）	市级第一批（2006）	华宁县

续 表

序号	项目名称	项目类别（编码）	批次（时间）	属 地
58	铜厂皮影画	传统美术（Ⅶ）	市级第一批（2006）	易门县
59	龙泉镇石雕	传统美术（Ⅶ）	市级第一批（2006）	易门县
60	彝族剪纸	传统美术（Ⅶ）	市级第一批（2006）	峨山县
61		传统美术（Ⅶ）	市级第一批（2006）	新平县
62	木雕《九龙十八宝》	传统美术（Ⅶ）	市级第一批（2006）	元江县
63	彝族平绣	传统技艺（Ⅷ）	市级第一批（2006）	红塔区
64	四弦制作	传统技艺（Ⅷ）	市级第一批（2006）	峨山县
65	者竜竹造纸	传统技艺（Ⅷ）	市级第一批（2006）	新平县
66	傣族织锦	传统技艺（Ⅷ）	市级第一批（2006）	新平县
67	葫芦笙制作	传统技艺（Ⅷ）	市级第一批（2006）	新平县
68	彝族土陶制作	传统技艺（Ⅷ）	市级第一批（2006）	元江县
69	哈尼族服饰制作	传统技艺（Ⅷ）	市级第一批（2006）	元江县
70	泥塑技艺	传统技艺（Ⅷ）	市级第三批（2013）	江川区
71	豆末糖制作技艺	传统技艺（Ⅷ）	市级第三批（2013）	通海县
72	草锅盖编织工艺	传统技艺（Ⅷ）	市级第四批（2016）	澄江县
73	大鱼笼编织工艺	传统技艺（Ⅷ）	市级第一批（2006）	江川区
74		传统技艺（Ⅷ）	市级第四批（2016）	澄江县
75	土陶烧制技艺	传统技艺（Ⅷ）	市级第四批（2016）	红塔区
76	银饰制作技艺	传统技艺（Ⅷ）	市级第四批（2016）	通海县
77	玉溪青花瓷烧制技艺	传统技艺（Ⅷ）	市级第四批（2016）	红塔区
78	彝族咪嘎哈节	民俗（Ⅹ）	市级第三批（2013）	峨山县
79	蒙面情歌会	民俗（Ⅹ）	市级第三批（2013）	元江县
80	车水捕鱼	民俗（Ⅹ）	市级第一批（2006）	江川区
81	铜锅鱼	民俗（Ⅹ）	市级第一批（2006）	江川区
82	碧云寺“三月三赶庙会”	民俗（Ⅹ）	市级第一批（2006）	江川区
83	苗族服饰	民俗（Ⅹ）	市级第一批（2006）	易门县
84	“二月二拉花车”	民俗（Ⅹ）	市级第一批（2006）	江川区
85	蒙古族“鲁班节”	民俗（Ⅹ）	市级第一批（2006）	通海县
86	阳宗汉族妇女服饰	民俗（Ⅹ）	市级第一批（2006）	澄江县
87	苗族丧葬习俗	民俗（Ⅹ）	市级第一批（2006）	华宁县
88	苗族婚俗	民俗（Ⅹ）	市级第一批（2006）	易门县
89	澄江“立夏节”	民俗（Ⅹ）	市级第一批（2006）	澄江县
90	上元胜会“送大香”	民俗（Ⅹ）	市级第一批（2006）	澄江县
91	苗族“花山节”	民俗（Ⅹ）	市级第一批（2006）	华宁县
92	“二月二”戏会	民俗（Ⅹ）	市级第一批（2006）	易门县
93	彝族婚丧习俗	民俗（Ⅹ）	市级第一批（2006）	峨山县
94	傣族生产习俗	民俗（Ⅹ）	市级第一批（2006）	新平县
95	傣角折泼水节	民俗（Ⅹ）	市级第一批（2006）	新平县
96	男人狂欢节	民俗（Ⅹ）	市级第一批（2006）	新平县
97	彝族“吃花酒”	民俗（Ⅹ）	市级第一批（2006）	新平县
98	拉祜族“跳哑巴”	民俗（Ⅹ）	市级第一批（2006）	新平县
99	彝族火把节	民俗（Ⅹ）	市级第一批（2006）	峨山县
100	哈尼族“苦扎扎节”	民俗（Ⅹ）	市级第一批（2006）	元江县
101	傣族“祭竜”	民俗（Ⅹ）	市级第一批（2006）	元江县
102	哈尼族“莫搓搓”	民俗（Ⅹ）	市级第一批（2006）	元江县
103	《阮氏姑娘》	民间文学（Ⅰ）	市级第一批（2006）	红塔区
104	歌谣《高古楼》	民间文学（Ⅰ）	市级第一批（2006）	红塔区
105	《林则徐与钟秀书院》	民间文学（Ⅰ）	市级第一批（2006）	江川区
106	《孤山的传说》	民间文学（Ⅰ）	市级第一批（2006）	江川区
107	《为什么两海相交鱼不往》	民间文学（Ⅰ）	市级第一批（2006）	江川区
108	《野牛山传说》	民间文学（Ⅰ）	市级第一批（2006）	江川区
109	《段思平在通海的传说》	民间文学（Ⅰ）	市级第一批（2006）	通海县
110	《神僧畔富和落水洞的传说》	民间文学（Ⅰ）	市级第一批（2006）	通海县
111	《礼乐名邦传说》	民间文学（Ⅰ）	市级第一批（2006）	通海县
112	《马刨泉的故事》	民间文学（Ⅰ）	市级第一批（2006）	通海县

续　表

序号	项目名称	项目类别（编码）	批次（时间）	属　地
113	《汉兴亭侯李恢的传说》	民间文学（Ⅰ）	市级第一批（2006）	澄江县
114	《赵仕麟的故事》	民间文学（Ⅰ）	市级第一批（2006）	澄江县
115	《丹凤衔书》	民间文学（Ⅰ）	市级第一批（2006）	澄江县
116	《抚仙湖名的由来》	民间文学（Ⅰ）	市级第一批（2006）	澄江县
117	《立夏节的传说》	民间文学（Ⅰ）	市级第一批（2006）	澄江县
118	《抗浪鱼名的由来》	民间文学（Ⅰ）	市级第一批（2006）	澄江县
119	《苗王阿山》	民间文学（Ⅰ）	市级第一批（2006）	华宁县
120	《登楼老爷的传说》	民间文学（Ⅰ）	市级第一批（2006）	华宁县
121	《王元翰的故事》	民间文学（Ⅰ）	市级第一批（2006）	华宁县
122	歌谣《阿勒哩》	民间文学（Ⅰ）	市级第一批（2006）	华宁县
123	《洟源泉的传说》	民间文学（Ⅰ）	市级第一批（2006）	易门县
124	《彝族跳笙的传说》	民间文学（Ⅰ）	市级第一批（2006）	易门县
125	《玛樱花的传说》	民间文学（Ⅰ）	市级第一批（2006）	峨山县
126	《普丕的传说》	民间文学（Ⅰ）	市级第一批（2006）	峨山县
127	《赫白租大王》	民间文学（Ⅰ）	市级第一批（2006）	新平县
128	《那嵩抗清》	民间文学（Ⅰ）	市级第一批（2006）	元江县
129	《李和才传奇》	民间文学（Ⅰ）	市级第一批（2006）	元江县
130	《刀代斩蛟》	民间文学（Ⅰ）	市级第一批（2006）	元江县
131	《尼施传彝文》	民间文学（Ⅰ）	市级第一批（2006）	元江县
132	《阿波仰者》	民间文学（Ⅰ）	市级第一批（2006）	元江县
133	《鱼龙献水》	民间文学（Ⅰ）	市级第四批（2016）	易门县
134	彝文医药典籍	传统医药（Ⅸ）	市级第一批（2006）	新平县
135	彝族医药	传统医药（Ⅸ）	市级第四批（2016）	峨山县
136	傣族民间医药	传统医药（Ⅸ）	市级第一批（2006）	新平县
137	彝族武艺	传统体育、游艺与杂技（Ⅵ）	市级第三批（2013）	峨山县
138	花灯之乡	民族民间传统文化之乡	市级第一批（2006）	红塔区
139	大营书画之乡	民族民间传统文化之乡	市级第一批（2006）	江川区
140	前卫铜器制作之乡	民族民间传统文化之乡	市级第一批（2006）	江川区
141	松原太平花灯之乡	民族民间传统文化之乡	市级第一批（2006）	澄江县
142	小屯关索戏之乡	民族民间传统文化之乡	市级第一批（2006）	澄江县
143	华宁陶之乡	民族民间传统文化之乡	市级第一批（2006）	华宁县
144	浦贝陶瓷之乡	民族民间传统文化之乡	市级第一批（2006）	易门县
145	花腰傣服饰文化之乡	民族民间传统文化之乡	市级第一批（2006）	新平县
146	磨皮花鼓舞之乡	民族民间传统文化之乡	市级第一批（2006）	新平县
147	扬武彝族烟盒舞之乡	民族民间传统文化之乡	市级第一批（2006）	新平县
148	澧江彝族土陶之乡	民族民间传统文化之乡	市级第一批（2006）	元江县
149	歪头山苗族文化保护区	传统文化保护区	市级第一批（2006）	易门县
150	小黑达彝族文化保护区	传统文化保护区	市级第一批（2006）	新平县
151	大槟榔园傣族文化保护区	传统文化保护区	市级第一批（2006）	新平县
152	那路傣族文化保护区	传统文化保护区	市级第一批（2006）	元江县
153	兴蒙乡蒙古族文化保护区	传统文化保护区	市级第一批（2006）	通海县
154	华宁县碗窑村陶文化生态保护区	传统文化保护区	市级第四批（2016）	华宁县
155	平甸乡石头村彝族文化生态保护区	传统文化保护区	市级第四批（2016）	新平县
156	《王家大院》	其它	市级第一批（2006）	红塔区
157	《陈家祠堂》	其它	市级第一批（2006）	江川区
158	《曹家大院》	其它	市级第一批（2006）	通海县
159	《望海楼》	其它	市级第一批（2006）	澄江县
160	《宁州土知州官邸》	其它	市级第一批（2006）	华宁县
161	彝族土掌房	其它	市级第一批（2006）	峨山县
162	傣族土掌房	其它	市级第一批（2006）	新平县
163	老厂普济桥	其它	市级第一批（2006）	新平县
164	元江大桥群	其它	市级第一批（2006）	元江县
165	傣族（花腰）语言	其它	市级第一批（2006）	新平县
166	傣族（花腰）文字	其它	市级第一批（2006）	新平县

（岳彩云）

绿水青山·碧玉清溪

（吴 垠 摄）

索　引

INDEX

编　制：李晓媛

条目索引

表格索引

非音序

说　明

一、本索引采用主题分析方法，索引范围包括各部类条目和表格。按主题词汉语拼音顺序排列。
二、书中的篇目题、类目题、分目题用黑体字标明，其余用宋体字排印。
三、索引的主题词后面的数字表示内容所在页码，数字后面的字母（a、b、c）表示该页从左至右的栏别。
四、以数字或字母开头的款项，不按音序排列，集中于"非音序"栏中。

条目索引

A

AFP、新破、麻疹、乙肝主动监测　424b
爱国卫生　427a
爱国卫生月活动　427b
安康杯劳动竞赛活动　164c
安全管理　257a
安全监管长效机制　304b
安全生产　262b　301b　480c　490a
安全生产监督管理　304b
安全生产领域改革发展的实施意见　305c
安全生产事故指标控制　304b
安全生产宣传教育　305a
安全稳定工作　188a　191b
安置帮教　184c
案件管理　179b
案件稽查　304a

B

白内障复明公益活动　167c
百村示范千村整治　273c
班子建设　192b
办文、办会　83c
办文办会　109c
办学条件　377a
包裹快递类业务及监管　325c
保护植物种质资源库建设　210c
保健（长寿）补助发放工作　456c
保密服务　111c
保密工作　110a
保密管理　110c
保密科技　111a
保密专题讲座　113a
保明顺调研市红十字工作　460c
保卫抚仙湖雷霆行动　288c　414c
保险保障　354b
保险便民利民项目　353b
保险公司　353c
保险业监管　353a
保障性住房建设项目贷款试点　280b
报刊　403b
贝丘遗址专题调查　391a
备灾救灾中心成立　460c
被征地农民养老保险　450a
碧玉生辉大讲堂　106b
变型拖拉机专项整治　222a
标准化工地建设　277c
标准化工作　301c
表彰奖励　181b　183b
殡葬改革工作　447a
病害猪无害化处理补贴　215c
病媒生物防制　427c
病媒生物监测及防制　425c
博爱送万家活动　461a
不动产统一登记　299b

C

财政　479b
财政　330a
财税、金融　496c
财务管理　138b
财政、金融　471a　484b
财政、金融、保险　475a　492b
财政、金融和保险业　488b
财政·税务　328
财政扶贫资金报账进度　137a
财政监督检查　332b
财政金融　467b
财政票据年检工作　332b
财政普惠金融政策　332a
财政审计　297a
财政事权与支出责任划分改革　330a
财政收支　61c
财政运行　261b
财政专户　331a
财政专网网络准入控制系统建设　332b
财政资金盘活　330c
采购投诉　333b
采购信息公开　333b
彩票公益金项目　333a
蔡建华　506c
参展参会　315b
参政议政　156a　156b　157b　158a　158b　159a　160c　167c
餐饮具集中消毒监管　422c
残疾人扶贫工作　459a
残疾人教育　459a
残疾人就业工作　459c
残疾人康复　458c
残疾人补贴　448a
残疾人事业　458c
残疾人维权信访工作　459b
残疾人文体宣传工作　459b
残疾少儿困难家庭帮扶　458a
草牧业试点项目　216c
草原畜牧业发展方式转变项目　216c
草原生态保护补助　216a
测土配方施肥　223a
茶叶生产　208a
产能置换　239b
产前诊断　426c
产业发展支持　352a
产业扶贫项目　137a
产业培育　261a
产业转型升级　253b
常规免疫接种率监测　424b
常务委员会会议　148a
畅谈建言活动　106a
朝阳光伏并网电站　292c
车购税管理　341c
撤村设居工作　448c
陈宝荣　504a
陈竺到玉溪调研　304a
成分输血　428c
成品油市场建设管理　309a
成品油销售　308c
成人高考、自学考试及其它考试　376a

成人函授和国培计划工作 374a
成人教育 375a
城建档案管理 278a
城建环保 466c
城市地下综合管廊建设 271c
城市公交管理 324b
城市供水管理 273a
城市管理机构和队伍建设 446a
城市管理与行政执法 446a
城市管理执法体制改革 446b
城市规划馆项目 272a
城市建设 480a
城市建设、能源消耗和安全生产 472a
城市建设和生态环境 63b 489c 492b
城市精细化管理 446a
城市民族工作 452a
城市设计试点 270a
城市双修试点城市 270a
城市扬尘污染治理工作 446b
城乡发展 268
城乡公共厕所治理 274a
城乡规划 270a
城乡建设 474b
城乡建设执法稽查 446a
城乡居民基本养老保险 449c
城乡垃圾整治行动 273c
城乡人居环境提升五年行动 274a
城镇保障性安居工作 332c
城镇基础设施建设 271b
城镇污水处理 273a
城镇职工基本养老保险 449b
澄江工业园区 264c
澄江县 477c
出国培训与外国专家管理 445a
出口卷烟 255a
出口退税 342c
出生医学证明管理 427a
出生婴儿性别偏高综合治理 455a
出租车管理 324c
除虫菊生产 208b
储备土地供应力度加大 300a
储量监管 301b
传统村落保护 274a
传习馆公共选修课 373c
创新服务支持三农 352c
创新规划的通知 510
创新平台建设 381a
创新主体培育 381a
创业帮扶 160c
创作研讨会 397c
春节黄金周 412a
春节文化活动 391b
慈善情暖万家 460b
慈善事业 460a
从严治警 194b
从业人员体检 425c
村（社区）干部培训 448c
村霸和宗族恶势力惩治工作 178a
村规民约修订完善试点 448b
村级农业技术推广人员工资补贴 225b
村务公开和民主管理 448c

D

DRG支付改革 420a
DSD学校德语教师经验交流会 370c
调查统计与金融研究 346c
调查研究 87b 130c
调研工作 86c
调研研究 130c
打非治违专项行动 222a
打假治劣 302b
大化产业园区 266b
大气污染防治 285b
大砂壳核桃示范基地项目 211b
大事记 42
大同证券玉溪营业部经营概况 364b
大学生村官 97a
大学新生助学贷款和奖励计划 368c
单位账户 331a
档案法治政府建设 112c
档案管理 112b
档案行政执法检查 112b
档案基础知识培训班 114b
档案局（馆）长会议 114b
档案抢救与保护 114a
档案学会和职称工作 114b
档案业务监督指导 113a
档案资源开发 114a
档案资源体系 113c
党代表管理 96b
党的建设制度改革 97a
党费管理 96a
党建促脱贫攻坚 95b
党建带关建创五好工作 458b
党建工作责任落实 105a
党建工作责任体系 95b
党建纪检体制改革 90a
党内政治生活规范 105a
党史信息 109b
党史研究 108b
党外代表队伍建设 102c
党校工作 106b
党校系统师资培训班 107a
党员发展 96a
党员管理和发展党员 104c
导游服务技能大赛 415a
盗抢骗犯罪 173b
稻田养鱼 219b
德育工作 369a
迪庆籍学生招收工作 371b
迪庆州综合作品展 394b
地方经济发展支持 352b
地方经济支持情况 350a
地方立法管理 171b
地方领导慰问 192b
地方三农建设 349a
地方税费收入 333c
地方税收减免 333c
地方税务 333c
地方志编纂 404c
地理位置 54a 464a
地名管理 449a
地名普查工作 449a
地名普查宣传工作 449a
地税稽查 337b
地条钢取缔 239a
地形地貌 54a
地震活动 384b
地震监测预报 385a
地震救援联合演练 192c
地震应急工作 385b
地震灾害紧急救援队业务考核 190c
地质灾害防治 299a
第七届科技兴乡贡献奖 225b
第四批省级非遗项目 400b
第四批市级非遗项目传承人 400b
滇声梅韵 392a
滇中烤烟农业气象服务系统建设 384a
滇中艺术年展 398b
典当行业监管 309b
点亮玉溪行动 274a
电力安全 242a
电力工业 241a
电力供应 241c
电力生产 241b
电网安全 241c
电网建设 243c
电信网络新型犯罪 173c
电信运营 246b
电子商务 308b 318b
电子政务 130a
定点扶贫 276b
定点扶贫工作 302c

冬季农业开发　207a
动态监控　330c
动物产地检疫　218a
动物春防检查　217b
动物防疫补助政策　215c
动物防疫员补贴　216a
动物检疫电子出证　215
动物免疫　217a
动物秋防检查与防疫绩效考核　217b
动物屠宰检疫　218a
动物疫病防控会　215b
动物疫病监测　217a
动物疫病可追溯体系建设　218b
动物诊疗机构清理整顿　215b
督查督办　200a　85b
督查队伍建设　87a
督查工作　85b
督查工作重点　86b
督查通报　86b
毒品查缉工作　174b
独龙天路玉溪上演　395a
端午小长假　413a
短波电台建设　196b
段志林　502b
队伍建设　354c　106c　176c　183a　301a
对口培训　370c
对外交流　310b　412a　165b
对外经济　479b
对外经济和旅游　471a
对外开放　143b
对外贸易　309c
对外投资　310a
对外宣传　98c
对外友好交流　142a
多党合作　102b

E

峨山火把狂欢节　411b
峨山彝族自治县　486c
二轮修志　405a

F

法院　181b
法治　168
法律顾问　202c
法律援助　185b
法制农业宣传教育　220a
法制质监建设　302b
法治财政建设　332a
法治教育与帮教　457b
法治宣传　183c
法治政府建设　171c
帆船对抗赛　436c
反渎职侵权　177c
反腐败高压态势　91a
反恐怖重点工作　173a
反贪污贿赂　177c
方富光　503c
防汛　231a
防空警报试鸣　196c
防空警报维护管理　196b
防汛减灾基础设施建设　231b
防汛抗旱　231a
房地产企业管理　278b
房地产业　466a
房地产业　278b
房地产业投资　278b
房地产中介企业管理　278c
房屋租赁登记备案管理　279a
放管服　114c
放管服改革　176b　342b
放射卫生监测　425a
非公经济“两个健康”　103b
非税收入管理　332b
非主要农作物品种登记　221a
肥料执法　223b
分县（区）工业发展情况　237b
风险管控加强　350b
伏　斌　502c
扶持人口较少民族（支系）发展　451b
扶贫工作　498c
扶贫攻坚　453a　347c　137b
扶贫监督执纪问责　91b
扶贫开发　135b　477a
扶贫项目　224b
扶贫小额信贷　136c
扶贫助学　460b
服务地方经济　352a
服务高原特色农业　352b
服务经济社会　285c
服务能力提升　354b
服务县域经济　352b
服务质量提升　349b
抚仙湖保护与发展图文展　396c
抚仙湖非工程管理措施　289a
抚仙湖国际半程马拉松赛　440c
抚仙湖基础研究　289c
抚仙湖嘉年华　411a
抚仙湖抗浪鱼　480c
抚仙湖山水林田湖草生态保护修复试点申报　288b
抚仙湖山水林田湖生态保护修复试点工作　332a
抚仙湖水位上升　289c
抚仙湖体育旅游产业发展论坛　441a
抚恤优待政策　446c
付航　507a
妇联改革　165c
妇女常见病筛查　426b
妇女创业创新　165c
妇女儿童关爱工作　166a
妇女儿童维权　165c
妇女联合会　165c
妇幼保健　426a
附录　508
复烤加工　255b

G

改革创新　182c
改革配套文件制定　292c
改革试点工作　90b
改革转型及精细管理　354a
概况　181b　196a　200a　209c　215a　228a　244a　252c　256b　260c　271b　284a　292a　293c　300a　302c　309c　311a　317c　322a　330a　346a　346c　353a　380a　390a　401a　408a　418a　434a　448b　458c　460a　135b　139a　148a　172c　176c　308a　325b　347b　368a　88a　118a
甘蔗生产　208a
柑桔文化节　411c
柑橘黄龙病防控　224a
柑橘技能大赛　209a
柑橘旅游文化节　60c
干部工作规范化　95a
干部监督管理　95a
干部教育培训　95a
港澳台及海外统战工作　103b
高等教育　372b
高端特色烟叶　255a
高端特色烟叶开发　252a
高考成绩提升　370b
高速公路建设　322a
高新技术产业开发区　260c
高新区信息产业发展　244c
高原特色冬季农业示范项目　207a
高中、初中学业水平考试　376a
歌词征集活动　399c
革命老区建设　136b
革命遗址保护　109c

个私协会工作 296a
各类非法违法行为 304c
耕地保护 298c
耕地保护质量提升项目 223a
耕地休耕制度试点项目 223a
耕地质量监测点 223a
工业 234 473b 479a 481c 484a 494b 465c
工程造价数据信息平台建设 277a
工程质量安全管理 277b
工会改革 164a
工伤保险 450a
工商行政管理 293c
工商业联合会 160a
工商资本租赁农地 206a
工业、建筑业 488a 490c
工业产业 240a
工业发展存在的问题 238a
工业和建筑业 470b
工业经济运行主要特点 236a
工业卷烟税收 339c
工业企业规模情况 237b
工业效益情况 237c
工业用电 241a
工业运行 236a
工业增加值 62a
公安 172c
公共场所卫生监督管理 423a
公共机构节能管理 138c
公共图书馆评估定级工作 400c
公共卫生事件 131c
公共资源交易 138a
公共资源交易电子化平台 137c
公共租赁住房建设和运营管理 279a
公积金管理 279b
公积金异地转移接续平台 280a
公积金支付物业管理费 280a
公路养护管理 323c
公路运输 322a
公路质量管理 325a
公平竞争审查 296b
公司改组 292c
公务卡监管 330c
公务用车 138b
公务员队伍管理 444b
公务员管理 96c
公益活动 350a
公益晚会 392b
公益性职业技能培训 371c
公证工作 184c
共青团玉溪市委员会 164c
供电改革 242c
供销合作 317c
古代珍贵书画展出 393b
鼓励支持民营医院发展 429a
固定资产投资 292a 466a 470c 479a 481c 488b 491a 494b 62b
固定资产投资审计 297a
关爱妇女儿童健康行动 426a
关心下一代工作 457b
管理年活动开展 351c
广播电视 401a 468b 480a 482c 497c
广场舞大赛 440a
广告监督管理 295b
规范性文件 202c
规范性文件备案审查 171c
规范性文件监督管理 172a
规费管理 334c
规模养殖场监管 218b
贵妇还乡首演 399b
国道213线建设项目建设 323b
国地税合作 341c
国防动员 188a
国防教育 188a
国际档案日 113a
国际汽车博览会 316a
国际税收管理 336a
国际铁人三项赛 441b
国家安全和政治稳定 172c
国家标准员试点 277a
国家二级、三级社会体育指导员培训 372a
国家海绵城市 280c
国家后备人才基地 372a
国家民族画报社到玉拍摄 451a
国家税务 339a
国家助学金和免学费资金管理 368c
国库集中支付电子化管理系统 332c
国民经济与社会发展 61c
国内贸易 479a
国内贸易 308a
国内贸易和对外经济 62b 488b
国省道干线公路改造建设 323b
国税、地税征管体制改革 342a
国税稽查 343a
国泰君安证券玉溪营业部经营概况 364b
国土领域改革 299c
国土资源管理 298c
国务院督查组检查抗震救灾应急准备工作 384c
国务院医改办督查组到玉溪督查 419a
国有林场改革 210b
国有企业党建工作 293b
国有权属企事业单位退出抚仙湖保护区 288a
国有资本经营预算管理 293a
国有资产管理 292c
果蔬烘干机 221b

H

哈尼“十月年”活动 411c
海绵城市建设 270a
海绵干休所 106b
海外联谊 167c
汉语桥十强体验赛 370c
行业场所管理创新 176a
行业发展环境优化 325b
行业监管 353a
合作交流 107a
和谐寺观教堂创建 452a
河道治理工程 229a
河西大平地并网农业光伏发电站 292b
河长制工作 233a
核桃产品获奖 210b
黑臭水体治理 272a
黑广播查处 396a
黑枪拐专项整治 173c
黑网吧查处 396a
黑网吧整治工作会 395c
烘烤技术研究 256b
烘烤提质增效 253a
红火蚁疫情普查防治 224
红十字会工作 460c
红十字精神宣传活动 461b
红十字志愿服务工作 461b
红塔工业园区 262c
红塔集团 256b
红塔区 464
红塔银行经营概况 352b
后期项目扶持和资金发放管理 452c
互联网+公益 165a
互联网+健康医疗 419c
互联网+教育 377a
互联网 + 五级培训 375a
互联网 + 现代农业 203b
互联网+应用领域 245a
互联网+政务服务 137c
花卉产业技术培训 224b
花卉种球种苗生产 208a
花卉自主知识产权 208a
花街节 61b
华宁工业园区 265b

华宁县 481a
华文教育 144b
化解债务风险 300c
环保检察 179a
环保宣传教育 287b
环保执法 286b
环保专项行动 286c
环城跑 439a
环抚仙湖高原国际超级马拉松赛 288b
环境保护 476c
环境保护 282
环境法制 287a
环境监测与科研 287a
环境监管执法 286b
环境卫生监测 425a
换届选举 164c 94c
黄宏集藏古代带钩展 397a
黄丝带活动 156c
会务服务 139a
会议活动 92a
会展宣传促销 409b
惠民活动 327a
惠民实事 144
惠农补贴 331b
婚姻收养登记工作 448a
火把节 61a
火焰兰 214b
火灾和接警出动情况 194a
货币信贷管理 346a
获奖剧目 390c

J

机构编制 114c
机构编制精细化管理 115b
机构及负责人 64a
机关办公用房和资产管理 138c
机关党建 104a
机关党建示范点 104c
机关服务型党组织建设 104c
机关事务管理 138b
机械化深松 221b
基本公共卫生服务项目 331a
基本情况 280b 456a
基本医疗保险 449c
基本指挥所建设 196a
基层党建短板提升 95c
基层党建品牌拓展 95c
基层党建提升年 104b
基层党组织规范化建设 104b
基层法律服务 184b
基层建设 192a
基层建设加强 354a
基层民主政治建设 448b
基层农技推广体系 225a
基层社建设 319a
基层卫生 423a
基层武装部达标验收 188c
基层医疗卫生机构能力提升 423a
基础工作 298c
基础设施建设 252b 107c 183c 192a
基础设施建设管理 456b
基础维护管理达标专项工作 249c
基站拆迁赔偿规范化 249b
急救技能大赛获佳绩 421b
疾病救治 460a
疾病预防控制 423b
集体婚礼 190a
集邮活动 326c
集镇一水两污项目建设 273b
集中行政审批职能 202a
计划生育 453b
计划生育家庭扶助优待 454c
计划生育协会工作 455c
计划生育药具管理及技术服务 455c
计划生育指标完成情况 453b
计量管理 302a
纪检监察 90c
纪检监察队伍 92a
技能提升 350b
技师学院、工贸学校获佳绩 371c
技术合同登记 386b
技术支撑 304a
绩效管理 331c
家庭承包耕地流转 205c
家庭农场 204b
家庭医生签约服务 423a
戛洒江一级水电站暂停施工 452c
甲乙类传染病发病情况 423b
价格管理 296a
价格监测预警 296b
价格监督检查工作 296a
价格认定工作 296c
价格社会监督 296b
监测预警 133c
监督抽检 303c
监督工作 120
监管企业考核和薪酬制度 293b
监管质效提升 348c
监狱劳教企业退税工作 330c
检察 176c
检查查处 111a
检察队伍建设 180a
检察技术提升 179c
检察理论研究 179c
检察委员会建设 179c
检务保障 181a
减税降负 343b
建设工程唯一性标识见证取样 277c
建设领域保证金清理 278a
建设领域工程欠款清理 278a
建设全国健康城市试点工作 427c
建议提案办理 200b
建置区划 59
建筑工程招投标监管 276a
建筑节能管理 277a
建筑企业及产值 276a
建筑业 276c 62b 479a
建筑业调研报告 30
健康扶贫 420c
江川工业园区 264a
江川区 469c
江河和湖泊 54b
蒋建波 502c
交流平台搭建 87b
交通、通信 466b
交通、邮电 482a 484b 489b 495b
交通·邮政 320
交通安全管理 176a 325a
交通旅游广播开播 403a
交通沿线面山绿化优化 211a
交通运输 479b
交通运输、邮电 492a
交通运输、邮电业和旅游 62c
交通运输服务监督电话值守 325c
交通运输管理 323c
交通运输和邮电业 471a
教育 366 467c 475c 479c 482b 496c
教师队伍建设 376b
教师资格认定 368a
教学工作 106b
教育、科技 489b 492c
教育、科技、文化、体育和卫生 471c
教育管理 366a
教育和科学技术 62c
教育培训 354c 110b
节能减排 256c
节能降耗及新能源 262b
节水灌溉项目建设 232c
节水型社会建设 232c
结核病监测防治 424a
金融 479c
金芒果旅游文化节 61b 411a

金融保险 482a
金融创新 351a
金融服务机制完善 350b
金融服务项目拓展 349c
金融服务与金融宣传 350c
金融改革与开放 346b
金融管理 346a
金融和保险业 62c
金融类业务办理 326a
金融生态环境建设 348c
金融稳定维护 346a
金融业 344
金融支持科技企业发展路径选择 33
金融知识进万家 351c
金银花生产 208c
金志林 506c
进军营授课 188c
禁毒工作 174a
禁吸戒毒工作 174b
经纪机构及从业人员管理 279b
经济概况 465a
经济管理 290
经济和招商服务 160b
经济检查 294c
经济社会服务 170b
经济社会建设投资 292a
经济体制改革 88a
经济违法犯罪 174a
经济责任审计 297a
经济作物生产 206c
经理国库与货币发行 346b
经贸摩擦应对工作 315a
经作技术培训 209a
精神卫生管理试点工作 421c
精神文明建设 100b
精神障碍患者管理 425a
精准对接招大引强 311c
精准扶贫 354c 460a 351b
精准扶贫帮困活动 190b
精准脱贫 160c 166a
景区建设与促销 408a
竞技体育 436a
敬老及老年政策法规宣传 456c
境外卷烟生产 254c
境外罂粟替代种植 310b
九三学社玉溪市委 159a
救灾备荒种子储备及救助 220c
救灾救济工作 448a
就业和社会保障 471b
捐资办学助学 458a
卷烟及配套业 240a
卷烟生产 254a
卷烟生产经营 254a
卷烟营销 255b
卷烟营销改革创新 255c
卷烟营销及专卖管理 255b
决策咨询服务 131a
决算工作和决算公开 331a
军事 186
军事训练 191a
军转干部安置 445a

K

开放型经济体制改革 88c
开渔节 60a
抗旱 231a
抗战老战士统计和研究成果上报工作 109c
考察活动 157b
烤烟生产 252c
烤烟生产收购 252a
烤烟样板示范 252b
烤烟灾害 252a
科技 475b 479c 482a 496c 467c
科协 166b
科技、教育 484c
科技创新 261b
科技管理 380a
科技交流与合作 381b
科技金融结合专项工作 382a
科技进步 243a
科技情报 386b
科技人才培引 381b
科技体制改革 380c
科技信息开放共享 386c
科技增粮 207a
科普大篷车 167a
科普信息化建设 167a
科普与宣传 382b
科普志愿者活动 167a
科普助力精准扶贫 167a
科企合作 224c
科学技术 378
科学技术奖 382c
科学育苗移栽 253a
科研成果 256a
科研成就 159b
科研工作 106c
科研项目通过验收 224a
课题及专题撰写工作 108c
课题研究 131a
控告申诉检察 178c
控烟工作 427b
苦瓜栽培项目获奖 208c
库塘蓄水 231c
跨境资金流动风险防范 347a
跨年度预算平衡机制 330b
跨越式发展的答卷人 8
矿产资源管理 301a
矿冶及装备制造业 240a
矿政管理 301a
昆玉城际铁路建设 323c
昆玉铁路开通运营 323c
困难党员、老党员慰问工作 96b
困难职工帮扶 164b
篮球大联赛 440b
劳动保障监察 445c
劳动关系 445b
劳动就业、社会保障和安全生产 63c
劳动力培训转移 136b
劳动信访仲裁 445c
劳模和玉溪工匠服务管理 164b
老干部参观考察 105c
老干部党支部书记读书班 105c
老干部工作 105b
老干部工作会 105b
老干部健康体检 105b
老干部慰问工作 105b
会计类考试获奖 333b
老龄工作 456a
老龄事业投入 456b
老楼危楼排查整治 279b
老年人生活服务 457a
老年人体育活动 439a
老年人体育协作赛 440b
老年人维权服务 457a
老年人慰问活动 457b
老年人养老保障和救助 456a
老年人医疗保障 456b
老年人意外伤害保险工作 456c
老年人优待 456c
老年协会建设 456c
老同志读书班 458c
雷锋志愿日 165a
离退休干部队伍 105b
离退休干部教育基地 106a
李艳 505a
李鸿源抢救性记录开拍 399a
李继祥 506b
李家山青铜器参展 393c
李桥安 504c
理论学习教育 97b
理论研讨会 107b
历史沿革 59a 464b

立案查处案件　204a
立案监督　177a
立法工作　171a
立法规划建议征集　171c
立法培训　171c
立夏节　60a
利用外资　310a
联合国人居环境奖　280b
联合网络通信运营　248a
联勤巡逻勤务　192c
廉洁建设　194c
粮食安全保障能力　316b
粮食安全生产　317b
粮食产业发展　317a
粮食购销　316c
粮食行业　316b
粮食基础设施建设　317a
粮食生产　206c
两孩政策　455a
两基培训　332c
两学一做　104a　94b
林业　209c
林木良种补贴　210c
林木权登记发证　210c
林区治安　214b
林权管理　210c
林业产业龙头企业　210b
林业产值　210a
林业技术培训　211a
林业投资　210a
林业有害生物防治　213a
林业专业合作社　210a
零星贩毒打击工作　174b
领导干部接访下访　140c
领导检查慰问　190c
领导名录　469b　472b　477c　481a　483b　486b　490a　493b　499b
领导调研烟叶收购　256c
领导重视　194a
刘庆荣　505c
留守儿童和困境儿童保障工作　448a
留守人群关爱工作　455c
流动人口卫生计生服务管理　455b
流感、禽流感、人禽流感和SARS监测防治　424a
流浪乞讨人员救助工作　447c
六城同创　280b
龙头企业　201c
芦荟生产　208b
陆生野生动物资源调查　214a
路政管理　323c
露水草生产　208b
罗秉俊　502a
罗应光督查森林防火工作　212b
落后产能依法依规退出　238a
旅游　476b　479b　482c　489b　495b
旅游安全管理　414c
旅游厕所建设　408bc
旅游行业管理　413c
旅游节庆活动　410c
旅游美食大赛　415b
旅游目的地建设　408b
旅游市场价格秩序整治　296a
旅游市场监管　413c
旅游投诉管理　415a
旅游业　406　467a
旅游重大项目建设　408a
律师工作　184c
绿色防控技术推广　223b
绿色植保技术研究　256a

M

麻风病防治　424b
马尔多山转播台恢复播出　402c
慢性病监测防治　424c
矛盾纠纷排查化解　175b
贸易便利化　310a
贸易促进　315a
贸易和物价　471a
贸易投资便利化　347a
媒体宣传　410a
美丽乡（镇）规划建设　273b
美丽宜居乡村建设　87c
米线节　410c
米线文化节　59c
秘境云南　391c
秘境云南巡演　392c
免费婚前医学检查　426c
免费培训活动　391c
苗木资源普查　210c
民族　59c
民办教育　375c
民办教育发展　375c
民革玉溪市委　156a
民建刊物　157a
民建玉溪市委　157a
民进玉溪市委　157c
民贸民品　451c
民盟玉溪市委　156b
民生服务　350a
民生水利建设　228b
民生资金（项目）审计　297a
民事行政检察　178c
民事审判　181c
民营经济发展　294a
民用建筑修建防空地下室审批　196b
民政事务管理　446b
民主党派·工商联　154
民主法制领域改革　88c
民族民间歌舞乐展演　391a
民族事务　450b
民族团结教育示范校　458a
民族团结进步示范区建设　450b
民族文化　451b
民族文学重点作家班　399a
民族宗教领域和谐稳定　103a
名师队伍打造　376c
名特优新项目　201b
摩登毛利四重唱组合专场演出　395b
茉莉花生产　208b
木本油料产业　331b
募捐救助工作　460c
穆云海　506b

N

纳税服务　336c
纳税信用管理　337b
南亚东南亚国家商品展暨投资贸易洽谈会　310c
内控制度建设　332c
能繁母猪保险　216a
能力建设　191c
能源工作　292b
能源替代烟叶烘烤工场试验示范　252b
年度立法计划编制　171a
年鉴编辑出版　404c
聂耳文化广场景区管理　275a
聂耳音乐之都建设　390b
聂耳音乐周　100b
聂耳竹乐团赴京演出　393a
牛冻精改良　217c
牛羊标准化养殖项目　216b
农业　198　470a　473a　478b　481c　484b　487c　491b　494c　465a
农产品产地初加工　218c
农产品成本调查和监审工作　296c
农产品出口　201c
农产品加工业　218a　218c
农产品加工业重点投资　218c
农产品监管检测体系　222b
农产品检测　222b
农产品展示推介　203a

农产品质量安全执法 222b
农产品追溯体系建设 222c
农村电商 326b
农村改水改厕 427a
农村公路建设 323a
农村基层学习型党组织建设研究 35
农村集体产权流转交易规范 205a
农村集体经济组织收益分配 204b
农村集体经济组织资产负债情况 204c
农村集体资产股份权能改革试点 205a
农村经济成本费用率高 205b
农村经济增长 205a
农村客运管理 325a
农村留守儿童之家扩建 457c
农村能源 219c
农村能源建设 219c
农村能源综合效益 219c
农村水电站增效扩容改造 229c
农村土地承包经营权纠纷调解 206a
农村土地承包经营权确权登记颁证项目资金 206a
农村土地适度规模经营流转 205c
农村危房改造 279a 331a
农村危房改造、“百村示范、千村整治”行动推进情况调查 24
农村饮水安全巩固提升 228c
农村孕产妇住院分娩补助 426b
农村沼气项目 219c
农村重点领域改革 87c
农工党玉溪市委 158b
农函大办学 167a
农机安全监理台账管理 222b
农机安全宣传教育 221c
农机购置补贴项目 221b
农机机械作业 221a
农机驾驶人员管理 221c
农机监理 221c
农经统计业务人员培训 205a
农林牧渔业增加值 62a
农林水事务 331b
农民负担状况 206a
农民合作社示范社项目补助 204c
农民收入增加 205c
农民书画展 392b
农民专业合作社 206b
农田鼠害防治 223c
农田水利改革 230c
农药安全生产监管 223c
农药管理条例 223c
农药生产经营主体核查 223c
农业保险补贴 201c
农业保险补贴政策 332a
农业标准化生产 222c
农业部检查基层农技推广体系改革与建设补助项目 225c
农业发展规划编制 200c
农业管理 200a
农业行政执法案件评查 202c
农业机械 221a
农业机械化培训 221c
农业技术推广奖 225b
农业监督抽查 204a
农业经济管理 204b
农业科技工作 382a
农业科研 224a
农业农村工作 87c
农业农村深化改革 201b
农业品牌创建 222c
农业水价综合改革 231a
农业野生植物资源保护 220a
农业招商引资 203a
农业专项资金 200c
农业转基因生物（种子）安全监管 220b
农职院获副教授评审权、考试招生资格 375a
农职院所获成绩 374c
农职院与深圳华大基因签约合作 374b
农资供应 318a
农资监管 204a
农作物保险 207b
农作物病虫害监测预警 223b
农作物受灾 207b
疟疾监测和防治 424b

P

PPP规范清理整顿 332b
培训工作 106c
棚户区改造 279a
批准逮捕 177a
贫困对象动态管理 137b
贫困人口建档立卡 449a
平安林区 214c
平安农机 203a 222a
平安市场 204b
平安小区 278c
平安玉溪建设 170a
评奖评优 353c
葡萄简化栽培技术示范 208c
普遍服务及监管 325b
普查工作 298a
普惠金融发展 349b
普惠金融发展 347c
普惠性幼儿园扶持工作 375c
普通高校招生考试 375c
普通高中教育 370b

Q

七彩云南格兰芬多国际自行车节 441b
七千米跑计时赛 439b
其他综合改革 319c
企业服务 316a
企业监督管理 294b
企业所得税管理 341b
企业退休人员管理服务 445b
企业文化 351b
企业注册 293c
气候概述 54c
气排球邀请赛 439b
气象行政执法与防雷减灾 383b
气象监测及预报服务 382c
气象灾害防御规划 384a
汽车销售 309b
千亩核桃示范基地项目建设 211a
欠税管理 335c
枪爆危险物品管理 175a
侨联 167b
侨界群众服务工作 167b
侨联改革 167b
侨联助力脱贫攻坚 167c
侨务干部培训班 167b
侨务工作 144a
侨务经济科技 144c
侵权盗版及非法出版物销毁 401a
青年创业帮扶 164c
青年马克思主义培养工程培训班 165b
青少年科技创新大赛 166c
青少年科普教育 166c
青少年校园足球选拔赛 436c
青少年学科竞赛 166c
青少年足球精英赛 437c
青少年足球训练中心 437b
清明小长假 412c
曲艺作品获奖 397b
全国青少年足球冠军杯赛 437c
全国生育状况抽样完成 454a
全国示范老年大学 105c
全国五一劳动奖章获得者 502a
全口径预算 330a
全面改薄工作 370a
全面深化改革 107b
全民健身日 439c
全民科学素质行动 166b
全民游泳健身周 438c

全民阅读活动　392b
全市体育工作会议　434b
全通信基础设施专项规划　249b
全息多媒体音乐会　394
全运会　436a
全运会柔力球铜牌　106a
群众利益保护　91b
群众体育　438b
群众文化　391b
群众信访特点　139b

R

人口　478a
人物　500
人才工作　444a
人才培训　96c
人才培养　96c
人才统计　96c
人才引进　96b
人才载体建设　96b
人才招聘　444a
人大常委会会议　118c
人大代表工作　121a
人大建议及政协提案办理　275b
人防教育　196c
人工影响天气工作　383c
人口、民族　469c　483c　487a　490c　493c
人口管理　175b
人口和计划生育会议　454a
人口和计划生育责任目标落实情况　453c
人口和计划生育专题调研　454b
人口和人民生活　481b
人口计生信息化建设　455a
人口民族　464c　472c
人口统计　59b
人口与民族　59b
人力资源管理　444a
人民防空　196a
人民监督员管理　185c
人民生活　63c　467c　471b　477b　493b　499b
人民生活与社会保障　488c
人民调解　184a
人民团体　162
人事档案管理　445a
人事考试　444b
人事任免　121a
人文民俗　59c
人员培训　110a
认证认可工作　302a
融资支持　351a
柔力球、舞龙、龙舟项目　438b
柔力球及健身气功赛事活动　439b
乳用种用动物检疫审批　218a
入托入学预防接种证查验　424c
软弱涣散基层党组织整顿　104c

S

三大战役　274c
三公经费　330c
三供一业分离移交　293b
三湖保护　287b
三湖水污染综合防治　287b
三届四次理事会召开　460c
三七生产　208b
三条红线　231c
三献宣传　461a
三项改革　91c
三型九式红塔师训模式　375a
三资管理情况　204c
森林防火　212a
森林公安信息化建设　214c
森林生态系统定位研究站建成　211c
森林资源　57a
森林资源清查通过评质检查验收　212a
沙化土地封禁保护制度方案　211a
山茶花红上演　399a
商贸　474c
商业　495b
商标监督管理　295c
商会组建和会员发展　160b
商贸物流　466b
商业、对外经济　492a
商业贸易　306
商业银行　349a
上级领导视察调研　84a　121b　152a
上级领导调研　130a
少先队工作　165a
社保基金监督　450b
社会安全事件　132a
社会办医　429a
社会办医疗机构情况　429b
社会保险　449a
社会保障　469a　477b　480b　483a　485b　493b　498c
社会服务　156b　157b　157c　158a　158b　159a
社会福利工作　446c
社会公益　257b
社会化服务体系建设　318c
社会活动　160a
社会救助工作　446b
社会科学研究与应用　386c
社会科学知识普及　387a
社会生活　442
社会体制改革　89b
社会调查和服务　160c
社会调研　156b　159c
社会调研和民主监督　158c
社会责任履行　350a　351a
社会治安防控体系建设　175c
社会治理创新　170a
社会治理模式创新　195b
社会组织管理　447a
社科研究　386c
社区矫正　184b
涉林专项整治行动　214c
摄影作品选集结成册　400a
深化改革　303a
深化改革　88a
审计　296c
审查起诉及提起公诉　177b
审计成果　296c
审计全覆盖　297b
生产总值　61c　261a
生活饮用水卫生监管　422c
生态环境保护　284a
生态文明创建　166b
生态文明建设　286a　301b
生态文明体制改革　89c　286a
生物医药及大健康　240b
生育保险　450a
生猪粪铜减排关键技术集成与示范　217b
生猪生产　215a
生猪屠宰监督管理　215b
生猪屠宰质量安全专项整治　218b
生猪养殖技术培训　217c
省档案局科技成果奖评选　114a
省第十六届运动会申办　436a
省花卉产业体系玉溪试验站　224c
省级环境保护督察　285a
省级名牌农产品　203c
省级物业管理示范住宅小区　278c
省级新闻奖评选　404c
省级猪肉储备　309c
省可持续发展试验区认定　382b
省名牌水果产品　209b
省名优水果称号　209b
省青少年排球锦标赛　437b
省委书记担任抚仙湖总河（湖）长　287c
省院前急救质控会议　419c
省政府采购评审专家库　333b

省政府特殊津贴 225b
失业保险 450a
师院对外交流工作 374a
师院附中高考成绩创新高 371a
师院附中教育科研 371a
师院教学成果 374a
师院科研工作 373a
师院校企合作 372c
师院学科建设与专业调整 372c
师院招生就业工作 372b
湿地资源 57a
十九大安保工作 170c
十九大安保誓师大会 193a
十九大广播电视安全保障 402b
十九大广播电视宣传报道 402a
十九大精神学习宣传 104a
十一黄金周 413b
实施名牌战略 301c
实施意见 517
实体化改革 262b
实体经济服务 347b 349b 350c
食品安全监管 303a
食品卫生监测 425b
食品药品监督管理 302c
食药环违法犯罪 175a
食用菌产业发展 319a
市场促销 408c
市场规范管理 294c
市场流通体系建设 309a
市场物价 62a
市城镇绿化条例、市森林防火条例审议通过 171b
市富滇行经营概况 352a
市工行经营概况 349a
市工商联第五次代表大会 160a
市公安消防支队 194a
市管干部出国（境）备案审批管理 95a
市广发行普及金融知识 351b
市花灯剧院培训青年演员 398c
市华夏行经营情况 350b
市级机关交流干部周转住房工作 139a
市级卫生重点项目建设 421c
市级预算绩效管理 331c
市级中小学幼儿园骨干教师认定 376c
市建行经营概况 350a
市交行服务地方经济 350b
市民生行经营概况 350c
市民中高考工作 371a
市民中教育科研 371b
市农发行经营状况 349a
市农行经营概况 349b
市农信社经营概况 352c
市浦发行经营概况 351a
市情概览 52
市人保财险公司经营情况 353a
市人大专题调研体育产业 434c
市人寿保险公司经营概况 354b
市少儿田径游泳篮球年度赛 437a
市首届足球比赛 436b
市体育产业协会成立 441a
市图书馆与红塔大酒店签订协议 396b
市委、市政府决策部署情况落实 275b
市委常委会工作报告 2
市委五届五次全会第二次全体会议上的讲话 8
市委常委会议 77a
市委改革办工作 90b
市委农办工作 87c
市委书记谈信访 141a
市委重要会议 76a
市一幼通过评估 370a
市医学会院前急救专业委员会成立 421b
市邮储行经营概况 351c
市政府专题会 127c
市政务服务中心 138a
市直公房管理 279a
市中行经营概况 349c
市中信行经营概况 351c
事故灾难 131b
事业单位人事管理 444c
试验区规划项目建设 288c
视察调研 193a
收入分配 444c
收入结构 339b
收入情况 339a
收入特点 339b
手足口病的监测防治 424a
首届抚仙湖樱花节 210b
受表彰单位和个人 435c
受表彰人物 506a
兽药监管 215b
兽药监管执法培训 218b
兽医实验室建设 217a
蔬菜生产 207c
蔬菜新品种新技术推广 208c
数字档案馆建设 113c
双创中心启迪众创园 246a
双贯标通过检查验收 279c
双随机一公开监管 202b
双拥工作 447a
双拥共建 188b 191b
双增目标任务 211a
水利 226
水产品总产量 219a
水稻育种指导 224c
水果生产 207c
水果蔬菜出口 209b
水果新品种新技术推广 208c
水库运行管理 229c
水利工程项目建设征地移民 452c
水利管理 229c
水利规划与建设 228a
水利前期工作 228a
水利投融资改革 230b
水利脱贫攻坚 230a
水莽草参加会演 395a
水土保持 229b
水源工程建设 228b
水资源 57a
水资源管理 231c
税收共治 342c
税收规范化建设 337a
税收调研 335b
税收信息化 338c
税务公开 338b
税源监管 335a
税政管理 335a
司法公开 183a
司法行政 183c
司法鉴定 185c
司法警察办案 181a
司法体制改革 170c 180a
司法为民 182a
思想道德教育 457b
思想建设 157c 158b 158c 159a
思想建设及学习培训 156a 157a
思想政治建设 188a 191a
死因监测 425a
四届人大六次会议 118b
四届人大五次会议 118a
四退三还保护工作 332a
宋子波 503b
素质教育工作 376c

T

太平洋证券玉溪营业部经营概况 364a
陶丽芬 502a
淘玉溪 404a
特别法人社会信用代码工作 448c
特色园区 262c
特殊教育 375b
特校签订合作协议 375b
特校研讨会 375b
特种设备安全监察 302a

体育　432　468b　476b　480a　482c　498b
体校省年度赛获佳绩　372b
体育彩票公益金使用专项检查　435a
体育彩票销售　435a
体育产业　440b
体育产业工作培训　440c
体育产业名录库　441a
体育产业招商推介活动　440b
体育管理　434a
体育会展　441c
体育社团工作会　438b
体育特色学校　435a
天然气利用　272b
铁路运输　323c
铁塔生产经营情况　248b
通海五金产业园区　265a
通海县　472b
通信、交通运输　474a
同心工程　156c
同心工程　158a
铜锅美食旅游文化节　410c
童话杂技在玉上演　394b
统计　297b
统筹施策聚合力　253a
统计法制　298b
统计服务　297a
统计改革　297c
统计基础　298a
统战工作　102b
统战工作科学化制度化　103c
投融资工作和重大项目建设　293a
投资项目审批服务中心设立　137c
投资项目网上审批服务　138a
突发公共卫生事件处置　423c
突发公共卫生事件基本情况　425c
突发公共卫生事件种类及发病情况　426a
突发事件预警信息发布系统建设　384a
土地储备　300a
土地收储　262a
土地收储转型　300a
土肥植保　223a
土壤保育技术研究　256b
土壤污染防治　285c
团结稳定　452a
推介活动　311c
退休生活适应培训班　106a
退役士兵安置工作　446c
托幼机构卫生保健管理　426c
脱贫攻坚　108a　156c　159c　165c　188b　299c　331b　353a　483a
脱贫攻坚督查　85b
脱贫攻坚工作　301a

W

外宾接待　143a
外部监督　180a
外出宣讲　106c
外汇管理　346c
外汇管理方式转变　347a
外汇违法违规打击　347a
外经贸实务培训　316a
外来入侵生物调查　220a
外联工作　460b
外迁化念移民安置工程收口　453a
外事工作　141b
外资引进　312c
晚秋作物种植　207a
王春勇　506c
王新华　503a
网吧人脸识别系统　396c
网点布局完善　350c
网络安全服务　246a
网络备案平台建立　220a
网络媒体国防行活动　189c
网络市场监管　295a
网络违法犯罪　174a
网络运营能力强化　327c
网球巡回赛　436b
网上信访平台　140a
微急救微信公众平台　421b
微型盆栽玫瑰落户普洱　224c
为侨服务　144a
维和分队轮换交接　189c
维权服务　160b
维权调解　353c
卫生　416　468c　476a　480a　483a　493a　498a
卫生、体育　485a
卫生管理　418a
卫生规划与建设　421c
卫生行政许可　422b
卫生机构及卫生队伍　418c
卫生监督稽查　422b
卫生监督执法　422b
卫生学校迁建　371c
卫生应急　425c
未成年人司法项目　457c
未成年人刑事检察　178a
温带水果引种试验与示范　209a
文化　468a　476a　480a　482b　497b
文创培训　415c
文化、广播电视　484c
文化、旅游、广电和体育　492c
文化、卫生和体育　63a　489b
文化产业　396b　99c
文化场馆　400c
文化大篷车进玉溪　392a
文化管理　390a
文化广电放管服工作　396a
文化和自然遗产日　397a
文化基础设施建设　396
文化交流　392c
文化教育卫生体制改革　89a
文化旅游产业调研报告　28
文化三下乡活动　390c
文化市场管理　395c
文化市场检查　395c
文化事业　388　100a
文化遗产保护管理　400b
文化走亲活动　395c
文明家庭创建　166a
文体休闲教育服务　457a
文物精品展走进义乌博物馆　393c
文学创作笔会　397c
文学艺术活动　396c
文艺创作成果　399a
文艺创作培训　398c
文艺汇演暨新剧（节）目展演　399b
文艺人才培养　398c
文艺晚会　102b
污染投诉处置　287a
无偿献血　428c
无传销城市创建　295c
无害化处理病害畜禽　218a
无火清明森林防火武装巡护　212b
无线通信网络信道优化改造通过验收　384b
无证无照经营种子企业（户）清理　220b
吴世莉　507c
五网建设　292b
五一小长假　412c
五有五好示范党支部　105c
武警　191b
武增明　505c
舞龙、柔力球培训　440a
物价、贸易和旅游　484c
物流保障　257b
物业企业管理　278c
物业维修资金缴存及管理　278c

X

畜牧贷款贴息　331b
畜牧贴息贷款　216b
畜牧业　215a
畜禽标准化示范场创建　216c
畜禽生产　215a
畜禽循环养殖项目　215a
畜禽疫病死亡率控制　217b
行政案件法律文书信息　203a
行政复议和诉讼调解　172a
行政区划　464c　469c　472c　478a　481b　483c　487a　490b　493c　59b
行政审判　181c
行政事业单位资产管理　333a
行政事业性收费和政府性基金降低　332b
行政许可　303c
行政执法　337c
行政执法监督　172b
行走红河谷　403b
西部计划志愿者项目　165b
喜迎十九大系列活动　164c
夏令营和少年军校　457c
夏秋季征兵　188c
先进个人　193c
先进集体　193b
鲜活农产品调控目录制度试点　204a
鲜食玉米新品种引进　220c
县（区）概况　462
县（区）提质扩容　273a
县级党校建设　107c
县级医疗卫生项目建设　422a
县乡道路改造　323b
现代农业产业园建设　200c
现代农业重点建设项目　201b
现代物流　308c
乡（镇）供水　230b
乡（镇）企业　218b
乡村旅游接待单位星级认定　219a
乡镇财政增收激励机制　330a
乡镇档案馆建设　113c
乡镇党代会年会制　96b
乡镇企业　474b
享受云南省政府特殊津贴　505b
响水光伏并网电站　292c
向云顺　504b
项目储备　312b
项目建设　319b
消防安全管理　176a
消防基础　194a
消防监管　194a
消防铁军　194c
消防宣传　194b
消费价格和人民生活　480b
消费税管理　341b
消费者权益保护　295a
小（二）型水库除险加固工程　229a
小麦机械化生产　221a
小微客户贷款营销　349c
小微客户服务　351c
小微站建设　249a
校企合作协议　372a
协商议政　149c
心理健康教育　369a
新产品销售　254c
新剧目展演　400a
新能源汽车推广　324c　382a
新品生产　254c
新平哀牢山县级自然保护区条例　171a
新平工业园区　266c
新平彝族傣族自治县　490a
新闻出版印刷管理　400c
新闻综合节目创新　401c
新型职业农民培育　225a
新型智慧城市　281a
新一轮总体规划编制　271a
信访第二研究室　141a
信访干部队伍建设　141b
信访工作　139a
信访工作责权体系　140a
信访工作秩序规范　141a
信访基础业务规范化建设　140b
信息产业　240c
信息产业空间布局　244b
信息产业招商引资及产业规模　245b
信息产业重点项目　245c
信息工作　84a
信息化建设　244a　195a　297a　304a　445c
信息与调研　275c
星级饭店评定复核　413c
刑事犯罪　173b　177b
刑事审判　181b
刑事审判监督　177b
刑事执行检察　178b
幸福玉溪获奖　401b
休闲农业　218c
锈色棕榈象　213c
宣传工作　97b　181b
宣传思想文化工作会议　97b
宣传信息　106b
宣传引导　353b
玄奘西行在玉上演　394b
学前教育　369c
学前教育增量提质发展　369c
学生工作　376c
学生军训工作　188c
学生资助工作　368b
学习交流　167b
学习培训　160a
学习取经　405a
学校卫生监测　425b
学校卫生监管　422c
血液检测　428c
巡查管护　300b
巡察工作　108a
巡视反馈整改落实　94c
巡视巡察工作　91c

Y

亚洲花卉科创谷揭牌　382b
烟草产业　250
烟草产业精准扶贫政策　252b
烟草产业政策扶持　252a
烟草管理　252a
烟草科技　256a
烟草援建水源工程　252b
烟叶工业分级　255b
烟叶基地建设　255a
烟叶科技创新　253a
烟叶生产　252c
研和工业园区　263a
杨玲　505b
杨爱斌　507b
杨绍聪　506a
洋芋机械化收获　221b
养成教育　369b
养鸡技术培训　217c
养殖生态循环产业化项目　216c
药械保化安全监管　303b
野生食用菌交易会　60c
业务拓展　300b
一村一品建设　203c
一大至十八大图片展　394c
一体化改革发展的实施意见　519
一园四品　203c
医改工作　427c
医教科研　430b
医联体建设试点启动　420a
医疗服务能力建设　428b
医疗机构管理　428a
医疗机构监督　422c
医疗机构审批管理　428a

医疗机构准入审查　422b
医疗卫生和养老服务　454c
医疗业务与收治量　418c
医疗质量管理　428b
医疗秩序维护　428a
医学科研成果　430b
医养结合试点工作　420a
医政管理　427c
依法管水治水　232b
依法行政　275c　420b　452b
依法决策　172a
依法治粮管粮　317b
依法治市　170b
依法治税　343a
移动通信运营　247a
移民工作　452c
移民宣传　453a
疑似麻疹病例血清学病原学监测　424c
乙脑监测　424c
以水灭火试点项目建设　213a
义务教育　370a
义务教育基本均衡发展目标　370b
议案提案办理　129b
议政建言　159c
易地扶贫搬迁　136a　276a
易门工业园区　265c
易门食用菌　485c
易门县　483c
易门新增切花月季　224c
疫苗补充免疫、查漏补种　424b
疫苗补助政策　215c
疫情管理　423c
因公出国（境）管理　141b
银行业风险管控　348b
银行业改革发展　348a
银行业监管　347b
银政合作　349c
引智引校　377c
印刷企业年度核验　400c
印象红塔区微信公众平台　403a
迎春花街　60b
迎春送福活动　105b
营改增改革　330b
营销考核　255c
营养改善计划工作　368b
营业税改征增值税　341a
影视传媒中心建设　396c
应急处置和灾区恢复重建　134c
应急队伍建设　134a
应急管理　131b
应急管理法律法规　133a
应急管理机制规范　132c
应急管理体制　132b
应急基础设施　133b
应急救护培训工作　460c
应急救援体系建设　305a
应急力量建设　277c
应急物资保障　134b
应急演练和宣传培训　135a
应急预案体系建设　132a
用地保障　298c
用电交易　241a
用户满意度提升　327c
优化资源配置　293
优秀表彰　166b
优秀学术论文评选　166c
优质服务　243b
邮政　325b
邮电通信　479b
邮务类业务办理　326a
油菜技术培训会　224b
友好合作　315a
幼儿体操教练员培训　436c
渔业　219a
渔业安全生产　219b
渔业经济　219a
渔业资源保护项目　219b
舆论推动　98a
语言文字工作　368b
玉江高速移交管理权　325a
玉磨铁路建设　323c
玉溪党史网及微信公众号　108c
玉溪道德讲堂　461b
玉溪非遗项目参加民俗文化活动　395b
玉溪好在获好评　403a
玉溪军分区　188a
玉溪科教创新高峰论坛　380b
玉溪青年五四奖章评比　165b
玉溪日报·抚仙湖专刊　404b
玉溪日报读者嘉年华　404a
玉溪日报获奖　404b
玉溪日报文学奖摄影奖颁奖　403c
玉溪市科技创新实施方案　380a
玉溪市人民代表大会　116
玉溪市人民政府　122
玉溪市宗教活动场所管理办法修订　452b
玉溪新闻云获奖　404b
玉溪信访微信公众号　140a
玉溪英文网　143a
玉溪运动员大赛创佳绩　438a
玉溪重要历史文献资料选编编撰工作　108c
预备役三团　191a
预防艾滋病、梅毒和乙肝母婴传播　426c
预决算信息公开　330b
预算标准化平台　330b
预算绩效管理制度　331c
预算支出考核制度　330a
元江工业园区　267b
元江哈尼族彝族傣族自治县　493c
园林绿化　275a
园区标准厂房建设　260c
园区规划建设　260a
园区规划调整修编　260a
园区宏观管理　260a
园区基本框架及项目建设　260b
园区基础设施　260b
园区建设　261c
园区经济　258
园区经济运行　260a
园区土地收储　260b
园艺作物灌溉及养分管理研讨会　382b
院前急救　421a
月照枫林渡　393c
云贵川地方戏表演艺术人才培训班　398c
云岭牛产业发展技术培训　218a
云南报业新媒体年会　403b
云南省建设我国民族团结进步示范区规划　450c
云南省健康市县建设启动会　419b
云南省劳动模范　502a
云南省先进工作者　504b
云南省中国画优秀作品展　398a
云南云投职教扶贫开发玉溪农业职业技术学院有限
运动员输送及教练员裁判员培训批授　438a
运政管理　324a

Z

杂交玉米制种基地田间质量抽检　220c
杂交玉米种子品种纯度田间种植鉴定　220c
灾害木清理管理　212a
责任公司成立　374c
增值税管理　341a
增殖放流　219b
债务风险防范　331c
战备建设　191a
战备训练建设　189b
张锡光　505a
招才引智　311c
招商环境优化　311b
招商引资　311a　261a　467b　474c　482a　496c

招商引资及争取上级资金 275b
招生考试 375c
赵永跃 503c
侦查活动监督 177b
震害防御 385b
争先创优跨越发展和科教引领创新发展 274b
争先评优 354c
征管改革 336a
征收占用林地审核审批 212a
征信管理 346c
整村推进扶贫 135b
整体支出绩效自评价工作 331c
整乡推进扶贫 135c
正规化建设 191c
正能量丛书 106a
证券 364a
政策措施贯彻落实跟踪审计 296c
政策研究 87b
政法队伍建设 170c
政法及综治 170a
政府采购代理机构监督 333b
政府采购管理 333a
政府采购和出让中心业务办理 138a
政府采购业务和评审专家培训班 293b
政府督查 129b
政府法律顾问工作 172a
政府工作报告 12
政府购买服务改革 332c
政府信息与政务公开 129c
政务服务管理 137c
政务服务事项录入 202b
政务信息 129b
政协经常性工作 151b
政协玉溪市四届五次会议 148a
政协玉溪市委员会 146
政协专门委员会工作 150a
政治纪律和政治规矩 90c
政治建设 191b
政治责任 90c
支持重点项目建设 352c
支付电子化 330c
支付结算与反洗钱 346b
知识产权 385c
知识产权扶持 386b
知识产权宣传周活动 386a
知识产权优势企业 386a
知识产权专利 385c
执法服务水平提升 195b
执法规范化建设 176b
执法监察 299b
执行工作 181c
执政纪要编撰工作 108b
直过民族脱贫 136a
直升机场启用 212c
职工素质提升 164a
职工维权 164b
职教集团化招生 376a
职教园区建设 377b
职务犯罪预防 178a
职业放射卫生监督 423a
职业技能人才培养 444c
职业教育办学水平提升 371b
职业卫生 425b
植物检疫 223c
植物检疫宣传月 224a
植物药适用技术培训 374c
指挥通信训练 196a
志愿者服务 461c
制造业服务行动 239c
质量安全监管 302b
质量技术监督管理 301b
质量强市工作 301b
质量宣传 301c
治安问题整治 174c
致公党玉溪市委 158c
智慧法院 182b
智能网点建设 349c
智能制造培育 262a
智能终端制造 246a
中等职业教育 371b
中共玉溪市委员会 74
中国第五届蔬菜产业大会 207c
中国动漫集团到玉调研 396b
中国共产党玉溪历史大事记编撰工作 108c
中国共产党玉溪历史学生读本编撰工作 108c
中国梦·劳动美主题教育 164b
中国文联领导到玉调研 398a
中国西部可持续发展·玉溪论坛 315c
中华魂主题教育活动 457b
中介超市并轨运行 138a
中小微企业扶持 352c
中心城区安全骑行系统 272b
中心城区其他重大项目建设 272c
中央八项规定精神落实 91a
中央财政小型水利重点县项目 229b
中央环境保护督察整改 284b
中央农业支持保护补贴 207b
中央无线数字化广播电视节目开通 401b
中药材种植 207a
中医药服务管理 430a
中医药服务能力建设 429c
中医药管理 429c
中医药健康服务规范 430a
中医药治疗艾滋病 430a
种畜禽场生产 217c
种养结合循环养殖示范项目 216b
种植结构调优 206c
种植业 206c
种子管理 220a
种子经营违法案件查办 220a
种子质量监督 220b
仲裁工作 172b
重大安保任务 195c
重大林业有害生物防控指挥部成立 213b
重点产业运行情况 237a
重点行业领域安全专项整治 304c
重点行业税收 339c
重点领域体制改革 115a
重点流域水污染防治 285a
重点信访积案化解 139c
重楼生产 208b
重要成就 257c
重要出访 141c
重要会议 189a 124a
重要通知、决定 80b
重要外宾接待 143b
重要文稿起草 87b 130c
重要文件 510
朱培昌 504b
珠心算比赛 333b
主任会议 119c
主题宣讲会 461c
主席会议 148c
主要产品 254b
主要出口农产品 310b
主要农作物相邻区域引种 221a
主要数据指标 52
住房公积金查询 280a
住房公积金个人贷款政策 279b
住房公积金管理一站式服务 280a
住房公积金年度经济运行情况 279c
住房租赁市场 278b
专科建设 430c
专科联盟 430b
专利行政执法检查 386b
专利转化运用 386a
专卖管理监督 256a
专题研讨班 397c
专项工作督促 86b
专项整治 303c
专项资金改革 330b
装配式建筑发展 277b
自然概况 493c

自然概貌　464a　469c　472b　477c　481a　483c　486c　490a
自然环境　54a
自然科学研究与应用　382c
自然灾害　131b
自然资源　57a　490b　494a
自身建设　352a
宗教活动场所管理　452a
宗教事务　452a
宗教团体建设　452b
综合经济指标　470a　472c　478a　481b　484a　487b　490c　494b
综合考评工作　86c
综合执法培训　204a
总工会　164a
走进高鲁山摄影展　403c
走进华宁摄影活动　404a
组织部门自身建设　97a
组织工作　94b
组织工作宣传　97a
组织建设　156a　156b　157a　157c　158b　158c　159b　164a　166b
组织领导　110a
组织整顿　191a
最美农技员　225c
作物秸秆还田机　221b

表格索引

2017年财政八项支出及其增长速度　496
2017年畜禽产品产量表　495
2017年公路通车里程及其增长速度　496
2017年金融机构存贷款余额及其增长速度　496
2017年全省及部分州市规上工业增加值增速情况　236
2017年全市财产保险公司业务统计表　355
2017年全市车辆保险业务统计表　361
2017年全市非烟工业增加值增长情况　236
2017年全市钢铁工业增加值增长情况　237
2017年全市工业增加值累计增幅情况　236
2017年全市人寿保险公司业务统计表　360
2017年全市县（区）增加值累计增速情况　237
2017年全市烟草制品业增加值增长情况　236
2017年社会消费品零售总额分类及其增长速度　496
2017年与2016年全市税费收入完成情况比较图　334
2017年玉溪各县（区）降水总量表　55
2017年玉溪各县（区）平均气温表　54
2017年玉溪市电网主要经济技术指标　242
2017年玉溪市各县（区）日照表　56
2017年玉溪市规上工业主要产品产量　237
2017年玉溪市国民经济和社会发展主要指标表　524
2017年玉溪市及各分县（区）主要指标完成情况表　528　529
2017年玉溪市降水量（左）和降水距平分率（右）分布图55
2017年玉溪市平均降水量逐月分布图　55　56
2017年玉溪市平均气温（左）和气温距平（右）分布图　54
2017年玉溪市平均气温逐月分布图　55
2017年玉溪市日照时数（左）和日照距平百分率（右）分布图　56
2017年玉溪市生产总值重点支撑行业指标完成情况统计表　527
2017年玉溪市主要经济指标完成情况统计表（二）　528
2017年玉溪市主要经济指标完成情况统计表（一）　528
2017年主要畜牧产品产量和牲畜存（出）栏情况表　478
2017年主要工业品产品产量及其增长速度　478
2017年主要农产品产量表　495
2017年组织收入分税（费）种完成情况　334
特色人文资料　530
玉溪市1～12月县（区）规上工业增加值情况　238
玉溪市各级非物质文化遗产代表性项目名录　530_
主要畜牧产品产量表　473
主要工业产品产量表　473
主要经济指标　524
主要农作物产量表　473

非音序

1+1+N改革制度　293a
31637部队　189b
31637部队成立　189b

玉溪市行政区划图

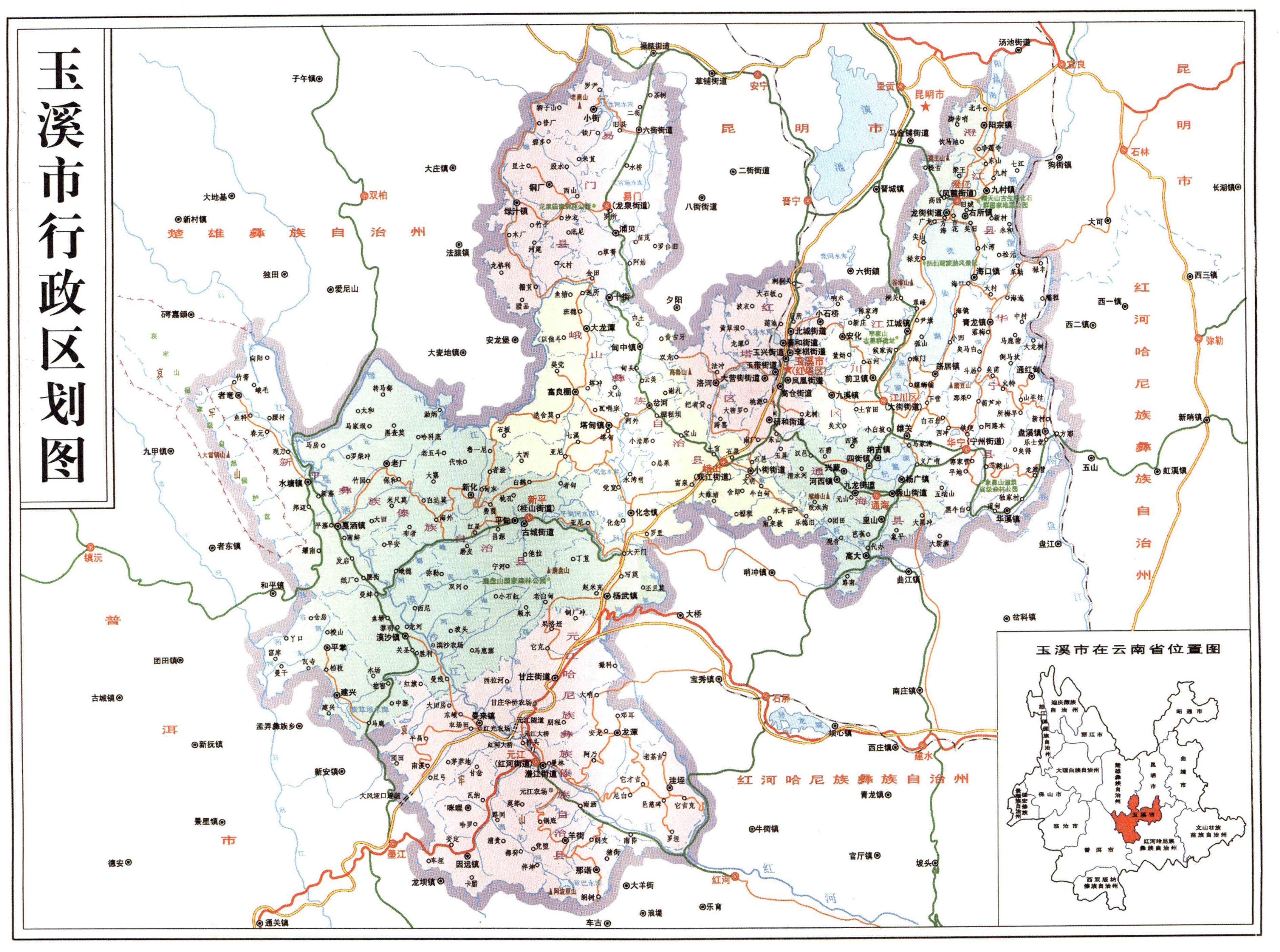

玉溪市在云南省位置图
昆明市
红河哈尼族彝族自治州
楚雄彝族自治州
普洱市
玉溪市(红塔区)
江川区
澄江县
华宁县
通海县
峨山彝族自治县
新平彝族傣族自治县
元江哈尼族彝族傣族自治县
易门县

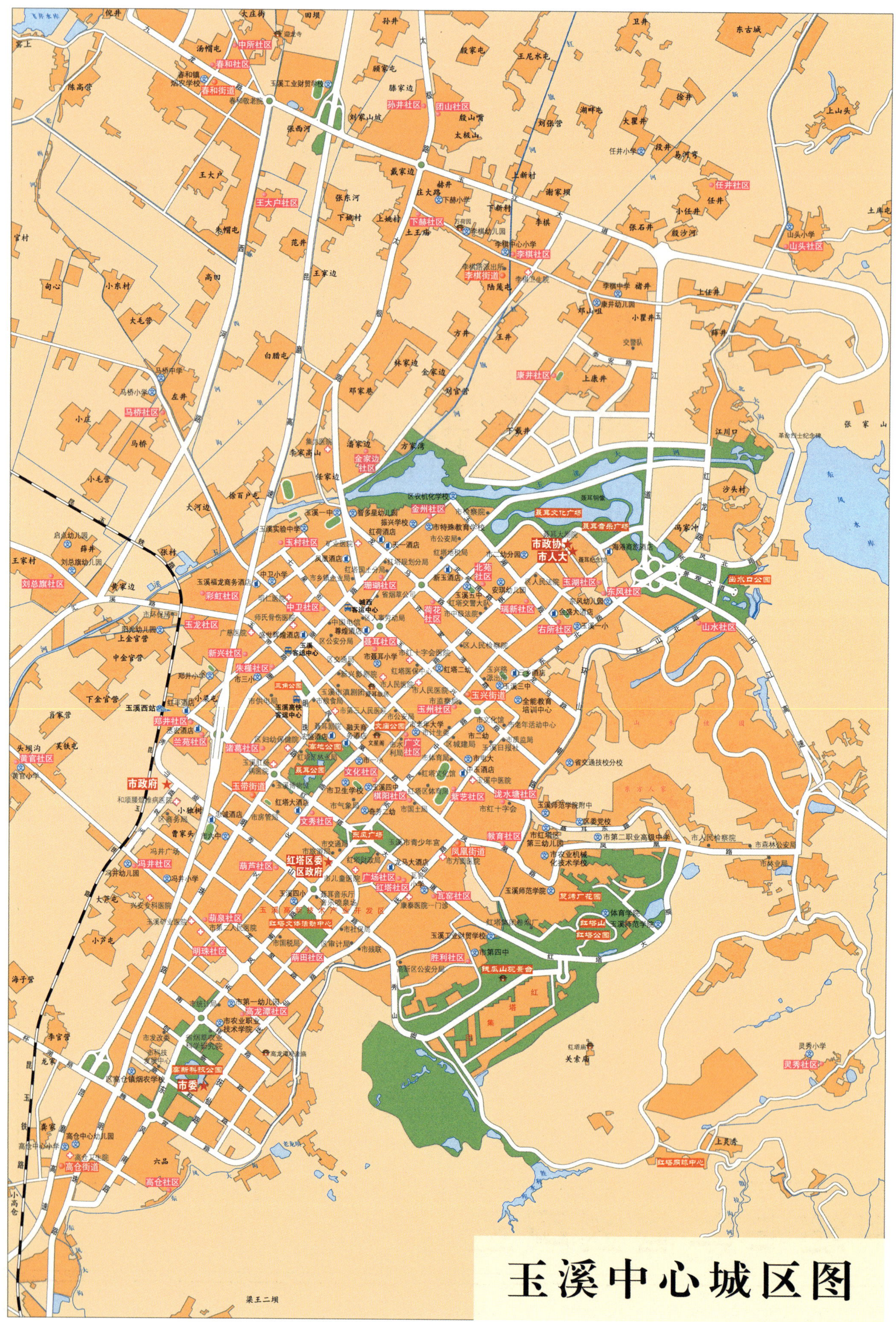

玉溪中心城区图
市政府
市委
市政协
市人大
红塔区委
区政府
玉溪西站
聂耳文化广场
聂耳音乐广场
聂耳公园
东风广场
文庙公园
高新科技公园
红塔山公园
龙马山
凤凰街道
玉兴街道
李棋街道
春和街道
高仓街道
玉带街道
中所社区
春和社区
孙井社区
团山社区
王大户社区
下赫社区
李棋社区
任井社区
山头社区
康井社区
马桥社区
金家边社区
金州社区
玉村社区
刘总旗社区
彩虹社区
珊瑚社区
北苑社区
玉湖社区
东风社区
山水社区
瑞新社区
右所社区
中卫社区
荷花社区
聂耳社区
玉龙社区
新兴社区
朱槿社区
玉州社区
郑井社区
兰苑社区
黄官社区
诸葛社区
文化社区
棋阳社区
紫艺社区
泥水塘社区
文苑社区
教育社区
葫芦社区
广场社区
红塔社区
瓦窑社区
冯井社区
胜利社区
葫泉社区
明珠社区
萌田社区
高龙潭社区
高仓社区
灵秀社区
红塔文体活动中心
红塔高新技术开发区
玉溪师范学院
玉溪师范学院附中
玉溪一中
汤帽屯
张西河
殷家屯
王尼木屯
上山头
东古城
卫井
陈高营
官村
王大户
张东河
下城村
上城村
范井
王家边
高田
小东村
大毛营
白腊屯
方井
王井
林家边
金家边
刘官营
邓家巷
小庄
马桥
左井
小毛营
李家高山
任家边
徐百户屯
大河边
王家村
薛井
黄家边
上金官营
中金官营
下金官营
头坝沟
芙铁屯
曹家营
大营屯
小营屯
海子营
李官营
龙耳
六品
小高仓
梁王二坝
上灵秀
关索庙
红塔寺
李棋
上新村
谢家坝
张石井
任井
上任井
上康井
江川口
汐头村
冯家冲
张家山
东风水库
齿水口公园
玉溪中心城区图